मध्य प्रदेश कर्मचारी चयन मण्डल

मध्य प्रदेश

शासन, स्कूल शिक्षा विभाग के अन्तर्गत

उच्च माध्यमिक शिक्षक

पात्रता परीक्षा (ऑनलाइन)

इतिहास

मध्य प्रदेश कर्मचारी चयन मण्डल

मध्य प्रदेश

शासन, स्कूल शिक्षा विभाग के अन्तर्गत

उच्च माध्यमिक शिक्षक

पात्रता परीक्षा (ऑनलाइन)

इतिहास

लेखक
प्रदीप श्रीवास्तव

अरिहन्त पब्लिकेशन्स (इण्डिया) लिमिटेड

卐 रजि. कार्यालय

'रामछाया' 4577/15, अग्रवाल रोड, दरिया गंज, नई दिल्ली- 110002

फोन: 011-47630600, 43518550

卐 मुख्य कार्यालय

कालिन्दी, टी.पी. नगर, मेरठ (यूपी)– 250002

फोन: 0121-7156203, 7156204

卐 शाखा कार्यालय

आगरा, अहमदाबाद, बरेली, बेंगलुरु, चेन्नई, दिल्ली, गुवाहाटी, हैदराबाद, जयपुर, झाँसी, कोलकाता, लखनऊ, नागपुर तथा पुणे

卐 मूल्य ₹ 275.00

PO No : TXT-59-T067405-09-25

PUBLISHED BY ARIHANT PUBLICATIONS (INDIA) LTD.

'अरिहन्त' की पुस्तकों के बारे में अधिक जानकारी के लिए हमारी वेबसाइट **www.arihantbooks.com** पर लॉग इन करें या **info@arihantbooks.com** पर सम्पर्क करें।

विषय-सूची

परीक्षा का प्रारूप व पाठ्यक्रम

(भाग 'ब')

परीक्षा का प्रारूप

भाग 'ब' 120 अंकों का होगा एवं इस प्रश्न–पत्र में 120 बहुविकल्पीय प्रश्न पूछे जाएँगे। इसकी विषयवस्तु का स्तर स्नातक स्तर के समकक्ष होगा। इस प्रश्न–पत्र में प्रश्न मध्य प्रदेश राज्य के कक्षा 9 व 10 के प्रचलित पाठ्यक्रम/पाठ्यपुस्तकों की विषयवस्तु पर आधारित होंगे, लेकिन इनका कठिनाई स्तर एवं सम्बद्धता (लिंकेज) स्नातक स्तर तक ही हो सकता हैं।

प्रश्न–पत्र की अवधारणा, समस्या समाधान और पेडागोजी की समझ पर आधारित होगी।

परीक्षा का पाठ्यक्रम

1. इतिहास से आशय, इतिहास जानने के स्रोत।
2. मानव का शिकारी एवं खाद्य संग्राहक जीवन, पुरापाषाणिक संस्कृति, मध्यपाषाणिक संस्कृति का विकास एवं विस्तार (शैलकला के विशेष सन्दर्भ में)।
3. हड़प्पा एवं उत्तर हड़प्पा संस्कृति, लौहयुगीन संस्कृतियाँ (उत्तर एवं दक्षिण भारत की महापाषाणिक संस्कृति)
4. धार्मिक एवं दार्शनिक विचारों का विकास एवं आधारभूत अध्ययन (बौद्ध, जैन, वैदिक)।
5. राज्य एवं गणराज्यों का उदय एवं विस्तार।
6. सम्बन्धित कालखण्ड के राजनीतिक इतिहास का ज्ञान प्राप्त करना। (मौर्य, शुंग, पश्चिमी क्षत्रप, सातवाहन, कुषाण, गुप्त, वर्द्धन, मौखरी, चेर, चोल, पाण्ड्य, चालुक्य, पल्लव आदि राजवंश एवं उनका शासन प्रबन्ध।
7. राजपूतों का उदय, प्रतिहार, पाल, चन्देल, राष्ट्रकूट, परमार, कलचुरी, चौहान, गहड़वाल, मुस्लिम आक्रमण।
8. मध्यकालीन भारतीय इतिहास के स्रोत–दिल्ली सल्तनत की स्थापना और विस्तार, सल्तनतकालीन सामाजिक, धार्मिक, आर्थिक जनजीवन व प्रशासनिक व्यवस्था, सल्तनतकालीन प्रमुख घटनाएँ एवं आन्दोलन।
9. मुगल साम्राज्य का सुदृढ़ीकरण एवं विस्तार, मुगल शासकों का प्रशासन, आर्थिक एवं सामाजिक जीवन, नादिरशाह का आक्रमण एवं उसका प्रभाव, मुगल साम्राज्य का पतन, मराठा शक्ति का उदय, 1857 के पूर्व अंग्रेजों का जन विद्रोह।
10. यूरोपियनों का भारत आगमन, ब्रिटिश शासन की स्थापना एवं भारतीय क्षेत्रों में उनके युद्ध (संघर्ष), ब्रिटिश नीतियाँ एवं उनका प्रशासनिक ढाँचा, 1857 का संग्राम–कारण, स्वरूप व परिणाम, भारतीय पुनर्जागरण, नवीन भौगोलिक एवं वैज्ञानिक खोजें, राष्ट्रीय आन्दोलन (धार्मिक आन्दोलन), भारतीय स्वतन्त्रता संग्राम आन्दोलन और उसका प्रभाव, स्वतन्त्र भारत और तत्कालीन चुनौतियाँ, विश्वयुद्धों का कारण, घटना एवं प्रभाव, राष्ट्रसंघ एवं संयुक्त राष्ट्रसंघ, विश्व की प्रमुख क्रान्तियाँ व उनका भारत पर प्रभाव।
11. विभिन्न कालखण्डों में सामाजिक विकास–वर्ण, जाति, उपजाति, विवाह, संस्कार, पुरुषार्थ एवं सामाजिक जनजीवन तथा उनमें बदलाव।
12. कला का विकास एवं अध्ययन (स्थापत्य, मूर्तिकला, चित्रकला, लेखन एवं धातु कला आदि)।
    मध्यप्रदेश का प्रथम स्वतन्त्रता संग्राम एवं राष्ट्रीय आन्दोलन में योगदान। विश्व इतिहास का परिचय, विश्व के महत्त्वपूर्ण साम्राज्य–चीन साम्राज्य–ग्रीक एवं रोमन साम्राज्य, विश्व के महत्त्वपूर्ण प्राचीन
    नगर–तक्षशिला, पाटलिपुत्र, बेबीलोन, उपनिवेशवाद–प्रथम एवं द्वितीय, अफीम युद्ध, बॉक्सर विद्रोह, जापान का आर्थिक विकास एवं सैन्यीकरण।
13. जर्मनी का एकीकरण।
14. इटली का एकीकरण।

उच्च
माध्यमिक
शिक्षक
पात्रता परीक्षा 2023

सॉल्वड पेपर 2019

सॉल्वड पेपर
परीक्षा तिथि 09 फरवरी, 2019

मध्य प्रदेश उच्च माध्यमिक शिक्षक पात्रता परीक्षा

इतिहास

1. नादिरशाह के आक्रमण के दौरान भारत के शासक थे
(a) आलमगीर द्वितीय (b) अहमद शेख
(c) मुहम्मदशाह (d) फर्रुसियर

2. नादिरशाह द्वारा कैदी बनाकर लाए गए मुगल सम्राट थे
(a) मुहम्मदशाह (b) फर्रुसियर
(c) बहादुरशाह (d) जहाँदारशाह

3. ऋग्वेद का प्रथम सूक्त इनके लिए विकसित किया गया है
(a) अग्नि (b) सोम
(c) बृहस्पति (d) इन्द्र

4. छत्रपति शिवाजी महाराज को किस वर्ष मराठा राजा के रूप में ताज पहनाया गया था?
(a) वर्ष 1630 (b) वर्ष 1664
(c) वर्ष 1674 (d) वर्ष 1680

5. निम्नलिखित चार विकल्पों में से, विषम को चुनें
(a) निक्का (b) कर्षापण
(c) हरियाणा (d) पण

6. निम्नलिखित में से कौन-सी एक रानी ने जम्मू-कश्मीर में शासन किया था?
(a) रानी दुर्गावती (b) रानी पद्मिनी
(c) रानी झलकारीबाई (d) दिद्दा

7. राजा कृष्णदेव विजयनगर साम्राज्य के शासक इतनी अवधि के लिए थे
(a) 1509 से 1529 ईसवी तक
(b) 1533 से 1545 ईसवी तक
(c) 1485 से 1502 ईसवी तक
(d) 1540 से 1565 ईसवी तक

8. दिल्ली सल्तनत के दौरान, पद 'मुकद्दम या चौधरी' का इस्तेमाल इनके लिए किया जाता था
(a) गाँव के लेखाकार
(b) गाँव के सरपंच
(c) राजस्व अधिकारी
(d) वंशानुगत व्यापारियों का एक वर्ग

9. मालदीव पर विजय प्राप्त करने वाले चोल राजा थे
(a) राजाराज चोल I (b) राजेन्द्र चोल I
(c) राजेन्द्र चोल II (d) सुन्दर चोल

10. कण्व वंश का संस्थापक कौन था?
(a) पुष्यमित्र (b) देवभूति
(c) कनिष्क (d) वायुदेव

11. किसने वज्जि के महाजनपद को हराया और मगध की राजनीतिक सर्वोच्चता की नींव रखी?
(a) अजातशत्रु (b) बिन्दुसार
(c) महापद्मनन्द (d) उदयभद्र

12. उत्तरकालीन वैदिक काल में निम्न में से एक कर जिसे वसूला जाता था
(a) भागादूधा (b) आकाशवापा
(c) सुता (d) तक्षण

13. सल्तनत में उच्चतम न्यायिक अधिकारी को ……… कहा जाता था।
(a) काजी-उल-कुज्जत (b) दाविर-ए-खास
(c) दीवान-ए-रिसालत (d) वजीर

14. अकबर के शासनकाल के शुरुआती वर्षों में निम्नलिखित में से कौन-सा कुलीन मनुष्य उसके शासक के रूप में कार्य करता था?
(a) मुनिम खान (b) तारदी बेग
(c) मिर्जा अब्दुल्ला सिमनानी (d) बैरम खान

15. राजा बनने के बाद अशोक की एकमात्र जीत का उल्लेख उनके किस अध्यादेश में किया गया है?
(a) रॉक अध्यादेश II (b) रॉक अध्यादेश I
(c) रॉक अध्यादेश XIII (d) रॉक अध्यादेश XII

16. गायत्री मन्त्र किसे समर्पित हैं?
(a) मारुत (तूफानों के भगवान)
(b) सावित्री (एक सौर देवता)
(c) सोम (मादक द्रव्य के भगवान)
(d) सूर्य (सूर्य)

17. अशोक ने अपने दूतों को धम्म की नीतियों के प्रसार के लिए यहाँ भेजा था
(a) दक्षिण अफ्रीका (b) मध्य एशिया
(c) रूस (d) सीरिया

18. बिम्बिसार, जिनके अधीन मगध छठी शताब्दी ईसा पूर्व में एक प्रमुख क्षेत्रीय शक्ति के रूप में उभरा था, उनका सम्बन्ध इस वंश से था
(a) हर्यंक वंश (b) कण्व वंश
(c) सेना वंश (d) मौर्य वंश

19. पैगम्बर मुहम्मद की मृत्यु के बाद उनके राजनीतिक अधिकार को इन्हें स्थानान्तरित कर दिया गया था
(a) अब्बादिस (b) फातिमिद
(c) उम्मा (d) उमय्याद

20. तमिल के बाद द्रविड़ परिवार की भाषाओं में से सबसे प्राचीन है
(a) कन्नड़ (b) हिन्दी
(c) मराठी (d) तुलु

21. बौद्ध पाठ्य विसुद्धिमग्ग इनके द्वारा लिखा गया था
(a) नागसेना (b) बुद्धघोष
(c) नागार्जुन (d) अश्वघोष

22. वहादत-उल-वुजुद के सूफी दर्शन का प्रचारक कौन था?
(a) अल-फराबी (b) अल-हुसैन
(c) इब्न-अल-अरबी (d) अलाउदौला सिम्नानी

23. निम्नलिखित क्रान्तिकारियों में से कौन फाँसी से बच निकला और उसे आजीवन कारावास दिया गया?
(a) सचिन्द्रनाथ सान्याल (b) खुदीराम बोस
(c) सूर्या सेन (d) तारकेश्वर दत्त

24. निम्नलिखित में से किसने 1817 में 'हिन्दू कॉलेज' की स्थापना की?
(a) देवेन्द्र नाथ टैगोर (b) मृत्युंजय विद्यालंकर
(c) डेविड हरे (d) राजेन्द्र प्रसाद

25. 518 ईसा पूर्व में भारत पर आक्रमण करने वाले ईरानी शासकों में से प्रथम कौन था?
(a) कडफिसेस I (b) कडफिसेस II
(c) गॉन्डोफर्नीज (d) डेरियस

26. 'राष्ट्रगान' 'जन-गण-मन' को संविधान सभा द्वारा कब अपनाया गया था?
(a) 23 जनवरी, 1950 (b) 22 जनवरी, 1950
(c) 24 जनवरी, 1950 (d) 21 जनवरी, 1950

27. किस शासनकाल में दो निर्णायक युद्ध हुए-पानीपत का तीसरा युद्ध और बक्सर का युद्ध?
(a) बहादुर शाह I (b) शाह आलम I
(c) शाह आलम II (d) अहमद शाह

28. किस आधार पर 2300 बीसी और 1750 बीसी के बीच हड़प्पा सभ्यता का समय तय किया गया था?
(a) रेडियो-कार्बन डेटिंग (C-14)
(b) हड़प्पा सभ्यता एवं पश्चिम एशिया और हड़प्पा सभ्यता की प्राचीन सभ्यताओं के बीच सम्बन्धों का विवरण
(c) राजस्थान, गुजरात, चण्डीगढ़, हरियाणा, मध्य प्रदेश आदि में नवीनतम निष्कर्ष
(d) सामान्य मिट्टी के बर्तनों के डिजाइन और अन्य प्राचीन वस्तुएँ

29. ऋग्वेद की रचना की सबसे स्वीकार्य दिनाँक कौन-सी मानी जाती है?
(a) 1000 बीसी (b) 1500 बीसी
(c) 1500 बीसी से 1000 बीसी (d) लगभग 4500 बीसी

30. निम्नलिखित मुस्लिम शासक में से किसने देवी लक्ष्मी की आकृति छापकर सिक्कों को मुद्रित किया था?
(a) मुहम्मद गजनवी (b) इल्तुमिश
(c) मुहम्मद गोरी (d) कुतुबुद्दीन ऐबक

31. दयानन्द सरस्वती की शिक्षाओं के बारे में निम्नलिखित में से कौन-सा एक सत्य नहीं है?
(a) गाय की पूजा
(b) वेदों की अचूकता
(c) पुरुषों और महिलाओं की समानता
(d) कर्मकाण्ड और पुरोहिताई

32. निम्नलिखित में से कौन-सा वेद सबसे प्राचीन रचना थी?
(a) अथर्ववेद (b) यजुर्वेद
(c) ऋग्वेद (d) सामवेद

33. निम्नलिखित में से कौन-सा लोथल और चनहुदडो में हड़प्पा का सबसे महत्त्वपूर्ण उद्योग था?
(a) बीड बनाना (b) धातुकर्म
(c) बुनाई (d) जहाज का निर्माण

34. कौन-सा वर्तमान पुरातात्विक स्थल, मौर्य राजधानी पाटलिपुत्र का प्रतिनिधित्व करता है?
(a) चिरन्द (b) लुरिया अरारज
(c) कुम्हारहर (d) प्रहलादपुर

35. प्रथम प्रिन्टिंग प्रेस इनके द्वारा स्थापित की गई थी
(a) गुटेनबर्ग (b) एरामस
(c) एग्नेटियस लॉयला (d) थॉमस मोरे

36. रजिया दिल्ली की सुल्तान .... थीं।
(a) 1211 से 1236 तक (b) 1236 से 1240 तक
(c) 1240 से 1243 तक (d) 1243 से 1246 तक

37. ख्वाजा कुतुबुद्दीन बख्तियार काकी को कौन-सा/से वास्तुकला भवन को समर्पित किया गया था?
(a) कुतुबमीनार
(b) किला-राय-पिथौरा
(c) कुब्बत-उल-इस्लाम मस्जिद
(d) उपरोक्त में से कोई नहीं

38. .... के प्रशासन के दौरान गुप्तचरी (जासूसी) की एक कुशल प्रणाली विकसित की गई थी।
(a) शक (b) कुषाण
(c) कण्व (d) मौर्य

39. भारतीय राष्ट्रीय काँग्रेस के किस वार्षिक अधिवेशन में, भारतीय राष्ट्रीय काँग्रेस और मुस्लिम लीग दोनों एकजुट हो गए?
(a) 1916 में भारतीय राष्ट्रीय काँग्रेस के लखनऊ अधिवेशन
(b) 1918 में भारतीय राष्ट्रीय काँग्रेस के दिल्ली अधिवेशन
(c) 1917 में भारतीय राष्ट्रीय काँग्रेस के कलकत्ता अधिवेशन
(d) 1915 में भारतीय राष्ट्रीय काँग्रेस के बॉम्बे अधिवेशन

40. प्लासी की लड़ाई में जीत के परिणामस्वरूप बंगाल के नवाब कौन बने?
(a) नजीम-उद-दौला (b) मीर जाफर
(c) मीर कासिम (d) रॉबर्ट क्लाइव

41. चैतन्य की सबसे महत्त्वपूर्ण जीवनी का लेखक कौन है, जिसमें चैतन्य चरित अमृता का शीर्षक है?
(a) कृष्णदास कविराज (b) जयानन्दा
(c) वृन्दावन दास (d) नरहारी

42. भारतीय राष्ट्रीय काँग्रेस की प्रथम महिला अध्यक्ष कौन थी?
(a) सरोजिनी नायडू (b) एनी बेसेण्ट
(c) सोनिया गाँधी (d) इन्दिरा गाँधी

43. ''हर्षचरित्र'' पुस्तक का लेखक कौन था?
(a) बाण (b) कालिदास
(c) हर्ष (d) ह्वेनसाँग

44. अवन्ती के आखिरी राजा को किसने पराजित किया और उसे मगध राज्य के साथ हड़प लिया?
(a) शिशुनाग (b) बिन्दुसार
(c) उदयभद्र (d) धनानन्द

45. निम्नलिखित में से किसने अपनी यादें लिखीं?
1. अकबर 2. हुमायूँ
3. जहाँगीर

नीचे दिए गए कोड का उपयोग कर सही उत्तर का चयन करें
(a) केवल 1 और 2 (b) 1, 2 और 3
(c) केवल 3 (d) केवल 2 और 3

46. निम्नलिखित पल्लव राजाओं में से किसने काँची में कैलासनाथ मन्दिर बनाया?
(a) नन्दिवर्मन I (b) परमेश्वरवर्मन II
(c) नरसिंहवर्मन II (d) नरसिम्हावर्मन I

47. होशंगशाह इसके शासक थे
(a) मारवाड़ (b) मेवाड़
(c) खानदेश (d) मालवा

48. अंग्रेजों ने दिल्ली पर कब कब्जा किया?
(a) 1799 (b) 1800 (c) 1803 (d) 1805

49. अलाउद्दीन खिलजी सिंहासन पर आरोहित कब हुए?
(a) 1292 (b) 1296 (c) 1290 (d) 1294

50. 'जस्टिस पार्टी' कहाँ शुरू हुई थी?
(a) बिहार (b) पंजाब
(c) केरल (d) तमिलनाडु

51. दहसाला प्रणाली, इनके द्वारा प्रारम्भ किए गए सुधारों पर आधारित थी
(a) बीरबल (b) दर्द खान
(c) टोडरमल (d) फतूल्लाह सिरजी

52. प्रारम्भिक वैदिक सभ्यता का एकमात्र स्रोत है
(a) अथर्ववेद (b) ऋग्वेद
(c) यजुर्वेद (d) सामवेद

53. झाँसी के पास देवगढ़ का मन्दिर और इलाहाबाद के पास गढ़वास मन्दिर में बनी मूर्तियाँ निम्न कला के महत्त्वपूर्ण अवशेष हैं
(a) गुप्त कला (b) राष्ट्रकूट कला
(c) पल्लव कला (d) मौर्य कला

54. पुस्तक ''इण्डिका'' .... द्वारा लिखी गई थी।
(a) मेगस्थनीज (b) ह्वेनसाँग
(c) इत्सिंग (d) फाह्यान

55. सतनामिस जिन्होंने औरंगजेब के समय में विद्रोह किया और नारनौल शहर पर कब्जा कर लिया, वे इनके अनुयायी थे
(a) रविदास (b) गुरु नामक
(c) कबीर (d) दादू

56. पाषाण काल के लोगों का सबसे बड़ा आविष्कार था
(a) पहिया (b) ताँबा
(c) मिट्टी के बर्तन (d) अग्नि

57. शब्द बत्ता निम्न से सम्बन्धित है
(a) सेना (b) धर्म
(c) व्यापार (d) राजस्व

58. नन्द वंश किसके द्वारा परास्त किया गया था?
(a) बिम्बिसार (b) अजातशत्रु
(c) सिकन्दर (d) चन्द्रगुप्त मौर्य

59. शक सम्वत के आधार पर राष्ट्रीय कैलेण्डर में, चैत्र को प्रथम महीना माना जाता था और इस दिनाँक से 365 दिनों के सामान्य वर्ष को अपनाया गया
(a) 1 अप्रैल, 1957 (b) 22 मार्च, 1949
(c) 22 मार्च, 1952 (d) 22 मार्च, 1957

60. दिलवाड़ा के प्रसिद्ध जैन मन्दिर इनके द्वारा निर्मित किए गए थे
(a) गुप्ता (b) चालुक्य
(c) परमारस (d) चोल

61. प्राचीन लोगों द्वारा खोजी और उपयोग की जाने वाली पहली धातु थी
(a) पीतल (b) लोहा
(c) ताँबा (d) टिन

62. तानसेन के गुरु जिन्होंने उनकी संगीत प्रतिभा को विकसित करने में मद्द की, वे थे
(a) मुहम्मद गौस (b) कलवन्ता
(c) मिया लाल (d) स्वामी हरिदास

63. हिन्दू विधवा का पुनर्विवाह अधिनियम वर्ष .... में पारित किया गया था।
(a) 1856 (b) 1891
(c) 1872 (d) 1829

64. राष्ट्रकूट इनके सामन्त थे
(a) गुप्ता (b) चालुक्य
(c) परमारस (d) चोल

65. जैन परम्परा के अनुसार, प्रथम तीर्थंकर थे
(a) ऋषभदेव (b) हेमचन्द्र
(c) ऑगीस्रा (d) स्तुलाबहु

66. प्राचीन भारत में, पदनाम ''बनिया'' का उपयोग इनके लिए किया गया था
(a) सैन्य अधिकारी
(b) गाँव के मुखिया
(c) राजस्व किसान
(d) वंशानुगत व्यापारियों का एक वर्ग

67. बड़े बागान, आमतौर पर यूरोपीय लोगों के स्वामित्व में थे। 19वीं शताब्दी में कौन-सा महत्त्वपूर्ण बागान नहीं था?
(a) मिर्च (b) चीनी
(c) कॉफी (d) चाय

68. हमारा राष्ट्रीय गीत 'वन्दे मातरम', इनके द्वारा लिखा गया था
(a) रवीन्द्र नाथ टैगोर (b) सरत चन्द्र चटर्जी
(c) बंकिम चन्द्र चटर्जी (d) मोहम्मद इकबाल

69. पाल राजवंश के सन्दर्भ में निम्नलिखित में से कौन-सा सही नहीं है?
(a) खलीमपुर शिलालेख, पाल वंश का एक महत्त्वपूर्ण स्रोत है
(b) पाल शासकों ने कुछ शीर्षकों जैसे परमेश्वर, परमभट्टारक, महाराजाधिराज को अपनाया
(c) गोविन्द पाल, पाल वंश के संस्थापक थे
(d) विक्रमशिला विश्वविद्यालय, धर्म पाल के द्वारा निर्मित किया गया था

70. महाराष्ट्र में 1849 के सुधार आन्दोलन का नाम क्या था?
(a) धर्म सभा (b) परमहंस सभा
(c) प्रार्थना समाज (d) साधरण ब्रह्म समाज

71. 6वीं शताब्दी बी.सी. के दौरान भारत में धार्मिक आन्दोलनों का मूल कारण क्या था?
(a) वैदिक प्रथाओं के कारण बड़े पैमाने पर मवेशियों का बलिदान
(b) पूर्वी भारत में नई कृषि अर्थव्यवस्था का विस्तार
(c) ब्राह्मणों और क्षत्रिय के बीच सामाजिक संघर्ष
(d) शहरी क्रान्ति और आन्तरिक और बाहरी व्यापार में वृद्धि

72. मराठाओं द्वारा जागीर के लिए क्या शब्द इस्तेमाल किया गया था?
(a) सरनजाम (b) सरदेशमुखी
(c) वतन (d) चौथ

73. 1754 में फ्रांसीसी सेना की शुरुआती हार के कारण निम्न युद्धों में से किसमें डुप्लेक्स को वापस बुला लिया गया था?
(a) वांडीवाश का युद्ध (वांडीवाशी) (b) प्रथम कर्नाटक युद्ध में
(c) तीसरे कर्नाटक युद्ध में (d) द्वितीय कर्नाटक युद्ध में

74. हड़प्पा सभ्यता .... से सम्बन्धित थी।
(a) काँस्य युग (b) लौह युग
(c) नवपाषाण युग (d) मध्यपाषाण काल

75. किस धर्म के अनुसार, निर्वाण या मोक्ष इस पर निर्भर करता है 1. सही विश्वास, 2. सही ज्ञान और सही कार्य?
(a) शैव (b) बौद्ध धर्म
(c) जैन धर्म (d) हिन्दू धर्म

76. वास्को-डि-गामा ने यूरोप से भारत के नए और समस्त-समुद्री मार्ग की खोज की और 17 मई, 1498 को यहाँ पहुँचे
(a) कालीकट (b) कोच्चि
(c) कैन्नोर (d) सैन थोम

77. किस भारतीय को धन-निष्कासन सिद्धान्त को शुरू करने का श्रेय जाता है?
(a) डॉ. डी.आर. गडगिल (b) आर.सी. दत्ता
(c) दादाभाई नौरोजी (d) एम.के. गाँधी

78. मंगलौर की सन्धि के साथ कौन-सा आंग्ल-मैसूर युद्ध खत्म हो गया?
(a) दूसरा आंग्ल-मैसूर युद्ध
(b) चौथा आंग्ल-मैसूर युद्ध
(c) तीसरा आंग्ल-मैसूर युद्ध
(d) पहला आंग्ल-मैसूर युद्ध

79. भारत में मुगल प्रशासन में मनसबदारी प्रणाली के सम्बन्ध में निम्नलिखित में से कौन-से कथन गलत है?
(a) यह अकबर से औरंगजेब तक बदलती रही
(b) बादशाह को मंसब प्रदान करने का एकमात्र अधिकार था

(c) इसे केवल सैनिक सेटअप में स्थापित किया गया था
(d) यह मध्य एशियाई मूल का था

80. निम्नलिखित में से कौन-सा कथन भारतीय कला और वास्तुकला के सन्दर्भ में गलत है?
(a) पल्लव शासकों की सबसे उल्लेखनीय उपलब्धियाँ महाबलीपुरम के चट्टानों के मन्दिर और काँचीपुरम के मन्दिर थे
(b) भारत-अरबी वास्तुकला हिन्दू, इस्लाम और पश्चिमी तत्त्वों की विशेषताओं का संयोजन है
(c) भारतीय वास्तुकला की शुरुआत का, भारत में बौद्ध धर्म के आगमन से पता लगाया जा सकता है
(d) मध्य भारत में, परमार शासकों ने खजुराहो में एक शानदार मन्दिर परिसर का निर्माण किया

81. भारत में मुगल नियम के तहत् आम लोगों के आर्थिक जीवन के बारे में निम्नलिखित में से कौन-सा कथन गलत है?
(a) आमतौर पर लोग गरीब थे
(b) लोग अपने व्यवसाय को चुनने के लिए स्वतन्त्र थे
(c) लोगों की व्यापक और विविध औद्योगिक गतिविधि थी
(d) मुद्रा प्रणाली ने वस्तु विनिमय-प्रणाली का स्थान लिया

82. निम्नलिखित में से कौन-सा बौद्ध धर्म के "तीन रत्नों" में से एक नहीं था?
(a) बुद्ध (b) धर्म
(c) संघ (d) अहिंसा

83. भारतीय राष्ट्रीय काँग्रेस के निम्न सत्रों में से किसने परिषद् की प्रविष्टि के प्रस्ताव की हार देखी, जिसके कारण काँग्रेस-खिलाफत स्वराज्य पार्टी का निर्माण हुआ?
(a) बेलगाम सत्र, 1924
(b) लखनऊ सत्र, 1916
(c) अहमदाबाद सत्र, 1921
(d) गया सत्र, 1922

84. भारतीय दर्शनशास्त्र (इण्डियन फिलॉसफी) के निम्नलिखित स्कूलों में से कौन-से रुढ़िवादी हैं?
1. न्याय 2. मीमांसा
3. सांख्य 4. योग
5. वैशेषिक
नीचे दिए गए कोड का इस्तेमाल करते हुए सही उत्तर को चुनिए
(a) केवल 1, 3 और 4 (b) केवल 1 और 3
(c) केवल 1, 2, 3, 4 और 5 (d) केवल 5

85. निम्नलिखित में से मुगल चित्रकारी के बारे में कौन-सा कथन सत्य नहीं है?
(a) मुगल पेण्टिंगों ने छायाँकन और परिप्रेक्ष्य जैसी कुछ पश्चिमी तकनीकों को अवशोषित किया
(b) मुगल स्कूल ऑफ पेण्टिंग बाबर के शासन में आरम्भ हुई
(c) मुगल चित्रकारी अपने विषय में धर्मनिरपेक्ष है
(d) यह पेण्टिंग की स्वदेशी भारतीय शैली और फारसी पेण्टिंग के सफविद स्कूल का एक संश्लेषण था

86. निम्नलिखित में से कौन, विचार के आस्तिक स्कूल से सम्बन्धित है?
(a) बौद्ध धर्म (b) जैन धर्म
(c) आजीविका (d) वेदान्त

87. कौन-सा वेद बलिदान सूत्रों का संग्रह है?
(a) अथर्ववेद (b) ऋग्वेद
(c) यजुर्वेद (d) सामवेद

88. निम्नलिखित में से कौन-सा एक सुल्तान, अशोक स्तम्भ को दिल्ली लाया था?
(a) फिरोज तुगलक (b) अलाउद्दीन तुगलक
(c) घियासुद्दीन तुगलक (d) मोहम्मद तुगलक

89. निम्नलिखित में से कौन-सा वेद वेदत्रायी का हिस्सा नहीं है?
(a) अथर्ववेद (b) ऋग्वेद
(c) यजुर्वेद (d) सामवेद

90. चालुक्य राजा पुलकेशिन द्वितीय ने किस फारसी राजा के पास अपना दूत भेजा था?
(a) खुसरो II (b) क्षयार्षा
(c) सायरस (d) डेरियस

91. बौद्ध पाठ 'मिलिन्द पन्ह' में किस व्यक्तित्व का उल्लेख किया गया है
(a) नगासेना (b) कालीदास
(c) चाणक्य (d) हेमचन्द्र

92. जलालुद्दीन खिलजी ने विद्रोह का प्रयास करने के लिए किस सूफी सन्त को मार डाला था?
(a) उबायदुल्ला अहरार (b) सिदि मौलहा
(c) हामिदुद्दीन नागोरी (d) बाबा फरीद

93. पूर्ण मैसेडोनियाई जीत और पंजाब के कब्जे के परिणामस्वरूप कौन-सी लड़ाई हुई?
(a) ट्राफलगर की लड़ाई (b) हाइडस्पेश की लड़ाई
(c) बक्सर की लड़ाई (d) वाग्राम की लड़ाई

94. मिताक्षरा, याज्ञवल्क्य की कानून पुस्तक पर एक टीका को इनके द्वारा लिखा गया था
(a) भैरवी (b) पालाकल्पया
(c) जयादित्य (d) विज्ञानेश्वर

95. "तबकात-ए-नासिरी" .... द्वारा लिखा गया था।
(a) जलाल-उद-दीन (b) बरानी
(c) नासीर-उद-दीन (d) मिन्हाज-ए-सिराज

96. अप्पतिक और अवस्याका सूत्र, किस राजा के धार्मिक विचारों को वर्णित करते हैं?
(a) बिम्बिसार (b) अजातशत्रु
(c) चन्द्रगुप्त मौर्य (d) समुद्रगुप्त

97. मध्यकालीन भारत में, ''बन्दोबस्त प्रणाली और दहसाला प्रणाली'' को निम्नलिखित में से किसके द्वारा पेश की गई भूमि राजस्व प्रणाली के रूप में जाना जाता था?

(a) अकबर और औरंगजेब (b) अकबर और शाहजहाँ
(c) अकबर और टोडरमल (d) बाबर और अकबर

98. मुद्राशास्त्र का अर्थ है

(a) संख्याओं का अध्ययन (b) प्राचीन अवशेषों का अध्ययन
(c) सिक्कों का अध्ययन (d) शिलालेखों का अध्ययन

99. 1947 में त्रि-भाषी बॉम्बे प्रेसीडेन्सी के पहले मुख्यमन्त्री कौन थे?

(a) डी. जी. देशमुख (b) पी. के. रानडे
(c) एस. एन. खरे (d) बी.जी. खेर

100. सारनाथ में शेर की राजधानी निम्नलिखित में से किस राजा से सम्बन्धित है?

(a) कनिष्क (b) अशोक
(c) घटोत्कच (d) विक्रमादित्य

उत्तरमाला

1.	(c)	2.	(a)	3.	(a)	4.	(c)	5.	(c)	6.	(d)	7.	(a)	8.	(b)	9.	(a)	10.	(d)
11.	(a)	12.	(a)	13.	(a)	14.	(d)	15.	(c)	16.	(b)	17.	(d)	18.	(a)	19.	(c)	20.	(a)
21.	(b)	22.	(c)	23.	(a)	24.	(c)	25.	(d)	26.	(c)	27.	(c)	28.	(a)	29.	(c)	30.	(c)
31.	(d)	32.	(c)	33.	(a)	34.	(c)	35.	(a)	36.	(b)	37.	(a)	38.	(d)	39.	(a)	40.	(b)
41.	(a)	42.	(b)	43.	(a)	44.	(a)	45.	(c)	46.	(c)	47.	(d)	48.	(c)	49.	(b)	50.	(d)
51.	(c)	52.	(b)	53.	(a)	54.	(a)	55.	(c)	56.	(d)	57.	(a)	58.	(d)	59.	(d)	60.	(b)
61.	(c)	62.	(d)	63.	(a)	64.	(b)	65.	(a)	66.	(d)	67.	(a)	68.	(c)	69.	(c)	70.	(b)
71.	(a)	72.	(a)	73.	(d)	74.	(a)	75.	(c)	76.	(a)	77.	(c)	78.	(a)	79.	(c)	80.	(d)
81.	(d)	82.	(d)	83.	(d)	84.	(c)	85.	(b)	86.	(d)	87.	(c)	88.	(a)	89.	(a)	90.	(a)
91.	(a)	92.	(b)	93.	(b)	94.	(d)	95.	(d)	96.	(b)	97.	(c)	98.	(c)	99.	(d)	100.	(b)

संकेत एवं हल

1. (c) नादिरशाह के आक्रमण के दौरान भारत के शासक मुहम्मदशाह थे। नादिरशाह फारस का शासक था, इसे ईरान का नेपोलियन भी कहा जाता है। इसने मुगल बादशाह मुहम्मदशाह के शासनकाल में वर्ष 1738-39 ई. के मध्य भारत पर आक्रमण किया था नादिरशाह के आक्रमण को रोकने के लिए बादशाह ने निजामुल मुल्क, कमलुद्दीन खाँ तथा खान-ए-दौरा एवं सआदत खाँ के नेतृत्व में सेना भेजी।

   13 फरवरी, 1739 को करनाल में हुए इस युद्ध में मुगल सेना बुरी तरह पराजित हुई जिसके परिणामस्वरूप नादिरशाह ने मुगल बादशाह मुहम्मदशाह को बन्दी बना लिया तथा दिल्ली में कुल 57 दिन तक रहकर लगातार लूटपाट करता रहा। 1739 ई. में वापसी के समय नादिरशाह मुगल सिंहासन तख्त-ए-ताउस (मयूर सिंहासन), कोहिनूर हीरा तथा मुहम्मदशाह द्वारा तैयार करवाई गई हिन्दू संगीत की प्रसिद्ध विचित्र फारसी पाण्डुलिपि को भी अपने साथ ले गया।

2. (a) नादिरशाह द्वारा कैदी बनाकर लाए गए मुगल सम्राट मुहम्मदशाह थे। इस प्रश्न की व्याख्या के लिए प्रश्न संख्या (1) की व्याख्या का अध्ययन कीजिए।

3. (a) ऋग्वेद का प्रथम सूक्त अग्नि के लिए विकसित किया गया था। ऋग्वेद के प्रथम सूक्त में अग्निदेव का आह्वान किया गया है, उनकी महिमा, उनकी हर जगह उपस्थिति और उनके द्वारा मानव जीवन के कल्याण के बारे में चर्चा की गई है, उनसे विनती की गई है, कि वे यज्ञ में पधारें और यज्ञ को आगे बढ़ाएँ तथा यज्ञ करने वाले यजमान को यज्ञ के लाभ से विभूषित करें। ऋग्वेद में 10 मण्डल और 1028 सूक्त हैं, इसमें 11 बालखिल्य सूक्त भी शामिल हैं।

4. (c) 6 जून, 1674 को रायगढ़ किले में एक शानदार समारोह में शिवाजी को मराठा स्वराज का ताज पहनाया गया था। वाराणसी के प्रसिद्ध विद्वान श्री गंगा भट्ट के द्वारा इनका राज्याभिषेक करवाया गया था। यह हिन्दू कैलेण्डर के अनुसार 1596 ई. में ज्येष्ठ महीने के पहले पखवाड़े के 13वे दिन (त्रयोदशी) को हुआ था। छत्रपति शिवाजी मराठा साम्राज्य के संस्थापक थे।

5. (c) हरियाणा वर्तमान में भारत का एक राज्य है, जबकि अन्य दिए गए विक्का, कार्षापण एवं पण भारत के प्राचीनकालीन सिक्के हैं। भारत में धातु के सिक्के सर्वप्रथम गौतमबुद्ध के समय में प्रचलन में आए। पुरातात्विक स्रोतों के आधार पर अनुमान लगाया जाता है, कि 7वीं शताब्दी ई. पूर्व के लगभग पश्चिमी एशिया के अन्तर्गत यूनानी नगरों में सर्वप्रथम सिक्के प्रचलन में आए।

6. (d) महारानी दिद्दा लोहार वंश के राजा सिंहराज की पुत्री तथा काबुल के हिन्दू शाही भीमशाही की पौत्री थी। रानी दिद्दा का विवाह कश्मीर के शासक झेमगुप्त के साथ हुआ था।

   रानी दिद्दा के पति झेमगुप्त शारीरिक रूप से कमजोर थे, जिसके कारण इन्होंने कश्मीर पर शासन किया, 1003 ई. में इनकी मृत्यु हो जाने के कारण इनके पुत्र संग्रामराव गद्दी पर बैठे रानी दिद्दा के शासन का वृत्तान्त कल्हण की राजतरंगिणी में मिलता है।

7. (a) विजयनगर साम्राज्य के महान शासक राजा कृष्णदेव राय 1509 ई. में विजयनगर साम्राज्य की राजगद्दी पर बैठे, इन्होंने अपनी मृत्यु (1529 ई.) तक शासन किया। इनके शासनकाल में विजयनगर ऐश्वर्य एवं शक्ति के दृष्टिकोण से अपने चरत्मोत्कर्ष स्थिति में था।

8. (b) दिल्ली सल्तनत काल में गाँव के प्रशासन के प्रमुख अधिकारी या गाँव के सरपंच को मुकद्दम या चौधरी कहा जाता था। सल्तनत काल में भारत में एक नई प्रशासनिक व्यवस्था की शुरुआत हुई, जो मुख्य रूप से अरबी-फारसी पद्धति पर आधारित थी। सल्तनत काल में प्रशासनिक व्यवस्था पूर्ण रूप से इस्लाम धर्म पर आधारित होती थी, जिसमें उलेमाओं की महत्त्वपूर्ण भूमिका होती थी।

9. (a) राजराज चोल I दक्षिण भारत के चोल राजवंश के महान् सम्राट थे जिनका शासनकाल 985 से 1014 ई. तक था, इनके शासन में चोलों ने दक्षिणी में श्रीलंका तथा उत्तर में कलिंग तक साम्राज्य का विस्तार किया। राजराज चोल ने कई सैन्य अभियान का नेतृत्व भी किया तथा उसने सफलता प्राप्त की, इन सैन्य अभियानों के फलस्वरूप मालाबार तट, मालदीव एवं श्रीलंका पर विजय प्राप्त की।

10. (d) शुंग वंश के अतिम शासक देवभूति के मन्त्री वायुदेव ने उनकी हत्या कर सत्ता प्राप्त की तथा कण्व वंश की स्थापना की। इस वंश के शासकों ने 75 ई.पूर्व से 30 ई.पूर्व तक शासन किया तथा वैदिक धर्म एवं संस्कृति को संरक्षित किया, जो परम्परा शुंगों ने प्रारम्भ की थी, उसे कण्व वंश ने भी जारी रखा।

11. (a) अजातशत्रु, हर्यंक वंश के संस्थापक एवं प्रथम शासक बिम्बिसार का पुत्र था, जिसने अपने पिता बिम्बिसार की हत्या कर मगध की राजगद्दी प्राप्त की।

    इसने वज्जि महाजनपद के विरुद्ध युद्ध किया तथा इस महाजनपद हराकर मगध की राजनीतिक सर्वोच्चता की नींव रखी। इसने कोसल एवं काशी को भी पराजित किया था। यह गौतम बुद्ध का समकालीन था।

12. (a) भागादूधा या भाग नामक कर को उत्तर वैदिककाल में वसूला जाता था। वह काल जिसने ऋग्वैदिक युग का अनुसरण किया उत्तरकालीन युग के नाम से जाना जाता है, यह युग बाद के तीन वेद संहिता सामवेद संहिता, यजुर्वेद संहिता तथा अथर्ववेद संहिता तथा साथ ही साथ ब्राह्मण एवं चार वेदों के उपनिषदों एवं बाद में दो महान काव्यों का गवाह बना। इस युग में समुद्री व्यापार का उल्लेख मिलता है।

13. (a) सल्तनत में उच्चतम न्यायिक अधिकारी को काजी-उल-कुज्जत कहा जाता था। सल्तनत काल में न्याय सम्बन्धी कार्यों के लिए एक पृथक् विभाग की स्थापना की गई थी, जिसे दीवान-ए-कजा कहा जाता था तथा इस विभाग के अध्यक्ष या उच्चतम न्यायिक अधिकारी काजी-ए-मुमालिक अथवा काजी-ए-कुज्जत कहलाता था।

14. (d) अकबर के शासनकाल के शुरुआती वर्षों में बैरम खाँ उसके शासक के रूप में कार्य करता था। अकबर 1556 से 1560 ई. तक बैरम खाँ के संरक्षण में रहा, इस दौरान बैरम खाँ वजीर पद पर आसीन रहा। अकबर ने बैरम खाँ को खान-ए-खाना की उपाधि दी थी। बैरम खाँ ने अकबर की स्थिति सुदृढ़ करने में बड़ी सकारात्मक भूमिका निभाई।

15. (c) राजा बनने के बाद अशोक की एकमात्र जीत का उल्लेख उसके रॉक अध्यादेश XIII (13वाँ शिलालेख) में किया गया है। सम्राट अशोक के 13वें शिलालेख में कलिंग युद्ध का वर्णन दिया गया है। अशोक के अभिलेख राजादेश के रूप में जारी किए गए हैं, वह पहला ऐसा शासक था, जिसने अभिलेखों के द्वारा जनता को सम्बोधित किया।

16. (b) गायत्री मन्त्र सावित्री (एक सौर/सूर्य देवता) को समर्पित हैं। गायत्री मन्त्र को सूर्य देव का रूप माना जाता है, लोकप्रिय गायत्री मन्त्र ऋग्वेद के तीसरे मण्डल में दिया गया है, जो देवता सावित्री (सूर्य) को समर्पित है। इस मन्त्र की रचना महर्षि विश्वामित्र ने की थी।

17. (d) बौद्ध धर्म ग्रहण करने के एक वर्ष बाद तक अशोक साधारण उपासक रहा तथा इस बीच उसने बौद्ध धर्म के प्रचार-प्रसार के लिए धम्म प्रचारकों की नियुक्ति की तथा इन्हें अनेक देशों में भेजा। अशोक ने धम्म प्रचार हेतु कश्मीर, गान्धार, यवन (सीरिया), महाराष्ट्र, श्रीलंका, सुवर्ण भूमि इत्यादि देशों में भेजा था।

18. (a) मगध पर शासन करने वाला प्रथम शासकीय वंश हर्यंक वंश था। बिम्बिसार इस वंश का पहला साम्राज्यवादी शासक था, इसे श्रेणिक के नाम से भी जाना जाता है, इसने गिरिव्रज (राजगृह) को मगध साम्राज्य की राजधानी बनाया विजय और विस्तार की नीति अपनाते हुए अंग देश पर अधिकार कर लिया।

इसने अपनी स्थिति मजबूत करने के लिए वैवाहिक सम्बन्ध भी स्थापित किया। इसके शासनकाल में मगध छठी शताब्दी ईसा पूर्व में एक प्रमुख क्षेत्रीय शक्ति के रूप में उभरा।

19. (c) इस्लाम धर्म के संस्थापक मुहम्मद पैगम्बर साहब की मृत्यु के बाद उनके राजनीतिक अधिकार उम्मा को स्थानान्तरित कर दिया गया था।

20. (a) तमिल के बाद द्रविड़ परिवार की भाषाओं में से प्राचीन कन्नड़ भाषा है। कन्नड़ भाषा दक्षिण-पश्चिम भारत के कर्नाटक राज्य की राजभाषा है, जो दक्षिण शाखा से सम्बद्ध है एवं साहित्यिक परम्परा वाली चार प्रधान द्रविड़ भाषाओं में दूसरी सबसे प्राचीन भाषा है, इस भाषा की उत्पत्ति ब्राह्मी लिपि से मानी जाती है।

21. (b) बौद्ध पाठ्य विसुद्धिमग्ग की रचना बुद्धघोष ने की थी बुद्धघोष प्रसिद्ध बौद्ध विद्वान/आचार्य थे, जिन्होंने पालि साहित्य को समृद्ध किया था। बौद्धआचार्य बुद्धघोष का जीवन चरित्र गन्धवंश, बुद्धघोसुपति सद्धम्मसंग्रह इत्यादि में मिलता है।

इनकी प्रमुख रचनाएँ पपंचसूदनी, लारत्यपकालिनी, सामंत पासादिका के खावितरणी, जातक-अट्टखण्णना, बिसुद्धिमग्ग, धम्मपद-अट्टकथा इत्यादि है।

22. (c) वहादत-उल-वुजुद के सूफी दर्शन का प्रचारक इब्न-अल-अरबी था। इब्न-अल-अरबी (अल-कुशायरी) मुस्लिम विद्वान कवि दार्शनिक तथा सूफी मत मानने वाले विद्वान थे, इन्होंने इस्लामी धर्म के सूफी दर्शन वहादत-उल-वजुद का प्रचार-प्रसार किया। यह सूफी दर्शन सिद्धान्त ब्रह्मवाद के बारे में अर्थात् संसार में केवल एक ईश्वर है दर्शन पर आधारित है।

23. (a) भारत के महान क्रान्तिकारी सचिन्द्रनाथ सान्याल, हिन्दुस्तान रिपब्लिकन आर्मी (हिन्दुस्तान सोशलिस्ट रिपब्लिकन एसोसिएशन) के सह संस्थापक थे। ये चन्द्रशेखर आजाद, भगत सिंह, जैसे क्रान्तिकारियों के गुरु थे।

वर्ष 1912 में दिल्ली में इन्होंने रासबिहारी बोस के साथ तत्कालीन वायसराय हार्डिंग पर हमला किया तथा फरवरी 1915 में गदर षड्यन्त्र की योजनाओं में भी शामिल थे, इन सभी साजिशों के कारण इन्हें आजीवन कारावास की सजा सुनाई गई तथा अण्डमान एवं निकोबार द्वीप समूह में सेलुलर जेल में कैद कर लिया गया।

24. (c) वर्ष 1817 में कलकत्ता में हिन्दू कॉलेज की स्थापना डेविड हरे ने की थी। वर्ष 1817 में महान समाज सुधारक राजा राममोहन राय ने देशवासियों को आधुनिक शिक्षा के लिए कलकत्ता में डेविड हरे के प्रयासों से हिन्दू कॉलेज की स्थापना की। यह पाश्चात्य पद्धति पर उच्च शिक्षा देने वाला भारत का प्रथम कॉलेज था।

25. (d) 518 ईसा पूर्व में भारत पर आक्रमण करने वाले ईरानी शासकों में से डेरियस प्रथम था।

डेरियस प्रथम अथवा 'दारा प्रथम' ईरान के अखामनी वंश का तीसरा सबसे शक्तिशाली और प्रसिद्ध राजा था, इसे धार्मिक सहिष्णुता एवं अपने शिलालेखों के लिए जाना जाता था।

डेरियस प्रथम के 'हमदान' एवं 'पारसीपोलिस' एवं नक्शेरुस्तम से प्राप्त अभिलेख में भारतीयों का उल्लेख भी उसकी प्रजा के रूप में किया गया है। हेरोडोटस के अनुसार गांधार उसके साम्राज्य का 7वाँ प्रान्त तथा सिन्धु घाटी (भारत) 20वाँ प्रान्त था।

26. (c) रविन्द्रनाथ टैगोर ने भारत का राष्ट्रगान 'जन गण मन' बंगाली भाषा में लिखा था, जिसके हिन्दी संस्करण को 24 जनवरी, 1950 को संविधान सभा द्वारा राष्ट्रगान के रूप में अपनाया गया।

27. (c) मुगल शासक शाह आलम द्वितीय का नाम अली गौहर था, शाहआलम द्वितीय ने साम्राज्य में प्रारम्भिक वर्ष अपनी राजधानी से दूर व्यतीत किए। इसके समय में पानीपत का तृतीय युद्ध (1761 ई.) तथा बक्सर का युद्ध (1764 ई.) में हुआ। बक्सर के युद्ध में इसने बंगाल के अपदस्थ नवाब मीर कासिम का साथ दिया जिसमें पराजित होने के बाद इसे अंग्रेजों के साथ इलाहाबाद की सन्धि करनी पड़ी।

28. (a) रेडियो-कार्बन डेटिंग (c-14) पद्धति के आधार पर 2300 बीसी और 1750 बीसी के बीच हड़प्पा सभ्यता का समय तय किया गया था। रेडियोकार्बन c-14 का प्रयोग पुरातत्व जीव विज्ञान में जन्तुओं एवं पौधों के प्राप्त अवशेषों के आधार पर जीवनकाल समय चक्र का निर्धारण किया जाता है।

29. (c) ऋग्वेद की रचना की सबसे स्वीकार्य दिनाँक 1500 बीसी से 1000 बीसी मानी जाती है। ऋग्वेद में 10 मण्डल और 1028 सूक्त हैं, इसमें 11 बालखिलय सूक्त शामिल है। ऋग्वेद की भाषा वैदिक संस्कृत (प्राक् संस्कृत) तथा शैली पद्यात्मक है।

30. (c) तुर्की शासक मुहम्मद गोरी ने अपना सर्वप्रथम स्वर्ण निर्मित सिक्का देवी लक्ष्मी को ही समर्पित किया। इन सिक्कों पर एक और मुहम्मद गोरी देवनागरी लिपि में अंकित है, तो दूसरी ओर पद्मासन देवी लक्ष्मी की आकृति मुद्रित थी।

31. (d) महर्षि स्वामी दयानन्द सरस्वती आधुनिक भारत के चिन्तक एवं आर्य समाज के संस्थापक थे, इन्हें अपनी शिक्षा में गाय की पूजा, वेदों की महत्ता तथा पुरुषों व महिलाओं में समानता इत्यादि पर बल दिया। इन्हें वेदों को सर्वश्रेष्ठ बताया तथा उसका अध्ययन हर भारतीय को करने के लिए कहा ''इन्होंने वेदों की ओर लौटो'' प्रसिद्ध नारा दिया था।

32. (c) चार वेदों में (ऋग्वेद, यजुर्वेद, सामवेद और अथर्ववेद) सबसे पुराना वेद ऋग्वेद है। ऋग्वेद वैदिक संस्कृत भजनों का एक प्राचीन भारतीय संग्रह है। यह संस्कृत में रचित एक धार्मिक ग्रन्थ है, जिसकी उत्पत्ति प्राचीन भारत में हुई थी। ऋग्वेद 10 पुस्तकों में विभाजित है, जिन्हें मण्डल के नाम से जाना जाता है, जिसमें 1028 सूक्तों का संग्रह है।

33. (a) बीड बनाना सिन्धु घाटी सभ्यता के नगर लोथल एवं चन्हूदडो के सबसे महत्त्वपूर्ण उद्योग थे।

हड़प्पा/सिन्धु घाटी सभ्यता में व्यापार एवं वाणिज्य का अत्यधिक महत्त्व था। यहाँ के समृद्ध नगर व्यापार और वाणिज्य की सफलता के परिचायक थे। व्यापार भारत के अन्दरूनी क्षेत्रों और विदेशों में स्थल मार्ग व जलमार्ग द्वारा किया जाता था।

34. (c) बिहार की राजधानी पटना के पास स्थित कुम्हारहर पुरातात्विक स्थल है, जो मौर्य राजधानी पाटलिपुत्र का प्रतिनिधित्व करती है.

बिहार की राजधानी पटना का पुराना नाम पाटलिपुत्र है, पवित्र गंगा नदी के दक्षिणी तट पर बसे शहर को लगभग 2000 वर्ष पूर्व पाटलिपुत्र के नाम से जाना जाता है। मगध सम्राट अजातशत्रु के उत्तराधिकारी उदयिन ने अपनी राजधानी राजगृह से पाटलिपुत्र स्थानान्तरित किया तथा बाद में चन्द्रगुप्त मौर्य ने यहाँ साम्राज्य स्थापित कर अपनी राजधानी बनाई।

35. (a) प्रथम प्रिन्टिंग प्रेस गुटेनबर्ग द्वारा स्थापित की गई थी। जर्मन निवासी जोहान्स गुटेनबर्ग ने दुनिया को पहला यान्त्रिक जंगम प्रकार का प्रिन्टिंग प्रेस विकसित किया था जो आधुनिक मानव इतिहास में एक मील का पत्थर के रूप में माना जाता है, प्रिन्टिंग प्रेस ने पुनर्जागरण प्रोटेस्टेंट सुधार एवं ज्ञान के प्रसार एवं प्रसार में महत्त्वपूर्ण भूमिका निभाई।

36. (b) रजिया सुल्तान भारत की प्रथम महिला शासक थी, जिसका जन्म 1205 में हुआ था, उसने देश पर 1236-1240 ई. तक शासन किया। यह एक साहसी सुल्तान थी और दिल्ली के सिंहासन पर नियन्त्रण और हस्तक्षेप करने वाली पहली मुस्लिम महिला थी। ये 1236 में दिल्ली की शासिका बनी तथा 1240 ई. में कुछ षड्यन्त्रकारियों ने इनकी हत्या कर दी।

37. (a) ख्वाजा कुतुबुद्दीन बख्तियार काकी को कुतुबमीनार वास्तुकला भवन को समर्पित किया गया था। कुतुबमीनार दिल्ली शहर के **महरौली** भाग में स्थित ईंट से बनी विश्व की सबसे ऊँची मीनार है, इसका निर्माण ख्वाजा कुतुबुद्दीन बख्तियार काकी की याद में गुलाम वंश के शासक कुतुबुद्दीन ऐबक ने 1199 ई. में करवाया, जिसे इल्तुतमिश द्वारा पूरा करवाया गया।

38. (d) मौर्य के प्रशासन के दौरान गुप्तचरी (जासूसी) की एक कुशल प्रणाली विकसित की गई थी। इस काल में गुप्तचरों को गूढ़ पुरुष तथा इसके प्रमुख अधिकारी को महामात्यावसर्प कहा गया है, अर्थशास्त्र में दो प्रकार के गुप्तचरों का वर्णन है।

संस्था जो संगठित होकर कार्य करते थे तथा संचरा जो घुमक्कड़ होते थे।

39. (a) वर्ष 1916 में भारतीय राष्ट्रीय काँग्रेस के लखनऊ अधिवेशन में भारतीय राष्ट्रीय काँग्रेस एवं मुस्लिम लीग दोनों एकजुट हो गए थे। वर्ष 1916 के इस अधिवेशन की अध्यक्षता अम्बिका चरण मजूमदार ने की थी, इस अधिवेशन में काँग्रेस के दो गुट गरम दल एवं नरम दल को एक मंच पर लाया गया तथा इसके साथ काँग्रेस और मुस्लिम लीग के बीच ऐतिहासिक लखनऊ समझौता भी हुआ।

40. (b) 23 जून, 1757 को अंग्रेजों और बंगाल के नवाब सिराजुद्दौला के बीच प्लासी का महत्त्वपूर्ण युद्ध हुआ, जिसमें सिराजुद्दौला तथा उसके वफादार मीर मदान एवं मोहनलाल मारे गए। इस युद्ध में मीर जाफर राय दुर्लभ व जगत सेठ इत्यादि ने अंग्रेजों का साथ दिया। प्लासी के युद्ध की सफलता के बाद अंग्रेजों ने मीर जाफर को बंगाल का नवाब बना दिया।

41. (a) चैतन्य की सबसे महत्त्वपूर्ण जीवनी ''चैतन्य चरित्रामृत'' के लेखक कृष्णदास कविराज हैं, चैतन्य चरितामृत कृष्णदास कविराज द्वारा रचित एक प्रसिद्ध ग्रन्थ है, जिसमें चैतन्य महाप्रभु की विस्तृत जीवनी, उनके भक्तों एवं शिष्यों के उल्लेख के साथ-साथ गौड़ीय वैलावो की दार्शनिक एवं भक्ति सम्बन्धी विचारधारा का दर्शन है।

42. (b) श्रीमती एनी बेसेण्ट भारतीय राष्ट्रीय काँग्रेस की पहली महिला अध्यक्ष थी, उन्होंने वर्ष 1917 के कलकत्ता अधिवेशन में कांग्रेस की अध्यक्षता की। यह आयरिश मूल की थी और उन कुछ विदेशियों में से एक थी जिन्होंने भारतीय स्वतन्त्रता आन्दोलन में महत्त्वपूर्ण भूमिका निभाई थी। इन्होंने वर्ष 1916 में इण्डियन होमरूल लीग की स्थापना की।

43. (a) हर्षचरित्र/हर्षचरित्रम् बाणभट्ट द्वारा रचित प्रसिद्ध संस्कृत ग्रन्थ है, इसमें भारतीय सम्राट हर्षवर्द्धन का जीवन चरित्र वर्णित है। ऐतिहासिक कथानक से सम्बन्धित यह संस्कृत का सबसे प्राचीन ग्रन्थ है। यह ग्रन्थ आठ अध्यायों में विभाजित है।

44. (a) बौद्ध साहित्य के अनुसार राजा नागदशक (दर्शक) को नागरिकों द्वारा निष्कासित कर शिशुनाग का चयन किया गया, शिशुनाग ने मगध साम्राज्य पर सत्ता स्थापित कर शिशुनाग वंश की स्थापना की। शिशुनाग ने शासन के दौरान अवन्ती राज्य को जीत कर मगध साम्राज्य को नियन्त्रण में ले लिया अर्थात् मगध साम्राज्य में मिला लिया। कालाशोक इसका उत्तराधिकारी था जिसके समय में द्वितीय बौद्ध संगीति का आयोजन हुआ था।

45. (c) मुगल बादशाह जहाँगीर ने अपनी यादें, 'जहाँगीरनामा', तुजुक-ए-जहाँगीरी, संस्मरण पुस्तकें लिखी हैं यह जहाँगीर की फारसी भाषा में लिखी गई कृति है, जिसमें वह अपनी परिस्थितियों एवं घटनाओं का उल्लेख करता है। यह पुस्तक 17वीं शताब्दी के विभिन्न ऐतिहासिक एवं महत्त्वपूर्ण घटनाओं के बारे में जानकारी प्रदान करती है, जो भारतीय उपमहाद्वीप में घटित हुई थी।

46. (c) पल्लव शासक नरसिंहवर्मन द्वितीय ने काँची में कैलाशनाथ मन्दिर बनवाया था। इसने कला एवं साहित्य के क्षेत्र में महत्त्वपूर्ण योगदान देते हुए मन्दिर निर्माण की राजसिंह शैली को विकसित किया। इसने काँची के कैलाशनाथ मन्दिर का निर्माण करवाया, जिसे राजसिद्धेश्वर मन्दिर भी कहा जाता है, इसी मन्दिर के निर्माण से द्रविड़ स्थापत्य कला की शुरुआत हुई।

47. (d) होशंगशाह, मालवा के शासक थे। होशंगशाह या अलव खाँ मालवा क्षेत्र का औपचारिक रूप से नियुक्त प्रथम इस्लामिक राजा/शासक था, इसे हुशंगशाह गोरी के नाम से भी जाना जाता है। यह मालवा की गद्दी पर 1406 ई. में बैठा तथा इसने अपनी राजधानी माण्डू बनाई।

48. (c) दिल्ली की लड़ाई 11 सितम्बर, 1803 को ब्रिटिश सेना जनरल लेके के नेतृत्व में और सिन्धिया के मराठा जनरल लुई बोरक्विन के नेतृत्व में यह लड़ाई लड़ी गई। यह लड़ाई यमुना नदी के पार पटपड़गंज में लड़ी गई, जिसमें मराठों की पराजय हुई तथा अंग्रेजों का दिल्ली पर कब्जा हो गया।

49. (b) अलाउद्दीन खिलजी दिल्ली सल्तनत का खिलजी वंश का दूसरा शासक था, जो 1296 ई. को राजगद्दी पर आसीन हुआ। उसका साम्राज्य अफगानिस्तान से लेकर उत्तर-मध्य भारत तक फैला था। इसका राज्यभिषेक दिल्ली में लाल महल में हुआ। सत्ता में आने पर अलाउद्दीन ने परोपकारिता एवं मानवतावाद पर आधारित शासन के सिद्धान्त को अस्वीकार कर कठोरता एवं आतंक को अपने शासन का आधार बनाया।

50. (d) 'जस्टिस पार्टी' तमिलनाडु में शुरू हुई थी। यह 20वीं सदी के आरम्भ में उभरने वाली एक जाति आधारित आन्दोलन को संचारित करने के लिए निर्मित संगठन था। मद्रास (वर्तमान चेन्नई) में वर्ष 1915-16 में मंझोली जाति के सी.एन. मुलियार, टी एन नायर तथा पी. त्यागराज शेट्टी ने जस्टिस पार्टी की स्थापना की।

51. (c) दहसाला प्रणाली राजा टोडरमल के किए गए सुधारों पर आधारित थी। मुगल बादशाह अकबर के वित्त मन्त्री राजा टोडरमल ने राजस्व एकत्र करने की व्यवस्था शुरू की जिसे जस्ती व्यवस्था या दहलाला प्रणाली के नाम से जाना गया। इस व्यवस्था में वर्ष में हुई फसल की पैदावार एवं उत्पादन लागत का सावधानीपूर्वक सर्वेक्षण किया जाता था।

52. (b) प्रारम्भिक वैदिक सभ्यता का एकमात्र साहित्यिक स्रोत ऋग्वेद को माना जाता है। प्रारम्भिक वैदिक काल/सभ्यता को ऋग्वैदिक काल भी कहा जाता है, यह इण्डो-आर्यन की सभ्यता थी। वैदिक सभ्यता मूलतः ग्रामीण थी। समाज पितृसत्तात्मक था। समाज की सबसे छोटी इकाई परिवार या कुल थी जिसका मुखिया पिता होता था, जिसे कुलप कहा जाता था किन्तु पितृसत्तात्मक समाज होते हुए भी महिलाओं को सम्मान दिया जाता था।

53. (a) झाँसी (वर्तमान ललितपुर जिला) के पास देवगढ़ मन्दिर और प्रयागराज के पास गढ़वास मन्दिर में बनी मूर्तियाँ गुप्त कला के महत्त्वपूर्ण अवशेष हैं। गुप्त काल भारतीय इतिहास का स्वर्ण युग कहलाता है, इतिहासकारों ने इसे क्लासिकल युग भी कहा है।

इस युग में साहित्य एवं कला का विकास हुआ। गुप्तकाल की मूर्ति कला ने धार्मिक भाव की प्रधानता थी। देवगढ़ मन्दिर में बनी विष्णु की शेषशायी प्रतिमा तथा कृष्ण लीला दृश्य इत्यादि मूर्तियाँ तथा गढ़वास स्थित वैष्णव मूर्तियाँ गुप्तकला का उत्कृष्ट नमूना पेश करती हैं।

54. (a) मेगस्थनीज, सेल्युकस निकेटर द्वारा चन्द्रगुप्त मौर्य की राजा सत्ता में भेजा गया एक यूनानी राजदूत था, यह मौर्यों की राजधानी पाटलिपुत्र में 304 से 299 ईसा पूर्व के मध्य आया था। यह बहुत समय तक मौर्य दरबार में रहा तथा भारत में रहकर उसने जो भी कुछ देखा एवं सुना उसे उसने इण्डिका नामक अपनी पुस्तक में लिपिबद्ध किया, इसके इस ग्रन्थ से मौर्ययुग की समृद्धि का पता चलता है।

55. (c) कबीर के अनुयायी सतनामी/सत्नामिस ने मुगल शासक औरंगजेब के शासनकाल में 1672 ई. में विद्रोह किया था।

यह विद्रोह तब शुरू हुआ जब मुगल सैनिक ने एक सतनामी को मार डाला तथा बाद में वह स्वयं सतनामी द्वारा मारा गया। इसके बाद मुगल सेनाओं एवं सतनामियों के बीच झड़प हुई, जिसमें सतनामियों ने मुगल बैरक को नष्ट कर नारनौल शहर पर आधिपत्य कर लिया। सतनामी की स्थापना 1657 ई. में सन्त बीरभान ने हरियाणा के नारनौल में की थी।

56. (d) पाषाण काल के लोगों का सबसे बड़ा आविष्कार आग था। पाषाण काल का तात्पर्य उस काल से है, जब मानव पत्थरों पर काफी निर्भर था, वह पत्थर के औजार से शिकार, पाषाण गुफा में निवास व पत्थर से आग उत्पन्न करता था। यह मानव विकास का आरम्भिक काल था। जिसे तीन मुख्य चरणों पुरापाषाण काल, मध्य पाषाणकाल तथा नवपाषाण काल में बाँटा गया है।

57. (a) प्रश्न में दिया शब्द 'बत्ता' सेना से सम्बन्धित है। बट्टा या बत्ता ब्रिटिश भारत में ब्रिटिश अधिकारियों, सैनिकों तथा भारत सेवारत् अन्य लोगों को विशेष आधार पर अतिरिक्त दिए जाने वाला भत्ता था।

58. (d) चन्द्रगुप्त मौर्य ने अपने गुरु चाणक्य/ कौटिल्य के सहयोग से सर्वप्रथम उत्तर-पश्चिम सीमा को विजित किया, क्योंकि सिकन्दर के बाद यहाँ अव्यवस्था फैली हुई थी। पश्चिमोत्तर क्षेत्र की विजय के बाद चन्द्रगुप्त मौर्य ने पर्वतक (पोरस) नामक राजा के सहयोग से मगध पर विजय प्राप्त की तथा नन्द वंश के अन्तिम शासक धनानन्द की हत्या कर 'मगध' में मौर्य साम्राज्य की स्थापना की।

59. (d) चैत्र प्रतिपदा 1879 अर्थात् 22 मार्च, 1957 को शक सम्वत को भारत में राष्ट्रीय कैलैण्डर के रूप में अपनाया गया। भारत में यह भारत के राजपत्र आकाशवाणी द्वारा प्रसारित समाचार एवं भारत सरकार द्वारा घटी संचार विज्ञप्तियों में ग्रेगोरियन कैंलेडर के साथ प्रयोग किया जाता है।

60. (b) दिलवाड़ा का प्रसिद्ध जैन मन्दिर 11वीं से 13वीं शताब्दी के दौरान चालुक्य राजाओं वास्तुपाल एवं तेजपाल नामक दो भाईयों द्वारा 1231 ई. में बनवाया गया था। यह मन्दिर राजस्थान के सिरोही जिले के माउण्ट आबू नगर में स्थित है, यह मन्दिर वस्तुतः पाँच मन्दिरों का समूह है।

61. (c) प्राचीन लोगों द्वारा खोजी और उपयोग की जाने वाली पहली धातु ताँबा थी। ताँबा मानव द्वारा उपयोग की जाने वाली उन धातुओं में से एक थी, जिसका उपयोग प्राचीनकाल से ही होता आ रहा है। सर्वप्रथम इस धातु की खोज एवं प्रयोग करने वाले मेसोपोटामिया सभ्यता के लोग थे।

62. (d) प्रसिद्ध गायक तानसेन एवं बैजू बावरा के गुरु स्वामी हरिदास शास्त्रीय संगीतकार एवं कृष्णोपासक सखी सम्प्रदाय के प्रवर्तक थे। इन्हें ललिता सखी का अवतार माना जाता है। यह वैष्णव भक्त, उच्च कोटि के संगीतज्ञ, प्राचीन शास्त्रीय संगीत के अद्भुत विद्वान एवं चतुष ध्रुवदशैली के रचयिता हैं।

63. (a) हिन्दू विधवा का पुनर्विवाह अधिनियम वर्ष 1856 में पारित किया गया था, इस अधिनियम को लॉर्ड डलहौजी के शासनकाल के दौरान तैयार किया गया था तथा 1856 में लॉर्ड कैनिंग के शासन में पारित किया गया। इस अधिनियम ने उन सभी विधवाओं को वे अधिकार और विरासत प्रदान किए, जो उन्हें उनकी शादी के पहले मिले थे।

64. (b) राष्ट्रकूट वंश के प्रान्त अभिलेख के अनुसार राष्ट्रकूट वंश का मूल निवास स्थान लातूर महाराष्ट्र (बीदर) का क्षेत्र माना गया है, जो भारत में है।

इस वंश का अपना स्वतन्त्र शासन स्थापित करने से पूर्व राष्ट्रकूट बादामी के चालुक्यों के सामन्त थे। इस वंश के शासकों ने महाराष्ट्र में प्रसिद्ध एलोरा एवं एलिफेण्टा गुफा मन्दिरों का निर्माण करवाया था। राष्ट्रकूट शैव, वैष्णव के साथ-साथ जैन धर्म के भी अनुयायी थे।

65. (a) जैन परम्रा के अनुसार ऋषभदेव प्रथम तीर्थकर है। इनका जन्म अयोध्या में हुआ था, इन्होंने कैलाश पर्वत पर शरीर त्याग किया था। भगवत पुराण में ऋषभदेव को विष्णु का अवतार माना गया है। जैन धर्म में कुल 24 तीर्थंकर हुए। जैन धर्म के 24वें तीर्थंकर महावीर स्वामी थे, जिन्हें जैन धर्म का वास्तविक संस्थापक माना जाता है।

66. (d) प्राचीन भारत में, पदनाम 'बनिया या वनिया' का उल्लेख वंशानुगत व्यापारियों का एक वर्ग के लिए किया गया था।

बनिया भारत की प्रमुख जाति है, जो व्यापार एवं वाणिज्य से सम्बन्धित है। बनिया शब्द की उत्पत्ति संस्कृत शब्द वाणिज्य से मानी जाती है।

67. (a) बड़े बागान, आमतौर पर यूरोपीय लोगों के स्वामित्व में थे। 19वीं शताब्दी में मिर्च का बागान नहीं था।

68. (c) बंकिम चन्द्र चटर्जी द्वारा लिखित 'वन्दे मातरम्' गीत भारत का राष्ट्रीय गीत है। सर्वप्रथम इस गीत को वर्ष 1896 में काँग्रेस के कलकत्ता अधिवेशन में गाया गया था।

बंकिम चन्द्र चटर्जी/चट्टोपाध्याय बांग्ला भाषा के प्रख्यात उपन्यासकार, कवि, गद्यकार एवं पत्रकार थे। इन्होंने अपने प्रसिद्ध उपन्यास 'आनन्द मठ' के अन्तर्गत 'वन्दे मातरम्' को संग्रहित किया गया है।

69. (c) 'गोपाल' पाल वंश का संस्थापक था, उन्होंने पाल साम्राज्य की नींव रखी तथा न केवल बंगाल में राजनीतिक अराजकता की स्थिति को समाप्त किया, बल्कि मगध में पाल प्रभुत्व को भी बढ़ाया। गोपाल के उत्तराधिकारी उनके पुत्र धर्मपाल थे, जिन्होंने विक्रमशिला विश्वविद्यालय की स्थापना की। पाल वंश के शासकों ने परमेश्वर, परमभट्टारक, महाराजाधिराज की उपाधि धारण की, इस वंश के शासक की जानकारी का एक महत्त्वपूर्ण स्रोत खलीमपुर शिलालेख है।

70. (b) महाराष्ट्र में 1849 के सुधार आन्दोलन का नाम परमहंस सभा था। परमहंस सभा/मण्डली 1849 में महाराष्ट्र में स्थापित सामाजिक धार्मिक समूह था, इस सभा की स्थापना दुर्गाराम मेहताजी एवं दादोबा पाण्डुरंग तथा इनके दोस्तो ने मिलकर की, ये सभा एक ईश्वर पर विश्वास करते थे और जाति बन्धन से मुक्त रहने की बात करते थे।

71. (a) 6वीं शताब्दी बी.सी. (ई.पू.) के दौरान भारत में धार्मिक आन्दोलनों का मूल कारण वैदिक प्रथाओं के कारण बड़े पैमाने पर मवेशियों का बलिदान था।

छवी शताब्दी ई.पू. में मध्य गंगा की घाटी में कुछ धार्मिक सम्प्रदायों का उदय हुआ, जिसमें जैन एवं बौद्ध धर्म प्रमुख सम्प्रदाय थे। इन धार्मिक सम्प्रदायों में उपनिषदों द्वारा तैयार वैधानिक पृष्ठभूमि के आधार पर पुरातन वैदिक ब्राह्मण धर्म के अनेक दोषों पर प्रहार किया, इसलिए इसे सुधारवादी आन्दोलन भी कहा जाता है।

72. (a) मराठाओं द्वारा जागीर के लिए सरनजाम शब्द का इस्तेमाल किया गया था।

मराठा काल में शिवाजी ने अपने सैनिकों को जागीर अर्थात् सरनजाम या सरनजामी भी प्रदान किया था। सरनजाम एक भू-राजस्व प्रथा थी जोकि पूर्णरूप से सैनिक सेवाओं के बदले में जात एवं फौज दो रूप में दी जाती थी।

सरनजाम मूल रूप से सिविल औह सैन्य सेवा के लिए भूमि अनुदान का ही नाम था।

73. (d) कर्नाटक द्वितीय युद्ध 1749 से 1754 ई. तक लड़ा गया कर्नाटक की प्रथम युद्ध की सफलता के बाद फ्रांसिसी गवर्नर डूप्ले की महत्त्वाकांक्षा बढ़ गई थी, परन्तु यह युद्ध हैदराबाद एवं कर्नाटक के सिंहासनों के विवादस्पद उत्तराधिकारियों के कारण हुई, इस युद्ध में डूप्ले ने हैदराबाद एवं कर्नाटक के सिंहासनों के उत्तराधिकारियों के साथ कूटनीति करके फ्रांसिसी सत्ता को लाभ पहुँचाया, इसी दौरान अंग्रेज अफसर रॉबर्ट क्लाइव ने धारवाड़ पर आक्रमण कर कब्जा कर लिया।

डूप्ले की इस नीति से असन्तुष्ट होकर फ्रांसिसी अधिकारियों ने डूप्ले को वापस बुला लिया।

74. (a) हड़प्पा सभ्यता काँस्य युग से सम्बन्धित है। सिन्धु घाटी सभ्यता हड़प्पा सभ्यता युग में ताँबे और टिन को मिलाकर काँसा का निर्माण किया जाता था, इसी कारण इसे काँस्ययुगीन सभ्यता भी कहा जाता है। इस सभ्यता का विस्तार पश्चिम ब्लूचिस्तान पूर्व में आलमगीरपुर (उत्तर प्रदेश) दक्षिण में दाइमाबाद (महाराष्ट्र) तथा उत्तर में मंदा (जम्मू-कश्मीर) तक था।

75. (c) जैन धर्म में मोक्ष का अर्थ है कर्मों से मुक्ति। जैन धर्म के अनुसार मोक्ष प्राप्त करने के बाद जीव (आत्मा) जन्म-मरण के चक्र में निकल जाता है और अपने शुद्ध स्वरूप में आ जाता है। जैन धर्म में मोक्ष या निर्वाण की प्राप्ति के लिए बिरस सम्यक दर्शन (सही विश्वास), सम्यक ज्ञान (सही ज्ञान) तथा सम्यक चरित्र (सही कार्य) पर निर्भर करता है।

76. (a) यूरोप यात्री एवं व्यापारी वास्को-डि-गामा भारत में 17 मई, 1498 को कालीकट में (वर्तमान कोलकाता) में पहुँचा, इस समय कालीकट भारत के सबसे अधिक प्रसिद्ध एवं महत्त्वपूर्ण व्यापारिक केन्द्रों में से एक था। इसने कालीकट में 3 महीने निवास किया था।

77. (c) सर्वप्रथम दादाभाई नौरोजी ने 1867 ई. में 'इंग्लैण्ड डेप्ट टू इण्डिया' नामक लेख में धन निष्कासन का सिद्धान्त प्रतिपादित किया था। भारत में ब्रिटिश शासन के दौरान, भारतीय उत्पाद का वह हिस्सा जो जनता के उपभोग के लिए उपलब्ध नहीं था तथा राजनीतिक कारणों से जिसका प्रवाह इंग्लैण्ड की ओर हो रहा था, जिसके बदले में भारत को कुछ नहीं प्राप्त होता था, उसे आर्थिक निकाय या धन-निष्कासन की संज्ञा दी गई।

78. (a) प्रथम आंग्ल-मैसूर युद्ध की सन्धि होने के बावजूद भी अंग्रेजों एवं हैदर अली के मध्य सम्बन्ध अच्छे नहीं थे। इस कारण हैदर अली एवं अंग्रेजों के द्वितीय आंग्ल मैसूर युद्ध 1780 ई. में शुरू हुआ। इस युद्ध में हैदर अली ने मतणे तथा हैदराबाद के निजाम के साथ मिलकर अंग्रेजों की सेना के साथ युद्ध किया, इस युद्ध के दौरान हैदर अली की मृत्यु हो गई, तब इसका बेटा टीपू सुल्तान मैसूर का अगला शासक बना तथा युद्ध जारी रखा। मार्च 1784 में टीपू सुल्तान ने अंग्रेजों के साथ मंगलौर की सन्धि की तथा द्वितीय आंग्ल-मैसूर युद्ध का अन्त हुआ।

79. (c) मुगलकाल की मनसबदारी व्यवस्था सरकारी सोपान व्यवस्था से सम्बद्ध थी सभी मुगल अधिकारी चाहे तो सैन्य सेवा से सम्बद्ध हो या प्रशासन से या दरबार से या किसी भी वर्ग से हो एक ही सोपानक्रम में संयोजित कर दिए गए थे। मनसबदारी इसी सोपान व्यवस्था से सम्बद्ध थी। मनसबदारी व्यवस्था 1567 ई. से अकबर द्वारा लागू की गई।

80. (d) पल्लव शासको की सबसे उल्लेखनीय उपलब्धियाँ महाबलीपुरम् के चट्टानों के मन्दिर एवं कांचीपुरम के मन्दिर थे, भारतीय वातुकला की शुरुआत का भारत में बौद्ध धर्म के आगमन से पता लगाया जा सकता है, भारत अरबी वास्तुकला हिन्दू-इस्लाम एवं पश्चिमी तत्त्वों की विशेषताओं का संयोजन है स्थापत्य कला भारत की विविधतापूर्ण एवं समावेशी संस्कृति का दर्पण है। हड़प्पा सभ्यता से लेकर आधुनिक काल तक प्रत्येक युग की अमिट छाप भारत की स्थापत्य कला में दिखाई पड़ते हैं।

81. (d) मुगलकाल में कृषि का विकास एवं विस्तार हुआ मुगल शासकों विशेषकर अकबर ने कृषि के विकास हेतु अनेक प्रकार के प्रोत्साहन दिए, मुगलकाल के लोग अथवा व्यवसाय स्वतन्त्र रूप से चुनते थे तथा लोगों की व्यापक एवं विविध औद्योगिक गतिविधि थी। इस काल में सूती वस्त्र का व्यापार होता था, परन्तु आमतौर पर इस काल में लोग गरीब होते थे।

82. (d) बौद्ध धर्म के लिए बुद्ध, संघ एवं धर्म है, बौद्ध दर्शन के अनुसार यह सृष्टि विभिन्न चक्रों में विभाजित है, इसमें एक बुद्ध चक्र होता है, तो दूसरा शून्य चक्र होता है। बुद्ध का अर्थ जागृत एवं अहनत ज्ञानी, धम्म का अर्थ बौद्ध शिक्षा तथा संघ बौद्ध भिक्षुओं उपासकों के संगठन से है।

83. (d) भारतीय राष्ट्रीय काँग्रेस के गया अधिवेशन/सत्र 1922 में परिषद् की प्रविष्टि के प्रस्ताव की हार देखी गई जिसके कारण कांग्रेस खिलाफत स्वराज्य पार्टी का निर्माण हुआ। इस अधिवेशन की अध्यक्षता चित्तरंजन दास ने की थी।

84. (c) भारतीय दर्शनशास्त्र, वैदिक दर्शन के आधार पर छः हिन्दू दर्शन के स्कूल हैं जो न्याय दर्शन, वैशेषिक दर्शन, सांख्य दर्शन, योग दर्शन, पूर्व मीमांसा, वेदान्त या पाणिनीय दर्शन है। भारत में दर्शन उस विधा को कहा जाता है, जिसके द्वारा तत्त्व का ज्ञान हो सके। भारतीय दर्शन मानवीय जीवन की उत्पत्ति से लेकर उसके कर्म प्रधान कार्यों तक तथा उसके निर्वाण (मोक्ष) की परिस्थितियों का ज्ञान रखता है।

85. (b) चित्रकला के क्षेत्र में मुगलों का विशिष्ट योगदान था। उन्होंने राजदरबार, शिकार दृश्य से सम्बन्धित नए चित्रों को आरम्भ किया तथा नए रंगों स्व आकारों की शुरुआत की। भारत के रंगों जैसे फिरोजी रंग व भारतीय लाल रंग का इस्तेमाल होने लगा, भारतीय शैली में फारसी चित्रकारी का संयोजन दिखने लगा तथा मुगल चित्रकारी में छायांकन एवं परिप्रेक्ष्य जैसी कुछ पश्चिमी तकनीकों का भी संयोजन होने लगा। मुगल सम्राट में जहाँगीर का काल चित्रकला की दृष्टि में सर्वोच्च स्थिति में था।

86. (d) वेदान्त आस्तिक स्कूल से सम्बन्धित है। वेद, ब्राह्मण, आरण्यक एवं उपनिषदों के गूढ़ एवं विस्तृत चिन्तन का अन्तिम सार ही वेदान्त है। वादरायण व्यास (चौथी शताब्दी) पहले ऐसे व्यक्ति हैं, जिन्होंने इन समस्त ग्रन्थों के सार तत्त्व को मूल रूप में प्रस्तुत किया इनके द्वारा विकसित ग्रन्थ का नाम बृह्मसूत्र है यही ग्रन्थ वेदान्त दर्शन का ग्रन्थ है।

87. (c) यजुर्वेद में बलिदान सूत्रों का संग्रह है। गद्य एवं पद्य में लिखित इस ग्रन्थ में यज्ञ की विधियों पर बल दिया गया था। इसमें 40 मण्डल तथा 2000 मन्त्र हैं। इस वेद में कृषि एवं सिंचाई प्रविधियों, तथा चावल (ब्रीही) की किस्मों, तन्दुल शील इत्यादि का उल्लेख किया गया है। यह वेद मूल रूप से धार्मिक संस्कारों से सम्बन्धित है।

88. (a) फिरोजशाह तुगलक अशोक स्तम्भ को दिल्ली लाया था। दिल्ली सल्तनत के तुगलक वंश का शासक फिरोजशाह तुगलक ने टोपरा (वर्तमान उत्तर प्रदेश के सहारनपुर जिला) से तथा मेरठ (उ.प्र.) से अशोक के स्तम्भ को अपने शासन क्षेत्र दिल्ली में प्रतिष्ठित कराया था। टोपरा का अशोक स्तम्भ लेख एकमात्र ऐसा स्तम्भ है, जिस पर अशोक के सातों स्तम्भ लेख उत्कीर्ण हैं, जबकि शेष स्तम्भ पर केवल 6 लेख ही उत्कीर्ण मिलते हैं।

89. (a) अथर्ववेद को वेदत्रायी का हिस्सा नहीं माना जाता है। ऋग्वेद, यजुर्वेद तथा सामवेद को वेदत्रायी के रूप में जाना जाता है। वेदत्रायी का अर्थ होता है तीन गुना ज्ञान। जबकि अथर्ववेद भजन, जादूमन्त्र एवं मन्त्रों का एक चौथा संग्रह अर्थात् अग्नि पुजारी का ज्ञान के रूप में जाना जाता है।

90. (a) चालुक्य शासक पुलकेशिन द्वितीय के विदेशी शासकों से भी सम्बन्ध मधुर थे। इसने 615-26 ई. के मध्य तत्कालीन फारस देश के सम्राट खुसरो द्वितीय के राजदरबार में अपना दूत भेजकर उपहार भेंट किए थे, इस सन्दर्भ में अजन्ता के एक भित्तिचित्र का उल्लेख किया गया है। अजन्ता के मन्दिरों का निर्माण चालुक्य वंश के शासकों ने ही करवाया था।

91. (a) बौद्ध धर्म के मिलिन्दपन्ह ग्रन्थ से ईसा की प्रथम दो शताब्दियों के भारतीय जनजीवन के विषय में जानकारी मिलती है। इस ग्रन्थ में यूनानी नरेश मिनान्डर (मिलिन्द) एवं बौद्ध भिक्षु नागासेन के मध्य बौद्ध मत पर वार्तालाप का वर्णन है, यह पालि भाषा में रचित बौद्ध ग्रन्थ है।

92. (b) सूफी सन्त शेख फरीदउद्दीन के शिष्य सिदी मौलहा पर कुछ प्रमुखों के साथ मिलकर खिलजी वंश के शासक जलालुद्दीन खिलजी की हत्या करने एवं विद्रोह का प्रसार करने का आरोप लगा कर जलालुद्दीन खिलजी ने इन्हें हाथी से कुचलवाकर मरवा दिया था। खिलजी वंश का संस्थापक जलालुद्दीन खिलजी बलबन वंश के शासक को अपदस्थ कर स्वयं दिल्ली सल्तनत की राजगद्दी पर बैठा था।

93. (b) हाइडस्पेश की लड़ाई सिकन्दर महान एवं राजा पोरस के बीच 326 ईसा पूर्व में लड़ी थी। यह भारतीय उपमहाद्वीप (आधुनिक पंजाब तथा पाकिस्तान का सिन्ध प्रान्त) के पजाब क्षेत्र में झेलम नदी (जिसे प्राचीन यूनानियों ने हाइड्रस्पेस के रूप में सम्बोधित किया) के तट पर हुआ। इस युद्ध में सिकन्दर विजयी हुआ तथा पोरस को आत्मसमर्पण करना पड़ा, किन्तु पोरस की महानता को देखते हुए सिकन्दर ने पोरस को एक अधीनस्थ शासक के रूप में बहाल कर दिया था।

94. (d) विज्ञानेश्वर 12वीं शताब्दी में भारत के महत्त्वपूर्ण धर्मशास्त्री थे उनके द्वारा रचित मिताक्षरा टीका हिन्दू धर्म का सर्वप्रमुख ग्रन्थ है, जो याज्ञवल्क्य की कानून पुस्तक पर आधारित है। विज्ञानेश्वर का जन्म वर्तमान समय के कर्नाटक राज्य के गुलबर्ग के निकट मर्तूर ग्राम में हुआ था, यह राजा विक्रमादित्य के राजदरबारियों में से प्रमुख थे।

95. (d) 'तबकात-ए-नासिरी' पुस्तक मिन्हाज-ए-सिराज द्वारा लिखी गई है। इस पुस्तक में मुहम्मद गोरी की भारत विजय एवं तुर्की सल्तनत के आरम्भिक इतिहास की लगभग 1260 ई. तक की जानकारी मिलती है। मिन्हाज ने अपनी इस कृति को गुलाम वंश के शासक नसीरुद्दीन महमूद को समर्पित किया था।

96. (b) अप्पतिक और अवस्याका सूत्र मगध शासक अजातशत्रु के धार्मिक विचारों को वर्णित करते हैं। अजातशत्रु की धार्मिक नीति उदार थी। वह जैन एवं बौद्ध दोनों धर्म को मानता था, बौद्ध तथा जैन दोनों ही ग्रन्थ उसे अपने-अपने मत का अनुयायी मानते हैं, इसके शासनकाल के आठवें वर्ष में बुद्ध को महापरिनिर्वाण प्राप्त हुआ था।

97. (c) मुगल शासक अकबर के शासनकाल में उनके वित्त मन्त्री राजा टोडरमल द्वारा बन्दोबस्त प्रणाली और दहसाला प्रणाली को पेश किया गया। अकबर के शासनकाल में लगभग 1570-71 ई. में राजा टोडरमल ने खालसा भूमि पर भू-राजस्व प्रणाली की शुरुआत की जिसे जब्ती या बन्दोबस्त प्रणाली कहा गया। इस प्रणाली में भूमि की पैमाइश एवं खेतों की मूल की वास्तविक पैदावार के आधार पर कर की दरों का निर्माण किया जाता था, इसी व्यवस्था को सुधार कर दस वर्ष में हुई फसलों इत्यादि का निर्धारण कर लगाई गई कर प्रणाली/व्यवस्था को दहसाला प्रणाली कहा गया।

98. (c) सिक्कों, कागजी मुद्रा इत्यादि के संग्रह एवं उसके अध्ययन के विज्ञान को मुद्राशास्त्र कहा जाता है। मुद्राशास्त्र इतिहास एवं संस्कृति को जानने का सर्वाधिक विश्वनीय एवं दिलचस्प माध्यम है। मुद्राशास्त्र के अन्तर्गत मुद्राओं की धातु शिल्प एवं प्रतीकों के माध्यम से उनका काल एवं मूल्य निर्धारण किया जाता है तथा उनके सूक्ष्म अध्ययन से उस समय के समाज की आर्थिक, सामाजिक एवं सांस्कृतिक अवस्था को जाना जाता है।

99. (d) वर्ष 1947 में त्रि-भाषी बॉम्बे प्रेसीडेन्सी के पहले मुख्यमन्त्री बी.जी. खेर थे। द्वितीय विश्व युद्ध की समाप्ति के बाद भारतीय राष्ट्रीय काँग्रेस ने राजनीति में फिर प्रवेश किया तथा खेर के नेतृत्व में वर्ष 1946 में चुनाव जीता उस समय बॉम्बे प्रेसीडेन्सी में कर्नाटक महाराष्ट्र, गुजरात के भाग आते थे। खेर के नेतृत्व में काँग्रेस ने बॉम्बे प्रेसीडेन्सी सरकार का गठन किया तथा बी.जी. खेर त्रि-भाषी बॉम्बे प्रेसीडेन्सी के पहले मुख्यमन्त्री बने।

100. (b) सारनाथ में शेर की राजधानी मौर्य शासक अशोक से सम्बन्धित है। उत्तर प्रदेश के वाराणसी जिले में सारनाथ में स्थित मौर्य वंश के महान सम्राट अशोक द्वारा 250 ईसा पूर्व में अशोक स्तम्भ का निर्माण करवाया था। इस स्तम्भ में चार शेर एक-दूसरे से पीठ से पीठ सटा कर बैठ हुए हैं, जो धर्म, परायणता, त्याग इत्यादि को प्रदर्शित करते हैं। इस स्तम्भ में स्थित अशोक चक्र को राष्ट्रीय प्रतीक के रूप में अपनाया गया तथा भारत के तिरंगे के मध्य अशोक चक्र को रखा गया।

अध्याय 01

इतिहास से आशय एवं इसके जानने के स्रोत

- भारत एक विशाल प्रायद्वीप है, जो तीनों ओर से समुद्र से घिरा है। इसे आर्यावर्त, ब्रह्मावर्त, हिन्दुस्तान तथा इण्डिया जैसे नामों से भी जाना जाता है।
- प्राचीन भूगोलवेत्ताओं ने इसकी स्थिति के लिए 'चतु:स्थानसंस्थितम्' शब्द का प्रयोग किया था।
- भारत की मूलभूत एकता के लिए **भारतवर्ष** नाम सर्वप्रथम पाणिनी की **अष्टाध्यायी** में आया है।
- भारत देश का नामकरण ऋग्वैदिक काल के प्रमुख जन 'भरत' के नाम पर किया गया।
- यूनानियों ने भारतवर्ष के लिए 'इण्डिया' शब्द का प्रयोग किया, जबकि मध्यकालीन लेखकों ने इस देश को 'हिन्द' अथवा 'हिन्दुस्तान' नाम से सम्बोधित किया।

ऐतिहासिक स्रोत

- प्राचीन भारतीय इतिहास के अध्ययन के मुख्यत: तीन स्रोत हैं
  1. साहित्यिक साक्ष्य
  2. पुरातात्त्विक साक्ष्य एवं
  3. विदेशियों के वृत्तान्त

1. साहित्यिक साक्ष्य

- साहित्यिक साक्ष्य दो प्रकार के होते हैं— धार्मिक एवं धर्मनिरपेक्ष।
- धार्मिक साहित्यिक साक्ष्यों के अन्तर्गत वेद, वेदांग, उपनिषद्, ब्राह्मण, आरण्यक, पुराण, रामायण, महाभारत, स्मृति ग्रन्थ तथा बौद्ध एवं जैन साहित्य आदि को सम्मिलित किया जाता है, जबकि विदेशियों के वृत्तान्तों को धर्मनिरपेक्ष साहित्य के अन्तर्गत रखा जाता है।
- **वेदों** की संख्या चार हैं— ऋग्वेद, यजुर्वेद, सामवेद, अथर्ववेद तथा वेदांग के अन्तर्गत शिक्षा, कल्प, ज्योतिष, व्याकरण, निरुक्त तथा छन्द आते हैं।

प्रमुख वेद	वेद विवरण
ऋग्वेद	यह ऋचाओं का संग्रह है।
सामवेद	यह गीति-रूप मन्त्रों का संग्रह है और इसके अधिकांश गीत ऋग्वेद से लिए गए हैं।
यजुर्वेद	इसमें यज्ञानुष्ठान के लिए विनियोग वाक्यों का समावेश है।
अथर्ववेद	यह तन्त्र-मन्त्रों का संग्रह है।

- **श्रौत सूत्र** में यज्ञ सम्बन्धी, गृह्य सूत्र में लौकिक एवं पारलौकिक कर्त्तव्यों तथा धर्म सूत्र में धार्मिक, सामाजिक एवं राजनीतिक कर्त्तव्यों का उल्लेख मिलता है।
- **बौद्ध ग्रन्थों** में त्रिपिटक, निकाय तथा जातक आदि प्रमुख हैं। बौद्ध ग्रन्थ दीपवंश, महावंश से मौर्यकालीन पर्याप्त जानकारी मिलती है। नागसेन रचित मिलिन्दपन्हो से हिन्द यवन शासक मिनाण्डर के विषय में सूचना मिलती है।
- बौद्ध तथा जैन ग्रन्थों से तत्कालीन सामाजिक, सांस्कृतिक तथा आर्थिक परिस्थितियों का ज्ञान होता है।
- **जातक ग्रन्थों** में बुद्ध तथा बोधिसत्वों के जीवन की चर्चा है। **कथावस्तु** में बुद्ध के जीवन से सम्बन्धित कथानकों का विवरण मिलता है।
- जैन साहित्य **आगम** कहलाते हैं। जैन आगमों में सबसे महत्त्वपूर्ण **अंग** है। अंगों की संख्या बारह है। जैन आगमों को वर्तमान स्वरूप 512 ई. में **वल्लभी** में आयोजित जैन संगीति में प्रदान किया गया।
- **जैन ग्रन्थों** में परिशिष्टपर्वन, भद्रबाहुचरित, आचारांग सूत्र, भगवती सूत्र, कल्पसूत्र आदि से अनेक ऐतिहासिक सामग्रियाँ मिलती हैं।
- जैन-ग्रन्थ भगवती सूत्र में महावीर स्वामी के जीवन तथा सोलह महाजनपदों का वर्णन है।
- शुंगकाल में **पतंजलि** ने पाणिनी की अष्टाध्यायी पर महाभाष्य लिखा, जिससे मौर्योत्तरकालीन व्यवस्था की जानकारी मिलती है। पतंजलि, पुष्यमित्र शुंग के पुरोहित थे।
- अष्टाध्यायी संस्कृत व्याकरण का पहला ग्रन्थ है, जिसकी रचना **पाणिनी** ने की थी। इसमें पूर्व मौर्यकाल की सामाजिक दशा का चित्रण मिलता है।
- अर्थशास्त्र **कौटिल्य** द्वारा रचित है, जिसे चाणक्य तथा विष्णुगुप्त के नाम से भी जाना जाता है।
- अर्थशास्त्र में मौर्यकालीन राजव्यवस्था का स्पष्ट चित्रण मिलता है। यह राजकीय व्यवस्था पर लिखी गई पहली पुस्तक है।
- संस्कृत भाषा में ऐतिहासिक घटनाओं का क्रमबद्ध लेखन कल्हण ने किया। कल्हण की **राजतरंगिणी** में कश्मीर के इतिहास का वर्णन है।

ऐतिहासिक ग्रन्थ/रचनाकार

ग्रन्थ	रचनाकार	ग्रन्थ	रचनाकार
कथासरित्सागर	सोमदेव	रामचरित	हेमचन्द्र
बृहत्कथामंजरी	क्षेमेन्द्र	कुमारपालचरित	जयसिंह
दशकुमारचरित	दण्डी	द्वयाश्रय काव्य	हेमचन्द्र
मृच्छकटिकम्	शूद्रक	नवसाहसांकच रित	पद्मगुप्त
अर्थशास्त्र	कौटिल्य	पृथ्वीराज विजय	जयानक
हर्षचरित	बाणभट्ट	प्रबन्ध कोश	राजशेखर
गौड़वाहो	वाक्पति	प्रबन्धचिन्ता मणि	मेरुतुंग
विक्रमांकदेवचरित	बिल्हण	वसंतविलास	बालचन्द्र

2. पुरातात्विक साक्ष्य

प्राचीन भारत के अध्ययन के लिए पुरातात्विक साक्ष्यों का विशेष महत्त्व है। ये कालक्रम का सही ज्ञान प्रदान करने वाले साक्ष्य हैं। पुरातात्विक साक्ष्यों में अभिलेख, सिक्के, स्मारक/भवन, मूर्तियाँ तथा चित्रकला प्रमुख हैं।

अभिलेख/शिलालेख

- अभिलेखों के अध्ययन को पुरालेखशास्त्र कहा जाता है।
- **बांगजकोई अभिलेख** (एशिया माइनर) 1400 ई.पू. का है, जिससे आर्यों के ईरान से पूर्व की ओर आने का साक्ष्य मिलता है। इस अभिलेख में वैदिक देवताओं इन्द्र, मित्र, वरुण तथा नासत्य का उल्लेख मिलता है।
- **महास्थान तथा साहगौरा** के अभिलेख चन्द्रगुप्त मौर्य के शासनकाल के हैं। साहगौरा अभिलेख में सूखा पीड़ित प्रजा को राहत देने की बात कही गई है।
- **महास्थान** अभिलेख से चन्द्रगुप्त मौर्य के समय के ग्रामीण प्रशासन की जानकारी मिलती है।
- **मास्की तथा गुर्जरा** में स्थापित अभिलेखों में अशोक के नाम का स्पष्ट उल्लेख है। नेत्तुर तथा उड्डेगोलम के अभिलेखों में भी अशोक के नाम का उल्लेख है।
- अशोक के अभिलेखों को सबसे पहले पढ़ने का श्रेय **जेम्स प्रिंसेप** को है। 1837 ई. में जेम्स प्रिंसेप ने ब्राह्मी लिपि में उत्कीर्ण अशोक के अभिलेखों को पढ़ने में सफलता पाई।
- अशोक के प्रयाग अभिलेख पर ही समुद्रगुप्त की प्रशस्ति भी उत्कीर्ण है। समुद्रगुप्त की यह प्रशस्ति उसके राजकवि **हरिषेण** ने उत्कीर्ण की।
- रुद्रदामन का जूनागढ़ अभिलेख संस्कृत का पहला अभिलेख है। इसमें सुदर्शन झील के निर्माण एवं मरम्मत का उल्लेख मिलता है।
- कलिंग के शासक खारवेल ने हाथीगुम्फा अभिलेख उत्कीर्ण कराया, जिससे उसके जैन मतावलम्बी होने का पता चलता है।
- महरौली स्तम्भ चन्द्रगुप्त द्वितीय से सम्बन्धित है; इसमें **चन्द्र** नामक शासक का उल्लेख मिलता है।
- स्कन्दगुप्त के भीतरी अभिलेख में हूणों के आक्रमण की चर्चा है। भानुगुप्त के एरण अभिलेख (मध्य प्रदेश के एरण से प्राप्त) में **सती-प्रथा** का प्रथम साक्ष्य मिलता है। इस अभिलेख में 510 ई. का स्पष्ट उल्लेख भी है।
- **नासिक अभिलेख** में सातवाहन शासक गौतमीपुत्र शातकर्णी को ब्राह्मणों का संरक्षक मानते हुए 'एक ब्रह्मन' (अद्वितीय ब्राह्मण) कहा गया है।
- पुलकेशिन द्वितीय के ऐहोल अभिलेख को रविकीर्ति ने लिखा है। इसमें हर्ष एवं पुलकेशिन के संघर्ष का वर्णन मिलता है। यह संघर्ष 512 ई. में हुआ था।

सिक्के

- सिक्कों के अध्ययन को **न्यूमेस्मैटिक्स** या **मुद्राशास्त्र** कहा जाता है।
- भारत के प्राचीनतम सिक्कों पर केवल चिह्न उत्कीर्ण है कोई लेख नहीं है। इन्हें **पंचमार्क्ड** या **आहत सिक्के** कहा गया। आहत सिक्कों को ऐतिहासिक ग्रन्थों में **कार्षापण** कहा गया था, जो अधिकांशतः चाँदी के थे।
- शासकों की आकृति वाले सिक्कों का प्रचलन सर्वप्रथम **हिन्द-यूनानी शासकों** के समय प्रारम्भ हुआ। शक, पहलव तथा कुषाण शासकों द्वारा ऐसे ही सिक्के चलाए गए।
- समुद्रगुप्त के एक सिक्के में उसे **वीणा** बजाते हुए दर्शाया गया है। कुछ गुप्तकालीन सिक्कों पर 'अश्वमेघ पराक्रमः' शब्द उत्कीर्ण है।
- **कनिष्क** के सिक्कों से पता चलता है कि वह बौद्ध धर्म का अनुयायी था।
- चन्द्रगुप्त II ने शकों पर जीत के उपलक्ष्य में चाँदी के सिक्के चलाए। चाँदी के सिक्के प्रायः पश्चिमी भारत में प्रचलित थे।
- भारत में सबसे पहले स्वर्ण सिक्के **हिन्द-यूनानी** शासकों ने चलाए।
- सर्वाधिक शुद्ध स्वर्ण मुद्राएँ कुषाणों ने तथा सबसे अधिक स्वर्ण मुद्राएँ गुप्तों ने जारी कीं।
- कई गणराज्यों—पांचाल, मालवा तथा यौधेय का पूरा इतिहास सिक्कों के आधार पर सामने आया है, जबकि हर्ष, चालुक्य, राष्ट्रकूट, पाल तथा प्रतिहारों के सिक्के नगण्य संख्या में प्राप्त हुए हैं।
- भारत के विभिन्न भागों विशेषकर **अरिकामेडु** में रोमन सिक्के काफी मात्रा में प्राप्त हुए हैं।

स्मारक/भवन

- **स्तूप** की पहली चर्चा ऋग्वेद में मिलती है। बौद्ध विहार तथा स्तूपों का निर्माण 4-5वीं शताब्दी ई.पू. के बाद ही हुआ था।
- मन्दिर निर्माण की नागर, वेसर तथा द्रविड़ शैलियाँ प्रचलित थीं। मन्दिरों का निर्माण गुप्त काल से प्रारम्भ हो चुका था।
- पटना के **कुम्हरार** से चन्द्रगुप्त मौर्य के राजप्रासाद के अवशेष प्राप्त हुए हैं।
- अशोक ने **बराबर की पहाड़ी** में तीन गुफाओं का निर्माण कर उन्हें आजीवक सम्प्रदाय के अनुयायियों को प्रदान किया था। ये गुफाएँ सुदामा गुफा, कर्ण चौपड़ तथा विश्व झोंपड़ी थीं।
- अशोक के उत्तराधिकारी **दशरथ** ने भी लोमश ऋषि तथा गोपिका नामक गुफाओं का निर्माण नागार्जुनी पहाड़ी में कराकर आजीवक साधुओं को दान में दिया था।
- **कम्बोडिया** के **अंकोरवाट** मन्दिर तथा जावा के बोरोबुदूर मन्दिर से भारतीय संस्कृति के दक्षिण एशिया में प्रसार का पता चलता है। बोरोबुदूर मन्दिर का निर्माण सम्भवतः नौवीं शताब्दी में हुआ था।

मूर्तियाँ/चित्रकला

- कुषाण काल में बौद्ध धर्म से सम्बन्धित मूर्तियों का निर्माण होने लगा, जिन पर विदेशी प्रभाव देखा जा सकता है।
- बुद्ध की प्राचीनतम मूर्तियाँ गान्धार कला में बनाई गई हैं। भरहुत, बोधगया, साँची तथा अमरावती से प्राचीन बौद्ध प्रतिमाएँ प्राप्त हुई हैं।
- गुप्तकाल में मूर्ति निर्माण की गान्धार तथा मथुरा निर्माण कला प्रचलित थी। गान्धार कला पर यूनानी प्रभाव अधिक व्याप्त था।

- अजन्ता की गुफाओं के चित्र प्रथम शताब्दी ई.पू. से लेकर सातवीं शताब्दी तक हैं। इनमें गुप्तकालीन चित्र अत्युत्कृष्ट हैं। **बाघ** की गुफाओं के चित्र गुप्तकालीन हैं।

3. विदेशियों के वृत्तान्त

विदेशियों के यात्रा वृत्तान्तों को तीन वर्गों में रखा जा सकता है—यूनान-रोम के लेखक, चीन के लेखक तथा अरब के लेखक।

यूनान-रोम के लेखक

- **हेरोडोटस** तथा **टीसियस** सबसे पुराने यूनानी इतिहासकार थे। हेरोडोटस को इतिहास का पिता कहा जाता है। इनकी रचनाओं में कल्पित कहानियों को स्थान दिया गया है। टीसियस ईरान का राजवैद्य था।
- नियार्कस, आनेसिक्रिटस तथा एरिस्टोबुलस सिकन्दर के साथ भारत आए थे।
- मेगस्थनीज चन्द्रगुप्त मौर्य के दरबार में सेल्यूकस का राजदूत था। उसने **इण्डिका** की रचना की। इसमें मौर्यकालीन समाज तथा प्रशासनिक व्यवस्था का विवरण मिलता है।
- **पेरिप्लस ऑफ द एरिथ्रियन सी** एक अज्ञात यूनानी लेखक की रचना है, जो मिस्र में आकर बस गया था। उसने 80 ई. में भारतीय समुद्र तट की यात्रा की थी। उसके विवरण में बन्दरगाहों के उल्लेख के साथ-साथ आयात-निर्यात की वस्तुओं का वर्णन मिलता है।
- **टॉलेमी** ने ज्योग्राफिका (140 ई.) की रचना की, जिसमें भारत के भौगोलिक परिदृश्य का विवरण मिलता है।
- प्लिनी ने **नेचुरल हिस्ट्री** की रचना की, इसमें भारत के विविध पक्षों का उपयोगी विवरण है। इसकी रचना पहली सदी ई. में हुई थी।
- **स्ट्रैबो** एक प्रसिद्ध यूनानी रचनाकार था, जिसने मेगस्थनीज के विवरण को काल्पनिक माना है।

चीन के लेखक

- **फाह्यान** पाँचवीं शताब्दी में गुप्त नरेश चन्द्रगुप्त II के शासनकाल में भारत आया था। उसने भारत में बौद्ध धर्म की स्थिति का विवरण दिया है। फाह्यान की प्रसिद्ध रचना **फो-क्यो-की** है।
- **ह्वेनसांग** हर्षवर्द्धन के समय 629 ई. के लगभग भारत आया था तथा 16 वर्षों तक भारत में रहा। उसके यात्रा-वृत्तान्त में तत्कालीन राजनीति के साथ-साथ भारतीय रीति-रिवाज तथा शिक्षा-पद्धति का वर्णन मिलता है। उसका भ्रमण वृत्तान्त **सी-यू-की** नाम से प्रसिद्ध है।
- **इत्सिंग** सातवीं शताब्दी के अन्त में भारत आया था। उसने विक्रमशिला तथा नालन्दा विश्वविद्यालय में रहकर बौद्ध धर्म का अध्ययन किया। इत्सिंग ने बौद्ध शिक्षा संस्थाओं तथा भारतीयों की वेशभूषा, खानपान आदि के विषय में भी लिखा है।

अरब के लेखक

- **सुलेमान** नौवीं शताब्दी में भारत आया था। उसने पाल तथा प्रतिहार शासकों के बारे में लिखा है।
- **अल मसूदी** 914 ई. से 943 ई. तक भारत में रहा। उसने राष्ट्रकूट शासकों के साम्राज्यवादी विस्तार का विवरण दिया है।
- **अलबरूनी** का वास्तविक नाम अबू रिहान था। उसने तहकीक-ए-हिन्द (किताब-उल-हिन्द) की रचना की। वह महमूद गजनवी का समकालीन था।
- अलबरूनी ने संस्कृत भाषा का अध्ययन किया तथा भारतीय समाज का विस्तृत विवरण अपनी रचना में दिया है।

प्राचीन भारत में विदेशी यात्री

विदेशी यात्री	सम्भावित तिथि	तत्कालीन शासक
मेगस्थनीज	305 ई.पू.	चन्द्रगुप्त मौर्य
हेलियोडोरस	78 ई.पू.	भागभद्र
फाह्यान	405 ई.	चन्द्रगुप्त द्वितीय
सुंगयुन	518 ई.	स्कन्दगुप्त
कॉसमॉस	547 ई.	ईशानवर्मन मौखरि
ह्वेनसांग	629 ई.	हर्षवर्द्धन
इत्सिंग	675 ई.	देवपाल
सुलेमान	838 ई.	मिहिरभोज
अलमसूदी	914 ई.	महिपाल

अभ्यास प्रश्न

1. भारतवर्ष का नाम सर्वप्रथम किस पुस्तक में मिला है?
(a) रामायण (b) ऋग्वेद
(c) अष्टाध्यायी (d) भगवद्गीता

2. किस वेद को ऋचाओं के संग्रह के रूप में जाना जाता है?
(a) ऋग्वेद (b) सामवेद (c) धनुर्वेद (d) यजुर्वेद

3. निम्नलिखित साहित्यों में से कौन-सी श्रेणी आगम साहित्य है?
(a) बौद्ध साहित्य (b) जैन साहित्य
(c) श्रोत साहित्य (d) वैदिक साहित्य

4. पाणिनी की अष्टाध्यायी पर किसने महाभाष्य लिखा जिससे मौर्योत्तर व्यवस्था की जानकारी मिलती है?
(a) कौटिल्य (b) पतंजलि
(c) कल्हण (d) मुद्राराक्षस

5. किस अभिलेख में वैदिक देवताओं के नाम मिलते हैं?
(a) नासिक अभिलेख (b) बांगजकोई अभिलेख
(c) महास्थान अभिलेख (d) प्रयाग प्रशस्ति

6. सिक्कों का अध्ययन क्या कहलाता है?
(a) न्यूमेसमैटिक्स (b) एलोमैटिक्स
(c) मुद्रा अध्ययन (d) इनमें से कोई नहीं

7. आजीवक सम्प्रदाय के लिए अशोक ने किस स्थान पर पहाड़ी गुफाएँ निर्मित करवाई?
(a) दशरथ पहाड़ी (b) एलोरा पहाड़ी
(c) बराबर की पहाड़ी (d) कुम्हरार की पहाड़ी

8. इतिहास का जनक किसे कहा जाता है?
(a) टीसियस (b) निर्याकस
(c) एरिस्टोबुलस (d) हेरोडोटस

9. किस लेख ने मेगस्थनीज के विवरण को केवल काल्पनिक माना?
(a) टॉलेमी (b) स्ट्रैबो
(c) टिलनी (d) निर्याकस

10. अलबरूनी की पुस्तक का क्या नाम है?
(a) तहकीक-ए-हिन्द (b) जफरनामा
(c) मनसवी (d) तूतीनामा

11. वेदांग के अन्तर्गत निम्न में से किसको संकलित किया गया है?
(a) शिक्षा व कथ्य (b) आरण्यक
(c) स्मृति ग्रन्थ (d) इनमें से कोई नहीं

12. जातक ग्रन्थ किससे सम्बन्धित है?
(a) जैन धर्म से (b) बौद्ध धर्म से
(c) हिन्दू धर्म से (d) सिख धर्म से

13. भद्रबाहुचरित व कथ्यसूत्र से सम्बन्धित ऐतिहासिक जानकारी प्राप्त होती है
(a) जातक ग्रन्थों से (b) जैन ग्रन्थों से
(c) श्रौत सूत्र (d) इनमें से कोई नहीं

14. बांगजोई अभिलेख से निम्न में से किसके साक्ष्य प्राप्त होते हैं?
(a) आर्यों के ईरान से पूर्व की ओर आने के
(b) आर्यों के जाने के
(c) आर्यों के ईरान से पश्चिम की ओर जाने के
(d) इनमें से कोई नहीं

15. महास्थान अभिलेख किससे सम्बन्धित है?
(a) चन्द्रगुप्त मौर्य (b) अशोक
(c) श्रीगुप्त (d) कनिष्क

16. शासकों की आकृति वाले सिक्कों का प्रचलन सर्वप्रथम किन शासकों के समय में हुआ?
(a) कुषाण शासकों (b) मौर्य शासकों
(c) हिन्द यूनानी शासकों (d) इनमें से कोई नहीं

17. स्तूप की सर्वप्रथम चर्चा किस वेद में मिलती है?
(a) सामवेद (b) ऋग्वेद
(c) युर्जेवेद (d) अथर्ववेद

18. गुप्तकाल में मूर्ति निर्माण की कौन-सी कला प्रचलित थी
(a) गान्धार कला
(b) गान्धार व मथुरा कला
(c) पांचाल कला
(d) उपरोक्त में से कोई नहीं

19. सुलेमान ने निम्न में से किन शासकों के विषय में लिखा?
(a) पाल तथा प्रतिहार
(b) गुप्त शासकों
(c) मौर्य शासकों
(d) उपरोक्त में से कोई नहीं

20. निम्न में से कौन चीन के प्रसिद्ध लेखक हैं?
(a) फाह्यान व इत्सिंग (b) सुलेमान व इत्सिंग
(c) अलबरूनी व फाह्यान (d) टॉलेमी व हेरोडोटस

उत्तरमाला

1.	(c)	2.	(a)	3.	(b)	4.	(b)	5.	(b)	6.	(a)	7.	(c)	8.	(d)	9.	(b)	10.	(a)
11.	(a)	12.	(b)	13.	(b)	14.	(a)	15.	(a)	16.	(c)	17.	(b)	18.	(b)	19.	(a)	20.	(a)

अध्याय 02

प्रागैतिहासिक संस्कृतियाँ

(मानव का शिकारी एवं खाद्य संग्राहक जीवन, पुरापाषाणिक संस्कृति, मध्यपाषाणिक संस्कृति का विकास एवं विस्तार 'शैलकला के विशेष सन्दर्भ में')

मानव का विकास

- मानव का वर्तमान स्वरूप उसके क्रमिक विकास का परिणाम है। मानव का उद्‌विकास वानर से माना जाता है। मानव जैसे प्राणी अथवा आदिम होमीनिड्स सबसे पहले अफ्रीका में अभिनूतन काल (प्लिस्टोसीन) के आरम्भ में प्रकट हुए।
- भारत में मानव के विकास के अद्यतन साक्ष्य शिवालिक पहाड़ियों के **अभिनूतन** (Pliocene) युगीन निक्षेपों से मिलते हैं। मानव के जिस रूप के साक्ष्य यहाँ प्राप्त हुए हैं, उसे **रामापिथेकस** के नाम से जाना जाता है, परन्तु पूरे भारतीय उपमहाद्वीप में आदिमानव का कोई **जीवाश्म** (फॉसिल) नहीं मिला है। भारत में मानव का सर्वप्रथम साक्ष्य नर्मदा घाटी के हथनौरा नामक स्थान से मिला है, जो मध्यपाषाण काल से सम्बन्धित स्थल है।

आदिकालीन मानव का शिकारी एवं खाद्य संग्राहक जीवन

- **आदिकालीन मानव का शिकार द्वारा भोजन प्राप्त करना** आदिकालीन होमिनिड अपमार्जन या रसदखोरी अर्थात् प्राकृतिक रूप से या किसी अन्य के द्वारा शिकार किए गए जानवरों से मांस निकालकर भोजन प्राप्त करते थे। होमिनिड छोटे स्तनपायी जानवरों; जैसे—चूहे, कीड़े-मकोड़े, पक्षियों और उनके अंडों को खाते थे।
- आदिकालीन मानवों के लिए मछली पकड़ना भोजन प्राप्त करने का एक महत्त्वपूर्ण तरीका था। अनेक खोज स्थलों से मछली की हड्डियों का प्राप्त होना यह दर्शाता है कि लोग मछली को भोजन के रूप में उपयोग करते थे।
- **आदिकालीन मानवों का संग्रहण द्वारा भोजन प्राप्त करना** आदिमानव के द्वारा संग्रहण की क्रिया के संबंध में प्रत्यक्ष प्रमाण प्राप्त नहीं है इसलिए इसका केवल अनुमान ही लगा सकते हैं। बीज, गुठलियों, बेर, फल जैसे खाद्य पदार्थों को इकट्‌ठा करना संग्रहण की श्रेणी में आता है। कार्बनीकरण एक ऐसी प्रकिया है, जिसके द्वारा पौधों से भोजन जुटाने के बारे में जानकारी प्राप्त कर सकते हैं।
- इस प्रक्रिया के अंतर्गत जैविक पदार्थ लंबे समय तक सुरक्षित रह सकते हैं, लेकिन कार्बनीकृत बीजों के अति प्राचीन साक्ष्य विद्वानों को अभी तक प्राप्त नहीं हो सके हैं।

इतिहास का वर्गीकरण

प्राचीन भारतीय इतिहास को स्रोतों की विविधता के आधार पर तीन भागों में बाँटा जाता है

1. प्रागैतिहासिक काल
2. आद्य ऐतिहासिक काल
3. ऐतिहासिक काल

1. प्रागैतिहासिक काल (मानव उत्पत्ति से 3000 ई.पू. तक)

- इस काल की जानकारी का एकमात्र स्रोत, उस समय के मानवों द्वारा प्रयोग की गई वस्तुएँ हैं। इस काल में मानव लेखन कला से अपरिचित था, इसलिए इस काल को 'प्रागैतिहासिक काल' कहते हैं। भारतीय प्रागैतिहास को उद्घाटित करने का श्रेय डॉ. प्राइमरोज नामक एक अंग्रेज को जाता है, जिसने 1842 ई. में कर्नाटक के रायचूर जिले के लिंगसुगुर नामक स्थान में प्रागैतिहासिक औजारों की खोज की।

प्रागैतिहासिक काल का विभाजन निम्न प्रकार किया जा सकता है

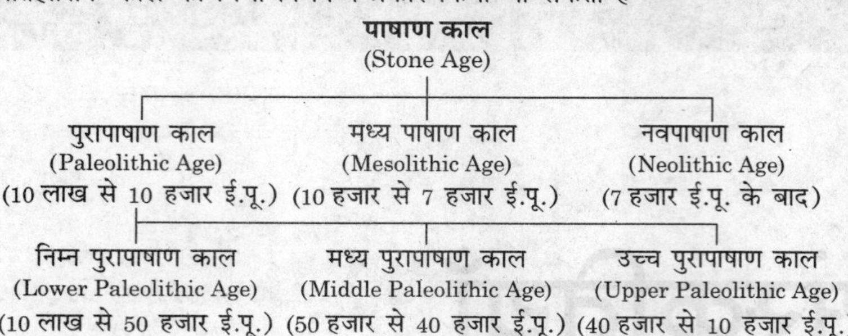

पाषाण काल

- भारत में पाषाणकालीन बस्तियों के अन्वेषण की शुरुआत 1863 ई. में जियोलॉजिकल सर्वे से सम्बद्ध अधिकारी **रॉबर्ट ब्रूसफूट** ने की। उन्हें चेन्नई के समीप पल्लवरम से एक पाषाण उपकरण प्राप्त हुआ। अन्ततः सर **मार्टीमर व्हीलर** के प्रयासों से भारत के समग्र प्रागैतिहासिक सांस्कृतिक अनुक्रम का ज्ञान हुआ। ए. कनिंघम को 'प्रागैतिहासिक पुरातत्त्व का जनक' कहा जाता है। 'भारतीय पुरातत्त्व सर्वेक्षण' संस्कृति मन्त्रालय के अधीन एक विभाग है।
- भारतीय पाषाण युग को मानव द्वारा इस्तेमाल किए जाने वाले पत्थर के औजारों के स्वरूप और जलवायु में होने वाले परिवर्तनों के आधार पर तीन अवस्थाओं में विभाजित किया जाता है– (i) **पुरापाषाण काल**, (ii) **मध्यपाषाण काल** (iii) **नवपाषाण काल**।

(i) पुरापाषाण काल

- तकनीकी विकास तथा जलवायु में होने वाले परिवर्तनों के आधार पर पुरापाषाण काल को निम्न, मध्य एवं उच्च पुरापाषाण काल में विभाजित किया गया है।
- **निम्न पुरापाषण काल** पुरापाषाण काल का सबसे लम्बा समय 'निम्न पुरापाषाण काल' के रूप में जाना जाता है। इस समय मनुष्य पत्थरों (क्वार्ट्जाइट) से निर्मित हथियारों (हस्तकुठार, विदारणी, खण्डक) का उपयोग करता था। अधिकांश पुरापाषाण युग हिम युग में गुजरा था। निम्न पुरापाषाण स्थल भारतीय महाद्वीप के लगभग सभी क्षेत्रों में प्राप्त होते हैं, जिनमें असम की घाटी, सोहन घाटी, नर्मदा घाटी एवं बेलनघाटी प्रमुख हैं। इस काल के लोग शिकारी एवं खाद्य संग्राहक की श्रेणी में आते हैं।
- **मध्य पुरापाषण काल** मध्य पुरापाषाण काल में शल्क उपकरणों की प्रधानता बढ़ गई तथा कच्चे माल के रूप में **क्वार्ट्जाइट** के स्थान पर **चर्ट** और **जैस्पर** प्रमुख हो गया। इस काल में फलकों की सहायता से बेधनी, छेदनी एवं खुरचनी जैसे उपकरण बनाए गए। फलकों की अधिकता के कारण मध्य पुरापाषाण काल को **फलक संस्कृति** भी कहा जाता है। एच डी सांकलिया ने नेवासा (गोदावरी नदी के तट पर) को प्रारूप स्थल घोषित किया है।
- **उच्च पुरापाषण काल** आधुनिक मानव अर्थात् **होमोसेपियन्स** के अस्तित्व का युग था। इस काल में मानव उपकरणों के निर्माण में हड्डी, हाथी दाँत एवं सींगों का प्रयोग करने लगा था। उच्च पुरापाषाण काल के उपकरणों में तक्षणी एवं खुरचनी के अस्थि के उपकरण महत्त्वपूर्ण थे। मानव रहने के लिए शैलाश्रयों का प्रयोग करने लगा। इस काल में नक्काशी और चित्रकारी दोनों रूपों में कला का विकास हुआ।

(ii) मध्यपाषाण काल

- हिम युग के अन्त के पश्चात् मध्यपाषाण काल प्रारम्भ हुआ। भारत में मध्यपाषाण काल के विषय में जानकारी सर्वप्रथम 1867 ई. में हुई, जब सी एल कार्लाइल ने विंध्य क्षेत्र में लघु पाषाण उपकरण खोज निकाले। इस काल के औजार छोटे पत्थरों से बने हुए हैं, जिन्हें **माइक्रोलिथिक** या सूक्ष्म पाषाण कहा गया है।
- भारत में मानव अस्थि-पंजर सर्वप्रथम मध्यपाषाण काल से ही प्राप्त होने लगता है। मध्यपाषाण युगीन औजार बनाने की तकनीक को फ्लूटिंग कहा जाता है। इस काल के कुछ सूक्ष्म औजारों का आकार ज्यामितीय है, जिसमें ब्लेड, क्रोड, त्रिकोण, नव चन्द्राकार तथा समलम्ब औजार प्रमुख हैं।
- मध्यपाषाण काल के लोग शिकार, मछली पकड़ने तथा खाद्य-संग्रहण पर निर्भर करते थे। इस काल में **बागौर** (राजस्थान) तथा **आदमगढ़ भीमबेटका** (मध्य प्रदेश) से पशुपालन का प्राचीनतम साक्ष्य प्राप्त हुआ है। इसी काल में मानव ने सर्वप्रथम कुत्ते को पालतू पशु बनाया था।
- राजस्थान में स्थित साम्भर झील निक्षेप के कई मध्यपाषाणिक स्थल प्राप्त हुए हैं, जिनमें नरवा, गोविन्दगढ़ तथा लेखवा प्रमुख हैं। यहाँ से विश्व के सबसे पुराने वृक्षारोपण का साक्ष्य मिला है।
- स्थायी निवास का प्रारम्भिक साक्ष्य सराय नाहर राय एवं महदहा से स्तम्भ गर्त के रूप में मिला है। **सराय नाहर राय** (उत्तर प्रदेश) से बड़ी मात्रा में हड्डी एवं सींग निर्मित उपकरण प्राप्त हुए हैं तथा महदहा से हड्डी का वाणाग्र प्राप्त हुआ है।
- मध्यपाषाण काल के मनुष्यों ने अनुष्ठान के साथ शवों को दफनाने की प्रथा प्रारम्भ की। मध्य भारत के लेखनिया से मध्यपाषाण कालीन शवों को अनुष्ठान के साथ दफनाने के साक्ष्य मिले हैं।

> **भीमबेटका की गुफाएँ**
>
> भीमबेटका से चित्रकारी के प्राचीनतम साक्ष्य प्राप्त हुए हैं, जो मध्यपाषाण काल से सम्बन्धित हैं। भीमबेटका का चट्टानी शरणस्थल भोपाल से 45 किमी पश्चिम में स्थित है। यूनेस्को ने भीमबेटका शैल चित्रों को विश्व विरासत सूची में सम्मिलित किया है। इन गुफाओं में जीवन के विविध रंगों को पेण्टिंग के रूप में उकेरा गया, जिनमें हाथी, साम्भर, हिरन आदि के चित्र हैं। इस काल के लोगों ने गहरे लाल, हरे, उजले तथा पीले रंगों का प्रयोग किया।

पुरापाषाण व मध्यपाषाण संस्कृति शैलकला के सन्दर्भ में

- वास्तव में, यह कला भारत के लगभग सभी शैल आश्रयों में जिसमें उच्च पाषाणयुगीन और मध्य पाषाणयुगीन लोग रहते थे और बहुत से अन्य लोग भी रहते थे वहाँ अनेक शैल चित्र मिले हैं जिनमें विविध प्रकार के विषयों का मुख्य रूप से पशुओं का और ऐसे दृश्यों का चित्रांकन किया गया है जिसमें मनुष्य और पशु दोनों शामिल हैं।
- इन शैलचित्रों का स्थान व्यापक क्षेत्र में है। ये पश्चिमोत्तर पाकिस्तान में चार गुल से लेकर पूर्व में ओडिशा तक और उत्तर में कुमाऊँ की पहाड़ियों से लेकर दक्षिण में केरल तक पाए जाते हैं। शैलचित्रों के महत्त्वपूर्ण स्थल हैं—उत्तर प्रदेश में मुरहाना पहाड़, मध्य प्रदेश में भीमबेटका, आदमगढ़, लाखाजुआर और कर्नाटक में कापागल्लू आदि।

- सबसे अधिक चित्रांकन पशुओं का अकेले अथवा बड़े और छोटे मानव समूहों में किया गया है और उन्हें विभिन्न मुद्राओं में दिखाया गया है। इसके अलावा शिकार के भी कुछ दृश्य हैं जिसका उदाहरण है आदमगढ़ में पशुओं का चित्रांकन मोटी रेखाओं द्वारा किया गया है और उनके शरीर को कई बार पूर्णत: अथवा अंशत: तिरछी सेनाओं से भरा गया है।
- इसके उदाहरण उत्तर प्रदेश के मुरहाना पहाड़, मध्य प्रदेश के भीमबेटका और आदमगढ़ की गुफाओं और शैल आश्रम स्थलों में देखे जा सकते हैं। पशुओं के अलावा पक्षियों, मछलियों आदि के चित्र भी अंकित किए गए हैं।
- शैलचित्रों में मानव आकृतियों का चित्रांकन एक आम बात है। ये सादी रूपरेखा के रूप में भी हैं और तिरुरेखीय चित्रों के रूप में भी। मनुष्यों को विभिन्न प्रकार के कार्य करते दिखाया गया है; जैसे—नृत्य करते, भागते, खेलते, शिकार करते और युद्ध करते। चित्र बनाने में गहरे लाल, हरे, सफेद और पीले रंग का प्रयोग किया गया है।
- इन शैलचित्रों में स्पष्टत: उन पक्षियों और पशुओं का चित्रण है जिनका शिकार जीवन निर्वाह के लिए किया जाता था या फिर जो मानव बस्तियों के आस-पास मण्डराते रहते थे। अनाज पर जीने वाले Prching Birds उन आरम्भिक चित्रों में नहीं पाए जाते हैं, क्योंकि वे अवश्य ही शिकार/खाद्य संग्रह अर्थव्यवस्था से जुड़े होंगे।

(iii) **नवपाषाण काल**

- पहला नवपाषाणिक स्थल एच सी मेस्यूरर के द्वारा 1860 ई. में उत्तर प्रदेश में खोजा गया। नवपाषाण या नियोलिथिक शब्द का प्रयोग सबसे पहले **सर जॉन लुबाक** ने 1865 ई. में किया था।

  पुरातत्त्वविद् मिल्स बुरकिट के अनुसार, ''पशुओं को पालतू बनाना, कृषि व्यवहार का प्रथम प्रयोग, घिसे तथा पॉलिशदार पत्थर के औजार एवं मृद्‌भाण्डों का निर्माण नवपाषाण काल की प्रमुख विशेषता है।''
- पाकिस्तान के बलूचिस्तान में अवस्थित मेहरगढ़ तथा भारत के कश्मीर में स्थित बुर्जहोम एवं गुफ्कराल महत्त्वपूर्ण नवपाषाणकालीन स्थल हैं। बुर्जहोम में **गर्त निवास** का साक्ष्य मिलता है, जहाँ कब्रों में पालतू कुत्ते भी मालिकों के शवों के साथ दफनाए जाते थे।
- **चिरांद** (बिहार) से हड्डियों के उपकरण पाए गए हैं, जो मुख्य रूप से हिरण के सींगों के हैं। मृद्‌भाण्ड निर्माण का प्रारम्भ नवपाषाण से हुआ। **मृद्‌भाण्ड** का प्राचीनतम साक्ष्य **चौपानीमाण्डों** से प्राप्त हुआ है।
- कर्नाटक में **संगनकल्लू** (मैसूर) तथा पिकलीहल से 'राख के टीले' प्राप्त हुए हैं। **महगड़ा** (बेलन घाटी) से गौशाला के साक्ष्य प्राप्त हुए हैं। दक्षिण भारत में प्रयुक्त होने वाली पहली फसल रागी थी।
- **कोल्डिहवा** (उत्तर प्रदेश) से वन्य एवं कृषिजन्य दोनों प्रकार के चावल के साक्ष्य मिलते हैं। यह धान की खेती का प्राचीनतम साक्ष्य है।
- महाराष्ट्र में बोरी नामक स्थान से प्राप्त पत्थर के उपकरणों को 14 लाख वर्ष पुराना बताया गया है।
- निम्न पुरापाषाण काल में क्रोड उपकरणों की प्रधानता थी।
- सर्वप्रथम तीर-कमान का विकास मध्यपाषाण काल में हुआ। इस काल में लोग छोटे जानवरों का भी शिकार करने लगे थे।
- प्राचीनतम स्थायी जीवन (बस्ती) के साक्ष्य मेहरगढ़ से मिले हैं।

2. आद्य ऐतिहासिक काल (3000 ई.पू. से 600 ई.पू.)

- इस काल का मानव लिपि से तो परिचित था, परन्तु वह लिपि अभी तक पढ़ी नहीं जा सकी है, यह 'आद्य-ऐतिहासिक काल' कहलाता है। हड़प्पा सभ्यता भारत के आद्य ऐतिहासिक काल से सम्बन्धित है।

3. ऐतिहासिक काल (600 ई.पू. से आगे)

- इस काल का मानव लिपि से परिचित था और वह लिपि पढ़ी भी जा चुकी है, यह 'ऐतिहासिक काल' कहलाता है।

ताम्रपाषाण काल

- मानव ने सर्वप्रथम **ताँबा** धातु का प्रयोग किया, जिस काल में लोगों ने पत्थर के साथ-साथ ताँबे के हथियारों का प्रयोग करना प्रारम्भ कर दिया, उसे ताम्रपाषाण युग (2000 ई.पू. से 500 ई.पू.) कहा गया। ताम्रपाषाण काल के लोग मुख्यत: ग्रामीण समुद्राय के थे। भारत में ताम्र पाषाण अवस्था के मुख्य क्षेत्र दक्षिण-पूर्वी राजस्थान (अहाड़ एवं गिलुण्ड), पश्चिमी मध्य प्रदेश (मालवा, कायथा और एरण), पश्चिमी महाराष्ट्र तथा दक्षिणी-पूर्वी भारत हैं।
- **मालवा संस्कृति** की एक विलक्षणता है—मालवा मृद्‌भाण्ड, जो ताम्रपाषाण मृद्‌भाण्डों में उत्कृष्टतम् माना गया है। सबसे विस्तृत उत्खनन पश्चिमी महाराष्ट्र में हुए हैं। जहाँ उत्खनन हुए हैं, वे स्थल हैं—अहमदनगर के जोरवे, नेवासा एवं दैमाबाद, पुणे में चन्दौली, सोनेगाँव एवं इनामगाँव।
- **जोरवे संस्कृति** ग्रामीण थी, फिर भी इसकी कई बस्तियाँ; जैसे—दैमाबाद और इनामगाँव में नगरीकरण की प्रक्रिया प्रारम्भ हो गई थी। जोरवे स्थलों में सबसे बड़ा दैमाबाद है। दैमाबाद की ख्याति ताँबे की वस्तुओं की उपलब्धि के लिए है।
- **दैमाबाद** से ताँबे का रथ चलाता मनुष्य, साँड, गैण्डे तथा हाथी की आकृतियाँ प्राप्त हुई हैं।
- **इनामगाँव** एक बड़ी बस्ती है, जो किलाबन्द है तथा खाई से घिरी हुई है। ताम्रपाषाणिक स्थलों में सबसे बड़ा उत्खनित ग्रामीण स्थल एच. डी आकलिया द्वारा उत्खनित **नवदाटोली** है, जहाँ से सर्वाधिक फसल के साक्ष्य प्राप्त हुए हैं।
- **अहाड़ संस्कृति** का प्राचीन नाम ताम्बावती अर्थात् ताँबा वाली जगह है। गिलुण्ड इस संस्कृति का स्थानीय केन्द्र माना जाता है। यहाँ एक प्रस्तर फलक उद्योग के अवशेष मिले हैं। अहाड़ के लोग पत्थर के बने घरों में रहते थे। यहाँ से ताँबे की बनी कुल्हाड़ियाँ, चूड़ियाँ तथा कई तरह की चादरें प्राप्त हुई हैं।
- **कायथा** के मृद्‌भाण्डों पर प्राक् हड़प्पन, हड़प्पन और हड़प्पोत्तर संस्कृति का प्रभाव दिखाई देता है। ताम्रपाषाणिक बस्तियों के लुप्त होने का कारण अत्यल्प वर्षा (सूखा) माना जाता है। कायथा से स्टेटाइट और कॉर्नेलियन जैसे कीमती पत्थरों की गोलियों के हार पात्रों में जमे पाए गए हैं। गैरिक मृद्‌भाण्ड संस्कृति भी एक महत्त्वपूर्ण ताम्रपाषाणकालीन संस्कृति है। इसका काल 2000 से 1500 ई.पू. निर्धारित किया गया है। गैरिक मृद्‌भाण्ड पात्र का नामकरण हस्तिनापुर में हुआ था।

प्रमुख ताम्रपाषाणिक संस्कृति

संस्कृति	काल
अहाड़ संस्कृति	2100 ई.पू. 1800 ई.पू.
कायथा संस्कृति	2100 ई.पू. 1800 ई.पू.
सावाल्दा संस्कृति	2100 ई.पू. 1800 ई.पू.
प्रभास संस्कृति	1800 ई.पू. 1200 ई.पू.
मालवा संस्कृति	1700 ई.पू. 1200 ई.पू.
रंगपुर संस्कृति	1500 ई.पू. 1200 ई.पू.
जोरवे संस्कृति	1400 ई.पू. 700 ई.पू.

महापाषाण काल

- पत्थर की कब्रों को महापाषाण कहा जाता था। इन कब्रों में मानवों को दफनाया जाता था। महापाषाण काल से सम्बद्ध लोग साधारणतः पहाड़ों के ढलान पर रहते थे।
- दक्षिण भारत, उत्तर-पूर्वी भारत तथा कश्मीर में यह प्रथा प्रचलित थी। यहाँ से कब्रों में लोहे के औजार, घोड़े के कंकाल तथा पत्थर एवं सोने के गहने भी प्राप्त हुए हैं। यहाँ आंशिक शवाधान की पद्धति भी प्रचलित थी। जिसके तहत शवों को जंगली जानवरों के खाने के लिए छोड़ दिया जाता था। ब्रह्मगिरि, आदियन्नसूर, मास्की पुदुको, यिंगलपुट, हुनुर, नागार्जुनकोंड आदि इसके प्रमुख शवाधान केन्द्र हैं।
- महापाषाणकालीन लोग धान के अतिरिक्त रागी की खेती भी करते थे। इतिहासकारों ने महापाषाण काल का निर्धारण 1000 ई.पू. से लेकर प्रथम शताब्दी ई.पू. के बीच किया है।

काल	संस्कृति के लक्षण	मुख्य स्थल	महत्त्व, उपकरण एवं विशेषताएँ
निम्न पुरापाषाण काल	शल्क, गंडासा, खण्डक उपकरण संस्कृति	पंजाब, कश्मीर, सोहन घाटी, सिंगरौली घाटी, छोटानागपुर, नर्मदा घाटी, कर्नाटक, आन्ध्र प्रदेश	हस्त कुठार एवं वटिकाश्म उपकरण, होमोइरेक्ट अस्थि अवशेष नर्मदा घाटी से प्राप्त हुए हैं।
मध्य पुरापाषाण काल	फलक संस्कृति	नेवासा (महाराष्ट्र), डीडवाना (राजस्थान), भीमबेटका (मध्य प्रदेश), नर्मदा घाटी, बांकुड़ा, पुरुलिया (पश्चिम बंगाल)	फलक, बेधनी, खुरचनी, भीमबेटका से गुफा चित्रकारी मिली है।
उच्च पुरापाषाण काल	अस्थि, खुरचनी एवं तक्षणी संस्कृति	बेलन घाटी, छोटानागपुर पठार, मध्य भारत, गुजरात, महाराष्ट्र, कर्नाटक, आन्ध्र प्रदेश	प्रारम्भिक होमोसेपियन्स मानव का काल, हार्पून, फलक एवं हड्डी के उपकरण प्राप्त हुए।
मध्यपाषाण काल	सूक्ष्म पाषाण संस्कृति	आदमगढ़, भीमबेटका (मध्य प्रदेश), बागौर (राजस्थान), सराय नाहर राय (उत्तर प्रदेश)	सूक्ष्मपाषाण उपकरण बनाने की तकनीक का विकास, अर्द्धचन्द्राकार उपकरण, इकधार फलक, स्थायी निवास का साक्ष्य, पशुपालन।
नवपाषाण काल	पॉलिश्ड उपकरण संस्कृति	बुर्जहोम और गुफ्कराल (कश्मीर), लंघनाज (गुजरात), दमदमा, कोल्डिहवा (उत्तर प्रदेश), चिरांद (बिहार), पोचमपल्ली (तमिलनाडु), ब्रह्मगिरि, मास्की (कर्नाटक)	प्रारम्भिक कृषि संस्कृति, कपड़ा बुनना, भोजन पकाना, मृद्भाण्ड निर्माण, मनुष्य स्थायी निवासी बना, पाषाण उपकरणों की पॉलिश शुरू, पहिया, अग्नि का प्रचलन।

अभ्यास प्रश्न

1. निम्नलिखित में से किस स्थान पर मानव के साथ कुत्ते को दफनाए जाने का साक्ष्य मिला है?
(a) बुर्जहोम (b) कोल्डिहवा
(c) चोपानी-माण्डो (d) माण्डो

2. निम्नलिखित में से किस स्थल से हड्डी के उपकरण प्राप्त हुए हैं?
(a) चोपानी-माण्डो से (b) काकोरिया से
(c) महदहा से (d) सराय नाहर राय से

3. भारतीय पुरातत्त्व सर्वेक्षण निम्नलिखित विभागों/मन्त्रालयों में से किसका संलग्न कार्यालय है?
(a) संस्कृति (b) पर्यटन
(c) विज्ञान एवं प्रौद्योगिकी (d) मानव संसाधन विकास

4. भारत में किस शैलाश्रय से सर्वाधिक चित्र प्राप्त हुए हैं
(a) घघरिया (b) भीमबेटका
(c) लेखाहिया (d) आदमगढ़

5. 'राख का टीला' निम्नलिखित किस नवपाषाणिक स्थल से सम्बन्धित है?
(a) बुदिहाल (b) संगनकल्लू
(c) कोल्डिहवा (d) ब्रह्मगिरि

6. नवदाटोली का उत्खनन किसने किया था?
(a) के डी वाजपेयी ने (b) वी एस वांकड़ ने
(c) एच डी सांकलिया ने (d) मार्टिमर व्हीलर ने

7. निम्नलिखित में से किस एक पुरास्थल से पाषाण संस्कृति से लेकर हड़प्पा सभ्यता तक के सांस्कृतिक अवशेष प्राप्त हुए हैं?
(a) आम्री (b) मेहरगढ़
(c) कोटदीजी (d) कालीबंगा

8. भारतीय उपमहाद्वीप में कृषि के प्राचीनतम साक्ष्य प्राप्त हुए हैं
(a) कोल्डिहवा से (b) लहुरादेव से
(c) मेहरगढ़ से (d) टोकवा से

9. भारत में मानव का सर्वप्रथम साक्ष्य कहाँ मिलता है?
(a) नीलगिरि पहाड़ियाँ (b) शिवालिक पहाड़ियाँ
(c) नल्लमाला पहाड़ियाँ (d) नर्मदा घाटी

10. गैरिक मृद्भाण्ड पात्र (OCP) का नामकरण हुआ था
(a) हस्तिनापुर में (b) अहिच्छत्र में
(c) नोह में (d) लाल किला में

11. उत्खनित प्रमाणों के अनुसार, पशुपालन का प्रारम्भ हुआ था
(a) निचले पूर्व पाषाणकाल में (b) मध्य पूर्व पाषाणकाल में
(c) ऊपरी एवं पाषाणकाल में (d) मध्य पाषाणकाल में

12. वृहत्पाषाण स्मारकों की पहचान की गई है
(a) संन्यासी गुफाओं के रूप में
(b) मृतक को दफनाने के स्थान के रूप में
(c) मन्दिर के रूप में
(d) उपरोक्त में से कोई नहीं

13. खाद्यान्नों की कृषि सर्वप्रथम प्रारम्भ हुई थी
(a) नवपाषाण काल में (b) मध्यपाषाण काल में
(c) पुरापाषाण काल में (d) प्रोटो-ऐतिहासिक काल में

14. 'भीमबेटका' किसके लिए प्रसिद्ध है?
(a) गुफाओं के शैल चित्र (b) खनिज
(c) बौद्ध प्रतिमाएँ (d) सोन नदी का उपागम स्थल

15. उस स्थल का नाम बताइए जहाँ से प्राचीनतम स्थायी जीवन के प्रमाण मिले हैं?
(a) धौलावीरा (b) किले गुल मुहम्मद
(c) कालीबंगा (d) मेहरगढ़

16. निम्नलिखित पर विचार कीजिए
1. पशुओं को पालतू बनाना
2. गर्तनिवास का साक्ष्य
3. चित्रकारी का प्रारम्भिक साक्ष्य
4. मृद्भाण्डों का निर्माण

उपरोक्त में से कौन-सा/से नवपाषाण काल की विशेषता है/हैं?
(a) 1, 2 और 3 (b) 2, 3 और 4
(c) 1, 2 और 4 (d) ये सभी

17. प्रागैतिहासिक संस्कृति के सन्दर्भ में निम्न में से कौन-सा एक कथन असत्य है?
(a) मानव द्वारा बनाया जाने वाला प्रथम औजार कुल्हाड़ी था
(b) पुरापाषाण काल के मनुष्य सम्भवतः नीग्रेटो जाति के थे
(c) चित्रित्र मृद्भाण्डों का प्रयोग सर्वप्रथम ताम्रपाषाणिक लोगों ने किया
(d) सर्वप्रथम बड़े-बड़े गाँवों की स्थापना नवपाषाण काल में हुई

18. सूक्ष्म पाषाण संस्कृति के अवशेष किस स्थल से प्राप्त हुए हैं?
(a) भीमबेटका (b) सराय नहर
(c) बागोर (d) ये सभी

19. अहाड़ संस्कृति का प्रमुख स्थान कौन-सा था?
(a) बनास (b) मालवा (c) गिलुण्ड (d) इनाम गाँव

20. मानव ने स्थायी निवास किस काल में बनाना आरम्भ कर दिया था?
(a) मध्यपाषाण काल (b) निम्न पुरा पाषाण
(c) नवपाषाण काल (d) पुरापाषाण काल

उत्तरमाला

1.	(a)	2.	(d)	3.	(a)	4.	(b)	5.	(b)	6.	(c)	7.	(b)	8.	(c)	9.	(d)	10.	(a)
11.	(d)	12.	(b)	13.	(a)	14.	(a)	15.	(d)	16.	(c)	17.	(d)	18.	(d)	19.	(c)	20.	(c)

अध्याय 03

हड़प्पा, उत्तर हड़प्पा संस्कृति एवं लौहयुगीन संस्कृतियाँ

(उत्तर एवं दक्षिण भारत की महापाषाणिक संस्कृति)

हड़प्पा सभ्यता का उद्गम एवं विकास

हड़प्पा सभ्यता भारतीय उपमहाद्वीप में प्रथम नगरीय सभ्यता का प्रतिनिधित्व करती है। यह विश्व की प्राचीनतम नगरीय सभ्यताओं में से एक है। हड़प्पा सभ्यता आद्य ऐतिहासिक काल की एक काँस्य युगीन सभ्यता है। इस सभ्यता की लिपि को अभी तक पढ़ा नहीं जा सका है। अत: इस सभ्यता की जानकारी के प्रमुख स्रोत पुरातात्विक स्रोत हैं।

इस सभ्यता की खोज सर्वप्रथम हड़प्पा नामक स्थल से हुई थी। यह स्थल पाकिस्तान के पश्चिमी पंजाब में लाहौर से 160 किमी की दूरी पर मॉण्टगोमरी जिले में स्थित है। यहाँ वर्ष 1921 में राय बहादुर दयाराम साहनी के नेतृत्व में उत्खनन प्रारम्भ हुआ। सर जॉन मार्शल और सर मार्टिमर व्हीलर जैसे पुरातत्त्वविदों ने हड़प्पा की बस्तियों की खुदाई प्रारम्भ की थी। इस सभ्यता को 'हड़प्पा सभ्यता', 'सिन्धु सभ्यता' या 'सिन्धु घाटी सभ्यता' के नाम से भी जाना जाता है।

- हड़प्पा सभ्यता का उद्गम ताम्रपाषाणिक संस्कृतियों की पृष्ठभूमि में भारतीय उपमहाद्वीप के पश्चिमोत्तर प्रान्त में हुआ था।
  इस सभ्यता का विकास मुख्य रूप से तीन चरणों में हुआ था।
  (i) प्रथम चरण आरम्भिक हड़प्पा का चरण था, जिसका काल क्रम 2600 ई.पू. से 2250 ई.पू. था।
  (ii) दूसरा चरण पूर्ण विकसित सभ्यता का चरण था जिसका कालक्रम 2250 ई.पू. से 1950 ई.पू. था।
  (iii) तीसरा चरण उत्तर हड़प्पा सभ्यता का चरण था, जिसका कालक्रम 1950 ई.पू. से 1750 ई.पू. तक था।
- रेडियो कार्बन डेटिंग पद्धति (C-14) के अनुसार हड़प्पा का कालक्रम 2350 ई.पू. से 1750 ई.पू. माना जाता है।
- हड़प्पा सभ्यता के निर्माताओं का निर्धारण करने का महत्त्वपूर्ण स्रोत कंकाल हैं। सर्वाधिक कंकाल मोहनजोदड़ो से प्राप्त हुए। कंकालों के परीक्षण से यह निर्धारित हुआ है कि इस सभ्यता में चार प्रजातियाँ निवास करती थीं—भूमध्य सागरीय, ऑस्ट्रेलायड, अल्पाइन तथा मंगोलायड। सबसे ज्यादा भूमध्य सागरीय प्रजाति के लोग थे।
- भारतीय उपमहाद्वीप में हड़प्पा सभ्यता का भौगोलिक विस्तार उत्तर में जम्मू के माण्डा से लेकर दक्षिण में नर्मदा के मुहाने पर स्थित दैमाबाद (महाराष्ट्र) तक और पश्चिम में सुत्कागेण्डोर से लेकर पूर्व में आलमगीरपुर (उत्तर प्रदेश) तक था।
- हड़प्पा सभ्यता का आकार त्रिभुजाकार है। इसका क्षेत्रफल लगभग 1299600 वर्ग किमी है, जो प्राचीन मिस्र और मेसोपोटामिया की सभ्यता से बड़ा है।

हड़प्पा सभ्यता के प्रमुख स्थल

हड़प्पा सभ्यता अपने महत्त्वपूर्ण स्थलों के लिए जानी जाती है। उसमें से अनेक स्थल इस सभ्यता के केन्द्रीय स्थल बने। हड़प्पा सभ्यता के कुछ प्रमुख स्थलों का विवरण निम्नलिखित है

हड़प्पा

- हड़प्पा इस सभ्यता का एक महत्त्वपूर्ण स्थल है, जो रावी नदी के किनारे अवस्थित है।
- हड़प्पा के टीले या ध्वंसावशेषों के विषय में सर्वप्रथम जानकारी 1826 ई. में चार्ल्स मेसन ने दी थी।
- हड़प्पा में दो कमरों वाले बैरक भी मिले हैं, जो सम्भवत: मजदूरों के रहने के लिए थे। यहाँ से अधिक संख्या में भण्डारगृह अथवा अन्नागार भी मिले हैं।
- यहाँ किले के दक्षिण में एक शवस्थान पाया गया है, जिसे पुरातत्त्वविदों ने आर-37 नाम दिया है।
- हड़प्पा से प्राप्त दो टीलों में पूर्वी टीले को नगर टीला तथा पश्चिमी टीले को दुर्ग टीला के नाम से सम्बोधित किया गया है।
- नगर की रक्षा के लिए पश्चिम की ओर स्थित दुर्ग टीले को 'मार्टिमर व्हीलर' ने माउण्ड ए-बी की संज्ञा प्रदान की है।
- इस स्थल से प्राप्त महत्त्वपूर्ण अवशेषों में एक बर्तन पर बना मछुआरे का चित्र, शंख का बना एक बैल, पीतल का बना इक्का, ईंटों के वृत्ताकार चबूतरे, गेहूँ तथा जौ के दाने प्रमुख हैं।
- यहाँ से लाल पत्थर की पुरुष के निर्वस्त्र धड़ की एक आकृति मिली है, जिसकी तुलना यक्ष के साथ की जाती है।

- इस स्थल से नृत्यांगना की एक मूर्ति भी मिली है, जिसकी तुलना पुरातत्त्वविदों ने नटराज शिव के साथ की है।
- हड़प्पा से एक मृण्मूर्ति भी प्राप्त हुई है, जिसके गर्भ से एक पीपल का पौधा निकलता दिखाया गया है।

मोहनजोदड़ो

- मोहनजोदड़ो का अर्थ 'मुर्दों का टीला' (Mound of the dead) होता है। मोहनजोदड़ो सिन्धु नदी के दाहिने किनारे पर अवस्थित था, जो वर्तमान में पाकिस्तान के सिन्ध प्रान्त के लरकाना जिले में स्थित है।
- मोहनजोदड़ो का सबसे महत्त्वपूर्ण सार्वजनिक स्थल है, विशाल स्नानागार। यह 11.88 मीटर लम्बा, 7.01 मीटर चौड़ा और 2.43 मीटर गहरा है। इस स्नानागार में नीचे उतरने के लिए उत्तर एवं दक्षिण सिरों में सीढ़ियाँ बनी हुई थीं। इसका फर्श पक्की ईंटों से बना हुआ है, जिस पर चारकोल का लेप लगा है। इसका प्रयोग आनुष्ठानिक स्नान के लिए होता था।
- मोहनजोदड़ो के पश्चिमी भाग में स्थित दुर्ग को 'स्तूपटीला' कहा जाता है, क्योंकि यहाँ पर कुषाणों ने एक स्तूप का निर्माण करवाया था।
- यहाँ से काँसे की नृत्य करती हुई नग्न मूर्ति प्राप्त हुई है। इसका निर्माण द्रवी-मोम विधि से किया गया है।
- मोहनजोदड़ो से प्राप्त मुद्रा पर एक योगी को ध्यान मुद्रा में एक टाँग पर दूसरी टाँग डाले बैठा दिखाया गया है। उसके चारों ओर एक हाथी, एक बाघ और एक गैण्डा है, आसन के नीचे एक भैंसा है और पाँवों पर दो हिरण हैं। मार्शल ने इसे शिव, पशुपति का प्राकृतरूप माना है।
- मोहनजोदड़ो से मेसोपोटामिया जैसी बेलनाकार मुहर मिली है तथा सीप से निर्मित स्केल का साक्ष्य भी यहाँ से मिला है।
- हड़प्पा सभ्यता में एकमात्र खिड़की का साक्ष्य यहीं से मिला है। संख्या में धातु की बनी मूर्तियाँ सबसे अधिक मोहनजोदड़ो से प्राप्त हुई हैं।
- मोहनजोदड़ो से प्राप्त अवशेषों में 'महाविद्यालय भवन', काँसे की नृत्यरत नारी की मूर्ति, सूती कपड़ा, हाथी का कपाल खण्ड, इत्र, गले हुए ताम्बे के ढेर, कुएँ से प्राप्त नर कंकाल, घोड़े के दाँत, कुम्भकारों के छः भट्ठे आदि प्रमुख हैं।

लोथल

- लोथल वर्तमान गुजरात राज्य के अहमदाबाद जिले में भोगवा नदी के किनारे सरागवाला ग्राम के समीप स्थित है।
- यह एकमात्र ऐसा स्थान है, जहाँ कृत्रिम बन्दरगाह का अवशेष प्राप्त हुआ है। यह गोदी समुद्री आवागमन तथा व्यापार के लिए महत्त्वपूर्ण थी।
- लोथल से मिले एक मकान का दरवाजा गली की ओर न खुलकर सड़क की ओर खुलता था।
- फारस की मुद्रा या सील और पक्के रंग में रँगे हुए पात्रों की उपलब्धता से स्पष्ट होता है कि लोथल से विदेशी व्यापार सम्पन्न होते थे।
- लोथल से प्राप्त अवशेषों में धान और बाजरे का साक्ष्य, घोड़े की लघु मृण्मूर्ति, तीन युगल समाधि, अग्नि पूजा के साक्ष्य, मनके बनाने का कारखाना, शतरंज का प्रतिरूप, काँसे की छड़, अन्न पीसने की चक्की, हाथी दाँत का स्केल आदि प्रमुख हैं।
- लोथल को लघु हड़प्पा या लघु मोहनजोदड़ो भी कहा जाता है। यहाँ पूरी बस्ती एक ही दीवार से घिरी थी।
- यहाँ से एक जार पर चित्रकारी का साक्ष्य प्राप्त हुआ है, जो पंचतन्त्र की चालाक लोमड़ी की कहानी के सदृश है।

कालीबंगा

- कालीबंगा राजस्थान के गंगानगर जिले में स्थित घग्घर नदी के किनारे स्थित है। कालीबंगा का अर्थ, काले रंग की मिट्टी की चूड़ियाँ हैं।
- कालीबंगा से हड़प्पा सभ्यता के साथ-साथ हड़प्पा पूर्व सभ्यता के अवशेष भी प्राप्त हुए हैं।
- यहाँ शहर के दोनों भाग दुर्गीकृत थे तथा मकान कच्ची ईंटों के बने थे।
- यहाँ से एक शव की प्राप्ति हुई है, जो पेट के बल लेटा हुआ है तथा जिसका सिर दक्षिण में तथा पैर उत्तर दिशा में हैं।
- भूकम्प आने का प्राचीनतम साक्ष्य कालीबंगा से ही मिला है। कालीबंगा से भी एक युग्मित समाधि का अवशेष मिला है।
- कालीबंगा से प्राप्त अवशेषों में बेलनाकार मुहरें, हल के निशान (जुते हुए खेत के साक्ष्य) ईंटों से निर्मित चबूतरे, हवन कुण्ड, अन्नागार, अलंकृत ईंटों का प्रयोग, लकड़ी के पाइप का प्रयोग, शल्य चिकित्सा के साक्ष्य, उस्तरे पर लिपटा हुआ कपास का वस्त्र आदि प्रमुख हैं।

चन्हूदड़ो

- चन्हूदड़ो मोहनजोदड़ो से 130 किमी दक्षिण की ओर स्थित है। यह एकमात्र ऐसा नगर है, जो दुर्गीकृत नहीं है। यहाँ हड़प्पा पूर्व की झूकर एवं झांगर संस्कृति के अवशेष प्राप्त हुए हैं।
- बाढ़ द्वारा विनाश के साक्ष्य यहाँ से मिले हैं। यहाँ की एक मुहर पर दो नग्न नारियाँ अंकित हैं, जो ध्वज पकड़े खड़ी हैं।
- चन्हूदड़ो के निवासी कुशल कारीगर थे। इसकी पुष्टि इस बात से की जाती है कि यह मनके, सीप, अस्थि तथा मुद्रा बनाने का प्रमुख केन्द्र था।
- यहाँ से प्राप्त अवशेषों में, अलंकृत हाथी, खिलौना, कुत्ते के बिल्ली का पीछा करते पद-चिन्ह, लिपस्टिक, दवात, काँसे की इक्का गाड़ी, बैलगाड़ी, वर्गाकार मुहर, एक मुहर पर तीन घड़ियाल व मछली का अंकन आदि प्रमुख हैं।

बनवाली

- बनवाली हरियाणा के हिसार जिले में सरस्वती नदी के तट पर स्थित है। यहाँ से हड़प्पा-पूर्व, हड़प्पाकालीन तथा उत्तर हड़प्पाकालीन संस्कृतियों का भी पता चला है।
- यहाँ आयताकार 'राजप्रासाद' जैसा एक विशाल भवन भी मिला है। बनवाली की नगर-योजना शतरंज की बिसात या जाल के आकार की बनाई गई थी।
- यहाँ से प्राप्त कुछ मृद्भाण्डों के टुकड़े एवं मुद्रा पर सिन्धु लिपि में लिखे हुए लेख प्राप्त हुए हैं।
- बनवाली से प्राप्त अवशेषों में हल की आकृति (खिलौने के रूप में) तिल, सरसों का ढेर, नालियों के अवशेष, मनके, सेलखड़ी की मुहर, बैलगाड़ी के पहिये के साक्ष्य आदि प्रमुख हैं।

रंगपुर

- रंगपुर गुजरात के काठियावाड़ प्रायद्वीप में मादर (भादर) नदी के निकट स्थित है। यहाँ पर पूर्वकालीन हड़प्पा संस्कृति के अवशेष के साथ-साथ उत्तरोत्तर हड़प्पा संस्कृति के भी साक्ष्य मिले हैं।
- यहाँ के दुर्ग कच्ची ईंटों से बने थे। रंगपुर से उत्खनन में न तो कोई मुद्रा और न ही कोई मातृदेवी की मूर्ति प्राप्त हुई है।
- रंगपुर से प्राप्त अवशेषों में चावल की भूसी, पीले और धूसर रंग के मिट्टी के बर्तन, मृदभाण्ड, पत्थर के फलक आदि प्रमुख हैं।

आलमगीरपुर

- उत्तर प्रदेश राज्य के मेरठ जिले में हिण्डन नदी के तट पर आलमगीरपुर स्थित है। यह स्थल हड़प्पा सभ्यता के पतन का संकेत देता है।
- यह हड़प्पा सभ्यता का सर्वाधिक पूर्वी पुरास्थल है। यहाँ से एक भी मातृदेवी की मूर्ति और मुद्रा प्राप्त नहीं हुई है।
- यहाँ से मिट्टी के बर्तन, मनके एवं पिण्ड भी मिले हैं।

रोपड़

- रोपड़ से हड़प्पा पूर्व एवं हड़प्पाकालीन संस्कृतियों के अवशेष प्राप्त हुए यहाँ के मकान पत्थर एवं मिट्टी से बनाए गए थे।
- रोपड़ में शव का सिर पश्चिम दिशा में रखा मिला है। भारतीय पंजाब में स्थित रोपड़ में भवन कच्ची ईंटों से बने थे।

सुरकोटदा

- सुरकोटदा वर्तमान गुजरात राज्य के कच्छ क्षेत्र में स्थित है। यहाँ से हड़प्पा सभ्यता के पतन के अवशेष परिलक्षित होते हैं।
- यहाँ से घोड़े की हड्डी तथा कलश शवाधान के अवशेष प्राप्त हुए हैं। इसके अतिरिक्त सुरकोटदा हड़प्पा सभ्यता के विदेशी व्यापार का केन्द्र था।
- यह स्थल पत्थर के टुकड़ों की दीवार से घिरा हुआ था। ऊपर से कब्र को पत्थर से ढकने का साक्ष्य एवं तराजू का पलड़ा यहाँ से मिला है।

राखीगढ़ी

- यह स्थल वर्तमान हरियाणा राज्य के जींद जिले में स्थित है। इस स्थल से सिन्धु पूर्व सभ्यता के अवशेष भी प्राप्त हुए हैं।
- भारत में हड़प्पा सभ्यता के विशालतम नगरों में राखीगढ़ी एक है। यहाँ से ताँबे के उपकरण के साथ-साथ एक ऐसी मुद्रा मिली है, जिस पर हड़प्पा-लिपि में एक लेख है।

कोटदीजी

- यह स्थल हड़प्पा पूर्व और हड़प्पाकालीन दोनों समय अस्तित्व में था। यहाँ के मकान कच्ची ईंटों के बने थे परन्तु नीवों में पत्थर का प्रयोग हुआ है।
- कच्ची ईंटों के बने बड़े आकार के चूल्हे का साक्ष्य यहाँ से प्राप्त हुआ है। इस स्थल से किलेबन्दी के कोई भी साक्ष्य प्राप्त नहीं हुए हैं।

सुत्कागेण्डोर

- पाकिस्तान के बलूचिस्तान प्रान्त में दाश्क नदी पर सुत्कागेण्डोर स्थित है। यह स्थल हड़प्पा सभ्यता की पश्चिमी सीमा का निर्धारण करता है। यहाँ से बन्दरगाह के अस्तित्व का पता चला है।
- सुत्कागेण्डोर में बेबीलोन से व्यापारिक सम्बन्ध का साक्ष्य भी प्राप्त हुआ है। यहाँ से मानव भस्म रखा एक बर्तन तथा ताँबे की कुल्हाड़ी का साक्ष्य मिला है। यहाँ से परिपक्व हड़प्पा संस्कृति के अवशेष मिले हैं।

धौलावीरा

- गुजरात राज्य के कच्छ जिले में धौलावीरा स्थित है। यह नगर हड़प्पा सभ्यता के सबसे बड़े नगरों में से है। अन्य हड़प्पाई स्थल के विपरीत धौलावीरा नगर तीन खण्डों में विभाजित है।
- यहाँ भव्य प्रवेश द्वार के साथ सुरक्षा प्रहरी का कमरा भी मिला है। इस स्थल से एक लम्बा जलाशय उत्खनन के द्वारा खोजा गया है।

हड़प्पा सभ्यता की विशेषताएँ

- हड़प्पा सभ्यता की कुछ प्रमुख विशेषताएँ इसको समकालीन सभ्यताओं से भिन्न करती हैं। इन विशेषताओं को हम निम्नलिखित रूप में देख सकते हैं

नगर नियोजन

- हड़प्पा संस्कृति एक नगरीय संस्कृति थी। इस संस्कृति की महत्त्वपूर्ण विशेषता इसकी नगर योजना प्रणाली थी। इस सभ्यता के नगर विश्व के प्राचीनतम सुनियोजित नगरों में से एक हैं। सामान्यत: इस सभ्यता के नगर दो भागों में बँटे थे। ऊँचे टीले पर स्थित प्राचीरयुक्त बस्ती, नगर, दुर्ग और इसके पश्चिमी ओर के आवासीय क्षेत्र निचला नगर होते थे।
- दुर्ग में शासक वर्ग के लोग रहते थे तथा निचले नगर में सामान्य लोग रहते थे। भवन निर्माण में पक्की एवं कच्ची दोनों तरह की ईंटों का प्रयोग होता था। भवन में अलंकरण आदि का अभाव था।
- ईंटों के निर्माण का निश्चित अनुपात 4 : 2 : 1 था।
- प्रत्येक मकान में स्नानागार, कुएँ एवं गन्दे जल की निकासी के लिए नालियों का प्रबन्ध था। सड़कें कच्ची थीं और प्राय: एक-दूसरे को समकोण पर काटती थीं तथा नगर को आयताकार खण्डों में विभक्त करती थीं। मकानों के दरवाजे मध्य में न होकर एक किनारे पर होते थे।
- हड़प्पा संस्कृति की जल निकास प्रणाली अद्वितीय थी। समकालीन किसी भी दूसरी सभ्यता ने स्वास्थ्य और सफाई को इतना महत्त्व नहीं दिया, जितना कि हड़प्पा संस्कृति के लोगों ने दिया।
- सामान्यत: मकान छोटे होते थे, जिनमें चार-पाँच कमरे होते थे। कुछ बड़े आकार के भवन भी मिले हैं, जिनमें 30 कमरे तक बने होते थे तथा दो मंजिलें भवनों का भी निर्माण हुआ था।

धार्मिक जीवन

- सिन्धु घाटी सभ्यता के लोग मानव, पशु तथा वृक्ष तीनों रूप में भगवान की उपासना करते थे। हड़प्पा की धार्मिक और हिन्दू धर्म की जानकारी लगभग समान है। मातृदेवी की उपासना प्रमुख थी। एक श्रृंगी पशु का चित्र जो सबसे अधिक प्राप्त होता है, शायद बहुत पवित्र पशु था।
- मोहनजोदड़ो से प्राप्त पशुपति मुहर से पशुपति पूजा की जानकारी मिलती है। लिंग पूजा के प्रचुर साक्ष्य मिले हैं। पत्थर पर योनि आकृतियों का अंकन भी हुआ है, जिनकी पूजा जनन शक्ति के रूप में की जाती थी। पूज्य पशुओं में कूबड़ वाला साँड तथा वृक्षों में पीपल महत्त्वपूर्ण थे। मन्दिर के अवशेष नहीं मिले हैं।
- लोथल एवं कालीबंगा से हवनकुण्डों एवं यज्ञवेदियों के साक्ष्य मिले हैं, जो अग्नि-पूजा का प्रमाण देते हैं। मोहनजोदड़ो के विशाल स्नानागार को धार्मिक महत्त्व प्राप्त था। उसके पास बनी अन्य विशाल इमारत शायद पुरोहित का मठ था।
- लोग भूत-प्रेत, तन्त्र-मन्त्र में विश्वास करते थे। कई मुहरों में एक त्रिमुखी देवता जिसके सिर पर भैंस के सींग का मुकुट है, जो योगी की मुद्रा में बैठा हुआ है। यह देवता गैण्डा, भैंस, हाथी, शेर तथा हिरण से घिरा हुआ है। इसे पशुपति शिव माना जाता है।

धार्मिक प्रतीक चिन्ह

प्रतीक चिह्न	महत्त्व
स्वस्तिक	सूर्य उपासना का प्रतीक
योगी शिव	योगेश्वर
ताबीज	जादू-टोना से रक्षा
बैल	शिव का वाहन, सर्वाधिक धार्मिक महत्त्व वाला पशु
बकरा	बलि हेतु प्रयुक्त
नाग	पूजा की जाती थी
शृंग	शिव का रूप
भैंस	देवताओं की शत्रुओं पर विजय का प्रतीक
बैल, बकरी एवं भेड़ की हड्डियों के ढेर	पशुबलि के द्योतक
काँस्य नर्तकी	नृत्य की परिकल्पना

दाह संस्कार

शवाधान के मुख्यत: तीन तरीके प्रचलित थे

1. **राजकीय शवाधान** इसमें सम्पूर्ण शव को भूमि में दफना दिया जाता था। शव के साथ उसकी आवश्यक वस्तुओं को दफनाया जाता था।
2. **आंशिक शवाधान** इसमें शव को खुले में रख दिया जाता था। पशु-पक्षियों के खाने के बाद शेष बचे भाग को भूमि में दफना दिया जाता था।
3. **दाह संस्कार** इसमें शव को आग में जला देते थे।

राजनीतिक जीवन

- **डॉ. रामशरण शर्मा** के अनुसार, ''सिन्धु सभ्यता के लोगों ने सबसे अधिक ध्यान वाणिज्य और व्यापार की ओर दिया। अत: हड़प्पा का शासन सम्भवत: वणिक वर्गों के हाथों में था।''
- इतिहासकार **हण्टर** के अनुसार, ''यहाँ की शासन व्यवस्था जनतान्त्रिक पद्धति से चलती थी।'' **मैके** के अनुसार, ''हड़प्पा सभ्यता में जनप्रतिनिधि का शासन था।'' स्टुअर्ट पिग्गट ने इस सभ्यता की जुड़वाँ राजधानियाँ हड़प्पा और मोहनजोदड़ो के होने का अनुमान लगाया है।

सामाजिक जीवन

- समाज की इकाई परम्परागत तौर पर परिवार थी। मातृदेवी की पूजा और मुहरों पर अंकित चित्र से यह परिलक्षित होता है कि सैन्धव समाज सम्भवत: मातृप्रधान या मातृसत्तात्मक था। सैन्धव समाज सम्भवत: अनेक वर्गों; जैसे-पुरोहित, व्यापारी, अधिकारी, शिल्पी, जुलाहे एवं श्रमिक में विभाजित थे। व्यापारी वर्ग सबसे प्रभावशाली था। योद्धा वर्ग के अस्तित्व का साक्ष्य नहीं मिला है, लेकिन सम्भवत: सभ्यता में दास-प्रथा का प्रचलन था।
- इस सभ्यता के निवासी खाने-पीने, वस्त्र एवं आभूषण के शौकीन थे। सम्भवत: वे शाकाहारी एवं मांसाहारी दोनों थे। आभूषण सोने, चाँदी और माणिक्य के बनाए जाते थे। गरीब लोग सम्भवत: शंख, सीप और मिट्टी के बने हुए आभूषण पहनते थे। हाथी दाँत तथा शंख का उपयोग अलंकरण तथा चूड़ियाँ बनाने के लिए किया जाता था। आभूषणों का प्रयोग पुरुष और महिलाएँ दोनों करते थे।

आर्थिक जीवन

- हड़प्पाकालीन अर्थव्यवस्था सिंचित कृषि अधिशेष, पशुपालन, दस्तकारी एवं आन्तरिक और बाह्य व्यापार पर आधारित थी। इसके अन्तर्गत निम्नलिखित क्षेत्रों को देख सकते हैं

कृषि

- सैन्धवकालीन अर्थव्यवस्था समृद्ध कृषि आन्तरिक एवं बाह्य व्यापार के सन्तुलन पर आधारित थी। दो फसलों की खेती, हल का प्रयोग, फसलों की विविधता सैन्धव कृषि अर्थव्यवस्था की देन है। इस सभ्यता के लोग **नौ** फसलें-गेहूँ, जौ, राई, मटर, तिल, सरसों, चावल, कपास, अनाज आदि पैदा करते थे। कृषि कार्य हेतु प्रस्तर (पत्थर) एवं काँसे के औजारों का प्रयोग किया जाता था। इस सभ्यता से कोई फावड़ा या फाल नहीं मिला है। सम्भवत: ये लोग लकड़ी के हलों का प्रयोग करते थे।
- कालीबंगा से **जुते हुए खेत** एवं बनवाली से **मिट्टी का हल** जैसा खिलौना प्राप्त हुआ है। मोहनजोदड़ो, हड़प्पा एवं लोथल से अन्नागार के साक्ष्य प्राप्त हुए हैं। सबसे पहले **कपास** पैदा करने का श्रेय सिन्धु सभ्यता के लोगों को दिया जाता है। ये लोग तरबूज, खरबूजा, नारियल, अनार, नींबू, केला आदि फलों से परिचित थे।

पशुपालन

- इस समय में बैल, भैंस, गाय, भेड़, बकरी, कुत्ते, खच्चर आदि जानवर पाले जाते थे। लोथल एवं रंगपुर से घोड़े की मृण्मूर्तियाँ तथा सुरकोटदा से घोड़े के अस्थिपंजर प्राप्त हुए हैं, परन्तु घोड़े पालने का स्पष्ट साक्ष्य नहीं मिला है।
- हाथी को पालतू बना लिया गया था। कूबड़ वाला साँड़ सबसे प्रिय पशु था। ऊँट की अस्थियाँ कालीबंगा से प्राप्त हुई हैं।

व्यापार एवं वाणिज्य

- सिन्धु सभ्यता के लोगों के जीवन में व्यापार का सबसे बड़ा महत्त्व था। इसकी पुष्टि हड़प्पा, मोहनजोदड़ो तथा लोथल में अनाज के बड़े-बड़े कोठारों तथा ढेर सारी सीलों (मृण्मुद्राओं) के एक रूप लिपि और मानवीकृत माप-तौलों के अस्तित्व से होती है। देशी एवं विदेशी दोनों प्रकार के व्यापार उन्नत अवस्था में थे। व्यापार **विनिमय प्रणाली** पर आधारित था।
- देशी व्यापार के लिए परिवहन के साधन बैलगाड़ी व पशु तथा विदेशी व्यापार मुख्यत: जल परिवहन द्वारा होता था। बन्दरगाह या व्यापार तन्त्र से जुड़े प्रमुख नगर थे-बालाकोट, डाबरकोट, सुत्कागेण्डोर, सोत्काकोह, मुण्डीगाक, मालवान, भगतराव तथा प्रभासपाटन।

विदेशी व्यापार

- मेसोपोटामिया और सैन्धव सभ्यता के विनिमय स्थल दिलमन (बहरीन द्वीप) और माकन (ओमान) थे। मेसोपोटामियायी वर्णित शहर 'मेलुहा' सिन्ध क्षेत्र का प्राचीनतम नाम है। इसकी जानकारी निम्नलिखित साक्ष्यों के आधार पर प्राप्त होती है; जैसे
- मेसोपोटामियायी; (इराक) बस्तियों के साक्ष्य सिन्धु घाटी की सभ्यता के स्थलों में नहीं मिले हैं, जबकि वहाँ पर यहाँ के अनेक साक्ष्य मिले हैं। वहाँ से आयातित वस्तुएँ थीं-ऊनी कपड़े, खुशबूदार तेल आदि। जल्दी नष्ट हो जाने वाली इन वस्तुओं के कारण सम्भवत: इनके अवशेष सैन्धव नगरों से नहीं मिले हैं।
- मोहनजोदड़ो तथा हड़प्पा से बेलनाकार फारस की मुद्राएँ, मोहनजोदड़ो से मानव एवं बाघ की लड़ाई के चित्र वाली मुहर तथा हड़प्पा से मानव एवं बैल युद्ध की क्रीट-कला से सम्बन्धित चित्र वाली मुहर मिली है।

हड़प्पा सभ्यता में आयात

आयातित वस्तुएँ	स्थल/क्षेत्र
सोना	अफगानिस्तान, फ्रांस
चाँदी	ईरान, अफगानिस्तान, मेसोपोटामिया
टिन	ईरान, अफगानिस्तान
सेलखड़ी	बलूचिस्तान
नील रत्न	बदख्शाँ (अफगानिस्तान)
फिरोजा	ईरान
लाजवर्द	बदख्शां, मेसोपोटामिया
सीसा	अफगानिस्तान

मुहर

- आमतौर पर मुहरें चौकोर होती थीं, लेकिन बेलनाकार, वृत्ताकार, आयताकार भी प्राप्त हुई हैं। चौकोर मुहरों पर लेख व पशुआकृति एवं बेलनाकार मुहरों पर अधिकांश लेख होते थे। अधिकांश मुहरें सेलखड़ी की बनी थीं, परन्तु कुछ गोमेद, मिट्टी के चर्ट की भी बनी थीं।
- मुहरों पर सर्वाधिक चित्रांकन एक सींग वाले साँड (वृषभ) का है। अन्य चित्रों में कुत्ते, भैंस, गैण्डा, हिरन, बाघ, हाथी आदि हैं। कुत्ते का चित्रांकन सर्वाधिक हुआ है, लेकिन पक्षियों का चित्र नहीं मिला है। ऊँट का चित्रांकन भी नहीं हुआ है। मानव एवं अर्द्ध मानव के चित्र मिले हैं।
- लोथल एवं देशलपुर से ताँबे की मुहरें प्राप्त हुई हैं। सिन्धु लेख अधिकांशतः मुहरों पर मिले हैं। मुहरों का उपयोग विदेशों को निर्यातित वस्तुओं की गाँठ (पैकिंग) पर मुहर लगाने के लिए किया जाता था।

माप-तौल

- तौल की इकाई 16 के आवर्तकों में होती थी; जैसे—16, 64, 160, 320, 640 आदि। सोलह के अनुपात की यह परम्परा आधुनिक काल तक चलती रही है। बाट घनाकार, वर्तुलाकार, बेलनाकार, शंक्वाकार एवं ढोलाकार थे।
- सैन्धव लोग मापन पद्धति से परिचित थे। ऐसे पैमाने भी पाए गए हैं, जिन पर माप के निशान लगे हुए हैं। इनमें एक काँसे का भी है। मोहनजोदड़ो से सीप का तथा लोथल से हाथी दाँत से निर्मित पैमाना मिला है।

शिल्प कला

- हड़प्पा सभ्यता की विशाल इमारतों से राजगिरी का प्रमाण मिलता है। मोहनजोदड़ो से ईंटों के भट्ठों के अवशेष मिले हैं। हड़प्पाई लोगों को लोहे का ज्ञान नहीं था, वे ताँबा में टिन मिलाकर **काँसा** बनाना जानते थे।
- हड़प्पा में नाव बनाने के साक्ष्य मिले हैं। धातुओं से लघु मूर्तियाँ बनाने के लिए मोम-साँचा विधि प्रचलित थी। लोथल से मिट्टी निर्मित नाव के पाँच नमूने मिले हैं।
- हड़प्पा में सभ्यता का प्रमुख उद्योग सूती वस्त्र निर्माण था। मुद्रा निर्माण, मूर्ति निर्माण, आभूषण एवं मनके बनाने के साक्ष्य भी मिलते हैं। बर्तन निर्माण भी अत्यन्त महत्त्वपूर्ण व्यवसाय था।
- भारत में चाँदी सर्वप्रथम सिन्धु सभ्यता में पाई गई है। सैन्धव सभ्यता के अन्तर्गत काँस्य कला, मृण्मूर्तियाँ, मनका-निर्माण तथा मुहर निर्माण की कला प्रचलित थी।
- सैन्धव सभ्यता के लोग कलाकृतियों के निर्माण के लिए धातु एवं पत्थर का उपयोग कम करते थे। सबसे प्रसिद्ध कलाकृति है-मोहनजोदड़ो से प्राप्त नृत्य की मुद्रा में नग्न स्त्री की काँस्य प्रतिमा। अन्य प्रसिद्ध कलाकृतियाँ हैं—हड़प्पा एवं चन्हूदड़ो से प्राप्त काँसे की गाड़ियाँ, मोहनजोदड़ो से प्राप्त दाढ़ी वाले सिर की पत्थर की मूर्ति (सम्भवतः पुजारी), स्वस्तिक चिह्न, मोहनजोदड़ो से प्राप्त हाथी दाँत पर मानव चित्र आदि प्रमुख हैं।
- मिट्टी के बर्तन में एकरूपता है। ये बर्तन सादे हैं और उन पर लाल पट्टी के साथ-साथ काले रंग की चित्रकारी मिलती है। बर्तनों पर मुद्रा के निशान भी हैं, जिससे ज्ञात होता है कि उन बर्तनों का व्यापार भी होता था। हड़प्पा सभ्यता से पक्की मिट्टी की मृण्मूर्तियाँ मिली हैं। बर्तनों पर वनस्पति का चित्रांकन पशुओं की अपेक्षा ज्यादा है।

लिपि

- सिन्धु लिपि में लगभग 64 मूल चिन्ह एवं 250 से 400 तक अक्षर हैं। इस लिपि का सबसे पुराना नमूना 1833 ई. में मिला था और वर्ष 1923 तक पूरी लिपि प्रकाश में आ गई, किन्तु यह अभी तक पढ़ी नहीं जा सकी है।
- लिपि भाव चित्रात्मक हैं तथा प्रत्येक अक्षर किसी ध्वनिभाव या वस्तु का सूचक है। यह क्रमशः दाईं ओर से बाईं ओर तथा बाईं ओर से दाईं ओर लिखी जाती है। इस पद्धति को बोस्ट्रोफेदोन कहा गया है। लिपि पर सबसे ज्यादा चिह्न U आकार का तथा सबसे ज्यादा प्रचलित चिह्न मछली का है।

प्रमुख हड़प्पाई स्थलः एक नजर में

स्थल	भौगोलिक अवस्थिति	खोजकर्ता/वर्ष	प्राप्त साक्ष्य
हड़प्पा	रावी नदी मॉण्टगोमरी, पाकिस्तान	दयाराम साहनी, 1921	श्रमिक निवास, छः अन्नागार, शंख का बना बैल, काँसे का इक्का एवं दर्पण, मंजूषा, बर्तन पर मछुआरे का चित्र आदि।
मोहनजोदड़ो	सिन्धु नदी, लरकाना, पाकिस्तान	राखालदास बनर्जी, 1922	मृतकों का टीला, स्नानागार, अन्नागार, काँसे की नग्न नर्तकी, कुम्हार के छः भट्टे, सूती कपड़ा, शतरंज की गोटियाँ, दाढ़ी वाला साधु, हाथी का कपाल खण्ड, पशुपति के अंकन की मुहर।
सुत्कागेण्डोर	दाश्क नदी, बलूचिस्तान पाकिस्तान	औरेल स्टाइन, 1927 एवं जॉर्ज डेल्स	नदी की तटीय व्यापारिक चौकी, राख से भरा बर्तन, ताँबे की कुल्हाड़ी, मिट्टी से बनी चूड़ियाँ।
आमरी	सिन्धु नदी, सिन्ध, पाकिस्तान	एन जी मजूमदार, 1929 जॉर्ज एफ. डेल्स 1963/79	ऐसा पहला स्थल जहाँ पूर्व हड़प्पा सभ्यता के चिह्न तथा परिवर्ती परिवर्तन के चरणों की पहचान हुई एवं बारहसिंगा का नमूना।
चन्हूदड़ो	सिन्धु नदी, सिन्ध, पाकिस्तान	एन जी मजूमदार, 1931	मुहर उत्पाद केन्द्र, औद्योगिक शहर, मिट्टी की बनी बैलगाड़ी का प्रतिरूप, काँसे की खिलौना गाड़ी, दवात, दुर्ग का अभाव।
कालीबंगा	घग्गर नदी, राजस्थान	अमलानन्द घोष, 1953/60	आरम्भिक हड़प्पा, हल द्वारा जुते खेत, बेलनाकार मुहर, पक्की मिट्टी का हल, सबसे पहले ज्ञात भूकम्प का साक्ष्य, अग्निकुण्ड, ऊँट की हड्डियाँ, कच्ची एवं अलंकृत ईंट, काले रंग की चूड़ी।

स्थल	भौगोलिक अवस्थिति	खोजकर्ता/वर्ष	प्राप्त साक्ष्य
कोटदीजी	सिन्धु नदी, सिन्ध, पाकिस्तान	फजल अहमद, 1953-54	पूर्व हड़प्पा, मिश्रित स्तर, पत्थर की नींव वाले घर, पत्ती के आकार का वाणाग्र, गर्तावास, गहनों का जखीरा। चाक पर निर्मित मृद्भाण्ड।
रोपड़	सतलुज नदी, पंजाब	यज्ञदत्त शर्मा, 1953-54	वर्ष 1947 के बाद भारत में हड़प्पाकालीन उत्खनन स्थल, ताँबे की कुल्हाड़ी, शंख की चूड़ियाँ, कुत्ते को मालिक के साथ दफनाने का साक्ष्य।
रंगपुर	मादर नदी तट, गुजरात	रंगनाथ राव, 1953-54	धान की भूसी, घोड़े की मृण्मूर्ति, कच्ची ईंटों का दुर्ग, पत्थर के फलक।
सुरकोटदा	कच्छ, गुजरात	जे पी जोशी, 1954	घोड़े की हड्डियाँ, बर्तन में शवाधान।
लोथल	भोगवा नदी, अहमदाबाद गुजरात	रंगनाथ राव, 1957	अन्नागार, सुमेरियन मूल से सम्बन्धित अक्षीय नलिका सहित सोने के मनके, मनका कारखाना गोदीवाड़ा (बन्दरगाह) युग्म शवाधान, धान की खेती।
आलमगीरपुर	हिण्डन नदी, उत्तर प्रदेश	यज्ञदत्त शर्मा, 1958	रोटी बेलने की चौकी, कटोरे के टुकड़े, मिट्टी के बर्तन, गंगा-यमुना दोआब का पहला उत्खनित स्थल।
धौलावीरा	कच्छ, गुजरात	बी बी लाल, 1959, आर एस बिष्ट, 1990-91	सफेद कुआँ, तीन भागों में विभाजित एकमात्र शहर, नागरिक उपयोग के लिए सबसे बड़ा अभिलेख, खेल का मैदान, पत्थर की बनी नेवले की मूर्ति।
राखीगढ़ी	घग्गर नदी, हरियाणा	सूरजभान, 1963	प्राक्हड़प्पा एवं परिपक्व हड़प्पा के साक्ष्य, भारत में स्थित इस सभ्यता का सबसे बड़ा स्थल।
मीताथल	हरियाणा	सूरजभान, 1968	ताँबे की कुल्हाड़ी।
बनवाली	सरस्वती नदी, हिसार हरियाणा	आर एस बिष्ट, 1973	पूर्व-हड़प्पा, हड़प्पा तथा उत्तर-नगरीय, सुव्यवस्थित अपवहन तन्त्र का अभाव, स्वर्णपट्ट, मिट्टी के मनके, ताँबे की बनी मछली पकड़ने की बंसी, मिट्टी से बने हल का प्रतिरूप, वास्तविक हल के कुछ टूटे टुकड़े, चक्के के प्रतिरूप (मिट्टी के)।
बालाकोट	अरब सागर, बलूचिस्तान, पाकिस्तान	आर एस बिष्ट 1974-77	पूर्व हड़प्पा के अवशेष भवन निर्माण के लिए कच्ची ईंटों का प्रयोग, सीपों की कार्यशाला।
भगवानपुरा	सरस्वती नदी, कुरुक्षेत्र हरियाणा	जे पी जोशी, 1975-76	सफेद, काली एवं आसमानी रंगों की चूड़ियाँ, ताँबे की चूड़ियाँ।
अल्लाहदीनो	सिन्धु नदी, पश्चिमी पंजाब, पाकिस्तान	डब्ल्यू ए फेयरसर्विस,1976	वितरण केन्द्र, पत्थर की विशाल दीवार की नींव, गहनों का जखीरा।

उत्तर हड़प्पा

- हड़प्पा सभ्यता के पतन से तात्पर्य सभ्यता की समाप्ति नहीं वरन् उसका स्वरूप परिवर्तन था। लगभग 1900 ई. पू. तक हड़प्पाई नगरों का पतन हो गया। यद्यपि इन नगरों के पतन की कालावधि में कुछ अन्तर रहा था। नगरों के पतन के पश्चात् हड़प्पा सभ्यता परिवर्तित रूप से चलती रही है। हड़प्पा सभ्यता के इस चरण को नागरिकोत्तर अवस्था अथवा उपसिन्धु संस्कृति के नाम से जाना जाता है।
- इस चरण में हड़प्पा संस्कृति के नगरीय जीवन के महत्त्वपूर्ण अभिलक्षण विलुप्त हो गए। सुव्यवस्थित नगर, व्यापक ईंट संरचनाएँ, लेखन कला, मानक वाट एवं माप तथा नगरों का दुर्ग क्षेत्र एवं निचले शहर के रूप में विभाजन सभी इस चरण में अनुपस्थित दिखाई देते हैं। यह सभ्यता एक बार फिर नगरीय चरण से ग्रामीण चरण में पहुँच गई।
- उत्तर हड़प्पा के स्थल एवं संस्कृति भारतीय उपमहाद्वीप के विभिन्न क्षेत्रों में देखे जा सकते हैं। इनका वर्णन निम्नलिखित है

झूकर संस्कृति

- इसका क्षेत्र सिन्ध प्रान्त था। इस संस्कृति का प्रसार चन्हूदड़ों, आमरी, मोहनजोदड़ों आदि क्षेत्रों में देखा गया। इससे जुड़े हुए स्थल ग्रामीण हैं तथा आकार में छोटे हैं। इन स्थलों पर मकानों को पुन: बनाए जाने के साक्ष्य मिलते हैं, किन्तु इसके लिए पुरानी सामग्रियों का ही उपयोग हुआ है। यहाँ भिन्न प्रकार के मृद्भाण्डों का उपयोग हुआ, इन्हें सुनकर मृद्भाण्ड कहा गया।

कब्रगाह संस्कृति

- इस संस्कृति का विकास पंजाब तथा बहावलपुर में हुआ। यह संस्कृति भी हड़प्पा संस्कृति की विरासत से जुड़ी हुई थी। यहाँ भी हड़प्पाई मकानों के विध्वंश पर नए मकानों का निर्माण देखा गया। इसके अतिरिक्त यहाँ जल निकासी का प्रबन्ध भी दिखता है तथा छोटे आकार की पक्की ईंटों का भी प्रयोग हुआ है, किन्तु निर्माण कार्य हड़प्पा की तुलना में निम्न स्तर का है।
  - इसके अतिरिक्त हरियाणा तथा पंजाब में मित्रायल बारा, रोपड़ और सिसवाल में उत्तर हड़प्पाई स्थल प्राप्त हुए हैं।
  - उसी प्रकार गुजरात में कच्छ तथा सौराष्ट्र क्षेत्र के कई परवर्ती हड़प्पाई स्थल प्रकाश में आए हैं।
  - हुलास तथा आलमगीरपुर हड़प्पा सभ्यता की पूर्वी सीमा रही थी, फिर वहाँ उत्तर हड़प्पा चरण का विकास हुआ।

लौहयुगीन संस्कृतियाँ

- भारतीय उपमहाद्वीप में ताम्रपाषाण के समाप्त होने तक ग्रामीण बस्तियाँ बस चुकी थीं, लेकिन भौतिक संस्कृति में परिवर्तन लोहे के साथ हुआ। विश्व के सन्दर्भ में लौह युग लगभग 1300 ई. पू. में आरम्भ हुआ।
- भारत में लोहे के साक्ष्य 1000 ई. पू. के आस-पास उत्तर प्रदेश के एटा जिले के अतरंजीखेड़ा से प्राप्त हुआ। इसके फलस्वरूप मानव जीवन में क्रान्तिकारी परिवर्तन हुआ। उत्खनन के परिणामस्वरूप भारत के उत्तरी-पूर्वी, मध्य तथा दक्षिणी भागों के लगभग सात सौ से भी अधिक पुरास्थलों से लौह उपकरणों के प्रयोग के साक्ष्य प्रकाश में आए हैं।

- उत्तर भारत के प्रमुख स्थल अतंरजीखेड़ा, आलमगीरपुर, अहिच्छत्र, अल्लाहपुर (मेरठ), खलौआ, नोह, रोपड़, वटेश्वर, हस्तिनापुर, श्रावस्ती, कम्पिल, जखेड़ा आदि हैं।
- दक्षिण भारत के आन्ध्र प्रदेश, कर्नाटक, केरल तथा तमिलनाडु के विविध पुरास्थलों से वृहत् अथवा महापाषाणिक संस्कृतियों के साक्ष्य मिलते हैं। ब्रह्मगिरि, मॉस्की, पुदुकोटे, चिंगलपुर, शानूर, हल्लूर आदि स्थलों से लौह उपकरण तलवार, कटार, चिपटी आदि प्राप्त हुए हैं।

उत्तर भारत की महापाषाणिक संस्कृति

- इसका मूल वितरण-क्षेत्र सिन्धु-गंगा विभाजक तथा ऊपरी गंगा घाटी है। पाकिस्तान में बहावलपुर के हकरापाट में दस स्थलों के ताजा विवरण की व्याख्या इस प्रकार की जा सकती है कि यह क्षेत्र राजस्थान के घग्गर मार्ग के बिल्कुल निकट था, जो सिन्धु गंगा विभाजक की दक्षिणी सीमा का सूचक है। इस क्षेत्र का एक अन्य महत्त्वपूर्ण पुरास्थल कोटिया चकिया तहसील में ही वेसन नदी के किनारे स्थित है।
- यहाँ के उत्खनन में संगोरा तथा सिस्ट प्रकार की समाधियाँ मिलती हैं। इनकी एक खास विशेषता यह है कि इनमें काले-लाल भाण्डों के साथ-साथ लौह उपकरण भी मिले हैं। इनमें दराँती, बसूला, बाणाग्र आदि सम्मिलित हैं। इनमें मानव अस्थियाँ नहीं मिलती किन्तु गाय, बैल आदि पशुओं की अस्थियाँ मिलती हैं। इतिहासविदों के अनुसार इन स्थलों से जो भौतिक संस्कृति दिखाई देती है वह ताम्रपाषाणिक लोगों की ही है।
- एक शवाधान की रेडियो कार्बन-डेटिंग तिथि ईसा पूर्व तीसरी शती को प्राप्त होती है। दक्षिण-पूर्व राजस्थान में मालवा के निकट अहाड़ नामक स्थल पर लोहा प्रथम कालखण्ड के द्वितीय चरण जितने पुराने स्तर पर मिलता है।
- इसकी तिथि लगभग ईसा पूर्व 15000 निर्धारित की गई है। यदि अहाड़ के उत्खनन में भारी स्तरिकीय मिश्रण नहीं हुआ है, तो यह मानना होगा कि प्रथम कालखण्ड के प्रथम चरण के बाद अहाड़ में ताम्रपाषाणयुगीन संस्कृति लौह युग की संस्कृति लोह युग की संस्कृति बन गई थी।

दक्षिण भारत की महापाषाणिक संस्कृति

- दक्षिण भारत में पाषाण युग के पश्चात् दक्कन के पठार तथा सुदूर प्रायद्वीप में लगभग 1000 ई. पू. के आस-पास महापाषाणिक संस्कृति का उदय हुआ। इस संस्कृति के लोगों का पता हमें उनकी बस्तियों से नहीं बल्कि उनकी कब्रों से चलता है, जो महापाषाण कहलाती है। इन कब्रों को महापाषाण इसलिए कहते हैं कि इन्हें बड़े-बड़े पत्थरों के टुकड़ों से घेर लिया जाता था।
- इन कब्रों में दफनाए गए लोगों के अस्थि-पन्जर के साथ लोहे की वस्तुएँ और विभिन्न प्रकार के मृद्भाण्ड मिले हैं। इन मृद्भाण्डों में काला व लाल मृदभाण्ड सर्वाधिक प्रचलित था।
- महापाषाण कब्रों में त्रिशूल, बाणाग्र, बरछे की नोंक, फावड़े तथा हँसिया भी प्राप्त हुए हैं। इस संस्कृति के लोग मृतकों के अस्थिपन्जर को लाल कलश में डालकर गड्ढों में दफनाते थे। ये महापाषाणिक लोग बसने के लिए और शवों को दफनाने के लिए पहाड़ियों की ढलानों पर निर्भर करते थे। ये लोग मुख्यत: धान एवं रागी उपजाते थे, परन्तु उनकी खेती बहुत ही कम जमीन पर होती थी और वे घने जंगलों के कारण मैदानों या निचली भूमियों में बस नहीं पाए।
- दक्कन में मॉस्की, संगनकल्लू, हल्लूर, कन्नरतुर, तथा तिरुक्कम पुलियर से महापाषाणिक कब्रों के प्रमाण प्राप्त हुए हैं। इसके अतिरिक्त सुदूर दक्षिण में आदि चनल्लूर, मदुरै तथा पेरूमबैट से भी महापाषाणिक कब्रों के प्रमाण प्राप्त होते हैं।

दक्षिण भारत की महापाषाणिक संस्कृतियों की विशेषताएँ

दक्षिण भारत की महापाषाणिक संस्कृतियों की प्रमुख विशेषताएँ निम्नलिखित हैं

- इसमें प्राय: सभी समाधियों का निर्माण ऊँचे पहाड़ी स्थलों पर आ जाता था।
- इन स्मारकों के निर्माता कृषि-कर्म से परिचित थे। वे अनाज, चावल, जौ, चना, रागी आदि थे।
- इन संस्कृतियों के लोग बैल, बकरी, घोड़े, भेड़ आदि पशुओं को पालतू बनाते थे।
- इनके नीचे एक या अधिक तालाब निर्मित पाए गए हैं। इसका कारण सम्भवत: निर्माण सामग्रियों की सुलभता एवं कृषि के लिए सिंचाई की सुविधा रही होगी। इससे यह भी ज्ञात होता है कि ये स्मारक रहने की बस्ती के समीप ही बनाए जाते थे।
- सभी समाधियों से एक विशिष्ट प्रकार के मृद्भाण्ड, जिसे कृष्ण-लोहित अथवा काले और लाल भाण्ड पास वाला भाग काला तथा शेष लाल है। इन्हें ओंधे-मुँह आँवों में पकाया गया है।
- मिट्टी के अतिरिक्त ताम्र तथा काँस्य निर्मित बर्तनों का भी प्रयोग प्रचलित था।
- लगभग सभी समाधियों से आंशिक समाधीकरण के उदाहरण मिलते हैं। शवों को जंगली जानवरों के खाने के लिए छोड़ दिया जाता था। उसके बाद बची हुई अस्थियों को चुनकर समाधि में गाड़ने की प्रथा थी।

दक्षिण महापाषाण समाधियों के निर्माता

- दक्षिण भारत में वृहत् पाषाण समाधियों के निर्माताओं की निश्चित पहचान के विषय में इतिहासकारों के मध्य मतभेद है। दक्षिण भारत तथा भूमध्य सागर की वृहत् पाषाणिक संस्कृतियों में घनिष्ठ समानताओं को देखते हुए कतिपय विद्वान् यह प्रस्तावित करते हैं कि दक्षिण भारत में यह संस्कृति पश्चिम एशिया से ही आई थी। इस प्रथम सम्पर्क ने बाद में घनिष्ठ सम्बन्ध का रूप धारण कर लिया, जो काफी समय तक चलता रहा।
- भूमध्य सागरीय क्षेत्र में इसकी प्राराम्भिक तिथि ईसा-पूर्व द्वितीय सहस्त्राब्दि मानी गई है। इसके विपरीत आदिचन्नल्लूपर से प्राप्त नर कंकालों के आधार पर दक्षिण की इस संस्कृति का निर्माता द्रविड़ जाति को माना जाता है।

अभ्यास प्रश्न

1. भारतीय उपमहाद्वीप में प्रथम नगरीय सभ्यता का प्रतिनिधित्व करता है
(a) मेसेपोटामिया (b) हड़प्पा
(c) मिस्र (d) मौर्य काल

2. हड़प्पा सभ्यता का सम्बन्ध किस काल से है?
(a) प्रागैतिहासिक काल (b) आद्य ऐतिहासिक काल
(c) ऐतिहासिक काल (d) गैरिक मृद्भाण्ड काल

3. दयाराम साहनी ने अपना प्रथम उत्खनन किस स्थान से प्रारम्भ किया था?
(a) मेहरगढ़ (b) कुण्डग्राम (c) मॉण्टगोमरी (d) रावलपिण्डी

4. हड़प्पा की खुदाई से किसका सम्बन्ध नहीं है?
(a) स्मिथ (b) मार्टिमर व्हीलर
(c) जान मार्शल (d) दयाराम साहनी

5. हड़प्पा सभ्यता को निम्नलिखित में से किस नाम से नहीं जाना जाता?
(a) हड़प्पा सभ्यता (b) सिन्धु सभ्यता
(c) सिन्धु घाटी सभ्यता (d) मृतकों के टीलों की सभ्यता

6. हड़प्पा सभ्यता का काल लगभग है
(a) 2800 ई.पू. से 2000 ई.पू. (b) 2600 ई.पू. से 1750 ई.पू.
(c) 3500 ई.पू. से 1800 ई.पू. (d) इनमें से कोई नहीं

7. किस आधार पर हड़प्पा सभ्यता का काल निर्धारण 2350 ई.पू. एवं 1750 ई.पू. के मध्य किया गया है?
(a) खुदाइयों में प्राप्त वस्तुओं एवं बर्तनों की समानता द्वारा
(b) गुजरात, हरियाणा, पंजाब और राजस्थान की हाल की खुदाइयों में मिले अवशेषों द्वारा
(c) रेडियो कार्बन परीक्षण सी-14 द्वारा
(d) हड़प्पा एवं प्राचीन पश्चिमी सभ्यता के बीच सम्पर्क के विवरण द्वारा

8. निम्नलिखित में कौन-सा युग्म सुमेलित नहीं है?
(a) दैमाबाद – महाराष्ट्र
(b) सुत्कागेण्डोर – बलूचिस्तान
(c) माण्डा – हिमाचल प्रदेश
(d) आलमगीरपुर – उत्तर प्रदेश

9. हड़प्पा सभ्यता का भौगोलिक आकार निम्न प्रकार है
(a) वृत्ताकार (b) आयताकार
(c) वर्गाकार (d) त्रिभुजाकार

10. भारत में खोजा गया सबसे पहला पुराना शहर था
(a) हड़प्पा (b) पंजाब (c) मोहनजोदड़ो (d) सिन्ध

11. हड़प्पा सभ्यता में खत्ती या भण्डारगृह सबसे अधिक कहाँ पाए गए?
(a) मोहनजोदड़ो (b) हड़प्पा (c) कालीबंगा (d) लोथल

12. सैन्धव स्थलों के उत्खननों से प्राप्त मुहरों पर निम्नलिखित में से किस पशु का सर्वाधिक उत्कीर्णन हुआ है?
(a) शेर (b) घोड़ा (c) बैल (साँड) (d) हाथी

13. निम्नलिखित में से किस पुरातत्त्वविद् ने सिन्धु घाटी सभ्यता स्थल मोहनजोदड़ो की प्रारम्भिक खोज की थी?
(a) सर जॉन मार्शल (b) दयाराम साहनी
(c) सर मार्टिमर व्हीलर (d) राखालदास बनर्जी

14. सैन्धव सभ्यता के महान् स्नानागार कहाँ से प्राप्त हुए हैं?
(a) मोहनजोदड़ो से (b) हड़प्पा से
(c) लोथल से (d) कालीबंगा से

15. मोहनजोदड़ो में प्राप्त सभी इमारतों में सबसे बड़ी इमारत कौन-सी है?
(a) अन्नागार (b) सभाभवन
(c) स्नानागार (d) इनमें से कोई नहीं

16. मोहनजोदड़ो से प्राप्त पशुपति मुहर में निम्न में से कौन-सा पशु नहीं पाया गया है?
(a) हिरन (b) गैण्डा (c) हाथी (d) शेर

17. सिन्धु घाटी सभ्यता के सन्दर्भ में निम्नलिखित युग्मों में से कौन-सा एक सही नहीं है?
(a) मोहनजोदड़ो की स्नानागार – सबसे बड़ी इमारत
(b) चाँदी के मुकुट की प्राप्ति – कुणाल
(c) हल से जोते गए खेत का साक्ष्य – कालीबंगा
(d) बन्दरगाह का साक्ष्य – लोथल

18. सिन्धु सभ्यता का कौन-सा स्थान भारत में स्थित है?
(a) हड़प्पा (b) मोहनजोदड़ो
(c) लोथल (d) इनमें से कोई नहीं

19. सिन्धु घाटी सभ्यता का पत्तन नगर था
(a) हड़प्पा (b) कालीबंगा (c) लोथल (d) मोहनजोदड़ो

20. पैमानों की खोज ने यह सिद्ध कर दिया है कि सिन्धु घाटी के लोग माप और तौल से परिचित थे। यह खोज कहाँ पर हुई?
(a) कालीबंगा (b) हड़प्पा (c) चन्हूदड़ो (d) लोथल

21. हड़प्पा सभ्यता के किस स्थल पर एक मृद्भाण्ड में दृश्य अंकित है, जो पंचतन्त्र की कथा चालाक लोमड़ी की याद दिलाता है?
(a) रंगपुर (b) लोथल (c) हड़प्पा (d) कालीबंगा

22. निम्नांकित में कौन-सा युग्म सुमेलित नहीं है?
(a) आलमगीरपुर – उत्तर प्रदेश (b) लोथल – गुजरात
(c) कालीबंगा – हरियाणा (d) रोपड़ – पंजाब

23. कालीबंगा कहाँ स्थित है?
(a) हरियाणा में (b) राजस्थान में
(c) गुजरात में (d) पंजाब में

24. हड़प्पा पूर्व काल के अवशेष कहाँ से नहीं मिले हैं?
(a) हड़प्पा (b) कालीबंगा (c) रंगपुर (d) कोटदीजी

25. हड़प्पा सभ्यता में चावल के प्रमाण कहाँ से मिले हैं?
(a) मोहनजोदड़ो और हड़प्पा से (b) लोथल और कालीबंगा से
(c) लोथल और रंगपुर से (d) कालीबंगा और हड़प्पा से

26. एक उन्नत जल-प्रबन्धन व्यवस्था का साक्ष्य प्राप्त हुआ है
(a) आलमगीरपुर से (b) धौलावीरा से
(c) कालीबंगा से (d) लोथल से

27. हड़प्पा संस्कृति के स्थल एवं उनकी स्थिति सम्बन्धी निम्नलिखित युग्मों में से कौन-सा एक सुमेलित नहीं है?
(a) आलमगीरपुर – उत्तर प्रदेश
(b) बनवाली – हरियाणा
(c) दायमाबाद – महाराष्ट्र
(d) राखीगढ़ी – राजस्थान

28. सुमेलित कीजिए

सूची I (प्राचीन स्थल)	सूची II (पुरातत्त्वीय खोज)
A. लोथल	1. जुता हुआ खेत
B. कालीबंगा	2. गोदीबाड़ा
C. धौलावीरा	3. पक्की मिट्टी की बनी हुई हल की प्रतिकृति
D. बनवाली	4. हड़प्पन लिपि के बड़े आकार के दस चिह्नों वाला एक शिलालेख

कूट

	A	B	C	D
(a)	1	2	3	4
(b)	2	4	1	3
(c)	2	3	4	3
(d)	2	1	3	4

29. सुमेलित कीजिए

सूची I (दफन प्रथा)	सूची II (स्थल)
A. पत्थर का ताबूत	1. हड़प्पा
B. ताबूत-दफन	2. लोथल
C. पात्र-दफन	3. कालीबंगा
D. दुहरा दफन	4. सुरकोटदा

कूट

	A	B	C	D
(a)	2	4	3	1
(b)	4	2	1	3
(c)	2	4	1	3
(d)	1	3	2	4

30. हड़प्पा संस्कृति के निम्नलिखित स्थलों में कौन सिन्ध में अवस्थित है?
I. हड़प्पा II. मोहनजोदड़ो
III. चन्हूदड़ो IV. सुरकोटदा
कूट
(a) I और II (b) II और III
(c) II, III और IV (d) ये सभी

31. सुमेलित कीजिए

सूची I	सूची II
A. मोहनजोदड़ो	1. रावी
B. हड़प्पा	2. सिन्धु
C. कालीबंगा	3. भोगवा
D. लोथल	4. घग्घर

कूट

	A	B	C	D
(a)	1	2	3	4
(b)	2	1	4	3
(c)	2	1	3	4
(d)	1	3	4	2

32. निम्न में कौन-सी सिन्धु घाटी सभ्यता की विशेषता नहीं थी?
(a) सड़कें सीधी एवं एक-दूसरे को समकोण पर काटती थीं
(b) मकान अच्छी व पक्की ईंटों से निर्मित थे
(c) नगर साफ-सुथरे व जल-मल निकासी सर्वोच्च थी
(d) मकानों के दरवाजे पिछली ओर खुलते थे

33. सिन्धु घाटी सभ्यता जानी जाती है
(a) अपने नगर-नियोजन के लिए
(b) मोहनजोदड़ो और हड़प्पा के लिए
(c) अपने कृषि सम्बन्धी कार्यों के लिए
(d) अपने उद्योगों के लिए

34. निम्नलिखित कथनों पर विचार कीजिए
I. मोहनजोदड़ो, हड़प्पा, रोपड़ एवं कालीबंगा सिन्धु घाटी सभ्यता के प्रमुख स्थल हैं।
II. हड़प्पा के लोगों ने सड़कों तथा नालियों के जाल के साथ नियोजित शहरों का विकास किया।
III. हड़प्पा के लोगों को धातुओं के उपयोग का पता नहीं था।
उपरोक्त कथनों में से कौन-से कथन सही है/हैं?
(a) I और II (b) I और III (c) II और III (d) ये सभी

35. स्थापित सिन्धु घाटी सभ्यता जिन नदियों के तट पर बसी थी, वे कौन-सी थीं?
I. सिन्धु II. चेनाब
III. झेलम IV. गंगा
कूट
(a) I और II (b) I, II और III
(c) II, III और IV (d) ये सभी

36. निम्नलिखित पर विचार करें एवं सही उत्तर का चयन करें
सिन्धु घाटी सभ्यता जानी जाती है
I. अपने नगर नियोजन के लिए
II. मोहनजोदड़ो और हड़प्पा के लिए
III. अपने कृषि सम्बन्धी कार्य के लिए
IV. अपने उद्योगों के लिए
कूट
(a) I और II (b) I, II और III (c) II, III और IV (d) ये सभी

37. हड़प्पा सभ्यता के सन्दर्भ में निम्नलिखित कथनों पर विचार कीजिए
I. धौलावीरा नगर प्राचीर द्वारा संरक्षित समानान्तर चतुर्भुज के आकार में था।
II. कालीबंगा में नगर प्राचीर के बाहर एक हल द्वारा जोता गया खेत मिला है, जिसमें हल की लीकें बनी हैं।
उपरोक्त कथनों में से कौन-सा/से कथन सत्य है/हैं?
(a) केवल I (b) केवल II
(c) I और II (d) न तो I और न ही II

38. हड़प्पाकालीन नगरों में किलेबन्दी या नगर-प्राचीरों का निर्माण करने के पीछे प्रमुख कारण क्या थे?
(a) सीमा शुल्क और पथकर-वसूली
(b) लुटेरों और पशुचोरों से सुरक्षा तथा बाढ़ से बचाव
(c) नगर में अनधिकृत लोगों के प्रवेश को रोकना तथा शत्रुओं के आक्रमणों से सुरक्षा
(d) सीमान्तर्गत नगर का विकास करना और नगरीय नियन्त्रण कायम रखना

39. सुमेलित कीजिए

सूची I	सूची II
A. हड़प्पा	1. लाल बलुआं पत्थर की पुरुष धड़ प्रतिमा
B. मोहनजोदड़ो	2. टेराकोटा बैलगाड़ी
C. मेहरगढ़	3. बहुरंगी पानपत्र
D. दायमाबाद	4. ताँबे के बारहसिंगे

कूट

	A	B	C	D		A	B	C	D
(a)	1	2	2	4	(b)	2	1	4	3
(c)	3	1	2	4	(d)	4	3	1	2

40. निम्नलिखित में से कौन-कौन से सुमेलित हैं?

I. रोपड़ सबसे पूर्वी स्थल
II. दायमाबाद सबसे दक्षिणी स्थल
III. आलमगीरपुर सबसे उत्तरी स्थल
IV. सुत्कागेण्डोर सबसे पश्चिमी स्थल

कूट

(a) I, II और III (b) II, III और IV (c) II और IV (d) III और IV

41. सिन्धु घाटी सभ्यता के सन्दर्भ में निम्नलिखित कथनों पर विचार कीजिए

I. उस काल में भारत में वस्त्र बनाने में कपास का प्रयोग होता था।
II. यह सभ्यता मुख्यत: लौकिक सभ्यता थी तथा उसमें धार्मिक तत्त्व, यद्यपि उपस्थित था, वर्चस्वशाली नहीं था।

उपरोक्त कथनों में से कौन-सा/से कथन सही है/हैं?

(a) केवल I (b) केवल II
(c) I और II (d) इनमें से कोई नहीं

42. सुमेलित कीजिए

सूची I (स्थल)	सूची II (विशेषता)
A. कालीबंगा	1. मस्तिष्क शोथ की बीमारी का पता
B. चन्हूदड़ो	2. वक्राकार ईंटों की प्राप्ति
C. हड़प्पा	3. स्त्री के गर्भ से निकलता हुआ पौधा
D. मोहनजोदड़ो	4. स्तूप टीला

कूट

	A	B	C	D		A	B	C	D
(a)	1	2	3	4	(b)	2	1	4	3
(c)	4	3	2	1	(d)	3	4	1	2

43. निम्नलिखित कथनों पर विचार करें एवं सही उत्तर का चयन करें

I. सिन्धु घाटी सभ्यता को हड़प्पा सभ्यता के नाम से भी जानते हैं।
II. इस सभ्यता के प्रमुख बन्दरगाह लोथल और रंगपुर गुजरात में स्थित हैं।
III. बनवाली घग्घर तथा उसकी सहायक नदियों की घाटी में स्थित है।

कूट

(a) I और II (b) II और III
(c) I, II और III (d) इनमें से कोई नहीं

44. निम्नलिखित में से कौन-सा/से लक्षण सिन्धु सभ्यता के लोगों का सही चित्रण करता है/करते हैं?

I. उनके विशाल महल और मन्दिर होते थे।
II. वे देवियों और देवताओं दोनों की पूजा करते थे।
III. वे युद्ध में घोड़ों द्वारा खींचे गए रथों का प्रयोग करते थे।

नीचे दिए गए कूट का प्रयोग कर सही कथन/कथनों को चुनिए

(a) I और II (b) केवल II
(c) I, II और III (d) इनमें से कोई सही

45. अग्निवेदिका का प्रमाण निम्न में से किस हड़प्पा स्थल से प्राप्त हुआ है/हैं?

I. कालीबंगा II. लोथल
III. बनवाली

कूट

(a) केवल I (b) केवल II
(c) I और II (d) I, II और III

46. सुमेलित कीजिए

सूची I (खोजकर्ता)	सूची II (स्थल)
A. यज्ञ दत्त शर्मा	1. आलमगीरपुर
B. अमलानन्द घोष	2. कालीबंगा
C. सूरजभान	3. मीताथल
D. आर एस बिष्ट	4. बालाकोट

कूट

	A	B	C	D		A	B	C	D
(a)	1	2	3	4	(b)	2	1	4	3
(c)	1	2	4	3	(d)	2	1	3	4

47. हड़प्पा सभ्यता के औजार और अस्त्र मुख्यतया बनाए जाते थे

(a) लोहे के (b) पत्थर के
(c) ताँबा, टिन और काँस्य के (d) लोहे और काँस्य के

48. हड़प्पा सभ्यता से प्राप्त औजार एवं उपकरणों से सम्बन्धित कुछ कथन दिए गए हैं, इनमें से असत्य कथन चुनिए

(a) हड़प्पावासी काँस्य तथा ताँबे की ढलाई की तकनीक जानते थे
(b) सिन्ध में सुक्कूट में औजारों का निर्माण व्यापक पैमाने पर किया जाता था
(c) उनके मूल औजार ताँबे एवं काँस्य के थे
(d) औजार एवं उपकरणों के आकार-प्रकार तथा उत्पादन की तकनीक में एकरूपता नहीं थी

49. भारत में चाँदी की उपलब्धता के प्राचीनतम साक्ष्य मिलते हैं

(a) हड़प्पा संस्कृति में
(b) पश्चिमी भारत की ताम्रपाषाण संस्कृति में
(c) वैदिक संहिताओं में
(d) चाँदी के आहत सिक्कों में

50. सिन्धु सभ्यता के विषय में निम्न में से कौन-सा कथन असत्य है?

(a) नगरों में नालियों की सुदृढ़ व्यवस्था थी
(b) व्यापार और वाणिज्य उन्नत दशा में था
(c) मातृदेवी की उपासना की जाती थी
(d) लोग लोहे से परिचित थे

51. सिन्धु घाटी की सभ्यता के लोगों का धर्म प्रमुखत: किस पर आधारित था?

(a) पशु और मानव बलि पर (b) शिव के विभिन्न रूपों की पूजा पर
(c) मातृदेवी की पूजा पर (d) प्रकृति पूजा पर

52. हड़प्पा सभ्यता में धातु के व्यापार में प्रमुख स्थान था। निम्नलिखित में से किस धातु का ज्ञान हड़प्पावासियों को नहीं था?

(a) सोना (b) टिन (c) लोहा (d) ताँबा

53. निम्नलिखित में से कौन-सा/से लक्षण सिन्धु सभ्यता के लोगों का सही चित्रण है/हैं?

I. उनके विशाल महल और मन्दिर होते थे।
II. देवी और देवताओं दोनों की पूजा करते थे।
III. वे युद्ध में घोड़ों द्वारा खींचे गए रथों का प्रयोग करते थे।

कूट

(a) I और II (b) केवल II
(c) I, II और III (d) इनमें से कोई नहीं

54. सिन्धु घाटी संस्कृति वैदिक सभ्यता से भिन्न थी, क्योंकि
(a) इसके पास विकसित शहरी जीवन की सुविधाएँ थीं
(b) इसके पास चित्रलेखा लिपि थी
(c) इसके पास लोहे और रक्षा शस्त्रों के ज्ञान का अभाव था
(d) उपरोक्त सभी

55. निम्नलिखित में से कौन-सा युग्म सुमेलित नहीं है?
(a) हड़प्पा – दयाराम साहनी
(b) लोथल – एस आर राव
(c) सुरकोटदा – जे पी जोशी
(d) धौलावीरा – वी के थापड़

56. सिन्धु घाटी की सभ्यता गैर-आर्य थी, क्योंकि
(a) वह नगरीय सभ्यता थी
(b) उसकी अपनी लिपि थी
(c) उसकी खेतिहर अर्थव्यवस्था थी
(d) उसका विस्तार नर्मदा घाटी तक था

57. निम्नलिखित पशुओं में से किस एक का हड़प्पा संस्कृति में पाई मुहरों और टेराकोटा कलाकृतियों में निरूपण (Representation) नहीं हुआ था?
(a) गाय (b) हाथी (c) गैण्डा (d) बाघ

58. प्राक्-सैन्धव या प्राक्-हड़प्पा संस्कृति किसे कहते हैं
(a) ग्रामीण सैन्धव संस्कृति को
(b) सैन्धव संस्कृति की पूर्ववर्ती एवं आंशिक रूप से समकालीन संस्कृति को
(c) सैन्धव संस्कृति की अर्द्धविकसित अवस्था को
(d) उपरोक्त सभी

59. सिन्धु सभ्यता के लोगों की धार्मिक मूर्तियों में शामिल थीं

I. मुहरें और मुहरबन्दी II. आकृति और मूर्तियाँ
III. टेराकोटा मूर्तियाँ IV. ताबीज और गोलियाँ

कूट

(a) I और II (b) I, II और III
(c) I, II और III (d) ये सभी

60. सिन्धुवासियों के निम्न आयातों को उनके स्रोतों से सुमेलित करें

सूची I	सूची II
A. ताँबा	1. राजस्थान
B. टिन	2. बिहार
C. लाजवर्द	3. अफगानिस्तान
D. फिरोजा	4. पर्शिया

कूट

	A	B	C	D		A	B	C	D
(a)	1	2	3	4	(b)	2	1	4	3
(c)	3	2	1	4	(d)	2	4	1	3

61. निम्नलिखित में से किस वस्तु का निर्यात मेलुहा से होता था, जिसकी हड़प्पा संस्कृति के क्षेत्र के रूप में पहचान की जाती है?

I. काली लकड़ी II. हाथी दाँत
III. सोना IV. सीसा

कूट

(a) I, II और III (b) I, II और IV
(c) I, III और IV (d) II, III और IV

62. निम्नलिखित कथनों पर विचार कीजिए

I. हड़प्पा सभ्यता में जंगली प्रजातियों सूअर, घड़ियाल जैसे जानवरों के प्रमाण मिले हैं।
II. हड़प्पा कालीन बाजरा की फसल गुजरात क्षेत्र में होती थी।

उपरोक्त कथनों में से कौन-सा/से कथन असत्य है/हैं

(a) केवल I (b) केवल II
(c) I तथा II (d) न तो I और न ही II

63. निम्नलिखित कथनों पर विचार कीजिए एवं नीचे दिए गए कूट से सही उत्तर का चयन करें

I. मोहनजोदड़ो, हड़प्पा रोपड़ एवं कालीबंगा सिन्धु घाटी सभ्यता के प्रमुख स्थल हैं।
II. हड़प्पा के लोगों ने सड़कों तथा नालियों के जाल के साथ नियोजित शहरों का विकास किया।
III. हड़प्पा के लोगों को धातुओं के उपयोग का पता नहीं था।

कूट

(a) I और II (b) II और III (c) I और III (d) I, II और III

64. हड़प्पा संस्कृति के विषय में निम्नलिखित कथनों पर विचार कीजिए

I. हड़प्पा संस्कृति सिन्ध और पंजाब में परिपक्व हुई।
II. वहाँ से यह दक्षिण तथा पूर्व की ओर फैली।
III. वह क्षेत्र, जहाँ वह फैली, मिस्र तथा मेसोपोटामिया से बड़ा था।

उपरोक्त कथनों में से कौन-सा/से कथन सही है/हैं?

(a) I और II (b) II और III (c) केवल III (d) I, II और III

65. निम्न कथनों पर विचार करें एवं सही उत्तर का चयन करें

I. लोथल भोगवा नदी के किनारे खम्भात की खाड़ी में स्थित था।
II. लोथल एकमात्र ऐसा स्थल है जहाँ से बन्दरगाह के साक्ष्य मिले हैं।

कूट

(a) केवल I (b) केवल II
(c) I तथा II (d) इनमें से कोई नहीं

66. सिन्धु घाटी सभ्यता में पाषाण मूर्तियाँ बनाने के लिए किन वस्तुओं का प्रयोग किया जाता था?

I. कड़ा बलुआ पत्थर II. मुलायम बलुआ पत्थर
III. सफेद पत्थर IV. सेलखड़ी

कूट

(a) I और III (b) II और IV
(c) I, II और III (d) ये सभी

67. निम्न में से कौन-कौन-सी सभ्यता सिन्धु घाटी सभ्यता के समकालीन थी?

I. मिस्र की II. मेसोपोटामिया की
III. रोमन IV. यूनानी

कूट
(a) I और II (b) I, II और III
(c) I, II और IV (d) ये सभी

68. निम्न में से हड़प्पा में क्या पाए गए हैं?
I. अनाज शालाएँ II. अग्निवेदिका
III. कार्य सतह IV. बहुस्तम्भीय हॉल
V. एक कमरे का बैरक
कूट
(a) I, II और III (b) II, IV और V
(c) I, III और V (d) ये सभी

69. निम्नलिखित में से कौन-सा/से लक्षण सिन्धु सभ्यता के लोगों का सही चित्रण करता है/करते हैं?
I. उनके विशाल महल और मन्दिर होते थे।
II. वे देवियों और देवताओं, दोनों की पूजा करते थे।
III. वे युद्ध में घोड़ों द्वारा खींचे गए रथों का प्रयोग करते थे।
कूट
(a) I और II (b) केवल II
(c) I, II और III (d) इनमें से कोई नहीं

70. सुमेलित कीजिए

सूची I	सूची II
A. फारस की मुहरें	1. हड़प्पा
B. गुड़िया निर्माण कारखाना	2. चन्हूदड़ो
C. ठोस पहियों वाली गाड़ी	3. कालीबंगा
D. अलंकृत ईंटें	4. लोथल

कूट
	A	B	C	D		A	B	C	D
(a)	1	2	3	4	(b)	4	2	1	3
(c)	4	2	3	1	(d)	3	2	4	1

71. निम्नलिखित कथनों पर विचार करें एवं सही उत्तर का चयन करें
I. लेखन कला की उचित प्रणाली विकसित करने वाली सर्वप्रथम प्राचीन सभ्यता सुमेरिया की थी।
II. सिन्धु घाटी के लोग मातृ शक्ति में विश्वास करते थे।
III. हड़प्पा में मिट्टी के बर्तनों पर सामान्यत: लाल रंग का उपयोग हुआ था।
कूट
(a) I और II (b) II और III (c) I और III (d) I, II और III

72. भारत में निम्नलिखित के आने का सही कालानुक्रम क्या है?
1. सोने के सिक्के 2. आहत मुद्रा चाँदी के सिक्के
3. लोहे का हल 4. नगर-संस्कृति
कूट
	A	B	C	D		A	B	C	D
(a)	3	4	1	2	(b)	3	4	2	1
(c)	4	3	1	2	(d)	4	3	2	1

73. निम्न कथनों पर विचार कीजिए
I. धौलावीरा नगर हड़प्पा सभ्यता के सबसे बड़े नगरों में से है।
II. धौलावीरा से एक लम्बा जलाशय उत्खनन के द्वारा खोजा गया।
उपरोक्त में कौन-सा/से कथन सही है/हैं?
(a) केवल I (b) केवल II
(c) I और II (d) न तो I और न ही II

74. निम्न कथनों पर विचार कीजिए
I. हड़प्पा सभ्यता के नगर दो भागों में बंटे थे।
II. हड़प्पा में भवन निर्माण में केवल कच्ची ईटों का प्रयोग होता था।
उपरोक्त में कौन-सा/से कथन सही हैं/है?
(a) केवल I (b) केवल II
(c) I और II (d) न तो I और न ही II

75. हड़प्पा सभ्यता के सम्बन्ध में निम्न कथनों में कौन-सा एक कथन सही है?
(a) सामान्यत: मकान छोटे होते थे।
(b) दो मंजिला भवनों का निर्माण नहीं हुआ।
(c) मातृदेवी की उपासना नहीं होती थी।
(d) मकानों के दरवाजे मध्य में होते थे।

76. निम्न कथनों पर विचार कीजिए
I. सैन्धव समाज अनेक वर्गों में विभाजित था।
II. योद्धा वर्ग सैन्धव सभ्यता में सबसे प्रभावशाली था।
III. सैन्धव सभ्यता में दास प्रथा प्रचलित थी।
उपरोक्त में कौन-सा/से कथन सही नहीं है/हैं?
(a) केवल II (b) I और II (c) केवल III (d) II और III

77. निम्न कथनों पर विचार करें
I. सैंधव सभ्यता के लोगों को लोहे का ज्ञान था।
II. हड़प्पा में नाव बनाने के साक्ष्य मिले है/हैं?
उपरोक्त में कौन-सा/से कथन सही है/हैं?
(a) केवल I (b) केवल II
(c) I और II दोनों (d) न तो I और न ही II

78. निम्न कथनों पर विचार कीजिए
I. हड़प्पा के निवासी कपास उगाते थे तथा उसको उपयोग में लाते थे।
II. हड़प्पा के निवासियों को ताँबा व काँस्य का कोई ज्ञान नहीं था।
III. मानक हड़प्पा मुद्रा मिट्टी की बनी होती थी।
उपरोक्त कथनों में से कौन-सा/से कथन सही है/हैं?
(a) केवल I (b) I और II
(c) II और III (d) I, II और III

79. सुमेलित कीजिए

सूची I	सूची II
A. लोथल	1. पशुपति महादेव की मुहर
B. चन्हूदड़ो	2. मापांकित काँसे की छड़
C. मोहनजोदड़ो	3. बैलगाड़ी तथा इक्का के काँस्य स्वरूप
D. हड़प्पा	4. पत्थर के स्त्री जननांग संकेत

कूट
	A	B	C	D		A	B	C	D
(a)	4	1	3	2	(b)	2	1	4	3
(c)	2	3	1	4	(d)	1	3	2	4

80. कालीबंगा के सन्दर्भ में निम्न में से कौन-से कथन सत्य हैं?
I. इसका अर्थ है, काली चूड़ियाँ।
II. इसके पूर्व हड़प्पा स्तरों से खेत जोते जाने के प्रमाण मिले हैं।
III. यहाँ घोड़े के नियमित प्रयोग के प्रमाण मिलते हैं।
IV. यहाँ अग्निपूजा की प्रथा के प्रमाण मिलते हैं।

कूट
(a) I, II और III (b) II, III और IV
(c) I, II और IV (d) ये सभी

81. निम्नलिखित कथनों पर विचार कीजिए
I. हड़प्पा के निवासी कपास उगाते थे तथा उसको उपयोग में लाते थे।
II. हड़प्पा के निवासियों को ताँबा व काँस्य का कोई ज्ञान नहीं था।
III. मानक हड़प्पा मुद्रा मिट्टी की बनी होती थी।
उपरोक्त कथनों में से कौन-सा/से कथन सही है/हैं?
(a) केवल I (b) I और II (c) II और III (d) I, II और III

82. निम्नलिखित में से कौन-सी विशेषता हड़प्पाकालीन आन्तरिक व्यापार से सम्बन्धित है?
I. व्यापार बहुमुखी था।
II. इसे क्षेत्रीय एवं अन्तर्क्षेत्रीय स्तर पर किया जाता था।
III. सार्थवाह व्यापार के साथ-साथ 'श्रेणी' और 'निगमों' को भी स्थापित किया गया था।
IV. यह पूर्णत: वस्तु विनिमय पर आधारित था।
कूट
(a) I, II और III (b) I और II
(c) I, III और IV (d) ये सभी

83. निम्नलिखित में से किस स्थल/किन स्थलों से हड़प्पाकालीन गोमेद मनके बनाने की कार्यशालाएँ प्राप्त नहीं हुईं?
I. चन्हूदड़ो II. लोथल
III. कुणाल IV. मोहनजोदड़ो
कूट
(a) I और II (b) II और IV (c) II और III (d) II और IV

84. सिन्धुवासियों का निम्न में से किसमें विश्वास था?
I. लिंग और योनि पूजा, जैसा कि पत्थर के संकेतों से ज्ञात होता है।
II. वृक्षों, पशुओं तथा पक्षियों की पूजा
III. विभिन्न देवताओं की मूर्तियों की पूजा
IV. भूत-प्रेतों में विश्वास
कूट
(a) I, II और III (b) II, III और IV
(c) I, II और IV (d) ये सभी

85. निम्नलिखित कथनों पर विचार करें एवं सही उत्तर का चयन करें
I. हड़प्पा सभ्यता का सुन्दरतम ईंट का काम विशाल स्नानागार में देखने को मिलता है।
II. सिन्धुवासियों की पक्की ईंटें मानकीकरण की द्योतक हैं।
कूट
(a) केवल I (b) केवल II
(c) I और II (d) इनमें से कोई नहीं

86. हड़प्पा सभ्यता की लिपि में
I. चित्रों एवं प्रतीकों का प्रयोग किया जाता था।
II. इसे अभी तक पढ़ा नहीं जा सका है।
III. बाएँ से दाएँ लिखी जाती थी।
कूट
(a) I और II (b) II और III
(c) I और III (d) I, II और III

87. सिन्धु सभ्यता में दास-प्रथा का अनुमान लगाया जाता है
(a) खुदाई में प्राप्त कुछ वस्तुओं द्वारा
(b) श्रमिकों के लिए निर्मित आवास द्वारा
(c) मोहनजोदड़ो और हड़प्पा के कुछ मकानों की रूपरेखा के आधार पर
(d) उपरोक्त सभी

88. निम्नलिखित में से किसे हड़प्पा की मुहरों का पूर्वगामी कहते हैं?
(a) मेहरगढ़ से प्राप्त टेराकोटा मुहरें
(b) आमरी से प्राप्त पाषाण मुहरें
(c) कालीबंगा से प्राप्त मिट्टी की टिकियाँ
(d) कोटदीजी से प्राप्त ताँबे की टिकियाँ

89. सुमेलित कीजिए

सूची I	सूची II
A. मुद्रांकन पर कपड़े के निशान	1. आलमगीरपुर
B. नाली पर कपड़े का निशान	2. मोहनजोदड़ो
C. कपड़े का टुकड़ा	3. लोथल

कूट

	A	B	C		A	B	C
(a)	3	1	2	(b)	1	2	3
(c)	2	3	1	(d)	2	1	3

90. सुमेलित कीजिए

सूची I	सूची II
A. लोथल	1. जुता हुआ खेत
B. कालीबंगा	2. गोदीबाड़ा
C. धौलावीरा	3. पक्की मिट्टी की बनी हुई हल की प्रतिकृति
D. बनवाली	4. हड़प्पन लिपि के बड़े आकार के दस चिह्नों वाला एक शिलालेख

कूट

	A	B	C	D		A	B	C	D
(a)	1	2	3	4	(b)	2	1	4	3
(c)	2	2	4	3	(d)	2	1	3	4

91. सिन्धु घाटी सभ्यता के सन्दर्भ में निम्न कथनों पर विचार करें एवं सही उत्तर का चयन करें
I. सर्वप्रथम कपास उगाने का श्रेय सैन्धव सभ्यता को दिया जाता है।
II. भारत में मूर्ति-पूजा का प्रारम्भ हड़प्पा काल से माना जाता है।
कूट
(a) केवल I (b) केवल II
(c) I और II (d) इनमें से कोई नहीं

92. सिन्धुवासियों के वस्त्र एवं आभूषणों के विषय में कौन-सा/से कथन असत्य है/हैं?
I. सभी वर्ग के पुरुष व स्त्रियाँ विविध प्रकार के आभूषण धारण करते थे, उनमें हार, अँगूठी, हाथों की चूड़ियाँ इत्यादि प्रमुख हैं, नाक की नथ, कानों की बालियाँ, पैरों के आभूषण केवल स्त्रियाँ पहनती थीं।
II. सामान्य रूप से पुरुष प्राय: दो वस्त्र तथा स्त्रियाँ एक वस्त्र धारण करती थीं।
III. वस्त्र पर कढ़ाई, छपाई तथा रंगाई भी होती थी।

IV. आभूषण सोने, चाँदी, ताँबा, हड्डियों व अन्य बहुमूल्य धातुओं के बने होते थे।

कूट

(a) केवल I (b) केवल II
(c) II और II (d) II और III

93. निम्नलिखित कथन में से कौन-सा कथन सत्य है?

I. मोहनजोदड़ो को सिन्ध का नखलिस्तान के नाम से जाना जाता है।

II. सिन्धुवासी हिरणों के सींग का चूर्ण बनाकर तथा समुद्रफेन को औषधि के रूप में प्रयोग करते थे।

III. विरपुर नामक शहर जहाँ से एक मोहर प्राप्त हुई है, जिस पर हड़प्पाकालीन लिपि उत्कीर्ण है यह स्थान बेबीलोन में स्थित है।

कूट

(a) केवल I (b) केवल II (c) केवल III (d) ये सभी

94. निम्न कथनों में से कौन-सा कथन सही है?

(a) सिन्धु घाटी सभ्यता में सुमेर के समान मन्दिर थे
(b) सिन्धु घाटी सभ्यता में सुमेर के समान मन्दिर नहीं थे
(c) सिन्धु घाटी सभ्यता में सुमेर से मिलते-जुलते कुछ मन्दिर थे
(d) सिन्धु घाटी सभ्यता में शिव के मन्दिर थे

95. निम्नलिखित में से कौन-सा कथन सत्य है?

I. सिन्धु वासियों को दशमलव पद्धति का ज्ञान था।

II. सिन्धु वासियों के सामूहिक व्यापार के प्रमाण मिलते हैं।

III. सिन्धुवासी विविध माप के बाटों का प्रयोग करते थे।

IV. सिन्धुवासियों के बाट 18 के अनुपात में थे।

कूट

(a) I, II और III (b) II, III और IV
(c) I, III और IV (d) ये सभी

96. निम्नलिखित पुरातात्विक स्थलों में से कहाँ पर जलभण्डार का साक्ष्य पाया गया?

(a) लोथल (b) कालीबंगा
(c) बनवाली (d) चन्हूदड़ो

97. हड़प्पा कालीन नगरों में से किस नगर की किलेबन्दी नहीं की गई थी?

(a) धौलावीरा (b) सुत्कागेंडोर
(c) कोटदीजी (d) इनमें से कोई नहीं

98. हड़प्पा सभ्यता की मुहरें किससे निर्मित की जाती थीं?

(a) सेलखड़ी से (b) सोने से
(c) मिट्टी से (d) काँस्य से

99. सुमेलित कीजिए

सूची I (हड़प्पा संस्कृति का स्थल)	सूची II (भौगोलिक स्थिति)
A. सुत्काकोह	1. पंजाब
B. शोर्तुघई	2. अफगानिस्तान
C. कोटलानिहंग खाँ	3. बलूचिस्तान
D. देशलपुर	4. गुजरात

कूट

	A	B	C	D		A	B	C	D
(a)	2	1	4	3	(b)	3	2	1	4
(c)	4	2	1	3	(d)	3	2	4	1

100. युद्ध के निम्नलिखित शस्त्रों में से कौन हड़प्पा संस्कृति में उपलब्ध नहीं हुए हैं? नीचे दिए गए कूट से सही उत्तर का चयन कीजिए

I. धनुष और बाण II. तलवार
III. ढाल IV. शिरस्त्राण

कूट

(a) केवल II (b) II और III
(c) I, III और IV (d) II, III और IV

निर्देश (प्र.सं. 101-110) *नीचे दिए गए कथन एवं कारणों को ध्यानपूर्वक पढ़कर कूट की सहायता से सही उत्तर का चयन कीजिए।*

कूट

(a) A और R दोनों सही हैं तथा R, A की सही व्याख्या है
(b) A और R दोनों सही हैं, परन्तु R, A की सही व्याख्या नहीं है
(c) A सही है, किन्तु R गलत है
(d) A गलत है, किन्तु R सही है

101. **कथन** (A) हड़प्पाकालीन नगरों की चारों ओर प्राचीर बनाकर किलेबन्दी की जाती थी।
कारण (R) लुटेरों और पशु दस्युओं से सुरक्षित रहने के लिए सुरक्षात्मक उपाय किए जाते थे।

102. **कथन** (A) सिन्धु घाटी सभ्यता तकनीकी रूप से तथा अधिक उपयुक्त रूप से हड़प्पा संस्कृति के नाम से जानी जाती है।
कारण (R) हड़प्पा इस सभ्यता का प्रतीक स्थल है।

103. **कथन** (A) हड़प्पाकालीन संस्कृति के अन्य समकालीन संस्कृतियों से व्यापक सम्बन्ध थे।
कारण (R) काँस्ययुगीन सभ्यताएँ विस्तृत विनिमय नेटवर्क प्रतिपालित थीं।

104. **कथन** (A) हड़प्पा निवासियों के मेसोपोटामिया के साथ व्यापारिक सम्बन्ध थे।
कारण (R) मेसोपोटामिया में बहुत-सी हड़प्पा मुद्राएँ खोज में मिली हैं।

105. **कथन** (A) मोहनजोदड़ो तथा हड़प्पा नगर अब विलुप्त हो गए हैं।
कारण (R) वह खुदाई के दौरान प्रकट हुए थे

106. **कथन** (A) हड़प्पीय धर्म के एक लक्षण के रूप में मातृदेवी की पूजा हड़प्पा संस्कृति के सभी प्रमुख नगरों में प्रचलित थी।
कारण (R) हड़प्पा और मोहनजोदड़ो से पकी मिट्टी की स्त्री आकृतियाँ बड़ी संख्या में प्राप्त हुई हैं।

107. **कथन** (A) मोहनजोदड़ो का आकार लगभग एक वर्ग मील है, जोकि पश्चिमी और पूर्वी दो खण्डों में विभाजित है।
कारण (R) पश्चिमी खण्ड पूर्वी खण्ड की तुलना में छोटा है, इस खण्ड में अनेक सार्वजनिक भवन स्थित हैं।

108. **कथन** (A) सिन्धु घाटी की सभ्यता को पुरातत्ववेत्ताओं ने हड़प्पा संस्कृति के नाम से इंगित किया है।
कारण (R) उत्खनन कार्य में केवल हड़प्पा में ही सिन्धु घाटी सभ्यता के अवशेष प्राप्त हुए हैं।

109. **कथन** (A) हड़प्पा सभ्यता का विकास ताम्र औजारों के प्रयोग के कारण हुआ।
कारण (R) इसने लोगों को उपलब्ध प्राकृतिक संसाधनों के बेहतर प्रयोग में मदद की।

110. **कथन** (A) भारत में प्रथम शहरीकरण का तीसरी सहस्राब्दी ईसा पूर्व के अन्त में पतन हुआ।

कारण (R) यह मूलभूत रूप से जलवायु सम्बन्धी स्थितियों में परिवर्तनों की वजह से हुआ था।

111. उत्तर हड़प्पा स्थल का स्वरूप मुख्यत: क्या था?
(a) ग्रामीण (b) शहरी (c) अर्द्ध ग्रामीण (d) अर्द्ध शहरी

112. झूकर संस्कृति का विकास किस क्षेत्र में हुआ था?
(a) सिन्ध (b) पंजाब (c) लोथल (d) कालीबंगा

113. कब्रगाह H-संस्कृति किन क्षेत्रों में विकसित हुई?
(a) पंजाब (b) वहावलपुर
(c) 'a' और 'b' दोनों (d) इनमें से कोई नहीं

114. उत्तर हड़प्पा से सम्बन्धित 'मित्रायल बारा' स्थल कहाँ स्थित है?
(a) हरियाणा (b) दिल्ली (c) उत्तर प्रदेश (d) पंजाब

115. निम्नलिखित में से किस स्थान पर उत्तर हड़प्पा का विकास नहीं हुआ?
(a) हुलास (b) कुणाल (c) आलमगीरपुर (d) सिसवाल

116. विश्व के सन्दर्भ में लौह युग लगभग कितने ई. पू. में आरम्भ हुआ?
(a) 1500 ई. पू. (b) 1400 ई. पू.
(c) 1300 ई. पू. (d) 1200 ई. पू.

117. भारत में लोहे के साक्ष्य 1000 ई. पू. के आस-पास उत्तर प्रदेश के किस जिले से प्राप्त हुआ है?
(a) कौशाम्बी (b) इटावा (c) एटा (d) मैनपुरी

118. उत्तर भारत की महापाषाणिक संस्कृति में काले-लाल भाण्डों के साथ-साथ कौन-से और उपकरण भी प्राप्त हुए हैं?
(a) लौह (b) ताम्र (c) काँस्य (d) चाँदी

119. उत्तर भारत की महापाषाणिक संस्कृति में किसकी अस्थियाँ नहीं मिलती हैं?
(a) गाय (b) साँड (c) बैल (d) मानव

120. राजस्थान के किस स्थल से लोहे प्रथम कालखण्ड के द्वितीय चरण जितने पुराने स्तर पर मिलती हैं?
(a) जयपुर (b) अहाड़ (c) कायथा (d) गुना

121. दक्षिण भारत में महापाषाणिक संस्कृति का उदय कब हुआ?
(a) 2350 ई. पू. (b) 1750 ई. पू.
(c) 1000 ई. पू. (d) 500 ई. पू.

122. महापाषाण संस्कृति में सर्वाधिक प्रचलित मृद्‌भाण्ड कौन थे?
(a) लाल व काला (b) गौरिक व लाल
(c) गौरिक व काला (d) गौरिक

123. महापाषाणकालीन कक्षों से कौन-से हथियार प्राप्त हैं?
(a) त्रिशुल (b) वाणाग्र
(c) बरछे की नोंक (d) ये सभी

124. महापाषाणिक लोग मुख्यत: कौन-सी फसल उगाते थे?
(a) धान (b) रागी
(c) 'a' और 'b' दोनों (d) उड़द

125. दक्षिण भारत के किस स्थल से महापाषाणिक कब्रों के प्रमाण नहीं मिले हैं?
(a) चनल्लूर (b) मदुरै (c) पेरुमबेंट (d) अहाड़

126. निम्नलिखित में से किस संस्कृति में सभी समाधियों का निर्माण ऊँचे पहाड़ी स्थलों पर किया जाता था?
(a) अहाड़ संस्कृति (b) महापाषाण संस्कृति
(c) जोरवे संस्कृति (d) कायथा संस्कृति

127. महापाषाण संस्कृति के लोग किस जानवर को पालतू बनाते थे?
(a) बकरी (b) बैल
(c) घोड़े (d) ये सभी

128. महापाषाण संस्कृति में बर्तन किससे बनाए जाते थे?
(a) मिट्टी (b) ताम्र
(c) काँस्य (d) ये सभी

129. भूमध्यसागरीय क्षेत्र में महापाषाणिक संस्कृति की प्रारम्भ तिथि क्या है?
(a) ईसा पू. पाँचवीं सहस्त्राब्दि (b) ईसा पू. द्वितीय सहस्त्राब्दि
(c) ईसा पू. तीसरी सहस्त्राब्दि (d) ईसा पू. चौथी सहस्त्राब्दि

130. आदिचन्नल्लूर से प्राप्त नर कंकालों के आधार पर महापाषाणिक संस्कृति के निर्माता कौन थे?
(a) द्रविड़ (b) आर्य (c) सिलियन (d) शक

उत्तरमाला

1	(b)	2	(b)	3	(c)	4	(a)	5	(d)	6	(b)	7	(c)	8	(c)	9	(d)	10	(b)
11	(b)	12	(c)	13	(d)	14	(a)	15	(a)	16	(d)	17	(a)	18	(c)	19	(c)	20	(d)
21	(b)	22	(c)	23	(b)	24	(c)	25	(c)	26	(b)	27	(d)	28	(b)	29	(c)	30	(b)
31	(a)	32	(d)	33	(a)	34	(a)	35	(b)	36	(d)	37	(c)	38	(b)	39	(a)	40	(c)
41	(c)	42	(a)	43	(c)	44	(b)	45	(d)	46	(a)	47	(c)	48	(d)	49	(a)	50	(d)
51	(c)	52	(c)	53	(d)	54	(d)	55	(d)	56	(a)	57	(a)	58	(b)	59	(d)	60	(a)
61	(a)	62	(d)	63	(a)	64	(d)	65	(c)	66	(b)	67	(a)	68	(d)	69	(b)	70	(b)
71	(d)	72	(d)	73	(c)	74	(a)	75	(a)	76	(a)	77	(b)	78	(a)	79	(c)	80	(c)
81	(a)	82	(a)	83	(c)	84	(d)	85	(c)	86	(a)	87	(c)	88	(a)	89	(a)	90	(b)
91	(c)	92	(b)	93	(c)	94	(b)	95	(a)	96	(d)	97	(c)	98	(a)	99	(b)	100	(d)
101	(a)	102	(b)	103	(b)	104	(b)	105	(b)	106	(a)	107	(a)	108	(c)	109	(b)	110	(d)
111	(a)	112	(a)	113	(c)	114	(d)	115	(b)	116	(c)	117	(c)	118	(c)	119	(d)	120	(b)
121	(c)	122	(a)	123	(d)	124	(c)	125	(d)	126	(b)	127	(d)	128	(d)	129	(b)	130	(a)

अध्याय 04

धार्मिक एवं दार्शनिक विचारों का विकास एवं आधारभूत अध्ययन (वैदिक, जैन, बौद्ध)

वैदिक संस्कृति

- वैदिक शब्द वेद से बना है, वेद का अर्थ है-ज्ञान। वैदिक संस्कृति के निर्माता आर्य थे। वैदिक संस्कृति में आर्य शब्द का अर्थ-श्रेष्ठ, उत्तम, अभिजात्य कुलीन तथा उत्कृष्ट होता है।
- सर्वप्रथम जर्मन संस्कृत विद् **मैक्समूलर** ने 1853 ई. में आर्य शब्द का प्रयोग एक श्रेष्ठ जाति के आशय से किया था। आर्यों की भाषा संस्कृत थी। भारत में आर्यों की जानकारी ऋग्वेद से मिलती है, जो हिन्द-यूरोपीय भाषाओं का सबसे पुराना ग्रन्थ है। इसमें आर्य शब्द का 36 बार उल्लेख है। इराक से प्राप्त 1600 ई. पू. के **कस्साइट अभिलेख** तथा सीरिया से प्राप्त 1400 ई. पू. के **मितन्नी अभिलेख में** आर्य नामों का उल्लेख मिलता है, जिससे पश्चिम एशिया में आर्य भाषा-भाषियों की उपस्थिति का पता चलता है।
- आर्यों के मूल निवास स्थान के सन्दर्भ में विद्वानों के बीच मतभेद हैं। सर्वाधिक मान्य मत के अनुसार, आर्यों का मूल निवास आल्पस पर्वत के पूर्वी क्षेत्र (यूरेशिया) में था।

आर्यों के मूल स्थान सम्बन्धी विभिन्न मत

विद्वान्	मूल स्थान
प्रो. मैक्समूलर	मध्य एशिया *(बैक्ट्रिया)*
बालगंगाधर तिलक	उत्तरी ध्रुव
डॉ. अविनाशचन्द्र दास	सप्तसैन्धव प्रदेश
दयानन्द सरस्वती	तिब्बत
नेहरिंग एवं प्रो. गार्डन चाइल्ड	दक्षिणी रूस
गंगानाथ झा	ब्रह्मर्षि देश
गाइल्स महोदय	हंगरी तथा डेन्यूब नदी की घाटी

- 1400 ई. पू. के बोगजकोई (एशिया माइनर) के अभिलेख में ऋग्वैदिक काल के देवताओं (इन्द्र, वरुण, मित्र तथा नासत्य) का उल्लेख मिलता है। इससे अनुमानित होता है, कि वैदिक आर्य ईरान से होकर भारत में आए होंगे।
- वैदिक संस्कृति को दो भागों में बाँटा गया है
  1. **ऋग्वैदिक काल** (1500-1000 ई. पू.) एवं
  2. **उत्तरवैदिक काल** (1000-600 ई. पू.)

1. ऋग्वैदिक काल

- इस काल की जानकारी का एकमात्र स्रोत ऋग्वेद है। ऋग्वैदिक काल में आर्यों का जीवन कबीलाई प्रकार का था, जहाँ उनका जीवन अस्थायी प्रकार का होता था एवं युद्धों की प्रधानता थी।

ऋग्वैदिक काल में भौगोलिक विस्तार

- ऋग्वेद में सप्त सैन्धव प्रदेश का वर्णन मिलता है। यह सात नदियाँ-सिन्धु, (सुवासा), सतलज (शतुद्रि), व्यास (विपाशा), रावी (परुष्णी), चेनाब (अस्किनी), झेलम (वितस्ता) तथा घग्घट (सुषामा) से घिरा क्षेत्र था। ऋग्वेद में अफगानिस्तान की चार नदियाँ—कुभा (काबुल), क्रुमु (कुर्रम), गोमती (गोमल) और सुवस्तु (स्वात) का उल्लेख है। इससे स्पष्ट है कि आर्य सर्वप्रथम पंजाब और अफगानिस्तान क्षेत्र में बसे थे।
- ऋग्वेद के नदी सूक्त में 21 नदियों का उल्लेख है, जिसमें सिन्धु नदी का सर्वाधिक उल्लेख है। ऋग्वैदिक आर्यों की सबसे पवित्र नदी **सरस्वती** थी, जिसे मातेतमा, देवीतमा एवं नदीतमा कहा गया है। नदी सूक्त में विपाशा (व्यास) नदी का उल्लेख नहीं है।
- ऋग्वेद में चार समुद्रों का उल्लेख है। सम्भवत: समुद्र किसी जलराशि का वाचक था। ऋग्वेद में गंगा नदी का एक बार जबकि यमुना नदी का तीन बार उल्लेख हुआ है। मरुस्थल के लिए धन्व शब्द का उपयोग किया गया है। ऋग्वेद में हिमालय पर्वत एवं इसकी एक चोटी मुजवंत का भी उल्लेख है।

ऋग्वैदिक काल में राजनीतिक स्थिति

- ऋग्वैदिक प्रशासन मुख्यत: एक कबीलाई व्यवस्था वाला शासन था, जिसमें सैनिक भावना प्रमुख थी। सबसे छोटी इकाई कुल (परिवार) थी, जिसका प्रधान कुलप होता था ग्राम, विश और जन ये उच्चतर इकाई थे। ग्राम सम्भवत: कई परिवारों के समूह को कहते थे। ग्रामणी ग्राम का प्रधान होता था।
- 'विश' कई ग्रामों का समूह था। इसका प्रधान **विशपति** कहलाता था। अनेक विशों का समूह **जन** होता था। जन के अधिपति को 'जनपति' या 'राजा' कहा जाता था। ऋग्वेद में 'जन' शब्द का उल्लेख 275 बार मिलता है, जबकि 'जनपद' शब्द का उल्लेख एक बार भी नहीं मिलता है।
- जनों के प्रधान को **राजन** कहा जाता था। राजा के चुनाव में **समिति** का महत्त्वपूर्ण योगदान था। राजा को जनस्यगोपा, पुरभेत्ता, विशपति, गणपति, गोपति कहा जाता था। राजा की सहायता हेतु पुरोहित, सेनानी एवं ग्रामीण नामक प्रमुख अधिकारी थे। इनमें सबसे प्रमुख पुरोहित था।
- ऋग्वेद में सभा (आठ बार), समिति (नौ बार), विदथ (122 बार) तथा गण जैसी संस्थाओं का उल्लेख मिलता है। ऋग्वेद की सबसे प्राचीन संस्था विदथ थी। **सभा** मुख्य रूप से वृद्ध जनों एवं कुलीन व्यक्तियों की संस्था थी। इसके सदस्यों को **सुजान** कहा जाता था। **समिति** कबीलों की आम सभा थी, जिसके प्रमुख को **ईशान** कहा जाता था। स्त्रियाँ केवल सभा में ही भाग ले सकती थीं। **विदथ** में लूटी गई वस्तुओं का बँटवारा होता था।
- **बलि** प्रजा द्वारा राजा को स्वेच्छा से दिया जाने वाला उपहार था। राजा इसके बदले उनकी सुरक्षा की जिम्मेदारी लेता था। राजा नियमित या स्थायी सेना नहीं रखता था। व्रात, गण, ग्राम और सर्ध नाम से कबायली टोलियाँ लड़ाई लड़ती थीं।
- दशराज्ञ युद्ध परुष्णी (रावी) नदी के तट पर भरत वंश के राजा सुदास तथा दस अन्य जनों (पाँच आर्य एवं अनु अनार्य) के बीच हुआ था। पाँच आर्य कबीले—पुरु, यदु, तुर्वस, द्रुहु एवं अनु तथा पाँच अनार्य कबीले-अकीन्न, पक्थ, भलानश, विषाणी एवं शिवि थे। इसमें सुदास की विजय हुई थी।
- सुदास के मुख्य पुरोहित वशिष्ठ थे, जबकि दस राजाओं के संघ के पुरोहित विश्वामित्र थे। ऋग्वेद के सातवें मण्डल में इस युद्ध का उल्लेख हुआ है।

ऋग्वैदिक काल में सामाजिक स्थिति

- ऋग्वैदिक समाज के संगठन का आधार गोत्र था, जो प्रत्येक व्यक्ति की पहचान का आधार था। समाज पितृसत्तात्मक था। संयुक्त परिवार की प्रथा प्रचलित थी। नाना, दादा, नाती, पोते, आदि सभी के लिए एक ही शब्द **नप्तृ** का प्रयोग होता था। ऋग्वेद के दसवें मण्डल में वर्णित **पुरुष सूक्त** में चार वर्णों की उत्पत्ति का वर्णन मिलता है। इसमें कहा गया है कि ब्राह्मण परम-पुरुष के मुख से, क्षत्रिय उसकी भुजाओं से, वैश्य उसकी जाँघों से एवं शूद्र उसके पैरों से उत्पन्न हुआ है। इस काल में व्यवसाय के आधार पर ही समाज का विभेद प्रारम्भ हुआ।
- ऋग्वेद में 'वर्ण' शब्द रंग के अर्थ में तथा कहीं-कहीं व्यवसाय चयन के अर्थ में प्रयुक्त हुआ है। प्रारम्भ में हमें तीन वर्णों ब्रह्म, क्षत्र, विश का उल्लेख मिलता है। शूद्र शब्द का उल्लेख सर्वप्रथम ऋग्वेद के दसवें मण्डल के पुरुष सूक्त में मिलता है। ऋग्वेद में दास प्रथा का उल्लेख भी मिलता है।

ऋग्वैदिक काल में स्त्रियों की दशा

- ऋग्वैदिक समाज में स्त्रियों की दशा काफी अच्छी थी। कन्याओं का उपनयन संस्कार होता था। स्त्रियों में पुनर्विवाह, नियोग प्रथा एवं बहुपति विवाह का प्रचलन था। बाल विवाह का प्रचलन नहीं था। स्त्रियों को यज्ञ करने का अधिकार था। लोपामुद्रा, घोषा, सिक्ता, विश्ववारा, अपाला आदि विदुषी स्त्रियों ने ऋग्वेद की बहुत-सी ऋचाओं की रचना की है। पर्दा प्रथा एवं सती प्रथा का प्रचलन नहीं था। आजीवन अविवाहित रहने वाली कन्याओं को **अमाजू** कहा जाता था। ऋग्वेद में 'पत्नी ही गृह है, (जायदस्तम) कहकर उसके महत्त्व की व्याख्या की गई है।
- विवाह एक पवित्र संस्कार माना जाता था। समाज में दो प्रकार के विवाह प्रचलित थे
  1. अनुलोम विवाह उच्च वर्ण का पुरुष और निम्न वर्ण की स्त्री।
  2. प्रतिलोम विवाह उच्च वर्ण की स्त्री और निम्न वर्ण का पुरुष।
- ऋग्वैदिक काल में तीन प्रकार के वस्त्र प्रचलित थे— **नीवी** (अधोवस्त्र) शरीर के निचले हिस्से में पहना जाने वाला वस्त्र; **वासस** (उत्तरीय) शरीर के मध्य भाग में पहना जाने वाला वस्त्र तथा **अधिवासस** (द्रापि) शरीर के ऊपर ढँका जाने वाला वस्त्र।

ऋग्वैदिक काल में आर्थिक स्थिति

- ऋग्वैदिक आर्यों का प्रारम्भिक जीवन अस्थायी था। इनकी संस्कृति मूलत: ग्रामीण थी। कबायली संरचना के अनुकूल पशुपालन मुख्य पेशा तथा कृषि गौण पेशा था। पशुओं में गाय सर्वाधिक महत्त्वपूर्ण थी, जिसका ऋग्वेद में 176 बार उल्लेख मिलता है।
- आर्यों की अधिकांश लड़ाइयाँ गायों को लेकर हुईं। ऋग्वेद में युद्ध का पर्याय **गविष्टि** (गायों का अन्वेषण) है। गवेषण, गोषु, गेसू, गव्य आदि सभी शब्द युद्ध के लिए प्रयुक्त होते थे। धनी व्यक्ति को **गोमत** तथा राजा को **गोपति** कहा जाता था। समय की माप के लिए **गोधूलि** तथा दूरी की माप के लिए **गवयतु** शब्द का प्रयोग किया गया है। **पणि** नामक व्यापारी पशुओं की चोरी करने के लिए कुख्यात थे। ऋग्वेद में घोड़ा, बैल, भैंस, भैंसा, भेड़, बकरी, ऊँट, तथा सरामा नामक एक पवित्र कुतिया का उल्लेख है। बाघ और हाथी का उल्लेख नहीं है।
- ऋग्वेद के चतुर्थ मण्डल में खेती प्रक्रिया का वर्णन मिलता है। एक ही अनाज **यव अथवा जौ** का उल्लेख है। ऋग्वैदिक आर्यों को पाँच ऋतुओं का ज्ञान था।
- ऋग्वेद में कृषि सम्बन्धी शब्द—उर्वरा (जुते हुए खेत), लांगल (हल), करिषु (गोबर खाद), अवट (कुआँ), सीता (हल के निशान) कीवाश (हलवाहा) पर्जन्य (बादल), कुल्या (नहर), खिल्य (चरागाह) आदि मिलते हैं।
- ऋग्वेद में बढ़ई, रथकार, बुनकर, चर्मकार, कुम्हार आदि शिल्पियों के उल्लेख मिलते हैं। बढ़ई के लिए तक्षण तथा धातुकर्मी के लिए कर्मार शब्द मिलता है। सोना के लिए **हिरण्य** शब्द मिलता है। ऋग्वेद में कपास का उल्लेख नहीं मिलता है। इस काल में ऋण देकर ब्याज लेने वाले को **बेकनाट** (सूदखोर) कहा जाता था।

ऋग्वैदिक काल में धार्मिक स्थिति

- आर्य बहुदेववादी होते हुए भी एकेश्वरवाद में विश्वास करते थे। इस समय प्राकृतिक शक्तियों का मानवीकरण कर उनकी पूजा की गई। यज्ञों का महत्त्वपूर्ण स्थान था। वे मुख्य रूप से प्रकृति के पूजक थे।

प्रकृति के प्रतिनिधि के रूप में आर्यों के देवताओं की तीन श्रेणियाँ थीं

1. **आकाश के देवता** सूर्य, द्यौस, वरुण, मित्र, पूषन, विष्णु, सवितृ, आदित्य, उषा, अश्विन आदि।
2. **अन्तरिक्ष के देवता** इन्द्र, रुद्र, मरुत, वायु, पर्जन्य, आपः मातरिश्वन आदि।
3. **पृथ्वी के देवता** अग्नि, सोम, पृथ्वी, बृहस्पति, सरस्वती आदि।

- ऋग्वेद में **इन्द्र** का वर्णन सर्वाधिक प्रतापी एवं लोकप्रिय देवता के रूप में किया जाता है, जिसे 250 सूक्त समर्पित हैं। इन्द्र को **आर्यों का युद्ध नेता** तथा वर्षा, आँधी, तूफान का देवता माना जाता है।
- ऋग्वेद के 5वें मण्डल में अग्नि सूक्त है। ऋग्वेद में अग्नि की स्तुति में 200 सूक्त मिलते हैं। ये दूसरे सबसे महत्त्वपूर्ण देवता हैं। इस काल में अग्नि देवताओं तथा मनुष्यों के बीच मध्यस्थ था। इसके माध्यम से देवताओं को आहुतियाँ दी जाती थीं।
- तीसरा प्रमुख देवता वरुण था, जो जलनिधि का प्रतिनिधित्व करता है। वरुण को **ऋतस्य गोपा** कहा गया है।
- ऋग्वेद के 9वें मण्डल में सोम की स्तुति है। सोम को पेय पदार्थ का देवता माना जाता है। द्यौस को ऋग्वैदिक कालीन देवों में सबसे प्राचीन माना जाता है।

ऋग्वैदिक देवता

मरुत	आँधी-तूफान के देवता
पर्जन्य	वर्षा के देवता
सरस्वती	नदी देवी *(बाद में विद्या की देवी)*
पूषन	पशुओं के देवता *(उत्तरवैदिक काल में शूद्रों के देवता)*
अरण्यानी	जंगल की देवी
यम	मृत्यु के देवता
मित्र	शपथ एवं प्रतिज्ञा के देवता
अश्विन	चिकित्सा के देवता

- **गायत्री मन्त्र** ऋग्वेद के तीसरे मण्डल में उल्लेखित है। इसके रचनाकार विश्वामित्र हैं। यह **सूर्य देवता** को समर्पित है। देवताओं की उपासना की मुख्य रीति स्तुतिपाठ करना तथा यज्ञ बलि अर्पित करना था। स्तुति पाठ पर अधिक जोर था।
- ऋग्वैदिक कालीन लोगों की उपासना करते थे। उपासना का दृष्टिकोण भौतिकवादी था। पुनर्जन्म की अवधारणा नहीं थी। यज्ञ की तुलना में प्रार्थना ही अधिक प्रचलित थी।

2. उत्तर वैदिक काल

- इस काल के अध्ययन के लिए सामवेद, यजुर्वेद, अथर्ववेद तथा ब्राह्मण ग्रन्थ उपयोग है। उत्तरवैदिक काल में आर्यों के जीवन में स्थायित्व आया। कृषि का महत्त्व व्यापक रूप से बढ़ा तथा विंध्याचल के उत्तर के सम्पूर्ण क्षेत्र में पहुँचने में सफल हुए।

उत्तर वैदिक काल में भौगोलिक विस्तार

- उत्तरवैदिक काल में आर्यों के प्रसार का वर्णन **शतपथ ब्राह्मण** के विदेह माधव की कथा में मिलता है। शतपथ ब्राह्मण में रेवा (नर्मदा नदी) का उल्लेख है। उत्तरवैदिक साहित्य में त्रिकबुद, कौच्च, मैनाक आदि पर्वतों का उल्लेख है, जो पूर्वी हिमालय में पड़ते हैं।
- ऋग्वैदिक आर्यों ने ब्रह्मवर्त्त से आगे बढ़कर गंगा-यमुना दोआब तथा उसके निकट के क्षेत्र पर अधिकार करके उसका नाम ब्रह्मर्षि देश रखा। तत्पश्चात् हिमालय और विंध्याचल के मध्य क्षेत्र पर अधिकार करके उसका नाम मध्य देश रखा। कालान्तर में सम्पूर्ण उत्तरी भारत उनके अधिकार में आ गया, जिसका नाम उन्होंने **आर्यावर्त** रखा।

उत्तर वैदिक काल में राजनीतिक स्थिति

- उत्तरवैदिक काल में पहली बार क्षेत्रीय राज्यों का उदय हुआ पुरु एवं भरत कबीला मिलकर कुरु तथा तुर्वस एवं क्रीवी मिलकर पांचाल कहलाए। प्रारम्भिक कुरुओं की राजधानी आसन्दीवत् थी, जिसके अन्तर्गत कुरुक्षेत्र (सरस्वती एवं दृषद्वती के बीच की भूमि) सम्मिलित था। बाद में हस्तिनापुर उसकी राजधानी हो गई।
- पांचालों की राजधानी **काम्पिल्य** थी। पांचालों के प्रसिद्ध शासक प्रवाहण जैवालि विद्वानों के संरक्षक थे। शतपथ ब्राह्मण में पांचाल को वैदिक सभ्यता का सर्वश्रेष्ठ प्रतिनिधि कहा गया है। उत्तरवैदिक काल में पांचाल सर्वाधिक विकसित राज्य था।
- उत्तरवैदिक काल में छोटे-छोटे जन मिलकर जनपद में परिवर्तित हो गए। इसी समय **राष्ट्र** शब्द का प्रयोग भी पहली बार हुआ। राजा की उत्पत्ति का सिद्धान्त सर्वप्रथम **ऐतरेय ब्राह्मण** में मिलता है। अधिकारों में वृद्धि के परिणामस्वरूप अलग-अलग दिशाओं के राजा के नाम अलग-अलग होने लगे।

ऐतरेय ब्राह्मण के अनुसार राजा

क्षेत्र	राज्य का नाम	राजा का नाम
पूर्व	साम्राज्य	सम्राट
पश्चिम	स्वराज्य	स्वराट
उत्तर	वैराज्य	विराट
दक्षिण	भोज्य	भोज
मध्य देश	राज्य	राजा

- राजा का राज्याभिषेक राजसूय यज्ञ के द्वारा सम्पन्न होता था, जिसका विस्तृत वर्णन शतपथ ब्राह्मण से मिलता है, राजा की सहायता के लिए उच्च कोटि के अधिकारी थे, जिन्हें रत्निन कहा गया है। ये कान में रत्न धारण करते थे।
- शतपथ ब्राह्मण में 12 रत्निनों का उल्लेख है।—पुरोहित (धार्मिक कार्य करना); सेनानी (सेनापति); सूत (राजा का सारथी); ग्रामणी (ग्राम का प्रधान); भागदुध (कर संग्रहकर्ता); संगृहित्री (कोषाध्यक्ष), अक्षवाप (पासे के खेल में राजा का सहयोगी), रथकार (रथ निर्माण करने वाला), गोविकर्त्तन (जंगल विभाग का प्रधान), महिषी (मुख्य रानी), पालागल (विदूषक, दूत, मित्र), एवं युवराज (राजकुमार)।
- सबसे प्राचीन संस्था विदथ उत्तरवैदिक काल में समाप्त हो गई। राजा पर सभा और समिति का नियन्त्रण समाप्त हो गया। **अथर्ववेद** में सभा एवं समिति को प्रजापति की दो पुत्रियाँ कहा गया है। उत्तरवैदिक काल में राजतन्त्र ही शासन का आधार था। कहीं-कहीं गणतन्त्र के उदाहरण भी मिलते हैं। स्थायी सेना नहीं होती थी।
- सूत एवं ग्रामीण को कर्तृ (राजा बनाने वाला) कहा गया है। राजा न्याय का सर्वोच्च अधिकारी होता था। ब्राह्मण को मृत्युदण्ड नहीं दिया जाता था। उत्तरवैदिक काल में राजा अपनी प्रजा से नियमित कर वसूलने लगा, जिसे बलि, शुल्क या भाग कहा जाता था। इसकी मात्रा 1/16 भाग थी।

उत्तर वैदिक काल में सामाजिक स्थिति

- उत्तरवैदिक काल में सामाजिक व्यवस्था का आधार **वर्णाश्रम व्यवस्था** ही था, यद्यपि वर्ण व्यवस्था में कठोरता आने लगी थी। समाज में चार वर्ण—ब्राह्मण, क्षत्रिय, वैश्य और शूद्र थे। ब्राह्मण के लिए **ऐहि**, क्षत्रिय के लिए **आगच्छ,** वैश्य के लिए **आद्रव** तथा शूद्र के लिए **आधव** शब्द प्रयुक्त होते थे। ब्राह्मण, क्षत्रिय तथा वैश्य इन तीनों को **द्विज** कहा जाता था। ये उपनयन संस्कार के अधिकारी थे। चौथा वर्ण (शूद्र) उपनयन संस्कार का अधिकारी नहीं था और यहीं से शूद्रों को अपात्र या आधारहीन मानने की प्रक्रिया शुरू हो गई।
- यज्ञ का अनुष्ठान बढ़ जाने के कारण ब्राह्मणों की शक्ति में अपार वृद्धि हुई। ब्राह्मण लोग अपने यजमानों के लिए तथा अपने लिए धार्मिक अनुष्ठान और यज्ञ करते थे। इन्हें अदायी (दान लेने वाला) और सोमपाई (भ्रमण करने वाला) कहा गया है।
- ऐतरेय ब्राह्मण में चारों वर्णों के कर्त्तव्यों का वर्णन मिलता है। इस काल में केवल वैश्य ही कर चुकाते थे। ब्राह्मण एवं क्षत्रिय दोनों वैश्यों से वसूल राजस्व पर जीते थे। शूद्र का कार्य अन्य वर्गों की सेवा करना था। समाज में रथकार का स्थान ऊँचा था, जिसका उपनयन संस्कार किया जाता था।
- ऋग्वैदिक काल की अपेक्षा उत्तरवैदिक काल में स्त्रियों की दशा में गिरावट आई। ऐतरेय ब्राह्मण में पुत्री को सभी दु:खों का स्रोत तथा पुत्र को परिवार का रक्षक बताया गया है।
- उत्तरवैदिक काल में आश्रम व्यवस्था स्थापित हुई। में केवल तीन आश्रमों (ब्रह्मचर्य, गृहस्थ तथा वानप्रस्थ) की जानकारी मिलती है, चौथे आश्रम संन्यास की अभी स्पष्ट स्थापना नहीं हुई थी।
- सर्वप्रथम **जाबालोपनिषद्** में चारों आश्रमों का विवरण मिलता है। उत्तरवैदिक काल के आर्यों को चावल, नमक, मछली, हाथी तथा बाघ आदि का ज्ञान हो गया, जो ऋग्वैदिक काल में अज्ञात था।

उत्तर वैदिक काल में आर्थिक स्थिति

- उत्तरवैदिक काल में कृषि आर्यों का मुख्य पेशा हो गया। लोहे के उपकरणों के प्रयोग से कृषि क्षेत्र में क्रान्ति आ गई। यजुर्वेद में लोहे के लिए श्याम अयस एवं कृष्ण अयस शब्द का प्रयोग हुआ है। शतपथ ब्राह्मण में कृषि की चार क्रियाओं-जुताई, बुआई, कटाई और मड़ाई का उल्लेख हुआ है। पशुपालन गौण पेशा हो गया।
- अथर्ववेद में सिंचाई के साधन के रूप में वर्णाकूप एवं नहर (कुल्या) का उल्लेख मिलता है। हल की नाली को सीता कहा जाता था। अथर्ववेद के विवरण के अनुसार, सर्वप्रथम पृथ्वीवेन ने हल और कृषि को जन्म दिया।
- इस काल की मुख्य फसल धान और गेहूँ हो गईं। यजुर्वेद में ब्रीहि (धान), यव (जौ), माण (उड़द) मुद्ग (मूँग), गोधूम (गेहूँ), मसूर आदि अनाजों का वर्णन मिलता है। अथर्ववेद में सर्वप्रथम नहरों का उल्लेख हुआ है।
- इस काल में हाथी को पालतू बनाए जाने के साक्ष्य प्राप्त होने लगते हैं, जिसके लिए हस्ति या वारण शब्द मिलता है।
- वृहदारण्यक उपनिषद् में श्रेष्ठिन शब्द तथा ऐतरेय ब्राह्मण में श्रेष्ठ्य शब्द से व्यापारियों की श्रेणी का अनुमान लगाया जाता है। तैत्तरीय संहिता में ऋण के लिए **कुसीद** शब्द मिलता है। शतपथ ब्राह्मण में महाजनी प्रथा का पहली बार जिक्र हुआ है तथा सूदखोर को **कुसीदिन** कहा गया है। निष्क, शतमान, पाद, कृष्णल आदि माप की विभिन्न इकाइयाँ थीं। द्रोण अनाज मापने के लिए प्रयुक्त किए जाते थे।
- उत्तरवैदिक काल के लोग चार प्रकार के मृद्भाण्डों से परिचित थे—काला व लाल मृद्भाण्ड, काले पॉलिशदार मृद्भाण्ड, चित्रित धूसर मृद्भाण्ड और लाल मृद्भाण्ड।
- उत्तरवैदिक आर्यों को समुद्र का ज्ञान हो गया था। इस काल के साहित्य में पश्चिमी और पूर्वी दोनों प्रकार के समुद्रों का वर्णन है। वैदिक ग्रन्थों में समुद्र यात्रा की भी चर्चा है, जिससे वाणिज्य एवं व्यापार का संकेत मिलता है। सिक्कों का अभी नियमित प्रचलन नहीं हुआ था।
- उत्तरवैदिक ग्रन्थों में कपास का उल्लेख नहीं हुआ है, बल्कि ऊनी (ऊन) शब्द का प्रयोग कई बार आया है। बुनाई का काम प्राय: स्त्रियाँ करती थीं। कढ़ाई करने वाली स्त्रियों को पेशस्करी कहा जाता था।
- तैत्तरीय अरण्यक में पहली बार नगर की चर्चा हुई है। उत्तरवैदिक काल के अन्त में हम केवल नगरों का आभास पाते हैं।
- हस्तिनापुर और कौशाम्बी प्रारम्भिक नगर थे, जिन्हें आद्य नगरीय स्थल (Proto-Urban Site) कहा जा सकता है।

उत्तर वैदिक काल में धार्मिक स्थिति

- धर्म एवं ऋतु की संकल्पना उत्तरवैदिक काल की प्रमुख संकल्पना है। धर्म से आशय व्यक्ति के स्वयं तथा समाज के प्रतिकर्त्तव्य थे, जबकि ऋतु सार्वभौगिक विधान थी, जो सृष्टि का नियामक था।
- उत्तरवैदिक आर्यों के धार्मिक जीवन में मुख्यत: तीन परिवर्तन दृष्टिगोचर होते हैं—देवताओं की महत्ता में परिवर्तन, अराधना की रीति में परिवर्तन तथा धार्मिक उद्देश्यों में परिवर्तन।
- उत्तरवैदिक काल में इन्द्र के स्थान पर सृजन के देवता **प्रजापति** को सर्वोच्च स्थान मिला। रुद्र और विष्णु दो अन्य प्रमुख देवता इस काल के माने जाते हैं। वरुण मात्र जल के देवता माने जाने लगे, जबकि पूषन अब शूद्रों के देवता हो गए।
- इस काल में प्रत्येक वेद के अपने पुरोहित हो गए। ऋग्वेद का पुरोहित होता, सामवेद का उद्गाता, यजुर्वेद का अध्वर्यु एवं अथर्ववेद का ब्रह्मा कहलाता था। उत्तरवैदिक काल में अनेक प्रकार के यज्ञ प्रचलित थे, जिनमें सोमयज्ञ या अग्निष्टोम यज्ञ, अश्वमेध यज्ञ, वाजपेय यज्ञ एवं राजसूय यज्ञ महत्त्वपूर्ण थे।
- मृत्यु की चर्चा सर्वप्रथम शतपथ ब्राह्मण तथा मोक्ष की चर्चा सर्वप्रथम उपनिषद् में मिलती है। पुनर्जन्म की अवधारणा वृहदराण्यक उपनिषद् में मिलती है। निष्काम कर्म के सिद्धान्त का प्रतिपादन सर्वप्रथम ईशोपनिषद् में किया गया है।

प्रमुख यज्ञ

अग्निष्टोम यज्ञ पापों के क्षय और स्वर्ग की ओर ले जाने वाले नाव के रूप में वर्णित।

सोत्रामणि यज्ञ यज्ञ में पशु एवं सुरा की आहुति।

पुरुषमेध यज्ञ पुरुषों की बलि, सर्वाधिक 25 यूपों (यज्ञ स्तम्भ) का निर्माण।

अश्वमेध यज्ञ सर्वाधिक महत्त्वपूर्ण यज्ञ, राजा द्वारा साम्राज्य की सीमा में वृद्धि के लिए, साँडों तथा घोड़ों की बलि।

राजसूय यज्ञ राजा के राज्याभिषेक से सम्बन्धित।

वाजपेय यज्ञ राजा द्वारा अपनी शक्ति के प्रदर्शन के लिए, रथदौड़ का आयोजन।

वैदिक साहित्य

इसके अन्तर्गत वेद, ब्राह्मण ग्रन्थ, आरण्यक, उपनिषद् व वेदांग को सम्मिलित किया जाता है।

वेद

- वेद का अर्थ है- जानना अथवा ज्ञान। वेदों के संकलनकर्ता कृष्णद्वैपायन वेदव्यास को माना गया है। वेदों को अपौरुषेय अर्थात् दैवकृत भी माना जाता है। ऋग्वेद, सामवेद, यजुर्वेद और अथर्ववेद, इन चारों वेदों को संहिता कहा जाता है। इनमें वेदों के सम्मिलित संग्रह को वेदत्रयी कहा जाता है।

ऋग्वेद

- ऋग्वेद विश्व का प्रथम प्रमाणिक ग्रन्थ है। यह देवताओं को स्तुति से सम्बन्धित रचनाओं का संग्रह है। ऋग्वेद 10 मण्डलों में विभक्त है। इसमें 2 से 7 तक के मण्डल प्राचीनतम माने जाते हैं। प्रथम एवं दशम मण्डल बाद में जोड़े गए हैं। इसमें कुल **1028 सूक्त** हैं। इसकी भाषा पद्यात्मक है।
- ऋग्वेद की अनेक बातें ईरानी भाषा के प्राचीनतम ग्रन्थ अवेस्ता में मिलती हैं। प्रसिद्ध वाक्य **असतो मा सद्गमय** ऋग्वेद से लिया गया है। प्रसिद्ध गायत्री मन्त्र ऋग्वेद के तीसरे मण्डल में है। ऋग्वेद के दूसरे से आठवें मण्डल की रचना क्रमशः गृत्समद, विश्वामित्र, वामदेव, अत्रि, भारद्वाज, वशिष्ठ तथा कण्व व अंगिरा ने की है।

यजुर्वेद

- यजुर्वेद यजुष शब्द का अर्थ है यज्ञ। यजुर्वेद के मन्त्रों का उच्चारण अध्वुर्य नामक पुरोहित करता था। इस वेद में अनेक प्रकार के यज्ञों को सम्पन्न करने की विधियों का उल्लेख है। यह गद्य तथा पद्य दोनों में लिखा गया है। यजुर्वेद के दो मुख्य भाग हैं—कृष्ण यजुर्वेद एवं शुक्ल यजुर्वेद। इसमें पहली बार राजसूय तथा वाजपेय जैसे दो राजकीय समाराहों का उल्लेख है। **शुक्ल यजुर्वेद** को वाजसनेयी संहिता भी कहा जाता है।

सामवेद

- सामवेद साम शब्द का अर्थ है गान। सामवेद में संकलित मन्त्रों को देवताओं की स्तुति के समय गाया जाता था। सामवेद में कुल 1875 रचनाएँ हैं, जिनमें से 75 के अतिरिक्त शेष ऋग्वेद से ली गई हैं। इन रचनाओं का गान सोमयज्ञ के समय उद्गाता करते थे। **भारतीय संगीत** के विकास में सामवेद का महत्त्वपूर्ण योगदान है।

अथर्ववेद

- अथर्ववेद की रचना अथर्वा ऋषि द्वारा की गई है। अतः अथर्वा ऋषि के नाम पर ही इसे अथर्ववेद कहते हैं। इस वेद में कुल 20 मण्डल, 731 सूक्त एवं 5839 मन्त्र हैं। इस वेद के महत्त्वपूर्ण विषय है—ब्रह्मज्ञान, औषधि प्रयोग, रोग निवारण, तन्त्र-मन्त्र, टोना-टोटका आदि। इसे ब्रह्मवेद, भैषज्यवेद एवं महीवेद के नाम से भी जाना जाता है।

वैदिक साहित्य

वेद	ब्राह्मण	उपनिषद्	उपवेद
ऋग्वेद	ऐतरेय ब्राह्मण, कौषितकी ब्राह्मण	ऐतरेयोपनिषद्, कौषितकी उपनिषद्	आयुर्वेद
यजुर्वेद			धनुर्वेद
(i) शुक्ल यजुर्वेद	शतपथ ब्राह्मण	ईशोपनिषद्, वृहदारण्य कोपनिषद्	
(ii) कृष्ण यजुर्वेद	तैत्तरीय ब्राह्मण	कठोपनिषद्, मैत्रायणी उपनिषद् श्वेताश्वतरोपनिषद्	
सामवेद	पंचविश, षड्विश एवं जैमिनीय ब्राह्मण	छान्दोग्योपनिषद् कैनोपनिषद्	गन्धर्ववेद
अथर्ववेद	गोपथ ब्राह्मण	प्रश्नोपनिषद्, मुण्डकोपनिषद्, माण्डुक्योपनिषद्	शिल्पवेद

ब्राह्मण ग्रन्थ

- यज्ञों एवं कर्मकाण्डों के विधान एवं इनकी क्रियाओं को भली-भाँति समझने के लिए नवीन ब्राह्मण ग्रन्थ की रचना हुई। यज्ञ के विषयों का अच्छी तरह से प्रतिपादन करने वाले ग्रन्थ ही ब्राह्मण ग्रन्थ कहे गए। ब्राह्मण ग्रन्थों में वैदिक संहिताओं की गद्यात्मक व्याख्या है।

आरण्यक

- आरण्यकों में दार्शनिक एवं रहस्यात्मक विषयों; जैसे—आत्मा, मृत्यु, जीवन आदि का वर्णन है। इन ग्रन्थों को आरण्यक इसलिए कहा गया है, क्योंकि इन ग्रन्थों को आरण्यक अर्थात् वन में पढ़ा जाता था। अथर्ववेद का कोई **आरण्यक ग्रन्थ** नहीं है।

प्रमुख दर्शन एवं प्रवर्तक

दर्शन	प्रवर्तक	दर्शन	प्रवर्तक
सांख्य	कपिल (सांख्य कारिका)	वैशेषिक	कणाद या उलूक
योग	पतंजलि *(योगसूत्र)*	पूर्व मीमांसा	जैमिनी
न्याय	गौतम *(न्यायसूत्र)*	उत्तर मीमांसा	बादरायण (ब्रह्मसूत्र)

उपनिषद्

- उपनिषद् का शाब्दिक अर्थ है—समीप बैठना अर्थात् ब्रह्म विद्या को प्राप्त करने के लिए गुरु के समीप बैठना। इस प्रकार उपनिषद् एक ऐसा रहस्य ज्ञान है, जिसे गुरु के सहयोग से ही समझा जा सकता है।
- उपनिषद् वैदिक साहित्य के अन्तिम भाग हैं, इसलिए इन्हें **वेदान्त** भी कहा जाता है। इनकी कुल संख्या 108 है। प्रमुख 12 उपनिषद् हैं। भारत का प्रसिद्ध राष्ट्रीय आदर्शवाक्य **सत्यमेव जयते** मुण्डकोपनिषद् से ही तथा **तत् त्वं असि** नामक दार्शनिक अवधारणा **छान्दोग्य उपनिषद्** से ली गई है। अध्यात्म ज्ञान के सम्बन्ध में नचिकेता एवं यम संवाद कठोपनिषद् से लिया गया है। उपनिषद् प्राचीनतम दार्शनिक विचारों का संग्रह है।

वेदांग

- वेदों के अर्थ को अच्छी तरह समझने में वेदांग सहायक होते हैं। इसमें कम शब्दों में अधिक तथ्य रखने का प्रयास किया गया है। वेदांगों की संख्या छः है—शिक्षा, कल्प, व्याकरण, निरुक्त, छन्द एवं ज्योतिष।

जैन धर्म

- जैन शब्द संस्कृत के **जिन** शब्द से बना है, जिसका अर्थ-विजेता होता है अर्थात् जिन्होंने अपने मन, वाणी एवं काया को जीत लिया हो। जैन साधुओं को निर्ग्रन्थ (बन्धनरहित) कहा गया है।
- जैन धर्म के प्रथम तीर्थंकर **ऋषभदेव** या **आदिनाथ** थे, जिनका जन्म अयोध्या में हुआ था। आदिनाथ ने कैलाश पर्वत पर शरीर का त्याग किया था। ऋषभदेव और अरिष्टनेमि (22वें तीर्थंकर) का उल्लेख ऋग्वेद में मिलता है।

- 23वें तीर्थंकर **पार्श्वनाथ** काशी के राजा अश्वसेन के पुत्र थे। अपने अनुयायियों (निर्ग्रन्थ) को इन्होंने चातुर्याम शिक्षा या चार आचरण पालन करने को कहा—सत्य (सदा सत्य बोलना), अहिंसा (प्राणियों की हिंसा न करना), अस्तेय (चोरी न करना) तथा अपरिग्रह (सम्पत्ति न रखना)। सम्मेद शिखर (पारसनाथ) पर उन्होंने अपने शरीर का त्याग किया।

महावीर स्वामी : जैन धर्म के वास्तविक संस्थापक

- जैन धर्म का वास्तविक संस्थापक महावीर स्वामी को माना जाता है, जिनका वास्तविक नाम वर्धमान था। इन्होंने 30 वर्ष की अवस्था में अपने अग्रज नन्दिवर्द्धन से आज्ञा लेकर गृहत्याग दिया। बारह (12) वर्ष की कठोर तपस्या के बाद जृम्भिक ग्राम में ऋजुपालिका नदी के किनारे साल वृक्ष के नीचे उन्हें कैवल्य की प्राप्ति हुई।
- ज्ञान प्राप्ति के पश्चात् महावीर **केवलिन** कहलाए। सभी इन्द्रियों पर विजय प्राप्त करने के कारण उन्हें जिन (विजेता) कहा गया। तपस्या के रूप में अद्भुत पराक्रम दिखाने के कारण वे महावीर कहलाए। उन्हें अर्हत (योग्य) तथा निर्ग्रन्थ (बन्धनरहित) के नाम से भी जाना गया। बौद्ध साहित्य में महावीर को निगण्ठनाथ पुत्र कहा गया है।
- ज्ञान प्राप्ति के पश्चात् महावीर ने अपना प्रथम उपदेश राजगृह के निकट वितुलांचल पहाड़ी पर मेघकुमार को दिया। जमालि (दामाद) इनका प्रथम शिष्य बना। चम्पा नरेश दधिवाहन की पुत्री चन्दना इनकी प्रथम भिक्षुणी हुई। महावीर के ग्यारह शिष्यों को गणधर कहा गया। महावीर के जीवनकाल में ही दस गणधरों की मृत्यु हो गई, केवल सुधर्मन जीवित बचा।

जैन धर्म की मुख्य शिक्षा

- महावीर ने अपने उपदेश लोक भाषा प्राकृत में दिए। देश के अलग-अलग भागों में प्राकृत के अनेक रूप प्रचलित थे। मगध में बोली जाने वाली प्राकृत मागधी कहलाती थी। प्राकृत में ही जैन साहित्य की रचना की गई।
- जैन धर्म में संसार को दुःख मूलक माना गया है। मनुष्य जरा वृद्धावस्था तथा मृत्यु से ग्रस्त है। सांसारिक जीवन की तृष्णाएँ व्यक्ति को घेरे रहती हैं। यही दुःख का मूल कारण है। संसार त्याग तथा संन्यास मार्ग ही व्यक्ति को सच्चे मार्ग पर ले जा सकता है। जैन दर्शन के अनुसार, सृष्टि की रचना एवं पालन-पोषण सार्वभौमिक विधान से हुआ है। सृष्टिकर्ता के रूप में ईश्वर के अस्तित्व को स्वीकार नहीं किया गया है।
- संसार के सभी प्राणी अपने-अपने संचित कर्मों के अनुसार, फल भोगते हैं। कर्मफल ही जन्म तथा मृत्यु का कारण है। कर्मफल से छुटकारा पाकर ही व्यक्ति **निर्वाण** की ओर अग्रसर होता है। इसके लिए पूर्वजन्म के संचित कर्मों को समाप्त करना तथा वर्तमान जीवन में कर्मफल से विमुख रहना आवश्यक है।

जीवन परिचय (महावीर)

जन्म	540 ई. पू., कुण्डग्राम *(वैशाली)*
पिता	सिद्धार्थ *(ज्ञातृक कुल के प्रधान)*
माता	त्रिशला *(लिच्छवी गणराज्य के प्रधान चेटक की बहन)*
पत्नी	यशोदा *(कुण्डिन्य गोत्र की कन्या)*
पुत्री	प्रियदर्शना (अणोज्जा)
दामाद	जमाली
मृत्यु	468 ई. पू., पावापुरी *(नालन्दा)* में राजा हस्तिपाल के यहाँ

जैन धर्म की मुख्य शिक्षाओं का वर्णन इस प्रकार है

त्रिरत्न

- कर्मफल से मुक्ति के लिए **त्रिरत्न** का अनुशीलन आवश्यक है। जैन धर्म के त्रिरत्न हैं—(इनमें आचरण पर सर्वाधिक बल दिया गया है) **सम्यक् दर्शन**—सत् में विश्वास, **सम्यक् ज्ञान**—सद्रूप का शंकाविहिन तथा वास्तविक ज्ञान, **सम्यक् आचरण**—सांसारिक विषयों से उत्पन्न सुख-दुःख के प्रति समभाव । इनमें आचरण पर सर्वाधिक बल दिया गया है।

महाव्रत एवं अणुव्रत

- सम्यक् आचरण के पालन के सन्दर्भ में पाँच महाव्रतों का पालन आवश्यक है। पाँच महाव्रतों में चार **अहिंसा**, **अमृषा** (झूठ न बोलना), **अपरिग्रह** (संग्रह न करना) तथा **अस्तेय** (चोरी न करना) का प्रतिपादन पार्श्वनाथ ने किया था, जबकि पाँचवाँ महाव्रत **ब्रह्मचर्य** महावीर द्वारा जोड़ा गया था। गृहस्थ जीवन व्यतीत करने वाले जैनियों के लिए भी इन्हीं व्रतों की व्यवस्था है, लेकिन इनकी कठोरता में पर्याप्त कमी की गई है, इसलिए इन्हें **अणु व्रत** कहा गया है।

सम्यक् ज्ञान

- जैन दर्शन के अनुसार, सम्यक् ज्ञान पाँच प्रकार के होते हैं-मति (इन्द्रिय जनित ज्ञान), श्रुति (श्रवन ज्ञान), अवधि (दिव्य ज्ञान), मनःपर्याय (दूसरे के मन की जान लेना), कैवल्य ज्ञान (सर्वोच्च ज्ञान)। जैन मतानुसार ज्ञान के तीन स्रोत हैं—प्रत्यक्ष, अनुमान एवं तीर्थंकरों के वचन।
- जैन मत के अनुसार, विश्व शाश्वत है। इसका अस्तित्व असंख्य चक्रों में विभाजित है। प्रत्येक चक्र में दो अवधियाँ होती हैं—उत्सर्पिणी (विकास की अवधि) तथा अवसर्पिणी (ह्रास की अवधि)। प्रत्येक अवधि समस्त उद्देश्यों में अपनी पूर्ववर्ती अवधि के समान होती है, जिसमें 24 तीर्थंकर एवं 12 चक्रवर्ती शासक सहित 63 श्लाका पुरुष (महान् पुरुष) होते हैं, जो नियमित मध्यान्तरों पर चक्र में निवास करते हैं।

जीव-अजीव

- **अजीव** (निर्जीव सत्ता) का विभाजन पाँच भागों में किया गया है—**पुद्गल**, काल, आकाश, धर्म तथा अधर्म। धर्म का तात्पर्य-जो गति का साधन अथवा स्थिति है, अधर्म का तात्पर्य, जो स्थिरता का साधन अथवा स्थिति है। पुद्गल का तात्पर्य-उस तत्त्व से है, जिसका संयोग तथा विभाजन किया जा सके।
- आत्मा स्वभाविक रूप से उज्ज्वल, सर्वज्ञाता तथा आनन्दमय है। विश्व में असंख्य आत्माएँ हैं, जो सब मूलतः समान हैं। जीवों (जीवनों) और अजीवों (निर्जीव सत्ताओं) के पारस्परिक क्रिया सम्बन्धों के आधार पर विश्व कार्य चलते हैं।
- आत्मा की शुद्धि लम्बे समय तक उपवास, अहिंसा और इन्द्रिय निग्रह द्वारा सम्भव है। अज्ञानता के कारण कर्म जीव की ओर आकर्षित होने लगता है, जिसे **आस्रव** कहते हैं। कर्म का जीव के साथ संयुक्त हो जाना **बन्धन** है। आत्मा में कर्म के प्रवाह को रोकना **संवर** तथा प्रविष्ट कर्म को बाहर निकालने की प्रक्रिया **निर्जरा** कहलाती है।

अनन्त चतुष्ट्य

- जब जीव से कर्म का अवशेष बिल्कुल समाप्त हो जाता है, तब वह (कैवल्य) मोक्ष की प्राप्ति कर लेता है। ऐसी स्थिति में आत्मा अनन्त ज्ञान, अनन्त दर्शन, अनन्त वीर्य तथा अनन्त आनन्द की स्थिति में होती है, जिसे अनन्त चतुष्ट्य कहा गया है।

कैवल्य

- जैन धर्म में सिर्फ संघ के सदस्यों के लिए **कैवल्य** का विधान है, सामान्य गृहस्थों के लिए नहीं। सामान्य गृहस्थों को संन्यासी या भिक्षु के जीवन में प्रवेश करने के पूर्व ग्यारह कोटियों से गुजरना पड़ता है।
- जैन धर्म में पुनर्जन्म, कर्मवाद, मोक्ष एवं आत्मा की सत्ता को स्वीकार किया गया है। यह वेद की अपौरुषेयता तथा ईश्वर के अस्तित्व को अस्वीकार करता है। यह वर्णव्यवस्था की निन्दा नहीं करता है।

संलेखना

- जैन धर्म में अहिंसा एवं काया क्लेश पर अत्यधिक बल दिया गया है। काया क्लेश के अन्तर्गत उपवास द्वारा आत्महत्या का विधान है। इस पद्धति को **संलेखना** एवं निषिद्धि कहा जाता है।
- महावीर ने अपना उपदेश प्राकृत (अर्द्ध मागधी) भाषा में दिया। इस धर्म के मुख्य (क्रोड) सिद्धान्त को अनेकान्तवाद, स्यादवाद, सप्रभंगी सिद्धान्त, सप्रतिध सिद्धान्त अथवा नयवाद के नाम से जाना जाता है। स्यादवाद ज्ञान की सापेक्षता का सिद्धान्त है।

जैन संघ एवं सम्प्रदाय

- महावीर की मृत्यु के पश्चात् केवल एक गणधर **सुधर्मन** जीवित बचा, जो जैन संघ का प्रथम अध्यक्ष था। सुधर्मन की मृत्यु के बाद जम्बूस्वामी 44 वर्षों तक जैन संघ का अध्यक्ष रहा, जो अन्तिम केवलिन था।
- लगभग 300 ई. पू. के आस-पास मगध में 12 वर्षों का भीषण अकाल पड़ा, जिसके कारण भद्रबाहु शिष्यों के साथ दक्षिण चले गए। बचे हुए साधु स्थूलभद्र के नेतृत्व में वहीं बने रहे। स्थूलभद्र के अनुयायी श्वेताम्बर तथा भद्रबाहु के अनुयायी दिगम्बर कहलाए।
- दिगम्बर साधु झूल्लक, ऐल्लक तथा निग्रन्थ कहलाते थे तथा श्वेताम्बर यति, साधु और आचार्य कहलाते थे।

श्वेताम्बर एवं दिगम्बर में अन्तर

श्वेताम्बर	दिगम्बर
मोक्ष प्राप्ति के लिए वस्त्र त्यागना आवश्यक नहीं	मोक्ष के लिए वस्त्र त्यागना आवश्यक
स्त्रियाँ निर्वाण की अधिकारी	स्त्रियों को निर्वाण सम्भव नहीं
कैवल्य प्राप्ति के बाद भी लोगों को भोजन की आवश्यकता	कैवल्य प्राप्ति के बाद भोजन की आवश्यकता नहीं
श्वेताम्बर मतानुसार महावीर विवाहित थे	दिगम्बर मतानुसार महावीर अविवाहित थे
19वीं तीर्थंकर स्त्री थी	19वें तीर्थंकर पुरुष थे

जैन धर्म का प्रचार

- महावीर स्वामी के समय में जैन धर्म का सर्वाधिक प्रसार हुआ। महावीर के समकालीन बिम्बिसार, चण्डप्रद्योत, अजातशत्रु, उदयिन, दधिवाहन एवं चेटक जैन धर्मानुयायी थे। महापद्मनन्द भी जैनी थे। मौर्य शासक चन्द्रगुप्त मौर्य एवं सम्प्रति जैन धर्मानुयायी थे। सम्प्रति ने जैन आचार्य सुहास्ति से शिक्षा ली थी।
- चन्द्रगुप्त मौर्य के समय में पाटलिपुत्र में प्रथम जैन संगीति का आयोजन हुआ। कलिंग नरेश खारवेल कट्टर जैन अनुयायी थे। उसके हाथी गुम्फा अभिलेख में जैन धर्म का प्राचीनतम अभिलेखीय साक्ष्य मिलता है। उदयगिरि पहाड़ी में खारवेल ने जैन साधुओं के लिए एक गुफा का निर्माण करवाया।
- पूर्व मध्यकाल में राष्ट्रकूट, गंग, गुजरात के चालुक्य एवं चन्देल शासकों ने जैन धर्म को प्रश्रय दिया। राष्ट्रकूट शासक अमोघवर्ष जैन धर्म का अनुयायी था। गंग वंश के राजा राजमल चतुर्थ का मन्त्री एवं सेनापति चामुण्ड राय ने 974 ई. में **श्रवणबेलगोला** के पास एक बाहुबली की मूर्ति का निर्माण करवाया, जो गोमतेश्वर की मूर्ति कहलाती है। यहां पर प्रत्येक 12 वर्ष में महामस्तकाभिषेक किया जाता है।
- चौहान शासक पृथ्वीराज ने जैन विद्वान् अर्णोराज धर्मघोष सूरी को आश्रय दिया। मध्यकाल में मुहम्मद-बिन-तुगलक ने जिनसेन सूरी तथा मुगल बादशाह अकबर ने हरि विजय सूरी नामक विद्वान् को आश्रय दिया। महावीर की शिक्षाओं को साहित्यों में संकलित करने के लिए दो जैन सभाओं का भी आयोजन किया गया।

जैन संगीतियाँ

सम्मेलन वर्ष	स्थान	अध्यक्ष	मुख्य बिन्दु
प्रथम (322-298) ई.पू.	पाटलिपुत्र	स्थूलभद्र	12 अंगों का संकलन
द्वितीय (512 ई.)	वल्लभी	देवार्धि क्षमाश्रवण	कुल 11 अंगों को लिपिबद्ध किया गया

जैन साहित्य

- जैन साहित्य प्राकृत एवं संस्कृत भाषा में मिलते हैं। प्राचीनतम जैन ग्रन्थ **पूर्व** कहे जाते थे, पूर्व की संख्या 14 है। जैन साहित्य को **आगम** (सिद्धान्त) कहा जाता है। इसके अन्तर्गत 12 अंग, 12 उपांग, 10 प्रकीर्ण, 6 छेदसूत्र, 4 मूलसूत्र एवं अनुयोग सूत्र आते हैं। दूसरे जैन सम्मेलन में 11 अंगों को लिपिबद्ध किया गया तथा 12वें अंग दृष्टिवाद को नष्ट मान लिया गया।
- जैन ग्रन्थ आचारांग सूत्र में जैन भिक्षुओं के आचार नियम, भगवती सूत्र में महावीर के जीवन, नया धम्मकहा सत्त में महावीर की शिक्षाओं का संग्रह तथा उवासगदसाओं में उपासकों के जीवन सम्बन्धी नियम दिए गए हैं। कुवलयमाया में हूण शासक तोरमाण तथा भद्रबाहु चरित से चन्द्रगुप्त मौर्य के राज्यकाल की घटनाओं पर प्रकाश पड़ता है।
- भद्रबाहु लिखित कल्पसूत्र, हरिभद्र सूरी कृत अनेकान्त विजय एवं धर्मबिन्दु तथा सर्वनन्दी कृत लोकविभंग प्रमुख जैन साहित्य हैं। संस्कृत में भद्रबाहु द्वारा लिखित कल्पसूत्र में तीर्थंकरों का जीवन चरित है।

जैन धर्म के तीर्थंकर एवं उनके प्रतीक

तीर्थंकर	प्रतीक	तीर्थंकर	प्रतीक
1. ऋषभदेव	वृषभ	13. विमलनाथ	वाराह
2. अजितनाथ	गज	14. अनन्तनाथ	श्येन
3. सम्भवनाथ	अश्व	15. धर्मनाथ	वज्र
4. अभिनन्दन नाथ	कपि	16. शान्तिनाथ	मृग
5. सुमतिनाथ	क्रौंच	17. कुन्थुनाथ	अज
6. पद्मप्रभु	पद्म	18. अरनाथ	मीन
7. सुपार्श्वनाथ	स्वास्तिक	19. मल्लिनाथ	कलश
8. चन्द्रप्रभु	चन्द्र	20. मुनिसुव्रत	कूर्म
9. सुविधिनाथ	मकर	21. नेमिनाथ	नीलोत्पल
10. शीतलनाथ	श्रीवत्स	22. अरिष्टनेमि	शंख
11. श्रेयांसनाथ	गैण्डा	23. पार्श्वनाथ	सर्पफण
12. पूज्यनाथ	महिष	24. महावीर	सिंह

जैन धर्म के पतन के कारण

- अहिंसा पर अत्यधिक बल, आत्मपीड़न, कठोर व्रत एवं तपस्या पर बल, जाति व्यवस्था के दर्शन को बनाए रखना, ब्राह्मण धर्म से पूर्णतः पृथक् नहीं करना, बौद्ध धर्म का विस्तार एवं ब्राह्मण। धर्म का पुनरुत्थान जैन धर्म के पतन के मुख्य कारण थे।

बौद्ध धर्म

बौद्ध धर्म के संस्थापक **महात्मा बुद्ध** थे। बुद्ध का अर्थ 'प्रकाशमान' अथवा 'जाग्रत' होता है।

महात्मा बुद्ध : बौद्ध धर्म के संस्थापक

- बुद्ध का जन्म शाक्यों की राजधानी कपिलवस्तु के समीप लुम्बिनी में हुआ था। उसका नाम सिद्धार्थ रखा गया। उसका गोत्रीय अभिधान गौतम था, जिसका सर्वत्र बौद्ध साहित्य में उल्लेख मिलता है।
- गौतम बुद्ध के जन्म पर कालदेव तथा कौण्डिन्य नामक ब्राह्मण ने भविष्यवाणी की थी कि यह बालक चक्रवर्ती राजा या संन्यासी होगा। गौतम बुद्ध के जीवन सम्बन्धी चार दृश्य अत्यन्त प्रसिद्ध हैं, जिन्हें देखकर उनके मन में वैराग्य की भावना उठी—

1. वृद्ध व्यक्ति
2. बीमार व्यक्ति
3. मृत व्यक्ति एवं
4. प्रसन्न मुद्रा में संन्यासी।

- 29 वर्ष की अवस्था में उन्होंने गृहत्याग दिया, जिसे बौद्ध ग्रन्थों में **महाभिनिष्क्रमण** कहा गया है। बुद्ध सर्वप्रथम अनुपिय नामक आम्र उद्यान में कुछ दिन रुके। वैशाली के समीप उनकी मुलाकात सांख्य दर्शन के आचार्य **आलार कलाम** तथा राजगृह के समीप **रुद्रक रामपुत्र** से हुई। ये दोनों बुद्ध के प्रारम्भिक गुरु थे।
- छः वर्ष तक अथक् परिश्रम एवं घोर तपस्या के बाद 35 वर्ष की आयु में 'वैशाख पूर्णिमा' की एक रात पीपल वृक्ष के नीचे निरंजना (पुनपुन) नदी के तट पर सिद्धार्थ को ज्ञान प्राप्त हुआ, इसी दिन से वे **तथागत** कहलाए। ज्ञान प्राप्ति के बाद गौतम 'बुद्ध' के नाम से प्रसिद्ध हुए। इस घटना को **निर्वाण** कहा गया है।

धर्म-चक्र-प्रवर्तन

- उरुवेला से बुद्ध सारनाथ (ऋषि पत्तनम एवं मृगदाव) आए। यहाँ उन्होंने पाँच ब्राह्मण संन्यासियों को अपना प्रथम उपदेश दिया, जिसे बौद्ध ग्रन्थों में धर्म-चक्र-प्रवर्तन के नाम से जाना जाता है। बौद्ध संघ में प्रवेश सर्वप्रथम यहीं से प्रारम्भ हुआ।
- बुद्ध के राजगृह पहुँचने पर **बिम्बिसार** ने इनका स्वागत किया और वेणुवन विहार दान में दिया। राजगृह में ही सारिपुत्र, महामोद्गलायन, उपालि, अभय आदि इनके शिष्य बने। श्रावस्ती का एक व्यापारी सुदात (अनाथपिण्डक) बुद्ध का शिष्य बना एवं जेतवन नामक विहार दान में दिया। ज्ञान प्राप्ति के 8वें वर्ष वैशाली के लिच्छवियों ने बुद्ध को वैशाली आमन्त्रित किया तथा कूटाग्रशाला नामक विहार दान में दिया।
- अपने शिष्य आनन्द के कहने पर बुद्ध ने वैशाली में महिलाओं को संघ में प्रवेश की अनुमति दी। प्रजापति गौतमी पहली भिक्षुणी थी। गौतमी की पुत्री नन्दा, बुद्ध की पत्नी यशोधरा, वैशाली की नगरवधू आम्रपाली तथा बिम्बिसार की पत्नी क्षेमा भी बुद्ध की शिष्या बन गई।
- कौशाम्बी का शासक **उदयिन**, बौद्ध भिक्षु पिण्डोला भारद्वाज के प्रभाव से बौद्ध बन गया तथा घोषितराम विहार भिक्षु संघ को प्रदान किया। ज्ञान प्राप्ति के 20वें वर्ष बुद्ध श्रावस्ती पहुँचे तथा वहाँ अँगुलीमाल नामक डाकू को अपना शिष्य बनाया।
- बुद्ध ने अपने जीवन के सर्वाधिक उपदेश कोसल देश की राजधानी **श्रावस्ती** में दिए। उन्होंने अन्तिम उपदेश कुशीनगर में सुभद्द को दिया था।

महापरिनिर्वाण

- अपने शिष्य चुन्द के यहाँ सूकरमाद्दव भोज्य सामग्री खाने से बुद्ध अतिसार रोग से पीड़ित हो गए। 80 वर्ष की अवस्था में इनकी मृत्यु हो गई। इसे बौद्ध परम्परा में **महापरिनिर्वाण** के नाम से जाना जाता है। वैशाख पूर्णिमा बौद्ध धर्म में तीन दृष्टियों से पवित्र मानी जाती है—बुद्ध का जन्म, सम्बोधि प्राप्ति एवं महापरिनिर्वाण।
- बुद्ध की मृत्यु के बाद उनके अस्थि अवशेष के आठ भाग किए गए तथा प्रत्येक पर स्तूप बनवाए गए। महापरिनिर्वाण सूत्र में बुद्ध के अस्थि अवशेषों के दावेदार निम्नलिखित मिलते हैं—मगध नरेश अजातशत्रु, कपिलवस्तु के शाक्य, वैशाली के लिच्छवी, वेठद्वीप के ब्राह्मण, अलकप्प के बुलि, पावा के मल्ल, पिप्पलीवन के मोरीय तथा रामग्राम के कोलीय।

जीवन परिचय (गौतम बुद्ध)

जन्म	563 ई. पू.
जन्म स्थान	लुम्बिनी (कपिलवस्तु के निकट नेपाल की तराई में)
बचपन का नाम	सिद्धार्थ (गोत्रीय अभिधान-गौतम)
पिता का नाम	शुद्धोधन (कपिलवस्तु के शाक्य गण के प्रधान)
माता का नाम	माया देवी अथवा महामाया *(कोलिय गणराज्य की कन्या)*
पालन पोषण	मौसी महाप्रजापति गौतमी द्वारा
पत्नी का नाम	यशोधरा (अन्य नाम-गोपा, बिम्बा, भद्रकच्छा)
पुत्र का नाम	राहुल
घोड़े का नाम	कन्थक
सारथी का नाम	छन्न
मृत्यु	483 ई. पू. (मल्लों की राजधानी कुशीनगर में)

बौद्ध धर्म की मुख्य शिक्षा

- बुद्ध ने आम जनता की भाषा पालि में उपदेश दिए। उनके अनुसार सृष्टि दुःखमय, क्षणिक एवं आत्मविहीन है। वे कर्म एवं पुनर्जन्म में विश्वास करते हैं तथा ईश्वर एवं अपौरुषेय वेद की सत्ता को अस्वीकार करते हैं। बौद्ध धर्म की मुख्य शिक्षा जन्म आधारित वर्ण व्यवस्था को भी अस्वीकार करना है। बुद्ध के जीवन की प्रमुख घटनाओं को प्रतीकों के माध्यम से दर्शाने की परम्परा रही है जैसे-(**जन्म**-कमल एवं साँड), (**गृहत्याग**-घोड़ा), (**ज्ञान**-बोधिवृक्ष), (**निर्वाण**-पदचिह्न) तथा (**मृत्यु**-स्तूप)।
- **बौद्ध दर्शन** के अनुसार मानव शरीर भौतिक तथा मानसिक तत्त्वों के पाँच स्कन्धों से निर्मित है- रूप, संज्ञा, वेदना, विज्ञान एवं संस्कार। चार आर्य सत्य बौद्ध धर्म के मूल सिद्धान्त हैं। ये हैं—दुःख है, दुःख का कारण है, दुःख का निदान है और दुःख निदान के उपाय हैं।

बौद्ध धर्म की मुख्य शिक्षाओं का वर्णन निम्न प्रकार है

अष्टांगिक मार्ग

- गौतम बुद्ध ने चतुर्थ आर्य सत्य में दु:ख निरोध का उपाय बताया। इसे 'दु:ख निरोध गामिनी प्रतिपदा' कहा जाता है। इसे 'मध्यमा प्रतिपदा' या मध्यम मार्ग भी कहते हैं। उनके इस मध्यम प्रतिपद में आठ सोपान हैं, इसलिए इसे अष्टांगिक मार्ग भी कहते हैं। इसके आठ सोपान हैं—सम्यक् दृष्टि, सम्यक् संकल्प, सम्यक् वाक्, सम्यक् कर्मांत, सम्यक् आजीव, सम्यक् व्यायाम, सम्यक् स्मृति एवं सम्यक् समाधि।
- अष्टांगिक मार्ग धर्मचक्रप्रवर्तन सुत्त की विषय-वस्तु का अंग है। अष्टांगिक मार्ग को भिक्षुओं का कल्याण मित्र कहा गया है।

प्रतीत्यसमुत्पाद

- प्रतीत्य समुत्पाद बुद्ध के उपदेशों का सार एवं उनकी सम्पूर्ण शिक्षाओं का आधार स्तम्भ है। प्रतीत्यसमुत्पाद का शाब्दिक अर्थ है—**प्रतीत्य** (किसी वस्तु के होने पर) **समुत्पाद** (किसी अन्य वस्तु की उत्पत्ति)। प्रतीत्यसमुत्पाद के 12 क्रम हैं, जिन्हें **द्वादश निदान** कहा जाता है, जिसमें सम्बन्धित हैं
  1. जाति, जरामरण—भविष्य काल से
  2. अविद्या, संस्कार—भूतकाल से
  3. नाम-रूप, स्पर्श, विज्ञान, तृष्णा, वेदना, षड्यतन, भव, उपादान—वर्तमान काल से
- प्रतीत्यसमुत्पाद, बौद्ध धर्म का कारण-कार्य सिद्धान्त है। प्रतीत्यसमुत्पाद में ही अन्य सिद्धान्त; जैसे-क्षणभंगवाद तथा नैरात्मवाद आदि समाहित हैं। दु:ख के कारणों को प्रतीत्यसमुत्पाद (इसके प्राप्त होने से यह उत्पन्न होता है) कहा गया है। इसे हेतु परम्परा भी कहा जाता है।
- बौद्ध धर्म के अनुसार, मनुष्य के जीवन का परम लक्ष्य है—निर्वाण प्राप्ति। निर्वाण का अर्थ है—दीपक का बुझ जाना अर्थात् जीवन-मरण के चक्र से मुक्ति।
- निर्वाण इसी जन्म में प्राप्त हो सकता है, किन्तु महापरिनिर्वाण मृत्यु के बाद ही सम्भव है। तृष्णा रूपी अग्नि के शमन से जीवन-मरण के चक्र से मुक्ति अर्थात् निर्वाण मिल जाती है।

त्रिरत्न

- बौद्ध धर्म के **त्रिरत्न** हैं—बुद्ध, संघ और धम्म। बौद्ध दर्शन के अनुसार, यह सृष्टि विभिन्न चक्रों में विभाजित है। इसमें एक बुद्ध चक्र तो दूसरा शून्य चक्र होता है। हम बुद्ध चक्र में हैं।

दस शील

- बौद्ध धर्म में निर्वाण प्राप्ति के लिए सदाचार तथा नैतिक जीवन पर अत्यधिक बल दिया गया है। दस शीलों का अनुशीलन नैतिक जीवन का आधार है। इन दस शीलों को शिक्षापद भी कहा गया है, *ये हैं*— अहिंसा, सत्य, अस्तेय (चोरी न करना), अपरिग्रह (धन संचय न करना), ब्रह्मचर्य, असमय भोजन न करना, व्यभिचार न करना, मद्य सेवन न करना, आरामदायक शय्या का त्याग तथा आभूषणों का त्याग।

बौद्ध संघ

- बुद्ध ने सर्वप्रथम सारनाथ में संघ की स्थापना की, बौद्ध धर्म में संघ का महत्त्वपूर्ण स्थान है। यह बौद्ध धर्म के त्रिरत्न का एक अंग है। बुद्ध ने घोषणा की थी कि धर्म और संघ के निर्धारित नियम ही उनके उत्तराधिकारी हैं। यह विवरण महापरिनिर्वाण सुत्त में मिलता है।
- स्त्रियों को भी संघ में प्रवेश का अधिकार प्राप्त था। इसमें प्रवेश के लिए 15 वर्ष या उससे अधिक उम्र अनिवार्य थी। बौद्ध संघ में चोर, हत्यारों, ऋणी व्यक्तियों, राजा के सेवक, दास तथा रोगी व्यक्तियों का प्रवेश वर्जित था।
- बौद्ध संघ में प्रवेश को **उपसम्पदा** कहा जाता था। संघ की सभा में प्रस्ताव को नत्ति कहा जाता था। प्रस्ताव पाठ अनुसावन अथवा कम्मवाचा कहा जाता था। सभा की वैध कार्यवाही के लिए कोरम की संख्या न्यूनतम 20 होती थी। संघ में प्रस्ताव पर मत होता था, जो गुप्त (गुल्हक) तथा प्रत्यक्ष (वितरक) के रूप में हो सकता था। किसी पवित्र अवसर पर भिक्षुओं के एकत्र होकर चर्चा करने को **उपोसथ** कहा जाता था। वर्षा ऋतु के दौरान मठों में प्रवास के समय भिक्षुओं द्वारा अपराध स्वीकारोक्ति समारोह **पवरन** कहलाता था।
- बौद्धों के लिए महीने के चार दिन अमावस्या, पूर्णिमा और दो चतुर्थी दिवस उपवास के दिन होते थे। बौद्धों का सबसे पवित्र एवं महत्त्वपूर्ण दिन या त्योहार वैशाख की पूर्णिमा है, जिसे 'बुद्ध पूर्णिमा' के नाम से जाना जाता है। इस दिन का अत्यधिक महत्त्व इसलिए है, क्योंकि इसी दिन बुद्ध का जन्म, ज्ञान की प्राप्ति एवं महापरिनिर्वाण की प्राप्ति हुई।
- बौद्ध धर्म के अनुयायी दो वर्गों में विभाजित थे—भिक्षु एवं भिक्षुणी तथा उपासक एवं उपासिकाएँ। गृहस्थ जीवन में रहकर ही बौद्ध धर्म के मानने वाले लोगों को उपासक कहा जाता था।

स्तूप, चैत्य एवं विहार

- **स्तूप** का शाब्दिक अर्थ है—'किसी वस्तु का ढेर'। स्तूप का विकास सम्भवत: मिट्टी के ऐसे चबूतरे से हुआ, जिसका निर्माण मृतक की चिता के ऊपर अथवा मृतक की चुनी हुई अस्थियों को रखने के लिए किया जाता था। स्तूपों को मुख्यत: चार भागों में बाँटा जा सकता है
  1. शारीरिक स्तूप प्रधान स्तूप होते थे, जिसमें बुद्ध के शरीर, धातु, केश और दन्त आदि को रखा जाता था।
  2. पारिभोगिक स्तूप इसमें महात्मा बुद्ध के द्वारा उपयोग की गई वस्तुओं; जैसे—भिक्षापात्र, चीवर, संघाटी, पादुका आदि को रखा जाता था।
  3. उद्देशिका स्तूप ऐसे स्तूप होते थे, जिनका सम्बन्ध बुद्ध के जीवन से जुड़ी घटनाओं की स्मृति से जुड़े स्थानों से था।
  4. पूजार्थक स्तूप ऐसे स्तूप होते थे, जिनका निर्माण बुद्ध की श्रद्धा के वशीभूत धनवान व्यक्तियों द्वारा तीर्थ स्थानों पर होता था।
- स्तूप के महत्त्वपूर्ण हिस्से इस प्रकार होते हैं
  - वेदिका (रेलिंग) का निर्माण स्तूप की सुरक्षा के लिए होता था।
  - मेघि (कुर्सी) वह चबूतरा जिस पर स्तूप का मुख्य हिस्सा आधारित होता था।
  - अण्ड स्तूप का अर्द्ध गोलाकार हिस्सा होता था।
  - हर्मिका स्तूप के शिखर पर अस्थि की रक्षा के लिए।
  - छत्र धार्मिक चिह्न का प्रतीक।
  - यष्टि छत्र को सहारा देने के लिए होता था।
  - सोपान मेघि पर चढ़ने-उतरने हेतु सीढ़ी।
- **चैत्य** का शाब्दिक अर्थ चिता सम्बन्धी है। शवदाह के पश्चात् बचे हुए अवशेषों को भूमि में गाड़कर उनके ऊपर जो समाधियाँ बनाई गईं, उन्हीं को प्रारम्भ में चैत्य या स्तूप कहा गया।
- **विहार** बौद्ध चैत्यों या स्तूपों के पास भिक्षुओं के रहने के लिए आवास बनाया जाता था जिसे विहार कहा जाता था। चैत्यों के उपासना स्थल में परिवर्तित हो जाने के कारण उसके समीप ही विहार का निर्माण होने लगा।

बौद्ध धर्म का प्रसार

- बुद्ध की मृत्यु के पश्चात् बौद्ध धर्म के विचारों का प्रचार-प्रसार करने के लिए चार बौद्ध संगीतियों का आयोजन किया गया।

बौद्ध संगीतियाँ

संगीति	स्थान	समय	शासनकाल	अध्यक्ष	कार्य
प्रथम	सप्तर्णिगुफा (राजगृह)	483 ई.पू.	अजातशत्रु	महाकस्सप	बुद्ध के उपदेशों को सुत्तपिटक तथा विनयपिटक में अलग-अलग संकलित किया गया।
द्वितीय	वैशाली	383 ई.पू.	कालाशोक	साबकमीर (सर्वकामनी)	भिक्षुओं में मतभेद के कारण स्थविर एवं महासंघिक में विभाजन
तृतीय	पाटलिपुत्र	250 ई.पू.	अशोक	मोग्गलिपुत्त तिस्स	अभिधम्मपिटक का संकलन
चतुर्थ	कुण्डलवन (कश्मीर)	72 ई.	कनिष्क	वसुमित्र	बौद्ध, संघ का हीनयान एवं महायान सम्प्रदायों में विभाजन

बौद्ध धर्म के सम्प्रदाय

हीनयान

- हीनयान के प्रमुख सम्प्रदाय हैं—वैभाषिक तथा सौत्रान्त्रिक। **वैभाषिक** सम्प्रदाय की उत्पत्ति मुख्य रूप से कश्मीर में हुई। विभाषशास्त्र पर आधारित होने के कारण इसे वैभाषिक नाम दिया गया है।
- **सौत्रान्तिक** मत का मुख्य आधार सूत्र (सुत्त) पिटक है। अत: इसे सौत्रान्तिक कहा जाता है। यह चित्त तथा बाह्य जगत दोनों की सत्ता में विश्वास करते हैं। सौत्रान्तिक सम्प्रदाय के प्रवर्तक कुमारलात थे।
- स्थविरवादी, सर्वास्तिवादी तथा समित्या हीनयान के अन्य प्रमुख उपसम्प्रदाय हैं। स्थविरवादी परम्परागत धर्म था। सर्वास्तिवादी के अनुसार, दृश्य जगत के धर्म पूर्णत: क्षणिक हैं। समित्या एक ऐसी आत्मा की परिकल्पना करता है, जो एक जीवन से दूसरे जीवन में चली जाती है।
- हीनयान बौद्ध सम्प्रदाय में बुद्ध के जीवन से चार पशु जुड़े हुए हैं
  - **हाथी** बुद्ध के गर्भ में आने का प्रतीक
  - **साँड** यौवन का प्रतीक
  - **घोड़ा** गृहत्याग का प्रतीक
  - **शेर** समृद्धि का प्रतीक

महायान

- महायान बौद्ध सम्प्रदाय के दो मुख्य भाग हैं— शून्य वाद या माध्यमिका एवं विज्ञानवाद या योगाचार। **शून्यवाद** मत के प्रवर्तक नागार्जुन थे, जिनकी प्रसिद्ध कृति माध्यमिक कारिका है, इसे **सापेक्षवाद** भी कहा जाता है। इसके अनुसार, प्रत्येक वस्तु किसी-न-किसी कारण से उत्पन्न हुई है। अत: वह शून्य है, शून्यवाद का अर्थ—विनाशवाद नहीं है। यहाँ शून्यता के दो प्रकार अस्तित्व शून्यता एवं विचार शून्यता माना गया है।
- **विज्ञानवाद** (योगाचार) मत का विकास ईसा की तीसरी सदी में मैत्रेयनाथ द्वारा किया गया। यह मत चित्त अथवा विज्ञान की ही एकमात्र सत्ता स्वीकार करता है। इसमें योगाभ्यास एवं आचरण पर विशेष बल दिया गया है। असंग द्वारा लिखित सूत्रालंकार इस धर्म से सम्बन्धित प्राचीनतम ग्रन्थ है।

हीनयान एवं महायान में अन्तर

हीनयान	महायान
बुद्ध एक महापुरुष	बुद्ध एक देवता
व्यक्तिवादी धर्म, सभी को अपने प्रयत्नों से मोक्ष प्राप्त करना चाहिए।	परसेवा तथा परोपकार पर बल, उद्देश्य समस्त मानव जाति का कल्याण।
मूर्ति पूजा एवं भक्ति में विश्वास नहीं।	मूर्ति पूजा का विधान, मोक्ष के लिए बुद्ध की कृपा।
साधन पद्धति अत्यन्त कठोर, भिक्षु जीवन का हिमायती	सिद्धान्त सरल एवं सुलभ, भिक्षुओं तथा उपासकों को भी महत्त्व।
आदर्श 'अर्हत' पद को प्राप्त करना।	आदर्श 'बोधिसत्व' है।
साहित्य पाली भाषा में।	साहित्य संस्कृत भाषा में।

वज्रयान सम्प्रदाय

- पूर्व मध्यकाल में बौद्ध धर्म की महत्त्वपूर्ण विशेषता थी—बौद्ध धर्म में तन्त्र-मन्त्र का बढ़ता प्रभाव। इसके प्रभाव से वज्रयान नामक पन्थ का उद्भव हुआ। वज्रयान साधु, गुह्य साधना का प्रयोग करने लगे और पंचमकार (मद्य, माँस, मैथुन, मत्स्य, मुद्रा) की साधना करने लगे। वज्रयान का सबसे अधिक विकास आठवीं शताब्दी में हुआ।
- वज्रयान सम्प्रदाय के अन्तर्गत ही 10वीं शताब्दी में एक अन्य सम्प्रदाय काल चक्रयान अस्तित्व में आया, इसमें सर्वोच्च देवता कालचक्र को माना गया। बंगाल में ही सहजयान पन्थ का विकास हुआ। आठवीं शताब्दी में कश्मीर के सर्वज्ञमित्र नामक व्यक्ति ने तन्त्रवाद को बौद्ध सम्प्रदाय में अपनाया था। इस पन्थ में पुरुष के साथ स्त्री की कल्पना भी जुड़ गई। तारा के अतिरिक्त निचले स्तर पर कुछ अन्य स्त्रियाँ भी थीं; जैसे—मातंगी, पिशाची, योगिनी, डाकनी आदि।

बौद्ध साहित्य

हीनयान सम्प्रदाय का साहित्य

महात्मा बुद्ध के परिनिर्वाण के उपरान्त आयोजित विभिन्न बौद्ध संगीतियों में संकलित किए गए त्रिपिटक सम्भवत: सर्वाधिक प्राचीन धर्मग्रन्थ हैं। त्रिपिटक हैं—सुत्तपिटक, विनयपिटक एवं अभिधम्मपिटक।

- **सुत्तपिटक** सुत्त का शाब्दिक अर्थ है—धर्मोपदेश।

  यह पिटक पाँच निकायों में विभाजित है

  1. **दीर्घनिकाय गद्य** एवं पद्य दोनों में रचित इस निकाय में अन्य धर्मों के सिद्धान्तों का खण्डन तथा बौद्ध धर्म के सिद्धान्तों का समर्थन किया गया है। इसमें महात्मा बुद्ध के जीवन के आखिरी जीवन, अन्तिम उपदेशों, मृत्यु तथा अन्त्येष्टि का वर्णन किया गया है। 'महापरिनिब्बानसुत्त' इसका सर्वाधिक महत्त्वपूर्ण सुत्त है।
  2. **मज्झिम निकाय** इसमें महात्मा बुद्ध को कहीं साधारण मनुष्य तो कहीं आलौकिक शक्ति वाले दैव रूप में वर्णित किया गया है।
  3. **संयुक्त निकाय** गद्य एवं पद्य दोनों शैलियों के प्रयोग वाला यह निकाय अनेक संयुक्तों का संकलन मात्र है।
  4. **अंगुत्तर निकाय** इसमें महात्मा बुद्ध द्वारा भिक्षुओं को उपदेश में कही जाने वाली बातों का वर्णन है। इसमें छठी शताब्दी ई.पू. के सोलह महाजनपदों का उल्लेख मिलता है।
  5. **खुद्दक निकाय** भाषा, विषय-शैली की दृष्टि से सभी निकायों से अलग, लघु, ग्रन्थों के संकलन वाला यह निकाय अपने आप में स्वतन्त्र एवं पूर्ण है।

- **विनयपिटक** इसमें बौद्ध मठों में रहने वाले भिक्षु-भिक्षुणियों के अनुशासन सम्बन्धी नियम दिए गए हैं। बौद्ध संघ की कार्य-प्रणाली की व्यवस्था भी इसी ग्रन्थ में उल्लिखित है। यह पतिमोक्ख, सुत्तविभंग खन्धक तथा परिवार में विभक्त है।
- **अभिधम्मपिटक** इसमें महात्मा बुद्ध के उपदेशों एवं सिद्धान्तों तथा बौद्ध मतों की दार्शनिक व्याख्या की गई है। एक मान्यता के अनुसार इस पिटक का संकलन **अशोक** के समय में सम्पन्न तृतीय बौद्ध संगीति में मोग्गलिपुत्त तिस्स ने किया। इसके सात अन्य ग्रन्थ—धम्मसंगणि, विभंग, धातुकथा, पुग्गलपन्नत्ति, कथावत्थु, यमक और पत्थान हैं, जिन्हें सत्तपरकरण कहा जाता है।

त्रिपिटकों के अतिरिक्त कुछ अन्य बौद्ध ग्रन्थ भी पालि भाषा में लिखे गए हैं। ये हैं

- **मिलिन्दपन्हो** इससे ईसा की प्रथम दो शताब्दियों के भारतीय जनजीवन के विषय में जानकारी मिलती है। इसमें यूनानी शासक मिनाण्डर एवं बौद्ध भिक्षु नागसेन के बीच बौद्ध मत पर वार्तालाप का वर्णन है।
- **दीपवंश** लगभग चतुर्थ शताब्दी ई. में रचित सिंहल द्वीप के इतिहास पर प्रकाश डालने वाला यह पहला ग्रन्थ है।
- **महावंश** मदन्त महानाम द्वारा सम्भवत: 5वीं एवं छठी शताब्दी ई. में रचित इस ग्रन्थ में मगध के राजाओं की क्रमबद्ध सूची मिलती है।
- **महावस्तु** यह विनयपिटक से सम्बन्ध ग्रन्थ है।

बौद्ध ग्रन्थ

- अश्वघोष ने बुद्धचरित्र, सौन्दरानन्द, सारिपुत्र, प्रकरण, सूत्रालंकार, वज्रसूची आदि ग्रन्थों की रचना की। सौन्दरानन्द में बुद्ध के चचेरे भाई सौन्दरानन्द के संन्यास लेने तथा बौद्ध धर्म में दीक्षित होने का विवरण है। सारिपुत्र प्रकरण में बुद्ध के शिष्य सारिपुत्र के बौद्ध धर्म में दीक्षित होने का नाटकीय विवरण है।
- वसुबन्धु की अभिधर्मकोष, असंग का महायान सूत्रालंकार, आर्यदेव की चतु:शतिका, दिड.नाग का प्रमाण समुच्चय, शान्तिदेव का शिक्षा समुच्चय अन्य बौद्ध ग्रन्थ हैं।

बौद्ध मुद्राएँ

- **अभय मुद्रा** महात्मा बुद्ध की यह मुद्रा शान्ति, सुरक्षा, दयालता एवं भयमुक्तता का प्रतीक है।
- **भूमि स्पर्श मुद्रा** बुद्ध की यह भाव-भंगिमा बोधगया में उनके ज्ञान प्राप्ति (प्रबोधन) की संकेतक है।

प्राचीन बौद्ध विश्वविद्यालय

विश्वविद्यालय	संस्थापक	अवस्थित
नालन्दा	कुमारगुप्त -प्रथम	बिहार
विक्रमशिला	धर्मपाल	बिहार
सोमापुरी	धर्मपाल	बंगाल
ओदन्तपुरी	गोपाल	बिहार
बल्लभी	भट्टारक	गुजरात

- **धर्म चक्र मुद्रा** बुद्ध की यह मुद्रा उनके जीवन काल के उन महत्त्वपूर्ण क्षणों के ऊपर केन्द्रित है, जबकि वह प्रबोधन के पश्चात् सारनाथ के कुरंग उपवन में पहली बार धर्मोपदेश दे रहे थे।
- **ध्यान मुद्रा** बुद्ध की यह मुद्रा बुद्ध द्वारा संघ के अच्छे नियमों एवं विधानों के लिए समाधिपूर्ण एवं संकेन्द्रण की भाव-भंगिमा को प्रदर्शित करती है।
- **वरद मुद्रा** बुद्ध की यह मुद्रा अभिलाषा, सच्चाई, दया एवं परोपकार जैसे कार्यों की ओर संकेत करती है।
- **बज्र मुद्रा** यह मुद्रा ज्ञान की भाव-भंगिमा का संकेतक है।
- **वितर्क मुद्रा** यह मुद्रा विचार बुद्ध की शिक्षा के विमर्श एवं उसके प्रसारण का संकेतन है।
- **ज्ञान मुद्रा** बुद्ध के अंगुठे के स्पर्श से चक्र के निर्माण और हथेली से सीने को स्पर्श द्वारा ज्ञान मुद्रा को प्रदर्शित करती है।
- **करना मुद्रा** बुद्ध की यह मुद्रा आसुरी शक्तियों के निष्कासन और बाधाओं को समाप्त करने (जैसे बीमारी और कमजोरी या नकारात्मक विचारों) की ओर संकेत करती है।

बौद्ध धर्म के पतन के कारण

बौद्ध धर्म के पतन के कारण निम्नलिखित हैं

- बौद्ध धर्म में कर्मकाण्डों का प्रारम्भ (अनुष्ठान, विधान)।
- बौद्ध भिक्षुओं का आम लोगों के जीवन से दूर जाना।
- पालि भाषा त्यागकर संस्कृत को अपनाना।
- मूर्तिपूजा का प्रारम्भ, भक्तों से भारी मात्रा में दान लेना प्रारम्भ।
- ब्राह्मण धर्म का पुनरुत्थान।
- बुद्ध को ब्राह्मणों ने विष्णु का अवतार मानकर वैष्णव धर्म में समाहित कर लिया बौद्ध विहारों में कुरीतियाँ।
- कुछ शासकों का बौद्ध विरोधी दृष्टिकोण।

बौद्ध एवं जैन मत में तुलना

समानता	असमानता
1. दोनों के संस्थापक क्षत्रिय कुल के थे।	बौद्ध निर्वाण इसी जीवन में सम्भव मानते हैं, जबकि जैन शरीर से मुक्ति के पश्चात् ही इसे सम्भव मानते हैं।
2. दोनों में वेदों की प्रमाण्यता के प्रति अनास्था है।	बौद्ध मत मुक्ति हेतु मध्यम मार्ग का उपदेश देता है, जबकि जैन कठोर साधना पर बल देता है।
3. कर्मकाण्डों के फली-भूत होने का निषेध किया गया है। कर्म व पुनर्जन्म दोनों मानते हैं।	बुद्ध ने जाति प्रथा की कठोर निन्दा की है जबकि महावीर ने नहीं।
4. शूद्रों व महिलाओं के द्वारा मोक्ष प्राप्ति की संभावना का विरोध किया गया।	महावीर ने बुद्ध की अपेक्षा अहिंसा व अपरिगृह पर अधिक बल दिया है।

अन्य सम्प्रदाय

बौद्ध ग्रन्थों के अनुसार, छठी सदी ई. पू. में भारत में लगभग 62 सम्प्रदाय थे, जिनमें कुछ प्रमुख सम्प्रदाय निम्नलिखित थे

सम्प्रदाय	संस्थापक	मुख्य विचार
भौतिकवादी	अजित-केस-कम्बलिन	अच्छे या बुरे कर्मों का कोई फल नहीं होता, अधिकतम सुख प्राप्त करना चाहिए।
अक्रियावादी	पूरण कश्यप	'न तो कर्म होता है और न पुनर्जन्म'
आजीवक	मक्खलि गोशाल	आत्मा को अनेकानेक पुनर्जन्मों के पूर्व निर्धारित अटल चक्र से गुजरना ही पड़ता है।
नियतिवादी	पकुध कच्चायन	सब कुछ पूर्व से ही निश्चित है।
अनिश्चियवादी	संजय वेलिट्ठपुत्र	न तो यह कहा जा सकता है कि स्वर्ग या नरक है या फिर नहीं है।

अभ्यास प्रश्न

1. पूर्व वैदिक आर्यों के धर्म का स्वरूप था?
(a) भक्ति (b) मूर्तिपूजा व यज्ञ
(c) प्रकृति पूजा व यज्ञ (d) प्रकृति पूजा व भक्ति

2. आर्य शब्द इंगित करता है
(a) नृजाति समूह को (b) यायावरी जन को
(c) भाषा समूह को (d) श्रेष्ठ वंश को

3. सुमेलित कीजिए

सूची I (वैदिक नदियाँ)	सूची II (आधुनिक नाम)
A. कुभा	1. गण्डक
B. परुष्णी	2. काबुल
C. सदानीरा	3. रावी
D. सुतुद्री	4. सतलज

कूट

	A	B	C	D		A	B	C	D
(a)	1	2	4	3	(b)	2	3	1	4
(c)	3	4	2	1	(d)	4	1	3	2

4. प्राचीन भारतीय समाज के प्रसंग में, निम्नलिखित शब्दों में से कौन-सा शब्द तीन के वर्ग का नहीं है?
(a) कुल (b) वंश (c) कोश (d) गोत्र

5. अध्यात्म ज्ञान के विषय में नचिकेता और यम का संवाद किस उपनिषद् में प्राप्त होता है?
(a) वृहदारण्यक उपनिषद् में (b) छान्दोग्य उपनिषद् में
(c) कठोपनिषद् में (d) केन उपनिषद् में

6. उपनिषद् पुस्तकें हैं
(a) धर्म पर (b) योग पर (c) विधि पर (d) दर्शन पर

7. निम्नलिखित चार वेदों में से किस एक में जादुई माया और वशीकरण का वर्णन है?
(a) ऋग्वेद (b) यजुर्वेद (c) अथर्ववेद (d) सामवेद

8. सुलेमित कीजिए

सूची I	सूची II
A. ऋग्वेद	1. संगीतमय स्रोत
B. यजुर्वेद	2. स्रोत एवं कर्मकाण्ड
C. सामवेद	3. तन्त्र-मन्त्र एवं वशीकरण
D. अथर्ववेद	4. स्रोत एवं प्रार्थनाएँ

कूट

	A	B	C	D		A	B	C	D
(a)	4	2	1	3	(b)	3	2	4	1
(c)	4	1	2	3	(d)	2	3	1	4

9. निम्नलिखित अभिलेखों में से कौन-सा ईरान से भारत में आर्यों के आने की सूचना देता है?
(a) मान सेहरा (b) शहबाजगढ़ी
(c) बोंगजकोई (d) जूनागढ़

10. 'धर्म' तथा 'ऋतु' भारत की प्राचीन वैदिक सभ्यता के एक केन्द्रीय विचार को चित्रित करते हैं। इस सन्दर्भ में निम्लिखित कथनों पर विचार कीजिए
1. धर्म व्यक्ति के दायित्वों एवं स्वयं तथा दूसरों के प्रति व्यक्तिगत कर्त्तव्यों की संकल्पना थी।
2. ऋत मूलभूत नैतिक विधान था, जो सृष्टि और उसमें अन्तर्निहित सारे तत्त्वों के क्रियाकलापों को संचालित करता था।

उपरोक्त कथनों में कौन-सा/ से कथन सही है/हैं?
(a) केवल 1 (b) केवल 2
(c) 1और 2 (d) न तो 1 और न ही 2

11. निम्नलिखित में से कौन-सी प्रथा-चतुष्टय वेदोत्तर काल में प्रचलित हुई?
(a) धर्म-अर्थ-काम-मोक्ष
(b) ब्राह्मण-क्षत्रिय-वैश्य-शूद्र
(c) ब्रह्मचर्य-गृहस्था-वानप्रस्थ-संन्यास
(d) इन्द्र-सूर्य-रुद्र-मरुत

12. आरम्भिक वैदिक साहित्य में सर्वाधिक वर्णित नदी है
(a) सिन्धु (b) शुतुद्री (c) सरस्वती (d) गंगा

13. ऋग्वेद में ··· रचनाएँ हैं।
(a) 1028 (b) 1017 (c) 1048 (d) 1020

14. गोत्र शब्द का प्रयोग सर्वप्रथम हुआ था
(a) अथर्ववेद में (b) ऋग्वेद में (c) सामवेद में (d) यजुर्वेद में

15. निम्नलिखित में से कौन-सा/से कथन सत्य है/हैं?
1. गोपथ यजुर्वेद का एक ब्राह्मण है।
2. शिल्प वेद अथर्वेद का एक उपवेद है।

कूट
(a) केवल 1 (b) केवल 2
(c) 1 और 2 (d) न तो 1 और न ही 2

16. अनेकान्तवाद निम्नलिखित में से किसका क्रोड सिद्धान्त एवं दर्शन है?
(a) बौद्ध मत (b) जैन मत (c) सिख मत (d) वैष्णव मत

17. महान् धार्मिक घटना महा मस्तकाभिषेक निम्न में से किससे सम्बन्धित है और किस के लिए की जाती है?
(a) बाहुबली (b) बुद्ध (c) महावीर (d) नटराज

18. निम्नलिखित में से कौन एक जैन तीर्थंकर नहीं था?
(a) चन्द्रप्रभु (b) नाथमुनि (c) नेमि (d) सम्भव

19. जैन दर्शन के अनुसार सृष्टि की रचना एवं पालन-पोषण
(a) सार्वभौमिक विधान से हुआ है (b) सार्वभौमिक सत्य से हुआ है
(c) सार्वभौमिक आस्था से हुआ है (d) सार्वभौमिक आत्मा से हुआ है

20. प्राचीन जैन धर्म के सम्बन्ध में निम्नलिखित कथनों में से कौन-सा एक सही है?
(a) स्थूलबाहु के नेतृत्व में दक्षिण भारत में जैन धर्म का प्रचार हुआ
(b) पाटलिपुत्र में हुई परिषद्, के पश्चात् जो जैन धर्म के लोग भद्रबाहु के नेतृत्व में रहे, वे श्वेताम्बर कहलाए

(c) प्रथम शतक ई.पू. में जैन धर्म को कलिंग के राजा खारवेल का समर्थन मिला
(d) बौद्धों के विपरीत जैन धर्म की प्रारम्भिक अवस्था में, जैन धर्म के लोग चित्रों की पूजा करते थे

21. 'केलविन' नाम से किसे जाना जाता है?
(a) महात्मा बुद्ध (b) महावीर स्वामी
(c) कपिलमुनि (d) अगस्त ऋषि

22. महावीर स्वामी का जन्म कहाँ हुआ था?
(a) वैशाली (b) राजगृह (c) लिच्छवी (d) वाराणसी

23. त्रिरत्न का सम्बन्ध किस धर्म से है?
(a) आजीवक (b) जैव (c) कार्यालय (d) वैदिक

24. जीव-अजीव सत्ता को स्वीकार करने वाला किसे कहा गया है?
(a) बौद्ध धर्म को (b) जैन धर्म को
(c) वैदिक धर्म को (d) अवेस्ता को

25. किस जैन संगीति में जैन धर्म का दो सम्प्रदायों में विभाजन हो गया?
(a) प्रथम संगीति (b) द्वितीय संगीति
(c) तृतीय संगीति (d) चतुर्थ संगीति

26. महात्मा बुद्ध के सम्बन्ध में निम्नलिखित कथनों में कौन-से सही हैं?
1. उनका जन्म कपिलवस्तु में हुआ था।
2. उन्होंने बोधगया में ज्ञान प्राप्त किया था।
3. उन्होंने वैदिक धर्म को अस्वीकार किया था।
4. उन्होंने आर्य सत्य का प्रसार किया था।

कूट
(a) 1 और 2 (b) 1 और 3 (c) 1, 2 और 3 (d) ये सभी

27. निम्नलिखित कथनों पर विचार कीजिए
1. वर्धमान महावीर की माता, लिच्छवी के मुख्य चेटक की पुत्री थी।
2. गौतम बुद्ध की माता कोलिय राजवंश की राजकुमारी थी।
3. 23वें तीर्थंकर पार्श्वनाथ बनारस से थे।

उपरोक्त कथनों में से कौन-सा/से कथन सही है/हैं?
(a) केवल 1 (b) केवल 2 (c) 2 और 3 (d) ये सभी

28. प्राचीन भारत के बौद्ध मठों में, पवरन नामक समारोह आयोजित किया जाता था, जो
(a) संघ परिनायक और धर्म तथा विनय विषयों पर एक-एक वक्ता को चुनने का अवसर होता था
(b) वर्षा ऋतु के दौरान मठों में प्रवास के समय भिक्षुओं द्वारा किए गए अपराधों की स्वीकारोक्ति का अवसर होता था
(c) किसी नए व्यक्ति को बौद्ध संघ में प्रवेश देने का समारोह होता था, जिसमें उसका सिर मुंडवा दिया जाता था और पीले वस्त्र दिए जाते थे
(d) आषाढ़ की पूर्णिमा के अगले दिन बौद्ध भिक्षुओं के एकत्र होने का अवसर होता था, जब वे वर्षा ऋतु के आगामी चार महीनों के लिए निश्चित आवास चुनते थे

29. निम्नलिखित में से किसने प्रतिपादित किया कि भाग्य ही सब कुछ निर्धारित करता है, मनुष्य असमर्थ होता है?
(a) जैनियों ने (b) बौद्धों ने (c) आजीवकों ने (d) मीमांसकों ने

30. निम्नलिखित चार स्थानों में हुई बौद्ध संगीतियों को सही कालक्रम के अनुसार लगाए
1. वैशाली 2. राजगृह 3. कुण्डलवन 4. पाटलिपुत्र

कूट
(a) 1, 2, 3, और 4 (b) 4, 3, 2, और1
(c) 2, 1, 3, और 4 (d) 2, 1, 4, और 3

31. गांधार शैली की मूर्ति कला में बुद्ध के सारनाथ में हुए प्रथम धर्मोपदेश से सम्बद्ध प्रवचन मुद्रा का नाम है
(a) अभय (b) ध्यान (c) धर्मचक्र (d) भूमिस्पर्श

32. निम्नलिखित में से कौन-सा एक बौद्ध मत में निर्वाण की अवधारणा की सर्वश्रेष्ठ व्यांख्या करता है?
(a) तृष्णारूपी अग्नि का शमन
(b) स्वयं की पूर्णतः अस्तित्वहीनता
(c) परमानन्द एवं विश्राम की स्थिति
(d) धारणातीत मानसिक अवस्था

33. प्राचीन भारतीय इतिहास के सन्दर्भ में, निम्नलिखित में से कौन-सा/से बौद्ध धर्म और जैन धर्म दोनों में समान रूप से विद्यमान था/थे?
1. तप और भोग की अति का परिहार
2. वेद-प्रामाण्य के प्रति अनास्था
3. कर्मकाण्डों की फलवत्ता का निषेध

कूट
(a) केवल 1 (b) 2 और 3 (c) 1 और 3 (d) ये सभी

34. आरम्भिक मध्ययुगीन समय में भारत में बौद्ध धर्म का पतन किस/किन कारण/कारणों से शुरू हुआ?
1. उस समय तक बुद्ध, विष्णु के अवतार समझे जाने लगे और वैष्णव धर्म का हिस्सा बन गए।
2. अन्तिम गुप्त राजा के समय तक आक्रमण करने वाली मध्य एशिया की जनजातियों ने हिन्दू धर्म को अपनाया और बौद्धों को नकारा।
3. गुप्त वंश के राजाओं ने बौद्ध धर्म का पुरजोर विरोध किया।

कूट
(a) केवल 1 (b) 1 और 3 (c) 2 और 3 (d) ये सभी

35. असतो मा सद्गमय वाक्य किस वेद से लिया गया है?
(a) यजुर्वेद (b) सामवेद (c) ॠग्वेद (d) अथर्ववेद

उत्तरमाला

1.	(c)	2.	(d)	3.	(b)	4.	(c)	5.	(c)	6.	(d)	7.	(c)	8.	(a)	9.	(c)	10.	(c)
11.	(c)	12.	(a)	13.	(a)	14.	(b)	15.	(b)	16.	(b)	17.	(a)	18.	(b)	19.	(a)	20.	(c)
21.	(b)	22.	(a)	23.	(b)	24.	(b)	25.	(a)	26.	(d)	27.	(c)	28.	(b)	29.	(c)	30.	(d)
31.	(c)	32.	(a)	33.	(b)	34.	(a)	35.	(c)										

अध्याय 05

राज्य एवं गणराज्यों का उदय एवं विस्तार

भारतीय उपमहाद्वीप में छठी सदी ई.पू. के आस-पास कृषि में नवीन तकनीक तथा लोहे के प्रयोग के कारण आर्थिक क्षेत्र में तेजी से परिवर्तन हुए। इन परिवर्तनों ने राजनीतिक क्षेत्र में साम्राज्यों की स्थापना को सुनिश्चित किया। साम्राज्य निर्माण की इसी प्रक्रिया के अन्तर्गत उत्तर वैदिक काल के 'जनपद' इस काल में 'महाजनपद' में परिवर्तित हो गए। महाजनपदों की संख्या 16 थी, जिनका उल्लेख बौद्ध ग्रन्थ अंगुत्तरनिकाय, महावस्तु एवं जैन ग्रन्थ भगवती सूत्र में मिलता है। इन महाजनपदों में 'मगध' सबसे शक्तिशाली बनकर उभरा।

सोलह महाजनपद

उत्तर वैदिक युग के जनपद को अब महाजनपद कहा जाने लगा। 15 महाजनपद **नर्मदा नदी** से उत्तर की ओर तथा एकमात्र महाजनपद **अश्मक** नर्मदा नदी के दक्षिण में स्थित था। बौद्ध ग्रन्थ अंगुत्तरनिकाय के अनुसार 16 महाजनपद थे, बौद्ध ग्रन्थ महावस्तु तथा जैन ग्रन्थ भगवती सूत्र से 16 महाजनपदों की सूचना मिलती है, किन्तु महावस्तु में गान्धार और कम्बोज के बदले पंजाब में शिवा तथा मध्य भारत में दर्शन का उल्लेख है। उसी तरह भगवती सूत्र में बंग एवं मलय जनपदों का उल्लेख है। चुल्लनिद्धेश में 16 महाजनपदों का उल्लेख है। इसमें कम्बोज की जगह कलिंग का तथा गान्धार की जगह योन का उल्लेख है।

सोलह जनपदों का विवरण हम निम्नलिखित रूप में देख सकते हैं

काशी

- उत्तर में वरुणा तथा दक्षिण में असि नदियों से घिरी वाराणसी, काशी की राजधानी थी। गुहिल जातक के अनुसार यह नगरी 12 योजन में फैली थी। आरम्भ में काशी सबसे शक्तिशाली राज्य था, परन्तु बाद में उसने कोशल की शक्ति के सामने आत्मसमर्पण कर दिया।
- कोशल के राजा कंस ने काशी को विजित कर अपने राज्य में मिला लिया। 23वें जैन तीर्थंकर पार्श्वनाथ के पिता अश्वसेन काशी के राजा थे।

कोशल

- वर्तमान अवध का क्षेत्र, आधुनिक फैजाबाद मण्डल का क्षेत्र, प्राचीन काल में कोशल के नाम से जाना जाता था। सरयू नदी कोशल को दो भागों में बाँटती थी। उत्तरी कोशल की आरम्भिक राजधानी श्रावस्ती थी जिसकी पहचान उत्तर प्रदेश के गोण्डा और बहराइच जिलों की सीमा पर सहेत-महेत स्थान से की जाती है। बाद में राजधानी साकेत या अयोध्या हो गई।
- दक्षिण कोशल की राजधानी **कुशावती** थी। कोशल के राजा प्रसेनजित ने अपनी बहन महाकोशला अथवा कोशला देवी का विवाह मगध के शासक बिम्बिसार से कर दिया एवं दहेज में काशी ग्राम दिया, परन्तु अजातशत्रु के समय कोशल एवं मगध के बीच संघर्ष छिड़ गया, जिसका विवरण संयुक्तनिकाय के कोशल सूक्त में मिलता है, परन्तु प्रसेनजित ने मगध से सन्धि कर ली एवं अपनी पुत्री **वजीरा** का विवाह अजातशत्रु के साथ कर दिया।

अंग

- वर्तमान भागलपुर तथा मुंगेर जिले का क्षेत्र। इसकी राजधानी चम्पा थी। महाभारत तथा पुराणों में चम्पा का प्राचीन नाम मालिनी मिलता है।
- दीर्घनिकाय के अनुसार महागोविन्द ने इस नगर के निर्माण की योजना प्रस्तुत की। बिम्बिसार ने अंग के शासक ब्रह्मदत्त को हराकर अंग को मगध में मिला लिया और अजातशत्रु को अंग का उपराजा नियुक्त किया।

वज्जि

- यह 8 राज्यों का एक संघ था। इन आठ राज्यों के संघ में वैशाली के लिच्छिवी, मिथिला के विदेह तथा कुण्डग्राम के ज्ञातृक प्रमुख थे।
- इनके अतिरिक्त अन्य 5 थे उग्र, भोग, इक्ष्वाकु, वज्जि एवं कौरव्य। पहले वज्जि में राजतन्त्र था, बाद में गणतन्त्र स्थापित हुआ। इसकी राजधानी वैशाली थी।

मल्ल

- वज्जि की तरह यह भी एक संघ था, जिसमें **पावा** तथा **कुशीनारा** के मल्लों की शाखाएँ सम्मिलित थीं। मल्ल जनपद का क्षेत्र पूर्वी उत्तर प्रदेश का देवरिया जिला था।
- वज्जि संघ की भाँति यहाँ भी प्रारम्भ में राजतन्त्र था, जो बाद में गणतन्त्र में परिवर्तित हो गया। **कुश जातक** में ओक्काक को वहाँ का राजा बताया गया है।

चेदि

- चेदि महाजनपद की राजधानी सूक्तमती अथवा **सोथीवती** थी। इसका महत्त्वपूर्ण शासक **शिशुपाल** था, जिसकी चर्चा महाभारत में हुई है।
- महाभारत के युद्ध में चेदि पाण्डव की तरफ से लड़े थे। वर्तमान में बुन्देलखण्ड का क्षेत्र चेदि महाजनपद में आता है।

वत्स

- प्राचीन काल में आधुनिक इलाहाबाद तथा बाँदा के जिले वत्स महाजनपद के नाम से जाने जाते थे। इस महाजनपद की राजधानी **इलाहाबाद** के पास कौशाम्बी में थी। वत्स लोग वही कुरुजन थे, जो हस्तिनापुर छोड़कर कौशाम्बी में आकर बस गए थे।
- पाँचवीं सदी ईसा पूर्व में राजधानी कौशाम्बी की मिट्टी से किलेबन्दी की गई थी। बौद्ध काल में यहाँ पौरव वंश का शासन था, जिसका शासक **उदयन** था। अवन्ति के शासक प्रद्योत की कन्या वासवदत्ता के साथ उदयन का विवाह होने के साथ ही अवन्ति एवं वत्स में चली आ रही शत्रुता समाप्त हो गई। इसी कहानी को आधार बनाकर भास ने **स्वप्नवासवदत्तम्** नाटक की रचना की।

कुरु

- मेरठ, दिल्ली तथा थानेश्वर के भाग में कुरु महाजनपद अवस्थित था। महाभारत काल में हस्तिनापुर इसकी राजधानी थी। **बौद्ध काल** में यहाँ **कौरव्य नामक** शासक शासन करता था।
- भागवत पुराण के अनुसार युधिष्ठिर का राजसूय यज्ञ और कृष्ण का रुक्मिणी से विवाह यहीं हुआ था।

पांचाल

- आधुनिक रुहेलखण्ड के बदायूँ, बरेली तथा फर्रुखाबाद के जिलों को मिलाकर पांचाल बना था। इसके दो भाग थे। उत्तरी पांचाल की राजधानी अहिच्छत्र तथा दक्षिणी पांचाल की राजधानी काम्पिल्य थी।
- पाण्डवों की पत्नी, द्रोपदी को पांचाल की राजकुमारी होने के कारण पांचाली कहा गया।

मत्स्य

- यह महाजनपद राजस्थान के जयपुर, अलवर तथा भरतपुर के अन्तर्गत था। इसकी राजधानी विराटनगर थी, जो विराट के द्वारा स्थापित थी।
- पाण्डवों ने मत्स्य महाजनपद में विराट के यहाँ रहकर अपने अज्ञातवास का एक वर्ष बिताया था।

शूरसेन

- यह आधुनिक ब्रजमण्डल में स्थित था। इसकी राजधानी **मथुरा** थी। प्राचीन लेखकों ने इसे सूरसेनोई तथा उसकी राजधानी को मेथोरा कहा। महाभारत तथा पुराण यदुवंश को यहाँ का शासक वंश बताते हैं।
- बौद्ध काल में यहाँ का शासक अवन्तिपुत्र था। मज्झिमनिकाय के अनुसार अवन्तिपुत्र का जन्म अवन्ति नरेश प्रद्योत की कन्या से हुआ था।

अश्मक

- इसकी राजधानी पोतन अथवा पोटिल में थी। अश्मक ही एकमात्र ऐसा महाजनपद था जो नर्मदा नदी के दक्षिण में स्थित था।
- यह गोदावरी नदी के तट पर स्थित था। अवन्ति ने इसे जीतकर अपने साम्राज्य में मिला लिया। पाणिनी के अष्टाध्यायी में सर्वप्रथम इस महाजनपद का उल्लेख मिलता है।

गान्धार

- गान्धार वर्तमान के पेशावर तथा रावलपिण्डी जिलों में स्थित था। इसकी राजधानी तक्षशिला थी। रामायण से जानकारी मिलती है कि भरत के पुत्र तक्ष ने इसकी स्थापना की थी। पुष्कलावती इसका दूसरा प्रमुख नगर था।
- तक्षशिला व्यापार एवं शिक्षा का प्रमुख केन्द्र था। (तक्षशिला में ही जीवक, चाणक्य तथा प्रसेनजित ने शिक्षा पाई थी।) छठी शताब्दी ई.पू. में यहाँ पुष्कासिरीन अथवा पुक्कुस शासन करता था, जिसका मगध के शासक बिम्बिसार के साथ मैत्रीपूर्ण सम्बन्ध था। पुक्कुस ने बिम्बिसार के पास दूत भेजा था। कालान्तर में गान्धार पर हखमनी वंश के शासक डेरियस का अधिकार हो गया था।

कम्बोज

- कम्बोज दक्षिण-पश्चिम कश्मीर तथा अफगानिस्तान के भाग में स्थित था। इसकी राजधानी राजपुर या हाटक थी। कालान्तर में यहाँ राजतन्त्र के स्थान पर संघ राज्य स्थापित हो गया। कौटिल्य ने कम्बोजों को वार्ताशस्त्रोपजीवी कहा है, अर्थात् कृषि, पशुपालन, व्यापार तथा शस्त्र द्वारा जीविका चलाने वाले।
- कम्बोज अपने घोड़ों के लिए बहुत प्रसिद्ध था। चन्द्रवर्द्धन तथा सुदक्षिण यहाँ के दो प्रमुख शासक हुए। प्रारम्भ में यहाँ राजतन्त्र था, बाद में गणतन्त्र स्थापित हो गया।

अवन्ति

- अवन्ति पश्चिम तथा मध्य मालवा के क्षेत्र में बसा हुआ था, इसके दो भाग थे। उत्तरी भाग की राजधानी उज्जैन तथा दक्षिणी भाग की राजधानी महिष्मती थी। वेत्रवती नदी इन दोनों के बीच में बहती थी। गौतम बुद्ध के समय यहाँ का राजा प्रद्योत था। महावग्गजातक में प्रद्योत को उसकी कठोर नीति के कारण चण्डप्रद्योत कहा गया है।
- मगध के ही समान हाथी की प्राप्ति तथा विकसित लौह प्रौद्योगिकी के कारण यह भी काफी शक्तिशाली था। प्रद्योत के पाण्डु रोग से ग्रसित होने पर बिम्बिसार ने अपने राजवैद्य जीवक को उपचार हेतु भेजा। परिशिष्टपर्वन से पता चलता है कि प्रद्योत के पुत्र पालक ने वत्स पर आक्रमण कर उसे अवन्ति में मिला लिया। बाद में अवन्ति को शिशुनाग ने मगध में मिला लिया।

मगध

गया, पाटलिपुत्र, शाहाबाद, नालन्दा के कुछ भाग इस महाजनपद में शामिल थे। इसकी प्रारम्भिक राजधानी राजगृह या गिरिव्रज थी, बाद में इसकी राजधानी पाटलिपुत्र बनी।

सोलह महाजनपदों में मगध सर्वशक्तिशाली राज्य था। अन्य राज्यों से राजनीतिक प्रभुत्व के लिए उसका लम्बा संघर्ष हुआ। इसके फलस्वरूप छठी से चौथी शताब्दी ई.पू. में मगध साम्राज्य का उदय और विस्तार हुआ।

मगध महाजनपद के साम्राज्यवादी शक्ति के रूप में उदय के निम्नलिखित कारण थे

1. **भौगोलिक स्थिति** इसकी राजधानी राजगृह एवं पाटलिपुत्र प्राकृतिक सीमाओं से सुरक्षित थी। राजगृह पहाड़ियों से और पाटलिपुत्र नदियों से घिरा हुआ था। इसलिए इस पर बाहरी आक्रमण सुगम नहीं था। अत: यहाँ के राजाओं को राज्य-विस्तार का अवसर प्राप्त हुआ, जिसका लाभ उठाकर मगध को केन्द्र के रूप में स्थापित किया।
2. **आर्थिक सम्पन्नता** इस राज्य में कृषि, उद्योग और व्यापार की उन्नत स्थिति थी। राज्य को भरपूर कर की प्राप्ति होती थी, जिसके बल पर सेना का गठन कर साम्राज्यवादी प्रवृत्ति को बढ़ावा दिया गया।
3. **सैनिक संगठन** मगध में सुदृढ़ सैन्य व्यवस्था थी। इसके पास हाथी की टुकड़ी थी, जो दलदली इलाके में घोड़े से अधिक उपयुक्त थी। मगध में लोहे की खानें भी थीं। युद्ध के नए अस्त्र-शस्त्रों से मगध की सेना सुसज्जित थी। मगध की सैनिक सर्वोच्चता ने मगध के उदय में प्रमुख भूमिका निभाई।
4. **शासकों की दृढ़ इच्छाशक्ति** मगध में अनेक साम्राज्यवादी प्रवृत्ति के शासक हुए, जिन्होंने युद्ध एवं कूटनीति द्वारा मगध की सीमा का विस्तार किया। बिम्बिसार, अजातशत्रु, शिशुनाग, महापद्मनन्द का इस सन्दर्भ में विशेष योगदान था।

हर्यंक वंश

हर्यंक वंश मगध साम्राज्य का सबसे शक्तिशाली वंश था। इसके अन्तर्गत निम्नलिखित महान् शासकों का प्रादुर्भाव।

बिम्बिसार

- हर्यंक वंश का प्रथम शक्तिशाली शासक बिम्बिसार था। उसे श्रेणिक के नाम से जाना जाता था। बिम्बिसार ने अंग राज्य को जीतकर अपने पुत्र अजातशत्रु को वहाँ का शासक नियुक्त किया। मगध राज्य की आरम्भिक राजधानी गिरिव्रज (राजगृह) थी।
- बिम्बिसार की प्रथम पत्नी कोशल देवी, कोसल राज प्रसेनजित की बहन थी, दूसरी लिच्छवि राजकुमारी चेल्लना थी तथा तीसरी भद्रकुल के प्रधान की पुत्री क्षेमा थी। वैवाहिक सम्बन्धों के बदले कोसल से काशी का गाँव प्राप्त हुआ था।
- बिम्बिसार ने अपने राजवैद्य जीवक को अवन्ति नरेश चण्डप्रद्योत के राज्य में चिकित्सार्थ भेजा था। बिम्बिसार बुद्ध का समकालीन तथा बौद्ध धर्मानुयायी था। उसने बौद्धों को वेलवन नामक वन दान में दिया था।

अजातशत्रु

- पिता बिम्बिसार की हत्या करके अजातशत्रु मगध का शासक बना, जो कुणिक नाम से जाना जाता था। उसने काशी तथा वज्जि संघ को एक लम्बे संघर्ष के बाद मगध साम्राज्य में मिला लिया। उसके मन्त्री वस्सकार द्वारा वैशाली के लिच्छवियों में फूट डालने के कारण ही अजातशत्रु को वज्जि संघ पर विजय प्राप्त हुई। इस युद्ध में अजातशत्रु ने रथमूसल तथा महाशिलाकण्टक नामक नए हथियारों का प्रयोग किया।
- उसके शासन काल के आठवें वर्ष में बुद्ध को निर्वाण प्राप्त हुआ। बुद्ध के अवशेषों पर उसने राजगृह में स्तूप का निर्माण कराया। इसी के काल में राजगृह की सप्तपर्णी गुफा में प्रथम बौद्ध संगीति का आयोजन किया गया, जिसमें बुद्ध की शिक्षाओं को सुत्तपिटक तथा विनयपिटक के रूप में लिपिबद्ध किया गया।

उदयिन

- अजातशत्रु की हत्या कर उदयिन मगध का शासक बना। पुराणों एवं जैन ग्रन्थों के अनुसार, गंगा तथा सोन नदियों के संगम पर पाटलिपुत्र (कुसुमपुरा) नामक नगर की स्थापना की तथा उसे अपनी राजधानी बनाया। उदयिन जैन धर्मावलम्बी था।
- उदयिन के पश्चात् अनिरुद्ध, मृण्ड एवं नागदशक हर्यंक वंश के शासक हुए। नागदशक को उसके एक अमात्य शिशुनाग ने पदच्युत कर मगध पर अधिकार कर लिया।

शिशुनाग वंश

मगध साम्राज्य में हर्यंक वंश के बाद शिशुनाग वंश अस्तित्व में आया। इसमें निम्नलिखित शासक हुए

शिशुनाग

- शिशुनाग ने इस वंश की स्थापना 412 ई. पू. में की थी। इसने अवन्ति तथा वत्स राज्य पर अधिकार कर उसे मगध साम्राज्य में मिला लिया, उसे जनता द्वारा चयनित शासक माना जाता था।
- शिशुनाग ने वज्जियों के ऊपर कठोर नियन्त्रण रखने के लिए पाटलिपुत्र के अतिरिक्त वैशाली को अपनी दूसरी राजधानी बनाया।

कालाशोक

- कालाशोक का नाम पुराण तथा दिव्यावदान में काकवर्ण मिलता है। इसने वैशाली के स्थान पर पुन: पाटलिपुत्र को अपनी राजधानी बनाया।
- कालाशोक ने अपने शासन काल में द्वितीय बौद्ध संगीति का आयोजन किया था।
- कालाशोक की मृत्यु के पश्चात् उसके उत्तराधिकारियों ने 344 ई. पू. तक शासन किया। इस वंश का अन्तिम शासक नन्दिवर्द्धन (महानन्दिन) था।

नन्द वंश

जिस व्यक्ति ने शिशुनाग वंश का अंत कर नंद वंश की स्थापना की वह निम्न वर्ण से संबंधित था। इसका नाम विभिन्न ग्रन्थों में भिन्न-भिन्न दिया गया है।

नन्द वंश मगध साम्राज्य का अन्तिम महत्त्वपूर्ण वंश था, इसके अन्तर्गत निम्नलिखित शासक हुए

- **महापद्मनन्द** शिशुनाग वंश के अन्तिम शासक महानन्दिन की हत्या करके महापद्मनन्द ने मगध में नन्द वंश की स्थापना की। विष्णुपुराण इसे शिशुनाग वंश के अन्तिम शासक महानन्दिन के पुत्र तथा शूद्र स्त्री से उत्पन्न बताता है, जबकि जैन लेखक उसे नाई एवं वेश्या का पुत्र मानते हैं।

- महाबोधिवंश में इसका नाम उग्रसेन मिलता है। इसकी अन्य उपाधि थी; सर्वक्षत्रान्तक (क्षत्रियों का नाश करने वाला), भार्गव (दूसरा परशुराम) आदि। विशाल साम्राज्य की स्थापना कर इसने एक छत्र तथा एकराट की उपाधि धारण की। खारवेल के हाथीगुम्फा लेख से महापद्मनन्द द्वारा कलिंग विजय की जानकारी मिलती है।
- **धनानन्द** नन्द वंश में कुल नौ राजा हुए। धनानन्द इस वंश का अन्तिम शासक था, जो सिकन्दर का समकालीन था। भद्रशाल इसका सेनापति था। ग्रीक या यूनानी लेखकों ने धनानन्द को अग्रमीज कहा है। इसी के समय सिकन्दर का आक्रमण भारत पर हुआ था।
- चन्द्रगुप्त मौर्य ने अपने गुरु चाणक्य की सहायता से धनानन्द को पराजित कर मौर्य साम्राज्य की नींव रखी।

गणराज्य

सोलह महाजनपदों के अतिरिक्त छठी शताब्दी ई.पू. के दस महत्त्वपूर्ण गणराज्यों का उल्लेख भी **पालि साहित्य** में किया गया है। ये गणराज्य निम्नलिखित थे

1. **कपिलवस्तु के शाक्य** कपिलवस्तु आधुनिक पिपरहवा, बस्ती, उत्तर प्रदेश में स्थित है। बुद्ध के पिता यहाँ के गणराजा थे।
2. **रामग्राम के कोलिय** यह राज्य शाक्यों के पूर्व में बसा हुआ था। दोनों राज्यों की विभाजक रेखा रोहिणी नदी थी। नदी-जल के बँटवारे के लिए दोनों राज्यों में संघर्ष चलते रहते थे।
3. **पावा के मल्ल** यह महावीर की निर्वाणस्थली थी।
4. **कुशीनारा के मल्ल** यह गौतम बुद्ध की निर्वाणस्थली थी।
5. **मिथिला के विदेह** विदेह की राजधानी मिथिला थी। यह वज्जिसंघ का घटक राज्य था।
6. **पिप्पलीवन के मोरिय** यह गणराज्य नेपाल की तराई में स्थित था। मौर्यों से मोरियों का सम्बन्ध जोड़ा जाता है।
7. **सुसुमार के भग्ग** यह राज्य मिर्जापुर, उत्तर प्रदेश के निकट था।
8. **अल्लकप्प के वुलि** वुलि अल्लकप्प राज्य का भाग था। वुलि शाहाबाद और मुजफ्फरपुर के मध्य बसे हुए थे।
9. **केसपुत्त के कालाम** यह एक छोटा गणराज्य था। आलार कालाम यहीं के आचार्य थे। यहाँ का प्रसिद्ध नगर केसपुत्त गोमती नदी के तट पर बसा हुआ था।
10. **वैशाली के लिच्छवि** यह गण वज्जिसंघ का घटक था।

इन सभी गणराज्यों में सबसे अधिक महत्त्वपूर्ण शाक्य, लिच्छवि और मल्ल थे। सिकन्दर के आक्रमण के समय पश्चिमोत्तर क्षेत्र में भी अनेक गणराज्य थे। इनमें प्रमुख थे—नीसा, कठ, फेगल, शिवि, क्षुद्रक, मालव और मुषिक। इन गणराज्यों ने सिकन्दर के साथ कड़ा संघर्ष किया था।

गणराज्यों की विशिष्टताएँ

गणराज्यों के अनेक गुण थे, जैसे—निर्वाचित राजा गण का प्रधान होता था। गण में विद्रोह की सम्भावना कम रहती थी। जनता अनुशासनप्रिय थी एवं राजाज्ञा का पालन धर्म मानती थी। प्रशासन उदार था और प्रजा के हित में होता था। न्याय एवं व्यक्तिगत सुरक्षा पर गणराज्यों में सर्वाधिक बल दिया गया। जनता में आपसी सद्‌भाव था।

शाक्यगण

शाक्यों में निर्वाचित राजा होता था। परिषद् द्वारा उसका चुनाव होता था। परिषद का काम राजा को परामर्श देना और राजा पर नियन्त्रण रखना था। **ललितविस्तार नामक ग्रन्थ** में शाक्यों की परिषद् में 500 सदस्यों का उल्लेख किया गया है। शाक्यों को अपने रक्त की शुद्धता पर गर्व था। उनमें बाहरी लोगों से वैवाहिक सम्बन्धों पर प्रतिबन्ध लगाया गया था।

लिच्छविगण

लिच्छवियों ने विदेह और मल्ल के साथ संघ (वृज्जिसंघ) का गठन किया था। इस संघ में सबसे प्रमुख **लिच्छवि** ही थे। लिच्छवियों की केन्द्रीय सभा में 7,707 सदस्य थे। केन्द्रीय कार्यकारिणी में राजा, उपराजा, सेनानी और भाण्डागारिक (कोषाध्यक्ष) को स्थान दिया गया था। केन्द्रीय सभा में महत्त्वपूर्ण प्रश्नों पर वाद-विवाद किया जाता था। लिच्छवियों ने न्याय पर विशेष बल दिया। उनकी न्याय-व्यवस्था परम्परा पर आधारित थी।

अन्य गणराज्यों की प्रशासनिक व्यवस्था लिच्छवियों के ही समान थी। गणराज्यों में वास्तविक शक्ति केन्द्रीय सभा में केन्द्रित थी। महत्त्वपूर्ण विषयों पर **संथागार** में वाद-विवाद होते थे। बहुमत या सर्वसम्मति से कोई भी निर्णय लिया जाता था।

गणराज्यों की दुर्बलताएँ

प्राचीन भारत के गणराज्य सही अर्थ में गणतन्त्र नहीं, बल्कि कुलीनतन्त्र थे। इसमें जनसाधारण की प्रशासन में भागीदारी नहीं थी। गणराज्यों का छोटा आकार था इसलिए उनके सीमित आर्थिक और सैनिक साधन थे। अतः वे सुगमता से साम्राज्यवाद के शिकार बन गए। आन्तरिक विद्वेष एवं वैमनस्य तथा मिथ्याभिमान की भावना भी गणराज्यों में विद्यमान थी।

अभ्यास प्रश्न

1. छठी शताब्दी ई.पू. 'द्वितीय नगरीकरण' के अस्तित्व में आने का मूल कारण क्या था?
(a) लोहे का प्रयोग (b) 'जन' का 'जनपद' में बदलना
(c) उद्योगों का विकास (d) नगरों का विकास

2. छठी शताब्दी ई.पू. का 'महाजनपद' उत्तर वैदिक काल में किस नाम से जाना जाता था?
(a) जन (b) जनपद (c) राज्य (d) राष्ट्र

3. अंगुत्तर निकाय क्या है?
(a) वेद ग्रन्थ (b) जैन ग्रन्थ
(c) बौद्ध ग्रन्थ (d) ब्राह्मण साहित्य

4. निम्नलिखित में से कौन-सा महाजनपद नर्मदा नदी के दक्षिण में स्थित था?
(a) काशी (b) कोशल (c) अश्मक (d) वज्जि

5. बंग तथा मलय जनपदों का उल्लेख किस ग्रन्थ में मिलता है?
(a) विनयपिटक (b) धम्मपिटक
(c) अंगुत्तर निकाय (d) भगवतीसूत्र

6. काशी महाजनपद की राजधानी वाराणसी किन दो नदियों के बीच स्थित थी?
(a) नर्मदा-ताप्ती (b) वरुणा-असि
(c) पुनपुन-गंगा (d) गंगा-यमुना

7. दक्षिण कोशल की राजधानी कहाँ थी?
(a) श्रावस्ती (b) वाराणसी
(c) अहिछत्र (d) कुशावती

8. महाभारत तथा पुराणों में किस महाजनपद का नाम 'मालिनी' मिलता है?
(a) काशी (b) कोशल (c) अंग (d) मगध

9. निम्न में कौन-सा युग्म सुमेलित नहीं है?
(a) अंग - चम्पा
(b) उत्तर कोशल - श्रावस्ती
(c) वज्जि - वैशाली
(d) मल्ल - कुशावती

10. सोथीवती किस महाजनपद की राजधानी थी?
(a) अश्मक (b) वत्स (c) चेदि (d) मत्स्य

11. गान्धार महाजनपद वर्तमान के किन दो जिलों में स्थित था?
(a) पेशावर तथा रावलपिण्डी (b) पेशावर तथा इस्लामाबाद
(c) इस्लामाबाद तथा लाहौर (d) लाहौर तथा पंजाब

12. दक्षिण-पश्चिम कश्मीर तथा अफगानिस्तान के भाग में कौन-सा महाजनपद स्थित था?
(a) अश्मक (b) कुरु
(c) कम्बोज (d) शूरसेन

13. चण्डप्रद्योत निम्नलिखित में से किस महाजनपद का शासक था?
(a) मगध (b) वज्जि
(c) अंग (d) अवन्ति

14. निम्नलिखित में कौन-सा युग्म सुमेलित नहीं है?
(a) पावा - मल्ल (b) मिथिला - विदेह
(c) रामग्राम - कोलिय (d) पिप्लीवन - शाक्य

15. छठी शताब्दी ई.पू. में स्थित सबसे छोटा गणराज्य कौन था?
(a) केसपुत्त (b) कपिलवस्तु (c) कुशीनारा (d) पावा

16. निम्नलिखित में से कौन मगध के उदय का कारण नहीं था?
(a) विदेशी आक्रमण (b) भौगोलिक स्थिति
(c) आर्थिक सम्पंन्नता (d) सैनिक संगठन

17. मगध का स्पष्ट उल्लेख किस वेद में मिलता है?
(a) ऋग्वेद (b) सामवेद (c) अथर्ववेद (d) उपनिषद्

18. जरासन्ध किसका पुत्र था?
(a) महापद्मनन्द (b) बृहद्रथ
(c) अजातशत्रु (d) उदयिन

19. रथमूसल नामक हथियार का प्रयोग सर्वप्रथम किसने किया था?
(a) बिम्बिसार (b) अजातशत्रु (c) उदयिन (d) शिशुनाग

20. पाटलिपुत्र नामक नगर की स्थापना किस शासक ने की थी?
(a) अजातशत्रु (b) उदयिन (c) शिशुनाग (d) बिम्बिसार

21. मगध पर शासन करने वाले दिए गए शासकों का सही कालानुक्रम कौन-सा है?
(a) वृहद्रथ-बिम्बिसार-शिशुनाग-बिन्दुसार
(b) शिशुनाग-बिम्बिसार-बृहद्रथ-बिन्दुसार
(c) वृहद्रथ-बिन्दुसार-शिशुनाग-बिम्बिसार
(d) शिशुनाग-बिन्दुसार-बृहद्रथ-बिम्बिसार

22. नीचे कुछ प्राचीन भारतीय राज्यों की सूची दी गई है
I. कोशल II. वज्जि
III. मगध IV. शाक्य

कौन-से राज्य प्रशासन की राजतान्त्रिक पद्धति का अनुसरण नहीं करते थे?
(a) I और II (b) II और IV
(c) I और IV (d) II और III

23. इनमें से किस राजघराने से बिम्बिसार का वैवाहिक सम्बन्ध था?
I. विदेह II. कोशल
III. मद्र IV. लिच्छवि

कूट
(a) I और II (b) II और III
(c) I, II और III (d) ये सभी

24. बौद्धकालीन गणतन्त्र की विशेषता क्या नहीं थी?
(a) शासन की शक्ति सम्पूर्ण जनता के हाथों में होती थी।
(b) शासन की शक्ति कुल विशेष के प्रमुख व्यक्तियों के हाथों में होती थी।
(c) प्राचीनकाल के गणतन्त्र को आधुनिक अर्थ में कुलीन तन्त्र की संज्ञा दी जा सकती है।
(d) प्राचीनकाल के गणतन्त्र को आधुनिक अर्थ में निरंकुश तन्त्र की संज्ञा दी जा सकती है।

25. सुमेलित कीजिए

सूची I	सूची II
A. सब्बन्धक महामात्य	1. साम्राज्य के उद्योग-धन्धों का प्रमुख
B. बोहारिक महामात्य	2. सेना का प्रधान अधिकारी
C. सेनानायक महामात्य	3. प्रधान न्यायिक अधिकारी
D. कर्मान्तिक	4. सामान्य प्रशासन का प्रमुख अधिकारी

कूट

	A	B	C	D		A	B	C	D
(a)	4	3	2	1	(b)	4	2	3	1
(c)	1	2	3	4	(d)	1	3	2	4

26. सुमेलित कीजिए

सूची I (राज्य)	सूची II (राजधानी)
A. गान्धार	1. मथुरा
B. शूरसेन	2. कोशाम्बी
C. वत्स	3. श्रावस्ती
D. कौशल	4. तक्षशिला

कूट

	A	B	C	D		A	B	C	D
(a)	4	1	2	3	(b)	4	1	4	2
(c)	1	2	3	4	(d)	3	1	2	4

27. निम्न कथनों पर विचार कीजिए
मगध के एक साम्राज्यवादी शक्ति के रूप में उदय के प्रमुख कारण थे—इसकी/इसका

I. पाँच पहाड़ियों से घिरी हुई सामाजिक महत्त्व की स्थिति।
II. एक समृद्ध उर्वर क्षेत्र में स्थिति तथा अच्छा संचार तन्त्र।
III. शासकों द्वारा अपनाई गई आक्रामक साम्राज्यिक नीति।
IV. महात्मा बुद्ध की गतिविधियों के साथ सम्बन्ध।

उपरोक्त कथनों में से कौन-सा/से कथन सही है/हैं?

(a) I और II (b) I, II और IV
(c) I, II और III (d) III और IV

28. सुमेलित कीजिए

सूची I (प्राचीन जनपद)	सूची II (वर्तमान क्षेत्र)
A. मत्स्य जनपद	1. आधुनिक मालवा एवं मध्य प्रदेश
B. अवन्ति जनपद	2. आधुनिक राजौरी एवं हजारा जिला
C. कम्बोज जनपद	3. आधुनिक जयपुर के आस-पास का क्षेत्र
D. वत्स जनपद	4. अफगानिस्तान

कूट

	A	B	C	D		A	B	C	D
(a)	1	2	3	4	(b)	3	1	2	4
(c)	3	1	4	2	(d)	2	3	4	1

29. निम्नलिखित में से किस राज्य को अजातशत्रु ने मगध साम्राज्य में मिलाया था?

(a) काशी तथा वज्जि संघ
(b) वत्स और अवन्ति
(c) गान्धार तथा शूरसेन
(d) अंग और कोशल

30. ग्रीक लेखकों द्वारा किस शासक के लिए अग्रमीज नाम प्रयोग किया गया है?

(a) बिम्बिसार (b) उदयिन
(c) महापद्मनन्द (d) घनानन्द

31. किस शासक ने मगध साम्राज्य की राजधानी राजगृह से पाटलिपुत्र स्थानान्तरित की?

(a) अजातशत्रु (b) शिशुनाग
(c) उदयिन (d) घनानन्द

32. मगध साम्राज्य के उत्कर्ष का निम्नलिखित में से क्या कारण था?

(a) भौगोलिक स्थिति (b) सामरिक स्थिति
(c) योग्य एवं शक्तिशाली शासक (d) ये सभी

33. शिशुनाग के समय में मगध साम्राज्य की राजधानी कहाँ थी?

(a) पाटलिपुत्र (b) राजगृह
(c) वैशाली (d) वाराणसी

34. अभिलेखीय साक्ष्य से प्रकट होता है कि नन्द राजा के आदेश से एक नहर खोदी गई थी?

(a) अंग में (b) बंग में (c) कलिंग में (d) मगध में

35. निम्नलिखित में से किन राज्यों का सम्बन्ध बुद्ध के जीवन से था?

I. अवन्ति II. गान्धार
III. कोशल IV. मगध

कूट

(a) I, II और III (b) II और III
(c) I, III और IV (d) III और IV

36. निम्नलिखित में से महाजनपदों के सन्दर्भ में क्या असत्य है?

(a) महाजनपद काल की सूचनाएँ केवल ब्राह्मण ग्रन्थों से ही प्राप्त होती हैं।
(b) जैन ग्रन्थ भगवती सूत्र में 16 महाजनपदों का उल्लेख है।
(c) यह काल दूसरी नगरीय क्रान्ति का काल था।
(d) इस काल में कृषि अधिशेष से व्यापार एवं वाणिज्य को बल मिला।

37. गणतन्त्र शासन के सन्दर्भ में कौन-सा वक्तव्य सही है।

I. यह महाजनपद काल में ही मौजूद रहे।
II. लिच्छवि सबसे बड़ा एवं सर्वाधिक शक्तिशाली गणतन्त्र था।
III. पुष्कलावती यहाँ का प्रमुख गणराज्य था।

कूट

(a) I और III (b) II और III
(c) I और II (d) इनमें से कोई नहीं

38. सुमेलित कीजिए

सूची I (राजा)	सूची II (राज्य)
A. चण्डप्रद्योत	1. मगध
B. उदयिन	2. वत्स
C. प्रसेनजित	3. अवन्ति
D. अजातशत्रु	4. कोशल

कूट

	A	B	C	D		A	B	C	D
(a)	1	2	3	4	(b)	4	3	2	1
(c)	3	2	4	1	(d)	4	1	3	2

39. किस बौद्ध ग्रन्थ में 16 महाजनपद के बारे में जानकारी मिलती है?

(a) दिव्यावदान (b) महावंश
(c) अंगुत्तरनिकाय (d) खुद्दक निकाय

40. सुमेलित कीजिए

सूची I	सूची II
A. कम्बोज	1. विराटनगर
B. मत्स्य	2. हाटक
C. अवन्ति	3. काम्पिल्य
D. पांचाल	4. उज्जयिनी

कूट

	A	B	C	D		A	B	C	D
(a)	2	1	4	3	(b)	1	2	3	4
(c)	3	1	4	2	(d)	4	3	2	1

41. निम्न कथनों पर विचार कीजिए

I. कोशल के राजा कंस ने काशी को विजित कर अपने राज्य में मिलाया।

II. आधुनिक फैजाबाद का क्षेत्र प्राचीन काल में कोशल के नाम से जाना जाता था।

उपरोक्त कथनों में से कौन-सा/से कथन सही है/हैं?

(a) केवल I (b) केवल II

(c) I और II दोनों (d) न ही I और न ही II

42. निम्न में कौन-सा एक कथन सही नही है।

(a) वज्जि आठ राज्यों का एक संघ था।

(b) वज्जि की भांति मल्ल संघ नही था।

(c) सोथीवती चेदि की राजधानी थी।

(d) बुन्देलखण्ड का क्षेत्र चेदि महाजनपद में आता था।

43. निम्न कथनों पर विचार करें।

I. शूरसेन आधुनिक ब्रजमण्डल में स्थित था।

II. अश्मक गोदावरी नदी के तट पर स्थित है।

उपरोक्त कथनों में से कौन-सा/से कथन सही है/हैं?

(a) केवल I (b) केवल II

(c) I और II दोनों (d) न तो I और न ही II

44. निम्न कथनों पर विचार करें।

I. बुद्ध के पिता कपिलवस्तु के गणराजा थे।

II. पावा महावीर की निर्वाणस्थली थी।

III. सुसुभार उत्तर प्रदेश के निकट था।

उपरोक्त में से कौन-सा/से कथन सही है/हैं?

(a) I और II (b) केवल II

(c) I और III (d) I, II और III

45. निम्नलिखित कथनों पर विचार कीजिए।

I. प्राचीन युग के गणतन्त्र को आधुनिक कुलीन तन्त्र कहा जा सकता है।

II. बौद्ध ग्रन्थों में गणतन्त्रात्मक राज्यों को गण संघ भी कहा जाता है।

उपरोक्त कथनों में से कौन-सा कथन सही है/हैं?

कूट

(a) केवल I (b) I और II दोनों

(c) केवल II (d) इनमें से कोई नहीं

46. अजातशत्रु के शासनकाल के सन्दर्भ में कौन-सा कथन असत्य है?

(a) अजातशत्रु ने पिता की हत्या कर राजगद्दी पाई।

(b) लिच्छवियों के साथ संघर्ष में रथमूसल एवं महाशिलाकण्टक नामक हथियारों का प्रयोग किया गया।

(c) इसके शासन काल में बुद्ध को महापरिनिर्वाण प्राप्त हुआ था।

(d) अजातशत्रु जैन मतावलम्बी था।

47. निम्नलिखित कथनों में से कौन-सा कथन असत्य है?

(a) उदयिन ने कुसुमपुरा (पाटलिपुत्र) नामक नगर स्थापित किया था।

(b) द्वितीय बौद्ध संगीति का आयोजन कालाशोक के शासन काल में किया गया।

(c) दिव्यावदान ग्रन्थ में काकवर्ण नाम कालाशोक के लिए प्रयुक्त हुआ है।

(d) बिम्बिसार ने शिशुनाग वंश की स्थापना की थी।

48. निम्नलिखित राजवंशों को कालक्रमानुसार व्यवस्थित कीजिए

I. हर्यंक वंश II. बृहद्रथ वंश

III. शिशुनाग वंश IV. नन्द वंश

कूट

(a) I, II, III, IV (b) II, I, III, IV

(c) I, II, IV, III (d) II, I, IV, III

49. सुमेलित कीजिए

सूची I	सूची II
A. इक्ष्वाकु	1. आन्ध्र की गोदावरी नदी के तट
B. पांचाल	2. नेपाल की तराई में स्थित वर्तमान जनकपुर
C. मैथिल	3. वर्तमान रूहेलखण्ड का क्षेत्र
D. अश्मक	4. कोशल का क्षेत्र

कूट

	A	B	C	D		A	B	C	D
(a)	1	2	3	4	(b)	1	3	2	4
(c)	4	3	2	1	(d)	4	2	3	1

50. जाति प्रथा के विषय में निम्नलिखित कथनों पर विचार कीजिए

I. शुद्धता, आनुवंशिकता, विवाह तथा भोज्य पदार्थ जाति प्रथा के आधारभूत लक्षण हैं।

II. धर्म, अर्थ, काम के सन्दर्भ में धर्म का अर्थ है जाति नियमों का शास्त्रानुधारित होना।

III. अनिर्वासित का अर्थ है वर्णसंकर।

IV. जातियों के प्रचुरोद्भवन की प्रक्रिया का वर्णन पुरुषसूक्त में मिलता है।

नीचे दिए गए कथन एवं कारणों को ध्यानपूर्वक पढ़कर कूट की सहायता से सही उत्तर का चयन कीजिए।

(a) I, II और III (b) II और III

(c) III और IV (d) II और IV

51. छठी शताब्दी ई. पू. में दक्षिणी-पश्चिमी कश्मीर तथा गान्धार के भाग को मिलाकर किस महाजनपद का निर्माण हुआ था?

(a) अवन्ति (b) अश्मक (c) कम्बोज (d) चेदि

52. सुमेलित कीजिए

सूची I	सूची II
A. मल्ल	1. पूर्वी उत्तर प्रदेश
B. मगध	2. दक्षिणी बिहार
C. अंग	3. उत्तरी बिहार
D. अवन्ति	4. पश्चिमी तथा मध्य मालवा

कूट

	A	B	C	D		A	B	C	D
(a)	1	2	3	4	(b)	2	1	3	4
(c)	3	2	1	4	(d)	2	4	1	3

53. सुमेलित कीजिए

सूची I (राजा)	सूची II (राज्य)
A. प्रद्योत	1. मगध
B. उदयिन	2. वत्स
C. प्रसेनजित	3. अवन्ति
D. अजातशत्रु	4. कोशल

कूट

	A	B	C	D
(a)	1	2	3	4
(b)	4	3	2	1
(c)	3	2	4	1
(d)	4	1	3	2

निर्देश (प्र.सं. 54-60) *नीचे दो कथन दिए गए हैं। एक को कथन (A) कहा गया है तथा दूसरे को कारण (R) कहा गया है। नीचे दिए गए कूटों से सही उत्तर चुनिए*

कूट

(a) A और R दोनों सही हैं तथा R, A की सही व्याख्या है
(b) A और R दोनों सही हैं, परन्तु R, A की सही व्याख्या नहीं है
(c) A सही है, किन्तु R गलत है
(d) A गलत है, किन्तु R सही है

54. **कथन** (A) महाजनपद काल में ऋग्वैदिककालीन आर्यों की दो राजनीतिक संस्थाओं, सभा तथा समिति का ह्रास होना शुरू हो गया था।
कारण (R) यह जनजातीय सभाएँ वृहद् भू-भागीय राज्यों के संगठनात्मक ढाँचे में उपयुक्त रूप से समायोजित नहीं हो सकीं।

55. **कथन** (A) अजातशत्रु एक साम्राज्यवादी शासक था।
कारण (R) इसने काशी तथा वज्जि संघ को जीता था।

56. **कथन** (A) वैशाली के लिच्छवियों में फूट पड़ने के कारण ही अजातशत्रु वज्जि संघ पर विजय प्राप्त कर सका।
कारण (R) वैशाली गणराज्य में फूट का कारण उसका मंत्री वस्सकार था।

57. **कथन** (A) तक्षशिला व्यापार एवं शिक्षा का प्रमुख केन्द्र था।
कारण (R) तक्षशिला में अत्यधिक व्यापारी वर्ग निवास करता था।

58. **कथन** (A) मगध की राजधानी राजगृह प्राकृतिक सीमाओं से सुरक्षित थी।
कारण (R) राजगृह पर बाहरी आक्रमण सुगम नही था।

59. **कथन** (A) यूनानी आक्रमण के परिणाम स्वरूप भारत और यूरोप को निकट आने का अवसर मिला।
कारण (R) पश्चिमोत्तर भारत अनेक छोटे-छोटे राज्यों में बँट गया।

60. **कथन** (A) मगध-राज बिम्बिसार एक सुयोग्य और शक्तिशाली शासक था, उसका सैन्यबल अमिट था।
कारण (R) इसी कारण वह 'श्रेणिक' नाम से प्रसिद्ध हुआ।

उत्तरमाला

1	(a)	2	(b)	3	(c)	4	(c)	5	(d)	6	(b)	7	(d)	8	(c)	9	(d)	10	(c)
11	(a)	12	(c)	13	(d)	14	(d)	15	(a)	16	(a)	17	(c)	18	(b)	19	(b)	20	(b)
21	(a)	22	(d)	23	(d)	24	(a)	25	(a)	26	(a)	27	(c)	28	(d)	29	(a)	30	(d)
31	(c)	32	(d)	33	(c)	34	(c)	35	(c)	36	(a)	37	(c)	38	(c)	39	(c)	40	(a)
41	(c)	42	(b)	43	(c)	44	(d)	45	(b)	46	(d)	47	(d)	48	(b)	49	(c)	50	(a)
51	(c)	52	(a)	53	(c)	54	(a)	55	(a)	56	(a)	57	(c)	58	(a)	59	(c)	60	(a)

अध्याय 06

प्राचीनकालीन प्रमुख वंश

(मौर्य, शुंग, पश्चिमी क्षत्रप, सातवाहन, कुषाण, गुप्त, वर्द्धन, मौखरी, चेर, चोल, पाण्ड्य, चालुक्य, पल्लव)

मौर्य साम्राज्य

- ''मौर्य साम्राज्य के रूप में पहली बार भारत में एक अखिल भारतीय साम्राज्य का निर्माण हुआ, मौर्य राजवंश में चन्द्रगुप्त, बिन्दुसार एवं अशोक जैसे महान् शासक हुए; जिनके प्रयासों से राज्य का सर्वांगीण विकास हुआ। राजनीतिक प्रणाली में अपेक्षाकृत अधिक एकरूपता आ गई।''
- कौटिल्य का अर्थशास्त्र, दीपवंश एवं महावंश, वायुपुराण, जैन साहित्य, विशाखदत्त का मुद्राराक्षस, अशोक के शिलालेख तथा यूनानी लेखकों: नियार्कस, अनासिक्रिट्स मेगस्थनीज का विवरण मौर्य इतिहास के उल्लेखनीय स्रोत हैं।

चन्द्रगुप्त मौर्य

- चन्द्रगुप्त मौर्य ने अपने गुरु चाणक्य की सहायता से नन्द वंश के अन्तिम शासक **धनानन्द** को पराजित कर मौर्य वंश की स्थापना की।
- ब्राह्मण साहित्य में चन्द्रगुप्त मौर्य को शूद्र, बौद्ध एवं जैन ग्रन्थ में क्षत्रिय तथा मुद्राराक्षस ने निम्न कुल का माना है। जस्टिन, स्ट्रेबो, एरियन ने चन्द्रगुप्त मौर्य को 'सैण्ड्रोकोट्स' तथा एप्पियॉनस एवं प्लूटार्क ने 'एण्ड्रोकोट्स' कहा है। सर्वप्रथम **विलियम जोन्स** ने ही सैण्ड्रोकोट्स को चन्द्रगुप्त मौर्य से समीकृत किया था।
- 305 ई. पू. में चन्द्रगुप्त ने तत्कालीन यूनानी शासक सेल्यूकस निकेटर को पराजित किया। सन्धि हो जाने के पश्चात् सेल्यूकस ने चन्द्रगुप्त से 500 हाथी लेकर बदले में एरिया (हेरात), अराकोसिया (कन्धार), जेड्रोसिया (बलूचिस्तान) एवं पेरोपनिसडाई (काबुल) के क्षेत्रों का कुछ भाग उसे सौंपा और अपनी पुत्री हेलेना का विवाह चन्द्रगुप्त से कर दिया। इस युद्ध का विवरण सिर्फ एप्पियॉनस ही देता है।
- बंगाल पर चन्द्रगुप्त की विजय **महास्थान** अभिलेख से ज्ञात होती है। चन्द्रगुप्त मौर्य की दक्षिण भारत की विजय के विषय में जानकारी तमिल ग्रन्थ **अहनानूर** एवं **पुरनानूर** तथा अशोक के अभिलेखों से मिलती है। यूनानी लेखक प्लूटार्क के अनुसार, चन्द्रगुप्त ने छ: लाख की सेना लेकर सम्पूर्ण भारत को रौंद डाला।
- चन्द्रगुप्त मौर्य ने सुदर्शन झील (गिरनार क्षेत्र) का निर्माण करवाया तथा अशोक ने ई. पू. तीसरी शताब्दी में इससे नहरें निकाली। शक क्षत्रप रुद्रदामन के जूनागढ़ अभिलेख में इन दोनों के कार्यों का वर्णन है।
- सेहगौरा ताम्रपत्र तथा महास्थान अभिलेख चन्द्रगुप्त मौर्य से सम्बन्धित हैं। ये अभिलेख अकाल के समय किए जाने वाले राहत कार्यों के सम्बन्ध में विवरण देते हैं।
- चाणक्य अथवा कौटिल्य अथवा विष्णु गुप्त ने राजनीति शास्त्र पर **अर्थशास्त्र** नामक प्रसिद्ध ग्रन्थ की रचना की थी। यह भारत में राजशासन के ऊपर उपलब्ध प्राचीनतम रचना है।
- अपने जीवन के अन्तिम चरण में पुत्र के पक्ष में सिंहासन छोड़कर चन्द्रगुप्त मौर्य ने जैन साधु भद्रबाहु से जैन धर्म की दीक्षा ली और **श्रवणबेलगोला** (मैसूर) जाकर 298 ई. पू. में उपवास द्वारा शरीर त्याग दिया।

मेगस्थनीज की इण्डिका

मेगस्थनीज सेल्यूकस का राजदूत था तथा चन्द्रगुप्त मौर्य के दरबार में 304 ई. पू. से 299 ई. पू के मध्य रहा। इण्डिका की मूल प्रति का अभाव है। इसके उद्धरण अनेक यूनानी लेखकों एरियन, स्ट्रेबो, प्लूटार्क, प्लिनी, जस्टिन एवं **डायोडोरस** के विवरण से प्राप्त होते हैं।

मेगस्थनीज की इण्डिका से निम्नलिखित वर्णन प्राप्त होते हैं

- मेगस्थनीज ने चन्द्रगुप्त को **सैण्ड्रोकोट्स** कहा और बताया कि शासक चारों ओर से महिला अंगरक्षकों से घिरा रहता था। मेगस्थनीज ने पाटलिपुत्र का वर्णन करते हुए कहा कि भव्यता और शान-शौकत में सूसा तथा एकबतना भी उसकी तुलना नहीं कर सकेगा।
- कानून लिखित रूप में नहीं थे। भारतीयों के भोजन में चावल का विशेष महत्त्व था। मदिरा का प्रयोग केवल यज्ञों में मान्य था।
- दास प्रथा नहीं थी, समाज 7 वर्गों में बँटा था।
- भारत में लेखन कला का अभाव है।

बिन्दुसार

- चन्द्रगुप्त मौर्य के पश्चात् उसका पुत्र बिन्दुसार गद्दी पर बैठा। यूनानी लेखों में इसे **अमित्रोचेट्स** (जिसका संस्कृत रूपान्तरण **अमित्रघात** है), वायुपुराण में **भद्रसार** तथा जैन ग्रन्थों में **सिंहसेन** कहा गया है। अमित्रघात का अर्थ होता है—शत्रुओं का नाश करने वाला।
- बौद्ध ग्रन्थ दिव्यावदान के अनुसार, बिन्दुसार के समय में तक्षशिला में अमात्यों के विरुद्ध दो विद्रोह हुए; जिनका दमन करने के लिए पहली बार उज्जैन के प्रशासक अशोक तथा दूसरी बार सुसीम को भेजा गया।
- **एथीनियस** नामक एक अन्य यूनानी लेखक ने बिन्दुसार तथा सीरिया के शासक एण्टियोकस प्रथम के बीच मैत्रीपूर्ण पत्र-व्यवहार का विवरण दिया है, जिसमें भारतीय शासक ने तीन वस्तुओं की माँग की थी—मदिरा, मीठी अंजीर तथा दार्शनिक। सीरियाई सम्राट ने प्रथम दो (मदिरा तथा मीठी अंजीर) वस्तुएँ भिजवा दीं, परन्तु तीसरी वस्तु अर्थात् दार्शनिक के सम्बन्ध में यह कहा कि यूनानी कानून के अनुसार दार्शनिकों का विक्रय नहीं किया जा सकता।
- सीरिया के शासक एण्टियोकस ने **डायमेकस** को तथा मिस्र के शासक टॉलेमी द्वितीय ने **डायनोसियस** नामक राजदूत मौर्य दरबार में भेजा था। बिन्दुसार आजीवक सम्प्रदाय का अनुयायी था।

अशोक

- अशोक 273 ई. पू. में गद्दी पर बैठा, किन्तु उत्तराधिकार युद्ध के कारण 4 वर्ष बाद उसका विधिवत् राज्याभिषेक 269 ई. पू. में हुआ। महावंश के अनुसार अशोक ने अपने 99 भाइयों की हत्या कर, मन्त्री राधागुप्त की सहायता से अपने बड़े एवं सौतेले भाई सुसीम (सुमन) को हटाकर गद्दी प्राप्त की।
- अशोक को उसके अभिलेखों में सामान्यत: 'देवनामप्रिय' कहकर सम्बोधित किया गया है। भब्रू अभिलेख में उसे प्रियदर्शी जबकि मास्की में बुद्धशाक्य कहा गया है। अशोक नाम का उल्लेख **मास्की**, **गुर्जरा**, **निट्टूर** तथा **उदगेलम** अभिलेख में मिलता है। पुराणों में उसे अशोकवर्द्धन तथा दीपवंश में उज्जैनी करमोली कहा गया है।
- सर्वप्रथम 1837 ई. में **जेम्स प्रिन्सेप** नामक अंग्रेज विद्वान् ने अशोक के लेखों (ब्राह्मी लिपि) का उद्वाचन किया, सिंहली अनुश्रुतियों—दीपवंश तथा महावंश में देवनामप्रिय उपाधि अशोक के लिए प्रयुक्त की गई है। वर्ष 1915 में मास्की (कर्नाटक) से प्राप्त लेख में 'अशोक' नाम भी पढ़ लिया गया।
- बौद्ध ग्रन्थों में अशोक की माता का नाम धम्मा, पासादिका तथा सुभद्रांगी मिलता है। बौद्ध ग्रन्थों से अशोक की पत्नी असन्धिमित्रा, महादेवी, पद्मावती, तिष्यरक्षिता तथा प्रयाग स्तम्भ लेख में कारूवाकी का नाम प्राप्त होता है। बौद्ध ग्रन्थों में अशोक की दो पुत्रियों-संघमित्रा तथा चारूमती एवं दो पुत्रों-कुणाल एवं महेन्द्र के नाम का उल्लेख मिलता है। पुत्र जालौक का उल्लेख राजतरंगिणी में तथा तीवर का उल्लेख प्रयाग स्तम्भ लेख में मिलता है।

राजनीतिक जीवन

- अशोक ने अपने राज्याभिषेक के 8 वर्ष बाद अर्थात् 9वें वर्ष, 261 ई. पू. में कलिंग पर विजय प्राप्त की। उस समय सम्भवत: **नन्दराज** नाम का कोई राजा शासन कर रहा था।
- मौर्य शासक अशोक के तेरहवें शिलालेख से यह ज्ञात होता है कि अशोक के पाँच यवन राजाओं के साथ मैत्रीपूर्ण सम्बन्ध थे—जिनमें अन्तियोक (एण्टियोकस II **थियोस-सीरिया** का शासक), तुरमय या तुरमाय (टॉलेमी II **फिलाडेल्फस**-मिस्र का राजा), अन्तकिनी या एनिकीनी (एण्टीगोनस गोनातास-मेसीडोनिया या मकदूनिया का राजा), मग, मकमास या मेगारस (साइरीन का शासक), अलिक सुन्दर या एलिरु सण्ट्रो (अलेक्जेण्डर-एपाइरस या एपीरस का राजा)।
- अशोक के दूसरे (II) एवं तेरहवें (XIII) शिलालेख में संगम राज्यों—चोल, पाण्ड्य, सत्तियपुत्त एवं केरलपुत्त सहित ताम्रपर्णी (श्रीलंका) की सूचना मिलती है। अशोक के द्वितीय शिलालेख से स्पष्ट होता है कि भारत में अशोक का अधिकार चोल, पाण्ड्य, सत्तियपुत्त, केरलपुत्त एवं ताम्रपर्णी (श्रीलंका) को छोड़कर सर्वत्र था, क्योंकि इन राज्यों को प्रत्यन्त या सीमावर्ती राज्य कहा गया है। अशोक ने खस एवं नेपाल की विजय की। राजतरंगिणी के अनुसार, उसने कश्मीर में श्रीनगर तथा नेपाल में देवपत्तन नामक नगर बसाया।

धार्मिक जीवन

- अशोक पहले ब्राह्मण धर्म का अनुयायी था। राजतरंगिणी के अनुसार, वह शैव धर्म का उपासक था। उसके अभिलेखों में सर्वत्र उसे 'देवनामप्रिय', 'देवानां प्रियदसि' कहा गया है, जिसका अर्थ है—देवताओं का प्रिय या देखने में सुन्दर। इससे उसकी हिन्दू धर्म में आस्था के संकेत मिलते हैं।
- सिंहली अनुश्रुतियों (दीपवंश एवं महावंश) के अनुसार, अशोक ने अपने शासन के चौथे वर्ष में बड़े भाई सुमन के पुत्र निग्रोध के व्यक्तित्व से प्रभावित होकर बौद्ध धर्म अपना लिया। तत्पश्चात् मोग्गलिपुत्ततिस्स के प्रभाव से वह पूर्णरूपेण बौद्ध हो गया। दिव्यावदान अशोक को बौद्ध धर्म में दीक्षित करने का श्रेय **उपगुप्त** नामक बौद्ध भिक्षु को प्रदान करता है।
- अशोक ने राज्याभिषेक के 10वें वर्ष बोधगया, 12वें वर्ष निगालीसागर तथा 20वें वर्ष लुम्बिनी की यात्रा की। निगालीसागर में कनकमुनि के स्तूप का संवर्द्धन किया। लुम्बिनी में भूमिकर घटाकर 1/8 भाग कर दिया। रुम्मिनदेई अभिलेख में इस बात की चर्चा है।
- लघु शिलालेख में अशोक स्पष्टत: बुद्ध, धम्म तथा संघ का अभिवादन करता है। सारनाथ, साँची तथा कौशाम्बी के लघु स्तम्भों से भी अशोक के बौद्ध होने का प्रमाण मिलता है।
  - अशोक धार्मिक रूप से सहिष्णु था। उसने बराबर की पहाड़ियों में आजीवकों के निवास हेतु तीन गुफाओं का निर्माण कराया, जिनके नाम थे—कर्ण चौपड़, सुदामा-गुफा तथा विश्व झोपड़ी।
  - बौद्ध धर्म ग्रहण करने के उपरान्त अशोक ने आखेट तथा विहार से यात्राएँ रोक दीं तथा उनके स्थान पर धर्म यात्राएँ प्रारम्भ कीं। वह महात्मा बुद्ध के चरण-चिह्नों से पवित्र हुए स्थानों में गया तथा उनकी पूजा की। सर्वप्रथम उसने बोधगया की यात्रा की थी। उसकी यात्राओं का क्रम इस प्रकार है— गया, कुशीनगर, लुम्बिनी, कपिलवस्तु, सारनाथ तथा श्रावस्ती।

अशोक का धम्म

- धम्म शब्द संस्कृत भाषा के धर्म का प्राकृत रूपान्तर है। अशोक के धम्म की परिभाषा राहुलोवादसुत्त से ली गई है। स्वनियन्त्रण अशोक की धम्म नीति का मुख्य सिद्धान्त था।

- भब्रू लघु शिलालेख में अशोक के धम्म का उल्लेख मिलता है, जिसमें वह त्रिसंघ–बुद्ध, धम्म और संघ में विश्वास करता है। उसने अपने 12वें शिलालेख में धम्म की 'सारवृद्धि' पर जोर दिया है। साँची और सारनाथ लघु स्तम्भ लेख में संघ में फूट डालने के विरुद्ध जारी आदेश कौशाम्बी और पाटलिपुत्र के महामात्रों को दिए गए हैं।
- विहार यात्रा के रूप में प्रचलित यात्रा को अशोक ने अपने 8वें शिलालेख में धर्मयात्रा के रूप में परिवर्तित कर दिया। अपने तीसरे शिलालेख में धम्म के प्रचार के लिए नियुक्त रज्जुकों, प्रादेशिकों एवं युक्तों को यह आज्ञा दी गई है कि वे प्रत्येक पाँचवें वर्ष राज्यों का भ्रमण करें एवं जनता को धर्मोपदेश दें। अभिलेखों में इसे **अनुसन्धान** कहा गया है। धम्म की स्थापना धम्म के विकास एवं धम्म की देख–रेख के लिए धम्म–महामात्र की नियुक्ति की गई।
- अशोक ने धम्म के विचारों को प्रसारित करने के लिए सीरिया, मिस्र, ग्रीस तथा श्रीलंका आदि देशों में दूत भी भेजे।

अशोक द्वारा भेजे गए धर्मप्रचारक

धर्मप्रचारक	स्थान/देश
मज्झान्तिक	कश्मीर तथा गान्धार
महारक्षित	यवन देश
मज्झिम	हिमालयवर्ती देश
महादेव	महिषमण्डल (मैसूर)
महाधर्मरक्षित	महाराष्ट्र
धर्मरक्षित	अपरान्तक
महेन्द्र तथा संघमित्रा	श्रीलंका
सोना तथा उत्तरा	सुवर्ण भूमि

अशोक के अभिलेख

- अशोक के अभिलेख राज्यादेश के रूप में जारी किए गए हैं। वह पहला शासक था, जिसने अभिलेखों के द्वारा जनता को सम्बोधित किया। अशोक के अभिलेख—ब्राह्मी, खरोष्ठी, यूनानी एवं अरमाइक लिपि में हैं। सभी अभिलेखों की भाषा प्राकृत है। शाहबाजगढ़ी एवं मानसेहरा अभिलेखों में खरोष्ठी लिपि तथा तक्षशिला एवं लघमान अभिलेखों में अरमाइक लिपि का प्रयोग किया गया है। शर–ए–कुना (कन्धार) अभिलेख में अरमाइक एवं यूनानी भाषा का प्रयोग किया गया है।
- अशोक के अभिलेखों की खोज सर्वप्रथम **टीफैन्थैलर** (1750ई.) नामक पादरी ने की थी। उसने दिल्ली–मेरठ अभिलेख खोजा था। **जेम्स प्रिंसेप** ने 1837 ई. में सर्वप्रथम ब्राह्मी लिपि को पढ़ने में सफलता प्राप्त की थी। फाह्यान (सकिसा एवं पाटलिपुत्र में) अशोक के तथा ह्वेनसांग (राजगृह एवं श्रावस्ती में) अशोक के अभिलेखों की चर्चा करता है।

अशोक के अभिलेखों का विभाजन निम्नलिखित वर्गों में किया जा सकता है

- **शिलालेख** इन्हें वृहद् शिलालेख एवं लघु शिलालेख दो वर्गों में बाँटा जाता है।
- **स्तम्भलेख** इन्हें दीर्घ स्तम्भलेख एवं लघु स्तम्भलेख में विभाजित किया जाता है।
- **गुहालेख** ये गुफाओं में उत्कीर्ण लेख हैं।

अशोक के दीर्घ शिलालेख

शिलालेख	स्थान
शाहबाजगढ़ी	पेशावर (पाकिस्तान)
मानसेहरा	हजारा (पाकिस्तान)
कालसी	देहरादून (उत्तराखण्ड)
गिरनार	जूनागढ़ (गुजरात)
एर्रगुड़ी	कुर्नूल (आन्ध्र प्रदेश)
धौली	पुरी (ओडिशा)
जौगढ़	गन्जाम (ओडिशा)
सोपारा	थाणे (महाराष्ट्र)

अशोक के लघु शिलालेख

लघु शिलालेख	स्थान
मास्की	रायचूर (कर्नाटक)
गुर्जरा	दतिया (मध्य प्रदेश)
ब्रह्मगिरि	मैसूर (कर्नाटक)
भाब्रू	जयपुर (राजस्थान)
अहरौरा	मिर्जापुर (उत्तर प्रदेश)
जटिंग रामेश्वर	कर्नाटक
सासाराम	बिहार
रूपनाथ	जबलपुर (मध्य प्रदेश)
पालकि गुण्डु	कर्नाटक
राजुल मण्डगिरि	कुर्नूल (आन्ध्र प्रदेश)
गोविमठ	मैसूर (कर्नाटक)
सिद्धपुर	कर्नाटक
एर्रगुड़ी	कुर्नूल (आन्ध्र प्रदेश)
सारोमारो	मध्य प्रदेश
नेट्टूर	मैसूर
उदगेलन	बेल्लारी (कर्नाटक)
पनगुडरिया	मध्य प्रदेश
सन्नाती	कर्नाटक

अशोक के दीर्घ स्तम्भलेख

दीर्घ स्तम्भ लेख	स्थान
इलाहाबाद	उत्तर प्रदेश
टोपरा-दिल्ली	हरियाणा
मेरठ-दिल्ली	उत्तर प्रदेश
लौरिया-नन्दनगढ़	बिहार
लौरिया-अरराज	बिहार
रामपुरवा	बिहार

अशोक के लघु स्तम्भलेख

लघु स्तम्भ लेख	स्थान
इलाहाबाद-कौशाम्बी	उत्तर प्रदेश
साँची	मध्य प्रदेश
सारनाथ	उत्तर प्रदेश
रुम्मिनदेई	नेपाल की तराई
निगालीसागर	नेपाल की तराई

- धौली तथा जौगढ़ के शिलालेखों पर 11वें, 12वें तथा 13वें शिलालेख उत्कीर्ण नहीं किए गए हैं। इनकी जगह दो पृथक् लेख हैं।
- अशोक के लघु शिलालेख, स्तम्भ लेख (दीर्घ एवं लघु) एवं गुहालेखों की लिपियाँ केवल ब्राह्मी हैं।
- स्तम्भ लेखों में मुख्य रूप से धम्म तथा प्रशासनिक बातों का उल्लेख है। इन पर लेखों की संख्या 7 है। फिरोजशाह तुगलक ने मेरठ तथा टोपरा के स्तम्भ दिल्ली मँगा लिए थे। इलाहाबाद स्तम्भ लेख पहले कौशाम्बी में था। अकबर के शासनकाल में जहाँगीर द्वारा इसे इलाहाबाद के किले में रखा गया।
- अशोककालीन पश्चिमी शक्तियों (यवन, गान्धार, कम्बोज, भोज, आन्ध्र पितनिक) का वर्णन 13वें शिलालेख में है।
- कौशाम्बी (इलाहाबाद) स्तम्भलेख को 'रानी का अभिलेख' भी कहा जाता है। रुम्मिनदेई अभिलेख अशोक का सबसे छोटा अभिलेख माना जाता है। इसे आर्थिक अभिलेख भी कहा जाता है।

अशोक का प्रथम पृथक शिलालेख

- "सभी मनुष्य मेरी सन्तान (प्रजा) हैं, जिस प्रकार मैं अपनी सन्तान के लिए इहलौकिक एवं परलौकिक कल्याण की कामना करता हूँ, उसी प्रकार अपनी प्रजा के लिए भी।"
- "जैसे एक माँ अपनी सन्तान को एक कुशल धाय को सौंपकर निश्चिन्त हो जाती है, उसी प्रकार मैंने भी राजुकों की नियुक्ति की है।"

चौदह शिलालेख

शिलालेख	सम्बन्धित तथ्य
पहला	पशुबलि की निन्दा
दूसरा	मनुष्यों एवं पशुओं दोनों की चिकित्सा व्यवस्था का उल्लेख। चोल, पाण्ड्य, सत्तियपुत्त एटं केरलपुत्त की चर्चा
तीसरा	राजकीय अधिकारियों (युक्त, रज्जुक और प्रादेशिक) को हर पाँचवें वर्ष दौरा करने का आदेश।
चौथा	भेरीघोष की जगह धम्मघोष की घोषणा
पाँचवाँ	धम्म महामात्रों की नियुक्ति के विषय में जानकारी
छठा	धम्म महामात्र किसी भी समय राजा के पास सूचना ला सकता है प्रतिवेदक की चर्चा
सातवाँ	सभी-सम्प्रदायों के लिए सहिष्णुता की बात
आठवाँ	सम्राट की धर्मयात्राओं का उल्लेख। बोधिवृक्ष के भ्रमण का उल्लेख
नौवाँ	विभिन्न प्रकार के समारोहों की निन्दा
दसवाँ	ख्याति एवं गौरव की निन्दा तथा धम्म नीति की श्रेष्ठता पर बल
ग्यारहवाँ	धम्म नीति की व्याख्या
बारहवाँ	सर्वधर्म समभाव एवं स्त्री महामात्र की चर्चा
तेरहवाँ	कलिंग युद्ध का वर्णन, पड़ोसी राज्यों का वर्णन, अपराध करने वाली आटविक जातियों का उल्लेख
चौदहवाँ	यह लेख कहीं संक्षेप में, कहीं मध्यम रूप में और कहीं विस्तृत रूप में है।

मौर्यकालीन प्रशासनिक व्यवस्था

- कौटिल्य ने राज्य की सप्तांग विचारधारा को प्रतिपादित किया। राज्य के सात अंग हैं—राज्य, राजा, मन्त्री, मित्र, कर/कोष, सेना तथा दुर्ग।
- मौर्य प्रशासन केन्द्रीकृत शासन प्रणाली थी, जिसमें शासन का केन्द्र बिन्दु राजा होता था। अर्थशास्त्र एवं अशोक के शिलालेख में मन्त्रिपरिषद् (परिषा) का उल्लेख मिलता है। मन्त्रिपरिषद् के सदस्यों का चुनाव उनके चरित्र की भली-भाँति जाँच के बाद किया जाता था, जिसे **उपधा परीक्षण** कहा जाता था।
- अर्थशास्त्र में **सबसे उच्च अधिकारी** को **तीर्थ** कहा गया है। कुल 18 तीर्थों की चर्चा मिलती है, जिसके लिए अधिकतर स्थानों पर महामात्र शब्द भी मिलता है। इसके अतिरिक्त 26 अध्यक्षों की चर्चा भी मिलती है।

अर्थशास्त्र में वर्णित मौर्यकालीन प्रमुख तीर्थ

तीर्थ	सम्बन्धित विभाग
पुरोहित	प्रधानमन्त्री, प्रमुख धर्माधिकारी
प्रशास्ता	राजकीय कागजात सुरक्षित रखना
सेनापति	युद्ध विभाग का मन्त्री
युवराज	राजा का उत्तराधिकारी
समाहर्ता	राजस्व विभाग का प्रधान (वित्त मन्त्री)
सन्निधाता	राजकीय कोषाध्यक्ष
प्रदेष्टा	फौजदारी न्यायालय का न्यायाधीश (कमिश्नर)
नायक	सेना का संचालक अथवा नगर रक्षा का अध्यक्ष
कर्मान्तिक	उद्योगों एवं कारखानों का अध्यक्ष
दण्डपाल	पुलिस अधिकारी
व्यावहारिक	नगर का प्रमुख न्यायाधीश
नागरिक	नगर का प्रमुख अधिकारी या नगर कोतवाल
दुर्गपाल	राजकीय दुर्ग रक्षकों का अध्यक्ष
अन्तपाल	सीमावर्ती दुर्गों का रक्षक
आटविक	वन विभाग का प्रधान
दौवारिक	राजमहलों की देख-रेख करने वाला प्रधान
आन्तर्वेशिक	अन्तः पुर का अध्यक्ष
मन्त्रिपरिषदाध्यक्ष	परिषद् का अध्यक्ष

मौर्यकालीन प्रान्त

- मौर्य साम्राज्य पाँच बड़े प्रान्तों में विभाजित था। उत्तरापथ की राजधानी तक्षशिला, दक्षिणापथ की सुवर्णगिरि, अवन्ति की उज्ज्यियिनी, कलिंग की तोसाली तथा प्राची (मध्य प्रदेश) की राजधानी पाटलिपुत्र थी। प्रान्तों का शासन राजवंशीय कुमार या आर्यपुत्र नामक पदाधिकारियों द्वारा होता था। अशोक सिंहासनारूढ़ होने से पूर्व उत्तरापथ एवं अवन्ति का कुमार रह चुका था। कुमारामात्य की सहायता हेतु प्रत्येक प्रान्त में महामात्र नामक अधिकारी होते थे।
- मौर्य काल में प्रान्तों को चक्र कहा जाता था, जो मण्डलों में विभाजित थे। इन पर महामात्य नामक अधिकारी थे जो मण्डल, जिलों में विभाजित थे, जिन्हें विषय या आहार कहा जाता था। प्रादेशिक, रज्जुक और युक्त इससे जुड़े अधिकारी थे। गाँव और जिले के बीच एक मध्यवर्ती स्तर था; गोप और स्थानिक इससे जुड़े अधिकारी थे। स्थानिक, युक्त, रज्जुक, प्रादेशिक एवं समाहर्ता बढ़ते हुए क्रम में अधिकारी थे।
- ग्राम समूहों के अन्तर्गत विभिन्न कोटियाँ थीं—स्थानीय (800 ग्राम), द्रोणमुख (400 ग्राम), खर्वटिक (200 ग्राम), संग्रहण (10 ग्राम) आदि। 'ग्राम' प्रशासन की सबसे छोटी इकाई थी, इसका प्रधान ग्रामिक होता था।
- मेगस्थनीज के अनुसार, नगर का प्रशासन तीस सदस्यों का एक मण्डल करता था, जो 6 समितियों में विभक्त था। प्रत्येक समिति में 5 सदस्य होते थे।
- पहली समिति का कार्य उद्योग शिल्पों का निरीक्षण; दूसरी समिति का विदेशियों की देख-रेख; तीसरी समिति का जन्म-मरण का लेखा-जोखा रखना; चौथी समिति का व्यापार/वाणिज्य; पाँचवीं समिति का निर्मित वस्तुओं के विक्रय का निरीक्षण करना तथा छठी समिति का बिक्री कर वसूल करना था।

- यूनानी स्रोतों से तीन प्रकार के अधिकारियों के विषय में जानकारी मिलती है—एस्ट्रोनोमोई (नगर का प्रमुख), एग्रोनोमोई (जिले का अधिकारी) एवं सैनिक अधिकारी।
- मौर्यकाल में दीवानी न्यायालय **धर्मस्थीय** तथा फौजदारी न्यायालय **कण्टकशोधन** कहलाता था। दीवानी न्यायालय का न्यायाधीश धर्मस्थ/व्यावहारिक एवं फौजदारी न्यायालय का न्यायाधीश प्रदेष्टा कहलाता था।
- मौर्य काल में गुप्तचरों को **गूढ़पुरुष** तथा इसके प्रमुख अधिकारी को सर्पमहामात्य कहा गया है। अर्थशास्त्र में दो प्रकार के गुप्तचरों का वर्णन है—संस्था, जो संगठित होकर कार्य करते थे तथा संचरा, जो घुमक्कड़ थे।

अर्थशास्त्र में वर्णित प्रमुख अध्यक्ष

अध्यक्ष	सम्बन्धित विभाग
पण्याध्यक्ष	वाणिज्य का अध्यक्ष
पौतवाध्यक्ष	माप-तौल का अध्यक्ष
सुराध्यक्ष	शराब एवं मदिरा का अध्यक्ष
सूनाध्यक्ष	बूचड़खाने का अध्यक्ष
आकराध्यक्ष	खानों का अध्यक्ष
सीताध्यक्ष	कृषि विभागों का अध्यक्ष
कुप्याध्यक्ष	वन तथा उसकी सम्पदा का अध्यक्ष
सूत्राध्यक्ष	कताई-बुनाई विभाग का अध्यक्ष
लोहाध्यक्ष	धातु विभाग का अध्यक्ष
लक्षणाध्यक्ष	टकसाल का अध्यक्ष
मुद्राध्यक्ष	पासपोर्ट विभाग का अध्यक्ष
नवाध्यक्ष	जहाजरानी विभाग का अध्यक्ष
विवीताध्यक्ष	चरागाह का अध्यक्ष
समस्थाध्यक्ष	बाजार का अध्यक्ष
लवणाध्यक्ष	नमक विभाग का अध्यक्ष
शुल्काध्यक्ष	चुँगी एवं शुल्क विभाग का अध्यक्ष
देवताध्यक्ष	धार्मिक संस्थान का अध्यक्ष

मौर्यकालीन आर्थिक स्थिति

कृषि

- मौर्यकाल मुख्यत: कृषि प्रधान था। अर्थव्यवस्था कृषि, पशुपालन और वाणिज्य व्यापार पर आधारित थी, जिन्हें सम्मिलित रूप से **वार्ता** (वृत्ति का साधन) कहा जाता था। राजकीय भूमि को सीता कहा जाता था। राज्य अपने पूर्ण आधिपत्य वाले उद्योगों का संचालन स्वयं करता था।
- भूमि पर राज्य तथा कृषक दोनों का अधिकार होता था। राजकीय भूमि (सीता भूमि) की व्यवस्था करने वाला प्रधान अधिकारी **सीताध्यक्ष** कहलाता था। इस भूमि पर दासों, कर्मचारियों और कैदियों द्वारा जुताई-बुआई होती थी। अर्थशास्त्र में क्षेत्रक (भू-स्वामी) और उपवास (काश्तकार) में स्पष्ट भेद किया गया है।
- कौटिल्य ने 'अर्थशास्त्र' में कृष्ट (जुती हुई), अकृष्ट (बिना जुती हुई), स्थल (ऊँची भूमि) आदि अनेक प्रकार की भूमियों का वर्णन किया है। **अदेवमातृक** भूमि वह होती थी, जिसमें बिना वर्षा के भी अच्छी खेती होती थी। राज्य की ओर से सिंचाई का समुचित प्रबन्ध किया गया था, जिसे **सेतुबन्ध** कहा गया है।

वाणिज्य एवं व्यापार

- मौर्य काल में भूमि पर उपज का एक-चौथाई (1/4) या छठा भाग (1/6) भू-राजस्व के रूप में वसूला जाता था। सिंचाई के लिए अलग से उपज का 1/5 से 1/3 भाग कर के रूप में लिया जाता था।
- मौर्य काल में अनेक उद्योग-धन्धे प्रचलित थे, जिनमें सूत कातने एवं बुनने का उद्योग प्रमुख था। बंग का मलमल विख्यात था। कौटिल्य ने चीनपट्ट का भी उल्लेख किया है। यह रेशम चीन से आता था।
- वाणिज्य एवं व्यापार पर राज्य का नियन्त्रण था। इस काल में ताम्रलिप्ती पूर्वी तट का महत्त्वपूर्ण बन्दरगाह था, पश्चिमी तट पर भड़ौच तथा सोपारा प्रमुख बन्दरगाह थे। कौटिल्य ने स्थल मार्ग की अपेक्षा नदी मार्ग को तथा उत्तर के मार्गों की तुलना में दक्षिण के मार्ग को ज्यादा महत्त्वपूर्ण माना है, क्योंकि दक्षिण में सोने एवं कीमती धातु मिलते थे।

राजस्व के स्रोत

- मौर्य काल में दुर्ग (नगरों से प्राप्त आय), राष्ट्र (जनपदों ग्रामों से प्राप्त आय), सेतु (फल-फूल एवं सब्जियों से प्राप्त आय),ब्रज (पशुओं से प्राप्त आय), सीता (राजकीय भूमि से होने वाली आय), प्रणय (आपातकालीन कर), हिरण्य (नकद राजस्व), उदकभाग (सिंचाई कर), वर्तनी (सीमा कर) तथा पिण्डकर पूरे गाँव से कर राजस्व के प्रमुख स्रोत थे।
- वे वस्तुएँ जिनका राज्य स्वयं व्यापार करता था, राजपण्य कहलाती थीं। व्यापारियों का नेता सार्थवाह कहलाता था। मौर्यकाल में देशी उत्पादों पर 4% तथा आयातित वस्तुओं पर 10% बिक्री कर लिया जाता था। कौटिल्य ने महाजनी व्यवस्था का भी विस्तृत विवरण दिया है। सम्भवत: ब्याज की राशि 15 % थी।
- मेगस्थनीज के अनुसार, बिक्रीकर न देने वालों को मृत्युदण्ड दिया जाता था। मौर्यों की राजकीय मुद्रा पण थी। मौर्यकाल में आहत मुद्राएँ भी प्रचलित थीं। अर्थशास्त्र में सिक्के के लिए रूप शब्द का प्रयोग हुआ है। इस काल में सोने का सिक्का सुवर्ण एवं पाद, चाँदी का सिक्का कर्षापण, पण और धरण तथा ताँबे का सिक्का मासक, काकणी और अर्द्धकाकणी कहलाता था।

मौर्यकालीन सामाजिक स्थिति

- मेगस्थनीज ने भारतीय समाज को सात जातियों में विभक्त किया है- **दार्शनिक**, **किसान**, **अहीर**, **कारीगर** व **शिल्पी**, **सैनिक**, **निरीक्षक** तथा **सभासद**। इनमें सबसे अधिक संख्या किसानों की थी।
- कौटिल्य ने वर्णाश्रम व्यवस्था को सामाजिक संगठन का आधार माना है तथा चारों वर्णों के व्यवसाय निर्धारित किए हैं। अर्थशास्त्र में शूद्रों को आर्य कहा गया है तथा उन्हें मलेच्छों से भिन्न माना गया है। इस काल में शूद्रों को व्यापक पैमाने पर कृषि कार्य में लगाया गया। कौटिल्य ने नौ प्रकार के दासों की चर्चा की है। अशोक के शिलालेखों में दास और कर्मकार का उल्लेख है। मेगस्थनीज के अनुसार भारत में दास प्रथा नहीं थी।
- समाज में वेश्यावृत्ति की प्रथा प्रचलित थी तथा इसे राजकीय संरक्षण भी प्राप्त था। स्वतन्त्र रूप से वेश्यावृत्ति करने वाली स्त्रियाँ **रूपाजीवा** कहलाती थीं। इनके कार्यों का निरीक्षण **गणिकाध्यक्ष** करता था। सम्भ्रान्त परिवारों की स्त्रियाँ प्राय: घर के अन्दर ही रहती थीं। कौटिल्य ने ऐसी स्त्रियों को **अनिष्कासिनी** कहा है।
- समाज में विधवा विवाह प्रचलित था। कुछ विधवाएँ स्वतन्त्र रूप से जीवन-यापन करती थीं, जिन्हें छन्दवासिनी कहा जाता था।

मौर्यकालीन धार्मिक स्थिति

- कौटिल्य ने भारत के प्राचीन धर्म को **त्रयी** कहा है। मौर्यकाल में वैदिक धर्म प्रचलित था, किन्तु कर्मकाण्ड प्रधान वैदिक धर्म अभिजात ब्राह्मण तथा क्षत्रियों तक ही सीमित था। बड़े-बड़े यज्ञों का आयोजन किया जाता था। मेगस्थनीज ने धार्मिक व्यवस्था में डायोनीसस एवं हेराक्लीज की चर्चा की है, जिसकी पहचान क्रमशः **शिव** एवं **कृष्ण** से की गई है।
- जनसाधारण में नागपूजा का प्रचलन था। मूर्तिपूजा का भी प्रचलन था। पतंजलि के अनुसार, मौर्यकाल में देवमूर्तियों को बेचा जाता था, जिन्हें बनाने वाले शिल्पियों को देवताकार कहा जाता था। अर्थशास्त्र में वरुण, नागराज और संकर्षण देवताओं का उल्लेख है।
- चन्द्रगुप्त जैन धर्म का तथा बिन्दुसार आजीवक धर्म का अनुयायी था। अशोक प्रारम्भ में ब्राह्मण धर्म (शैव) मानता था, लेकिन बाद में बौद्ध धर्म का अनुयायी हो गया। अशोक तथा उसके पौत्र दशरथ ने कुछ गुफाएँ आजीवकों को दान में दी थीं।

मौर्यकालीन कला एवं स्थापत्य

- मौर्यकालीन कला को राजकीय एवं लोक कला में बाँटा जा सकता है। राजकीय कला के अन्तर्गत नगर निर्माण, स्तूप, गुफाएँ तथा स्तम्भों का निर्माण हुआ। लोक कला के अन्तर्गत मुख्यत: यक्ष एवं यक्षिणियों की मूर्तियों का निर्माण हुआ।
- पाटलिपुत्र के कुम्हरार से एक लकड़ी निर्मित राजप्रासाद का अवशेष प्राप्त हुआ है। मेगस्थनीज ने पोलिब्रोथा (पाटलिपुत्र) नगर का वर्णन किया है। फाह्यान के अनुसार, पाटलिपुत्र का राजप्रासाद देवताओं द्वारा निर्मित है।
- मौर्यकालीन कला का उत्कृष्ट प्रदर्शन अशोक के स्तम्भों में दिखाई पड़ता है। ये चमकदार एकाश्म स्तम्भ, लाल बलुआ पत्थर से निर्मित होते थे। इन स्तम्भों के दो मुख्य भाग उल्लेखनीय हैं—स्तम्भ यष्टि या गावदुम लाट और शीर्ष भाग। शीर्ष भाग के मुख्य अंश हैं घण्टा, जिसे अवांगमुखी कमल भी कहते हैं। इसके ऊपर गोल अण्ड या चौकी है। अशोक के स्तम्भों में सिंह, घोड़ा, हाथी और बैल प्राप्त होते हैं।
- अशोक के एकाश्म स्तम्भों में सर्वोत्कृष्ट सारनाथ का सिंहस्तम्भ का शीर्ष है। सारनाथ के शीर्षस्तम्भ पर चार सिंह पीठ सटाए बैठे हैं। ये चार सिंह एक चक्र धारण किए हुए हैं, जिसमें 24 तीलियाँ हैं। यह चक्र बुद्ध के धर्मचक्र प्रवर्तन का प्रतीक है। रामपुरवा में नटुआ बैल ललित मुद्रा में खड़ा है। संकिशा स्तम्भ के शीर्ष स्तम्भ पर हाथी की आकृति है। अशोक के स्तम्भ पर ईरानी एवं यूनानी प्रभाव दिखाई देता है।
- **स्तूप** मौर्यकालीन स्थापत्य की महत्त्वपूर्ण देन है। साँची का महास्तूप, सारनाथ का धर्मराजिका स्तूप, भरहुत तथा तक्षशिला स्थित स्तूपों का निर्माण मूलतः अशोक के काल में हुआ था। ये स्तूप ईंटों के बने थे। अब तक का सबसे प्राचीन स्तूप नेपाल की सीमा पर पिपरहवा से प्राप्त हुआ है।
- मौर्यकाल में चट्टानों को काटकर कन्दराओं के निर्माण को प्रोत्साहन दिया गया। अशोक ने गया (बिहार) के निकट बराबर की गुफाओं में सुदामा की गुफा, कर्णचौपड़ की गुफा तथा विश्व झोपड़ी का निर्माण करवाया। दशरथ ने लोमश ऋषि की गुफा तथा गोपिका गुफा का निर्माण करवाया।
- ओडिशा में उदयगिरि की पहाड़ियों को काटकर एक शैल कृत हाथी की मूर्ति उत्कीर्ण की गई है। यह धौली हस्ति नाम से विख्यात है। इसमें एक हाथी को चट्टान को फाड़कर बाहर आते हुए दर्शाया गया है।
- मौर्यकालीन स्थलों से बहुत-सी पत्थर की मूर्तियाँ एवं मृद्‌भाण्ड मिले हैं। दीदारगंज से चाँवरधारणी यक्षी की मूर्ति, परखम से यक्ष तथा बेसनगर से यक्षिणी की मूर्ति प्राप्त हुई हैं । मौर्यकालीन मृद्‌भाण्डों में सबसे उत्कृष्ट उत्तरी काली पॉलिश वाले मृद्‌भाण्ड (NBPW) हैं। मुख्य रूप से ये छोटे कटोरे, रकाबियों और मर्तबान के रूप में प्राप्त हुए हैं।
- उत्तरी काले पॉलिशदार मृद्‌भाण्ड, पकी ईंटों तथा छल्लेदार कूपों का प्रयोग, लौह उपकरणों का अधिकाधिक प्रयोग तथा आहत सिक्कों का बाहुल्य मौर्यकालीन भौतिक संस्कृति के आधार थे।

मौर्य साम्राज्य का पतन

- अशोक के बाद कुणाल शासक बना, जिसे 'दिव्यावदान' में धर्मविवर्धन कहा गया है। 'राजतरंगिणी' के अनुसार मगध में कुणाल के शासन के समय कश्मीर का शासक जालौक था। अशोक के उत्तराधिकारी के रूप में कुणाल, सम्प्रति, दशरथ, शालिशुक एवं वृहद्रथ का नाम प्राप्त होता है। वृहद्रथ मौर्य वंश का अन्तिम शासक था, जिसकी हत्या उसके ब्राह्मण सेनापति पुष्यमित्र शुंग ने 185 ई. पू. में कर दी थी।
- मौर्य साम्राज्य जैसे विस्तृत साम्राज्य के पतन के लिए किसी एक कारण का होना पर्याप्त नहीं है। स्पष्ट साक्ष्यों के अभाव में विद्वानों ने अलग-अलग कारण प्रस्तुत किए हैं। इतिहासकार हरिप्रसाद शास्त्री ने धार्मिक नीति (ब्रामण विरोधी नीति), हेमचन्द्र राय चौधरी ने अहिंसक एवं शान्तिप्रिय नीति तथा रोमिला थापर ने अत्यधिक केन्द्रीकृत शासन व्यवस्था को मौर्य साम्राज्य के पतन का कारण बताया है।

शुंग वंश

- **पुष्यमित्र शुंग** ने 185 ई. पू. में मौर्य शासक वृहद्रथ मौर्य की हत्या करके शुंग वंश की स्थापना की। पुष्यमित्र शुंग सेनानी के नाम से शासन करता था। बाणभट्ट के हर्षचरित में पुष्यमित्र को अनार्य कहा गया है।
- पुष्यमित्र शुंग कट्टर ब्राह्मणवादी था। धनदेव के अयोध्या अभिलेख के अनुसार उसने दो अश्वमेघ यज्ञों का अनुष्ठान किया। सुप्रसिद्ध संस्कृत व्याकरण के ज्ञाता **पतंजलि** उसके अश्वमेघ यज्ञ के पुरोहित थे। संभवतः पुष्यमित्र बौद्ध विरोधी था लेकिन **भरहुत स्तूप** बनाने का श्रेय पुष्यमित्र शुंग को ही दिया जाता है। साँची स्तूप में काष्ठ वेदिका के स्थान पर उसने पाषाण वेदिका बनवाई।
- शुंग शासक भागभद्र (भागवत) के शासनकाल के 14वें वर्ष में तक्षशिला के यवन शासक एण्टियालकिट्स के राजदूत हेलियोडोरस ने विदिशा में वासुदेव के सम्मान में **गरुड़ स्तम्भ** स्थापित किया। इस पर दम्भ (आत्मनिग्रह), त्याग तथा अप्रमाद तीन शब्द अंकित हैं। हेलियोडोरस का गरुड़ स्तम्भ हिन्दू धर्म से सम्बन्धित प्रथम स्मारक है। इस काल में भागवत धर्म का उदय हुआ तथा वासुदेव की उपासना प्रारम्भ हुई।
- अग्निमित्र, वसुमित्र, वज्रमित्र, भागभद्र एवं देवभूति क्रमशः पुष्यमित्र शुंग के उत्तराधिकारी थे। अग्निमित्र 'मालविकाग्निमित्र' का नायक है, जिसमें अग्निमित्र की अमात्य परिषद् की चर्चा है। देवभूति इस वंश का अन्तिम शासक था।

पश्चिमी क्षत्रप

भारत में शक शासन क्षत्रप शासन के रूप में प्रचलित था। पश्चिमी भारत में दो शक क्षत्रपों क्षहरात व सौराष्ट्र एवं मालवा के शक क्षत्रप के शासन के अस्तित्व का प्रमाण मिलता है।

1. क्षहरात वंश

- इस वंश ने सम्पूर्ण महाराष्ट्र, लाट तथा सुराष्ट्र प्रदेश पर शासन किया। इसका प्रथम शासक भूमक था। भूमक के सिक्के गुजरात, काठियावाड़ तथा मालवा के क्षेत्र से प्राप्त हुए हैं।
- इन सिक्कों पर ब्राह्मी तथा खरोष्ठी के लेख हैं, जिनसे ज्ञात होता है कि पश्चिमी राजपूताना तथा सिन्ध के कुछ भागों पर उसका अधिकार था। नहपान इस वंश का प्रमुख शासक था, जिसका वर्णन इस प्रकार है

नहपान

- नहपान इस वंश का सबसे प्रसिद्ध शक क्षत्रप था। इसने महाराष्ट्र के एक बड़े भू-भाग को सातवाहन राजाओं से छीना था। नहपान के सिक्के अजमेर से नासिक तक के क्षेत्र से प्राप्त हुए हैं, जो चाँदी एवं ताँबे के हैं। ये सिक्के निश्चित मानक के हैं। चाँदी के सिक्के 'कार्षापण' कहलाते थे। नहपान के सिक्कों पर 'राजन्' की उपाधि मिलती है।
- ऋषभदत्त, नहपान के दक्षिणी प्रान्त का वायसराय था, जिसका उल्लेख नासिक के एक गुहा लेख में हुआ है। नहपान ने मालवों को पराजित करके पुष्कर तीर्थ में दान दिया था। इसने नासिक तथा पूना को सातवाहन शासकों से जीता था।
- नहपान ने लगभग 119 ई. से 125 ई. तक शासन किया। यह सातवाहन नरेश गौतमी पुत्र शातकर्णी द्वारा पराजित हुआ और मार डाला गया। नहपान की मृत्यु के साथ ही पश्चिम भारत से क्षहरात शक्ति का अन्त हो गया।

2. सौराष्ट्र एवं मालवा के शक क्षत्रप

- क्षहरात वंश के पश्चात् सुराष्ट्र तथा मालवा में शकों के एक दूसरे कुल ने शासन किया। यह कुल 'कार्दमक वंश' था।

चष्टन

- इस वंश के प्रमुख शासक **चष्टन** व **रुद्रदामन** थे, जिनका वर्णन इस प्रकार हैं
- इस वंश का पहला शासक **चष्टन** था। चष्टन यसमेतिक का पुत्र था। सम्भवत: यह कुषाणों की अधीनता में सिन्ध क्षेत्र का क्षत्रप था।
- नहपान की मृत्यु के बाद कुषाणों ने ही चष्टन की दक्षिणी-पश्चिमी प्रान्त का वायसराय नियुक्त किया। बाद में इसने स्वयं को स्वतन्त्र कर लिया तथा 'महाक्षत्रप' की उपाधि धारण कर ली। चष्टन के पुत्र जयदामन ने सातवाहनों से उज्जयिनी प्रान्त को जीत लिया, किन्तु जल्दी ही जयदामन की मृत्यु हो जाने के कारण चष्टन ने अपने पौत्र रुद्रदामन्-I को क्षत्रप नियुक्त किया। अन्धौ (कच्छ खाड़ी) अभिलेख से ज्ञात होता है कि 130 ई. में चष्टन अपने रुद्रदामन के साथ मिलकर शासन कर रहा था।

रुद्रदामन

- रुद्रदामन अब तक के शक शासकों में सर्वाधिक शक्तिशाली एवं महत्त्वपूर्ण था। जूनागढ़ (गिरनार) से शक संवत् 72 का उसका एक अभिलेख प्राप्त है, जो एक प्रशस्ति के रूप में है। रुद्रदामन के राज्याधिकार में कोंकण, नर्मदा घाटी, मालवा, काठियावाड़ एवं गुजरात का बड़ा भाग था।
- जूनागढ़ अभिलेख से ज्ञात होता है कि 'सभी जातियों के लोगों ने रुद्रदामन को अपना रक्षक चुना था' तथा उसने 'महाक्षत्रप' की उपाधि स्वयं ग्रहण की थी। इस अभिलेख में रुद्रदामन के निम्नलिखित विजयों का उल्लेख है—आकर-अवन्ति, अनूप, अपरान्त, आनर्त तथा सुराष्ट्र, कुकुर, स्वभ्र, मरु, सिन्ध तथा सौवीर एवं निषाद।
- रुद्रदामन ने गिरनार पर्वत पर स्थित काठियावाड़ के अर्द्धशुष्क क्षेत्र की प्रसिद्ध 'सुदर्शन झील' की मरम्मत कराई। इस झील का निर्माण मौर्यकाल में हुआ था। रुद्रदामन के समय में सुराष्ट्र प्रान्त का शासक सुविशाख था।
- रुद्रदामन ने अपने समकालीन शातकर्णी शासक (वाशिष्ठी पुलुमावि) को दो बार हराया, किन्तु निकट सम्बन्धी होने के कारण उसे नष्ट नहीं किया। नि:सन्देह उसका शासनकाल पश्चिमी क्षत्रपों की शक्ति के चरमोत्कर्ष को व्यक्त करता है।
- रुद्रदामन संस्कृत का बड़ा प्रेमी था। इसने ही सबसे पहले विशुद्ध संस्कृत भाषा में लम्बा अभिलेख (जूनागढ़) जारी किया। इस अभिलेख के पूर्व के सभी अभिलेख प्राकृत भाषा के हैं।
- इस वंश (शक) का अन्तिम शासक रुद्रसिंह तृतीय था। गुप्त शासक चन्द्रगुप्त द्वितीय विक्रमादित्य ने उसे पराजित कर पश्चिमी क्षत्रपों के राज्य को अपने साम्राज्य में मिला लिया।

सातवाहन वंश

- सातवाहन वंश की स्थापना **सिमुक** (60 ई. पू. -37 ई. पू.) ने की थी, सातवाहन वंश को पुराणों में आन्ध्र भृत्य भी कहा गया है। यह वंश किसी-न-किसी रूप में लगभग चार शताब्दियों तक बना रहा, जो प्राचीन भारत में किसी एक वंश का सर्वाधिक कार्यकाल है। प्रतिष्ठान इस वंश की राजधानी थी। इस वंश के प्रमुख शासकों का वर्णन इस प्रकार है

शातकर्णी प्रथम

- यह इस वंश का पहला महत्त्वपूर्ण शासक था, जिसकी उपलब्धियों की जानकारी नागानिका (इसकी रानी) के **नानाघाट अभिलेख** से मिलती है।
- भूमिदान का पहला साक्ष्य इसी अभिलेख से प्राप्त होता है। इसने दो-अश्वमेघ तथा एक राजसूय यज्ञ का अनुष्ठान किया था। पुराणों में इसे कृष्ण का पुत्र कहा गया है।

हाल

- सातवाहन वंश में हाल महानतम शासक था। वह एक बड़ा कवि तथा कवियों एवं विद्वानों का आश्रयदाता था। हाल ने **गाथासप्तशती** नामक एक मुक्तक काव्य की रचना की थी। यह प्राकृत भाषा में है। उसकी राजसभा में वृहत्कथा के रचयिता गुणाढ्य तथा कातन्त्र नामक संस्कृत व्याकरण के लेखक सर्ववर्मन निवास करते थे।

गौतमीपुत्र शातकर्णी

- सातवाहन वंश का महानतम शासक गौतमीपुत्र शातकर्णी (106-130 ई.) था, जिसकी सैन्य विजयों की जानकारी इसकी माता बलश्री के नासिक अभिलेख से प्राप्त होती है। इस अभिलेख में उसे एकमात्र ब्राह्मण एवं अद्वितीय ब्राह्मण कहा गया है। इस अभिलेख के अनुसार उसके घोड़ों ने तीनों समुद्रों का पानी पिया था। नासिक (जोगलथम्बी) से चाँदी के 8 हजार सिक्के प्राप्त हुए हैं, जिनमें एक तरफ नहपान तथा दूसरी तरफ गौतमीपुत्र शातकर्णी का नाम है।
- उसने राजाराज, वेंकटस्वामी विंध्यनरेश की उपाधियाँ ग्रहण कीं। उसने बौद्ध संघ को अजकालिकय तथा कार्ले के भिक्षुसंघ को करजक नामक ग्राम दान में दिए।

वशिष्ठीपुत्र पुलुमावी

- गौतमीपुत्र शातकर्णी का उत्तराधिकारी वशिष्ठीपुत्र पुलुमावी (130-159 ई.) था, जिसे शक शासक रुद्रदामन ने दो बार पराजित किया। पुलुमावी को **दक्षिणापथेश्वर** भी कहा गया है। उसके अभिलेख नासिक, कार्ले और अमरावती में मिले हैं।

यज्ञश्री शातकर्णी

- यज्ञश्री शातकर्णी (174-203 ई.) सातवाहन वंश का अन्तिम महान् शासक था, जिसके सिक्के पर नाव का चित्र अंकित है। सातवाहन साम्राज्य के अवशेष पर वाकाटक एवं इक्ष्वाकु वंश की स्थापना हुई।

सातवाहन कालीन संस्कृति

- इस काल में महिलाओं की दशा अच्छी थी। महिलाएँ शिक्षित थीं, पर्दा प्रथा नहीं थी। स्त्रियाँ भी सम्पत्ति में भागीदार होती थीं। सातवाहन समाज में मातृसत्तात्मक ढाँचे का आभास मिलता है। समाज में अन्तर्जातीय विवाह होते थे। राजपरिवार की महिलाएँ बौद्ध धर्म को प्रश्रय देती थीं जबकि पुरुष वैदिक धर्म को।
- सातवाहनों ने ब्राह्मणों और बौद्ध भिक्षुओं को कर-मुक्त ग्रामदान देने की प्रथा आरम्भ की, जो आबाद भूमि और ग्राम दान में दिए जाते थे। सातवाहनों की राजकीय भाषा प्राकृत थी, सातवाहनों ने सर्वप्रथम सीसे की मुद्रा चलाई थी।

कुषाण

- पार्थियाई लोगों के बाद कुषाण आए, जिन्हें **यूचि या तोचेरियन** (तोखारी) भी कहा जाता है। इनका मूल निवास स्थान चीन की सीमा पर स्थित चीनी तुर्किस्तान था।
- कालान्तर में यूचि कबीला पाँच भागों में बँट गया था। इन्हीं में से एक कबीले ने भारत के कुछ भागों पर शासन किया। इस वंश के प्रमुख शासकों का वर्णन इस प्रकार है

कुजुल कडफिसस

- भारत में सर्वप्रथम कुजुल कडफिसस (15-64 ई.) ने कुषाण वंश की स्थापना की। उसने रोमन सिक्कों की नकल करके ताँबे के सिक्के ढलवाए तथा महाराजाधिराज की उपाधि धारण की।
- कडफिसस प्रथम के प्रारम्भिक सिक्कों के मुख्य भागों पर यूनानी राजा हर्मियस की आकृति है और पृष्ठ भाग पर उसकी अपनी, इसका अर्थ यह हुआ कि वह पहले यूनानी राजा हर्मियस के अधीन था।

विम कडफिसस

- यह भारत में कुषाण शक्ति का वास्तविक संस्थापक माना जाता है। उसने बड़ी संख्या में सोने के सिक्के चलवाए। उसके सिक्कों पर एक ओर यूनानी लिपि तथा दूसरी ओर खरोष्ठी लिपि उत्कीर्ण है। यह शैव मत का अनुयायी था। इसके कुछ सिक्कों पर शिव, नन्दी तथा त्रिशूल की आकृतियाँ मिलती हैं। उसने महेश्वर की उपाधि धारण की।

कनिष्क

- कनिष्क सर्वाधिक विख्यात कुषाण शासक था, जिसने 78 ई. में एक सम्वत् चलाया, जो शक सम्वत् कहलाता है। इसे वर्तमान में भारत सरकार द्वारा भी प्रयोग में लाया जाता है। वर्तमान में शक सम्वत् चैत्र (21 या 22 मार्च) से प्रारम्भ होता है। कनिष्क की प्रथम राजधानी पेशावर (पुरुषपुर) एवं दूसरी राजधानी मथुरा थी। कनिष्क ने कश्मीर को जीतकर वहाँ 'कनिष्कपुर' नामक नगर बसाया। उसने काशगर, यारकन्द तथा खोतान पर भी विजय प्राप्त की।
- कनिष्क ने पाटलिपुत्र पर आक्रमण कर वहाँ से प्रसिद्ध विद्वान् अश्वघोष, बुद्ध का भिक्षापात्र और एक अनोखा कुक्कुट प्राप्त किया था। महास्थान (बोगरा) में पाई गई सोने की मुद्रा पर कनिष्क की एक खड़ी मूर्ति अंकित है। मथुरा में कनिष्क की एक प्रतिमा मिली है, जिसमें उन्हें घुटने तथा चोगा एवं पैरों में भारी जूते पहने हुए दिखाया गया है।
- कनिष्क कला एवं संस्कृति साहित्य का महान् संरक्षक था। इसके समय में मूर्तिकला की गान्धार एवं मथुरा शैली का जन्म हुआ। उसके दरबार में पार्श्व, वसुमित्र, अश्वघोष, नागार्जुन तथा चरक जैसे विद्वान् निवास करते थे।
- कनिष्क का चीन के शासक पान चाओ से युद्ध हुआ था, जिसमें पहले कनिष्क की पराजय हुई थी। कनिष्क को द्वितीय अशोक भी कहा जाता है।
- कनिष्क के समय कश्मीर के कुण्डलवन में चतुर्थ बौद्ध संगीति का आयोजन हुआ, जिसमें बौद्ध धर्म हीनयान एवं महायान में विभाजित हो गया। संगीति के अध्यक्ष वसुमित्र तथा उपाध्यक्ष अश्वघोष थे।

हुविष्क

- कनिष्क का उत्तराधिकारी हुविष्क था, उसने कश्मीर में हुष्कपुर नामक नगर की स्थापना करवाई। उसके सिक्कों पर शिव, स्कन्द तथा विष्णु की आकृतियाँ उत्कीर्ण हैं।
- कुषाण शासकों ने महाराजाधिराज (भारतीय उपाधि), देवपुत्र (चीनी उपाधि), कैसर (रोमन उपाधि) जैसी उपाधियाँ धारण कीं। मन्दिर बनवाने की प्रथा (देवकुल) भी प्रारम्भ की।
- कुषाणों ने सर्वाधिक शुद्ध स्वर्ण सिक्के (124 ग्रेन) जारी किए। इन्हें सर्वाधिक ताम्र सिक्के चलाने का श्रेय भी प्राप्त है।

कुषाणकालीन प्रशासनिक स्थिति

- शक शासक त्रातार (मुक्तिदाता) की उपाधि लेते थे। कुषाण शासकों ने चीनी शासकों के अनुरूप देवपुत्र की उपाधि धारण की।
- कुषाणों ने राज्य शासन में **क्षत्रप प्रणाली** चलाई। शकों एवं पार्थियन ने दो आनुवंशिक राजाओं के संयुक्त शासन की परिपाटी चलाई। कुषाणों ने प्रान्तों में **द्वैध शासन** की प्रणाली प्रारम्भ की। यूनानियों ने सेनानी-शासन (मिलिटरी गवर्नरशिप) की परिपाटी चलाई।

- सातवाहन शासकों ने ब्राह्मणों एवं बौद्ध भिक्षुओं को पहली शताब्दी ई. पू. में कर मुक्त भूमि प्रदान करने की प्रथा प्रारम्भ की। सातवाहनों के समय का **नानाघाट अभिलेख** भूमिदान का प्रथम अभिलेखीय प्रमाण है।

कुषाणकालीन आर्थिक स्थिति

वाणिज्य एवं व्यापार

- आर्थिक रूप से इस काल का उज्ज्वल पक्ष है—वाणिज्य व्यापार की प्रगति। इस काल में वाणिज्य एवं व्यापार की उन्नति का प्रमुख कारण नगरीय एवं ग्रामीण क्षेत्रों में नए वर्गों का उदय, रोम, चीनी एवं दक्षिण-पूर्व एशिया के साथ व्यापारिक सम्बन्ध एवं मानसून की खोज थी।
- कुषाणों ने चीन से ईरान तथा पश्चिम एशिया तक जाने वाले **रेशम मार्ग** पर नियन्त्रण रखा था। यह मार्ग उनके साम्राज्य से गुजरता था। सिल्क मार्ग आय का बहुत बड़ा स्रोत था।
- ईसा की पहली सदी में **हिप्पालस** नामक ग्रीक नाविक ने अरब सागर से चलने वाली मानसून हवाओं की जानकारी दी। इससे पश्चिमी एशिया के बन्दरगाहों से व्यापार और अधिक सुगम हो गया। ईसा की पहली शती से व्यापार मुख्यत: समुद्री मार्ग से ही होने लगा, इससे पूर्व अधिकतर व्यापार स्थल मार्ग से होता था।

भारत-रोम व्यापार

- प्रथम शताब्दी ई. में अज्ञात यूनानी नाविक ने अपनी **पेरीप्लस ऑफ द एरिथ्रियन सी** नामक पुस्तक में भारत द्वारा रोमन साम्राज्य को निर्यात की जाने वाली वस्तुओं का विवरण दिया है। प्लिनी ने प्रतिवर्ष रोम से भारत में जाने वाले सोने की भारी मात्रा के लिए दु:ख प्रकट किया है। अरिकामेडु को 'पेरिप्लस ऑफ द एरिथ्रियन सी' में **पेडोक** नाम से सम्बोधित किया गया है।
- इस काल में भारत और रोम के बीच व्यापार विकसित अवस्था में था। व्यापार सन्तुलन भारत के पक्ष में था और रोम से मुख्यत: स्वर्ण मुद्राएँ प्राप्त होती थीं। रोमवासी मुख्यत: मसाले का आयात करते थे। काली मिर्च को **यवनप्रिय** कहा जाता था।
- रोम को **निर्यातित** प्रमुख वस्तुएँ मसाले, काली मिर्च, मोती, मलमल, हाथी दाँत की वस्तुएँ, इत्र, चन्दन, कछुवा की खोपड़ी, केसर, **जटामासी**, हीरा, रत्न, तोता, शेर, चीता आदि।
- रोम से **आयातित** प्रमुख वस्तुएँ शराब के दो हत्थे, कलश, शराब, सोना एवं चाँदी के सिक्के पुखराज, टिन, ताँबा, शीशा, लाल चमकीले अर्टेटाइन मृद्भाण्ड।
- भारत चीन से कच्चे रेशम, रेशम के धागे और रेशमी वस्त्र मँगाता था। भड़ौच (मृगुकच्छ) बन्दरगाह से इन वस्तुओं का निर्यात पश्चिमी देशों को किया जाता था।
- अरब और मिस्र से घोड़े लाए जाते थे।
- **मौर्योत्तरकालीन प्रमुख बन्दरगाह** सोपारा (पश्चिमी तट); भड़ौच (गुजरात) देवल (सिन्ध), पोलूरा (उड़ीसा तट), चौल, नौरा, टिंडिस, मुजरिस (केरल तट), कोरकई, पुहार/कावेरीपत्तनम्, नागफ्तनम् (तमिल तट), मसूलीपत्तनम्, कौण्डेक, साइला एवं निट्रिंग (आन्ध्र तट) थे।

शिल्प एवं उद्योग

- दीर्घनिकाय में 24 प्रकार एवं महावस्तु में 36 प्रकार के व्यावसायियों तथा मिलिन्दपन्हों में 75 प्रकार के व्यवसाय की चर्चा है। व्यापार एवं विनिमय में मुद्राओं का प्रयोग मौर्योत्तर युग की सबसे बड़ी देन है।
- इस काल का प्रमुख उद्योग, वस्त्र उद्योग था। भारत ने सीसा ढालने की जानकारी ईस्वी सन् के आरम्भ में आकर प्राप्त की।
- मौर्योत्तर काल में शाटक नामक वस्त्र के लिए मथुरा; ईंटों के बने रंगाई के हौज के लिए उरैयूर एवं अरिकमेडु; वृक्ष के रेशों से बने वस्त्र के लिए मगध; मलमल के लिए बंग एवं पुण्ड्र क्षेत्र तथा मसालें के लिए दक्षिण भारत प्रसिद्ध था।
- व्यापारिक प्रगति के कारण शिल्पकारों ने शिल्प श्रेणियों को संगठित किया। श्रेणियों के पास अपना सैन्य बल होता था। श्रेणी का प्रधान प्रमुख, निगम का प्रधान श्रेष्ठि तथा पूग का प्रधान ज्येष्ठक कहलाता था।
- श्रेणियाँ महाजन का भी कार्य करती थीं। ब्याज की सामान्य प्रचलित दर $1\frac{1}{4}$ मासिक थी।
- व्यापारिक कारवाँ के प्रधान को **सार्थवाह** कहा जाता था। क्रेता और विक्रेता के मध्य सौदेबाजी पणितव्य कहलाती थी। प्रस्थ, आढ़क, द्रोण और खारी बढ़ते हुए क्रम में इस काल के बाट थे।

सिक्के

- हिन्द-यवन शासकों ने सर्वप्रथम सोने के सिक्के चलाए। उनके सिक्कों पर द्विभाषिक लेख होते थे—एक तरफ यूनानी भाषा एवं लिपि में तथा दूसरी तरफ प्राकृत भाषा और खरोष्ठी लिपि में। उन्होंने सोने, ताँबे एवं चाँदी के सिक्के चलाए। सोने का सिक्का वजन में 133 ग्रेन का होता था। कुषाणों ने सर्वप्रथम शुद्ध स्वर्ण के सिक्के चलाए जो 124 ग्रेन के थे। सातवाहनों ने सीसे के अतिरिक्त चाँदी, ताँबा, पोटीन आदि के सिक्के भी चलाए।
- इस काल में विभिन्न प्रकार के सिक्के प्रचलित थे। सोने के सिक्के निष्क, दीनार, सुवर्ण और पल, चाँदी के सिक्के शतमान, ताँबे के सिक्के काकणी तथा सोना, चाँदी, ताँबा, राँगा, सीसा आदि सभी धातुओं से निर्मित सिक्के कर्षापण कहलाते थे।

कुषाणकालीन सामाजिक स्थिति

- मौर्योत्तर काल में परम्परागत चारों वर्ण—ब्राह्मण, क्षत्रिय, वैश्य और शूद्र मौजूद थे, किन्तु शिल्प और वाणिज्य में उन्नति का फायदा शूद्रों को मिला। इस काल में बड़ी संख्या में जनजातीय तत्त्वों तथा विदेशी तत्त्वों का आत्मसातीकरण किया गया।
- यूनानी, शक, पार्थियन और कुषाण सभी भारत में अपनी-अपनी पहचान अन्तत: खो बैठे। वे भारतीय समाज में योद्धाओं के वर्ग में अर्थात् क्षत्रिय वर्ण में समाविष्ट हुए। इस काल के विदेशी शासकों को मलेच्छ एवं निम्न क्षत्रिय वर्ग के रूप में मान्यता मिली।

कुषाणकालीन धार्मिक स्थिति

- भक्ति का विकास इस काल के धर्म की प्रमुख विशेषता है। बाद में भक्ति के साथ अवतारवाद की परिकल्पना भी जुड़ गई एवं अवतारवाद के साथ मूर्तिपूजा की संकल्पना भी जुड़ गई।
- इस काल में कई विदेशी शासक विष्णु के उपासक बन गए। आर्य देवताओं के समानान्तर गैर-आर्य देवता भी स्थापित हो गए; जैसे—गणेश, कार्तिकेय, मातृदेवी, वृक्ष पूजा, पशु पूजा, सर्प पूजा आदि। मोरा से प्राप्त प्रथम सदी ई. के एक लेख में संकर्षण, वासुदेव, प्रद्युम्न, साम्ब व अनिरुद्ध की पूजा का वर्णन मिलता है।

- इस काल में बौद्ध धर्म और उसकी महायान शाखा का सर्वाधिक प्रचार-प्रसार हुआ। बौद्ध धर्म में मूर्ति पूजा आरम्भ हुई एवं इसका प्रचलन ब्राह्मण समुदाय में भी हुआ। बुद्ध की सबसे प्राचीन मूर्ति मथुरा से मिली है।
- भारत में सबसे पहले बुद्ध की प्रतिमाओं की पूजा की गई। बौद्ध धर्म की महायान शाखा के अनुयायियों ने सर्वप्रथम बुद्ध की प्रतिमा को स्थापित करके उनकी पूजा प्रारम्भ की।

कुषाणकालीन कला एवं संस्कृति

- कुषाण काल में कला के क्षेत्र में दो स्वतन्त्र शैलियों का विकास हुआ—गान्धार कला एवं मथुरा कला। गान्धार शैली को ग्रीक-बौद्ध शैली भी कहा जाता है। गान्धार शैली में बुद्ध की प्रतिमाएँ यूनान और रोम की मिश्रित शैली में बनाई गईं। मथुरा शैली मूलत: देशी कला थी, जिसमें बुद्ध की विलक्षण प्रतिमाएँ बनीं, परन्तु इस जगह की ख्याति कनिष्क की सिरविहिन खड़ी मूर्ति को लेकर है। यहाँ महावीर की भी कई प्रस्तर मूर्तियाँ बनाई गईं।
- आन्ध्र प्रदेश में नागार्जुनकोण्डा और अमरावती बौद्ध कला के महान् केन्द्र थे, जहाँ बुद्ध के जीवन की कथाएँ अनगिनत पट्टों पर चित्रित की गई हैं तथा इसमें प्रमुख रूप से सफेद पत्थर का प्रयोग किया गया है।
- साँची के महास्तूप का निर्माण मौर्य काल में हुआ था। शुंग काल में उसे पाषाण पट्टिकाओं से जोड़ा गया तथा वेदिका भी पत्थर की ही बनाई गई, जिससे इसका आकार पहले से दोगुना हो गया। सातवाहन काल में वेदिका के चारों दिशाओं में चार तोरण लगा दिए गए।
- इस काल में विदेशी शासकों ने संस्कृत साहित्य का संरक्षण एवं सम्पोषण किया। अश्वघोष ने बुद्ध की जीवनी बुद्ध चरित के नाम से लिखी तथा सौन्दरानन्द नामक काव्य भी लिखा, महायान बौद्ध सम्प्रदाय की प्रगति के फलस्वरूप अनेक अवदानों की रचना हुई। धार्मिकेत्तर साहित्य का सबसे अच्छा उदाहरण वात्स्यायन का कामसूत्र है।
- मौर्योत्तर काल में यूनानियों के सम्पर्क से खगोल और ज्योतिषशास्त्र के क्षेत्र में काफी प्रगति हुई। संस्कृत ग्रन्थो में ग्रह नक्षत्रों के संचार सम्बन्धी बहुत सारे यूनानी शब्द मिलते हैं। भारतीय ज्योतिष यूनानी चिन्तनों से प्रभावित हुआ। चिकित्साशास्त्र, वनस्पतिशास्त्र एवं रसायनशास्त्र का विवेचन चरक एवं सुश्रुत ने किया है

गान्धार कला एवं मथुरा कला में अन्तर

गान्धार कला	मथुरा कला
गहरे नीले एवं काले पत्थर का प्रयोग	लाल पत्थर का प्रयोग
संरक्षक शक एवं कुषाण	संरक्षक-कुषाण
यथार्थवादी	आदर्शवादी
मुख्यतः बुद्ध की मूर्तियाँ	बौद्ध, जैन तथा ब्राह्मण धर्म से सम्बन्धित मूर्तियाँ

गुप्त काल

- कुषाणों के पतन के पश्चात् उत्तर भारत में अनेक **राजतन्त्र** एवं **गणतन्त्र** का उदय हुआ। राजतन्त्रों में नागवंश, आभीर, इक्ष्वाकु तथा गणतन्त्रों में अर्जुनायन, मालव, यौधेय, लिच्छवी, शिवि तथा कुणिन्द शामिल थे।
- गुप्त सम्भवत: कुषाणों के सामन्त थे। गुप्त वंश का आरम्भिक राज्य **उत्तर प्रदेश** और **बिहार** में था। कुषाणों से प्राप्त सैन्य तकनीक एवं वैवाहिक सम्बन्धों ने गुप्त साम्राज्य के प्रसार एवं सुदृढ़ीकरण में महत्त्वपूर्ण भूमिका निभाई। गुप्त शासकों के अधिकाश अभिलेख उत्तर प्रदेश से प्राप्त हुए हैं।

इस वंश के प्रमुख शासकों का वर्णन इस प्रकार हैं

चन्द्रगुप्त प्रथम

- गुप्तवंशावली में सबसे पहला शासक चन्द्रगुप्त प्रथम था। यह गुप्त वंश का वास्तविक संस्थापक था। इसके राज्यारोहण की तिथि 319 ई. है तथा इसे **गुप्त संवत्** का आरम्भ माना जाता है। उसने लिच्छवि राजकुमारी **कुमारदेवी** से विवाह किया तथा अपने स्वर्ण सिक्के पर कुमारदेवी का नाम खुदवाया।

समुद्रगुप्त

- चन्द्रगुप्त प्रथम का उत्तराधिकारी **समुद्रगुप्त** हुआ। इनके कुछ सोने के सिक्के प्राप्त हुए हैं, जिन पर काँच नाम उत्कीर्ण है तथा **सर्वराजोच्छेत्ता** विरुद भी मिलता है। अभिलेखों में यह विरुद समुद्रगुप्त के लिए प्रयुक्त हुआ है। समुद्रगुप्त को प्रयाग प्रशस्ति में **लिच्छवि दौहित्र** भी कहा गया है।
- समुद्रगुप्त महान् विजेता था। हरिषेण लिखित प्रयाग प्रशस्ति के सातवें श्लोक से उसकी सामरिक विजयों का विवरण प्रारम्भ होता है। यह प्रशस्ति **चम्पू शैली** में लिखी गई है। समुद्रगुप्त का विजय अभियान पाँच चरणों में सम्पन्न हुआ था।
- उत्तरी भारत के नौ राज्यों की विजय को **आर्यावर्त राज्य प्रसभोद्धरण** कहा गया है अर्थात् राज्यों का बलात् उन्मूलन कर, उन्हें अपने साम्राज्य में मिला लिया। दक्षिणापथ के बारह राज्यों के प्रति उसने **ग्रहणमोक्षानुग्रह** (ग्रहण, मोक्ष तथा अनुग्रह) की नीति अपनाई। दक्षिण विजय को धर्म विजय भी कहा जाता है।
- गणतन्त्रीय राज्यों ने सर्वकरदान, आज्ञाकरण और प्राणागमन के द्वारा तुष्ट करने की चेष्टा की। विदेशी शासकों ने समुद्रगुप्त की अधीनता स्वीकार करते हुए आत्मनिवेदन, कन्योपायन तथा गुरुत्मन्दक की विधि अपनाई। अपने विजय अभियान को पूरा करने के पश्चात् उसने अश्वमेघ यज्ञ सम्पन्न किया तथा अश्वमेध पराक्रम की उपाधि ली। समुद्रगुप्त से श्रीलंका के शासक **मेघवर्मन** ने गया में एक बौद्ध मठ बनाने की अनुमति माँगी थी, जिसकी अनुमति दे दी गई थी।
- अश्वमेघ प्रकार के सिक्कों पर राजमहिषी दत्तदेवी की आकृति तथा अश्वमेघ पराक्रम अंकित है।
- समुद्रगुप्त विजेता के साथ-साथ कवि, संगीतज्ञ तथा विद्या का संरक्षक था। उसके सिक्कों पर उसे वीणा बजाते हुए दिखाया गया है तथा **कविराज** की उपाधि प्रदान की गई है। सिक्कों पर उसने व्याघ्र पराक्रम, अप्रतिरथ, पराक्रमांक आदि विरुद धारण किए। उसने महान् बौद्ध भिक्षु वसुबन्धु को संरक्षण दिया था। **वी ए स्मिथ** ने समुद्रगुप्त को **भारत का नेपोलियन** कहा है।
- इलाहाबाद के अशोक स्तम्भ पर ही समुद्रगुप्त के सन्धि विग्राहक **हरिषेण** ने संस्कृत भाषा में प्रशंसात्मक वर्णन प्रस्तुत किया है, जिसे प्रयाग प्रशस्ति कहा गया है। अशोक निर्मित यह स्तम्भ मूलत: कौशाम्बी में स्थित था, जिसे अकबर ने इलाहाबाद में स्थापित करवाया था। इस स्तम्भ पर जहाँगीर तथा बीरबल का भी उल्लेख है। प्रयाग प्रशस्ति में सर्वप्रथम **भारतवर्ष** शब्द का उल्लेख मिलता है।

समुद्रगुप्त का विजय अभियान

- **प्रथम चरण** आर्यावर्त या उत्तरी भारत के नौ शासकों को पराजित किया, जिनमें अहिच्छत्र के अच्युत, चम्पावती के नागसेन, विदिशा के गणपतिनथ प्रमुख थे। इन राज्यों को प्रत्यक्ष रूप से अपने साम्राज्य में मिला लिया।
- **द्वितीय चरण** पंजाब के, गणतन्त्र जैसे–अर्जुनायन मालव, यौधेय, माडक, आभीर, काव, खर्परिक तथा सीमावर्ती राज्यों; जैसे–समतट, कामरूप, डव, नेपाल तथा कर्तृपुर को पराजित किया।
- **तृतीय चरण** विन्ध्य क्षेत्र के आटविकों राज्यों को पराजित किया।
- **चतुर्थ चरण** पल्लव राज्य समेत दक्षिण भारत के बारह राज्यों को पराजित किया (i) कौशल शासक महेन्द्र (ii) महाकान्तर का व्याघ्रराज (iii) कौराल का मन्तराज (iv) पिष्टपुर का महेन्द्रगिरि (v) कोट्टूर का स्वामीदत्त (vi) काँची का विष्णुगोप (vii) अवमुक्त का नीलराज (viii) वेंगी का हस्तिवर्मन (ix) पालक का उग्रसेन (x) देवराष्ट्र का कुबेर (xi) एरण्डपल्ल का राजा दमन एवं (xii) कुस्थलपुर का धनंजय, को पराजित किया।
- **पंचम चरण** उत्तर-पश्चिम भारत के कुछ विदेशी राज्यों को पराजित किया।

चन्द्रगुप्त द्वितीय

- गुप्तवंशावली में समुद्रगुप्त के पश्चात् चन्द्रगुप्त द्वितीय का नाम उल्लिखित है, परन्तु दोनों शासकों के बीच रामगुप्त नामक एक दुर्बल शासक के अस्तित्व का भी पता चलता है। विशाखदत्त कृत **देवीचन्द्रगुप्त** नामक नाटक में भी चन्द्रगुप्त विक्रमादित्य से पूर्व रामगुप्त का गुप्त शासक के रूप में वर्णन किया गया है।
- मेहरौली (दिल्ली) में लौह स्तम्भ खुदवाकर अपना विजयोत्सव मनाया था, इस स्तम्भ पर चन्द्र नामक शासक की विजय का वर्णन है, जिसकी पहचान चन्द्रगुप्त द्वितीय से की गई है। चन्द्रगुप्त द्वितीय के विजयों का उल्लेख उसके उदयगिरि अभिलेख में मिलता है। **उज्जयिनी** को उसने द्वितीय राजधानी बनाया था।
- चन्द्रगुप्त द्वितीय ने सम्भवतः रामगुप्त की विधवा ध्रुवदेवी से विवाह कर लिया था। अपनी पुत्री प्रभावती का विवाह वाकाटक नरेश रुद्रसेन द्वितीय से तथा अपने पुत्र का विवाह कदम्ब राजवंश में किया था।
- चन्द्रगुप्त द्वितीय ने विक्रमादित्य, विक्रमांक एवं परमभागवत की उपाधि धारण की थी। उसके अन्य नाम देवगुप्त, देवराज तथा देवश्री थे। शकों (रुदसिंह तृतीय) पर विजयोपरान्त उसे **शकारि** कहा गया।
- उसके दरबार में कालिदास, धन्वन्तरि, क्षपणक, अमरसिंह, शंकु, वेताल भट्ट, घटकर्पर, वराहमिहिर, वररुचि जैसे नवरत्न मौजूद थे। उसका सचिव वीरसेन शैव था और सेनापति आम्रकार्दव बौद्ध था। उसके समय में प्रसिद्ध चीनी यात्री **फाह्यान** (399-414 ई.) भारत आया था। उसके समय में पाटलिपुत्र एवं उज्जयिनी शिक्षा के प्रमुख केन्द्र थे।

कुमारगुप्त प्रथम

- कुमारगुप्त प्रथम के समय के सर्वाधिक गुप्तकालीन अभिलेख प्राप्त हुए हैं। कुमारगुप्त के विलसड अभिलेख से ही कुमारगुप्त प्रथम तक गुप्तों की वंशावली प्राप्त होती है। कुमारगुप्त प्रथम के सुव्यवस्थित शासन का वर्णन उसके मन्दसौर अभिलेख से मिलता है, जिसकी रचना वत्सभट्टी प्रथम ने की थी।
- कुमारगुप्त प्रथम के अन्तिम दिनों में **पुष्यमित्र** नामक जातियों ने आक्रमण किया, स्कन्दगुप्त पुष्यमित्रों को पराजित करने में सफल रहा।
- कुमारगुप्त प्रथम ने **नालन्दा विश्वविद्यालय** की स्थापना करवाई। उसने महेन्द्रादित्य, श्रीमहेन्द्र और अश्वमेघ महेन्द्र आदि उपाधियाँ धारण कीं। उसके समय में गुप्तकालीन मुद्राओं का सबसे बड़ा ढेर बयाना (राजस्थान) से प्राप्त हुआ है, जिसमें मयूर शैली की मुद्राएँ सर्वाधिक महत्त्वपूर्ण थीं।

स्कन्दगुप्त

- स्कन्दगुप्त के समय मध्य एशिया के हूणों ने आक्रमण किया। **भीतरी स्तम्भ लेख** के अनुसार प्रथम हूण आक्रमण इसी के समय हुआ, जबकि जूनागढ़ अभिलेख के अनुसार उसने हूणों के आक्रमण को विफल कर दिया। जूनागढ़ अभिलेख में हूणों को **म्लेच्छ** कहा गया है।
- स्कन्दगुप्त को कहौम स्तम्भ लेख में **शक्रादित्य** आर्यमन्जुश्री मूलकल्प में **देवराय** तथा जूनागढ़ अभिलेख में 'श्री परिक्षिप्तवक्षा' कहा गया है। जूनागढ़ अभिलेख के अनुसार स्कन्दगुप्त ने सुदर्शन झील के पुनरुद्धार का कार्य सौराष्ट्र के गवर्नर **पर्णदत्त** के पुत्र **चक्रपालित** को सौंपा था। उसने झील के किनारे एक विष्णु मन्दिर का निर्माण भी करवाया था। पुष्यगुप्त वैश्य (चन्द्रगुप्त मौर्य के समय); तुशाष्प (अशोक के समय; एवं सुविशाख (रुद्रदामन के समय) भी सुदर्शन झील से सम्बन्धित हैं।
- ह्वेनसाँग ने नालन्दा संघाराम को बनवाने वाले शासकों में शक्रादित्य के नाम का उल्लेख किया है, जिससे स्कन्दगुप्त द्वारा नालन्दा संघाराम को सहायता देने का प्रमाण मिलता है। स्कन्दगुप्त ने 466 ई. में **चीनी साँग सम्राट** के दरबार में राजदूत भेजे थे।

फाह्यान का यात्रा विवरण

फाह्यान चीन, मध्य एशिया पेशावर के स्थल मार्ग से 399 ई. में भारत आया व ताम्रलिप्ति से श्रीलंका तथा पूर्वी द्वीपों से होते हुए समुद्री मार्ग से 414 ई. में स्वदेश लौटा।

इसके प्रमुख वर्णन निम्न हैं

- मध्य देश ब्राह्मणों का देश था, जहाँ लोग सुखी और सम्पन्न थे। यहाँ मृत्युदण्ड नहीं दिया जाता था, केवल आर्थिक दण्ड प्रचलित थे। बार-बार राजद्रोह के अपराध में केवल दाहिना हाथ काट लिया जाता था।
- मध्य देश के लोग न तो किसी जीवित प्राणी की हत्या करते थे और न ही माँस, मदिरा, प्याज, लहसुन आदि का प्रयोग करते थे। केवल चाण्डाल इसके अपवाद थे तथा समाज से बहिष्कृत थे, इस प्रकार चाण्डालों का विस्तृत वर्णन करने वाला फाह्यान पहला विदेशी यात्री था।
- बाजारों में बूचड़खाने तथा मदिरालय नहीं थे। मध्य देश के लोग क्रय-विक्रय में कौड़ियों का प्रयोग करते थे। फाह्यान ने पवित्र बौद्ध स्थानों की यात्रा की। संकिसा तथा श्रावस्ती में उसने अनेक स्मारक तथा भिक्षु देखे। पाटलिपुत्र में अशोक का राजमहल देखा तथा इससे इतना प्रभावित हुआ कि उसे देवताओं द्वारा निर्मित बताया। इसने नालन्दा, राजगृह, बोधगया, वैशाली, श्रावस्ती तथा कपिलवस्तु की भी यात्रा की।

- स्कन्दगुप्त के पश्चात् पूर्वगुप्त/पुरुगुप्त, बुद्धगुप्त, भानुगुप्त, कुमारगुप्त द्वितीय, नरसिंहगुप्त, कुमारगुप्त तृतीय और विष्णुगुप्त तृतीय शासक हुए।
- विष्णुगुप्त तृतीय गुप्त साम्राज्य का अन्तिम शासक था।
- बुद्धगुप्त ने नालन्दा महाविहार को धन दान में दिया था। नरसिंहगुप्त ने हूण नरेश मिहिरकुल को पराजित किया। भानुगुप्त के ऐरण अभिलेख (510 ई.) से सती प्रथा का पहला अभिलेखीय प्रमाण मिलता है।
- गुप्तों के पतन के साथ नए वंशों का उदय हुआ। उनमें वल्लभी के मैत्रक, कन्नौज के मौखरि तथा थानेश्वर के वर्धन वंश आदि प्रमुख थे।

गुप्तों का राजत्व का सिद्धान्त

- मौर्यों के विपरीत गुप्त राजाओं ने महाराजाधिराज, परमभट्टारक, परमेश्वर, परमदेवता जैसी आडम्बरपूर्ण उपाधियाँ धारण कीं। राजा की दैवी उत्पत्ति का सिद्धान्त जो **मनुस्मृति** में प्राप्त है, गुप्त युग तक लोकप्रिय हो चुका था। राजा को रक्षा और पालन करने वाले भगवान **विष्णु** के रूप में देखा जाने लगा और राजसत्ता की देवी **लक्ष्मी** विष्णु की पत्नी के रूप में सिक्कों की पीठ पर सदा अंकित होती रहीं। चन्द्रगुप्त विक्रमादित्य ने अपनी तुलना इन्द्र, वरुण, यम और कुबेर से की है।
- राजपद वंशागत था, परन्तु राजसत्ता **ज्येष्ठाधिकार** की अटल प्रथा के अभाव में सीमित थी। राजा को धर्म के अनुसार वर्णाश्रम धर्म का रक्षक बताया गया था। गुप्त शासक साम्राज्यवादी थे, लेकिन केन्द्रीय शासन का जो नियन्त्रण मौर्य युग में देखने को मिलता है, वह इस युग में नहीं मिलता, क्योंकि गुप्त युग में ही **विकेन्द्रीकरण** की प्रवृत्ति बढ़ने लगी थी।

गुप्तकालीन प्रशासनिक व्यवस्था

- कामन्दक (नीतिसार) एवं कालिदास दोनों ने मन्त्रिमण्डल या मन्त्रिपरिषद् का उल्लेख भी किया है। मन्त्रियों का चयन सम्राट द्वारा उनकी व्यक्तिगत योग्यता के आधार पर राजकुमार, सामन्तों तथा उच्च अधिकारियों में से किया जाता था। मन्त्रियों के लिए **मन्त्रित** तथा **सचिव** शब्द प्रयुक्त किया जाता था।
- गुप्त साम्राज्य के सबसे बड़े अधिकारी **कुमारामात्य** होते थे। उन्हें राजा उनके अपने ही प्रान्त में नियुक्त करता था। वे नकद वेतन पाते थे।
- हरिषेण (समुद्रगुप्त का सन्धिविग्रहिक); वीरसेन (चन्द्रगुप्त II का सन्धिविग्रहिक); शिखरस्वामी (चन्द्रगुप्त II का मन्त्री); पृथ्वीषेण (कुमारगुप्त का मन्त्री); चक्रपालित (स्कन्दगुप्त के मन्त्री); एवं पर्णदत्त (स्कन्दगुप्त के मन्त्री) गुप्तकाल के प्रमुख अधिकारी थे।

गुप्तकालीन अधिकारी एवं उनके विभाग

अधिकारी	विभाग
महाबलाधिकृत	सेनापति
महादण्डनायक	न्यायाधीश
सन्धिविग्रहिक	युद्ध तथा सन्धि के विषयों से सम्बन्धित
दण्डपाशिक	पुलिस विभाग का सर्वोच्च अधिकारी
विनयस्थिति संस्थापक	शिक्षा तथा धर्म सम्बन्धी अधिकारी
भाण्डागाराधिकृत	राजकोष का अधिकारी
महाअक्षपटलिक	लेखा विभाग का सर्वोच्च अधिकारी
युक्त पुरुष	युद्ध में प्राप्त तथा हस्तगत की गई सम्पत्ति का लेखा-जोखा करने वाला अधिकारी
महाप्रतिहार	राजप्रसाद से सम्बन्धित विषयों की देख-रेख करने वाला अधिकारी

- साम्राज्य का विभाजन प्रान्तों में हुआ था, जिसे भुक्ति कहा जाता था। इस पर **उपरिक** नामक अधिकारी नियुक्त किया जाता था। सीमान्त प्रदेश के प्रशासक को **गोप्ता** कहा जाता था। प्रान्तों का विभाजन विषयों अर्थात् जिलों में हुआ था, जिसका प्रधान विषयपति होता था। जिले के अन्य अधिकारी थे - शौल्किक (सीमा शुल्क एवं चुंगी संग्रहकर्ता), गौल्मिक (वन एवं दुर्ग अधिकारी), ध्रुवाधिकरण (भूमिकर अधिकारी), पुस्तपाल (रिकॉर्ड रखने वाला) आदि।
- विषय को विथियों में बाँटा गया था। विथि से छोटी इकाई पेठ थी, जो अनेक ग्रामों का समूह थी। सबसे छोटी प्रशासनिक इकाई गाँव थी, जिसका प्रधान मुखिया या **महत्तर** (ग्राम वृद्ध) था। नगर प्रशासन के प्रमुख अधिकारी को पुरपाल, नगर रक्षक या द्रांगिक कहा जाता था। नगर परिषद् के प्रमुख को नगरपति कहा जाता था।
- नारद और बृहस्पति स्मृतियों से यह ज्ञात होता है कि गुप्त युग में न्याय व्यवस्था अत्यधिक विकसित थी।
- राजा के पास स्थायी सेना थी सेना के चार प्रमुख अंग थे-पदाति, रथरोही, अश्वारोही तथा गजसेना साधारण सैनिकों को चाट कहा जाता था।पुलिस
- विभाग के पदाधिकारियों में उपरिक, दशापराधिक, चौरोद्धरणिक, दण्डपाशिक, अंगरक्षक आदि प्रमुख पद थे।
- गुप्तचर कर्मचारी को दूत तथा पुलिस कर्मचारी को भट (भाट) कहा जाता था।

गुप्तकालीन आर्थिक स्थिति

कृषि

- गुप्तकालीन आर्थिक व्यवस्था का मुख्य आधार कृषि थी। गुप्तकाल में सामान्यतः भूमि पर सम्राट का स्वामित्व माना जाता था। वह भूमि से उत्पादन के **1/6 भाग** का अधिकारी था। इस प्रकार के कर को भाग कहा जाता था।
- करों की अदायगी दोनों ही रूपों **हिरण्य** (नकद) तथा **मेय** (अन्न) में की जाती थी। इसके अतिरिक्त वणिकों एवं शिल्पियों पर 'राजकर' लगाया जाता था। इन्हें कर के रूप में **बेगार** (विष्टि) देना पड़ता था।
- अमरकोष में 12 प्रकार की भूमि का उल्लेख मिलता है। निवर्तन, कुल्यावाप, द्रोणवाप तथा आढ़वाप भूमि माप का पैमाना था।

भूमि के प्रमुख प्रकार

- वास्तु (वास करने योग्य भूमि); क्षेत्र (खेती के उपयुक्त भूमि); खिल (नहीं जोती जाने वाली भूमि); अप्रहत (बिना जोती गई जंगल भूमि) तथा औदक (दलदली भूमि) आदि भूमि के प्रमुख प्रकार थे।
- **गुप्तकालीन कर** इस कर के अर्न्तगत वैष्ठिका (बेगार), भट्ट (पुलिस कर), प्रणय (ग्रामवासियों पर लगाया जाने वाला अनिवार्य कर), चारासन (चरागाहों पर शुल्क), चाट (लुटेरों द्वारा उत्पीड़न से मुक्तिका कर), दशापराध (दस प्रकार के अपराधों पर किए गए जुर्माने), हलदण्ड (हल पर लगाया जाने वाला कर), भूतोवात प्रत्यय (नशीली वस्तुओं पर कर) आते थे।

वाणिज्य एवं व्यापार

- वस्त्र उद्योग इस काल का सर्वप्रमुख उद्योग था। मिट्टी के बर्तन एवं मृण्मूर्तियाँ बनाने तथा पत्थर एवं धातु के सामान तैयार करने का उद्योग भी विकसित हुआ। मेहरौली का लौह-स्तम्भ गुप्तकालीन धातु निर्माण कला का सर्वोत्कृष्ट उदाहरण माना जाता है।
- शिल्पियों एवं व्यावसायियों के निगम, श्रेणी तथा संघ होते थे। अपने व्यवसायों के अतिरिक्त ये श्रेणियाँ स्थानीय प्रशासन में भाग लेती थीं, मुहर चलाती थीं। सार्थवाह एवं श्रेष्ठी संघों का उल्लेख मिलता है।
- इस काल तक रोमन व्यापार का पतन हो चुका था, लेकिन दक्षिण-पूर्व एशिया एवं चीन के साथ व्यापार में वृद्धि हुई। ताम्रलिप्ति पूर्वी तट का, जबकि भृगुकच्छ (भड़ौच) पश्चिमी भारत का प्रमुख बन्दरगाह था।
- इस काल में चीन से रेशम (चीनांशुक), यूथोपिया से हाथीदाँत तथा अरब, ईरान एवं बैक्ट्रिया से घोड़ों का आयात किया जाता था।

सिक्के

- गुप्त शासकों ने सोने, चाँदी एवं ताँबे के सिक्के चलाए। इस काल में सोने के सिक्के को **दीनार** कहा जाता था। सोने का सिक्का 144 ग्रेन का होता था। चाँदी के सिक्कों का प्रयोग स्थानीय लेन-देन में किया जाता था। फाह्यान के अनुसार, सामान्य लोग खरीद-बिक्री के लिए **कौड़ी** का प्रयोग करते थे। गुप्त शासकों ने सबसे अधिक स्वर्ण मुद्राएँ जारी कीं। इनके ताँबे के सिक्के बहुत ही कम मिलते हैं।

गुप्तकालीन सामाजिक स्थिति

- गुप्तकालीन समाज परम्परागत चार वर्णों में विभक्त था। चार वर्णों का आधार गुण और कर्म न होकर जन्म था। समाज में ब्राह्मणों का स्थान सर्वोच्च था। क्षत्रिय वर्ण का भी मुख्य कार्य क्षेत्र की रक्षा तथा सैनिक सेवा थी वैश्य वर्ण का मुख्य कार्य कृषि एवं व्यवसाय था तथापि वे क्षत्रिय का व्यवसाय अपनाते थे। वाणिज्य-व्यापार के पतन के कारण वैश्यों की सामाजिक स्थिति में गिरावट आई।
- इस काल में **शूद्रों** की स्थिति में सुधार हुआ। अब उन्हें रामायण, महाभारत और पुराण सुनने का अधिकार मिल गया।
- गुप्तकाल में अनुलोम एवं प्रतिलोम विवाहों के फलस्वरूप अनेक मिश्रित जातियों का उदय हुआ। वर्ण संकर जाति तथा प्रतिलोम विवाह से उत्पन्न सन्तान को अछूत माना जाता था। फाह्यान के अनुसार समाज में अछूतों का स्पर्श वर्जित था। स्मृतियों में इन्हें **अन्त्यज** अथवा **चाण्डाल** कहा गया है।
- नई जातियों में भूमि अनुदान की प्रथा के विकास के कारण कायस्थों का उदय हुआ।
- कायस्थों का सर्वप्रथम उल्लेख याज्ञवल्क्य ने किया है। उनका प्रधान कार्य केवल लेखकीय ही नहीं होता था, बल्कि वे लेखाकरण, गणना, आय-व्यय और भूमिकर के अधिकारी भी होते थे।
- जाति के रूप में 'कायस्थ' का उल्लेख सर्वप्रथम ओशनम् स्मृति में हुआ है। गुप्तकालीन अभिलेखों में उन्हें प्रथम कायस्थ या ज्येष्ठ कहा गया है।

दास-प्रथा

- गुप्तकाल में दास-प्रथा प्रचलित थी। मनु सात प्रकार के तथा नारद 15 प्रकार के दासों का उल्लेख करता है। दास मुक्ति के अनुष्ठान का विधान भी सर्वप्रथम नारद ने ही किया। इस काल के अन्त में दास-प्रथा में शिथिलता आई।

स्त्रियों की दशा

- गुप्तकाल में स्त्रियों की दशा में पहले की अपेक्षा गिरावट आई। इसका प्रमुख कारण उपनयन संस्कार बन्द होना, अल्पायु में विवाह होना, पर्दा प्रथा तथा सती प्रथा का प्रचलन था।
- इस काल में उत्तर भारत में देवदासी प्रथा के भी साक्ष्य प्राप्त होते हैं। कामसूत्र एवं **मुद्राराक्षस** में गणिकाओं तथा वेश्याओं का वर्णन मिलता है। स्त्रियों को सम्पत्ति सम्बन्धी अधिकार भी दिए गए।

गुप्तकालीन धार्मिक स्थिति

- गुप्त शासकों का राजकीय धर्म वैष्णव था। उन्होंने परमभागवत की उपाधि धारण की तथा गरुड़ को अपना राजकीय चिह्न बनाया। दो गुप्त शासकों समुद्रगुप्त एवं कुमारगुप्त को अश्वमेध यज्ञ करने का श्रेय प्राप्त है। स्कन्दगुप्त का जूनागढ़ अभिलेख तथा बुद्धगुप्त का ऐरण स्तम्भलेख विष्णु की स्तुति से प्रारम्भ होता है।
- इस काल में हिन्दू धर्म के तीन महत्त्वपूर्ण पक्ष विकसित हुए
  1. मूर्ति उपासना का केन्द्र बन गई।
  2. यज्ञ का स्थान उपासना ने ले लिया।
  3. वैष्णव तथा शैव धर्मों का समन्वय हुआ।
- गुप्तकाल में वैष्णव धर्म सम्बन्धी सबसे महत्त्वपूर्ण अवशेष **देवगढ़** (झाँसी) का पंचायतन श्रेणी **दशावतार मन्दिर** है। इस मन्दिर में शेषनाग की शय्या पर विश्राम करते हुए नारायण विष्णु को दिखाया गया है।
- गुप्तकाल में नारायण, संकर्षण, लक्ष्मी जैसे अवैदिक देवी-देवताओं को वैष्णव धर्म का अभिन्न अंग बना लिया गया। गुप्तकाल में मन्दिरों और मूर्तियों के निर्माण के साथ-साथ अवतारवाद की धारणा का उदय हुआ। विष्णु के दस अवतार-मत्स्य, कूर्म, वाराह, नरसिंह, वामन, परशुराम, राम, कृष्ण, बुद्ध और कल्कि हैं।
- **त्रिमूर्ति के** अन्तर्गत गुप्तकाल में ब्रह्मा, विष्णु और महेश (शिव) की पूजा आरम्भ हुई। गुप्तकाल में अन्य देवताओं की तुलना में दैवी शक्ति का वैभव अत्यन्त बढ़ गया। अर्द्धनारीश्वर के रूप में शक्ति और शिव दोनों सम्प्रदायों का एकीकरण हुआ, परन्तु शक्ति की प्रधानता स्वीकार की गई।
- मन्दसौर अभिलेख में रेशम बुनकरों की श्रेणी द्वारा सूर्य मन्दिर बनवाने एवं मरम्मत का उल्लेख मिलता है। गुप्त शासक कुमारगुप्त प्रथम के सिक्कों पर कार्तिकेय का अंकन मिलता है।
- गुप्तकाल में बौद्ध एवं जैन धर्मों का भी प्रचार-प्रसार हुआ। महायान शाखा के अन्तर्गत बोधिसत्वों की प्रतिमाएँ बनाई जाने लगीं। विहारों, चैत्यों और मूर्तियों का निर्माण हुआ। इस काल के प्रसिद्ध बौद्ध आचार्य वसुबन्धु, असंग एवं दिङ्नाथ थे। **फाह्यान** के अनुसार, "गुप्तकाल में कश्मीर, अफगानिस्तान और पंजाब बौद्ध धर्म के केन्द्र थे।"

गुप्तकालीन कला एवं स्थापत्य

- गुप्तकाल में स्थापत्य, मूर्तिकला एवं चित्रकला के अतिरिक्त अन्य विविध कलाओं का उत्थान हुआ, कला एवं संस्कृति की दृष्टि से यह काल स्वर्ण युग कहलाता है।

स्थापत्य कला

- गुप्तकाल में ही मन्दिर निर्माण कला का जन्म हुआ था। देवगढ़ का दशावतार मन्दिर (वैष्णव मन्दिर) भारतीय मन्दिर निर्माण में शिखर का सम्भवत: पहला उदाहरण है। इस काल के मन्दिरों के निर्माण में छोटी-छोटी ईंटों तथा पत्थरों का प्रयोग किया जाता था।
- इस काल के मन्दिर की प्रमुख विशेषता है-गर्भगृह, दालान, सभाभवन, ड्योढ़ी, प्राचीरयुक्त प्रांगण, चपटी और शिखरयुक्त छतों का निर्माण। देवता की मूर्ति को गर्भगृह में स्थापित किया जाता था और गर्भगृह के चारों ओर प्रदक्षिणापथ बनाया जाता था।
- भूमरा एवं खोह का शिवमन्दिर, तिगवा एवं उदयगिरि का विष्णु मन्दिर, सिरपुर का लक्ष्मण मन्दिर, देवगढ़ का दशावतार मन्दिर तथा भीतरगाँव का ईंटों का मन्दिर इस काल की प्रमुख इमारतें हैं।

मूर्तिकला

- मथुरा, सारनाथ और पाटलिपुत्र मूर्तिकला के प्रमुख केन्द्र थे। विष्णु की मानवाकार प्रतिमाएँ बनीं। बुद्ध की अनेक प्रतिमाएँ बनीं, जिनमें सारनाथ एवं मथुरा की बौद्ध प्रतिमा प्रसिद्ध है। गंगा और यमुना का मूर्ति रूप गुप्तकाल की ही देन है।

चित्रकला

- गुप्तकाल के चित्रों के अवशेषों को बाघ तथा अजन्ता की गुफाओं में देखा जा सकता है। अजन्ता गुफाएँ वर्तमान महाराष्ट्र में अवस्थित शिलाकृत गुहा स्थापत्य के उदाहरण हैं। अजन्ता की 29 गुफाओं में से गुफा संख्या 16, 17 एवं 19 गुप्तकालीन हैं। अजन्ता की गुफाएँ मुख्यत: बौद्ध धर्म से सम्बद्ध हैं।
- वात्स्यायन के कामसूत्र में चित्रकला की गणना 64 कलाओं में से एक में की गई है। समुद्रगुप्त को उसके सिक्कों पर वीणा बजाते हुए दिखाया गया है।

गुप्तकालीन शिक्षा एवं साहित्य

- गुप्तकालीन अभिलेखों में 14 प्रकार की विधाओं का उल्लेख हैं, पाटलिपुत्र, वल्लभी, उज्जयिनी, काशी और मथुरा इस काल के प्रमुख शैक्षणिक केन्द्र थे। नालन्दा भी आगे चलकर विश्वविख्यात शैक्षणिक केन्द्र के रूप में विकसित हुआ। इस काल की अधिकांश रचनाएँ **संस्कृत भाषा** में हुईं। अधिकांश पुराणों की रचना इसी काल में हुई। **महाभारत** और **रामायण** का अन्तिम रूप से संकलन इसी काल में हुआ। याज्ञवल्क्य, नारद, कात्यायन एवं बृहस्पति की स्मृतियाँ इसी काल में लिखी गईं।
- भारत के प्रमुख **षड्दर्शनों** का अन्तिम रूप संकलन गुप्तकाल में ही हुआ। असंग ने महायान संग्रह, योगाचार भूमिशास्त्र, महायान सूत्रालंकार जैसे ग्रन्थ की रचना की।

गुप्तकालीन विज्ञान एवं तकनीक

- गुप्तकाल में सबसे अधिक प्रगति गणित एवं ज्योतिष के क्षेत्र में हुई। आर्यभट्ट इस काल के सबसे महान् वैज्ञानिक, गणितज्ञ एवं खगोलशास्त्री थे। इनकी प्रसिद्ध रचना आर्यभट्टीय है।
- आर्यभट्ट ने प्रमाणित किया कि पृथ्वी गोल है, अपनी धुरी पर घूमती रहती है, जिस कारण ग्रहण लगता है। शून्य की खोज भी आर्यभट्ट ने की।
- ब्रह्मगुप्त ने ब्रह्मसिद्धान्त में गुरुत्वाकर्षण का सिद्धान्त दिया था। वाराहमिहिर ने ज्योतिष के महत्त्वपूर्ण सिद्धान्त प्रतिपादित किए। उन्होंने पंचसिद्धान्तिका, वृहत-संहिता, वृहतजातक एवं लघुजातक की रचना की।
- नागार्जुन रसायन विज्ञान के ज्ञाता थे, उन्होंने रस चिकित्सा की खोज की। धन्वन्तरि ने अष्टांग हृदय नामक आयुर्वेद ग्रन्थ की रचना की।

गुप्त कालीन प्रमुख साहित्य

रामायण पहली एवं दूसरी शताब्दी के दौरान संस्कृत भाषा में इसकी रचना महर्षि बाल्मीकि ने की थी। इसमें मूलतः 6000 श्लोक थे, जो कालान्तर में 12000 और फिर 24000 हो गए। इसे **चतुर्विंशति साहस्री संहिता** भी कहा गया है। यह महाकाव्य-बालकाण्ड, सुन्दरकाण्ड, युद्धकाण्ड एवं उत्तरकाण्ड नामक सात काण्डों में बँटा है।

महाभारत ईसा-पूर्व चौथी शताब्दी में इसकी रचना महर्षि वेदव्यास ने की थी। महाभारत में मूलतः 8800 श्लोक थे, जिसे **जयसंहिता** कहा जाता है। श्लोकों की संख्या 24000 होने पर यह भारत कहलाया। गुप्तकाल में श्लोकों की संख्या एक लाख होने पर यह **शतसाहस्री संहिता** या **महाभारत** कहलाया।

पुराण ऐतिहासिक कथाओं का सबसे अच्छा क्रमबद्ध विवरण **पुराणों** में मिलता है। पुराणों की कुल संख्या 18 है, पुराणों में सर्वाधिक प्राचीन एवं प्रमाणिक मत्स्य पुराण हैं।

स्मृति भारतीय इतिहास में ई. पू. द्वितीय शताब्दी से लेकर मध्यकाल तक विभिन्न स्मृति ग्रन्थों की रचना हुई। मौर्योत्तर काल में रचित मनुस्मृति सबसे प्राचीन और प्रमाणिक है। इसके पश्चात् गुप्तकाल में क्रमशः याज्ञवल्क्य, नारद, पराशर, बृहस्पति एवं कात्यायन स्मृति की रचना हुई।

वर्द्धन वंश

- गुप्त साम्राज्य के पतन के बाद हरियाणा के अम्बाला जिले के थानेश्वर नामक स्थान पर 'वर्द्धन वंश' की स्थापना हुई। यह वंश हूणों के साथ हुए अपने संघर्ष के कारण प्रसिद्ध हुआ। इस वंश में नरवर्द्धन, राजवर्द्धन, आदित्यवर्द्धन एवं प्रभाकरवर्द्धन शासक हुए। प्रभाकरवर्द्धन के दो पुत्र-राज्यवर्द्धन एवं हर्षवर्द्धन तथा पुत्री राज्यश्री थी।

हर्षवर्द्धन

- प्रभाकरवर्द्धन के पश्चात् **राज्यवर्द्धन** शासक बना। राज्यवर्द्धन की मालवराज देवगुप्त एवं गौड़ शासक शशांक द्वारा मिलकर हत्या कर दी गई तथा राज्यश्री को कन्नौज में गिरफ्तार कर लिया गया। ऐसी ही विकट परिस्थिति में हर्षवर्द्धन थानेश्वर का राजा बना।
- हर्षवर्द्धन ने आचार्य **दिवाकर मित्र** की सहायता से राज्यश्री को खोज निकाला और सती होने से बचाया तथा वापस कन्नौज लाया। कन्नौज के मन्त्रियों एवं राज्यश्री की सहमति से हर्ष कन्नौज का भी शासक बन गया। इसकी राजधानी थानेश्वर से कन्नौज चली आई।
- हर्ष ने गौड़ शासक शशांक को पराजित किया था। नर्मदा नदी के किनारे हर्ष और चालुक्य शासक पुलकेशिन द्वितीय के बीच युद्ध (632 ई.) में हुआ था। ह्वेनसाँग के विवरण और ऐहोल अभिलेख से ज्ञात होता है कि इस युद्ध में सम्भवत: हर्ष की हार हुई थी। हर्ष ने कश्मीर पर आक्रमण कर वहाँ से बुद्ध का दाँत लाकर कन्नौज के निकट एक संघाराम में स्थापित किया।
- चीन के साथ भी हर्ष ने मैत्रीपूर्ण सम्बन्ध स्थापित किए, उसने 641 ई. में अपने दूत चीन भेजे तथा 643 ई. और 646 ई. में दो चीनी दूत उसके दरबार में आए।
- हर्ष का साम्राज्य सामन्ती संगठन पर आधारित था, जो हर्ष की उपाधियों परमभट्टारक, महाराजाधिराज, सकलोत्तरापथेश्वर, चक्रवर्ती, सार्वभौम परमेश्वर, परम माहेश्वर आदि से स्पष्ट हो जाता है। ह्वेनसांग ने हर्ष को **शिलादित्य** कहा था।
- ह्वेनसाँग हर्ष की सेना को **चतुरंगिणी** कहता है, जिसमें पैदल, घुड़सवार, रथ और हाथी की टुकड़ियाँ थीं। अवन्ती (युद्ध और शान्ति का मन्त्री), सिंहनाद (सेना का प्रधान) तथा कुन्तल (घुड़सवार सेना का प्रधान) का भी उल्लेख मिलता है।
- हर्ष के जलबेड़े का उल्लेख मधुबन और बाँसखेड़ा अभिलेखों में हुआ है। सेना का सर्वोच्च अधिकारी महाबलाधिकृत होता था। न्याय व्यवस्था का सर्वोच्च अधिकारी सम्राट था।
- राज्य को सर्वाधिक आय भूमि से प्राप्त होती थी। भोगिक कर वसूलने वाला तथा पुस्तपाल जमीन का हिसाब रखने वाला पदाधिकारी था। उपज का छठा भाग राजस्व के रूप में वसूल किया जाता था।

- हर्ष एक धर्मसहिष्णु शासक था। प्रारम्भ में वह शैव था, बाद में वह बौद्ध धर्म का सम्पोषक हो गया। हर्ष ने लगभग 643 ई. में कन्नौज तथा प्रयाग में दो विशाल धार्मिक सभाओं का आयोजन किया था। कुम्भ मेले को प्रारम्भ करने का श्रेय हर्षवर्द्धन को दिया जाता है।
- हर्ष को तीन नाटकों प्रियदर्शिका, रत्नावली तथा नागानन्द के रचयिता के रूप में भी याद किया जाता है।

ह्वेनसाँग का यात्रा विवरण

- हर्ष के शासनकाल का महत्त्व चीनी यात्री ह्वेनसाँग के भ्रमण को लेकर भी है। नालन्दा महाविहार अर्थात् बौद्ध विश्वविद्यालय में पढ़ने के लिए और भारत से बौद्ध ग्रन्थों को ले जाने के लिए वह 630 ई. में स्थलमार्ग से भारत आया। भारत से वह 645 ई. में चीन लौट गया। भारत को वह **यिन तु** कहकर पुकारता है। चीन लौटकर (सी-यू-की) नामक पुस्तक में भारत के सन्दर्भ में विस्तृत विवरण दिया है। ह्वेनसाँग की जीवनी उसके सहयोगी ह्वी-ली ने लिखा है।
- थानेश्वर में उसने जयगुप्त नामक बौद्ध विद्वान् से शिक्षा प्राप्त की। 637 ई. में वह नालन्दा पहुँचा, उस समय नालन्दा विश्वविद्यालय के आचार्य **शीलभद्र** थे। असोम के शासक भास्करवर्मन ने इसे अपने देश में आमन्त्रित किया। उसने कन्नौज की धर्मसभा तथा प्रयाग की छठे महामोक्षपरिषद् में भाग लिया।
- ह्वेनसाँग के अनुसार, हर्ष समस्त भारत का स्वामी था, जो प्रजा के हित में शासन करता था। यद्यपि अपराध के लिए मृत्युदण्ड नहीं दिया जाता था, परन्तु गम्भीर अपराधों के लिए अंग-भंग की सजा दी जाती थी। अग्नि, जल व विष द्वारा सत्य परीक्षा किया जाना ही किसी भी व्यक्ति की निर्दोषता अथवा दोष के निर्णय के साधन थे।
- समाज वर्ण और जाति प्रथा के आधार पर संगठित था। चारों वर्णों (ब्राह्मण, क्षत्रिय, वैश्य, शूद्र) में धार्मिक अनुष्ठानजनित पवित्रता थी। ह्वेनसाँग ने शूद्रों को कृषक कहा है।
- बालकों की शिक्षा सात वर्ष की आयु से प्रारम्भ होती थी। बौद्ध विहारों के अतिरिक्त गुरुकुलों में भी शिक्षा दी जाती थी। ह्वेनसाँग के अनुसार, वर्णमाला में 47 अक्षर होते थे। शिक्षा का विश्वविख्यात केन्द्र नालन्दा महाविहार था, जहाँ चीन, जापान, तिब्बत, श्रीलंका इत्यादि जगहों से विद्वान् अध्ययन के लिए आते थे। नालन्दा विश्वविद्यालय का भरण-पोषण 100 गाँवों के राजस्व से होता था। वल्लभी शिक्षा का दूसरा विख्यात केन्द्र था।
- व्यापारियों को नौघाटों व नावों पर शुल्क देना पड़ता था।

संगम युग (चोल, चेर, पाण्ड्य)

- भारतीय प्रायद्वीप का दक्षिणी छोर जो कृष्णा नदी के दक्षिण में पड़ता है, तीन राज्यों में विभक्त था—चोल, चेर और पाण्ड्य। अशोक के द्वितीय शिलालेख में चोल, पाण्ड्य, केरलपुत्र एवं सतीयपुत्र का उल्लेख है, जो साम्राज्य की सीमा पर बसते थे।
- संगम शब्द का अर्थ-संघ, परिषद्, गोष्ठी तथा तमिल कवियों का सम्मेलन है। इन परिषदों का संगठन पाण्ड्य राजाओं के संरक्षण में किया गया था।

चोल राज्य

- चोल राज्य पूर्वी तमिलनाडु में पेन्नार तथा वेलार नदियों के मध्य स्थित था। इसका प्रतीक चिह्न **बाघ** था। प्रारम्भिक राजधानी उत्तरी मनलूर थी। चोलों की अन्य राजधानियाँ—उरैयूर, तंजावुर एवं पुहार थीं।
- इलंजेत चेन्नी चोल राजवंश का प्रथम शासक था। उसने अपनी राजधानी **उरैयूर** में स्थापित की।
- **करिकाल** प्रारम्भिक चोल राजाओं में सर्वाधिक महत्त्वपूर्ण शासक था। इसका काल लगभग 190 ई. पू. माना जाता है। करिकाल का अर्थ था—**जले हुए पैरों वाला व्यक्ति**। उसने पुहार (कावेरी पत्तनम्) की स्थापना की और कावेरी नदी के किनारे 160 किमी लम्बा बाँध बनवाया।
- तन्जौर के निकट **वेण्णि** के युद्ध से उसे अत्यधिक प्रसिद्धि प्राप्त हुई। इस युद्ध में उसने चेर तथा पाण्ड्य राज्य के ग्यारह राजाओं के समूह पर विजय प्राप्त की। करिकाल सात स्वरों (संगीत) का ज्ञाता तथा वैदिक धर्म अनुयायी था।

चेर राज्य

- केरलपुत्र के नाम से भी चर्चित यह राज्य आधुनिक कोंकण, मालाबार का तटीय क्षेत्र, उत्तरी त्रावणकोर एवं कोच्चि तक विस्तृत था। चेर राजवंश का प्रतीक चिह्न **धनुष** था।
- **उदयन जेराल** इस वंश का प्रथम शासक था। कहा जाता है कि उसने 'महाभारत' के युद्ध में भाग लेने वाले वीरों को भोजन करवाया था। उदयन जेराल ने एक बड़ी **पाकशाला** बनवाई थी।
- **शेनगुट्टूवन** को लाल चेर भी कहा जाता था, उसने उत्तर दिशा में चढ़ाई की और गंगा को पार किया। इसका यशोगान **परणर** कवि ने किया है। यह कौमार्य की देवी उपासना से सम्बन्धित पतिनी सम्प्रदाय का संस्थापक था। अदिग इमान नामक चेर शासक को दक्षिण में गन्ने की खेती प्रारम्भ करने का श्रेय दिया जाता है।
- **नेदुनजेराल आदन** ने मरन्दै को अपनी राजधानी बनाया। उसने इमयवरम्बन की उपाधि ग्रहण की जिसका अर्थ होता है हिमालय तक सीमा वाला।

पाण्ड्य राज्य

- पाण्ड्य राज्य प्रायद्वीपों के सुदूर दक्षिण और दक्षिण-पूर्वी भाग में था। मदुरा इसकी राजधानी थी। इसका प्रतीक चिह्न **कार्प** (एक प्रकार की मछली) था। मेगास्थनीज ने पाण्ड्य राज्य का उल्लेख 'माबर' नाम से किया है। यह राज्य मोतियों के लिए प्रसिद्ध था। यहाँ स्त्रियों का शासन था।
- पाण्ड्य शासक **नेडियोन** ने पहरूली नामक नदी को अस्तित्व प्रदान किया तथा समुद्र पूजा भी प्रारम्भ कराई। पाण्ड्य शासकों में सबसे विख्यात **नेंडुजेलियन** था। उसकी प्रसिद्धि **तलैयालंगानम** के युद्ध में विजय के परिणामस्वरूप हुई। पत्तुपातु में नेंडुजेलियन के जीवन का विवरण मिलता है। नेंडुजेलियन ने रोमन सम्राट **ऑगस्टस** के दरबार में अपना दूत भी भेजा था। संगम कालीन कवियों नक्कीरर, कल्लादनार एवं मार्गुडिमरुदन को संरक्षण प्रदान किया।
- नेंडुजेलियन के बाद उसका छोटा भाई **कोरकै** गद्दी पर बैठा। उसने 'सती कण्णगी' के सम्मान में विशाल उत्सव आयोजित करवाया।

संगमकालीन प्रशासनिक व्यवस्था

- संगमकालीन प्रशासन राजतन्त्रात्मक एवं वंशानुगत था। समस्त अधिकार राजा में निहित थे, जो प्रजा को सन्तान के रूप में मानता था। राज्य का सर्वोच्च न्यायालय राजा की **सभा** (मनरम) होती थी। राजा का जन्म प्रतिवर्ष मनाया जाता था, जिसे **पेरुनल** कहते थे।
- राज्य मण्डलों में विभाजित था; मण्डल, नाडू या जिला में तथा नाडू उर या गाँव में विभाजित था। समुद्रतटीय कस्बों को पतिनम्, बड़े गाँव पेरूर, छोटे गाँव सिरूर तथा पुराने गाँव मुडूर कहलाते थे।

संगमकालीन प्रमुख अधिकारी

- **मन्त्री** (अमैईयच्चार), **पुरोहित** (पुरोहितार), **सेनापति** (सेनापतियार), **दूत** (दूतार), **गुप्तचर** (ओर्रार) प्रमुख अधिकारी थे।
- संगमकालीन शासकों के पास पेशेवर सैनिक होते थे। सेना की अग्र टुकड़ी **तुसी** और पिछली टुकड़ी **कुलै** कहलाती थी। सेना प्रमुख को **एनाडि** की उपाधि दी जाती थी। युद्ध में मारे गए सैनिकों की पाषाण मूर्तियाँ स्मारक स्वरूप बनाई जाती थीं।

संगमकालीन आर्थिक स्थिति

- संगमकालीन अर्थव्यवस्था सुचालित तथा पूर्णतया आत्मनिर्भर थी। सामान्य लोग अधिकांशतः कृषक अथवा पशुपालक, शिकारी तथा मछुवारे थे। समृद्ध और शक्तिशाली वर्ग में तीन प्रकार के लोग थे—वेतर, वेलिर और वेल्लार।
- संगम साहित्य में व्यापारी वर्ग को **वेनिगर** कहा गया है। अधिकांश व्यापार वस्तु विनिमय द्वारा होता था। बाजार को **अवनम** के नाम से जाना जाता था, यह लेन-देन का एक केन्द्र होता था।
- पेरिप्लस ऑफ इरिथ्रियन सी के अनुसार, टिंडिस, मुजरिस, नेलसिंडा, नौरा पश्चिमी तट के प्रमुख बन्दरगाह थे। चोल राज्य में पुहार (कावेरीपट्टनम), पाण्ड्य राज्य में शालियूर तथा चेर राज्य में कोर्कई प्रमुख बन्दरगाह था। कोरोमण्डल समुद्रतट पर अरिकमेडु प्रसिद्ध बन्दरगाह था।
- आयात की जाने वाली मुख्य वस्तुएँ थीं—सिक्के (सोना-चाँदी), पुखराज, महीन कपड़े, छपे वस्त्र, सुरमा, शीशा, टिन, ताँबा एवं शराब आदि। निर्यात की जाने वाली वस्तुओं में प्रमुख थीं—काली मिर्च, मोती, हाथी दाँत, रेशमी वस्त्र, नीलमणि, हीरे, मसाले, सूती-वस्त्र आदि।
- प्रथम शताब्दी ई. में रोम के साथ व्यापार तमिलों के लिए इतना अधिक लाभप्रद था कि पाण्ड्य नरेश ने रोमन नरेश ऑगस्टस का सहयोग प्राप्त करने के लिए उनके पास दो दूत भेजे थे।

संगमकालीन सामाजिक स्थिति

- संगम युग चार वर्णों में विभक्त था। ये वर्ण थे—**अरसर** (शासक), **अण्डनर** (ब्राह्मण), **वेनिगर** (वणिक) तथा वेल्लार या वेलिर (किसान)। यह वर्ण व्यवस्था आर्य युगीन वर्ण व्यवस्था से भिन्न थी। तमिल भूमि में ब्राह्मण का दर्शन सबसे पहले संगम युग में होता है। इस युग में तीव्र सामाजिक विषमता का बोध होता है। तोलकाप्पियम में तमिल समाज के तीन वर्णों में विभाजन का उल्लेख मिलता है।
- विवाह को आर्यों द्वारा एक संस्कार के रूप में स्थापित किया गया था। अस्पृश्यता तथा दास-प्रथा का भी प्रचलन था।
- वेल्लार (धनी किसान); उणवार (साधारण हलवाहा); कडैसियर (भूमिहीन मजदूर);अरसर (शासन वर्ग); पुलैयन (रस्सी बनाने वाली जाति); मलवर (डाका डालने वाला); एनियर (शिकारियों की जाति); परत्तियर (गणिका); पुलैयन (रस्सी की चारपाई का निर्माता); वेनिगर (वणिक या व्यापारी वर्ग); कणिगैचर (नर्तकी); अण्डनर (ब्राह्मण) एवं वेलीर (मजदूर कृषक वर्ग) सामाजिक व्यवस्था के प्रमुख अंग थे।
- ऑगस्टस तथा टिवेरियस की मुहर वाले सिक्के और नीरो के सोन एवं चाँदी के सिक्के तमिल प्रदेश के अनेक स्थलों से प्राप्त हुए हैं।
- संगम काल के व्यापार के सम्बन्ध में 'पेरिपूस ऑफ द एरिथ्रियन सी' से प्रकाश पड़ता है। इस समय तक तमिलकम् का अरब, मिस्र, चीन तथा रोम के साथ सीधा व्यापारिक मार्ग स्थापित हो चुका था।
- राजस्व का मुख्य स्रोत भू-राजस्व था, जिसकी दर उत्पादन का 1/6 भाग थी। भूमि की पैमाइश के लिए 'मा'और 'बेलिफ ' पैमाने का प्रयोग होता था।

संगमकालीन धार्मिक स्थिति

- संगम युग में धर्म का सम्बन्ध कर्मकाण्डों और कतिपय आध्यात्मिक अवधारणाओं से था। उनके कर्मकाण्ड का सम्बन्ध जीवात्मावादी तथा मानवरूपी देवपूजा के विविध रूपों में था। पुनर्जन्म, वीरपूजा, पितृपूजा, सतीपूजा का सम्पूर्ण दर्शन मृत्यु से सम्बन्धित था। जीवात्मावाद तमिल संगम धर्म का एक प्रमुख अंग है और इसमें प्रस्तर, जल, नक्षत्र और ग्रहों की पूजा शामिल थी।
- वैदिक संस्कृति को दक्षिण भारत में पहुँचाने का श्रेय **अगस्त्य ऋषि** को ही दिया जाता है। संगम युग में दक्षिण में वैदिक धर्म का प्रचलन हो चुका था।
- दक्षिण भारत में **मुरुगन** की उपासना सबसे प्राचीन है। बाद में मुरुगन का नाम सुब्रह्मण्यम् भी मिलता है और स्कन्द कार्तिकेय के साथ इस देवता का एकीकरण होता है। मुरुगन का प्रतीक है—मुर्गा (कुक्कुट)।

विभिन्न प्रदेशों से जुड़े देवता

क्षेत्र	देवता	निवासी
कुरुन्जि (पर्वत)	मुरुगन	कुरुवर (शिकारी)
पल्लै (निर्जन स्थल)	कोरनाबाई	मरवर (योद्धा)
मुल्लै (जंगल)	मेयन (विष्णु)	कुरुम्बर (गड़रिए)
मरुदम (जुते क्षेत्र)	इन्द्र	उलवर (कृषक)
नेयतल (समुद्रतट)	वरुण	पटदावर (मछुवारे)

संगमकालीन साहित्य

- तमिल की प्राचीनतम रचनाओं को संगम साहित्य कहते हैं। संगमकालीन रचनाओं को दो वर्गों में विभाजित किया जाता है—अगम (प्रेम सम्बन्धी) तथा पुरम (राजाओं की प्रशंसा)। तमिल प्रदेश के लोग ईस्वी के आरम्भ के पहले से ही लिखना जानते थे। ब्राह्मी लिपि में लिखे गए 75 से भी अधिक छोटे-छोटे अभिलेख प्राकृतिक गुफाओं विशेषकर मदुरै प्रदेश में पाए गए हैं।

- ऐतुतोगई (आठ संग्रह ग्रन्थ,) पत्तुपतु (दस गीतों का संग्रह) तथा पदितपत्तु (चेर शासकों का शौर्य विवरण) प्रमुख संगम साहित्य है। तोटलकापियम की रचना तोल्लकापियर ने, शिलप्पादिकारम् की इलंगोआदिगल ने, मणिमैखलै की सीतलै सत्तनार ने, जीवक चिन्तामणि की तिरुक्तदेवर ने, 'तिरुक्कुराल' की तिरुवल्लुवर ने, अहरानुरु की रुद्रश्रमण ने, एनगुरुनूर की किलार ने की है।

चालुक्य वंश

बादामी के चालुक्य वंश

- चालुक्यों ने छठी सदी के आरम्भ में पश्चिमी दक्कन में अपना राज्य कायम किया। इसकी राजधानी वातापी (आधुनिक बादामी) थी। इस वंश का संस्थापक **पुलकेशिन प्रथम** (535-567 ई.) को माना जाता है। इसके उत्तराधिकारी कीर्तिवर्मन प्रथम (567-597 ई.) ने पुरणपराक्रम, सत्याश्रय आदि उपाधियाँ लीं।
- **पुलकेशिन द्वितीय** (608-642 ई.) चालुक्य वंश का महान् शासक था, जिसने 'सत्याश्रय श्री पृथ्वी वल्लभ महाराज' एवं 'दक्षिणापथेश्वर' की उपाधि धारण की। इसने पश्चिमी गंग, कदम्ब एवं हर्षवर्द्धन को पराजित किया तथा परमेश्वर की उपाधि ली। इसकी जानकारी **रविकीर्ति** लिखित ऐहोल अभिलेख से मिलती है।
- पुलकेशिन द्वितीय ने वेंगी को जीतकर अपने भाई विष्णुवर्द्धन को वहाँ का शासक नियुक्त किया। इसके साथ ही वेंगी के चालुक्य शाखा की नींव पड़ी। विक्रमादित्य प्रथम ने गुजरात में लाट क्षेत्र को जीतकर अपने भाई जयसिंहवर्मन को वहाँ का शासक नियुक्त किया, इसके साथ ही गुजरात में चालुक्य की लाट शाखा का विकास हुआ।
- पल्लव शासक नरसिंहवर्मन प्रथम ने श्रीलंका के शासक के साथ मिलकर पुलकेशिन द्वितीय को पराजित कर मार डाला। पुलकेशिन के ईरान के साथ राजनयिक सम्बन्ध थे। अजन्ता के एक चित्र में उसे ईरानी राजदूत का स्वागत करते हुए दिखाया गया है। ह्वेनसाँग भी उसके दरबार में गया था।
- बादामी का चालुक्य वंश का अन्तिम शासक कीर्तिवर्मन द्वितीय (747-757 ई.) था, जिसका तख्ता पलट कर दन्तिदुर्ग ने राष्ट्रकूट वंश की स्थापना की।
- चालुक्यों के शासनकाल में पहाड़ों एवं चट्टानों को काटकर भव्य मन्दिरों का निर्माण हुआ।
- चालुक्यों ने बेसर शैली में एहोल में 70 तथा पट्टडकल में 10 मन्दिर बनाए। इसी कारण एहोल को मन्दिरों का शहर कहा जाता है।

वेंगी का चालुक्य वंश

- पुलकेशिन द्वितीय के भाई विष्णुवर्द्धन प्रथम (615-633 ई.) ने इस राजवंश की स्थापना की। इसकी राजधानी क्रमश: पिष्टपुर, वेंगी और राजमुन्दरी बनीं। विजयादित्य प्रथम (746-764 ई.) ने राष्ट्रकूटों से इस वंश की रक्षा की, परन्तु विष्णुवर्द्धन चतुर्थ (764-799 ई.) को राष्ट्रकूट शासक कृष्ण प्रथम तथा ध्रुव ने पराजित किया। विजयादित्य द्वितीय (799-847 ई.) इस वंश का अन्तिम महान् शासक था।

कल्याणी के चालुक्य वंश

- 10वीं सदी के अन्तिम चरण में इस राजवंश की स्थापना **तैलप द्वितीय** (993-997 ई.) ने की, जो आरम्भ में राष्ट्रकूटों का सामन्त था। सत्याश्रय (997-1008 ई.) ने चोल शासक राजराज प्रथम को पराजित किया। कन्नड़ कवि गदायुद्ध को संरक्षण दिया। इसका गुरु विमलचन्द्र जैन, जो विद्वान् था।
- **सोमेश्वर प्रथम** (1043-1068 ई.) के साथ संघर्ष में चोल शासक राजाधिराज युद्धभूमि में मारा गया था। सोमेश्वर प्रथम ने परमार नरेश भोज को हराकर धार पर कब्जा कर लिया। सोमेश्वर ने चालुक्य राजधानी मान्यखेत से स्थानान्तरित कर कल्याणी में बनाई।
- **विक्रमादित्य षष्ठ** (1076-1126 ई.) इस शाखा का अन्तिम महान् शासक हुआ। उसने **चालुक्य विक्रम सम्वत्** (1076 ई.) आरम्भ किया। राजकवि **विल्हण** उसका दरबारी था। सोमेश्वर तृतीय (1126-1138 ई.) ने भूलोकमल्ल विरुद धारण किया। उसने शिल्पशास्त्र पर ग्रन्थ 'मानसोल्लास' लिखी। सोमेश्वर चतुर्थ (1181-1189 ई.) को यादव राजा भिल्लन से हारकर गोवा भागना पड़ा। कल्याणी पर यादवों का अधिकार हो गया तथा चालुक्यों का राजवंश समाप्त हो गया।

पल्लव वंश

- इस वंश का संस्थापक सिंहविष्णु (565-600 ई.) को माना जाता है। वह वैष्णव धर्म का अनुयायी था। उसकी राजसभा में महाकवि भारवि निवास करते थे। उसके समय में मामल्लपुर में वराह मन्दिरों का निर्माण हुआ।
- **महेन्द्रवर्मन प्रथम** (600-630 ई.) सिंहविष्णु का पुत्र तथा उत्तराधिकारी था। उसने मत्तविलास, विचित्रचित्त, गुणभर आदि उपाधियाँ ग्रहण की थीं। उसने 'मत्तविलास प्रहसन' नामक हास्य ग्रन्थ की रचना की।
- **नरसिंहवर्मन प्रथम** (630-668 ई.) ने बादामी के चालुक्यों (पुलकेशिन द्वितीय) पर अधिकार करने के बाद अपना विजय स्तम्भ स्थापित किया था। इस विजय के बाद उसने वातापीकोण्ड की उपाधि धारण की थी। उसके काल में महाबलीपुरम् के कुछ एकाश्मक रथों का भी निर्माण हुआ था। ये मन्दिर शिलाकृत स्थापत्य के अद्वितीय उदाहरण हैं। इन पर हिन्दू धर्म से सम्बद्ध अर्जुन की तपस्यारत मूर्ति एवं गंगावतरण की कथा आदि उत्कीर्ण हैं। उसके शासनकाल में 641 ई. में चीनी यात्री ह्वेनसाँग काँची गया था।
- **नरसिंहवर्मन द्वितीय** (700-728 ई.) ने राजसिंह शैली में काँची के कैलाशनाथ मन्दिर तथा महाबलिपुरम् के शोर मन्दिर का एवं ऐरावतेश्वर मन्दिर का निर्माण करवाया। संस्कृत के प्रख्यात लेखक **दण्डिन** उसकी राजसभा में रहते थे। उसने अपना एक दूत मण्डल चीन भेजा था तथा चीनी बौद्ध यात्रियों के लिए नागपट्टनम में एक विहार निर्मित करवाया था।
- **परमेश्वरवर्मन द्वितीय** की आकस्मिक मृत्यु के बाद काँची के लोगों ने **नन्दिवर्मन द्वितीय** को राजा चुना। नन्दिवर्मन तृतीय वैष्णव मतानुयायी था। उसने कला और साहित्य को पर्याप्त प्रोत्साहन दिया। उसने काँची के मुक्तेश्वर मन्दिर तथा बैकुण्ठ पेरुमल मन्दिर का निर्माण करवाया था। प्रसिद्ध वैष्णव सन्त तिरुमंगाई अलवार उसका समकालीन था।
- **नन्दिवर्मन तृतीय** शैव मतानुयायी था। उसकी राजसभा में तमिल भाषा का प्रसिद्ध कवि सन्त पेरुन्देवनार निवास करता था, जिसने भरतवेणवा नामक ग्रन्थ की रचना की थी। अपराजित पल्लव वंश का अन्तिम महत्त्वपूर्ण शासक था।

- पल्लव कालीन कला का सर्वोत्तम रूप मन्दिर स्थापत्य में देखा जा सकता है, जो द्रविड़ शैली में है। चट्टान काटकर मन्दिरों का निर्माण कराया गया।
- इस काल में वास्तुकला की कई शैलियाँ प्रचलित हुईं। रथ शैली के मन्दिरों का निर्माण रथ के आकार में हुआ था। इनका निर्माण काष्ठकला से प्रभावित था। यह एक शिलाखण्डीय मन्दिर है, जो एक पत्थर को काटकर बनाया गया है। ये **सप्त पैगोड़ा** के नाम से लोकप्रिय है, किन्तु वास्तव में ये संख्या में 8 हैं। ये रथ हैं—धर्मराज, भीम, अर्जुन, नकुल सहदेव, द्रौपदी, गणेश, पिंडारि एवं वालायानकुट्टीय। रथों का निर्माण बौद्ध विहारों और चैत्यों से प्रभावित था। सबसे बड़ा धर्मराज रथ एवं सबसे छोटा द्रौपदी रथ था।

मन्दिर निर्माण शैलियाँ

शैली	विशेषता	उदाहरण
महेन्द्र वर्मन शैली	स्तम्भ एवं मण्डप का प्रयोग, सादगी, स्तम्भयुक्त कक्ष	दालवनुर, त्रिचनापल्ली, पल्लवरम्, से प्राप्त मन्दिर।
मामल्ल शैली या नरसिंहवर्मन शैली	मण्डप एवं रथ का प्रयोग	सप्त पैगोडा, वराह मन्दिर, महिष मन्दिर।
राजसिंह शैली	स्वतन्त्र रूप से मन्दिर निर्माण, शिखर एवं गोपुरम् का निर्माण	महाबलीपुरम् का तटीय मन्दिर काँचीपुरम् का कैलाश मन्दिर, बैकुण्ठ पेरुमल मन्दिर।
नन्दिवर्मन शैली	छोटा-छोटा आकार, कोई नवीनता नहीं	मुक्तेश्वर मन्दिर, मातंगेश्वर मन्दिर, परशुरामेश्वर मन्दिर।

अभ्यास प्रश्न

1. सेल्यूकस, जिनको अलेक्जेण्डर द्वारा सिन्ध एवं अफगानिस्तान का प्रशासक नियुक्त किया गया था, को किस भारतीय राजा ने हराया था?
(a) समुद्रगुप्त (b) अशोक
(c) बिन्दुसार (d) चन्द्रगुप्त

2. अशोक से सम्बन्धित निम्न कथनों पर विचार करें
1. अशोक ने अपने अभिलेखों में तीन भाषाओं एवं चार लिपि का प्रयोग किया।
2. लुम्बिनी अभिलेख, अशोक की प्रसिद्ध घोषणा का है " सभी प्रथा मेरी सन्तान हैं।
3. बाबर की पहाड़ियों में पाए गए अशोक के गुहालेख से उसकी धार्मिक सहिष्णुता का ज्ञान होता है।

उपरोक्त में से कौन-सा/से कथन सही नहीं है/हैं?
(a) 1 और 2 (b) केवल 2 (c) 1 और 3 (d) केवल 3

3. मौर्यकालीन कला के सम्बन्ध में निम्नलिखित में से कौन-सा असत्य है?
(a) पत्थरों को काटकर गुहा-गृहो के निर्माण की कला मौर्य कला में ही प्रारम्भ हुई
(b) पत्थर की मूर्ति का निर्माण कार्य शुरू हो गया था
(c) मौर्य काल में वास्तुकला एवं काष्ठकला अविकसित थी
(d) उपरोक्त सभी

4. ब्राह्मी लिपि का प्रथम उद्वाचन किस पर उत्कीर्ण अक्षरों से किया गया?
(a) पत्थर की पट्टियों पर (b) मुहरों पर
(c) स्तम्भों पर (d) सिक्कों पर

5. निम्न में से कौन-सा युग्म सुमेलित नहीं है?
(a) अक्षपटलाध्यक्ष-महालेखाकार
(b) कुप्याध्यक्ष-वाणिज्य विभाग का अध्ययन
(c) विविताध्यक्ष-चरागाहों का अध्यक्ष
(d) अकराध्यक्ष-खाद्य विभाग का अध्यक्ष

6. मेगस्थनीज ने भारतीय समाज को कितनी श्रेणियों मेंविभाजित किया?
(a) चार (b) पाँच (c) छः (d) सात

7. निम्नलिखित कथनों पर विचार कीजिए
1. अन्तिम मौर्य शासक बृहद्रथ की हत्या उसके प्रधान सेनापति पुष्यमित्र शुंग ने की थी।
2. अन्तिम शुंग राजा देवभूति की हत्या उसके ब्राह्मण मन्त्री वासुदेव कणव ने की और उसने उसका राजसिंहासन हथिया लिया।
3. आन्ध्र ने कण्व राजवंश के अन्तिम शासक को पद वंचित किया था।

उपरोक्त कथनों में कौन-सा/से कथन सही है/हैं?
(a) 1 और 2 (b) केवल 2 (c) केवल 3 (d) ये सभी

8. अशोक का समकालीन तुरमय कहाँ का राजा था?
(a) मिस्र (b) कोरिंथ (c) मेसीडोनिया (d) सीरिया

9. मौर्योत्तरकालीन साहित्य से सम्बन्धित निम्न कथनों पर विचार करें
1. महाभाष्य की रचना पतंजलि ने की थी।
2. महाभाष्य एक व्याकरण ग्रन्थ है, जिसमें यवन आक्रमण की चर्चा है।
3. नागसेन ने पालि भाषा में 'मिलिन्दपन्हो' की रचना की है।
4. मिलिन्दपन्हों से भारत-ग्रीक सम्पर्क की जानकारी मिलती है।

उपरोक्त में से कौन-से कथन सही हैं?
(a) 1, 2 और 3 (b) 2, 3 और 4
(c) 1, 3 और 4 (d) ये सभी

10. निम्नलिखित कथनों में से कौन-सा एक कथन सही नहीं है?
(a) पुष्यमित्र शुंग ने दो अश्वमेघ यज्ञ किए थे
(b) पतंजलि, पुष्यमित्र के यज्ञ के पुरोहित थे
(c) बाणभट्ट ने पुष्यमित्र शुंग को आर्य कहा है
(d) भरहुत स्तूप बनाने का श्रेय पुष्यमित्र शुंग को दिया जाता है

11. जूनागढ़ अभिलेख का पता सर्वप्रथम किसने लगाया था?
(a) जेम्स प्रिंसेफ (b) कनिंघम
(c) रॉबर्ट प्रॉस्फुट (d) कार्लाइल

12. दक्षिण काठियावाड़ के नाम से किस क्षेत्र को जाना जाता है?
(a) अवन्ति (b) अपरान्त
(c) सुराष्ट्र (d) अनूप

13. 'कार्षापण' क्या था?
(a) सोने चाँदी के सिक्के (b) ताँबे के सिक्के
(c) भूमि कर (d) भूमि माप की इकाई

14. नहपान ने किस वर्ष तक शासन किया था?
(a) 119 ई. से 125 ई. (b) 125 ई. से 130 ई.
(c) 120 ई. से 122 ई. (d) कोई निश्चित काल नहीं है

15. कार्दमक वंश का प्रथम शासक कौन था?
(a) जयदामन् (b) चष्टन
(c) रुद्रदामन (d) यशोदामन

16. पश्चिमी भारत का अन्तिम शक शासक कौन था?
(a) रुद्रदामन द्वितीय (b) नरेश रुद्रसिंह तृतीय
(c) विश्वसेन (d) यशोदामन द्वितीय

17. पश्चिमी भारत में शकों की सत्ता के अन्त के पश्चात् कौन-सा वंश स्थापित हुआ था?
(a) गुप्त (b) पुष्यभूति
(c) क्षहरात (d) चोल

18. महाराष्ट्र पर किस वंश का शासन था?
(a) क्षहरात वंश (b) चष्टन वंश
(c) शूर्पारक वंश (d) पहलव वंश

19. क्षहरात वंश का प्रथम शासक कौन था?
(a) नहपान (b) भूमक
(c) रुद्रदामन (d) इनमें से कोई नहीं

20. 'राजन्' की उपाधि किस शासक ने ग्रहण की थी?
(a) नहपान (b) भूमक
(c) रुद्रदामन (d) कार्दमक

21. क्षहरातों के पश्चात् सुराष्ट्र एवं मालवा में कौन-से देश ने शासन किया था?
(a) कार्दमक वंश (b) पहलव वंश
(c) कुषाण वंश (d) सातवाहन वंश

22. जूनागढ़ (गिरनार) से शक संवत् 72 का प्राप्त अभिलेख किस शासक से सम्बन्धित था?
(a) रुद्रदामन (b) चष्टन
(c) नहपान (d) शोडास

23. 'अपरान्त' क्षेत्र की राजधानी कहाँ थी?
(a) निमाड़ (b) अवन्ति
(c) शूर्पारक (d) सुराष्ट्र

24. निम्नलिखित कथनों में कौन-से कथन सही हैं?
1. मेगास्थनीज के अनुसार, पाण्ड्य शासन स्त्रियों के हाथ में था।
2. अशोक के अभिलेखों में चोल, पाण्ड्य, चेर का उल्लेख है।
3. संगम तमिल प्रदेश में राजाओं का मिलन था।

कूट
(a) 1 और 2 (b) 2 और 3
(c) 1 और 3 (d) ये सभी

25. संस्कृत का पहला लम्बा अभिलेख कौन-सा है?
(a) जूनागढ़ (b) प्रयागप्रशस्ति
(c) अशोक के अभिलेख (d) ये सभी

26. प्रसिद्ध सुदर्शन झील की मरम्मत किसने करवाई थी?
(a) रुद्रदामन (b) कार्दमक
(c) शोडास (d) रुद्रसिंह प्रथम

27. सातवाहन वंश का संस्थापक कौन था?
(a) चष्टन (b) सिमुक
(c) रुद्रदामन (d) हाल

28. नासिक (जोगल थम्बी) से प्राप्त चाँदी की मुद्राएँ किस शासक के काल की सूचनाएँ देती है?
(a) बल श्री शातकर्णी (b) हाल
(c) यज्ञ श्री शातकर्णी (d) गौतकी पुत्र शातकर्णी

29. उत्तरी तथा पश्चिमी भारत में सर्वाधिक संख्या में ताँबे के सिक्कों को जारी किया था
(a) इण्डो-ग्रीकों ने (b) कुषाणों ने (c) शकों ने (d) प्रतिहारों ने

30. प्राचीन काल के भारत पर आक्रमणों के सम्बन्ध में निम्नलिखित में से कौन-सा एक सही कालानुक्रम है?
(a) यूनानी-शक-कुषाण (b) यूनानी-कुषाण-शक
(c) शक-यूनानी-कुषाण (d) शक-कुषाण-यूनानी

31. सातवाहन वंश के सम्बन्ध में निम्न कथनों पर विचार कीजिए एवं असत्य कथन का चयन कीजिए
(a) सातवाहन वंश ने दूसरी शताब्दी ईसा पूर्व पूना से तटीय आन्ध्र प्रदेश तक राज किया
(b) सातवाहनों द्वारा जारी किए गए सिक्के दो भाषाओं में पाए गए हैं
(c) सातवाहन शासकों ने बौद्ध धर्म को संरक्षण प्रदान किया
(d) शातकर्णी पहला सातवाहन शासक था, जिसने सिक्कों पर राजाओं के सिर को अंकित करने की प्रथा प्रारम्भ की

32. कनिष्क ने 78 ई. में कौन-सा सम्वत् चलाया था?
(a) विक्रम संवत (b) कुषाण संवत
(c) शक संवत (d) इनमें से कोई नहीं

33. सर्वाधिक स्वर्ण सिक्के किस शासक ने जारी किए थे?
(a) शक (b) कुषाण
(c) सातवाहन (d) चेर

34. भारत में प्रान्तों में द्वैध शासन प्रणाली की स्थापना का श्रेय किसे दिया जाता है?
(a) शक (b) सीथियन
(c) कुषाण (d) सातवाहन

35. ईसा की तीसरी शताब्दी से, जबकि हूण आक्रमण से रोमन साम्राज्य समाप्त हो गया, भारतीय व्यापारी अधिकाधिक निर्भर हो गए
(a) अफ्रीकी व्यापार पर (b) पश्चिमी-यूरोपीय व्यापार पर
(c) दक्षिण-पूर्व एशियाई व्यापार पर (d) मध्य-पूर्वी व्यापार पर

36. हूण आक्रमण के सन्दर्भ में निम्न कथनों पर विचार करें
1. कुमारगुप्त के शासन के अन्तिम वर्षों में हूणों के एक सहयोगी पुष्यमित्रों का आक्रमण हुआ।
2. बुद्ध गुप्त की मृत्यु के बाद अन्तर्विरोध के कारण साम्राज्य टुकड़ों में बँट गया तथा हूणों का पुनः आक्रमण हुआ।

उपरोक्त में से कौन-सा/से कथन सही है/हैं?
(a) केवल 1 (b) केवल 2
(c) 1 और 2 (d) न तो 1 और न ही 2

37. गुप्तकाल से सम्बन्धित निम्न कथनों पर विचार करें
1. गुप्तकाल में विकेन्द्रीकरण की प्रवृत्ति व्यापार, वाणिज्य में गिरावट का संकेत देती है।
2. गुप्तकाल में, जिस क्षेत्र से होकर सेना जाती थी वहाँ के लोगों को उसे एक प्रकार का कर देना पड़ता था, जिसे सेनाभक्त कहते थे।

उपरोक्त में से कौन-सा/से कथन सही है/हैं?
(a) केवल 1 (b) केवल 2
(c) 1 और 2 (d) न तो 1 और न ही 2

38. समुद्रगुप्त से सम्बन्धित निम्न कथनों पर विचार करें
1. समुद्रगुप्त ने उत्तर राज्यों के नौ शासकों को पराजित किया।
2. समुद्रगुप्त ने दक्षिणापथ के 12 राज्यों पर विजय प्राप्त कर उन्हें स्वतन्त्र किया तथा फिर से उन्हें राजा बनाया।

उपरोक्त में से कौन-सा/से कथन सही है/हैं?
(a) केवल 1
(b) केवल 2
(c) 1 और 2
(d) न तो 1 और न ही 2

39. सती प्रथा का अभिलेखिक साक्ष्य प्राप्त हुआ है
(a) ऐरण से (b) जूनागढ़ से
(c) मन्दसौर से (d) साँची से

40. निम्नलिखित शासकों में से किस एक ने चार अश्वमेघों का सम्पादन किया था?
(a) पुष्यमित्र शुंग (b) प्रवरसेन प्रथम
(c) समुद्रगुप्त (d) चन्द्रगुप्त द्वितीय

41. निम्नलिखित में से कौन भारत का नेपोलियन कहलाता है?
(a) चन्द्रगुप्त (b) कनिष्क
(c) हर्षवधन (d) समुद्रगुप्त

42. चीनी यात्री ने किस भारतीय शासक के शासनकाल में भारत का भ्रमण किया था?
(a) चन्द्रगुप्त II (b) बुधगुप्त
(c) स्कन्दगुप्त (d) रामगुप्त

43. हिरण्य, मेय तथा बेगार नामक कर किस राजवंश के कृषि कर थे?
(a) मौर्य (b) शुंग
(c) गुप्त (d) मौखरि

44. भारतीय मन्दिर निर्माण में शिखर का सबसे प्रथम उदाहरण युक्त मन्दिर है
(a) एलोरा (b) साँची (c) दशावतार (d) मदुरै

45. इतिहास के सन्दर्भ में, निम्नलिखित में से कौन-सा/से सामन्ती व्यवस्था का/के अनिवार्य तत्त्व है/हैं?
1. अत्यन्त सशक्त केन्द्रीय राजनीतिक सत्ता और अत्यन्त दुर्बल प्रान्तीय अथवा स्थानीय राजनीतिक सत्ता
2. भूमि के नियन्त्रण तथा स्वामित्व पर आधारित प्रशासनिक संरचना का उदय
3. सामन्त तथा उसके अधिपति के बीच स्वामी-दास सम्बन्ध का बनना

कूट
(a) 1 और 2 (b) 2 और 3
(c) केवल 3 (d) ये सभी

46. निम्न कथनों में कौन-से कथन सही हैं?
1. विक्रम संवत् 57 ई. पू. से आरम्भ हुआ।
2. शक संवत् 78 ई. पू. से आरम्भ हुआ।
3. गुप्तकाल 319 ई. पू. से आरम्भ हुआ।
4. भारत में मुसलमान शासन का युग 1192 ई. से शुरू हुआ।

कूट
(a) 1 और 2 (b) 3 और 4 (c) 1, 2 और 3 (d) ये सभी

47. निम्नलिखित कथनों पर विचार कीजिए
1. चीनी तीर्थयात्री फाह्यान ने कनिष्क द्वारा आयोजित की गई चतुर्थ महान् बौद्ध परिषद् में भाग लिया।
2. चीनी तीर्थयात्री ह्वेनसांग, हर्ष से मिला और उसे बौद्ध धर्म का प्रतिरोधी पाया।

उपरोक्त कथनों में कौन-सा/से कथन सही है/हैं?
(a) केवल 1 (b) केवल 2
(c) 1 और 2 (d) न तो 1 और न ही 2

48. प्राचीनकालीन भारत में हुई वैज्ञानिक प्रगति के सन्दर्भ में निम्नलिखित में से कौन-से कथन सही हैं?
1. प्रथम शती ई. में विभिन्न प्रकार के विशिष्ट शल्य औजारों का उपयोग आम था।
2. तीसरी शती ई. के आरम्भ में मानव शरीर के आन्तरिक अंगों का प्रत्यारोपण शुरू हो चुका था।
3. पाँचवीं शती ई. में कोण के ज्या का सिद्धान्त ज्ञात था।
4. सातवीं शती ई. में चक्रीय चतुर्भुज का सिद्धान्त ज्ञात था।

कूट
(a) 1 और 2 (b) 3 और 4
(c) 1, 3 और 4 (d) ये सभी

49. वर्द्धन साम्राज्य का वास्तविक संस्थापक कौन था?
(a) राज्य वर्द्धन (b) प्रभाकर वर्द्धन
(c) जय वर्द्धन (d) हर्ष वर्द्धन

50. हर्ष और चालुक्य नरेश पुलकेशिन II के बीच हुए युद्ध का विवरण किस अभिलेख से ज्ञात होता है?
(a) प्रयाग प्रशीत्त (b) एहोल अभिलेख
(c) नासिक अभिलेख (d) हस्तिनापुर ताम्रपत्र

51. भारत की यात्रा करने वाले चीनी यात्री युआन च्वांग (ह्वेनसांग) ने तत्कालीन भारत की सामान्य दशाओं और संस्कृति का वर्णन किया है
1. सड़क और नदी मार्ग लूटमार से पूरी तरह सुरक्षित थे।
2. जहाँ तक अपराधों के लिए दण्ड का प्रश्न है, अग्नि, जल व विष द्वारा सत्यपरीक्षा किया जाना ही किसी भी व्यक्ति की निर्दोषता अथवा दोष के निर्णय के साधन थे।
3. व्यापारियों को नौ-घाटों और नावों पर शुल्क देना पड़ता था।

उपरोक्त कथनों में निम्नलिखित में से कौन-सा/से कथन सही है/हैं?
(a) केवल 1 (b) 2 और 3 (c) 1 और 3 (d) ये सभी

52. भारतीय कला एवं पुरातात्विक इतिहास के सन्दर्भ में निम्नलिखित में से किस एक का सबसे पहले निर्माण किया गया था
(a) भुवनेश्वर स्थित लिंगराज मन्दिर
(b) धौली स्थित शैल कृत हाथी
(c) महाबलिपुरम् स्थित शैलकृत स्मारक
(d) उदयगिरि स्थित वाराह मूर्ति

53. चोल राजाओं में किस एक ने सीलोन (Ceylon) पर विजय प्राप्त की थी?

(a) आदित्य प्रथम (b) राजराज प्रथम
(c) राजेन्द्र प्रथम (d) विजयालय

54. ईसा की प्रारम्भिक शताब्दियों में भारत तथा रोम के बीच घनिष्ठ व्यापारिक सम्बन्धों की सूचना किस पुरास्थल की खुदाइयों से प्राप्त होती है?

(a) मदुरै (b) ताम्रलिपि
(c) तोंडी (d) अरिकामेडू

55. निम्नलिखित में से कौन-से संगम पत्तन पश्चिमी तट पर स्थित थे?

1. कोरकै 2. पुहार 3. तोंडी 4. मुशिरि

कूट

(a) 1 और 2 (b) 2 और 3 (c) 3 और 4 (d) 1 और 4

56. निम्नलिखित में से कौन-सी चोल प्रशासन की विशेषता थी?

(a) साम्राज्य का मण्डलम में विभाजन
(b) ग्राम प्रशासन की स्वायत्तता
(c) राज्य के मन्त्रियों को समस्त अधिकार
(d) कर संग्रह प्रणाली का सस्ता व उचित होना

57. चोल शासकों के समय में बनी हुई प्रतिमाओं में सबसे अधिक विख्यात हुई

(a) पत्थर की प्रतिमाएँ
(b) संगमरमर की प्रतिमाएँ
(c) विष्णु भगवान की पत्थर की शिलाओं पर अंकित प्रतिमाएँ
(d) नटराज शिव की काँसे की प्रतिमाएँ

58. चोल शासक राजराज प्रथम के सन्दर्भ में निम्न कथनों पर विचार कीजिए

1. राजराजेश्वर मन्दिर का निर्माण।
2. शैलेन्द्र शासक को बौद्ध विहार बनवाने की अनुमति।
3. सिंहल द्वीप पर अधिकार एवं अनुराधापुर को राजधानी बनाना।
4. भूमि माप की पद्धति कदम्ब चलाई।

उपरोक्त कथनों में कौन-से कथन सही हैं?

(a) 1, 2 और 4 (b) 3 और 4
(c) 1, 3 और 4 (d) 2, 3 और 4

59. निम्नलिखित युग्मों पर विचार कीजिए

1. पल्लै — निर्जन स्थल
2. नेयतल — पर्वत
3. मुल्लै — जंगल

उपरोक्त युग्मों में से कौन सा/से युग्म सही सुमेलित है/हैं?

(a) केवल 1 (b) 1 और 2
(c) केवल 2 (d) 1 और 3

60. निम्नलिखित में से कौन-कौन संगम साहित्य के अन्तर्गत शामिल किये जाते हैं?

1. तोल्लकपियम 2. तिरुक्कुराल
3. शिल्पादिकारम् 4. ये सभी

कूट

(a) 1 और 3 (b) 2 और 3
(c) 1, 2 और 3 (d) न तो 1 और न ही 2

61. निम्नलिखित कथनों पर विचार कीजिए

1. मण्डप एवं रथ मामल्ल शैली की विशेषता है।
2. मामल्ल शैली का जन्मदाता महेन्द्रवर्मन प्रथम था।

उपरोक्त में से कौन-सा/से कथन सही है/हैं?

(a) केवल 1 (b) केवल 2
(c) 1 और 2 (d) न तो 1 और न ही 2

62. निम्नलिखित में से असत्य युग्म का चयन कीजिए

(a) किराताजुनीयम — भारवि
(b) सेतुवन्ध — प्रवरसेन द्वितीय
(c) मत्तविलास प्रहसन — महेन्द्रवर्मन
(d) गणित सार संग्रह — रामानुजाचार्य

63. निम्नलिखित में से कौन-सा रथ मन्दिर सबसे छोटा है?

(a) द्रौपदी रथ (b) भीम रथ
(c) अर्जुन रथ (d) धर्मराज रथ

64. किस धर्म को राष्ट्रकूटों का संरक्षण प्राप्त था?

(a) बौद्ध धर्म
(b) जैन धर्म
(c) शैव धर्म
(d) शाक्त धर्म

65. निम्नलिखित में से कौन-सा एक युग्म सही सुमेलित नहीं है?

(a) महेन्दवर्मन शैली — महेन्द्रवर्मन प्रथम
(b) मामल्ल शैली — नरसिंहवर्मन प्रथम
(c) राजसिंह शैली — नरसिंहवर्मन द्वितीय
(d) अपराजित शैली — परमेश्वर वर्मन

66. निम्नलिखित में से किसने राष्ट्रकूट साम्राज्य की नींव रखी?

(a) अमोघवर्ष प्रथम (b) दन्तिदुर्ग
(c) ध्रुव (d) कृष्ण

उत्तरमाला

1	(d)	2	(b)	3	(c)	4	(a)	5	(b)	6	(d)	7	(d)	8	(a)	9	(d)	10	(c)
11	(a)	12	(c)	13	(a)	14	(a)	15	(b)	16	(b)	17	(a)	18	(a)	19	(b)	20	(a)
21	(a)	22	(a)	23	(c)	24	(a)	25	(a)	26	(a)	27	(b)	28	(d)	29	(b)	30	(a)
31	(c)	32	(c)	33	(b)	34	(c)	35	(c)	36	(c)	37	(c)	38	(c)	39	(a)	40	(d)
41	(d)	42	(a)	43	(c)	44	(c)	45	(b)	46	(d)	47	(d)	48	(c)	49	(d)	50	(b)
51	(b)	52	(d)	53	(c)	54	(d)	55	(d)	56	(b)	57	(d)	58	(a)	59	(d)	60	(c)
61	(a)	62	(d)	63	(a)	64	(b)	65	(d)	66	(b)								

अध्याय 07

राजपूतों का उदय एवं मुस्लिम आक्रमण

(प्रतिहार, पाल, चन्देल, राष्ट्रकूट, परमार, कलचुरी, चौहान, गहड़वाल)

राजपूत काल

अग्निकुल सिद्धान्त के अनुसार चार राजपूत कुलों–परमार, प्रतिहार, चौहान तथा चालुक्यों का उद्भव **आबू पर्वत** पर वशिष्ठ द्वारा किए गए यज्ञ की अग्निकुण्ड से हुआ।

गुर्जर-प्रतिहार वंश

- हर्षवर्द्धन की मृत्यु के बाद गुर्जर-प्रतिहारों ने कन्नौज पर नियन्त्रण कर उत्तर भारतीय साम्राज्य की स्थापना की।
- **हरिश्चन्द्र** ने प्रतिहार राजवंश की नींव रखी। नागभट्ट I इस वंश का प्रथम शक्तिशाली शासक था।
- **नागभट्ट** I के बाद वत्सराज प्रतिहार शासक हुआ, जिसके बारे में जैन ग्रन्थ **कुवलयमाला** तथा **हरिवंशपुराण** से महत्त्वपूर्ण जानकारी मिलती है।
- **नागभट्ट** II ने पाल नरेश धर्मपाल को हराया, किन्तु राष्ट्रकूट शासक गोविन्द II से हारा।
- **मिहिर भोज** (836-885 ई.) ने कन्नौज को अपनी राजधानी बनाया। मिहिर भोज के बाद उसका पुत्र महेन्द्रपाल I शासक हुआ।
- महेन्द्रपाल I के बारे में राजतरंगिणी से महत्त्वपूर्ण जानकारियाँ मिलती हैं।
- राजशेखर जिसने काव्यमीमांसा लिखी, महेन्द्रपाल के दरबार में था। राजशेखर ने कर्पूर मंजरी, काव्यमीमांसा विशालभंगिका, बालभारत, बालरामायण, भुवनकोश, हरविलास जैसे प्रसिद्ध जैन ग्रन्थों की रचना की।
- यशपाल प्रतिहार वंश का अन्तिम शासक था, जिसने महमूद गजनवी के आक्रमण का सामना करने के लिए अपनी सेना कश्मीर भेजी थी। अनंगपाल ने दिल्ली में तोमर वंश की स्थापना की।

पाल वंश

- 8वीं शताब्दी के मध्य में बंगाल में पाल राजवंश की स्थापना हुई।
- मध्य भारत (कन्नौज) पर नियन्त्रण के लिए पाल शासकों का संघर्ष प्रतिहार तथा राष्ट्रकूट शासकों से हुआ।
- धर्मपाल के **खालीमपुर अभिलेख** के अनुसार बंगाल की जनता ने गोपाल नामक व्यक्ति को शासक बनाया, जिसने पाल वंश के शासन की नींव रखी।
- गोपाल ने ओदन्तपुरी में विहार बनाया।
- धर्मपाल ने प्रतिहार शासक वत्सराज को पराजित किया, किन्तु नागभट्ट II से पराजित हुआ।
- धर्मपाल ने **परमभट्टारक, महाराजाधिराज** तथा **परमेश्वर** जैसी उपाधियाँ ग्रहण कीं।
- उसके समय में विक्रमशिला विश्वविद्यालय की स्थापना हुई, जो बौद्ध शिक्षा का एक प्रमुख केन्द्र था।
- **देवपाल** ने प्रतिहार शासक मिहिरभोज को पराजित किया। उसके शासनकाल में शैलेन्द्रशासक बालपुत्रदेव ने नालन्दा महाविहार को दान देने के लिए पाँच गाँवों की माँग की थी।
- अरब यात्री **सुलेमान** ने पाल वंश को प्रतिहार तथा राष्ट्रकूटों से अधिक शक्तिशाली बताया तथा उसने पाल साम्राज्य को 'रूहमा' कहा है।
- महिपाल प्रथम 988 ई. में शासक बना। उसके समय चोल शासक राजेन्द्र प्रथम ने गंगा के मैदान में सैन्य अभियान के लिए अपनी एक टुकड़ी भेजी।
- रामपाल के शासन काल में कैवर्त जाति के लोगों ने विद्रोह किया था।

चन्देल वंश

- चन्देलों को 36 राजपूत राजवंशों में से एक माना जाता है। ये प्रारम्भ में प्रतिहारों के सामन्त थे।
- 9वीं शताब्दी में **नन्नुक** ने चन्देल वंश की स्थापना की।
- वाकपति तथा जयसिंह या जेजा प्रारम्भिक चन्देल शासक थे। जेजा के नाम पर ही चन्देल क्षेत्र को **जेजाकभुक्ति** भी कहा गया।

- धंग (950-1102 ई.) ने महमूद गजनवी के विरुद्ध हिन्दुशाही शासक जयपाल की सहायता के लिए सेना भेजी थी।
- धंग ने पाल शासकों को पराजित कर **बनारस** पर अधिकार किया।
- धंग एक महान् निर्माता था, जिसने खजुराहो में अनेक भव्य मन्दिरों का निर्माण करवाया।
- यशोवर्मन ने खजुराहो के प्रसिद्ध विष्णुमन्दिर (चतुर्भुज मन्दिर) का निर्माण करवाया। इसके अतिरिक्त उसने एक विशाल जलाशय का भी निर्माण करवाया।
- चन्देल शासक **धंग** ने अपने अन्तिम समय में प्रयाग के संगम पर अपने जीवन का अन्त कर लिया।
- गंड धंग का पुत्र था, जिसने कन्नौज के शासक राज्यपाल को पराजित करने के लिए विद्याधर को भेजा।
- विद्याधर चन्देल शासकों में सर्वाधिक शक्तिशाली शासक था। मुसलमान लेखक उसका नाम **नन्द** तथा **विदा** नाम से करते हैं।
- विद्याधर ने महमूद गजनवी का सफलतापूर्वक प्रतिरोध किया।
- गंड के बाद विद्याधर, विजयपाल, कीर्तिवर्मा तथा मदनवर्मा चन्देल शासक हुए। परमार्दिदेव (1165-1203 ई.) अन्तिम चन्देल शासक था, जिसे कुतुबुद्दीन ऐबक ने पराजित कर कालिंजर पर अधिकार किया।
- आल्हा–उदल परमार्दिदेव के दरबार में थे।

राष्ट्रकूट वंश

- राष्ट्रकूट वंश का संस्थापक **दन्तिदुर्ग था**, जिसने 736 ई. में नए शासन की नींव रखी और मान्यखेत को अपनी राजधानी बनाया। उसने हिरण्यगर्भ यज्ञ किया।
- **कृष्ण I** प्रसिद्ध राष्ट्रकूट शासक था, जिसने एलोरा में **कैलाशनाथ मन्दिर** का निर्माण करवाया।
- ध्रुव तथा गोविन्द III प्रसिद्ध साम्राज्यवादी राष्ट्रकूट शासक थे।
- अमोघवर्ष एक जैन अनुयायी था, जिसने जैन विद्वानों को संरक्षण प्रदान किया। अपभ्रंश के आदि कवि **स्वयंभू** उसके दरबार में रहते थे।
- अमोघवर्ष ने **कविराज मार्ग** की रचना कन्नड़ भाषा में की। उसकी एक अन्य रचना **प्रश्नोत्तर मल्लिका** है।
- इन्द्र III प्रसिद्ध राष्ट्रकूट शासक था, जिसके शासनकाल में अरबी यात्री **अल मसूदी** भारत आया। उसने इन्द्र III को भारत का सर्वश्रेष्ठ शासक कहा।
- कृष्ण III ने चोल शासक को पराजित कर सुदूर दक्षिण भारत पर नियन्त्रण किया।

परमार वंश

- परमार वंश का प्रथम स्वतन्त्र एवं शक्तिशाली शासक सीयक अथवा श्री हर्ष था।
- 9वीं शताब्दी में **उपेन्द्र** कृष्णराज ने मालवा में परमार वंश के शासन की स्थापना की और उज्जैन को राजधानी बनाया।
- **मुंज** प्रसिद्ध परमार शासक था, जिसने चालुक्य शासक तैलप II को 7 बार हराया तथा पद्मगुप्त, धनंजय, धनिक तथा भट्ट जैसे विद्वानों को संरक्षण प्रदान किया। पद्मगुप्त ने नवसाहसांक चरित लिखा।
- मुंज ने धार के निकट **मुंजसागर** झील का निर्माण करवाया।
- भोज द्वारा लिखित ग्रन्थों में चिकित्सा शास्त्र पर आयुर्वेद सर्वस्व तथा स्थापत्यशास्त्र पर समरांगणसूत्रधार विशेष रूप से उल्लेखनीय है।
- भोज (1000-1055 ई.) परमार वंश का महान् शासक था। वह एक प्रसिद्ध रचनाकार था। इसने धारा को नई राजधानी बनाया और वहाँ सरस्वती मन्दिर बनवाया।
- भोज द्वारा लिखित ग्रन्थों में चिकित्सा शास्त्र पर आयुर्वेदसर्वस्व तथा स्थापत्य शास्त्र पर समरांगण सूत्रधार विशेष रूप से उल्लेखनीय हैं।
- भोज ने धारा में एक विद्यालय स्थापित किया तथा **भोजपुर नगर** की स्थापना की।
- परमार वंश के अन्तिम शासक महलक देव को अलाउद्दीन खिलजी के सेनापति आईन–उल–मुल्क ने पराजित किया तथा मालवा को दिल्ली सल्तनत में शामिल कर लिया।

कलचुरि वंश

- कोकल्ल I ने 845 ई. में कलचुरि वंश की स्थापना की।
- गांगेयदेव विक्रमादित्य (1019-1041 ई.) ने लक्ष्मी शैली के सिक्के चलाए। राजपूत राजाओं में सर्वप्रथम उसी ने **स्वर्ण सिक्के** चलाए। वह शैव था।
- लक्ष्मीकर्ण ने **त्रिकालिंगाधिपति** उपाधि धारण की। कर्णमेह नामक शैव मन्दिर बनवाया एवं कर्णावती नगर की स्थापना हुई। प्रसिद्ध कवि **राजशेखर** इसकी राजसभा में थे।

चौहान वंश

- चौहान वंश का संस्थापक **वासुदेव** था। वह प्रतिहारों का सामन्त था। अजयपाल ने अजमेर नगर की स्थापना की।
- पृथ्वीराज III 1178 ई. में चौहान वंश का शासक बना। उसे **राय पिथौरा** भी कहा जाता था। पृथ्वीराज ने चन्देल नरेश परमर्दिदेव को हराया।
- 1191 ई. में तराइन की प्रथम लड़ाई में पृथ्वीराज III ने मुहम्मद गोरी को पराजित किया, किन्तु 1192 ई. में मुहम्मद गोरी से पराजित होने के बाद उसे बन्दी बना लिया गया।
- चन्दबरदाई पृथ्वीराज III का दरबारी कवि था, जिसने **पृथ्वीराज रासो** की रचना की।
- जयनाक ने पृथ्वीराज विजय नामक संस्कृत काव्य की रचना की।
- गुजरात के शासक भीमदेव II तथा कन्नौज के शासक जयचन्द के साथ पृथ्वीराज III ने संघर्ष किया।

गहड़वाल वंश

- प्रतिहार वंश के पतन के बाद कन्नौज पर गहड़वालों का नियन्त्रण हुआ।
- **चन्द्रदेव** गहड़वाल वंश का प्रथम शासक था। इस वंश का एक प्रमुख शासक **गोविन्द चन्द्र** था।
- गोविन्द चन्द्र के बाद विजयचन्द्र शासक हुआ। उसने लाहौर को जीत लिया था।
- **जयचन्द** गहड़वाल वंश का अन्तिम प्रमुख शासक था। उसकी पुत्री संयोगिता थी।
- जयचन्द का बंगाल के सेन शासक लक्ष्मण सेन तथा पृथ्वीराज चौहान के साथ संघर्ष हुआ।

- 1193 ई. में **चन्दावर** के युद्ध में मुहम्मद गोरी ने जयचन्द को पराजित किया। इसके साथ ही कन्नौज पर तुर्कों का अधिकार हो गया।
- जयचन्द के दरबार में नैषधचरित एवं खण्डनखाद्य का लेखक **श्रीहर्ष** रहता था।

भारत पर मुस्लिम आक्रमण

मुहम्मद-बिन-कासिम

- भारत पर आक्रमण करने वाला प्रथम मुस्लिम शासक मुहम्मद-बिन-कासिम (अरबी) था। उसने 712 ई. में पश्चिमोत्तर भारत पर आक्रमण किया।
- मुहम्मद-बिन-कासिम के आक्रमण के समय सिन्ध का शासक **दाहिर** था। इसने सिन्ध तथा मुल्तान को जीत लिया।
- अलप्तगीन तुर्क सरदार ने गजनी में स्वतन्त्र तुर्क राज्य की स्थापना की। बाद में सुबुक्तगीन ने गजनी पर कब्जा कर लिया।
- 986 ई. में गजनी के **सुबुक्तगीन** ने भारत के पश्चिमोत्तर भाग पर आक्रमण किया। यह भारत पर पहला तुर्की आक्रमण था।

महमूद गजनवी

- महमूद गजनवी सुबुक्तगीन का पुत्र था। वह 997 ई. में गजनी का शासक बना।
- उसने 1001 से 1027 ई. तक भारत पर 17 बार हमला किया। उसके आक्रमण का उद्देश्य अधिक धन लूटना था।
- महमूद गजनवी के आक्रमण का सामना 1001 ई. में हिन्दूशाही वंश के शासक जयपाल ने किया। वैहिन्द के निकट हुए युद्ध में जयपाल पराजित हुआ एवं उसने आत्महत्या कर ली। महमूद ने 1006 ई. में **मुल्तान** पर आक्रमण किया, उस समय मुल्तान का शासक अब्दुल फतह दाऊद था।
- 1009 ई. में महमूद गजनवी ने **पेशावर** पर हमला किया। इस समय पेशावर हिन्दूशाही शासक आनन्दपाल के अधीन था।
- बगदाद का खलीफा अल-आदिर बिल्लाह ने महमूद गजनी के पद की मान्यता प्रदान करते हुए उसे 'यमीन-उद्-दौला' तथा 'यमीन-उल-मिल्लाह' की उपाधि दी।
- महमूद गजनवी ने 1025 ई. में **सोमनाथ** पर आक्रमण किया। महमूद गजनवी ने 1027 ई. में अन्तिम हमला जाटों के विद्रोह को दबाने के लिए किया।
- 1030 ई. में महमूद गजनवी की मृत्यु हो गई।
- खीवा निवासी अलबरूनी, तारीख-ए-सुबुक्तगीन का लेखक बैहाकी एवं उत्बी महमूद गजनवी के साथ भारत आए।

मुहम्मद गोरी

- मुहम्मद गोरी ने 1175 ई. में सबसे पहले भारत में मुल्तान पर आक्रमण किया, किन्तु गुजरात के शासक मूलराज II से पराजित हुआ।
- 1191 ई. में तराइन का प्रथम युद्ध हुआ, जिसमें मुहम्मद गोरी पृथ्वीराज चौहान से पराजित हुआ।
- 1192 ई. में **तराइन के द्वितीय युद्ध में** पृथ्वीराज चौहान की पराजय हुई। मुहम्मद गोरी उसे बन्दी बनाकर अफगानिस्तान ले गया।
- 1194 ई. में चन्दावर के युद्ध में मुहम्मद गोरी ने कन्नौज के गहड़वाल शासक जयचन्द को पराजित किया।
- मुहम्मद गोरी ने अपने अमीरों को भारतीय क्षेत्रों का शासक बनाया।
- कुतुबुद्दीन ऐबक को दिल्ली तथा आस-पास का क्षेत्र दिया गया।
- मुहम्मद गोरी के सेनापति बख्तियार खिलजी ने पूर्वी भारत का अभियान किया। उसने नालन्दा तथा विक्रमशिला को नष्ट कर दिया।
- मुहम्मद गोरी के सिक्कों पर एक ओर कलमा खुदा रहता था तथा दूसरी ओर लक्ष्मी की आकृति अंकित रहती थी।
- 1206 ई. में खोखरों के साथ युद्ध में मुहम्मद गोरी मारा गया।
- भारत में तुर्की राज्य का संस्थापक मुहम्मद गोरी को माना जाता है।

अभ्यास प्रश्न

1. पृथ्वीराज चौहान से सम्बन्धित निम्न कथनों पर विचार करें

1. पृथ्वीराज चौहान को रायपिथौरा भी कहा जाता था।
2. पृथ्वीराज चौहान एवं मुहम्मद गौरी के बीच युद्ध का वर्णन अलबरूनी ने किया है।
3. जयचन्द की मदद से पृथ्वीराज चौहान ने मुहम्मद गौरी को परास्त किया था।

उपरोक्त में से कौन-सा/से कथन सही है/हैं?

(a) केवल 1 (b) 1 और 2 (c) 2 और 3 (d) ये सभी

2. हर्ष एवं पुलकेशिन द्वितीय के बीच युद्ध के विवरण से सम्बन्धित निम्न साक्ष्यों/स्रोतों पर विचार करें

1. बाणभट्ट कृत हर्षचरित
2. हर्ष का बाँसखेड़ा अभिलेख
3. पुलकेशिन द्वितीय का ऐहोल अभिलेख
4. ह्वेनसाँग का यात्रा विवरण

उपरोक्त में से कौन-से कथन सही हैं?

(a) 1 और 2 (b) 2 और 3
(c) 3 और 4 (d) 1, 2 और 3

3. सामन्तवाद की विशेषताओं से सम्बन्धित निम्न कथनों पर विचार करें

1. राजा अपने अधिकारियों को वेतन के स्थान पर भूमि अनुदान देता था।
2. कृषि कार्य शूद्र कृषकों द्वारा किया जाता था।
3. शक्तिशाली सामन्तों के अपने उपसामन्त भी होते थे।

उपरोक्त में से कौन-से कथन सही हैं?

(a) 1 और 2 (b) 2 और 3
(c) 1 और 3 (d) ये सभी

4. पूर्व मध्यकाल में जातियों का अत्यधिक प्रगुणन अधिकांशत: किस कारण से था?
(a) तत्कालीन वर्णसंकर व्यवस्था
(b) जनजातियों का जातियों के रूप में बढ़ता हुआ अधिक मात्रा में अन्तर्लयन
(c) व्यावसायिक वर्गों का जातियों में परिवर्तन
(d) धार्मिक सम्प्रदायों का जातियों में रूपान्तरण

5. गुप्तोत्तरकालीन प्रशासनिक व्यवस्था के सन्दर्भ में निम्न कथनों पर विचार कीजिए
1. गुप्तोत्तर काल में राजा का पद अधिक गौरवशाली हुआ तथा राजत्व और देवत्व में घनिष्ठ सम्बन्ध स्थापित हुआ।
2. राजतन्त्र सैद्धान्तिक रूप से अनियन्त्रित तथा निरंकुश था।
3. मण्डल, भुक्ति से मिलती-जुलती इकाई थी, कहीं-कहीं भुक्ति के बदले राष्ट्र का भी उल्लेख मिलता है।

उपरोक्त में से कौन-सा/से कथन सही है/हैं?
(a) केवल 2 (b) केवल 3
(c) 1 और 2 (d) 1, 2 और 3

6. राष्ट्रकूट शासक अमोघवर्ष के विषय में निम्न में से कौन-सा कथन सत्य नहीं है?
(a) वह बौद्ध मत का महान् संरक्षक था
(b) उसने कन्नड़ भाषा में कविराजमार्ग नामक काव्यग्रन्थ की रचना की थी
(c) अरब यात्री सुलेमान ने उसकी प्रशंसा की है
(d) इसके दरबार में जिनसेन एवं शक्टायन नामक विद्वानों को संरक्षण प्राप्त था

7. महमूद गजनवी के आक्रमण के समय के प्रमुख शासकों के युग्मों पर विचार कीजिए
1. फतह दाऊद – सिन्ध
2. कोक्कल द्वितीय – मथुरा
3. राज्यपाल – कन्नौज
4. विद्याधर – बुन्देलखण्ड (जैजाक भुक्ति) चन्देल राज्य

उपरोक्त युग्मों में से कौन-सा/से युग्म सुमेलित है/हैं?
(a) 1 और 2 (b) 2, 3 और 4
(c) 2 और 4 (d) केवल 2

8. निम्नलिखित कथनों पर विचार कीजिए
1. तराइन के युद्धों का उल्लेख हसन निजामी के ग्रन्थ में मिलता है।
2. हसन निजामी ने मुन्तखब-उल-तवारीख ग्रन्थ की रचना की थी।
3. मिनहाज-उस-सिराज के अनुसार, तराइन के द्वितीय युद्ध के पश्चात् पृथ्वीराज चौहान को गोरी द्वारा सत्ता सौंपे जाने का उल्लेख किया गया है।

उपरोक्त कथनों में से कौन-सा/से कथन सही है/हैं?
(a) 1 और 2 (b) केवल 2
(c) केवल 1 (d) 1 और 3

9. निम्नलिखित ग्रन्थों पर विचार कीजिए
1. अखनार अल-सिंद वल-हिंद
2. ताज-उल-मासिर
3. चचनामा

उपरोक्त में से अरबों की सिन्ध विजय का उल्लेख कौन-से ग्रन्थ/ग्रन्थों में है?
(a) 1 और 2 (b) केवल 1 (c) 1 और 3 (d) 2 और 3

10. महमूद गजनवी से सम्बन्धित निम्नलिखित कथनों पर विचार कीजिए
1. प्रख्यात लेखक अलबरूनी महमूद गजनवी के साथ ही भारत आया था।
2. इतिहासकार उत्बी के अनुसार, महमूद के आक्रमणों का उद्देश्य धार्मिक नहीं था।
3. गोरी के आक्रमण को 'जिहाद' की संज्ञा दी गई है।

उपरोक्त कथनों में से कौन-सा/से कथन सही है/हैं?
(a) 1 और 2 (b) 1 और 3 (c) केवल 1 (d) ये सभी

11. अरब आक्रमण के सम्बन्ध में निम्नलिखित कथनों पर विचार कीजिए
1. सिन्ध के बन्दरगाह देवल पर कुछ लुटेरों ने इराकी जहाजों को लूट लिया था।
2. अरबों ने 'हिन्दसा' का प्रसार यूरोप में किया।

उपरोक्त कथनों में से कौन-सा/से कथन सही है/हैं?
(a) केवल 1 (b) केवल 2
(c) 1 और 2 (d) न तो 1 और न ही 2

12. मुइजुद्दीन गोरी के सन्दर्भ में सत्य कथन का चयन करें
(a) मुहम्मद गोरी को मूलराज द्वितीय ने पराजित किया था
(b) गोरी सिन्ध पर अधिकार करने वाला प्रथम मुस्लिम शासक था
(c) चालुक्य वंशीय शासक मूलराज के भाई भीम द्वितीय ने गोरी को हराया
(d) मुहम्मद गोरी ने मलिक खुसरो को हराकर पंजाब पर अधिकार कर लिया

13. मुहम्मद गोरी के मुल्तान आक्रमण के समय वहाँ का शासक कौन था?
(a) मूलराज (b) राजराज (c) दाहिर (d) मलूक दास

14. चन्दावर के युद्ध में मुहम्मद गोरी ने कन्नौज के किस गहड़वाल वंशी शासक को हराया था?
(a) पृथ्वीराज III (b) जयचन्द
(c) रुद्रसिंह (d) मिहिरसेन

15. किस तुर्क शासक ने अपने सिक्कों पर एक ओर कलमा तथा दूसरी ओर लक्ष्मी की आकृति अंकित कराई?
(a) सुबुक्तगीन (b) दाहिर
(c) मुहम्मद गोरी (d) महमूद गजनवी

उत्तरमाला

1.	(a)	2.	(c)	3.	(d)	4.	(c)	5.	(d)	6.	(a)	7.	(b)	8.	(c)	9.	(c)	10.	(c)
11.	(c)	12.	(c)	13.	(a)	14.	(b)	15.	(c)										

अध्याय 08

मध्यकालीन भारतीय इतिहास के स्रोत
(दिल्ली सल्तनत की स्थापना और विस्तार)

मध्यकालीन इतिहास के स्रोत

मध्यकाल में प्राचीन काल की अपेक्षा इतिहास लेखन की ओर विशेष ध्यान दिया गया जिसके कारण इस काल में अनेक ऐतिहासिक ग्रन्थों की रचना हुई। मध्यकालीन इतिहास को जानने के दो प्रमुख स्रोत हैं

1. ऐतिहासिक स्रोत
2. पुरातात्विक स्रोत

1. ऐतिहासिक स्रोत

- **चचनामा** यह मूल रूप से अरबी भाषा में लिखा गया था जिसे बाद में मु. अली बिन अबूबकर कूकी ने फारसी भाषा में अनुवाद किया। यह अरबों द्वारा भारत (सिन्ध) पर की गई विजय का विवरण देती है। यह मध्यकालीन इतिहास का एक प्रामाणिक स्रोत है।
- **तबकात-ए-नासिरी** इसमें मध्यकालीन इतिहास के लम्बी अवधि तक विवरण है। इसका लेखक मिन्हाज-उस-सिराज था। इसकी रचना फारसी भाषा में की गई। यह ग्रन्थ 1260 ई. में पूर्ण हुआ था। इसमें गुलाम वंश के शासकों का इतिहास एवं शासन व्यवस्था का विवरण है।
- **तारीख-ए-मुहम्मदी** यह पुस्तक वर्ष 1438-39 में मुहम्मद बिहामद खानी द्वारा लिखी गई। इसमें हजरत मुहम्मद साहब, खलीफाओं, उम्मैदों, अब्बासियों, गजनी तथा गौर वंश एवं हिन्द के शम्सी सुलताकों का विवरण है।
- **तारीख-ए-फिरोजशाही** इसका लेखक जियाउद्दीन बरनी है। यह तुगलक वंशी शासकों गयासुद्दीन, मुहम्मद बिन तुगलक एवं फिरोज तुगलक का समकालीन था। बरनी ने बलबन से फिरोज तुगलक तक का इतिहास लिखा जो दिल्ली सल्तनकाल का इतिहास में महत्त्वपूर्ण स्रोत है।
- **ताजुल मासिर** यह हसन निजामी की रचना है। इसमें 1142 ई. से 1228 ई. तक की ऐतिहासिक घटनाओं का विवरण है।
- **तारीख उल हिन्द** इसकी रचना अरबी व फारसी के महान लेखक अलबरुनी ने की थी। यह गजनी का समकालीन था। इसने महमूद के आक्रमण के समय भारत की दशा का बहुत ही यथार्थ विवरण दिया है।
- **तुगलक नामा** यह गयासुद्दीन और खुसरो के बीच हुई कूटनीति का विवेचन है।
- **तारीख-ए-शेरशाही** यह लोदी वंश के इतिहास की अत्यन्त उपयोगी पुस्तक है।
- **खजाइन उल फतूह** यह अमीर खुसरो की पुस्तक है जिसमें दिल्ली सल्तनत का पूर्ण विवरण मिलता है। इसने दिल्ली सल्तनत के 7 सुल्तानों का काल देखा है।

2. पुरातात्विक स्रोत

- **मुद्रा एवं अभिलेख** मध्यकालीन इतिहास की जानकारी के साधन सिक्के एवं अभिलेख भी हैं। इस काल के सिक्को से शासकों के शासनकाल की तिथि का ज्ञान होता है। इन सिक्कों से तत्कालीन आर्थिक एवं सामाजिक स्थिति का भी ज्ञान होता है।
- एपीगाफिया वर्नाटिका, एपीग्राफिया इण्डिका, एपी ग्राफिया इण्डो मोस्लेमिका में प्रकाशित अभिलेख भी मध्यकालीन इतिहास की जानकारी के महत्त्वपूर्ण स्रोत हैं।

मध्यकालीन प्रमुख वंश

- दिल्ली सल्तनत की स्थापना तुर्क आक्रमणों का परिणाम थी। मुहम्मद गोरी के सिपहसालार कुतुबुद्दीन ऐबक ने इसकी स्थापना की थी, जिस पर आने वाले समय में गुलाम, खिलजी, तुगलक, सैयद एवं लोदी वंश के सुल्तानों ने शासन किया।

गुलाम वंश (1206-90 ई.)

- दिल्ली सल्तनत पर शासन करने वाले प्रारम्भिक सुल्तान 'गुलाम वंश' के थे। इसे गुलाम वंश कहने का प्रमुख तर्क यह है कि इस वंश के श्रेष्ठ तीन शासक (कुतुबुद्दीन ऐबक, इल्तुतमिश और बलबन) गुलाम थे। इसे **मामलूक वंश** या **दास वंश** भी कहा जाता है। गुलाम वंश के प्रमुख शासकों का वर्णन इस प्रकार है

कुतुबुद्दीन ऐबक

- 1206 ई. में मुहम्मद गोरी की मृत्यु के बाद उसका दास और भारतीय क्षेत्रों का उसका प्रतिनिधि 'वली अहद' कुतुबुद्दीन ऐबक **लाहौर** में गद्दीनशीन हुआ तथा उसने लाहौर को ही राजधानी बनाए रखा। इसे तुर्क सरदारों ने सत्ता सँभालने के लिए आमन्त्रित किया था।
- ऐबक को गोरी के उत्तराधिकारी गजनी के शासक महमूद ने दास्य मुक्ति-पत्र और छत्र देकर सुल्तान के रूप में इसकी स्थिति को मान्यता प्रदान कर दी और इस प्रकार भारतीय तुर्क क्षेत्रों पर गजनी का दावा कानूनी रूप से समाप्त हो गया। सिंहासनारोहण के समय ऐबक ने 'सुल्तान की उपाधि ग्रहण नहीं की', बल्कि 'मलिक' एवं 'सिपहसालार' की उपाधि से ही सन्तुष्ट रहा।
- कुतुबुद्दीन ऐबक ने कुतुबुद्दीन बख्तियार काकी को समर्पित **कुतुबमीनार** का निर्माण प्रारम्भ करवाया। उसने दिल्ली में **कुव्वत-उल-इस्लाम** मस्जिद तथा अजमेर में **अढ़ाई दिन का झोंपड़ा** मस्जिद का भी निर्माण करवाया। कुरान के अध्यायों का सुरीले स्वर में उच्चारण करने के कारण ऐबक को 'कुरान खाँ' कहा जाता था। अपनी उदारता के कारण इसे **लाखबख्श** कहा जाता था।
- ऐबक साहित्य का भी महान् संरक्षक था। उसने 'ताजुल मासिर' के लेखक हसन निजामी तथा 'अदाब-उल-हर्ब' और 'अलभुजाता' के लेखक फक्र-ए-मुदब्बिर को संरक्षण प्रदान किया। इसकी मृत्यु 1210 ई. में चौगान (पोलो) खेलते समय घोड़े से गिरकर लाहौर में हो गई।

इल्तुतमिश

- कुतुबुद्दीन ऐबक की मृत्यु के बाद आरामशाह दिल्ली सल्तनत का शासक बना, परन्तु बदायूँ का इक्तादार इल्तुतमिश आरामशाह को अपदस्थ कर सुल्तान बना।
- इल्तुतमिश को गजनी के शासक यल्दूज से दास्य मुक्ति-पत्र प्राप्त हुआ। इसने दिल्ली को राजनैतिक, प्रशासनिक और सांस्कृतिक केन्द्र बनाया तथा सल्तनत को सुदृढ़ता और स्थायित्व प्रदान किया। यही कारण है कि इल्तुतमिश को दिल्ली सल्तनत का वास्तविक संस्थापक कहा जाता है।

प्रारम्भिक समस्याएँ और समाधान

- इल्तुतमिश ने अपने विरोधियों यल्दूज एवं कुबाचा को पराजित किया। मंगोल शासक चंगेज के आक्रमण को अपनी सूझ-बूझ से टाल दिया तथा बंगाल में हिसामुद्दीन खिलजी के विद्रोह का दमन करने के साथ-साथ राजपूतों का भी दमन करके साम्राज्य को सशक्त बनाया। रणथम्भौर को जीतने वाला प्रथम तुर्क इल्तुतमिश था।
- इल्तुतमिश ने राज्य के विभिन्न अंगों को व्यवस्थित कर सल्तनत को एक निश्चित स्वरूप दिया। इल्तुतमिश ने सेना को संगठित किया तथा मुद्रा व्यवस्था में भी सुधार किए। इसने चाँदी का **टंका** और ताँबे का **जीतल** प्रचलित किया। शुद्ध अरबी सिक्के चलाने वाला प्रथम तुर्क सुल्तान इल्तुतमिश था, जिसने सिक्कों पर टकसाल का नाम लिखने की परम्परा प्रारम्भ की।
- ग्वालियर विजय के बाद इल्तुतमिश ने सिक्कों पर रजिया का नाम भी लिखवाया। इल्तुतमिश ने भारत में **इक्ता** प्रणाली की सुव्यवस्थित रूप से शुरुआत की थी। इस प्रणाली का विस्तृत वर्णन 'सियासतनामा' नामक पुस्तक में मिलता है।
- इल्तुतमिश ने दोआब के आर्थिक महत्त्व को समझा। वहाँ दो हजार तुर्क सैनिक नियुक्त कर उसने तुर्की राज्य के लिए उत्तर भारत में सबसे सम्पन्न प्रदेश पर आर्थिक व प्रशासनिक नियन्त्रण स्थापित किया।
- व्यवस्थित न्याय प्रणाली के लिए नगरों में काजी तथा **अमीर-ए-दाद** की नियुक्ति की। उसके शासनकाल में लाल वस्त्र न्याय का प्रतीक माना जाता था। प्रशासन को संगठित करने के उद्देश्य से उसने चालीस तुर्क सरदारों के एक गुट **चालीसा** या **तुर्कान-ए-चहलगानी** का गठन किया। बरनी इस गुट को **चिहलगानी** कहता है।
- कालान्तर में ये शक्तिशाली होते गए और इन्होंने अनेक सुल्तानों को बनाया तथा उन्हें अपदस्थ किया। चालीसा दल में हमेशा 40 ही सदस्य नहीं रहे। इनकी संख्या इससे कम भी रही। भारत में अक्ता/इक्ता प्रणाली की सुव्यवस्थित शुरुआत करने का श्रेय इल्तुतमिश को दिया जाता है।

अक्ता/इक्ता

इक्ता अर्थात् हस्तान्तरणीय लगान अधिन्यास, जहाँ इक्ता प्राप्तकर्ता को भावी सेवा शर्तों पर लगान का हस्तान्तरण किया जाता था। इक्ता पाने वाला व्यक्ति सुल्तान की सेवा के लिए एक निश्चित संख्या में सैनिक रखता था और राजस्व की वसूली करता था। वह सैनिकों का वेतन और अपना खर्च काटकर बाकी (फवाजिल) केन्द्र (सुल्तान) को भेज देता था। इक्तादार का स्थानान्तरण हो सकता था। इस प्रकार इक्तादार सुल्तान पर पूर्णतः निर्भर हो गए। इक्ता प्रथा ने शासक के हाथों धन का अभूतपूर्व केन्द्रीकरण किया और शासकों को विशाल सेनाएँ रखने में मदद मिली।

सांस्कृतिक योगदान

- इल्तुतमिश ने इस्लामी विद्वानों को संरक्षण देकर दिल्ली को सांस्कृतिक रूप से समृद्ध किया। इल्तुतमिश ने ऐबक द्वारा प्रारम्भ की गई कुतुबमीनार को पूर्ण करवाया। उसने बदायूँ में **हौज शम्सी** और शम्सी ईदगाह तथा जोधपुर में **अतारकिन दरवाजा** बनवाया। इल्तुतमिश ने अपने पुत्र नासिरुद्दीन की कब्र पर **सुल्तानगढ़ी** नामक मकबरा बनवाया।
- इसके दरबार में मिनहाज-उस-सिराज तथा मलिक ताजुद्दीन जैसे विद्वान् थे। मिनहाज ने नासिरुद्दीन महमूद को समर्पित **तबकात-ए-नासिरी** की रचना की है। इल्तुतमिश ने मुहम्मद गोरी की स्मृति में मदरसा-ए-मुइज्जी तथा अपने पुत्र नासिरुद्दीन की स्मृति में नासिरी मदरसा बनवाया। अपनी सांस्कृतिक उपलब्धियों के कारण समकालीन साहित्य में दिल्ली को **हजराते दिल्ली** कहा गया है।
- इल्तुतमिश ने 1229 ई. में अब्बासी खलीफा से मंसूर (स्वीकृति-पत्र) प्राप्त कर अपने राज्य को वैधता प्रदान की। इल्तुतमिश ने साम्राज्य को सुदृढ़ व संगठित किया, उसके वंशज इसको संरक्षित रखने में असफल रहे।

रजिया

- रजिया का शासक बनना मध्य युग की एक अत्यन्त आश्चर्यजनक परिघटना थी और उसको सत्ता प्राप्त होने का मुख्य कारण इल्तुतमिश द्वारा उसे उत्तराधिकारी नामित करना और जनसमर्थन था। जनसमर्थन के कारण ही रजिया, शाह तुर्कान के पुत्र **रुक्नुद्दीन फिरोजशाह** को अपदस्थ करके गद्दी पा सकी। रजिया ने न्याय के सूचक लाल वस्त्र पहनकर जनता से शाह तुर्कान के विरुद्ध सहायता माँगी थी।
- मध्यकालीन भारत के इतिहास में यह पहला मौका था, जब उत्तराधिकार के प्रश्न पर जनता ने किसी महिला सुल्तान को चुना था। इल्तुतमिश की योग्यतम सन्तान रजिया ने प्रशासन का पुनर्गठन किया। साम्राज्य में शान्ति स्थापित की और पर्दा त्यागकर पुरुषों के समान **कुबा** (कोट), **कुलाह** (टोपी) धारण कर दरबार लगाया।
- अमीरों को उसका पूर्ण नियन्त्रण स्थापित करना रास नहीं आया। गैर-तुर्क अमीरों; जैसे—अबीसीनियाई अमीर **मलिक याकूत**, जोकि अमीर-ए-आखुर (अस्तबल प्रमुख) था, को उच्च पद देकर तुर्क अमीरों के समक्ष एक दल खड़ा करने का रजिया का प्रयास भी तुर्क अमीरों की नाराजगी की वजह थी।
- सबसे पहले वजीर निजामुल्मुल्क जुनैदी ने विद्रोह किया और बाद में कबीर खाँ अयाज (लाहौर) और अल्तूनिया (तबर हिन्द) जैसे प्रमुख सरदारों ने भी विद्रोह कर दिया। यद्यपि उसने अल्तूनिया से विवाह करके उसे अपने पक्ष में कर लिया था, फिर भी अन्ततः कैथल में रजिया मारी गई तथा अमीरों ने **बहरामशाह** को सुल्तान बना दिया। मिनहाज के अनुसार, रजिया के पतन का प्रमुख कारण उसका महिला होना था।
- रजिया के बाद इल्तुतमिश के वंश के कई निस्तेज शासक गद्दी पर बैठे, जो इस प्रकार हैं— **मुइजुद्दीन बहरामशाह** (1240-42 ई.), **अलाउद्दीन मसूदशाह** (1242-46 ई.), **नासिरुद्दीन महमूद** (1246-65 ई.)। ये सभी अमीरों के हाथों की कठपुतली बने रहे। यह काल सत्ता, संघर्ष और षड्यन्त्रों से भरा रहा, जहाँ अमीरों के गुट सुल्तानों पर अपना प्रभाव स्थापित करने में लगे रहे।
- इसी काल में **बलबन** का उदय हुआ और नासिरुद्दीन महमूद के शासन में वह इतना शक्तिशाली हो गया कि सत्ता वस्तुतः उसी के हाथ में आ गई।

बलबन

- बलबन इलबारी तुर्क था तथा इल्तुतमिश का दास था। वह चहलगानी (चालीसा) अमीरों के दल का हिस्सा था। इल्तुतमिश ने इसे खासदार नियुक्त किया था। बलबन को रेवाड़ी की जागीर प्रदान की गई थी तथा यह हाँसी का इक्तादार भी रहा था। कालान्तर में इसे नागौर की इक्ता प्रदान की गई। इसने सुल्तान मसूदशाह के विरुद्ध षड्यन्त्र में हिस्सा लेकर नासिरुद्दीन महमूद को सुल्तान (1246 ई.) बनवाया था।
- नासिरुद्दीन महमूद के काल में बलबन **नायब-ए-मुमलकत** बना और उसने सारे अधिकार अपने हाथ में केन्द्रित कर लिए। सुल्तान नासिरुद्दीन महमूद शाह ने इसे उलूग खाँ की उपाधि (1249 ई. में) दी थी। उसने अपना मार्ग निष्कण्टक करने के लिए शक्तिशाली चालीसा अमीरों का दमन किया और अन्ततः नासिरुद्दीन की मृत्यु के बाद वह स्वयं सुल्तान (1265 ई.) बन बैठा।

प्रारम्भिक समस्याएँ और समाधान

- बलबन के सामने अनेक समस्याएँ थीं। सुल्तान पद की प्रतिष्ठा समाप्त हो चुकी थी। वह स्वयं सुल्तान की हत्या करके सुल्तान बना था और अपनी मान्यता स्थापित करके अमीरों पर नियन्त्रण करना एक बड़ी चुनौती थी। मंगोल और राजपूत उसके लिए खतरा बने हुए थे।
- इन सभी समस्याओं से निपटने के लिए बलबन ने जो नीति अपनाई, उसे **रक्त और लौह की नीति** कहा गया, साथ ही उसने सभी अधिकार एवं शक्तियाँ अपने हाथ में केन्द्रित करके स्वयं को पूर्णतः निरंकुश शासक के रूप में स्थापित किया। इसके लिए उसने अपना राजत्व सिद्धान्त प्रतिपादित किया।

बलबन का राजत्व सिद्धान्त

- बलबन का राजत्व सिद्धान्त, राजत्व के ईरानी सिद्धान्त पर आधारित था। बलबन के अनुसार, राजत्व निरंकुशता का शारीरिक रूप है। राजत्व सम्बन्धित बलबन के विचार उसकी **वसाया** में संकलित हैं। इसके अनुसार, सुल्तान **जिल्लिलाह** (ईश्वर की छाया) है। सुल्तान **नियाबते खुदाई** (ईश्वर का प्रतिनिधि) है। उसका स्थान केवल पैगम्बर के बाद है।
- किसी को सुल्तान की आलोचना करने का अधिकार नहीं है, क्योंकि सुल्तान अपने कार्यों के लिए ईश्वर से प्रेरणा पाता है। अपना और अपने परिवार का सम्मान बढ़ाने के लिए उसने स्वयं को 'फिरदौसी के शाहनामा' में वर्णित अफरासियाब वंश से सम्बन्धित बताया। अपनी उच्च स्थिति पर बल देने के लिए उसने सुल्तान के समक्ष **सिजदा** (लेटना) और **पायबोस** (पैर चूमना) जैसी प्रथाएँ शुरू करवाईं। उसने अपना दरबार ईरानी शैली में अत्यन्त भव्य बनवाया।
- दरबार में ईरानी त्योहार **नौरोज** (नववर्ष) मनाने की परम्परा प्रारम्भ की। उसके दरबार में चरम शालीनता बरती जाती थी। केवल वजीर ही उससे बात कर सकता था। उसने सामान्य लोगों से मिलना, सार्वजनिक तौर पर अपनी भावनाएँ प्रकट करना, शराब पीना आदि छोड़ दिया।
- उसने जनता में शासक के प्रति भय उत्पन्न करने पर बल दिया। उसने पूर्ण निरंकुशता प्राप्त करने के लिए हर उस व्यक्ति की हत्या करवा दी, जो उसके लिए सम्भाव्य खतरा हो सकता था। उदाहरण के लिए; भटिण्डा का अक्तादार **शेर खाँ**, जोकि उसका चचेरा भाई भी था।

प्रशासनिक सुधार

- बलबन ने न्याय पर अत्यधिक बल देकर जहाँ एक तरफ जनता का सम्मान पाया, वहीं दूसरी तरफ अमीरों का दमन भी किया, जिसमें तुर्कान-ए-चहलगानी के सरदार भी शामिल थे। बदायूँ के अक्तादार मलिक बकबक को मृत्युदण्ड दिया गया, क्योंकि उसने अपने नौकर की हत्या की थी। इसी तरह अवध के अक्तादार मलिक हैबत को कोड़े लगवाए गए।
- उसने एक सक्षम गुप्तचर व्यवस्था स्थापित की, ताकि उसे साम्राज्य की पूरी खबर रहे। बलबन ने एक शक्तिशाली केन्द्रीय सेना रखी और **दीवान-ए-अर्ज** (सैन्य विभाग) का गठन किया। बलबन ने **इक्ता व्यवस्था** में सुधार किया और इक्तादारों को फवाजिल (बचा हुआ राजस्व) केन्द्र को भेजने को मजबूर किया।
- उसने दिल्ली के कोतवाल **फखरुद्दीन** की सलाह पर दोआब के वृद्ध इक्तादारों को पेंशन देकर सेवामुक्त करने का विचार टाल दिया। उसने इक्ता में भ्रष्टाचार रोकने के लिए **ख्वाजा** (नायब दीवान) नामक अधिकारी नियुक्त किया, जो राजस्व प्रशासन का प्रभारी था। इस प्रकार उसने राज्य के विभिन्न पक्षों में सुधार करके सल्तनत को मजबूती प्रदान की।

सल्तनत का सुदृढ़ीकरण

- बलबन ने यद्यपि एक विशाल सेना रखी, परन्तु वह साम्राज्य का विस्तार नहीं कर पाया। इसका मुख्य कारण मंगोल खतरा था। बलबन मंगोलों को व्यास नदी के समानान्तर मुल्तान दीपालपुर लाहौर रेखा पर रोके रखने में अवश्य सफल रहा। मंगोलों के साथ एक झड़प में उसका ज्येष्ठ पुत्र और उत्तराधिकारी **शहजादा मोहम्मद** मारा गया। प्रसिद्ध कवि अमीर खुसरो को शहजादा मोहम्मद का संरक्षण प्राप्त था।
- बलबन ने दिल्ली के आस-पास मेवात क्षेत्र में मेवातियों का कठोरता से दमन किया और दिल्ली को उनके आतंक से सुरक्षित रखने हेतु चार दिशाओं में चार किले बनवाए। उसने कटेहर, दोआब एवं अवध के राजपूतों का दमन किया और उन क्षेत्रों में अफगानों को बसाया। बंगाल में बलबन के दास युज्बेक (अर्सल खाँ) ने विद्रोह किया था, परन्तु उसको दबा दिया गया।
- बलबन ने सल्तनत को हर तरह से सुदृढ़ करने का प्रयास किया। यद्यपि उसने तुर्क कुलीनतन्त्र का संरक्षक बनने का प्रयास किया, कुलीनतन्त्रों को वरीयता देते हुए योग्यता को हतोत्साहित किया तथा भारतीयों और तुर्कों के निरन्तर बढ़ते मेल-जोल में बाधा डाली। उसकी मृत्यु (1287 ई.) पर लोग बहुत दुःखी हुए। बलबन ने अपने पौत्र कैखुसरो को अपना उत्तराधिकारी नियुक्त किया, परन्तु दिल्ली के कोतवाल फखरुद्दीन के षड्यन्त्र के कारण कैकुबाद गद्दी पर बैठा। इसकी अयोग्यता तथा तत्कालीन अस्थिर परिस्थितियों का लाभ उठाकर जलालुद्दीन खिलजी ने सत्ता पर अधिकार (1290 ई.) कर लिया।

गुलाम वंश के शासक (1206-90 ई.)

	सुल्तान	कार्यकाल
1.	कुतुबुद्दीन ऐबक	1206-10 ई.
2.	आरामशाह	1210 ई.
3.	इल्तुतमिश	1210-36 ई.
4.	रुक्नुद्दीन फिरोजशाह	1236 ई.
5.	रजिया	1236-40 ई.
6.	मुइजुद्दीन बहरामशाह	1240-42 ई.
7.	अलाउद्दीन मसूदशाह	1242-46 ई.
8.	नासिरुद्दीन महमूद	1246-65 ई.
9.	गयासुद्दीन बलबन	1265-87 ई.
10.	कैकुबाद	1287-90 ई.
11.	कैयूमर्स	1290 ई.

खिलजी वंश (1290-1320 ई.)

- खिलजियों के हाथ में सत्ता आने से सत्ता कुलीन तुर्कों के हाथ से फिसलकर एक ऐसे वर्ग के हाथ में आ गई, जिसमें निम्न वर्गीय तुर्क, अफगान और हिन्दुस्तानी शामिल थे। यह सल्तनत के इतिहास में एक नवीन चरण था। इसे **खिलजी क्रान्ति** कहा गया है। बलबन जैसे तुर्क शासकों ने गैर-तुर्कों के साथ भेद-भाव किया और कुलीन तुर्कों का एकाधिकार स्थापित करने का प्रयास किया।
- ऐसे में खिलजियों का सत्ता में आना एक नवीन अध्याय साबित हुआ। इसने सिद्ध किया कि जिसके पास शक्ति और योग्यता है, वह सत्ता पर अधिकार कर सकता है। खिलजियों ने प्रतिभा को महत्त्व दिया और सभी योग्य और महत्त्वाकांक्षी लोगों को आगे बढ़ने का अवसर दिया।
- इससे शासन के सामाजिक आधार में वृद्धि हुई और भारतीय मुसलमानों, निम्न वर्गीय तुर्कों और यहाँ तक कि हिन्दुओं को भी शासन तन्त्र में शामिल होने का अवसर मिला। इससे साम्राज्य को नवीन ऊर्जा प्राप्त हुई। खिलजी वंश के प्रमुख शासकों का वर्णन इस प्रकार है

जलालुद्दीन खिलजी

- इसने बलबन के वंश को अपदस्थ कर सत्ता पर अधिकार किया तथा **किलोखरी** के महल में इसका राज्याभिषेक हुआ। इसने हिन्दुओं को अपने धर्म और रीति-रिवाजों के पालन की पूर्ण स्वतन्त्रता दी। इसने अपने विरोधियों के प्रति भी उदारता दिखाई।
- **मलिक छज्जू** ने कड़ा में विद्रोह कर स्वयं को सुल्तान घोषित कर दिया, परन्तु जलालुद्दीन खिलजी ने उसको हराकर माफ कर दिया, हालाँकि **सीदी मौला** को इसने मृत्युदण्ड दिया। सीदी मौला ईरान से आया हुआ फकीर था। उस पर सुल्तान के विरुद्ध षड्यन्त्र का आरोप लगाया गया था।
- 1290 ई. में अब्दुल्ला के नेतृत्व में मंगोल आक्रमण हुआ, परन्तु बाद में जलालुद्दीन खिलजी से उसकी सन्धि हो गई और **उलूग खाँ** के नेतृत्व में 4,000 मंगोल इस्लाम कुबूल करके दिल्ली में बस गए और **नवीन मुसलमान** कहलाए। जलालुद्दीन खिलजी के भतीजे अलाउद्दीन खिलजी ने धोखे से 1296 ई. में जलालुद्दीन की हत्या कर दी और सुल्तान बन बैठा।

अलाउद्दीन खिलजी

- अलाउद्दीन खिलजी जलालुद्दीन खिलजी का भतीजा एवं कड़ा का इक्तादार था। इसने जलालुद्दीन के शासन के दौरान 1292 ई. में भिलसा पर तथा 1296 ई. में **देवगिरि** पर हमला किया। दक्षिण भारत पर आक्रमण करने वाला वह प्रथम मुसलमान शासक था। इसका राज्याभिषेक दिल्ली में **लाल महल** में हुआ।
- सत्ता में आने पर अलाउद्दीन ने परोपकारिता और मानवतावाद पर आधारित शासन के सिद्धान्त को अस्वीकार कर कठोरता और आतंक को अपने शासन का आधार बनाया। उसने जलालुद्दीन खिलजी की धार्मिक और नस्लीय उदारता की नीति को निरन्तर जारी रखा और शरीयत को शासन का आधार बनाने से इनकार कर दिया।

प्रारम्भिक विद्रोह एवं दमन

- अलाउद्दीन के शासन के प्रारम्भ में ही कुछ विद्रोह हुए। 1299 ई. में नवीन मुसलमानों (मंगोल) ने गुजरात अभियान से प्राप्त लूट के माल के बँटवारे के प्रश्न पर विद्रोह कर दिया और रणथम्भौर के **राणा हम्मीर देव** की शरण में चले गए। इसके बाद जब वह रणथम्भौर के अभियान में व्यस्त था, तब अलाउद्दीन के भतीजे अकत खाँ, **हाजी मौला** (दिल्ली में), मलिक उमर (बदायूँ) तथा मंगू खाँ (अवध) ने विद्रोह किए।
- यद्यपि इन सभी विद्रोहों का दमन कर दिया गया, किन्तु अलाउद्दीन ने अब अमीरों को नियन्त्रित रखने की नीति अपनाई, क्योंकि वह विद्रोहों के लिए अमीरों के षड्यन्त्रों को प्रमुख कारण मानता था।
- इसके लिए उसने **चार** अध्यादेश जारी किए

1. धनी व्यक्तियों की सम्पत्ति छीनने का आदेश दिया गया।
2. गुप्तचर विभाग का गठन किया गया।
3. मद्य-निषेध के अतिरिक्त जुआ खेलने वाली गोष्ठियों पर भी प्रतिबन्ध लगाया गया।

4. अमीरों के मेल-मिलाप व वैवाहिक सम्बन्धों पर सुल्तान की अनुमति अनिवार्य कर दी गई।

- उसने एक सशक्त **गुप्तचर प्रणाली** का गठन किया। गुप्तचर विभाग का प्रमुख **बरीद-ए-मुमालिक** कहलाता था। गुप्तचर **बरीद** कहे जाते थे। इसके अतिरिक्त मुन्ही या मुन्हीयन नामक सूचनादाता भी थे। इन उपायों से विद्रोहों पर प्रभावी नियन्त्रण स्थापित हुआ।

भूमि सुधार

- अलाउद्दीन का उद्देश्य सल्तनत का **आन्तरिक पुनर्गठन** था, जिसके अन्तर्गत बिचौलियों का दमन करके गाँवों से सीधा सम्बन्ध स्थापित करने का प्रयास किया गया। अलाउद्दीन ने पैमाइश (मसाहत) को भू-राजस्व निर्धारण का आधार बनाया और **बिस्वा** को मानक इकाई बनाया। भू-राजस्व उपज का **आधा भाग** (50%) था।
- इसकी वसूली दिल्ली के आस-पास के क्षेत्रों में अनाज के रूप में और अन्यत्र नकद के रूप में होती थी। इसके अलावा **घरी** और **चराई** नामक कर भी लगाए गए। अन्य कोई कर नहीं लगता था। भू-राजस्व वसूली के लिए आमिल, गुमाश्ते और मुतसर्रिफ नामक सरकारी कर्मचारी नियुक्त हुए। इन वसूलियों का हिसाब पटवारी खाताबही में रखते थे।
- **खाताबही** शब्द इसी काल में पहली बार सुनने को मिलता है। वजीर शर्फ कायनी ने इन लेखाओं का सख्ती से परीक्षण किया। राजस्व प्रणाली में सुधार हेतु **दीवान-ए-मुस्तखराज** की स्थापना की गई, जिसका कार्य बकाया राशि वसूलना था।
- इस प्रकार अलाउद्दीन प्रथम शासक था, जिसने हिन्दू बिचौलियों से उनके विशेषाधिकार छीन लिए, क्योंकि उसका मानना था कि धन की अधिकता विद्रोह को जन्म देती है। यद्यपि वह बिचौलियों का पूर्ण उन्मूलन नहीं कर पाया। उसने **पैमाइश व्यवस्था** पुनः स्थापित की।
- इसके काल में भू-राजस्व दरें सम्भवत: सबसे ऊँची थीं। भू-राजस्व को **खराज** कहा जाता था। इन कदमों से गाँवों में बाजार अर्थव्यवस्था की वृद्धि हुई, गाँव और शहर के बीच पूरक और घनिष्ठ बन्धनों का विकास हुआ तथा सल्तनत का पुनर्गठन हुआ।

बाजार नीति

- बाजार सुधारों के जरिए अलाउद्दीन ने वस्तुओं के बाजार मूल्य लम्बे समय तक स्थायी रखे। ऐसा करने वाला वह प्रथम सुल्तान था। इन सुधारों का मूल उद्देश्य सैन्य और प्रशासनिक था। **बरनी** के अनुसार, इनका उद्देश्य एक विशाल सेना (जोकि मंगोल खतरे के चलते आवश्यक थी) को सामान्य से कम वेतन देकर रखना था, साथ ही हिन्दुओं को दरिद्र बनाना भी था।
- बाजार सुधारों के तहत अलाउद्दीन ने 3 बाजार स्थापित किए– प्रथम खाद्यान्न बाजार, द्वितीय वस्त्र एवं अन्य कीमती वस्तुओं का बाजार, जिसे **सराय-ए-अदल** भी कहा गया है एवं तृतीय दास, मवेशियों और घोड़ों का बाजार।
- कीमतें स्थायी रखने हेतु आपूर्ति की निरन्तरता पर बल दिया गया। किसानों को 10 मन से अधिक अनाज अपने पास रखने पर रोक थी। अकाल के समय नियन्त्रित वितरण प्रणाली लागू की गई।
- **जाब्ता** अलाउद्दीन का प्रथम कठिन अधिनियम था, जिसमें सभी प्रकार के भाव निश्चित किए गए थे। व्यापारियों पर नियन्त्रण रखने के लिए नए विभाग **दीवान-ए-रियासत** की स्थापना की गई।
- सभी व्यापारी **शहना-ए-मण्डी** के पास पंजीकृत होते थे। **मलिक कबूल** खाद्यान्न बाजार का शहना-ए- मण्डी था। सराय-ए-अदल में व्यापारी इकरारनामे पर दस्तखत करता कि वह निश्चित मात्रा में वस्तु तय कीमतों पर बेचेगा। व्यापारियों को अग्रिम भुगतान किए गए कि वे महँगे वस्त्र बाहर से लाकर सरकारी दरों पर बेचें। महँगी वस्तुओं की बिक्री हेतु इकरारनामा (परवाना) **परवाना नवीस** द्वारा जारी किया जाता था। दीवान-ए-रियासत **नाजिर याकूब** को पूर्ण अधिकार दिए गए और साथ ही उसे नाजिर (नाप-तौल अधिकारी) नियुक्त किया गया। कोई भी व्यापारी अधिक कीमत न ले पाए, इसके लिए गुप्तचर नियुक्त किए गए।
- यद्यपि अमीर खुसरो की खजाइनुल-फुतूह तथा शेख नासिरुद्दीन की ख्यारूल मजलिस में कहा गया है कि बाजार सुधारों से जनता की भलाई हुई, परन्तु असल में यह व्यवस्था अर्थशास्त्र के सामान्य नियमों के खिलाफ थी और इसने किसानों व व्यापारियों पर बोझ डाला तथा अलाउद्दीन की मृत्यु के साथ ही उसकी बाजार व्यवस्था समाप्त हो गई।

सैन्य व्यवस्था

- अलाउद्दीन ने एक विशाल शक्तिशाली स्थायी सेना रखी, जो उसकी विजयों का आधार बनी। **बरनी** के अनुसार, उसकी सेना में 4,75,000 घुड़सवार थे। उसने सेना को मंगोल पद्धति पर संगठित किया। 10,000 सैनिकों की टुकड़ी को **तुमन** कहते थे। अलाउद्दीन ने सैनिकों का हुलिया लिखने और घोड़ों को दागने की प्रथा प्रारम्भ की।
- यथोचित परीक्षण के बाद नियुक्त सैनिक को **मुर्रत्तब** कहा जाता था। सैनिकों को नकद वेतन देने वाला पहला सुल्तान अलाउद्दीन खिलजी ही था। अलाउद्दीन ने सैनिकों को खुम्स (लूट का माल) के 4/5 भाग की जगह मात्र 1/5 भाग ही दिया और इसी बात पर नवीन मुसलमानों (मंगोलों) ने विद्रोह कर दिया था।

खिलजी साम्राज्यवाद

- अलाउद्दीन बेहद महत्त्वाकांक्षी शासक था। उसकी इच्छा सिकन्दर की तरह विश्व विजय करने की थी, साथ ही, वह एक नया धर्म भी चलाना चाहता था, किन्तु दिल्ली के कोतवाल अला-उल-मुल्क की सलाह पर ये विचार त्याग दिए।
- उसने **सिकन्दर सानी** (सिकन्दर द्वितीय) की उपाधि धारण की थी। अलाउद्दीन के सुल्तान बनने के बाद सैन्य अभियानों और विजयों का अभूतपूर्व दौर प्रारम्भ हुआ। सम्भवत: कश्मीर, उड़ीसा, बंगाल तथा बिहार पर उसका आधिपत्य नहीं था।
- अलाउद्दीन की सेनाएँ सुदूर दक्षिण तक पहुँच गईं, किन्तु सभी विजित राज्यों को सल्तनत के नियन्त्रण में नहीं लाया गया। राजपूताना-यादव (देवगिरि), काकतीय (तेलंगाना), होयसल (द्वारसमुद्र) आदि कर देने वाले राज्य थे।
- सुदूर दक्षिण के पाण्ड्य शासकों ने कभी अलाउद्दीन का आधिपत्य स्वीकार नहीं किया और न ही कोई कर दिया। रणथम्भौर को सल्तनत में शामिल कर लिया गया।
- अलाउद्दीन को भीषण मंगोल हमलों का सामना करना पड़ा। इनसे सुरक्षा हेतु उसने **सीरी** को अपनी राजधानी बनाकर उसकी किलेबन्दी करवाई। कालान्तर में उसने अपनी सैन्य शक्ति को बढ़ाकर मंगोलों के प्रति आक्रामक नीति अपनाकर उनको कई बार पराजित किया। अलाउद्दीन ने 1299 ई. में मंगोल नेता कुतुलुग ख्वाजा तथा 1304 ई. में अली बेग को परास्त किया। फलत: 1307 ई. के बाद अलाउद्दीन के काल में कोई मंगोल हमला नहीं हुआ।

सांस्कृतिक योगदान

- अलाउद्दीन ने सांस्कृतिक क्षेत्र में रुचि प्रदर्शित करते हुए महत्त्वपूर्ण योगदान दिया। उसने **अलाई दरवाजा,** जोकि कुव्वत-उल-इस्लाम मस्जिद का एक प्रवेश द्वार है, का निर्माण करवाया। उसने ही पहली बार घोड़े की नाल की आकृति वाली मेहराब बनवाई।
- इसके अलावा उसने निजामुद्दीन के मकबरे के परिसर में जमायत खाना मस्जिद बनवाई। उसने दिल्ली में हजार स्तम्भों वाला राजभवन **हजार सितून** बनवाया। उसने दिल्ली में ही **हौज-ए-खास** या हौज-ए-अलाई का निर्माण करवाया।
- अलाउद्दीन ने अमीर खुसरो और अमीर हसन देहलवी को संरक्षण दिया। अमीर खुसरो पहली बार अलाउद्दीन का ही दरबारी कवि बना। 1316 ई. में असाध्य बीमारी से अलाउद्दीन की मृत्यु हो गई। अलाउद्दीन की मृत्यु के पश्चात् राजनैतिक अस्थिरता व्याप्त रही।
- **मलिक काफूर** ने सत्ता हथियाने का प्रयास किया, किन्तु अलाउद्दीन के पुत्र **मुबारकशाह** (1316-20 ई.) ने स्वयं को खलीफा घोषित कर दिया। इसके पश्चात् **खुसरो शाह** गद्दी पर बैठा, परन्तु 1320 ई. में ही गयासुद्दीन तुगलक ने सत्ता पर अधिकार कर लिया।

अलाउद्दीन खिलजी का विजय अभियान

उत्तर भारत में

राज्य	शासक	वर्ष	खिलजी सरदार	विशेष/विवरण
गुजरात	रायकरन वघेला *(कर्ण)*	1298 ई.	उलूग खाँ और नुसरत खाँ	गुजरात अभियान के मार्ग में जैसलमेर विजित किया, कर्ण भाग गया।
रणथम्भौर	राणा हम्मीर देव *(चौहान शासक)*	1301 ई.	उलूग खाँ और नुसरत खाँ	पहले राणा ने हमला विफल कर दिया और नुसरत खाँ मारा गया। तब अलाउद्दीन स्वयं आया, राजपूतों ने जौहर किया और हम्मीर युद्ध में मारा गया।
चित्तौड़	रतन सिंह	1303 ई.	अलाउद्दीन खिलजी	चित्तौड़ पर अधिकार कर उसका नाम 'खिज्राबाद' रखा। 1311 ई. में चित्तौड़ मालदेव को सौंप दिया।
मालवा	महलकदेव	1305 ई.	आइनुलमुल्क मुल्तानी	महलकदेव माण्डू भाग गया और मालवा खिलजी साम्राज्य में मिला लिया गया।
सिवाना	शीतलदेव *(परमार वंशीय)*	1308 ई.	कमालुद्दीन कुर्ग	शीतलदेव मारा गया तथा उसका राज्य सल्तनत में मिला लिया गया।
जालौर	कान्हदेव *(कृष्णदेव)*	1311 ई.	कमालुद्दीन कुर्ग	शासक के भाई मालदेव को खुश होकर चित्तौड़ सौंपा।

दक्षिण भारत में

राज्य	शासक	वर्ष	खिलजी सरदार	विशेष/विवरण
देवगिरि	रामचन्द्र देव *(यादव शासक)*	1296 ई.	अलाउद्दीन खिलजी	रामचन्द्र देव ने एलिचपुर प्रान्त की आय देने का वादा किया।
देवगिरि	रामचन्द्र देव	1307 ई.	मलिक काफूर	रामचन्द्र ने कर देना बन्द कर दिया था, अतः आक्रमण हुआ। रामचन्द्र ने समर्पण किया और दिल्ली गया। वहाँ अलाउद्दीन ने मित्रवत् व्यवहार कर उसे 'रायरायान' की उपाधि दी, साथ ही नवसारी जिला भेंट किया।
वारंगल	प्रताप रुद्र देव *(काकतीय शासक)*	1309 ई.	मलिक काफूर	देवगिरि ने काफूर को सहायता दी और काफूर तेलंगाना की राजधानी पहुँच गया और शासक की सोने की मूर्ति व कोहिनूर हीरा तथा भारी मात्रा में लूट का माल लेकर लौटा।
द्वारसमुद्र	वीर बल्लाल-III *(होयसल वंश)*	1310 ई.	मलिक काफूर	देवगिरि का सेनापति पारसदेव *(परशुराम दलावे)* भी काफूर की मदद के लिए साथ हो लिया। वीर बल्लाल स्वयं पाण्ड्य उत्तराधिकार युद्ध में भाग लेने गया था। बल्लाल ने समर्पण किया और काफूर के साथ दिल्ली गया, वहाँ अलाउद्दीन ने उनका भव्य स्वागत किया।
पाण्ड्य	वीर पाण्ड्य	1311 ई.	मलिक काफूर	काफूर पाण्ड्य राज्य के उत्तराधिकार युद्ध में सुन्दर पाण्ड्य के पक्ष में गया था। साथ में वीर बल्लाल भी था। वीर पाण्ड्य भागता रहा। यह अभियान लूट की दृष्टि से श्रेष्ठ था।
देवगिरि	शंकरदेव *(सिंघण II)*	1313 ई.	मलिक काफूर	सिंघण मारा गया और देवगिरि अधिकांशतः दिल्ली सल्तनत में शामिल कर लिया गया।

तुगलक वंश (1320-1414 ई.)

इस वंश के प्रमुख शासकों का वर्णन इस प्रकार है

गयासुद्दीन तुगलक

- गयासुद्दीन तुगलक (गाजी मलिक) ने अपनी योग्यता और शक्ति के बल पर सत्ता पर अधिकार किया था। वह एक महत्त्वाकांक्षी शासक था, जिसने सुदूर दक्षिण तक सल्तनत पर प्रत्यक्ष नियन्त्रण स्थापित किया।
- वारंगल पहला दक्षिणी राज्य था, जिसे प्रत्यक्ष नियन्त्रण में लाया गया। इसको सुल्तानपुर कहा गया। गयासुद्दीन तुगलक के पुत्र जौना खाँ ने इन दक्षिणी अभियानों का नेतृत्व किया था और राजमुन्दरी अभिलेख में उसे **दुनिया का खान** कहा गया।
- गयासुद्दीन ने नरमी और कठोरता में सन्तुलन स्थापित करते हुए मध्यम मार्ग अपनाया, जिसे **रस्म-ए-मियाना** कहा गया। इसने जन कल्याण हेतु उदारता दिखाई। बिचौलियों के अधिकार वापस कर दिए गए और राजस्व निर्धारण हेतु बँटाई को आधार बनाकर राजस्व उपज का एक-तिहाई (1/3) निर्धारित किया गया। उसने भू-राजस्व दरों को थोड़ा-थोड़ा (1/10 या 1/11) बढ़ाने का निर्देश दिया। सल्तनत काल में नहर बनवाने वाला पहला शासक गयासुद्दीन तुगलक ही था।
- इसने हिन्दुओं के प्रति भी उदारता दिखाई और धार्मिक संकीर्णता की नीति से दूर रहा। इसने एक श्रेष्ठ **डाक व्यवस्था** स्थापित की। 1325 ई. में बंगाल अभियान से लौटने पर हुए स्वागत समारोह में भवन गिरने से अफगनपुर नामक स्थान पर उसकी तथा उसके छोटे पुत्र की मृत्यु हो गई।

- सुल्तान गयासुद्दीन तुगलक के अपने समकालीन सूफी सन्त **निजामुद्दीन औलिया** से अच्छे सम्बन्ध नहीं थे। सुल्तान ने अपने सफल बंगाल अभियान के पश्चात् निजामुद्दीन औलिया को सन्देश भेजा कि उसके राजधानी में प्रवेश करने से पूर्व वह दिल्ली छोड़कर चला जाए। इस पर निजामुद्दीन औलिया ने सुल्तान को सन्देश भेजा **हनूज दिल्ली दूर अस्त** अर्थात् **दिल्ली अभी दूर है**। दिल्ली पहुँचने से पूर्व ही सुल्तान की मृत्यु हो गई।

मुहम्मद-बिन-तुगलक

- मुहम्मद-बिन-तुगलक (जौना खाँ) गयासुद्दीन तुगलक का उत्तराधिकारी था। वह अपने पिता से भी अधिक महत्त्वाकांक्षी था। बरनी का कहना है कि वह सम्पूर्ण विश्व पर विजय चाहता था और भारत में भूमि का एक कतरा भी अपने नियन्त्रण से बाहर नहीं चाहता था।
- मुहम्मद-बिन-तुगलक एक विद्वान्, धार्मिक और तर्कवादी व्यक्ति था, परन्तु वह धार्मिक व्यक्तियों की धार्मिक सत्ता मानने को तैयार नहीं था। वह योग्यता को वंश से अधिक महत्त्व देता था।
- मुहम्मद तुगलक के नकारात्मक पक्ष को दिखाते हुए बरनी कहता है कि वह जल्दबाज, गरम मिजाज और सलाहों को महत्त्व नहीं देता था। **इब्नबतूता** का कहना है कि वह अत्यधिक इनाम और दण्ड देता है।
- मुहम्मद-बिन-तुगलक की प्रसिद्धि का प्रमुख कारण उसकी विभिन्न योजनाएँ थीं, जो अपेक्षित रूप से सफल नहीं रहीं। इसको विरासत में एक विशाल साम्राज्य प्राप्त हुआ था और सुल्तान मुहम्मद-बिन-तुगलक स्वयं एक महान् योद्धा और सेनापति था, जिसने अपने पिता के काल में अनेक विजय अभियानों का नेतृत्व किया था।
- इसके बावजूद इसके शासन के उत्तरार्द्ध में अनेक विद्रोह हुए और अनेक राज्य स्वतन्त्र हो गए। मुहम्मद-बिन-तुगलक के विभिन्न कार्यों और प्रयोगों को तत्कालीन परिस्थितियों और उसके अपने व्यक्तित्व के विविध पक्षों के प्रकाश में देखना चाहिए।

मुहम्मद-बिन-तुगलक की योजनाएँ

योजना	योजना से सम्बन्धित महत्त्वपूर्ण तथ्य
दोआब में भू-राजस्व की वृद्धि	भू-राजस्व में भारी वृद्धि की गई। इसी समय दोआब में अकाल पड़ गया। लगान वसूल करने वाले अधिकारियों ने कठोरता से वसूली करने की कोशिश की। किसानों ने विद्रोह कर दिया। इतिहास में पहली बार किसानों ने खेती बन्द कर दी। अत्यधिक निर्दयता से विद्रोह का दमन किया गया।
राजधानी परिवर्तन	▪ राजधानी परिवर्तित नहीं हुई थी। दौलताबाद नई राजधानी बनी और साथ ही दिल्ली भी राजधानी बनी रही। ▪ लोगों को सम्भवतः बलपूर्वक दिल्ली से दौलताबाद देवगिरि (1327 ई.) भेजा गया था। ▪ इसका उद्देश्य दूरस्थ दक्षिणी प्रान्तों पर प्रभावी नियन्त्रण स्थापित करना था। सम्भवतः मंगोल आक्रमणों से सुरक्षा भी एक कारण था। देवगिरि का नाम **दौलताबाद** रखा गया। ▪ देवगिरि दक्कन में इस्लामी संस्कृति का केन्द्र बन गया, क्योंकि अनेक विद्वान्, सन्त और सूफी देवगिरि जाकर बस गए। ▪ विद्रोहों के कारण शीघ्र ही दक्षिणी क्षेत्र सल्तनत से बाहर हो गए और देवगिरि को राजधानी बनाने का औचित्य समाप्त हो गया। ▪ 1335 ई. में दिल्ली पुनः राजधानी बनी और लोगों को लौटने का आदेश दिया गया। ▪ इस प्रकार आने-जाने से लोगों को काफी कष्ट उठाना पड़ा।
सांकेतिक मुद्रा का प्रचलन	▪ चाँदी की कमी के कारण सांकेतिक मुद्रा का प्रचलन किया गया। पीतल/काँसे की मुद्रा प्रयोग में लाई गई। पीतल की मुद्रा/सिक्के चलाने वाला प्रथम सुल्तान मुहम्मद-बिन-तुगलक ही था। ▪ काँस्य/पीतल की मुद्रा का मूल्य चाँदी की मुद्रा के बराबर रखा गया। सिक्कों पर फारसी तथा अरबी भाषा में लेख लिखे गए थे। लोगों ने सरलता से अपने घरों में सिक्के बनाने शुरू कर दिए, जो राजकीय सिक्कों जैसे ही थे। राजकोष को भारी नुकसान हुआ। फलतः यह योजना बन्द करनी पड़ी।
खुरासान अभियान	▪ यह योजना खुरासान के शासक अबू सैयद के विरुद्ध थी। इसका उद्देश्य गजनी और काबुल पर नियन्त्रण स्थापित कर मंगोल आक्रमणों से रक्षा करना था। ▪ इसके लिए मिस्र के सुल्तान और ट्रांसआक्सियाना के शासक तरमाशीरीन के साथ एक त्रि-मैत्री संघ बनाया गया। ▪ इसके लिए 3,70,000 घुड़सवारों की विशाल सेना तैयार की गई। यह मध्यकालीन भारतीय इतिहास में विदेश नीति के एक नए बोध का उदाहरण है। ▪ मैत्री संघ टूटने से योजना समाप्त हो गई और सेना पर हुआ अत्यधिक व्यय अधिकांशतः व्यर्थ चला गया।
कराचिल अभियान	▪ पहाड़ी क्षेत्र में किया गया अभियान जो सम्भवतः काँगड़ा/कुमाऊँ जिले में किया गया था। ▪ विपरीत भौगोलिक परिस्थितियों में सल्तनत की सेना को अत्यधिक हानि हुई। ▪ तत्कालीन पहाड़ी शासक ने आधिपत्य स्वीकार करते हुए एक निश्चित धनराशि देने का वादा किया।

कृषि सम्बन्धी सुधार

- मुहम्मद-बिन-तुगलक ने कृषि सम्बन्धी सुधार के लिए **दीवान-ए-अमीरकोही** नामक विभाग स्थापित किया, जिसका उद्देश्य फसल सुधार तथा कृषि विस्तार था, परन्तु इस कार्य हेतु नियुक्त 100 शिकदार अयोग्य थे और स्थानीय परिस्थितियों से अपरिचित थे, फलतः सम्पूर्ण धन, जो उन्हें इस निमित्त प्रदान किया गया था, व्यर्थ चला गया। उसने **अकाल संहिता** तैयार कराई तथा कृषकों को कृषि कार्यों हेतु **तकावी** ऋण दिए।
- मुहम्मद-बिन-तुगलक ने पुनः पैमाइश (भूमि की माप के आधार पर भू-राजस्व निर्धारण) को भू-राजस्व निर्धारण का आधार बनाया साथ ही उसने इजारेदारी (ठेके पर भू-राजस्व की वसूली करवाना) की **मुकाता प्रथा** को बढ़ावा दिया।

धार्मिक दृष्टिकोण

- मुहम्मद-बिन-तुगलक धार्मिक रूप से उदार शासक था। उसने अपने प्रशासन में हिन्दुओं को शामिल कर उन्हें उच्च पद प्रदान किए। वह दिल्ली का प्रथम सुल्तान था, जिसने होली का त्योहार मनाया। वह योगियों से भी सम्पर्क रखता था।
- जैन विद्वान् जिनप्रभु सूरी तथा जाम्बूजी से भी वह चर्चाएँ किया करता था। उसने जैन विद्वान् **राजशेखर** को संरक्षण दिया। वह अजमेर स्थित **मुइनुद्दीन चिश्ती** की दरगाह तथा बहराइच में सालार मसूद गाजी के मकबरे का दर्शन करने वाला दिल्ली का प्रथम सुल्तान था।
- उसने दिल्ली में शेख निजामुद्दीन औलिया के मकबरे का निर्माण करवाया। इतना होने पर भी उसका तर्कवादी होना तथा धार्मिक व्यक्तियों पर बल प्रयोग और उनको दण्डित करने की नीति ने उलेमाओं को उसका विरोधी बना दिया।
- शेख नासिरुद्दीन चिराग-ए-दिल्ली उसके विरोधी थे। बरनी तथा इसामी जैसे इतिहासकारों ने उसे अधर्मी बताया है। अन्ततः धार्मिक वर्गों का समर्थन पाने के लिए उसने खलीफा से मान-पत्र प्राप्त किया और अपने सिक्कों पर खलीफा का नाम लिखवाया, जबकि पहले उसके सिक्कों पर स्वयं उसका नाम रहता था, खलीफा का नहीं।

सांस्कृतिक योगदान

- मुहम्मद-बिन-तुगलक के काल में मोरक्को का निवासी **इब्नबतूता** भारत आया (1333 ई.)। सुल्तान ने उसको दिल्ली में काजी नियुक्त किया और 1342 ई. में मुहम्मद-बिन-तुगलक ने उसे दूत बनाकर **चीन** भेजा। इब्नबतूता की रचना **रेहला** से मुहम्मद-बिन- तुगलक के बारे में अमूल्य जानकारी मिलती है।
- मुहम्मद-बिन-तुगलक ने विभिन्न देशों से सम्पर्क रखा और सांस्कृतिक आदान-प्रदान को बढ़ावा दिया। **तारीख-ए-फिरोजशाही** और **फतवा-ए-जहाँदारी** के लेखक **जियाउद्दीन बरनी** तथा 'शाहनामा' और 'दीवान-ए-चाच' के रचयिता **बद्र-ए-चाच** इसके दरबार में थे।
- मुहम्मद-बिन-तुगलक ने दिल्ली में **जहाँपनाह** नामक नगर बसाया। उसने एक नया स्वर्ण सिक्का जारी किया, जिसे इब्नबतूता ने **दीनार** कहा। उसके सिक्कों पर **सुल्तान ईश्वर की प्रतिछाया** है तथा **ईश्वर सुल्तान का समर्थक** है आदि लेख उत्कीर्ण हैं।

प्रमुख विद्रोह

- मुहम्मद-बिन-तुगलक ने विभिन्न वर्गों को शासक वर्ग में शामिल किया। उसने विदेशियों को भी अमीर वर्ग में शामिल किया। इन प्रयासों से परम्परागत अमीर वर्ग में असन्तोष फैला। धार्मिक वर्गों पर कठोरता की नीति ने भी असन्तोष को बढ़ावा दिया, साथ ही तत्कालीन परिस्थितियों के हिसाब से साम्राज्य का आकार अत्यन्त विशाल था और इसे सँभालना मुश्किल था। सर्वाधिक विद्रोह (22) इसी के काल में हुए। प्रथम विद्रोह सागर के इक्तादार बहाउद्दीन गुरशास्प ने 1327 ई. में किया। 1340-41 ई. में बंगाल अलग हो गया। 1334-35 ई. में माबर (मदुरा) में अहसान शाह ने विद्रोह किया और स्वतन्त्र राज्य की स्थापना की। इसी समय दोआब में गड़बड़ी शुरू हो गई और फिर एक के बाद एक विद्रोह हुए और सम्पूर्ण दक्षिणी क्षेत्र स्वतन्त्र हो गया। इसी दौरान **विजयनगर** (1336 ई.) और **बहमनी** (1347 ई.) दो स्वतन्त्र राज्य स्थापित हुए।
- सबसे खतरनाक विद्रोह अवध के नायब आइन-उल-मुल्तानी का था (1340 ई.), परन्तु अन्ततः वह पराजित हुआ। अन्ततः गुजरात में तगी का विद्रोह हुआ और उसका पीछा करते हुए थट्टा (निचला सिन्ध) में मुहम्मद-बिन-तुगलक की मृत्यु हो गई। उसकी मृत्यु पर **अब्दुल कादिर बदायूँनी** ने लिखा है, "सुल्तान को अपनी प्रजा से तथा प्रजा को सुल्तान से मुक्ति मिल गई।"

फिरोजशाह तुगलक

- मुहम्मद-बिन-तुगलक की मृत्यु के बाद उसका चचेरा भाई फिरोज सुल्तान बना। फिरोज ने उलेमा और सरदारों के समर्थन से गद्दी प्राप्त की थी। जब वह सुल्तान बना, तो सल्तनत अस्त-व्यस्त स्थिति में थी तथा फिरोज कोई योग्य सेनानायक नहीं था। फलतः उसने सबको सन्तुष्ट रखने की नीति अपनाई तथा जनकल्याण और परोपकारिता जैसी नीति को अपनाया।
- उसके प्रयासों का कोई ठोस दार्शनिक आधार नहीं था और उसके प्रयास सल्तनत के स्थायित्व को बल नहीं दे सके, बल्कि उसके कई कार्यों ने सल्तनत के पतन की प्रक्रिया को तेज ही किया। उसकी धार्मिक संकीर्णता की नीति ने भी सल्तनत को विपरीत रूप से प्रभावित किया। फिर भी फिरोज की इस बात के लिए प्रशंसा की जा सकती है कि उसने एक सकारात्मक कदम उठाते हुए ऐसे शासन की स्थापना का प्रयास किया, जो भय पर नहीं लोगों की स्वेच्छापूर्ण स्वीकृति पर आधारित हो।
- फिरोजशाह तुगलक ने राजस्व तथा प्रशासन में सुधार किए। उसकी प्रसिद्धि अनेक जनकल्याण की योजनाओं को प्रारम्भ करने के लिए है। प्रमुख किए गए कार्य अग्रलिखित हैं

राजस्व व्यवस्था

- शरीयत द्वारा स्वीकृत करों खराज (लगान), खुम्स (लूट का माल), जजिया (गैर-मुसलमानों पर लगने वाला कर) और जकात (मुस्लिम आय का 2.5%, जो मुसलमानों पर ही खर्च किया जाता है।) के अलावा अन्य सभी कर समाप्त कर दिए गए। समस्त भूमि की माप **ख्वाजा हिसामुद्दीन** से करवाई गई और किसानों पर **शुर्ब** नामक सिंचाई कर उलेमा की सहमति से लगाया गया।
- किसानों के तकावी ऋण माफ कर दिए गए, परन्तु ठेके पर राजस्व वसूली (इजारेदारी) होने के कारण किसानों को हानि हुई। फिरोज ने राजस्व निर्धारण उपज के आधार पर किया, भूमि की माप के आधार पर नहीं।
- कृषि के विस्तार हेतु उसने अनेक नहरें बनवाईं, जिनमें यमुना नदी से निकलकर हिसार तक जाने वाली उलूगखानी नहर और सतलुज नदी से निकलने वाली रजवाही नहर महत्त्वपूर्ण थी।
- इनसे पानी की कमी दूर हुई, विशेषतः हिसार और हाँसी क्षेत्र में। राज्य की आय में वृद्धि हेतु उसने 1,200 बाग लगवाए। उसने शशगानी, अद्धा (ताँबा), बिख (चाँदी) नामक सिक्के भी चलाए। उसने सैनिकों को नकद वेतन न देकर जागीरें दीं, जो **वजह** कहलाती थीं। उसने स्वयं घूसखोरी को बढ़ावा दिया। वह दिल्ली सल्तनत का पहला सुल्तान था, जिसने ब्राह्मणों पर भी जजिया आरोपित किया।

सैन्य और प्रशासनिक कार्य

- अपने शासन को स्थायित्व देने और अपने प्रति समर्थन में वृद्धि हेतु फिरोज ने अमीरों और सैनिकों को वंशानुगत कर दिया, परन्तु फिरोज अनुशासन नहीं रख सका और उसका यह प्रयास अपेक्षित रूप से सफल नहीं रहा।
- फिरोज ने 1,80,000 दास एकत्र कर गुलामों से सम्बन्धित **दीवान-ए-बन्दगान** नामक नया विभाग स्थापित किया एवं अपने वफादारों की सेना बनाने का प्रयास किया, परन्तु दासों और परम्परागत अमीरों में तनाव उभर आया। इस प्रकार उसने स्वयं ही अपने प्रयासों को असफल कर दिया। इसने उड़ीसा पर आक्रमण कर हिन्दुओं के पवित्र जगन्नाथ मन्दिर को क्षति पहुँचाई।
- नगरकोट पर आक्रमण किया, यहाँ के राजा ने बिना युद्ध के ही आत्मसमर्पण कर दिया। इसका बंगाल अभियान व्यर्थ रहा तथा सिन्ध अभियान अत्यधिक अव्यवस्थित और असफल रहा।

सांस्कृतिक योगदान

- फिरोजशाह तुगलक ने अनेक नए नगर बसाए। इनमें हिसार-फिरोजा, **फिरोजाबाद** तथा अपने भाई (जौना खाँ) की स्मृति में **जौनपुर** प्रसिद्ध हैं। फिरोज ने टोपरा तथा मेरठ से अशोक की लाट मँगवाकर दिल्ली में स्थापित करवाई। उसके राज्य का मुख्य वास्तुकार मलिक गाजी शहना था।
- फिरोज ने जियाउद्दीन बरनी तथा शम्स-ए-सिराज अफीक को संरक्षण दिया। **अफीक** ने उसकी जीवनी **तारीख-ए-फिरोजशाही** की रचना की।
- फिरोज ने अपनी आत्मकथा **फुतुहात-ए-फिरोजशाही** के नाम से लिखी। 'दलायल-ए-फिरोजशाही' फारसी भाषा में है तथा यह काँगड़ा से प्राप्त संस्कृत पुस्तकों का फारसी अनुवाद है। इसके अनुवादक अजीजुद्दीन किरमानी थे। संगीत आधारित ग्रन्थ 'रागदर्पण' का फारसी अनुवाद फिरोज के काल में हुआ।

- विभिन्न प्रकार की वस्तुएँ उत्पादित करने हेतु कारखानों की स्थापना की गई और ख्वाजा अबुल हसन को कारखानों का मुतसर्रिफ (महानिदेशक) नियुक्त किया। फिरोज शाह ने असमर्थ लोगों की सहायता तथा उनकी पुत्रियों के विवाह में मदद हेतु दीवान-ए-खैरात (दान विभाग) की स्थापना की। फिरोज के शासनकाल के अन्तिम दौर में साम्राज्य अस्थिरता से ग्रस्त हो गया। उसकी मृत्यु के पश्चात् 1394 ई. में जौनपुर में शर्की राज्य की स्थापना हुई।
- **नासिरुद्दीन महमूद** (1394-1412) अन्तिम तुगलक शासक था। इसके काल में दिल्ली सल्तनत अत्यधिक संकुचित हो चुकी थी। लोग व्यंग्य किया करते थे कि शहंशाह की सल्तनत दिल्ली से पालम तक फैली है। इसी के काल में तैमूर लंग का भारत पर आक्रमण हुआ, जिसने इस साम्राज्य को समाप्त कर दिया।

तैमूर का भारत पर आक्रमण (1398 ई.)

तैमूर 1369 ई. में समरकन्द का शासक बना। वह एक कुशल राजनीतिज्ञ तथा महान् सेनापति था। अपनी विजयों के फलस्वरूप उसने ईरान, अफगानिस्तान, सीरिया, कुर्दिस्तान आदि को जीतकर एक विशाल साम्राज्य स्थापित किया। धन के लालच में दिसम्बर, 1398 में उसने दिल्ली सल्तनत पर आक्रमण किया। उस समय दिल्ली का शासक नासिरुद्दीन महमूद था। दिल्ली जीतने के पश्चात् उसने 15 दिन तक कत्लेआम कराया। हजारों लोगों की हत्या करने तथा अपार धन-सम्पदा लूटने के पश्चात् वह 1399 ई. में वापस लौट गया।

सैयद वंश (1414-51 ई.)

इस वंश के प्रमुख शासकों का वर्णन इस प्रकार है

खिज्र खाँ

- तैमूर लंग ने भारत से जाते समय खिज्र खाँ की सेवाओं से प्रसन्न होकर मुल्तान और दीपालपुर की सूबेदारी उसे सौंप दी, इससे खिज्र खाँ प्रभावशाली हो गया। कालान्तर में दिल्ली पर आक्रमण कर सर्वसम्मति से चुने गए **दौलत खाँ लोदी** को हरा दिया और 1414 ई. में स्वयं सुल्तान बन बैठा।

मुबारक शाह

- यह सैयद वंश का योग्यतम शासक था, जिसने विद्रोहों का दमन किया और सल्तनत का विस्तार किया। मेवात, बयाना, ग्वालियर के विरुद्ध इसने सफल अभियान किए, जिससे राज्य की आय में वृद्धि हुई। इसके वजीर और अमीरों के एक गुट ने इसकी हत्या करवा दी। मुबारक शाह के पश्चात् मोहम्मद शाह (1434-43 ई.) एक कमजोर शासक बना रहा।
- बहलोल लोदी ने इसके काल में दिल्ली की महमूद खिलजी के आक्रमण से रक्षा की थी। इसके पश्चात् अलाउद्दीन आलम शाह (1443-51 ई.) सुल्तान बना। यह 1447 ई. में बदायूँ जाकर बस गया और दिल्ली पर बहलोल लोदी के दावे को स्वीकार कर 1451 ई. में औपचारिक रूप से उसे सत्ता सौंप दी तथा स्वयं तराई क्षेत्रों में शासन करता रहा।

लोदी वंश (1451-1526 ई.)

- यह दिल्ली की गद्दी पर अधिकार करने वाला पहला **अफगान वंश** था। दिल्ली सल्तनत के राजवंशों में यह अन्तिम राजवंश था। लोदियों ने दिल्ली सल्तनत की प्रतिष्ठा और शक्ति को पुनर्स्थापित करने का प्रयास किया।

इस वंश के प्रमुख शासकों का वर्णन इस प्रकार है

बहलोल लोदी

- यह लोदी वंश का संस्थापक था। इसने अफगान भ्रातृत्व और समानता के सिद्धान्त के अनुसार शासन की संकल्पना की। इसने शर्की शासकों को परास्त कर जौनपुर को दिल्ली सल्तनत में मिला लिया।

सिकन्दर लोदी

- यह लोदी वंश का योग्यतम शासक था। इसने स्वतन्त्रतापूर्वक अफगानों पर नियन्त्रण स्थापित कर उन्हें आज्ञाकारी बनाया। सिकन्दर ने 1504 ई. में **आगरा** नगर बसाया, खाद्यान्न कर (अनाज कर) को समाप्त कर दिया और व्यापारिक प्रतिबन्धों को हटाया, ताकि व्यापार को बढ़ावा मिले।
- इसने **गज-ए-सिकन्दरी** नामक नए माप का प्रचलन करवाया। यह धार्मिक रूप से हिन्दुओं के प्रति अनुदार था। इसने हिन्दुओं पर **जजिया कर** आरोपित किया। इसने मुहर्रम और ताजिए निकालने पर रोक लगा दी।
- इसके काल में गायन विद्या के ग्रन्थ **लज्जत-ए-सिकन्दर शाही** की रचना हुई। इसी काल में एक आयुर्वेदिक ग्रन्थ का फारसी अनुवाद **फरहंग-ए-सिकन्दरी** नाम से हुआ। यह स्वयं **गुलरुखी** उपनाम से फारसी भाषा में कविता लिखता था। इसने 1494-95 ई. में दक्षिणी बिहार पर विजय प्राप्त की तथा बंगाल के शासक अलाउद्दीन हुसैन शाह से मैत्री स्थापित की।

इब्राहिम लोदी

- यह सिकन्दर लोदी का ज्येष्ठ पुत्र था। इसे एक ओर **राणा सांगा** के नेतृत्व में उभरती राजपूत शक्ति तथा दूसरी ओर विद्रोही अफगानों का सामना करना पड़ा। इसके सामने सबसे बड़ा खतरा पश्चिमोत्तर क्षेत्र से आक्रमण करने वाले मुगलों के रूप में था। अन्ततः मुगलों ने **बाबर** के नेतृत्व में पानीपत के मैदान में 1526 ई. में लोदियों को परास्त कर दिया।
- इब्राहिम लोदी युद्धस्थल में मारा जाने वाला दिल्ली सल्तनत का एकमात्र सुल्तान है। **पानीपत के प्रथम युद्ध** के परिणामस्वरूप दिल्ली पर एक नए राजवंश मुगल वंश का अधिकार हुआ।

सल्तनतकालीन प्रशासन

राजनीतिक आदर्श

- दिल्ली सल्तनत और खिलाफत इस्लाम में एक राज्य-इस्लामी राज्य, एक ग्रन्थ-कुरान, एक धर्म-इस्लाम तथा एक जाति मुसलमानों की अवधारणा है। पैगम्बर हजरत मुहम्मद की मृत्यु के पश्चात् खिलाफत नामक संस्था अस्तित्व में आई। अबुबक्र मुस्लिम समुदाय के पहले प्रमुख या खलीफा बने। इस्लामी व्यवस्था में खलीफा को धर्म का संरक्षक और राजनीतिक व्यवस्था को बनाए रखने वाला समझा जाता था। उसे पूरे मुस्लिम समुदाय का संरक्षक समझा जाता था।
- दिल्ली के सुल्तानों ने भी समय-समय पर खलीफा से शासन करने की सनद प्राप्त की, खलीफा का नाम सिक्कों पर खुदवाया तथा शुक्रवार की नमाज के समय खलीफा के नाम से खुतबा जारी किया। इल्तुतमिश इस मानदण्ड के हिसाब से दिल्ली का प्रथम वैधानिक सुल्तान था।

केन्द्रीय प्रशासन

- **सुल्तान** दिल्ली सल्तनत के प्रशासन का मुख्य केन्द्र सुल्तान होता था। सैद्धान्तिक रूप से सुल्तान खलीफा के अधीन होता था, किन्तु व्यावहारिक रूप में वह सिविल, सैनिक तथा न्यायिक मामलों का प्रधान होता था। सुल्तान ही जनहित के नागरिक एवं राजनैतिक नियम के निर्धारक होते थे। इसके प्रतीक के रूप में वह खुतबा अपने नाम से पढ़वाता था तथा अपने नाम से सिक्के जारी करता था।

सल्तनत काल के प्रमुख अधिकारी तथा उनके कार्य

अधिकारी का नाम	कार्य
आरिज-ए-मुमालिक	सैन्य विभाग (दीवान-ए-अर्ज) का प्रधान था। सैनिकों की भर्ती करना प्रमुख कार्य था।
इंशा-ए-मुमालिक	पत्राचार विभाग का प्रधान था।
रसालत-ए-मुमालिक	विदेश विभाग का प्रधान था।
वकील-ए-दर	शाही महल एवं सुल्तान की व्यक्तिगत सेवाओं का प्रबन्ध करता था।
अमीर-ए-हाजिब (बारबक्त)	दरबारी शिष्टाचार के नियमों को लागू करता था।
सर-ए-जाँदार	सुल्तान के अंगरक्षकों का प्रधान था।
अमीर-ए-बहर	आन्तरिक नौकायन तथा जल मार्गों का नियन्त्रण करता था।
अमीर-ए-मजलिस	सभाओं एवं दावतों जैसे विशेष उत्सवों का प्रबन्ध करता था।
मुस्तौफी-ए-मुमालिक	(महालेखा परीक्षक) राज्य के खर्चों की जाँच करता था (ऑडिटर जनरल)
मुशरिफ़-ए-मुमालिक	महालेखाकार (एकाउण्टेण्ट जनरल) राज्य की आय से सम्बन्धित।
दीवान-ए-रियासत	बाजार पर नियन्त्रण रखना।
शहना-ए-मण्डी	बाजार मूल्य नियन्त्रण बाट-माप की जाँच करना।
मजमुआदार	आय-व्यय को ठीक करना (राजस्व)
मुहतसिब	लोगों के आचरण पर नजर रखता था।
मतशर्रिफ	शाही कारखाने की देखभाल करता था।
बरीद-ए-मुमालिक	सूचनादाता एवं गुप्तचर विभाग का प्रमुख था।
सद्र-उस-सुदूर	धर्म सम्बन्धी कार्यों का प्रमुख था।
खाजिन	राजकीय आय को संग्रहीत करता था।
काजी-उल-कुजात	न्याय विभाग का प्रमुख था।
मुफ्ती	धर्म की व्याख्या करता था।
अमीर-ए-दाद	बड़े नगरों का मजिस्ट्रेट था।
कोतवाल	शहरों में शान्ति व्यवस्था के लिए उत्तरदायी था।

सल्तनत काल के प्रमुख विभाग, नाम तथा उनके कार्य

नाम	विभाग	कार्य
दीवान-ए-विजारत	वजीर का विभाग	मुख्यतः वित्त सम्बन्धी कार्य परन्तु लोक प्रशासन के प्रत्येक विभाग पर नियन्त्रण।
दीवान-ए-आरिज (अर्ज)	सैन्य विभाग	सैनिकों की भर्ती, सैनिक अभियानों का आयोजन, सैनिकों का वेतन एवं निर्धारण तथा सैन्य निरीक्षण।
दीवान-ए-रिसालत	विदेश विभाग	विदेशी सम्पर्क एवं कार्य, कुछ विद्वानों के अनुसार यह धार्मिक कार्यों से सम्बन्धित था।
दीवान-ए-इंशा या दीवान-ए-अशरफ	पत्राचार विभाग	शाही घोषणाओं एवं पत्रों के मसविदे तैयार करना, शासकीय घोषणाओं को जारी करना, प्रान्तीय गवर्नरों एवं अधिकारियों को पत्र भेजना।
दीवान-ए-अमीरकोही	कृषि विभाग (मोहम्मद बिन तुगलक द्वारा स्थापित)	कृषि के तहत भूमि का विस्तार करना, मालगुजारी व्यवस्था को सुदृढ़ करना।
दीवान-ए-मुस्तखराज	राजस्व विभाग (अलाउद्दीन खिलजी द्वारा स्थापित)	बकाया करों की वसूली करना, राजस्व एकत्र करने वाले अधिकारियों का हिसाब रखना।
दीवान-ए-खैरात	दान विभाग (फिरोजशाह तुगलक द्वारा स्थापित)	गरीब मुस्लिम कन्याओं का विवाह करना, विधवाओं तथा अनाथों की मदद करना।
दीवान-ए-इस्तिहाक	पेन्शन विभाग (फिरोज तुगलक द्वारा स्थापित)	अवकाश प्राप्त कर्मचारियों को वजीफा देना या सैन्य अभियानों में मृत सैनिकों के आश्रितों को मदद देना।
दीवान-ए-बन्दगान	दास विभाग (फिरोज तुगलक द्वारा स्थापित)	दासों की संख्या में वृद्धि करना तथा उनकी समस्याओं का समाधान करना।
दीवान-ए-वकूफ	व्यय विभाग (जलालुद्दीन खिलजी द्वारा स्थापित)	व्यय के कागजात की देखभाल करना।
दीवान-ए-कजा-मुमालिक	न्याय विभाग	न्याय सम्बन्धी कार्य
नाइब-ए-मामलिकात	बहरामशाह	सत्ता का केन्द्र बिन्दु

प्रान्तीय प्रशासन

- सल्तनत काल में प्रान्तीय प्रशासन की कोई स्पष्ट सूचना नहीं मिलती है, यद्यपि इब्नबतूता का मानना है कि मोहम्मद बिन तुगलक के काल में 23 प्रान्त थे।
- 14वीं सदी में सल्तनत के विस्तार के कारण प्रान्तों को जिलों में बाँट दिया गया, इन्हें **शिक** कहा जाता था। शिकों की स्थापना बलबन ने की थी। शिक का शासक **शिकदार** कहलाता था। शिकों या जिलों को परगनों में बाँटा गया था। प्रत्येक परगने में आमिल एवं मुन्सिफ जैसे महत्त्वपूर्ण अधिकारी होते थे। आमिल मुख्य प्रशासनिक अधिकारी तथा मुशरिफ या मुन्सिफ राजस्व विभाग का प्रधान होता था।
- शासन की सबसे छोटी इकाई **ग्राम** थी, जो स्वशासन और पैतृक अधिकारियों की व्यवस्था के अन्तर्गत थी। गाँव के मुख्य अधिकारी थे–पटवारी (लेखाकार), चौधरी, खुत, मुकद्दम (मुखिया) जो शासन को लगान वसूल करने में मदद करते थे। अलाउद्दीन खिलजी के समय में उनसे (खुत, चौधरी, मुकद्दम) से विशेष सुविधाएँ छीन ली गई थीं। इसके अतिरिक्त गाँव में पंचायत होती थी, जो शिक्षा, स्वच्छता, न्याय आदि सभी कार्य करती थी।
- **खालसा या केन्द्रशासित क्षेत्र** प्रान्तों के अतिरिक्त कुछ केन्द्रशासित प्रदेश या खालसा क्षेत्र होते थे जिनमें शिक और शहर शामिल थे। इसके प्रभारी अधिकारी शहना (अधीक्षक) कहलाते थे और सुल्तान द्वारा नियुक्त होते थे। इस क्षेत्र से एकत्र किया गया राजस्व सीधे केन्द्र के खजाने में जाता था। इसी प्रकार प्रत्येक उपक्षेत्र में **आमिल** नाम का एक पदाधिकारी होता था जो राजस्व इकट्ठा करके राजकोष में जमा करता था।

प्रान्त की न्यायपालिका में चार प्रकार के न्यायालय सम्मिलित होते थे

1. वली या गवर्नर का न्यायालय
2. काजी-ए-सूबा का न्यायालय
3. दीवान-ए-सूबा का न्यायालय
4. सद्र-ए-सूबा का न्यायालय।

सैन्य प्रशासन

- सल्तनत कालीन सैन्य संगठन मुख्यत: तुर्की और मंगोल पद्धति पर आधारित था। सल्तनतकालीन सैन्य व्यवस्था का शुभारम्भ इल्तुतमिश के शासनकाल से होता है। उसके काल में सल्तनत की सेना को 'हश्म-ए-कल्ब' (केन्द्रीय सेना) या कल्ब-ए-सुल्तानी कहा जाता था।
- सल्तनतकालीन सुल्तानों में बलबन ने **सैन्य विभाग** की स्थापना की तथा अलाउद्दीन खिलजी को एक स्थायी सेना के गठन का श्रेय दिया जाता है।
- सेना के मुख्य तीन भाग थे—(i) घुड़सवार सेना (ii) गज सेना (iii) पैदल सेना (पायक)। सुल्तान के पास नावों का एक बेड़ा होता था। नावों के बेड़े का संचालन **मीर बहर** नामक अधिकारी के नेतृत्व में होता था, जिसका उपयोग सैनिक सामान ढोने के लिए किया जाता था।

इल्तुतमिश के काल में विभिन्न क्षेत्रों की सेनाएँ निम्न नामों से जानी जाती थीं

केन्द्रीय सेना	हश्म-ए-कल्ब या कल्ब-ए-सुल्तानी
प्रान्तीय सेना	हश्म-ए-अतरफ
शाही घुड़सवार	सवार-ए-कल्ब
सुल्तान की व्यक्तिगत सेना	शम्सी घुड़सवार

- खिलजी काल से मंगोलों में प्रचलित सैनिक वर्गीकरण पद विषयक शब्द; जैसे—अमीरान-ए-सदा, अमीरान-ए-हजारा एवं अमीरान-ए-तुमन के उदाहरण मिलते हैं।
- मंगोल सेना का यह वर्गीकरण **दशमलव प्रणाली** पर आधारित था और इसे सल्तनतकालीन सैन्य व्यवस्था में भी अपनाया गया। यह सैनिक वर्गीकरण पद सोपान सूचक होने के साथ-साथ सैन्य व्यवस्था के अत्यधिक केन्द्रीभूत होने का आभास दिलाता है।

सैन्य दायित्व

अमीर-ए-दह	दस सैनिकों का सेनानायक
अमीर-ए-सदा	दस अमीरों या सौ सैनिकों का सेनानायक
अमीर-ए-हजारा	एक हजार सैनिकों का सेनानायक
अमीर-ए-तुमन	दस हजार सैनिकों का सेनानायक

सैन्य वर्गीकरण

सरखेल	दस घुड़सवारों की टुकड़ी का प्रधान
सिपहसालार	दस सरखेल (100 घुड़सवार)
अमीर	दस सिपहसालार (1000 घुड़सवार)
मलिक	दस अमीर (10000 घुड़सवार)
खान	दस मलिक (100000 घुड़सवार)
सुल्तान	दसखान (सर्वोच्च सेनापति)

- अलाउद्दीन ने घोड़े को **दागने की प्रथा** प्रारम्भ की तथा सैनिकों का हुलिया दर्ज किया। अलाउद्दीन की सैन्य व्यवस्था खुसरो शाह के समय में टूटकर बिखर गई। इसने किराए पर सैनिकों की भर्ती की।
- अलाउद्दीन के शासनकाल के बाद मुक्ता लोग अपने सैनिकों के वेतन में से कुछ कमीशन काट लिया करते थे। **गयासुद्दीन तुगलक** ने केवल इस कुप्रथा को समाप्त ही नहीं किया वरन् सैनिकों के वेतन रजिस्टर (वसीलात-ए-हश्म) की स्वयं जाँच करने लगा।
- मोहम्मद तुगलक के समय में मुक्ता और सेनाध्यक्षों से राजस्व वसूल करने का अधिकार छीनकर प्रान्तों में शिकदार और फौजदार नामक दो अधिकारियों को दे दिया गया।
- दुर्ग (किलों) को सैनिक सुरक्षा का महान् स्तम्भ माना जाता था। प्रत्येक दुर्ग का एक दुर्गपाल होता था, जिसे सामान्यतया कोतवाल कहा जाता था। वे सैनिक जो सुल्तानों के सैनिकों के रूप में भर्ती किए जाते थे, **खासखेल** कहलाते थे। इनमें शाही अंगरक्षक, गुलाम आदि होते थे।
- सल्तनत काल में पत्थर एवं आग फेंकने की मशीन को **मगरिब** तथा **अर्रादा** कहा जाता था। इस काल में बारुद, तोप, गोलों का आविष्कार/निर्माण नहीं हुआ था।
- फिरोजशाह तुगलक ने सैनिकों को आनुवंशिक आधार पर इक्ताएँ प्रदान कीं। उसने सेना में दासों को भर्ती करना प्रारम्भ कर दिया। वहीं लोदी काल में अफगानों की प्रजातन्त्रात्मक मनोवृत्ति के कारण सेना का स्वरूप बदल गया तथा वह जनजातीय लड़ाकू सेना हो गई।

सल्तनतकालीन समाज

- तुर्क आगमन से भारतीय समाज का स्वरूप परिवर्तित हुआ, क्योंकि उसमें नए लोग जुड़े, जो अपने साथ नया धर्म, नई संस्कृति और नई परम्पराएँ लेकर आए थे। प्रशासन में प्रभावपूर्ण और धनी लोगों के लिए अमीर शब्द का प्रयोग हुआ। तुर्क अमीर वर्ग प्रारम्भ में अस्थिर था और शासक परिवर्तन के साथ ही प्राय: बड़े पैमाने पर अमीर वर्ग बदल दिया जाता था, परन्तु खिलजी और तुगलक काल से अमीर वर्ग में प्राय: स्थायित्व आने लगा।
- समाज में प्रमुखत: दो वर्ग थे—**अशराफ** और **अजलाफ।** अशराफ (शरीफ का बहुवचन) वर्ग में अमीर, उनके वंशज और उच्च वर्गीय उलेमा आते थे। इस वर्ग में दो कोटियाँ थीं- अहल-ए-सैफ और अहल-ए-कलम। अहल-ए-सैफ योद्धा वर्ग था और ये स्वयं को श्रेष्ठ मानते थे। अहल-ए-कलम विद्वान् वर्ग थे, जो धार्मिक और न्यायिक पदों पर आसीन थे।
- बँटाइदार के लिए कृषक या आर्थिक शब्द का प्रयोग किया गया है। हलवाह या भूमिहीन मजदूर दोनों निम्न श्रेणी के किसान थे और सर्वाधिक जनसंख्या इनकी ही थी। भूमिधारी या स्वतन्त्र किसान को तुर्कों ने खुदकाश्त (प्राय: अपनी जमीन पर खेती करने वाला) और मलिक-ए-जमीन कहा है। शिल्पकार, चर्मकार, पहरेदार इनमें से कुछ वर्ग अछूत माने जाते थे।

भूमि का वर्गीकरण

सल्तनतकाल में भूमि चार वर्गों में वर्गीकृत थी

1. **इक्ता** इक्तादारों को दी गई भूमि
2. **खालसा** केन्द्रीय सरकार के नियन्त्रण वाली भूमि
3. **इनाम या वक्फ** अनुदान या पुरस्कार स्वरूप दी गई भूमि
4. **सामन्तों को दी गई भूमि** निश्चित कर के बदले हिन्दू जमींदारों व राजाओं के अधीन भूमि

सल्तनतकालीन अर्थव्यवस्था

- भारत में तुर्की सुल्तानों की आर्थिक नीति मुस्लिम कानूनविदों की हनफी विचारधारा के वित्तीय सिद्धान्त के ढाँचे पर थी। इसे तुर्की सुल्तानों ने गजनवियों से लिया था। मुस्लिम विधिविज्ञों ने सल्तनतकाल में वसूले जाने वाले करों को धार्मिक एवं धर्मनिरपेक्ष भागों में विभक्त किया।
- इस्लामी अर्थव्यवस्था सम्बन्धी सिद्धान्त बगदाद के मुख्य काजी अबू याकूद द्वारा लिखित पुस्तक किताब-उल-खराज में लिपिबद्ध हैं। दिल्ली सल्तनत की वित्तीय व्यवस्था के अनुसार प्रारम्भ में इस्लामी करारोपण प्रणाली स्थापित नहीं हो पाई थी। सबसे पहले पंजाब में इस्लामी करारोपण प्रणाली स्थापित हुई थी।
- सर्वप्रथम जजिया भू-राजस्व (खराज) के साथ वसूल किया जाता था, बाद में (फिरोजशाह तुगलक) या एक पृथक् कर हो गया। स्त्रियाँ, बच्चे, भिखारी, पुजारी, साधु आदि जजिया से मुक्त थे। फिरोज तुगलक ने **ब्राह्मणों पर भी जजिया** लगाया जो पहले इस कर से मुक्त थे।
- मुहम्मद गौरी ने भारत में इक्ता प्रथा की शुरूआत की तथा इल्तुतमिश ने इसे ठोस रूप दिया। बलबन ने इक्ता को जीवन भर के लिए प्रदान करने तथा अपने उत्तराधिकारियों को हस्तान्तरित करने पर पूर्ण प्रतिबन्ध लगा दिया।
- अलाउद्दीन तथा मोहम्मद बिन तुगलक ने भूमि की पैमाइश करके लगान लेने की पद्धति रखी, मोहम्मद बिन तुगलक ने इक्ता व्यवस्था में सुधार करते हुए 'मुक्ता' तथा राजस्व से जुड़े समस्त अधिकार वापस लेकर 'वली-उल-खराज' नामक एक नए अधिकारी को दे दिए।
- फिरोज तुगलक ने इक्ता व्यवस्था में पुन: परिवर्तन करके इक्ताओं पर वंशानुगत अधिकार प्रदान कर दिया, इक्ताओं के हस्तान्तरण पर रोक लगा दी तथा सैनिकों को पुन: इक्ताओं या भूमि अनुदानों के रूप में देने की प्रथा प्रारम्भ की। फिरोज तुगलक के शासनकाल में सर्वाधिक इक्ताओं (भूमि अनुदान) की शुरूआत की गई।
- उसने सिंचाई कर (हक-ए-शर्ब) भी लिया जो सिंचित भूमि के उत्पादन का दसवाँ भाग था। उसने बहुत-से फलों के बाग (1200) लगवाए तथा बहुत-सी नहरें खुदवाईं, जिनमें **राजवही** तथा **उलुगखानी** प्रसिद्ध हैं।
- मोहम्मद बिन तुगलक सम्पूर्ण साम्राज्य को एक ही कर व्यवस्था के अन्तर्गत ले आया, जो दोआब में प्रचलित थी। उसने कृषकों को सोनधार या तकाबी (ऋण) प्रदान किया। मोहम्मद बिन तुगलक ने सम्पूर्ण राज्य की आय-व्यय का लेखा तैयार कराया तथा तीन वर्ष के लिए एक अन्वेषण कृषि फार्म खोला।
- लोदी सुल्तानों ने अफगान सरदारों को बड़ी-बड़ी जागीरें प्रदान कीं, जिससे **खालसा** भूमि का क्षेत्र कम हो गया। **सिकन्दर लोदी** ने बहुत-से आबवाब समाप्त कर दिए तथा भूमि की पैमाइश के लिए गज-ए-सिकन्दरी को स्थापित किया। **इब्राहिम लोदी** ने लगान खाद्यान्न के रूप में लेने का हुक्म दिया।

सल्तनतकालीन राजस्व व्यवस्था

- **उश्र** मुसलमानों से लिया जाने वाला भूमिकर 5% से 10% तक।
- **खराज** गैर-मुसलमानों पर भूमिकर 1/3 से 1/2 तक।
- **खम्स** लूट, खानों अथवा भूमि में गड़े हुए खजानों से प्राप्त धन, जिसके 1/5 भाग पर राज्य का अधिकार था। शेष 4/5 भाग पर सैनिकों का अधिकार होता था। **फिरोज तुगलक** को छोड़कर शेष सभी ने (अलाउद्दीन, गयासुद्दीन तथा मोहम्मद बिन तुगलक) 4/5 भाग अपने लिए रखा।
- **जकात** मुसलमानों पर धार्मिक कर 2.5% होता था तथा उन्हीं की भलाई के लिए व्यय किया जाता था।
- **चरी** मवेशियों पर लगने वाला कर
- **घरी** गृह कर
- **हर्ब-ए-शर्ब** सिंचाई कर
- **जजारी** कसाइयों से लिया जाने वाला कर

सल्तनतकालीन विज्ञान एवं तकनीक

- **रहट** का पहला विस्तृत लिखित विवरण 16वीं शताब्दी में **बाबरनामा** में मिलता है। इस उपकरण का जन्म एवं प्रसार मूलत: भारत के बाहर पश्चिम में हुआ। पूर्व मध्यकालीन भारत के कुछ ग्रन्थों में इसका उल्लेख **अरहट** नाम से मिलता है। सम्भवत: रहट का प्रयोग दिल्ली सल्तनत के युग में ही प्रारम्भ हुआ। इसका प्रयोग सिंचाई के लिए किया जाता था।
- वस्त्र उद्योग के क्षेत्र में चरखे का यान्त्रिक उपकरण के रूप में बहुत महत्त्व रहा है। भारत में इसका (चरखे) पहला लिखित उल्लेख इसामी की फतूह-उस-सलातीन (1350 ई.) में मिलता है। रेशम के कीड़े पालने की प्रथा दिल्ली सल्तनत में ही प्रचलित हुई।
- इस काल के कुछ अन्य तकनीकी आविष्कारों में एक आविष्कार कागज निर्माण भी है। तेरहवी शताब्दी में यहाँ मुस्लिम लोग **कागज का इस्तेमाल** करने लगे थे। अमीर खुसरो ने 13वीं शताब्दी के अन्त में इसका उल्लेख किया है। इस काल का एक प्रमुख आविष्कार फिरोज तुगलक द्वारा **समय-सूचक उपकरणों** का प्रयोग है।

सल्तनतकालीन उद्योग एवं व्यापार

- सल्तनतकाल में भारत आर्थिक दृष्टि से विकसित था। विदेशों से वस्तुएँ मँगाई एवं भेजी जाती थीं। व्यापार जल एवं थल दोनों मार्गों से होता था। देश के विभिन्न भागों में व्यापारिक वस्तुओं पर कर प्राप्त करने के लिए चौकियाँ स्थापित की गई थीं, जिसका सर्वप्रथम उल्लेख मिनहाजुद्दीन सिराज के तबकाते नासिरी में मिलता है।
- सल्तनतकाल के महत्त्वपूर्ण व्यापारिक केन्द्रों के रूप में दिल्ली, थट्टा, देवल, सरसुती, अन्हिलवाड़, सतगाँव, सोनार गाँव, आगरा, वाराणसी, लाहौर आदि प्रसिद्ध थे। **देवल** (गुजरात) व्यापारिक दृष्टि से मध्यकाल में समृद्ध माना गया है। यह अन्तर्राष्ट्रीय बन्दरगाह का कार्य करता था। **अन्हिलवाड़** नगर व्यापारियों के लिए **तीर्थस्थल** के समान था। यहाँ पर बड़ी संख्या में मुस्लिम व्यापारी रहते थे।
- देवगिरि के निवासी अधिकतर व्यापारी थे, जो रत्नों का व्यापार करते थे। यहाँ के रंग-बिरंगें वस्त्रों की तुलना **अमीर खुसरो** ने रंग-बिरंगे फूलों से की है।

आयात-निर्यात

- **बंगाल** चावल एवं रेशम के लिए प्रसिद्ध था। प्रसिद्ध चीनी यात्री माहुआन वहाँ पर रेशम के कीड़े पाले जाने का उल्लेख करता है। मध्यकाल में **बनारस** एक विशेष प्रकार की पगड़ियों के निर्यात के लिए प्रसिद्ध था। **सतगाँव** रेशमी रजाइयों के लिए, **आगरा** नील उत्पादन के लिए एवं बनारस सोने, चाँदी एवं जरी के काम के लिए प्रसिद्ध था।

- सल्तनतकाल में भारत से विदेशों में भेजी जाने वाली महत्त्वपूर्ण वस्तुएँ लोहा, हथियार, अनाज, सूती वस्त्र, जड़ी-बूटी, मसाले, फल, शक्कर एवं नील आदि थे। सूती वस्त्र उत्तम किस्म का होता था, जिसे अनेक देशों में निर्यात किया जाता था। **बाबरनामा** में भारतीय श्वेत वस्त्रों की भूरि-भूरि प्रशंसा की गई है।

सल्तनतकालीन भाषा एवं साहित्य

- तुर्की भाषा एवं हिन्दोस्तानी भाषाओं के मेल से **उर्दू** का जन्म हुआ। इसका अर्थ होता है शाही शिविर क्योंकि इसका विकास शाही सैन्य शिविरों में हुआ। अमीर खुसरो ने इसे **हिन्दवी** या **देहलवी** कहा है। यह फारसी लिपि में लिखी जाती है।
- मुहम्मद गेसूदराज को उर्दू गद्य का जन्मदाता माना जाता है। इन्होंने फारसी लिपि में उर्दू ग्रन्थ **मिरान-उल-आशिकीन** की रचना की।
- बड़ी संख्या में संस्कृत ग्रन्थों का फारसी में अनुवाद किया गया। जियाउद्दीन नक्शवी ने शुक सप्तति का अनुवाद फारसी में तूतीनामा नाम से किया।
- अनेक सूफी सन्तों ने लोक भाषाओं में भी रचना की जैसे मलिक मुहम्मद जायसी ने **पद्मावत** तथा मुल्ला दाउद ने **चन्दायन** की रचना अवधी में की।

सल्तनतकालीन स्थापत्य

स्थापत्य	स्थान	निर्माणकर्ता	स्थापत्य	स्थान	निर्माणकर्ता
कुव्वत-उल इस्लाम मस्जिद	दिल्ली	कुतुबुद्दीन ऐबक	अलाई दरवाजा	दिल्ली	अलाउद्दीन खिलजी
अढ़ाई दिन का झोपड़ा	अजमेर	कुतुबुद्दीन ऐबक	तुगलकाबाद का किला	दिल्ली	गयासुद्दीन तुगलक
कुतुबमिनार	दिल्ली	कुतुबुद्दीन ऐबक (इल्तुतमिश ने पूरा करवाया)	मोती मस्जिद	दिल्ली	वजीर मुआ मुइया
निजामुद्दीन औलिया का मकबरा	दिल्ली	इल्तुतमिश			

सल्तनतकाल के प्रमुख साहित्यकार एवं उनकी रचनाएँ

साहित्यकार	रचना/रचनाएँ	विशिष्ट तथ्य
हसन निजामी	ताज-उल-मासिर	इसे कुतुबुद्दीन ऐबक ने संरक्षण दिया। गौरी के भारत आक्रमणों की जानकारी इसके लेखन से प्राप्त होती है।
मिनहाजुद्दीन सिराज	तबकात-ए-नासिरी	ये सुल्तान नासिरुद्दीन महमूद के संरक्षण में रहा और उसी को अपना ग्रन्थ समर्पित किया। (1260 ई.) यह मुख्य काजी था।
अमीर हसन देहलवी	फवाद-उल-फवाद	बलबन के संरक्षण में रहा। इसे भारत का सादी कहा गया। यह निजामुद्दीन औलिया का शिष्य था।
जियाउद्दीन बरनी	तारीख-ए-फिरोजशाही, फतवा-ए-जहाँदारी, कुव्वत-उल-तवारीख, सना-ए-मोहम्मदी, हसरतनामा	यह 17 वर्षों तक मोहम्मद तुगलक के संरक्षण में रहा। तारीख-ए-फिरोजशाही में इसने फिरोज तुगलक को आदर्श बताया है। इसमें बलबन से लेकर फिरोज तुगलक तक के सुल्तानों का वर्णन है।
बद्र-ए-चाच	दीवान-ए-चाच, शाहनामा	मोहम्मद तुगलक के संरक्षण में रहा और उसकी प्रशंसा में कसीदे लिखे।
शम्स-ए-सिराज अफीफ	तारीख-ए-फिरोजशाही	फिरोजशाह तुगलक के संरक्षण में रहा और उसके शासन की प्रशंसा की। इसकी रचना वहाँ से प्रारम्भ होती है, जहाँ बरनी की तारीख-ए-फिरोजशाही समाप्त होती है।
मुहम्मद बिहामद खानी	तारीख-ए-मोहम्मदी	–
आइनुलमुल्क मुल्तानी	इंशा-ए-माहरु (मुंशान-ए-महरुह)	यह अलाउद्दीन खिलजी, मुहम्मद तुगलक और फिरोज तुगलक काल में विभिन्न उच्च पदों पर रहा।
याह्या बिन अहमद सरहिन्दी	तारीख-ए-मुबारकशाही	यह सैय्यद शासक मुबारक शाह के संरक्षण में रहा और उसी को यह रचना समर्पित की। सैय्यद वंश का इतिहास जानने का एकमात्र स्रोत है।
शेख जमालुद्दीन (जमाली कम्बू)	सियर-उल-आरफीन, मेहरुमाह	ये लोदी काल के सबसे प्रसिद्ध कवि थे और सिकन्दर लोदी के दरबारी कवि थे।
अबुल फजल मोहम्मद बिन हुसैन-अल-बैहाकी	तारीख-ए-मसूदी	महमूद गजनवी के दरबार इतिहास आदि का विवरण।
ख्वाजा इसामी	फुतूह-उस-सलातीन	महमूद गजनवी से मोहम्मद तुगलक तक का इतिहास/यह पुस्तक बहमनी वंश के प्रथम शासक अलाउद्दीन बहमनशाह को समर्पित है।
फिरोज तुगलक	फतूहात-ए-फिरोजशाही	फिरोज तुगलक की आत्मकथा व अध्यादेशों का संग्रह।
अज्ञात लेखक	सीरात-ए-फिरोजशाही	फिरोज तुगलक के बारे में वर्णन किया गया है।
अमीर खुसरो	किरान-उस-सादेन	बुगरा खाँ व उसके बेटे कैकुबाद के मिलन का वर्णन।
	मिफ्ताह-उल-फतह	जलालुद्दीन खिलजी के सैन्य अभियान व मलिक छज्जू के विद्रोह के दमन का वर्णन।
	नूह-सिपेहर	भारत की सामाजिक-राजनीतिक स्थिति का वर्णन।
	आशिका-उल-अनवर	अलाउद्दीन खिलजी की गुजरात विजय, मंगोलों द्वारा स्वयं को कैदी बनाए जाने की घटना, देवलरानी खिज्र खाँ के बीच प्रेम-प्रसंग।
	तुगलकनामा, लैला-मजनू, शीरी-फरहाद, आइन-ए-सिकन्दरी, हस्त-बहिश्त, तारीख-ए-दिल्ली,	अमीर खुसरो की अन्य उल्लेखनीय रचनाएँ।
इब्नबतूता	किताब-उल-रेहला	यात्रा वृत्तान्त
फिरदौसी	शाहनामा	महमूद गजनवी के राज्य, शासन आदि से सम्बन्धित।

अभ्यास प्रश्न

1. चचनामा किस भाषा का ग्रन्थ है?
(a) फारसी (b) अरबी
(c) उर्दू (d) हिन्दी

2. गुलाम वंश के शासन का ऐतिहासिक विवरण किस पुस्तक से प्राप्त होता है?
(a) चचनामा (b) तारीख-ए-गुजीदाह
(c) तबकात-ए-नासिरी (d) तारीख ए सिन्ध

3. किस पुस्तक का लेखक सैन्य वर्ग से सम्बन्धित था?
(a) मुहम्मद बिहामद खानी (b) अल्बरुनी
(c) अलजैदी (d) प्लीनी

4. निम्न में से कौन-सी कृति अल्बरुनी की है?
(a) ताजूल मासिर (b) तारीख ए-सिन्ध
(c) तारीख उल हिन्द (d) तारीख ए मसूदी

5. ताजूल मासिर जिसमें कुतुबुदीन का जीवन वृत्त है किसकी रचना है?
(a) हसन निजामी (b) अल्बरुनी
(c) अमीर खुसरो (d) मिर्जा गालिब

6. दिल्ली के किस सुल्तान ने यह नियम बना दिया था कि किसी एक वर्ष में निर्धारित भू-राजस्व दर में बहुत ही थोड़ी (नाम मात्र की) वृद्धि हो सकती है यथा राजस्व का एक-दसवाँ अथवा एक-ग्यारहवाँ भाग?
(a) बलबन (b) अलाउद्दीन खिलजी
(c) ग्यासुद्दीन तुगलक (d) फिरोजशाह तुगलक

7. निम्न में से कौन-सा शहर फिरोजशाह तुगलक द्वारा स्थापित नहीं किया गया?
(a) फतेहाबाद (b) जौनपुर (c) फतेहपुर (d) हिसार

8. निम्न में से कौन-सी किताब सुल्तान फीरोजशाह तुगलक द्वारा स्वयं लिखी गई?
(a) फुतुहात-ए-फिरोजशाही (b) फतवा-ए-जहाँदारी
(c) तारीख-ए-फिरोजशाही (d) तुगलकनामा

9. तेरहवीं शताब्दी में 'खराज' क्या था?
(a) कृषि पर कर (b) भू-सम्पत्ति हस्तान्तरण पर रोक
(c) भूमि पर कर माफी (d) सिंचित कृषि पर कर

10. निम्नलिखित में से किसने पंजाब के लिए कुतुबुद्दीन ऐबक से संघर्ष किया?
(a) इख्तियारुद्दीन (b) ताजुद्दीन यल्दौज
(c) नासिरुद्दीन कुबाचा (d) इनमें से कोई नहीं

11. भूमि नापने के लिए दिल्ली सल्तनत काल में कौन-सा मापक प्रयोग में लाया जाता था?
(a) किस्मत-ए-गल्ला (b) गल्ला-बक्शी
(c) मसहत (d) गाजी

12. अलाउद्दीन खिलजी के शासनकाल में मंगोल आक्रमण का सही क्रम क्या है?
(a) कादिर खाँ-सलदी-कुतलुग़ ख्वाजा
(b) सलदी-कादिर खाँ-कुतलुग ख्वाजा
(c) कुतलुग ख्वाजा-कादिर खाँ-सलदी
(d) कादिर खाँ-कुतलुग ख्वाजा-सलदी

13. निम्न में से किसने ऐसे सिक्के प्रचलित किए जिनके एक ओर आसीन लक्ष्मी अंकित है और दूसरी ओर देवनागरी लिपि में शासक का नाम?
(a) मोहम्मद गोरी (b) महमूद गजनवी
(c) जैनुल आबिदीन (d) अकबर

14. भारत के किस मध्यकालीन शासक ने 'इक्ता व्यवस्था' प्रारम्भ की थी?
(a) इल्तुतमिश (b) बलबन
(c) अलाउद्दीन खिलजी (d) इनमें से कोई नहीं

15. निम्नलिखित में से कौन शासक 'पृथ्वीराज चौहान' के नाम से प्रसिद्ध है?
(a) पृथ्वीराज प्रथम (b) पृथ्वीराज द्वितीय
(c) पृथ्वीराज तृतीय (d) इनमें से कोई नहीं

16. अमीर खुसरो ने किसके विकास में अग्रगामी की भूमिका निभाई?
(a) बृजभाषा (b) अवधी (c) खड़ी बोली (d) भोजपुरी

17. मुहम्मद गोरी ने जयचन्द को किस युद्ध में पराजित किया था?
(a) तराइन का प्रथम युद्ध (b) तराइन का दूसरा युद्ध
(c) चन्दावर का युद्ध (d) कन्नौज का युद्ध

18. तेरहवीं और चौदहवीं शताब्दियों में भारतीय कृषक खेती नहीं करते थे
(a) गेहूँ की (b) जौ की (c) चना की (d) मक्का की

19. तृतीय मंगोल आक्रमण में निम्न में से कौन-सा सेनानायक वीरगति को प्राप्त हुआ?
(a) नुसरत खाँ (b) उलूग खाँ
(c) जाफर खाँ (d) अकत खाँ

20. बरीद किसे कहते थे?
(a) राजकीय कारखाने में काम करने वाले कारीगर
(b) सुल्तान के अंगरक्षक
(c) सरकारी कोष के अधिकारी
(d) सूचना पहुँचाने वाले गुप्तचर

21. निम्नलिखित में से कौन-सा इतिहासकार मंगोलों द्वारा बन्दी बनाया गया था?
(a) हसन निजामी (b) मिनहाज-उस-सिराज
(c) अमीर खुसरो (d) जियाउद्दीन बरनी

22. निम्न में से कौन-सा सुमेल सही नहीं है
(a) मंगोल-तार्गी
(b) अवध का सूबेदार-मंगू खाँ
(c) दिल्ली को कोतवाल-अताउल मुल्क
(d) अलाउद्दीन का मित्र-अमीर उमर

23. अकत खाँ विद्रोह से सम्बन्धित सत्य कथनों को बताइए।
1. अकत खां नव-मुसलमानों का विद्रोह था।
2. अलाउद्दीन खिलजी कालीन विद्रोह है।
3. मानिक नामक दास ने विद्रोह में अलाउद्दीन खिलजी को बचाया।

कूट

(a) केवल 1 (b) 2 और 1
(c) 3 और 2 (d) ये सभी

24. स्वयं को दूसरा सिकन्दर (सिकन्दर-ए-सानी) कहने वाला सुल्तान था

(a) बलबन (b) अलाउद्दीन खिलजी
(c) मुहम्मद बिन तुगलक (d) सिकन्दर लोदी

25. अलाउद्दीन खिलजी से सम्बन्धित निम्नलिखित कथनों पर विचार कीजिए

1. अलाउद्दीन ने अनाज के दाम नियत किए।
2. अलाउद्दीन पहला सुल्तान था जिसने अपने सैनिकों को नकद वेतन दिया।
3. अलाउद्दीन के शासन में किसानों द्वारा दिए गए भूमि राजस्व का अंश फसल के आधे तक बढ़ा दिया गया था।

उपरोक्त कथनों में कौन-सा/से कथन सत्य है/हैं?

(a) 1 और 2 (b) 1 और 3
(c) 2 और 3 (d) 1, 2 और 3

26. निम्नलिखित में से किन सुल्तानों ने कुतुबमीनार के निर्माण में योगदान दिया था?

1. कुतुबुद्दीन ऐबक
2. इल्तुतमिश
3. अलाउद्दीन खिलजी
4. फिरोजशाह तुगलक

कूट

(a) 1, 2 और 3 (b) 2 और 3
(c) 1, 2 और 4 (d) 1 और 2

27. अलाउद्दीन खिलजी के विजय अभियान का सही क्रम क्या है?

(a) चित्तौड़-मालवा-सिवाना (b) मालवा-चित्तौड़-सिवाना
(c) सिवाना चित्तौड़-मालवा (d) मालवा-सिवाना-चित्तौड़

28. निम्नलिखित का मिलान करें

सूची I	सूची II
A. तुगलकाबाद किला	1. अलाउद्दीन
B. लाल किला	2. शाहजहाँ
C. हौज खास	3. फिरोजशाह तुगलक
D. द सिटी ऑफ सीरी	4. ग्यासुद्दीन तुगलक

कूट

	A	B	C	D
(a)	1	2	3	4
(b)	4	2	3	1
(c)	4	3	2	1
(d)	3	1	4	2

29. अलाउद्दीन खिलजी ने किस हिन्दू शासक को 'रायरायन' की उपाधि दी?

(a) रामचन्द्र देव (b) प्रताप रुद्रदेव
(c) वीर बल्लाल (d) सुन्दर पाण्ड्य

30. किस शासक ने कहा था "मेरा साम्राज्य रुग्ण हो गया है और यह किसी उपचार से ठीक नहीं होता। वैद्य सिरदर्द ठीक करता है और तदुपरान्त बुखार हो जाता है, वह बुखार ठीक करने की कोशिश करता है तो कुछ और हो जाता है।"

(a) अलाउद्दीन खिलजी (b) ग्यासुद्दीन तुगलक
(c) मोहम्मद-बिन-तुगलक (d) फिरोज तुगलक

31. उस इतिहासकार का नाम बताइए जिसने भारत का विवरण बिना यहाँ आए हुए ही लिखा है?

(a) शिहाबुद्दीन अल उमरी (b) अब्दुर्रज्जाक
(c) इब्नबतूता (d) अलबरूनी

32. 1309 और 1311 ई. के बीच मलिक काफूर ने दक्षिण भारत में दो अभियान संचालित किए। इन अभियानों का महत्त्व इसमें निहित है कि

1. इनमें दिल्ली शासकों की ओर से उच्च कोटि की निर्भीकता और साहस की भावना प्रतिबिम्बित हुई।
2. आक्रमणकारी अकूत दौलत के साथ दिल्ली लौटे।
3. उनसे नवीन भौगोलिक ज्ञान मिला।
4. अलाउद्दीन ने मलिक काफूर को मलिक-नायब या साम्राज्य के उपराज्य के ओहदे पर पदोन्नत किया।

नीचे दिए गए कूटों का प्रयोग कर सही उत्तर चुनिए।

(a) 1 और 3 (b) 1, 2 और 4
(c) 2 और 4 (d) 1, 2, 3 और 4

33. **कथन** (A) मोहम्मद तुगलक ने कई विदेशियों, हिन्दुओं तथा मंगोलों को सम्मान तथा उच्च पद प्रदान किए।

कारण (R) वह सामन्त वर्ग को दुर्बल बनाना चाहता था।

कूट

(a) कथन A और कारण R दोनों सही हैं तथा R, A का सही स्पष्टीकरण है
(b) कथन A और कारण R दोनों सही हैं तथा R, A का सही स्पष्टीकरण नहीं है
(c) कथन A सही है, किन्तु कारण R गलत है
(c) कथन A गलत है, किन्तु कारण R सही है

34. कौन-सा फारसी इतिहासकार अलाउद्दीन खिलजी के साथ उसके चित्तौड़ अभियान में गया था?

(a) अमीर खुसरो
(b) मिनहाज-उस-सिराज
(c) जियाउद्दीन बरनी
(d) शम्स-ए-सिराज अफीफ

35. तुर्क सेनापति जिसने विक्रमशीला और नालन्दा विश्वविद्यालयों को नष्ट किया था, कौन था?

(a) कुतुबुद्दीन ऐबक (b) बख्तियार खिलजी
(c) बलबन (d) इल्तुतमिश

36. **कथन** (A) बलबन ने दिवंगत खलीफा की स्मृति में सिक्के टंकित कराए।

कारण (R) बगदाद खिलाफत का अन्त मुस्लिम सत्ता की महानतम क्षति थी।

(a) A और R दोनों सही हैं तथा A की सही व्याख्या R है
(b) A और R दोनों सही हैं किन्तु A की सही व्याख्या R नहीं है
(c) A सही है, किन्तु R गलत है
(d) A गलत है, किन्तु R सही है

37. निम्नलिखित में से दिल्ली का कौन पहला सुल्तान था जिसने होली के उत्सव में भाग लिया?

(a) अलाउद्दीन खिलजी
(b) मुबारक शाह खिलजी
(c) मोहम्मद-बिन-तुगलक
(d) फिरोज शाह तुगलक

38. मुहम्मद-बिन-तुगलक की योजनाओं में एक योजना राजधानी परिवर्तन की थी, जिसके सन्दर्भ में गलत कथन निम्न में से क्या है?
(a) दौलताबाद नई राजधानी बनी
(b) दिल्ली राजधानी के रूप में
(c) दौलताबाद इस्लामी संस्कृति का केन्द्र बन गया
(d) राजधानी परिवर्तन के कारण दिल्ली में हैजा फैल गया

39. 1355 में पूरी की गई इब्नबतूता की कृति 'रिहला' क्या है?
(a) आत्मकथा
(b) ऐबक से ग्यासुद्दीन तुगलक के दिल्ली सल्तनत का विवरण
(c) धार्मिक ग्रन्थ
(d) मोरक्को के साथ व्यापार का विवरण

40. रिहला किसमें लिखी गई थी?
(a) चौदहवीं शताब्दी में इब्नबतूता द्वारा अरबी में
(b) पन्द्रहवीं शताब्दी में अब्दुर्रज्जाक द्वारा फारसी में
(c) तेरहवीं शताब्दी में मार्को पोलो द्वारा इतालवी (इटैलियन) में
(d) तेरहवीं शताब्दी में इब्नबतूता द्वारा फारसी में

41. निम्न कथनों पर विचार करते हुए सही कथन का चुनाव करें
1. सुल्तान ग्यासुद्दीन तुगलक के अपने समकालीन सूफी सन्त निजामुद्दीन औलिया से अच्छे सम्बन्ध नहीं थे।
2. औलिया ने ग्यासुद्दीन तुगलक को 'हनूज दिल्ली दूर अस्त' कहा।

कूट
(a) केवल 1 (b) केवल 2
(c) 1 और 2 दोनों (d) न तो 1 और न ही 2

42. निम्नलिखित को कालक्रमानुसार रखें
1. तुगलक 2. लोदी
3. सैयद 4. इल्बारी
5. खिलजी

कूट
(a) 1, 2, 3, 4, 5 (b) 5, 4, 3, 2, 1
(c) 2, 4, 5, 3, 1 (d) 4, 5, 1, 3, 2

43. सूचियों को सही से सुमेलित करें

सूची I	सूची II
A. 1296 ई.	1. मंगोलों ने दिल्ली पर आक्रमण किया
B. 1336 ई.	2. हरिहर ने विजयनगर राज्य की स्थापना की
C. 1398 ई.	3. तैमूर का आक्रमण
D. 1504 ई.	4. सिकन्दर लोदी द्वारा आगरा शहर की स्थापना
	5. दिल्ली से राजधानी का दौलताबाद स्थानान्तरण

कूट

	A	B	C	D		A	B	C	D
(a)	2	3	4	5	(b)	1	2	3	5
(c)	3	1	5	4	(d)	1	2	3	4

44. तुगलकाबाद की नींव किसने डाली?
(a) ग्यासुद्दीन तुगलक (b) मुहम्मद-बिन-तुगलक
(c) फिरोजशाह तुगलक (d) सिकन्दर लोदी

45. सुल्तान बलबन के आदेश पर सार्वजनिक रूप से कोड़े की सजा पाने वाला निम्नलिखित अमीरों में से कौन एक था?
(a) हैबत खाँ (b) ईमादुद्दीन रेहान
(c) शेर खाँ (d) मलिक बकबक

46. 'नव मुसलमान' निम्नलिखित में से कौन थे?
(a) दिल्ली के पास बसे मंगोलों के वंशज जिन्होंने इस्लाम स्वीकार कर लिया था
(b) इस्लाम स्वीकार करने वाले हिन्दू
(c) खिलजी सुल्तान
(d) इलबारी सुल्तान

47. निम्नलिखित में से किसने 'तुर्कान-ए-चहलगानी' का गठन किया था?
(a) कुतुबुद्दीन ऐबक (b) इल्तुतमिश
(c) बलबन (d) इनमें से कोई नहीं

48. जियाउद्दीन बरनी के विषय में निम्नलिखित कथनों पर विचार कीजिए
1. उसका जन्म गोलकुण्डा में हुआ था।
2. वह मोहम्मद तुगलक का समकालीन था।
3. वह तारीख-ए-फिरोजशाही का लेखक था।
उपरोक्त कथनों में से कौन-से सही हैं?
(a) 1, 2 और 3 (b) 1 और 2
(c) 2 और 3 (d) 1 और 3

49. निम्नलिखित पर विचार करें
1. तुगलकाबाद किला 2. अलाई दरवाजा
3. लोदी गार्डन 4. फतेहपुर सीकरी
सही कालानुक्रम जिनमें इसका निर्माण हुआ
(a) 3, 1, 4 और 2 (b) 2, 1, 3 और 4
(c) 1, 3, 2 और 4 (d) 1, 3, 4 और 2

50. निम्न में से कौन 'गुलरूखी' के उपनाम से कविताएँ लिखा करता था?
(a) इब्राहिम लोदी (b) सिकन्दर लोदी
(c) इल्तुतमिश (d) यल्दौज

51. दिल्ली सल्तनत के समय भारत में किन चीजों का प्रयोग आरम्भ हुआ?
1. बारूद का प्रयोग 2. घोड़े के जूतों का प्रयोग
3. काँच के उपयोग का ज्ञान 4. बर्तनों में लेप चढ़ाना

कूट
(a) 1 और 2 (b) 1, 2 और 3
(c) 2 और 4 (d) 1 और 3

52. नीचे विभागों की सूची दी गयी है। इनमें से किसकी स्थापना फीरोजशाह तुगलक ने की थी?
1. दीवाने खैरात
2. दीवाने बन्दगान
3. दारुल शफा
4. रोजगार कार्यालय
नीचे दिए गए कूट से सही उत्तर का चयन कीजिए
(a) 1, 2, 3 और 4 (b) 1 और 2
(c) 2 और 3 (d) 3 और 4

53. निम्नलिखित में से कौन-सा युग्म सुमेलित नहीं है?
(a) महमूद गजनवी – अलबरूनी
(b) मुहम्मद तुगलक – इब्नबतूता
(c) मारवर्मन कुलशेखर – मार्को पोलो
(d) सिकन्दर लोदी – अब्दुर्रज्जाक

54. मोहम्मद गोरी की हत्या की
(a) हाजरा ने (b) खोखर ने (c) युर्तवाल ने (d) बलूची ने

55. निम्नलिखित में से कौन सा युग्म सही है?
(a) हौज खास – फिरोजशाह तुगलक
(b) सीरी फोर्ट – अलाउद्दीन खिलजी
(c) कुतुबमीनार – मोहम्मद-बिन-तुगलक
(d) फिरोजशाह कोटला – इल्तुतमिश

56. 'खिदमती' क्या था?
(a) युद्ध की लूट का 1/5वां भाग
(b) वस्तुओं के क्रय-विक्रय पर लगने वाला कर
(c) पराधीन भारतीय राजाओं से ली जाने वाली एक भेंट
(d) हिन्दुओं से लिया जाने वाला गृह कर

57. प्रसिद्ध फारसी पर्व 'नौरोज' किसने प्रारम्भ किया था?
(a) अलाउद्दीन खिलजी (b) बलबन
(c) मोहम्मद तुगलक (d) फिरोज तुगलक

58. मोहम्मद तुगलक ने जिस जैन साधु के साथ विचार विमर्श किया था, उसका नाम क्या था?
(a) ऋषभ-II (b) हेमचन्द्र
(c) जिनप्रभा सूरी (d) जिनसेन सूरी

59. निम्न में से किस मध्यकालीन इतिहासकार ने कहा था कि मृत्यु ने मोहम्मद तुगलक को उसकी प्रजा से तथा उसकी प्रजा को राजा से मुक्ति दिलाई?
(a) बदायूँनी (b) बरनी
(c) इब्नबतूता (d) इसामी

60. दिल्ली सल्तनत का वह प्रथम सुल्तान कौन था जिसने स्थायी सेना रखी?
(a) इल्तुतमिश (b) बलबन
(c) अलाउद्दीन खिलजी (d) मोहम्मद-बिन-तुगलक

61. गुलाम वंश के आरम्भिक शासकों का निम्न में से कौन-सा सही अनुक्रम है?
1. कुतुबुद्दीन ऐबक 2. इल्तुतमिश
3. रजिया सुल्तान 4. आरामशाह

कूट
(a) 1, 2, 3 और 4 (b) 1, 4, 2 और 3
(c) 1, 3, 2 और 4 (d) 4, 3, 2 और 1

62. "शाही मुकुट का हर मोती गरीब किसानों के अश्रूपूर्ण नेत्रों से गिरे आँसू से बना खून है।" यह कथन किसका था?
(a) अमीर खुसरो (b) बरनी
(c) इब्नबतूता (d) अलबरूनी

63. इल्तुतमिश के सन्दर्भ में कौन–सा/से कथन सही है/हैं?
1. सिक्कों पर टकसाल का नाम लिखवाने की प्रथा की शुरुआत की।
2. गंगा-यमुना के मध्यवर्ती क्षेत्र में प्रशासनिक नियन्त्रण स्थापित किया।
3. ग्रामीण क्षेत्रों में न्याय व्यवस्था का सूत्रपात करके काजी तथा अमीर-ए-दाद की नियुक्ति की।

कूट
(a) केवल 1 (b) 1 और 2
(c) 2 और 3 (d) 1, 2 और 3

64. निम्नलिखित युग्मों पर विचार कीजिए
1. अतारकिन दरवाजा (जोधपुर) — कुतुबुद्दीन ऐबक
2. हौज-ए-सुल्तानी (दिल्ली) — इल्तुतमिश
3. सुल्तानगढ़ी का मकबरा — बलबन

उपरोक्त युग्मों में से कौन-सा/से युग्म सुमेलित है/हैं?
(a) केवल 1 (b) 1 और 2
(c) केवल 2 (d) 1 और 3

65. निम्नलिखित में से कौन-सी विशेषताएँ बलबन के राजत्व के सिद्धान्त की हैं?
1. सुल्तान ईश्वर की प्रतिच्छाया है।
2. सुल्तान का स्थान पैगम्बर के समान है।
3. सुल्तान के कार्य आलोचना मुक्त हैं।
4. सुल्तान ईश्वर का प्रतिनिधि है।

कूट
(a) 1 और 2 (b) 1, 2 और 3
(c) 1 और 3 (d) 1, 3 और 4

66. निम्नलिखित में से कौन-सा कार्य बलबन का नहीं है?
(a) सिजदा एवं पायबोस प्रथा की शुरुआत
(b) दीवान-ए-अर्ज का गठन
(c) मुल्तान, दीपालपुर तथा सिन्ध को साम्राज्य में मिलाया
(d) सक्षम गुप्तचर व्यवस्था का गठन

67. निम्नलिखित में से कौन-से पद/पदों का गठन अलाउद्दीन खिलजी के शासनकाल में हुआ था?
1. बरीद-ए-मुमालिक 2. शहना-ए-मण्डी
3. दीवान-ए-अमीर कोही

कूट
(a) केवल 1 (b) केवल 2
(c) 1 और 2 (d) 1 और 3

68. निम्नलिखित युग्मों पर विचार कीजिए
1. मसाहत — नहरों पर कर
2. सराय अदल — वस्त्र एवं कीमती वस्तु बाजार
3. बिस्वा — भूमि माप की इकाई

उपरोक्त युग्मों में से कौन–सा/से युग्म सुमेलित है/हैं?
(a) 1 और 2 (b) केवल 1
(c) 2 और 3 (d) केवल 2

69. निम्नलिखित कथनों पर विचार कीजिए
1. अलाउद्दीन खिलजी की मान्यता थी कि धन की अधिकता विद्रोहों का कारण बनती है।
2. अलाउद्दीन खिलजी के द्वारा भूमि की उपज का 50% तक लगान वसूला गया।
3. अलाउद्दीन खिलजी के भूमि सुधारों का मुख्य उद्देश्य बिचौलियों का उन्मूलन था।

उपरोक्त कथनों में से कौन–से कथन सही हैं?
(a) 1 और 2
(b) 2 और 3
(c) 1 और 3
(d) 1, 2 और 3

70. मुहम्मद-बिन-तुगलक से सम्बन्धित निम्नलिखित कथनों पर विचार कीजिए

1. विदेशों से मैत्री सन्धि का उदाहरण सल्तनत काल में सर्वप्रथम मुहम्मद-बिन-तुगलक के काल में ही दिखाई देता है।
2. सल्तनत का सर्वाधिक विशाल साम्राज्य एवं विघटन का प्रारम्भ मुहम्मद-बिन-तुगलक के काल की विशेषता है।

उपरोक्त कथनों में से कौन–सा/से कथन सही है/हैं?

(a) केवल 1 (b) केवल 2
(c) 1 और 2 (d) न तो 1 और न ही 2

71. अल-बिरुनी से संबंधित कथनों पर विचार कीजिए।

1. अल-बिरुनी ने अपने लेखन में अरबी भाषा का प्रयोग किया है।
2. अल-बिरुनी का लेखन ब्राह्मण ग्रंथों पर आश्रित था।
3. अल-बिरुनी ने भारतीय जाति व्यवस्था को उदार रूप में प्रस्तुत किया है।

उपर्युक्त में से सत्य कथन छाँटिए

(a) 1 और 2 (b) 1, 2 और 3
(c) 2 और 3 (d) ये सभी

72. निम्न कथनों पर विचार कीजिए

1. इब्नबतूता के अनुसार दिल्ली बहुत बड़ा शहर था।
2. भारतीय वस्त्रों में सूती कपड़ों के साथ 'साटन' वस्त्र की बहुत मांग थी।

उपर्युक्त कथनों में कौन-सा/से कथन असत्य है/हैं?

(a) 1 और 2 (b) केवल 1
(c) केवल 2 (d) न तो 1 और न ही 2

उत्तरमाला

1.	*(b)*	2.	*(c)*	3.	*(a)*	4.	*(c)*	5.	*(a)*	6.	*(c)*	7.	*(c)*	8.	*(a)*	9.	*(a)*	10.	*(b)*
11.	*(c)*	12.	*(a)*	13.	*(a)*	14.	*(a)*	15.	*(c)*	16.	*(c)*	17.	*(c)*	18.	*(d)*	19.	*(c)*	20.	*(d)*
21.	*(c)*	22.	*(d)*	23.	*(d)*	24.	*(b)*	25.	*(d)*	26.	*(c)*	27.	*(a)*	28.	*(b)*	29.	*(a)*	30.	*(b)*
31.	*(a)*	32.	*(d)*	33.	*(a)*	34.	*(a)*	35.	*(b)*	36.	*(b)*	37.	*(c)*	38.	*(d)*	39.	*(a)*	40.	*(a)*
41.	*(c)*	42.	*(d)*	43.	*(d)*	44.	*(a)*	45.	*(d)*	46.	*(a)*	47.	*(b)*	48.	*(c)*	49.	*(b)*	50.	*(b)*
51.	*(c)*	52.	*(a)*	53.	*(d)*	54.	*(b)*	55.	*(b)*	56.	*(c)*	57.	*(b)*	58.	*(c)*	59.	*(a)*	60.	*(c)*
61.	*(b)*	62.	*(a)*	63.	*(b)*	64.	*(c)*	65.	*(d)*	66.	*(c)*	67.	*(c)*	68.	*(c)*	69.	*(d)*	70.	*(b)*
71.	*(b)*	72.	*(d)*																

अध्याय 09

मुगल साम्राज्य

"भारत में मुगल साम्राज्य की स्थापना तैमूर के वंशज बाबर ने 1526 ई. में दिल्ली के सुल्तान इब्राहिम लोदी को पानीपत के प्रथम युद्ध में पराजित कर की थी। समय के साथ अनेक योग्य शासकों ने इसे शक्ति, स्मृद्धि एवं प्रति की पराकाष्टा पर पहुँचाया। मुगल वंश समकालीन विश्व के शक्तिशाली राजवंशों में शामिल किया जाता था।"

बाबर

- जहीरुद्दीन मोहम्मद बाबर का जन्म 14 फरवरी, 1483 को मावराउन्नहर (ट्रान्स-आक्सियाना) की एक छोटी-सी रियासत फरगना में हुआ था। बाबर के पिता का नाम उमरशेख मिर्जा तथा माँ का नाम कुतलुगनिगार खानम था।
- बाबर पितृ पक्ष की ओर से तैमूर का पाँचवाँ वंशज तथा मातृ पक्ष की ओर से चंगेज खाँ का चौदहवाँ वंशज था। बाबर ने जिस नवीन राजवंश की नींव डाली, वह तुर्की नस्ल का **चगताई वंश** था, जिसका नाम चंगेख खाँ के द्वितीय पुत्र के नाम पर पड़ा था।
- बाबर अपने पिता की मृत्यु के बाद 11 वर्ष की अल्पायु में 1494 ई. में फरगना की गद्दी पर बैठा था।
- बाबर का भारत पर आक्रमण मध्य एशिया में शक्तिशाली उजबेकों (शैबानीखान)से बार-बार पराजय, शक्तिशाली सफावी वंश तथा उस्मानी वंश के भय का प्रतिफल था।
- बाबर ने 1504 ई. में काबुल पर अधिकार कर लिया और परिणामस्वरूप उसने 1507 ई. में **पादशाह** की उपाधि धारण की। पादशाह से पूर्व **बाबर मिर्जा** की पैतृक उपाधि धारण करता था।

भारत पर बाबर के आक्रमण

- बाबर के आक्रमण के समय भारत राजनैतिक रूप से अत्यधिक अस्थिर था। बाबर को भारत पर आक्रमण करने का निमन्त्रण आलम खाँ (इब्राहिम लोदी का चाचा), दिलावर खाँ एवं राणा सांगा ने दिया था। भारत पर बाबर ने पहला आक्रमण 1519 ई. में यूसुफजाई जाति के बाजौर पर किया था। इसी युद्ध के दौरान उसने भेरा के किले (सर्वप्रथम बारूद का इस्तेमाल) को भी जीता था।

पानीपत का प्रथम युद्ध (21 अप्रैल, 1526)

- पानीपत का प्रथम युद्ध लोदी शासक इब्राहिम लोदी और बाबर के मध्य हुआ। इस युद्ध में बाबर की विजय का मुख्य कारण घूमकर पीछे की ओर से हमला करने की **तुलुगमा युद्ध पद्धति** (उजबेक) तथा तोपों को सजाने की उस्मानी विधि (रुमी विधि) थी। उस्मानी विधि में दो गाड़ियों के बीच व्यवस्थित जगह छोड़कर उसमें तोपों को रखकर चलाने की विधि थी। बाबर के तोपखाने का नेतृत्व उस्ताद अली और मुस्तफा खाँ नामक तुर्की अधिकारियों ने किया।
- पानीपत के युद्ध में लूटे गए धन को बाबर ने अपने सैनिक अधिकारियों, नौकरों एवं सगे-सम्बन्धियों में बाँटा और कलन्दर की उपाधि प्राप्त की। इसी बँटवारे में हुमायूँ को वह कोहिनूर हीरा प्राप्त हुआ जिसे उसने ग्वालियर के राजा विक्रमाजीत से छीना था।

खानवा और चन्देरी का युद्ध

- खानवा का युद्ध राणा सांगा और बाबर के बीच खानवा नामक स्थान पर 17 मार्च, 1527 को हुआ। इस युद्ध में राणा सांगा की ओर से हसन खाँ मेवाती, महमूद लोदी, आलम खाँ लोदी तथा मेदिनी राय ने भाग लिया था।
- इसी युद्ध में अपने सैनिकों का मनोबल बढ़ाने के लिए उसने जिहाद (इस्लाम की रक्षा के लिए धर्म युद्ध) का नारा दिया तथा मुसलमानों पर लगने वाले-तमगा नामक कर की समाप्ति की घोषणा की। युद्ध में विजय प्राप्ति के बाद बाबर ने गाजी की उपाधि धारण की थी।
- बाबर ने 29 जनवरी, 1528 को चन्देरी पर अधिकार हेतु मेदिनी राय पर आक्रमण कर दिया। मेदिनी राय को पराजित किया।

घाघरा का युद्ध

- बाबर ने 6 मई, 1529 में घाघरा के युद्ध में बिहार तथा बंगाल की संयुक्त अफगान सेना को पराजित किया। यह बाबर का अन्तिम युद्ध था।
- 26 दिसम्बर, 1530 में आगरा में बाबर की मृत्यु हो गई और उसे आगरा में नूर अफगान (आधुनिक आरामबाग) बाग में दफना दिया गया, परन्तु बाद में उसे काबुल में उसी के द्वारा चुने गए स्थान पर दफनाया गया।

बाबर की आत्मकथा में भारत विवरण

- बाबर ने अपनी आत्मकथा **तुजुक-ए-बाबरी** (तुर्की भाषा में) भारत की तत्कालीन राजनीतिक दशा, भारतीयों के जीवन-स्तर, पशु-पक्षियों एवं फूलों तथा फलों का विस्तृत वर्णन किया है।
- बाबर ने लिखा है कि उसकी विजय के समय भारत में पाँच मुस्लिम और दो हिन्दू शासक राज्य करते थे। उसने इब्राहिम लोदी, दौलत खाँ लोदी, आलम खाँ, राणा सांगा के बारे में विवरण दिया है।
- विजयनगर के शासक कृष्णदेवराय को उसने समकालीन भारत का सबसे शक्तिशाली शासक बताया।
- बाबर ने भारत के कारीगरों की प्रशंसा की है जिन्होंने आगरा, बयाना, धौलपुर, ग्वालियर और कौल में इमारतें बनाईं। बाबर के अनुसार, भारत के व्यक्ति न सुन्दर हैं और न सुसंस्कृत, यहाँ न अच्छे घोड़े हैं न अच्छे कुत्ते न अच्छे अँगूर और न खरबूजे।

बाबर का योगदान

- बाबर बागों को लगाने का बड़ा शौकीन था। उसने आगरा में ज्यामितीय विधि से एक बाग लगवाया, जिसे नूरे-अफगान कहा जाता था, परन्तु अब इसे आराम बाग कहा जाता है। बाबर द्वारा सड़क नापने का पैमाना 'गज-ए-बाबरी' का प्रयोग किया गया।
- बाबर ने एक काव्य संग्रह 'दीवान' (तुर्की भाषा) का संकलन करवाया, साथ ही मुबइयान नामक एक पद्य शैली का विकास किया।

हुमायूँ

- बाबर के चार पुत्रों (हुमायूँ, कामरान, अस्करी, हिन्दाल) में हुमायूँ सबसे बड़ा था, जिसका जन्म 6 मार्च, 1508 को हुआ था। बाबर की मृत्यु के पश्चात् नासिरुद्दीन मोहम्मद हुमायूँ तेईस वर्ष की आयु में 30 दिसम्बर, 1530 को हिन्दुस्तान के सिंहासन पर बैठा।
- उसने अपने साम्राज्य का विभाजन करते हुए भाई कामरान को काबुल एवं कन्धार, अस्करी को सम्भल तथा हिन्दाल को अलवर की जागीर दी।
- हुमायूँ की सबसे बड़ी कठिनाई उसके अफगान शत्रु थे। इनमें सर्वप्रमुख नेता शेरखाँ या शेरशाह सूरी था। अन्य विरोधियों में गुजरात का शासक बहादुरशाह था।
- हुमायूँ ने अपना पहला आक्रमण कालिन्जर के शासक प्रताप रुद्र देव (1531 ई.) पर किया। यह आक्रमण मूलत: बहादुरशाह की बढ़ती हुई शक्ति को रोकने का प्रयास था, किन्तु हुमायूँ को इसमें असफलता प्राप्त हुई। हुमायूँ का अफगानों से पहला मुकाबला महमूद लोदी के साथ (1532 ई.) में **दोहरिया** नामक स्थान पर हुआ परन्तु अफगान पराजित हुए।

शेर खाँ से संघर्ष

- शेरखाँ या शेरशाह के विरुद्ध हुमायूँ ने अपना पहला अभियान (1532 ई. में) चुनार में घेरा डाल कर किया। चार महीने के लगातार किले के घेरे के पश्चात् शेरखाँ ने हुमायूँ की अधीनता स्वीकार कर ली तथा अपने लड़के कुतुब खाँ के साथ एक अफगानं सैनिक टुकड़ी मुगलों की सेवा में भेज दी।
- इसके बाद शेरखाँ पुन: अपनी शक्ति को बढ़ाने के प्रयास में लग गया और 1534 ई. में सूरजगढ़ तथा 1536 ई. में बंगाल को जीत लिया तथा सन्धि द्वारा गयासुद्दीन महमूद को खिराज के लिए बाध्य किया। बंगाल के शासक द्वारा खिराज न देने पर उसने (1537 ई.) में बंगाल पर पुन: आक्रमण किया। अत: शेरखाँ से बचने के लिए बंगाल के शासक ने हुमायूँ से सहायता की प्रार्थना की।
- शेरखाँ की शक्ति नियन्त्रित करने के लिए हुमायूँ बंगाल की ओर बढ़ा और 1537 ई. में चुनारगढ़ पर अपना दूसरा घेरा डाल दिया और किले पर अधिकार कर लिया। 15 अगस्त, 1538 को जब हुमायूँ गौड़ पहुँचा तो उसे वहाँ चारों ओर लाशों के ढेर तथा उजाड़ दिखाई दिया। हुमायूँ ने इस स्थान का नाम जन्नताबाद रख दिया।
- बंगाल से लौटते समय हुमायूँ एवं शेरखाँ के बीच बक्सर के निकट **चौसा** नामक स्थान पर 26 जून, 1539 को युद्ध हुआ जिसमें हुमायूँ की बुरी तरह पराजय हुई। अपनी इस विजय के उपलक्ष्य में शेरखाँ ने **शेरशाह** की उपाधि धारण की।
- 17 मई, 1540 में **कन्नौज** (बिलग्राम) के युद्ध में हुमायूँ पुन: परास्त हो गया। यह युद्ध बहुत निर्णायक युद्ध था। इस लड़ाई में हुमायूँ के साथ उसके भाई हिन्दाल एवं अस्करी भी थे।
- कन्नौज के युद्ध के बाद हिन्दुस्तान की सत्ता एक बार फिर अफगानों के हाथ में आ गई। हुमायूँ ईरान की ओर पलायन कर गया। अपने पन्द्रह वर्ष के निर्वासन काल के दौरान ही हुमायूँ ने हिन्दाल के आध्यात्मिक गुरु मीर अली की पुत्री हमीदाबानो बेगम से 29 अगस्त, 1541 को विवाह किया। कालान्तर में इसी से अकबर का जन्म हुआ।

बहादुरशाह से संघर्ष

- गुजरात के शासक बहादुरशाह ने **तुर्की** के प्रसिद्ध तोपची **रूमी खाँ** की सहायता से एक अच्छा तोपखाना तैयार कर लिया था। हुमायूँ ने 1535-36 ई. में बहादुरशाह पर आक्रमण कर दिया, बहादुरशाह पराजित हुआ। हुमायूँ ने माण्डू और चम्पानेर के किलों को जीत लिया।

हुमायूँ द्वारा पुन: राज्य प्राप्ति

- प्रारम्भ में हुमायूँ वर्षों तक सिन्ध, राजस्थान में भटकता रहा। 1543 ई. में वह ईरान गया और शिया बनने की शर्त पर ईरान के शाह से सैन्य सहायता प्राप्त की। 1545 ई. में हुमायूँ ने काबुल और कन्धार पर अधिकार कर लिया। हिन्दुस्तान पर पुन: अधिकार करने के लिए हुमायूँ 5 दिसम्बर, 1554 को पेशावर तथा लाहौर पर अधिकार कर लिया।
- 15 मई, 1555 में मुगलों एवं अफगान सरदार नसीब खाँ एवं तातार खाँ के नेतृत्व में अफगानों में **मच्छीवारा** युद्ध के फलस्वरूप सम्पूर्ण पंजाब पर मुगलों का अधिकार हो गया।
- भारत विजय के अपने अगले प्रयास में हुमायूँ की सेना और अफगानों की सेना के बीच **सरहिन्द** नामक स्थान पर 22 जून, 1555 को युद्ध हुआ। इस युद्ध में वह विजयी रहा।
- इस प्रकार 23 जुलाई, 1555 में हुमायूँ एक बार फिर से दिल्ली के तख्त पर बैठा, किन्तु वह बहुत दिनों तक जीवित नहीं रह सका। दिल्ली में दीनपनाह भवन में स्थित पुस्तकालय की सीढ़ियों से गिरकर जनवरी, 1556 में उसकी मृत्यु हो गई। लेनपूल के अनुसार, ''हुँमायू जिन्दगी भर लुढ़कता रहा और अन्तत: लुढ़ककर ही मर गया।''

शेरशाह सूरी

- शेरशाह का जन्म 1472 ई. में बैजवाड़ा (होशियारपुर) नामक स्थान पर हुआ था, इनका बचपन का नाम **फरीद** था। दक्षिण बिहार के सूबेदार बहार खाँ लोहानी ने उसे 'शेरखाँ' की उपाधि दी थी। बहार खाँ लोदी की मृत्यु के उपरान्त शेरखाँ ने उसकी विधवा 'दूदू बेगम' से विवाह कर दक्षिण बिहार पर अपना प्रभाव स्थापित कर लिया।
- शेरशाह ने चौसा (1539) व बिलग्राम (कन्नौज) 1540 ई. में हुमायूँ को परास्त कर दिल्ली का सिंहासन प्राप्त किया। इस प्रकार उसने 1540 ई. में उत्तर भारत में सूरवंश अथवा द्वितीय अफगान साम्राज्य की स्थापना की।
- शेरशाह ने मुगलों से अपनी उत्तरी-पश्चिमी सीमा की सुरक्षा के लिए वहाँ रोहतासगढ़ नामक एक सुदृढ़ किला बनवाया। वहाँ की सुरक्षा के लिए हैबात खाँ व खवास खाँ नामक सेनापतियों को शक्तिशाली सेना के साथ नियुक्त किया।
- 1542 ई. में मालवा व 1543 ई. में रायसीन को जीत कर अपने साम्राज्य में मिला लिया। रायसीन आक्रमण के दौरान शेरशाह ने वहाँ के राजपूत शासक पूरनमल को धोखे से मारा। इस आक्रमण के दौरान वहाँ की स्त्रियों ने जौहर किया।
- 1544 ई. में शेरशाह ने मारवाड़ के शासक मालदेव पर आक्रमण किया। जहाँ **जयता** और **कुप्पा** नामक राजपूत सरदारों ने अफगान सेना को हरा दिया। 1545 ई. में शेरशाह ने अपना अन्तिम आक्रमण कलिन्जर के शासक कीरतसिंह के विरुद्ध किया। इसी अभियान के समय **उक्का** नामक आग्नेयास्त्र चलाते समय गोले के फट जाने से शेरशाह की मृत्यु हो गई।
- शेरशाह की मृत्यु के बाद उसका छोटा पुत्र जलाल खाँ इस्लाम शाह के नाम से गद्दी पर बैठा। आठ वर्ष (1545-1553 ई.) तक शासन करने के बाद उसकी मृत्यु हो गई। इसके बाद सूर वंश का तेजी से पतन हुआ।

शेरशाहकालीन प्रशासन

केन्द्रीय प्रशासन

- शेरशाह का केन्द्रीय प्रशासन अत्यन्त केन्द्रीकृत था। शासक स्वयं शासन का प्रधान था और सम्पूर्ण शक्तियाँ उसी में निहित थीं। केन्द्रीय प्रशासन चलाने के लिए निम्नलिखित विभाग थे

मन्त्री/विभागीय व्यवस्था

दीवाने-विजारत	—	लगान निर्धारण व आय-व्यय निरीक्षक
दीवाने आरिज	—	सेना संगठन व भर्ती
दीवाने रसालत	—	राज्यों से पत्र-व्यवहार
दीवाने इंशा	—	सुल्तान के आदेशों का लेखांकन

सरकारों (जिलों) का शासन

- इन चार विभागों के अतिरिक्त कुछ अन्य विभाग भी थे। जैसे-दीवान-ए-कजा (न्याय विभाग), जिसका प्रधान मुख्य काजी होता था। गुप्तचर विभाग को दीवान-ए-बरीद कहा जाता था, जिसका प्रमुख बरीद-ए-ममालिक था। शाही परिवार के प्रभारी अधिकारी को दीवान-ए-समन कहा जाता था।
- शेरशाह ने अपने सम्पूर्ण साम्राज्य को 47 सरकारों में विभाजित किया था। बंगाल सूबे को 19 सरकारों में बाँट दिया गया था। प्रत्येक सरकार को एक सैनिक अधिकारी (शिकदार) के नियन्त्रण में छोड़ दिया गया था। उसकी सहायता के लिए एक असैनिक अधिकारी **अमीर-ए-बंगाल** की नियुक्ति होती थी। इसके शासन में शिकदार-ए-शिकदारान एक सैनिक अधिकारी होता था। यह सामान्य प्रशासन के लिए जिम्मेदार था। मुन्सिफ-ए-मुन्सिफान मुख्यतया एक न्यायिक अधिकारी था।

परगने का शासन

- प्रत्येक सरकार अनेक परगनों में बँटी होती थी जिसमें एक शिकदार, एक मुन्सिफ, एक फोतदार (खजाँची) तथा दो कारकून होते थे।
- मुन्सिफ का कार्य दीवानी मुकदमों का निर्णय करना तथा भूमि की नाप एवं लगान की व्यवस्था करना था।

ग्राम प्रशासन

- शेरशाह ने गाँव की परम्परागत व्यवस्था में कोई परिवर्तन नहीं किया। गाँव के परम्परागत मुखिया, चौकीदार, पटवारी को सरकार स्वीकार करती थी। ग्राम पंचायत ही गाँव की सुरक्षा, शिक्षा और सफाई आदि का प्रबन्ध करती थी।

सैन्य प्रशासन

- शेरशाह ने सैनिकों को नकद वेतन दिया यद्यपि सरदारों को जागीरें दी जाती थीं। बेईमानी को रोकने के लिए उसने घोड़ों को दागने की प्रथा तथा सैनिकों का हुलिया लिखे जाने की प्रथाओं को अपनाया था।

भू-राजस्व प्रशासन

- केन्द्रीय सरकार की आय के मुख्य स्रोत लगान, लावारिस सम्पत्ति, व्यापार कर, टकसाल, नमक कर आदि थे। स्थानीय आय जिसे कई प्रकार के करों से एकत्र करते थे, उसे आबवाब कहा जाता था।
- शेरशाह की वित्त व्यवस्था के अन्तर्गत राज्य की आय का मुख्य स्रोत भूमि पर लगने वाला कर था, जिसे लगान कहा जाता था। शेरशाह की लगान व्यवस्था मुख्य रूप से रैयतवाड़ी थी, रैयतवाड़ी लगान व्यवस्था मुल्तान को छोड़कर राज्य के सभी भागों में लागू थी।
- शेरशाह ने उत्पादन के आधार पर भूमि को तीन श्रेणियों में विभाजित किया—अच्छी, मध्यम और खराब।

लगान निर्धारण व संग्रहण

शेरशाह ने लगान निर्धारण के लिए मुख्यत: तीन प्रकार की प्रणालियाँ अपनाईं

1. गलाबख्शी अथवा बटाई
2. नश्क या मुक्ताई अथवा कनकूत
3. नकदी अथवा जब्ती (जमई)।

- शेरशाह ने भूमि कर निर्धारण के लिए **राई** (फसल दरों की सूची) को लागू करवाया। शेरशाह ने भूमि की किस्म एवं फसलों के आधार पर उत्पादन का औसत निकलवाया और उसके बाद उत्पादन का 1/3 भाग कर के रूप में वसूल किया। शेरशाह के समय लगान नकद या जिंस (अनाज) दोनों रूपों में देने की छूट थी।
- मालगुजारी (लगान) के अतिरिक्त किसानों को जरीबाना (सर्वेक्षण-शुल्क) एवं महासिलाना (कर-संग्रह शुल्क) नामक कर भी देने पड़ते थे, जो क्रमश: भू-राजस्व का 2.5% एवं 5% होता था।

- किसानों को सरकार की ओर से पट्टे दिए जाते थे जिससे उनको वर्ष में निश्चित लगान देना पड़ता था। किसान कबूलियत-पत्र द्वारा पट्टे को स्वीकार करता था।
- शेरशाह ने भूमि की माप के लिए सिकन्दरी गज एवं 'सन की डण्डी' का प्रयोग करवाया। माप की इकाई के लिए शेरशाह ने **जरीब** का प्रयोग किया।

मुद्रा व्यवस्था

- शेरशाह की मुद्रा व्यवस्था अत्यन्त विकसित थी। उसने पुराने घिसे-पिटे सिक्कों के स्थान पर शुद्ध चाँदी का **रुपया** (180 ग्रेन) और ताँबे का **दाम** (322 ग्रेन) चलाया। उसने 167 ग्रेन के सोने के सिक्के (अशर्फी) जारी किए। इसके अतिरिक्त उसने दाम के आधे, चौथाई और सोलहवें भाग के भी अनेक सिक्के चलाए।
- शेरशाह के समय में 23 **टकसालें** थीं। शेरशाह के सिक्कों पर शेरशाह का नाम और पद अरबी या नागरी लिपि में अंकित होता था।

न्याय व्यवस्था

- शेरशाह एक न्यायप्रिय शासक था। वह साम्राज्य का सर्वोच्च न्यायाधीश था। उसने **सुल्तान-उल-अदल** की उपाधि धारण कर रखी थी। शेरशाह की न्याय व्यवस्था अत्यन्त कठोर थी जिसमें कैद, कोड़े से पीटना, अंग-विच्छेदन तथा जुर्माना जैसे दण्ड शामिल थे।
- शेरशाह के काल में लगान सम्बन्धी मुकदमों का निर्णय मुन्सिफ, (परगने में) तथा मुन्सिफ-ए-मुन्सिफन (सरकारों में) करते थे, जबकि फौजदारी मुकदमों का निर्णय क्रमशः **शिकदार** और शिकदार-ए-दारान करते थे।
- गाँवों में कानून-व्यवस्था स्थापित करने का काम चौधरी और मुकद्दम नामक स्थानीय मुखिया करते थे।

निर्माण कार्य

सड़कें, सरायें एवं भवन

- शेरशाह ने अनेक सड़कों का निर्माण कराया एवं पुरानी सड़कों की मरम्मत कराई।
  - बंगाल में सोनारगाँव से शुरू होकर दिल्ली, लाहौर होते हुए पंजाब में अटक सड़क-ए-आजम तक। इस सड़क-मार्ग को ही **ग्राण्ड ट्रंक रोड** कहा जाता है।
  - आगरा से बुरहानपुर तक।
  - आगरा से जोधपुर होती हुई चित्तौड़ तक तथा
  - लाहौर से मुल्तान तक।
- शेरशाह ने शिकंदारों के अधीन 1700 सरायों का निर्माण कराया, जिनमें हिन्दुओं और मुसलमानों के ठहरने की अलग-अलग व्यवस्था थी।
- शेरशाह ने बिहार के सासाराम में अपना मकबरा बनवाया जिससे स्थापत्य कला की एक नवीन शैली का प्रारम्भ हुआ।
- शेरशाह ने हुमायूँ द्वारा निर्मित दीनपनाह को तुड़वाकर उसके ध्वंसावशेषों से दिल्ली में पुराने किले का निर्माण करवाया। किले के अन्दर शेरशाह ने किला-ए-कुहना का निर्माण करवाया।

अकबर

- मुगल वंश के महानतम् शासक **जलालुद्दीन मोहम्मद अकबर** का जन्म अमरकोट (सिन्ध के थार जिले में) के राणा वीरसाल के महल में 15 अक्टूबर, 1542 को हुआ।

बैरम खाँ का संरक्षण

- अकबर का राज्याभिषेक बैरम खाँ की देख-रेख में पंजाब के गुरुदासपुर जिले के **कलानौर** नामक स्थान पर 14 फरवरी, 1556 को मिर्जा अबुल कासिम ने किया था।
- 1556 ई. में अकबर ने बैरम खाँ को अपना वकील (वजीर) नियुक्त कर उसे **खान-ए-खाना** की उपाधि प्रदान की थी। बैरम खाँ फारस के शिया सम्प्रदाय से सम्बन्धित था।

पानीपत का द्वितीय युद्ध (1556)

- पानीपत के द्वितीय युद्ध (5 नवम्बर, 1556) में बैरम खाँ के नेतृत्व में ही लड़ा गया। यह युद्ध मोहम्मद आदिलशाह सूर के वजीर एवं सेनापति हेमू व मुगल सेना के बीच हुआ था। इस युद्ध में हेमू की हार हुई।
- हेमू ने दिल्ली पर अधिकार के बाद विक्रमादित्य की उपाधि धारण की थी। दिल्ली की गद्दी पर बैठने वाला वह अन्तिम हिन्दू था।

बैरम खाँ का पतन

- 1556 ई. से लेकर 1560 ई. तक बैरम खाँ मुगल साम्राज्य का वास्तविक कर्ता-धर्ता बना रहा। 1560 ई. के बाद बैरम खाँ और अकबर के बीच मतभेदों के परिणामस्वरूप अकबर ने बैरम खाँ को दरबारी गतिविधियों से मुक्त कर मक्का यात्रा पर भेज दिया।
- 1560-1562 ई. तक के काल को कुछ इतिहासकारों ने **पर्दाशासन** अथवा **पेटीकोट सरकार** की संज्ञा दी है, क्योंकि इस शासन में धाय माँ माहम अनगा, उसका पुत्र आधम खाँ तथा पुत्री जीजी अनगा प्रमुख थे।
  - 1562 ई. के बाद अकबर ने स्वतन्त्र शासन किया।

अकबर के महत्त्वपूर्ण सैन्य अभियान

क्षेत्र	समय	पराजित शासक	नेतृत्वकर्ता
मालवा	1561 ई.	बाजबहादुर	आधम खाँ, पीर मुहम्मद अब्दुल्लाखाँ उजबेग
चुनार	1561 ई.		आसफ खाँ
गोण्डवाना	1564 ई.	वीर नारायण (संरक्षिका-दुर्गावती)	आसफ खाँ
राजपूताना राज्य			
आमेर	1562 ई.	भारमल ने स्वेच्छा से अधीनता स्वीकार की।	
मेड़ता	1562 ई.	जयमल (मेवाड़ के अधीन जागीरदार)	सरफुद्दीन
मेवाड़	1567 ई.	उदय सिंह	अकबर स्वयं

क्षेत्र	समय	पराजित शासक	नेतृत्वकर्ता
रणथम्भौर	1569 ई.	सुरजन राय हाड़ा	भगवान दास एवं अकबर
कालिन्जर	1569 ई.	रामचन्द्र	मजनू खाँ
मारवाड़	1570 ई.	चन्द्रसेन (मालदेव का पुत्र)	स्वेच्छा से अधीनता को स्वीकार किया।
जैसलमेर	1570 ई.	हरराय	अधीनता स्वेच्छा से स्वीकृत
बीकानेर	1570 ई.	राय कल्याणमल	स्वेच्छा से अधीनता स्वीकृत
गुजरात	1577 ई.	मुजफ्फर खाँ तृतीय	खाने आजम (मिर्जा अजीज कोका)
द्वितीय आक्रमण	1573 ई.	मिर्जा हुसैन मिर्जा द्वारा किया विद्रोह	अकबर
बंगाल एवं बिहार	1574-76 ई.	दाउद खाँ	मुनीम खाँ
हल्दीघाटी युद्ध	1576 ई.	महाराणा प्रताप	आसफ खाँ, मानसिंह
काबुल	1581 ई.	हकीम मिर्जा	मानसिंह एवं अकबर
कश्मीर	1586 ई.	यूसुफ खाँ, याकूब खाँ	कासिम खाँ और भगवान दास
सिन्ध	1591 ई.	जानी बेग	अब्दुर्रहीम खान खाना
उड़ीसा	1590-91 ई.	निसार खाँ	मानसिंह
बलूचिस्तान	1595 ई.	पन्नी अफगान	मीर मासूम
कन्धार	1595 ई.	मुजफ्फर हुसैन	मुगल सूबेदार शाहबेग को स्वेच्छा से किला सौंप दिया।
दक्षिण विजय		**उद्देश्य**	
		1. एक अखिल भारतीय साम्राज्य की स्थापना।	
		2. पुर्तगालियों को समुद्र तक वापस धकेलना।	
अहमद नगर	1595 ई.	बहादुर निजाम शाह (चाँद बीबी संरक्षिका)	शाहजादामुराद, अब्दुरहीम खानखाना।
खानदेश	1600 ई.	अली खाँ	स्वेच्छा से अधिनता स्वीकार
असीरगढ़	1601 ई.	मीर बहादुर	यह अकबर की अन्तिम विजय थी।

अकबर के समय में विद्रोह

- अकबर के समय में 1564 ई. में उजबेकों ने विद्रोह कर दिया। यह अकबर के समय का पहला विद्रोह था। इसी विद्रोह के दौरान बीरबल की मृत्यु हुई थी।
- 1599 ई. में सलीम ने इलाहाबाद में अपने-आप को स्वतन्त्र बादशाह घोषित कर दिया। सलीम के ही इशारे पर ओरछा के बुन्देला सरदार वीरसिंह देव ने अबुल फजल की हत्या कर दी थी।

अकबर की राजपूत नीति

- अकबर की राजपूत नीति दमन और समझौते की नीति पर आधारित थी। विद्रोही राजपूतों का दमन जबकि सहयोगियों को वैवाहिक सम्बन्ध तथा पैतृक जागीर पर शासन का अधिकार देकर उनका सहयोग प्राप्त किया।
- अकबर ने अपनी राजपूत नीति के परिणामस्वरूप 1563 ई. में तीर्थयात्रा कर तथा 1564 ई. में **जजिया कर** को समाप्त कर दिया था। अपनी बेहतर राजपूत नीति का संचालन करके अकबर ने एक स्थायी, शक्तिशाली एवं विस्तृत साम्राज्य की कल्पना को साकार किया।

अकबर की धार्मिक नीति

- अकबर की धार्मिक नीति का मूल उद्देश्य 'सार्वभौमिक सहिष्णुता' थी। इसे **सुलहकुल** की नीति अर्थात् सभी के साथ शान्तिपूर्ण व्यवहार का सिद्धान्त भी कहा जाता था।

इबादतखाने का निर्माण

- अकबर ने दार्शनिक एवं धर्मशास्त्री विषयों पर वाद-विवाद के लिए अपनी राजधानी फतेहपुर सीकरी में एक इबादतखाना (प्रार्थना-भवन) की स्थापना 1575 ई. में करवाई।
- अकबर प्रारम्भ में **इबादतखाने** में केवल इस्लाम धर्मोपदेशकों को ही आमन्त्रित करता था, किन्तु बाद में उनके आचरण से दुःखी होकर 1578 ई. में सभी धर्मों के विद्वानों को आमन्त्रित करने लगा अर्थात् उसे धर्मसंसद बना दिया।

इबादतखाने में आमन्त्रित धर्माचार्य

- **हिन्दू धर्म** देवी एवं पुरुषोत्तम
- **जैन धर्म** हरिविजय सूरि, जिनचन्द सूरि, विजयसेन सूरि तथा शान्ति चन्द
- **पारसी धर्म** दस्तूर मेहर जी राणा
- **ईसाई धर्म** एकाबीवा और मोंसेरात

महजर की घोषणा

- अकबर ने 1579 ई. में महजरनामा या एक घोषणा जारी करवाई जिसने उसे धर्म के मामलों में सर्वोच्च बना दिया। 'महजर' का प्रारूप शेख मुबारक ने तैयार किया था।
- **महजर** जारी होने के बाद अकबर ने सुल्तान-ए-आदिल या इमाम-ए-आदिल (न्यायप्रिय शासक) की उपाधि धारण की।

दीन-ए-इलाही/तौहीद-ए-इलाही

- अकबर ने सभी धर्मों में सामंजस्य स्थापित करने के लिए 1582 ई. में तौहीद-ए-इलाही (दैवी एकेश्वरवाद) या दीन-ए-इलाही नामक एक नया धर्म प्रवर्तित किया। इस नवीन धर्म में दीक्षा के लिए इतवार का दिन निश्चित था और इस दीक्षा के दौरान व्यक्ति को अकबर का प्रिय उद्घोषित अल्लाहो-उ-अकबर कहना पड़ता था। दीन-ए-इलाही धर्म का प्रधान पुरोहित अबुल फजल था एवं हिन्दुओं में केवल बीरबल ने इस धर्म को स्वीकार किया था।

विभिन्न धर्मों के प्रति दृष्टिकोण

- अकबर ने सभी धर्मों व सम्प्रदायों के प्रति सहिष्णुता की नीति का अनुसरण किया। उसने अपनी सहिष्णुता की भावना के कारण अपने शासनकाल में आगरा एवं लाहौर में इसाइयों को गिरजाघर बनवाने की अनुमति प्रदान की।
- अकबर ने वल्लभाचार्य के पुत्र विट्ठलनाथ तथा पारसी धर्म के पुरोहित दस्तूर मेहर राणा को वित्तीय सहायता दी। जैन धर्म के आचार्य हरिविजय सूरि को 'जगतगुरु' तथा जिनचन्द्र सूरि को युग प्रधान की उपाधि दी थी।

- अकबर ने 1884 ई. में एक नए कैलेण्डर **इलाही सम्वत्** को जारी किया। अकबर ने इसे हिजरी सम्वत् के स्थान पर जारी किया था।
- अकबर ने 'झरोखा दर्शन', 'तुलादान' तथा 'पायबोस' जैसी पारसी परम्पराओं को आरम्भ किया।
- अकबर ने सिखों के तीसरे गुरु अमरदास से भेंट की। अकबर ने सिख गुरु रामदास को 1577 ई. में 500 बीघा जमीन प्रदान की जिसमें एक प्राकृतिक तालाब भी था।
- अकबर के दरबार में ईसाइयों का **जेस्सुइट मिशन** तीन बार आया था। अकबर के दरबार में 1580 ई. में (फतेहपुर सीकरी) आने वाले प्रथम जेस्सुइट मिशन का नेतृत्व फादर एकाबीवा ने किया था।
- अकबर ने सती-प्रथा को रोकने का प्रयास किया, विधवा विवाह को कानूनी मान्यता प्रदान की, शराब की बिक्री पर रोक लगाई तथा लड़के एवं लड़कियों के विवाह की आयु 16 और 14 वर्ष निर्धारित की।

अकबर के दरबार में नौ रत्न

1. अबुल फजल
2. फैजी
3. बीरबल
4. तानसेन
5. अब्दुर्रहीम खानखाना
6. टोडरमल
7. राजा मानसिंह
8. मुल्ला दो प्याजा
9. हकीम हुमाम

जहाँगीर

- सलीम (जहाँगीर) का जन्म 30 अगस्त, 1569 को फतेहपुर सीकरी में हुआ था। इसका नाम सूफी सन्त शेख सलीम चिश्ती के नाम पर आधारित था। अकबर प्यार से उसे शेखूबाबा पुकारता था।
- अकबर की परम्परा को स्थापित रखते हुए जहाँगीर ने न्याय का घण्टा स्थापित करवाया। जहाँगीर ने अपनी आत्मकथा **तुजुक-ए-जहाँगीरी** लिखी। इसमें उसने 17 वर्ष तक की घटना का वर्णन किया है। इसके पश्चात् मुतदिक खाँ ने 17वें वर्ष से 19वें वर्ष तक का विवरण लिखा है।
- शासक बनने के पश्चात् जन कल्याण के लिए उसने 12 आदेश दिए, जिनमें मुख्य निम्नलिखित थे
  - शराब एवं अन्य मादक पदार्थों की बिक्री पर प्रतिबन्ध।
  - दण्डस्वरूप नाक एवं कान को काटने की प्रथा का अन्त।
  - किसानों की भूमि पर जबरन अधिकार पर रोक।
  - सप्ताह के दो दिन गुरुवार एवं रविवार को पशु-हत्या पर पूर्ण प्रतिबन्ध।
  - जहाँगीर की बारह घोषणाओं में एक 'ऐम्मा'—भूमि का प्रमाणीकरण था।

जहाँगीरकालीन विद्रोह

- जहाँगीर के शासनकाल का पहला विद्रोह सिखों के पाँचवें गुरु अर्जुन देव के सहयोग से खुसरो द्वारा किया गया था, जिसके कारण जहाँगीर ने उन पर राजद्रोह का आरोप लगाकर फाँसी की सजा दी।

खुर्रम का विद्रोह

- अहमदनगर अभियान के बाद **शाहजहाँ** को दक्कन का सूबेदार नियुक्त किया गया। नूरजहाँ के बढ़ते प्रभाव के कारण शाहजहाँ ने मलिक अम्बर की सहायता से जहाँगीर के खिलाफ विद्रोह कर दिया जिसे महावत खाँ एवं परवेज ने दबा दिया।

महावत खाँ का विद्रोह

- जहाँगीर के खिलाफ 1626 ई. में महावत खाँ ने विद्रोह कर दिया। उसने जहाँगीर के शाही शिविर को झेलम के तट पर अपने नियन्त्रण में ले लिया, किन्तु नूरजहाँ ने कूटनीति से महावत खाँ के सैनिकों को अपने पक्ष में मिला लिया। अतः **महावत खाँ** ने भाग कर दक्षिण में शरण ली व शाहजहाँ के पक्ष में हो गया।

साम्राज्य का सुदृढ़ीकरण और विस्तार

मेवाड़

- जहाँगीर ने सर्वप्रथम मेवाड़ पर नियन्त्रण के लिए 1608 ई. में महावत खाँ, 1609 ई. में अब्दुल्ला खाँ तथा 1613 ई. में खुर्रम के नेतृत्व में कई अभियान मेवाड़ भेजे। फलस्वरूप 1615 ई. में राणा अमर सिंह एवं मुगलों के बीच एक सन्धि हो गई। राणा अमर सिंह और मुगलों के बीच सन्धि की निम्नलिखित शर्तें थीं
  - राणा अमर सिंह ने मुगल आधिपत्य स्वीकार कर लिया। जहाँगीर ने मेवाड़ का समस्त भू-क्षेत्र एवं चित्तौड़ का किला राणा को वापस कर दिया किन्तु शर्त यह थी कि वह केवल चित्तौड़ के किले को सुदृढ़ नहीं करवाएगा।
  - राणा ने राजकुमार करण सिंह को मुगल दरबार में भेजा।
  - राणा से वैवाहिक सम्बन्ध स्थापित करने के लिए नहीं कहा गया।
  - राणा अमर सिंह ने इस सन्धि के परिणामस्वरूप आत्म-ग्लानि के कारण अपना सिंहासन अपने पुत्र युवराज करण सिंह को सौंपकर **नौ-चौकी** नामक एकान्त स्थान पर जाकर अपना शेष जीवन व्यतीत किया।
  - जहाँगीर ने राणा अमर सिंह एवं उसके पुत्र करण सिंह की संगमरमर की दो मूर्तियाँ बनवाकर आगरा में अपने राजमहल के उद्यान में रखवाईं।

कन्धार

- जहाँगीर ने फारसियों से 'भारत का सिंह द्वार' कहे जाने वाले तथा व्यापार एवं सैनिक दृष्टि से महत्त्वपूर्ण प्रान्त कन्धार को 1606-07 ई. में जीत लिया, किन्तु शीघ्र ही वह स्वतन्त्र हो गया। 1620 ई. में काँगड़ा क्षेत्र को जीत लिया।

दक्कन क्षेत्र

- जहाँगीर के काल में दक्षिण विजय की सबसे बड़ी बाधा अहमदनगर साम्राज्य था। वजीर **मलिक अम्बर** की योग्यता ने इसे और भी चुनौतीपूर्ण बना दिया। जहाँगीर के काल में अहमदनगर के खिलाफ कई अभियान भेजे गए। अन्ततः 1617 ई. में खुर्रम ने बीजापुर के शासक की मध्यस्थता से मुगलों व अहमदनगर के मध्य सन्धि कराने में सफलता प्राप्त की जिसके फलस्वरूप जहाँगीर ने खुर्रम को शाहजहाँ की उपाधि प्रदान की। 1621 ई. के बाद जहाँगीर ने दक्षिण अभियान समाप्त कर दिया।

जहाँगीर की धार्मिक नीति

- जहाँगीर के शासनकाल में भी अकबर की सहिष्णुता की नीति का अनुसरण होते देखा गया। 1612 ई. में पहली बार रक्षाबन्धन का त्यौहार मनाया, ब्राह्मणों और मन्दिरों को दान दिए। साथ ही अकबर द्वारा जारी गौ-हत्या निषेध की परम्परा को जारी रखा।
- यद्यपि कुछ अवसरों पर जहाँगीर द्वारा धार्मिक पक्षपात किया गया जैसे राजौरी के हिन्दुओं को मुस्लिम लड़कियों से विवाह करने पर दण्ड दिया गया। इसी प्रकार, काँगड़ा विजय पर गाय कटवाकर जश्न मनाया गया आदि।

जहाँगीर

- जहाँगीर ने ही सर्वप्रथम मराठों के महत्त्व को समझा और उन्हें मुगल अमीर वर्ग में शामिल किया। जहाँगीर के काल में ही अफगानियों और शेखजादा (भारतीय मुसलमान) को भी मनसबदारी प्रदान की जाने लगी।
- जहाँगीर के शासनकाल में ही कम्पनी के प्रतिनिधि के रूप में कैप्टन हॉकिन्स
- (1608-11 ई.) और सम्राट जेम्स के दूत के रूप में सर टॉमस रो (1615-19 ई.) भारत आए थे। जहाँगीर ने हॉकिन्स को 400 का मनसब प्रदान किया।
- 1613 ई. में जहाँगीर ने अंग्रेजों को सूरत में फैक्ट्री लगाने की अनुमति प्रदान की।

शाहजहाँ

- शाहजहाँ का जन्म लाहौर में 5 जनवरी, 1592 को मारवाड़ के मोटा राजा उदयसिंह पुत्री जगत गोसाई के गर्भ से हुआ था। 1627 ई. में जहाँगीर की मृत्यु के पश्चात् शाहजहाँ ने अपने सभी भाइयों एवं सिंहासन के सभी प्रतिद्वन्द्वियों तथा अन्त में दावर बख्श को समाप्त कर दिया तथा 24 फरवरी, 1628 को आगरा के सिंहासन पर बैठ गया। दावर बख्श खुसरो का पुत्र था।
- शाहजहाँ का विवाह 1612 ई. में आसफ खाँ की पुत्री अर्जुमन्द बानू बेगम से हुआ था जो, बाद में इतिहास में **मुमताज महल** के नाम से विख्यात हुई। शाहजहाँ ने इसे 'मलिका-ए-जमानी' की उपाधि प्रदान की। 1631 ई. में प्रसव पीड़ा के कारण उसकी मृत्यु हो गई। आगरा में उसके शव को दफनाकर उसकी याद में विश्व प्रसिद्ध **ताजमहल** का निर्माण किया गया।
- शाहजहाँ के मुमताज महल से उत्पन्न 14 सन्तानों में से केवल 4 पुत्र एवं 3 पुत्रियाँ ही जीवित बची थी, जिनके नाम थे—जहाँ आरा (जन्म 1614 ई.), दाराशिकोह (जन्म 1615 ई.), रोशन आरा (जन्म 1617 ई.), औरंगजेब (जन्म 1618 ई.), मुराद बख्श (जन्म 1624 ई.) और गोहन आरा (जन्म 1631 ई.)।
- शाहजहाँ के अन्तिम आठ वर्ष आगरा के किले के शाहबुर्ज में एक बन्दी की तरह व्यतीत हुए। इस समय उसकी बड़ी पुत्री जहाँआरा ने साथ रहकर उसकी सेवा की थी। शाहजहाँ की मृत्यु 1666 ई. में हुई और उसे भी ताजमहल में उसकी पत्नी की कब्र के निकट साधारण नौकरों द्वारा दफना दिया गया।

शाहजहाँ कालीन विद्रोह

बुन्देला विद्रोह

- शाहजहाँ के शासनकाल का पहला विद्रोह 1628 ई. में बुन्देला सरदार जुझार सिंह ने किया। उसके द्वारा एकत्रित करों की जाँच के आदेश पर वह मुगल दरबार से भाग गया। अतः शाहजहाँ के समय का पहला सैनिक अभियान बुन्देलखण्ड के बुन्देलों के खिलाफ गया।

खान-ए-जहाँ लोदी का विद्रोह

- शाहजहाँ के शासनकाल का दूसरा विद्रोह उसके एक योग्य एवं सम्मानित अफगान **खान-ए-जहाँ लोदी** ने किया था। इसने बुन्देला विद्रोह दबाने में शाहजहाँ को सहायता की किन्तु वह शाहजहाँ से असन्तुष्ट रहा और शीघ्र ही उसने विद्रोह कर दिया।

पुर्तगालियों का विद्रोह

- मुगल बादशाहों ने पुर्तगालियों को नमक के व्यापार का एकाधिकार दे दिया था, किन्तु पुर्तगालियों की उद्दण्डता के कारण शाहजहाँ ने 1632 ई. में उनके व्यापारिक केन्द्र हुगली को घेर लिया और उस पर अधिकार कर लिया।

सिखों का विद्रोह

- शाहजहाँ का एक बाज उड़कर गुरु (हरगोविन्द) के खेमे में चला गया और जिसे गुरु ने देने से इनकार कर दिया था, जिससे दोनों में मतभेद हो गया।
- मुगलों और सिखों के बीच दूसरा झगड़ा गुरुद्वारा श्री गोविन्दपुर नामक एक नगर बसाने को लेकर शुरू हुआ जिसे मुगलों के मना करने पर भी गुरु जी ने बन्द नहीं किया था।

साम्राज्य विस्तार

- अकबर व जहाँगीर की साम्राज्यवादी नीति को शाहजहाँ ने भी आगे बढ़ाया। इसके अलावा दक्षिणी राज्य सदैव ही मुगल विद्रोहियों की शरण स्थली रहे थे। अतः शाहजहाँ के काल में भी दक्षिण भारत पर नियन्त्रण हेतु कई अभियान भेजे गए।

अहमदनगर

- शाहजहाँ ने दक्षिण भारत में सर्वप्रथम महावत खाँ के नेतृत्व में अहमदनगर पर आक्रमण किया और 1633 ई. मे उसे जीतकर मुगल साम्राज्य में मिला लिया तथा अन्तिम निजामशाही सुल्तान हुसैनशाह को ग्वालियर के किले में कैद कर लिया।

गोलकुण्डा

- अहमदनगर को साम्राज्य में मिलाने के बाद शाहजहाँ ने गोलकुण्डा पर दबाव डाला। गोलकुण्डा के शासक कुतुबशाह ने भयभीत होकर 1636 ई. में मुगलों से सन्धि कर ली।

बीजापुर

- शाहजहाँ ने 1636 ई. में बीजापुर पर आक्रमण किया और मोहम्मद आदिलशाह प्रथम को सन्धि करने के लिए विवश कर दिया। फलस्वरूप सुल्तान ने ₹ 20 लाख प्रतिवर्ष कर के रूप में देने का वादा किया।

कन्धार व मध्य एशिया

- जहाँगीर के समय में 1622 ई. में कन्धार मुगलों के अधिकार से निकल गया था, किन्तु शाहजहाँ के कूटनीतिक प्रयास से असन्तुष्ट किलेदार अलीमर्दन खाँ ने 1639 ई. में यह किला मुगलों को सौंप दिया था। 1648-49 ई. में कन्धार का यह किला मुगलों से पुनः छीन लिया गया और उसके बाद मुगल बादशाह पुनः इस पर कभी अधिकार नहीं कर सके।

शाहजहाँ की धार्मिक नीति

- शाहजहाँ अकबर एवं जहाँगीर की तुलना में धार्मिक दृष्टि से कट्टर था। शाहजहाँ ने नवीन मन्दिरों के निर्माण पर रोक लगाई तथा तीर्थयात्रा कर पुनः लागू कर दिया। उसने हिन्दुओं को मुसलमान बनाने के लिए एक विभाग की स्थापना की तथा अपने शासन के सातवें वर्ष यह निर्णय दिया कि धर्मान्तरण करने के बावजूद व्यक्ति को उसकी पैतृक सम्पत्ति में उत्तराधिकार मिलेगा।
- शाहजहाँ ने इलाही सम्वत् को समाप्त कर पुनः हिजरी संवत् प्रारम्भ किया। दरबार में सिजदा की प्रथा समाप्त की, इसके स्थान पर 'चहार तस्लीम' प्रणाली प्रारम्भ की। ईसाई धर्म परिवर्तन पर रोक लगाई।

औरंगजेब

- मुहीउद्दीन मोहम्मद औरंगजेब का जन्म 3 नवम्बर, 1618 को उज्जैन के निकट दोहद नामक स्थान पर शाहजहाँ की प्रिय पत्नी मुमताज महल के गर्भ से हुआ था, लेकिन उसके बचपन का अधिकांश समय नूरजहाँ के पास बीता था। 18 मई, 1637 को औरंगजेब का विवाह फारस राज घराने की राजकुमारी दिलरास बानो बेगम (रबिया बीबी) से हुआ था।

साम्राज्य पर अपनी दावेदारी के लिए औरंगजेब को पाँच युद्ध लड़ने पड़े

1. बहादुरपुर का युद्ध **जनवरी, 1658**
2. धरमत का युद्ध **अप्रैल, 1658**
3. सामूगढ़ का युद्ध **मई, 1658**
4. खजवा का युद्ध, **जनवरी, 1659**
5. देवराई का युद्ध **अप्रैल, 1659**

- सामूगढ़ की विजय के उपरान्त एवं आगरा पर अधिकार कर लेने के पश्चात् औरंगजेब ने 21 जुलाई, 1658 को अपना प्रथम राज्याभिषेक कराया और **अबुल मुजफ्फर आलमगीर** की उपाधि धारण की।
- खजवा और देवराई के युद्ध में क्रमशः शुजा और दारा को अन्तिम रूप से परास्त करने के बाद पुनः 5 जून, 1659 को दिल्ली में अपना औपचारिक राज्याभिषेक करवाया। बर्नियर दारा के साथ हुए अपमान का विवरण देता है।
- औरंगजेब के सिंहासनारूढ़ होने के बाद उसकी सफलताओं पर बधाई देने के लिए फारस के शाह ने शाह बुदाग बेग के नेतृत्व में एक फारसी दूतमण्डल मुगल दरबार में भेजा जिसका वर्णन मनूची ने अपनी पुस्तक **स्टोरियों द मोगोर** में बहुत बढ़ा-चढ़ाकर किया है।

साम्राज्य विस्तार

- औरंगजेब को विरासत में एक विशाल साम्राज्य मिला। पूर्वी तथा दक्षिण भारत के कुछ हिस्सों को छोड़कर लगभग सभी मुगलों का आधिपत्य स्वीकारते थे। अतः औरंगजेब ने 1660 ई. में मीर जुमला को बंगाल का गवर्नर बनाकर उसे पूर्वी प्रान्तों विशेषतः असम और अराकान के विद्रोही जमींदारों का दमन करने का आदेश दिया। 1663 ई. में अहोमों को सन्धि करने के लिए विवश कर दिया जिसके फलस्वरूप **अहोमों** ने मुगलों को वार्षिक कर तथा युद्ध की क्षतिपूर्ति देना स्वीकार कर लिया।
- शाइस्ता खाँ ने 1666 ई. में पुर्तगालियों को दण्ड दिया, बंगाल की खाड़ी में स्थित सोनद्वीप पर अधिकार कर लिया तथा अराकान के राजा से चटगाँव जीत लिया।

दक्षिण नीति

- औरंगजेब के दक्षिण में लड़े गए युद्धों को दो भागों में विभक्त किया जाता है—बीजापुर एवं गोलकुण्डा के विरुद्ध युद्ध एवं विलय तथा मराठों की चार पीढ़ियों शिवाजी (1640-80), शम्भा जी (1680-89), राजाराम (1689-1700) एवं उसकी विधवा ताराबाई (1700-1707) के विरुद्ध युद्ध।

बीजापुर

- बीजापुर के अन्तिम आदिलशाही सुल्तान सिकन्दर आदिलशाह ने औरंगजेब के समक्ष आत्मसमर्पण कर दिया। इस प्रकार बीजापुर राज्य (22 सितम्बर, 1686) मुगल साम्राज्य का हिस्सा बन गया।

गोलकुण्डा

- बीजापुर को साम्राज्य में मिलाने के बाद औरंगजेब ने 1686 ई. में शाहजादा शाहआलम को गोलकुण्डा पर आक्रमण करने के लिए भेजा। अक्टूबर, 1687 में गोलकुण्डा को मुगल साम्राज्य में मिला लिया।

मराठों से संघर्ष

- शिवाजी को दण्डित करने के लिए औरंगजेब ने 1660 ई. में शाइस्ता खाँ को तथा 1665 ई. में राजा जयसिंह को भेजा। जयसिंह ने शिवाजी को पराजित कर 22 जून, 1665 को उन्हें **पुरन्दर की सन्धि** करने के लिए विवश कर दिया। शिवाजी की मृत्यु के बाद शम्भा जी ने मुगलों से संघर्ष जारी रखा। अपनी असावधानी के कारण शम्भा जी 1689 ई. में पकड़ लिया गया तथा उसका कत्ल कर दिया गया।

औरंगजेब की धार्मिक नीति

- औरंगजेब इस्लामी कानूनों को अक्षरशः मानने के कारण अपनी कट्टर सुन्नी प्रजा के लिए **जिन्दा पीर** तथा शाही **दरवेश** के रूप में जाना जाता था।
- औरंगजेब ने प्रारम्भ से ही अपनी कट्टरता का परिचय देते हुए अपने सिक्कों पर कलमा (कुरान की आयतें) खुदवाना, पारसी नववर्ष नौरोज का आयोजन, सार्वजनिक संगीत समारोहों, भाँग उत्पादन, शराब पीने तथा जुआ खेलने आदि पर प्रतिबन्ध लगा दिया। उसने 1663 ई. में सती-प्रथा पर प्रतिबन्ध लगा दिया तथा हिन्दुओं पर तीर्थयात्रा कर लगाया।
- अपने शासन के 11वें वर्ष 'झरोखा-दर्शन' एवं 12वें वर्ष तुलादान प्रथा (बादशाह को सोने-चाँदी से तौलना) को समाप्त कर दिया।
- औरंगजेब ने **मुहतसिब** (सार्वजनिक सदाचार निरीक्षक या धर्म अधिकारी) नामक एक अधिकारी की नियुक्ति भी की।

औरंगजेब की राजपूत नीति

- औरंगजेब ने अकबर द्वारा प्रारम्भ की गई एवं जहाँगीर तथा शाहजहाँ द्वारा अनुसरण की गई राजपूत नीति में परिवर्तन कर दिया, क्योंकि वह राजपूतों को अपनी धार्मिक नीति के कार्यान्वित होने में सबसे बड़ी बाधा मानता था, हालाँकि औरंगजेब के समय हिन्दू मनसबदारों की संख्या 33% थी, जबकि शाहजहाँ के समय में यह मात्र 24.7% थी।
- औरंगजेब के समय आमेर (जयपुर) के राजा जयसिंह, मेवाड़ के राजा राजसिंह और जोधपुर के राजा जसवन्त सिंह प्रमुख राजपूत राजा थे।
- 1679 ई. में अफगानिस्तान की सीमा पर हुए जमरूद के युद्ध में जसवन्त सिंह की मृत्योपरान्त उसके पुत्र अजीत सिंह के राजगद्दी पर वैध अधिकार को अमान्य करके औरंगजेब मारवाड़ को हथिया लेना चाहता था।

- जब दुर्गादास (जसवन्त सिंह का सेनापति) ने औरंगजेब से अजीत सिंह के वैध अधिकार की माँग की तब औरंगजेब ने यह शर्त रखी कि यदि अजीत सिंह इस्लाम धर्म स्वीकार कर ले, तो उसे मारवाड़ का सिंहासन दे दिया जाएगा, किन्तु अजीत सिंह ने इनकार कर दिया।
- मारवाड़ और मुगलों के बीच लगभग 30 वर्षों तक युद्ध चला। अन्तत: 1709 ई. में सम्राट बहादुरशाह प्रथम ने अजीत सिंह को मारवाड़ का राजा स्वीकार कर लिया।
- इस प्रकार औरंगजेब न तो पूर्णत: मेवाड़ और मारवाड़ को ही दबा सका, उल्टे उसने अपने बहादुर एवं विश्वसनीय मित्र राजपूतों को खो दिया।

औरंगजेब के समय के मुख्य विद्रोह

विद्रोह	कारण
बुन्देला विद्रोह (1661 ई.)	ओरछा के शासक चम्पतराय के नेतृत्व में। पराजित होने के बाद आधिपत्य स्वीकार करने के स्थान पर आत्महत्या कर ली। छत्रसाल के नेतृत्व में बीजापुर घेरा एवं पुरन्दर की सन्धि के दौरान मुगलों की सराहनीय सेवा की। शिवाजी से विद्रोह की प्रेरणा ली। 1707 ई. में बुन्देलखण्ड का स्वतन्त्र शासक बना।
अफगान विद्रोह (उत्तर-पश्चिम सीमान्त क्षेत्र 1667 ई.)	**उद्देश्य** 'पृथक् अफगान राज्य की स्थापना' इसे **रोशनाई** नामक धार्मिक सम्प्रदाय ने पृष्ठभूमि प्रदान की। अफगान विद्रोही 'भागू' के नेतृत्व में, मुगल सूबेदार अमीर खाँ ने दमन किया। अफरीदी नेता अकमल खाँ के नेतृत्व में स्वयं को 'राजा' घोषित किया, अपने नाम का खुतबा पढ़वाया तथा सिक्का चलवाया।
जाट विद्रोह (1669 ई.)	पहला संगठित विद्रोह (औरंगजेब के समय का) **कारण**–किसानों एवं भूमि विषयक समस्या। प्रारम्भ में गोकुला का विद्रोह एवं राजाराम का विद्रोह हुआ। राजाराम ने अकबर के मकबरे को लूटा था। चूरामन के नेतृत्व में औरंगजेब की मृत्यु-पर्यन्त विद्रोह करता रहा। अन्त में मथुरा के पास **भरतपुर** नामक स्वतन्त्र राज्य की स्थापना।
सतनामी विद्रोह (मथुरा के निकट नारनौल नामक स्थान पर मार्च, 1672 ई.)	विद्रोह की शुरूआत एक सतनामी एवं स्थानीय मुगल सरदार के झगड़े को लेकर हुई। मूलरूप से एक धार्मिक सम्प्रदाय शुद्ध अद्वैतवाद में विश्वास। इन्हें **मुण्डिया** भी कहा जाता था। सत्य तथा ईश्वर में विश्वास रखने के कारण स्वयं को **सतनामी** पुकारते थे।
सिख विद्रोह (1675 ई.)	**उद्देश्य** धार्मिक कारण (एकमात्र धार्मिक विद्रोह) औरंगजेब के समय का अन्तिम विद्रोह।
अंग्रेजों का विद्रोह (1686 ई.).	अंग्रेजों को हुगली से बाहर खदेड़ दिया गया।
राजपूत विद्रोह (1679-1709 ई.)	उत्तराधिकार की समस्या
अकबर का विद्रोह (1681 ई.)	मेवाड़ एवं मारवाड़ से सहायता का आश्वासन पाकर 11 जनवरी, 1681 में स्वयं को बादशाह घोषित किया। फारस भाग गया और वहीं पर मृत्यु।

मुगल प्रशासन

- मुगलों के राजस्व की अवधारणा तुर्की मंगोल परम्परा पर आधारित थी। मुगल शासकों द्वारा स्वयं को खलीफा घोषित करना उनकी विदेश नीति की भी मजबूरी थी, क्योंकि ऐसा न करने पर वे पश्चिम में सफवी साम्राज्य एवं उजबेग साम्राज्य से समानता के स्तर पर वार्ता नहीं कर सकते थे।

केन्द्रीय प्रशासन

- मुगल प्रशासन सैन्य शक्ति पर आधारित एक केन्द्रीकृत व्यवस्था थी, जो नियन्त्रण एवं सन्तुलन पर आधारित थी। इसमें भारतीय तथा गैर-भारतीय (विदेशी) तत्त्वों का सम्मिश्रण था।

मुगल बादशाह

- मुगल बादशाह राज्य का प्रधान होता था। वह प्रशासन का केन्द्र बिन्दु सर्वोच्च सेनापति तथा सर्वोच्च न्यायाधीश था। अकबर के समय तुर्की मंगोल परम्परा में संशोधन किया गया। शासन में अपनी सहायता के लिए बादशाह विभिन्न मन्त्रियों (विजारत) की नियुक्ति करता था।

मुगकालीन प्रमुख अधिकारी निम्नलिखित थे

वजीर/वकील

- वकील सम्पूर्ण प्रशासन का पर्यवेक्षण करता था और बादशाह वकील के माध्यम से ही अन्य अधिकारियों से सम्पर्क स्थापित करता था।
- अकबर के काल में मुगल प्रधानमन्त्री को वकील कहा जाने लगा। **बैरम खां** इस पद पर अधिक शक्तिशाली होने तथा कुछ अन्य कारणों से अकबर ने अपने शासनकाल के 8वें वर्ष एक नया पद दीवान-ए-वजारत-ए-कुल की स्थापना कर इस पद को केवल सम्मानसूचक बना दिया।
- अकबर के काल में केवल चार ही मन्त्रीपद थे—वकील, दीवान, मीरबख्शी एवं सद्र।

मीरबख्शी

- मीरबख्शी सैन्य विभाग का प्रमुख होता था। इस पद का विकास अकबर के काल में शुरू हुआ था। वह मनसबदारों की नियुक्ति की अनुशंसा एवं जागीर की अनुशंसा करता था। वह अमीरों का नेता होता था। मीर बख्शी के द्वारा सरखत (Sarkhat) नामक पत्र पर हस्ताक्षर करने के बाद ही सेना का मासिक वेतन निर्धारित होता था।

मीर-ए-सामाँ

- मीर-ए-सामाँ के पास साम्राज्य के अन्तर्गत आने वाले कारखाने के संगठन और प्रबन्ध का स्वतन्त्र प्रभार होता था। उसके अन्तर्गत आने वाले अन्य अधिकारी थे—दीवाने-बयूतात, मुशरिफ, दरोगा और तहसीलदार।
- औरंगजेब के काल में इसे खाने-सामाँ कहा जाने लगा।

सद्र-उस-सुदूर (सद्र-ए-कुल)

- यह बादशाह का मुख्य धार्मिक परामर्शदाता होता था। इसे **शेख-उल-इस्लाम** भी कहा जाता था। इसका प्रमुख कार्य दान-पुण्य की व्यवस्था करना, धार्मिक शिक्षण की व्यवस्था करना, विद्वानों को कर मुक्त भूमि एवं वजीफा (मदद-ए-माश) प्रदान करना तथा इस्लामिक कानूनों के पालन की समुचित व्यवस्था करना था।
- मुगलकाल का सर्वप्रथम सद्र शेखगदाई था, जिसे बैरम खाँ ने अपने संरक्षण काल में बनवाया था।

मुख्य काजी

- यह काजी-उल-कुज्जात के नाम से जाना जाता था। यह न्याय विभाग का प्रधान होता था। औरंगजेब के काल से पहले मुख्य सद्र ही इस विभाग का भी अध्यक्ष होता था। इसका मुख्य कार्य दीवानी और फौजदारी दोनों मामलों में शरीयत को लागू करना था।

मुहतसिब

- यह जनता के नैतिक आचरणों का निरीक्षण करता था और यह देखता था कि शरीयत के अनुसार कार्य हो रहा है या नहीं, साथ–ही–साथ वह माप–तौल का निरीक्षण, मूल्य नियन्त्रण आदि की भी देख–रेख करता था, इसकी नियुक्ति औरंगजेब द्वारा की गई।

प्रान्तीय प्रशासन

- सबसे पहले प्रान्तों का निर्माण अकबर के काल में हुआ। 1580 ई. में अपने साम्राज्य का विभाजन 12 प्रान्तों में किया, जो अन्त तक 15 हो गई, क्योंकि इसमें बरार, खानदेश तथा अहमदनगर नामक प्रान्त जुड़ गए। जहाँगीर के समय सूबों की संख्या 17 थी। उसमें कांगड़ा को जीतकर उसे लाहौर सूबे में मिला दिया।
- मुगलों का प्रान्तीय शासन केन्द्रीय शासन का ही प्रतिरूप था। प्रशासन की दृष्टि से मुगल साम्राज्य को सूबों (प्रान्तों), सूबों को सरकारों (जिलों) में, सरकारों को परगनों (महालों) में तथा परगनों को गाँवों में बाँटा गया था।

सूबेदार

- अकबर के काल में प्रान्तीय प्रशासन के प्रमुख अधिकारी को सरकारी तौर पर **सिपहसालार** (गवर्नर) कहा जाता था, जिसे उसके उत्तराधिकारियों के समय में **नाजिम-ए-सूबा** कहा जाने लगा, सूबेदार को सूबे के सम्पूर्ण सैनिक एवं असैनिक अधिकार प्राप्त थे।
- 1586 ई. में अकबर ने सूबों में एक नया परिवर्तन करते हुए एक नया दीवान पद सृजित कर दिया, जो सूबेदारों की शक्ति पर नियन्त्रण रखता था।
- सूबेदारों (गवर्नरों) को किसी भी जागीरदार या अधिकारी को अपनी स्पष्ट आज्ञा का उल्लंघन करने पर उसे दण्डित करने का अधिकार था।

प्रान्तीय दीवान

- प्रान्तीय दीवान (दीवाने सूबा) सूबे (प्रान्त) का वित्त अधिकारी होता था। यद्यपि वह ओहदे में सूबेदार (गवर्नर) से नीचे होता था, किन्तु वह सूबेदार (गवर्नर) का मातहत नहीं होता था। वह सीधे शाही दीवान के प्रति उत्तरदायी होता था। इस प्रकार दीवान और सूबेदार एक–दूसरे पर नियन्त्रण रखते थे।

मीरबख्शी

- बख्शी की नियुक्ति केन्द्रीय मीरबख्शी के अनुरोध पर शाही दरबार द्वारा की जाती थी। बख्शी का मुख्य कार्य सूबे की सेना की देखभाल करना था। प्रान्तीय बख्शी की वाकिया–निगार (वाकियानवीस) के रूप में भी कार्य करना होता था। इस रूप में इसका कार्य सूबे की समस्त जानकारी केन्द्र को देना था।
- प्रान्तीय बख्शी और केन्द्रीय मीरबख्शी में एक अन्तर था कि प्रान्तीय बख्शी सेना का वेतनाधिकारी होता था, जबकि केन्द्रीय मीरबख्शी सेना का वेतनाधिकारी नहीं होता था। केन्द्र में यह काम 'दीवाने–तन' करता था।

प्रान्तीय सद्र

- प्रान्तीय सद्र एवं प्रान्तीय काजी का पद कभी–कभी एक ही व्यक्ति को दे दिया जाता था। अतएव सद्र की दृष्टि से वह प्रजा के नैतिक चरित्र एवं इस्लाम धर्म का कानूनों के पालन की व्यवस्था करता था और काजी की दृष्टि से न्याय करता था। उसे **मीर-ए-अदल** भी कहा जाता था।

कोतवाल

- यह बड़े शहरों एवं राजधानी में तैनात किया जाता था तथा नगर की कानून व्यवस्था भी इसके अन्तर्गत थी।

सरकार (जिले) का प्रशासन

- प्रशासनिक सुविधा के लिए सूबों को सरकार में विभाजित किया गया था। मुगलकाल में सरकार (जिलों) में फौजदार, अमलगुजार, खजानदार और वितिक्ची इत्यादि महत्त्वपूर्ण अधिकारी होते थे।
- मुगलकाल में सरकार (जिले) का मुख्य प्रशासक फौजदार होता था। इसका मुख्य कार्य सरकार (जिले) में कानून–व्यवस्था बनाए रखना तथा चोर–लुटेरों से जनता की रक्षा करना था।
- आमिल या अमलगुजार **सरकार** (जिले) का वित्त अधिकारी होता था। उसका कार्य लगान वसूल करना तथा कृषि एवं किसानों दोनों की देखभाल करना था। वह खालिसा भूमि का राजस्व भी एकत्र करता था।
- वितिक्ची अमलगुजार के अधीन एक लिपिक होता था। कोतवाल की नियुक्ति मीर–आतिश की संस्तुति पर केन्द्र सरकार द्वारा की जाती थी। उसका मुख्य कार्य नगर में शान्ति एवं सुरक्षा स्थापित करना, स्वच्छता एवं सफाई की व्यवस्था करना था।

मुगलकाल में उच्चाधिकारी

उच्चाधिकारी	सम्बन्धित विभाग
मीर-आतिश	शाही तोपखाने का प्रधान था।
दीवान-ए-तन	वेतन और जागीरों से सम्बन्धित मामलों का निपटारा करता था।
दरोगा-ए-डाक चौकी	गुप्तचर विभाग का प्रमुख होता था। साथ-साथ पत्र व्यवहार का भी प्रभारी होता था।
मीर-ए-अर्ज	बादशाह के पास भेजे जाने वाले आवेदन-पत्रों का प्रभारी होता था।
मीर-ए-बहर	जल-सेना का प्रधान होता था।
मीर-ए-तोजक (मीर-ए-तुजुक)	धर्मानुष्ठान का अधिकारी था।
मीर-ए-बर्र	वन-विभाग का अधीक्षक था।
नाजिर-ए-बयूतात *(या दीवान-ए-बयूतात)*	शाही कारखानों का अधीक्षक होता था।
वाकिया-नवीस	समाचार लेखक होता था, जो राज्य के सारे समाचारों से केन्द्र को अवगत कराता था।
खुफिया-नवीस	गुप्त पत्र-लेखक होते थे, जो गुप्त रूप से केन्द्र को महत्त्वपूर्ण खबरें उपलब्ध कराते थे।
हरकारा	ये जासूस और सन्देश वाहक दोनों होते थे।
वितिक्ची	दरबार की सभी घटनाओं एवं खबरों को लिखने के लिए नियुक्ति, प्रान्तों की भूमि एवं लगान सम्बन्धी कागजात भी तैयार करता था।
परवानची	ऐसी आज्ञाओं को लिखने वाला, जिस पर सम्राट की मुहर की आवश्यकता नहीं पड़ती थी।
मुशर्रिफ (लेखाधिकारी)	यह राज्य की आय-व्यय का लेखा-जोखा रखता था।
मुस्तौफी (लेखा परीक्षक)	यह मुशर्रिफ द्वारा तैयार आय-व्यय के लेखे-जोखे की जाँच करता था।
मुसद्दी	यह बन्दरगाहों के प्रशासन की देखभाल करता था।

परगने का प्रशासन

- प्रत्येक सरकार कई परगनों में बँटी होती थी। परगने के प्रमुख अधिकारी शिकदार, आमिल, फोतदार, कानूनगो और कारकून होते थे।
- **शिकदार** उसका मुख्य कार्य परगने में शान्ति व्यवस्था स्थापित करना तथा राजस्व वसूल करवाने में आमिल की मदद करना था।
- **आमिल** किसानों से लगान वसूल करना उसका मुख्य कार्य होता था। इस कार्य के लिए गाँव के कृषकों से प्रत्यक्ष सम्बन्ध बनाना होता था। अकबर ने अपने शासनकाल के 18वें वर्ष प्रत्येक वर्ष प्रत्येक परगने (महाल) में, जिसकी मालगुजारी आय प्रतिवर्ष 1 करोड़ दाम (₹ 25,000) थी, एक आमिल नियुक्त किया, जिसे करोड़ी कहा जाता था।
- शाहजहाँ के शासनकाल में प्रत्येक परगने में मालगुजारी निर्धारण के लिए एक परगना अमीन की नियुक्ति हुई। परगने के खजाँची को **फोतदार** कहते थे।
- **कारकून** परगने के राजस्व का लेखा करने वाला क्लर्क होता था।

ग्राम प्रशासन

- मुगल शासक गाँव को एक स्वायत्त संस्था मानते थे, जिसके प्रशासन का उत्तरदायित्व मुगल अधिकारियों को नहीं दिया जाता था।
- गाँव का मुख्य अधिकारी **ग्राम प्रधान** होता था, जिसे **खुत, मुकद्दम** या **चौधरी** कहा जाता था। उसकी सहायता के लिए एक **पटवारी** होता था।

सैन्य प्रशासन

मुगल सैन्य दल को चार श्रेणियों में विभाजित किया गया था

1. अधीनस्थ राजाओं की सेनाएँ
2. मनसबदारों की सैन्य टुकड़ियाँ
3. अहदी सैनिक।
4. दाखिली सैनिक (पूरक सैनिक)

- **अहदी सैनिक** बादशाह के सैनिक होते थे। इनकी भर्ती, वेतन, वस्त्र एवं घोड़े सब राज्य की ओर से दिए जाते थे और इन्हें एक अलग अमीर और बख्शी के अधीन रखा जाता था।
- **दाखिली** इन्हें मनसबदारों की सेवा में रखा जाता था।

मुगलकालीन सिक्के

सिक्का	सम्बन्धित विवरण
मुहर	यह एक सोने का सिक्का था, जिसे अकबर ने अपने शासनकाल के प्रारम्भ में चलाया था। यह मुगलकाल का सबसे अधिक प्रचलित सिक्का था। इसे शहनशाह कहा जाता था।
शंसब	यह अकबर द्वारा चलाया गया सबसे बड़ा सोने का सिक्का था, जो 101 तोले का था और बड़े लेन-देन में प्रयुक्त होता था।
इलाही	यह अकबर द्वारा चलाया गया सोने का गोलाकार सिक्का था।
रुपया	यह शुद्ध चाँदी का सिक्का (शेरशाह द्वारा प्रवर्तित) था, जिसका वजन 180 ग्रेन था।
जलाली	यह चाँदी का वर्गाकार या चौकोर सिक्का था।
दाम	यह अकबर द्वारा चलाया गया ताँबे का सिक्का था, जो 'रुपया' के 40वें भाग के बराबर होता था और दैनिक लेन-देन में इसका प्रयोग होता था।
जीतल	यह ताँबे का सबसे छोटा सिक्का था और **दाम** के 25वें भाग के बराबर होता था। इसे 'फुलूस' या 'पैसा' कहा जाता था।
निसार	यह जहाँगीर द्वारा चलाया गया ताँबे का सिक्का था, जो रुपये के चौथाई-मूल्य के बराबर होता था।
आना	छोटे मूल्य का चाँदी का सिक्का। आना का प्रारम्भ शाहजहाँ के काल में हुआ।
माप की इकाई	
सिकन्दरी गज	39 अंगुल या 32 इंच (अंक)।
इलाही गज	41 अंगुल या 33 इंच (अंक)।

पैदल सेना

पैदल सेना यह मुगल सेना की सबसे बड़ी शाखा थी। मुगलों की पैदल सेना में दो प्रकार के सैनिक होते थे

1. **अहशाम सैनिक** इसमें बन्दूकची, शमशीरबाज और तलवारबाज आदि थे, जो तीर-कमान, भाला, तलवार और कटार आदि हथियारों का प्रयोग करते थे।
2. **सेहबन्दी सैनिक** ये सैनिक बेकार (बेरोजगार) लोगों से लिए जाते थे जो मालगुजारी वसूल करने में मदद करते थे।

अश्वारोही सेना

यह सेना मुगल सेना का प्राण मानी जाती थी। इसमें दो प्रकार के घुड़सवार सैनिक थे

1. **बरगीर** इन सैनिकों को सारा साज-समान राज्य की ओर से दिया जाता था।
2. **सिलेदार** इन्हें सारे साज-समान (घोड़े और अस्त्र-शस्त्र) की व्यवस्था स्वयं करनी होती थी। इन्हें केवल युद्ध के अवसर पर ही नियुक्त किया जाता था। इनका वेतन बरगीर से अधिक होता था।

हाथी सेना

- मुगलकाल में अकबर ने इसके प्रबन्ध के लिए एक अलग विभाग ही संगठित किया, जिसे पीलखाना कहा जाता था। अकबर जिन हाथियों का प्रयोग अपनी सेना के लिए करता था, उन्हें खास कहा जाता था।

नौसेना

- नौसेना मुगलकाल में नौसेना का कोई सुव्यवस्थित संगठन नहीं था, अकबर ने एक विभाग स्थापित किया, जिसे नवाड़ा कहा जाता था। इसका प्रमुख अधिकारी **मीर-ए-बहर** होता था।

तोपखाना

- मुगल तोपखाने का प्रयोग फारसी तोपची उस्ताद अली तथा मुस्तफा खाँ के नेतृत्व में बाबर के समय में हुआ था। बाद में उस्ताद कबीर और हुसैन ने इसे सफल नेतृत्व प्रदान किया था। **मीर-ए-आतिश** मुगल तोपखाने का प्रमुख अधिकारी होता था।
- मुगल तोपखाने को दो भागों में बाँटा गया है—जिन्सी एवं दस्ती। जिन्सी भारी तोपें होती थीं, जबकि दस्ती हल्की तोपें थीं।

मनसबदारी व्यवस्था

- मनसब फारसी शब्द है, जिसका अर्थ होता है–'पद'। बाबर के समय प्रशासनिक अधिकारियों को वजहदार कहा जाता था। **यह मंगोलों की दशमलव पद्धति पर आधारित थी।** यह व्यवस्था अकबर ने अपने शासन के ग्यारहवें वर्ष (1567 ई.) में लागू की।
- मनसबदारी में **जात** एवं **सवार** की द्वैध व्यवस्था लागू होती थी। जात मनसबदार के दर्जे तथा वेतन का सूचक था जबकि सवार उस संख्या को प्रदर्शित करता था जितने घुडसवार मनसबदार से रखने अपेक्षित थे। जात व सवार के द्वारा ही मनसबदार की हैसियत का अन्दाजा लगता था।

जात व सवार के आधार पर मनसबदारों की तीन श्रेणियाँ थीं

1. **पहली श्रेणी** में वे मनसबदार थे जिनकी सवार संख्या जात के बराबर थी।
2. **दूसरी श्रेणी** में वे मनसबदार थे जिनकी सवार संख्या जात के आधे से अधिक किन्तु सवार से कम थी।
3. **तीसरी श्रेणी** में वे मनसबदार थे जिनकी सवार संख्या जात के आधे से कम थी।

- अबुल फजल ने आइने अकबरी में 66 मनसबों का उल्लेख किया है, किन्तु व्यवहार में 33 मनसब ही प्रदान किए जाते थे।

मनसबदारों के पद नाम

- 10 से 500 के नीचे तक — मनसबदार
- 500 जात से अधिक किन्तु 2500 से कम — अमीर
- 2500 जात तथा इससे ऊपर — अमीर-ए-उम्दा

- 5000 से ऊपर के मनसब केवल शहजादों तथा राजवंश के लोगों के लिए सुरक्षित होते थे। अकबर ने मिर्जा अजीज कोका तथा मानसिंह को सात-सात हजार का मनसब प्रदान किया था।
- जहाँगीर और शाहजहाँ के काल में सरदारों को 8000 तक के तथा शहजादों को 40000 के मनसब दिए जाने लगे। उत्तर-मुगल काल में यह 50000 तक पहुँच गया।
- मनसबदारों को नकद व जागीर के रूप में वेतन मिलता था, किन्तु जागीर से उन्हें केवल राजस्व प्राप्ति का ही अधिकार होता था, भूमि पर प्रशासनिक अधिकार नहीं।
- जहाँगीर ने एक ऐसी प्रथा चलाई, जिसमें बिना जात पद बढ़ाए ही मनसबदारों को अधिक सेना रखने को कहा जाता था। यक्-अस्पा में मनसबदारों को अपने सवार पद के अनुसार केवल एक ही घोड़ा रखना होता था। दुह-अस्पा में मनसबदारों को अपने सवार पद को दोगुने घोड़े रखने पड़ते थे। सिंह-अस्पा में मनसबदारों को अपने 'सवार' पद के तीन गुने घोड़े रखने होते थे।

जागीरदारी व्यवस्था

- मनसबदारों को जब नकद वेतन के बदले किसी भू-क्षेत्र का राजस्व आवण्टित किया जाता था, तो वह उनकी जागीर या तियूल कही जाती थी। जागीर प्राप्तकर्ता को जागीरदार या तियूलदार कहा जाता था। जागीरदारों को इस भू-क्षेत्र से लगान एवं अन्य करों की वसूली का अधिकार होता था। जागीरों को हस्तान्तरित किया जा सकता था। जागीर की अनुमानित आय को 'जमा या जमादानी' तथा वास्तविक रूप से प्राप्त होने वाली आय को 'हाल-ए-हासिल' कहा जाता था।
- जागीरें कई प्रकार की होती थीं; जैसे-जागीर तनख्वाह, मशरूत जागीर (शर्त पर दी गई जागीर), वतन जागीर, इनाम जागीर (पुरस्कार स्वरूप दी गई जागीर, किन्तु प्रशासनिक दायित्व नहीं), अलतमगा जागीर आदि।

महाल-ए-पैबाकी

- उस जागीर वाली भूमि को कहा जाता था, जिसे पुराने जागीरदार से दण्डस्वरूप छीनकर नए मनसबदार को आवण्टित करने के लिए सुरक्षित रख लिया जाता था।
- 'जमींदारी' को मुगलकाल में देशमुख, पाटिल अथवा नायक आदि नामों से भी जाना जाता था। शाहजहाँ ने ठेकेदारी प्रथा का प्रचलन किया था। जागीरों में भू-राजस्व प्रशासन से सम्बन्धित चौधरी और कानूनगो नामक वंशानुगत अधिकारी होते थे।
- भू-राजस्व की वसूली के लिए 'जमींदारों' को राजस्व का एक हिस्सा कमीशन के रूप में प्राप्त होता था, जो राजस्व का 10% से लेकर 25% तक हो सकता था।

मुगलों की न्याय व्यवस्था

- मुगल बादशाह स्वयं राज्य का सबसे बड़ा न्यायाधीश होता था। बादशाह के बाद **काजी** मुख्य न्यायाधीश होता था। उसकी सहायता के लिए **मुफ्ती** नियुक्त होते थे, जो कुरान की व्यवस्थाओं की व्याख्या करते थे। काजियों की अदालत में अधिकांशतया धर्म-सम्बन्धी या सम्पत्ति-सम्बन्धी मुकदमें आया करते थे।
- अकबर ने अपने शासनकाल में हिन्दू पण्डितों को हिन्दुओं के मुकदमों का निर्णय करने के लिए नियुक्त किया था। जहाँगीर ने **श्रीकान्त** नामक एक हिन्दू को हिन्दुओं के मुकदमों का निर्णय करने के लिए 'जज' नियुक्त किया था। जहाँगीर ने स्वर्ण निर्मित न्याय जंजीर लगवाई थी।

मुगलकालीन राजस्व व्यवस्था

- मुगलकाल में राज्य की आय का मुख्य स्रोत भू-राजस्व था। मुसलमानों से **जकात** (सम्पत्ति का 2.5%) तथा गैर-मुसलमानों से **जजिया** वसूली जाती थी। साथ ही साथ **खुम्स** (लूट का माल) भी राजस्व का स्रोत था। अकबर ने विवाह की रजिस्ट्री की प्रथा चलाई एवं उस पर शुल्क लगाया।
- सम्पूर्ण भू-भाग तीन भागों में विभाजित था, जिनसे अलग-अलग मदों में कर प्राप्त किया जाता था; जैसे–**खालिसा** भूमि या शाही भूमि होती थी, जिसका सम्पूर्ण राजस्व शाही खजाने में जमा होता था।
- दूसरी प्रकार की भूमि **जागीर भूमि** थी, जो राज्य के प्रमुख सरदारों या व्यक्तियों को उनके वेतन के एवज में दी जाती थी।
- तीसरी प्रकार की भूमि **सयूरगाल** या **मदद-ए-माश** भूमि थी, को अनुदान के रूप में विद्वानों एवं धार्मिक व्यक्तियों को दिया जाता था, जिस पर अनुदान ग्राही का वंशानुगत अधिकार होता था।
- प्रारम्भ में अकबर ने शेरशाह द्वारा अपनाई गई, **जब्ती** प्रणाली को अपनाया, जिसमें राई के आधार पर भूमि उत्पादन का 1/3 भाग कर के रूप में लिया जाता था।

मुद्रा व्यवस्था

- अकबर ने दिल्ली में एक शाही-टकसाल का निर्माण कराया और अब्दुस्समद को उसका प्रधान नियुक्त किया। मुगलकाल में टकसाल के अधिकारी को दरोगा कहा जाता था।
- अकबर के सिक्कों पर राम-सीता की आकृति तथा सूर्य-चन्द्रमा की महिमा में वर्णित कुछ पद्य भी मिलते हैं। अकबर ने असीरगढ़ विजय की स्मृति में अपने सिक्कों पर बाज की आकृति अंकित कराई।
- औरंगजेब ने सिक्कों पर कलमा खुदवाना बन्द करा दिया। उसने कुछ सिक्कों पर मीर-अब्दुल बाकी शाहबई द्वारा रचित पद्य अंकित करवाया।

भू-राजस्व निर्धारण की पद्धतियाँ

- पैमाइश को जब्त भी कहते थे। इसके तहत भूमि की माप की जाती थी तथा इसमें जोते और बोए गए क्षेत्र की माप के आधार पर भू-राजस्व निर्धारण होता था।
- **बँटाई** इसके तहत फसल की पैदावार को राज्य एवं किसान के बीच बाँट लिया जाता था। बँटाई तीन प्रकार की होती थी
  1. **रास बँटाई या भावली** इसके तहत फसल को काटने के बाद फसल के ढेर को बाँट लिया जाता था।
  2. **लंक बँटाई** इसके अन्तर्गत फसल से भूसा अलग करके अनाज के ढेर को बाँट लिया जाता था।
  3. **खेत बँटाई** इसके अन्तर्गत खेत को जोतने-बोने के लिए बाँट लिया जाता था।

भूमि के प्रकार

- भू-राजस्व निर्धारण में भूमि की उत्पादकता तथा कृषि की निरन्तरता को भी ध्यान में रखा जाता था। भूमि को निम्न कोटियों में बाँटा गया था
  - **पोलज** यह वो जमीन थी जहाँ हर वर्ष खेती होती रहती थी। इस पर पूरा भू-राजस्व वसूला जाता था।
  - **परती** यह वो भूमि जो साल भर से परती पड़ी होती थी, यानि जहाँ साल भर से खेती नहीं हो रही हो इस पर पूरा भू-राजस्व वसूला जाता था।
  - **चाचर** ये वो जमीन थी, जो तीन-चार साल से परती पड़ी हो। इस पर खेती करने पर प्रारम्भ कम भू-राजस्व वसूला जाता था तथा तीसरे साल से पूरा भू-राजस्व वसूलना शुरू होता था।
  - **बंजर** ये खेती योग्य वो जमीन थी। जहाँ खेती नहीं की जा रही हो। यहाँ पाँचवे वर्ष से पूरा भू-राजस्व वसूलना प्रारम्भ होता था।

राजस्व निर्धारण पद्धति

राजस्व निर्धारण पद्धति की चार प्रणालियाँ प्रचलित थीं

1. जब्ती या दहशाला प्रणाली
2. बँटाई, गल्ला, बख्शी या मओली
3. कानकूत
4. नस्क

- **दहशाला प्रणाली** इस प्रणाली में भू-राजस्व स्थानीय उत्पादकता तथा कीमतों पर आधारित था। यह प्रणाली 1579 ई. से लागू हुई थी। इसे **टोडरमल बन्दोबस्त** भी कहते हैं, इसके अन्तर्गत 1574 ई. में स्थानीय कानूनगो को जिन्हें स्थानीय भाषा में किरोड़ी कहा जाता था। एक करोड़ दाम वाली जमीनों की जिम्मेदारी दी गई जहाँ उन्होंने जोते बोए क्षेत्र की पैमाइश की, उत्पादकता का आकलन किया साथ ही कृषि का विस्तार किया।
- 1586-87 ई. में अकबर ने एक नई माप **गज-ए-इलाही** (33.5 इन्च) का प्रयोग प्रारम्भ करवाया जिसने गज-ए-सिकन्दरी (32 इन्च) का स्थान लिया। क्षेत्रफल की इकाई बीघा को माना गया। 1576 ई. में हिन्दुस्तान (लाहौर से इलाहाबाद तक का क्षेत्र) को खालसा (केन्द्र के प्रत्यक्ष नियन्त्रण में आने वाली भूमि) में शामिल किया गया ताकि कृषि की वास्तविक जानकारी मिल सके।

मुगलकालीन समाज

- मुगलकालीन जनसंख्या शहरों तथा गाँवों में रहती थी। शहरों में कुल जनसंख्या का 15% भाग रहता था। इस समय समाज की आधारभूत इकाई गाँव थी। यहाँ के अधिकांश निवासी किसान थे। सम्पूर्ण कृषक वर्ग सामाजिक प्रतिष्ठा और धन के असमान वितरण के आधार पर वर्गों में बँटा हुआ था। समाज में मुख्यत: तीन वर्ग थे
  1. **उच्चवर्ग** इसमें शासक तथा अमीर वर्ग के लोग थे।
  2. **मध्यमवर्ग** इसमें व्यापारी, वैद्य, धार्मिक नेता थे।
  3. **निम्नवर्ग** इसमें किसान व जनसाधारण थे यह सर्वाधिक संख्या में थे।
- प्राचीनकाल की भाँति मध्यकाल में भी स्त्रियों की स्थिति अच्छी नहीं थी। इस काल में भी पर्दा प्रथा, बाल-विवाह, सती प्रथा और बहुविवाह जैसी सामाजिक कुरीतियाँ प्रचलित थीं, किन्तु विभिन्न वर्गों की स्त्रियों की दशा में भिन्नता थी।
- मुसलमानों में तलाक तथा पुनर्विवाह सामान्य बात थी, परन्तु हिन्दुओं ने इस प्रथा से घृणा की। बाल विवाह दोनों ही समुदायों में आम बात थी। महिलाओं की स्थिति के सम्बन्ध में बदायूँनी लिखता है कि पूरे देश में महिलाओं के घूँघट को संस्कार माना गया तथा किसी ने इसे चुनौती देने का साहस नहीं किया।

ग्रामीण जीवन

- ग्रामीण समाज में किसानों तथा शिल्पकारों की प्रधानता थी। आसामी बड़े किसान थे। इनकी संख्या कम थी। मझोले किसान सबसे अधिक थे।
- गाँव के लिए जरूरी काम करने वाले लोग **बलूटेदार** कहलाते थे। इनमें नाई, धोबी, लोहार, बढ़ई आदि शामिल थे।
- **मलूटेदार** वे लोग थे जो न तो गावों के अभिन्न अंग थे न ही सर्वत्र पाए जाते थे। इस वर्ग के कुछेक लोग कभी-कभी बड़े गाँवों में मिलते थे। इनमें सुनार, दर्जी, भिश्ती, पुरोहित, गायक, वादक आदि शामिल थे।
- **कमीन** निम्न वर्ग के लोग थे जिनमें दलितों का बड़ा अनुपात था।

मुगलकालीन अर्थव्यवस्था

- मुगलकालीन अर्थव्यवस्था मूलत: कृषि पर आधारित थी। आय का प्रमुख स्रोत भू-राजस्व था। अत: मुगल शासकों ने कृषि विकास की ओर विशेष ध्यान दिया। कृषि के अतिरिक्त उद्योग व व्यापार भी उन्नत अवस्था में थे।

कृषि

- 'आइने-अकबरी' में रबी (बसन्त) की 16 फसलों तथा खरीफ (शरद ऋतु) की 25 फसलों से प्राप्त होने वाले राजस्व का विस्तृत उल्लेख मिलता है। मुगलकाल में गन्ना, कपास, नील तथा रेशम आदि फसलों का पर्याप्त उत्पादन होता था, इन्हें 'तिजारती' (नकदी) तथा उत्तम फसलें कहा जाता था।

- खेती के विस्तार तथा बेहतरी के लिए मुगल बादशाहों ने किसानों को बढ़ावा दिया और इसके लिए **तकावी** नामक ऋण भी वितरित किया। लगभग सभी खाद्यान्नों का उत्पादन किया जाता था। कुछ क्षेत्र वस्तु विशेष के लिए प्रसिद्ध थे' जैसे—आगरा के निकट बयाना तथा गुजरात में सरखेज से सर्वोत्तम किस्म की नील पैदा की जाती थी। इसका विशद् वर्णन पेलसार्ट ने किया है।

कृषक वर्ग

मुगलकाल में कृषक वर्ग स्पष्ट रूप से तीन वर्गों में विभाजित था

1. **खुदकाश्त** किसान वे खेतिहर होते थे, जो उसी गाँव की भूमि पर खेती करते थे, जिसके वे निवासी होते थे।
2. **पाहीकाश्त** (पैकाश्त) वे किसान होते थे, जो दूसरे गाँवों में अस्थायी रूप से आकर बँटाईदार के रूप में खेती करते थे।
3. **मजारियान** कृषकों के पास इतनी कम भूमि होती थी कि वे उस भूमि में अपने परिवार के कुल श्रम का भी उपयोग नहीं कर पाते थे।

उद्योग-धन्धे

- मुगलकाल में सूती वस्त्र उद्योग सबसे उन्नत अवस्था में था और इस पर शासन का पूर्ण नियन्त्रण रहता था। यह एकमात्र ऐसा उत्पाद था, जिसका विदेशों को सबसे अधिक निर्यात होता था, भारत में निर्मित कपड़ों को 'केलीको' कहा जाता था।
- रेशमी कपड़ा विदेशों से मँगाया जाता था। रेशमी कपड़ों को **पटोला** कहा जाता था। इत्र (अस्मत बेगम द्वारा आविष्कृत), सुगन्धित तेल तथा गुलाब जल जैसी वस्तुओं के उत्पादन में जौनपुर और गुजरात प्रसिद्ध थे।
- गोवा, भडौच, मछलीपट्टनम प्रमुख जहाज निर्माण केन्द्र थे। काष्ठ उद्योग के लिए कश्मीर विख्यात था। शाहजहाँ के काल में कश्मीर एवं लाहौर कालीन उद्योग के लिए प्रसिद्ध था।

व्यापार एवं वाणिज्य

- मुगलकाल में आन्तरिक व बाह्य दोनों प्रकार के व्यापार का विकास हुआ। साम्राज्य का प्रमख व्यापारिक मार्ग आगरा से अहमदाबाद होता हुआ सूरत तक जाता था। मुगलकाल में थोक व्यापारियों को सेठ, बोहरा व मोदी कहा जाता था, जबकि खुदरा व्यापारियों को व्यापारी व वानिक कहा जाता था। दक्षिण भारत में चेट्टी व्यापारिक समुदाय के प्रमुख अंग थे।
- मुगलकाल में प्रारम्भ में निर्यात की मुख्य वस्तु नील, शोरा, अफीम एवं सूती वस्त्र था, जबकि मुख्य आयात सोना, चाँदी, घोड़ा, कच्चा रेशम आदि वस्तुओं का होता था। जोन बपतिस्ते ट्रैवर्नियर (जौहरी फ्रांसीसी) शाहजहाँ व औरंगजेब के शासनकाल में 6 बार भारत आया था।। इसने भारत में हीरे एवं हीरे की खदानों का विवरण दिया है।

बंजारा समुदाय

- मध्यकाल में बंजारा लोग सबसे महत्त्वपूर्ण व्यापारी खानाबदोश थे। उनका कारवाँ 'टोडा' कहलाता था। सुल्तान अलाउद्दीन खिलजी बंजारों का ही इस्तेमाल नगर के बाजारों तक अनाज की ढुलाई के लिए करते थे। बादशाह जहाँगीर ने अपने संस्मरणों में लिखा है कि बंजारे विभिन्न इलाकों से अपने बैलों पर अनाज ले जाकर शहरों में बेचते थे।

मुगलकालीन कला एवं संस्कृति

मुगल काल में कला एवं संस्कृति के क्षेत्र में महत्त्वपूर्ण विकास हुआ। यह विकास स्थापत्य, चित्रकला, संगीत आदि सभी क्षेत्रों में दृष्टिगोचर होता है।

स्थापत्य कला

- मुगलकालीन स्थापत्य मध्य एशिया की इस्लामी और भारतीय कला का मिश्रित रूप है, जिसमें फारस, मध्य एशिया, तुर्की, गुजरात, बंगाल एवं जौनपुर आदि स्थानों की परम्पराओं का अद्भुत मिश्रण मिलता है। मुगलकालीन स्थापत्य की मुख्यतम विशेषता—संगमरमर के पत्थरों पर हीरे-जवाहरात से की गई जड़ावट **पित्रादुरा** (Pietra-Dura) एवं महलों तथा विलास भवनों में बहते पानी का उपयोग है।
- मुगलकालीन स्थापत्य कला की शुरूआत बाबर के समय से होती है उसने पानीपत के निकट काबुली-बाग में एक मस्जिद (1529 ई.) बनवाई। बाबर ने रुहेलखण्ड में सम्भल की जामी मस्जिद तथा आगरा में लोदी किले के भीतर एक मस्जिद बनवाई एवं ज्यामितीय विधि पर आधारित एक उद्यान आगरा में लगवाया, जिसे उसने **नूर अफगान** नाम दिया।
- हुमायूँ ने 1553 ई. में दिल्ली में **दीनपनाह** (विश्व का शरणस्थल) नामक एक नगर का निर्माण करवाया। उसने हिसार जिले में फतेहाबाद नामक स्थान पर फारसी शैली में एक मस्जिद का निर्माण करवाया।
- अकबरकालीन स्थापत्य कला **भारतीय** एवं **ईरानी** शैलियों का सुन्दर समन्वय है। इसमें अधिकांशत: त्रावियत शैली का प्रयोग हुआ, किन्तु सजावट के लिए इस्लाम की अरकुएट शैली का प्रयोग भी हुआ है। अकबरकालीन भवनों में अधिकतर लाल पत्थरों का प्रयोग हुआ है, किन्तु प्रभाव के लिए कहीं-कहीं सफेद संगमरमर का भी प्रयोग हुआ है।
- जहाँगीर कालीन स्थापत्य में सजावट पर विशेष बल दिया गया है। जहाँगीर कालीन प्रमुख इमारतें हैं-सिकन्दरा में स्थित अकबर का मकबरा, आगरा में स्थित एतमादुद्दौला का मकबरा, दिल्ली स्थित अब्दुर्रहीम खानखाना का मकबरा। एतमादुद्दौला के मकबरे को ताजमहल और हुमायूँ के मकबरे के बीच की कड़ी कहा जाता है। पित्रादुरा का प्रथम प्रयोग एतमादुद्दौला के मकबरे में हुआ।
- शाहजहाँ के काल में मुगल स्थापत्य कला पराकाष्ठा पर पहुँच गई, जिसमें संगमरमर का बड़े पैमाने पर प्रयोग किया गया। उसने आगरा तथा दिल्ली में अनेक भवनों का निर्माण कराया। आगरा में दीवान-ए-खास, रंग महल, शीश महल, खास महल, मच्छी महल, नगीना मस्जिद, मुसम्मन बुर्ज, मोती मस्जिद हैं। आगरा के स्मारकों में सर्वाधिक महत्त्वपूर्ण **ताजमहल** है, जिसे उसने अपनी प्रिय पत्नी मुमताजमहल की स्मृति में बनवाया था।
- शाहजहाँ ने दिल्ली में 1639 ई. में शाहजहाँबाद नामक नगर बसाया, यहीं लाल किला एवं जामा मस्जिद बनवाए गए। दिल्ली के लाल किला में दीवान-ए-आम, दीवान-ए-खास, हीरा महल, रंग महल, ख्वाब गाह, हमारा आदि निर्मित कराए गए। औरंगजेब के शासनकाल के सुन्दर भवनों में लाहौर की बादशाही मस्जिद, दिल्ली के लाल किले की **मोती मस्जिद** और औरंगाबाद में स्थित **रबिया दुर्रानी का मकबरा** प्रमुख हैं।

चित्रकला

- मुगल चित्रकला की नींव हुमायूँ द्वारा फारस में डाली गई। उसके साथ मीर सैयद अली तबरीजी तथा ख्वाजा अब्दुस्समद नामक चित्रकार भी भारत आए। दोनों को मुगल शैली का संस्थापक माना जाता है। हुमायूँ ने मीर सैयद अली को **नादिर-उल-अस्र** की उपाधि दी थी।

- **अकबर** इसने चित्रकला को विशेष प्रश्रय दिया, चित्रकला का एक पृथक् विभाग खोला। इस विभाग का अध्यक्ष **अब्दुस्समद** था। उसने अपनी चित्रशाला में विदेशी चित्रकारों के साथ-साथ स्थानीय चित्रकारों को भी रखा। अकबरकालीन प्रमुख चित्रकार थे मीर सैयद अली, अब्दुस्समद, मिस्किन (यूरोपीय शैली का चित्रकार), फारूख बेग बसावन (व्यंग्य चित्रकार थे) एवं दसवन्त (हिन्दुओं में अग्रणी थे।) मुगल काल की महत्त्वपूर्ण कृति **दास्तान-ए-अमीर-हम्जा** (हम्जानामा) का चित्रांकन इसी काल में हुआ।
- **जहाँगीर** जहाँगीर चित्रकला प्रेमी था, इस काल को मुगल चित्रकला स्वर्णकाल कहते हैं। इसने नवीन चित्रशाला का आगरा में निर्माण कराया। चित्रकला में ईरानी के स्थान पर यूरोपीय शैली का प्रभाव बढ़ा तथा प्राकृतिक चित्रण को प्रमुखता प्रदान की गई। अद्भुत और विरलें पुष्पों, वनस्पतियों और पशु-पक्षियों का प्रमुखता से चित्रण हुआ। जहाँगीरकालीन प्रमुख चित्रकारों में अकारित्रा, अबुल हसन (नादिर-एल-जमाँ की उपाधि), दौलत, मंसूर (नादिर-उल-अस्र की उपाधि), विशनदास तथा फारूख बेग प्रमुख हैं। मंसूर पशु-पक्षी तथा प्रकृति चित्रण में एवं अबुल हसन व्यक्ति-चित्र में सिद्धहस्त थे।
- **शाहजहाँ** प्रारम्भ में इसने अपने पिता की परम्परा को बनाए रखा। इस कारण इन दो सम्राटों के काल में बने चित्रों में अन्तर कर पाना जटिल है।

संगीत कला

- बाबर एवं हुमायूँ ने भी यद्यपि संगीत को प्रोत्साहन दिया, किन्तु यह अकबर के काल में अपने शिखर पर पहुँची। अबुल फजल के अनुसार— अकबर के दरबार में 36 गायकों को राज्याश्रय प्राप्त था। अकबर स्वयं बहुत अच्छा नक्कारा (नगाड़ा) बजाता था। तानसेन अकबर के नवरत्नों में से एक था। अकबर ने तानसेन को '**कण्ठाभरणवाणी विलास**' की उपाधि प्रदान की थी।
- अकबर के काल के प्रमुख संगीतज्ञ थे—तानसेन, बाजबहादुर, बैजबख्त, गोपाल, हरिदास, रामदास, सुजान खाँ, मियाँ चाँद तथा मियाँ लाल एवं बैजू बावरा (दरबार से सम्बन्धित नहीं था) प्रमुख थे।
- जहाँगीर के काल में प्रमुख संगीतज्ञों में तानसेन के पुत्र बिलास खाँ, छतर खाँ, मक्खू तथा हमजान प्रमुख थे। जहाँगीर ने एक गजल गायक **शौकी** को **आनन्द खाँ** की उपाधि दी।
- शाहजहाँ अत्यन्त रसिक एवं संगीत-मर्मज्ञ था। कहा जाता है कि उसके **दीवाने-खास** में प्रतिदिन वाद्य-वादन और संगीत हुआ करता था । शाहजहाँ के काल के प्रमुख संगीतज्ञ थे-लाल खाँ, खुशहाल खाँ और बिसराम खाँ। शाहजहाँ ने लाल खाँ (बिलास खाँ के दामाद) को **गुनसमुन्दर** (गुण समुद्र) की उपाधि दी थी।
- औरंगजेब ने संगीत को इस्लाम विरोधी मानकर पाबन्दी लगा दी थी, किन्तु उसी के काल मे फारसी भाषा में **भारतीय शास्त्रीय संगीत** पर सर्वाधिक पुस्तकें लिखी गईं। औरंगजेब स्वयं एक कुशल वीणावादक था। उसी के काल में फकीरुल्लाह ने मानकुतूहल का अनुवाद रागदर्पण नाम से करके औरंगजेब को अर्पित किया था। औरंगजेब के काल के प्रमुख संगीतज्ञ रसबैन खाँ, सुखीसेन, कलावन्त, हयात सरसनैन और किरपा थे।

मुगलकालीन प्रतिष्ठित महिलाएँ

- **गुलबदन बेगम** गुलबदन ने 'हुमायूँनामा' की रचना की। वह अरबी और फारसी की प्रकाण्ड विदुषी थी।
- **माहम अनगा** अकबर की धाय माँ माहम अनगा ने 1560-62 ई. तक 'पर्दा-शासन' या 'पेटीकोट सरकार' को चलाया, इसने हुमायूँ के साथ मिलकर दिल्ली में **मदरसा-ए-बेगम** की स्थापना की।
- **नूरजहाँ** जहाँगीर की पत्नी नूरजहाँ ने 'जुन्ता गुट' का नेतृत्व किया, शासन कार्य में बराबर का हिस्सा लिया। इसने अनेक शृंगार-प्रसाधनों एवं जेवरातों में सुरुचिपूर्ण परिवर्तन किया।
- **मुमताज महल** शाहजहाँ की प्रिय पत्नी थी। यह भी शृंगार-प्रसाधनों और जेवरातों की बड़ी विशेषज्ञा थी।
- **जहाँआरा** शाहजहाँ की बड़ी पुत्री बड़ी ही धार्मिक एवं सात्विक विचारधारा की महिला थी। उत्तराधिकार युद्ध में उसने दारा का पक्ष लिया। सूफी मत के कादिरी सिलसिले से प्रभावित थी और शाहजहाँ के बन्दी समय में यह शाहजहाँ के साथ रही। दिल्ली के शाहजहानाबाद में **चाँदनी चौक** की रूपरेखा इन्होंने ही निर्मित की।
- **जेबुन्निसा** औरंगजेब की इस पुत्री ने दिल्ली में बैतुल-उल-उलूम नामक पुस्तकालय की स्थापना की।
- **अस्मत बेगम** अस्मत ने इत्र बनाने की विधि का आविष्कार किया था। यह नूरजहाँ की माँ थी।
- **हाजी बेगम/हमीदा बानु बेगम** यह हुमायूँ की पत्नी तथा अकबर की सौतेली माँ थी। हाजी बेगम ने हुमायूँ की याद में दिल्ली में **हुमायूँ का मकबरा** बनवाया था।
- **बख्तुन्निसा** यह काबुल की शासिका थीं।

शिक्षा एवं साहित्य

शिक्षा

- मुगल शासकों ने शिक्षा का पोषण किया। मुगल काल में मकतब और मदरसों की व्यवस्था थी, जहाँ शिक्षा दी जाती थी, की बाबर के समय में एक विभाग—शुहरमे-आम होता था, जो स्कूल एवं कॉलेजों की व्यवस्था करता था। हुमायूँ ज्योतिष एवं भूगोल का अच्छा ज्ञाता था, उसने दिल्ली में एक पुस्तकालय भी बनवाया था। **माहम अनगा** (अकबर की धाय माँ) ने दिल्ली में **मरदसा-ए-बेगम** की स्थापना की थी।
- शाहजहाँ ने दिल्ली में एक नए कॉलेज का निर्माण करवाया तथा दारूल-बर्का नामक कॉलेज की मरम्मत करवाई। मुगल राजपरिवार का सर्वाधिक विद्वान् शहजादा **दाराशिकोह** था, वह हमेशा विद्वानों एवं सन्तों का आदर करता था। उसकी बड़ी बहन जहाँआरा भी एक विद्वान् और विद्वानों का आदर करने वाली महिला थी। औरंगजेब के समय में मकतबों एवं मदरसों को सहायता दी जाती थी, किन्तु उसने हिन्दू पाठशालाओं को बन्द करवाने का प्रयत्न किया।
- विभिन्न मदरसों में भिन्न-भिन्न शिक्षाएँ दी जाती थीं; जैसे—लखनऊ का फरहंगी-महल मदरसा न्याय की शिक्षा के लिए तथा स्यालकोट का मदरसा 'व्याकरण की शिक्षा' के लिए प्रसिद्ध था। मुगल काल में विद्यार्थियों को तीन प्रकार की उपाधियाँ दी जाती थीं—तर्क और दर्शन के विद्यार्थी को फाजिल, धार्मिक शिक्षा के विद्यार्थियों को **आमिल** तथा साहित्य के विद्यार्थियों को काबिल।

साहित्य

- मुगल काल में साहित्य का पर्याप्त विकास हुआ। बाबर ने तुर्की भाषा में अपनी आत्मकथा लिखी। हुमायूँ के काल में भी साहित्य की रचना हुई। दरबारी इतिहास लिखवाने की परम्परा अकबर ने शुरू की। अकबर के काल में विभिन्न पुस्तकों का अनुवाद भी किया गया।
- अकबर ने फैजी के अधीन एक अनुवाद विभाग की स्थापना की थी। अकबर के आदेश से महाभारत के विभिन्न भागों का फारसी में अनुवाद किया गया तथा उसका संकलन रज्जनामा नाम से किया गया। इसके अतिरिक्त **सिंहासन बत्तीसी** तथा **पंचतन्त्र** का 'कलीला' एवं 'दिमना' नाम से तथा अबुल फजल ने कालिया-दमन का 'यार-ए-दानिश' नाम से अनुवाद किया।
- अकबर के शासनकाल में बदायूँनी ने रामायण का, राजा टोडरमल ने भागवत पुराण का, इब्राहिम सरहिन्दी ने अथर्ववेद का, फैजी ने गणित की एक पुस्तक लीलावती का, मुकम्मल खाँ गुजराती ने ज्योतिष तजक का जहाँन-ए-जफर नाम से, अब्दुर्रहीम खानखाना ने तुजुके-बाबरी, पायन्दा खाँ ने तुजुके-बाबरी तथा मौलाना शाह मुहम्मद शाहावादी ने कश्मीर के इतिहास (राजतरंगिणी) का फारसी में अनुवाद किया।

मुगलकालीन रचनाएँ

रचना	भाषा	रचनाकार
तुजुके-बाबरी(बाबरनामा)	तुर्की	बाबर (आत्मकथा)
हुमायूँनामा	फारसी	गुलबदन बेगम
तारीख-ए-रशीदी	फारसी	मिर्जा हैदर दोगलत
तारीख-ए-अल्फी	फारसी	मुल्ला दाऊद
अकबरनामा	फारसी	अबुल फजल
तबकाते-अकबरी	फारसी	निजामुद्दीन अहमद
मुन्तखब-उल-तवारीख	फारसी	अब्दुल कादिर बदायूँनी
तुजुके-जहाँगीरी	फारसी	जहाँगीर, मौतमिद खाँ
इकबालनामा-ए-जहाँगीरी	फारसी	मौतमिद खाँ बख्शी
पादशाहनामा	फारसी	मोहम्मद अमीन कजवीनी
पादशाहनामा	फारसी	अब्दुल हमीद लाहौरी (मोहम्मद वारिस ने पूर्ण किया)
चहार-चमन	फारसी	चन्द्रभान
शाहजहाँनामा	फारसी	इनायत खाँ
आलमगीरनामा	फारसी	काजिम शीराजी
फुतूहात-ए-आलमगीरी	फारसी	ईश्वरदास नागर
मासिर-ए-आलमगीरी	फारसी	साकी मुसतइद खाँ
मुन्तखब-उल-लुबाव	फारसी	खफी खाँ
नुख्शा-ए-दिलकुशाँ	फारसी	भीमसेन सक्सेना
खुलासत-उत-तवारीख	फारसी	सुजानराय भण्डारी
मज्म-उल-तवारीख	फारसी	दारा शिकोह

मुगलकाल में आए विदेशी यात्री

विदेशी यात्री	मुगल शासक
राल्फ फिच (इंग्लैण्ड)	अकबर
सर टॉमस रो व कैप्टन हाकिन्स (इंग्लैण्ड)	जहाँगीर
फ्रांसिस बर्नियर (फ्रांसिसी)	शाहजहाँ
पीटर मुण्डी (इटली)	शाहजहाँ
निकोलाओमनूची (इटली)	शाहजहाँ
ट्रैवर्नियर (फ्रांसिसी)	शाहजहाँ

तकनीकी विकास

- उत्तर भारत में पहली बार बाबर ने आग्नेय अस्त्रों (तोड़ेदार बन्दूक) का इस्तेमाल किया। यूरोप में बन्दूक चलाने के लिए दो विधियों का उपयोग किया जाता था। चक्र तकनीकी (व्हीललॉक) एवं चकमकी पत्थर की विधि। फ्लिण्टलॉक (Flint lock) का प्रयोग पिस्तौल के लिए होता था।
- मुगलों ने यूरोपवासियों से जहाजों के निर्माण में कील का उपयोग तथा जहाज से पानी निकालने के लिए उपयोग में लाए जाने वाले चेन पम्प का प्रयोग सीखा।
- 16वीं एवं 17वीं शताब्दी के दौरान भारत के शहरों में समय पता करने के लिए जलघड़ी का प्रयोग किया जाता था। इसे फारसी में तास और पूर यान्त्रिकी को ताप घड़ियाल कहा जाता था। यूरोपवासी भारत में यान्त्रिक घड़ी लेकर आए। सर टॉमस रो ने जहाँगीर को एक यान्त्रिक घड़ी भेंट में दी थी।
- मुगल काल में भवन का नक्शा बनाने की प्रथा चल पड़ी, जिसे फारसी में खाका कहते थे। जहाँगीर के समय नूरजहाँ की माँ अस्मत बेगम ने गुलाब जल से इत्र बनाने का आविष्कार किया था। पानी को ठण्डा करने के लिए शोरे का उपयोग किया जाता था।

मुगल शासकों के मकबरे

मुगल वंश के प्रथम शासक बाबर (मकबरा काबुल में) तथा अन्तिम शासक बहादुर शाह जफर (मकबरा रंगून में) का मकबरा भारत से बाहर है। मुगल शासकों में हुमायूँ का मकबरा अति विशिष्ट है। चारबाग पद्धति में संगमरमर से निर्मित दोहरे गुरुबद वाले इस मकबरे का निर्माण हुमायूँ की विधवा हमीदा बानू बेगम ने दिल्ली में कराया था। इसे ताजमहल का पूर्वगामी माना जाता है। इस मकबरे में मुगल वंश के सर्वाधिक लोग दफनाए गए हैं। इसमें हुमायूँ के अलावा उसकी पत्नी हमीदाबानों-बेगम, दाराशिकोह, जहाँदारशाह, फर्रुखशियर, रफीउद्दरजात, रफीउद्दौला और आलमगीर द्वितीय को दफनाया गया है। अन्य मुगल शासकों अकबर, जहाँगीर, शाहजहाँ एवं औरंगजेब का मकबरा क्रमशः सिकन्दरा (आगरा), लाहौर, आगरा तथा औरंगाबाद में स्थित है।

उत्तरवर्ती मुगल

- 1707 ई. में औरंगजेब की मृत्यु के समय मुगल साम्राज्य में कुल 21 प्रान्त थे, जिनमें मुअज्जम काबुल, आजम गुजरात और कामबख्श बीजापुर का सूबेदार था। जाजौ में जून, 1707 में लड़े गए उत्तराधिकार के युद्ध में विजय के साथ मुअज्जम, बहादुरशाह प्रथम की उपाधि के साथ दिल्ली के तख्त पर बैठा।

बहादुरशाह प्रथम

- बहादुरशाह प्रथम 65 वर्ष की अवस्था में सम्राट बना। अपनी इस अवस्था में कठोर व दमनात्मक नीति का अनुसरण करने में वह सक्षम नहीं था। बहादुरशाह राजकीय कार्यों में इतना अधिक लापरवाह था कि उसे **शाहे बेखबर** के नाम से भी जाना जाता है।
- अपने शासनकाल में उसने अपने निजी सहायक मुनिम खाँ को वजीर नियुक्त किया। इसी प्रकार जुल्फिकार खाँ को सेना प्रमुख नियुक्त किया।
- राजपूतों के प्रति अपनी नीति के तहत उसने आमेर की गद्दी पर से जयसिंह को हटाकर उसके छोटे भाई विजय सिंह को बिठाने और मारवाड़ के राजा अजीत सिंह को मुगल सत्ता की अधीनता स्वीकार करने के लिए मजबूर करने की कोशिशें कीं।
- बहादुरशाह के दरबार में 1711 ई. में एक डच प्रतिनिधि शिष्ट मण्डल **जोसुआ केटेलार** के नेतृत्व में आया। इस शिष्ट मण्डल का दरबार में जोरदार स्वागत किया गया।
- बहादुरशाह प्रथम ने औरंगजेब द्वारा लगाए गए जजिया कर की वसूली बन्द करवा दी तथा सिखों के दसवें गुरु गोविन्द सिंह को सन्तुष्ट करने के लिए बादशाह ने गुरु के सम्मान में खिलअत तथा उच्च मनसब प्रदान किया था।

जहाँदारशाह

- बहादुरशाह की मृत्यु के बाद उसके बेटों, शाहजादा अजीमुश्शान, रफीउश्शान, जहानशाह तथा जहाँदारशाह के बीच गद्दी के लिए उत्तराधिकार युद्ध हुआ, जिसमें जुल्फिकार खाँ की सहायता से जहाँदारशाह को सफलता मिली।
- जहाँदारशाह ने आमेर के राजा सवाई जयसिंह को **मिर्जा** की उपाधि के साथ मालवा का सूबेदार बनाया।
- बादशाह ने मारवाड़ के अजीत सिंह को महाराजा की पदवी दी और गुजरात का सूबेदार बनाया। मराठा शासक को दक्कन का चौथ और वहाँ की सरदेशमुखी इस शर्त पर दे दी गई कि उसकी वसूली मुगल अधिकारी करेंगे और फिर मराठा अधिकारियों को दे देंगे।
- जहाँदारशाह ने अपने धायभाई कोकलताश को महत्त्वपूर्ण पद दे दिया था। कोकलताश ने एक ऐसा संगठन तैयार किया, जिसका कार्य सम्राट की शक्तियों को उसी के हाथों में केन्द्रित रखने का था।
- जहाँदारशाह एक अयोग्य शासक था। अपने शासनकाल के दौरान उस पर एक वेश्या लालकुँवर का अत्यधिक प्रभाव था। इस स्थिति का लाभ उठाते हुए अजीमुश्शान के पुत्र फर्रुखसियर ने हिन्दुस्तानी अमीर सैयद बन्धुओं के सहयोग से जहाँदारशाह को सिंहासन से अपदस्थ करवा 11 फरवरी, 1713 को हत्या करवा दी।

फर्रूखसियर

- फर्रुखसियर को मुगल सिंहासन सैयद बन्धुओं अब्दुल्ला खाँ और हुसैन अली खाँ बराहा के सहयोग से मिला। उत्तरोत्तर मुगलकाल में अमीरों के विभिन्न गुटों की शासक निर्माता के रूप में महत्त्वपूर्ण भूमिका थी, इस समय ईरानी, तूरानी तथा हिन्दुस्तानी गुट के अमीर मुगल राजदरबार में सक्रिय थे।
- फर्रुखसियर के शासनकाल में सिख नेता बन्दा बहादुर गुरुदासपुर में पकड़ा गया और 19 जून, 1716 को मारा गया। मराठा छत्रपति शाहू स्वराज्य तथा दक्कन में चौथ तथा सरदेशमुखी वसूलने का अधिकार अली बन्धुओं ने बादशाह से दिलवाया जिसके बदले शाहू 15000 घुड़सवारों के साथ मुगलों को दक्कन में सहायता देने को तैयार हो गया।

- सैयद हुसैन अली ने 1719 ई. में पेशवा बालाजी विश्वनाथ से दिल्ली की सन्धि करके मराठों से सैन्य सहायता लेकर फर्रुखसियर को अपदस्थ कर, अन्धा बना दिया तथा 10 दिन बाद उसकी हत्या कर दी गई।
- फर्रुखसियर की हत्या और,मुहम्मदशाह के बादशाह बनने के बीच सैयद बन्धुओं ने रफी-उद्-दौला, रफी-उद्-दरजात को मुगल बादशाह बनाया।

रफी-उद्-दरजात

- इसे भी सैयद बन्धुओं ने ही गद्दी पर बिठाया था। इसकी मृत्यु क्षयरोग (टीबी) से हुई। रफी-उद्-दरजात की सबसे महत्त्वपूर्ण घटना निकूसियर का विद्रोह थी। निकूसियर अकबर द्वितीय का पुत्र था। यह सबसे कम समय का शासन करने वाला मुगल शासक था।

रफी-उद्-दौला

- रफी-उद्-दौला दूसरा सबसे कम समय तक (6 जून से 17 सितम्बर, 1719) शासन करने वाला मुगल सम्राट था। उसे अपने जीवनकाल में एक बार महल से बाहर निकलने दिया गया, जब उसने आगरा के लिए प्रस्थान किया था। उसने शाहजहाँ द्वितीय की उपाधि धारण की।

मुहम्मदशाह

- रौशन अख्तर सैयद बन्धुओं के सहयोग से सितम्बर, 1719 को **मुहम्मदशाह** की उपाधि के साथ मुगल राजसिंहासन पर बैठा। अत्यधिक विलासितापूर्ण जीवन व्यतीत करने के कारण इसे **रंगीला** कहा गया। इसके काल में सैयद बन्धुओं का अन्त तूरानी दल के नेता चिनकिलिच खाँ ने किया। अतः मुहम्मदशाह ने चिनकिलिच खाँ को अपना वजीर नियुक्त किया।
- 1724 ई. में चिनकिलिच खाँ निजामुलमुल्क ने दक्कन में स्वतन्त्र हैदराबाद राज्य की स्थापना की, मुहम्मदशाह ने उसकी स्वतन्त्रता को मान्यता देते हुए उसे **आसफजाह** की उपाधि प्रदान की।
- इसके शासनकाल में मराठों ने 1737 ई. में दिल्ली पर चढ़ाई कर दी और उनका किसी ने प्रतिरोध नहीं किया। 1738 ई. में मुगल-मराठा सन्धि सिरौज में हुई जिसके तहत 50 लाख की आर्थिक सहायता के बदले शासक ने नर्मदा तक मराठा अधिकार को मान्यता दे दी।

नादिरशाह

- मुहम्मदशाह के शासनकाल में फारस के नादिरशाह (ईरान का नेपोलियन) ने 1738-39 ई. के बीच भारत पर आक्रमण किया, जिसमें मुगल सेना बुरी तरह पराजित हुई। 57 दिनों तक दिल्ली में लूटपाट करने के बाद 1739 ई. में वह वापस चला गया।
- वापस लौटते वक्त वह मुगल राजसिंहासन तख्त-ए-ताऊस, कोहिनूर हीरा तथा मुहम्मदशाह द्वारा तैयार करवाई गई हिन्दू संगीत की प्रसिद्ध चित्रित **फारसी पाण्डुलिपि** को भी अपने साथ ले गया। 1747 ई. में उसकी मृत्यु हो गई।

अहमदशाह

- अहमदशाह 28 अप्रैल, 1748 को दिल्ली के सिंहासन पर बैठा। इसके काल में नादिरशाह के उत्तराधिकारी अहमदशाह अब्दाली ने 5 बार (कुल 7 बार) भारत पर आक्रमण किया। अहमदशाह अब्दाली को **करे दुर्रे दुर्रानी** (युग का मोती) कहा गया है।

आलमगीर द्वितीय

- 55 वर्षीय आलमगीर द्वितीय अपने वजीर इमादुलमुल्क का कठपुतली शासक था। गाजीउद्दीन ने उसे सत्ताच्युत कर उसकी हत्या करवा दी। आलमगीर द्वितीय के बाद **अलीगौहर शाहआलम** द्वितीय की उपाधि के साथ मुगल **बादशाह** बनाया गया।

शाहआलम द्वितीय

- शाहआलम द्वितीय का नाम अलीगौहर था। शाहआलम द्वितीय और उसके उत्तराधिकारी केवल नाममात्र के सम्राट थे। इसके समय में पानीपत का तृतीय युद्ध (1761 ई. में) तथा बक्सर का युद्ध (1764 ई. में) हुआ था।
- बक्सर के युद्ध में पराजित होने के बाद शाहआलम द्वितीय को 1765 ई. में ईस्ट इण्डिया कम्पनी से इलाहाबाद की सन्धि करनी पड़ी, जिसके बाद उसे कई वर्षों तक इलाहाबाद में अंग्रेजों का पेंशनयाफ्ता बनकर रहना पड़ा। 1772 ई. में मराठों के संरक्षण में दिल्ली पहुँचा तथा 1803 ई. तक उनका संरक्षण स्वीकार किया। गुलाम कादिर ने 1788 ई. में शाहआलम द्वितीय को अन्धा बना दिया। 1806 ई. में शाहआलम द्वितीय की हत्या कर दी गई।

अकबर द्वितीय

- शाहआलम द्वितीय की मृत्यु के बाद उसका पुत्र अहमदशाह अकबर द्वितीय मुगल बादशाह बना। अकबर द्वितीय अंग्रेजों के संरक्षण में बनने वाला प्रथम मुगल बादशाह था। इसी के समय में 1835 ई. में मुगलों के सिक्के बन्द हो गए। 1837 ई. में उसकी मृत्यु हो गई। इसने ब्रह्म समाज के संस्थापक राम मोहन राय को 'राजा' की उपाधि दी तथा उन्हें अपनी पेंशन बढ़वाने की पैरवी हेतु इंग्लैण्ड भेजा।

बहादुरशाह द्वितीय

- 1837 ई. में अकबर द्वितीय की मृत्यु के बाद बहादुरशाह द्वितीय अन्तिम मुगल सम्राट हुए। बहादुरशाह द्वितीय जफर के नाम से कविता तथा शायरी लिखते थे, इसलिए वह **बहादुरशाह जफर** के नाम से प्रसिद्ध थे।
- 1857 ई. के विद्रोह में विद्रोहियों का साथ देने के कारण अंग्रेज सरकार ने उन्हें गिरफ्तार कर रंगून निर्वासित कर दिया, जहाँ 1862 ई. में उनकी मृत्यु हो गई।

प्रमुख उपनाम

उत्तर मुगलकालीन शासक/शाहजादा	उपनाम
शाहआलम प्रथम	मुअज्जम शाह-ए-बेखबर
आजम	आलीजाह
कामबख्श	दीनपनाह
मुहम्मद शाह	रौशन अख्तर
शाहआलम द्वितीय	अली गौहर

मुगल साम्राज्य का पतन

मुगल साम्राज्य के पतन के अनेक कारण इतिहासकारों ने बताए हैं

- यदुनाथ सरकार, एस आर शर्मा, लीवरपूल के मतानुसार औरंगजेब की धार्मिक, राजपूत व दक्कन नीति साम्राज्य के पतन का कारण बनी।
- सतीश चन्द्र, इरफान हबीब, अतहर अली आदि जागीरदारी संकट, मनसबदारी व्यवस्था में कमियों आदि की दीर्घकालीन प्रक्रिया को पतन का कारण मानते हैं।
- कुल मिलाकर न केवल औरंगजेब की नीतियाँ बल्कि साम्राज्य की खस्ता वित्तीय हालत योग्य उत्तराधिकारियों का अभाव, दरबारी षड्यन्त्र आदि भी मुगल साम्राज्य के पतन का कारण बने।

अभ्यास प्रश्न

1. बाबर ने सन् 1526 में भारत में मुगल शासन की स्थापना की
(a) राणा सांगा पर विजय प्राप्त करके
(b) सिकन्दर लोदी पर विजय प्राप्त करके
(c) दौलत खाँ लोदी पर विजय प्राप्त करके
(d) इब्राहीम लोदी पर विजय प्राप्त करके

2. बाबर ने भारत में कौन-सी परम्परा प्रचलित की?
(a) फारसी चित्रकला (b) राजदरबारी कविता
(c) चौखाने वाले उद्यान (d) ढालू दीवारों वाले भवन

3. ईरान के शासक शाह तहमास्प ने हुमायूँ को कब शरण दी थी?
(a) 1530 ई. (b) 1540 ई. (c) 1544 ई. (d) 1554 ई.

4. शेरशाह सूरी का जन्म कहाँ हुआ था?
(a) बेजवाड़ा (b) सासाराम (c) मुंगेर (d) गोण्ड

5. शेरशाह के अन्तर्गत गुप्तचर विभाग का शीर्ष अधिकारी कौन था?
(a) आरिज-ए-मुमालिक (b) बरीद-ए-मुमालिक
(c) दबीर-ए-खास (d) शिकदार-ए-शिकदारान

6. शेरशाह द्वारा रोहतासगढ़ नामक किले के निर्माण के पीछे मुख्य कारण क्या था?
(a) शासनसूत्र का संचालन
(b) उत्तर-पश्चिम की सीमा की सुरक्षा
(c) उत्तर-पूर्व की सीमा की सुरक्षा
(d) स्थिति को मजबूत करना

7. शेरशाह का हुमायूँ से सबसे पहली बार मुकाबला किस युद्ध में हुआ था?
(a) चुनार का घेरा (b) चौसा का युद्ध
(c) बिलग्राम का युद्ध (d) इनमें से कोई नहीं

8. अकबर के शासनकाल में पश्चिमोत्तर सीमान्त में अफगानों तथा बलूचियों के विद्रोह को किसने दबाया था?
(a) टोडरमल (b) मानसिंह
(c) 1 और 2 दोनों (d) इनमें से कोई नहीं

9. अबुल फजल की हत्या किसने की थी?
(a) जहाँगीर (b) वीरसिंह देव
(c) अफगान सरदार (d) खोखर जनजाति

10. अकबर काल में 1580 ई. में बंगाल तथा बिहार में हुए विद्रोह को मुगलों ने किसके नेतृत्व में दबाया?
(a) राजा मानसिंह (b) राजा टोडरमल
(c) अब्दुल्ला खाँ (d) अब्दुर्रहीम खानखाना

11. हल्दी घाटी के युद्ध में राणा ने अपनी राजधानी कहाँ बनवाई थी?
(a) चित्तौड़ (b) चावन्द
(c) मेवाड़ के जंगल (d) इनमें से कोई नहीं

12. अकबर के शासनकाल में निम्नलिखित में से कौन-सी पुस्तक में चित्रकारी नहीं की गई थी?
(a) नियामतनामा (b) हम्जानामा
(c) रामायण एवं महाभारत (d) चंगेजनामा

13. अकबर ने किस चित्रकार को टकसाल का अधिकारी नियुक्त किया?
(a) बसावन (b) केशव (c) मुकुन्द (d) दसवन्त

14. शाहजहाँ द्वारा बीजापुर और गोलकुण्डा पर आक्रमण करने का प्रमुख कारण क्या था?
(a) साम्राज्य विस्तार
(b) बीजापुर तथा गोलकुण्डा के शासकों द्वारा शाहजी की मदद
(c) धन की लोलुपता
(d) उपरोक्त सभी

15. शाहजहाँ के पुत्रों-पुत्रियों के जन्म का सही कालक्रम लगाइए
I. गौहर आरा II. मुराद बख्श
III. रोशन आरा IV. जहाँ आरा
V. दारा शिकोह VI. औरंगजेब

कूट
(a) I, II, V, IV, III, II (b) IV, V, III, VI, II, I
(c) III, VI, I, II, IV, V (d) VI, V, III, IV, II, I

16. किस मुगल शासक की अर्थी को साधारण नौकर एवं हिजड़ों ने कन्धा दिया?
(a) औरंगजेब (b) शाहजहाँ
(c) जहाँगीर (d) हुमायूँ

17. निम्न में से कौन शाहजहाँ के साम्राज्य के दक्षिण भारत में विस्तार के सही क्रम को दर्शाता है?
(a) अहमदनगर-गोलकुण्डा-बीजापुर
(b) गोलकुण्डा-अहमदनगर-बीजापुर
(c) अहमदनगर-बीजापुर-गोलकुण्डा
(d) बीजापुर-गोलकुण्डा-अहमदनगर

18. शाहजहाँ के शासनकाल में अहमदनगर के शासक को बन्दी बनाकर किस किले में कैद कर दिया गया?
(a) खानदेश (b) वारंगल
(c) ग्वालियर (d) आगरा

19. मुगल शासक औरंगजेब के शासनकाल में मुगलों का किनके साथ तीस वर्षीय युद्ध हुआ था?
(a) मेवाड़ (b) मारवाड़ (c) पुर्तगाल (d) अंग्रेज

20. औरंगजेब के शासनकाल में हुए सतनामी विद्रोह के सदस्यों ने किस दर्शन में विश्वास किया?
(a) शुद्ध अद्वैतवाद (b) द्वैताद्वैतवाद
(c) मीमांसा (d) विशिष्टाद्वैतवाद

21. निम्न में से किसे औरंगजेब ने खान का पद प्रदान किया था?
(a) दिलेर खाँ (b) जयसिंह
(c) अब्दुल हमीद लाहौरी (d) सिकन्दर शाह

22. मुगल शासक औरंगजेब ने किसे बीजापुर के शासक आदिलशाह द्वितीय को दण्ड देने के उद्देश्य से दक्षिण अभियान पर 1665 ई. में भेजा था?
(a) शाइस्ता खाँ (b) शाहजादा मोहम्मद
(c) जयसिंह (d) दिलेर खाँ

23. सिख गुरु गोविन्द सिंह ने मुगल शासक औरंगजेब की नीतियों का विरोध करते हुए अपना केन्द्र कहाँ पर स्थापित किया था?
(a) लाहौर (b) पेशावर
(c) पटना (d) मखोवल (आनन्दपुर)

24. 'जफरनामा' क्या है?
(a) गुरुगोविन्द सिंह के द्वारा औरंगजेब को लिखा गया पत्र
(b) सिखों का एक सरकारी दस्तावेज
(c) सिखों का एक धार्मिक ग्रन्थ
(d) मुगलों का सरकारी दस्तावेज

25. निम्न में से किस युद्ध में मुरादबख्श ने औरंगजेब का साथ दिया?
(a) धरमत के युद्ध (b) सामूगढ़ के युद्ध
(c) देवराई के युद्ध (d) ये सभी

26. मुगलों के खिलाफ गुरिल्ला युद्ध को मलिक अम्बर से पहले किसने अपनाया था?
(a) राणा प्रताप
(b) बुन्देलखण्ड के शासक
(c) अफगानिस्तान की कबाइली जातियाँ
(d) उपरोक्त सभी

27. शाहजहाँ के शासनकाल में किस सिख गुरु के साथ मुगलों का संघर्ष हुआ था?
(a) गुरु हरगोविन्द (b) गुरु हरराय
(c) गुरु हरिकिशन (d) गुरु गोविन्द सिंह

28. औरंगजेब के शासनकाल में मुगलों की ओर से महत्त्वपूर्ण भूमिका निभाने वाले जयसिंह किस राजपूत क्षेत्र के शासक थे?
(a) आमेर (b) मेवाड़ (c) मारवाड़ (d) गुजरात

29. मुगल शासक औरंगजेब ने गुरु गोविन्द सिंह के दमन के लिए किसे भेजा था?
(a) शाइस्ता खाँ (b) मुअज्जम (c) जयसिंह (d) ये सभी

30. मुगल शासक औरंगजेब के शासनकाल में हुए सतनामी विद्रोह का केन्द्र कहाँ पर स्थित था?
(a) नारनोल (b) मेवात
(c) 1 और 2 दोनों (d) इनमें से कोई नहीं

31. मुगल शासक औरंगजेब ने सर्वप्रथम जजिया कर किस हिन्दू क्षेत्र पर लागू किया?
(a) मेवाड़ (b) मारवाड़ (c) गुजरात (d) बंगाल

32. औरंगजेब के काल में जिन सतनामियों ने बगावत कर नारनौल शहर पर अधिकार कर लिया था, वे
(a) कबीर के अनुयायी थे (b) दादू के अनुयायी थे
(c) गुरु नानक के अनुयाी थे (d) रविदास के अनुयायी थे

33. निम्न में से किस एक व्यापारिक केन्द्र को मुगलों ने एक समुद्री बन्दरगाह के रूप में प्रयोग नहीं किया?
(a) लाहौरी बन्दर (b) थट्टा (c) कैम्बे (d) सूरत

34. निम्नलिखित में से जाटों के किस सरदार ने अकबर के मकबरे को लूटा?
(a) गोकुल (b) चूड़ामन (c) राजाराम (d) रामचेहरा

35. आगरा और फतेहपुर सीकरी दोनों ही लन्दन से बड़े हैं, यह विवरण है
(a) बर्नियर का (b) रॉल्स फिंच का
(c) हॉकिन्स का (d) मनूची का

36. औरंगजेब के निम्नांकित पुत्रों में से किसने अपने पिता के विरुद्ध मराठों से सहायता माँगी?
(a) अकबर (b) मुअज्जम (c) आजम (d) कामबख्श

37. गोण्डवाना की रानी दुर्गावती को किसने पराजित किया था?
(a) बाबर (b) अकबर (c) शाहजहाँ (d) औरंगजेब

38. चाँदबीबी ने मुगलों के विरुद्ध किस दुर्ग की सफलतापूर्वक रक्षा की?
(a) अहमदनगर (b) औरंगाबाद
(c) बीजापुर (d) गोलकुण्डा

39. अपने प्रभुत्व के प्रारम्भिक वर्षों में नूरजहाँ ने जहाँगीर के किस पुत्र को संरक्षण प्रदान किया था?
(a) खुसरो (b) परवेज (c) खुर्रम (d) शहरयार

40. निम्नलिखित में से कौन-सा युग्म सही सुमेलित है?
(a) बरबक – लेखा
(b) मुशरिफ – गुप्तचर
(c) मुतसर्रिफ – शाही कारखाना
(d) बरीद – दरबारी शिष्टाचार

41. मनसबदारी व्यवस्था के सम्बन्ध में निम्नलिखित में से कौन एक सही नहीं है?
(a) मनसबदारों के तीन वर्ग थे
(b) उन्हें मशरत या सशर्त पद प्रदान किया जा सकता था
(c) सवार पद, जात पद से अधिक हो सकती थी
(d) सभी सैन्य एवं नागरिक अधिकारियों को मनसब का पद प्रदान किए जाते हैं

42. निम्नलिखित कवियों में से अकबर ने किसे 'मलिक-उश-शोअरा' की पदवी प्रदान की थी?
(a) अश्की (b) कुदसी (c) फैजी (d) फरेबी

43. निम्नलिखित में से बीकानेर के किस शासक को जहाँगीर ने पदस्थ किया था?
(a) राजा रायसिंह (b) राजा सूरसिंह
(c) राजा दलपतसिंह (d) राजा करणसिंह

44. निम्नलिखित में से कौन-सी मस्जिद पूर्णतया संगमरमर की बनी हुई है?
(a) सीकरी की जामा मस्जिद
(b) आगरे के किले में मोती मस्जिद
(c) दिल्ली के पुराने किले में किला-ए-कुन्हा मस्जिद
(d) दिल्ली की जामा मस्जिद

45. मुगल भूमि राजस्व व्यवस्था को दक्कन में किसने लागू किया?
(a) महावत खाँ (b) दिलेर खान
(c) मिर्जा राजा जयसिंह (d) मुर्शिद कुली खान

46. लोहगढ़ किले का निर्माण किसके द्वारा कराया गया?
(a) गुरु हरगोविन्द (b) गुरु गोविन्द सिंह
(c) गुरु तेगबहादुर (d) बन्दा बहादुर

47. किस विद्रोही राजकुमार की मदद करने के आरोप में जहाँगीर ने गुरु अर्जुनदेव को बन्दी बनाया था?
(a) खुर्रम (b) परवेज (c) शहरयार (d) खुसरो

48. पुरन्दर की सन्धि किनके बीच में हुई?
(a) अफजल खान और शिवाजी (b) राजा जयसिंह और शिवाजी
(c) शाइस्ता खान और शिवाजी (d) जसवन्त सिंह और शिवाजी

49. किस किले पर कब्जा करते हुए शेरशाह की मृत्यु हुई?
(a) कालिंजर (b) रणथम्भौर
(c) आम्बेर (d) बीकानेर

50. मुगल राजस्व प्रशासन की शब्दावली में 'जमी पायमुदाह' शब्द का क्या तात्पर्य है?
(a) बंजर भूमि
(b) गल्ला बख्शी के लिए बिना पैमाइश के छोड़ी हुई भूमि
(c) हर दो सालों में जोती जाने वाली भूमि
(d) पैमाइश की हुई भूमि

51. पक्षियों, पशुओं एवं पुष्पों के अपने चित्रांकन के लिए खासतौर पर विख्यात मुगल शैली का चित्रकार था
(a) बिशनदास (b) मिस्किन
(c) अब्दुस्समद (d) मंसूर

52. निम्नलिखित युग्मों में से कौन सही सुमेलित नहीं है?
(a) बाबर – तुजुक-ए-बाबरी
(b) गुलबदन बेगम – हुमायूँनामा
(c) बदायूँनी – तबकात-ए-अकबरी
(d) जहाँगीर – तुजुक-ए-जहाँगीरी

53. अकबर द्वारा स्थापित 'इबादतखाना' के बारे में कुछ वक्तव्य दिए गए हैं, उन्हें पढ़ें
I. अकबर ने 'इबादतखाना' की 1575 ई. में फतेहपुर सीकरी में स्थापना करवाई।
II. 'इबादतखाना' का उद्देश्य परस्पर धार्मिक विषयों पर वाद-विवाद करना था।
III. इबादतखाने में निमन्त्रित जैन साधुओं में हरिविजय सूरि, जिनचन्द्र सूरि, शान्तिचन्द्र आदि थे।

उपरोक्त कथनों में कौन-से कथन सत्य हैं?
(a) I, II और III (b) I और II
(c) II और III (d) I और III

54. बाबर से सम्बन्धित निम्नलिखित कथनों पर विचार करें

I. बाबर को भारत पर आक्रमण करने के लिए आमन्त्रित करने वालों में पंजाब का सूबेदार दौलत खाँ लोदी व उसका पुत्र दिलावर खाँ लोदी, इब्राहिम लोदी का चाचा आलम खाँ लोदी व मेवाड़ का शासक राणा सांगा शामिल थे।

II. बाबर ने अपनी डायरी में भारत की वनस्पतियों, प्राणी जगत, ऋतुओं एवं फलों का विशद् विवरण लिखा है।

III. 'मुबइयान' पद्य शैली के जन्मदाता बाबर ने अपनी आत्मकथा 'तुजुक-ए-बाबरी' तुर्की भाषा में लिखी है।

उपरोक्त कथनों में से कौन-सा/से कथन सत्य है/हैं?

(a) I और II (b) I, II और III
(c) II और III (d) केवल I

55. पानीपत के प्रथम युद्ध से सम्बन्धित कुछ कथन दिए गए हैं, उन्हें ध्यानपूर्वक पढ़ें

I. पानीपत का प्रथम युद्ध 21 अप्रैल, 1526 को बाबर व इब्राहिम लोदी के बीच हुआ।

II. बाबर ने प्रसिद्ध 'तुलुगमा नीति' का प्रयोग इस युद्ध में किया।

III. इस युद्ध में विजय के बाद बाबर ने खूब धन अमीरों एवं सगे-सम्बन्धियों में बाँटा कि लोग उसे 'कलन्दर' कहने लगे

उपरोक्त कथनों में से कौन-सा/से कथन सत्य है/हैं?

(a) I और II (b) II और III
(c) I और III (d) I, II और III

56. निम्नलिखित में शेरशाह के राजस्व सुधार के लिए क्या सही है?

I. जमीन की नाप के आधार पर भूराजस्व का आकलन।

II. उपज के आधार पर जमीन का अच्छा, बुरा तथा मध्यम में वर्गीकरण।

III. तीनों की औसत उपज का 1/3 भाग भूराजस्व के रूप में लिया जाता था।

IV. किसानों को पट्टा देकर उनसे कबूलियत ले ली जाती थी।

कूट

(a) I, II, III और IV
(b) I, II और III
(c) I, III और IV
(d) II, III और IV

57. सुमेलित कीजिए

सूची I	सूची II
A. पटवारी	1. जिला स्तर का राजस्व अधिकारी
B. कानूनगो	2. तालुक स्तर का राजस्व अधिकारी
C. अमलगुजार	3. ग्रामीण राजस्व अधिकारी
D. कारकून	4. जिला स्तर का कोषाध्यक्ष
E. खजानादार	5. लेखपाल

कूट

	A	B	C	D	E
(a)	3	2	1	5	4
(b)	2	3	4	1	5
(c)	5	4	3	2	1
(d)	4	1	2	3	5

58. सुमेलित कीजिए

सूची I	सूची II
A. एत्मादुद्दौला का मकबरा	1. इसके निर्माण में बौद्ध विहार का प्रभाव
B. हुमायूँ का मकबरा	2. मुगलों द्वारा सफेद संगमरमर का प्रयोग प्रारम्भ
C. अकबर का मकबरा	3. ताजमहल का प्रतिरूप
D. औरंगजेब की पत्नी का मकबरा	4. औरंगाबाद में मोती मस्जिद की नकल
E. लाल किले में औरंगजेब की मस्जिद	5. ताजमहल की नकल

कूट

	A	B	C	D	E
(a)	1	2	3	4	5
(b)	3	2	1	5	4
(c)	4	1	2	3	5
(d)	3	5	2	1	4

59. निम्नलिखित में से कौन मुगल स्थापत्य कला का वह निदर्शन है जिसमें पहली बार संगमरमर का बहुलता से उपयोग हुआ है?

(a) जमाली-कमाली मस्जिद, दिल्ली
(b) एत्मादुद्दौला का मकबरा, आगरा
(c) जोधाबाई का महल, फतेहपुर सीकरी
(d) ताजमहल, आगरा

60. निम्नलिखित में कौन-सा युग्म सही सुमेलित नहीं है?

(a) जजिया कर की समाप्ति – 1564 ई.
(b) युद्धबन्दियों को दास बनाए जाने की प्रथा की समाप्ति – 1562 ई.
(c) सती प्रथा की समाप्ति – 1560 ई.
(d) तीर्थयात्रा कर की समाप्ति – 1563 ई.

61. निम्न में से कौन-सी एक पुस्तक अकबर के दरबार के चित्रों से सज्जित नहीं थी?

(a) हम्जानामा (b) रज्मनामा (c) बाबरनामा (d) तारीख-ए-अल्फी

62. सुमेलित कीजिए

सूची I	सूची II
A. पानीपत का प्रथम युद्ध (1526)	1. बाबर व राणा सांगा
B. खानवा का युद्ध (1527)	2. बाबर व इब्राहीम लोदी
C. चन्देरी का युद्ध (1528)	3. बाबर व मेदिनी राय
D. घाघरा का युद्ध (1529)	4. बाबर व अफगान सेना

कूट

	A	B	C	D
(a)	1	2	3	4
(b)	2	1	3	4
(c)	3	1	2	4
(d)	4	2	1	3

63. निम्नलिखित में से कौन-सा/से युग्म सही सुमेलित है/हैं?

1. खुम्स - कर
2. सरयूगाल - अनुदान
3. चाचर - भू-राजस्व
4. तिजारती - नकदी फसल

कूट

(a) 1 और 2 (b) 1, 2 और 3
(c) 1, 2 और 4 (d) इनमें से कोई नहीं

64. 'पैत्रादुरा' शैली का प्रयोग हुआ है

(a) बुलन्द दरवाजा में (b) हुमायूँ के मकबरे में
(c) एत्मादुद्दौला के मकबरे में (d) पंचमहल में

65. राजा मानसिंह किस राज्य से सम्बन्ध रखते थे?
(a) आम्बेर/आमेर (b) कोटा
(c) मारवाड़ (d) मेवाड़

66. सुमेलित कीजिए

	सूची I		सूची II
A.	हल्दीघाटी का युद्ध	1.	1611 ई.
B.	नूरजहाँ के साथ जहाँगीर का विवाह	2.	1576 ई.
C.	सफवियों द्वारा कन्धार पर विजय	3.	1680 ई.
D.	शिवाजी की मृत्यु	4.	1622 ई.

कूट

	A	B	C	D		A	B	C	D
(a)	2	1	4	3	(b)	1	3	2	4
(c)	2	1	3	4	(d)	4	1	3	2

67. मुगल प्रशासन में बख्शी होता था
(a) टकसाल नियन्त्रक
(b) वेतन भुगतानकर्ता एवं गुप्तचर विभाग का प्रभारी
(c) कोषाध्यक्ष
(d) राजस्व मन्त्रालय का प्रभारी

68. निम्न कथनों पर विचार करें
I. शाहजहाँ ने दाराशिकोह को 'शाहबुलन्द इकबाल' की उपाधि दी थी।
II. दारा सूफियों के कादिरी सिलसिले के प्रसिद्ध सन्त मुल्लाशाह का शिष्य था।
III. दारा ने 'योगवशिष्ठ एवं 'भगवद्गीता' का फारसी में अनुवाद करवाया तथा उपनिषदों का 'सिर्र-ए-अकबर' नाम से फारसी में अनुवाद करवाया।
उपरोक्त कथनों में कौन-सा/से सत्य है/हैं
(a) I, II और III (b) I और II (c) II और (d) I और III

69. सुमेलित कीजिए

सूची I (फारसी में अनुवाद)	सूची II (लेखक)
A. रामायण	1. बदायूँनी
B. लीलावती	2. फैजी
C. अथर्ववेद	3. इब्राहिम सरहिन्दी
D. भागवत पुराण	4. राजा टोडरमल

कूट

	A	B	C	D		A	B	C	D
(a)	1	2	3	4	(b)	2	1	3	4
(c)	3	1	2	4	(d)	4	2	1	3

70. सूची I को सूची II से सुमेलित कीजिए

सूची I (विदेशी यात्री)	सूची II (भारत में आने का वर्ष)
A. हॉकिन्स	1. 1615 ई.
B. टॉमस रो	2. 1608 ई.
C. मनूची	3. 1585 ई.
D. रॉल्फ फिंच	4. 1658 ई.

कूट

	A	B	C	D		A	B	C	D
(a)	2	1	4	3	(b)	1	2	4	3
(c)	2	1	3	4	(d)	1	2	3	4

71. निम्नलिखित मुगल अधिकारियों में से किसका सम्बन्ध धार्मिक मामलों से नहीं था?
(a) सद्र (b) मुफ्ती (c) मुहतसिब (d) मुस्तौफी

72. सन् 1605 में कुल मुगल सूबे कितने थे?
(a) 12 (b) 15 (c) 17 (d) 19

73. निम्न कथनों पर विचार कीजिए
I. बाबर के पिता का नाम उमर शेख मिर्जा व माता का नाम कुतलुग निगार खान था।
II. बाबर, पितृ पक्ष की ओर से तैमूर का चौदहवाँ वंशज तथा मातृ पक्ष की ओर से चंगेज खाँ का पाँचवाँ वंशज था।
उपरोक्त कथनों में कौन-सा/से सही है/हैं?
(a) केवल I (b) केवल II
(c) I और II (d) न तो I और न ही II

74. निम्न कथनों पर विचार कीजिए
I. बाबर ने भेरा के किले पर अधिकार करने के दौरान सर्वप्रथम तोपखाने का प्रयोग किया।
II. विस्फोटक शस्त्रास्त्रों के प्रयोग की कला बाबर ने मंगोलों से ग्रहण की थी।
उपरोक्त कथनों में कौन-सा/से सही है/हैं?
(a) केवल I (b) केवल II
(c) I और II (d) न तो I न ही II

75. निम्न कथनों पर विचार कीजिए
I. बाबर ने बाबरनामा में केवल पाँच मुस्लिम शासकों व चार हिन्दू शासकों का उल्लेख किया है।
II. बाबर ने कृष्णदेव राय को समकालीन भारत का सबसे शक्तिशाली राजा कहा है।
उपरोक्त कथनों में कौन-सा/से सही है/हैं?
(a) केवल I (b) केवल II
(c) I और II (d) न तो I न ही II

76. हुमायूँ का भारत में शासक बनने के पश्चात् सबसे पहला अभियान कालिन्जर अभियान था, कालिन्जर अभियान का प्रमुख कारण क्या था?
(a) गुजरात के शासक की बढ़ती शक्ति को रोकना
(b) शेरशाह की बढ़ती शक्ति को रोकना
(c) मालवा के शासक की बढ़ती शक्ति को रोकना
(d) उपरोक्त सभी

77. निम्न कथनों पर विचार कीजिए
I. बदायूँनी के अनुसार हेमू ने विक्रमादित्य की उपाधि धारण की थी।
II. इतिहासकार मोहम्मद आरिफ कन्धारी, पानीपत की दूसरी लड़ाई के समय युद्ध स्थल में उपस्थित था।
III. बैरम खाँ, शिया धर्मावलम्बी था।
उपरोक्त कथनों में कौन-सा/से सही है/हैं?
(a) केवल I (b) केवल III
(c) I और II (d) I, II और III

78. निम्न कथनों पर विचार कीजिए
I. बैरम खाँ ने मीर अब्दुल लतीफ को अकबर का शिक्षक नियुक्त किया था।
II. मीर अब्दुल लतीफ धार्मिक रूप से कट्टरपंथी विचारधारा का व्यक्ति था।
III. मुगल फौज ने मुल्ला पीर मोहम्मद के नेतृत्व में विद्रोही बैरम खाँ को पराजित किया था।
उपरोक्त में कौन-सा/से सही है/हैं?
(a) केवल II (b) II और III
(c) I और III (d) I, II और III

79. निम्न कथनों पर विचार कीजिए
I. बाजबहादुर और रूपमती की समाधि आगरा में हैं।
II. बाजबहादुर के समय, मालवा की राजधानी सारंगपुर थी।
III. अकबर ने पीर मोहम्मद को मालवा का सूबेदार नियुक्त किया था।
उपरोक्त कथनों में कौन-सा/से सही है/हैं?
(a) केवल I (b) I और II
(c) II और III (d) I, II और III

80. निम्नलिखित घटनाओं को कालानुक्रम में व्यवस्थित कीजिए। कूट का उपयोग करते हुए उत्तर दीजिए।
I. पानीपत का प्रथम युद्ध II. हल्दीघाटी का युद्ध
III. बक्सर का युद्ध IV. धरमत का युद्ध
कूट
(a) I, II, IV, III (b) I, IV, III, II
(c) I, II, III, IV (d) I, III, II, IV

81. निम्नलिखित में से कौन-सा युग्म सुमेलित नहीं है?

बादशाह		सूबों की संख्या
(a) अकबर	–	15
(b) जहाँगीर	–	17
(c) शाहजहाँ	–	18
(d) औरंगजेब	–	24

82. निम्नलिखित लड़ाइयों का सही अनुक्रम बतलाइए। नीचे दिए गए कूटों से सही उत्तर चुनिए
I. कन्नौज की लड़ाई II. खानवा की लड़ाई
III. पानीपत की तीसरी लड़ाई IV. पानीपत की पहली लड़ाई
कूट
(a) IV, II, I, III (b) I, III, II, IV
(c) II, I, III, IV (d) III, IV, II, I

83. निम्न कथनों पर विचार कीजिए
I. दीन-ए-इलाही के सदस्यों को चार चरणों अर्थात् चहारगाना-ए-इल्खास को पूरा करना होता था।
II. दीन-ए-इलाही की सदस्यता का द्वार केवल मुस्लिम धर्म के लोगों के लिए खुला था।
III. शिष्यता ग्रहण करने के लिए शुक्रवार का दिन निश्चित किया गया था।
उपरोक्त कथनों में कौन सा/से सही है/हैं?
(a) केवल I (b) II और III
(c) I और III (d) I, II और III

84. निम्न में से किस राजपूत क्षेत्र को मुगल शासक औरंगजेब ने खालसा के अन्तर्गत सम्मिलित कर दिया?
(a) मेवाड़ (b) आमेर (c) मारवाड़ (d) अजमेर

85. निम्न में से किसको अपने देश के प्रति नि:स्वार्थ भक्ति के लिए कहा गया है कि "उस स्थिर हृदय को मुगलों का सोना सत्यपथ से न डिगा सका, न मुगलों के शस्त्र डरा सके"?
(a) दुर्गादास राठौर (b) पृथ्वीसिंह
(c) अजीत सिंह (d) राजसिंह

86. निम्न कथनों पर विचार कीजिए
I. अकबर ने दक्षिण भारत में अपना प्रथम अभियान अहमदनगर के विरुद्ध किया।
II. मियाँ मंजू अहमदनगर का पेशवा (प्रधानमन्त्री) था।
III. मुगलों ने एक नया शहर शाहपुर की स्थापना की तथा उसे अपना सैनिक मुख्यालय बनाया।
उपरोक्त कथनों में कौन-सा/से सही है/हैं?
(a) केवल II (b) II और III
(c) I और III (d) I, II और III

87. निम्न कथनों पर विचार कीजिए
I. पारसी विधान के अनुसार, अकबर के राजमहल में पवित्र अग्नि प्रज्वलित की गई थी।
II. यह अग्नि जयसोम उपाध्याय की देखरेख में लगातार जलती रहती थी।
III. 1578 ई. में अकबर ने सूरत में दस्तूरजी मेहरजी राणा से भेंट की।
उपरोक्त कथनों में से कौन-सा/से सही है/हैं?
(a) I और II (b) II व III
(c) I और III (d) ये सभी

88. निम्न कथनों पर विचार कीजिए
I. बदायूँनी तथा फादर मॉन्सरेट, दीन-ए-इलाही को धर्म मानते हैं।
II. अबुल फजल इस सन्दर्भ में मौन है।
III. इतिहासकार स्मिथ और वुल्जले हेग ने नए धर्म की स्थापना के लिए अकबर की प्रशंसा की है।
उपरोक्त कथनों में कौन-सा/से सही है/हैं?
(a) I और II (b) II और III
(c) II और III (d) I, II और III

89. मुगल शासक जहाँगीर ने लोक कल्याण के कार्यों से सम्बन्धित 12 आदेशों की घोषणा की, इन 12 आदेशों में कौन शामिल था?
(a) तमगा कर की वसूली पर प्रतिबन्ध
(b) सड़कों के किनारे सराय, मस्जिद तथा कुओं का निर्माण
(c) शराब तथा अन्य मादक पदार्थों की उत्पादन तथा बिक्री पर प्रतिबन्ध
(d) उपरोक्त सभी

90. निम्न कथनों पर विचार कीजिए
I. 'हदिकतुल अकालीम' की रचना मुर्तजा हुसैन बिलग्रामी ने की।
II. इस पुस्तक में अकबर के पूर्व जन्म में मुकुन्द ब्रह्मचारी नामक संन्यासी होने की कहानी दी गई है।
उपरोक्त कथनों में कौन-सा/से सही है/हैं?
(a) केवल I (b) केवल II
(c) I और II (d) न तो I और न ही II

91. निम्न में से कौन-सी सन्धि की शर्त मुगल तथा मेवाड़ के राणा के साथ हुई थी?
(a) राणा ने मुगलों की अधीनता स्वीकार कर ली
(b) राणा को खुद मुगल दरबार में जाकर अपने पुत्र कर्ण को रखना पड़ा
(c) जहाँगीर ने मेवाड़ का समस्त भू-क्षेत्र एवं चित्तौड़ का किला राणा को लौटा दिया परन्तु यह शर्त रखी कि वह चित्तौड़ के किले की मरम्मत नहीं कराए
(d) उपरोक्त सभी

92. निम्न कथनों पर विचार कीजिए
I. मलिक अम्बर एक अबीसीनियाई दास था।
II. इसे कासिम ख्वाजा नामक व्यक्ति ने बगदाद से खरीदा था।
III. मीरक दबीर, अहमदनगर के शासक मुर्तजा निजाम शाह का मन्त्री था।
उपरोक्त कथनों में कौन-सा/से सही है/हैं?
(a) I और II (b) II और III
(c) I और III (d) I, II और III

93. निम्न में से कौन-सा कथन मुगल शासक औरंगजेब की दक्षिण नीति के सन्दर्भ में असत्य है?
(a) वह अपनी साम्राज्यवादी प्रवृत्ति के कारण दक्षिण में विजय प्राप्त करना चाहता था
(b) उसकी दक्षिण नीति अंशतः राजनीतिक थी
(c) उसकी दक्षिण नीति पूर्णतः धार्मिक थी
(d) उसकी दक्षिण नीति उसके लिए कब्रिस्तान सिद्ध हुई

94. मुगल शासक औरंगजेब का गोलकुण्डा पर आक्रमण के पीछे मुख्य कारण क्या था?
(a) गोलकुण्डा तथा मुगलों के मध्य हुई सन्धि की अवहेलना
(b) हीरे-जवाहरात तथा सोने-चाँदी की गोलकुण्डा में भरमार
(c) मुगलों के साथ संघर्ष में बीजापुर एवं मराठों का गोलकुण्डा द्वारा सहयोग
(d) उपरोक्त सभी

95. निम्न कथनों पर विचार कीजिए
I. शाहजहाँ ने दक्षिण में 'रजा' नामक व्यक्ति से खुसरो की हत्या करवा दी।
II. इलाहाबाद के खुल्दाबाद बाग (आजकल खुसरो बाग) में माता शाहबेगम की कब्र के पास खुसरो को दफनाया गया।
उपरोक्त कथनों में कौन-सा/से सही है/हैं?
(a) केवल I (b) केवल II
(c) I और II (d) न तो I न ही II

96. निम्न कथनों पर विचार कीजिए
I. मोहम्मद-बिन-तुगलक, प्रथम मध्यकालीन शासक था जिन्होंने सती प्रथा को रोकने का प्रयास किया।
II. औरंगजेब, प्रथम मुगल शासक था, जिसने स्पष्ट फरमान जारी करके अपने साम्राज्य में सती प्रथा को प्रतिबन्धित कर दिया।
उपरोक्त कथनों में कौन-सा/से सही है/हैं?
(a) केवल I (b) केवल II
(c) I और II (d) न तो I और न ही II

97. निम्नलिखित कथनों पर विचार कीजिए
I. मशरूत पद के तहत मनसबदार को सशर्त सवार पद में वृद्धि का अधिकार दिया जाता था।
II. जिन मनसबों के जात और सवार पद बराबर होते थे उन्हें प्रथम श्रेणी का माना जाता था।
III. मासिक वेतन सारिणी की पद्धति जहाँगीर ने शुरू की थी।
IV. जिन जागीरों की वास्तविक आय जमा की आधी होती थी उन्हें शिशमाहा कहा जाता था।
उपरोक्त कथनों में कौन-से सही हैं?
(a) I और II (b) I, II और III
(c) I, II, III और IV (d) I, II और IV

98. निम्न कथन किस यात्री का है?
"विश्व के प्रत्येक भाग में चक्कर लगाने के बाद सोना, चाँदी अन्त में भारत में जो सोने चाँदी का दलदल है, दफन हो जाता है।"
(a) निकोलाओ मनूची (b) फ्रांसिस वर्नियर
(c) एथनेसियस निकितिन (d) निकोलो कोण्टी

99. मुगल मनसबदारी व्यवस्था के सम्बन्ध में निम्नलिखित में से कौन सही नहीं है?
(a) मनसबदारों के तीन वर्ग थे
(b) उन्हें मशरूत या सशते पद प्रदान की जा सकती थी
(c) सवार पद, जात पद से अधिक हो सकते थे
(d) सभी सैन्य एवं नागरिक अधिकारियों को मनसब या पद प्रदान किए जाते थे

100. निम्न कथन किस यात्री का है?
"मुगल शाहजादियों की शादी हिन्दुस्तान में विरले ही होती थी, कोई भी व्यक्ति उनके योग्य नहीं है।"
(a) फ्रांसिस वर्नियर (b) गेमिल करेरी
(c) जान डी थेवेनाट (d) फ्रांसिस्को पलसार्ट

101. भारत में यूरोपीय कम्पनियों के आगमन का क्रम लगाइए
I. पुर्तगीज II. फ्रांसीसी
III. डच IV. डेन
V. अंग्रेज
कूट
(a) I, V, IV, III, II (b) II, IV, III, I, V
(c) I, III, V, IV, II (d) IV, III, I, II, V

102. निम्न कथनों पर विचार कीजिए
I. पुर्तगालियों ने भारतीय जनता के प्रति धार्मिक असहिष्णुता की भावना प्रदर्शित की।
II. पुर्तगालियों ने भारत में प्रथम प्रिन्टिंग प्रेस की स्थापना की।
III. पुर्तगालियों ने कार्टेज व्यवस्था लागू की।
उपरोक्त कथनों में कौन-से सही हैं?
(a) I और II (b) I और III
(c) II और III (d) I, II और III

103. निम्न कथनों पर विचार कीजिए
I. हुमायूँ का पूरा नाम नसीरुद्दीन मोहम्मद था।
II. हुमायूँ की माता खुरासान के प्रतिष्ठित शिया परिवार से थी।
III. बाबर ने मौलाना मसही-अल-दीन रूहुल्ला एवं मौलाना इलियास को हुमायूँ का शिक्षक नियुक्त किया था।
उपरोक्त कथनों में कौन-सा/से सही है/हैं?
(a) केवल II (b) I और II (c) II और III (d) I, II और III

104. निम्न कथनों पर विचार कीजिए

I. जहाँगीर के शासन काल में हुए, शाहजहाँ के विद्रोह को दबाने का श्रेय मीर जुमला को दिया जाता है।

II. जहाँगीर के शासन काल में 1622 ई. में फारस के शाह ने कन्धार को मुगलों से छीन लिया।

उपरोक्त कथनों में कौन-सा/से सही है/हैं?

(a) केवल I (b) केवल II
(c) I और II (d) न तो I न ही II

105. निम्न कथनों पर विचार कीजिए

I. शाहजहाँ के शासन काल में प्रथम विद्रोह जुझार सिंह बुन्देला ने किया।

II. शाहजहाँ के शासन काल में दूसरा विद्रोह खाने-जहाँ-लोदी ने किया।

उपरोक्त कथनों में कौन-सा/से सही है/हैं?

(a) केवल I (b) केवल II
(c) I और II (d) न तो I और न ही II

106. निम्न कथनों पर विचार कीजिए

I. हुमायूँ का जन्म काबुल के किले में हुआ।

II. बादशाह बनने से पूर्व, हुमायूँ हिसार फिरोजा तथा सम्भल का जागीरदार रह चुका था।

III. हुमायूँ का प्रथम अभियान कालिन्जर के राजा के विरुद्ध था।

उपरोक्त कथनों मे कौन-सा/से सही है/हैं?

(a) केवल III (b) I और II (c) I और III (d) II और III

107. निम्न कथनों पर विचार कीजिए

I. अबुल फजल ने हुमायूँ को 'इन्सान-ए-कामिल' कहकर सम्बोधित किया है।

II. हुमायूँ ने दीन-ए-पनाह नामक भवन का निर्माण कराया।

III. हुमायूँ ने अपने अधिकारियों को सात श्रेणियों में विभाजित किया था।

उपरोक्त कथनों में कौन-सा/से सही है/हैं?

(a) केवल II (b) II और III
(c) I और II (d) I, II और III

108. निम्न कथनों पर विचार कीजिए

I. गक्खरों की रोकथाम के लिए शेरशाह ने रोहतासगढ़ दुर्ग का निर्माण करवाया।

II. रोहतासगढ़ दुर्ग का निर्माण टोडरमल खत्री की देख-रेख में हुआ।

III. इसका निर्माण कार्य शेरशाह के शासन काल में ही पूर्ण हो गया था।

उपरोक्त कथनों में कौन-सा/से सही है/हैं?

(a) केवल I (b) I और II
(c) II और III (d) I, II और III

109. निम्न कथनों पर विचार कीजिए

I. इस्लाम शाह सूर ने मानकोट के किले का निर्माण कराया।

II. इस्लाम शाह सूर का मूल नाम जलाल खाँ था।

III. इस्लाम शाह सूर फारसी में कविताएँ लिखता था।

उपरोक्त कथनों में कौन-सा/से सही है/हैं?

(a) I और II (b) II और III (c) I और III (d) I, II और III

110. निम्नलिखित अंग्रेजों में से कौन 'तुर्की' भाषा में प्रवीण था और जिसे 400 का मनसब एवं 'इंग्लिश खाँ' अथवा 'फिरंगी खाँ' का विरुद (खिताब) प्राप्त हुआ था?

(a) फिंच (b) मिल्डन हॉल (c) हॉकिन्स (d) सर टॉमस रो

111. अकबर ने किस विजय के उपरान्त राजा टोडरमल को लगान व्यवस्था के लिए उत्तरदायित्व सौंपा था?

(a) सिन्ध विजय (b) गुजरात विजय
(c) मालवा विजय (d) दक्षिण विजय

112. कौन-सा लेखक अकबर का आलोचक था?

(a) मुल्ला दाउद (b) बदायूँनी
(c) निजामुद्दीन अहमद (d) फैज्ज सरहिन्दी

113. निम्नलिखित कथनों पर विचार कीजिए
बाबर के आने के फलस्वरूप

1. उपमहाद्वीप में बारूद के उपयोग की शुरूआत हुई।
2. इस क्षेत्र की स्थापत्यकला में मेहराब और गुम्बद बनने की शुरुआत हुई।
3. इस क्षेत्र मे तैमूरी (तिमूरिद) राजवंश स्थापित हुआ।

उपरोक्त कथनों में से कौन-सा/से कथन सही है/हैं?

(a) 1 और 2 (b) केवल 3 (c) 1 और 3 (d) ये सभी

114. फतेहपुर सीकरी का इबादतखाना क्या था?

(a) राजपरिवार के इस्तेमाल के लिए मस्जिद
(b) अकबर का निजी प्रार्थना कक्ष
(c) वह भवन जिसमें विभिन्न धर्मों के विद्वानों के साथ अकबर चर्चा करता था
(d) वह कमरा जिसमें विभिन्न धर्म वाले कुलीन जन धार्मिक बातों के विचारार्थ जमा होते थे

115. शेरशाह सूरी द्वारा किए गए सुधारों में सम्मिलित थे

1. राजस्व सुधार 2. प्रशासनिक सुधार
3. सैनिक सुधार 4. करेन्सी प्रणाली में सुधार

कूट

(a) 1 और 2 (b) 1, 2 और 3
(c) 2, 3 और 4 (d) ये सभी

116. बाबर को भारत पर आक्रमण करने के लिए आमन्त्रित करने वालों में से एक आलम खान

(a) इब्राहिम लोदी के सम्बन्धी थे तथा वह दिल्ली के राजसिंहासन के दावेदार थे
(b) इब्राहिम लोदी के सम्बन्धी थे, जिनसे दुर्व्यवहार किया गया था तथा उसे देश से निष्कासित कर दिया गया था
(c) दिलावर खान जिसे इब्राहिम लोदी के हाथों क्रूर व्यवहार मिला, के पिता थे
(d) पंजाब प्रान्त के एक उत्तराधिकारी थे, जो अपनी जाति के प्रति इब्राहिम लोदी के व्यवहार से अत्यधिक असन्तुष्ट थे

117. अकबर के शासनकाल की निम्नलिखित घटनाओं को कालक्रमानुसार व्यवस्थित कीजिए

1. जजिया की समाप्ति 2. इबादतखाना का निर्माण
3. महजर पर हस्ताक्षर 4. दीने इलाही की स्थापना

कूट

(a) 1, 2, 3, 4 (b) 2, 3, 4, 1 (c) 1, 3, 2, 4 (d) 3, 4, 1, 2

118. निम्नलिखित कथनों पर विचार कीजिए
1. अंग्रेजों ने मुगल सम्राट जहाँगीर की अनुमति से सूरत में अपनी फैक्ट्री खोली थी।
2. जहाँगीर ने अंग्रेजों को फैक्ट्री लगाने के लिए आमन्त्रित किया था।

उपरोक्त कथनों में से कौन-सा/से कथन सही है/हैं?

(a) केवल 1 (b) केवल 2
(c) 1 और 2 (d) न तो 1 और न ही 2

119. निम्नलिखित कथनों पर विचार कीजिए
1. तुलगुमा विधि तोपों को युद्ध स्थल पर नियत करने की विधि थी।
2. उस्मानी विधि में पीछे की ओर घूमकर युद्ध किया जाता था।
3. तुलगुमा व उस्मानी विधि का उपयोग बाबर ने पानीपत के प्रथम युद्ध में किया था।

उपरोक्त कथनों में से कौन-सा/से कथन सही है/हैं?

(a) केवल 1 (b) केवल 3
(c) 1 और 2 (d) ये सभी

120. निम्नलिखित शासकों में से कौन-कौन बाबर के समकालीन थे?
1. कृष्ण देव राय 2. दौलत खाँ लोदी
3. राणा संग्राम सिह 4. इस्लाम शाह

कूट

(a) 1 और 2 (b) 2 और 3
(c) 1, 2 और 3 (d) न तो 1 और न ही 2

उत्तरमाला

1.	(d)	2.	(c)	3.	(c)	4.	(a)	5.	(b)	6.	(b)	7.	(a)	8.	(c)	9.	(b)	10.	(c)
11.	(b)	12.	(a)	13.	(d)	14.	(a)	15.	(b)	16.	(b)	17.	(d)	18.	(c)	19.	(b)	20.	(a)
21.	(d)	22.	(c)	23.	(d)	24.	(a)	25.	(a)	26.	(d)	27.	(a)	28.	(a)	29.	(b)	30.	(c)
31.	(b)	32.	(b)	33.	(b)	34.	(c)	35.	(b)	36.	(a)	37.	(b)	38.	(a)	39.	(a)	40.	(c)
41.	(c)	42.	(c)	43.	(b)	44.	(b)	45.	(d)	46.	(b)	47.	(d)	48.	(b)	49.	(a)	50.	(b)
51.	(d)	52.	(c)	53.	(a)	54.	(b)	55.	(d)	56.	(a)	57.	(a)	58.	(b)	59.	(b)	60.	(c)
61.	(c)	62.	(b)	63.	(c)	64.	(c)	65.	(a)	66.	(a)	67.	(b)	68.	(a)	69.	(a)	70.	(a)
71.	(d)	72.	(b)	73.	(a)	74.	(d)	75.	(b)	76.	(a)	77.	(d)	78.	(d)	79.	(c)	80.	(a)
81.	(d)	82.	(a)	83.	(a)	84.	(c)	85.	(a)	86.	(d)	87.	(c)	88.	(a)	89.	(d)	90.	(c)
91.	(d)	92.	(d)	93.	(c)	94.	(d)	95.	(c)	96.	(c)	97.	(d)	98.	(b)	99.	(c)	100.	(a)
101.	(c)	102.	(d)	103.	(d)	104.	(b)	105.	(c)	106.	(d)	107.	(c)	108.	(b)	109.	(d)	110.	(c)
111.	(b)	112.	(b)	113.	(c)	114.	(c)	115.	(d)	116.	(a)	117.	(a)	118.	(a)	119.	(b)	120.	(c)

अध्याय 10

मराठा शक्ति का उदय

मराठों का उत्थान

मराठों के राजनीतिक उत्कर्ष तथा मराठा राज्य की स्थापना में शिवाजी का योगदान बहुमूल्य था, उन्होंने अपने पिता द्वारा आरम्भ किए गए मराठों को संगठित करने के कार्य को आगे बढ़ाया तथा दक्कनी रियासतों एवं मुगलों से संघर्ष कर स्वतन्त्र मराठा राज्य की स्थापना की। मराठों के उद्भव के पीछे उनके आदर्श के अतिरिक्त उनकी अनुकूल भौगोलिक परिस्थितियाँ, सैन्य प्रवृत्ति, अदम्य साहस तथा गुरिल्ला युद्ध प्रणाली की भी महत्त्वपूर्ण भूमिका रही।

मराठों के उदय के सम्बन्ध में विभिन्न इतिहासकारों के मत

- ग्राण्ट डफ, मराठों के उदय को सह्याद्रि पर्वत में विद्रोही गतिविधियों के रूप में देखते हैं।
- एस जी रानाडे इसे विदेशी शासन के विरुद्ध राष्ट्रीय संघर्ष के रूप में देखते हैं।
- यदुनाथ सरकार और जी एस सर देसाई मराठा शक्ति के उत्कर्ष को औरंगजेब की सम्प्रदायवादी नीतियों के विरुद्ध एक हिन्दू प्रतिक्रिया के रूप में मानते हैं।
- सतीशचन्द्र, यदुनाथ सरकार और सर देसाई के तर्क का खण्डन करते हुए कहते हैं कि शिवाजी ने अकबर की सुलह-ए-कुल की नीति का समर्थन किया था।
- इरफान हबीब मराठा शक्ति के उदय को शोषित किसानों की विद्रोही चेतना से जोड़ते हैं। आन्द्रेविंक का मानना है कि दक्कन के सुल्तानों पर पड़ते हुए मुगल दबावों के फलस्वरूप मराठों का उदय हुआ।

शिवाजी द्वारा स्वराज की स्थापना

- शिवाजी का जन्म 9 मार्च, 1627 में पूना के निकट **शिवनेर** के किले में हुआ या शिवाजी के आरम्भिक जीवन पर उनकी माँ जीजाबाई और कोण्डदेव के व्यक्तित्व का अत्यधिक प्रभाव था। जीजाबाई, शाहजी भोंसले 'शिवाजी के पिता' की परित्यक्ता पत्नी थी। शाहजी ने तुकोबाई मोहिते नामक एक अन्य स्त्री से विवाह कर लिया और जीजाबाई अपने पुत्र शिवाजी को लेकर अपने पति से अलग रहने लगी। शायद इसलिए ही उनमें धार्मिकता और स्वाभिमान की भावना अधिक थी।
- शिवाजी के व्यक्तित्व पर सर्वाधिक प्रभाव जीजाबाई तथा दादा कोण्डदेव का ही था। **गुरु रामदास** ने भी शिवाजी को प्रभावित किया, उनके द्वारा दिए गए उपदेशों से शिवाजी में राष्ट्रभावना और स्वाभिमान का विकास हुआ। तुकोबाई मोहिते से विवाह के बावजूद शाहजी ने जीजाबाई एवं शिवाजी का ख्याल रखा। 1637 ई. में शाहजी, शिवाजी, पत्नी जीजाबाई तथा पूना की जागीर की देखभाल का उत्तरदायित्व दादा कोण्डदेव को सौंपकर कर्नाटक चले गए। 12 वर्ष की आयु में शिवाजी को अपने पिता से पूना की जागीर प्राप्त हुई थी। इसी समय 1640 ई. में साईबाई निम्बालकर नाम की लड़की से शिवाजी का विवाह कर दिया गया।

शिवाजी का उत्कर्ष

- शिवाजी महत्त्वाकांक्षी था और क्षेत्रीय विस्तार करना चाहता था, किन्तु दादा कोण्डदेव ने उसकी महत्त्वाकांक्षा पर बहुत सीमा तक अंकुश लगा रखा था। 1647 ई. में दादा जी कोण्डदेव की मृत्यु हो गई फिर शिवाजी ने क्षेत्रीय विस्तार का कार्यक्रम शुरू किया। शिवाजी ने मावल प्रदेश को अपने जीवन का प्रारम्भिक कार्यस्थल बनाया। शिवाजी ने मवाली सैनिकों को इकट्ठा किया। 1643 ई. में सबसे पहले शिवाजी ने बीजापुर से सिंहनगढ़ को जीता। शिवाजी ने 1646 ई. में तोरण, 1647 ई. में कोण्डाना एवं चाकंन, 1654 ई. में पुरन्दर (नीलोजी नीलकण्ड से छीना), 1656 ई. में गुन्नार का किला, 1657 ई. में कोंकण क्षेत्र की विजय की तथा यहाँ के मुख्य किले कल्याण, भिवण्डी एवं माहुली पर अधिकार कर लिया।
- 1656 ई. में उसने जाबली के सरदार चन्द्रराव मोरे को पराजित किया और उसे मार डाला। जाबली विजय काफी महत्त्वपूर्ण थी। शिवाजी की प्रतिष्ठा काफी बढ़ गई और फिर दूर-दराज के लोग भी उसकी सेना में शामिल होने लगे। अप्रैल, 1656 में शिवाजी ने **रायगढ़** को अपनी राजधानी बनाया। **यदुनाथ सरकार** ने शिवाजी को 'मध्यकालीन समय के सर्वाधिक रचनात्मक प्रतिभावान' (व्यक्ति) कहा है।

मुगलों-मराठों के सम्बन्ध

- मुगलों और मराठों के बीच सम्बन्धों की शुरुआत शिवाजी के काल से हुई थी। 1657 ई. में मुगल और बीजापुर में संघर्ष प्रारम्भ हुआ। बीजापुर द्वारा सहायता माँगने पर शिवाजी ने भी मुगल क्षेत्रों पर हमला कर दिया, जब मुगल एवं बीजापुर के बीच सन्धि हुई तब औरंगजेब ने बीजापुर से यह पेशकश की कि अगर वह शिवाजी को अपनी सेवा में रखता है तो

उसे मुगल सीमा से दूर कर्नाटक सीमा पर रखे। जब औरंगजेब उत्तर में उत्तराधिकार के युद्ध में फँस गया, तब शिवाजी ने दक्षिण में अपनी स्थिति मजबूत करनी चाही। उसने बीजापुर क्षेत्र पर हमला शुरू कर दिया।

- उसने कोंकण एवं समुद्र तट के बीच का क्षेत्र जीतना प्रारम्भ कर दिया। 1659 ई. में बीजापुर राज्य ने अपने विश्वसनीय सरदार अफजल खाँ को शिवाजी को कैद करने एवं मार डालने की मंशा से भेजा। इसने अपने दूत कृष्णजी भास्कर को शिवाजी के पास भेजकर मिलने की इच्छा व्यक्त की। इस वार्ता हेतु प्रतापगढ़ का जंगल चुना गया। शिवाजी ने अपने दूत गोपीनाथ को दूत बनाकर अफजल खाँ के पास भेजा। अफजल खाँ प्रसिद्ध तलवारबाज सैयद बाँदा के साथ शिवाजी से मिलने आया था। अफजल खाँ ने गले मिलने के बहाने शिवाजी की हत्या करने का प्रयास किया, लेकिन पहले से ही सतर्क शिवाजी ने अपने बघनखे एवं कटार से 1659 ई. में अफजल खाँ की हत्या कर दी।
- औरंगजेब ने शिवाजी के विरुद्ध कदम उठाने का निर्णय लिया और उसने 1660 ई. में दक्कन के मुगल सूबेदार को अपना मामा शाइस्ता खाँ बनाकर भेजा। शाइस्ता खाँ ने शिवाजी से कोंकण का बहुत-सा क्षेत्र जीत लिया, किन्तु जब 1663 ई. में वह एक रात पूना में आराम कर रहा था तो शिवाजी ने उसके कैम्प पर हमला कर दिया। शाइस्ता खाँ मुश्किल से जान बचाकर भागा, जिससे शाइस्ता खाँ की बहुत बदनामी हुई। क्रुद्ध होकर औरंगजेब ने शाइस्ता खाँ का तबादला बंगाल में कर दिया। इस विजय से उत्साहित होकर शिवाजी ने 1664 ई. में सूरत को लूटा। इस लूट में शिवाजी को एक करोड़ रुपये प्राप्त हुए। इतिहास में इस लूट को **सूरत की प्रथम लूट** कहा गया। इस समय सूरत की अंग्रेज कोठी का अध्यक्ष **सर जॉर्ज ऑक्साइडन** था। 1662 ई. को शाहजी के हस्तक्षेप के कारण शिवाजी ने बीजापुर से यह समझौता किया कि हम मिलकर मुगलों का विरोध करेंगे।

पुरन्दर की सन्धि

- औरंगजेब ने 1665 ई. में शिवाजी के दमन के लिए राजा जयसिंह को भेजा। राजा जयसिंह अपने समय का योग्यतम सेनापति और कूटनीतिज्ञ था। वह तुर्की, फारसी, उर्दू और राजस्थानी भाषा का ज्ञाता था। शाहजहाँ के शासनकाल में उसने मुगल साम्राज्य के प्रत्येक भाग में युद्ध किया था। मिर्जा राजा जयसिंह को सभी सैनिक एवं असैनिक अधिकार दिए गए ताकि किसी बात के लिए उसे मुगल गवर्नर पर निर्भर रहना पड़े। मिर्जा राजा जयसिंह ने पुरन्दर के किले को घेर लिया। विवश होकर शिवाजी ने समर्पण कर दिया। 22 जून, 1665 में पुरन्दर की सन्धि हुई, उस समय इटालियन यात्री मनूची वहाँ उपस्थित था। शिवाजी ने राज्याभिषेक के साथ 'हिन्दू धर्मोद्धारक' की उपाधि धारण की थी।
- जब मुगल सेना की सहायता से शिवाजी ने बालाघाट के क्षेत्र पर अभियान किया, तो इस अभियान में उसे सफलता नहीं मिली। राजा जयसिंह ने शिवाजी को इस बात के लिए राजी किया कि वह आगरा में औरंगजेब से मिलकर और अधिक सहायता पाने की कोशिश करे। शिवाजी अपने पुत्र शम्भाजी सहित 1666 ई. में 4000 मराठा सैनिकों को लेकर आगरा गया, जब शिवाजी आगरा दरबार पहुँचे, तो उन्हें पाँच हजार के मनसबदारों की श्रेणी में बैठा दिया गया। इस बात पर शिवाजी क्रुद्ध हो गए और अपनी गहरी प्रतिक्रिया जताई, फिर शिवाजी को गिरफ्तार कर लिया गया। इसके पश्चात् शिवाजी को जयसिंह के पुत्र रामसिंह की देखभाल में **जयपुर भवन** में रखा और नजरबन्द कर दिया गया।
- 1668 ई. में शिवाजी चतुरता से अपने सौतेले भाई हीरोजी फर्जन्द को अपना सोने का कड़ा पहनाकर, अपने बिस्तर पर लिटाकर अपने पुत्र के साथ शम्भाजी मिठाई के टोकरे में बैठकर भाग निकलने में सफल हो गए। 1668 ई. में शिवाजी ने दक्षिण के सूबेदार मुअज्जम के माध्यम से औरंगजेब के सामने सन्धि का प्रस्ताव रखा, जिसे उसने स्वीकार कर लिया। सन्धि के अनुरूप में औरंगजेब ने शिवाजी को **राजा** की उपाधि से सम्मानित किया एवं बीजापुर तथा गोलकुण्डा से चौथ वसूलने का अधिकार भी प्रदान किया। शिवाजी के एक पुत्र शम्भाजी को बरार में एक मनसब एवं जागीर प्रदान की गई।
- पुनः शिवाजी ने धन प्राप्ति के उद्देश्य से सूरत को दूसरी बार 1670 ई. में लूटा। इस लूट में शिवाजी को 66 लाख रुपये प्राप्त हुए। इतिहास में इस लूट को **सूरत की दूसरी लूट** कहा गया। पुनः 1672 ई. में मराठों का झगड़ा बीजापुर से भी हुआ, जब मराठों ने पन्हाला पर आक्रमण किया था।

पुरन्दर की सन्धि में सम्मिलित प्रमुख बातें

- शिवाजी ने अपने 23 किले और करीब 4 लाख हूण की वार्षिक आय की भूमि मुगलों को दे दी। (1 हूण = ₹ 3.5)
- रायगढ़ को सम्मिलित करके शिवाजी के पास 12 किले और एक लाख हूण की वार्षिक आय की भूमि रही।
- शिवाजी ने मुगल आधिपत्य को स्वीकार कर लिया, परन्तु अपने स्थान पर अपने पुत्र शम्भाजी को 5000 घुड़सवारों के साथ मुगलों की सेवा में भेजना स्वीकार किया।
- शिवाजी ने बीजापुर के विरुद्ध मुगलों को सैनिक सहायता देने का वादा किया।
- बाद में, इस सन्धि में एक और शर्त जोड़ी गई, जिसके अनुसार शिवाजी ने वादा किया कि कोंकण में 4 लाख हूण की वार्षिक आय की भूमि और बालाघाट (जो बीजापुर के पास था) की 5 लाख हूण वार्षिक आय की भूमि उन्हें दे दी जाए, तो वह मुगलों को 13 वर्षों में 40 लाख हूण देंगे। इन प्रदेशों को शिवाजी को स्वयं ही जीतना था।

शिवाजी का राज्याभिषेक

- अब 1672 ई. में औरंगजेब ने शिवाजी के विरुद्ध दिलेर खाँ को भेजा। दिलेर खाँ का सहयोगी बहादुर खाँ था, किन्तु 1672 ई. में सालहेर की लड़ाई में शिवाजी ने उसे पराजित कर दिया। 1674 ई. में शिवाजी ने धूम-धाम से रायगढ़ में अपना सिंहासनावरोहण किया। जून, 1674 ई. में शिवाजी ने अपना राज्याभिषेक सम्पूर्ण वैदिक विधि-विधानों के अनुकूल काशी के प्रसिद्ध विद्वान् विश्वेश्वर उर्फ गंगाभट्ट से करवाया। गंगाभट्ट ने शिवाजी को क्षत्रिय माना और उदयपुर के राजपूत राजवंश से उसका सम्बन्ध बताया। इस अवसर पर शिवाजी ने छत्रपति की उपाधि ग्रहण की तथा एक नया संवत् भी आरम्भ किया।
- शिवाजी के राज्याभिषेक के समय हेनरी ऑक्साइडन उपस्थित था, परन्तु इसके कुछ दिनों के पश्चात् शिवाजी की माता जीजाबाई तथा आठ पत्नियों में एक पत्नी की मृत्यु हो गई, जिस कारण प्रथम राज्याभिषेक को दूषित माना गया। अतः सितम्बर, 1674 को निश्चलपुरी

गोसावी नामक तान्त्रिक से तान्त्रिक विधि के अन्तर्गत पूरक राज्याभिषेक संस्कार सम्पन्न किया।

शिवाजी द्वारा राज्याभिषेक समारोह के दो लाभ हुए

— दक्षिण के राज्यों के साथ वह बराबरी के स्तर पर समझौता कर सकता था।

— अब वह मराठा सरदारों में सबसे प्रतिष्ठित हो गया और अन्य मराठा सरदार उससे बराबरी का दावा नहीं कर सकते थे।

- शिवाजी ने शिर्के, मोरे, निम्बालकर जैसे प्रमुख देशमुख परिवारों से वैवाहिक सम्बन्ध स्थापित किए। इससे शिवाजी की सामाजिक स्थिति और भी सुदृढ़ हो गई। बनारस के एक ब्राह्मण गंगाभट्ट ने उसे एक सूर्यवंशी क्षत्रिय घोषित किया। शिवाजी ने स्वयं क्षत्रिय-कुलवतमसाँ (क्षत्रिय परिवार के आभूषण) की उपाधि धारण की। इसकी दूसरी उपाधि हैंदवधर्मोद्धारक थी।
- गोलकुण्डा में दो भाइयों मदन्ना और अकन्ना का उदय हुआ। इन दोनों भाइयों ने शिवाजी और गोलकुण्डा के शासक के बीच एक प्रकार का समझौता कराया। इस समझौते के अनुसार गोलकुण्डा शिवाजी को बीजापुरी कर्नाटक क्षेत्र जीतने में सहायता करेगा, उसके लिए धन और तोपखाने प्रदान करेगा और बाद में दोनों मिलकर उस विजित क्षेत्र को बाँट लेंगे। 1679 ई. में शिवाजी ने दक्षिण का अभियान किया, उसने जिंजी, बेल्लौर आदि क्षेत्रों को जीत लिया, परन्तु उसने गोलकुण्डा को हिस्सा देने से इनकार कर दिया। 1680 ई. में शिवाजी की मृत्यु हो गई।

पेशवाओं के अधीन मराठा साम्राज्य का विस्तार

शिवाजी के पश्चात् पेशवाओं के अधीन मराठा साम्राज्य का विस्तार हुआ। पेशवाओं की शक्ति का उत्थान मुख्य रूप से शाहु व राजाराम की विधवा ताराबाई के मध्य चल रहे गृह युद्ध के दौरान हुआ।

बालाजी विश्वनाथ (1713-1720 ई.)

- बालाजी विश्वनाथ कोंकण के एक ब्राह्मण कुल से सम्बन्धित थे, उनके पूर्वज जंजीरा राज्य में श्रीवर्द्धन के वंशानुगत **कर** संग्रहकर्ता थे। बालाजी विश्वनाथ के अंग्रियों से, जो जंजीरा के सिद्दियों के शत्रु थे, सम्बन्धों के कारण इनका सिद्दियों से झगड़ा हो गया और उन्हें देश छोड़कर सासवाड़ में बसना पड़ा। बालाजी के कर सम्बन्धी ज्ञान के कारण उन्हें मराठों के अधीन कार्य करने का अवसर मिला। 1696 ई. में वह पूना के सभासद थे।
- कालान्तर में वह पूरे पूना के (1699-1702 ई.) और फिर दौलताबाद के (1704-1707 ई.) सर सूबेदार रहे। 1707 ई. में खेड़ में ताराबाई और शाहू के बीच युद्ध हुआ। बालाजी ने शाहू का साथ दिया तथा ताराबाई के सेनापति धन्नाजी को अपनी ओर मिला लिया। 1708 ई. में धन्नाजी की मृत्यु हो गई और शाहू ने उसके पुत्र चन्द्रसेन को अपना सेनापति नियुक्त कर लिया। चन्द्रसेन का झुकाव ताराबाई की ओर था। शाहू ने चन्द्रसेन के सम्भावित विश्वासघात से बचने के लिए नया पद 'सेनाकर्ते' (सेना को संगठित करने वाला) बना दिया और बालाजी को उस पद पर नियुक्त कर दिया। 1708 ई. में शाहू ने इन्हें सेनाकर्ते का पद दिया था।
- 1712 ई. में शाहू का भाग्य निम्नतम स्तर पर था। चन्द्रसेन ताराबाई से जा मिला और सीमा रक्षक कान्होजी आंगड़े ने स्पष्ट रूप से ताराबाई का समर्थन किया और शाहू तथा उसके पेशवा बहिरोपन्त पिंगले को बन्दी बना कर सतारा की ओर प्रस्थान की धमकी दी। दिल्ली में शाहू के समर्थक **जुल्फिकार खाँ** का गुटबन्दी के झगड़े में वध कर दिया गया था। ऐसे विपरीत समय में बालाजी, शाहू के काम आया। उसने अपनी कूटनीति से न केवल सिंहासन को बचाया अपितु चन्द्रसेन जादव को भी हराया।
- 1713 ई. में मराठा छत्रपति शाहू ने बालाजी विश्वनाथ को मराठा साम्राज्य का प्रथम पेशवा नियुक्त किया। इन्हें (विश्वनाथ) मराठा साम्राज्य का द्वितीय संस्थापक माना जाता है, उस समय मुगल सत्ता में उथल-पुथल मची हुई थी।

बालाजी विश्वनाथ के समय मुगल दरबार की स्थिति

- सत्ता के लिए राजनीति के युद्ध में 1713 ई. में फर्रूखसियर सैयद बन्धु, हुसैन अली और अब्दुल्ला खाँ की सहायता से सिंहासन पर बैठ गया। शीघ्र ही दोनों में विरोध उत्पन्न हो गया और दरबार एक बार पुनः षड्यन्त्रों का केन्द्र बन गया। सम्राट ने मुख्य सेनापति हुसैन अली से मुक्ति पाने की इच्छा से उसे दक्षिण का वायसराय नियुक्त कर दिया और दूसरी ओर गुजरात के गवर्नर दाऊद खाँ और शाहू को इसके विरुद्ध युद्ध करने और उसे समाप्त करने के लिए प्रेरित किया। सम्राट का यह उद्देश्य सैयद बन्धुओं को विदित था।
- 1717 ई. में अब्दुल्ला खाँ की दरबार में स्थिति इतनी बिगड़ गई कि वह हुसैन अली को बुलाने पर बाध्य हो गया। दूसरी ओर हुसैन अली ने भी यह अनुभव किया कि यदि उसे दक्षिण में अनुपस्थित रहना है तो वह मराठों से शत्रुता नहीं रख सकता।
- सैयद बन्धुओं को मराठों और दरबारी षड्यन्त्रों के बीच पिस जाने का भय था अतएव हुसैन अली ने दिल्ली की ओर प्रस्थान करने से पूर्व मराठों से मित्रता करने की सोची।

शाहू अपनी माता तथा भाई को जो दिल्ली में बन्धक थे, मुक्त करवाना चाहता था, तुरन्त इस मित्रता के लिए तैयार हो गया। सन्धि की शर्तें बनाई गईं और मसविदा सम्राट की अनुमति के लिए दिल्ली भेज दिया गया। *सन्धि की मुख्य शर्तें इस प्रकार थी*

— शाहू को शिवाजी का स्वराज्य पूर्णरूपेण अधिकार में मिलेगा।

— खानदेश, बराड़, गोण्डवाना, हैदराबाद और कर्नाटक के वे सभी क्षेत्र जो मराठों ने पिछले दिनों विजय कर लिए थे, शाहू को मराठा राज्य के भाग के रूप में मिल जाएँगे।

— मराठों को दक्कन में मुगल प्रान्तों से चौथ तथा सरदेशमुखी प्राप्त करने का अधिकार होगा, उसके प्रतिकार के रूप में मराठे 15,000 सैनिक सम्राट की सेवा के लिए देंगे तथा दक्कन में शान्ति बनाए रखेंगे।

— शाहू कोल्हापुर के शम्भूजी को किसी प्रकार की हानि नहीं पहुँचाएँगे।

— शाहू सम्राट को 10 लाख रुपये वार्षिक का कर या खिराज देगा, तो मुगल सम्राट शाहू की माता तथा अन्य सम्बन्धियों को छोड़ देगा।

- बालाजी विश्वनाथ ने 1719 ई. में 15,000 सैनिकों समेत हुसैन अली के संग दिल्ली की ओर प्रस्थान किया। इन सैनिकों की सहायता से सैयद बन्धुओं ने सम्राट फर्रूखसियर को सिंहासन से उतार दिया तथा

अगले सम्राट रफी-उद्द-रजात ने इस सन्धि को स्वीकार कर लिया। सर सिर्ड टैपल ने इस सन्धि को मुगल साम्राज्य का मैगनाकार्टा कहा है।

बाजीराव प्रथम (1720-1740 ई.)

- 1720 ई. में शाहू ने बालाजी विश्वनाथ के बड़े पुत्र बाजीराव प्रथम को पेशवा नियुक्त कर दिया। यद्यपि वह केवल 19 वर्ष का युवक था, परन्तु उसकी सूझ-बूझ अद्भुत थी, उसे अपने पिता से कूटनीति तथा प्रशासन में बहुत प्रशिक्षण प्राप्त था। बाजीराव के सम्मुख कार्य बहुत कठिन था।
- दक्षिण में निजाम उसके चौथ तथा सरदेशमुखी प्राप्त करने के अधिकार को चुनौती दे रहा था। स्वराज्य का एक भाग जंजीरा के सिद्दियों के अधीन था। शिवाजी के वंशज कोल्हापुर के शम्भूजी, शाहू की सर्वोच्च सत्ता को स्वीकार करने के लिए तैयार नहीं थे तथा अन्य मराठा सरदार स्वायत्तता प्राप्त करना चाहते थे।
- बाजीराव ने एक सफल खिलाड़ी की भाँति इन सब गुत्थियों को सुलझा लिया। बाजीराव ने हिन्दू समाज पद-पादशाही के आदर्श का प्रचार किया और इसे लोकप्रिय बनाया ताकि अन्य हिन्दू राजा इस योजना में मुगलों के विरुद्ध इनका पक्ष लें और साथ दें। 1737 ई. में निजाम एवं मराठों के बीच **भोपाल की लड़ाई** हुई, जिसमें निजाम पराजित हुआ। तत्पश्चात् 1738 में दुरहसराय की परिषद् हुई *इस परिषद् में निम्न प्रावधान लाए गए*
  - — निजाम ने पेशवा को मुगल बादशाह से मालवा दिलवाने का वचन दिया।
  - — चम्बल तथा नर्मदा के बीच के प्रदेशों पर पूर्ण मराठा अधिकार स्वीकार किया, जिसकी पुष्टि मुगल बादशाह से होनी थी।
  - — निजाम ने ₹ 50 लाख युद्ध की क्षतिपूर्ति के रूप में मराठों को देना स्वीकार किया।
  - — 1739 ई. में बाजीराव ने पुर्तगीजों से सालसेट एवं बेसीन का क्षेत्र छीन लिया।

गुजरात तथा मालवा विजय

- 1573 ई. में अकबर की गुजरात विजय के पूर्व ही गुजरात, भारत तथा पश्चिमी एशिया तथा पूर्वी अफ्रीका के बीच व्यापार का प्रमुख केन्द्र बन गया था। 1705 ई. में खाण्डेराव दभाड़े के नेतृत्व में मराठों ने गुजरात पर एक धावा किया था। सैयद हुसैन अली और विश्वनाथ के बीच हुई बातचीत में मराठों ने गुजरात से भी चौथ प्राप्त करने का अधिकार माँगा था, परन्तु वे असफल रहे थे। इसके पश्चात् मराठों ने गुजरात पर अनेक अभियान किए तथा कई जिलों से चौथ ली।
- मुगल शासन लुप्तप्राय हो गया था। मार्च, 1730 में मुगल सूबेदार सरबुलन्द खाँ ने बाजीराव के छोटे भाई चिमनाजी के साथ सन्धि की, जिसमें मराठों का चौथ तथा सरदेशमुखी प्राप्त करने का अधिकार स्वीकार कर लिया गया था, परन्तु मुगल अधिकार की अन्तिम कड़ी 1753 ई. तक नहीं टूटी।
- मालवा उत्तर भारत तथा दक्कन को जोड़ने वाली एक कड़ी थी। यहाँ से दक्कन तथा गुजरात को जाने वाले व्यापार मार्ग गुजरते थे। मराठों ने महाराष्ट्र में मुगलों के आक्रमणों के प्रतिकार के रूप में मालवा पर 18वीं शताब्दी के आरम्भिक वर्षों में आक्रमण करने आरम्भ कर दिए थे। बालाजी विश्वनाथ ने 1719 ई. में मालवा से चौथ इत्यादि प्राप्ति के अधिकार को प्राप्त करने का असफल प्रयत्न किया था, जो कूटनीति तथा बातचीत द्वारा सफल नहीं हो सका, वहीं बाजीराव ने बाहुबल से प्राप्त करने का प्रयत्न किया। ऊदाजी पवार तथा मल्हारराव होल्कर ने आक्रमणों से मुगल सत्ता की जड़ें उखाड़ डालीं। सवाई जयसिंह, मोहम्मद खाँ बंगश तथा जयसिंह जैसे मुगल सूबेदार मराठों के आक्रमणों को रोकने में असफल रहे और 1735 ई. में पेशवा स्वयं उत्तर की ओर बढ़े। मालवा पर मुगलों की सत्ता लुप्तप्राय हो गई थी।

बुन्देलखण्ड की विजय

- बुन्देले, राजपूतों का एक कुल था। वे मालवा के पूर्व में यमुना तथा नर्मदा के बीच पहाड़ी प्रदेश में राज्य करते थे। उन्होंने अकबर, जहाँगीर तथा औरंगजेब से डटकर विरोध किया था। बुन्देलखण्ड इलाहाबाद की सूबेदारी में था, जब मोहम्मद खाँ बंगश इलाहाबाद का सूबेदार नियुक्त हुआ, तो उन्होंने बुन्देलों को समाप्त करने की ठानी, उन्हें कुछ सफलता मिली और उन्होंने जैतपुर जीत लिया।
- बुन्देल नरेश छत्रसाल ने मराठा सेना की सहायता माँगी। 1728 ई. में मराठों ने बुन्देलखण्ड के सभी विजित प्रदेश मुगलों से वापस छीन लिए। कृतज्ञ छत्रसाल ने पेशवा की शान में एक दरबार का आयोजन किया तथा काल्पी, सागर, झाँसी तथा हृदयनगर पेशवा को निजी जागीर के रूप में भेंट किया।

दिल्ली पर आक्रमण तथा भोपाल का युद्ध

- उत्तरी बुन्देलखण्ड पर आक्रमणों में मल्हार राव होल्कर के अधीन एक मराठा टुकड़ी ने यमुना नदी पार की तथा अवध पर आक्रमण कर दिया। सआदत खाँ की बहुसंख्यक घुड़सवार सेना के कारण उन्हें लौटना पड़ा। सआदत खाँ ने इसका एक अत्यन्त अतिशयोक्तिपूर्ण विवरण मुगल सम्राट को भेज दिया।
- पेशवा ने सम्राट को मराठा शक्ति की एक झलक दिखाने के लिए दिल्ली पर आक्रमण कर दिया। केवल 500 सवारों के साथ, जाटों तथा मेवातियों के प्रदेश को विद्युत गति से लाँघता हुआ, बाजीराव दिल्ली पहुँचा (29 मार्च, 1737)। मुगल सम्राट ने दिल्ली से भागने की तैयारी कर ली। बाजीराव दिल्ली केवल तीन दिन ठहरा, परन्तु सआदत खाँ और मुगल सम्राट के खोखलेपन का स्पष्ट प्रदर्शन हो गया।
- **पेशवा बाजीराव प्रथम** ने मुगल साम्राज्य के प्रति अपनी नीति को स्पष्ट करते हुए कहा था कि "हमें इस जर्जर वृक्ष के तने पर प्रहार करना चाहिए, शाखाएँ तो स्वयं ही गिर जाएँगी।
- ऐसे समय में जब मुगल सम्राट मराठों को अतिरिक्त रियायतें देने की सोच रहा था, निजाम ने सम्राट को उबारने का प्रयत्न किया। निजाम पहले ही मराठों की सैनिक शक्ति, चौथ इत्यादि प्राप्त करने से दु:खी था और उसने भोपाल में मराठों से टक्कर ली, हार खाई तथा फिर सन्धि करने पर बाध्य हुआ। परिणामस्वरूप निजाम ने पेशवा को सम्राट से मालवा दिलवाने का वचन दिया। इसके अतिरिक्त चम्बल तथा नर्मदा के बीच के प्रदेशों पर पूर्ण मराठा अधिकार स्वीकार किया, जिसकी पुष्टि सम्राट से होनी थी। निजाम ने 50 लाख रुपये युद्ध की क्षतिपूर्ति के लिए भी दिए।
- गुजरात से भी मराठे चौथ एवं सरदेशमुख वसूलते थे। शाहू ने गुजरात से कर वसूलने का अधिकार त्र्यम्बक राव दामादे को दे दिया, परन्तु दामादे मालवा तथा गुजरात की संयुक्त चौथ पर अधिकार चाहता था।

इस प्रकार दामादे के प्रभाव को रोकने के लिए सैनिक कार्यवाही की गई। डमोई के युद्ध में त्र्यम्बक राव मारा गया। अन्तत: 1738 ई. में गुजरात मराठा राज्य में मिला लिया गया। इस प्रकार मराठों को मालवा मिला तथा निजाम को पूर्णरूपेण पराजय का मुँह देखना पड़ा, परिणामस्वरूप उत्तर में मराठा शक्ति का उदय हुआ।

बालाजी बाजीराव (1740–61 ई.)

- इस समय तक पेशवा पद पैतृक बन गया था। जब 1740 ई. में बाजीराव की मृत्यु हुई तो शाहू ने बालाजी बाजीराव को इस पद पर नियुक्त कर दिया। इससे पूर्व ही शक्ति छत्रपति के हाथ में केन्द्रित न रहकर बाजीराव प्रथम के हाथों में आ चुकी थी। 1750 ई. में होने वाली संगोला सन्धि (मराठा छत्रपति राजाराम द्वितीय के साथ) के अनुसार, संवैधानिक क्रान्ति द्वारा यह प्रक्रिया पूरी हो गई। इसके पश्चात् मराठा छत्रपति केवल नाममात्र के राजा रह गए और महलों के महापौर बन गए तथा मराठा संगठन का वास्तविक नेता पेशवा बन गया।
- बालाजी बाजीराव ने अपने पिता के अपूर्ण कार्य को पूरा करने की ठानी। उन्होंने मराठा शक्ति का उत्तर और दक्षिण में और अधिक प्रसार किया। मराठा सामन्तों ने भारत में अनेक स्थानों पर अपना प्रभुत्व स्थापित कर लिया। गुजरात, मालवा तथा बुन्देलखण्ड सीधे उनके प्रशासन के अधीन आ गए। मराठा सेनाएँ बंगाल में पहुँच गई थीं तथा कटक को लूट चुकी थीं। निजाम हार गया था, मैसूर के महाराज के अनेक भाग छीन लिए थे।

बालाजी बाजीराव की कुछ सामरिक भूलें

- बालाजी ने तीव्रगामी पैदल सैनिकों के बदले घुड़सवार सैनिकों को काफी अधिक महत्त्व दिया। इसने बहुत से गैर-मराठा तत्त्वों को मराठा सेना में शामिल कर लिया।
- सैनिक ढाँचे में भी कमी आ गई, अब लश्करों में स्त्रियों को भी रखा जाने लगा। उसने अपने पिता के 'हिन्दूपद पादशाही' के आदर्श को छोड़ दिया।

मालवा और बुन्देलखण्ड में मराठा शक्ति का समीकरण

- मराठा सैनिक मालवा से चौथ लेते थे, परन्तु उनका नियन्त्रण सम्पूर्ण नहीं था। जयसिंह की मध्यस्थता से 4 जुलाई, 1741 को मुगल सम्राट ने एक फरमान द्वारा राजकुमार अहमद को मालवा का सूबेदार तथा पेशवा को नायब सूबेदार नियुक्त कर दिया। इसके बदले में पेशवा सम्राट को 4,000 सैनिक आवश्यकता पड़ने पर देगा। इस प्रकार मालवा प्रशासन, फौजदारी न्याय सहित मराठों के हाथ में आ गया। बुन्देलखण्ड मराठों के दोआब तथा अवध पर आक्रमण का आधार बन सकता था और वे बंगाल और बिहार की ओर भी प्रसार कर सकते थे।
- 1729 ई. में बाजीराव प्रथम द्वारा प्राप्त की गई रियायतों के पश्चात् भी मराठों ने इस प्रदेश में बहुत प्रभाव स्थापित नहीं किया था। 1742 ई. में मराठों ने ओरछा के बुन्देला सरदार को परास्त कर झाँसी पर अधिकार कर लिया तथा झाँसी बुन्देलखण्ड में मराठा उपनिवेश बन गया।

पूर्व तथा दक्षिण में मराठा प्रभाव का प्रसार

- तंजौर के मराठा सरदार कर्नाटक के नवाब दोस्त अली के हाथों दु:खी थे। बराड़ से रघुजी भोंसले ने कर्नाटक के विरुद्ध एक अभियान भेजा ताकि वह दोस्त अली को नियन्त्रण में ला सके। युद्ध में दोस्त अली मारा गया तथा उसके पुत्र ने सन्धि कर ली। मराठों ने त्रिचनापली (तिरुचिरापल्ली) का घेरा सफलतापूर्वक सम्पन्न कर दोस्त अली के जमाता चन्दा साहिब को बन्दी बना सतारा भेज दिया।
- इसके पश्चात् रघुजी ने पूर्व में बंगाल, बिहार तथा उड़ीसा से चौथ माँगी और अपने वित्त मन्त्री भास्कर पन्त को इस उद्देश्य से भेजा। नवाब अलीवर्दी खाँ मराठों को रोक तो नहीं सके, परन्तु उन्होंने 1744 ई. में भास्कर राव को धोखे से मरवा दिया। फलस्वरूप रघुजी ने बंगाल पर आक्रमण किया तथा प्रदेश में लूटमार की। अलीवर्दी खाँ को बाध्य होकर उड़ीसा त्यागना पड़ा और उसने बंगाल से चौथ के रूप में 12 लाख रुपये वार्षिक देना स्वीकार किया (1751 ई.)।

निजामउल-मुल्क

- जो 1713-15 ई. और 1720-21 ई. तक दक्कन का वायसराय रह चुका था, 1724 ई. में पुन: दक्कन में विराजमान हुआ, चूँकि वह स्वयं एक स्वायत्त राज्य बनाना चाहता था, वह मराठों से ईर्ष्या करता था, उसने इस प्रश्न को हल करने के लिए कूटनीति अपनाई। यह जानते हुए कि वह मराठों के देश में जीत नहीं सकता।
- उसने कोल्हापुर गुट को प्रोत्साहित कर मराठों के बीच फूट डलवाने का प्रयत्न किया, जब 1725-26 ई. में बाजीराव कर्नाटक गया हुआ था, तो उसने शम्भूजी की सैनिक सहायता की और शाहू को अपनी अधीनता स्वीकार कराने में लगभग सफलता प्राप्त की, परन्तु पेशवा ने लौटकर इस बिगड़ी परिस्थिति को सँभाल लिया और 7 मार्च, 1728 को पालखेड़ के समीप निजाम को करारी हार दी, उसे **मुंगी शिवागाँव की सन्धि** मानने पर बाध्य कर दिया, जिसके अनुसार निजाम ने शाहू को चौथ तथा सरदेशमुखी देना, शम्भूजी को सहायता न देना, विजित प्रदेश लौटाना तथा बन्दी छोड़ देना स्वीकार किया।
- निजाम की इस हार से दक्कन में मराठों की सर्वोच्चता स्थापित हो गई और उनका पूर्व तथा दक्षिण में प्रसार करना अब केवल समय का प्रश्न था। शम्भू जी के षड्यन्त्र असफल हो गए और अन्त में उसने वारना की सन्धि (अप्रैल, 1731) से शाहू की अधीनता स्वीकार कर ली। सबसे महत्त्वपूर्ण बात यह थी कि इससे सब लोग बाजीराव की कूटनीति तथा सैनिक नेतृत्व का लोहा मान गए और उन्हें अपने स्वप्न साकार करने की प्रेरणा मिली।

निजाम से युद्ध

- 1745 ई. में आसफजाह की मृत्यु पर उसके उत्तराधिकारियों में गृहयुद्ध छिड़ गया और पेशवा को खानदेश तथा बराड़ में अपना अधिकार स्थापित करने का अवसर मिला, परन्तु निजाम ने फ्रांसीसी जनरल बुस्सी के नेतृत्व में तोपखाने का प्रयोग किया और पेशवा को विशेष सफलता प्राप्त नहीं करने दी।
- युद्ध दीर्घकालीन हो गया और अन्त में निजाम ने बराड़ का आधा भाग मराठों को दे दिया (भलकी की सन्धि, 1752 ई.)। अंग्रेजों तथा फ्रांसीसियों के बीच सप्तवर्षीय युद्ध (1756-63 ई.) छिड़ गया। बुस्सी को हैदराबाद से वापस बुला लिया गया और पेशवा ने इस अवसर का लाभ उठाकर निजाम से गोदावरी के उत्तरी प्रदेश की माँग की। दिसम्बर, 1757 में सिन्दखेड़ में भीषण युद्ध हुआ। निजाम ने बाध्य होकर, 25 लाख रुपये वार्षिक कर देने योग्य प्रदेश, नालदुर्ग समेत मराठों को दे दिए। दिसम्बर, 1759 में पुनः युद्ध

छिड़ गया और जनवरी, 1760 में हुए उदगीर के युद्ध में निजाम ने करारी हार खाई। मराठों ने 60 लाख रुपये वार्षिक कर का प्रदेश, जिसमें अहमदनगर, दौलताबाद, बुरहानपुर तथा बीजापुर नगर सम्मिलित थे, प्राप्त कर लिए।

मराठों का पंजाब तथा दिल्ली में उलझना

- मुगल सम्राटों की दुर्बलता के कारण विघटन तत्त्वों को प्रोत्साहन मिला। पठान तथा रुहेले अहमदशाह अब्दाली की सहायता से दिल्ली में पठान राज्य स्थापित करना चाहते थे। दरबार के षड्यन्त्रों के कारण मराठों को दिल्ली की राजनीति में हस्तक्षेप करने का अवसर मिला था।
- 1751 ई. में अब्दाली के आक्रमण से भयभीत होकर सफदरजंग ने मराठों से सहायता माँगी। अप्रैल, 1752 में एक करारनामा किया गया, जिसमें 50 लाख रुपये वार्षिक के बदले मराठों ने मुगल साम्राज्य को आन्तरिक तथा बाह्य आरक्षण का वचन दिया, उन्हें अजमेर के प्रदेश भी मिल गए तथा पंजाब, सिन्ध तथा दोआब के प्रदेश से चौथ प्राप्त करने का अधिकार भी मिल गया। इस समझौते के होते हुए भी सम्राट ने अब्दाली को पंजाब दे दिया। यद्यपि यह करारनामा सम्राट ने पूर्णरूपेण स्वीकार नहीं किया फिर भी इससे मराठों की पिपासा जाग उठी।
- जनवरी, 1757 में अब्दाली पुनः पंजाब आया तथा उसने दिल्ली और मथुरा के बीच के प्रदेश लूटे, मन्दिर तोड़े तथा हिन्दुओं को मारा। मराठा सेना, पूना से रघुनाथराव तथा मल्हारराव होल्कर की अध्यक्षता में दिल्ली भेजी गई। मार्च, 1758 में अब्दाली काबुल लौट गया। दूसरी ओर मराठे अगस्त में दिल्ली पहुँचे। रघुनाथ राव ने सम्राट को पुनः दिल्ली के सिंहासन पर बैठा दिया और अब सतलज से बनारस तक मराठा पताका फहरा रही थी। अप्रैल, 1758 में मराठों ने लाहौर से अब्दाली के एजेण्ट को निकालकर समस्त पंजाब पर अधिकार स्थापित कर लिया।

प्रमुख पेशवा शासक

बालाजी विश्वनाथ	1713 ई.-1720 ई.
बाजीराव प्रथम	1720 ई.-1790 ई.
बालाजी बाजीराव	1740 ई.-1761 ई.
माधवराव	1761 ई.-1772 ई.
नारायण राव	1772 ई.-1773 ई.
माधवराव नारायण	1774 ई.-1796 ई.
बाजीराव द्वितीय	1796-1818 ई.

माधवराव (1761-1772 ई.)

- पानीपत की लड़ाई में मराठों की हार तथा बालाजी की अकस्मात् मृत्यु के बाद उसका पुत्र माधवराव प्रथम पेशवा बना, उसने हैदराबाद के निजाम और हैदरअली को चौथ देने के लिए बाध्य किया।
- 1772 ई. में क्षय रोग से माधवराव प्रथम की मृत्यु हो गई, उसकी मृत्यु के बारे में **ग्राण्ट डफ** ने लिखा है—"मराठा साम्राज्य के लिए पानीपत का मैदान उतना घातक सिद्ध नहीं हुआ, जितना कि इस श्रेष्ठ शासक का असामयिक देहावसान।"

नारायण राव (1772-1773 ई.)

- माधवरांव की मृत्यु के पश्चात् उसका छोटा भाई नारायण राव पेशवा बना, किन्तु चाचा रघुनाथ राव ने स्वयं पेशवा बनने के लिए 1773 ई. में उसकी हत्या कर दी।

माधव नारायण राव (1774-1796 ई.)

पेशवा नारायण राव की हत्या कर **रघुनाथ राव** अंग्रेजों की शरण में भाग गया, जबकि नया पेशवा माधव नारायण राव अल्पायु थ अतः मराठा राज्य के संचालन के लिए 12 सदस्यों की परिषद् का निर्माण हुआ, जिसमें
नाना फड़नवीस, सखाराम बापू, महादजी सिन्धिया जैसे प्रमुख सरदार शामिल थे।

पेशवा बाजीराव द्वितीय (1796-1818 ई.)

- माधव नारायण की मृत्यु के पश्चात् राघोबा का पुत्र बाजीराव द्वितीय पेशवा बना।
- उसने जसवन्त होल्कर के भाई की हत्या करवा दी, जिसके परिणामस्वरूप होल्कर ने उस पर आक्रमण कर दिया। अतः अपनी सुरक्षा हेतु उसने अंग्रेजों से 31 दिसम्बर, 1802 को बसीन की सन्धि कर ली, जिसके तहत उसने अंग्रेजो का संरक्षण स्वीकार कर 60,000 अंग्रेजी सेना को पूना में रखना स्वीकार किया।
- इस सेना के बदले उसने सूरत तथा 26 लाख वार्षिक आय वाला क्षेत्र अंग्रेजों को दे दिया। अपने विदेशी मामले कम्पनी के अधीन कर दिए तथा निजाम से चौथ वसूलने का अधिकार भी अंग्रेजों को दे दिया।

मराठा राज्यसंघ

- मुगल सत्ता के अवसान के दौर में जिस भारतीय शक्ति का सबसे ज्यादा उत्थान हुआ, वह शक्ति थी 'मराठा शक्ति'। मराठा राष्ट्रभाव की भावना से ओत-प्रोत यह शक्ति शिवाजी के कुशल नेतृत्व में स्थापित हुई थी। क्षेत्रीय स्वतन्त्रता की भावना के कारण मराठों ने सदैव मुगल सत्ता को चुनौती प्रदान की एवं स्वतन्त्र मराठा राज्य के निर्माण का प्रयास किया।
- इस घोषणा के द्वारा वह वस्तुतः अपने राज्य के औचित्य को सिद्ध करना चाहता था। शिवाजी की मृत्यु के पश्चात् मराठा राज्य का नेतृत्व शम्भाजी (1680-89 ई.), राजाराम (1689-1700 ई.), ताराबाई/शिवाजी द्वितीय (1700-07 ई.) और शाहूजी (1707-49 ई.) के हाथों में रहा। इस क्रम में पेशवाओं की अहम भूमिका रही।
- मराठा राज्य के विस्तार के क्रम में यह महसूस किया गया कि पूना से पूरे भारत पर शासन करना व्यावहारिक रूप से सम्भव नहीं है, इसलिए पेशवा ने महत्त्वाकांक्षी मराठा सरदारों को सम्बन्धित क्षेत्र को जीतने का अधिकार दे दिया, बशर्ते कि वे सैद्धान्तिक तौर पर पेशवा की अधीनता स्वीकार करें एवं समय-समय पर स्वयं उपस्थित होकर या अपने प्रतिनिधि के माध्यम से पूना दरबार में नजराना पेश करें। **दूसरे शब्दों में**, "ये महत्त्वाकांक्षी सरदार सैद्धान्तिक तौर पर तो पूना दरबार की अधीनता स्वीकार करते थे एवं व्यावहारिक तौर पर स्वतन्त्र होते थे।"
- इस क्रम में ग्वालियर के सिन्धिया, बड़ौदा के गायकवाड़, नागपुर के भोंसले एवं इन्दौर के **होल्कर** मराठा परिवार का उदय हुआ। ये चारों मराठा परिवार एवं पूना के पेशवा को मिलाकर जिस नई राजनीतिक संरचना का जन्म हुआ, वह मराठा परिसंघ कहलाया।
- मराठा परिसंघ के दौर में मराठा-साम्राज्य का अधिकतम विस्तार हुआ। कहा जाता है कि मराठे घोड़े की टाप कटक (उड़ीसा) से अटक

(पेशावर) तक सुनाई देती थी एवं मराठे घोड़े एक ही साथ कृष्णा नदी से लेकर सिन्धु नदी तक पानी पी रहे थे।

पानीपत का तृतीय युद्ध (14 जनवरी, 1761)

- पानीपत का तृतीय युद्ध मराठा पेशवा **बालाजी बाजीराव** एवं अफगानिस्तान के शासक **अहमदशाह अब्दाली** के बीच हुआ था। इस युद्ध का तात्कालिक कारण मराठों द्वारा लाहौर, (पंजाब) के वायसराय (जिसकी नियुक्ति अब्दाली ने की थी) तैमूरशाह का निष्कासन था। पानीपत के तृतीय युद्ध में नजीबुद्दौला ने अवध के नवाब शुजाउद्दौला, रूहेला सरदार हाफिज रहमत खाँ और सादुल्ला खाँ से अब्दाली को समर्थन दिलाया। जाट (सूरजमल) राजपूत एवं सिक्खों ने भी मराठा का साथ नहीं दिया।
- इस युद्ध में मराठा तोपखाने का नेतृत्व **इब्राहिम खाँ गार्दी** ने किया था। सेनापति विश्वास राव, सदाशिवराव भाऊ, जसवन्त राव पँवार एवं तुकोजी सिन्धिया जैसे व्यक्ति इस युद्ध में मारे गए। इतिहासकार जे. एन. सरकार के अनुसार 'महाराष्ट्र में सम्भवत:' कोई ऐसा परिवार होगा, जिसने कोई-न-कोई सम्बन्धी न खोया हो तथा कुछ परिवारों का तो अन्त ही हो गया। इस युद्ध में मराठा पराजित हुए। इस युद्ध के एकमात्र प्रत्यक्षदर्शी इतिहासकार काशीराज पण्डित थे। इनके अनुसार, ''पानीपत का तृतीय युद्ध मराठों के लिए प्रलयकारी सिद्ध हुआ।''
- पेशवा इस युद्ध की हार को सहन नहीं कर सका, परिणामस्वरूप 1761 ई. में पेशवा बालाजी बाजीराव की मृत्यु हो गई।

मराठों की सन्धियाँ

सन्धि	वर्ष	सन्धिकर्त्ता
पुरन्दर की सन्धि	1665	जयसिंह व शिवाजी
वारना की सन्धि	1731	सतारा (शाहू) व कोल्हापुर (ताराबाई)
मुंगी शिवागाँव की सन्धि	1728	बाजीराव व निजामउलमुल्क
दुरई-सराय की सन्धि	1738	मराठा व निजाम
संगोला की सन्धि	1750	राजाराम व पेशवा
झलकी की सन्धि	1752	निजाम व मराठा
राक्षस-भुवन की सन्धि	1763	माधवराव प्रथम व निजाम

पानीपत के तृतीय युद्ध ने भारतीय राजनीति में एक निर्णायक मोड़ ला खड़ा किया। मराठो, (जो मुगलों के अवसान के दौर में सबसे प्रमुख भारतीय शक्ति बनकर उभरे थे, का पतन हो गया) अब मराठे सर्वप्रमुख भारतीय शक्ति न रहकर एक शक्ति मात्र बनकर रह गए। मराठों से इस बात की अपेक्षा की गई थी कि वे मुगलों का स्थान ग्रहण करेंगे, लेकिन वे ऐसा करने में असफल हुए क्योंकि मराठे भी अन्तत: उसी पतनशील आर्थिक, सामाजिक व्यवस्था का प्रतिनिधित्व कर रहे थे, जिसका प्रतिनिधित्व मुगल साम्राज्य कर रहे थे।

मराठा प्रशासन

शिवाजी का राजत्व प्राचीन हिन्दू आदर्शों पर आधारित था। उनका साम्राजय वस्तुत: दो भागों में विभक्त था। प्रथम वह भाग जो सीधे शिवाजी (मराठों) के अधीन था और **स्वराज** (मुल्क-एक-कदिम) कहलाता था तथा द्वितीय वह क्षेत्र जो मुगलों अथवा बीजापुर के अधिकार में था, परन्तु शिवाजी (मराठे) वहाँ चौथ वसूलते थे। शिवाजी ने रघुनाथ पण्डित हनुमन्ते के निरीक्षण में राजव्यवहार कोश नाम से शासकीय शब्दावली का शब्दकोश तैयार करवाया।

राजा की स्थिति

राजपद वंशानुगत था तथा मराठा राजा शासन का प्रधान होता था, जिसके हाथ में सारी शक्तियाँ केन्द्रित रहती थीं। सिद्धान्तः वह स्वेच्छाचारी और निरंकुश शासक होता था, राजपद वंशानुगत था, परन्तु व्यवहार में वह प्रजावत्सल शासक के समान कार्य करता था। शिवाजी प्रशासन में व्यक्तिगत रुचि रखते थे और अधिकारियों पर नियन्त्रण बनाए रखते थे।

केन्द्रीय प्रशासन (अष्टप्रधान)

शिवाजी ने प्रशासन में सहायता देने के लिए आठ मन्त्रियों की नियुक्ति की थी, जिन्हें अष्टप्रधान (आठ मन्त्रियों की एक परिषद्) कहा जाता था। इनका कार्य विभिन्न विभागों की देखभाल करना एवं राजा को परामर्श देना था। राजा परामर्श मानने को बाध्य नहीं था अर्थात् यह एक नाममात्र की संस्था थी। इन मन्त्रियों की स्थिति मन्त्रिपरिषद् से भिन्न थी। अष्टप्रधानों की सहायता के लिए अनेक पदाधिकारी थे; जैसे—दीवान, मजूमदार। फड़नवीस अर्थ विभाग देखते थे, सवनिस राजकीय दस्तावेज रखता था। कारखानिस सेना की आवश्यकताओं की पूर्ति करता था। चिटनिस राजकीय आज्ञा-पत्रों, जमादार खजाने का और पोतनिस प्रतिदिन के खर्च के लिए धन की व्यवस्था करता था। प्रान्तीय प्रशासक 'सर-कारकुन' के नाम से जाने जाते थे। अधिकांश मन्त्री ब्राह्मण जाति से बनाए जाते थे। यहाँ कर्मचारियों की सुख-सुविधा की पूरी व्यवस्था होती थी तथा उन्हें नकद वेतन दिया जाता था। इनके कार्यों पर कड़ा नियन्त्रण रखा जाता था तथा सबसे निचली इकाई गाँव था।

केन्द्रीय प्रशासन के अन्तर्गत निम्नलिखित पदाधिकारी शामिल थे

- ***पेशवा अथवा मुख्य प्रधान*** यह राजा का प्रधानमन्त्री होता था। इसका कार्य सम्पूर्ण राज्य के शासन की देखभाल करना था, जो राजा की अनुपस्थिति में उसके कार्यों की देखभाल भी करता था। सरकारी-पत्रों तथा दस्तावेजों पर राजा के नीचे अपनी मुहर लगाता था।
- ***अमात्य अथवा मजमुआदार*** यह वित्त एवं राजस्व मन्त्री होता था। इसका मुख्य कार्य आय-व्यय के सभी लेखों की जाँच कर उस विवाद को अन्तिम रूप देना होता था।
- ***वाकियानवीस अथवा मन्त्री*** राजा के दैनिक कार्य तथा दरबार की प्रतिदिन की कार्यवाही का विवरण रखता था।
- ***सुर-नवीस अथवा सचिव*** राजकीय पत्र व्यवहार का कार्य देखना तथा परगनों के हिसाब की जाँच करना आदि।
- ***दबीर या सुमन्त*** यह विदेश मन्त्री होता था।
- ***सेनापति अथवा सर-ए-नौबत*** सेना की भर्ती, संगठन, रसद आदि का प्रबन्ध इसके प्रमुख कार्य थे।
- ***पण्डितराव*** विद्वानों और धार्मिक कार्यों के लिए दिए जाने वाले अनुदानों का दायित्व निभाता था।
- ***न्यायाधीश*** यह मुख्य न्यायाधीश होता था (राजा के बाद)। इसके अधिकार क्षेत्र में राज्य के समस्त दीवानी तथा फौजदारी के मामले आते थे।

सैन्य संगठन

- मराठा सैन्य संगठन अत्यन्त उत्कृष्ट था, उनके पास एक विशाल और स्थायी सेना थी, जो विभिन्न टुकड़ियों में विभाजित थीं। शिवाजी की

नियमित और व्यक्तिगत सेना की टुकड़ी पागा और बरगीर के नाम से जानी जाती थी। इस टुकड़ी में करीब 45000 सर्वश्रेष्ठ घुड़सवार थे। यह सेना सेनापति के अधीन थी। सेना को विभिन्न टुकड़ियों में विभक्त कर क्रमशः पंचहजारी, एकहजारी, जुमलादार और हवलदार के सुपुर्द कर दिया गया था। इनको नकद वेतन दिया जाता था।

- **सिलेदार** वे सैनिक थे, जो अपने साजो-सामान की व्यवस्था स्वयं करते थे। पैदल सैनिक **पाइक** के नाम से जाने जाते थे। सेनापति के नीचे क्रमशः सातहजारी, एकहजारी, जुमलादार, हवलदार और नायक होते थे। मराठा सेना में ऊँट, हाथी, तोपखाना और एक जलबेड़ा भी शामिल था। मराठा शासन में दुर्गों एवं किलों का महत्त्वपूर्ण स्थान था तथा किले की सुरक्षा हवलदार के अधीन थी। इसमें तीन जातियों के तीन प्रकार के कर्मचारी होते थे। शिवाजी ने कोलाबा में एक जलबेड़ा भी बनाया था।

प्रान्तीय प्रशासन

- सम्पूर्ण मराठा साम्राज्य विभिन्न प्रान्तों में विभक्त था। इन प्रान्तों की दो श्रेणियाँ थीं—स्वराज्य और मुगलई। स्वराज्य वे प्रान्त थे, जो शिवाजी के प्रत्यक्ष नियन्त्रण में थे, ऐसे प्रान्त तीन भागों में बँटे थे—उत्तरी प्रान्त, दक्षिणी प्रान्त और दक्षिण-पूर्वी प्रान्त। मुगलई नवविजित क्षेत्र थे, जोकि मुगलों या अन्य शासकों के अधीन थे। इन प्रान्तों के प्रशासक को *'सर-कारकुन'* के नाम से जाना जाता था। वे ही प्रान्तों में व्यवस्था बनाए रखते थे।
- प्रान्तों से छोटी इकाई परगना थी। एक परगने में अनेक ग्राम होते थे। परगना का प्रशासक देशमुख तथा सैनिक अधिकारियों एवं स्थानीय कर्मचारियों के अधीन था। गाँवों की व्यवस्था पटेल और ग्राम-पंचायतें देखती थीं। गाँवों को प्रशासनिक स्वायत्तता प्रदान की गई थी तथा चौगुले पटेल को प्रशासनिक कार्य में सहायता करते थे।

न्यायिक व्यवस्था

- मराठा साम्राज्य में न्याय निष्पक्ष किया जाता था। राजा सर्वोच्च न्यायाधीश होता था। उसके बाद न्यायाधीश राज्य का प्रमुख न्यायिक अधिकारी होता था। न्याय व्यवस्था हिन्दू व्यवस्था तथा धर्मग्रन्थों पर आधारित थी।
- मराठों के न्यायालय को हाजिर-मजलिस कहते थे। गाँवों की न्याय व्यवस्था पंचायतें देखती थीं। दण्ड विधान कठोर थे, जिससे अपराध कम हों।

राजस्व व्यवस्था

- मराठा प्रशासन में भू-राजस्व मालिक अम्बर की **रैयतवाड़ी व्यवस्था** पर आधारित था। शिवाजी राजस्व वसूली में बिचौलियाा या मध्यस्था (Middle Man) को समाप्त करना चाहते थे। शिवाजी द्वारा भूमि माप इकाई के रूप में जरीब चलाया गया था, जिसे **काठो** कहा जाता था।
- भू-राजस्व आरम्भ में उपज का 1/3 भाग लिया जाता था। बाद में शिवाजी ने अन्य स्थानीय करों एवं चुंगियों को समाप्त कर दिया तथा इसे बढ़ाकर उपज का 2/5 भाग (40%) कर दिया। भू-राजस्व नकद तथा अनाज दोनों में लिया जाता था।

चौथ तथा सरदेशमुखी

मराठा कराधान प्रणाली में दो सर्वाधिक महत्त्वपूर्ण कर-चौथ और सरदेशमुखी थे। चौथ के विषय में इतिहासकार एकमत नहीं हैं।
रानाडे के अनुसार, ''चौथ एक **सैन्य-कर** था, जो तीसरी शक्ति के आक्रमण से सुरक्षा प्रदान करने के बदले में वसूल किया जाता था।''
सरदेसाई के अनुसार ''चौथ विजित क्षेत्रों से वसूल किया जाने वाला कर था।''
यदुनाथ सरकार के अनुसार, ''यह मराठा आक्रमण से बचने के लिए वसूल किया जाने वाला कर था।'' चौथ विजित राज्यों के क्षेत्रों से उपज के एक-चौथाई (1/4 भाग) के रूप में वसूल किया जाता था। सरदेशमुखी आय के 10% या 1/10 अंश के रूप में होता था, जो एक अतिरिक्त कर था।
शिवाजी के अनुसार देश के वंशानुगत सरदेशमुख (प्रधान मुखिया) होने के नाते और लोगों के हितों की रक्षा करने के बदले, उन्हें सरदेशमुखी लेने का अधिकार है।

मराठाकालीन अधिकारी

मजूमदार	**आय-व्यय का निरीक्षक**
मिरासदार	जमींदार
पाटिल या पटेल	ग्राम का मुखिया या मुख्य अधिकारी, जो कर सम्बन्धी, न्यायिक तथा अन्य प्रशासनिक कार्य करता था।
कुलकर्णी (लेखपाल)	भूमि का लेखा-जोखा रखता था।
चौगुले	पटेल का सहायक तथा कुलकर्णी के लेखे की देखभाल करता था।
बारह वलूटे (शिल्पी)	ग्राम की औद्योगिक आवश्यकताओं की पूर्ति करते थे।
मामलतदार एवं कामविसदार	ग्रामों में कर निर्धारण पटेल के परामर्श से करते थे। इसके अतिरिक्त ये जिले में पेशवा के प्रतिनिधि होते थे।
देशमुख	मामलतदार के ऊपर नियन्त्रण रखते थे।
देशपाण्डे (जिलाधिकारी)	उनकी पुष्टि के बिना कोई लेखा स्वीकार नहीं किया जाता था।
कामविसदार	चौथ वसूल करना

मराठा साम्राज्य के पतन के कारण

किसी भी साम्राज्य का उत्थान एवं पतन क्रमिक प्रक्रिया का परिणाम होता है। मराठा साम्राज्य के पतन को भी इसी सन्दर्भ में देखे जाने की आवश्यकता है। *मराठों के पतन के लिए निम्नलिखित कारण उत्तरदायी हैं*

- मराठों का आपसी विभाजन होल्कर, सिन्धिया, पेशवा, भोंसले एवं गायकवाड़)।
- मराठों की राजनीतिक अदूरदर्शिता।
- पानीपत के तृतीय युद्ध का परिणाम।
- मराठों का दक्षिण के राज्यों के साथ लम्बे समय तक संघर्षरत् रहना।
- योग्य मराठा पेशवा का अभाव।
- मराठों की आर्थिक दुर्बलता।
- युद्ध की परम्परागत पद्धति।
- अंग्रेजों का महत्त्वपूर्ण शक्ति के रूप में उदय।

अभ्यास प्रश्न

1. स्वतन्त्र मराठा राज्य की स्थापना निम्नलिखित में से किसके द्वारा की गई?
(a) छत्रपति शिवाजी (b) शाहजी भोंसले
(c) बालाजी विश्वनाथ (d) राजाराम

2. शिवाजी का जन्म 1627 ई. में कहाँ हुआ था ?
(a) तोरण किला में (b) शिवनेर किला में
(c) रायगढ़ में (d) गुन्नार किला में

3. शिवाजी के जीवन पर सर्वाधिक प्रभाव उनके किस गुरु का पड़ा?
(a) गुरु नामदेव (b) गुरु तुकाराम
(c) गुरु रामदास (d) गुरु ज्ञानेश्वर

4. शिवाजी को 12 वर्ष की आयु में अपने पिता शाहजी भोंसले से कहाँ की जागीर प्राप्त हुई थी ?
(a) बीजापुर (b) रायगढ़ (c) सूरत (d) पूना

5. दादा कोण्डदेव जो शिवाजी के अभिभावक एवं संरक्षक थे, का निधन किस वर्ष हुआ ?
(a) 1640 ई. (b) 1645 ई. (c) 1647 ई. (d) 1648 ई.

6. शिवाजी ने मराठा साम्राज्य की विस्तार की प्रक्रिया में सर्वप्रथम किस क्षेत्र को 1643 ई. में वर्जित किया ?
(a) सिंहनगढ़ (b) चाकन (c) तोरण (d) कल्याण

7. नीलोजी नीलकण्ड से छत्रपति शिवाजी ने निम्नलिखित में कौन-सा क्षेत्र छीना ?
(a) चाकन (b) पुरन्दर (c) कल्याण (d) भिवानी

8. शिवाजी ने अपनी राजधानी के रूप में निम्नलिखित में से किसे चुना ?
(a) रायगढ़ (b) कुमलगढ़ (c) असीरगढ़ (d) जाबली

9. शिवाजी के बढ़ते प्रभाव से चिन्तित होकर बीजापुर के शासक ने निम्नलिखित में से किसे शिवाजी की हत्या करने के लिए भेजा था?
(a) शाइस्ता खाँ को (b) अफजल खाँ को
(c) जय सिंह को (d) मुअज्जम प्रथम को

10. अफ़जल खाँ जब शिवाजी से मिलने प्रतापगढ़ के जंगल में आया था, तो वह अपने साथ एक प्रसिद्ध तलवारबाज को लाया था, उसका क्या नाम है ?
(a) सैयद बांदा (b) गोपीनाथ (c) कृष्णजी भास्कर (d) हसन खाँ

11. औरंगजेब ने किस वर्ष शाइस्ता खाँ को शिवाजी के विरुद्ध लड़ने के लिए भेजा था?
(a) 1659 ई. (b) 1660 ई.
(c) 1665 ई. (d) 1670 ई.

12. शिवाजी द्वारा सूरत की प्रथम लूट धन प्राप्ति के उद्देश्य से कब की गई थी?
(a) 1660 ई. (b) 1662 ई. (c) 1664 ई. (d) 1670 ई.

13. पुरन्दर की सन्धि शिवाजी एवं जयसिंह के बीच कब हुई थी ?
(a) 1660 ई. (b) 1665 ई.
(c) 1670 ई. (d) 1675 ई.

14. पुरन्दर को सन्धि के द्वारा (जयसिंह के आश्वासन पर) शिवाजी किस वर्ष अपने पुत्र शम्भाजी के साथ युगल शासक औरंगजेब से मिलने के लिए आगरा गए थे?
(a) 1666 ई. (b) 1667 ई. (c) 1670 ई. (d) 1680 ई.

15. किस मुगल शासक ने शिवाजी को राजा को उपाधि से सम्मानित कर बीजापुर तथा गोलाकुण्डा में चौथ वसूलने का अधिकार दिया था ?
(a) शाहजहाँ (b) औरंगजेब
(c) मुअज्जम प्रथम (d) जहाँदार शाह

16. शिवाजी ने अपना राज्याभिषेक 1674 ई. में कहाँ करवाया था ?
(a) रायगढ़ (b) पन्हाला
(c) तोरण (d) भिवानी

17. शिवाजी के राज्याभिषेक के समय निम्नलिखित में कौन एक ब्रिटिश अधिकारी उपस्थित था?
(a) कैप्टन थॉमस (b) जॉर्ज हेनरी ऑक्साइडन
(c) रीड (d) जॉर्ज एलिफिस्टन

18. भारतीय इतिहास में औरंगजेब के बाद द्वितीय शासक कौन है, जिसने अपना राज्याभिषेक दो बार करवाया था?
(a) शाहआलम प्रथम (b) छत्रपति शिवाजी
(c) छत्रपति शम्भाजी (d) छत्रपति शाहू

19. मराठा साम्राज्य के संस्थापक छत्रपति शिवाजी की मृत्यु किस वर्ष हुई थी?
(a) 1679 ई. में (b) 1680 ई. में
(c) 1682 ई. में (d) 1984 ई. में

20. छत्रपति साहू ने सेनाकर्ते नामक पद का निर्माण कर सर्वप्रथम किस व्यक्ति को यह पद दिया था?
(a) बालाजी विश्वनाथ (b) बालाजी बाजीराव
(c) बाजीराव प्रथम (d) मोरोपन्त पिंगले

21. बालाजी विश्वनाथ को मराठा साम्राज्य का प्रथम पेशवा किसने नियुक्त किया था?
(a) छत्रपति शाहू (b) छत्रपति शम्भाजी
(c) छत्रपति शिवाजी द्वितीय (d) छत्रपति राजाराम

22. छत्रपति शाहू ने किस वर्ष मराठा साम्राज्य के द्वितीय पेशवा के रूप में बाजीराव प्रथम को नियुक्त किया था?
(a) 1715 ई. में (b) 1720 ई. में
(c) 1725 ई. में (d) 1730 ई. में

23. भोपाल की लड़ाई 1737 ई. में निम्नलिखित में से किसके बीच हुई थी ?
(a) निजाम तथा मुगलों के बीच (b) मराठा एवं बीजापुर के बीच
(c) निजाम एवं मराठों के बीच (d) बीजापुर एवं अहमदनगर के बीच

24. निम्नलिखित में किस जाट नेता ने मराठा पेशवा बाजीराव प्रथम को काल्पी, सागर, झाँसी तथा हृदयनगर निजी जागीर के रूप में दिए थे?
(a) छत्रशाल (b) सूरजमल
(c) मिहिरकुल (d) गोकुल

25. निम्नलिखित में से किस मराठा पेशवा ने 1737 ई. में केवल 500 घुड़सवारों के साथ मुगल साम्राज्य की राजधानी दिल्ली पर आक्रमण किया था ?
(a) बालाजी विश्वनाथ (b) बाजीराव प्रथम
(c) बालाजी बाजीराव (d) माधवराव

26. पेशवा बाजीराव प्रथम ने गुजरात को मराठा राज्य में किसे पराजित कर मिला लिया?
(a) त्र्यम्बक राव दामादे (b) पिजाला गायकवाड़
(c) मोरोपन्त पिंगले (d) गिरधर बहादुर

27. 1740 ई. में पेशवा बाजीराव प्रथम की मृत्यु के पश्चात् मराठा साम्राज्य का नवीन पेशवा कौन बना?
(a) बालाजी बाजीराव (b) माधवराव
(c) नारायण राव (d) माधव नारायण

28. किस मराठा छत्रपति से संगोला की सन्धि (1750 ई.) कर पेशवा बालाजी बाजीराव ने सम्पूर्ण मराठा शक्ति स्वयं के हाथों में केन्द्रित कर ली?
(a) राजाराम द्वितीय (b) साहू
(c) राजाराम (d) शिवाजी द्वितीय

29. मराठा साम्राज्य का सर्वाधिक विस्तार कटक से अटक तक किस पेशवा के शासनकाल में हुआ था?
(a) नारायण राव (b) बालाजी बाजीराव
(c) बाजीराव प्रथम (d) यशवन्त राव होल्कर

30. मुंगी शिवगाँव की सन्धि बाजीराव प्रथम एवं निजामउल-मुल्क के बीच कब हुई थी?
(a) 1725 ई. (b) 1728 ई. (c) 1742 ई. (d) 1750 ई.

31. मराठों ने किस वर्ष लाहौर से अब्दाली के एजेण्ट को निकालकर समस्त पंजाब पर अधिकार कर लिया?
(a) 1755 ई. (b) 1557 ई.
(c) 1758 ई. (d) 1760 ई.

32. किस मराठा पेशवा ने हैदराबाद के निजाम एवं हैदल अली को चौथ देने के लिए बाध्य किया?
(a) बालाजी विश्वनाथ (b) माधवराव
(c) बाजीराव प्रथम (d) बाजीराव द्वितीय

33. मराठा पेशवा बाजीराव द्वितीय ने किस वर्ष अंग्रेजों के साथ सन्धि कर उसका संरक्षण स्वीकार किया?
(a) 1802 ई. (b) 1804 ई. (c) 1806 ई. (d) 1810 ई.

34. मराठा संघ में निम्नलिखित में से कौन शामिल है?
(a) पूना के पेशवा (b) इन्दौर के होल्कर
(c) बड़ौदा के गायकवाड़ (d) ये सभी

35. अहमदशाह अब्दाली के भारत पर आक्रमण और पानीपत के तीसरे युद्ध का तात्कालिक कारण क्या था?
(a) वह मराठों द्वारा लाहौर से अपने वायसराय तैमूरशाह के निष्कासन का बदला लेना चाहता था।
(b) उसे जालन्धर के कुण्ठाग्रस्त राज्यपाल आदीन बेगखान ने पंजाब पर आक्रमण करने के लिए आमन्त्रित किया।
(c) वह मुगल प्रशासन को चारमहल (गुजरात, औरंगाबाद, सियालकोट तथा पसरूर) के राजस्व का भुगतान न करने के लिए दण्डित करना चाहता था।
(d) वह दिल्ली की सीमाओं तक के पंजाब के सभी उपजाऊ मैदानों को हड़पकर अपने राज्य में विलय करना चाहता था।

36. पानीपत के तृतीय युद्ध में मराठा तोपखाना का नेतृत्व किसने किया था?
(a) इब्राहिम खाँ गॉर्दी (b) हुसैन खाँ
(c) सदाशिवराव भाऊ (d) तुकोजी सिन्धिया

37. एक इतिहासकार ने पानीपत की तीसरी लड़ाई को स्वयं देखा, वह कौन था?
(a) खफी खान (b) काशीराज पण्डित
(c) दत्ताजी पिंगले (d) हरचरणदास

38. प्रशासन में सहायता एवं परामर्श देने के लिए अष्टप्रधान का गठन किस मराठा शासक ने किया था?
(a) शिवाजी (b) सम्भाजी
(c) राजाराम (d) बालाजी बाजीराव

39. अष्टप्रधान नाममात्र की मन्त्रिपरिषद् थी?
(a) गुजरात प्रशासन में (b) मराठा प्रशासन में
(c) चोल प्रशासन में (d) विजयनगर प्रशासन ने

40. मराठा प्रशासन में राज्य का प्रधानमन्त्री कौन होता था?
(a) सचिव (b) पण्डित राव (c) अमात्य (d) पेशवा

41. मराठा सैन्य संगठन के अन्तर्गत पैदल सेना (Army) को क्या कहा जाता था?
(a) पाइक (b) सरेखेल (c) नाइक (d) सिलेदार

42. मराठा प्रशासन में प्रान्तपति को क्या कहा जाता था?
(a) नाजिम (b) सर-कारकून (c) देशमुख (d) पाटिल

43. मराठा प्रशासन में भू-राजस्व कुल उपज का कितना प्रतिशत लिया जाता था?
(a) 40% (b) 50% (c) 60% (d) 70%

44. मराठा साम्राज्य के पतन के लिए निम्नलिखित में से कौन-सा कारण उत्तरदायी था?
(a) मराठों का आपसी विभाजन (b) मराठों की राजनीतिक दूरदर्शिता
(c) युद्ध की परम्परागत पद्धति (d) ये सभी

45. निम्नलिखित युग्मों में से कौन-सा/से सही सुमेलित है/हैं?

1.	पेशवा	प्रधानमन्त्री
2.	वाकियानवीस	सेनापति
3.	सुमन्त	विदेश मन्त्री
4.	पण्डितराव	न्यायाधीश

कूट
(a) 1, 2 और 3 (b) 1, 2 और 4
(c) 3 और 4 (d) 1, 3 और 4

46. निम्न कथनों पर विचार कीजिए।
1. बालाजी विश्वनाथ ने 1719 ई. में सैयद बन्धुओं के साथ सन्धि की।
2. मुगल शासक रफी उदरजात ने इस सन्धि को वैधानिकता प्रदान की।
3. सर रिचर्ड टेम्पल ने इस सन्धि को मुगल साम्राज्य का मैग्नाकार्टा कहा है।
4. शिवाजी ने हिन्दू धर्मोद्धारक की उपाधि धारण की थी।

उपरोक्त कथनों में कौन-से सही हैं?
(a) 1 एवं 2 (b) 2 एवं 3
(c) 1, 3 एवं 4 (d) 1, 2, 3 एवं 4

47. निम्नलिखित में से कौन-सा कथन सत्य नहीं है?
1. पानीपत के तृतीय युद्ध के समय मराठा पेशवा बालाजी बाजीराव था।
2. पानीपत के युद्ध का एकमात्र प्रत्यक्षदर्शी काशीराज पण्डित थे।
3. पेशवा नारायण राव की हत्या रघुनाथ राव ने कर दी।
4. पानीपत का तृतीय युद्ध मराठों के लिए प्रलयकारी सिद्ध हुआ।

कूट
(a) 1 एवं 2 (b) 2 एवं 4
(c) 1, 3 एवं 4 (d) 1, 2 3 एवं 4

48. सुमेलित कीजिए

सूची I (मराठा)	सूची II (शिवाजी से सम्बन्ध)
A. जीजाबाई	1. सौतेली माँ
B. शाहजी भोंसले	2. शिक्षक
C. दादाजी कोण्डदेव	3. माँ
D. तुकोबाई	4. पिता

कूट

	A	B	C	D
(a)	3	4	2	1
(b)	1	4	2	3
(c)	3	2	4	1
(d)	1	2	4	3

49. सुमेलित कीजिए

सूची I (मराठा)	सूची II (शिवाजी से सम्बन्ध)
A. मजूमदार	1. भूमि का लेखा-जोखा रखना
B. कुलकर्णी	2. ग्रामीण स्तर पर शिल्पी
C. मिरासदार	3. आय-व्यय का निरीक्षक
D. बारह वलूटे	4. जमींदार

कूट

	A	B	C	D
(a)	3	1	4	2
(b)	1	2	3	4
(c)	4	3	2	1
(d)	2	4	1	3

50. निम्नलिखित में कौन-से सही सुमेलित हैं?
1. बालाजी बाजीराव– पानीपत का तृतीय युद्ध
2. बाजीराव द्वितीय-बसीन की सन्धि
3. बालाजी बाजीराव– संगोला की सन्धि
4. बाजीराव प्रथम– पेशवा पद को पैतृक बनाया गया

कूट
(a) 1 एवं 2 (b) 1, 2 एवं 3 (c) 2 एवं 3 (d) 1, 2, 3 एवं 4

51. शिवाजी से सम्बन्धित घटनाओं को क्रमानुसार लगाइए
1. सिंहगढ़ के दुर्ग पर अधिकार
2. अफजल खाँ से संघर्ष
3. पुरन्दर की सन्धि
4. शाइस्ता खाँ से संघर्ष

कूट
(a) 1 2 4 3 (b) 4 3 2 1 (c) 2 4 1 3 (d) 3 1 2 4

52. "इस समय तक पेशवा पद पैतृक बन गया था, जब 1740 ई. में बाजीराव प्रथम की मृत्यु हुई तो शाहू ने उसे नवीन पेशवा नियुक्त किया। 1750 ई. में हुई संगोला की सन्धि के अनुसार मराठा छत्रपति नाम मात्र के राजा रह गए तथा वास्तविक शक्ति पेशवा में समाहित हो गई। उक्त कथन निम्नलिखित में से किस पेशवा के बारे में कहा गया है?
(a) बालाजी विश्वनाथ (b) बाजीराव प्रथम
(c) बालाजी बाजीराव (d) माधव नारायण

53. सुमेलित कीजिए

सूची I	सूची II
A. बालाजी विश्वनाथ	1. 1720-1740 ई.
B. बाजीराव प्रथम	2. 1740-1761 ई.
C. बालाजी बाजीराव	3. 1761-1772 ई.
D. माधवराव	4. 1713-1720 ई.

कूट

	A	B	C	D
(a)	4	1	2	3
(b)	2	3	1	4
(c)	2	1	4	3
(d)	2	4	1	3

54. निम्नलिखित में से किस इतिहासकार का यह मत है कि "पानीपत का तृतीय युद्ध मराठों के लिए प्रलयकारी हुआ?"
(a) काशीराज पण्डित (b) लेनपूल
(c) विन्सेण्ट ए स्मिथ (d) वूल्जले हेग

55. निम्नलिखित इतिहासकारों में से किसने शिवाजी को "मध्यकालीन समय के सर्वाधिक रचनात्मक प्रतिभावन व्यक्ति" के रूप में देखा है?
(a) यदुनाथ सरकार
(b) विन्सेण्ट ए स्मिथ
(c) एम. जी. रानाडे
(d) ए. आर. कुलकर्णी

56. निम्न पेशवाओं का सही कालानुक्रम क्या है?
1. बाजीराव प्रथम 2. बालाजी विश्वनाथ
3. बालाजी बाजीराव 4. माधवराव

कूट

	A	B	C	D
(a)	1	3	2	4
(b)	4	2	1	3
(c)	2	1	3	4
(d)	3	4	1	2

57. निम्नलिखित में से कौन सुमेलित नहीं है?
(a) पुरन्दर की सन्धि- 1670 ई.
(b) सूरत की प्रथम लूट- 1664 ई.
(c) शिवाजी का दक्षिण अभियान - 1679 ई.
(d) मराठों द्वारा झाँसी पर अधिकार- 1742 ई.

58. निम्न कथनों पर विचार कीजिए
1. 12 वर्ष की आयु में शिवाजी का विवाह साईबाई निम्बालकर से हुआ।
2. शिवाजी ने मावल प्रदेश को अपने जीवन की प्रारम्भिक कार्यस्थली बनाया।
3. 1660 ई. में शिवाजी का अफजल खाँ से संघर्ष हुआ।
4. शिवाजी ने पुरन्दर की सन्धि के अन्तर्गत 23 किले मुगलों को दे दिए।

कूट

(a) 1 एवं 3 (b) 2 एवं 3
(c) 1, 2 एवं 4 (d) 1, 2, 3 एवं 4

59. सुमेलित कीजिए

सूची I	सूची II
A. पटेल	1. सरदेशमुखी की वसूली
B. चौगुले	2. चौथ वसूल करना
C. कामविसदार	3. पटेल का सहायक
D. गुमाश्ता	4. ग्राम का मुख्य अधिकारी

कूट

	A	B	C	D
(a)	1	2	3	4
(b)	4	3	2	1
(c)	3	2	1	4
(d)	2	4	3	1

60. सुमेलित कीजिए

सूची I	सूची II
A. पूना	1. भोंसले
B. इन्दौर	2. गायकवाड़
C. बड़ौदा	3. होल्कर
D. नागपुर	4. पेशवा

कूट

	A	B	C	D
(a)	1	2	3	4
(b)	4	3	2	1
(c)	3	4	1	2
(d)	2	3	1	4

61. निम्न कथनों पर विचार कीजिए

1. शिवाजी का जन्म 'शिवनेर' नामक दुर्ग में हुआ।
2. शिवाजी की माता तुकोबाई थी।
3. शिवाजी के शिक्षक दादाजी कोण्डदेव थे।
4. शिवाजी ने सूरत को दूसरी बार 1760 ई. में लूटा।

उपरोक्त कथनों में कौन-सा/से सही है/हैं?

(a) 1 एवं 2 (b) 1 एवं 3 (c) 2 एवं 3 (d) 1, 2 एवं 4

62. निम्नलिखित में से कौन-सा कथन सत्य नहीं है?

(a) शिवाजी ने 1657 ई. में कोंकण क्षेत्र वीजित किया।
(b) सूरत की प्रथम लूट के अन्तर्गत शिवाजी को एक करोड़ रुपये की प्राप्ति हुई।
(c) पुरन्दर की सन्धि के अन्तर्गत शिवाजी ने मुगल आधिपत्य को स्वीकार कर लिया।
(d) पुरन्दर की सन्धि शाइस्ता खाँ एवं शिवाजी के बीच हुई थी।

63. दिए गए निम्नलिखित कथनों पर विचार कीजिए।

1. शिवाजी को आगरा में जयपुर भवन में कैद करके रखा गया था।
2. शिवाजी को औरंगजेब ने राजा की उपाधि से सम्मानित किया था।
3. अष्टप्रधान आठ मन्त्रियों की एक परिषद् थी।
4. चौथ वीजित प्रदेशों से वसूल किया जाने वाला कर था।

कूट

(a) 1 एवं 2 (b) 2 एवं 4
(c) 1, 2 एवं 4 (d) 1, 2, 3 एवं 4

64. सुमेलित कीजिए

सूची I (मराठा अधिकारी)	सूची II (कार्य)
A. दबीर या सुमन्त	1. राजा का प्रधानमन्त्री
B. सर-ए-नौबत	2. राजस्व मन्त्री
C. अमात्य	3. सेनापति
D. पेशवा	4. विदेश मन्त्री

कूट

	A	B	C	D
(a)	4	3	2	1
(b)	1	2	4	3
(c)	4	2	1	3
(d)	3	4	2	1

65. सुमेलित कीजिए

सूची I	सूची II
A. सिंहनगढ़	1. 1646 ई.
B. तोरण	2. 1647 ई.
C. कोण्डाना	3. 1657 ई.
D. गुन्नार का किला	4. 1643 ई.

कूट

	A	B	C	D
(a)	4	1	2	3
(b)	1	2	3	4
(c)	4	3	1	2
(d)	2	4	3	1

66. निम्नलिखित में से किस इतिहासकार का यह मत है कि "चौथ एक सैन्य कर था, जो तीसरी शक्ति के आक्रमण से सुरक्षा प्रदान करने के बदले वसूल किया जाता था?

(a) स्मिथ (b) सरदेसाई
(c) रानाडे (d) लेनपूल

67. किसने कहा था, "हमें इस जर्जर वृक्ष के तने पर आक्रमण करना चाहिए शाखाएँ तो स्वयं ही गिर जाएँगी"?

(a) क्लाइव ने बंगाल के नवाब के लिए
(b) बाजीराव प्रथम (पेशवा) ने मुगल साम्राज्य के लिए
(c) शिवाजी ने मुगल साम्राज्य के लिए
(d) औरंगजेब ने दक्षिण के राज्यों के लिए

उत्तरमाला

1. (a)	2. (b)	3. (c)	4. (d)	5. (c)	6. (a)	7. (b)	8. (a)	9. (b)	10. (a)
11. (b)	12. (c)	13. (b)	14. (a)	15. (b)	16. (a)	17. (b)	18. (b)	19. (b)	20. (a)
21. (a)	22. (b)	23. (c)	24. (a)	25. (b)	26. (a)	27. (a)	28. (a)	29. (b)	30. (b)
31. (c)	32. (b)	33. (a)	34. (d)	35. (a)	36. (a)	37. (b)	38. (a)	39. (b)	40. (d)
41. (a)	42. (b)	43. (a)	44. (d)	45. (d)	46. (d)	47. (d)	48. (a)	49. (a)	50. (b)
51. (a)	52. (c)	53. (a)	54. (a)	55. (a)	56. (c)	57. (a)	58. (c)	59. (b)	60. (b)
61. (b)	62. (d)	63. (d)	64. (a)	65. (a)	66. (c)	67. (b)			

अध्याय 11

यूरोपियों का भारत में आगमन

भारत में यूरोपीय कम्पनियों के आगमन का मूलभूत उद्देश्य व्यापारिक/वाणिज्यिक लाभ था। इस कार्य के सम्पादन के दौरान उनकी लाभकारी हितबद्धता भारत की तत्कालीन राजनीतिक अराजकता से सामंजस्य स्थापित करने लगी।

इसका परिणाम यूरोपीय शक्तियों के राजनीतिक हस्तक्षेप के रूप में सामने आया। आर्थिक लाभ के अधीन ही इनके मध्य आपसी संघर्ष की स्थिति का उद्भव हुआ, जिसमें अन्ततः अंग्रेजों की विजय हुई और उनके विस्तार की प्रक्रिया को बल मिला।

प्रमुख यूरोपीय कम्पनियाँ

- भारत अपनी भौतिक एवं व्यापारिक सम्पदा के कारण प्रत्येक काल में यूरोपवासियों के लिए आकर्षण का विषय था। 15वीं शताब्दी में हुई कुछ भौगोलिक खोजों ने संसार के विभिन्न देशों में आपसी सम्पर्क स्थापित करने का मार्ग प्रशस्त कर दिया।
- 1453 ई. में कुस्तुन्तुनिया के पतन के साथ ही यूरोप जाने वाले स्थल मार्ग पर तुर्कों का कब्जा हो गया। इसके कारण पश्चिमी यूरोप के राष्ट्रों ने नए व्यापारिक मार्गों की तलाश प्रारम्भ की। भारत में यूरोपवासियों के आने के क्रम में सर्वप्रथम पुर्तगीज थे। इसके बाद डच, अंग्रेज, डेनिश और फ्रांसीसी आए।

पुर्तगाली

- प्रथम पुर्तगाली यात्री **वास्को-डि-गामा** 90 दिन की समुद्री यात्रा के बाद अब्दुल मनीक नामक गुजराती पथ-प्रदर्शक की सहायता से 1498 ई. को कालीकट (भारत) के समुद्र तट पर उतरा। उस समय कालीकट का शासक जामोरिन था।
- पुर्तगाली सामुद्रिक साम्राज्य को **एस्तादो द इण्डिया** नाम दिया गया। वास्को-डि-गामा के बाद भारत आने वाला दूसरा पुर्तगाली यात्री पेड्रो अल्बेयर्स कैब्रल था। 1500 ई. में कैब्रल के नेतृत्व में जहाज भेजे गए।
- अरब व्यापारियों ने पुर्तगालियों का मार्ग अवरुद्ध करने की कोशिश की। वास्को-डि-गामा 1502 ई. में दो जहाजी बेड़ों के साथ दूसरी बार भारत आया।

फ्रांसिस्को-डि-अल्मीडा (1505-09 ई.)

- भारत में प्रथम पुर्तगाली वायसराय के रूप में **फ्रांसिस्को-डि-अल्मीडा** का आगमन हुआ। उसने कुछ किले निर्मित करवाए; यथा—अजानीवा, कीवा, बेसीन एवं कोचीन। उसने मिस्र, तुर्की और बेगड़ा की सेना के साथ संघर्ष किया। इसी संघर्ष के बाद ओरमुज पर पुर्तगीजों का कब्जा हो गया।

अल्फांसो-डि-अल्बुकर्क (1509-15 ई.)

- 1503 ई. में **अल्बुकर्क** स्क्वैड्रन कमाण्डर के रूप में भारत आया और उसने पूर्वी जगत के काली मिर्च और मसालों के व्यापार पर एकाधिकार प्राप्त करने के उद्देश्य से 1503 ई. में **कोचीन** (भारत) में अपने पहले दुर्ग की स्थापना की। भारत में पुर्तगाली शक्ति का वास्तविक नींव डालने वाला अल्बुकर्क ही था। 1509 ई. में उसे अल्मीडा के स्थान पर वायसराय नियुक्त कर दिया गया।
- अल्बुकर्क ने 1510 ई. में बीजापुर के शासक युसूफ आदिलशाह से गोवा को छीन लिया, जो कालान्तर में पुर्तगाली व्यापारिक केन्द्रों की राजधानी बनाई गई। 1515 ई. में इसकी मृत्यु हो गई। इसकी नीति **ब्लू वाटर पॉलिसी** या शान्त जल की नीति कहलाती है।

नीनू-डि-कुन्हा (1529-38 ई.)

- **नीनू-डि-कुन्हा** ने 1530 ई. में कोचीन की जगह गोवा को अपनी राजधानी बनाया। मुगल बादशाह बहादुर शाह के साथ संघर्ष में उसकी मृत्यु हो गई।

जोवा-डि-कैस्ट्रो (1542-45 ई.)

- नीनू-डि-कुन्हा के बाद जोआ-द-कास्त्रो पुर्तगाली गवर्नर बनकर आया। उसने गोवा पर आक्रमण करने वाली बीजापुर की सेनाओं को पराजित किया। पुर्तगालियों ने अकबर की अनुमति से हुगली में तथा शाहजहाँ की अनुमति से बन्देल में कारखाने स्थापित किए। पुर्तगालियों ने हिन्द महासागर से होने वाले व्यापार पर एकाधिपत्य प्राप्त कर यहाँ से गुजरने वाले अन्य जहाजों से कर की वसूली की।
- उन्होंने **कार्ट्ज-अर्माडा** काफिला पद्धति के द्वारा भारतीय तथा अरबी जहाजों का कार्ट्ज या परमिट के बिना अरब सागर में प्रवेश वर्जित कर दिया। यहाँ तक कि पुर्तगाली अधिकार वाले क्षेत्रों से व्यापार करने के लिए मुगल बादशाह अकबर को भी कार्ट्ज लेना पड़ता था।
- पुर्तगाली गवर्नर अल्फांसो डिसूजा (1542-45 ई.) के साथ प्रसिद्ध **जेसुइट सन्त फ्रांसिस्को जेवियर** भारत आया। ईसाई धर्म का मुगल सम्राट अकबर के दरबार में प्रवेश फादर एक्वावीवा और मोंसेरात के नेतृत्व में हुआ था।

पुर्तगालियों का योगदान

- पुर्तगालियों के भारत में आगमन से भारत में तम्बाकू की खेती, जहाज निर्माण तथा प्रिण्टिंग प्रेस (1556 ई.) की शुरूआत हुई। इसके अलावा भारत में **गोथिक** स्थापत्यकला का आगमन हुआ।
- औषधीय वनस्पति से सम्बन्धित पहले वैज्ञानिक ग्रन्थ का 1563 ई. में गोवा में प्रकाशन हुआ। पुर्तगीज मध्य अमेरिका से तम्बाकू, आलू और मक्का भारत लाए थे। पुर्तगीजों की भारतीय जनता के प्रति धार्मिक असहिष्णुता की भावना तथा गुप्त व्यापार पद्धति के कारण इनका पतन हो गया।

डच

- डच हॉलैण्ड या नीदरलैण्ड्स के निवासी थे। भारत में इनका आगमन पुर्तगालियों के बाद हुआ। 1596 ई. में कॉरनेलिस–हाउटमैन आशा अन्तरीप (केप ऑफ गुड होप) होते हुए सुमात्रा तथा बेन्थाम पहुँचने वाला प्रथम डच नागरिक था।
- 1602 ई. में डच (हॉलैण्ड) संसद द्वारा पारित प्रस्ताव से एक संयुक्त **डच ईस्ट इण्डिया कम्पनी** की स्थापना हुई। इस कम्पनी को डच संसद द्वारा 21 वर्षों के लिए भारत और पूरब के देशों के साथ व्यापार करने, आक्रमण और विजय करने के सम्बन्ध में अधिकार–पत्र प्राप्त हुआ।
- भारत में शीघ्र ही वेरिंगदे ओस्त इण्डिसे कम्पनी ने कोरोमण्डल तट पर 1605 ई. में मसूलीपट्टम में स्थायी डच फैक्ट्री की स्थापना की।
- डचों ने चन्द्रगिरि के राजा के साथ समझौता करके पुलीकट में एक अन्य फैक्ट्री की स्थापना की। पुलीकट में डच अपने स्वर्ण–ए–पगोडा (सिक्के) ढालते थे। डचों ने 1616 ई. में सूरत में एवं 1641 ई. में विमलीपट्टम में फैक्ट्रियों की स्थापना की। चिनसुरा के डच किले को **गुस्तावुस फोर्ट** के नाम से जाना जाता था।
- डच लोग **मसूलीपट्टनम** से नील का निर्यात करते थे। मुख्यत: डच लोग भारत से सूती वस्त्र का व्यापार करते थे। सूरत स्थित डच व्यापारिक निदेशालय डच ईस्ट इण्डिया कम्पनी का सर्वाधिक लाभ कमाने वाला प्रतिष्ठान था।

भारत में डचों द्वारा स्थापित प्रमुख कारखाने

कारखाने	स्थापना वर्ष	कारखाने	स्थापना वर्ष
पुलीकट	1610	चिनसुरा	1653
सूरत	1616	बालासोर, नेगापट्टनम	1658
विमलीपत्तनम	1641	कोचीन	1663
करिकाल	1645		

- डचों ने पुर्तगालियों को पराजित किया और आधुनिक कोच्चि में उन्होंने 1663 ई. में फोर्ट विलियम का निर्माण किया था। भारत में डच व्यापारिक व्यवस्था सहकारिता अर्थात् कार्टेल पर आधारित थी।

अंग्रेज

- 1579 ई. में विलियम ड्रेक नामक ब्रिटिश नागरिक ने सर्वप्रथम पूर्वी क्षेत्रों का भ्रमण किया। 1588 ई. में ब्रिटिश नौसेना से स्पेनिश आर्मडा की हार हुई और इसी के साथ ब्रिटिश की नौसैनिक श्रेष्ठता स्थापित हो गई। अपनी इसी श्रेष्ठता को आधार बनाकर ब्रिटिश ने भारत की ओर कूच किया। 1599 ई. में जॉन मिल्डेनहाल नामक ब्रिटिश यात्री थल मार्ग से भारत आया। इसी वर्ष ब्रिटेन में मर्चेण्ट एडवेन्चर कम्पनी की स्थापना हुई।
- 31 दिसम्बर, 1600 में महारानी एलिजाबेथ ने पूरब की ओर व्यापार करने का चार्टर इस कम्पनी को दे दिया। मर्चेण्ट एडवेन्चर कम्पनी का पूरा नाम द गवर्नर एण्ड कम्पनी ऑफ मर्चेण्ट्स ट्रेडिंग इन टू द इस्ट इण्डीज था। यह अधिकार–पत्र आरम्भ में केवल 15 वर्षों के लिए दिया गया था।
- 1608 ई. में ब्रिटिश प्रतिनिधि विलियम हॉकिन्स जहाँगीर के दरबार में आया। हॉकिन्स जहाँगीर के नाम जेम्स प्रथम का पत्र लेकर आया था। जहाँगीर ने उसका स्वागत किया। उसे 400 जात रैंक का मनसब प्रदान किया तथा खान की उपाधि दी। हॉकिन्स ने अंग्रेजो के लिए सूरत में एक फैक्ट्री खोलने की अनुमति माँगी।

भारत में अंग्रेजी व्यापारिक कोठियाँ

- पुर्तगालियों को पराजित करने के कारण जहाँगीर अंग्रेजो से प्रभावित हुआ। परिणामस्वरूप 1613 ई. को जारी एक शाही फरमान (जहाँगीर की ओर से) द्वारा अंग्रेजों को सूरत में व्यापारिक कोठी स्थापित करने तथा मुगल राजदरबार में एक एलची रखने की अनुमति प्राप्त हो गई। टॉमस एल्डवर्थ के अधीन सूरत में व्यापारिक कोठी की स्थापना हुई।
- **सर टॉमस रो** ब्रिटेन के राजा जेम्स प्रथम के दूत के रूप में 1615 ई. को सूरत पहुँचा। वह मुगल दरबार में 1616 ई. से 1618 ई. तक रहा। इस बीच टॉमस–रो ने मुगल दरबार से साम्राज्य के विभिन्न हिस्सों में व्यापार करने तथा दुर्गीकरण की अनुमति प्राप्त कर ली। 1632 ई. में अंग्रेजों ने गोलकुण्डा के सुल्तान से एक **सुनहरा फरमान** प्राप्त कर 500 पैगोडा वार्षिक कर अदा करने के बदले गोलकुण्डा राज्य में स्थित बन्दरगाहों से व्यापार करने का एकाधिकार प्राप्त कर लिया।
- 1639 ई. में फ्रांसिस डे नामक अंग्रेज को चन्द्रगिरि के राजा से मद्रास पट्टे पर प्राप्त हो गया। यहीं पर अंग्रेजो ने **फोर्ट सेण्ट जॉर्ज** नामक किले की स्थापना की।
- 1661 ई. में पुर्तगालियों ने अपनी राजकुमारी कैथरीन ब्रिगेन्जा का विवाह ब्रिटेन के चार्ल्स द्वितीय से कर **बम्बई** को दहेज के रूप में दिया। 1668 ई. में चार्ल्स द्वितीय ने बम्बई का द्वीप 10 पौण्ड वार्षिक किराया लेकर ईस्ट इण्डिया कम्पनी को दे दिया।
- 1669 ई. से 1677 ई. तक बम्बई का गवर्नर **गेराल्ड औंगियार** ही वास्तव में बम्बई का महानतम् संस्थापक था।

कम्पनी का मैग्नाकार्टा

- फर्रुखसियर द्वारा दिए गए फरमान (1717 ई.) द्वारा बम्बई में ढले सिक्कों को समूचे मुगल साम्राज्य में चलाने के लिए छूट मिल गई। सूरत में फरमान द्वारा ₹ 10000 वार्षिक देने पर कम्पनी के समस्त व्यापार को आयात–निर्यात कर से मुक्त कर दिया गया।

बेदरा का युद्ध

डचों और अंग्रेजों के बीच 1759 ई. में लड़े गए बेदरा के युद्ध में भारत में अंग्रेजी नौसेना की श्रेष्ठता साबित हो गई। इस युद्ध के परिणामस्वरूप डच भारतीय व्यापार से बाहर हो गए। डच कम्पनी का सरकार के सीधे नियन्त्रण में होना, कम्पनी के भ्रष्ट एवं अयोग्य पदाधिकारी और कर्मचारी का होना भारत में डचों की असफलता के प्रमुख कारण थे।

- फर्रुखसियर द्वारा कम्पनी को प्रदत्त फरमान कालान्तर में दूरगामी परिणाम वाला सिद्ध हुआ। **ओरम महोदय** ने इस फरमान को कम्पनी का महाधिकार-पत्र (मैग्नाकार्टा) की संज्ञा दी।

डेन

- अंग्रेजों के बाद डेन 1616 ई. में भारत आए। तन्जौर जिले के ट्रांकेबोर में 1620 ई. में उन्होंने अपनी पहली फैक्ट्री की स्थापना की। इसके बाद बंगाल के सीरमपुर में 1676 ई. में उन्होंने अपनी दूसरी फैक्ट्री स्थापित की। 1845 ई. में डेन ने अपनी सभी फैक्ट्रियाँ ब्रिटिश कम्पनी को बेच दीं और इसके साथ ही वे भारत से चले गए।

फ्रांसीसी

- फ्रांसीसी भारत आने वाली अन्तिम यूरोपीय शक्ति थी। 1664 ई. में फैंच ईस्ट इण्डिया कम्पनी का गठन हुआ था। कम्पनी का नाम **कम्पेन इण्डस ओरियण्टलेस** रखा गया था। 1667 ई. में फ्रांसिस कैरो के नेतृत्व में एक अभियान दल भारत भेजा गया। फ्रांसिस कैरो के प्रयास से सूरत में 1668 ई. में व्यापारिक केन्द्र स्थापित हुआ। 1669 ई. में मसूलीपट्टनम् में दूसरी कम्पनी स्थापित हुई।
- 1672 ई. में सेण्ट टोमे में एक अन्य फैक्ट्री की स्थापना हुई। इसी बीच 1673 ई. में पाण्डिचेरी की साधारण नींव पड़ी। फ्रैंको मार्टिन ने 1674 ई. में इस बस्ती का भार सम्भाल लिया। अंग्रेज समर्थित डचों ने फ्रांसीसियों से 1693 ई. में पाण्डिचेरी ले ली, किन्तु 1697 ई. में रिजविक की सन्धि द्वारा इसे वापस लौटा दिया।
- पाण्डिचेरी के कारखाने में ही मार्टिन ने **फोर्ट लुई** का निर्माण कराया। 1706 ई. में मार्टिन की मृत्यु के बाद फ्रांसीसी बस्तियों एवं व्यापार के स्तर में कमी आई। जून, 1720 में फ्रांसीसी कम्पनी का 'इण्डीज की चिर स्थायी कम्पनी' के रूप में पुनः निर्माण हुआ।
- 1742 ई. के बाद व्यापारिक हित पूर्ति हेतु फ्रांसीसियों ने राजनीतिक क्षेत्र में भी हस्तक्षेप शुरू किया, जिसकी परिणति आंग्ल-फ्रांसीसी युद्ध के रूप में सामने आई।

प्रथम कर्नाटक युद्ध (1746-48 ई.)

- इस युद्ध का तात्कालिक कारण था—अंग्रेज कैप्टन बर्नेट के नेतृत्व में अंग्रेजी सेना द्वारा कुछ फ्रांसीसी जहाजों पर अधिकार कर लेना, बदले में फ्रांसीसी गवर्नर (मॉरीशस) ला बूर्दने के सहयोग से डूप्ले ने मद्रास के गवर्नर मोर्स को आत्मसमर्पण के लिए मजबूर कर दिया।
- प्रथम कर्नाटक युद्ध के समय ही कर्नाटक के नवाब अनवरुद्दीन ने महफूज खाँ के नेतृत्व में दस हजार सिपाहियों की एक सेना को फ्रांसीसियों पर आक्रमण के लिए भेजा। **कैप्टन पैराडाइज** के नेतृत्व में फ्रांसीसी सेना ने **सेण्ट थोमे** के युद्ध में नवाब को पराजित किया।
- यूरोप में अंग्रेजों और फ्रांसीसियों के बीच ऑस्ट्रिया में लड़े जा रहे उत्तराधिकार युद्ध की समाप्ति हेतु 1748 ई. में **ऑक्सा-ला-शैपेल** नामक सन्धि के सम्पन्न होने पर भारत में भी इन दोनों कम्पनियों के बीच संघर्ष समाप्त हो गया।

द्वितीय कर्नाटक युद्ध (1749-54 ई.)

- इस युद्ध के समय कर्नाटक के नवाब के पद को लेकर संघर्ष हुआ। चाँद साहब ने नवाबी के लिए डूप्ले का सहयोग प्राप्त किया। दूसरी ओर डूप्ले ने मुजफ्फरजंग के लिए दक्कन की सूबेदारी का समर्थन किया। अंग्रेजों ने अनवरुद्दीन और नासिरजंग को अपना समर्थन प्रदान किया। चाँद साहब ने 1749 ई. में अम्बूर में अनवरुद्दीन को पराजित कर मार डाला। मुजफ्फरजंग दक्कन की सूबेदारी हेतु अपने भाई नासिरजंग से पराजित हुआ, लेकिन 1750 ई. में नासिर की मृत्यु के बाद वह दक्कन का सूबेदार बन गया।
- इस समय दक्षिण भारत में फ्रांसीसियों का प्रभाव चरम पर था। इसी बीच रॉबर्ट क्लाइव जो इंग्लैण्ड से मद्रास एक किरानी के रूप में आया था, ने 1751 ई. में 500 सिपाहियों के साथ धारवाड़ पर धावा बोलकर कब्जा कर लिया। शीघ्र ही फ्रांसीसी सेना को आत्मसमर्पण हेतु विवश होना पड़ा और चाँद साहब की हत्या कर दी गई।
- डूप्ले के स्थान पर **गोडेहू** को 1 अगस्त, 1754 को गवर्नर बनाया गया। गोडेहू ने अंग्रेजों से पाण्डिचेरी की सन्धि कर ली। इस सन्धि के द्वारा अंग्रेजों और फ्रांसीसियों ने मुगल सम्राट या अन्य भारतीय नरेशों द्वारा दी गई उपलब्धियों को त्याग दिया तथा भारतीय नरेशों के झगड़ों में हस्तक्षेप न करने का वादा किया।
- मुजफ्फरजंग, चाँद साहब और डूप्ले की संयुक्त सेनाओं ने 1749 ई. में कर्नाटक पर आक्रमण कर अम्बूर की लड़ाई में अनवरूद्दीन को पराजित कर मार डाला।
- चाँद साहब ने अर्काट को अपनी राजधानी बनाकर शासन किया।
- चाँद साहब ने फ्रांसीसियों को पाण्डिचेरी के पास 80 गाँवों का अनुदान दिया।

तृतीय कर्नाटक युद्ध (1757-63 ई.)

- इस युद्ध का तात्कालिक कारण था। क्लाइव और वाटसन द्वारा बंगाल स्थित **चन्द्रनगर** पर अधिकार की लालसा। इस युद्ध के अन्तर्गत अंग्रेज और फ्रांसीसियों के बीच **वाण्डीवाश** नामक निर्णायक लड़ाई लड़ी गई। 22 जनवरी, 1760 को लड़े गए वाण्डीवाश के युद्ध में अंग्रेजी सेना को आयरकूट ने तथा फ्रांसीसी सेना को लाली ने नेतृत्व प्रदान किया। इस युद्ध में फ्रांसीसी पराजित हुए।
- कर्नाटक के तृतीय युद्ध का समापन **पेरिस की सन्धि** के साथ सम्पन्न हुआ। अंग्रेजों और फ्रांसीसियों के बीच पेरिस सन्धि पर हस्ताक्षर करने के साथ ही 1763 ई. में सप्तवर्षीय युद्ध समाप्त हो गया।

यूरोपीय व्यापारिक कम्पनी से सम्बद्ध व्यक्तित्व

वास्को-डि-गामा भारत आने वाला प्रथम यूरोपीय यात्री।

पेडो अल्वारेज केब्राल भारत आने वाला द्वितीय पुर्तगाली।

फ्रांसिसको-डी-अल्मेडा भारत का प्रथम पुर्तगाली गवर्नर।

जॉन मिल्डेन हाल भारत आने वाला प्रथम ब्रिटिश नागरिक।

कैप्टन हॉकिन्स प्रथम अंग्रेज दूत, जिसने सम्राट जहाँगीर से भेंट की।

गेराल्ड औंगियार बम्बई का वास्तविक संस्थापक।

जॉब चॉरनौक कलकत्ता का संस्थापक।

चार्ल्स आयर फोर्ट विलियम (कलकत्ता) का प्रथम प्रशासक।

फ्रैंको मार्टिन पाण्डिचेरी का प्रथम फ्रांसीसी गवर्नर।

फ्रांसिस डे मद्रास का संस्थापक।

फादर मानसरेट अकबर के दरबार में पहुँचने वाले प्रथम शिष्ट मण्डल का अध्यक्ष।

फ्रांसीसी कैरो भारत में प्रथम फ्रांसीसी फैक्ट्री की सूरत में स्थापना की।

अभ्यास प्रश्न

1. पाण्डिचेरी (वर्तमान पुदुचेरी) के सन्दर्भ में निम्नलिखित कथनों पर विचार कीजिए

1. पाण्डिचेरी पर कब्जा करने वाले पहले यूरोपीय शक्ति पुर्तगाली थे।
2. पाण्डिचेरी पर कब्जा करने वाले दूसरे यूरोपीय शक्ति फ्रांसीसी थे।
3. अंग्रेजों ने कभी पाण्डिचेरी पर कब्जा नहीं किया।

उपरोक्त में से कौन-सा/से कथन सही है/हैं?

(a) केवल 1 (b) 2 और 3 (c) केवल 3 (d) ये सभी

2. निम्नलिखित यूरोपियनों में से कौन-सा एक स्वतन्त्रता पूर्व भारत में व्यापारी के रूप में सबसे अन्त में आया?

(a) डच (b) इंग्लिश (c) फ्रांसीसी (d) पुर्तगाली

3. निम्नलिखित किलों में से ब्रिटिश ने किसका सबसे पहले निर्माण किया?

(a) फोर्ट विलियम (b) फोर्ट सेण्ट जॉर्ज
(c) फोर्ट सेण्ट डेविड (d) फोर्ट सेण्ट एजेलो

4. निम्नलिखित कथनों पर विचार कीजिए

1. भारत में तम्बाकू की खेती।
2. भारत में प्रिण्टिंग प्रेस की शुरुआत।

उपरोक्त कथनों में से कौन-सी अंग्रेजों की भारत को देन थी/थीं?

(a) केवल 1 (b) केवल 2
(c) 1 और 2 (d) इनमें से कोई नहीं

5. किस मुगल सम्राट के काल में इंग्लिश ईस्ट इण्डिया कम्पनी ने भारत में सर्वप्रथम कारखाना स्थापित किया?

(a) अकबर (b) जहाँगीर (c) शाहजहाँ (d) औरंगजेब

6. 1613 ई. में अंग्रेजी ईस्ट इण्डिया कम्पनी को कहाँ एक कारखाना (व्यापार स्थल) स्थापित करने की अनुमति मिली?

(a) बंगलौर (b) मद्रास (c) मसूलीपट्टनम् (d) सूरत

7. निम्नलिखित कथनों में से कौन-सा एक सही है?

(a) आधुनिक कोच्चि भारत की स्वतन्त्रता पूर्व एक डच उपनिवेश था
(b) डचों ने पुर्तगालियों को पराजित किया और आधुनिक कोच्चि में उन्होंने फोर्ट विलियम्स का निर्माण किया
(c) आधुनिक कोच्चि पहले डच उपनिवेश था, जिस पर बाद में पुर्तगालियों का अधिकार हो गया
(d) आधुनिक कोच्चि कभी भी ब्रिटिश उपनिवेश का भाग नहीं था

8. भारत में यूरोपीय शक्तियों के प्रवेश के सन्दर्भ में निम्न में से कौन-सा कथन सही नहीं है?

(a) पुर्तगालियों ने 1499 ई. में गोवा पर कब्जा किया था
(b) अंग्रेजों ने अपना पहला कारखाना दक्षिण भारत में मसूलीपट्टनम् में लगाया
(c) पूर्वी भारत में अंग्रेजी कम्पनी ने 1633 ई. में उड़ीसा में पहला कारखाना लगाया
(d) डूप्ले के नेतृत्व में फ्रांसीसियों ने 1746 ई. में मद्रास पर कब्जा किया था

9. भारत में फ्रांसीसियों ने अपना सबसे पहला कारखाना निम्न स्थानों में से कहाँ लगाया?

(a) सूरत (b) पुलिकट (c) कोचीन (d) कासिम बाजार

10. सुमेलित कीजिए

सूची I (समुद्री यात्री)	सूची II (देश)
A. वास्को-डि-गामा	1. स्पेन
B. क्रिस्टोफर कोलम्बस	2. पुर्तगाल
C. कैप्टन कुक	3. हॉलैण्ड
D. तस्मान	4. ग्रेट ब्रिटेन

कूट

	A	B	C	D		A	B	C	D
(a)	3	2	1	4	(b)	2	1	4	3
(c)	1	4	3	2	(d)	4	3	2	1

11. 18वीं सदी में भारत में लड़े गए युद्धों का निम्नलिखित में से सही कालानुक्रम कौन-सा है?

(a) वॉण्डीवॉश युद्ध–बक्सर युद्ध–अम्बर युद्ध–प्लासी युद्ध
(b) अम्बर युद्ध–प्लासी युद्ध–वॉण्डीवॉश युद्ध–बक्सर युद्ध
(c) वॉण्डीवॉश युद्ध–प्लासी युद्ध–अम्बर युद्ध–बक्सर युद्ध
(d) अम्बर युद्ध–बक्सर युद्ध–वॉण्डीवॉश युद्ध–प्लासी युद्ध

12. निम्न कथनों में से कौन-सा एक सही कथन नहीं है?

(a) अली मर्दान खान ने बंगाल में राजस्व कृषि पद्धति प्रारम्भ की
(b) महाराजा रणजीत सिंह ने लाहौर में तोपों के निर्माण के लिए आधुनिक ढलाई खाने स्थापित किए
(c) आमेर में सवाई जयसिंह ने यूक्लिड के 'रेखागणित' के तत्त्वों का संस्कृत में अनुवाद कराया
(d) मैसूर में टीपू सुल्तान ने श्रृंगेरी मन्दिर में देवी शारदा की मूर्ति के निर्माण के लिए धन दिया

13. निम्नलिखित में से कौन-सा युद्ध था, जिसने भारत में ब्रिटिश प्रभुत्व को प्रारम्भ किया?

(a) बक्सर की लड़ाई (b) प्लासी का युद्ध
(c) मैसूर की तीसरी लड़ाई (d) 1857 ई. की स्वतन्त्रता संग्राम

14. किस गवर्नर के कार्यकाल में ईस्ट इण्डिया कम्पनी को शहशाह शाहआलम द्वारा बंगाल, बिहार तथा उड़ीसा में दीवानी अधिकार दिए गए?

(a) लॉर्ड क्लाइव (b) लॉर्ड कार्नवालिस
(c) लॉर्ड वेलेजली (d) लॉर्ड विलियम बैण्टिक

उत्तरमाला

1.	(c)	2.	(c)	3.	(a)	4.	(d)	5.	(b)	6.	(d)	7.	(b)	8.	(a)	9.	(a)	10.	(b)
11.	(b)	12.	(a)	13.	(b)	14.	(a)												

अध्याय 12

ब्रिटिश शासन की स्थापना एवं भारतीय क्षेत्रों में उनके युद्ध (संघर्ष)

- 18वीं सदी के दौरान मुगल साम्राज्य और उसकी राजनैतिक व्यवस्था के खण्डहर पर बड़ी संख्या में स्वतन्त्र और अर्द्धस्वतन्त्र शक्तियाँ उठ खड़ी हुई थीं। इनमें कुछ राज्यों को 'उत्तराधिकार वाले राज्य' कहा जा सकता है; जैसे— अवध, हैदराबाद तथा बंगाल। मुगल साम्राज्य की केन्द्रीय शक्ति के कमजोर होने पर मुगल प्रान्तों के गवर्नरों के स्वतन्त्र होने का दावा करने से इन राज्यों का जन्म हुआ।
- दूसरे अफगान, मराठा, जाट तथा पंजाब जैसे राज्यों का जन्म मुगल शासन के विरुद्ध स्थानीय सरदारों, जमींदारों तथा किसानों के विद्रोह के कारण हुआ था। इन परिस्थितियों का फायदा उठाकर ब्रिटिश ने विभिन्न क्षेत्रों से संघर्ष कर सत्ता स्थापित की।

बंगाल और ब्रिटिश

मुर्शिद कुली खाँ

- मुर्शिद कुली खाँ 1717 ई. में बंगाल का सूबेदार बनाया गया, परन्तु वह बंगाल का वास्तविक शासक 1700 ई. से ही था, जब उसे दीवान बनाया गया था। 1719 ई. में उड़ीसा भी उसके अधीन कर दिया गया। मुर्शिद कुली खाँ ने 1704 ई. में राजधानी को ढाका से हटाकर मुर्शिदाबाद हस्तान्तरित किया। उसके समय बंगाल जमींदारों की बगावतों से भी कमोवेश मुक्त हो गया था। इसके शासनकाल के दौरान केवल तीन विद्रोह हुए थे।
- पहला विद्रोह सीतारामराय, उदयनारायण और गुलाम मोहम्मद ने किया। इसके पश्चात् शुजात खाँ ने बगावत की। इसके बाद नजात खाँ ने विद्रोह किया। इनको पराजित करने के पश्चात् इनकी जमींदारियाँ अपने कृपापात्र रामजीवन को दे दीं।
- मुर्शिद कुली खाँ ने वित्तीय मामलों का प्रबन्ध नए सिरे से किया। इसके राजस्व सुधार के परिणामस्वरूप बंगाल का वार्षिक राजस्व 80 लाख रुपये बढ़ गया। इसने नए भू-राजस्व बन्दोबस्त के जरिए जागीर भूमि के एक बड़े भाग को खालिसा भूमि बना दिया और इजारा व्यवस्था (ठेके पर राजस्व वसूल करने की व्यवस्था) आरम्भ की, जिसने किसानों एवं जमींदारों पर आर्थिक बोझ डाला।
- मुर्शिद कुली खाँ ने गरीब खेतिहरों का कष्ट दूर करने के लिए तथा उन्हें समय पर भू-राजस्व देने में समर्थ बनाने के लिए तकावी ऋण भी दिए। मुर्शिद कुली खाँ ने गैर कानूनी टैक्स हटा दिए, परन्तु उसने जमींदार और किसानों से लगान की वसूली बड़ी निर्दयता के साथ की। इसके सुधारों का एक परिणाम यह हुआ कि अनेक पुराने जमींदारों को निकाल बाहर किया गया और उनकी जगह पर अभी-अभी पनपे इजारेदार आ गए।
- अतः मुर्शिद कुली खाँ को बंगाल में नई जमींदारी पर आधारित कुलीन वर्ग का जनक माना जाता है। मुर्शिद कुली खाँ बादशाह द्वारा सीधे तौर पर नियुक्त अन्तिम गवर्नर था। मुर्शिद कुली ने अपनी बेटी के लड़के सरफराज को अपना उत्तराधिकारी बनाया, परन्तु उसके पिता शुजाउद्दीन ने उसे अपदस्थ कर दिया।

शुजाउद्दीन

- शुजाउद्दीन को बिहार का भी नाजिम नियुक्त किया गया। शुजाउद्दीन ने अलीवर्दी खाँ को बिहार का नायब नाजिम नियुक्त किया।

सरफराज खाँ

- बिहार के नायब नाजिम (उप-गवर्नर) अलीवर्दी खाँ ने इसके विरुद्ध 1740 ई. में राजमहल के समीप लड़े गए गिरिया के युद्ध में सरफराज खाँ को पराजित कर गद्दी हथिया ली। इस कार्य में अलीवर्दी खाँ का साथ जगत सेठ और हाजी अहमद खाँ ने भी दिया था।

अलीवर्दी खाँ

- अलीवर्दी खाँ ने 2 करोड़ रुपये नजराना देकर मुगल सम्राट की अनुमति प्राप्त की लेकिन अलीवर्दी खाँ ने प्रान्तीय प्रशासन के सभी प्रमुख पदों पर स्वयं नियुक्त की और इसके लिए मुगल दरबार की अनुशंसा लेने की भी कोशिश नहीं की।
- राजस्व प्रशासन की देखभाल के लिए मुतसद्दी, आमील या स्थानीय दीवान के रूप में बड़ी संख्या में हिन्दुओं की नियुक्ति की। अलीवर्दी के समय दिल्ली भेजा जाने वाला नियमित नजराना भी बाधित हुआ।

- अलीवर्दी ने अन्तिम वर्षों में वार्षिक नजराने का भुगतान बन्द कर दिया। जहाँ शुजाउद्दीन प्रतिवर्ष एक करोड़ रुपये वार्षिक भेजता था वहीं अलीवर्दी ने 15 वर्षों में कुल 40 लाख से 50 लाख रुपये तक ही भेजे।
- सामान्यत: वार्षिक राजस्व की वसूली और प्रान्तीय अधिकारियों की नियुक्ति के माध्यम से केन्द्र प्रान्त पर अपना नियन्त्रण रखता था परन्तु ये दोनों ही माध्यम अलीवर्दी खाँ के शासनकाल में समाप्त हो चुके थे।
- अलीवर्दी खाँ 1742–51 ई. के बीच मराठों के तीन से चार बार बंगाल पर आक्रमण होने तथा रोकने में असफल होकर तथा परेशान होकर अन्तत: 1751 ई. में मराठों से सन्धि कर ली। इस सन्धि के तहत 12 लाख रुपये सलाना चौथ देने के लिए राजी हुआ और मराठों को उड़ीसा इस शर्त पर दे दिया कि वे फिर से अलीवर्दी के सीमा क्षेत्र में प्रवेश नहीं करेंगे। मुस्तफा खाँ नामक अफगान ने 1748 ई. में पटना पर कब्जा कर लिया और खूब लूटा लेकिन अलीवर्दी उसे हराकर पुन: पटना पर कब्जा करने में सफल रहा।

सिराजुद्दौला

- अलीवर्दी खाँ की मृत्यु 1756 ई. में हुई। इसकी तीन पुत्रियाँ थीं, लेकिन कोई पुत्र नहीं था। इसलिए इसने छोटी पुत्री के पुत्र सिराजुद्दौला को नवाब बनाया। यह बात उसके अन्य दो दामादों को जो ढाका एवं पूर्णिया के गवर्नर थे, पसन्द नहीं थीं। ढाका के गवर्नर की पत्नी घसीटी बेगम थी जिसने दीवान राजबल्लभ से मिलकर सिराजुद्दौला के खिलाफ षड्यन्त्र करना प्रारम्भ किया। दूसरी ओर पूर्णिया के गवर्नर के बेटे शौकतजंग ने भी षड्यन्त्र करना प्रारम्भ किया।
- जून, 1756 में सिराजुद्दौला ने कलकत्ता पर आक्रमण किया। इस समय कलकत्ता का गवर्नर ड्रेक था। ड्रेक ने स्त्रियों, बच्चों और अन्य लोगों के साथ फुल्टा द्वीप पर शरण पाई। एक भूतपूर्व सर्जन हॉलवेल के नेतृत्व में फोर्ट विलियम को बचाने का प्रयास किया लेकिन हॉलवेल को आत्मसमर्पण करना पड़ा। इसी क्रम में हॉलवेल ने ब्लैक हॉल काण्ड (काल कोठरी काण्ड) का विवरण दिया है।
- नवाब कलकत्ता पर अधिकार कर लेने के बाद कलकत्ता को मणिकचन्द के हाथों में सौंप कर स्वयं मुर्शिदाबाद लौट गया। कलकत्ता का नाम नवाब ने अलीनगर कर दिया। अंग्रेजों ने राजबल्लभ के पुत्र कृष्णदास को शरण दी थी, दूसरी ओर शौकत जंग को भी शरण दी। सिराज ने शौकत जंग पर हमला किया। शौकत जंग मणिहारी के युद्ध में 1756 ई. में पराजित हुआ।
- मद्रास से क्लाइव एवं वाटसन के नेतृत्व में एक सेना भेजी गई। एक तरफ ब्रिटिश फुल्टा द्वीप से अनुरोध-पत्र भेज रहे थे तो दूसरी ओर उन्होंने कलकत्ता के अधिकारी मणिकचन्द को घूस देकर मिला लिया।
- 2 जनवरी, 1757 को क्लाइव ने कलकत्ता पर पुन: कब्जा कर लिया। क्लाइव के बढ़ते प्रभाव से भयभीत होकर नवाब सिराजुद्दौला ने 9 फरवरी, 1757 को **अलीनगर की सन्धि** की। इस सन्धि की काफी आलोचना हुई क्योंकि सिराजुद्दौला ने कमजोरी दिखाई तथा ब्रिटिश की शर्तों को स्वीकार कर लिया। परन्तु इसके पीछे कुछ कारण थे। एक तो नवाब को अपने ही अनेक अधिकारियों के पूर्ण समर्थन को भरोसा नहीं था और दूसरे उसे अहमदशाह अब्दाली के बिहार की ओर बढ़ जाने की आशंका थी।
- **क्लाइव** ने मार्च, 1757 ई. में चन्द्रनगर पर कब्जा कर लिया परिणामत: बंगाल से फ्रांसीसियों की शक्ति और स्वतन्त्रता दोनों समाप्त हो गई।

अलीनगर की सन्धि की शर्तें

- अंग्रेजों को पुराने व्यापारिक अधिकार मिल गए जिसमें कलकत्ता की किलेबन्दी करने की अनुमति भी थी।
- साथ ही कलकत्ता में सिक्के ढालने की अनुमति प्रदान की गई।
- नवाब की सेना द्वारा कलकत्ता में की गई लूट-पाट से हुई क्षतिपूर्ति अदा करने का वचन दिया गया।

प्लासी की लड़ाई

- 23 जून, 1757 को प्लासी की लड़ाई हुई। दोनों सेनाएँ नदिया जिले में भागीरथी नदी के किनारे स्थित प्लासी गाँव में आमों के निकुंज में टकरायीं।
- सिराजुद्दौला की मुख्य सेना मीरजाफर एवं रायदुर्लभ के अधीन खड़ी रही जबकि मीर मदन एवं मोहन सिंह के अन्तर्गत एक छोटी-सी सेना संघर्ष करती रही। अंतत: सिराजुद्दौला की हार हो गई। सिराजुद्दौला मुर्शिदाबाद को लौट गया परन्तु मीरजाफर के पुत्र मीरन ने उसकी हत्या कर दी।
- प्लासी के युद्ध के परिणामों का विवेचन करते हुए **सर यदुनाथ सरकार** का कथन है कि 23 जून, 1757 को मध्य युग का अन्त हो गया और आधुनिक युग की शुरूआत हुई। यह प्लासी युद्ध के परिणामों का बड़ा रूढ़िवादी एवं एकपक्षीय विवेचन है।

मीर जाफर

- 30 जून, 1757 को मीर जाफर नया नवाब बनाया गया। ल्यूक स्क्रॉफ्टन को नवाब के दरबार में अंग्रेज रेजिडेण्ट नियुक्त कर दिया गया। मीरजाफर ने अंग्रेजों को उनकी सेवा के लिए 24 परगने की जमींदारी से पुरस्कृत किया और क्लाइव को 2,34,000 पौण्ड की निजी भेंट दी। 50 लाख रुपये नाविकों तथा सेना को पुरस्कार के रूप में दिए गए।
- क्लाइव के प्रति कृतज्ञता ज्ञापन करने के लिए मीरजाफर ने मुगल बादशाह से क्लाइव को उमरा की उपाधि एवं 24 परगने की जमींदारी प्राप्त कराई। यह जमींदारी या अनुदान क्लाइव को व्यक्तिगत रूप में प्रदान किया गया था, अत: इसे क्लाइव की जागीर कहा गया।
- नया नवाब मीरजाफर अपनी रक्षा तथा पद के लिए अंग्रेजों पर निर्भर था। उसकी 6000 सेना उसकी रक्षा के लिए बंगाल में स्थित थी। मीर जाफर की असमर्थता का अनुमान इस बात से भी लगा सकते हैं कि वह रायदुर्लभ तथा रामनारायण को दण्डित करना चाहता था, परन्तु कम्पनी ने उसे रोक दिया।
- सियार-उल-मुत्खैरीन का लेखक गुलाम हुसैन लिखता है कि पदोन्नति के लिए अंग्रेजों का समर्थन आवश्यक था। अन्त में मीरजाफर ने डचों के साथ मिलकर अंग्रेजी कम्पनी के विरुद्ध षड्यन्त्र करना शुरू किया, किन्तु 1759 ई. के बेदरा की लड़ाई में ब्रिटिश ने डचों को पराजित किया। 1760 ई. में क्लाइव लन्दन लौट गया। क्लाइव के लन्दन लौट जाने के बाद कुछ समय के लिए हॉलवेल ने गवर्नर का दायित्व सम्भाला।
- मीर जाफर कम्पनी द्वारा बार-बार की जा रही नकद धनराशि की माँग को पूरा करने में असमर्थ था अत: उसने कम्पनी को नादिया और वर्द्धमान जिले के कुछ क्षेत्र प्रदान किए परन्तु आवण्टित भू-क्षेत्रों में लगान की वसूली की स्थिति अत्यन्त असन्तोषजनक थी।

- हॉलवेल ने सारी कठिनाइयों के लिए मीर जाफर को उत्तरदायी ठहराया और कुप्रशासन के कारण राज्य को विनाश की स्थिति में लाने का अभियोग लगाया। जुलाई, 1759 में मीर जाफर के सबसे बड़े पुत्र मीरन की मृत्यु से उत्तराधिकार का प्रश्न उठ खड़ा हुआ। हॉलवेल ने पाया कि यदि नवाब के दामाद मीर कासिम को सरकार के सहभागी और प्रत्यक्ष उत्तराधिकारी के रूप में स्वीकार कर लिया जाय, तो वह स्थिति को सम्भाल सकता है। 27 सितम्बर, 1760 को ब्रिटिश एवं मीरकासिम के बीच समझौता हुआ।
- अंग्रेजों द्वारा यह समझौता करने का मुख्य लक्ष्य यह था कि नवाब के साथ सम्बन्धों के कारण बढ़ जाने वाले खर्चों के अनुपात से राजस्व वसूली की जाए। इस उद्देश्य की पूर्ति के लिए तीन जिले; जैसे— वर्द्धमान, मिदनापुर और चटगाँव कम्पनी को समर्पित किया जाना था। मीरकासिम को अंग्रेजों के दक्षिण अभियान के लिए 5 लाख रुपये देने थे।
- यह भी प्रावधान था कि मीर जाफर अपने पद और प्रतिष्ठा का उपयोग करता रहेगा। लेकिन मीर जाफर ने सन्धि की इस व्यवस्था को मानने से इन्कार कर दिया। फलतः इस सन्धि को लागू करने के लिए वेन्सिटॉर्ट तथा केलॉट 14 अक्टूबर, 1760 को मुर्शिदाबाद पहुँचे। जब मीर जाफर ने देखा कि उसके महल को अंग्रेजों ने घेर लिया है तो उसने तुरन्त मीर कासिम के पक्ष में गद्दी छोड़ दी। मीर जाफर ने 15 हजार मासिक पेन्शन पर कलकत्ता में रहना अधिक उचित समझा।

मीर कासिम

- 1760 ई. की इस घटना को **वेन्सिटॉर्ट** ने क्रान्ति की संज्ञा दी है परन्तु वास्तव में 1760 ई. की तथाकथित क्रान्ति कोई क्रान्ति नहीं थी। इसके पीछे कोई नया सिद्धान्त या राजनीतिक दृष्टिकोण नहीं था, बल्कि केवल यह एक नवाब के स्थान पर दूसरे को प्रतिष्ठित करना मात्र था। मीर कासिम ने नवाब बनने के बाद अंग्रेजों के साथ किए गए वायदों को पूरा किया।
- नवाब बनने के बाद एक महत्त्वपूर्ण समस्या आई शाहआलम के आक्रमण की। कम्पनी के सेनानायक के रूप में मेजर कॉर्नेक ने शाहआलम को पराजित किया। इस पराजय के बाद शाहआलम की स्थिति दयनीय हो गई थी तथापि मीर कासिम शाहआलम से पटना में मिला और उससे अपने पक्ष में बंगाल की सूबेदारी के लिए औपचारिक अनुमोदन प्राप्त किया।
- मीर कासिम ने भू-राजस्व की दरें बढ़ाईं, नियमित एवं पूरे राजस्व की वसूली के लिए कठोर कदम उठाए, जमींदारों के विरुद्ध कड़े कदम उठाए। मीर कासिम स्वतन्त्र होना चाहता था फलतः अपनी राजधानी मुर्शिदाबाद से मुंगेर ले गया। उसने मुंगेर में एक बन्दूक फैक्ट्री की स्थापना की।
- बिहार का गवर्नर रामानारायण स्वतन्त्र व्यवहार करने लगा था फलतः मीर कासिम ने उसकी हत्या कर दी। मीर कासिम एवं ब्रिटिश के बीच मतभेद का तात्कालिक कारण दस्तक का दुरुपयोग था। दस्तक के दुरुपयोग पर मीर कासिम ने चेतावनी दी। जब कम्पनी की ओर से इस पर ध्यान नहीं दिया तब मीर कासिम ने भारतीय व्यापारियों पर से भी चुँगी उठा लिया।
- अंग्रेजों के द्वारा इसका विरोध जताया गया। वेन्सिटॉर्ट बातचीत करने हेतु मुंगेर गया। उन दोनों के बीच लगभग समझौता हो गया, जिसके अनुसार कम्पनी के अधिकारियों को 9% चुंगी देनी पड़ती। लेकिन कम्पनी की परिषद् ने इस बात को अस्वीकृत कर दिया।
- ब्रिटिश अधिकारी एलिश ने पटना पर कब्जा करने की कोशिश की, एलिश असफल रहा। पुनः 1763 ई. में मेजर एडम्स को मीर कासिम के विरुद्ध युद्ध करने के लिए भेजा गया। दोनों के बीच कतवाह, गिरिया, उद्यनाला का युद्ध हुआ। अन्ततः मीर कासिम अवध चला गया जहाँ अवध का नवाब शुजाउद्दौला एवं शाहआलम द्वितीय के साथ उसकी सन्धि हुई।
- मीर कासिम के बंगाल से भागने के बाद मीर जाफर को दुबारा नवाब बना दिया गया। 1765 ई. में मीर जाफर का पुत्र नजमुद्दौला नवाब बना। उसने 20 फरवरी, 1765 को कम्पनी से एक सन्धि की। इस सन्धि के अनुसार उसकी अधिकतर सेना भंग कर दी गई एवं बंगाल का नवाब पूर्णतः ब्रिटिश के अधीन कर दिया गया।
- क्लाइव ने बंगाल में द्वैध शासन लागू किया। रजा खाँ को बंगाल का दीवान तथा सिताब राय को बिहार का दीवान बनाया गया। नवाब पर दबाव डाला गया कि वह अपनी वास्तविक शक्ति उपनजीम को सुपुर्द कर दे तथा उपनजीम को नियुक्त करने की शक्ति ब्रिटिश कम्पनी ने अपने हाथों में ले ली। एक के पास शक्ति थी, दूसरे के पास उत्तरदायित्व, यही द्वैध शासन प्रणाली थी। उपनजीम के पद पर रजा खाँ को नियुक्त किया गया, वह दीवान भी था।
- बक्सर के युद्ध में मीर कासिम, शाहआलम तथा शुजाउद्दौला की सम्मिलित शक्ति पराजित हुई। बक्सर का युद्ध 22 अक्टूबर, 1764 में हुआ। ब्रिटिश सेना का नेतृत्व हेक्टर मुनरो कर रहा था। पराजित होकर भागते हुए 7 जून, 1777 को मीर कासिम की मृत्यु हो गई। वॉरेन हेस्टिंग्स ने भी मीर कासिम के प्रशासन की प्रशंसा की।

अवध और ब्रिटिश

सआदत खाँ उर्फ बुरहानुलमुल्क

- अवध के स्वतन्त्र राज्य का संस्थापक सआदत खाँ था। पश्चिम में कन्नौज से लेकर पूर्व में कर्मनाशा नदी तक अवध का सूबा फैला हुआ था। सआदत खाँ निशापुर (ईरान) के सिया सैयद का वंशज था। सबसे पहले सआदत खाँ बयाना का फौजदार बना। सैयद बन्धुओं के खिलाफ षड्यन्त्र में भूमिका निभाने के बदले में उसे 5000 का मनसब मिला था। आगे चलकर बुरहानुलमुल्क की उपाधि मिली तथा इसका मनसब बढ़ाकर 10,000 कर दिया। ईरानी शिया गुट के इस सदस्य को मुगल सम्राट मुहम्मदशाह ने अवध का सूबेदार नियुक्त कर दिया।
- सआदत खाँ ने जमींदारों के विद्रोह का दमन किया। 1739 ई. में इसने विष खाकर आत्महत्या कर ली।

सफदरजंग

- सआदत खाँ के बाद अवध का शासक उसके भतीजा एवं दामाद अबुल मंसूर खाँ उर्फ सफदरजंग बना। इसने 1748 ई. में अहमदशाह अब्दाली और मुगलों के बीच लड़े गए मनुपुर के युद्ध में मुगलों का साथ दिया था। इसके साथ ही सफदरजंग 1748 ई. में मुगल साम्राज्य का वजीर बनाया गया। इसके अलावा इसे इलाहाबाद का प्रान्त भी दिया गया। इस समय से अवध के नवाब, नवाब वजीर के नाम से जाना जाने लगे।
- सफदरजंग ने फर्रूखाबाद के बंगश नवाबों एवं जाटों के विरुद्ध सैन्य अभियान किए। 1753 ई. में बादशाह अहमदशाह ने सफदरजंग को वजीर के पद से बर्खास्त कर दिया। यह धर्मसहिष्णु शासक था। इसके राज्य में सबसे ऊँची पदवी एक हिन्दू नवाब राय को मिली हुई थी।

शुजाउद्दौला

- सफदरजंग के पश्चात् उसका पुत्र शुजाउद्दौला अवध का सूबेदार बना। बाद में यह भी मुगल साम्राज्य का वजीर बना। उसने अली गौहर या शाहआलम द्वितीय को लखनऊ में शरण दी। 1761 ई. में लड़े गए पानीपत के तृतीय युद्ध में शुजाउद्दौला ने अहमदशाह अब्दाली का साथ दिया। 1764 ई. में मीर कासिम और शाहआलम द्वितीय के साथ मिलकर शुजाउद्दौला ने अंग्रेजों के विरुद्ध बक्सर का युद्ध लड़ा लेकिन अंग्रेजों के हाथों पराजित हुआ।
- इसके फलस्वरूप इलाहाबाद और कड़ा जिला नवाब से लेकर कम्पनी ने शाहआलम को दे दिया। मराठों के आक्रमण से सुरक्षा देने के एवज में शुजाउद्दौला ने रूहेला सरदार हाफिज रहमत खाँ से 40 लाख रुपये की माँग रखी थी, लेकिन हाफिज रहमत खाँ ने इसे देने से इन्कार कर दिया था।
- 1773 ई. में शुजाउद्दौला और वॉरिन हेस्टिंग्स के बीच बनारस की सन्धि हुई और मीरनकटरा के युद्ध में हाफिज रहमत खाँ पराजित हुआ और रूहेलखण्ड को अवध में मिला लिया गया। 1775 ई. में शुजाउद्दौला की मृत्यु हो गई।

आसिफुद्दौला

- आसिफुउद्दौला ने अपनी राजधानी फैजाबाद की जगह लखनऊ बनाई। 1775 ई. में ब्रिटिश के साथ फैजाबाद की सन्धि की जिसके अनुसार अंग्रेजों को काफी धन देना पड़ा। इसने वॉरिन हेस्टिंग्स से मिलकर अपनी माँ, दादी एवं अवध की बेगमों को सताया तथा काफी मात्रा में धन लिया। आसिफुद्दौला ने लखनऊ में इमामबाड़ा का निर्माण करवाया। 1775 ई. में बनारस का हस्तानान्तरण ईस्ट इण्डिया कम्पनी को कर दिया।

सआदत अली

- इसने 1801 ई. में लॉर्ड वेलेजली के साथ सहायक सन्धि कर ली।

वाजिद अली शाह

- अवध का अन्तिम शासक 1856 ई. में डलहौजी ने अवध को कुशासन के आधार पर ब्रिटिश राज्य में मिला लिया और वाजिद अली शाह को पेंशन देकर कलकत्ता भेज दिया गया। यह एक संवेदनशील शायर तथा कत्थक में निपुण था।

बिरजिस कादिर

- 1857 की क्रान्ति में बागियों ने वाजिद अली शाह के युवा पुत्र बिरजिस कादिर को अवध का नबाव बना दिया। इसकी माँ हजरत महल इसकी संरक्षिका बनी।

हैदराबाद और ब्रिटिश

निजामुलमुल्क

- हैदराबाद में स्वतन्त्र आसफजाही वंश की स्थापना मोहम्मदशाह द्वारा दक्कन में नियुक्त सूबेदार मीर कमरुद्दीन चिनकिलिच खाँ उर्फ निजामुलमुल्क आसफजाह ने की। निजामुलमुल्क तुरानी गुट का सदस्य था। फर्रूखशियर ने उसे निजामुलमुल्क की उपाधि थी, जबकि मोहम्मदशाह रंगीला ने उसे आसफजाह की उपाधि दी। सैयद बन्धुओं ने उसे अपदस्थ कर दिया था। 1720 ई. में हुसैन अली को हराने के बाद फिर से वायसराय का पद हथिया लिया। 1722 ई. में वह वजीर बन गया।
- 1724 ई. में मुगल दरबार के षड्यन्त्रों से तंग आकर वह दक्षिण चला गया और आसफजाही राज्य की स्थापना की। मोहम्मदशाह रंगीला ने मुबारिज खाँ को दक्कन का वायसराय बनाया।
- 1724 ई. में शुकरखेड़ा के युद्ध में मुबारिज खाँ निजाम से हार गया। निजाम ने बादशाह को वाजिब सम्मान दिया और खुले रूप से अपने को स्वतन्त्र घोषित नहीं किया। उसने हिन्दुओं के प्रति सहनशीलता की नीति अपनाई। उदाहरणस्वरूप एक हिन्दू व्यक्ति पूरणचन्द उसका दीवान था।
- पेशवा बाजीराव प्रथम ने निजाम को 1727 ई. में पालखेड़ की लड़ाई में पराजित किया और दोनों के बीच मुंजीशिवगाँव की सन्धि हुई। इस सन्धि के अनुसार निजाम ने मराठों को दक्कन के 6 राज्यों में चौथ एवं सरदेशमुखी के अधिकारों को मान्यता दी एवं वादा किया कि वह भविष्य में कोल्हापुर की मदद नहीं करेगा।
- 1737 ई. में निजाम एवं बाजीराव प्रथम के बीच भोपाल की लड़ाई हुई, जिसमें पुन: निजाम की पराजय हुई और इसके पश्चात् दुरहसराय की परिषद् हुई। 1739 ई. में निजामुलमुल्क मोहम्मदशाह रंगीला की मदद के लिए आया, परन्तु नादिरशाह को रोक पाने में सफल नहीं हुआ। निजाम की मृत्यु 1748 ई. में हुई।

नासिर जंग

- गद्दी पर बैठने के कुछ समय बाद ही उसके भतीजे मुजफ्फरजंग ने चन्दा साहिब और डूप्ले के साथ मिलकर इसका कत्ल कर दिया।

मुजफ्फर जंग

- इसने फ्रांसीसियों को पाण्डिचेरी क्षेत्र तथा मसूलीपट्टनम सौंप दिया और डुप्ले को कृष्णा नदी के दक्षिण स्थित मुगल आधिपत्य वाले क्षेत्र का अवैतनिक गवर्नर बना दिया। डूप्ले का योग्य अधिकारी बुसी हैदराबाद में रेजिडेण्ट के पद पर नियुक्त हुआ।

सलावत जंग

- बुसी ने निजामुलमुल्क के तृतीय पुत्र सलावत जंग को मुजफ्फर जंग की आकस्मिक मृत्यु के बाद सिंहासन पर बैठाया। इसने फ्रांसीसियों को उत्तरी सरकार का क्षेत्र दिया जिसके अन्तर्गत एल्लोर, राजमुन्द्री, मुस्तफानगर तथा चिकाकोल जिले शामिल थे।

निजाम अली

- अंग्रेजों के साथ सहायक सन्धि (1799 ई.) पर हस्ताक्षर किए, जो पहला शासक था जिसने ऐसा किया।

नासिरुद्दौला

- 1852 ई. में डलहौजी ने नासिरुद्दौला पर जोर डालकर सेना के खर्च के लिए बरार प्रान्त हासिल कर लिया। 1857 ई. के विद्रोह में नासिरुद्दौला ने अंग्रेजों का साथ दिया था। इसके दीवान सलार जंग ने भी अंग्रेजों की सहायता की थी।

उस्मान अली खाँ

- उस्मान अली खाँ की इच्छा थी कि अंग्रेजों के भारत छोड़ने के बाद हैदराबाद का अपना अलग अस्तित्व हो परन्तु सरदार पटेल ने उनकी इच्छाओं को धूमिल करते हुए एक सैन्य कार्रवाई **ऑपरेशन पोलो** के तहत हैदराबाद का विलय भारत में करवा दिया।

मैसूर और ब्रिटिश

- **तालीकोटा** के निर्णायक युद्ध ने विजयनगर साम्राज्य का अन्त कर दिया और उसके अवशेषों पर जिन स्वतन्त्र राज्यों का जन्म हुआ उसमें मैसूर एक प्रमुख राज्य था। मैसूर पर **वाडियार वंश** का शासन था। इस वंश के अन्तिम शासक चिक्का कृष्णराज द्वितीय के शासन काल में राज्य की वास्तविक सत्ता उसके दो अधिकारी देवराज दुल्वई (राज्य का मुख्य सेनापति) तथा नन्दराज सर्वाधिकारी (राजस्व तथा वित्तीय सम्बन्धी मामलों का अधिकारी) के हाथों में आ गई।

हैदर अली

- 1761 ई. हैदर अली ने सत्ता को अपने कब्जे में कर लिया। पढ़े-लिखे नहीं होने के बावजूद अत्यन्त गरीब परिवार में 1721 ई. में जन्में हैदरअली की बुद्धि प्रखर थी। 1749 ई. में नन्दराज ने हैदरअली को सैनिक जीवन प्रारम्भ करने का अवसर दिया। 1755 ई. में हैदरअली डिंडिगुल का फौजदार बना।
- फ्रांसीसी विशेषज्ञों की मदद से उसने 1755 ई. में डिंडिगुल में आधुनिक शस्त्रागार का निर्माण किया। इसी समय मैसूर की राजधानी **श्रीरंगपट्टनम** पर मराठा आक्रमण का भय व्याप्त हो गया।
- हैदरअली ने मैसूर की राजधानी में हस्तक्षेप कर नन्दराज और देवराज को राजनीति से संन्यास लेने के लिए विवश किया। 1759 ई. में हैदर ने मराठों को पराजित किया। इसके बाद इसे फतेह हैदर बहादुर कहा गया। 1761 ई. में मैसूर की समस्त शक्ति हैदर के पास केन्द्रित हो गई और उसने सत्ता हथिया ली।
- मराठों ने 1764, 1765 और 1771 ई. में तीन बार हैदरअली को पराजित किया। 1772 ई. में मराठा पेशवा माधवराव की मृत्यु के बाद हैदर अली ने न सिर्फ अपने राज्य वापस लिए बल्कि कुछ अन्य राज्यों जैसे बेल्लारी, कुडप्पा, गुट्टी तथा करनूल भी अधीन कर लिया। हैदरअली ने विदनूर, सुन्डी, सेद्दा, कनारा और मालाबार पर कब्जा कर लिया। हैदर ने मैसूर की चामुण्डेश्वरी देवी का मन्दिर के लिए दान दिया। उसने अपने ताँबे तथा सोने के सिक्कों पर शिव-पार्वती तथा विष्णु की आकृतियाँ अंकित करवाई।

प्रथम आंग्ल-मैसूर युद्ध (1767-69 ई.)

- 1765 ई. में ब्रिटिश, निजाम एवं मराठों का गुट हैदरअली के खिलाफ था। 1765 ई. में मराठों ने हैदरअली पर आक्रमण किया। हैदर ने मराठों को शिवनेर एवं गुट्टी का क्षेत्र देकर अपने पक्ष में कर लिया साथ ही 32 लाख रुपये युद्ध जुर्माना भी दिया। 1767 ई. में प्रथम आंग्ल-मैसूर युद्ध शुरू हुआ। हैदर ने मद्रास को घेर लिया। मार्च 1769 ई. में 5 मील के क्षेत्र तक मद्रास में हैदर का अधिकार हो गया। युद्ध में हैदर ने जनरल स्मिथ को पराजित किया। अप्रैल, 1769 में हैदरअली और अंग्रेजों के बीच मद्रास की रक्षात्मक सन्धि हुई।
- इस सन्धि के तहत दोनों ने एक-दूसरे के जीते हुए प्रदेश लौटाना स्वीकार कर लिया। इस सन्धि में यह भी प्रावधान था कि अगर तीसरी शक्ति आक्रमण करती है तो एक-दूसरे से मदद ली जाएगी।

द्वितीय आंग्ल-मैसूर युद्ध (1780-84 ई.)

- अमेरिकी स्वतन्त्रता संग्राम में अंग्रेजों के खिलाफ फ्रांसीसियों ने अमेरिकनों की मदद की थी जिससे क्षुब्ध होकर अंग्रेज अधिकारी वॉरेन हेस्टिंग्स ने 1779 ई. में माहे पर कब्जा कर लिया जो फ्रांसीसियों का बन्दरगाह था। माहे हैदरअली के राज्य सीमा के अन्तर्गत आता था। हैदर ने मराठों और निजाम को मिलाकर एक सैन्य संगठन बनाया। 1780 ई. में ब्रेथवेट को हराकर हैदर ने अर्काट पर कब्जा कर लिया।
- अंग्रेजों ने कूटनीतिपूर्वक मराठों और निजाम दोनों को ही हैदरअली के विरुद्ध कर दिया और 1781 ई. में सर आयरकूट ने पोर्टोनोबो की लड़ाई में हैदरअली को पराजित कर दिया।
- 1782 ई. में हैदरअली की मृत्यु हो गई। उसके बाद मैसूर का नेतृत्व टीपू सुल्तान ने सम्भाला। इस समय मद्रास का गवर्नर मैकार्टनी था, जिसकी मध्यस्थता में 1784 ई. में मंगलौर की सन्धि हुई एवं दोनों ने एक-दूसरे के क्षेत्र लौटा दिए।

टीपू सुल्तान

- हैदर अली की मृत्यु के पश्चात् मैसूर पर टीपू सुल्तान ने शासन किया।
- टीपू सुल्तान एक पढ़ा-लिखा योग्य शासक था। इसे अरबी, फारसी, उर्दू एवं कन्नड़ भाषाओं का ज्ञान था। टॉमस मुनरो ने कहा था कि टीपू नई नीति चलाने वाली अशान्त आत्मा है। टीपू ने अपने नवीन प्रयोगों के अन्तर्गत नई मुद्रा, नई माप-तौल की इकाई एवं एक नवीन कैलेण्डर (संवत्) का प्रचलन करवाया।
- टीपू के निजी पुस्तकालय में धर्म, इतिहास, सैन्य विज्ञान, औषधि विज्ञान और गणित जैसे विविध विषयों की पुस्तकें थीं। टीपू सुल्तान ने फ्रांसीसी क्रान्ति में गहरी दिलचस्पी ली और श्रीरंगपट्टनम में स्वतन्त्रता का वृक्ष लगवाया और जेकोबियन क्लब का सदस्य बना। उसने जागीर देने की प्रथा को खत्म कर राजकीय आय बढ़ाने की कोशिश की।
- उसने पॉलीगरों के पैतृक सम्पत्ति को कम करने और राज्य तथा किसानों के बीच मध्यस्थों को समाप्त करने की कोशिश भी की। वह पैदावार का एक तिहाई हिस्सा भू-राजस्व लेता था। टीपू सुल्तान की पैदल सेना यूरोप की शैली में बन्दूकों और संगीनों से लैस थी और हथियारों को मैसूर में ही बनाया गया था।
- 1796 ई. के बाद उसने एक आधुनिक नौ सेना खड़ी करने की कोशिश की। इसके लिए उसने नौकाघाट बनवाए तथा जहाजों के नमूने स्वयं तैयार करवाए थे। 1796 ई. में टीपू ने नौ-सेना बोर्ड का गठन किया तथा 22 युद्धपोत एवं 20 बड़े फ्रिगेट बनाने की योजना बनाई।
- उसने मंगलौर, वजिदाबाद तथा मोलीदाबाद में पोत बनाने का घाट (डॉकयार्ड) बनाए परन्तु यह योजना सिरे नहीं चढ़ी। टीपू सुल्तान के साधन अंग्रेजों के साधन से बहुत कम थे।

तृतीय आंग्ल-मैसूर युद्ध (1790-92 ई.)

- ईरान एवं फ्रांस से टीपू के अच्छे सम्बन्ध हो रहे थे, यह बात ब्रिटिश को पसन्द नहीं थी।
- 1789 ई. में टीपू ने त्रावणकोर के शासक पर हमला कर दिया जबकि 1784 ई. के मंगलौर की सन्धि के अनुसार त्रावणकोर ब्रिटिश का संरक्षित राज्य था फलतः कार्नवालिस ने टीपू के विरुद्ध युद्ध की घोषणा कर दी। प्रथम अभियान जनरल मिडोज के अन्तर्गत भेजा गया परन्तु टीपू ने उसे असफल कर दिया। कार्नवालिस ने निजाम और मराठों के साथ मिलकर त्रिगुट का निर्माण किया। 1792 ई. में टीपू बुरी तरह पराजित हुआ।
- 1792 ई. में श्री रंगपट्टनम की सन्धि हुई। इस सन्धि के अनुसार टीपू का आधा राज्य ले लिया गया। टीपू को 3 करोड़ रुपये हर्जाना के रूप में देना था, और तब तक उसके 2 पुत्र अंग्रेजों के यहाँ बन्धक रखे जाने थे जब तक 3 करोड़ रुपये

टीपू न दे दे। बन्दी बनाए गए दो पुत्र थे—मोइनुद्दीन एवं अब्दुल खालिद एवं एक तीसरे पुत्र फतह हैदर को बन्दी नहीं बनाया गया था। मराठों को कुडप्पा का क्षेत्र मिला, अंग्रेजों को कोचीन, मालाबार आदि क्षेत्र मिला।

चतुर्थ आंग्ल-मैसूर युद्ध (1799 ई.)

- इस युद्ध के समय टीपू ने अंग्रेजों के मुकाबले के लिए अन्तर्राष्ट्रीय सहयोग लेने की दिशा में प्रयास किया। इसने नेपोलियन से भी पत्र व्यवहार किया। चतुर्थ युद्ध के समय अंग्रेजों ने निजाम और मराठों से युद्ध में प्राप्त लाभ को तीन बराबर भागों में बाँटने की शर्त पर समझौता किया।
- टीपू के विरुद्ध 1799 ई. में कर्नल स्टुअर्ट को भेजा गया जिसने श्रीरंगपट्टनम पर आक्रमण किया। टीपू के समक्ष सहायता सन्धि का प्रस्ताव रखा गया किन्तु टीपू ने इस प्रस्ताव को स्वीकार नहीं किया। अन्त में श्रीरंगपट्टनम के किले पर लड़ता हुआ टीपू मारा गया। इस युद्ध में ब्रिटिश की सहायता निजाम ने की थी जबकि मराठों ने अधिक रुचि नहीं ली थी, फिर भी कम्पनी ने कूटनीति की दृष्टि से अपनी स्थिति सुदृढ़ करने के लिए निजाम और मराठों को कुछ क्षेत्र देना उचित समझा।
- इसी सन्दर्भ में मराठों को सुन्डी एवं हार्पोनलो के क्षेत्र देने की पेशकश की परन्तु मराठों ने इनकार कर दिया। निजाम को गुट्टी, गरमकोण्डा एवं चित्तलदुर्ग का हिस्सा दिया गया। अन्य क्षेत्र ब्रिटिश को प्राप्त हुए। इसके साथ छोटा-सा मैसूर क्षेत्र निकलवाकर पुराने वाडियार वंश के 5 वर्षीय हिन्दू राजकुमार कृष्ण राजा तृतीय को सौंप दिया गया और उसके साथ एक सहायक सन्धि कर ली गई।
- मैसूर के शासक द्वारा अच्छी तरह से शासन नहीं करने के कारण विलियम बैंटिक ने 1831 ई. में प्रशासन अपने हाथों में ले लिया, लेकिन 1881 ई. में लॉर्ड रिपन द्वारा पुन: वहाँ के शासक को प्रशासन की बागडोर वापस कर दी गई। चतुर्थ आंग्ल-मैसूर युद्ध की समाप्ति एवं सफलता के बाद गवर्नर जनरल वेलेजली ने दंभ भरे शब्दों में कहा कि "अब पूरब का राज्य हमारे कदमों में है"।

आंग्ल-मैसूर युद्ध के समय बंगाल के गवर्नर जनरल

- प्रथम आंग्ल-मैसूर युद्ध (1767-69) लॉर्ड वेरेल्स्ट
- द्वितीय आंग्ल-मैसूर युद्ध (1780-84) वॉरेन हेस्टिंग्स
- तृतीय आंग्ल-मैसूर युद्ध (1790-92) लॉर्ड कार्नवालिस
- चतुर्थ आंग्ल-मैसूर युद्ध (1799) लॉर्ड वेलेजली

आंग्ल-मैसूर युद्ध से सम्बन्धित महत्त्वपूर्ण सन्धियाँ

- **प्रथम युद्ध** मद्रास की सन्धि (1769)
- **द्वितीय युद्ध** मंगलोर की सन्धि (1784)
- **तृतीय युद्ध** श्रीरंगपट्टनम् की सन्धि (1792)
- **चतुर्थ युद्ध** सहायक सन्धि (1799)

मराठा और ब्रिटिश

प्रथम-आंग्ल मराठा युद्ध (1775-82 ई.)

- 30 अगस्त, 1773 ई. को रघुनाथ राव ने अपने भतीजे नारायण राव की हत्या करवाकर खुद पेशवा बनना चाहा, लेकिन नाना फड़नवीस ने रघुनाथ राव की सत्ता को चुनौती दी और नारायण राव के मरणोपरान्त उसकी विधवा गंगाबाई से उत्पन्न पुत्र माधव नारायण को पेशवा घोषित किया जो सवाई माधव राव के नाम से जाना जाता है। निराश होकर रघुनाथ राव अंग्रेजों के पास चला गया तथा 7 मार्च, 1775 ई. को अंग्रेजों से **सूरत की सन्धि** की।
- मई, 1775 में कर्नल कीटिंग के अधीन एक सेना रघुनाथ राव की मदद को भेजी गई, इसी के साथ प्रथम आंग्ल-मराठा युद्ध प्रारम्भ हो गया। अरसा के युद्ध में इस सेना ने पेशवा की सेना को परास्त किया।
- वारेन हेस्टिंग्स को यह बात पसन्द नहीं थी, अत: कलकत्ता की परिषद् ने **सूरत की सन्धि** को मान्यता प्रदान नहीं की अत: कर्नल उप्टन को मराठों एवं बम्बई के अधिकारियों के बीच मध्यस्थता करने भेजा, अन्तत: 1776 में **पुरन्दर की सन्धि** हुई। इस सन्धि के अनुसार सालसेट का क्षेत्र अंग्रेजों को मिला बाकी क्षेत्र एक दूसरे ने खाली कर दिया। अंग्रेजों ने वायदा किया कि वह रघुनाथ राव की मदद नहीं करेंगे।
- किन्तु पुरन्दर की सन्धि असफल रही। क्योंकि बम्बई के ब्रिटिश अधिकारियों ने कोर्ट ऑफ डायरेक्टर्स से अपील की और कोर्ट ऑफ डायरेक्टर्स ने बम्बई के अधिकारियों का पक्ष लिया। दूसरे बम्बई के अधिकारियों ने सन्धि के बावजूद भी रघुनाथ राव को शरण दी। मराठे भी आश्वासन पर अडिग नहीं रहे थे।
- नाना फड़नवीस ने भी एक फ्रांसीसी अधिकारी ल्यूबेन को अपने यहाँ शरण दी और उसे पश्चिम तट पर एक बन्दरगाह देने का वादा किया। 1778 ई. में कोर्ट ऑफ डायरेक्टर्स ने गवर्नर जनरल की लिखित रूप से आलोचना की। प्रोत्साहित होकर बम्बई के अधिकारियों ने पुन: मराठों के विरुद्ध युद्ध छेड़ दिया।
- 1779 ई. में तेलगाँव की लड़ाई में मराठों ने अंग्रेजी सेना को बुरी तरह पराजित किया और बड़गाँव की सन्धि (1779) हुई। जिसके अनुसार अंग्रेजों को 1773 ई. के पश्चात् सभी विजित क्षेत्र मराठों को लौटाने का वचन देना पड़ा। सालसेट भी अंग्रेजों के हाथ से निकल गया। परन्तु सन्धि के बावजूद भी युद्ध जारी रहा।
- 1780 ई. का वर्ष ब्रिटिश कम्पनी के लिए सबसे कठिन वर्ष साबित हुआ। उसके विरुद्ध हैदर एवं निजाम तथा मराठों का **त्रिगुट** बन गया था। अन्तत: वॉरेन हेस्टिंग्स ने कठोर कदम उठाया। 1780 ई. में हेस्टिंग्स ने जनरल गोडार्ड को अहमदाबाद भेजा, ग्वालियर के विरुद्ध कर्नल पोफम को भेजा गया। परिणामस्वरूप अहमदाबाद और ग्वालियर पर अधिकार कर लिया। 1782 ई. में महादजी सिन्धिया की मध्यस्थता के कारण युद्ध समाप्त हुआ तथा 17 मई, 1782 को सालबाई की सन्धि हुई।

प्रथम आंग्ल-मराठा युद्ध से सम्बन्धित सन्धियाँ एवं लड़ाइयाँ

- सूरत की सन्धि – 1775
- पुरंदर की सन्धि – 1776
- बड़गाँव की सन्धि – 1779
- सालबाई की सन्धि – 1782
- बड़गाँव की लड़ाई
- तेलगाँव की लड़ाई

द्वितीय आंग्ल-मराठा युद्ध (1803-05 ई.)

- 1794 ई. में महादजी सिन्धिया, 1795 ई. में माधव नारायणराव, 1799 ई. में तुकोजी होल्कर तथा 1800 ई. में नाना फड़नवीस की मृत्यु हो गई। एक बार नाना फड़नवीस से भी ब्रिटिश ने सहायक सन्धि की पेशकश की परन्तु नाना फड़नवीस ने ब्रिटिश प्रस्ताव को ठुकरा दिया। लेकिन दौलतराव सिन्धिया तथा यशवन्त राव होल्कर की प्रतिस्पर्द्धा के कारण मराठों का पतन अवश्यम्भावी हो गया। पूना के पेशवा बाजीराव द्वितीय एवं दौलतराव सिन्धिया ने होल्कर के छोटे भाई बिठ्ठू जी की हत्या कर दी। क्रुद्ध होकर होल्कर ने अक्टूबर 1802 ई. में पूना पर हमला कर दिया।

- इस युद्ध में पेशवा एवं सिन्धिया की संयुक्त सेना पराजित हो गई। पूना पर यशवन्त राव होल्कर का कब्जा हो गया। अत: बाजीराव द्वितीय निराश होकर ब्रिटिश कैम्प में चला गया। बाजीराव द्वितीय ने 31 दिसम्बर, 1802 को सहायक सन्धि कर ली।
- डीन हट्टन के अनुसार यह निर्विवाद रूप से ऐसा कदम था जिसने उस भित्ति को बदल दिया जिस पर हम लोग पश्चिम भारत में खड़े थे। इसने एक ही क्षण में अंग्रेजी उत्तरदायित्वों को तिगुना कर दिया। सिडनी ओवेन के अनुसार इस सन्धि ने प्रत्यक्ष एवं अप्रत्यक्ष कार्यों द्वारा कम्पनी को भारत का साम्राज्य दे दिया। आर्थर वेलेजली के अनुसार बेसीन की सन्धि एक बेकार आदमी से सन्धि थी।
- बोर्ड ऑफ कंट्रोल के प्रेसिडेंट लॉर्ड केस्लरी ने कहा था कि एक कमजोर पेशवा के द्वारा मराठा साम्राज्य के शासन का प्रयत्न करना आशाहीन प्रतीत होता है। 1803 ई. में द्वितीय आंग्ल-मराठा युद्ध आरम्भ हो गया। इस युद्ध में सिन्धिया एवं भोसले दोनों ने मिलकर ब्रिटिश के विरुद्ध संघर्ष चलाया। बाजीराव द्वितीय को अपनी गलती का एहसास हुआ फलत: उसका भी समर्थन प्राप्त हुआ। दूसरी तरफ बड़ौदा का गायकवाड़ ब्रिटिश के साथ था, जबकि इन्दौर का होल्कर युद्ध की पृथक् तैयारी कर रहा था।
- लॉर्ड वेलेजली ने उत्तरी कमान **लॉर्ड लेक** को दी तथा दक्षिणी कमान आर्थर वेलेजली को सौंपा। आर्थर वेलेजली ने सिन्धिया एवं भोसले की संयुक्त सेना को असाई की लड़ाई में पराजित किया और भोसले की सेना को **अरेगाँव की लड़ाई** में पराजित किया।
- 1803 ई. में उसने भोसले के साथ देवगाँव की सन्धि की। सन्धि के अनुसार भोसले को कटक एवं आस-पास का क्षेत्र खोना पड़ा। लॉर्ड लेक ने सिन्धिया को 1803 ई. में लास्बारी की लड़ाई में पराजित किया और दौलतराव सिन्धिया के साथ 'सुर्जिअर्जनगाँव' की सन्धि की गई।
- इसी समय 1803 ई. में लॉर्ड लेक ने मुगल बादशाह शाहआलम द्वितीय को अपने प्रभाव क्षेत्र या संरक्षण में ले लिया। दूसरी तरफ यशवन्त राव होल्कर भरतपुर के शासक के साथ मिलकर स्वतन्त्र संघर्ष चला रहा था। लॉर्ड लेक ने भरतपुर पर आक्रमण किया परन्तु उसे सफलता नहीं मिली।
- दूसरी तरफ ब्रिटिश कम्पनी के डायरेक्टर वेलेजली के विस्तारवाद की नीति से सन्तुष्ट नहीं थे, अत: वेलेजली को वापस बुला लिया गया। तदुपरान्त कार्नवालिस को भेजा गया, परन्तु जल्द ही उसकी मृत्यु हो गई। अत: जॉर्ज बार्लो नया गवर्नर जनरल बना। बार्लो ने यशवन्त राव होल्कर के साथ राजपुर घाट की सन्धि की। इस तरह द्वितीय आंग्ल-मराठा युद्ध समाप्त हो गया।

तृतीय-आंग्ल मराठा युद्ध (1817-18 ई.)

- 1817 ई. में रघुजी भोसले की मृत्यु हो गई। रघुजी के उत्तराधिकारी परशुजी हुए। परशुजी की माता बुकाबाई उसकी संरक्षिका बनी। परशुजी का दूसरा संरक्षक रघुजी का भतीजा अप्पा साहिब था।
- ब्रिटिश ने अप्पा साहिब को सत्ता पर अपनी पकड़ बनाने में सहायता की थी। बदले में अप्पा साहिब ने ब्रिटिश को कुछ सुविधाएँ दीं। पूना के पेशवा एवं बड़ौदा के गायकवाड़ के बीच विवाद शुरू हुआ। 1816 ई. में पूना के पेशवा बाजीराव द्वितीय ने बड़ौदा के गायकवाड़ पर एक करोड़ रुपया का दावा प्रस्तुत किया।
- गायकवाड़ ने अपने प्रतिनिधि **गंगाधर शास्त्री** को पूना दरबार में इस मुद्दे पर बातचीत करने हेतु भेजा। बाजीराव द्वितीय के मन्त्री **त्र्यम्बक जी** ने उसकी हत्या कर दी। इस घटना से ब्रिटिश क्रुद्ध हो गए।
- **एलफिन्सटन** ने पेशवा से माँग की कि त्र्यम्बक जी को पेश करे, साथ ही पेशवा से कुछ क्षेत्रों की माँग की गई। पेशवा पर दबाव देने के लिए **मेजर स्मिथ** ने पूना दरबार को घेर लिया। दूसरे हेस्टिंग्स के पिण्डारियों के विरुद्ध अभियान से मराठों के प्रभुत्व को चुनौती मिली। अतएव दोनों दल युद्ध में उतर आए।
- पेशवा, सिन्धिया, तथा भोसले को अपमानजनक सन्धियाँ करने पर बाध्य किया गया। दौलतराव सिन्धिया, नागपुर के अप्पा साहिब, मल्हार राव होल्कर द्वितीय ने युद्ध की ठान ली। पेशवा किर्की की लड़ाई में पराजित हुआ और अन्तिम रूप से आष्टी के युद्ध में हार गया भोसले को **सीताबर्डी** तथा होल्कर को **महीदपुर** के स्थान पर पराजित किया गया।
- ब्रिटिश ने तीनों के साथ अलग-अलग सन्धि की। पेशवा के साथ सन्धि में मराठा परिसंघ को भंग कर दिया गया तथा बाजीराव द्वितीय को 8 लाख रुपये सालाना पेंशन देकर बिठूर भेज दिया गया। मराठा भावनाओं को सन्तुष्ट करने के लिए पेशवा के राज्य से सतारा का हिस्सा निकालकर शिवाजी के वंशज प्रतापसिंह को दे दिया गया और शेष भाग को मिलाकर 1818 में बम्बई प्रेसीडेंसी की स्थापना की गई। अप्पा साहिब के साथ भी सन्धि की गई। नागपुर का उत्तराधिकारी रघुजी तृतीय हुआ। नागपुर पर बहुत सारे नियन्त्रण थोपे गए। दूसरी तरफ होल्कर के साथ **मन्दसौर की सन्धि** की गई। इस सन्धि के अनुसार नर्मदा नदी के आस-पास का क्षेत्र उससे छीन लिया गया।
- 1818 में सिन्धिया के साथ एक पृथक् सन्धि की गई। यद्यपि सिन्धिया इस युद्ध में शामिल नहीं था तथापि इस पर सन्धि थोपी गई। इस सन्धि के अनुसार अजमेर एवं उसके आस-पास का क्षेत्र उससे छीन लिया गया। इसके अतिरिक्त सिन्धिया ने राजपूत राज्यों एवं गायकवाड़ पर अपना दावा वापस ले लिया।

तृतीय आंग्ल-मराठा युद्ध से सम्बन्धित सन्धियाँ एवं लड़ाइयाँ

- नागपुर की सन्धि – 1816
- पूना की सन्धि – 1817
- ग्वालियर की सन्धि – 1817
- मन्दसौर की सन्धि – 1818

पंजाब और ब्रिटिश

- मुगल काल में पंजाब प्रान्त की राजधानी लाहौर थी। गुरुगोविन्द सिंह के मृत्योपरान्त गुरु की परम्परा समाप्त हो गई। उनके शिष्य बन्दाबहादुर ने सिखों का नेतृत्व सम्भाला। बन्दाबहादुर का मूल नाम लक्ष्मण दास वैरागी था। बन्दाबहादुर ने गुरु नानक एवं गुरु गोविन्द सिंह के नाम से सिक्के जारी किए तथा अपने नाम से हुक्मनामा जारी किया।
- बादशाह फर्रूखसियर के समय 1716 ई. में बन्दाबहादुर की गुरुदासपुर स्थित गुरुदास नंगल किले पर पुत्र सहित हत्या कर दी गई। (लौहगढ़ के पास ही गुरुदासपुर में गुरुदासनंगल किला बन्दा वैरागी ने बनवाया था)
- 1726 ई. में पंजाब में नियुक्त मुगल सूबेदार जकारिया खाँ ने सिखों से समझौता करने के उद्देश्य से सिखों को जागीर एवं नवाबी देने का प्रस्ताव किया। जकारिया खाँ द्वारा फैजलपुर के कपूर सिंह को जमींदार नवाब के रूप में मान्यता दी गई। कालान्तर में कपूर सिंह के नेतृत्व में ही पंजाब के सिख कृषक, जो पृथक्-पृथक् जत्थों में बँटे हुए थे, को संगठित कर एक ऐसे दल के रूप में विकसित किया, जो दल खालसा के रूप में अस्तित्व में आया।

प्रमुख मिसलें संस्थापक

क्र.सं.	मिसल	नेता/संस्थापक
1.	फैजलपुरिया अथवा सिंहपुरिया मिसल	नवाब कपूर सिंह
2.	अहलुवालिया मिसल	जस्सा सिंह अहलुवालिया
3.	भंगी मिसल	सरदार हरि सिंह
4.	रामगढ़िया मिसल	जस्सा सिंह इच्छोगीलिया
5.	कन्हिया मिसल	जय सिंह
6.	सुकरचकिया मिसल	चरत सिंह
7.	फुलकिया मिसल	चौधरी फूल सिंह
8.	निशान वालिया मिसल	संगत सिंह और मोहर सिंह
9.	करोड़ सिन्धिया मिसल	बघेल सिंह
10.	शहीद मिसल या निहंग मिसल	दीप सिंह
11.	नक्कई मिसल	सरदार हीरा सिंह
12.	डल्लेवालिया मिसल	गुलाब सिंह

- कपूर सिंह के मृत्योपरान्त जस्सा सिंह अहलुवालिया ने दल खालसा को अपना नेतृत्व प्रदान किया। जस्सा सिंह के नेतृत्व में ही दल खालसा **12** स्वतन्त्र मिसल या जत्थों में विभाजित हो गये। प्रत्येक मिसल का अपना एक झण्डा नाम तथा निशान होता था। सभी मिस्लों के नेताओं की एक समिति होती थी जो सभी मिसलों के कार्यों का सम्पादन करती थी। सिखों को जोड़ने की अन्तिम कड़ी थी—सरवत खालसा (वार्षिक बैठक)।
- दल खालसा ने 1753 ई. में राखी प्रथा प्रारम्भ की। राखी प्रथा के अन्तर्गत दल खालसा प्रत्येक गाँव से उपज का 1/5 भाग लेकर उसकी सुरक्षा का प्रबन्ध करता था। इस प्रणाली ने सिखों को राजनीतिक शक्ति के रूप में विकसित होने में सहायता पहुँचाई। अफगान आक्रमण तथा मुगल सूबेदारों या गवर्नरों के अत्याचारों के कारण पंजाब में अव्यवस्था की स्थिति थी, दल खालसा ने अव्यवस्था की स्थिति को समाप्त करने के उद्देश्य से राखी प्रथा प्रारम्भ की थी।
- सिखों ने 1764 ई. में पंजाब के अफगान आक्रमणकारियों के प्रभाव को खत्म कर देंगे, तेग और फतेह का नारा दिया और चाँदी के सिक्कें का प्रचलन करवाया जो पंजाब में सिख प्रभुता के स्पष्ट उद्घोषक माने जाते हैं।
- रणजीत सिंह सुकरचकिया मिसल से सम्बन्धित थे। ये सुकरचकिया मिसल के प्रधान महासिंह के पौत्र थे। रणजीत सिंह ने 1799 ई. में लाहौर पर कब्जा कर लिया। 1802 ई. में अमृतसर भी उसने भंगी मिसल से छीन लिया। अब पंजाब की राजनीतिक राजधानी लाहौर और धार्मिक राजधानी अमृतसर दोनों ही उसके अधीन हो गई और वह सिखों का सबसे महत्त्वपूर्ण सरदार हो गया और शीघ्र ही झेलम से सतलज नदी तक का प्रदेश अपने अधीन कर लिया। (शासक बनने के पूर्व उसका प्रभुत्व रावी और झेलम के बीच तक ही सीमित था।) इस प्रकार रणजीत सिंह ने सतलज के पश्चिम के सिख प्रधानों को अपने अधीन कर लिया।
- 1805 ई. में मराठा सरदार जसवन्त राव होल्कर जो अंग्रेजो से हारकर भागा था, सिखों की सहायता प्राप्त करने हेतु पंजाब आया। उस समय रणजीत सिंह पश्चिम की ओर प्रसार कर रहा था। अतएव उसने जसवन्त राव होल्कर को संरक्षण देकर अंग्रेजो से बैर लेना ठीक नहीं समझा। जनवरी, 1806 ई. में लॉर्ड लेक के साथ उन्होंने लाहौर की सन्धि की, जिसके अन्तर्गत जसवन्त राव होल्कर को अमृतसर से वापस जाने के लिए बाध्य करना था। इसके साथ ही सन्धि के तहत् अंग्रेजों ने यह विश्वास दिलाया कि रणजीत सिंह के राज्यों को जीतने की योजना नहीं बनाएँगे।
- अब रणजीत सिंह की नजर सिस सतलज (सतलज के पूरब के राज्यों) पर थी। रणनीत सिंह ने सतलज के पार के राज्यों को जीतना चाहा। इस उद्देश्य से उसने तीन अभियानों की व्यवस्था की परन्तु सतलज पार के राज्यों ने ब्रिटिश से सुरक्षा की गुहार लगाई।
- महाराजा रणजीत सिंह ने पुनः सतलज पार किया और फरीदकोट, मलेर कोटला और अम्बाला को जीत लिया। जब 1807 ई. में यूरोप में नेपोलियन और जार अलैक्जेण्डर के बीच सन्धि हुई, तो भारत पर इन दोनों के आक्रमण का भय उत्पन्न हो गया। गवर्नर जनरल मिन्टो ने चार्ल्स मैटकॉफ को रणजीत सिंह से मित्रता की सन्धि करने को भेजा था। महाराजा रणजीत सिंह मैटकॉफ के प्रस्ताव को मानने को उद्धत हो गया। शर्त यह थी कि सिस सतलज के राज्य रणजीत सिंह को एक मात्र राजा स्वीकार करेंगे।
- जब नेपोलियन के आक्रमण का भय समाप्त हो गया, तो 1809 ई. में ब्रिटिश अधिकारी डेविड ऑक्टरलोनी ने स्पष्ट रूप से घोषणा की कि "सिस सतलज के राज्य हमारे संरक्षण में हैं और उनकी सुरक्षा की जिम्मेवारी हमारी है, और अगर लाहौर की ओर कोई भी आक्रमण हुआ तो वह सैनिक बल से रोका जाएगा।"
- अन्त में रणजीत सिंह ने 25 अप्रैल, 1809 ई. **अमृतसर की सन्धि** पर हस्ताक्षर कर दिए। इस सन्धि के अनुसार सिस सतलज के राज्यों पर रणजीत सिंह ने ब्रिटिश संरक्षण को स्वीकार कर लिया था। 1809 ई. में डोगरा सरदार संसार चन्द्र ने रणनीत सिंह को काँगड़ा का प्रदेश दे दिया।
- रणजीत ने 1818 ई. में मुल्तान को जीता, 1819 ई. में कश्मीर जीता। 1831 ई. में विलियम बैण्टिक ने रणजीत सिंह से रोपड़ में भेंट की और दोनों ने मित्रता के प्रण किए थे। 1833 ई. में रणजीत सिंह ने लद्दाख को भी शामिल कर लिया। 1834 ई. रणजीत सिंह ने पेशावर पर कब्जा किया।

रणजीत सिंह का प्रशासन

- रणजीत सिंह ने सम्पूर्ण शासकीय और राजनीतिक शक्ति के केन्द्र होने के बावजूद अपने आप को खालसा अथवा सिख राष्ट्रमण्डल का सेवक मानता रहा और इसी के नाम पर शासन करता रहा। उसने अपनी सरकार को भी सरकार-ए-खालसा जी कहा तथा गुरु नानक एवं गुरुगोविन्द सिंह के नाम के सिक्के भी चलाए। रणजीत सिंह ने मुगलों द्वारा लागू की गई भू-राजस्व व्यवस्था में कोई परिवर्तन नहीं किया।
- भू-राजस्व का हिसाब 50% सकल उत्पादन के आधार पर लगाया गया। सैनिक प्रशासन रणजीत सिंह ने यूरोपीय प्रशिक्षकों की सहायता से यूरोपीय ढर्रे पर एक शक्तिशाली सुसज्जित फौजें तैयार कीं। उसने सभी जातियों के लोगों की फौज में भर्ती की।
- रणजीत सिंह की सेना में भिन्न-भिन्न विदेशी जातियों के 39 अफसर कार्य करते थे। जिनमें पैदल सेना इतालवी बेंतुरा की देख-रेख में और घुड़सवार सेना एक फ्रांसीसी अलार्ड के नेतृत्व में गठित की गई। फ्रांसीसी कोर्ट एवं गार्डनर ने तोपखाने विभाग का पुनर्गठन किया। इलाही बख्श तोपखाने का प्रधान था। बेंतुरा को कुछ दिनों के लिए डेराजात का गवर्नर बना दिया और एक्टिवेल को पेशावर का गवर्नर बना दिया गया।
- रणजीत सिंह ने सेना में मासिक वेतन देने की प्रणाली आरम्भ की जिसे महदारी कहते थे। लाहौर में एक **अदालत-ए-आला** (यह सबसे ऊँचा न्यायालय था, जो सम्भवतः प्रान्तीय तथा जिला अदालतों से अपीलें सुनता था) अपराधियों से बड़े-बड़े जुर्माने किए जाते थे। बड़े-बड़े अपराधी भी जुर्माना दिए जाने पर छोड़ दिए जाते थे।

- रणजीत सिंह धर्मपरायण सिख होते हुए भी एक धर्मसहिष्णु शासक था। कहा जाता है कि वह अपने सिंहासन से उतरकर मुसलमान फकीरों की धूल अपनी लम्बी सफेद दाढ़ी से झाड़ता था। उसके अनेक महत्त्वपूर्ण मन्त्री और सेनापति मुसलमान तथा हिन्दू थे। उसका सबसे प्रमुख और विश्वासपात्र मन्त्री फकीर अजीजुद्दीन था। उसका वित्त मन्त्री दीवान दीनानाथ था।
- इसके समय फ्रांसीसी पर्यटक विक्टर जैक्यूमोण्ट (विक्टर जाकमा) तथा अंग्रेज चार्ल्स मैसन ने पंजाब की यात्रा की। विक्टर जाकमा ने रणजीत सिंह की तुलना नेपोलियन बोनापार्ट से की है। इतिहासकार हण्टर महोदय ने रणजीत सिंह की फौज के बारे में कहा कि स्थिरता और धार्मिक जोश में ओलिवर कैम्पवेल के आयरन साइडस (लौह सैनिक) के बाद इस सेना का कोई जोड़ा नहीं।

प्रमुख अधिकारी

- **दीवान** राजस्व प्रशासन में राजा की मदद दीवान करता था और राजा के बाद सबसे अधिक शक्तिशाली अधिकारी होता था।
- **नाजिम/नजीम** सूबे या प्रान्त का प्रमुख
- **करदार** जिले का प्रमुख
- **चौधरी** टप्पा या ताल्लुकों का प्रमुख
- **मुकद्दम** गाँव का प्रधान या मुखिया

आंग्ल-सिख संघर्ष

प्रथम आंग्ल-सिख युद्ध (1845-46 ई.)

- रणजीत सिंह के मृत्योपरान्त 1839 ई. में रणजीत सिंह का पुत्र खड्ग सिंह गद्दी पर बैठा। खड्ग सिंह को अफीम खाने की आदत थी। शीघ्र ही दरबार में सिंहनवालिया गुट एवं डोगरा गुट के बीच गुटबन्दी चरम सीमा पर पहुँच गई। कुछ समय के पश्चात् खड्ग सिंह को बन्दी बना लिया गया और सिंहनवालिया गुट ने उसके पुत्र नौनिहाल सिंह को राजसिंहासन पर बैठा दिया। उसने कुछ हद तक व्यवस्था को स्थापित किया। लद्दाख और बलूचिस्तान के कुछ भाग भी जीते।
- नवम्बर 1840 ई. को खड्ग सिंह की जेल में मृत्यु हो गई। संध्या समय जब नौनिहाल सिंह खड्ग सिंह के दाह संस्कार से लौट रहा था, तो हुजरीबाग के द्वारा कोष्ठक की एक शहतीरी उनके ऊपर गिर पड़ी और उसकी भी मृत्यु हो गई।
- इसके पश्चात् सिंहनवालिया गुट ने नौनिहाल की माता रानी चाँदकौर को समर्थन दिया। यद्यपि कुछ दिनों के लिए राजमाता चाँदकौर गद्दी पर आसीन हुईं, परन्तु चाँदकौर के लम्पट व्यवहार के कारण सभी उससे घृणा करने लगे। इसी समय डोगरा सरदारों ने शेर सिंह को शासक बना दिया। लेकिन 1843 ई. में शेर सिंह को अजीत सिंह ने गोली मार दी।
- इसके पश्चात् महाराजा रणजीत सिंह के अल्पवयस्क पुत्र दलीप सिंह को महाराजा घोषित कर दिया गया और उसकी माता रानी जिन्दन उसकी संरक्षिका बनी। इसी समय लाल सिंह ने, जो रानी जिन्दन का प्रेमी था, सेना को अपनी ओर मिला लिया।
- 1843 ई. में मेजर ब्रॉडफ्रुट लुधियाना में कम्पनी के एजेण्ट के रूप में नियुक्त हुआ। इसने स्थिति और बिगाड़ दी। इसने घोषणा की, कि सतलज के पार वाम तट पर बसी सभी रियासतें कम्पनी के न केवल संरक्षण में हैं, अपितु महाराजा दलीप सिंह की मृत्यु के उपरान्त ये सभी जब्त हो जाएँगे।
- 1845 ई. में लॉर्ड हार्डिंग ने युद्ध की घोषणा की और यह कहा कि महाराजा दलीप सिंह के राज्य का वह भाग जो सतलज के बाईं ओर है, वह आज से अंग्रेजी राज्य में मिलाया जाता है। सिख सेना भी कूच कर गई और युद्ध प्रारम्भ हो गया परन्तु लाल सिंह ने विश्वासघात कर दिया। वह अंग्रेजों से मिल गया। इस युद्ध में 4 लड़ाइयाँ—मुदकी, फिरोजशाह, बद्धवाल, अलीवाल ऐसी हुईं जो निर्णायक नहीं थीं, अन्ततः सबराओं की लड़ाई निर्णायक सिद्ध हुई। सिखों की हार हुई।

द्वितीय आंग्ल-सिख युद्ध (1848-49 ई.)

- 1848 ई. तक दो महत्त्वपूर्ण परिवर्तन हुए, गवर्नर जनरल लॉर्ड हॉर्डिंग की जगह डलहौजी आ गया और अमृतसर के दरबार में लॉरेन्स की जगह फ्रेडरिक क्यूरी नियुक्त हुआ। मुलतान का गवर्नर मूलराज था। मूलराज को अमृतसर दरबार ने एक खास रकम देने का आदेश दिया। मूलराज इससे सहमत नहीं हुआ, इसलिए मूलराज को पद से मुक्त कर दिया गया और उसकी जगह कहान सिंह मान को मुलतान का गवर्नर बनाकर भेजा गया, साथ में दो ब्रिटिश अधिकारियों को भी भेजा गया। परन्तु मुलतान की जनता ने इस व्यवस्था को मंजूर नहीं किया, अतः मुलतान में विद्रोह हो गया और दोनों अंग्रेज अधिकारियों की हत्या कर दी गई।
- सैनिक कमाण्डर शेर सिंह को मुलतान के विद्रोह का दमन करने के लिए भेजा गया। उसी समय शेर सिंह के पिता हजारा के गवर्नर छत्तर सिंह ने विद्रोह कर दिया। यह विद्रोह अमृतसर दरबार के हस्तक्षेप के विरोध में था। तभी शेर सिंह मुलतान जाने के बजाय पिता से मिल गया एवं चारों तरफ विद्रोह प्रारम्भ हो गए।
- डलहौजी ने घोषणा की कि "यदि सिख युद्ध चाहते हैं तो हम उन्हें विश्वास दिलाते हैं कि हम उनसे युद्ध अवश्य करेंगे।"
- इसी के साथ द्वितीय आंग्ल-सिख युद्ध प्रारम्भ हो गया। पहले रामनगर का युद्ध हुआ फिर चिलियानवाला का युद्ध हुआ और सबसे अन्त में निर्णायक युद्ध गुजराँ की लड़ाई हुई, जिसे बेटिल ऑफ गन भी कहा जाता है और 1849 ई. में पंजाब को ब्रिटिश साम्राज्य में मिला लिया गया।

अभ्यास प्रश्न

1. प्लासी के युद्ध में ब्रिटिश विजय का प्रमुख प्रतिफल क्या था?
(a) क्लाइव की बंगाल के गवर्नर के रूप में नियुक्ति
(b) ईस्ट इण्डिया कम्पनी द्वारा चौबीस परगना का अधिग्रहण
(c) बंगाल के नवाब पर ब्रिटिश प्रभाव में वृद्धि
(d) बंगाल में ब्रिटिश शासन की स्थापना

2. निम्नलिखित में से कौन युग्म सही सुमेलित नहीं है?
1. दुर्लभ — बंगाल नवाब का कोषाध्यक्ष
2. जगत सेठ — मुर्शिदाबाद का सेठ
3. मोहम्मद रजा खाँ — बिहार का दीवान
4. राजा सिताब राय — बंगाल का दीवान

कूट
(a) 1, 2 और 3 (b) 2, 3 और 4
(c) 1 और 2 (d) 3 और 4

3. निम्नलिखित में से किसने अंग्रेजों को बंगाल, बिहार और उड़ीसा के दीवानी अधिकार प्रदान किए?
(a) नजमुद्दौला (b) शाहआलम द्वितीय
(c) मीर जाफर (c) मीर कासिम

4. 1700 ई. में स्थापित फोर्ट विलियम के परिषद् का पहला अध्यक्ष था
(a) सर चार्ल्स आयर (b) सर विलियम नौरिस
(c) सर जॉन चाइल्ड (d) सर जॉब चारनोक

5. बंगाल के किस नवाब ने 50 लाख रुपये सालाना पेन्शन के बदले बंगाल राजस्व वसूली का अधिकार दे दिया?
(a) नजमुद्दौला (b) मुबारकुउद्दौला
(c) सैफुद्दौला (d) मीर जाफर

6. 1763 ई. में हुए युद्धों में मीर कासिम को पराजित किया था
(a) कर्नल मैलेसन ने (b) हॉलवेल ने
(c) मेजर एडम्स ने (d) विक्टर मुनरो ने

7. 'काल कोठरी' की घटना घटित हुई थी
(a) मुर्शिदाबाद में (b) चन्द्रनगर में
(c) ढाका में (d) कलकत्ता में

8. क्लाइव के इंग्लैण्ड चले जाने के पश्चात् बंगाल की अंग्रेज कम्पनी का अस्थायी रूप से गवर्नर नियुक्त किया गया
(a) एडमिरल वाटसन को (b) हॉलवेल को
(c) ड्रेक को (d) इनमें से किसी को नहीं

9. निम्नलिखित में से किस सन्धि के अनुसार बादशाह शाहआलम को इलाहाबाद तथा कड़ा जिले प्राप्त हुए?
(a) इलाहाबाद सन्धि से (b) बनारस सन्धि से
(c) अलीनगर सन्धि से (d) सिगौली सन्धि से

10. निम्नलिखित में से कौन-सा भारतीय राज्य अंग्रेजों के किए दुधारू हो गया था?
(a) अवध (b) मराठों का राज्य
(c) हैदराबाद (d) मराठों का राज्य

11. निम्नलिखित का सही कालक्रम क्या है? नीचे दिए गए कूट की सहायता से सही उत्तर का चयन कीजिए
1. अमृतसर की सन्धि 2. चतुर्थ मैसूर युद्ध
3. लाहौर की सन्धि
4. ईस्ट इण्डिया की मेवाड़ से सन्धि

कूट
(a) 4, 1, 3 और 2 (b) 2, 1, 4 और 3
(c) 1, 2, 3 और 4 (d) 3, 4, 1 और 2

12. बक्सर का युद्ध अंग्रेज और भारतीय शक्तियों के एक संघ के बीच हुआ था। संघ में सम्मिलित थे
(a) मीर कासिम संघ शुजाउद्दौला एवं मीर कासिम
(b) दिल्ली का बादशाह, शुजाउद्दौला एवं मीर कासिम
(c) दिल्ली का बादशाह और मीर कासिम
(d) मीर कासिम एवं शुजाउद्दौला

13. निम्नलिखित में से कौन नवाब सिराजुद्दौला के प्रति स्वामिभक्ति में विशिष्ट था?
(a) मीरमदान (b) कृष्णदास (c) अमीनचन्द्र (d) रायदुर्लभ

14. बंगाल में प्लासी के युद्ध के पश्चात् अंग्रेजों ने नवाब के पद को बनाए रखा, क्योंकि
(a) मुगल बादशाह के प्रत्युपकार से डरते थे
(b) मुस्लिम भावना के अनुकूल रखना चाहते थे
(c) मीरजाफर के एतदव्यधिक तर्क को स्वीकार कर चुके थे
(d) सोचते थे कि यह व्यवस्था अभी तक उनके हितों के साथ असंगत नहीं हुई है

15. रॉबर्ट क्लाइव जिस रूप में पहली बार बंगाल आया यह था
(a) फोर्ट विलियम के गवर्नर के रूप में
(b) मद्रास के गवर्नर पिगट के पॉलिटिकल एजेण्ट के रूप में
(c) कलकत्ता पर पुनः कब्जा करने वाले अभियान दल के नेता के रूप में
(d) एक सिविल सर्वेन्ट के रूप में

16. सुमेलित कीजिए

सूची I (युद्ध)		सूची II (गवर्नर जनरल)	
A.	प्रथम आंग्ल-मैसूर	1.	लॉर्ड कार्नवालिस
B.	द्वितीय आंग्ल-मैसूर युद्ध	2.	लॉर्ड वेरेल्स्ट
C.	तृतीय आंग्ल-मैसूर युद्ध	3.	लॉर्ड वेलेजली
D.	चतुर्थ आंग्ल-मैसूर युद्ध	4.	लॉर्ड वॉरेन हेस्टिंग्स

कूट

	A	B	C	D		A	B	C	D
(a)	1	2	3	4	(b)	4	3	2	1
(c)	2	4	1	3	(d)	3	2	1	4

17. निम्न में से किस युद्ध के पश्चात् मैसूर के सुल्तान को अंग्रेजों से अब अपना राज्य क्षेत्र बचाए रखना असम्भव हो गया?
(a) प्रथम आंग्ल-मैसूर युद्ध (b) द्वितीय आंग्ल-मैसूर युद्ध
(c) तृतीय आंग्ल-मैसूर युद्ध (d) चतुर्थ आंग्ल-मैसूर युद्ध

18. चतुर्थ आंग्ल-मैसूर युद्ध के निम्न में किस कारण को तत्कालीन अंग्रेजी गवर्नर जनरल लॉर्ड वेलेजली ने जिम्मेदार ठहराया?
(a) टीपू द्वारा फ्रांसीसियों को शरण देना
(b) टीपू द्वारा अंग्रेजी व्यापार में बाधा उत्पन्न करना
(c) टीपू द्वारा अंग्रेजी क्षेत्र पर आक्रमण करना
(d) उपरोक्त सभी

19. चतुर्थ आंग्ल-मैसूर युद्ध में टीपू की पराजय के पश्चात् अंग्रेजों ने टीपू के परिवार के सदस्यों को किस जेल में कैद रखा था?
(a) कोयम्बटूर (b) धारपुरम (c) वेनाड (d) वेल्लोर

20. टीपू के अंग्रेजों के विरुद्ध असफलता का मुख्य कारण क्या था?
(a) फ्रांसीसियों का दामन पकड़ना
(b) देशी राज्यों के साथ संयुक्त मोर्चा बनाने में असफल रहना
(c) अकुशल क्षमता
(d) उपरोक्त सभी

21. निम्न में से कौन-सा कथन टीपू सुल्तान के सन्दर्भ में सत्य है?
(a) उसने आधुनिक कैलेण्डर की शुरूआत की थी
(b) उसने सिक्का ढलाई तथा नाप-तौल की नई प्रणाली का प्रयोग किया
(c) उसने अपनी राजधानी श्रीरंगपट्टनम में स्वतन्त्रता का वृक्ष लगाया था
(d) उपरोक्त सभी

22. टॉमस मुनरो ने निम्न में से किसके विषय में कहा है कि ''नवीनता की अविभ्रान्त भावना तथा प्रत्येक वस्तु के स्वयं ही प्रसूत होने की रक्षा उसके चरित्र की मुख्य विशेषता थी''?
(a) टीपू सुल्तान (b) हैदरअली
(c) निजाम (d) वेलेजली

23. हैदरअली ने किसके सहयोग के डिण्डीगुल में 1755 ई. में एक शस्त्रागार की स्थापना की थी?
(a) पुर्तगाली (b) अंग्रेज
(c) फ्रांसीसी (d) डच

24. टीपू निम्न में से किस भाषा का ज्ञाता था?
1. अरबी 2. फारसी
3. उर्दू 4. कन्नड़
कूट
(a) 1 और 2 (b) 2 और 3 (c) 2, 3 और 1 (d) ये सभी

25. निम्न में कौन-सा कथन टीपू सुल्तान के सन्दर्भ में सत्य है?
(a) इसके द्वारा जारी सिक्कों पर हिन्दू देवी-देवताओं तथा हिन्दू सम्वत् की आकृतियाँ अंकित होती थीं
(b) इसने वर्षों तथा महीनों के नाम से अरबी भाषा का प्रयोग किया
(c) इसने शृंगेरी के जगतगुरु शंकराचार्य के सम्मान में मन्दिरों के पुनः निर्माण हेतु धन दान दिया था
(d) उपरोक्त सभी

26. निम्न में किस प्रथम भारतीय शासक ने अपनी प्रशासनिक व्यवस्था में पाश्चात्य प्रशासनिक व्यवस्था का सम्मिश्रण किया था?
(a) हैदरअली (b) निजाम (हैदराबाद)
(c) टीपू सुल्तान (d) शाहू (मराठा)

27. टीपू सुल्तान ने भू-राजस्व की किस व्यवस्था को अपने राज्य क्षेत्र में लागू किया था?
(a) स्थायी बन्दोबस्त (b) महालवाड़ी बन्दोबस्त
(c) रैयतवाड़ी बन्दोबस्त (d) ये सभी

28. चतुर्थ आंग्ल-मैसूर युद्ध के समय टीपू ने किस देश से अन्तर्राष्ट्रीय सहयोग प्राप्त करने के लिए पत्र-व्यवहार किया था?
(a) फ्रांस के नेपोलियन (b) जर्मनी के हिटलर
(c) ईटली के मुसोलिनी (d) रूस के लेनिन

29. मैसूर विजय के पश्चात् किस देश के एक लॉर्ड समाज ने वेलेजली को मार्क्विस की उपाधि प्रदान की थी?
(a) रूस (b) फ्रांस (c) आयरलैण्ड (d) इंग्लैण्ड

30. सुमेलित कीजिए

सूची I (युद्ध)	सूची II (सन्धि)
A. प्रथम आंग्ल-मैसूर युद्ध	1. मंगलौर की सन्धि
B. द्वितीय आंग्ल-मैसूर युद्ध	2. मद्रास की सन्धि
C. तृतीय आंग्ल-मैसूर युद्ध	3. सहायक सन्धि
D. चतुर्थ आंग्ल-मैसूर युद्ध	4. श्रीरंगपट्टनम की सन्धि

कूट
A B C D A B C D
(a) 1 2 3 4 (b) 4 3 2 1
(c) 2 1 4 3 (d) 3 2 1 4

31. निम्न में से कौन-सा कथन बंगाल के तत्कालीन सूबेदार तथा बंगाल में स्वतन्त्र सत्ता की स्थापना करने वाले मुर्शिद कुली खाँ के सन्दर्भ में सत्य है?
(a) इसके काल में सीताराम राय, उदय नारायण तथा गुलाम मोहम्मद का विद्रोह हुआ था
(b) उसने नजात खाँ को हटाने के पश्चात् उसके सभी अधिकार अपने एक कृपापात्र रामजीवन को दे दिए
(c) इसके शासनकाल में शुजात खाँ का विद्रोह हुआ था
(d) उपरोक्त सभी

32. **कथन** (A) टीपू सुल्तान ने श्रीरंगपट्टम में स्वतन्त्रता के वृक्ष का रोपण किया।
कारण (R) टीपू सुल्तान के मस्तिष्क पर फ्रांसीसी क्रान्ति के सिद्धान्तों ने गहरी छाप छोड़ी थी।
कूट
(a) A और R दोनों सही हैं, तथा R, A की सही व्याख्या है
(b) A और R दोनों सही हैं, परन्तु R, A की सही व्याख्या नहीं है
(c) A सही है, किन्तु R गलत है
(d) A गलत है, किन्तु R सही है

33. निम्नलिखित कथनों पर विचार कीजिए
1. इलाहाबाद की सन्धि के अनुसार अवध के नवाब ने अंग्रेजी कम्पनी को इलाहाबाद तथा कड़ा सौप दिया।
2. बनारस की सन्धि के अनुसार अंग्रेजी कम्पनी ने इलाहाबाद तथा कड़ा दो करोड़ रुपये में अवध के नवाब को बेच दिया।

उपरोक्त कथनों में कौन-सा/से सही है/हैं?
(a) केवल 1 (b) केवल 2
(c) 1 और 2 दोनों (d) न तो 1 और न ही 2

34. लॉर्ड वेलेजली के मैसूर के सुल्तान टीपू के साथ हुए युद्ध में, जिसमें टीपू की मृत्यु हो गई थी, किसने मुख्य अंग्रेजी सेना की कमान सम्भाली थी?
(a) जनरल हैरिस
(b) ऑर्थर वेलेजली
(c) कर्नल रीड
(d) जनरल स्टुअर्ट

35. लॉर्ड डलहौजी के प्रशासन काल में निम्न में से क्या एक घटित नहीं हुआ?
(a) द्वितीय-आंग्ल बर्मा युद्ध
(b) कलकत्ता से आगरा तक टेलीग्राफ लाइन का बिछाया जाना
(c) बम्बई से थाणे तक रेलवे का खोला जाना
(d) दिल्ली विश्वविद्यालय की स्थापना

36. निम्न कथनों पर विचार कीजिए
1. हैदराबाद के निजाम ने अंग्रेजों को उत्तरी सरकार का क्षेत्र प्रदान किया, क्योंकि मद्रास शासन ने उसकी फ्रांसीसियों व मराठों के विरुद्ध सहायता करने की सहमति दे दी।
2. अंग्रेजों द्वारा फ्रांसीसी बस्ती माहे पर अधिकार द्वितीय आंग्ल-मैसूर युद्ध के सबसे महत्त्वपूर्ण कारणों में से एक बना।
3. तृतीय आंग्ल-मैसूर युद्ध का तात्कालिक कारण टीपू सुल्तान द्वारा पश्चिमी तट पर अपना नियन्त्रण दृढ़ करने का प्रयास था?

उपरोक्त में से कौन-से कथन सही हैं?

(a) 1, 2 और 3 (b) 1 और 2 (c) 2 और 3 (d) 1 और 3

37. आंग्ल-मराठा युद्धों के दौरान निम्न में से कौन-सी सन्धि सबसे अन्त में सम्पादित हुई थी?

(a) ग्वालियर की सन्धि (b) मन्दसौर की सन्धि
(c) पूना की सन्धि (d) सुर्जीअर्जुनगाँव की सन्धि

38. निम्नलिखित युग्मों में से कौन सा/से सही सुमेलित है/हैं?
1. बेदरा का युद्ध—रियर एडमिरल बोसकेवन
2. वाण्डीवाश का युद्ध—जनरल कूट
3. बक्सर का युद्ध—मेजर हेक्टर मुनरो

नीचे दिए गए कूट का प्रयोग कर सही उत्तर चुनिए

(a) 1 और 2 (b) 2 और 3
(c) केवल 3 (d) 1, 2 और 3

39. निम्नलिखित में से कौन-सा भारत में अंग्रेजी कारखानों की स्थापना का सही कालानुक्रम है?

(a) मद्रास-सुतानाती-सूरत-हुगली (b) मद्रास-सूरत-सुतानाती-हुगली
(c) सूरत-हुगली-मद्रास-सुतानाती (d) सूरत-मुद्रास-हुगली-सुतानाती

40. सुमेलित कीजिए

सूची I (मराठा शक्तियाँ)	सूची II (कम्पनी के साथ उनकी सन्धि)
A. पेशवा	1. बेसीन
B. होल्कर	2. राजघाट
C. भोसले	3. देवगाँव
D. सिन्धियाँ	4. सुर्जीअर्जुनगाँव

कूट

	A	B	C	D		A	B	C	D
(a)	1	2	3	4	(b)	3	4	1	2
(c)	1	4	3	2	(d)	3	2	1	4

41. निम्न कथनों पर विचार कीजिए

18वीं शताब्दी में खालसा एक ऐसी संस्था थी जिसका उद्देश्य था
1. सिखों के राष्ट्रमण्डल को केवल एक धार्मिक, सैन्य तथा राजनीतिक संगठन बनाना।
2. खालसा तथा सिख कुल के प्रशासन को एक जनतान्त्रिक स्वस्थ देना।
3. सभी व्यक्तिगत सदस्यों को समान राजनीतिक, धार्मिक तथा सामाजिक सुविधाएँ देना।
4. असमानता की छाया वाले प्रत्येक विचार को हतोत्साहित करना।

उपरोक्त से कौन-कौन से कथन सही है?

(a) 1 और 2 (b) 2 और 3
(c) 3 और 4 (d) 1, 2, 3 और 4

42. निम्नलिखित युग्मों पर विचार कीजिए

सन्धि	अंग्रेजों द्वारा अधिग्रहण
1. सालबाई की सन्धि	नाना फड़नवीस से सिलसट का अधिग्रहण
2. श्रीरंगपट्टनम की सन्धि	टीपू सुल्तान से गुण्टूर का अधिग्रहण
3. देवगाँव की सन्धि	भोंसले से कटक का अधिग्रहण

उपरोक्त युग्मों में कौन-सा/से सही सुमेलित है/हैं?

(a) केवल 1 (b) केवल 2
(c) 1 और 3 (d) 1, 2 और 3

43. निम्नलिखित कथनों पर विचार कीजिए

भारत में फ्रांसीसी कमाण्डर काउण्ट द लाली अंग्रेजों के विरुद्ध विफल रहा, क्योंकि
1. फ्रांस में सत्ताधारी शासन ने भारत में राजनीतिक शक्ति प्राप्त करने के महत्त्व को नहीं जाना।
2. नौसैन्य शक्ति में फ्रांसीसी अंग्रेजों की तुलना में कम सक्षम थे।
3. थल तथा समुद्री बलों के फ्रांसीसी कमाण्डरों में मतभेद थे।
4. अंग्रेजो ने कुछ महत्त्वपूर्ण फ्रांसीसी अधिकारियों को भारी रिश्वत दी।

उपरोक्त कथनों में कौन-से सही हैं?

(a) 1, 2 और 3 (b) 2 और 3
(c) 1 और 4 (d) 1, 2, 3 और 4

44. निम्नलिखित कथनों पर विचार कीजिए

1826 ई. की याण्डबू सन्धि ने रास्ता साफ किया
1. अंग्रेज व्यापारियों के लिए आश्वासनपूर्ण संरक्षण का।
2. अंग्रेजों के लिए एक करोड़ रुपये की क्षतिपूर्ति का।
3. बर्मा के लोगों तथा अंग्रेजों के बीच घोर लड़ाइयों का।
4. चाय के लिए असम के अधिग्रहण का।

उपरोक्त से कौन-से कथन सही हैं?

(a) 1 और 2 (b) 2 और 3
(c) 3 और 4 (d) 2 और 4

45. निम्नलिखित घटनाओं का सही कालक्रम क्या है?

1. तृतीय मराठा युद्ध 2. पानीपत का तृतीय युद्ध
3. तृतीय मैसूर युद्ध 4. तृतीय बर्मा युद्ध

नीचे दिए गए कूट का उपयोग कर सही उत्तर चुनिए

(a) 1, 3, 2, 4 (b) 2, 3, 1, 4
(c) 3, 4, 1, 2 (d) 4, 1, 3, 2

46. निम्नलिखित घटनाओं पर विचार कीजिए

1. उदयपुर का अधिग्रहण 2. झाँसी का अधिग्रहण
3. पंजाब का अधिग्रहण 4. अवध का अधिग्रहण

इनका सही कालानुक्रम निम्न कूट में से चुनिए

(a) 3, 4, 2, 1 (b) 2, 1, 3, 4
(c) 2, 4, 3, 1 (d) 3, 1, 2, 4

47. निम्नलिखित में से किस एक शक्ति संयोजन ने अवध की बेगमों के धन को लूटने का षड्यन्त्र किया?

(a) हेस्टिंग्स और चेतसिंह
(b) हेस्टिंग्स और नवाब वजीर
(c) हेस्टिंग्स, नवाब वजीर और चेतसिंह
(d) हेस्टिंग्स, चेतसिंह और मीरजाफर

48. तीसरे मैसूर युद्ध में टीपू सुल्तान के विरुद्ध मण्डल बनाने वालों में शामिल थे
(a) निजाम, कर्नाटक के नवाब और अंग्रेज
(b) मराठा, अंग्रेज और कर्नाटक के नवाब
(c) अंग्रेज, मराठा और निजाम
(d) त्रावणकोर का राजा, मराठा और अंग्रेज

49. प्रथम आंग्ल-मैसूर युद्ध की पूर्व संध्या पर निम्नलिखित में से कौन त्रिगुट में सम्मिलित नहीं था?
(a) त्रावणकोर का राजा (b) निजाम
(c) मराठा (d) अंग्रेज

50. निम्नलिखित में से कौन-सा क्षेत्र तृतीय आंग्ल-मैसूर युद्ध के पश्चात् इंग्लिश ईस्ट इण्डिया कम्पनी के प्रशासन के अन्तर्गत आया?
(a) मालाबार (b) कनाडा
(c) तंजौर (d) त्रावणकोर

51. अट्ठारहवीं शताब्दी के निम्नलिखित शासकों में से किसने कैलेण्डर, सिक्का ढलाई एवं तौल तथा नाप की नई पद्धति प्रचलित की, गैर-कानूनी उपकरों को हटाया, आधुनिक शस्त्रागार का निर्माण किया, रेशम उत्पादन तथा व्यापार को बढ़ावा दिया?
(a) रणजीत सिंह (b) मीर कासिम
(c) सआदत खाँ (d) टीपू सुल्तान

52. **कथन** (A) अमृतसर की सन्धि रणजीत सिंह और ईस्ट इण्डिया कम्पनी के बीच 25 अप्रैल, 1809 को हस्ताक्षरित हुई।
कारण (R) रणजीत सिंह अपने साम्राज्य का विस्तार कम्पनी की मदद से करना चाहते थे।
कूट
(a) A और R दोनों सही हैं, तथा R, A की सही व्याख्या है
(b) A और R दोनों सही हैं, परन्तु R, A की सही व्याख्या नहीं है
(c) A सही है, किन्तु R गलत है
(d) A गलत है, किन्तु R सही है

53. घसीटी बेगम, शौकत जंग, राजबल्लभ और यार लतीफ खाँ जानी दुश्मन थे
(a) नवाब अलीवर्दी खाँ के
(b) नन्द कुमार के
(c) सिराजुद्दौला के
(d) शुजाउद्दौला के

54. निम्नलिखित विशेषताओं पर विचार कीजिए
1. आर्थिक समृद्धि
2. अंग्रेजों के पास बंगाल के दीवानी अधिकार थे जबकि नवाब निजामत के कार्य के लिए उत्तरदायी था
3. अकाल (सूखे) की लम्बी अवधि
4. क्षेत्र में व्यापार की मात्रा में अकस्मात् वृद्धि

उपरोक्त में से कौन-कौन-सी बंगाल के द्वैध शासन प्रबन्ध की विशेषताएँ थीं? नीचे दिए कूट से सही उत्तर चुनिए
(a) 1, 2 और 4 (b) 1, 3 और 4
(c) 2, 3 और 4 (d) 1, 2 और 3

55. निम्न सेनाध्यक्षों पर विचार कीजिए
1. वेन्ट्यूरा 2. वेंसिटॉर्ट
3. देवा सिंह 4. सूरज सिंह
5. इलाही बख्श 6. आलार्ड

उपरोक्त में से कौन-कौन रणजीत सिंह की 'फौज-ए-खास' के सदस्य थे? नीचे दिए कूट से सही उत्तर को चुनिए
(a) 1, 2, 3 और 4
(b) 1, 3, 5 और 6
(c) 2, 3, 4 और 5
(d) 2, 4, 5 और 6

56. निम्न कथनों पर विचार कीजिए
1. वाटसन और क्लाइव द्वारा, चन्द्रनगर पर अधिकार करना, कर्नाटक के तृतीय युद्ध का तात्कालिक कारण था।
2. इस युद्ध का अन्त पेरिस की सन्धि के साथ हुआ।
3. इस युद्ध के दौरान लुई पन्द्रहवाँ, फ्रांस का सम्राट था।

उपरोक्त कथनों में से कौन-सा/से सत्य है/हैं?
(a) केवल 1 (b) 1 और 2
(c) 2 और 3 (d) 1, 2 और 3

57. निम्न कथनों पर विचार कीजिए
1. सेण्ट टोमे के युद्ध में, फ्रांसीसी सेना का नेतृत्व 'कैप्टन पैराडाइज' ने किया।
2. डूप्ले ने काउण्ट लाली की अध्यक्षता में, हैदराबाद में फ्रांसीसी सेना तैनात की थी।

उपरोक्त कथनों में से कौन-सा/से सत्य है/हैं?
(a) केवल 1 (b) केवल 2
(c) 1 और 2 (d) न तो 1 और न ही 2

58. निम्न कथनों पर विचार कीजिए
1. डेनिस (डेनमार्क) ईस्ट इण्डिया कम्पनी की स्थापना 1666 ई. में हुई।
2. सेरामपुर (बंगाल) डेनों का प्रमुख व्यापारिक केन्द्र था।

उपरोक्त कथनों में से कौन-सा/से सत्य है/हैं?
(a) केवल 1 (b) केवल 2
(c) 1 और 2 (d) न तो 1, और न ही 2

59. सुमेलित कीजिए

सूची I	सूची II
A. कोलबर्ट	1. अंग्रेज
B. एडवर्ड स्टिफेन्सन	2. डच
C. कार्नेलियस हाउतमैन	3. फ्रांसीसी
D. पेड्रो अल्वारेज केब्राल	4. पुर्तगाली

कूट

	A	B	C	D
(a)	3	1	2	4
(b)	4	3	2	1
(c)	2	1	2	3
(d)	1	4	3	2

60. निम्न कथनों पर विचार कीजिए
1. डचों द्वारा सूरत से मूल्यवान नील का निर्यात किया जाता था।
2. चिनसुरा में डचों ने गुस्तावुस नामक किले का निर्माण किया।
3. गेल्डिया का दुर्ग, बालासोर में स्थित था।

उपरोक्त कथनों में कौन-सा/से सत्य है/हैं?
(a) 1 और 2 (b) 2 और 3
(c) 1 और 3 (d) तीनों सही

61. निम्न कथनों पर विचार कीजिए

1. चिलियानवाला युद्ध में अंग्रेजी सेना का नेतृत्व चार्ल्स नेपियर ने किया था।
2. गुजरात के युद्ध में अंग्रेजी सेना का नेतृत्व जनरल गफ ने किया था।

उपरोक्त कथनों में से कौन-सा/से सत्य है/हैं?

(a) केवल 1 (b) केवल 2
(c) 'a' और 'b' (d) दोनों गलत

62. सुमेलित कीजिए

सूची I	सूची II
A. प्रथम आंग्ल-मैसूर युद्ध	1. लॉर्ड हेस्टिंग्स
B. चतुर्थ आंग्ल-मैसूर युद्ध	2. लॉर्ड वेरेलस्ट
C. प्रथम आंग्ल-सिख युद्ध	3. लॉर्ड वेलेजली
D. आंग्ल-नेपाल युद्ध	4. लॉर्ड हार्डिंग

कूट

A B C D
(a) 1 2 3 4
(b) 2 3 4 1
(c) 3 4 2 1
(d) 4 2 1 3

63. सुमेलित कीजिए

सूची I	सूची II
A. आंग्ल-सिंध युद्ध	1. लॉर्ड डलहौजी
B. द्वितीय आंग्ल-सिख युद्ध	2. लॉर्ड एलनबरो
C. द्वितीय आंग्ल-सिख युद्ध	3. लॉर्ड वेलेजली
D. तृतीय आंग्ल-मैसूर युद्ध	4. लॉर्ड कार्नवालिस

कूट

A B C D A B C D
(a) 2 1 4 3 (b) 4 3 2 1
(c) 1 2 3 4 (d) 3 1 4 2

64. निम्न कथनों पर विचार कीजिए

1. सर आयरकूट ने हैदरअली को पोर्टोनोवो के युद्ध में परास्त किया था।
2. टीपू ने ब्रिगेडियर मैथ्यूज को बन्दी बना लिया था।
3. वाण्डिवाश के युद्ध में अंग्रेजी सेना का नेतृत्व हेक्टर मुनरो ने किया था।

उपरोक्त कथनों में से कौन-सा/से सत्य है/हैं?

(a) 1 और 2 (b) 2 और 3
(c) 1 और 3 (d) ये सभी

65. निम्न कथनों पर विचार कीजिए

1. अंग्रेज संरक्षण प्राप्त, बंगाल का प्रथम नवाब मुबारकुद्दौला था।
2. बंगाल का अन्तिम नवाब, नज्मुद्दौला था।

उपरोक्त कथनों में से कौन-सा/से सत्य है/हैं?

(a) केवल 1 (b) केवल 2
(c) 'a' और 'b' (d) न तो 1 और न ही 2

66. निम्न कथनों पर विचार कीजिए

1. प्लासी के युद्ध के बाद, बंगाल में 'ल्यूक स्क्राफ्टन' को नवाब के दरबार में अंग्रेज रेजीडेन्ट नियुक्त किया गया।
2. वर्तमान में प्लासी, 24 परगना जिले में गंगा नदी के किनारे स्थित है।

उपरोक्त कथनों में से कौन-सा/से सत्य है/हैं?

(a) केवल 1
(b) केवल 2
(c) 'a' और 'b'
(d) न तो 1 और न ही 2

67. निम्न कथनों पर विचार कीजिए

1. फकीर अजीजुद्दीन, रणजीत सिंह का विदेश मन्त्री था।
2. दीनानाथ, रणजीत सिंह का वित्त मन्त्री था।

उपरोक्त कथनों में से कौन-सा/से सत्य है/हैं?

(a) केवल 1 (b) केवल 2
(c) 'a' और 'b' (d) इनमें से कोई नहीं

68. निम्न युद्धों का सही कालक्रम लगाइए

1. करबा का युद्ध 2. मनिहारी का युद्ध
3. गिरिया का युद्ध 4. प्लासी का युद्ध

कूट

(a) 2 4 1 3 (b) 1 2 4 3
(c) 2 3 1 4 (d) 4 2 3 1

69. निम्न कथनों पर विचार कीजिए

1. बंगाल में व्यापर करने वाले अनाधिकृत ब्रिटिश व्यापारियों को 'इण्टर लोपर' कहा जाता था।
2. 'श्वेत विद्रोह', लॉर्ड वेलेजली के समय में हुआ था।

उपरोक्त कथनों में से कौन-सा/से सत्य है/हैं?

(a) केवल 1 (b) केवल 2
(c) 'a' और 'b' (d) न तो 1 और न ही 2

70. सुमेलित कीजिए

सूची I	सूची II
A. सुकर चकिया	1. गुलाब सिंह
B. कन्हिया	2. हरि सिंह
C. भंगी	3. जय सिंह
D. डल्ले वालिया	4. चरत सिंह

कूट

A B C D
(a) 1 3 2 4
(b) 3 2 4 1
(c) 2 4 3 1
(d) 4 3 2 1

71. निम्न कथनों पर विचार कीजिए

1. 1809 ई. में लॉर्ड मिण्टो के दूत, चार्ल्स मेटकॉफ से रणजीत सिंह ने 'अमृतसर की सन्धि' की थी।
2. रणजीत सिंह ने मुसलमानों को प्रशासन में उच्च पद पर नियुक्त नहीं किया।

उपरोक्त कथनों में कौन-सा/से सत्य है/हैं?

(a) केवल 1 (b) केवल 2
(c) 'a' और 'b' (d) न तो 1 और न ही 2

72. निम्न कथनों पर विचार कीजिए

1. 1853 ई. में जॉन लॉरेन्स को पंजाब का प्रथम चीफ कमिश्नर नियुक्त किया गया।
2. जॉन लॉरेन्स के अकुशल प्रशासन के परिणामस्वरूप, पंजाब ने 1857 के विप्लव में सक्रिय भाग लिया।

उपरोक्त कथनों में कौन-सा/से सत्य है/हैं?

(a) केवल 1 (b) केवल 2
(c) 'a' और 'b' (d) न तो 1 और न ही 2

73. निम्न कथनों पर विचार कीजिए

1. पंजाब के अंग्रेजी राज्य में विलय के बाद, प्रशासन के संचालन के लिए एक तीन सदस्यीय बोर्ड का गठन किया गया।
2. हेनरी लॉरेन्स, जॉन लॉरेन्स व चार्ल्स मैन्सोल इसके सदस्य थे।
3. जॉन लॉरेन्स इस बोर्ड के अध्यक्ष थे।

उपरोक्त कथनों में कौन-सा/से सत्य है/हैं?

(a) 1 और 2 (b) 2 और 3
(c) 1 और 3 (d) इनमें से कोई नहीं

74. सुमेलित कीजिए

सूची I	सूची II
A. भंगी मिसल	1. लाहौर व अमृतसर का क्षेत्र
B. कन्हिया मिसल	2. अमृतसर के उत्तर का क्षेत्र
C. फुलकिया मिसल	3. सतलज के दक्षिण का क्षेत्र
D. अहलुवालिया मिसल	4. जालंधर दोआब का क्षेत्र

कूट

	A	B	C	D
(a)	3	1	2	4
(b)	2	3	4	1
(c)	1	2	3	4
(d)	4	1	2	3

75. निम्न कथनों पर विचार कीजिए

1. चेतसिंह और ध्यानसिंह, सिंहन वालिया गुट से सम्बन्धित थे।
2. सुचेतसिंह और गुलाबसिंह, डोगरा गुट से सम्बन्धित थे।

उपरोक्त कथनों में कौन-सा/से सत्य है/हैं?

(a) केवल 1 (b) केवल 2
(c) 'a' और 'b' (d) न तो 1 और न ही 2

उत्तरमाला

1.	(c)	2.	(d)	3.	(a)	4.	(a)	5.	(a)	6.	(c)	7.	(d)	8.	(b)	9.	(a)	10.	(a)
11.	(b)	12.	(b)	13.	(a)	14.	(d)	15.	(c)	16.	(c)	17.	(c)	18.	(a)	19.	(d)	20.	(d)
21.	(d)	22.	(a)	23.	(c)	24.	(d)	25.	(d)	26.	(c)	27.	(c)	28.	(a)	29.	(c)	30.	(c)
31.	(d)	32.	(a)	33.	(a)	34.	(b)	35.	(d)	36.	(c)	37.	(b)	38.	(b)	39.	(d)	40.	(a)
41.	(d)	42.	(c)	43.	(a)	44.	(a)	45.	(b)	46.	(d)	47.	(b)	48.	(c)	49.	(a)	50.	(a)
51.	(d)	52.	(c)	53.	(c)	54.	(c)	55.	(b)	56.	(d)	57.	(a)	58.	(b)	59.	(a)	60.	(a)
61.	(d)	62.	(b)	63.	(a)	64.	(a)	65.	(d)	66.	(a)	67.	(c)	68.	(a)	69.	(a)	70.	(d)
71.	(a)	72.	(a)	73.	(a)	74.	(c)	75.	(b)										

अध्याय 13

ब्रिटिश नीतियाँ एवं उनका प्रशासनिक ढाँचा

- भारत में प्रवेश करने वाली यूरोपीय शक्तियों का आरम्भिक लक्ष्य व्यापारिक सम्बन्ध स्थापित करना था, कालान्तर में यूरोपीय शक्तियों ने भारत के आर्थिक, राजनीतिक एवं सामाजिक क्षेत्रों में भी हस्तक्षेप करना प्रारम्भ कर दिया। ईस्ट इण्डिया कम्पनी ने अपने सभी प्रतिद्वन्द्वियों को पराजित कर भारत में अपना औपनिवेशिक साम्राज्य स्थापित किया।
- कम्पनी का प्रमुख लक्ष्य अपने आर्थिक हितों की पूर्ति करना था। अत: ब्रिटिश सरकार ने भारतीय अर्थव्यवस्था से सम्बन्धित सभी पक्षों को इस अनुरूप में परिवर्तित किया जो उसके हितों की पूर्ति में सहायक हो।

ब्रिटिशों की प्रशासनिक नीतियाँ

- बंगाल, बिहार एवं ओडिशा में ईस्ट इण्डिया कम्पनी द्वारा सत्ता ग्रहण करने के पश्चात् सभी क्षेत्रों में प्रशासनिक अव्यवस्था एवं अराजकता फैल गई। इतने बड़े भू-भाग पर शासन सुचारु रूप से चलाने के लिए कई विधानों की आवश्यकता पड़ने लगी। 1772 ई. तक आर्थिक अस्थिरता इतनी बढ़ गई कि इसके सुधार के लिए संसद को हस्तक्षेप करना पड़ा।
- इसी दिशा में लॉर्ड नॉर्थ के प्रस्ताव पर ब्रिटिश संसद में एक विधेयक पारित हुआ, जिसे **रेग्यूलेटिंग एक्ट** कहा जाता है। कुछ प्रमुख रेग्यूलेटिंग निम्न प्रकार से हैं

1773 ई. का रेग्यूलेटिंग एक्ट

- सरकार द्वारा कम्पनी के आर्थिक-प्रशासनिक एवं सैनिक कार्यो पर संसद के आंशिक नियन्त्रण के लिए यह एक्ट लाया गया। अब कम्पनी के डायरेक्टरो की संख्या 24 कर दी गई। इस एक्ट के तहत मद्रास (चेन्नई) एवं बम्बई (मुम्बई) प्रेसीडेन्सियों को कलकत्ता (कोलकाता) प्रेसीडेन्सी के अधीन कर दिया गया, जिसका प्रमुख एक गवर्नर-जनरल होता था।
- बंगाल के गवर्नर को, अंग्रेजी क्षेत्रों के गवर्नर-जनरल का नाम दिया गया। 'वारेन हेस्टिंग्स' प्रथम गवर्नर-जनरल बना। गवर्नर-जनरल की परिषद् में चार सदस्य थे। चारों सदस्यों के नाम थे—फ्रांसिस, बारबेल, क्लैवरिंग तथा मॉनसन।
- रेग्यूलेटिंग एक्ट के द्वारा (1774 में) कलकत्ता में एक सुप्रीम कोर्ट की स्थापना की गई। इसमें एक मुख्य न्यायाधीश तथा तीन अपर न्यायाधीश होते थे। **एलीजा इम्पे** को मुख्य न्यायाधीश बनाया गया।

1784 ई. का पिट्स इण्डिया एक्ट

- इस एक्ट को ब्रिटिश प्रधानमन्त्री यंगर पिट द्वारा प्रस्तुत किया गया था। इस एक्ट का उद्देश्य कम्पनी पर ब्रिटिश क्राउन का नियन्त्रण बढ़ाना था। अत: बोर्ड ऑफ कण्ट्रोल की स्थापना की गई। इसमें छ: सदस्य होते थे। इसके अन्तर्गत चार सदस्य ब्रिटिश प्रिवी काउन्सिल से चुने जाते थे। फलत: कम्पनी पर दोहरा नियन्त्रण स्थापित हुआ।
- पिट्स इण्डिया एक्ट के विवाद को लेकर ही **लॉर्ड नॉर्थ** तथा **फॉक्स** की मिली-जुली सरकार को त्याग-पत्र देना पड़ा। यह पहला और अन्तिम अवसर था, जब किसी भारतीय मामले पर ब्रिटिश सरकार गिर गई हो।

1786 ई. का एक्ट

- पिट ने 1786 ई. में यह अधिनियम पारित करवाया, जिसका प्रमुख उद्देश्य कार्नवालिस को भारत के गवर्नर-जनरल के पद के लिए तैयार करना था। इस अधिनियम के तहत मुख्य सेनापति की शक्तियाँ भी गवर्नर-जनरल में निहित कर दी गईं। गवर्नर-जनरल विशेष अवस्था में परिषद् के निर्णयों को रद्द कर सकता था तथा उन्हें लागू भी कर सकता था।

1793 ई. का चार्टर एक्ट

- 1793 ई. में एक चार्टर एक्ट पारित किया गया, जिसके द्वारा कम्पनी के व्यापारिक अधिकारों को 20 वर्ष के लिए बढ़ा दिया गया। गवर्नर-जनरल के **बम्बई** (मुम्बई) तथा **मद्रास** (चेन्नई) प्रेसीडेन्सियों पर अधिकार स्पष्ट कर दिए गए। यदि गवर्नर-जनरल बंगाल के बाहर जाता था, तो उसे अपनी परिषद् के असैनिक सदस्यों में से किसी एक को उप-प्रधान नियुक्त करना होता था।

1813 ई. का चार्टर एक्ट

- इस चार्टर एक्ट के अनुसार, भारत में ब्रिटिश कम्पनी का **व्यापारिक एकाधिकार समाप्त** हो गया। केवल चीन के साथ व्यापार एवं चाय का एकाधिकार पूर्ववत् बना रहा।
- इस एक्ट में शिक्षा के विकास के लिए ₹ 1 **लाख वार्षिक** दिया जाना निश्चित हुआ। ईसाई मिशनरी को लाइसेन्स लेकर धर्म प्रचार करने की अनुमति मिली। इस एक्ट के अनुसार, व्यापारिक गतिविधियाँ तथा क्षेत्रीय राजस्व दोनों के खाते अलग-अलग कर दिए गए। इसके अलावा पहली बार अंग्रेजों की भारत पर संवैधानिक स्थिति स्पष्ट की गई।

1833 ई. का चार्टर एक्ट

- 1833 ई. के चार्टर एक्ट से भारत का प्रशासन 20 वर्षों के लिए कम्पनी के अधीन छोड़ दिया गया। इस चार्टर के अनुसार, कम्पनी का चीन के साथ व्यापार एवं चाय के व्यापार पर भी एकाधिकार समाप्त कर दिया गया। बम्बई एवं मद्रास प्रेसीडेन्सी को पूर्णत: बंगाल के अधीन कर दिया गया। इस तरह एक प्रकार का प्रशासनिक एकीकरण हुआ।
- बंगाल का गवर्नर अब **भारत का गवर्नर-जनरल** बना दिया गया। लॉर्ड विलियम बैण्टिक भारत का प्रथम गवर्नर-जनरल बना।

1853 ई. का चार्टर एक्ट

- इस एक्ट के द्वारा भारतीय प्रशासन कम्पनी के अधीन ही रहने दिया गया, लेकिन इसके लिए कोई समय सीमा निर्धारित नहीं की गई। कोर्ट ऑफ डायरेक्टर से सिविल सर्वेण्ट की नियुक्ति का अधिकार छीन लिया गया। अब **प्रतियोगिता परीक्षा** को इस नियुक्ति हेतु आधार बनाया गया। कम्पनी के निवेशकों की संख्या घटाकर 24 से 18 कर दी गई।
- इस चार्टर ने कार्यपालिका तथा विधायी शक्तियों को पृथक् करने का एक निश्चित कदम उठाया। भारतवर्ष के लिए एक पृथक् विधानपरिषद् की स्थापना की गई, विधानपरिषद् में 12 सदस्य होते थे।
- विधानपरिषद् द्वारा पारित विधेयकों को गवर्नर-जनरल वीटो कर सकता था। 1853 ई. के अधिनियम ने ही सर्वप्रथम सम्पूर्ण भारत के लिए एक 12 सदस्यीय **विधानमण्डल** (All India Legislative Council) की स्थापना की।

> **महारानी का घोषणा-पत्र** (1858 ई.)
>
> 1858 ई. में महारानी विक्टोरिया की उदघोषणा जारी की गई, जिसके तहत क्राउन द्वारा भारत शासन हस्तगत करने, कम्पनी के शासन का अन्त करने तथा ब्रिटिश सरकार की विस्तारवादी नीति का त्याग करने आदि की घोषणाएँ की गईं। इसे इलाहाबाद में लॉर्ड कैनिंग ने पढ़ा।

1858 ई. का भारत शासन अधिनियम

- इसके अन्तर्गत कम्पनी की विस्तारवादी नीति पर रोक लगा दी गई तथा कम्पनी के शासन का अन्त कर भारत पर प्रशासन का अधिकार **ब्रिटिश क्राउन** ने अपने हाथ में ले लिया। **भारत सचिव** के पद का सृजन किया गया। उसकी सहायता के लिए 15 सदस्यीय काउन्सिल बनाई गई। इसमें 7 सदस्यों की नियुक्ति कोर्ट ऑफ डायरेक्टर के द्वारा और 8 सदस्यों की नियुक्ति ब्रिटिश क्राउन के द्वारा की जानी थी।
- बोर्ड ऑफ कण्ट्रोल का अन्त कर दिया गया। इस तरह दोहरे नियन्त्रण की समाप्ति कर दी गई। अब गवर्नर-जनरल को **वायसराय** कहा जाने लगा, क्योंकि क्रॉउन का वह सीधा प्रतिनिधि था। इस तरह लॉर्ड कैनिंग भारत का प्रथम वायसराय व अंतिम गवर्नर जनरल बना। प्रतिवर्ष भारत का लेखा तथा भारत सम्बन्धी रिपोर्ट संसद में प्रस्तुत करना अनिवार्य बनाया गया।

1861 ई. का भारत परिषद् अधिनियम

- विधि-निर्माण की त्रुटिपूर्ण प्रणाली वायसराय की निषेधात्मक शक्ति (Veto Power) तथा विधानपरिषद् में भारतीयों का न के बराबर प्रतिनिधित्व आदि कारणों ने 1861 ई. के भारत परिषद् अधिनियम की पृष्ठभूमि तैयार की।
- ब्रिटिश सरकार ने उपरोक्त कमियों को दूर करने के लिए 1861 ई. का भारत परिषद् अधिनियम पारित किया। 1861 ई. के अधिनियम ने 'भारत में प्रतिनिधि संस्थाओं' को जन्म दिया।
- वायसराय को इस बात के लिए अधिकृत किया गया कि वह प्रशासनिक व्यवस्था हेतु विधि बनाए। कैनिंग ने विभागीय व्यवस्था की शुरुआत की।
- **लॉर्ड कैनिंग** ने भिन्न-भिन्न सदस्यों को अलग-अलग विभाग सौंपकर एक प्रकार से **मन्त्रिमण्डलीय व्यवस्था** की नींव डाली।

1892 ई. का भारत परिषद् अधिनियम

- इस अधिनियम द्वारा परिषद् के भारतीय सदस्यों को वार्षिक बजट पर बहस करने तथा सरकार से प्रश्न पूछने का अधिकार दिया गया। केन्द्रीय तथा प्रान्तीय दोनों विधानमण्डलों के लिए यही व्यवस्था थी, परन्तु यदि प्रशासन आवश्यक समझे तो बिना कारण बताए प्रश्नों का उत्तर देने से मना कर सकता था।
- इस अधिनियम का सबसे महत्त्वपूर्ण प्रावधान चुनाव पद्धति की शुरुआत करना था। इस अधिनियम में चुनाव प्रणाली को स्वीकार तो किया गया था, परन्तु स्पष्ट ढंग से नहीं।

मार्ले-मिण्टो सुधार अधिनियम, 1909

- इस अधिनियम का मुख्य उद्देश्य भारतीय राजनीति में बढ़ते हुए उग्रवाद तथा क्रान्तिकारी राष्ट्रवाद से उत्पन्न स्थिति का सामना करना था। मार्ले उस समय **भारत सचिव** तथा मिण्टो वायसराय था। इसलिए इस अधिनियम को वर्ष 1909 का मार्ले-मिण्टो सुधार अधिनियम कहा जाता है।
- इस अधिनियम के द्वारा मुसलमानों के लिए पृथक् मताधिकार तथा पृथक् निर्वाचन क्षेत्रों की स्थापना की गई। लॉर्ड मिण्टो ने पृथक् निर्वाचन मण्डल स्थापित करके **लॉर्ड मार्ले** को लिखा था, "हम नाग के दाँत (Dragon's Teeth) बो रहे हैं और इसका फल भीषण होगा।"
- इस अधिनियम का लक्ष्य भारत के लोगों को उत्तरदायी सरकार प्रदान करना नहीं, बल्कि विधानपरिषदों को परामर्शदात्री संस्थाओं के रूप में विकसित करना था, मताधिकार केवल उन्हीं लोगों को दिया गया जिनकी वार्षिक आय ₹ 15000 थी या ₹ 1000 लगान के रूप में देते थे। बंगाल में वे ही वोट दे सकते थे, जिनके पास नवाब या राजा की उपाधियाँ प्राप्त थीं।

भारत सरकार अधिनियम, 1919
(मॉण्टेग्यू-चेम्सफोर्ड सुधार)

- इस अधिनियम द्वारा प्रान्तों में प्रत्यक्ष चुनाव प्रणाली अपनाई गई, जिसमें साम्प्रदायिक आधार पर आरक्षण की व्यवस्था थी। मत देने का अधिकार सम्पत्ति सम्बन्धी योग्यता पर आधारित था। महिलाओं को भी मताधिकार प्रदान किया गया। साम्प्रदायिक आधार पर निर्वाचन प्रणाली को सिखों पर भी लागू कर दिया गया।
- इस अधिनियम के द्वारा पहली बार केन्द्रीय स्तर पर **द्विसदनात्मक विधानमण्डल** की स्थापना की गई। एक सदन को **राज्य परिषद्** तथा दूसरे को **विधानसभा** कहा गया।
- वर्ष 1919 के एक्ट की एक प्रमुख विशेषता **प्रान्तीय सरकारों के अधिकार क्षेत्र का परिसीमन** थी। केन्द्रीय तथा प्रान्तीय सरकारों के बीच प्रशासन के विषयों को केन्द्रीय तथा प्रान्तीय दो वर्गों में विभक्त किया गया। प्रान्तीय शासन के क्षेत्र में द्वैध शासन प्रणाली लागू की गई। इसके अनुसार प्रान्तीय विषयों को **आरक्षित** तथा **हस्तान्तरित** नामक दो वर्गों में बाँटा गया।

- वर्ष 1919 के अधिनियम के द्वारा पंजाब में सिखों को कुछ प्रान्तों में यूरोपियनों, एंग्लो इण्डियनों को तथा भारतीय ईसाइयों को पृथक् प्रतिनिधित्व दिया गया। इस अधिनियम द्वारा प्रत्यक्ष निर्वाचन प्रणाली लागू की गई।
- वर्ष 1909 के अधिनियम की एक उल्लेखनीय उपलब्धि यह थी कि उसके द्वारा भारत सचिव की परिषद् तथा भारत के वायसराय की कार्यकारिणी परिषद् में सर्वप्रथम भारतीय सदस्यों को सम्मिलित किया गया।
- वर्ष 1919 के अधिनियम के अन्तर्गत भारत सचिव के कार्यभार को कम करने के लिए हाई कमिश्नर की नियुक्ति की व्यवस्था की गई।

भारत शासन अधिनियम, 1935

- भारत शासन अधिनियम, 1935 के द्वारा भारत में सर्वप्रथम संघात्मक सरकार की स्थापना की गई। इस संघ को ब्रिटिश, भारतीय प्रान्त तथा कुछ देशी रियासतों को मिलाकर बनाया गया था। इस अधिनियम के द्वारा प्रान्तों में द्वैध-शासन समाप्त करके केन्द्र में द्वैध-शासन लागू कर दिया गया।
- केन्द्रीय सरकार की कार्यकारिणी शक्ति को गवर्नर-जनरल में निहित कर दिया गया। संघीय प्रशासन के विषय को 'हस्तान्तरित' तथा **आरक्षित** भागों में विभक्त कर दिया गया। आरक्षित विषयों में प्रतिरक्षा, विदेशी मामले, धार्मिक विषय और जनजातीय क्षेत्र शामिल थे। बाकी सारे विषय हस्तान्तरित विषयों की सूची में थे।
- वर्ष 1935 के अधिनियम में विषयों को तीन श्रेणियों में बाँटा गया था—**संघ सूची**, **प्रान्तीय सूची** तथा **समवर्ती सूची**। संघ सूची में कुल 59 विषय थे, अखिल भारतीय हित के विषय इसमें आते थे। समवर्ती सूची में 36 विषय थे। अवशिष्ट शक्तियों पर अन्तिम निर्णय गवर्नर-जनरल को दिया गया था।
- वर्ष 1935 के अधिनियम के द्वारा एक **संघीय न्यायालय** की स्थापना की भी व्यवस्था थी। संघीय न्यायालय के विरुद्ध अपील प्रिवी काउंसिल में की जा सकती थी। संघीय न्यायालय को तीन प्रकार की अधिकारिता प्राप्त थी। प्रारम्भिक अपीलीय तथा परामर्शदात्री। इस अधिनियम के द्वारा वर्ष 1935 में **बर्मा** को भारत से अलग किया गया।

भारतीय स्वतन्त्रता अधिनियम, 1947

- माउण्टबेटन (3 जून, 1947) योजना पर आधारित इस अधिनियम के अन्तर्गत ब्रिटिश शासन को समाप्त कर 14 अगस्त, 1947 को पाकिस्तान और 15 अगस्त, 1947 को भारत को स्वतन्त्र एवं सम्प्रभु राष्ट्र घोषित कर दिया गया।
- इसने वायसराय का पद समाप्त कर दिया और उसके स्थान पर दोनों डोमिनियन राज्यों के लिए **गवर्नर-जनरल** के पद का सृजन किया। स्वतन्त्र भारत के प्रथम व अन्तिम भारतीय गवर्नर-जनरल **सी राजगोपालाचारी** थे। स्वतन्त्र भारत का प्रथम गवर्नर **जनरल लॉर्ड माउण्टबेटन** था।

ब्रिटिशों की औपनिवेशिक आर्थिक नीतियाँ

- भारत में अंग्रेजों के आगमन से पूर्व भारत में परम्परागत भूमि व्यवस्था स्थापित थी। इसके अन्तर्गत भूमि पर कृषकों का अधिकार था तथा फसल का एक हिस्सा सरकार को दे दिया जाता था, लेकिन ईस्ट इण्डिया कम्पनी ने 1765 ई. में इलाहाबाद की सन्धि द्वारा बंगाल, बिहार तथा उड़ीसा की दीवानी प्राप्त कर ली।
- भारत में कृषि आमदनी (आय) का प्रमुख साधन था। कम्पनी ने कृषि में राजस्व प्राप्त करने के लिए इस ओर ध्यान दिया। अधिक-से-अधिक भूमिकर प्राप्त करने के लिए सबसे पहले **वारेन हेस्टिंग्स** ने 1772 ई. में पंचवर्षीय बन्दोबस्त लागू किया।
- 1776 ई. में पंचवर्षीय बन्दोबस्त को समाप्त कर एक वर्षीय प्रणाली अपनाई गई। इस बन्दोबस्त में जमींदारों को महत्त्व दिया गया। 1781 ई. में इस प्रणाली में सुधार करते हुए **कलकत्ता** (कोलकाता) में राजस्व समिति (Revenue Committee) स्थापित की गई।

स्थायी बन्दोबस्त

- 1789 ई. में **सर जॉन शोर** ने भू-राजस्व व्यवस्था की एक नई पद्धति स्थायी बन्दोबस्त का निर्माण किया, जिसे लॉर्ड कार्नवालिस ने 22 मार्च, 1793 को लागू किया। स्थायी बन्दोबस्त बंगाल, बिहार, ओडिशा, उत्तर प्रदेश के वाराणसी तथा गाजीपुर क्षेत्र और उत्तरी कर्नाटक के क्षेत्रों में लागू किया गया।
- स्थायी बन्दोबस्त को इस्तमरारी बन्दोबस्त अथवा जमींदारी प्रथा के रूप में भी जाना जाता है। इस प्रणाली के अनुसार जमींदारों को भू-स्वामी स्वीकार किया गया। सरकार भू-राजस्व के लिए जमींदारों को ही उत्तरदायी मानती थी।
- 1794 ई. में पारित **सूर्यास्त नियम** के अनुसार, निर्धारित तिथि को भू-राजस्व जमा नहीं करने वाले जमींदारों की भूमि जब्त कर ली जाती थी। यह कुल ब्रिटिश भारत के 19% भूमि पर लागू थी। इस व्यवस्था में लगान का 10/11 भाग सरकार का तथा 1/11 भाग जमींदारों का निश्चित किया गया। भूमि पर जमींदारों का अधिकार पैतृक तथा हस्तान्तरणीय था।

रैयतवाड़ी बन्दोबस्त

- 1792 ई. में मद्रास प्रेसीडेन्सी में एक नई भू-राजस्व व्यवस्था लागू की गई, जिसे रैयतवाड़ी बन्दोबस्त (Ryotwari Settlement) कहा गया। इस प्रणाली के अन्तर्गत लगान के लिए कृषकों के साथ व्यक्तिगत रूप से समझौते किए गए। यह व्यवस्था मद्रास, बम्बई, पूर्वी बंगाल, असम और कुर्ग में लागू की गई।
- रैयतवाड़ी प्रणाली का श्रेय **टॉमस मुनरो** को है, जिसने पुरानी भू-राजस्व व्यवस्था के स्थान पर इसे अधिक महत्त्वपूर्ण माना। ईस्ट इण्डिया कम्पनी द्वारा अधिकृत भारतीय भू-भाग के 51% क्षेत्र पर रैयतवाड़ी बन्दोबस्त लागू किया गया। 1792 ई. में **कर्नल रीड** ने बारामहल जिले में सर्वप्रथम इस प्रणाली को लागू किया।
- इसके तहत किसानों से सीधे 33% भू-राजस्व वसूला जाता था, जो कृषक जितनी भूमि जोतता था, उसे उसका स्वामी मान लिया जाता था, बशर्ते वह समय पर भू-राजस्व अदा करता रहे। जो किसान मालगुजारी नहीं भर पाता था, उसकी जमीन बेच दी जाती थी।

महालवाड़ी बन्दोबस्त

- उत्तर पश्चिमी भारत पर नियन्त्रण के बाद ब्रिटिश ईस्ट इण्डिया कम्पनी ने भू-धारण की नई नीति को लागू किया। इसे 'महालवाड़ी बन्दोबस्त' के रूप में जाना जाता है। महाल शब्द का अर्थ है जागीर अथवा गाँव। यह व्यवस्था प्रत्येक महाल के साथ स्थापित की गई, कृषक के साथ नहीं। इस व्यवस्था के जन्मदाता **हाल्ट मैकेंजी** थे।

- 1819 ई. के अपने प्रतिवेदन में मैकेंजी ने महालवाड़ी भूमि-व्यवस्था का सूत्रपात किया। 1822 ई. में इस व्यवस्था को कानूनी रूप दिया गया। यह बन्दोबस्त ईस्ट इण्डिया कम्पनी द्वारा अधिकृत क्षेत्रों के 30% भू-भाग पर लगाया गया। यह निर्धारित किया गया कि **ग्राम प्रधान** अथवा लम्बरदार भू-राजस्व वसूली के लिए उत्तरदायी होगा। जहाँ जमींदार लगान वसूल करता था, वहीं लगान भूमि किराए का 30% था। जहाँ भूमि सामूहिक थी, वहाँ लगान भूमि किराए का 95% था।

ब्रिटिशों द्वारा कृषि का वाणिज्यीकरण

- भारतीय सामान खरीदने के लिए कम्पनी को बुलियन (बहुमूल्य धातु) का आयात करना पड़ता था। बुलियन को अधिक समय तक आयात न किया जाए, इसके लिए उसने भारतीय जनता से करों की वसूली की तथा इस योजना को क्रियान्वित करते हुए कृषि का वाणिज्यीकरण किया। कृषि के वाणिज्यीकरण के अन्तर्गत नील, कच्चा रेशम, कपास, अफीम तथा चाय पर विशेष रूप से ध्यान केन्द्रित किया गया।
- कृषि का वाणिज्यीकरण किसानों के लिए एक लाभप्रद प्रक्रिया थी, लेकिन ब्रिटिश कम्पनी ने इसका सारा लाभ स्वयं उठाया तथा किसान बर्बाद हो गए। किसानों के पास आधुनिक संयन्त्र नहीं थे, जिनसे वह ठीक प्रकार से खेती करते। इस दशा में किसान ब्रिटिश व्यापारियों पर अधिक निर्भर होने लगे। ब्रिटिश व्यापारियों ने अपने लाभ के लिए कृषि उत्पादों के चयन पर बल दिया जिसमें नील, कपास तथा चाय प्रमुख थे।
- भारत में **पहला चाय बागान असम में** १८३५ ई. में लगाया गया, चाय बागानों में कार्य करने के लिए प्रायः छोटा नागपुर तथा उसके आस-पास के क्षेत्रों से बँधुआ मजदूरों को लाया गया। कृषि के वाणिज्यीकरण का असर विभिन्न अकालों के रूप में देखने को मिला। राष्ट्रवादी नेताओं के संघर्ष तथा विभिन्न विद्रोहों के बाद 1880 ई. में **दुर्भिक्ष आयोग** (Famine Commission) गठित किया गया। वर्ष 1901 में 'कृषि महानिदेशक' की नियुक्ति की गई। वर्ष 1905 में 'अखिल भारतीय कृषि बोर्ड' का गठन हुआ। वर्ष 1906 में भारतीय कृषि सेवा गठित की गई। प्रान्तों में कृषि विभाग बनाया गया। 18 वीं शताब्दी के मध्य तक ब्रिटिश ईस्ट इण्डिया कम्पनी द्वारा बंगाल से कपास, रेशम, शोरा, अफीम, चाय, नील इत्यादि का निर्यात किया जाता था।

कृषि सम्बन्धी प्रथाएँ

- **तिनकठिया प्रथा** यह प्रथा चम्पारण (बिहार) में लागू थी। इसके तहत अंग्रेज नील बागानों को अनुबन्धित करते थे, जिसके द्वारा किसान अपनी भूमि के 3/20 भाग पर नील की कृषि करने को बाध्य होता था।
- **दुबला हाली प्रथा** यह एक प्रकार की बँधुआ मजदूरी थी। दुबला हाली भू-दास होता था तथा आजन्म अपने स्वामी की कृपा का पात्र बना रहता था। यह गुजरात के सूरत तालुका में लागू थी।
- **कमियौटी प्रथा** यह प्रथा ओडिशा एवं बिहार में लागू थी, इसके तहत कमिया जाति के किसान ऋण के ब्याज के बदले में महाजन या साहूकार की आजन्म गुलामी करते थे।

ब्रिटिशों की आर्थिक नीतियाँ

- भारत में ब्रिटिश शासन की स्थापना का सर्वाधिक प्रभाव देश की आर्थिक प्रवृत्तियों पर पड़ा। ईस्ट इण्डिया कम्पनी ने अपने हितों के लिए भारत की परम्परागत आर्थिक संरचना को प्रभावित किया। कम्पनी के शासनकाल में जिन आर्थिक नीतियों को बढ़ावा दिया गया, उनसे भारत में निर्धनता के नए युग की शुरुआत हुई। अंग्रेजों का उद्देश्य भारत के आर्थिक शोषण को प्रभावी बनाने के लिए नीतियों को राजनीतिक परिस्थितियों के अनुरूप बनाना था। ब्रिटिश आर्थिक नीति में परिवर्तनों को निम्न तीन चरणों में विभाजित कर देखा जा सकता है, ये हैं

1. **प्रारम्भिक चरण** (1600-1757 ई. तक) इस चरण में ब्रिटिश ईस्ट इण्डिया कम्पनी का पूरा ध्यान भारत से सूती-वस्त्र तथा मसालों का निर्यात यूरोपीय देशों को करने में था। इस समय कम्पनी भारतीय उत्पादों के बदले अत्यधिक राशि तथा बहुमूल्य धातुएँ भारत लाती थी।
2. **द्वितीय चरण** (1757-1800 ई. तक) इस चरण में मुगल सत्ता की कमजोरी का राजनीतिक लाभ उठाकर ईस्ट इण्डिया कम्पनी ने अपने लिए जगह बनाई। देशी रियासतों पर प्रभाव बनाकर भारत में आय के स्रोतों की स्थापना की गई।
3. **तृतीय चरण** (1800-1947 ई. तक) इस समय ब्रिटिश कम्पनी अधिक मजबूत हुई और भारतीय क्षेत्रों पर उसका नियन्त्रण पूर्णतः स्थापित हुआ। कम्पनी ने भू-राजस्व नीतियों में परिवर्तन कर कृषि से अधिक लाभ कमाने का उद्देश्य निर्धारित किया।

वित्त एवं अर्थव्यवस्था से सम्बन्धित प्रमुख आयोग समितियाँ

- **अमीनी समिति** इसकी स्थापना 1778 ई. में की गई थी। यह समिति भू-राजस्व एवं अकाल से सम्बन्धित थी।
- **निकोल्सन आयोग** इसकी स्थापना 1892 ई. में की गई थी। यह आयोग सरकारी संस्थाओं की कार्यप्रणाली की जाँच से सम्बन्धित था।
- **वेलवी आयोग** इसकी स्थापना धन के बहिर्गमन सिद्धान्त पर दादाभाई नौरोजी के आरोपों की समीक्षा के लिए की गई थी।
- **हॉलैण्ड समिति** इसकी स्थापना वर्ष 1916 में की गई थी। यह उद्योगों के विकास से सम्बन्धित थी।
- **मैक्सबेल ब्लूमफील्ड समिति** इसकी स्थापना वर्ष 1928 में की गई। यह समिति बारदोली कृषक आन्दोलन के पूनर्मूल्यांकन से सम्बन्धित थी।
- **ह्विटले आयोग** इसकी स्थापना वर्ष 1929 में की गई। यह आयोग श्रमिकों से सम्बन्धित था।
- **सप्रू आयोग** इसकी स्थापना वर्ष 1934 में की गई थी। यह आयोग मध्य वर्ग में बेरोजगारों की जाँच से सम्बन्धित था।
- **फ्लाउड आयोग** इसकी स्थापना वर्ष 1940 में की गई थी। इस आयोग ने कुल फसल उत्पादन को दो-तिहाई बँटाइदारों को देने का सुझाव दिया।

ब्रिटिशों समय में उद्योगों का विकास

- भारत में आधुनिक उद्योगों का विकास ब्रिटिश सरकार की नीतियों के विरोध में प्रारम्भ हुआ। ब्रिटिश सरकार ने ऐसे उद्योगों को प्रोत्साहित करने का प्रयास नहीं किया। इस प्रकार औपनिवेशिक आर्थिक नीतियों के कारण भारतीय उद्योगों का स्वाभाविक विकास विकृत ही हुआ।
- भारत में रेलवे का विकास ब्रिटिश वाणिज्यिक नीति के प्रभाव में किया गया था, किन्तु इसने आधुनिक उद्योगों के विकास में उत्प्रेरक की भूमिका निभाई। भारत में रेल निर्माण की प्रक्रिया आरम्भ होने पर **कार्ल मार्क्स** ने टिप्पणी की थी—''रेलवे का प्रादुर्भाव भारत में आधुनिक उद्योगों के आगमन का पूर्व सूचक है।''

- भारत में पहला **सूती-वस्त्र उद्योग** 1845 ई. में **कावसजी नानाजी दावर** ने 1854 ई. में स्थापित किया। इसी समय कागज उद्योगों का विकास हुआ। 1879 ई. में लखनऊ, 1882 ई. में टीटागढ़, 1885 ई. में पूना तथा 1889 ई. रानीगंज में कागज उद्योग स्थापित किए गए।
- भारत में पहला **सीमेण्ट उद्योग** वर्ष 1914 में **पोरबन्दर** में स्थापित हुआ। इसके बाद कटनी तथा बूँदी में सीमेण्ट उद्योग की स्थापना हुई।

रेलवे का विकास

भारत में रेलवे के विकास का प्रारम्भ **लॉर्ड डलहौजी** के काल में हुआ, लॉर्ड डलहौजी ने यूरोपियन व्यापारियों को लाभ पहुँचाने के लिए भारत में रेलवे की स्थापना की। अंग्रेजों द्वारा भारत में रेल निर्माण का मुख्य उद्देश्य भारत के कच्चे माल को देश के अन्दर के हिस्सों से बन्दरगाह तक ले जाना था।

1853 ई. में बम्बई से थाणे के बीच (34 किमी) प्रथम रेल परिचालन के साथ शुरू हुई 1854 ई. में कलकत्ता से रानीगंज के बीच दूसरी रेल लाइन बिछाई गई। रेल सेवा ने भारतीय व्यापार को तीव्रगति दी, लेकिन उसका अधिकांश लाभ यूरोपीय व्यापारी ले गए। भारतीयों को इससे कोई विशेष लाभ नहीं मिला, परन्तु आने वाले वर्षों में भारतीय व्यापारियों एवं आम जनता को परिवहन का एक बेहतर विकल्प उपलब्ध हुआ। कार्ल मार्क्स ने भारत में बिछाई गई रेल लाइन को आधुनिक युग का अग्रदूत कहा।

ब्रिटिशों समय में उद्योगों का ह्रास

- ब्रिटिश ईस्ट इण्डिया कम्पनी ने अपने प्रारम्भिक चरण में परम्परागत उद्योगों को विकसित होने का मौका दिया, किन्तु औद्योगिक क्रान्ति के प्रभाव में ब्रिटिश सूती–वस्त्रों को भारत भेजने की प्रक्रिया विकसित की गई। भारत को ब्रिटिश निर्मित सूती वस्त्रों का वृहद् बाजार बनाया गया।
- भारत के हस्तशिल्पों का विनाश औपनिवेशिक अर्थव्यवस्था का प्राकृतिक प्रभाव था। ब्रिटिश पूर्व भारत का आर्थिक जीवन कृषि तथा हस्तशिल्पों के सन्तुलन पर आधारित था। ग्रामीण क्षेत्रों, कस्बों तथा महत्त्वपूर्ण नगरों में हस्तशिल्प विकसित अवस्था में था। भारत का ऐसा औद्योगिक विकास पूर्णत: घरेलू उद्योगों पर आधारित था।
- इंग्लैण्ड में औद्योगिक क्रान्ति के बाद ब्रिटिश सरकार ने उद्योगों के संरक्षण की नीति अपनाते हुए भारत से आने वाले मालों पर अत्यधिक कर लगाया। निर्मित मालों को कम मूल्य पर भारतीय बाजारों में बेचा जाने लगा, जिसका प्रभाव परम्परागत विनिर्माण उद्योगों पर पड़ा तथा उनके ह्रास की प्रक्रिया तीव्र हो गई।

भारत में पूँजीवाद का विकास

- भारत में पूँजीवाद के विकास में विदेशी तथा देशी दोनों प्रकार की पूँजियों का स्पष्ट योगदान रहा है। वैसे भारत में पूँजीवाद की स्थापना का श्रेय विदेशी पूँजी को है। भारत में पूँजीवाद के विकास के तीन चरण हैं।

वाणिज्यिक पूँजीवाद

- वाणिज्यिक पूँजीवाद का चरण 1757-1813 ई. तक की आर्थिक गतिविधियों को माना जाता है। इस समय **ईस्ट इण्डिया कम्पनी** का एकाधिकार भारतीय व्यापार पर था।

औद्योगिक पूँजीवाद

- 1813 ई. के बाद औद्योगिक पूँजीवाद का दौर आरम्भ हुआ। ब्रिटेन की औद्योगिक क्रान्ति के साथ भारत एक बाजार में परिवर्तित हो गया। यही दौर था, जब भारत के परम्परागत उद्योगों का तेजी से विनाश हुआ।
- 1813 ई. तथा 1833 ई. के चार्टर एक्टों में ब्रिटिश ईस्ट इण्डिया कम्पनी के एकाधिकार के समाप्त होते ही भारत के आर्थिक शोषण की प्रक्रिया और तीव्र हो गई। भारत से कच्चे मालों का निर्यात ब्रिटेन को किया जाने लगा तथा निर्मित वस्तुएँ भारत में बेची जाने लगीं। 1858 ई. तक भारत में औद्योगिक पूँजीवाद का दौर चरम पर था।

वित्तीय पूँजीवाद

- 1858-1947 ई. के बीच भारत में वित्तीय पूँजीवाद का चरण रहा। इस चरण में रेलवे तथा संचार माध्यमों का विस्तार भारत में किया गया। ब्रिटिश व्यापारियों के हित में प्रारम्भ इन प्रवृत्तियों का लाभ भारतीय पूँजीपतियों ने भी उठाया और स्वदेशी पूँजी के माध्यम से देशी उद्यमों की स्थापना हुई। वित्तीय पूँजीवाद के इस दौर में भारत ब्रिटेन का उपनिवेश बन गया।
- दादाभाई नौरोजी को प्रति व्यक्ति आय का अनुमान लगाने वाला प्रथम राष्ट्रीयवादी नेता माना जाता है। राष्ट्रीय आय का प्रथम वैज्ञानिक आकलन डॉ. वी के आर वी राव ने किया।
- बंगाल में दीवानी प्राप्त होने से पूर्व ईस्ट इण्डिया कम्पनी का भारत में व्यापार एकतरफा था। कम्पनी के पास भारत में बेचने के लिए कोई माल नहीं था, जबकि भारतीय मालों को यूरोपीय देशों में बेचने से उसे अत्यधिक लाभ हो रहा था।
- कारखाना अधिनियम, 1891 लॉर्ड लैन्सडाउन के काल में लाया गया था। यह अधिनियम 50 श्रमिकों वाले कारखानों पर लागू हुआ था। इसके अन्तर्गत महिलाओं को रात्रि 7 बजे से सुबह 5 बजे तक कार्य करने पर प्रतिबन्ध लगाया गया।
- लिनलिथगो आयोग की स्थापना वर्ष 1928 में की गई थी। यह आयोग भारतीय कृषि की स्थिति की जाँच से सम्बन्धित था।

औपनिवेशिक आर्थिक नीतियों का प्रभाव

ब्रिटिश शोषणकारी आर्थिक नीतियों का भारतीय अर्थव्यवस्था पर निम्नलिखित प्रभाव पड़ा

- औद्योगीकरण हतोत्साहित का पतन हो गया।
- भारतीय हस्तशिल्प का पतन हो गया।
- कृषि का वाणिज्यीकरण हो गया।
- कृषकों में गरीबी व दरिद्रता बढ़ी।
- हस्त्र शिल्पों के पतन से कृषि पर भार बढ़ गया।
- अकाल, गरीबी व भुखमरी भारतीयों की नियति बन गए।
- जमींदारी या मध्यस्थ वर्ग का उदय हुआ।
- आधुनिक उद्योगों की शुरुआत हुई।

अभ्यास प्रश्न

1. निम्न में से किस एक्ट के तहत कलकत्ता में एक सर्वोच्च न्यायालय की स्थापना की गई?

कूट

(a) 1773 ई. का रेग्यूलेटिंग एक्ट
(b) 1784 ई. का पिट्स इण्डिया एक्ट
(c) 1793 ई. का चार्टर एक्ट
(d) 1813 ई. का चार्टर एक्ट

2. भारत सरकार अधिनियम, 1919 ने निम्नलिखित में से किसको स्पष्ट किया?

(a) न्यायपालिका एवं विधायिका (लेजिस्लेचर) के बीच शक्ति का पृथक्करण
(b) केन्द्रीय एवं प्रान्तीय सरकारों की अधिकारिता
(c) भारत में सेक्रेटरी ऑफ स्टेट एवं वायसराय की शक्तियाँ
(d) उपरोक्त में से कोई नहीं

3. केन्द्रीय सरकार की कार्यकारिणी की शक्ति को किस अधिनियम के तहत गवर्नर-जनरल में निहित कर दिया गया?

(a) अधिनियम, 1919
(b) अधिनियम, 1935
(c) अधिनियम, 1909
(d) उपरोक्त में से कोई नहीं

4. भारत के संविधान में केन्द्र और राज्यों के बीच की गई शक्तियों का विभाजन इनमें से किसमें उल्लिखित योजना पर आधारित है?

(a) मार्ले-मिण्टो सुधार, 1909
(b) मॉण्टेग्यू-चेम्सफोर्ड अधिनियम, 1919
(c) भारत सरकार अधिनियम, 1935
(d) भारतीय स्वतन्त्रता अधिनियम, 1947

5. वर्ष 1919 के भारत शासन अधिनियम की निम्नलिखित में से कौन-सी विशेषता/विशेषताएँ है/हैं?

1. प्रान्तों की कार्यकारिणी सरकार में द्वैध-शासन की व्यवस्था।
2. मुसलमानों के लिए पृथक् साम्प्रदायिक निर्वाचन-मण्डलों की व्यवस्था।
3. केन्द्र द्वारा प्रान्तों को विधायिनी शक्ति का हस्तान्तरण।

कूट

(a) केवल 1 (b) 2 और 3 (c) 1 और 3 (d) ये सभी

6. 1833 ई. के चार्टर एक्ट में निम्नलिखित में से किस एक का उल्लेख नहीं था?

(a) ईस्ट इण्डिया कम्पनी ने चीन व्यापार का एकाधिकार खो दिया
(b) कम्पनी के अधिकृत क्षेत्र अगले 20 वर्षों के लिए ब्रिटिश सम्राट के न्यास के रूप में कम्पनी के पास रहने दिए गए
(c) कम्पनी के निदेशकों की संख्या 24 से घटाकर 18 कर दी गई, जिनमें से 6 क्राउन द्वारा मनोनीत होने थे
(d) कम्पनी के क्षेत्रों के सम्पूर्ण सिविल तथा सैनिक प्रशासन का अधीक्षण, निर्देशन और नियन्त्रण गवर्नर-जनरल ऑफ इण्डिया इन काउन्सिल निहित था, जिसके 4 सदस्य थे

7. महारानी विक्टोरिया की उद्घोषणा (1858) का उद्देश्य क्या था?

1. भारतीय राज्यों को ब्रिटिश साम्राज्य में मिलाने के किसी भी विचार का परित्याग करना।
2. भारतीय प्रशासन को ब्रिटिश क्राउन के अन्तर्गत रखना।
3. भारत के साथ ईस्ट इण्डिया कम्पनी के व्यापार का नियमन करना।

कूट

(a) 1 और 2 (b) केवल 2
(c) 1 और 3 (d) उपरोक्त सभी

8. निम्नलिखित में से कौन भारत में उपनिवेशवाद के आर्थिक आलोचक थे?

1. दादाभाई नौरोजी 2. जी सुब्रह्मण्यम अय्यर
3. आर सी दत्त

कूट

(a) केवल 1 (b) 1 और 2
(c) 2 और 3 (d) ये सभी

9. निम्नलिखित कथनों पर विचार कीजिए

दादाभाई नौरोजी की भारतीय राष्ट्रीय आन्दोलन को सर्वाधिक प्रभावी देन थी कि

1. उन्होंने इस बात को अभिव्यक्त किया कि ब्रिटेन, भारत का आर्थिक शोषण कर रहा है।
2. उन्होंने प्राचीन भारतीय ग्रन्थों की व्याख्या की और भारतीयों में आत्मविश्वास जगाया।
3. उन्होंने सभी सामाजिक बुराइयों के निराकरण की आवश्यकता पर सर्वोपरि जोर दिया।

उपरोक्त कथनों में से कौन-सा/से कथन सही है/हैं

(a) केवल 1
(b) 2 और 3
(c) 1 और 3
(d) ये सभी

10. भारत में उपनिवेशी शासनकाल में 'होम चार्जेज' भारत से सम्पत्ति दोहन का महत्त्वपूर्ण अंग थे। निम्नलिखित में से कौन-सी निधि/निधियाँ 'होम-चार्जेज' की संघटक थी/थीं?

1. लन्दन में इण्डिया ऑफिस के भरण-पोषण के लिए प्रयोग में लाई जाने वाली निधि।
2. भारत में कार्यरत अंग्रेज कर्मचारियों के वेतन तथा पेंशन देने हेतु प्रयोग में लाई जाने वाली निधि।
3. भारत के बाहर हुए युद्धों को लड़ने में अंग्रेजों द्वारा प्रयोग में लाई जाने वाली निधि।

कूट

(a) केवल 1 (b) 1 और 2
(c) 2 और 3 (d) ये सभी

11. रैयतवाड़ी बन्दोबस्त के सन्दर्भ में, निम्नलिखत कथनों पर विचार कीजिए

1. किसानों द्वारा लगान सीधे सरकार को दिया जाता था।
2. सरकार रैयत को पट्टे देती थी।
3. कर लगाने के पूर्व भूमि का सर्वेक्षण और मूल्य-निर्धारण किया जाता था।

उपरोक्त कथनों में से कौन-सा/से कथन सही है/हैं?

(a) केवल 1 (b) 1 और 2
(c) 1, 2 और 3 (d) इनमें से कोई नहीं

12. भारत में पहला चाय बगान कब और कहाँ लगाया गया?

(a) असम, 1836 में
(b) असम, 1835 में
(c) प. बंगाल, 1836 में
(d) प. बंगाल, 1835 में

13. निम्न में से कौन-सा/से युग्म सही सुमेलित हैं?

1. तिनकठिया प्रथा - बिहार
2. कमियौटी प्रथा - ओडिशा एवं बिहार
3. दुबला हाली प्रथा - गुजरात

कूट

(a) केवल 1 (b) केवल 2
(c) 1 और 2 (d) 1, 2 और 3

14. निम्नलिखित में से एक कौन-सा आयोग आकाल से सम्बन्धित है।

(a) कैम्पवेल आयोग (b) स्ट्रेची आयोग
(c) मैकडोनाल्ड आयोग (d) ये सभी

15. निम्न में एक कौन-सा प्रभाव औपनिवेशिक आर्थिक नीतियों के प्रभाव में शामिल है?

(a) भारतीय हस्तशिल्प का पतन (b) कृषि का वाणिज्यीकरण
(c) आधुनिक उद्योगों का शुभारम्भ (d) ये सभी

उत्तरमाला

1.	(a)	2.	(b)	3.	(b)	4.	(b)	5.	(c)	6.	(c)	7.	(a)	8.	(d)	9.	(a)	10.	(d)
11.	(c)	12.	(b)	13.	(d)	14.	(d)	15.	(d)										

अध्याय 14

1857 ई. का विद्रोह

1857 ई. के विद्रोह को ब्रिटिश भारत के औपनिवेशिक इतिहास का महाविभाजक काल कहा जाता है। यह विद्रोह कम्पनी की शोषणपूर्ण नीतियों का परिणाम था। इस विद्रोह के परिणामस्वरूप 1757 ई. के प्लासी के युद्ध से कम्पनी के राजनैतिक प्रभाव की जो शुरुआत हुई थी, वह 1858 ई. में भारत को ब्रिटिश ताज के अन्तर्गत लाने के साथ समाप्त हो गई। यह विद्रोह उस राष्ट्रीय मुक्ति आन्दोलन का प्रेरणा स्रोत बना, जिसका फल हमें वर्ष 1947 की आजादी से प्राप्त हुआ।''

1857 ई. के विद्रोह के कारण

- 1857 ई. के विद्रोह को जन्म देने वाले कारणों में राजनैतिक, सामाजिक, आर्थिक तथा धार्मिक थे। 1857 ई. का विद्रोह सिपाहियों के असन्तोष का परिणाम मात्र नहीं था। वास्तव में, यह औपनिवेशिक शासन के चरित्र, उसकी नीतियों तथा उसके कारण कम्पनी के शासन के प्रति जनता में संचित असन्तोष का परिणाम था। इस विद्रोह के कारण निम्नलिखित हैं

राजनीतिक कारण

- 1803 ई. से ही मुगल सम्राट बहादुरशाह ब्रिटिश संरक्षण में रहने लगा था, परन्तु मान-मर्यादा सम्बन्धित उसके दावे स्वीकृत थे। 1849 ई. में यह घोषणा की गई कि बहादुरशाह की मृत्यु के पश्चात् उसके वंशजों को लाल किला खाली करना पड़ेगा। इसके अतिरिक्त कैनिंग ने 1856 ई. में घोषणा की कि बहादुरशाह के उत्तराधिकारी सम्राट के बदले शहजादों के रूप में जाने जाएँगे।
- मुगल बादशाह चूँकि भारतीय जनता का प्रतिनिधित्व करता था, इसलिए उसके अपमान में जनता ने अपना अपमान महसूस किया और विद्रोह के लिए मजबूर हुए।
- **डलहौजी** ने अपनी **व्यपगत नीति** द्वारा जैतपुर, सम्भलपुर, झाँसी, नागपुर आदि राज्यों का ब्रिटिश साम्राज्य में विलय कर लिया, साथ ही अवध के नवाब को गद्दी से उतार दिया, भूतपूर्व पेशवा की पेंशन जब्त कर ली गई। ये सब कारण व्यापक असन्तोष फैलाने के लिए पर्याप्त थे। डलहौजी ने तंजौर और कर्नाटक के नवाबों की राजकीय उपाधियाँ जब्त कर लीं।
- मुगल बादशाह को लाल किला छोड़कर कुतुबमीनार के पास रहने का आदेश दिया।

आर्थिक कारण

- भारत में कम्पनी की सभी नीतियों के मूल में भारत का आर्थिक शोषण कर अपना मुनाफा बढ़ाना था। इस प्रकार ईस्ट इण्डिया कम्पनी एवं भारतीय जनमानस के हितों के मध्य एक स्वाभाविक संघर्ष था।
- स्थायी बन्दोबस्त, रैयतवाड़ी व्यवस्था और महालवाड़ी व्यवस्था द्वारा किसानों का जबरदस्त शोषण हुआ और वे निर्धनता के कुचक्र में फँस गए।
- आर्थिक शोषण और उसके पारम्परिक आर्थिक ढाँचे के पूर्णतया विनाश ने किसानों, दस्तकारों, हस्तशिल्पकारों तथा बड़ी संख्या में परम्परागत जमींदारों को दरिद्र बना दिया।
- भारत से **इंग्लैण्ड** को निर्यात होने वाली मलमल एवं कैलिको सूती वस्त्रों पर जहाँ क्रमश 27%, 71% एवं रेशमी वस्त्रों पर 90% कर लिया जाता, वहीं भारत में आने वाले अंग्रेजी सूती और रेशमी वस्त्रों पर 3.5% और गर्म कपड़ों पर 2% कर था।
- अंग्रेजों की इस नीति का परिणाम यह हुआ कि इंग्लैण्ड में भारत का सूती और रेशमी कपड़ा जाना बन्द हो गया। इसका भारत के कपड़ा उद्योग पर बहुत बुरा प्रभाव पड़ा।

सामाजिक-धार्मिक कारण

- कम्पनी की विभिन्न नीतियों से भारतीयों में इस भावना को बल मिला कि उनकी सभ्यता एवं संस्कृति खतरे में है। ईसाई मिशनरियों के धर्म-प्रचार से भी इस भावना को बल मिला। इसके साथ ही भारतीयों को सभ्य बनाने के अन्तर्गत किए गए प्रयासों ने भी भारतीयों को शंकित किया। सामाजिक-धार्मिक कुरीतियों; जैसे—सती प्रथा, कन्या वध, बाल विवाह का निषेध एवं विधवा विवाह के सम्बन्ध में बनाए गए कानूनों को भी लोगों ने अपनी व्यवस्था पर आघात माना।
- 1813 ई. में ईसाई मिशनरियों को भारत में आने की अनुमति दी गई, जिससे उनके प्रचार कार्य में वृद्धि हुई। ईसाई धर्म के प्रचार के लिए सरकार द्वारा पर्याप्त सुविधाएँ प्रदान की गईं।

  1856 ई. के **धार्मिक निर्योग्यता अधिनियम** (Religious Disability Act) द्वारा ईसाई धर्म ग्रहण करने वाले लोगों को अपनी पैतृक सम्पत्ति का हकदार माना गया, साथ ही उन्हें नौकरियों में पदोन्नति, शिक्षण संस्थाओं में प्रवेश की सुविधा प्रदान की गई। अंग्रेजों की इन नीतियों ने भारतीयों को अन्ततः विद्रोह के लिए मानसिक रूप से तैयार कर दिया।

सैनिक कारण

- 1857 ई. के विद्रोह के सैनिक कारणों में अनेक ऐसे कारण थे, जिन्होंने इस विद्रोह की पृष्ठभूमि तैयार की। अंग्रेजी सेना में कार्यरत भारतीय सैनिकों में अधिकांश कनिष्ठ अफसर थे, उन्हें पदोन्नति का कोई फायदा नहीं दिया जाता था। पदोन्नति से वंचित किया जाना, वेतन की न्यून मात्रा, भारत की सीमाओं से बाहर युद्ध के लिए भेजा जाना तथा समुद्रपार भत्ता न देना आदि ऐसे कारण थे, जिन्होंने भारतीय सैनिकों में असन्तोष को जन्म दिया और वे विद्रोह के लिए विवश हुए।
- कैनिंग की सरकार ने 1856 ई. में सेना भर्ती अधिनियम पारित किया। इस अधिनियम के अनुसार सभी सैनिकों को यह स्वीकार करना पड़ता था कि जहाँ कहीं आवश्यकता होगी, वे वहाँ कार्य करेंगे अर्थात् वे समुद्र पार जाने से मना नहीं कर सकते थे।

तात्कालिक कारण

- चर्बी लगे कारतूसों के प्रयोग को 1857 ई. के विद्रोह का तात्कालिक कारण माना जाता है। कैनिंग सरकार ने 1857 ई. में सैनिकों के प्रयोग के लिए पुरानी लोहे वाली बन्दूक ब्राउन बैस के स्थान पर **इनफिल्ड रायफल** का प्रयोग शुरू करवाया, जिसमें कारतूसों को लगाने से पूर्व उसे दाँतों से खींचना पड़ता था। चूँकि कारतूसों में गाय और सुअर दोनों की चर्बी लगी थी, इसलिए हिन्दू और मुसलमान दोनों भड़क उठे, जिसके परिणामस्वरूप 1857 ई. के विद्रोह की शुरुआत हुई।

1857 के विद्रोह का प्रारम्भ एवं क्षेत्र

- चर्बीयुक्त कारतूसों के प्रयोग के विरुद्ध पहली घटना 29 मार्च, 1857 को बैरकपुर की छावनी में घटी, जहाँ मंगल पाण्डे नामक एक सिपाही ने चर्बी लगे कारतूस के प्रयोग से इनकार करते हुए अपने अधिकारी **लेफ्टिनेण्ट बाग** और लेफ्टिनेण्ट **जनरल ह्यूसन** की हत्या कर दी।
- 24 अप्रैल, 1857 को मेरठ में तैनात देशी घुड़सवार सेना के 99 सिपाहियों ने चर्बी वाले कारतूस का प्रयोग करने से इनकार कर दिया। इनमें से 85 सैनिकों को 10 वर्ष की सजा सुनाई गई। इसके विरोध में 10 मई, 1857 को मेरठ के भारतीय सैनिकों ने विद्रोह कर अपने साथियों को छुड़ा लिया तथा दिल्ली की ओर कूच किया। **12 मई, 1857** को दिल्ली पर अधिकार करके विद्रोहियों ने मुगल शासक को नेता स्वीकार किया।

1857 ई. से पूर्व किए गए विद्रोह

सिपाहियों ने निम्न कारणों से पूर्व में कम्पनी के विरुद्ध विद्रोह किए

- 1764 ई. बक्सर के युद्ध के समय हैक्टर मुनरो के नेतृत्व में लड़ रही सेना के कुछ सिपाही विद्रोह करके मीर कासिम से मिल गए।
- 1806 ई. वेल्लोर में विद्रोह
- 1824 ई. बैरकपुर छावनी में दोहरे भत्ते के बिना रंगून जाने के प्रश्न पर उपद्रव
- 1824 ई. बैरकपुर 47वीं रेजिमेण्ट में बर्मा जाने के विरुद्ध
- 1825 ई. असम स्थित तोपखाने में विद्रोह
- 1830 ई. शोलापुर में वेतन भत्ते के लिए विद्रोह
- 1849 ई. 22वें एन आई (नेशनल इन्फेण्ट्री) विद्रोह
- 1850 ई. 66वें एन आई (नेशनल इन्फेण्ट्री) विद्रोह
- 1852 ई. 38वें एन आई (नेशनल इन्फेण्ट्री) विद्रोह

विद्रोह का प्रसार

- 1857 ई. का विद्रोह मेरठ से प्रारम्भ होकर अन्य भागों में तेजी से फैल गया। शीघ्र ही विद्रोही अपने उच्चाधिकारियों की हत्या कर दिल्ली की ओर रवाना हो गए। 11 मई को प्रातः विद्रोहियों ने **दिल्ली** पर अधिकार कर मुगल बादशाह **बहादुरशाह जफर द्वितीय** को पुनः भारत का सम्राट और विद्रोहियों का नेता घोषित कर दिया।
- दिल्ली विजय का समाचार समूचे देश में फैल गया। देखते-ही-देखते विद्रोह ने अपनी चपेट में कानपुर, लखनऊ, बरेली, जगदीशपुर (बिहार), झाँसी, अलीगढ़, रुहेलखण्ड, इलाहाबाद, ग्वालियर आदि को ले लिया, जबकि बंगाल के जमींदारों ने विद्रोह को कुचलने में अंग्रेजों की मदद की थी तथा इस विद्रोह में व्यापारियों, पढ़े-लिखे लोगों तथा शासकों ने हिस्सेदारी नहीं की थी।

विद्रोह के प्रमुख केन्द्र

- **कानपुर** में 5 जून, 1857 को विद्रोह की शुरुआत हुई। यहाँ पर पेशवा बाजीराव द्वितीय के दत्तक पुत्र **नाना साहब** (धोंधू पन्त) ने विद्रोह को नेतृत्व प्रदान किया, जिसमें उनकी सहायता **ताँत्या टोपे** ने की। नाना साहब लगातार पराजयों को झेलते हुए अन्ततः नेपाल चले गए, जहाँ से वे जीवन की अन्तिम साँस तक अंग्रेजों से लड़ते रहे।
- **दिल्ली** में 82 वर्षीय बहादुरशाह ने बख्त खाँ के सहयोग से विद्रोह को नेतृत्व प्रदान किया। 20 सितम्बर, 1857 को बहादुरशाह ने हुमायूँ के मकबरे में अंग्रेज लेफ्टिनेण्ट डब्ल्यू एस आर हडसन के समक्ष समर्पण कर दिया। उसे निर्वासित कर रंगून भेज दिया, जहाँ 1862 ई. में उसकी मृत्यु हो गई।
- **लखनऊ** में 4 मई, 1857 को विद्रोह की शुरुआत हुई। **बेगम हजरत महल** ने अपने अल्पायु पुत्र **बिरजिस कादिर** को नवाब घोषित किया तथा लखनऊ स्थित ब्रिटिश रेजीडेन्सी पर आक्रमण किया। लखनऊ के बाद बेगम हजरत महल ने मौलवी अहमदुल्ला के साथ शाहजहाँपुर में भी विद्रोह को नेतृत्व प्रदान किया। वे शीघ्र पराजित हो गईं और भागकर नेपाल चली गईं, जहाँ उनकी गुमनाम मौत हो गई।
- **झाँसी** में 4 जून, 1857 को रानी लक्ष्मीबाई के नेतृत्व में विद्रोह की शुरुआत हुई, जिसमें रानी ने अपने साहसी नेतृत्व में अंग्रेजों के साथ वीरतापूर्वक युद्ध किया, परन्तु झाँसी के पतन के बाद रानी लक्ष्मीबाई **ग्वालियर** की ओर प्रस्थान कर गईं। यहाँ सिन्धिया अंग्रेजों का समर्थक था, लेकिन उसकी सेना विद्रोहियों के साथ मिल गई जिसकी सहायता से रानी ने ग्वालियर पर अधिकार कर लिया। रानी लक्ष्मीबाई की मृत्यु पर जनरल ह्यूरोज ने कहा, "भारतीय क्रान्तिकारियों में यहाँ सोई हुई औरत अकेली मर्द है।"
- **बिहार** के जगदीशपुर (आरा) में वहाँ के प्रमुख जमींदार कुँवर सिंह ने 1857 ई. के विद्रोह के समय, विद्रोह का झण्डा फहराया। युद्ध में जख्मी हो जाने के कारण वे 26 अप्रैल, 1858 को मृत्यु को प्राप्त हो गए।
- **फैजाबाद** में 1857 ई. के विद्रोह को **मौलवी अहमदुल्ला** ने अपना नेतृत्व प्रदान किया। अहमदुल्ला के बारे में अंग्रेजों ने कहा कि "अदम्य साहस के गुणों से परिपूर्ण दृढ़-संकल्प वाले व्यक्ति तथा विद्रोहियों में सर्वोत्तम सैनिक हैं।" अहमदुल्ला की गतिविधियों से अंग्रेज इतने चिन्तित थे कि उन्होंने इन्हें पकड़ने के लिए ₹ 50,000 का नकद इनाम घोषित किया। 5 जून, 1858 को रुहेलखण्ड की सीमा पर पोवायाँ में इनकी गोली मारकर हत्या कर दी गई।

- **असम** में 1857 ई. के विद्रोह के समय वहाँ के दीवान मनीराम दत्त ने वहाँ के अन्तिम राजा के पोते कन्दपेश्वर सिंह को राजा घोषित कर विद्रोह की शुरुआत की। शीघ्र ही विद्रोह विफल हुआ और मनीराम को फाँसी दे दी गई।
- **उड़ीसा** में सम्भलपुर के राजकुमार सुरेन्द्र शाही तथा उज्ज्वल शाही के द्वारा विद्रोह किया गया। गंजाम में **साबरो** ने राधाकृष्ण दण्डसेन के नेतृत्व में पराल की मेडी में विद्रोह किया। 1862 ई. में सुरेन्द्र शाही ने आत्मसमर्पण कर दिया, इन्हें देश से निष्कासित कर दिया गया।
- **कोटा** (राजस्थान) में एक भारतीय सैन्य टुकड़ी ने विद्रोह कर ब्रिटिश एजेण्ट मेजर बर्टन की हत्या कर विद्रोह किया, लेकिन विद्रोह को कुचल दिया गया।
- **पंजाब** जिसका अधिकांश हिस्सा विद्रोह से अलग रहा, में 9वीं अनियमित सेना (घुड़सवार) के वजीर खाँ ने अजनाला में विद्रोह किया। कुल्लू में राणा प्रताप सिंह और वीर सिंह ने विद्रोह का नेतृत्व किया, लेकिन शीघ्र ही इन सबको फाँसी दे दी गई।
- **दक्षिण भारत** जिसका अधिकांश हिस्सा विद्रोह के समय शान्त था, के सतारा और कोल्हापुर में 1857 ई. के विद्रोह का कुछ प्रभाव देखने को मिला। सतारा में रंगोजी बापूजी गुप्ते ने विद्रोह को नेतृत्व प्रदान किया। बंगाल, पंजाब, राजपूताना, पटियाला, जीन्द, हैदराबाद, मद्रास आदि ऐसे क्षेत्र थे, जहाँ पर विद्रोह नहीं पनप सका। यहाँ के शासकों ने विद्रोह को कुचलने में अंग्रेजी सरकार की मदद भी की।
- **ग्वालियर** के पतन के बाद रामचन्द्र पाण्डुरंग (ताँत्या टोपे) अप्रैल, 1859 में नेपाल चले गए, जहाँ पर एक जमींदार मित्र मानसिंह के विश्वासघात के कारण पकड़े गए तथा 18 अप्रैल, 1859 को फाँसी पर लटका दिए गए। ताँत्या टोपे की गिरफ्तारी मध्य भारत में 1857 ई. के विद्रोह की अन्तिम घटना थी।

1857 **ई. के विद्रोह के बारे में इतिहासकारों के मत**

मत	इतिहासकार
यह पूर्णतया सिपाही विद्रोह था।	सर जॉन लॉरेन्स, सीले
यह एक सामन्तवादी प्रक्रिया थी।	मिस्टर के
1857 ई. का विद्रोह स्वतन्त्रता संग्राम नहीं था।	आर सी मजूमदार
यह स्वतन्त्रता संग्राम था।	डॉ. ईश्वरी प्रसाद
यह जनक्रान्ति थी।	डॉ. रामविलास शर्मा
यह राष्ट्रीय विद्रोह था।	बेंजामिन डिजरायली
यह ईसाइयों के विरुद्ध एक धर्मयुद्ध था।	एल आर रीज
यह सभ्यता एवं बर्बरता का संघर्ष था।	टी आर होम्स
यह विद्रोह राष्ट्रीय स्वतन्त्रता के लिए सुनियोजित युद्ध था।	वी डी सावरकर और अशोक मेहता

विद्रोह की असफलता के कारण

विद्रोह की असफलता के प्रमुख कारण निम्नलिखित थे

समन्वय तथा नेतृत्व का अभाव

- विद्रोह के विभिन्न केन्द्रों में परस्पर समन्वय तथा केन्द्रीय संगठन का अभाव था। किसी स्थान पर विजय प्राप्त कर लेने के बाद उनके पास आगे के लिए कोई निश्चित योजना नहीं थी।
- बहादुरशाह द्वितीय को प्रतीक के रूप में नेतृत्व सौंपा गया था, लेकिन उनकी आयु इतनी अधिक थी कि वे विद्रोह को दिशा नहीं दे सके।

सीमित क्षेत्र तथा राष्ट्रीय भावना का अभाव

- देश का एक बहुत बड़ा भाग बंगाल, पंजाब, कश्मीर, उड़ीसा, दक्षिण भारत इससे अछूता रहा था। विद्रोह का क्षेत्र सीमित होने से इसे दबाने में अंग्रेजों को आसानी हुई। इस विद्रोह में **राष्ट्रीय भावना** का पूर्णतया अभाव था, क्योंकि भारतीय समाज के सभी वर्गों का सहयोग इस विद्रोह को नहीं मिल सका।

देशी राजाओं का अंग्रेजों का साथ देना

- विद्रोह के दौरान अनेक देशी राजाओं ने कम्पनी का साथ दिया। सिखों एवं गोरखों ने कई जगह इस विद्रोह को दबाने में कम्पनी का सहयोग किया। **बम्बई** तथा **मद्रास** की सेनाओं ने विद्रोह में अंग्रेजों का साथ दिया। कश्मीर में गुलाब सिंह ने अंग्रेजों का साथ दिया।
- सिन्धिया का एक मन्त्री दिनकर राव, हैदराबाद के वजीर सर सालार जंग, भोपाल की बेगम तथा नेपाल के मन्त्री जंगबहादुर ने विद्रोह को दबाने में अंग्रेजों की सहायता की। पटियाला, जीन्द, ग्वालियर एवं हैदराबाद के राजाओं ने विद्रोह को दबाने में सहायता की। इसी सन्दर्भ में **कैनिंग** ने टिप्पणी की थी कि "इन शासकों एवं सरदारों ने तरंगरोधकों का कार्य किया अन्यथा इसने हमें एक झोंके में ही बहा दिया होता।"

निश्चित उद्देश्य का अभाव

- विद्रोह में शामिल होने वाले विभिन्न नेताओं के अपने-अपने हित थे। उनके सम्मुख कोई निश्चित उद्देश्य नहीं था। ब्रिटिश साम्राज्य का विरोध नकारात्मक ही था। इसमें कोई रचनात्मक विचारधारा तथा भविष्य के लिए कोई योजना नहीं थी।

जनसाधारण के व्यापक समर्थन का अभाव

- विद्रोहियों को जनता की सहानुभूति प्राप्त होने के बावजूद भी पूरा देश उनके साथ नहीं था। शिक्षित लोग, व्यापारी, भारतीय शासक न केवल उनका समर्थन कर रहे थे, बल्कि अंग्रेजों का सहयोग भी कर रहे थे। व्यापारियों एवं शिक्षित वर्ग ने कलकत्ता और बम्बई में सभाएँ करके अंग्रेजों की सफलता के लिए प्रार्थना की। करीब आधे सिपाहियों ने भी विद्रोह में हिस्सा नहीं लिया, बल्कि अंग्रेजों की सहायता की।

अंग्रेजों के पास कुशल नेतृत्व का होना

- 1857 ई. के विद्रोह के समय निल, निकल्सन, आउट्रम, लॉरेन्स, हैवलॉक, ह्यूरोज और कैम्पबेल जैसे सेनापतियों की सेवाएँ प्राप्त हुईं, जिन्हें कई युद्धों का अनुभव था, जिन्होंने विद्रोह को दबाने में महत्त्वपूर्ण भूमिका अदा की।

विद्रोह के परिणाम

- यद्यपि 1857 ई. का विद्रोह असफल रहा, लेकिन अपनी विफलता में भी इसने एक महान् उद्देश्य की पूर्ति की। वास्तव में यह उस आन्दोलन का प्रेरणास्रोत बन गया, जिसने वह कर दिखाया जो विद्रोह नहीं कर सका। 1857 ई. की क्रान्ति के पश्चात् ब्रिटिश नीतियों एवं व्यवस्था में व्यापक परिवर्तन हुए।

सत्ता परिवर्तन

- क्रान्ति के पश्चात् भारत में सत्ता कम्पनी के हाथ से निकलकर **ब्रिटिश क्राउन** के पास चली गई। इसके लिए **भारत शासन अधिनियम, 1858** पारित किया गया। इस अधिनियम के अनुसार, अब भारत का शासन ब्रिटिश साम्राज्ञी की ओर से भारत के राज्य सचिव को चलाना था, जिसकी सहायता के लिए 15 सदस्यों की भारत परिषद् या इण्डिया काउन्सिल का गठन किया गया, जिसका प्रमुख भारत सचिव होता था।

प्रशासनिक परिवर्तन

- 1857 ई. के विद्रोह के पश्चात् अंग्रेजों ने प्रशासनिक परिवर्तन भी किए। विद्रोह का अंग्रेजों ने एक कारण यह माना था कि कम्पनी के पास भारतीयों की इच्छा जानने का कोई तरीका नहीं था। इसी को दूर करने के लिए 1861 ई. के भारत परिषद् अधिनियम के अन्तर्गत तीन भारतीयों को विधानपरिषद् में नियुक्त किया गया। 1861 ई. का इण्डियन हाईकोर्ट अधिनियम तथा 1861 ई. का भारतीय लोक सेवा अधिनियम पारित किया गया।
- इस विद्रोह के पश्चात् सेना में भी सुधार किया गया तथा सेना के पुनर्गठन के लिए **पील कमीशन** का गठन किया गया, जिसके सुझावों के आधार पर यूरोपीय तथा भारतीयों में 1 : 2 का अनुपात निश्चित किया गया (बम्बई तथा मद्रास प्रेसिडेन्सी में यह अनुपात 1 : 3 का था।)। विद्रोह से पूर्व यह अनुपात 1 : 5 का था।

देसी रियासतों के प्रति नीति में परिवर्तन

- 1857 ई. के विद्रोह के पश्चात् देसी रियासत के अधीनस्थ स्थिति एवं ब्रिटिश परम सत्ता की अवधारणा को औपचारिक रूप से स्थापित किया गया। अक्टूबर, 1858 में महारानी विक्टोरिया द्वारा जारी किए गए घोषणा-पत्र में यह कहा गया कि ब्रिटिश सरकार भारतीय रियासतों को साम्राज्य में नहीं मिलाएगी और पहले से चले आ रहे समझौतों का सम्मान करेगी।
- सरकार ने डलहौजी की हड़पने की नीति त्याग दी और भारतीय नरेशों को गोद लेने का अधिकार वापस कर दिया।

जमींदारों के प्रति नीति

- जमींदारों को बनाए रखने की नीति अपनाई गई एवं उन्हें पुन: स्थापित किया गया। उन्हें आश्वस्त करने के लिए स्वयं **कैनिंग** ने 1858 ई. में अवध जाकर विद्रोह में हिस्सा नहीं लेने वालों को सनद प्रदान की तथा इनाम बाँटे।

1857 **ई. के विद्रोह से सम्बन्धित महत्त्वपूर्ण केन्द्र एवं नेतृत्वकर्ता**

केन्द्र	विद्रोही नेता	विद्रोह का दिन	विद्रोह कुचलने वाले सैन्य अधिकारी	समर्पण का दिन
दिल्ली	बहादुरशाह, बख्त खाँ	11 मई, 1857	निकल्सन, हडसन	20 सितम्बर, 1857
कानपुर	नाना साहब, ताँत्या टोपे	5 जून, 1857	कॉलिन कैम्पबेल	दिसम्बर, 1857
लखनऊ	बेगम हजरत महल, बिरजिस कादिर	4 जून, 1857	कॉलिन कैम्पबेल	31 मार्च, 1858
झाँसी, ग्वालियर	रानी लक्ष्मीबाई, ताँत्या टोपे	4, जून, 1857	जनरल ह्यूरोज	17 जून, 1858
जगदीशपुर	कुँवर सिंह, अमर सिंह	12 जून, 1857	मेजर विलियम टेलर	दिसम्बर, 1858
फैजाबाद	मौलवी अहमदुल्ला	जून, 1857	जनरल रेनॉर्ड	5 जून, 1858
इलाहाबाद	लियाकत अली	जून, 1857	कर्नल नील	1858
बरेली	खान बहादुर	जून, 1857	बिसेण्ट आयर	1858

1857 **ई. के विद्रोह से सम्बन्धित प्रमुख पुस्तकें एवं लेखक**

पुस्तकें	लेखक
फर्स्ट वार ऑफ इण्डियन इण्डिपेन्डेन्स, 1857	वी डी सावरकर
द पीजेण्ट एण्ड द राज	एरिक स्टोक्स
द ग्रेट रिबेलियन	अशोक मेहता
सिपॉय म्यूटिनी एण्ड द रिवोल्ट ऑफ, 1857	आर सी मजूमदार
हिस्ट्री ऑफ इण्डियन म्यूटिनी	टी आर होम्स
सिविल रिबेलियन इन द इण्डियन म्यूटिनी	एस बी चौधरी
सिपाय म्यूटिनी, 1857	एस पी चट्टोपाध्याय
द हिस्ट्री ऑफ सेपाय वार इन इण्डिया	जे डब्ल्यू के
हिस्ट्री ऑफ इण्डियन म्यूटिनी	मालेसन
हिस्ट्री ऑफ इण्डियन म्यूटिनी	टी आर होल्मस
द फर्स्ट वार इण्डियन इण्डिपेन्डेन्स, 1857-59	मार्क्स एवं एंजल्स
एन ऐसे ऑन दी कॉज ऑफ द इण्डियन रिवोल्ट	सय्यद अहमद खान

अभ्यास प्रश्न

1. 1857 ई. के स्वतन्त्रता संग्राम में किस राजवंश ने अंग्रेजों की सर्वाधिक सहायता की?
(a) ग्वालियर के सिन्धिया
(b) इन्दौर के होल्कर
(c) नागपुर के भोंसले
(d) रामगढ़ के लोधी

2. निम्नलिखित में से कौन असम में 1857 ई. की क्रान्ति का नेता था?
(a) दीवान मनिराम दत्त
(b) कन्दपेश्वर सिंह
(c) पुरन्दर सिंह
(d) पियाली बरूआ

3. 1857 ई. के स्वतन्त्रता संग्राम से सम्बन्धित पहली घटना थी
(a) कानपुर में विद्रोह और नाना साहब का नेतृत्व सम्भालना
(b) बेगम हजरत महल द्वारा अवध का नेतृत्व
(c) सैनिकों का दिल्ली के लाल किले पर पहुँचना
(d) झाँसी की रानी का विद्रोह

4. निम्नलिखित कथनों पर विचार कीजिए
1. महारानी लक्ष्मीबाई की जन्म स्थली वाराणसी है।
2. 1857 ई. के विद्रोह को मिर्जा गालिब ने स्वयं देखा था।
3. 1857 ई. के विद्रोह का शिक्षित वर्ग ने समर्थन किया था।
4. 1857 ई. के विद्रोह के समय ब्रिटेन का प्रधानमन्त्री विस्काट पॉमर्स्टन था।

उपरोक्त कथनों में से कौन-सा/से कथन सही है/हैं?
(a) केवल 3 (b) 1, 2 और 4
(c) 1 और 2 (d) ये सभी

5. निम्नलिखित में से किन ब्रिटिश अधिकारियों ने लखनऊ में अपना जीवन खोया था?
1. जनरल जॉन निकल्सन
2. जनरल नील
3. मेजर जनरल हैवलॉक
4. सर हेनरी लॉरेन्स

कूट
(a) 1, 2 और 3
(b) 1, 3 और 4
(c) 2, 3 और 4
(d) ये सभी

6. निम्नलिखित में से कौन-सा/से युग्म सही सुमेलित है/हैं?
1. द ग्रेट रिबेलियन — सावरकर
2. द पीजेण्ट एण्ड द राज — एरिक स्टोक्स
3. द फर्स्ट वार ऑफ इण्डियन इण्डिपेन्डेन्स 1857-59—मार्क्स

कूट
(a) केवल 1 (b) केवल 2
(c) केवल 1 और 2 (d) ये सभी

7. निम्नलिखित में से कौन-से कथन सही हैं?
1. 1857 ई. के विद्रोह को ब्रिटिश भारत के औपनिवेशिक इतिहास का संक्रान्ति काल कहा जाता है।
2. यह विद्रोह 19वीं शताब्दी में सैनिकों, किसानों और आदिवासियों द्वारा किए गए पिछले विद्रोहों जैसा ही था, जिनमें छिटपुट घटनाएँ होती रहती थीं।
3. इस विद्रोह में दक्षिणी भारत, पंजाब और बंगाल अछूते रहे ।

कूट
(a) 1 और 2 (b) 2 और 3
(c) 1 और 3 (d) 1, 2 और 3

8. निम्नलिखित कथनों में कौन-सा/से कथन असत्य है/हैं?
1. 1854 ई. में डाकघर अधिनियम पारित किया गया, जिसके अनुसार सैनिकों को नि:शुल्क डाक सुविधा प्रदान की गई।
2. कैनिंग की सरकार ने 1856 ई. में सेना भर्ती अधिनियम पारित किया। इस अधिनियम के अनुसार सभी सैनिकों को यह स्वीकार करना पड़ता था, जहाँ कहीं आवश्यकता होगी, वे वहाँ कार्य करेंगे अर्थात् वे समुद्र पार जाने से मना नहीं कर सकते थे।
3. बहादुरशाह को निर्वासित कर रंगून भेज दिया, जहाँ 1862 ई. में उसकी मृत्यु हो गई।

कूट
(a) केवल 1 (b) 1 और 2
(c) 1 और 3 (d) ये सभी

9. निम्नलिखित कथनों पर विचार कीजिए
1. झाँसी के पतन के बाद रानी लक्ष्मीबाई ग्वालियर की ओर प्रस्थान कर गईं।
2. उड़ीसा में सम्भलपुर के राजकुमार सुरेन्द्र शाही तथा उज्ज्वल शाही के द्वारा विद्रोह किया गया।
3. 1857 ई. के विद्रोह में शक्तिशाली केन्द्रीय संगठन का अभाव था।
4. 1857 ई. के विद्रोही राष्ट्रीयता की भावना से प्रेरित होकर लड़ रहे थे।

उपरोक्त कथनों में से कौन-सा/से कथन असत्य है/हैं?
(a) 1 और 2 (b) 1, 2 और 3
(c) 1, 3 और 4 (d) केवल 4

10. निम्नलिखित में से कौन-सा/से युग्म सुमेलित है/हैं?
1. झाँसी — कर्नल नील
2. लखनऊ — जनरल ह्यूरोज
3. जगदीशपुर — मेजर विलियम टेलर

कूट
(a) केवल 1
(b) 1 और 2
(c) 1, 2 और 3
(d) केवल 3

11. मंगल पाण्डे कहाँ के विप्लव से जुड़े हैं?
(a) बैरकपुर
(b) मेरठ
(c) दिल्ली
(d) उपरोक्त में से कोई नहीं

12. 1858 ई. में साम्राज्ञी विक्टोरिया की घोषणा में भारतीय देशी रियासतों के राजाओं के प्रति नीति से सम्बद्ध कथनों में से कौन-सा/से कथन सही है/हैं?
1. इसने ब्रिटिश शासन एवं भारतीय राजाओं के मध्य हुई सन्धियों का आदर करने की दृष्टि की।
2. इसने ब्रिटिश शासन एवं भारतीय नरेशों के मध्य सामन्ती सम्बन्धों जैसी व्यवस्था को स्थापित किया।

कूट
(a) केवल 1
(b) केवल 2
(c) 1 और 2
(d) न तो 1 और न ही 2

13. निम्नलिखित में से किसने 1857 ई. की क्रान्ति को 'राष्ट्रीय विद्रोह' की संज्ञा दी थी?
(a) डॉ. रामविलास शर्मा
(b) बेन्जामिन डिजरायली
(c) सर जॉन लारेन्स
(d) मिस्टर के

14. निम्नलिखित में से कौन-सा/से युग्म सही सुमेलित है/हैं?
1. फैजाबाद — मौलवी अहमदुल्ला
2. इलाहाबाद — लियाकत अली
3. बरेली — खान बहादुर

कूट
(a) केवल 1 (b) केवल 2
(c) केवल 1 और 2 (d) 1, 2 और 3 सभी

15. 'सिपॉय म्यूटिनी एण्ड द रिवोल्ट ऑफ, 1857' किसकी रचना है?
(a) आर सी मजूमदार (b) टी आर होम्स
(c) अशोक मेहता (d) एस बी चौधरी

उत्तरमाला

1.	(a)	2.	(a)	3.	(c)	4.	(b)	5.	(c)	6.	(b)	7.	(c)	8.	(a)	9.	(d)	10.	(d)
11.	(a)	12.	(d)	13.	(b)	14.	(d)	15.	(a)										

अध्याय 15

नवीन भौगोलिक एवं वैज्ञानिक खोजें

- मार्को पोलो ने वेनिस से चीन तक यात्रा कर तथा यात्रा विवरण को पुस्तक में प्रकाशित कराकर साहसी नाविकों में नए-नए देशों की खोज यात्रा करने के लिए प्रोत्साहित किया।
- कुतुबनुमा का आविष्कार भौगोलिक खोज यात्राओं के लिए वरदान सिद्ध हुआ। दिशाओं के ज्ञान ने नाविकों को लम्बी-लम्बी खोज यात्राओं पर जाने के लिए प्रेरित कर दिया।
- तुर्कों द्वारा कुस्तुनतुनिया का मार्ग बन्द कर देने से यूरोप के व्यक्तियों के लिए नए व्यापारिक मार्ग की खोज करना आवश्यक हो गया।
- यूरोप के अनेक धार्मिक प्रवृत्ति के व्यक्ति अन्य देशों में जाकर ईसाई धर्म और संस्कृति का प्रचार-प्रसार करना चाहते थे। अतः यश कमाने की इस लालसा ने भौगोलिक खोज यात्राओं का पथ प्रशस्त कर दिया।
- पुनर्जागरण के फलस्वरूप व्यक्तियों के भौगोलिक एवं तकनीकी ज्ञान में वृद्धि होने के कारण उनमें नए-नए देशों की खोज की प्रवृत्ति जागृत हुई।
- यूरोप के व्यापारी एशिया के देशों में जाकर व्यापार करके पर्याप्त सोना कमाना चाहते थे। अतः लाभ कमाने की कामना ने नवीन भौगोलिक खोज यात्राओं को प्रगति के पंख लगा दिए।
- खगोल विज्ञान के विकास और मानचित्र निर्माण के क्षेत्र में होने वाली प्रगति ने भौगोलिक खोज यात्राओं के लिए नई सम्भावनाएँ जुटाकर, इन यात्राओं के लिए आदर्श भौगोलिक सुविधा जुटा दी।
- पुर्तगाल के शासक हेनरी ने नाविकों के लिए प्रशिक्षण तथा आवश्यक सुविधाएँ उपलब्ध कराकर भौगोलिक खोज यात्राओं के स्वर्णिम काल का शुभारम्भ कर दिया।

नए स्थलों की खोज

पुनर्जागरण काल में यूरोप के साहसी नाविकों ने लम्बी-लम्बी समुद्री यात्राएँ करके नए देशों व स्थलों की खोज की। इस काल में खोजे गए विभिन्न देशों व स्थलों का विवरण नीचे दिया गया है

पुनर्जागरण काल में नए देशों की खोज

भौगोलिक खोजें	खोजकर्ता	वर्ष	सम्बन्धित विशेष तथ्य
उत्तमाशा अन्तरीप	बार्थोलोमियो डियाज	1486 ई.	डियाज ने इसका नाम **तूफानों का अन्तरीप** रखा था, बाद में पुर्तगाल के शासक ने इसका नाम बदलकर उत्तमाशा अन्तरीप कर दिया।
अमेरिका तथा पश्चिमी द्वीप समूह	कोलम्बस	1492 ई.	स्पेन के राजा फर्डिनेण्ड की सहायता पाकर कोलम्बस ने इसकी खोज की। आगे अमेरिगो वेस्पुसी के नाम पर इसका नाम अमेरिका पड़ा।
उत्तरी अमेरिका तथा न्यूफाउण्डलैण्ड	जॉन कैबेट	1497 ई.	जॉन कैबेट ने इंग्लैण्ड के राजा **हेनरी सप्तम** की सहायता से न्यूफाउण्डलैण्ड की खोज की तथा उसके पुत्र सेबेस्टियन कैबेट ने लैब्राडोर की खोज की।
भारत के समुद्री मार्ग	वास्को-डि-गामा	1498 ई.	वास्कोडिगामा भारत के कालीकट नामक स्थान पर पहुँचा था। 1510 ई. में अल्बुकर्क गोवा पहुँचा।
ब्राजील	कैब्रेल	1501 ई.	कैब्रेल एक पुर्तगाली नाविक था।
फिलीपींस द्वीप समूह	फर्डिनेण्ड मैगलन	1519 ई.	मैगलन की यह यात्रा समुद्री मार्ग (जलमार्ग) द्वारा विश्व की प्रथम परिक्रमा थी, जिसमें उसको तीन वर्ष का समय लगा।
मैक्सिको	कोर्टिस	1519 ई.	कोर्टिस एक स्पेनिश यात्री था।

भौगोलिक खोजें	खोजकर्ता	वर्ष	सम्बन्धित विशेष तथ्य
पेरू	पिजारो	1531 ई.	पिजारो एक स्पेनिश यात्री था।
विश्व की परिक्रमा	फ्रांसिस ड्रेक	1580 ई.	महारानी एलिजाबेथ के काल में इसने सम्पूर्ण विश्व की परिक्रमा की। इस महान् उपलब्धि के लिए उसे महारानी ने 1581 ई. में नाइट की उपाधि प्रदान की थी।
तस्मानिया द्वीप	तस्मान	1642 ई.	तस्मान एक डच नाविक था।
ऑस्ट्रेलिया	डैम्पियर	1688 ई.	डैम्पियर एक ब्रिटिश नाविक था।
अफ्रीकी महाद्वीप	डेविड लिविंग्स्टन तथा हेनरी मार्टन स्टेनली	1852 ई.	डेविड लिविंग्स्टन तथा हेनरी मार्टन स्टेनली ब्रिटिश यात्री थे।

नई वैज्ञानिक खोजें

औद्योगिक क्रान्ति के आविष्कार/वैज्ञानिक खोजें

आविष्कार/वैज्ञानिक खोजें	आविष्कारक	वर्ष	विशेषता
भाप शक्ति	न्यूकॉमन व जेम्स वाट	1712 ई.	यह भाप से चलने वाला इंजन था। 1781 ई. में जेम्स वाट ने इसमें अनेक सुधार किए। वास्तव में, औद्योगिक क्रान्ति का आरम्भ इसी से सम्भव हुआ।
फ्लाइंग शटल	जॉन के.	1733 ई.	इससे एक व्यक्ति कम समय में अधिक कपड़ा बुन सकता था।
नहर निर्माण	ब्रिण्डले	1761 ई.	इससे जल का सुगमता से प्रवाह सम्भव हो गया। यह इंग्लैण्ड की पहली नहर निर्माण योजना थी। यह नहर बरसेल से मैनचेस्टर तक बनाई गई थी।
स्पिनिंग जैनी	जेम्स हरग्रीब्ज	1765 ई.	इस मशीन से एक व्यक्ति आठ व्यक्तियों के बराबर सूत कातने में सक्षम था।
वाटर फ्रेम	रिचर्ड आर्क राइट	1769 ई.	इससे पक्का सूत काता जाता था। यह पानी की शक्ति से चलता था।
म्यूल	क्रॉम्पटन	1776 ई.	यह मशीन बारीक और पक्का धागा तैयार करती थी।
लोहा साफ करने की विधि का आविष्कार	हेनरी कोर्ट	1783 ई.	अब लोहे को गलाकर साफ करना आसान हो गया। आगे इसी विधि को आधार बनाकर 1856 ई. में हेनरी बेसेमर ने लोहे से इस्पात बनाने का तरीका खोजा।
पावरलूम	एडमण्ड कार्टराइट	1785 ई.	यह मशीन भाप की शक्ति से चलती थी। इससे कपड़ा बुनाई कार्य में तीव्रता आई।
सिलिण्डर प्रिण्टिंग	फ्रेडरिक कोइंग	1790 ई.	इसने कपड़े की धुलाई एवं रंगाई में क्रान्ति ला दी।
काटन जिन	विटनी	1793 ई.	इससे कपास से बिनौले (बीज) को निकालना आसान हो गया। इसी तकनीक को आधार बनाकर हव्वाइन ने अनाज से भूसा अलग करने वाली मशीन का निर्माण किया।
स्टीमर	हेनरी बेल	1812 ई.	इसने जल गमन आसान कर दिया।
रेल इंजन	जॉर्ज स्टीफेन्सन	1814 ई.	यह शक्तिशाली रेल इंजन था। विश्व की पहली रेलवे लाइन 1830 ई. में मैनचेस्टर-लिवरपुल के बीच बिछाई गई थी।
सेफ्टी लैम्प	हम्फ्री डेवी	1815 ई.	यह खदानों में विषैली गैसों से मजदूरों की रक्षा करने में सक्षम था।
सड़क निर्माण	जॉन मैकडम	1819 ई.	सड़क बनाने में छोटे-छोटे पत्थरों का प्रयोग।
रॉकेट इंजन	स्टीफेन्सन	1820 ई.	55 किमी प्रति घण्टे की रफ्तार से चलने वाला इंजन।
संचार का साधन तार	मॉर्स	1835 ई.	आसानी से सन्देशों का सम्प्रेषण।
डाक सेवा		1840 ई.	इंग्लैण्ड में सर्वप्रथम डाक सेवा शुरू की गई।
सिलाई मशीन	एलिहास हो	1846 ई.	इससे कपड़ों की बारीक सिलाई होती थी।
टेलीफोन	ग्राहम बेल	1876 ई.	टेलीफोन का आविष्कार किया गया।

अभ्यास प्रश्न

1. किसका आविष्कार भौगोलिक खोज यात्राओं के लिए वरदान साबित हुआ?
(a) मशीनों का (b) कुतुबनुमा का
(c) जहाजों का (d) इनमें से कोई नहीं

2. किस देश के शासक ने नाविकों के लिए प्रशिक्षण तथा आवश्यक सुविधाएँ प्रदान कीं?
(a) ब्रिटेन (b) फ्रांस
(c) पुर्तगाल (d) स्पेन

3. अमेरिका तथा पश्चिमी द्वीप समूह की खोज किसने और कब की?
(a) बार्थोलोमियों डियाज, (1486)
(b) कोलम्बस (1492)
(c) जॉन कैबेट (1497)
(d) बास्कोडिगामा (1498)

4. वास्को-डि-गामा ने भारत के समुद्री मार्ग की खोज कब की?
(a) 1492 ई. में (b) 1496 ई. में
(c) 1497 ई. में (d) 1498 ई. में

5. वास्को-डि-गामा 1498 ई. में भारत के किस स्थान पर (सर्वप्रथम) पहुँचा?
(a) पुलीकट (b) कालीकट
(c) सुरत (d) इनमें से कोई नहीं

6. डैम्पियर जिसने ऑस्ट्रेलिया की खोज की, किस देश का नाविक था?
(a) स्पेन (b) पुर्तगाल
(c) ब्रिटेन (d) फ्रांस

7. उत्तमाशा अन्तरीप की खोज किस यूरोपीय नाविक ने की?
(a) जॉन कैबेट
(b) बार्थोलोमियों डियास
(c) कैब्रल
(d) फर्डिनेण्ड मैग्लन

8. भाप शक्ति का आविष्कार किसने किया?
(a) न्यूकॉमन व जेम्स वाट (b) जॉन के
(c) ब्रिण्डले (d) जेम्स हरग्रीब्ज

9. यूरोप में किसके आविष्कार ने औद्योगिक क्रान्ति के शुभारम्भ को सम्भव बनाया?
(a) नहर निर्माण (b) वाटर फ्रेम
(c) सड़क निर्माण (d) भाप शक्ति

10. टेलीफोन का आविष्कार किस आविष्कारक ने किया?
(a) हेनरी बेल (b) ग्राहम बेल
(c) ब्रिण्डले (d) स्टीफन्सन

11. वह स्पेनिश नागरिक जिसने मैक्सिको की खोज की?
(a) पिजारो (b) कोर्टिस
(c) तस्मान (d) डैम्पियर

12. ब्राजील की खोज कब और किसने की?
(a) कैब्रेल (1501)
(b) कोलम्बस (1492)
(c) मैगलन (1519)
(d) फ्रांसीस ड्रैक (1580)

13. फिलीपींस द्वीप समूह की खोज किस वर्ष की गई?
(a) 1486 ई. (b) 1492 ई.
(c) 1519 ई. (d) 1501 ई.

14. हेनरी बेल किसके आविष्कारक थे?
(a) स्टीमर (b) टेलीफोन
(c) सिलाई मशीन (d) डाक सेवा

15. जेम्स हरग्रीब्ज किसके आविष्कारक थे?
(a) स्पिनिंग जैनी (b) काटन जिन
(c) सिलाई मशीन (d) म्यूल

उत्तरमाला

1.	(b)	2.	(c)	3.	(b)	4.	(d)	5.	(b)	6.	(c)	7.	(b)	8.	(a)	9.	(d)	10.	(b)
11.	(b)	12.	(a)	13.	(c)	14.	(a)	15.	(a)										

अध्याय 16

राष्ट्रीय आन्दोलन एवं स्वतन्त्रता संग्राम आन्दोलन

राष्ट्रीय आन्दोलन का प्रारम्भ भारतीय राष्ट्रीय कांग्रेस की स्थापना के साथ समझा जा सकता है। प्रारम्भिक दौर में कांग्रेस में काफी उथल-पुथल रही, लेकिन गाँधीजी के राष्ट्रीय आन्दोलन में शामिल होने के साथ ही आन्दोलन ने गति पकड़ी, जिसकी परिणति भारत की स्वतन्त्रता के रूप में हुई।

भारत में राष्ट्रवाद का उद्भव

1857 के पश्चात् धीरे-धीरे भारत में राष्ट्रवादी भावनाओं का विकास होने लगा। इस दौर में 1857 ई. के विद्रोहियों ने भारतीय जन मानस में नायकों का स्थान प्राप्त किया तथा इसके अतिरिक्त अनेक घटनाएँ घटीं, जिनसे राष्ट्रीय भावना के विकास में मदद मिली।

कांग्रेस की स्थापना, 1885 ई.

- भारतीय राष्ट्रीय कांग्रेस की स्थापना एक अवकाश प्राप्त अंग्रेज अधिकारी **एलन अक्टोवियन ह्यूम** द्वारा 1885 ई. में की गई। इसका प्रथम अधिवेशन 28 दिसम्बर, 1885 को बम्बई के ग्वालिया टैंक में स्थित गोकुलदास तेजपाल संस्कृत कॉलेज में हुआ। आरम्भ में इसका नाम **भारतीय राष्ट्रीय संघ** रखा गया था, लेकिन बाद में दादाभाई नौरोजी के सुझाव पर नाम बदलकर भारतीय राष्ट्रीय कांग्रेस कर दिया गया।
- कांग्रेस के प्रथम अधिवेशन में जिन माँगों को पारित किया गया, उनमें प्रमुख थीं— केन्द्र तथा प्रान्तों में विधानपरिषदों का विस्तार किया जाए, उच्च सरकारी नौकरियों में भारतीयों को भी पूर्ण अवसर प्रदान किया जाए, सैनिक खर्च में कटौती की जाए।

आन्दोलन का उदारवादी चरण, 1885-1905 ई.

- भारतीय राष्ट्रीय कांग्रेस पर 1885 ई. से लेकर 1904-05 ई. तक उदारवादियों का वर्चस्व था, उन्हें उदारवादी या नरमपन्थी इसलिए कहा जाता था, क्योंकि इनका लक्ष्य ब्रिटिश सरकार के प्रति निष्ठा व्यक्त करना तथा अपनी माँगों को प्रतिवेदनों, भाषणों और लेखों के माध्यम से सरकार के सम्मुख प्रस्तुत करना था।
- उदारवादी कहे जाने वाले प्रमुख नेताओं में दादा भाई नौरोजी (1825-1917 ई.), सुरेन्द्रनाथ बनर्जी (1848-1926 ई.), गोपाल कृष्ण गोखले (1866-1915 ई.), फिरोजशाह मेहता, मदनमोहन मालवीय, दिनशॉ वाचा आदि का नाम उल्लेखनीय है।
- उदारवादी या नरमपन्थी नेताओं ने अपनी माँगें मनवाने के उद्देश्य से ब्रिटेन में दादाभाई नौरोजी की अध्यक्षता में 1887 ई. में **भारतीय सुधार समिति** की स्थापना की।
- राष्ट्रवादियों की प्रारम्भिक सफलता के रूप में 1886 में लोक सेवा आयोग की स्थापना तथा भारत और इंग्लैण्ड में एक साथ परीक्षा कराने पर सहमति, भारतीय व्यय की समीक्षा हेतु **वेल्वी आयोग** की स्थापना तथा 1892 ई. के भारत परिषद् अधिनियम का पारित होना आदि को देखा जाता है।
- आन्दोलन के प्रथम चरण में राष्ट्रवादी नेता दादाभाई नौरोजी द्वारा प्रस्तुत धन के निष्कासन का सिद्धान्त रानाडे द्वारा भारतीयों को आधुनिक औद्योगिक विकास के महत्त्व को समझाने तथा रमेशचन्द्र दत्त द्वारा लिखी गई **भारत का आर्थिक इतिहास** नामक पुस्तक के कारण इसे आर्थिक राष्ट्रीयतावादी युग के नाम से भी जाना जाता है।

आन्दोलन का उग्रवादी चरण, 1905-19 ई.

- भारतीय राष्ट्रीय आन्दोलन में नव-राष्ट्रवाद का उदय काल 1905-1919 ई. तक माना जाता है। इसी समय स्वदेशी तथा क्रान्तिकारी आन्दोलन की शुरुआत हुई थी। कांग्रेस के उग्रवादी तथा अतिवादी कहे जाने वाले नेताओं में (लाल) लाला लाजपत राय, (बाल) बाल गंगाधर तिलक तथा (पाल) विपिन चन्द्र पाल, अरविन्द घोष का नाम प्रमुख रूप से लिया जाता है।
- अतिवाद के महान् स्तम्भ बाल गंगाधर तिलक ने राष्ट्रवाद की पहचान हिन्दुत्व की भावना से की। स्वराज, स्वदेशी और बहिष्कार का नारा सर्वप्रथम तिलक ने ही दिया। तिलक ने 1893 ई. में गणपति महोत्सव और 1896 ई. में शिवाजी महोत्सव की शुरूआत करवाई।
- बंगवासी, केसरी और हिन्दू जैसे समाचार-पत्रों ने कांग्रेस की उदारवादी राजनीति की कड़ी आलोचना की, साथ ही कुछ अन्तर्राष्ट्रीय घटनाओं; जैसे—अफ्रीकी अबीसीनियाई देश द्वारा 1896 ई. में इटली को पराजित कर देना, 1905 ई. में जापान द्वारा रूस को पराजित करना आदि ने कांग्रेस के एक गुट को देश की स्वतन्त्रता के लिए अतिवादी नीति अपनाने को प्रेरित किया।

बंगाल विभाजन, 1905 ई.

- 19 जुलाई, 1905 को बंगाल विभाजन की घोषणा हुई तथा 16 अक्टूबर,1905 को योजना प्रभावी हो गई। अंग्रेजी सरकार ने बंगाल का विभाजन करके एक नया प्रान्त बनाया, जिसमें बंगाल का ढाका, चटगाँव, राजशाही, मालदा, त्रिपुरा के पहाड़ी क्षेत्र सम्मिलित थे। इसका नाम पूर्वी बंगाल एवं असम रखा गया। इसकी राजधानी ढाका थी।
- विभाजन की घोषणा के पश्चात् 7 अगस्त, 1905 को कलकत्ता के टाउन हाल में एक ऐतिहासिक बैठक हुई। यहीं पर स्वदेशी एवं बहिष्कार आन्दोलन का प्रस्ताव पारित हुआ।
- 16 अक्टूबर, 1905 का दिन समूचे बंगाल में शोक दिवस के रूप में मनाया गया। लोगों ने उपवास रखा, वन्देमातरम् गीत गाया और संकल्प रूप में एक-दूसरे को राखियाँ बाँधीं।

स्वदेशी आन्दोलन

बंगाल विभाजन के निर्णय पर उदारवादियों के प्रयासों का कोई प्रतिफल नहीं हुआ। सरकार ने जुलाई, 1905 में विभाजन की घोषणा कर दी। टाउन हाल में इसके विरुद्ध सभा आयोजित की गई।

स्वदेशी एवं बहिष्कार का निर्णय लिया गया। विदेशी वस्तुओं के बहिष्कार का सुझाव सर्वप्रथम कृष्ण कुमार मित्र के पत्र **संजीवनी** में दिया गया। मैनचेस्टर के कपड़ों तथा लिवरपूल के बने नमक का बहिष्कार किया गया। शीघ्र ही यह विरोध प्रदर्शन बंगाल से निकलकर भारत के अन्य भागों में भी फैल गया।

मुस्लिम लीग की स्थापना

- मुस्लिम लीग की स्थापना का मुख्य उद्देश्य ब्रिटिश सरकार के प्रति मुसलमानों में निष्ठा बढ़ाना था और मुसलमानों के राजनीतिक अधिकारों की रक्षा करना तथा कांग्रेस के प्रति मुसलमानों में घृणा फैलाना था।
- इन गतिविधियों की पृष्ठभूमि में 30 दिसम्बर, 1906 को ढाका में एक बैठक आयोजित की गई, जिसकी अध्यक्षता नवाब सलीमुल्लाह ने की, इसमें मोहसिन-उल-मुल्क, आगा खाँ तथा नवाब वकार-उल-मुल्क उपस्थित थे, जिसमें अखिल भारतीय मुस्लिम लीग नामक राजनीतिक संगठन की स्थापना करने का निर्णय लिया गया।

सूरत अधिवेशन, 1907 ई.

- 1907 ई. में कांग्रेस का सूरत अधिवेशन हुआ, जिसमें अध्यक्ष पद तथा स्वदेशी आन्दोलन को लेकर कांग्रेस के उग्रवादियों तथा उदारवादियों में मतभेद उत्पन्न हो गया।
- उग्रवादी जहाँ लाला लाजपत राय को अध्यक्ष बनाना चाहते थे, वहीं उदारवादियों के वर्चस्व के कारण रास बिहारी घोष अध्यक्ष बने। फलस्वरूप विवाद बढ़ गया तथा अशान्ति व उपद्रव के वातावरण में कांग्रेस गरमदल व नरमदल के रूप में विभाजित हो गई। इस विभाजन का मूल कारण अंग्रेजी सरकार के साथ उदारवादियों का वार्ता करने की क्षमता के बारे में उग्रवादियों (चरमपन्थियों) में अविश्वास का उत्पन्न होना था।

दिल्ली दरबार, 1911 ई.

- दिसम्बर, 1911 में ब्रिटिश सम्राट जॉर्ज पंचम और महारानी मेरी के भारत आगमन पर उनके स्वागत हेतु दिल्ली में एक दरबार का आयोजन किया गया।
- दिल्ली दरबार में ही 12 दिसम्बर, 1911 को बंगाल विभाजन को रद्द घोषित किया, साथ ही कलकत्ता की जगह दिल्ली को भारत की नई राजधानी बनाने की अनुमति प्रदान की गई। इसके साथ ही 1 अप्रैल, 1912 को दिल्ली को कलकत्ता की जगह भारत की नई राजधानी बना दिया गया।

गदर आन्दोलन

- नवम्बर, 1913 में सोहन सिंह भाखना ने हिन्द एसोसिएशन ऑफ अमेरिका की स्थापना की, इस संस्था ने कालान्तर में अंग्रेजी, उर्दू, मराठी और पंजाबी में एक साथ गदर या हिन्दुस्तान गदर पत्रिका (1857 ई. के विद्रोह की स्मृति में) का प्रकाशन किया।
- गदर पत्रिका के नाम पर ही हिन्द एसोसिएशन ऑफ अमेरिका का नाम गदर आन्दोलन पड़ गया। गदर आन्दोलन ने सैन फ्रांसिस्को में युगान्तर आश्रम की स्थापना की और यहीं से अपनी गतिविधियों का संचालन किया।
- लाला हरदयाल, जो 1911 ई. से कैलिफोर्निया के स्टेनफोर्ड विश्वविद्यालय में अध्यापन कार्य कर रहे थे, 1913 ई. में गदर संस्था से जुड़ गए, ये इस संस्था के मनीषी पथ-प्रदर्शक थे।
- खुदाई सेना के मौलवी उबेदुल्ला सिन्धी से रेशमी रुमाल षड्यन्त्र सम्बन्धित है। इसके अतिरिक्त राजा महेन्द्र प्रताप ने जर्मनी के सहयोग से अफगानिस्तान के काबुल में दिसम्बर, 1915 को अन्तरिम भारत सरकार की स्थापना की और अपनी सरकार के समर्थन हेतु लेनिन से भी मिले। इनके मन्त्रिमण्डल में बरकतुल्ला (प्रधानमन्त्री) मौलाना अब्दुल्ला, मौलाना बशीर सी पिल्लै, शमशेर सिंह, मथुरा सिंह खुदाबक्श आदि नेता शामिल थे।

कामागाटामारू प्रकरण, 1914 ई.

- कामागाटामारू प्रकरण कनाडा में भारतीयों के प्रवेश से सम्बन्धित एक विवाद था। अमेरिका में रह रहे कुछ भारतीयों, भगवान सिंह, बरकतुल्ला, रामचन्द्र और सोहन सिंह ने भी प्रवेशार्थियों के समर्थन में आन्दोलन चलाया। कनाडा सरकार ने ऐसे भारतीयों का अपने यहाँ प्रवेश वर्जित कर दिया, जो सीधे भारत से नहीं आते थे।
- भारतीय मूल का व्यापारी गुरदीत सिंह कामागाटामारू नामक एक जहाज को किराए पर लेकर दक्षिण-पूर्वी एशिया के करीब 376 यात्रियों को बैठाकर वैंकूवर पहुँचा, जहाँ यात्री, पुलिस की घेराबन्दी के कारण जहाज से नीचे नहीं उतर सके।
- कामागाटामारू जहाज के बजबज (कलकत्ता) पहुँचने पर क्रुद्ध यात्रियों और पुलिस में संघर्ष हुआ, जिसमें कुछ यात्री मारे गए तथा शेष यात्रियों को जेल में डाल दिया गया।

होमरूल लीग आन्दोलन, 1916 ई.

- भारत में सबसे पहले **होमरूल लीग** की स्थापना 28 अप्रैल, 1916 में बालगंगाधर तिलक ने बेलगांव (पूना) में की। जोसेफ बेपटिस्टा इसके अध्यक्ष थे।
- सितम्बर, 1916 में **ऐनी बेसेन्ट** ने अखिल भारतीय होमरूल लीग का गठन (मद्रास में) किया। जार्ज अरुण्डेल इस होमरूल लीग के सचिव थे।
- ऐनी बेसेन्ट ने कॉमनवील तथा न्यू इण्डिया समाचार पत्र के माध्यम से होमरूल लीग के विचारों का प्रसार किया।

- लीग की सर्वाधिक शाखाएँ मद्रास में थीं, लेकिन लीग की सक्रियता सर्वाधिक बम्बई, उत्तर प्रदेश के कुछ हिस्से तथा गुजरात के ग्रामीण क्षेत्रों में थी।
- गोपालकृष्ण गोखले द्वारा स्थापित संस्था **सर्वेण्ट ऑफ इण्डिया सोसायटी** के सदस्यों को लीग में प्रवेश की अनुमति नहीं थी।

लखनऊ समझौता, 1916 ई.

- 1916 में मुस्लिम लीग के नेता मोहम्मद अली जिन्ना तथा कांग्रेस नेताओं के बीच समझौता हुआ, जिसके बाद एक संयुक्त समिति का गठन किया गया।
- 1916 में मुस्लिम लीग तथा कांग्रेस का संयुक्त अधिवेशन लखनऊ में हुआ। इसकी अध्यक्षता अम्बिका चरण मजूमदार ने की।
- लखनऊ अधिवेशन (1916) की दो महत्त्वपूर्ण घटनाएँ थीं, उग्रवादियों को, जिन्हें पिछले नौ वर्ष से कांग्रेस से निष्कासित कर दिया गया था, का एक बार फिर कांग्रेस में पुन:प्रवेश तथा कांग्रेस और मुस्लिम लीग के बीच ऐतिहासिक लखनऊ समझौता।
- लखनऊ समझौते के द्वारा कांग्रेस ने पहली बार मुसलमानों के लिए पृथक् निर्वाचन मण्डल की माँग औपचारिक रूप से स्वीकार कर ली, जो कालान्तर में एक बड़ी भूल सिद्ध हुई।
- कांग्रेस के लखनऊ सम्मेलन में उग्रवादी और उदारवादियों को पुन: एक करने में **तिलक** और **ऐनी बेसेन्ट** की भूमिका महत्त्वपूर्ण थी।

प्रमुख क्रान्तिकारी गतिविधियाँ

क्रान्तिकारी आन्दोलन का उद्देश्य संवैधानिकता के साथ-साथ हिंसक कार्य भी थे। क्रान्तिकारी मानते थे कि पश्चिमी साम्राज्यवाद का अन्त पश्चिमी हिंसक तरीकों से ही सम्भव है। भारत में इस आन्दोलन की शुरुआत महाराष्ट्र से मानी जाती है।

महाराष्ट्र में क्रान्तिकारी गतिविधियाँ

- व्यायाम मण्डल प्रथम क्रान्तिकारी संगठन था, जिसकी स्थापना 1896-97 में चापेकर बन्धुओं (दामोदर, बालकृष्ण, वासुदेव चापेकर) ने की थी।
- 1904 में विनायक दामोदर सावरकर और गणेश दामोदर सावरकर ने अभिनव भारत नामक गुप्त संस्था की स्थापना की। इस संस्था के मुख्य सदस्य अनन्त लक्ष्मण करकरे ने नासिक के जिला मजिस्ट्रेट जैक्सन की हत्या कर दी। इस हत्याकाण्ड से जुड़े लोगों पर नासिक षड्यन्त्र केस के तहत मुकदमा चलाया गया, जिसमें गणेश सावरकर को आजीवन कारावास की सजा मिली।

पंजाब में क्रान्तिकारी गतिविधियाँ

- पंजाब में क्रान्तिकारी आन्दोलन के प्रणेता जतिन मोहन चटर्जी थे, जिन्होंने भारतमाता सोसायटी की स्थापना की थी। पंजाब में क्रान्तिकारी गतिविधियों के जनक अजीत सिंह, लाला लाजपत राय, बाबा सूफी अम्बा प्रसाद थे।
- पंजाब में आन्दोलन का मुख्य कारण यहाँ के भू-राजस्व में वृद्धि होना था। इन्होंने इस बिल का विरोध किया। लाला लाजपत राय एवं अजीत सिंह को गिरफ्तार कर माण्डले जेल (बर्मा) भेज दिया।

बंगाल में क्रान्तिकारी गतिविधियाँ

- बंगाल में आतंकवादी घटनाएँ बंग-भंग और उसके विरुद्ध आन्दोलन के साथ शुरू हुईं। 1907 ई. में बंगाल में पहले क्रान्तिकारी संगठन अनुशीलन समिति की स्थापना मिदनापुर में ज्ञानेन्द्रनाथ बसु तथा कलकत्ता में जतीन्द्र नाथ बनर्जी एवं वारीन्द्रनाथ घोष द्वारा की गई। यद्यपि इस समिति का जन्म वर्ष 1903 में ही हो गया था। बंगाल में क्रान्तिकारी विचारधारा को फैलाने का श्रेय वारीन्द्र कुमार घोष (अरविन्द घोष के अनुज) तथा भूपेन्द्रनाथ दत्त (विवेकानन्द के अनुज) को दिया जाता है, जिन्होंने **युगान्तर** नामक समाचार-पत्र के माध्यम से क्रान्ति का प्रचार किया।
- खुदीराम बोस और प्रफुल्ल चाकी ने डगलस किंग्सफोर्ड की हत्या करने की कोशिश की, जो मुजफ्फरपुर का जिला जज था, लेकिन गलती से दो अंग्रेज महिलाओं मिसेज कनेडी तथा उनकी पुत्री की हत्या हो गई। प्रफुल्ल चाकी ने गोली मारकर आत्महत्या कर ली तथा खुदीराम बोस पकड़े गए, जिन्हें 11 मई, 1908 को फाँसी दे दी गई। यह बंगाल के क्रान्तिकारी इतिहास में एक महत्त्वपूर्ण घटना थी।

दिल्ली में क्रान्तिकारी गतिविधियाँ

- 23 दिसम्बर, 1912 को राजधानी परिवर्तन के अवसर पर निकाले गए जुलूस के दौरान वायसराय लॉर्ड हॉर्डिंग के काफिले पर बम फेंका गया। इस हमले में हॉर्डिंग के कई सेवक मारे गए तथा हॉर्डिंग बुरी तरह घायल हुआ। इसमें शचीन्द्रनाथ सान्याल तथा रासबिहारी बोस की मुख्य भूमिका थी।
- घटना के पश्चात् पुलिस ने 13 व्यक्तियों को गिरफ्तार किया, जिसमें मास्टर अमीरचन्द, अवध बिहारी, दीनानाथ, सुल्तान चन्द्र, बसन्त कुमार, बालमुकुन्द, बलराज आदि शामिल थे। इन सभी पर दिल्ली षड्यन्त्र केस (1912) के नाम से मुकदमा चला। इस मुकदमे में अमीरचन्द, अवध बिहारी, बालमुकुन्द तथा बसन्त कुमार को फाँसी दे दी गई, जबकि रासबिहारी बोस भाग कर जापान चले गए।

हिन्दुस्तान रिपब्लिकन एसोसिएशन का गठन

- अक्टूबर, 1924 में समस्त क्रान्तिकारी दलों का कानपुर में सम्मेलन बुलाया गया तथा हिन्दुस्तान रिपब्लिकन एसोसिएशन (Hindustan Republican Association, HRA) नामक संगठन की स्थापना की गई। HRA की स्थापना शचीन्द्र नाथ सान्याल, रामप्रसाद बिस्मिल, योगेशचन्द्र चटर्जी तथा चन्द्रशेखर आजाद ने की थी।

काकोरी काण्ड

- 9 अगस्त, 1925 को उत्तर रेलवे के लखनऊ सहारनपुर सम्भाग के काकोरी नामक स्थान पर 8 डाउन ट्रेन पर डकैती डालकर सरकारी खजाने को लूट लिया गया।
- इसके पश्चात् 29 लोगों को गिरफ्तार करके उन पर मुकदमा चलाया गया। **काकोरी षड्यन्त्र काण्ड** में रामप्रसाद बिस्मिल, अशफाक उल्ला खाँ, रोशनलाल तथा राजेन्द्र लाहिड़ी को फाँसी दी गई।

साण्डर्स की हत्या

- लाहौर के सहायक पुलिस अधीक्षक साण्डर्स ने 30 अक्टूबर, 1928 को लाहौर में साइमन कमीशन विरोधी अभियान के दौरान लाला लाजपत राय पर लाठी चार्ज करवाकर उन्हें घातक रूप से घायल कर दिया था। 17 दिसम्बर, 1928 को लाहौर रेलवे स्टेशन पर भगत सिंह, चन्द्रशेखर आजाद और राजगुरु ने साण्डर्स की हत्या कर दी।

केन्द्रीय विधानसभा बम काण्ड

- भगतसिंह एवं बटुकेश्वर दत्त ने 8 अप्रैल, 1929 को केन्द्रीय विधानसभा में बम फेंके। इन्होंने **पब्लिक सेफ्टि बिल** तथा **ट्रेड डिस्प्यूट बिल** के विरोध में बम फेंका था। जिसका उद्देश्य सरकार को डराना मात्र था।
- बम खाली स्थान पर फेंका गया था। भगत सिंह एवं बटुकेश्वर दत्त को गिरफ्तार कर लिया गया। 23 मार्च, 1931 को लाहौर षड्यन्त्र केस में भगतसिंह, सुखदेव एवं राजगुरु को फाँसी दे दी गई।

चटगाँव विद्रोह

- पूर्वी बंगाल में चटगाँव नामक बन्दरगाह पर मशहूर क्रान्तिकारी सूर्यसेन के नेतृत्व में वहाँ के क्रान्तिकारियों ने विद्रोह का प्रयत्न किया। सूर्यसेन ने **इण्डियन रिपब्लिकन आर्मी** (Indian Republican Army, IRA) की स्थापना की। इसके सदस्यों में लोकीनाथ वाउल, प्रीतिलता वाडेकर, गणेश घोष, कल्पना दत्त आदि शामिल थे।
- विद्रोह में कई क्रान्तिकारी पकड़े गए और उन पर मुकद्मा दायर हुआ। सूर्यसेन 16 फरवरी, 1933 को गिरफ्तार कर लिए गए और 12 जनवरी, 1934 को इन्हें फाँसी दे दी गई। **प्रीतिलता वाडेकर** ने अंग्रेजों से बचने के लिए आत्महत्या कर ली। कल्पना दत्त को आजीवन कारावास की सजा मिली।

गाँधी युग और स्वतन्त्रता आन्दोलन

गाँधी जी द्वारा शुरू किए गए तीन प्रारम्भिक सत्याग्रहों में मिली सफलता के पश्चात् भारतीय इतिहास में गाँधी युग की शुरुआत होती है।

इसके अन्तर्गत निम्नलिखित घटनाओं का अध्ययन किया जाता है।

चम्पारण सत्याग्रह, 1917 ई.

- बिहार के चम्पारण जिले में गाँधीजी ने सत्याग्रह का पहला बड़ा प्रयोग 1917 में किया। चम्पारण में नील की खेती करने वाले किसानों पर यूरोपीय मालिक बहुत अधिक अत्याचार करते थे। यूरोपीय लोगों ने किसानों से एक अनुबन्ध करा लिया था कि वे अपने भूमि के 3/20वें (कट्ठा) हिस्से पर अनिवार्य रूप से नील की खेती करें। यह व्यवस्था **तिनकठिया** के नाम से जानी जाती थी।
- 1917 में चम्पारण के एक किसान राजकुमार शुक्ल ने गाँधीजी से लखनऊ में मुलाकात की तथा चम्पारण की समस्याओं से अवगत कराया और चम्पारण आने का न्यौता दिया।
- गाँधीजी के प्रयास के पश्चात् बागान मालिक (ठेकेदार) अवैध वसूली का 25% हिस्सा लौटाने को राजी हो गए। एक दशक के अन्दर बागान मालिकों ने चम्पारण छोड़ दिया।
- चम्पारण सत्याग्रह के दौरान गाँधीजी के कुशल नेतृत्व से प्रभावित होकर रवीन्द्रनाथ टैगोर ने उन्हें महात्मा की उपाधि प्रदान की।

अहमदाबाद मजदूर आन्दोलन, 1918 ई.

- चम्पारण में सफल होने के बाद गाँधीजी ने सत्याग्रह का अगला प्रयोग 1918 में अहमदाबाद की एक सूती मिल में किया। यह आन्दोलन सरकारी तन्त्र के विरुद्ध न होकर भारतीय कपड़ा मिल मालिकों के विरुद्ध था। यहाँ पर मालिकों एवं मजदूरों में **प्लेग बोनस** को लेकर विवाद था।
- मिल मालिकों के साथ समझौता वार्ता विफल हो जाने पर गाँधीजी ने मजदूरों को भूख हड़ताल पर जाने को कहा, इसके अतिरिक्त उन्होंने 35% बोनस की माँग रखने का प्रस्ताव दिया। मिल मालिक 20% बोनस ही देने के लिए राजी थे पर अन्ततः मजदूरों को 35% बोनस दिया गया।

खेड़ा सत्याग्रह, 1918 ई.

- गुजरात का खेड़ा जिला 1918 ई. भीषण दुर्भिक्ष का शिकार हुआ। इस क्षेत्र की पूरी फसल बर्बाद हो गई। सरकार ने मालगुजारी वसूलने की प्रक्रिया को बन्द नहीं किया। इसके अतिरिक्त 23% की वृद्धि भी की, जबकि राजस्व संहिता के अनुसार यदि फसल का उत्पादन कुल उत्पाद के एक चौथाई से भी कम हो, तो किसानों को राजस्व पूरी तरह माफ कर दिया जाना चाहिए। इसके लिए किसानों ने आन्दोलन करना शुरू किया।
- गाँधीजी ने इस मुद्दे को उठाया, उन्होंने किसानों को राजस्व अदा न करने तथा दमनकारी नीतियों के प्रति संघर्ष करने के लिए प्रेरणा दी। यह गाँधीजी का प्रथम किसान आन्दोलन था।

खिलाफत आन्दोलन, 1919 ई.

- भारत के मुसलमान तुर्की (टर्की) के सुल्तान को इस्लाम का खलीफा मानते थे। प्रथम विश्वयुद्ध में तुर्की, मित्र देशों के विरुद्ध लड़ रहा था, युद्ध के समय ब्रिटिश राजनीतिज्ञों ने भारतीय मुसलमानों को वचन दिया था, कि वे तुर्की साम्राज्य को किसी तरह का नुकसान नहीं पहुँचाएँगे, लेकिन युद्ध की समाप्ति के बाद ब्रिटिश सरकार ने तुर्की के सुल्तान के समस्त अधिकार छीन लिए।
- गाँधीजी ने खिलाफत आन्दोलन को हिन्दू-मुस्लिम एकता का सुनहरा अवसर माना। 17 अक्टूबर, 1919 को अखिल भारतीय स्तर पर **खिलाफत दिवस** मनाया गया। सितम्बर, 1919 में अखिल भारतीय खिलाफत कमेटी का गठन किया गया। 23 नवम्बर को इसका पहला सम्मेलन दिल्ली में हुआ तथा गाँधीजी को इसका अध्यक्ष चुना गया।

रॉलेट सत्याग्रह, 1919 ई.

- क्रान्तिकारी गतिविधियों को कुचलने के लिए सरकार ने वर्ष 1917 में न्यायाधीश **सिडनी रॉलेट** की अध्यक्षता में एक समिति को नियुक्त किया।
- इसके सुझावों के आधार पर फरवरी, 1919 को केन्द्रीय विधान परिषद् में दो विधेयक पेश किए गए, जिसमें एक विधेयक परिषद् के भारतीय सदस्यों के विरोध के बाद भी पास हो गया। यह क्रान्तिकारी एवं अराजकतावादी अधिनियम रॉलेट एक्ट या **काला कानून** के नाम से जाना जाता है, जिसे तीन वर्ष की अवधि के लिए 18 मार्च, 1919 को पारित किया गया था।
- रॉलेट अधिनियम के द्वारा अंग्रेजी सरकार, जिसको जब तक चाहे, बिना मुकदमा चलाए जेल में बन्द रख सकती थी, इसलिए इस कानून को "बिना वकील बिना अपील, बिना दलील का कानून" कहा गया।

जलियाँवाला बाग हत्याकाण्ड, 1919 ई.

- रॉलेट एक्ट के विरोध में आयोजित प्रदर्शन के दौरान पंजाब के लोकप्रिय नेता **सैफुद्दीन किचलू** तथा **सत्यपाल** को गिरफ्तार किया गया था।
- इस गिरफ्तारी के विरोध में 13 अप्रैल, 1919 को अमृतसर के जलियाँवाला बाग में एक जनसभा आयोजित की गई, जिस पर **जनरल आर. डायर** ने गोलियाँ चलवाईं। इसमें सैकड़ों लोग मारे गए।
- वायसराय की कार्यकारिणी के सदस्य शंकर नायर ने इस हत्याकाण्ड के विरोध में इस्तीफा दे दिया। रवीन्द्रनाथ ठाकुर ने **नाइट** की उपाधि वापस कर दी।
- दीनबन्धु सी एफ एण्ड्रूज ने इस हत्याकाण्ड को जानबूझ कर की गई क्रूर हत्या की संज्ञा दी।
- इस हत्याकाण्ड की जाँच हेतु सरकार ने **हण्टर समिति** नियुक्ति की, जिसके सदस्य थे-लॉर्ड हण्टर, मिस्टर जस्टिस रैस्किन, मि. राइस, सर जॉर्ज बैरो, सर टॉमस स्मिथ, सर चिमन शीतलवाड़, साहबजादा सुल्तान अहमद तथा जगतनारायण।

असहयोग आन्दोलन, 1920-22 ई.

- 1920 में लाला लाजपत राय की अध्यक्षता में हुए **कलकत्ता अधिवेशन** में असहयोग आन्दोलन का प्रस्ताव पारित किया गया और कांग्रेस के नागपुर अधिवेशन में इसकी पुष्टि कर दी। असहयोग आन्दोलन का प्रस्ताव गाँधीजी ने तैयार किया था।
- असहयोग आन्दोलन के प्रारम्भ के दिन ही तिलक की मृत्यु (1 अगस्त, 1920) हो गई। इसके बाद तिलक कोष का गठन किया गया, जिसमें एक करोड़ रुपये एकत्र किए गए।
- गाँधीजी ने इस दौरान बहिष्कार की घोषणा की। विद्यार्थियों ने विद्यालय तथा वकीलों ने अदालतों का बहिष्कार किया।
- मुहम्मद अली पहले नेता थे, जिन्हें सर्वप्रथम असहयोग आन्दोलन में गिरफ्तार किया गया। शिक्षा संस्थाओं का असहयोग आन्दोलन के समय सर्वाधिक बहिष्कार **बंगाल** में हुआ। गाँधीजी ने **केसर-ए-हिन्द** की उपाधि लौटा दी।
- 17 नवम्बर, 1921 को प्रिन्स ऑफ वेल्स के आगमन पर देश में सार्वजनिक हड़ताल की गई। 5 फरवरी, 1922 को **चौरी-चौरा** में आन्दोलनकारियों द्वारा पुलिस स्टेशन को जलाए जाने के बाद गाँधीजी ने असहयोग आन्दोलन स्थगित करने की घोषणा की।

स्वराज पार्टी, 1923 ई.

- असहयोग आन्दोलन के स्थगित होने के बाद मोतीलाल नेहरू, सी आर दास तथा एन सी केलकर ने इलाहाबाद में 1923 में स्वराज पार्टी का गठन किया। स्वराज पार्टी ने 1923 में हुए विधानपरिषद् चुनावों में भाग लिया तथा अच्छी सफलता प्राप्त की।
- 1925 में विट्ठल भाई पटेल का सेण्ट्रल लेजिस्लेटिव असेम्बली का अध्यक्ष चुना जाना स्वराजियों की एक महत्त्वपूर्ण उपलब्धि थी।

साइमन कमीशन, 1927-28 ई.

- 8 नवम्बर, 1927 को साइमन कमीशन का गठन किया गया। इस कमीशन के सभी 7 सदस्य ब्रिटिश थे। इस आयोग का कार्य 1919 के अधिनियम की व्यावहारिक सफलता का पता लगाना था।
- किसी भारतीय को शामिल नहीं करने के कारण भारत में इस कमीशन का तीव्र विरोध हुआ। 3 फरवरी, 1928 को साइमन कमीशन के बम्बई, पहुँचने पर हड़ताल आयोजित की गई।
- लाहौर में साइमन कमीशन का विरोध करते हुए पुलिस की लाठी से लाला लाजपत राय घायल हुए, जिनकी बाद में 1928 में मृत्यु हो गई। इस पुलिस कार्यवाही का नेतृत्व साण्डर्स कर रहा था।

नेहरू रिपोर्ट, 1928 ई.

- **मोतीलाल नेहरू** की अध्यक्षता में एक समिति गठित की गई, जिसके सदस्य थे—सर अली इमाम, तेजबहादुर सप्रू, मंगल सिंह, सुभाषचन्द्र बोस, एन एम जोशी आदि, जिसने संविधान के सिद्धान्तों को निर्धारित किया।
- नेहरू रिपोर्ट 28 अगस्त, 1928 को प्रकाशित हुई। इसमें डोमिनियन स्टेट्स केन्द्र में द्विसदनात्मक व्यवस्था तथा प्रान्तीय स्वायत्तता को स्वीकृति दी गई। मुस्लिम लीग ने नेहरू रिपोर्ट के प्रावधानों को खारिज कर दिया। सिख समुदाय भी इससे सन्तुष्ट नहीं था।

लाहौर अधिवेशन, 1929 ई.

- 1929 में **लाहौर** में कांग्रेस का वार्षिक अधिवेशन आयोजित हुआ। इसकी अध्यक्षता जवाहरलाल नेहरू ने की और 31 दिसम्बर, 1929 को रावी नदी के तट पर तिरंगा झण्डा फहराया।
- कांग्रेस के लाहौर अधिवेशन में नेहरू रिपोर्ट को पूरी तरह निरस्त घोषित किया गया।
- इस अधिवेशन में **पूर्ण स्वराज** को कांग्रेस का अन्तिम लक्ष्य निर्धारित किया गया।
- 26 जनवरी, 1930 को स्वतन्त्रता दिवस मनाने का प्रस्ताव पारित किया गया।
- गाँधीजी को सविनय अवज्ञा आन्दोलन चलाने के लिए नेतृत्व प्रदान किया गया।

सविनय अवज्ञा आन्दोलन, 1930 ई.

गाँधीजी ने लाहौर अधिवेशन के पश्चात् अपने अगले कदम के रूप में **यंग इण्डिया** में एक लेख प्रकाशित करके सरकार के समक्ष ग्यारह सूत्रीय माँगें पेश कीं तथा यह वायदा किया कि यदि सरकार उन शर्तों को मान लेगी, तो सत्याग्रह की चर्चा बन्द कर दी जाएगी। इसके लिए गाँधीजी ने 31 जनवरी, 1930 तक का समय दिया।

डाण्डी मार्च 12 **मार्च**–6 **अप्रैल,** 1930 ई.

- गाँधीजी ने 12 मार्च, 1930 को ऐतिहासिक नमक सत्याग्रह शुरू किया और साबरमती आश्रम से अपने 78 समर्थकों के साथ डाण्डी के लिए पदयात्रा प्रारम्भ की। 24 दिनों के पश्चात् यह पदयात्रा 240 मील (375 किमी) चलकर 5 अप्रैल को डाण्डी पहुँची। 6 अप्रैल को गाँधीजी ने नमक बनाकर कानून तोड़ा। इसके पश्चात् पूरे देश में **नमक सत्याग्रह** शुरू हो गया।
- सुभाषचन्द्र बोस ने गाँधीजी के डाण्डी मार्च की तुलना नेपोलियन के पेरिस मार्च तथा मुसोलिनी के रोम मार्च से की। 4 मई, 1930 को गाँधीजी को भी गिरफ्तार कर लिया गया।

प्रथम गोलमेज सम्मेलन, 1930 ई.

- प्रथम गोलमेज सम्मेलन का आयोजन 12 नवम्बर, 1930 से 13 जनवरी, 1931 तक लन्दन में हुआ। इस सम्मेलन का उद्घाटन ब्रिटेन के सम्राट जॉर्ज पंचम ने किया तथा अध्यक्षता **प्रधानमन्त्री रैम्जे मैक्डोनाल्ड** ने की।
- इस सम्मेलन में कांग्रेस ने भाग नहीं लिया। हिन्दू महासभा, मुस्लिम लीग तथा उदारवादी नेताओं के प्रतिनिधियों ने इसमें भाग लिया। **बी आर अम्बेडकर** ने दलित वर्ग का प्रतिनिधित्व किया।

गाँधी इर्विन समझौता, 1931 ई.

- 5 मार्च, 1931 को गाँधीजी तथा तत्कालीन वायसराय इर्विन के बीच एक समझौता पत्र पर हस्ताक्षर हुए। इसे **दिल्ली समझौता** भी कहा जाता है। इस समझौते में गाँधीजी की कई माँगों को मान लिया गया।
- कांग्रेस की ओर से सविनय अवज्ञा आन्दोलन वापस लेने का आश्वासन दिया गया तथा गाँधीजी ने द्वितीय गोलमेज में भाग लेने का प्रस्ताव मान लिया।
- जिस समय कांग्रेस का कराची अधिवेशन चल रहा था उसी समय भगत सिंह, राजगुरु एवं सुखदेव को फाँसी पर चढ़ाने की तैयारी की जा रही थी।

द्वितीय गोलमेज सम्मेलन, 1931 ई.

- 7 सितम्बर से 1 दिसम्बर, 1931 तक सम्मेलन का आयोजन लन्दन में किया गया। गाँधीजी ने कांग्रेस के (एकमात्र) प्रतिनिधि के रूप में इस सम्मेलन में भाग लिया।
- द्वितीय गोलमेज सम्मेलन असफल रहा। भारत वापस आकर गाँधीजी ने पुनः सविनय अवज्ञा आन्दोलन आरम्भ किया। दक्षिणपन्थी नेता विंस्टन चर्चिल ने गाँधीजी को देश द्रोही फकीर कहा।

कांग्रेस का कराची अधिवेशन, 1931 ई.

- गाँधी-इर्विन समझौते की स्वीकृति देने के लिए कांग्रेस का अधिवेशन मार्च के अन्त में ही कराची में बुलाया गया। 29 मार्च, 1931 को हुए इस अधिवेशन की अध्यक्षता **सरदार वल्लभभाई पटेल** ने की थी। गाँधीजी ने इस समझौते को उचित ठहराया।
- गाँधी-इर्विन समझौते या **दिल्ली समझौते** को सर्वसम्मति से स्वीकार कर लिया गया। इस अधिवेशन में पहली बार पूर्ण स्वराज को परिभाषित किया गया। पूर्ण स्वराज के लक्ष्य को पुनः दोहराया गया।

पूना पैक्ट, 1932 ई.

- महात्मा गाँधी ने दलितों को पृथक् निर्वाचक मण्डल प्रदान करने वाले 'कम्युनल अवार्ड' का विरोध करने के लिए 20 सितम्बर, 1932 को **यरवदा** जेल में आमरण अनशन आरम्भ किया।
- मदन मोहन मालवीय के प्रयासों से 26 सितम्बर, 1932 को **बी आर अम्बेडकर** तथा **गाँधीजी** के बीच एक समझौता हुआ, जिसमें दलितों के लिए 71 स्थान की जगह सुरक्षित स्थानों की संख्या 147 करने तथा संयुक्त निर्वाचक मण्डल स्वीकार करने की बात कही गई। इसे **पूना पैक्ट** कहा गया।
- केन्द्रीय विधानमण्डल में 18% सीटें दलित वर्ग के लिए आरक्षित हो गईं।

तृतीय गोलमेज सम्मेलन, 1932 ई.

- 17 नवम्बर, 1932 से 24 दिसम्बर, 1932 तक लन्दन में तीसरे गोलमेज सम्मेलन का आयोजन किया गया। भारतीय राष्ट्रीय कांग्रेस ने इस गोलमेज सम्मेलन का विरोध करते हुए बहिष्कार किया।
- तीसरे गोलमेज सम्मेलन में भारत सरकार अधिनियम, 1935 को अन्तिम रूप प्रदान किया गया।

प्रान्तीय विधानमण्डल चुनाव, 1937 ई.

- 1937 में प्रान्तीय विधानमण्डलों के चुनाव हुए, जिसमें कांग्रेस ने 8 प्रान्तों में सरकार का गठन किया।
- 1939 में कांग्रेस मन्त्रिपरिषदों ने द्वितीय विश्वयुद्ध में भारत को शामिल करने के विरोध में इस्तीफा दिया। देश में आपातकाल लगाया गया।
- 15 नवम्बर, 1939 को प्रान्तीय मन्त्रिमण्डल के इस्तीफे के बाद मुस्लिम लीग ने 22 दिसम्बर, 1939 को **मुक्ति दिवस** के रूप में मनाया।
- 1939 में सुभाषचन्द्र बोस ने कांग्रेस के अध्यक्ष पद से त्याग पत्र देकर **फॉरवर्ड ब्लॉक** नामक संगठन बनाया।
- गाँधीजी ने 17 अक्टूबर, 1940 को व्यक्तिगत सत्याग्रह आरम्भ किया। **विनोबा भावे** पहले सत्याग्रही थे। जवाहरलाल नेहरू दूसरे सत्याग्रही थे।

अगस्त प्रस्ताव 8 अगस्त, 1940 ई.

- कांग्रेस मन्त्रिमण्डलों के त्याग-पत्र के पश्चात् कांग्रेस का वार्षिक अधिवेशन मौलाना अबुल कलाम आजाद की अध्यक्षता में रामगढ़ में हुआ। इसमें कहा गया कि ब्रिटिश सरकार को कांग्रेस इस शर्त पर सहयोग करेगी कि केन्द्र में अन्तरिम राष्ट्रीय सरकार गठित की जाए।
- कांग्रेस के इस प्रस्ताव के प्रत्युत्तर में वायसराय लिनलिथगो ने कांग्रेस का सहयोग प्राप्त करने के लिए एक प्रस्ताव रखा, जिसे **अगस्त प्रस्ताव** कहा जाता है। कांग्रेस ने इन प्रस्तावों को अस्वीकार कर दिया।
- अगस्त प्रस्ताव के मुख्य बिन्दुओं में युद्ध के बाद प्रतिनिधि मूलक संविधान निर्मात्री संस्था का गठन, वायसराय की कार्यकारिणी की संख्या में अतिशीघ्र वृद्धि, एक युद्ध सलाहकार परिषद् का गठन।
- अल्पसंख्यकों को बिना विश्वास में लिए किसी भी संवैधानिक परिवर्तन को लागू नहीं किया जाएगा तथा भारत के लिए डोमिनियन स्टेट्स इत्यादि सम्मिलित होंगे।

व्यक्तिगत सत्याग्रह, 1940-41 ई.

- अगस्त प्रस्ताव को अस्वीकार करने के पश्चात् कांग्रेस ने व्यक्तिगत सत्याग्रह शुरू करने का निर्णय लिया। इसका उद्देश्य युद्ध के विरुद्ध प्रचार करना था।
- व्यक्तिगत सत्याग्रह 17 अक्टूबर, 1940 को पवनार आश्रम (महाराष्ट्र) से प्रारम्भ हुआ। पहले सत्याग्रही **विनोबा भावे** तथा दूसरे **जवाहरलाल नेहरू** तथा तीसरे **सरदार पटेल** थे।

क्रिप्स मिशन, 1942 ई.

- भारत के राजनैतिक गतिरोध को दूर करने के उद्देश्य से ब्रिटिश प्रधानमन्त्री चर्चिल ने ब्रिटिश संसद सदस्य तथा मजदूर नेता सर **स्टेफोर्ड क्रिप्स** के नेतृत्व में मार्च, 1942 में एक मिशन भारत भेजा। कांग्रेस ने पण्डित जवाहरलाल नेहरू व मौलाना आजाद को इस मिशन के साथ वार्ता हेतु अपना आधिकारिक वार्ताकार नियुक्त किया।
- कांग्रेस तथा मुस्लिम लीग दोनों ने ही क्रिप्स प्रस्ताव को स्वीकार नहीं किया। गाँधीजी ने क्रिप्स प्रस्ताव को **उत्तरतिथीय चेक कहा**।

भारत छोड़ो आन्दोलन

- वर्धा में 7-14 जुलाई, 1942 को एक बैठक बुलाई गई, जिसमें गाँधीजी के संघर्ष के निर्णय की पुष्टि कर दी गई तथा भारत छोड़ो आन्दोलन का प्रस्ताव पास किया गया। 1 अगस्त को इलाहाबाद में **तिलक दिवस** मनाया गया।
- 7 अगस्त, 1942 को **मौलाना अबुल कलाम** की अध्यक्षता में बम्बई के ऐतिहासिक ग्वालिया टैंक में अखिल भारतीय कांग्रेस की एक बैठक हुई, जिसमें वर्धा प्रस्ताव की पुष्टि कर दी गई। नेहरू ने भारत छोड़ो प्रस्ताव पेश किया, जिसे थोड़े बहुत संशोधनों के साथ 8 अगस्त, 1942 को स्वीकार कर लिया गया।
- गाँधीजी ने अपने ऐतिहासिक सम्बोधन में कहा "मैं आपको एक मन्त्र देता हूँ—**करो या मरो।**" जिसका अर्थ था हम भारत को आजाद कराएँगे या इस प्रयास में अपनी जान दे देंगे।

आजाद हिन्द फौज

- आजाद हिन्द फौज का गठन कैप्टन मोहन सिंह ने उन 40000 भारतीय सैनिकों से किया था, जिन्होंने द्वितीय विश्वयुद्ध के दौरान अंग्रेजों की ओर लड़ते हुए सिंगापुर के पतन के पश्चात् जापान के समक्ष आत्म-समर्पण कर दिया था। 21 अक्टूबर, 1943 को रास बिहारी बोस व कैप्टन मोहन सिंह की पहल पर नेताजी सुभाषचन्द्र बोस को इस सेना का सर्वोच्च सेनापति बना दिया गया।
- 21 अक्टूबर, 1943 को सुभाषचन्द्र बोस ने सिंगापुर में स्वतन्त्र भारत की अस्थायी सरकार का गठन किया, जिसके मन्त्रियों में एच. सी. चटर्जी (वित्त), एम ए अय्यर (प्रचार) तथा लक्ष्मी सहगल (स्त्रियों के विभाग) आदि शामिल थे। सुभाषचन्द्र बोस ने अस्थायी सरकार का मुख्यालय रंगून को बनाया। जर्मनी तथा जापान ने अस्थायी सरकार का समर्थन किया।
- वर्ष 1945 में आजाद हिन्द फौज में सिपाहियों द्वारा समर्पण के बाद सरकार ने उन पर निष्ठा की शपथ (सरकार के प्रति) तोड़ने के आरोप में लाल किले में मुकदमा चलाने का निर्णय लिया। कांग्रेस ने आजाद हिन्द फौज के सिपाहियों को बचाने के लिए **आजाद हिन्द बचाव समिति** की स्थापना की।
- आजाद हिन्द फौज के सिपाही सरदार गुरुबख्श सिंह, प्रेम सहगल, शाहनवाज पर मुकदमा चलाया गया। जिसमें इन्हें फाँसी की सजा सुनाई गई, किन्तु भारी विरोध के कारण वायसराय को अपने विशेषाधिकार का प्रयोग कर तीनों की फाँसी माफ करने को विवश होना पड़ा।

सी आर फॉर्मूला 10 जुलाई, 1944 ई.

- राजगोपालाचारी, कांग्रेस तथा मुस्लिम लीग के समझौते के पूर्ण पक्षधर थे। 10 जुलाई, 1944 को उन्होंने कांग्रेस तथा मुस्लिम लीग के समझौते की एक योजना प्रस्तुत की, जिसके मुख्य बिन्दु निम्नलिखित हैं
  - मुस्लिम लीग भारतीय स्वतन्त्रता संग्राम का समर्थन करे तथा अस्थायी सरकार गठन में कांग्रेस के साथ सहयोगी की भूमिका अदा करे।
  - द्वितीय विश्वयुद्ध के समाप्त होने पर भारत के उत्तर-पश्चिम व पूर्वी भागों में स्थित मुस्लिम बहुसंख्यक क्षेत्रों की सीमा का निर्धारण करने के लिए एक कमीशन नियुक्त किया जाए, फिर वयस्क मताधिकार प्रणाली के आधार पर इन क्षेत्रों के निवासियों की मतगणना करके भारत से उनके सम्बन्ध विच्छेद के प्रश्न का निर्णय लिया जाए।
  - मतगणना के पूर्व सभी राजनीतिक दलों को अपने दृष्टिकोण के प्रचार की पूरी स्वतन्त्रता हो।

वेवेल योजना, 1945 ई.

4 जून, 1945 को वेवेल योजना का प्रस्ताव रखा गया। इस प्रस्ताव में वायसराय की कार्यकारिणी परिषद् को पुनर्गठित किया गया तथा जिसमें सभी दलों को प्रतिनिधित्व देने की बात कही गई। युद्ध के उपरान्त भारत को **स्वयं संविधान** बनाने की जिम्मेदारी दी जानी थी।

शिमला सम्मेलन, 1945 ई.

- वेवेल प्रस्ताव पर विचार-विमर्श हेतु शिमला में 25 जून, 1945 को शिमला सम्मेलन का आयोजन किया गया। इसमें जिन्ना ने यह माँग रखी कि प्रस्तावित परिषद् में मुस्लिम सदस्यों को नामित करने का अधिकार केवल मुस्लिम लीग को है।
- इसमें यह भी प्रावधान किया गया कि यदि किसी निर्णय पर मुसलमानों को आपत्ति हो, तो उसे केवल 2/3 बहुमत से या किसी अन्य प्रकार की ऐसी व्यवस्था के द्वारा ही लागू किया जाए। शिमला वार्ता विफल हो गई, कांग्रेस तथा ब्रिटिश सरकार दोनों इससे सहमत नहीं थे।

कैबिनेट मिशन योजना, 1946 ई.

- जनवरी, 1946 ब्रिटेन लेबर पार्टी के नेता एटली ने भारतीय नेताओं से अनौपचारिक स्तर पर बातचीत करने के लिए एक संसदीय दल को भारत भेजने का निर्णय लिया, जिसे कैबिनेट मिशन कहा गया।
- 29 मार्च, 1946 को कैबिनेट मिशन भारत आया। कैबिनेट मिशन के सदस्यों में शामिल थे- सर स्टैफोर्ड क्रिप्स, ए वी अलेक्जेण्डर तथा पैथिक लॉरेन्स।

अन्तरिम सरकार का गठन 2 सितम्बर, 1946

- कांग्रेस द्वारा वायसराय के नवीनतम प्रस्तावों को स्वीकार कर लेने के बाद अगस्त, 1946 को वेवेल ने कांग्रेस अध्यक्ष जवाहरलाल नेहरू को अन्तरिम सरकार के गठन के लिए निमन्त्रण दिया।
- 20 नवम्बर, 1946 लॉर्ड वेवेल ने **संविधान सभा** की प्रथम बैठक के सदस्यों को आमन्त्रित किया। 9 दिसम्बर, 1946 को संविधान सभा की प्रथम बैठक हुई, जिसमें **डॉ. सच्चिदानन्द सिन्हा** को अस्थायी अध्यक्ष चुना गया।
- 11 दिसम्बर, 1946 को डॉ. राजेन्द्र प्रसाद को संविधान का स्थायी अध्यक्ष चुना गया। 13 दिसम्बर को नेहरू जी ने उद्देश्य प्रस्ताव पेश किया।

माउण्टबेटन योजना

20 फरवरी, 1947 को ब्रिटिश प्रधानमन्त्री क्लीमेण्ट एटली ने हाउस ऑफ कॉमन्स में बयान दिया कि जून, 1948 तक भारतीयों को सत्ता सौंपकर अंग्रेज भारत छोड़ देंगे। वेवेल के स्थान पर 24 मार्च, 1947 को माउण्टबेटन गवर्नर जनरल बनकर भारत आया। 3 जून को माउण्टबेटन ने भारत के विभाजन के साथ सत्ता हस्तान्तरण की योजना प्रस्तुत की। इस योजना के अनुसार

- 15 अगस्त, 1947 से भारत में दो अधिराज्यों (14 अगस्त पाकिस्तान, 15 अगस्त भारत) की स्थापना की जाएगी और सभी शक्तियाँ इन्हें हस्तान्तरित कर दी जाएँगी।
- भारतीय रजवाड़ों को भारत या पाकिस्तान में शामिल होने की इजाजत दी गई, उन्हें स्वतन्त्र रहने का विकल्प नहीं दिया गया।
- उत्तर-पश्चिमी सीमा प्रान्त तथा असम के सिलहट जिले में जनमत संग्रह के द्वारा पता लगाया जाना था कि वह किसके साथ रहना चाहते हैं।

अभ्यास प्रश्न

1. भारतीय राष्ट्रीय कांग्रेस की स्थापना किसने की थी?
(a) सुरेन्द्रनाथ बनर्जी (b) आनन्दमोहन बोस
(c) ए. ओ. ह्यूम (d) 1 और 2

2. भारतीय राष्ट्रीय कांग्रेस का पहला अधिवेशन कहाँ आयोजित किया गया था?
(a) दिल्ली (b) बम्बई
(c) कलकत्ता (d) मद्रास

3. 1887 में भारतीय सुधार समिति की स्थापना का श्रेय किसे दिया जाता है?
(a) गोपालकृष्ण गोखले (b) फिरोजशाह मेहता
(c) दादाभाई नौरोजी (d) दिनशा वाचा

4. भारतीय व्यय की समीक्षा करने हेतु किस आयोग का गठन किया गया था?
(a) ह्यूम आयोग (b) वेवेल आयोग
(c) वाचा आयोग (d) वेल्बी आयोग

5. "भारत का आर्थिक इतिहास" नामक पुस्तक की रचना किसने की थी?
(a) दादाभाई नौरोजी (b) रमेशचन्द्र दत्त
(c) फिरोजशाह मेहता (d) गोपाल कृष्ण गोखले

6. महाराष्ट्र में गणपति महोत्सव एवं शिवाजी महोत्सव की शुरूआत किसने की थी?
(a) फिरोजशाह मेहता (b) लाला लाजपत राय
(c) बाल गंगाधर तिलक (d) विपिनचन्द्र पाल

7. बंगाल विभाजन योजना कब प्रभावी हो गई थी?
(a) 19 जुलाई, 1905 (b) 27 जुलाई, 1905
(c) 16 सितम्बर, 1905 (d) 16 अक्टूबर, 1905

8. स्वदेशी एवं बहिष्कार आन्दोलन का प्रस्ताव कहाँ पारित किया गया था?
(a) कलकत्ता में (b) दिल्ली में
(c) नासिक में (d) नागपुर में

9. विदेशी वस्तुओं के बहिष्कार का सुझाव सर्वप्रथम किस पत्रिका में दिया गया था?
(a) हिन्दुस्तान गदर पत्रिका (b) अभ्युदय
(c) कॉमनवील (d) संजीवनी

10. निम्नलिखित में से किस दरबार में बंगाल विभाजन को रद्द कर दिया गया था?
(a) कलकत्ता दरबार में (b) ढाका दरबार में
(c) दिल्ली दरबार में (d) लाहौर दरबार में

11. किसकी अध्यक्षता में अखिल भारतीय मुस्लिम लीग की स्थापना की गई थी?
(a) नवाब सलीमुल्लाह (b) मोहसिन-उल-मुल्क
(c) आगा खाँ (d) मोहम्मद अली जिन्ना

12. निम्नलिखित में से किस अधिवेशन में कांग्रेस का पहली बार विभाजन हुआ?
(a) कलकत्ता अधिवेशन में (b) दिल्ली अधिवेशन में
(c) सूरत अधिवेशन में (d) अहमदाबाद अधिवेशन में

13. किस वर्ष दिल्ली को कलकत्ता की जगह भारत की राजधानी बनाया गया था?
(a) 1 अप्रैल, 1911 (b) 1 अप्रैल, 1912
(c) 1 अप्रैल, 1913 (d) 1 जुलाई, 1913

14. "हिन्द एसोसिएशन ऑफ अमेरिका" की स्थापना किसने की थी?
(a) दादाभाई नौरोजी (b) राजा महेन्द्र प्रताप
(c) एनी बेसेण्ट (d) सोहन सिंह भाखना

15. जर्मनी के सहयोग से 1915 में राजा महेन्द्र प्रताप ने अंतरिम भारत सरकार की स्थापना कहाँ की थी?
(a) जापान में (b) अफगानिस्तान में
(c) म्यांमार में (d) फ्रांस में

16. बालगंगाधर तिलक ने होमरूल लीग की स्थापना कहाँ की थी?
(a) बम्बई (b) नासिक (c) पूना (d) नागपुर

17. ऐनी बेसेन्ट द्वारा मद्रास में स्थापित अखिल भारतीय होमरूल लीग के सचिव पद पर किसे नियुक्त किया गया था?
(a) जोसेफ बेपटिस्टा (b) बालगंगाधर तिलक
(c) जॉर्ज अरुण्डेल (d) मदन मोहन मालवीय

18. सर्वेण्ट ऑफ इण्डिया सोसायटी की स्थापना किसने की थी?
(a) बालगंगाधर तिलक (b) गोपालकृष्ण गोखले
(c) अम्बिका चरण मजूमदार (d) महात्मा गाँधी

19. गाँधीजी ने भारत में सत्याग्रह का पहला बड़ा प्रयोग 1917 में कहाँ किया था?
(a) चम्पारण सत्याग्रह (b) अहमदाबाद मजदूर आन्दोलन
(c) खेड़ा सत्याग्रह (d) वारदोली सत्याग्रह

20. अखिल भारतीय खिलाफत कमेटी का पहला सम्मेलन कहाँ आयोजित किया गया था?
(a) कलकत्ता (b) मद्रास (c) लाहौर (d) दिल्ली

21. जलियाँवाला बाग हत्याकाण्ड की जाँच हेतु किस समिति का गठन किया गया था?
(a) हैक्टर समिति (b) डायर समिति
(c) हण्टर समिति (d) मालवीय समिति

22. असहयोग आन्दोलन का प्रस्ताव किसने तैयार किया था?
(a) लाला लाजपतराय (b) जवाहरलाल नेहरू
(c) महात्मा गाँधी (d) मोतीलाल नेहरू

23. किस व्यक्ति ने गाँधी के डाण्डी मार्च की तुलना नेपोलियन के पेरिस मार्च और मुसोलिनी के रोम मार्च से की थी?
(a) लाला लाजपतराय (b) डॉ. राजेन्द्र प्रसाद
(c) सुभाषचन्द्र बोस (d) जवाहरलाल नेहरू

24. कांग्रेस के किस अधिवेशन में नेहरू रिपोर्ट को निरस्त कर पूर्णस्वराज की माँग को अंतिम लक्ष्य बताया?
(a) दिल्ली अधिवेशन (b) कलकत्ता अधिवेशन
(c) लाहौर अधिवेशन (d) बम्बई अधिवेशन

25. निम्नलिखित में से किनके प्रयासों से अम्बेडकर और गाँधी जी के बीच 1932 में महत्त्वपूर्ण पूना समझौता हुआ था?
(a) जवाहरलाल नेहरू (b) मदनमोहन मालवीय
(c) डॉ. राजेन्द्र प्रसाद (d) सरदार वल्लभभाई पटेल

26. निम्नलिखित कथनों पर विचार कीजिए
I. 1 नवम्बर, 1858 को इलाहाबाद के शाही दरबार में महारानी विक्टोरिया का घोषणा-पत्र जारी किया गया।
II. ब्रिटिश संसद ने 1858 में भारत सरकार अधिनियम पारित कर समस्त क्षेत्र प्रशासन तथा राजस्व को ब्रिटिश क्राउन के अन्तर्गत ले लिया था।
III. ब्रिटिश क्राउन ने 1858 के पश्चात् आर्थिक मामलों में अहस्तक्षेप की नीति (मुक्त व्यापार) को प्रश्रय दिया था।
उपरोक्त कथनों में से कौन-सा/से सत्य है/हैं?
(a) I और II (b) II और III (c) I, II और III (d) केवल III

27. भारतीय स्वतन्त्रता आन्दोलन के समय, राष्ट्रीय सामाजिक सम्मेलन (नेशनल सोशल कॉन्फ्रेंस) का गठन किया गया था। इसके गठन के लिए उत्तरदायी कारण था
(a) बंगाल क्षेत्र के विभिन्न सामाजिक सुधार ग्रुप/संगठन किसी एक मंच पर एकत्रित होकर व्यापक हित में माँग-पत्र सरकार के समक्ष प्रस्तुत करना चाहते थे।
(b) भारतीय राष्ट्रीय कांग्रेस अपने कार्यक्रम में सामाजिक सुधारों को नहीं रखना चाहती थी, इसलिए प्रस्तुत उद्देश्य के लिए उसने अलग से संगठन बनाने का सुझाव दिया।
(c) बहरामजी मालाबारी और एम जी रानाडे ने यह निश्चय किया कि देश के समस्त सामाजिक सुधार ग्रुपों को एक संगठन के अन्तर्गत लाया जाए।
(d) उपरोक्त में से कोई नहीं

28. 1893 में सर विलियम वेडरबर्न तथा डब्ल्यू एस कैन ने किस उद्देश्य से इण्डियन पार्लियामेण्टरी कमेटी की स्थापना की थी?
(a) भारत में राजनैतिक सुधारों हेतु हाउस ऑफ कॉमन्स में आन्दोलन करने के लिए
(b) भारतीयों के साम्राज्यिक न्यायपालिका में प्रवेश हेतु अभियान करने के लिए
(c) भारतीय स्वतन्त्रता पर ब्रिटिश संसद में चर्चा सुगम करने के लिए
(d) ब्रिटिश संसद में विख्यात भारतीयों के प्रवेश हेतु आन्दोलन करने के लिए

29. निम्नलिखित में से कौन-सा एक प्रारम्भिक कांग्रेस (1885-1905) की माँग नहीं थी?
(a) प्रशासनिक सेवाओं की उच्चतर श्रेणियों का भारतीयकरण
(b) पूर्ण स्वराज/सम्पूर्ण स्वतन्त्रता
(c) शस्त्र अधिनियम की समाप्ति
(d) साम्राज्य के अन्तर्गत स्वायत्तता

30. बंगाल विभाजन के विरुद्ध विद्रोह का नेतृत्व किसने किया था?
(a) सुरेन्द्रनाथ बनर्जी ने (b) सी आर दास ने
(c) सुभाषचन्द्र बोस ने (d) अरुणा आसफ अली ने

31. सुमेलित करें

सूची I (भारतीय राष्ट्रीय कांग्रेस के अधिवेशन)	**सूची II** (अध्यक्ष)
A. 1885 (बम्बई)	1. जॉर्ज यूले
B. 1886 (कलकत्ता)	2. बदरुद्दीन तैयबजी
C. 1887 (मद्रास)	3. दादाभाई नौरोजी
D. 1888 (इलाहाबाद)	4. व्योमेश चन्द्र बनर्जी

कूट

	A	B	C	D
(a)	1	2	3	4
(b)	4	3	2	1
(c)	3	4	1	2
(d)	1	2	4	3

32. निम्न कथनों पर विचार कीजिए
I. वर्ष 1888 तक कांग्रेस प्रथम अधिवेशन में पारित माँग-पत्र को विनम्र निवेदन के साथ अपने हर अधिवेशन में दोहराती रही थी।
II. लॉर्ड कर्जन ने कांग्रेस को 'गन्दी चीज' और 'देश द्रोही संगठन' कहा था।
III. उदारवादियों के आंशिक दबाव के फलस्वरूप वर्ष 1892 का भारतीय परिषद् अधिनियम पारित हुआ।
उपरोक्त कथनों में से कौन-सा/से सत्य है/हैं?
(a) केवल I (b) केवल II (c) I, II और III (d) केवल III

33. ब्रिटिश इण्डिया के निम्नलिखित में से किस एक अधिनियम ने सामूहिक कार्यचालन के स्थान पर 'विभाग' या विभागीय पद्धति द्वारा वायसराय की कार्यकारी परिषद् पर उनके प्राधिकार को और बल प्रदान किया?
(a) इण्डियन काउन्सिल एक्ट, 1861
(b) गवर्नमेन्ट ऑफ इण्डिया एक्ट, 1858
(c) इण्डियन काउन्सिल एक्ट, 1892
(d) इण्डियन काउन्सिल एक्ट, 1909

34. भारतीय राष्ट्रीय कांग्रेस के वर्ष 1905 के बनारस अधिवेशन का अध्यक्ष कौन था?
(a) सुरेन्द्रनाथ बनर्जी (b) फिरोजशाह मेहता
(c) गोपालकृष्ण गोखले (d) दिनशा वाचा

35. साम्राज्ञी विक्टोरिया ने वर्ष 1858 की घोषणा में भारतीयों को बहुत-सी चीजें दिए जाने का आश्वासन दिया था। निम्न आश्वासनों में से कौन-सा ब्रिटिश शासन ने पूरा किया था?
(a) रियासतों को हड़पने की नीति समाप्त कर दी जाएगी।
(b) देशी रजवाड़ों की यथास्थिति बनाए रखी जाएगी।
(c) भारतीय व यूरोपियन सभी प्रजा को समान व्यवहार मिलेगा।
(d) भारतीयों के सामाजिक व धार्मिक विश्वासों में कोई हस्तक्षेप नहीं होगा।

36. एम सी शीतलवाड, बी एन राव तथा अल्लादि कृष्णास्वामी अय्यर प्रख्यात सदस्य थे
(a) स्वराज पार्टी के
(b) ऑल इण्डियन नेशनल लिबरल फेडरेशन के
(c) मद्रास लेबर यूनियन के
(d) सर्वेण्ट्स ऑफ इण्डिया सोसायटी के

37. भारतीय राष्ट्रवादियों की प्रारम्भिक सफलता के रूप में निम्न में से किसे देखा जा सकता है?
I. वर्ष 1886 में लोक सेवा आयोग की स्थापना

II. भारतीय व्यय की समीक्षा हेतु वेल्वी आयोग की स्थापना
III. वर्ष 1892 का भारत परिषद् अधिनियम पारित होना

कूट
(a) I और III (b) I, II और III (c) केवल III (d) केवल II

38. भारत के स्वतन्त्रता आन्दोलन के प्रारम्भिक दौर में उग्रवादी विचारधारा को निम्नलिखित में से कौन-सा एक निरूपित करता है?
(a) आयातित वस्तुओं पर देशज वस्तुओं को प्रश्रय देकर देशज वस्तुओं के उत्पादन को बढ़ावा देना।
(b) सांविधानिक साधनों एवं याचिकाओं के स्थान पर आक्रामक साधनों से स्वशासन प्राप्त करना।
(c) देश को आवश्यकतानुसार राष्ट्रीय शिक्षा प्रदान करना।
(d) सैनिक विद्रोह द्वारा ब्रिटिश साम्राज्य के विरुद्ध बलात् राजपरिवर्तन संगठित करना।

39. निम्नांकित में से किस आन्दोलन के दौरान 'वन्दे मातरम्' भारतीय राष्ट्रीय आन्दोलन का शीर्षक गीत बना?
(a) स्वदेशी आन्दोलन (b) चम्पारण सत्याग्रह
(c) रॉलेट कानून विरोधी आन्दोलन (d) असहयोग आन्दोलन

40. "भारतीय राष्ट्रवाद ब्रिटिश राज का शिशु था।" यह कथन किसका है?
(a) बिपिन चन्द्र (b) आर कोपलैण्ड
(c) आर सी मजूमदार (d) पी ई रॉबर्ट्स

41. निम्नलिखित कथनों पर विचार कीजिए
I. कांग्रेस की अध्यक्षता करने वाले प्रथम अंग्रेज जॉर्ज यूले थे।
II. कांग्रेस के वर्ष 1887 के मद्रास अधिवेशन में 434 सदस्यों ने भाग लिया था।
III. वर्ष 1889 के बम्बई कांग्रेस अधिवेशन में ब्रिटिश हाउस ऑफ कामन्स के सदस्य चार्ल्स ब्रैडला उपस्थित थे।

उपरोक्त कथनों में से कौन-सा/से सत्य है/हैं?
(a) केवल I (b) I और II
(c) केवल II (d) I, II और III

42. सुमेलित कीजिए

सूची I	सूची II
A. मदन मोहन मालवीय	1. होमरूल लीग के संस्थापक
B. मोतीलाल नेहरू	2. सर्वेन्ट्स ऑफ इण्डिया सोसायटी को प्रारम्भ किया
C. श्रीमती ऐनी बेसेन्ट	3. काशी हिन्दू विश्वविद्यालय के संस्थापक
D. गोपालकृष्ण गोखले	4. स्वराज पार्टी का अन्य लोगों के साथ गठन किया

कूट

	A	B	C	D		A	B	C	D
(a)	3	4	1	2	(b)	4	3	2	1
(c)	1	2	3	4	(d)	2	1	4	3

43. भारत में 19वीं एवं 20वीं शताब्दियों में अनेक सामाजिक-राजनीतिक संगठन बने। वर्ष 1914 में स्थापित 'अंजुमन-ए-खवातीन-ए-इस्लाम' क्या था?
(a) अखिल भारतीय मुस्लिम महिला सम्मेलन
(b) अखिल भारतीय मुस्लिम लीग का उग्र पक्ष
(c) अखिल भारतीय मुस्लिम विद्यार्थी सम्मेलन
(d) अखिल भारतीय इस्लामी सम्मेलन

44. बंगाल विभाजन के विरोध में हुए आन्दोलन में 'स्वदेश बान्धव समिति' ने महत्त्वपूर्ण भूमिका अदा की। 'स्वदेश बान्धव समिति' का गठन किसने किया था?
(a) अंबिका चरण मजूमदार (b) रास बिहारी बोस
(c) रास बिहारी घोष (d) अश्विनी कुमार दत्त

45. होमरूल लीग के सम्बन्ध में निम्नलिखित में से क्या असत्य है?
(a) सबसे पहले इसकी योजना ऐनी बेसन्ट ने वर्ष 1914-15 में प्रस्तुत की थी।
(b) तिलक की होमरूल लीग महाराष्ट्र, कर्नाटक, मध्य प्रान्त एवं बरार तक सीमित थी।
(c) तिलक द्वारा स्थापित होमरूल लीग अधिक शक्तिशाली थी।
(d) तिलक और बेसेन्ट के मतभेदों के उपरान्त दोनों लीग बनी रहीं।

46. निम्नलिखित में से किस युग्म को इंग्लैण्ड में अंग्रेज अधिकारियों की हत्या के आरोप में फाँसी की सजा मिली?
(a) राजगुरु तथा सुखदेव
(b) खुदीराम बोस तथा सूर्यसेन
(c) मदनलाल ढींगरा तथा ऊधम सिंह
(d) करतार सिंह सराभा तथा अशफाक उल्ला-खाँ

47. किस अधिवेशन में होमरूल समर्थक अपनी राजनीतिक शक्ति का सफलतापूर्वक प्रदर्शन कर सके?
(a) कांग्रेस का 1916 का लखनऊ अधिवेशन।
(b) 1920 का बम्बई में होने वाला ऑल इण्डिया ट्रेड यूनियन अधिवेशन।
(c) 1918 में होने वाली प्रथम एयूपी किसान सभा।
(d) 1938 में नागपुर की संयुक्त एआईटीयूसी और एनएफटीयू सभा।

48. निम्नलिखित में से किसे 'भारतीय अशान्ति का जनक' कहा गया है?
(a) बी जी तिलक को (b) जी के गोखले को
(c) सुभाष चन्द्र बोस को (d) महात्मा गाँधी को

49. वर्ष 1907 में सूरत में आयोजित कांग्रेस के वार्षिक अधिवेशन में कांग्रेस के विभाजन की तात्कालिक वजह क्या थी?
(a) मुस्लिम लीग की स्थापना
(b) बंगाल विभाजन के कारण उत्पन्न रोष
(c) उदारवादियों और उग्रवादियों में अध्यक्ष पद को लेकर विवाद
(d) उपरोक्त में से कोई नहीं

50. भारतीय राष्ट्रीय कांग्रेस के, वर्ष 1906 में विख्यात कलकत्ता अधिवेशन में चार संकल्प पारित किए गए थे। सूरत में 1907 में हुए कांग्रेस के अगले अधिवेशन में इन चारों संकल्पों को स्वीकार करने अथवा उन्हें अस्वीकृत करने के प्रश्न पर कांग्रेस में विभाजन हो गया था। निम्नलिखित में से कौन-सा एक संकल्प इन चारों संकल्पों में नहीं था?
(a) बंगाल के विभाजन को रद्द करना
(b) बहिष्कार (बायकॉट)
(c) राष्ट्रीय शिक्षा
(d) स्वदेशी

51. निम्नलिखित कथनों पर विचार कीजिए
I. भारतीय राष्ट्रीय कांग्रेस की प्रथम महिला अध्यक्ष सरोजिनी नायडू थीं।
II. भारतीय राष्ट्रीय कांग्रेस के प्रथम मुस्लिम अध्यक्ष बदरुद्दीन तैय्यब जी थे।

उपरोक्त कथनों में से कौन-सा/से कथन सही है/हैं?

(a) केवल I (b) केवल II
(c) I और II दोनों (d) न तो I न ही II

52. 1907 ई. के सूरत में आयोजित कांग्रेस के वार्षिक अधिवेशन के सम्बन्ध में निम्न कथनों पर विचार कीजिए

I. यह अधिवेशन 26 दिसम्बर को ताप्ती नदी के किनारे आयोजित हुआ था।
II. इसके अध्यक्ष रास बिहारी बोस बने थे।
III. उग्रपंथी बाल गंगाधर तिलक को इस अधिवेशन में अध्यक्ष बनाना चाहते थे।

उपरोक्त में से कौन-सा/से सत्य है/हैं?

(a) केवल I (b) केवल II
(c) I और II दोनों (d) केवल III

53. मैडम भीकाजी कामा, एम बरकतुल्ला, वी वी एस अय्यर और एम एन राय में क्या बात समान थी?

(a) सभी अन्तर्राष्ट्रीय साम्यवादी आन्दोलन के अग्रणी सदस्य थे।
(b) क्रान्तिकारियों के एक दल ने काबुल में स्वतन्त्र भारत की जो अस्थायी सरकार बनाई थी, उसमें एम बरकतुल्ला प्रधानमन्त्री थे और शेष सभी मन्त्री।
(c) वे सभी प्रमुख क्रान्तिकारी थे और स्वतन्त्रता आन्दोलन की अवधि में भारत से बाहर विविध देशों में काम कर रहे थे।
(d) वे सभी लॉर्ड डलहौजी पर फेंके जाने वाले बम के मामले में अभियुक्त थे।

54. कामागाटामारु

(a) एक राजनैतिक दल, जो ताइवान आधारित था
(b) चीन का एक किसान साम्यवादी नेता था
(c) कनाडा की यात्रा पर निकला एक जलपोत था
(d) चीन का गाँव जहाँ से माओत्से तुंग ने अपना 'लाँग मार्च' आरम्भ किया था

55. दादाभाई नौरोजी के विषय में निम्नलिखित में से कौन-सा एक कथन असत्य है?

(a) वह पहले भारतीय थे, जो एलफिन्स्टन कॉलेज, बम्बई में गणित एवं भौतिकी के प्रोफेसर नियुक्त हुए थे।
(b) 1892 में उन्हें ब्रिटिश पार्लियामेण्ट का एक सदस्य निर्वाचित किया गया था।
(c) उन्होंने एक गुजराती पत्रिका, 'रफ्त गोफ्तार' का आरम्भ किया था।
(d) उन्होंने चार बार भारतीय राष्ट्रीय कांग्रेस की अध्यक्षता की थी।

56. सुमेलित कीजिए

सूची I	सूची II
A. चटगाँव शस्त्रागार हमला	1. लाला हरदयाल
B. काकोरी षड्यन्त्र	2. जतिन दास
C. लाहौर षड्यन्त्र	3. सूर्यसेन
D. गदर पार्टी	4. राम प्रसाद बिस्मिल
	5. वासुदेव बलवन्त फड़के

कूट

	A	B	C	D		A	B	C	D
(a)	3	4	1	5	(b)	4	3	2	5
(c)	3	4	2	1	(d)	2	4	3	1

57. वर्ष 1911 में आयोजित दिल्ली दरबार के सम्बन्ध में निम्न कथनों पर विचार कीजिए

I. दिसम्बर, 1911 में ब्रिटिश सम्राट जॉर्ज पंचम और महारानी मेरी के भारत आगमन पर उनके स्वागत हेतु दिल्ली में यह दरबार आयोजित किया गया था।
II. 1 अप्रैल, 1912 को दिल्ली को कलकत्ता की जगह भारत की नई राजधानी बनाया गया।

उपरोक्त कथनों में से कौन-सा/से सत्य है/हैं?

(a) I और II दोनों (b) केवल II
(c) केवल I (d) न तो I और न ही II

58. होमरूल आन्दोलन भारत के स्वतन्त्रता संग्राम के एक नए चरण के आरम्भ का द्योतक था, क्योंकि

(a) इसने देश के सामने स्वशासन (Selfgovernment) की एक ठोस योजना रखी।
(b) आन्दोलन का नेतृत्व गाँधीजी के हाथ में आ गया।
(c) हिन्दुओं और मुसलमानों ने एक संयुक्त संघर्ष प्रारम्भ किया।
(d) इसने अतिवादियों और उदारवादियों के बीच पुनर्मेल स्थापित किया।

59. निम्नलिखित कथनों पर विचार कीजिए

I. वर्ष 1906 में कलकत्ता में आयोजित कांग्रेस के अधिवेशन में अध्यक्ष पद को लेकर उदारवादियों और उग्रवादियों में विवाद हो गया था।
II. राष्ट्रीय कांग्रेस के कलकत्ता अधिवेशन (1906) में ही दादाभाई नौरोजी ने पहली बार 'स्वराज' शब्द का उल्लेख किया था।

उपरोक्त कथनों में से कौन-सा/से सत्य है/हैं?

(a) केवल I (b) केवल II
(c) I और II दोनों (d) न तो I और न ही II

60. स्वदेशी आन्दोलन की किन जगहों पर तीव्र प्रतिक्रिया हुई?

(a) मद्रास एवं हैदराबाद (b) बंगाल एवं महाराष्ट्र
(c) बिहार एवं उड़ीसा (d) भारतीय रियासत

61. निम्न पर विचार कीजिए

I. नरहरि पारिख II. बृज किशोर
III. मजहरुल हक

उपरोक्त में से किसने महात्मा गाँधी के चम्पारण सत्याग्रह में भाग लिया था/थे?

(a) केवल I (b) II और III
(c) I और II (d) I, II और III

62. स्वतन्त्रता आन्दोलन के क्रान्तिकारी आतंकवादियों का पहला महत्त्वपूर्ण साहसिक कार्य बर्रा डकैती का स्थान था

(a) बम्बई-कर्नाटक में
(b) पंजाब में
(c) पूर्वी बंगाल में
(d) मद्रास प्रेसीडेन्सी में

63. निम्नलिखित में किस अधिवेशन में मुस्लिम लीग ने एक प्रस्ताव पारित किया, जिसमें बकरीद के अवसर पर गोवध को निषिद्ध किया?

(a) 1919 के मुस्लिम लीग के अमृतसर अधिवेशन में
(b) 1937 के मुस्लिम लीग के लखनऊ अधिवेशन में
(c) 1940 के मुस्लिम लीग के लाहौर अधिवेशन में
(d) उपरोक्त में से कोई नहीं

64. सुमेलित कीजिए

सूची I (नेता)	सूची II (उपनाम)
A. रवीन्द्रनाथ टैगोर	1. ग्राण्ड ओल्डमैन
B. मदन मोहन मालवीय	2. पंजाब केसरी
C. लाला लाजपत राय	3. महामना
D. दादाभाई नौरोजी	4. गुरुदेव

कूट

	A	B	C	D
(a)	1	2	3	4
(b)	1	2	4	3
(c)	2	3	1	4
(d)	4	3	2	1

65. निम्नलिखित में से किस आन्दोलन के कारण भारतीय राष्ट्रीय कांग्रेस का विभाजन हुआ, जिसके परिणामस्वरूप 'नरम दल' और 'गरम दल' का उद्भव हुआ?

(a) स्वदेशी आन्दोलन (b) भारत छोड़ो आन्दोलन
(c) असहयोग आन्दोलन (d) सविनय अवज्ञा आन्दोलन

66. सुमेलित कीजिए

सूची I (प्रसिद्ध वचन)	सूची II (सम्बद्ध व्यक्ति)
A. समूचा भारत एक विशाल बन्दीगृह है	1. महात्मा गाँधी
B. हिन्दी, हिन्दू , हिन्दुस्तान	2. जवाहरलाल नेहरू
C. हू लिव्ज इफ इण्डिया डाइज	3. भारतेन्दु हरिश्चन्द्र
D. हमने घुटने टेककर रोटी माँगी, किन्तु पत्थर मिले	4. सी आर दास

कूट

	A	B	C	D
(a)	1	2	3	4
(b)	4	3	2	1
(c)	1	4	3	2
(d)	3	4	1	2

67. बंगाल के विभाजन के समय, बंगाल का लेफ्टिनेण्ट गवर्नर था

(a) सर एण्ड्रूज फ्रेजर (b) एचएच रिजले
(c) ब्रोड्रिक (d) एटी एरुण्डेल

68. सुमेलित कीजिए

सूची I	सूची II
A. तिलक की मृत्यु	1. 1918
B. गोखले की मृत्यु	2. 1904
C. एस एन बनर्जी का कांग्रेस से त्यागपत्र	3. 1920
D. कर्नल यंग का तिब्बत अभियान	4. 1915

कूट

	A	B	C	D
(a)	3	4	1	2
(b)	4	1	2	3
(c)	4	3	1	2
(d)	3	1	4	2

69. निम्नलिखित घटनाओं को उनके सही कालक्रम में प्रस्तुत कीजिए

I. लखनऊ समझौता
II. गाँधी-इर्विन समझौता
III. पूना समझौता
IV. सविनय अवज्ञा आन्दोलन की अन्तिम रूप से वापसी

उपरोक्त कथनों में से कौन-सा/से कथन सही है/हैं?

(a) I, III, II और IV (b) I, II, III और IV
(c) I, III, IV और II (d) I, IV, III और II

70. निम्नलिखित कथनों पर विचार कीजिए

I. मुस्लिम लीग के 1908 में अमृतसर में हुए अधिवेशन में मुसलमानों के लिए पृथक् निर्वाचन-मण्डल की माँग की गई थी।
II. मुसलमानों के लिए पृथक् निर्वाचन मण्डल का प्रावधान 1909 के मार्ले-मिण्टो सुधार में किया गया था।
III. मुस्लिम लीग के प्रथम अध्यक्ष वकार-उल-मुल्क मुश्ताक हुसैन थे।

उपरोक्त कथनों में से कौन-सा/से सत्य है/हैं?

(a) I और II (b) II और III
(c) I, II और III (d) इनमें से कोई नहीं

71. प्रथम विश्वयुद्ध के दौरान आन्दोलन, जो भारत में लोकप्रिय हुआ था वह था

(a) स्वदेशी एवं बहिष्कार आन्दोलन
(b) होमरूल आन्दोलन
(c) पृथकतावादी आन्दोलन
(d) स्वराजिस्ट पार्टी आन्दोलन

72. निम्न में से कौन फेबियन आन्दोलन का प्रस्तावक था?

(a) ऐनी बेसेन्ट (b) ए ओ ह्यूम
(c) माइकल मधुसूदन दत्त (d) आर पाम दत्त

73. निम्नलिखित में से किसने प्रसिद्ध चटगाँव शस्त्रागार धावा (Chattagaon armoury raid) आयोजित किया था?

(a) लक्ष्मी सहगल (b) सूर्यसेन
(c) बटुकेश्वर दत्त (d) जे एम सेन गुप्ता

74. निम्नलिखित में किसने ऑल इण्डिया मुस्लिम लीग की स्थापना की थी?

(a) सर सैयद अहमद खाँ (b) सर मोहम्मद इकबाल
(c) आगा खान (d) नवाब सलीमुल्ला खान

75. निम्नलिखित कथनों पर विचार कीजिए

I. 1917 में महात्मा गाँधी चम्पारण के किसान राजकुमार शुक्ल के निमन्त्रण पर चम्पारण आए थे।
II. गाँधीजी ने नील किसानों के समर्थन में सत्याग्रह का पहली बार भारत में प्रयोग किया था।

उपरोक्त कथनों में से कौन-सा/से सत्य है/हैं?

(a) I और II दोनों
(b) केवल II
(c) केवल I
(d) न तो I और न ही II

76. 1919 के भारत शासन अधिनियम की निम्नलिखित में से कौन-सी विशेषता/विशेषताएँ है/हैं?

I. प्रान्तों की कार्यकारिणी सरकार में द्वैध-शासन की व्यवस्था
II. मुसलमानों के लिए पृथक् साम्प्रदायिक निर्वाचक-मण्डलों की व्यवस्था
III. केन्द्र द्वारा प्रान्तों को विधायिनी शक्ति का हस्तान्तरण

उपरोक्त कथनों में से कौन-सा/से कथन सही है/हैं?

(a) केवल I (b) II और III
(c) I और III (d) I, II और III

77. अखिल भारतीय कांग्रेस की प्रथम महिला अध्यक्ष थीं
(a) नेल्ली सेन गुप्ता (b) सरोजिनी नायडू
(c) ऐनी बेसेन्ट (d) कादम्बिनी बोस

78. सुमेलित कीजिए

सूची I (भारतीय कांग्रेस के अधिवेशन)		सूची II (अध्यक्ष)
A.	1908	1. विष्णु नारायण धर
B.	1909	2. सर विलियम वेडरबर्न
C.	1910	3. मदन मोहन मालवीय
D.	1911	4. रास बिहारी घोष

कूट
A B C D
(a) 4 3 2 1
(b) 1 2 3 4
(c) 3 4 2 1
(d) 1 3 4 2

79. निम्नलिखित कथनों पर विचार कीजिए
I. 1916 के लखनऊ अधिवेशन में कांग्रेस का एकीकरण हुआ था।
II. 1906 में वी आर शिन्दे ने बम्बई में डिप्रेस्ड क्लास मिशन सोसायटी की स्थापना की थी।
III. 1910 के इलाहाबाद भारतीय राष्ट्रीय कांग्रेस के अधिवेशन की अध्यक्षता डब्ल्यू सी बनर्जी ने की थी।
उपरोक्त कथनों में से कौन-सा/से सत्य है/हैं?
(a) केवल II (b) II और III
(c) I और III (d) I और II

80. सुमेलित करें

सूची I (भारतीय राष्ट्रीय कांग्रेस के अधिवेशन)	सूची II (अध्यक्ष)
A. 1912	1. सर एस पी सिन्हा
B. 1913	2. भूपेन्द्र नाथ बोस
C. 1914	3. सैयद मोहम्मद बहादुर
D. 1915	4. आर एन माधेलकर

कूट
A B C D
(a) 4 3 2 1
(b) 1 2 3 4
(c) 2 4 3 1
(d) 1 4 3 2

81. निम्नलिखित कथनों पर विचार कीजिए
I. 1912 में देश की आजादी के लिए जनमत तैयार करने के उद्देश्य से मौलाना अबुल कलाम आजाद ने 'अल हिलाल' नामक समाचार पत्र का प्रकाशन किया था।
II. बंगाल विभाजन को रद्द करने की घोषणा 1911 में की गई थी।
III. 1918 में खेड़ा सत्याग्रह में हिस्सा लेकर वल्लभ भाई पटेल ने भारतीय राजनीति में प्रवेश किया।
उपरोक्त कथनों में कौन-सा/से सत्य है/हैं?
(a) I और II (b) केवल II
(c) I, II और III (d) केवल III

82. वर्ष 1918 में बम्बई में आयोजित भारतीय राष्ट्रीय कांग्रेस के विशेष अधिवेशन की अध्यक्षता किसने की थी?
(a) मदन मोहन मालवीय (b) सैयद हसन इमाम
(c) ऐनी बेसेन्ट (d) इनमें से कोई नहीं

83. पंजाब में कृषक आन्दोलन आयोजित करने के लिए लाला लाजपत राय को किस वर्ष निर्वासित करके माण्डले जेल भेजा गया?
(a) 1905 (b) 1907
(c) 1909 (d) 1911

84. गाँधीजी चम्पारण क्यों गए?
(a) सत्याग्रह आन्दोलन का आरम्भ करने के लिए।
(b) असहयोग आन्दोलन का आरम्भ करने के लिए।
(c) नील की खेती करने वालों की शिकायतों की जाँच-पड़ताल करने के लिए।
(d) जमींदारों के खिलाफ लड़ने के लिए।

85. मुस्लिम लीग के सम्बन्ध में निम्नलिखित कथनों में से कौन-सा एक सही नहीं है?
(a) यह हिन्दू और मुसलमानों के बीच साम्प्रदायिक फूट डालने का सबसे बड़ा कारण बना
(b) इसकी स्थापना की घोषणा 30 दिसम्बर, 1906 को लखनऊ में आयोजित एक बैठक में की गई
(c) इसके प्रथम अध्यक्ष जिन्ना थे
(d) a एवं b दोनों

86. बंगाल विभाजन को रद्द घोषित किया गया
(a) 11 दिसम्बर, 1912 (b) 12 दिसम्बर, 1911
(c) 11 नवम्बर, 1911 (d) 12 सितम्बर, 1912

87. वर्ष 1918 की अहमदाबाद मिल हड़ताल के बारे में निम्नलिखित कथनों पर विचार कीजिए
I. यह कार्य के घण्टों के सम्बन्ध में कामगारों एवं यूरोपीय मिल मालिकों के बीच विवाद से सम्बन्धित था।
II. गाँधीजी ने कामगारों को हड़ताल पर जाने की सलाह दी।
उपरोक्त कथनों में कौन-सा/से सही है/हैं?
(a) केवल I
(b) केवल II
(c) I और II दोनों
(d) न तो I और न ही II

88. उदारवादियों एवं उग्रवादियों के बीच निम्न में से कौन-सा एक अन्तर सही नहीं है?
(a) उदारवादी ब्रिटिश न्यायप्रियता में विश्वास रखते थे, जबकि उग्रवादी ब्रिटिश न्यायप्रियता में कोई विश्वास या निष्ठा नहीं रखते थे।
(b) उदारवादी पाश्चात्य शिक्षा एवं सभ्यता के समर्थक नहीं थे, जबकि उग्रवादी पाश्चात्य शिक्षा एवं सभ्यता के समर्थक थे।
(c) उदारवादियों ने सरकारी सेवाओं में भारतीयों की सहभागिता बढ़ाने के लिए संवैधानिक सुधारों की माँग की, जबकि उग्रवादियों ने भारतीय दुर्दशा को दूर करने हेतु स्वराज की माँग की थी।
(d) उदारवादी ताज के प्रति पूर्ण निष्ठा दिखाते थे, जबकि उग्रवादियों का मानना था कि ब्रिटिश ताज भारतीय निष्ठा के प्रति अयोग्य है।

89. निम्नलिखित कथनों पर विचार कीजिए

I. प्रारम्भ में अनुशीलन समिति का नाम 'भारत अनुशीलन समिति' था।

II. बंगाल में क्रान्तिकारी आन्दोलन का सूत्रपात 'भद्रलोक समाज' ने किया था।

III. बिहार में 'भारत माता समिति' की स्थापना की गई थी।

उपरोक्त कथनों में से कौन-सा/से असत्य है/हैं?

(a) I और II (b) केवल III
(c) I, II और III (d) केवल II

90. सुमेलित कीजिए

सूची I (कांग्रेस अध्यक्ष)	सूची II (अधिवेशन स्थान)
A. डॉ. एम ए अंसारी	1. हरिपुरा
B. पुरुषोत्तम दास टण्डन	2. कानपुर
C. सरोजिनी नायडू	3. मद्रास
D. सुभाषचन्द्र बोस	4. नासिक

कूट

	A	B	C	D
(a)	1	2	4	3
(b)	2	3	1	4
(c)	3	4	2	1
(d)	4	1	3	2

91. म्निलिखित में कौन-सा/से युग्म सही सुमेलित है/हैं?

(संस्था/संगठन) – (संस्थापक/संगठनकर्ता)

I. अभिनव भारत – वी.डी. सावरकर

II. व्यायाम मण्डल – चापेकर बन्धु

III. ढाका अनुशीलन समिति – वारीन्द्र कुमार घोष

उपरोक्त कथनों में से कौन-सा/से कथन सही है/हैं?

(a) I और II (b) II और III (c) I और III (d) I, II और III

92. इण्डिया होमरूल सोसायटी जैसी क्रान्तिकारी संस्था की स्थापना कहाँ की गई थी?

(a) लन्दन (b) पेरिस
(c) कनाडा (d) सैनफ्रांसिस्को

93. मदर ऑफ इण्डियन रिवोल्यूशन किसे कहा जाता है?

(a) सरोजिनी नायडू (b) मैडम भीकाजी कामा
(c) ऐनी बेसेन्ट (d) अरुणा आसफ अली

94. निम्नलिखित में से किसे बाघा जतिन के नाम से जाना जाता है?

(a) जतिन दास (b) रोशन सिंह
(c) जतीन्द्रनाथ मुखर्जी (d) शचीन्द्र सान्याल

95. बंगाल के वे कौन-से क्रान्तिकारी थे, जिन्होंने पेरिस में रूस की सहायता से सैन्य प्रशिक्षण प्राप्त कर कलकत्ता माणिकतल्ला में बम बनाने का कारखाना खोला?

(a) बारीन्द्र कुमार घोष (b) भूपेन्द्र नाथ दत्त
(c) हेमचन्द्र कानूनगो (d) रासबिहारी बोस

96. अभिनव भारत समाज क्या था?

(a) एक क्रान्तिकारी संघ
(b) सामाजिक सुधार संघ
(c) भारतीय राष्ट्रीय कांग्रेस की एक अनुषंगी संस्था
(d) विदेशों में मानवीय संस्कृति की प्रचारक संस्था

97. भारत माता समाचार पत्र का सम्बन्ध निम्न में से किससे था?

(a) भगत सिंह (b) अजीत सिंह
(c) लाला लाजपत राय (d) गुलाम हुसैन

98. "याद रखना कि पृथक् निर्वाचन क्षेत्र बनाकर हम एक ऐसे घातक विष के बीज बो रहे हैं, जिसकी फसल बड़ी कड़वी होगी।"

उपरोक्त कथन निम्न में से किसका है?

(a) मॉण्टेग्यू (b) मिण्टो
(c) मार्ले (d) इनमें से कोई नहीं

99. निम्न में से कौन-सा/से कथन सही है/हैं?

I. महाराष्ट्र में 'आर्य बान्धव समिति' नामक क्रान्तिकारी संस्था तिलक की प्रेरणा से स्थापित की गई।

II. चापेकर बन्धु क्रान्तिकारी संस्था 'हिन्दू धर्म संघ' से जुड़े थे।

उपरोक्त में से कौन-सा/से कथन सही है/हैं?

(a) केवल I (b) केवल II
(c) I और II (d) इनमें से कोई नहीं

100. 1908 में 6 वर्ष की कारावास की सजा स्वतन्त्रता संग्राम के किस उग्रवादी नेता को दी गई थी?

(a) विपिनचन्द्र पाल (b) बाल गंगाधर तिलक
(c) लाला लाजपत राय (d) अरविन्द घोष

101. 1918 के कांग्रेस अधिवेशन के सम्बन्ध में निम्न कथनों पर विचार कीजिए

I. 1918 के कांग्रेस अधिवेशन की अध्यक्षता मदन मोहन मालवीय ने दिल्ली में की।

II. 1918 के कांग्रेस के विशेष अधिवेशन की अध्यक्षता सैयद हसन इमाम ने बम्बई में की। इसी अधिवेशन में पहली बार मौलिक अधिकारों की माँग की गई।

उपरोक्त में कौन-सा/से कथन सही है/हैं?

(a) केवल I (b) केवल II
(c) I और II दोनों (d) न तो I और ही II

102. जलियाँवाला बाग हत्याकाण्ड की जाँच हेतु कांग्रेस द्वारा गठित तहकीकात कमेटी के अध्यक्ष निम्न में से कौन थे?

(a) मोती लाल नेहरू (b) अब्बास तैयबजी
(c) सी आर दास (d) मदन मोहन मालवीय

103. निम्नलिखित पर विचार कीजिए

I. ऐनी बेसेन्ट II. मुहम्मद अली जिन्ना
III. विपिन चन्द्र पाल IV. राजेन्द्र प्रसाद

उपरोक्त में किसने असहयोग आन्दोलन के विरोध में कांग्रेस से त्यागपत्र दे दिए थे?

(a) II, III और IV (b) I, II और IV
(c) I, II और III (d) I, II, III और IV

104. अलीपुर सेण्ट्रल जेल स्थित है

(a) मुम्बई में (b) कोलकाता में
(c) चेन्नई में (d) दिल्ली में

105. कांग्रेस के मंच से भारतीय राष्ट्रीय कांग्रेस के किस अधिवेशन में प्रथम बार 'स्वराज' शब्द व्यक्त किया गया था?

(a) बनारस अधिवेशन, 1905 (b) कलकत्ता अधिवेशन, 1906
(c) सूरत अधिवेशन, 1907 (d) इनमें से कोई नहीं

106. कांग्रेस के 1916 के लखनऊ अधिवेशन में कौन-सा मुख्य दूरगामी परिणाम वाला निर्णय लिया गया था?
(a) मुस्लिम लीग की पृथक् निर्वाचन क्षेत्र की माँग स्वीकार की
(b) कांग्रेस और मुस्लिम लीग का अस्थायी विलय हो गया
(c) कांग्रेस का अध्यक्ष एक मुस्लिम व्यक्ति चुना गया
(d) उपरोक्त में से कोई नहीं

107. मुजफ्फरपुर में किंग्स फोर्ड की हत्या का प्रयास कब किया गया?
(a) 1908 (b) 1909 (c) 1970 (d) 1911

108. कामागाटामारु प्रकरण के सम्बन्ध में निम्न कथनों पर विचार कीजिए
I. वर्ष 1914 में घटित यह प्रकरण कनाडा में भारतीयों के प्रवेश से सम्बन्धित विवाद पर आधारित था।
II. कनाडा की सर्वोच्च अदालत ने नवम्बर, 1913 में ऐसे 35 भारतीयों को कनाडा में प्रवेश की अनुमति प्रदान की थी, जो सीधे भारत से कनाडा नहीं आए थे।

उपरोक्त कथनों में से कौन-सा/से सत्य है/हैं?
(a) केवल I (b) केवल II
(c) I और II दोनों (d) न तो I न ही II

109. भारतीय स्वाधीनता संघर्ष के सन्दर्भ में, निम्नलिखित में से कौन-सा कथन सही नहीं है?
(a) हकीम अजमल खान राष्ट्रवादी तथा चरमपंथी अहरार आन्दोलन शुरू करने वाले नेताओं में से थे।
(b) भारतीय राष्ट्रीय कांग्रेस के संगठन के समय सर सैयद अहमद खान ने इसका विरोध किया।
(c) 1906 में गठित अखिल भारतीय मुस्लिम लीग ने बंगाल के विभाजन और अलग निर्वाचक समूह बनाए जाने का प्रबल विरोध किया।
(d) मौलाना बरकतुल्ला और मौलाना अब्दुल्ला सिन्धी काबुल में भारत की अन्त:कालीन सरकार का गठन करने वालों में से थे।

110. 1907 में मुस्लिम लीग का वार्षिक अधिवेशन कहाँ हुआ था?
(a) ढाका में (b) कराची में
(c) अलीगढ़ में (d) लखनऊ में

111. सुमेलित कीजिए

सूची I	सूची II
A. राजेन्द्र लाहिड़ी	1. गौण्डा जेल
B. सुखदेव	2. लाहौर सेन्ट्रल जेल
C. रोशन सिंह	3. गोरखपुर जेल
D. राम प्रसाद बिस्मिल	4. इलाहाबाद जेल

कूट
A B C D A B C D
(a) 1 2 4 3 (b) 2 1 3 4
(c) 1 2 3 4 (d) 4 3 2 1

112. कांग्रेसी नेताओं द्वारा मॉण्टेग्यू चेम्सफोर्ड की निन्दा करने पर कई नरमपंथियों ने पार्टी छोड़कर निम्न में से कौन-सी पार्टी का गठन किया?
(a) स्वराज पार्टी
(b) इण्डियन फ्रीडम पार्टी
(c) इण्डिपेण्डेंस फेडरेशन ऑफ इण्डिया
(d) इण्डियन नेशनल लिबरल फेडरेशन

113. 'होमरूल लीग' के सम्बध में निम्न कथनों पर विचार कीजिए
I. बाल गंगाधर तिलक ने 28 अप्रैल, 1916 को बेलगाँव (पूना) में इसकी स्थापना की थी।
II. ऐनी बेसेन्ट ने सितम्बर, 1916 में इसकी स्थापना की थी।
III. ऐनी बेसन्ट अपने पत्र कॉमनवील और न्यू इण्डिया तथा तिलक ने मराठा एवं केसरी के माध्यम से इसके कार्यक्रमों का प्रचार किया।

उपरोक्त कथनों में से कौन सा/से सत्य है/हैं?
(a) केवल I (b) II और III
(c) I, II और III (d) केवल II

114. भारतीय मुसलमान, सामान्य रूप से उग्रवादी आन्दोलन की ओर आकर्षित नहीं हुए, इसका कारण था
(a) उन पर सर सैयद अहमद खाँ का प्रभाव।
(b) उग्रवादी नेताओं का मुस्लिम विरोधी दृष्टिकोण।
(c) मुस्लिम आकांक्षाओं के प्रति उदासीनता का भाव।
(d) उग्रवादियों की हिन्दू अतीत का राग अलापने की नीति।

115. भारतीय मुसलमानों के पृथक् राज्य के लिए पाकिस्तान शब्द का प्रयोग सबसे पहले निम्न में से किसने किया?
(a) सर मुहम्मद इकबाल
(b) सर आगा खाँ
(c) एम ए जिन्ना
(d) चौधरी रहमत अली व उनके मित्रों ने

116. सुमेलित कीजिए

सूची I (संघ)	सूची II (संस्थापक)
A. रिवोल्ट ग्रुप	1. रामप्रसाद बिस्मिल
B. हिन्दुस्तान रिपब्लिकन एसोसिएशन	2. चन्द्रशेखर आजाद
C. हिन्दुस्तान सोशलिस्ट रिपब्लिकन एसोसिएशन	3. लाला लाजपत राय
D. पंजाब नौजवान भारत सभा	4. भगतसिंह
	5. सूर्य सेन

कूट
A B C D A B C D
(a) 1 3 4 5 (b) 3 4 2 1
(c) 4 5 2 3 (d) 5 1 2 4

117. मैडम भीकाजी कामा से सम्बन्धित निम्नलिखित कथनों पर विचार कीजिए
I. मैडम कामा ने वर्ष 1907 में पेरिस में आयोजित अन्तर्राष्ट्रीय सोशलिस्ट सम्मेलन में राष्ट्रीय ध्वज फहराया।
II. मैडम कामा दादाभाई नौरोजी की निजी सचिव रहीं।
III. मैडम कामा के माता-पिता पारसी थे।

उपरोक्त कथनों में से कौन-सा/से सही है/हैं?
(a) I, II और III (b) II और III
(c) I और II (d) केवल III

118. निम्नलिखित में से किस भारतीय राष्ट्रीय नेता ने खिलाफत आन्दोलन का समर्थन नहीं किया?
(a) स्वामी श्रद्धानन्द (b) मदन मोहन मालवीय
(c) जवाहर लाल नेहरू (d) राजेन्द्र प्रसाद

119. जेल में भूख हड़ताल के कारण जिस स्वतन्त्रता सेनानी की मृत्यु हुई, वह था

(a) भगतसिंह (b) विपिन चन्द्र पाल
(c) जतिन दास (d) एस सी बोस

120. अतिवादियों एवं उदारवादियों के पुनर्मिलन की प्रक्रिया में प्रमुख शिल्पी निम्न में से कौन था?

(a) ऐनी बेसेन्ट (b) एम ए जिन्ना
(c) मैडम कामा (d) फिरोजशाह मेहता

121. मॉण्टेग्यू घोषणा के सम्बन्ध में निम्नलिखित कथनों पर विचार कीजिए

I. 1917 में घोषित इस घोषणा को उदारवादियों ने 'भारत का मैग्नाकार्टा की संज्ञा दी है।
II. इसका निष्कर्ष भारत में उत्तरदायी सरकार की स्थापना थी, जिसमें शासक जनता के निर्वाचित सदस्यों के प्रति उत्तरदायी होते हैं।

उपरोक्त कथनों में से कौन-सा/से कथन सत्य है/हैं?

(a) केवल I (b) केवल II
(c) I और II दोनों (d) न तो I और न ही II

122. निम्नलिखित कथनों पर विचार कीजिए

I. गाँधीजी इंग्लैण्ड से बैरिस्टरी पास करने के उपरान्त गुजरात के एक व्यापारी दादा अब्दुल्ला का मुकदमा लड़ने दक्षिण अफ्रीका गए थे।
II. गाँधीजी 1914 तक दक्षिण अफ्रीका में रुके, तत्पश्चात् वे भारत वापस लौटे थे।
III. गाँधीजी ने दक्षिण अफ्रीका प्रवास के दौरान वहाँ गोरों द्वारा काले लोगों से रंगभेद की नीति के विरुद्ध विरोध प्रकट किया।

उपरोक्त कथनों में से कौन-सा/से कथन सत्य है/हैं?

(a) केवल I (b) केवल II
(c) I और II दोनों (d) ये सभी

123. गाँधीजी द्वारा 'अहिंसात्मक प्रतिरोध सभा' के गठन का क्या कारण था?

(a) दक्षिण अफ्रीकी सरकार के भेदभावमूलक कानून का विरोध करने के लिए।
(b) किसानों की माँगों को पूरा करने के लिए।
(c) करों का विरोध करने के लिए।
(d) उपरोक्त में से कोई नहीं

124. निम्नलिखित कथनों पर विचार कीजिए

I. कांग्रेस तथा मुस्लिम लीग के बीच लखनऊ समझौता 1918 में हुआ था।
II. सविनय अवज्ञा आन्दोलन प्रारम्भ करने के समय भारत का गवर्नर-जनरल लॉर्ड इर्विन था।

उपरोक्त कथनों में से कौन-सा/से सत्य है/हैं?

(a) केवल I (b) केवल II
(c) I और II दोनों (d) न तो I न ही II

125. भारतीय राष्ट्रीय कांग्रेस का लाहौर अधिवेशन (1929) इतिहास में इसलिए बहुत प्रसिद्ध है, क्योंकि

I. कांग्रेस ने पूर्ण स्वराज्य की माँग का एक संकल्प पारित किया।
II. इस अधिवेशन में उग्रवादियों एवं उदारवादियों के बीच झगड़े को सुलझा लिया गया।
III. इस अधिवेशन में दो राष्ट्रों की माँग के सिद्धान्त को अस्वीकार करते हुए एक संकल्प पारित किया गया।

उपरोक्त में से कौन-सा/से कथन सही है/हैं?

(a) केवल I (b) II और III
(c) I और III (d) इनमें से कोई नहीं

126. वर्ष 1932 में महात्मा गाँधी ने मरणपर्यन्त उपवास प्रधानतया इसलिए किया कि

(a) गोलमेज सभा भारतीय राजनीतिक आकांक्षाओं को सन्तुष्ट करने में असफल हुई
(b) कांग्रेस और मुस्लिम लीग में मत-भिन्नता थी
(c) रैम्जे मैक्डोनाल्ड ने साम्प्रदायिक अधिनिर्णय (कम्युनल अवार्ड) की घोषणा की
(d) उपरोक्त में से कोई नहीं

127. दिल्ली में 24 फरवरी, 1922 को आयोजित अखिल भारतीय कांग्रेस समिति की बैठक में असहयोग आन्दोलन वापस लेने के लिए गाँधीजी के विरुद्ध निन्दा प्रस्ताव किसने प्रस्तुत किया था?

(a) के टी शाह (b) विपिन चन्द्र पाल
(c) सुभाष चन्द्र बोस (d) डॉ. मुंजे

128. इनमें से किसने अप्रैल, 1930 में नमक कानून तोड़ने के लिए तंजौर तट पर एक अभियान संगठित किया था?

(a) वी ओ चिदम्बरम पिल्लै (b) सी राजगोपालाचारी
(c) के कामराज (d) ऐनी बेसेन्ट

129. निम्नलिखित में से स्वतन्त्रता संघर्ष से सम्बन्धित कौन-से कथन सही हैं?

I. भारत में ब्रिटिश राज भारतीय लोक के अनेक वर्गों की सहमति अथवा मौन सम्मति के आधार पर सफल हो सका।
II. औपनिवेशिक शासन का सामाजिक आधार जमींदारों तथा उच्च वर्गों में था।
III. आजाद हिन्द फौज ने अंग्रेजों को भारत से वापस जाने पर बाध्य किया।
IV. हिन्दू महासभा ने भारत-विभाजन का समर्थन किया।

कूट

(a) I और II (b) II और III
(c) III और IV (d) I, II, III और IV

130. निम्नलिखित में से कौन-सा एक बाल गंगाधर तिलक के सम्बन्ध में सही नहीं है?

(a) उन्होंने आर्यों के उत्तर ध्रुवीय आवास के सिद्धान्त का प्रतिपादन किया था।
(b) उन्होंने गो-वध विरोधी समाज की स्थापना की थी।
(c) उन्होंने पूना में होमरूल लीग की स्थापना की थी।
(d) उन्होंने सहमति की आयु विधेयक का समर्थन किया।

131. निम्नलिखित को कालक्रमानुसार लगाएँ

I. भगत सिंह एवं बी के दत्त द्वारा केन्द्रीय विधान सभा में बम फेंका गया।
II. बी के घोष एवं भूपेन दत्ता द्वारा पूर्वी बंगाल के लेफ्टिनेन्ट गवर्नर फुल्लर की हत्या का प्रयास।
III. दिल्ली के निकट लॉर्ड इर्विन की ट्रेन को उड़ाने का प्रयास।

IV. रासबिहारी बोस एवं सचिन सान्याल द्वारा लॉर्ड हार्डिंग की हत्या का प्रयास।

कूट

(a) II, I, III, IV (b) II, IV, I, III
(c) I, II, IV, III (d) I, IV, II, III

132. भारतीय स्वतन्त्रता आन्दोलन के समय, राष्ट्रीय सामाजिक सम्मेलन (नेशनल सोशल कॉन्फ्रेंस) का गठन किया गया था। इसके गठन के लिए उत्तरदायी कारण था

(a) बंगाल क्षेत्र के विभिन्न सामाजिक सुधार ग्रुप/संगठन किसी एक मंच पर एकत्रित होकर व्यापक हित में माँग-पत्र सरकार के समक्ष प्रस्तुत करना चाहते थे।
(b) भारतीय राष्ट्रीय कांग्रेस अपने कार्यक्रम में सामाजिक सुधारों को नहीं रखना चाहती थी। इसीलिए प्रस्तुत उद्देश्य के लिए उसने अलग से संगठन बनाने का सुझाव दिया।
(c) बहरामजी मालाबारी और एम जी रानाडे ने यह निश्चय किया कि देश के समस्त सामाजिक सुधार ग्रुपों को एक संगठन के अन्तर्गत लाया जाए।
(d) उपरोक्त में से कोई नहीं

133. कांग्रेस सोशलिस्ट पार्टी के सन्दर्भ में निम्नलिखित कथनों पर विचार कीजिए

I. इसने ब्रिटिश माल के बहिष्कार और करों के अपवंचन (इवेजन) की वकालत की।
II. यह सर्वहारा वर्ग का अधिनायकत्व स्थापित करना चाहती थी।
III. इसने अल्पसंख्यकों तथा दलित वर्गों के लिए पृथक् निर्वाचन क्षेत्र की वकालत की।

उपरोक्त कथनों में से कौन-सा/से सही है/हैं?

(a) I और II (b) केवल III
(c) II और III (d) इनमें से कोई नहीं

134. भारत छोड़ो आन्दोलन अथवा 1942 के विद्रोह के क्या कारण थे?

I. एक एशियाई शक्ति (जापान) द्वारा दक्षिण-पश्चिम एशिया में अंग्रेजों की पराजय से अगस्त 1942 में प्रभावित लोकप्रिय भावना।
II. भारत स्थित अधिकतर विदेशी सेनाओं का निन्दनीय व्यवहार।
III. कीमतों में वृद्धि तथा चावल और नमक जैसी आवश्यक वस्तुओं की कमी।
IV. कांग्रेसी नेताओं द्वारा 1942 में मित्र राष्ट्रों की पराजय का अनुमान।
V. भारत छोड़ो प्रस्ताव पारित किए जाने से पूर्व अंग्रेजों की नरम तथा बाद में इसके पूर्णत: दमन की नीति।

कूट

(a) I, II, III और V (b) I, II और V
(c) I, III और V (d) ये सभी

135. कांग्रेस के त्रिपुरी अधिवेशन के पश्चात् सुभाष चन्द्र बोस और दक्षिण-पंथी का समस्त झगड़ा किस प्रश्न पर केन्द्रित हो गया?

(a) कांग्रेस कार्यकारिणी समिति का गठन
(b) देशी राज्यों के प्रति नीति
(c) केन्द्र सरकार के प्रति रुख
(d) कांग्रेस समाजवादी दल के सदस्यों की दोहरी सदस्यता

136. 12 अप्रैल, 1944 को सुभाष चन्द्र बोस ने एक नगर में 'भारतीय राष्ट्रीय सेना' का झण्डा फहराया था। वह नगर इस समय किस राज्य/केन्द्र शासित प्रदेश में है?

(a) अण्डमान एवं निकोबार द्वीप समूह
(b) त्रिपुरा
(c) मणिपुर
(d) मिजोरम

137. रॉलेट एक्ट का लक्ष्य था

(a) युद्ध प्रयासों को अनिवार्य आर्थिक समर्थन
(b) बिना मुकदमा चलाए बन्दी बनाना और मुकदमों की सुनवाई संक्षिप्त प्रक्रिया द्वारा
(c) खिलाफत आन्दोलन का दमन
(d) प्रेस स्वातन्त्र्य पर प्रतिबन्ध लगाना

138. गाँधी-इर्विन समझौते में कौन-सी शर्त/शर्तें शामिल नहीं थी/थीं?

I. सभी अध्यादेशों की वापसी तथा सुनवाई वापस लिया जाना।
II. सभी प्रकार के राजनैतिक बन्दियों की रिहाई।
III. सत्याग्रहियों की जब्त सम्पत्ति की वापसी।
IV. शराब, अफीम तथा विदेशी वस्त्रों की दुकानों की शान्तिपूर्ण घेराबन्दी की अनुमति।
V. सभी भारतीयों को कर मुक्त नमक एकत्रित करने अथवा निर्मित करने की अनुमति।

कूट

(a) केवल II (b) I और II (c) II और V (d) केवल I

139. निम्नलिखित कथनों पर विचार कीजिए

I. प्रथम गोलमेज सम्मेलन में डॉ. अम्बेडकर ने दलित वर्ग के लिए अलग निर्वाचक मण्डल की माँग रखी।
II. पूना पैक्ट में स्थानीय निकायों तथा सिविल सेवाओं में दलित वर्गों के प्रतिनिधित्व के लिए विशेष उपबन्ध रखे गए थे।
III. तृतीय गोलमेज सम्मेलन में भारतीय राष्ट्रीय कांग्रेस ने भाग नहीं लिया था।

उपरोक्त कथनों में से कौन-सा/से सही है/हैं?

(a) I और II (b) II और III (c) I और III (d) I, II और III

140. भारत के स्वतन्त्रता आन्दोलनों का निम्नलिखित में से कौन-सा कालानुक्रम है?

(a) भारत छोड़ो आन्दोलन - असहयोग आन्दोलन - सविनय अवज्ञा आन्दोलन
(b) असहयोग आन्दोलन-सविनय अवज्ञा आन्दोलन - भारत छोड़ो आन्दोलन
(c) भारत छोड़ो आन्दोलन-सविनय अवज्ञा आन्दोलन-असहयोग आन्दोलन
(d) सविनय अवज्ञा आन्दोलन-भारत छोड़ो आन्दोलन-असहयोग आन्दोलन

141. असहयोग एवं खिलाफत आन्दोलनों के सन्दर्भ में कौन-सा/से कथन असत्य है/हैं?

I. अखिल भारतीय कांग्रेस कमेटी के विजयवाड़ा अधिवेशन (अप्रैल, 1921) में असहयोग आन्दोलन को धन उपलब्ध कराने के लिए तिलक स्वराज फण्ड की स्थापना की गई।

II. उसी अधिवेशन में जून, 1921 तक कांग्रेस के लिए एक करोड़ सदस्य बनाने का निर्णय लिया गया।
III. कराची खिलाफत सम्मेलन में जुलाई, 1921 में अली बन्धुओं ने मुसलमानों को सेना से इस्तीफा देने की सलाह दी, अत: अंग्रेजों ने नवम्बर, 1921 में उन्हें जेल भेज दिया।
IV. हसरत मोहानी जैसे कुछ खिलाफत सदस्यों ने 1921 के अन्त तक पूर्ण स्वराज की माँग शुरू कर दी थी।
V. दिल्ली में जामिया मिलिया इस्लामिया की स्थापना 1921 में हुई।

कूट
(a) केवल IV (b) III और IV (c) केवल V (d) IV और V

142. भारतीय स्वतन्त्रता संघर्ष के दौरान साइमन कमीशन का प्रयोजन क्या था?
(a) जलियाँवाला बाग हत्याकाण्ड से सम्बन्धित घटना की जाँच करना
(b) गवर्नमेंट ऑफ इण्डिया एक्ट, 1919 के कार्यकरण की जाँच-पड़ताल करना
(c) भारत में पाश्चात्य शिक्षा के संवर्द्धन का सुझाव देना
(d) 'डोमिनियन स्टेट्स' के ढाँचे के अन्तर्गत भारत के लिए एक संविधान ढाँचा तैयार करना

143. गाँधी की 'सत्याग्रह' तकनीक अतिवादियों के 'निष्क्रिय विरोध' से अलग थी। इस अन्तर के बारे में क्या असत्य है/हैं?
I. निष्क्रिय विरोध स्वार्थ-परायणता है, जबकि सत्याग्रह एक नैतिक अस्त्र है, जोकि भौतिक बल पर आत्मिक बल की श्रेष्ठता पर आधारित है।
II. पहला कमजोर लोगों का हथियार है, लेकिन दूसरा बहादुरों का।
III. पहला स्थिर है, जबकि दूसरा गतिमान है।
IV. पहले का तरीका नकारात्मक है जबकि दूसरे का तरीका सकारात्मक है।
V. पहले का उद्देश्य विरोधी की गलतियों से लाभ उठाना है, जबकि दूसरे का उद्देश्य विरोधी को लज्जित कर उससे समर्पण कराना है।

कूट
(a) II और III (b) केवल V (c) II और V (d) केवल II

144. भारत में स्वराज पार्टी की स्थापना निम्नलिखित कारणों में से एक अथवा अधिक के लिए की गई थी
I. गाँधीजी द्वारा असहयोग आन्दोलन वापिस लेना।
II. काउन्सिलों में प्रवेश कर तथा उन्हें काम न करने देकर 1919 के भारत शासन अधिनियम का उच्छेदन करना।
III. ब्रिटिश सरकार द्वारा दमन।
IV. भारतीयों द्वारा इस आशय की अनुभूति कि उन्हें प्रशासन का अनुभव प्राप्त करना चाहिए।

कूट
(a) केवल I (b) I और II
(c) I, II और III (d) I, III और IV

145. भारतीय स्वतन्त्रता संघर्ष में हरिपुरा कांग्रेस (1938) किस कारण से एक मील का पत्थर बनी हुई है?
(a) इसने ब्रिटिश साम्राज्य के विरुद्ध युद्ध की घोषणा की
(b) इसने जवाहरलाल नेहरू को भारत के भावी प्रधानमन्त्री के रूप में अभिषिक्त किया
(c) एक योजना आयोग के विचार को आरम्भ करने हेतु
(d) कांग्रेस द्वारा भारत सरकार अधिनियम, 1935 को स्वीकृत करने हेतु

146. सुमेलित कीजिए

सूची I (घटना)	सूची II (वर्ष)
A. असहयोग आन्दोलन	1. 1942
B. सविनय अवज्ञा आन्दोलन	2. 1937
C. कांग्रेस मन्त्रिमण्डलों का गठन	3. 1930
D. भारत छोड़ो आन्दोलन	4. 1920

कूट

	A	B	C	D		A	B	C	D
(a)	1	2	3	4	(b)	4	3	2	1
(c)	2	1	4	3	(d)	3	4	1	2

147. 1919 के भारत शासन अधिनियम की निम्नलिखित में से कौन-सी विशेषता/विशेषताएँ है/हैं?
I. प्रान्तों की कार्यकारिणी सरकार में द्वैध-शासन की व्यवस्था।
II. मुसलमानों के लिए पृथक् साम्प्रदायिक निर्वाचक-मण्डलों की व्यवस्था।
III. केन्द्र द्वारा प्रान्तों को विधायिनी शक्ति का हस्तान्तरण।

कूट
(a) केवल I (b) II और III (c) I और III (d) I, II और III

148. निम्नलिखित में से किसने सबसे पहले 'स्वराज्य' शब्द का प्रयोग किया था?
(a) राजा राममोहन राय (b) बाल गंगाधर तिलक
(c) महात्मा गाँधी (d) स्वामी विवेकानन्द

149. निम्नलिखित कथनों पर विचार कीजिए
I. 1936 में हस्ताक्षरित 'बम्बई मेनिफेस्टो' प्रत्यक्ष रूप से समाजवादी आदर्शों के प्रतिपादन का विरोधी था।
II. इसको समस्त भारत से वृहत् व्यापारिक समुदाय का सहयोग मिला था।

उपरोक्त कथनों में से कौन-सा/से सही है/हैं?
(a) केवल I
(b) केवल II
(c) I और II दोनों
(d) न तो I न ही II

150. भारत की स्वतन्त्रता से सम्बन्धित निम्न कथनों में से कौन-सा एक सही नहीं है?
(a) रॉलेट एक्ट से सार्वजनिक रोष की एक लहर उमड़ी, जिसके फलस्वरूप जलियाँवाला बाग जनसंहार हुआ।
(b) सुभाष चन्द्र बोस ने फॉरवर्ड ब्लॉक गठित किया था।
(c) भगतसिंह हिन्दुस्तान रिपब्लिकन सोशलिस्ट एसोसिएशन के संस्थापकों में से एक थे।
(d) 1931 में कराची के कांग्रेस अधिवेशन में गाँधी-इर्विन समझौते का विरोध हुआ था।

151. सत्याग्रह की गाँधीवादी रणनीति के विषय में निम्नलिखित कथनों पर विचार कीजिए
I. गाँधीवादी रणनीति, जिसे संघर्ष-युद्धविराम- संघर्ष (S-T-S) के रूप में भी वर्णित किया जा सकता है, के अन्तर्गत प्रबल विधि-बाह्य जन-आन्दोलन और औपनिवेशिक सत्ता के साथ मुकाबले के चरण ऐसे चरणों के साथ एकान्तर से आते हैं, जिनके दौरान प्रत्यक्ष मुकाबले से बचा जाता है।

II. S-T-S की सम्पूर्ण राजनीतिक प्रक्रिया ऊर्ध्वगामी घुमावदार थी, जिसका यह मानना भी था कि स्वतन्त्रता संग्राम अनेक अवस्थाओं से गुजरते हुए औपनिवेशिक शासन द्वारा स्वयं ही सत्ता के हस्तान्तरण पर समाप्त होगा।

उपरोक्त कथनों में से कौन-सा/से सही है/हैं?

(a) केवल I (b) केवल II
(c) I और II दोनों (d) न तो I न ही II

152. खिलाफत आन्दोलन के बारे में निम्नलिखित में से कौन-सा एक कथन सही नहीं है?

(a) खिलाफत आन्दोलन की माँग थी कि खलीफा का नियन्त्रण अवश्य ही मुसलमानों के पवित्र स्थलों पर बना रहे
(b) खिलाफत आन्दोलन में उग्र प्रवृत्ति का प्रतिनिधित्व मोहम्मद अली, शौकत अली तथा मौलाना आजाद जैसे युवा नेताओं द्वारा हुआ
(c) भारतीय मुसलमान नेताओं ने खिलाफत का एक प्रतीक के रूप में प्रयोग किया, जिससे भारतीय मुसलमान समुदाय को संगठित किया जा सके
(d) वर्ष 1920 में केन्द्रीय खिलाफत समिति के दिल्ली सम्मेलन ने एक विशाल असहयोग आन्दोलन को शुरू करने का निर्णय लिया

153. निम्नलिखित कथनों पर विचार कीजिए

I. जवाहरलाल नेहरू मृत्यु के समय भारत के प्रधानमन्त्री की चौथी पदावधि में थे।
II. जवाहरलाल नेहरू ने संसद सदस्य के रूप में रायबरेली का प्रतिनिधित्व किया।
III. भारत के प्रथम गैर-कांग्रेसी प्रधानमन्त्री वर्ष 1977 में पद पर नियुक्त हुए।

उपरोक्त कथनों में से कौन-सा/से सही है/हैं?

(a) I और II (b) केवल III
(c) केवल I (d) I और III

154. किसकी दृष्टि में 'क्रिप्स प्रस्ताव एक टूटते हुए बैंक के नाम एक उत्तर-दिनांकित [Post-dated cheque upon a crashing bank] चेक' था?

(a) महात्मा गाँधी (b) जवाहरलाल नेहरू
(c) जे बी कृपलानी (d) जयप्रकाश नारायण

155. निम्न कथनों पर विचार कीजिए

I. ग्यारह प्रान्तों में से सात प्रान्तों में कांग्रेस की सरकार वर्ष 1935 में बनी थी।
II. दिसम्बर, 1931 में कोमिला की दो युवतियों सुनीति चौधरी और शान्ति घोष ने कोमिला के जिलाधिकारी की हत्या की थी।
III. सुभाष चन्द्र बोस ने सिंगापुर में आजाद भारत की सरकार का उद्घाटन किया था।

उपरोक्त कथनों में से कौन-सा/से सत्य है/हैं?

(a) केवल I (b) II और III
(c) केवल III (d) ये सभी

156. 1927 में साइमन कमीशन का बहिष्कार किया गया, क्योंकि

(a) कमीशन में कोई भारतीय सदस्य नहीं था
(b) यह मुस्लिम लीग का समर्थन करता था
(c) कांग्रेस का विचार था कि भारतवासियों को स्वराज्य मिलना चाहिए
(d) सदस्यों के बीच मतभेद था

157. भारत के विभाजन के विकल्प के रूप में गाँधीजी ने माउण्टबेटन को सुझाया था कि वे

(a) स्वतन्त्रता प्रदान करने के कार्य को स्थगित करें
(b) जिन्ना को सरकार बनाने के लिए आमन्त्रित करें
(c) नेहरू एवं जिन्ना को साथ-साथ सरकार बनाने के लिए आमन्त्रित करें
(d) सेना को कुछ समय के लिए अधिकार ग्रहण करने के लिए आमन्त्रित करें

158. निम्नलिखित में से कौन-सा जोड़ा सही है?

(a) राम प्रसाद बिस्मिल – द्वितीय लाहौर षड्यन्त्र केस
(b) सूर्यसेन – चटगाँव
(c) भगतसिंह – काकोरी षड्यन्त्र केस
(d) चन्द्रशेखर आजाद – दिल्ली बम काण्ड

159. नीचे कुछ स्थानों की सूची दी गई है। उनका नामोल्लेख कीजिए, जहाँ 'भारत छोड़ो आन्दोलन' में समान्तर सरकारों की स्थापना की गई थी

I. बलिया II. सतारा
III. हजारीबाग IV. मेरठ

कूट

(a) I और II (b) I, II और III
(c) II, III और IV (d) I, III और IV

160. गाँधीजी ने भारत में अपनी राजनीतिक गतिविधियों का प्रारम्भ यहाँ से किया था

(a) साबरमती (b) डाण्डी
(c) खेड़ा (d) चम्पारण

161. 1947 में भारतीय राष्ट्रीय कांग्रेस देश के विभाजन के लिए मुख्य रूप से इसलिए सहमत हुई, क्योंकि

(a) उन्हें तब दो-राष्ट्र सिद्धान्त स्वीकार था
(b) इसे ब्रिटिश सरकार द्वारा थोपा गया था और कांग्रेस इस मामले में निस्हाय थी
(c) वे बड़े पैमाने पर सम्भावित साम्प्रदायिक दंगों को बचाना चाहते थे
(d) भारत स्वाधीनता प्राप्त करने के अवसर से अन्यथा वंचित रह जाता

162. निम्नलिखित कथनों पर विचार कीजिए

I. साम्प्रदायिक पंचाट का जनक ब्रिटिश प्रधानमन्त्री रैम्जे मैकडोनाल्ड था।
II. भारतीय राष्ट्रवाद के आध्यात्मिक जनक सुभाष चन्द्र बोस ने स्वामी विवेकानन्द को कहा था।
III. व्यक्तिगत सत्याग्रह के लिए विनोबा भावे को प्रथम सत्याग्रही चुना गया था

उपरोक्त कथनों में से कौन-सा/से सत्य है/हैं?

(a) केवल I (b) I और II
(c) केवल III (d) ये सभी

163. भारत सरकार अधिनियम, 1935 में अन्तर्विष्ट अनुदेश-प्रपत्र (इन्स्ट्रूमेण्ट ऑफ इन्स्ट्रक्शन्स)' को वर्ष 1950 में भारत के संविधान में किस रूप में समाविष्ट किया गया?

(a) मूल अधिकार
(b) राज्य की नीति के निदेशक तत्त्व
(c) राज्य की कार्यपालिका शक्ति का विस्तार
(d) भारत सरकार के कार्य का संचालन

164. भारतीय स्वतन्त्रता संग्राम से सम्बन्धित निम्नलिखित घटनाओं को उनके सही कालक्रम में लगाने के लिए घटनाओं के नीचे दिए गए कूटों का उपयोग करें

I. दिल्ली के सेण्ट्रल लेजिस्लेटिव असेम्बली हाल में बम फेंकने की घटना

II. जतिनदास की शहादत

III. भगतसिंह की शहादत

IV. भारतीय राष्ट्रीय कांग्रेस का कराची अधिवेशन (1931)

कूट

(a) I, II, III, IV (b) IV, III, II, I (c) III, IV, II, I (d) II, I, III, IV

निर्देश (प्र.सं. 165-170) *नीचे दिए गए कथन एवं कारणों को ध्यानपूर्वक पढ़कर कूट की सहायता से सही उत्तर का चयन कीजिए।*

कूट

(a) A और R दोनों सही हैं, तथा A का सही स्पष्टीकरण R है

(b) A और R दोनों सही हैं, परन्तु A का सही स्पष्टीकरण R नहीं है

(c) A सही है, किन्तु R गलत है

(d) A गलत है, किन्तु R सही है

165. कथन (A) चौरी-चौरा में अचानक भड़की हिंसा के कारण गाँधी जी ने अचानक आन्दोलन स्थगित कर दिया था।

कारण (R) असहयोग आन्दोलन के अचानक स्थगित हो जाने के कारण ही स्वराज पार्टी का गठन हुआ।

166. कथन (A) अरविन्द घोष प्रमुख बंगाली क्रान्तिकारी थे, जो बाद में योगी बन गए थे।

कारण (R) इनका यह विचार था कि राजनीतिक स्वतन्त्रता हमारे राष्ट्र का जीवन और प्राण वायु है।

167. कथन (A) न्यूयॉर्क के यूले शहर में 1913 में लाला हरदयाल ने गदर पार्टी की स्थापना की थी।

कारण (R) गदर पार्टी ने अपना मुख्यालय 'युगान्तर आश्रम' के नाम से सेनफ्रांसिस्को में खोला था।

168. कथन (A) भारतीय राष्ट्रीय कांग्रेस ने माउण्टबेटन योजना को स्वीकार किया।

कारण (R) वह द्वि-राष्ट्र सिद्धान्त को मानती थी।

169. कथन (A) लखनऊ समझौते के द्वारा कांग्रेस ने पहली बार मुसलमानों के लिए पृथक् निर्वाचन मण्डल की माँग औपचारिक रूप से स्वीकार कर ली।

कारण (R) कांग्रेस द्वारा स्वीकार पृथक् निर्वाचन मण्डल की माँग कालान्तर में एक बड़ी राजनीतिक भूल साबित हुई।

170. कथन (A) पब्लिक सेफ्टि बिल तथा ट्रेड डिस्प्यूट बिल के विरोध में आन्दोलनकारियों ने केंद्रीय विधानसभा में बम फेंका था।

कारण (R) आन्दोलनकारियों का एकमात्र उद्‌देश्य अंग्रेज अधिकारियों की हत्या करना एवं महत्त्वपूर्ण दस्तावेज लूटना था।

उत्तरमाला

1.	(c)	2.	(b)	3.	(c)	4.	(d)	5.	(b)	6.	(c)	7.	(d)	8.	(a)	9.	(d)	10.	(c)
11.	(a)	12.	(c)	13.	(b)	14.	(d)	15.	(b)	16.	(c)	17.	(c)	18.	(b)	19.	(a)	20.	(d)
21.	(c)	22.	(c)	23.	(c)	24.	(c)	25.	(b)	26.	(c)	27.	(b)	28.	(a)	29.	(b)	30.	(a)
31.	(b)	32.	(c)	33.	(a)	34.	(c)	35.	(a)	36.	(d)	37.	(b)	38.	(b)	39.	(a)	40.	(b)
41.	(b)	42.	(a)	43.	(a)	44.	(d)	45.	(d)	46.	(c)	47.	(a)	48.	(a)	49.	(c)	50.	(a)
51.	(b)	52.	(c)	53.	(c)	54.	(c)	55.	(d)	56.	(c)	57.	(c)	58.	(a)	59.	(c)	60.	(d)
61.	(d)	62.	(c)	63.	(a)	64.	(d)	65.	(a)	66.	(b)	67.	(a)	68.	(a)	69.	(b)	70.	(a)
71.	(b)	72.	(a)	73.	(b)	74.	(d)	75.	(a)	76.	(c)	77.	(c)	78.	(a)	79.	(d)	80.	(a)
81.	(c)	82.	(b)	83.	(b)	84.	(c)	85.	(d)	86.	(b)	87.	(b)	88.	(b)	89.	(b)	90.	(c)
91.	(a)	92.	(a)	93.	(b)	94.	(c)	95.	(c)	96.	(a)	97.	(b)	98.	(c)	99.	(c)	100.	(b)
101.	(c)	102.	(d)	103.	(c)	104.	(b)	105.	(b)	106.	(a)	107.	(a)	108.	(c)	109.	(c)	110.	(b)
111.	(a)	112.	(a)	113.	(c)	114.	(d)	115.	(d)	116.	(d)	117.	(a)	118.	(b)	119.	(c)	120.	(a)
121.	(c)	122.	(d)	123.	(b)	124.	(b)	125.	(a)	126.	(c)	127.	(b)	128.	(b)	129.	(a)	130.	(d)
131.	(a)	132.	(d)	133.	(d)	134.	(d)	135.	(a)	136.	(a)	137.	(b)	138.	(c)	139.	(c)	140.	(b)
141.	(c)	142.	(b)	143.	(c)	144.	(b)	145.	(c)	146.	(b)	147.	(c)	148.	(b)	149.	(c)	150.	(d)
151.	(c)	152.	(b)	153.	(d)	154.	(a)	155.	(d)	156.	(a)	157.	(b)	158.	(b)	159.	(a)	160.	(d)
161.	(c)	162.	(d)	163.	(b)	164.	(a)	165.	(b)	166.	(b)	167.	(c)	168.	(a)	169.	(b)	170.	(c)

अध्याय 17

भारतीय पुनर्जागरण एवं धार्मिक आन्दोलन

समाज में व्याप्त धार्मिक, सामाजिक एवं राजनीतिक बुराइयों के विरुद्ध जाग्रति, 'नवजागरण' कहलाता है। इसे सामाजिक, धार्मिक तथा राजनीतिक परिवर्तन के रूप में भी जाना जाता है। 19वीं शताब्दी में भारत में इस चेतना का उदय हुआ। अत: 19वीं शताब्दी को भारतीय 'नवजागरण का काल' अथवा 'पुनर्जागरण का काल' कहा जाता है।

भारत में पुनर्जागरण का उदय

- 19वीं सदी में भारतीय समाज कुरीतियों में जकड़ा हुआ था। देश में महिलाओं की स्थिति अत्यन्त दयनीय हो चुकी थी। धार्मिक क्षेत्र में भी कर्मकाण्ड और अन्धविश्वास का बोलबाला था।
- जनसाधारण वर्ग ब्राह्मणों और पुरोहितों के आडम्बरों से त्रस्त था। इस कारण हिन्दू धर्म का स्वरूप ही परिवर्तित होने लगा था। ईसाई मिशनरियों ने हिन्दू धर्म की खामियों को उजागर कर लोगों को अपने धर्म में शामिल करना शुरू कर दिया। साथ ही पाश्चात्य शिक्षा पद्धति से प्रभावित भारतीय चिन्तनशील हो उठे। ऐसे लोगों ने हिन्दू सामाजिक रचना, धर्म, रीति-रिवाज और परम्पराओं को तर्क की कसौटी पर कसना प्रारम्भ कर दिया। इसके फलस्वरूप भारत में सामाजिक एवं धार्मिक सुधार आन्दोलनों का जन्म हुआ।
- इन आन्दोलनों से भारतीयों के मन और मस्तिष्क में नवचेतना और नवस्फूर्ति का संचार हुआ, जिससे भारतीयों में सामाजिक, धार्मिक एवं राजनीतिक मूल्यों का नवीन उदय हुआ। इस नवचेतना को ही **नवजागरण** या **पुनर्जागरण** के नाम से जाना जाता है। **नवजागरण को सुधार आन्दोलन भी कहते हैं।**

भारत में पुनर्जागरण के कारण

भारत में पुनर्जागरण के उदय के कारण निम्नलिखित थे

- **राष्ट्रीय चेतना का विकास** प्रथम स्वतन्त्रता संग्राम के कारण भारतीयों में राष्ट्रीयता की भावना का विकास हुआ था। राष्ट्रीय चेतना के कारण भारतीयों में अपने अधिकारों को लेकर सजगता आने लगी थी। ऐसे में भारतीय लोग अपने समाज और धर्म की बुराइयों को दूर करने के लिए प्रयत्न करने लगे, जिससे देश में नवजागरण का उदय हुआ।
- **राजनीतिक एकता का विकास** ब्रिटिश शासन की स्थापना के कारण भारतीयों में राजनीतिक एकता की भावना का उदय हुआ। अंग्रेजों ने पूरे देश के लिए एक-समान शासन और कानून व्यवस्था लागू की। इससे भारतीयों को बड़ी संख्या में एक-दूसरे के निकट आने का मौका मिला। एकता की इसी कड़ी ने नवजागरण को जन्म दिया।
- **सामाजिक कुरीतियाँ** तत्कालीन भारतीय समाज सामाजिक कुरीतियों में जकड़ा हुआ था। समाज में बाल विवाह, सती प्रथा, जाति प्रथा, विधवा विवाह निषेध, छुआछूत, अन्धविश्वास जैसी प्रथाएँ प्रचलित थीं। भारतीयों ने इन कुरीतियों से छुटकारा पाने के लिए नवजागरण का सहारा लिया।
- **प्रेस का योगदान** 19वीं शताब्दी के आरम्भ में अंग्रेजी तथा क्षेत्रीय भाषाओं में अनेक समाचार-पत्र तथा पत्रिकाओं का सम्पादन प्रारम्भ हो गया था। इन पत्रिकाओं को देश के प्रत्येक कोने में भेजा जाता था, जिससे समाज सुधारकों के विचार लोगों तक आसानी से पहुँच गए।
- बंकिम चन्द्र चटर्जी, भारतेन्दु हरिश्चन्द्र, लोकमान्य तिलक, माइकल मधुसूदन दत्त आदि विद्वानों ने ऐसे पत्र-पत्रिकाओं की रचना की जिससे जनसाधारण में राष्ट्रीयता की भावना उत्पन्न हुई।
- **लॉर्ड मैकॉले की अंग्रेजी शिक्षा की योजना** लॉर्ड मैकॉले के प्रयास से भारत में अंग्रेजी शिक्षा का प्रचार-प्रसार हुआ। इस भाषा के माध्यम से भारतीय लोग पाश्चात्य सभ्यता और संस्कृति के सम्पर्क में आए।
- भारतीयों को अपने समाज और धर्म में अनेक खामियाँ नजर आने लगीं। इन खामियों को दूर करने के लिए ही भारतीयों ने नवजागरण का मार्ग अपनाया।
- **संचार व्यवस्था का प्रभाव** 19वीं शताब्दी में भारत में संचार क्रान्ति का सूत्रपात हुआ। रेलगाड़ी के प्रारम्भ और डाक व्यवस्था के विकास ने भारतीयों को एक-दूसरे के निकट ला दिया। इससे दूर-दूर तक विचारों का आदान-प्रदान होने लगा, जिस कारण समाज सुधार आन्दोलन को एक नई दिशा मिली।

- **ब्रिटिशों की धार्मिक नीति** ब्रिटिश शासन की स्थापना के साथ ही ईसाई मिशनरियों ने भी भारत की ओर रुख किया। मिशनरियों ने हिन्दू, मुस्लिम और अन्य धर्मों के लोगों को विभिन्न प्रकार के प्रलोभन देकर ईसाई धर्म अपनाने के लिए बाध्य करना शुरू कर दिया था। इससे भारतीयों में अपने धर्म के प्रति जागरूकता आई और उन्होंने अपने धर्म के दोषों को दूर करना शुरू कर दिया।
- **यूरोपीय दार्शनिकों का भारतीय संस्कृति पर प्रभाव** यूरोपीय दार्शनिकों ने भारतीय संस्कृति, दर्शन और साहित्य को लेकर विभिन्न प्रकार की खोज की। उनके विचारों में भारतीय संस्कृति काफी समृद्धशाली और प्राचीन थी। विदेशियों का भारतीय संस्कृति की ओर झुकाव देखकर भारतीयों में नवजागरण की भावना का उदय हुआ।
- **महापुरुषों का प्रादुर्भाव** 19वीं शताब्दी में भारत में अनेक महापुरुषों ने जन्म लिया। इनमें राजा राममोहन राय, स्वामी दयानन्द सरस्वती, स्वामी विवेकानन्द, सर सैयद अहमद खाँ आदि प्रमुख थे।
- इन लोगों ने भारतीयों में आत्मविश्वास उत्पन्न करने और सामाजिक जागरूकता लाने का कार्य किया। अपने उद्देश्यों की पूर्ति हेतु इन महापुरुषों ने विभिन्न सामाजिक आन्दोलन चलाए।

भारतीय समाज पर पुनर्जागरण के प्रभाव

समाज के प्रत्येक वर्ग और क्षेत्र पर भारतीय समाज का व्यापक प्रभाव पड़ा। नवजागरण ने भारतीय जनमानस में नवचेतना का संचार किया। संक्षेप में, नवजागरण के प्रभाव को निम्नलिखित बिन्दुओं के तहत समझा जा सकता है

- **अन्धविश्वास और कर्मकाण्ड का विरोध** नवजागरण का उदय होने से धार्मिक जीवन में क्रान्तिकारी परिवर्तन हुए। सुधार आन्दोलन के प्रवर्तकों ने आडम्बरों का विरोध कर जनमानस को जागरूक करने का प्रयत्न किया। इससे कर्मकाण्डों का प्रभाव कम हो गया।
- **प्राचीन साहित्य का महत्त्व** समाज सुधार आन्दोलन के प्रवर्तकों ने वेद और उपनिषद् के प्रति भारतीयों को जागरूक किया। इससे लोगों में प्राचीन दर्शन, साहित्य, कला और विज्ञान के प्रति रुचि पैदा होने लगी। देशभर में संस्कृत भाषा का प्रचार-प्रसार होने लगा।
- **भारतीय संस्कृति के प्रति झुकाव** समाज सुधार आन्दोलनों ने यह सिद्ध कर दिया था कि विश्व की संस्कृतियों में भारत की संस्कृति ही सर्वश्रेष्ठ और प्राचीन है। इससे भारतीयों का झुकाव पाश्चात्य संस्कृति के बजाय फिर से भारतीय संस्कृति के प्रति हो गया था।
- भारतीय वर्ग में अपने धर्म और दर्शन को जानने के लिए अध्ययन की प्रवृत्ति बढ़ने लगी थी।
- **सामाजिक कुरीतियों का विरोध** नवजागरण के उदय से पूर्व भारतीय समाज में दास प्रथा, सती प्रथा, बाल विवाह प्रथा, विधवा विवाह निषेध, बहु-विवाह प्रथा जैसी कुरीतियाँ व्याप्त थीं। सुधार आन्दोलन के फलस्वरूप इन कुरीतियों पर अंकुश लगाने के लिए कानून बनाए गए।
- 1829 ई. में सती प्रथा के विरुद्ध कानून बनाया गया। 1843 ई. में दास प्रथा को अवैध घोषित कर दिया गया। 1856 ई. में विधवा पुनर्विवाह कानून को भी अनुमति मिल गई। नवजागरण के सकारात्मक प्रभाव के कारण ही बहु-विवाह प्रथा और पर्दा प्रथा में कमी आई।
- **जातिगत भेदभाव का विरोध** समाज सुधार आन्दोलनों के प्रवर्तकों ने जातिगत भेदभाव का विरोध किया। स्वामी विवेकानन्द, दयानन्द सरस्वती, रामकृष्ण परमहंस, ज्योतिबा फूले जैसे महापुरुषों ने अपने उपदेशों के माध्यम से जातिगत व्यवस्था पर प्रहार किया, साथ ही मानवता के कल्याण का सन्देश दिया।
- **सर्वधर्म समभाव की भावना** नवजागरण के उदय के दौरान संचालित सभी सुधार आन्दोलनों ने सर्वधर्म समभाव का सन्देश दिया। आन्दोलनों के माध्यम से जनता को बताया गया कि ईश्वर एक है, जो निराकार है। ईश्वर अजर-अमर है। आपस में प्रेमपूर्वक रहकर समाज हित में कल्याणकारी कार्य करके ही ईश्वर की प्राप्ति का मार्ग सम्भव है। सभी धर्मों का एक ही सार है।
- **स्त्रियों की दशा में सुधार** समाज सुधार आन्दोलनों के माध्यम से स्त्रियों की दशा में व्यापक सुधार आया। महिला अशिक्षा उनकी सामाजिक दुर्दशा का प्रमुख कारण था। अत: समाज सुधारकों ने समाज के कल्याण के लिए स्त्री शिक्षा पर बल दिया।
- सती प्रथा, बाल विवाह, कन्या वध, देवदासी प्रथा जैसी कुप्रथाएँ भी नवजागरण के कारण ही गैर-कानूनी बन पाईं। विधवाओं को पुनर्विवाह की कानूनी मान्यता मिलने से सम्मानित जीवन जीने का अवसर मिला। महिला शिक्षा का प्रचार-प्रसार बढ़ा, 1926 ई. में 'ऑल इण्डिया वुमेन कॉन्फ्रेन्स की स्थापना हुई, कलकत्ता में बेंथून कॉलेज की स्थापना हुई, 1916 ई. में पहला भारतीय महिला विश्वविद्यालय बना और चिकित्सा क्षेत्र में महिलाओं को आगे बढ़ने के लिए दिल्ली में लेडी हार्डिंग मेडिकल कॉलेज स्थापित हुआ।
- **राष्ट्रीयता की भावना का विकास** जातिगत विरोध और सर्वधर्म समभाव जैसी भावनाओं के उदय के फलस्वरूप लोग एक-दूसरे के निकट आते चले गए। ऐसे में उनमें एकता की भावना का उदय हुआ। आगे चलकर यही एकता राष्ट्रीय एकता में परिवर्तित हो गई, जिस कारण देशप्रेम और देशभक्ति की भावना ने जन्म लिया। इस प्रकार सुधार आन्दोलनों ने भी भारतीय स्वतन्त्रता आन्दोलन में योगदान दिया।
- **साहित्य का विकास** भारतीय जनमानस में जागरूकता लाने के उद्देश्य से विभिन्न लेखकों ने साहित्यिक कृतियों की रचना की। भारतेन्दु हरिश्चन्द्र ने भारत दुर्दशा नामक नाटक के माध्यम से विदेशी शासन की दुर्दशा का चित्रण किया।
- बंकिमचन्द्र चटर्जी द्वारा रचित आनन्द मठ ने भारतीयों में नवस्फूर्ति और चेतना का संचार किया। इसी दौर में अनेक समाचार-पत्रों का प्रकाशन हुआ।
- इनमें 1861 ई. में टाइम्स ऑफ इण्डिया, 1876 ई. में पायनियर, 1868 ई. में अमृत बाजार पत्रिका, 1878 ई. में स्टेट्समैन और 1881 ई. में प्रकाशित ट्रिब्यून समाचार-पत्र प्रमुख हैं। इन समाचार-पत्रों और विभिन्न साहित्यिक रचनाओं ने भारतीयों को न केवल सामाजिक और धार्मिक वरन् राष्ट्रीय क्षेत्र में भी जागरूक किया।
- **तर्कपूर्ण दृष्टि का विकास** नवजागरण का प्रभाव लोगों के मस्तिष्क पर पड़ा और वे धार्मिक, सामाजिक तथा अन्य समस्याओं पर तर्कपूर्ण चिन्तन करने लगे। रीति-रिवाजों एवं रूढ़िवादी परम्पराओं को तर्कपूर्ण ढंग से नकारना प्रारम्भ कर दिया। वे अपनी सभी समस्याओं को भी स्वयं हल करने लगे थे।

- **पाश्चात्य शिक्षा का प्रसार** भारत में शिक्षा का प्रसार अंग्रेजी भाषा और पाश्चात्य पद्धति से आरम्भ हुआ। इस शिक्षा के समर्थक राजा राममोहन राय थे। इसका परिणाम यह हुआ कि पाश्चात्य संस्कृति, ज्ञान विज्ञान, समानता व स्वतन्त्रता तथा लोकतन्त्र आदि के विचारों से यहाँ के लोग परिचित हुए। इसी से भारत में शिक्षा के प्रति जन-जागरण आरम्भ हुआ।

धार्मिक एवं सामाजिक सुधार आन्दोलन

- 19वीं शताब्दी में भारत में अनेक सामाजिक एवं धार्मिक सुधार आन्दोलन हुए। इन आन्दोलनों का भारतीय जनमानस के मस्तिष्क पर व्यापक प्रभाव पड़ा।
- समाज से अन्धविश्वास तथा अन्य कुरीतियाँ दूर हो गईं, जिन्होंने समाज को एक नई दिशा प्रदान की तथा राष्ट्रीयता की भावना को जाग्रत किया। भारत के प्रमुख सामाजिक सुधार आन्दोलन अग्रलिखित हैं

ब्रह्म समाज : राजा राममोहन राय

- ब्रह्म समाज की स्थापना 1828 ई. में कलकत्ता में **राजा राममोहन राय** ने की थी। ब्रह्म समाज 19वीं शताब्दी का पहला सुधार आन्दोलन था। राजा राममोहन राय का जन्म 22 मई, 1772 को बंगाल के एक ब्राह्मण परिवार में हुआ था।
- राजा राममोहन राय को बंगाली, संस्कृत और अरबी-फारसी का अच्छा ज्ञान था। इसके अतिरिक्त उन्होंने अंग्रेजी, फ्रेंच, ग्रीक और लैटिन भाषा का भी अध्ययन किया।
- राजा राममोहन राय ने एकेश्वरवाद में विश्वास किया और मूर्तिपूजा, अवतारवाद का विरोध किया। राजा राममोहन राय के उद्देश्यों का सार **सर्वधर्म समभाव** था।
- 1815 ई. में इन्होंने कलकत्ता में आत्मीय सभा की स्थापना की। इनके द्वारा 1819 ई. में बंगाली समाचार-पत्र संवाद कौमुदी की शुरुआत की गई तथा 1819 ई. में ही इन्होंने हिन्दू कॉलेज की स्थापना की। इनकी प्रसिद्ध पुस्तकें **द** परसेप्ट्स ऑफ जीसस, द गाइड टू पीस एण्ड हैप्पीनेस हैं।
- राजा राममोहन राय ने पाश्चात्य शिक्षा के प्रति अपना समर्थन जताते हुए कहा था कि "ये हमारे सम्पूर्ण विकास के लिए आवश्यक है।" इन्होंने भारत में पूँजीवाद का समर्थन भी किया। इन्हें राजा की उपाधि मुगल सम्राट अकबर द्वितीय ने प्रदान की थी। इन्होंने **मिरात-उल** अखबार का भी प्रकाशन किया।
- इन्हें नवीन युग का 'अग्रदूत', 'नवजागरण का जनक' और 'पत्रकारिता का अग्रदूत' कहा जाता है। 1833 ई. में इनका इंग्लैण्ड में देहान्त हो गया।

ब्रह्म समाज के सिद्धान्त

ब्रह्म समाज के सिद्धान्त निम्न प्रकार हैं

- ईश्वर एक है। वह निराकार एवं सर्वव्यापी है।
- ईश्वर की पूजा आत्मा की शुद्धता से करनी चाहिए। इस कार्य के लिए किसी धार्मिक स्थल की आवश्यकता नहीं।
- ईश्वर की आराधना करने का अधिकार समाज के प्रत्येक वर्ण और जाति को है।
- सभी धर्मों की शिक्षा और उद्देश्यों का आदर करना चाहिए।
- ईश्वर मनुष्य को उसके कर्मों के अनुसार ही फल देता है।
- मनुष्यों को उनके पाप और पुण्य के अनुसार ही ईश्वर दण्ड और पुरस्कार प्रदान करता है।
- मनुष्यों को अपने पापों का प्रायश्चित करने के बाद ही मोक्ष प्राप्ति सम्भव है।
- ब्रह्म समाज जाति प्रथा, अन्धविश्वास तथा रूढ़ियों के विरुद्ध है।

ब्रह्म समाज के प्रमुख कार्य

ब्रह्म समाज के प्रमुख कार्य निम्नलिखित हैं

- **सामाजिक कुप्रथाओं का अन्त** इनके समय सती प्रथा एक ज्वलन्त समस्या थी। इसके विरोध के लिए इन्होंने अपनी पत्रिका 'संवाद कौमुदी' का उपयोग किया। सरकार द्वारा 1829 ई. में सती प्रथा पर प्रतिबन्ध लगाए जाने का स्वागत किया और इस प्रक्रिया में रूढ़िवादियों द्वारा दायर याचिका का इंग्लैण्ड में भी विरोध किया। इन्होंने विधवा पुनर्विवाह के पक्ष में आन्दोलन चलाया। बाल विवाह का विरोध, जाति प्रथा, छुआछूत का विरोध इत्यादि इनके प्रमुख उद्देश्य थे।
- **राष्ट्रीयता की भावना का विकास करना** यद्यपि राजा राममोहन राय ने प्रत्यक्ष रूप से राजनीति में भाग नहीं लिया, किन्तु ये स्वतन्त्रता एवं राष्ट्रीयता के कट्टर समर्थक थे। इन्होंने लोगों में राष्ट्रीयता की भावना जाग्रत करने में महत्त्वपूर्ण भूमिका निभाई तथा लोगों को एकता के सूत्र में बाँधने का प्रयास किया। इनके द्वारा प्रेस की स्वतन्त्रता पर बल दिया गया, जिसके माध्यम से लोगों में जागरूकता का विकास हुआ।
- **सामाजिक भेदभाव का उन्मूलन** ब्रह्म समाज ने भातृत्व प्रेम व एकेश्वरवाद के माध्यम से सामाजिक भेदभाव के उन्मूलन हेतु प्रयास किए तथा सभी को साथ मिलाकर एकजुट करने का प्रयास किया।
- **शिक्षा का प्रसार** राजा राममोहन राय ने पाश्चात्य शिक्षा के प्रसार पर बल दिया। अनेक शिक्षण संस्थाएँ भी खोली गईं, जिन्होंने भारतीय समाज में जाग्रति उत्पन्न की। ब्रह्म समाज स्त्री शिक्षा के पक्ष में भी था।
- **धार्मिक सुधार** ब्रह्म समाज ने वेदों तथा उपनिषदों के माध्यम से यह सिद्ध किया कि ईश्वर एक है उन्होंने मूर्ति पूजा तथा धर्मकाण्डों का भी विरोध किया, उन्होंने जनता को समझाया कि हिन्दू धर्म सर्वोत्तम है। लेकिन इसमें कुछ दोष उत्पन्न हो गए हैं, जिन्हें सरलता से दूर किया जा सकता है। उन्होंने हिन्दू धर्म का सरल रूप प्रस्तुत किया। इसे अन्य धर्म के प्रभावों से मुक्त कराने का प्रयास किया।

प्रार्थना समाज : डॉ. आत्माराम पाण्डुरंग

- प्रार्थना समाज की स्थापना 1867 ई. में बम्बई में आचार्य केशवचन्द्र सेन की प्रेरणा से महादेव गोविन्द रानाडे, डॉ. आत्माराम पाण्डुरंग, चन्द्रावरकर आदि ने की थी। यह संगठन ब्रह्म समाज का ही एक रूप था।
- इस संगठन का प्रमुख उद्देश्य जाति प्रथा का विरोध करना, स्त्री-पुरुष विवाह की आयु में वृद्धि करना, विधवा विवाह तथा स्त्री शिक्षा को प्रोत्साहन देना था। रानाडे के प्रयत्नों के फलस्वरूप ही विधवा-विवाह संघ तथा डेक्कन एजुकेशनल सोसायटी की नींव पड़ी, इन्होंने समाज सुधार के अलावा राष्ट्रीय आन्दोलन में भी भाग लिया। इस संस्था ने सुबोध पत्रिका नामक पत्र भी निकाला।

प्रार्थना समाज के सिद्धान्त

प्रार्थना समाज के प्रमुख सिद्धान्त निम्नलिखित हैं

- ईश्वर एक है और यह संसार उसकी रचना है।
- ईश्वर की उपासना से ही प्राणी को लोक और परलोक में सुख की प्राप्ति होती है।
- सभी प्राणी ईश्वर की सन्तान हैं। अत: सबको बिना किसी भेदभाव के आपसी भाईचारा बनाकर रखना चाहिए।
- श्रद्धा एवं प्रेम से की गई उपासना ही सच्ची उपासना है। मूर्ति पूजा उपासना नहीं होती।
- ईश्वर के अवतार नहीं होते और न ही उनके उपदेश किसी धार्मिक ग्रन्थ में मिलते हैं।

प्रार्थना समाज के कार्य तथा उपलब्धियाँ

- प्रार्थना समाज ने जाति प्रथा के अन्त तथा विधवा विवाह के लिए कार्य किए। स्त्री शिक्षा के प्रसार को अपना प्रमुख उद्देश्य बनाया। अछूतों के उद्धार के लिए अनाथालय, विधवा आश्रम, रात्रि पाठशाला इत्यादि की स्थापना की।
- प्रार्थना समाज ने समाज के दृष्टिकोण में बदलाव के लिए शिक्षा के कार्यक्रम को माध्यम बनाया। मद्यपान तथा वेश्यावृत्ति दूर करने का प्रयास किया। इस संस्था ने हिन्दू-मुस्लिम के बीच सद्भाव कायम किया।

आर्य समाज : स्वामी दयानन्द सरस्वती

- आर्य समाज की स्थापना स्वामी दयानन्द सरस्वती ने 1875 ई. में बम्बई में की थी। स्वामी दयानन्द सरस्वती का जन्म 1824 ई. में काठियावाड़ (गुजरात) के एक ब्राह्मण परिवार में हुआ था। इनके बचपन का नाम मूलशंकर था। बचपन में इनके साथ एक घटना घटित हुई। इन्होंने मन्दिर में शिवरात्रि के पर्व पर शिवलिंग पर एक चूहे को घूमते हुए देखा इनके मन में विचार आया कि मूर्तिपूजा एक पाखण्ड है।
- 22 वर्ष की आयु में इन्होंने गृह त्याग कर दिया।
- मथुरा में इन्होंने स्वामी विरजानन्द से वैदिक धर्म के विषय में ज्ञान प्राप्त किया। स्वामी जी ने आगरा से अपने उद्देश्यों का प्रचार-प्रसार किया।
- इन्होंने मूर्ति पूजा, बहुदेववाद, अवतारवाद, पशुबलि प्रथा, यन्त्र-मन्त्र-तन्त्र और कर्मकाण्ड का विरोध किया। इन्होंने सन्देश दिया कि वेदों के आधार पर भारतीय समाज का पुन: निर्माण किया जा सकता है।
- स्वामी दयानन्द सरस्वती ने पुन: वेदों की ओर लौटो का नारा दिया। स्वामी दयानन्द ने सत्यार्थ प्रकाश नामक पुस्तक की रचना की। 30 अक्टूबर, 1883 को इनका निधन हो गया था।

आर्य समाज के सिद्धान्त

आर्य समाज के प्रमुख सिद्धान्त निम्नलिखित हैं

- वेद ही सत्य और ज्ञान का स्रोत है। प्रत्येक आर्य को इनका अध्ययन करना चाहिए।
- सत्य और असत्य पर विचार करके धर्म के अनुसार कार्य करना चाहिए।
- ईश्वर एक है, जो निराकार है। मूर्तिपूजा निरर्थक है।
- प्रत्येक आर्य को विद्या की वृद्धि का प्रयत्न करना चाहिए।
- प्रत्येक आर्य का यह परम धर्म है कि वह सदैव सत्य को ग्रहण करे और असत्य को त्याग दे।
- सबसे प्रेमपूर्वक व्यवहार करना चाहिए।
- सामाजिक, आर्थिक और धार्मिक क्षेत्र में उन्नति का प्रयास करते हुए संसार में जनकल्याण के लिए तत्पर रहना चाहिए।
- प्रत्येक व्यक्ति को निजी रूप से सन्तुष्ट रहने की बजाय सम्पूर्ण समाज की उन्नति में अपनी उन्नति समझनी चाहिए।
- सत्य और ज्ञान का आदि मूल परमेश्वर है।
- प्रत्येक व्यक्ति को निजी स्वतन्त्रता प्राप्त होनी चाहिए, किन्तु उसे दूसरों की भलाई के मार्ग में बाधक नहीं बनना चाहिए।

आर्य समाज के कार्य एवं उपलब्धियाँ

आर्य समाज ने धर्म-सुधार तथा सामाजिक सुधार के साथ-साथ शिक्षा के क्षेत्र में भी उल्लेखनीय उपलब्धियाँ हासिल कीं। आर्य समाज की प्रमुख उपलब्धियाँ निम्न प्रकार हैं

- **सामाजिक सुधार** आर्य समाज ने बाल विवाह, बहु विवाह, विधवा विवाह निषेध जैसी सामाजिक कुरीतियों का विरोध किया। आर्य समाज ने जातीय भेदभाव पर भी प्रहार किया। जातिगत भेदभाव को समाप्त करने के लिए **जाति भेद निवारक संघ** की स्थापना की गई।
- अन्तर्जातीय विवाहों का भी इन्होंने समर्थन किया। इन्होंने विवाह के लिए लड़की की आयु 16 वर्ष व लड़के की आयु 25 वर्ष निर्धारित की। ऐसे विवाहों को कानूनी रूप प्रदान करने के लिए आर्यसमाजी पद्धति शुरू की गई। वेश्यावृत्ति को रोकने के लिए भी आर्य समाज ने आन्दोलन चलाए।
- **धार्मिक सुधार** आर्य समाज ने वेदों का महत्त्व जनता के सामने रखा और यह सिद्ध किया कि सभी ज्ञान और विज्ञान का स्रोत वेद ही हैं। आर्य समाज द्वारा चलाए गए शुद्धि आन्दोलन के तहत उन लोगों को हिन्दू धर्म में वापस आने का मौका मिला, जिन्होंने अन्य किसी धर्म को स्वीकार कर लिया था।
- 1908 ई. में आर्य समाज ने दलित जाति के उद्धार के लिए भी आन्दोलन चलाए। मूर्ति पूजा, कर्मकाण्ड का विरोध करते हुए आर्य समाज ने हिन्दुओं को जटिल संस्कारों से मुक्ति दिलाई और उसके स्थान पर सरल संस्कार विधि अपनाने की सलाह दी।
- **शैक्षिक सुधार** आर्य समाज ने शिक्षा के क्षेत्र में भी महत्त्वपूर्ण उपलब्धि हासिल की। शिक्षा के प्रचार-प्रसार के लिए देशभर में डी.ए.वी. (दयानन्द एंग्लो वैदिक) शिक्षण संस्थानों की स्थापना की गई। प्राच्य शिक्षा को बढ़ावा देने के लिए आर्य समाज ने गुरुकुल शिक्षण संस्थानों की स्थापना की। इसी कड़ी में 1902 ई. में हरिद्वार में गुरुकुल काँगड़ी विश्वविद्यालय को स्थापित किया गया।
- **राष्ट्रीयता के क्षेत्र** में आर्य समाज ने लोगों में राष्ट्रीयता की भावना उत्पन्न करने की दिशा में भी कार्य किया। स्वामी दयानन्द सरस्वती का विचार था कि बुरे-से-बुरा देशी राज्य भी अच्छे-से-अच्छे विदेशी राज्य से बेहतर होता है।
- दयानन्द सरस्वती ने ही सर्वप्रथम **स्वराज्य** और **स्वदेशी** शब्दों का प्रयोग किया। हिन्दी को राष्ट्रभाषा के रूप में स्वीकार करने वाले वह पहले व्यक्ति थे। इसके अतिरिक्त आर्य समाज ने सामाजिक कुरीतियों को समाप्त करके लोगों में एकता की भावना को विकसित किया।

सत्यशोधक समाज : ज्योतिबा फूले

- सत्यशोधक समाज की स्थापना ज्योतिबा फूले ने **24 सितम्बर, 1873** को की थी। उन्होंने इस संगठन के माध्यम से दलित एवं वंचित वर्गों को न्याय दिलाने की दिशा में आन्दोलन चलाया।
- इनका जन्म 11 अप्रैल, 1827 को सतारा (महाराष्ट्र) के कोटगन गाँव में हुआ। इनके परिवार में फूलों का काम होता था, इसलिए उन्हें फूले भी कहा जाता था।
- इन्होंने ब्राह्मणों के कर्मकाण्ड का विरोध किया और इसके प्रति लोगों को भी जागरूक किया। महाराष्ट्र में अछूतोद्धार एवं महिला शिक्षा की दिशा में कदम उठाने वाले पहले व्यक्ति थे। ज्योतिबा फूले ने गुलाम गिरी और सार्वजनिक सत्यधर्म नामक पुस्तक की रचना की।
- वर्ष 1888 में बम्बई की सभा में इन्हें महात्मा की उपाधि दी गई। 28 नवम्बर, 1890 को पुणे में इनका निधन हो गया।

सत्यशोधक समाज के प्रमुख सिद्धान्त

सत्यशोधक समाज के प्रमुख सिद्धान्त निम्नलिखित हैं

- स्त्रियों को समाज में उच्च स्थान दिलाने के लिए प्रेरित करना।
- शिक्षा के क्षेत्र में सुधार लाना।
- जातिगत भेदभाव, छुआछूत और वर्गीय भेदभाव का विरोध करना।
- समाज में सर्वधर्म समभाव और पारस्परिक सहनशीलता की भावना उत्पन्न करना।
- अनेक देवी-देवता की पूजा के स्थान पर एकेश्वरवाद की भावना पर बल देना।

थियोसॉफिकल सोसायटी

- थियोसॉफिकल सोसायटी की स्थापना रूसी महिला हेलेन पेट्रोवना ब्लावात्स्की तथा अमेरिकन कर्नल हेनरी स्टील ऑल्कॉट द्वारा 7 सितम्बर, 1875 को न्यूयॉर्क में की गई थी। फरवरी, 1879 में वह दोनों भारत आए।
- दिसम्बर, 1882 में मद्रास (अब चेन्नई) के निकट अड्यार में थियोसॉफिकल सोसायटी का मुख्यालय खोला गया। भारत में ऐनी बेसेण्ट इस संस्था की अध्यक्षा थीं।
- भारत में थियोसॉफिकल सोसायटी ने हिन्दू धर्म के विचारों को चारों ओर फैलाया। इस संस्था ने धर्मों के मूल सिद्धान्तों का भी प्रचार किया।
- **ऐनी बेसेण्ट** इनका जन्म 1847 ई. में आयरलैण्ड में हुआ। वह 1887 ई. में थियोसॉफिकल सोसायटी की सदस्या बनीं और 1893 ई. में भारत आईं।
- यूरोपीय मूल से सम्बन्धित होने के बाद भी ऐनी बेसेण्ट भारतीय संस्कृति के प्रति आस्थावान थीं।
- ऐनी बेसेण्ट ने अपने तर्क और ज्ञान से यह सिद्ध किया कि हिन्दू धर्म और संस्कृति विश्व में सर्वश्रेष्ठ है, साथ ही उन्होंने सन्देश दिया कि भारत को प्रगति पथ पर जाने के लिए अपनी प्राचीन संस्कृति और साहित्य का पुनरुत्थान करना होगा।
- कर्नल ऑल्कॉट की मृत्यु के पश्चात् 1907 ई. में उन्होंने भारत में थियोसॉफिकल सोसायटी में अध्यक्षा का पद सम्भाला और जीवनभर इस पद पर कार्य करती रहीं। 20 सितम्बर, 1933 को अड्यार में उनका निधन हो गया।

थियोसॉफिकल सोसायटी के सिद्धान्त

थियोसॉफिकल सोसायटी के सिद्धान्त निम्नलिखित थे

- जाति-पाति के भेदभाव का विरोध करना और परस्पर सहयोग की भावना विकसित करना।
- हिन्दू धर्म और भारतीय समाज में व्याप्त सामाजिक कुरीतियों तथा अन्धविश्वासों को दूर करना।
- सर्वधर्म समभाव की भावना को स्थापित करना।
- जनमानस में विश्व-बन्धुत्व की भावना को विकसित करना।
- भारतीयों को उनकी संस्कृति के प्रति आस्थावान बनाना।
- मानव जाति को धार्मिक सिद्धान्तों के अध्ययन के लिए प्रोत्साहित करना।
- सभी धर्मों में हिन्दू और बौद्ध धर्म को सर्वोत्तम मानना।

थियोसॉफिकल सोसायटी के कार्य एवं उपलब्धियाँ

हिन्दू धर्म में आई सामाजिक कुरीतियों को दूर करने की दिशा में भी थियोसॉफिकल सोसायटी ने महत्त्वपूर्ण भूमिका निभाई

- थियोसॉफिकल सोसायटी ने धार्मिक, सामाजिक और शैक्षिक क्षेत्र के साथ राजनीतिक क्षेत्र में भी भारतीयों को जागरूक करने का कार्य किया।
- ऐनी बेसेण्ट ने इस सोसायटी के माध्यम से भारतीयों में अपने धर्म और संस्कृति के प्रति आस्था उत्पन्न की।
- थियोसॉफिकल सोसायटी के माध्यम से भारतीयों में राष्ट्रीयता की भावना विकसित हुई।
- शिक्षा के क्षेत्र में ऐनी बेसेण्ट ने सुधार लाने के उद्देश्य से 1898 ई. में बनारस में **सेण्ट्रल हिन्दू कॉलेज** की स्थापना की, जिसे 1916 ई. में **बनारस हिन्दू विश्वविद्यालय** के रूप में प्रतिस्थापित किया गया।
- ऐनी बेसेण्ट ने 1916 ई. में मद्रास में **होमरूल लीग** नामक संस्था की स्थापना की और ब्रिटिश शासन के विरुद्ध आन्दोलन चलाया।
- 1917 ई. में ऐनी बेसेण्ट भारतीय राष्ट्रीय कांग्रेस की अध्यक्षा भी बनीं।

रामकृष्ण मिशन : स्वामी विवेकानन्द

- रामकृष्ण मिशन की स्थापना 1897 ई. में वेल्लूर में स्वामी विवेकानन्द ने अपने गुरु स्वामी रामकृष्ण परमहंस जो एक महान् संत एवं चिंतक थे, की स्मृति में की थी।
- स्वामी विवेकानन्द स्वामी विवेकानन्द का जन्म 12 जनवरी, 1863 को कलकत्ता के एक कायस्थ परिवार में हुआ था। इनके बचपन का नाम नरेन्द्रनाथ दत्त था।
- इन्होंने पाश्चात्य दर्शन के साथ हिन्दू धर्म और दर्शन का भी गहन अध्ययन किया था। लगभग 20 वर्ष की आयु में वह रामकृष्ण परमहंस के सम्पर्क में आए और अपनी विचारधारा, लगन तथा समाज कल्याण की भावना के कारण जल्द ही रामकृष्ण परमहंस के प्रिय शिष्य बन गए।
- स्वामी विवेकानन्द संस्कृत और अंग्रेजी के उच्च कोटि के वक्ता थे। अपनी योग्यता के बल पर उन्हें 1893 ई. में शिकागो में आयोजित विश्व धर्म सम्मेलन में भारत का प्रतिनिधित्व करने का अवसर मिला।
- संयुक्त राज्य अमेरिका जाने के पूर्व महाराज खेतड़ी के सुझाव पर उन्होंने अपना नाम नरेन्द्रनाथ के बजाय स्वामी विवेकानन्द रख लिया। उन्होंने दीन-दुखियों की नि:स्वार्थ सेवा की।

- 14 जुलाई, 1902 को मात्र 39 वर्ष की आयु में उनका देहावसान हो गया। उनके महान् कार्यों और नि:स्वार्थ सेवा-भाव के कारण ही उन्हें आज भी याद किया जाता है। प्रतिवर्ष 12 जनवरी को देशवासी स्वामी विवेकानन्द के जन्मदिवस को **राष्ट्रीय युवा दिवस** के रूप में मनाते हैं।

रामकृष्ण मिशन के सिद्धान्त

रामकृष्ण मिशन के प्रमुख सिद्धान्त निम्नलिखित हैं

- ईश्वर एक है और वह अजर-अमर है।
- भारत की संस्कृति विश्व की सभी संस्कृतियों में सर्वश्रेष्ठ है।
- प्रत्येक मनुष्य को अपने धर्म में आस्था और विश्वास रखना चाहिए, क्योंकि सभी धर्म अच्छे हैं।
- वेदान्त और उपनिषद् ही सच्चे ग्रन्थ हैं।
- आत्मा, परमात्मा का ही स्वरूप है।
- मूर्ति पूजा ईश्वर की उपासना का प्रमुख साधन है।
- प्रत्येक व्यक्ति को मानवता के लिए सदैव तत्पर रहना चाहिए।
- प्रत्येक व्यक्ति को सादा, पवित्र और त्यागमय जीवन व्यतीत करना चाहिए।

रामकृष्ण मिशन के कार्य एवं उपलब्धियाँ

रामकृष्ण मिशन की उपलब्धियाँ निम्न प्रकार हैं

- देश और विदेश में भारतीय संस्कृति का प्रचार करने के लिए रामकृष्ण मठ और मिशन कार्यालय की स्थापना की गई।
- प्राचीन धर्म-ग्रन्थों की महत्ता को लोगों के सामने प्रस्तुत करके हिन्दू धर्म की प्रतिष्ठा बढ़ाई गई।
- दलित लोगों की सेवा के लिए रामकृष्ण मिशन ने शिक्षण संस्थाओं की स्थापना की।
- निर्धन व्यक्तियों के लिए चिकित्सालय और अनाथालयों की स्थापना की गई।
- रामकृष्ण मिशन के माध्यम से स्वामी विवेकानन्द ने विभिन्न तर्कों के आधार पर यह सिद्ध किया कि भारत की संस्कृति विश्व की सभी संस्कृतियों में सर्वश्रेष्ठ और महान् है।
- हिन्दू धर्म में उदार और मानवतावादी दृष्टिकोण का समावेश करके विश्व में हिन्दू धर्म की प्रतिष्ठा बढ़ाई।

मुस्लिम सुधार आन्दोलन

19वीं शताब्दी तक मुस्लिम समाज और इस्लाम धर्म में भी सामाजिक बुराइयों का समावेश हो गया था। हिन्दू आन्दोलन की प्रतिक्रियास्वरूप मुस्लिम समाज भी नवजागरण आन्दोलन से अछूता नहीं रहा। मुस्लिम सुधार आन्दोलन के निम्न प्रकार थे

- वहाबी आन्दोलन भारत का वहाबी आन्दोलन अरब के वहाबी आन्दोलन से प्रभावित था। इस आन्दोलन की शुरुआत अरब में मुहम्मद अब्दुल वहाब ने की थी। भारत में इस आन्दोलन का प्रचार-प्रसार सैयद अहमद बरेलवी (1786-1831 ई.) ने किया था। इस आन्दोलन का प्रमुख उद्देश्य अपने धर्म का प्रचार करना और मुस्लिम समाज की कुरीतियों को दूर करना था। सैयद अहमद बरेलवी ने जनसाधारण के सरलता से समझने योग्य बनाने के लिए कुरान को उर्दू भाषा में अनुवादित कराया।
- **अलीगढ़ आन्दोलन** मुस्लिम सुधार आन्दोलनों में अलीगढ़ आन्दोलन का महत्त्वपूर्ण स्थान है। इस आन्दोलन के प्रवर्तक सर सैयद अहमद खाँ (1817-1893 ई.) थे। इन्होंने अंग्रेजी शिक्षा का समर्थन किया। वह सरकार और मुसलमान के बीच की दूरी को समाप्त करना चाहते थे।
- उन्होंने 1875 ई. में अलीगढ़ में मोहम्मडन एंग्लो ओरिएण्टल कॉलेज की स्थापना की। 1920 ई. में यह कॉलेज अलीगढ़ मुस्लिम विश्वविद्यालय में परिवर्तित हो गया। सर सैयद अहमद खाँ ने मुस्लिम समाज को मानवतावादी स्वरूप देने का प्रयत्न किया।
- उन्होंने हिन्दू-मुस्लिम एकता की वकालत की तथा मुसलमानों में व्याप्त बहु-विवाह प्रथा, पर्दा प्रथा और तलाक की आसान विधि का विरोध किया। वह नारी शिक्षा के समर्थक थे। अलीगढ़ सुधार आन्दोलन के अन्य प्रमुख नेताओं में चिराग अली, अल्ताफ हुसैन, नजीर अहमद, मौलाना शिवली नौगानी आदि शामिल थे।
- **देवबन्द आन्दोलन** इस आन्दोलन का संचालन मुहम्मद कासिम ननौतवी और रशीद अहमद गंगोही ने 1866 ई. में किया था। देवबन्द आन्दोलन के प्रमुख उद्देश्य निम्न प्रकार हैं
- विद्यालय के पाठ्यक्रमों में अंग्रेजी शिक्षा और पश्चिमी संस्कृति को प्रतिबन्धित किया जाए।
- मुस्लिम सम्प्रदाय का नैतिक पुनरुद्धार किया जाए।
- मुस्लिम सम्प्रदाय के लिए धार्मिक नेता तैयार किए जाएँ।
- उलेमाओं ने देवबन्द आन्दोलन के अन्तर्गत 1866 ई. में उत्तर प्रदेश के सहारनपुर जिले के पास देवबन्द में अन्तर्राष्ट्रीय दारुल उलूम (विश्वविद्यालय) नामक संस्था की स्थापना की। यह संस्था विद्यार्थियों को सरकारी नौकरी के लिए शिक्षित न करके उन्हें इंस्लाम धर्म के प्रभाव को फैलाने के लिए शिक्षा देती थी। राजनीतिक क्षेत्र में इस संस्था ने भारतीय राष्ट्रीय कांग्रेस का समर्थन किया।
- **अहमदिया आन्दोलन** इस आन्दोलन का प्रारम्भ 1889 ई. में पंजाब के गुरुदासपुर जिले के कादिया स्थान पर मिर्जा गुलाम अहमद ने किया था। मिर्जा गुलाम अहमद के नाम पर ही इस आन्दोलन का नाम अहमदिया आन्दोलन पड़ा।
- इस आन्दोलन के नेताओं का प्रमुख उद्देश्य मुसलमानों में इस्लाम के सच्चे स्वरूप को बहाल करना और मुस्लिमों में आधुनिक औद्योगिकी तथा तकनीकी प्रगति को मान्यता देना था। आन्दोलन के तहत देश के कई स्थानों पर स्कूल और कॉलेज खोले गए, जिससे मुस्लिमों में राष्ट्रीय चेतना उत्पन्न हुई।

कूका या नामधारी आन्दोलन

- 19वीं शताब्दी में पंजाब के कई धार्मिक और सामाजिक आन्दोलन हुए। इन आन्दोलनों में कूका आन्दोलन का स्थान प्रमुख है। कूका आन्दोलन के समर्थकों का प्रमुख सिद्धान्त ईश्वर के नाम का जप करना था, इसलिए इसे नामधारी आन्दोलन भी कहा जाता है। इस सम्प्रदाय से जुड़े लोग जोर-जोर से ईश्वर के भजन गाते थे, इसलिए इन्हें कूके (चिल्लाने वाला) भी कहा गया।
- कूका आन्दोलन की स्थापना गुरु बालक सिंह ने की थी, लेकिन वास्तविक संस्थापक और प्रणेता गुरु राम सिंह (1816-85 ई.) थे।

- 1838 ई. में गुरु राम सिंह, गुरु बालक सिंह के विचारों से प्रभावित होकर उनके शिष्य बन गए थे। 1857 ई. में राम सिंह ने अपने गाँव में नामधारी आन्दोलन की नींव रखी।
- गुरु राम सिंह ने सामाजिक बुराइयों के विरुद्ध प्रचार-प्रसार किया। उन्हीं के नेतृत्व में नामधारियों ने पंजाब में सिख राज्य की पुनर्स्थापना का प्रयास किया।
- नामधारी आन्दोलन के प्रचार-प्रसार के लिए गुरु रामसिंह ने देशभर में प्रचार केन्द्र स्थापित किए। पंजाब में ही इन केन्द्रों की संख्या 22 थी। डिप्टी नामक अधिकारी इन प्रचार केन्द्रों की कमान सम्भालता था।
- 1871 ई. में इस आन्दोलन के समर्थकों ने 10 लाख से अधिक का आँकड़ा पार कर लिया था।

नामधारियों का सिद्धान्त

नामधारियों द्वारा निम्न सिद्धान्तों का पालन किया जाता था

- नामधारी सम्प्रदाय के अनुयायी ईश्वर के नाम का सुमिरन करते थे। इसके लिए वह सदैव अपने पास सूत की माला रखते थे।
- वह सिखों के दस गुरुओं में आस्था रखते थे।
- नामधारी केवल हाथ से बुने हुए वस्त्र पहनते थे। गुरु राम सिंह ने पगड़ी बाँधने की विशेष शैली (माथे पर तिरछी के बजाय सीधी) का शुभारम्भ किया।
- इस सम्प्रदाय के समर्थक गौ-हत्या के विरोधी थे।
- नामधारी मूर्तिपूजा के प्रबल विरोधी थे। वह **गुरु ग्रन्थ साहिब** को ही पवित्र ग्रन्थ मानते थे।

नामधारी आन्दोलन की उपलब्धियाँ

नामधारी आन्दोलन के समर्थकों ने सामाजिक; जैसे—

- धार्मिक और राजनीतिक क्षेत्र में सुधार के लिए प्रयास किया। इस आन्दोलन के अनुयायियों ने ब्रिटिश सत्ता का विरोध किया।
- गुरु राम सिंह ने विदेशी वस्तुओं का बहिष्कार कर स्वदेशी वस्तुओं का समर्थन किया। समाज में प्रचलित बाल विवाह, सती प्रथा, दहेज प्रथा, कन्या वध जैसी कुप्रथाओं के विरुद्ध भी गुरु राम सिंह ने आन्दोलन चलाया।
- नामधारी मूर्ति पूजा और कर्मकाण्ड के विरोधी थे। गौ-हत्या के खिलाफ भी इन्होंने आवाज उठाई। नामधारियों ने जातिगत भेदभाव का विरोध और अन्तर्जातीय विवाह का समर्थन किया।

नामधारियों का अंग्रेजों से मुकाबला

नामधारियों ने गौ-हत्या का विरोध करते हुए 1872 ई. में मालेरकोटला में बड़ी संख्या में कसाइयों की हत्या कर दी थी। इस पर अंग्रेजों ने नामधारियों के खिलाफ अभियान छेड़ दिया। बड़ी संख्या में नामधारी समर्थक गिरफ्तार हुए। 49 प्रमुख नेताओं को तोप से उड़ा दिया गया। अंग्रेजों ने गुरु राम सिंह को रंगून भेज दिया और वहीं 1885 ई. में उनका निधन हो गया। गुरु राम सिंह के बाद हरी सिंह और प्रताप सिंह ने कूका आन्दोलन को आगे बढ़ाया।

अभ्यास प्रश्न

1. भारत में नवजागरण का अग्रदूत माना जाता है
(a) दयानन्द सरस्वती को (b) राजा राममोहन राय को
(c) मैक्समूलर को (d) स्वामी विवेकानन्द को

2. ब्रह्म समाज की स्थापना किसने की थी?
(a) दयानन्द सरस्वती (b) रामकृष्ण परमहंस
(c) स्वामी विवेकानन्द (d) राजा राममोहन राय

3. आत्मीय सभा की स्थापना किसने की थी?
(a) राजा राममोहन राय (b) दयानन्द सरस्वती
(c) ईश्वरचन्द्र विद्यासागर (d) गाँधी जी

4. आत्माराम पाण्डुरंग का सम्बन्ध किस सामाजिक संस्था से था?
(a) ब्रह्म समाज (b) आर्य समाज
(c) सत्यशोधक समाज (d) प्रार्थना समाज

5. आर्य समाज के संस्थापक कौन थे?
(a) सहजानन्द (b) विवेकानन्द
(c) श्रद्धानन्द (d) दयानन्द सरस्वती

6. 'पुन: वेदों की ओर लौटो' यह नारा किसने दिया?
(a) रामकृष्ण परमहंस (b) स्वामी दयानन्द सरस्वती
(c) ऐनी बेसेण्ट (d) महात्मा गाँधी

7. 'सत्यार्थ प्रकाश' नामक पुस्तक की रचना किसने की थी?
(a) स्वामी दयानन्द सरस्वती (b) रामकृष्ण परमहंस
(c) विवेकानन्द (d) राजा राममोहन राय

8. 'सत्यार्थ प्रकाश' का सम्बन्ध किससे है?
(a) आर्य समाज से (b) ब्रह्म समाज से
(c) रामकृष्ण मिशन से (d) थियोसोफिकल सोसायटी से

9. 'गुलाम गिरी' नामक पुस्तक किसकी रचना है?
(a) पीर अली (b) ज्योतिबा फूले
(c) सावित्री फूले (d) राजेन्द्र प्रसाद

10. 1888 ई. में किसे महात्मा की उपाधि से नवाजा गया था
(a) ज्योतिबा फूले (b) बी. आर. अम्बेडकर
(c) सरोजनी नायडू (d) पेरियार

11. थियोसॉफिकल सोसायटी का मुख्यालय कहाँ था?
(a) बंगलौर में (b) केरल में
(c) कलकत्ता में (d) अड्यार में

12. आयरलैण्ड की किस महिला ने भारतीय स्वतन्त्रता आन्दोलन में भाग लिया था?
(a) ऐनी बेसेण्ट (b) मदर टेरेसा
(c) अवन्तीबाई (d) इनमें से कोई नहीं

13. बनारस में सेण्ट्रल हिन्दू कॉलेज की स्थापना की।
(a) मदनमोहन मालवीय ने (b) स्वामी विवेकानन्द ने
(c) श्रीमती ऐनी बेसेण्ट ने (d) स्वामी दयानन्द सरस्वती ने

14. रामकृष्ण मिशन की स्थापना कब हुई थी?
(a) 1885 ई. (b) 1897 ई.
(c) 1805 ई. (d) 1857 ई.

15. आधुनिक भारत के निर्माता किसे माना जाता है?
(a) स्वामी विवेकानन्द को (b) रामकृष्ण परमहंस को
(c) स्वामी दयानन्द सरस्वती को (d) राजा राममोहन राय को

16. अलीगढ़ आन्दोलन के संस्थापक थे
(a) सैयद अहमद बरेलवी
(b) सर सैयद अहमद खाँ
(c) मिर्जा गुलाम अहमद
(d) शौकत अली

17. मोहम्मडन एंग्लो ओरिएण्टल कॉलेज की स्थापना किस नगर में की गई थी?
(a) आगरा (b) अलीगढ़
(c) अजमेर (d) अहमदाबाद

18. अहमदिया आन्दोलन का संस्थापक कौन था?
(a) शिब्ली नूमानी
(b) मिर्जा गुलाम अहमद
(c) वली उल्लाह
(d) मुहम्मद कासिम ननौतवी

19. अहमदिया आन्दोलन कब प्रारम्भ हुआ था?
(a) 1889 ई. (b) 1899 ई.
(c) 1857 ई. (d) 1906 ई.

20. कूका आन्दोलन की शुरुआत किसने की थी।
(a) गुरु गोविन्द सिंह (b) गुरु बालक सिंह
(c) गुरु नानक (d) गुरु तेग बहादुर

उत्तरमाला

1	(b)	2	(d)	3	(a)	4	(d)	5	(d)	6	(b)	7	(a)	8	(a)	9	(b)	10	(a)
11	(d)	12	(a)	13	(c)	14	(b)	15	(d)	16	(b)	17	(b)	18	(b)	19	(a)	20	(b)

अध्याय 18

स्वतन्त्र भारत और तत्कालीन चुनौतियाँ

स्वतन्त्रता के पश्चात् नए राष्ट्र के रूप में भारत का उदय

लगभग 200 वर्षों तक ब्रिटेन के औपनिवेशिक शासन के अंतर्गत रहने के पश्चात् 15 अगस्त, 1947 को भारत को स्वतंत्रता मिली तथा इसका एक नए राष्ट्र के रूप में उदय हुआ। 14 अगस्त की मध्यरात्रि को भारत के प्रथम प्रधानमंत्री जवाहरलाल नेहरू ने संविधान सभा के एक विशेष सत्र को संबोधित किया था, जिसे भाग्यवधू से चिर-प्रतीक्षित भेंट अर्थात् **ट्रिस्ट विद् डेस्टिनी** के नाम से जाना गया है।

नए राष्ट्र की तीन चुनौतियाँ

स्वतंत्रता के पश्चात् भारत के सामने तीन चुनौतियाँ थीं, जिनका वर्णन इस प्रकार है

1. **पहली चुनौती** स्वतंत्रता के पश्चात् पहली और सबसे महत्त्वपूर्ण चुनौती भारत के समक्ष यह थी कि सभी विद्यमान विविधताओं (धर्म, भाषा व संस्कृति) के साथ देश को एकजुट रखा जाए, क्योंकि पहले से यह धारणा थी कि संपूर्ण विविधताओं के साथ कोई भी राष्ट्र एकजुट नहीं रह सकता।
2. **दूसरी चुनौती** लोकतांत्रिक शासन प्रणाली को अपनाने की थी, जिससे संबंधित पूर्व में नेहरू रिपोर्ट तथा अन्य प्रस्तावों के माध्यम से नागरिकों के मौलिक अधिकारों एवं उनकी स्वतंत्रता को प्रमुखता दी गई थी।
3. **तीसरी चुनौती** समाज के सर्वांगीण विकास की थी, जिसके अंतर्गत संपूर्ण समाज के कल्याण को प्राथमिकता दी जानी थी, न कि किसी एक विशेष वर्ग को।

   इस चुनौती से निपटने के लिए संविधान में देश के सभी वर्गों के साथ समान बर्ताव तथा सामाजिक रूप से पिछड़े व वंचित वर्गों एवं धार्मिक व सांस्कृतिक अल्पसंख्यकों के लिए विशेष सुरक्षा संबंधी प्रावधान किए गए।

महात्मा गाँधी की मृत्यु

महात्मा गाँधी ने 15 अगस्त, 1947 के दिन आजादी के जश्न में भाग नहीं लिया। गाँधीजी विभाजन के समय हुई सांप्रदायिक हिंसा से बहुत दुःखी थे। विभाजन के समय गाँधीजी लोगों को 'अहिंसा' और 'सत्याग्रह' के सिद्धांतों को समझाने में विफल रहे। कुछ समय पश्चात् हिंदू और मुस्लिम समुदायों में पुनः झगड़े हुए, जिसके कारण गाँधीजी 'उपवास' पर बैठ गए। हिंदू और मुस्लिम दोनों ही समुदाय झगड़े का दोषी गाँधीजी को मान रहे थे और उन्हीं पर आरोप लगा रहे थे। अंत में 30 जनवरी, 1948 के दिन नाथूराम गोडसे ने गाँधीजी पर तीन गोलियाँ चलाईं और उनकी मृत्यु हो गई। इसके पश्चात् राष्ट्रीय स्वयंसेवक संघ जैसे संगठनों को कुछ दिनों तक प्रतिबंधित कर दिया गया था।

राज्यों का पुनर्गठन

- सर्वप्रथम वर्ष 1920 में कांग्रेस के **नागपुर अधिवेशन** में भाषा के आधार पर राज्यों के गठन की माँग की गई तथा इसके बाद से ही भारतीय राष्ट्रीय कांग्रेस ने भाषा को राज्यों के पुनर्गठन का आधार मान लिया था, किंतु आजादी और विभाजन के पश्चात् स्थितियाँ कुछ अलग थीं।
- देश के नीति-निर्माताओं ने भाषा के आधार पर राज्यों के पुनर्गठन को देश की अखंडता एवं व्यवस्था के लिए खतरा माना तथा इस मुद्दे को स्थगित कर दिया। इसके पश्चात् पुराने मद्रास प्रांत के तेलुगू-भाषी क्षेत्र के लोगों ने आंध्र प्रदेश नाम से अलग राज्य बनाने हेतु व्यापक **आंध्र आंदोलन** चलाया गया, जिसमें **पोट्टी श्रीरामुलु** की 56 दिनों की अनिश्चितकालीन भूख-हड़ताल के बाद मृत्यु हो गई।
- आंध्र आंदोलन के बाद वर्ष 1952 में सर्वप्रथम भाषा के आधार पर तेलुगू भाषा राज्य आंध्र प्रदेश का गठन (पूर्व के मद्रास प्रांत से) किया गया।
- वर्ष 1953 में **राज्य पुनर्गठन आयोग** (State Reorganisation Commission) का गठन किया गया, जिसका मुख्य कार्य राज्यों के गठन से संबंधित मामले पर विचार करना था।
- राज्य पुनर्गठन आयोग ने अपनी रिपोर्ट में कहा कि राज्य की सीमाओं का निर्धारण वहाँ बोली जाने वाली भाषा के आधार पर होना चाहिए। आयोग की रिपोर्ट के आधार पर ही वर्ष 1956 में राज्य पुनर्गठन अधिनियम संसद से पारित हुआ, जिसके अंतर्गत 14 राज्य तथा 6 केंद्रशासित प्रदेशों का गठन किया गया।
- भाषा के आधार पर राज्यों के गठन के संबंध में जनवरी, 1948 में **महात्मा गाँधी** ने कहा था कि यदि प्रांतों का गठन भाषावार हो, तो क्षेत्रीय भाषाओं का जोर बढ़ेगा।

पोट्टी श्रीरामुलु (1901-52)

पोट्टी श्रीरामुलु एक अनुभवी गाँधीवादी कार्यकर्ता थे। उन्होंने सरकारी नौकरी को त्यागकर नमक सत्याग्रह में भाग लिया एवं व्यक्तिगत सत्याग्रह में भी भागीदारी थी। वे मद्रास प्रांत के मंदिरों को दलितों के लिए खोलने हेतु वर्ष 1946 में उपवास पर बैठे। आंध्र प्रदेश नाम से अलग राज्य बनाने के लिए उन्होंने 19 अक्टूबर, 1952 से आमरण अनशन शुरू किया। अनशन के चलते ही 15 दिसंबर, 1952 को उनकी मृत्यु हो गई।

नए राज्यों का निर्माण

- भाषा के आधार पर नए राज्यों का निर्माण करने के लिए एक प्रयोग द्विभाषी राज्य बंबई के रूप में किया गया, जिसमें गुजराती और मराठी भाषा बोलने वाले लोग थे। एक जन-आंदोलन के बाद वर्ष 1960 में महाराष्ट्र और गुजरात राज्य बनाए गए। पंजाब में भी हिन्दी-भाषा और पंजाबी-भाषा दो समुदाय थे। पंजाबी-भाषी लोग अलग राज्य की माँग कर रहे थे। अन्य राज्यों की तरह उनकी माँग वर्ष 1956 में नहीं मानी गई। वर्ष 1966 में पंजाबी-भाषा वाले क्षेत्रों को **पंजाब** राज्य का दर्जा दिया गया और पंजाब से अलग करके **हरियाणा** और **हिमाचल प्रदेश** नाम के नए राज्य बनाए गए।
- वर्ष 1972 में एक बार पुन: राज्यों के पुनर्गठन का एक बड़ा प्रयास पूर्वोत्तर में हुआ। **असम** से अलग करके वर्ष 1972 में **मेघालय** बनाया गया। इसी साल **मणिपुर** और **त्रिपुरा** भी अलग राज्य के रूप में अस्तित्व में आए। **अरुणाचल** प्रदेश और **मिजोरम** वर्ष 1987 में अस्तित्व में आए, जबकि **नागालैंड** वर्ष 1963 में ही राज्य बन गया था। राज्यों के पुनर्गठन में भाषा को आधार नहीं बनाया गया है।
- बाद के वर्षों में अनेक उप-क्षेत्रों ने अलग क्षेत्रीय संस्कृति अथवा विकास के मुद्दों में क्षेत्रीय असंतुलन के सवाल उठाकर अलग राज्य बनाने की माँग की। जिसके अंतर्गत तीन राज्य—**झारखंड, छत्तीसगढ़** और **उत्तरांचल** (वर्तमान उत्तराखंड) को वर्ष 2000 में अलग किया गया और ये राज्य नए राज्यों के रूप में अस्तित्व में आए। राज्यों के पुनर्गठन की कथा अभी समाप्त नहीं हुई है। देश के अनेक क्षेत्रों में छोटे-छोटे अलग राज्य बनाने की माँग को लेकर आंदोलन चल रहे हैं। आंध्र प्रदेश से तेलंगाना को 2 जून, 2014 को अलग किया था।

स्वतंत्र भारत में रजवाड़ों का विलय

- ब्रिटिश काल में भारत में दो प्रकार के राज्य थे। **पहले** ब्रिटिश प्रभुत्व वाले **भारतीय प्रांत** (British Indian Provinces), जो सीधे अंग्रेज सरकार के नियंत्रण में थे तथा **दूसरे रजवाड़े** (Princely), जिन पर राजाओं का शासन था। इन रजवाड़ों ने ब्रिटिश कानून की अधीनता स्वीकार कर रखी थी तथा वे इसके अनुसार ही अपने राज्य का शासन चलाते थे।
- **इंस्ट्रूमेंट ऑफ एक्सेशन** पर हस्ताक्षर के अंतर्गत लगभग सभी रजवाड़े (जूनागढ़, हैदराबाद, कश्मीर तथा मणिपुर को छोड़कर), जिनकी सीमाएँ स्वतंत्र भारत की नई सीमाओं से मिलती थीं, 15 अगस्त, 1947 से कुछ समय पहले ही भारतीय संघ में शामिल हो गए।
- स्वतंत्रता से तुरंत पहले ब्रिटिश शासन द्वारा यह घोषणा की गई कि भारत के ब्रिटिश प्रभुत्व वाले हिस्सों के साथ-साथ रजवाड़े भी स्वतंत्र हो जाएँगे, जिनकी संख्या 565 थी।
- ब्रिटिश शासन का यह भी कहना था कि रजवाड़े अपनी इच्छानुसार भारत या पाकिस्तान में शामिल हो सकते थे या अपना स्वतंत्र अस्तित्व बनाए रख सकते थे।
- भारत या पाकिस्तान में शामिल होने के निर्णय का अधिकार प्रजा को न देकर भी राजाओं को दिया गया था। यह एक बहुत बड़ी समस्या थी, जिससे भारत की अखंडता भी समाप्त होने का भय था।

विलय के संबंध में सरकार का दृष्टिकोण

- विभाजन के पश्चात् उत्पन्न परिस्थितियों तथा देश के अनेक टुकड़ों में बँट जाने की आशंका के कारण तत्कालीन भारत सरकार ने रजवाड़ों के विरुद्ध कठोर रुख अपनाया।
- इसी दौरान तत्कालीन गृह मंत्री **सरदार पटेल** ने रजवाड़ों के शासकों को भारत के साथ विलय के लिए समझाने का प्रयास किया, फलस्वरूप अधिकांश रजवाड़े भारत में विलय को तैयार हो गए।
- कुछ क्षेत्रों के विलय के संबंध में भारत सरकार का दृष्टिकोण नरम भी था तथा वह इन क्षेत्रों को स्वायत्तता देने को तैयार थी; जैसे—जम्मू- कश्मीर। सरकार द्वारा यह रुख देश की विभिन्नताओं का सम्मान करने तथा विभिन्न क्षेत्रों की माँगों को पूर्ण करने के लिए अपनाया गया था।

प्रमुख रजवाड़े– हैदराबाद व मणिपुर

हैदराबाद

- प्रारंभ में हैदराबाद विलय के लिए तैयार नहीं था, यहाँ के शासक **निजाम** का मत था कि हैदराबाद को स्वतंत्र रियासत (रजवाड़ा) का दर्जा प्रदान किया जाए। इस संबंध में नवंबर, 1947 में निजाम ने भारत सरकार के साथ एक वर्ष के लिए यथास्थिति बहाल रखने संबंधी समझौता किया। हैदराबाद रियासत के लोग (विशेषकर तेलंगाना के किसान) निजाम के **दमनकारी शासन** (Oppressive Rule) से दु:खी थे।
- बदलती परिस्थितियों के परिणामस्वरूप इन लोगों ने निजाम के शासन के विरुद्ध विद्रोह कर दिया। निजाम ने आंदोलन के विरुद्ध **अर्द्ध-सैनिक** (Para-military) बल का प्रयोग किया। अर्द्ध-सैनिक बल या रजाकार अत्यंत अत्याचारी और सांप्रदायिक थे। उन्होंने गैर-मुसलमानों को विशेष रूप से अपना निशाना बनाया। हैदराबाद में सांप्रदायिक हिंसा की घटनाओं में बढ़ोतरी के बाद भारतीय सेना ने सितंबर, 1948 में निजाम के सैनिकों के विरुद्ध कार्यवाही के परिणामस्वरूप कुछ समय के बाद निजाम के आत्मसमर्पण के साथ ही हैदराबाद का भारत में विलय हो गया।

मणिपुर

- स्वतंत्रता से कुछ दिन पूर्व ही मणिपुर के **महाराजा बोधचंद्र सिंह** ने भारत सरकार के साथ भारतीय संघ में अपनी रियासत के विलय से संबंधित सहमति पत्र पर हस्ताक्षर किए थे। उन्हें यह आश्वासन दिया गया था कि मणिपुर की आंतरिक स्वायत्तता बरकरार रखी जाएगी।
- वर्ष 1948 में जनमत के दबाव के कारण तत्कालीन महाराजा बोधचंद्र सिंह ने वहाँ चुनाव कराया, जिसके माध्यम से वहाँ संवैधानिक राजतंत्र कायम हुआ। उल्लेखनीय है कि मणिपुर देश का पहला भाग है, जहाँ सर्वप्रथम सार्वभौम वयस्क मताधिकार के आधार पर चुनाव हुआ।

अभ्यास प्रश्न

1. 14 अगस्त की मध्यरात्रि को पंडित जवाहरलाल नेहरू द्वारा संविधान सभा के एक विशेष सत्र के सम्बोधन को किस नाम से जाना जाता है?
(a) ट्रिस्ट विद् डस्टिनी
(b) भाग्य वधू से चिर-प्रतीक्षत भेंट
(c) a एवं b दोनों
(d) इनमें से कोई नहीं

2. स्वतन्त्रता पश्चात् भारत के समक्ष किसको एक साथ रखने की चुनौती थी?
(a) धर्म (b) भाषा
(c) संस्कृति (d) ये सभी

3. निम्न में से किस व्यक्ति ने 15 अगस्त, 1947 के दिन आजादी के जश्न में भाग नहीं लिया?
(a) जवाहरलाल नेहरू (b) महात्मा गाँधी
(c) राजेन्द्र प्रसाद (d) इनमें से कोई नहीं

4. सर्वप्रथम कांग्रेस के किस अधिवेशन में भाषा के आधार पर राज्यों के गठन की माँग की गई?
(a) नागपुर अधिवेशन (b) कलकता अधिवेशन
(c) लाहौर अधिवेशन (d) बेलगांव अधिवेशन

5. राज्य पुनर्गठन अधिनियम संसद में कब पारित किया गया?
(a) वर्ष 1953 में (b) वर्ष 1955 में
(c) वर्ष 1956 में (d) वर्ष 1957 ई

6. तेलंगाना को आन्ध्र प्रदेश से कब विभाजित किया गया?
(a) वर्ष 2014 में (b) वर्ष 2015 में
(c) वर्ष 2013 में (d) वर्ष 2012 में

7. निम्न में से किस नेता ने देशी रियासतों को भारत संघ में मिलाने में महत्वपूर्ण भूमिका निभाई?
(a) महात्मा गांधी (b) पंडित जवाहरलाल नेहरू
(c) सरदार वल्लभभाई पटेल (d) डॉ. राजेन्द्र प्रसाद

8. निम्न में से किस रजवाड़े को सैनिक कार्रवाई के तहत भारत संघ में शामिल किया गया?
(a) जूनागढ़ (b) मणिपुन
(c) हैदराबाद (d) ये सभी

9. देश के किस भाग में सर्वप्रथम सार्वभौम व्यस्क मताधिकार के आधार पर चुनाव हुआ?
(a) असम (b) मणिपुर
(c) हैदराबाद (d) मेघालय

10. आंध्र आंदोलन के दौरान 56 दिनों की भूख हड़ताल के परिणामस्वरूप किसकी मृत्यु हो गई?
(a) पोट्टी श्रीरामुलु (b) महात्मा गाँधी
(c) सरदार वल्लभभाई पटेल (d) बोधचन्द्र सिंह

11. राज्य पुनर्गठन आयोग का गठन कब किया गया?
(a) वर्ष 1953 (b) वर्ष 1956
(c) वर्ष 1948 (d) वर्ष 1966

12. असम से अलग करके वर्ष 1972 में कौन-सा राज्य बनाया गया?
(a) त्रिपुरा (b) मेघालय
(c) मिजोरम (d) नागालैण्ड

13. वर्ष 2000 में कौन-से नए राज्य अस्तित्व में आए?
(a) झारखण्ड (b) छत्तीसगढ़
(c) उत्तराखण्ड (d) ये सभी

14. स्वतन्त्र भारत के उप-प्रधानमन्त्री और गृह मन्त्री कौन थे?
(a) महात्मा गाँधी
(b) जवाहरलाल नेहरू
(c) सरदार वल्लभभाई पटेल
(d) पोट्टी श्रीरामुलु

15. हैदराबाद का विलय कब किया गया?
(a) सितम्बर, 1948 (b) सितम्बर 1949
(c) सितम्बर, 1950 (d) सितम्बर, 1951

उत्तरमाला

1	(c)	2	(d)	3	(b)	4	(a)	5	(c)	6	(a)	7	(c)	8	(c)	9	(b)	10	(a)
11	(a)	12	(b)	13	(d)	14	(c)	15	(a)										

अध्याय 19

विश्वयुद्धों का कारण, घटना एवं प्रभाव

प्रथम विश्वयुद्ध की ऐतिहासिक पृष्ठभूमि

- विश्व के इतिहास में प्रथम विश्वयुद्ध एक महत्त्वपूर्ण घटना मानी जाती है। यह 28 जुलाई, 1914 से आरम्भ होकर 11 नवम्बर, 1918 तक चला। यह अत्यन्त भीषण युद्ध था, जो मानवता के इतिहास में अत्यन्त विनाशकारी सिद्ध हुआ।
- यह युद्ध साम्राज्यवादी शक्तियों के मध्य औपनिवेशिक बँटवारे को लेकर शुरू हुआ था। यह युद्ध बीसवीं सदी के प्रारम्भिक वर्षों में विकसित, सबसे शक्तिशाली एवं संगठित राष्ट्रों के मध्य लड़ा गया था।
- इस युद्ध ने एशिया और अफ्रीका में राष्ट्रवादी आन्दोलन को तेज कर दिया था। इस युद्ध के परिणाम जहाँ मानवता-विरोधी थे, वहीं मानव कल्याण का मार्ग भी इस युद्ध ने प्रशस्त किया।
- सदियों की वैज्ञानिक प्रगति का नकारात्मक पक्ष इस युद्ध में अधिक स्पष्ट हुआ। युद्ध के पश्चात् पुनर्निर्माण के माध्यम से पुन: वैज्ञानिक प्रगति का मार्ग प्रशस्त हुआ।

प्रथम विश्वयुद्ध के कारण

प्रथम विश्वयुद्ध के प्रमुख कारण निम्नलिखित थे

- **उग्र राष्ट्रीयता की भावना का विकास** राष्ट्रवाद के उदय के कारण यूरोप में उग्र राष्ट्रीयता की भावनाएँ प्रबल हो चुकी थीं, जिससे अनेक राष्ट्रों के मध्य उत्पन्न परस्पर तनाव, घृणा, द्वेष, प्रतिस्पर्द्धा इत्यादि की भावना ने युद्ध की स्थिति उत्पन्न कर दी।
- इसका सबसे बड़ा दुष्परिणाम यह हुआ कि यूरोप के विभिन्न राष्ट्र अपने-अपने निजी स्वार्थ के लिए एक-दूसरे का शोषण, परतन्त्र बनाने का प्रयास और परस्पर युद्ध करने लगे। इस प्रकार की उग्र राष्ट्रीयता इंग्लैण्ड, स्पेन, पुर्तगाल, जर्मनी, इटली व फ्रांस जैसे देशों में विकसित हुई।
- **परस्पर शत्रुता की भावना का विकास** 1871 ई. में जर्मनी ने फ्रांस को पराजित करके उसके आल्सेस एवं लॉरेन प्रान्त को अपने अधिकार में ले लिया, जिसके कारण फ्रांस ने जर्मनी से अपमान का बदला लेने के लिए अपनी नीति में परिवर्तन किया।
- इसी प्रकार के कारणों से रूस और तुर्की भी परस्पर शत्रु हो गए। वहीं आर्थिक साम्राज्यवाद के कारण जर्मनी तथा इंग्लैण्ड एक-दूसरे के शत्रु हो गए थे। इस प्रकार की शत्रुता ने प्रथम विश्वयुद्ध की पृष्ठभूमि तैयार कर दी।
- **गुटबन्दी का निर्माण** प्रथम विश्वयुद्ध के पूर्व 1879 ई. में जर्मनी के द्वारा ऑस्ट्रिया-हंगरी के साथ एक प्रतिरक्षात्मक सन्धि की गई। इसे **द्विपक्षीय गठबन्धन** भी कहा जाता है। इस सन्धि में इटली भी शामिल हो गया। 1907 ई. में यह सन्धि **त्रिगुट सन्धि या त्रिपक्षीय गठबन्धन** के नाम से प्रसिद्ध हुई।
- इस गुट के परिणामस्वरूप ब्रिटेन, फ्रांस व रूस ने आपसी मतभेद को भुलाकर एक अन्य गुट का गठन कर लिया। इस प्रकार यूरोप दो सैनिक गुटों में विभाजित हो गया।
- **आर्थिक प्रतिस्पर्द्धा** यूरोप के विभिन्न देश प्राकृतिक संसाधनों का अन्धाधुन्ध विदोहन कर रहे थे तथा अपने माल को बेचने के लिए अविकसित देशों को अपना उपनिवेश बनाने में लगे थे। जिससे इन देशों में आपसी मतभेद उभरने लगे। इस स्थिति ने भी विश्व को युद्ध के निकट पहुँचा दिया।
- **साम्राज्यवाद का उदय** 1890 ई. के बाद ब्रिटेन और जर्मनी के मध्य विकसित वैमनस्य का महत्त्वपूर्ण कारण आर्थिक साम्राज्यवाद था। इस समय जर्मनी की वस्तुएँ विदेशी व्यापार में अपना प्रभुत्व स्थापित कर रही थीं, जिसके कारण ब्रिटेन को व्यापार में समस्या उत्पन्न होने लगी, इसी कारण ब्रिटेन और जर्मनी में युद्ध आरम्भ हो गया।
- **औपनिवेशिक कूटनीति** ब्रिटेन और जर्मनी आर्थिक एवं औपनिवेशिक साम्राज्यवादी प्रवृत्ति के कारण निरन्तर प्रतिस्पर्द्धा कर रहे थे। इसके साथ ही जर्मनी ने अपनी जल सेना को शक्तिशाली बनाने का प्रयास किया। इन सभी कारणों से इंग्लैण्ड ने जर्मनी को अपने औपनिवेशिक साम्राज्य के लिए खतरा समझा।
- **मोरक्को संकट** अफ्रीका महाद्वीप के उत्तर पश्चिम में स्थित मोरक्को देश में फ्रांस के औपनिवेशिक हित थे। 1905 ई. में फ्रांस ने मोरक्को में अशान्ति दूर करने को सेना भेजी, जिसका जर्मनी ने विरोध किया।

- जर्मनी के इस हस्तक्षेप से फ्रांस तथा जर्मनी के बीच कटुता बढ़ गई। फलस्वरूप स्पेन में अल्जीसिराज नामक स्थान पर एक अन्तर्राष्ट्रीय सम्मेलन बुलाया गया, किन्तु दोनों देशों के बीच कटुता बढ़ती गई। इंग्लैण्ड द्वारा फ्रांस का पक्ष लिए जाने के कारण जर्मनी की इंग्लैण्ड से भी शत्रुता बढ़ गई। जर्मनी का मानना था कि मोरक्को में फ्रांस ने उसके हितों पर प्रहार किया है तथा विश्व शान्ति के रूप में जर्मनी के सबसे बड़े दुश्मन फ्रांस और इंग्लैण्ड हैं। इन्हीं सब परिस्थितियों ने युद्ध की पृष्ठभूमि तैयार कर दी।
- **जर्मनी की महत्त्वाकांक्षा** कुछ इतिहासकारों ने जर्मनी की अत्यधिक महत्त्वाकांक्षाओं को प्रथम विश्वयुद्ध का एक प्रमुख कारण माना है। जर्मनी का एकीकरण 1870 ई. तक पूर्ण हुआ था, इसलिए उपनिवेशों के निर्माण में वह पिछड़ गया था। वह भी अन्य यूरोपीय देशों की तरह अधिक-से-अधिक उपनिवेश स्थापित करना चाहता था।
- त्रिराष्ट्र सन्धि होने के बाद जर्मनी को ऐसा लगा कि वह चारों ओर से शत्रुओं द्वारा घेर लिया गया है, जिसके कारण जर्मनी ने उच्च स्तर पर युद्ध की तैयारियाँ शुरू कर दीं। जर्मन सम्राट कैसर विलियम द्वितीय के नेतृत्व में जर्मनी ने साम्राज्यवादी नीति को आगे बढ़ाया।
- **बाल्कन की सन्धि** 1878 ई. के बाद जर्मनी का संरक्षण पाकर तुर्की का सुल्तान बाल्कन क्षेत्रों के ईसाइयों पर भीषण अत्याचार एवं शोषण करने लगा। इस शोषण और अत्याचार के परिणामस्वरूप बाल्कन की जनता ने (रूस के प्रोत्साहन पर) संगठित होकर तुर्की के शासन के विरुद्ध विद्रोह प्रारम्भ कर दिया।
- तुर्की की आन्तरिक अस्थिरता का लाभ उठाकर इटली ने 1911 ई. में **त्रिपोली** पर अपना अधिकार स्थापित कर लिया। इससे उत्साहित होकर बाल्कन राज्यों (यूनान, सर्बिया, माण्टीनीग्रो तथा बुल्गारिया) ने 1912 ई. में तुर्की पर आक्रमण किया और तुर्की को बुरी तरह पराजित किया, इस प्रकार बाल्कन समस्या ने यूरोप में प्रथम विश्वयुद्ध का वातावरण तैयार कर दिया।
- **एक मजबूत अन्तर्राष्ट्रीय संस्था का अभाव** अनेक अन्तर्राष्ट्रीय कानून और सदाचार की संहिता होने के बावजूद एक मजबूत अन्तर्राष्ट्रीय संस्था के अभाव में इन्हें लागू नहीं किया जा सका था। एक गुट में रहते हुए भी अनेक राष्ट्र विरोधी गुट के राष्ट्रों से सन्धि कर रहे थे तथा इनकी निगरानी करने वाला कोई संगठन नहीं था।
- **सेराजेवो हत्याकाण्ड** 28 जून, 1914 की रात्रि में बोस्निया की राजधानी सेराजेवो में ऑस्ट्रिया के युवराज **आर्क ड्यूक फ्रांसिस फर्डिनेण्ड** तथा उसकी पत्नी की सर्बिया के आतंकवादियों के द्वारा बम फेंककर हत्या कर दी गई। ऑस्ट्रिया ने इस हत्याकाण्ड के लिए सर्बिया को दोषी ठहराकर 28 जुलाई, 1914 को उसके विरुद्ध युद्ध घोषित कर दिया। यही प्रथम विश्वयुद्ध का **तात्कालिक कारण** सिद्ध हुआ।

प्रथम विश्वयुद्ध विशेषताएँ

प्रथम विश्वयुद्ध की विशेषताएँ निम्नलिखित है

- यह आधुनिक विश्व का सर्वाधिक लम्बी अवधि तक लड़ा गया युद्ध था। इस युद्ध की शुरुआत 28 जुलाई, 1914 से हुई, जो 11 नवम्बर, 1918 तक निरन्तर 4 वर्षों तक चलता रहा। इस प्रकार यह युद्ध लम्बा और विनाशकारी सिद्ध हुआ।
- प्रथम महायुद्ध अपने पूर्व के युद्धों से भिन्न था। इस युद्ध में अधिक मात्रा में आधुनिक हथियारों और युद्धक सामग्री का प्रयोग किया गया। यह युद्ध स्थल, जल तथा आकाश में भी लड़ा गया। पनडुब्बियों ने समुद्री जहाजों को डुबोने का कार्य किया तथा इस युद्ध में पहली बार वायुयानों का प्रयोग किया गया। इस युद्ध में टैंक नामक एक नया शस्त्र दुनिया के सामने आया। इस टैंक का उपयोग इंग्लैण्ड ने किया।
- इस युद्ध से पूर्व हुए युद्धों में शासक ही युद्धभूमि में अपनी सेनाओं का संचालन करते थे और जनता का युद्ध से कोई विशेष सम्बन्ध नहीं रहता था, लेकिन प्रथम विश्वयुद्ध में हवाई जहाजों के उपयोग ने सैनिक और असैनिक सभी लोगों को युद्ध में झोंक दिया। इस युद्ध में भारी संख्या में सैनिकों ने भाग लिया था, अब यह प्रत्येक राष्ट्र के लिए राष्ट्रीय युद्ध बन गया।
- यह युद्ध पूर्ण रूप से संगठित युद्ध था। युद्ध में रत राष्ट्रों ने लगभग 25 वर्षों से युद्ध की तैयारियाँ कर रखी थीं। प्रत्येक क्षेत्र, प्रत्येक उपनिवेश तथा अन्य भागों में युद्ध कर रहे दोनों पक्षों का शक्ति सन्तुलन बराबर था। इसके साथ-ही-साथ प्रत्येक पक्ष के अनेक गुट थे और जब तक उसके सभी गुट पराजित होकर हथियार न डाल दें, तब तक दूसरे पक्ष को विजयश्री मिलना कठिन था।

प्रथम विश्वयुद्ध की घटनाएँ

- प्रथम विश्वयुद्ध 28 जुलाई, 1914 से प्रारम्भ होकर 11 नवम्बर, 1918 तक चला। इस महायुद्ध में यूरोप तथा विश्व के अन्य देशों ने भाग लिया। इस युद्ध में पहली बार बड़े पैमाने पर अस्त्र-शस्त्रों का प्रयोग किया गया, जिसके कारण मानव जाति का भयंकर विनाश हुआ। युद्ध में एक ओर जर्मनी, ऑस्ट्रिया, हंगरी तथा दूसरी ओर रूस, फ्रांस, इंग्लैण्ड और सर्बिया थे।

1914 ई. की घटनाएँ

- प्रथम विश्वयुद्ध की शुरुआत 28 जुलाई, 1914 को ऑस्ट्रिया ने सर्बिया के विरुद्ध युद्ध की घोषणा कर दी।
- 20 अगस्त को जर्मनी ने बेल्जियम पर आक्रमण किया, जिसमें जर्मनी की जीत हुई।
- जर्मनी का फ्रांस पर आक्रमण फ्रांसीसियों ने मार्न की लड़ाई में जर्मनी को हराकर उसे पीछे हटने पर मजबूर कर दिया।
- रूस का प्रशा पर आक्रमण टेन्नबर्ग की लड़ाई में रूस की हार हुई।
- ऑस्ट्रिया का पोलैण्ड प्रदेशों पर आक्रमण ऑस्ट्रिया ने रूस के अधीन पोलैण्ड प्रदेशों पर आक्रमण किया, किन्तु उसे सफलता नहीं मिली।
- मित्र राष्ट्रों (रूस, फ्रांस, इंग्लैण्ड, सर्बिया) ने जर्मनी के अफ्रीका में स्थिति टोगोलैण्ड तथा कैमरून नामक उपनिवेशों पर अधिकार कर लिया।
- जापान ने 23 अगस्त को जर्मनी के विरुद्ध युद्ध की घोषणा कर दी, नवम्बर में चीन ने भी जर्मनी के प्रभाव-क्षेत्र पर अधिकार कर लिया।
- नवम्बर में तुर्की, जर्मनी की ओर से युद्ध में शामिल हो गया।

1915 ई. की घटनाएँ

- मार्च-अप्रैल में **इंग्लैण्ड** तथा **जर्मनी** के बीच दो लड़ाइयाँ लड़ी गईं। दोनों देशों को भारी क्षति उठानी पड़ी।
- मित्र राष्ट्रों की ओर से **इटली** मई में युद्ध में शामिल हो गया।
- धुरी राष्ट्रों (जर्मनी, ऑस्ट्रिया, हंगरी) का 5 अगस्त को **पोलैण्ड** पर अधिकार हो गया।

- बुल्गारिया की सेनाओं ने सर्बिया पर आक्रमण कर उस पर अधिकार कर लिया। इसी वर्ष पोलैण्ड में रूस की पराजय, अंग्रेजों की गैलीपोली में पराजय, मेसोपोटामिया में तुर्की द्वारा अंग्रेजों की पराजय आदि महत्त्वपूर्ण घटनाएँ घटीं।

1916 ई. की घटनाएँ

- जर्मनी तथा फ्रांस में **वरदून की लड़ाई** में फ्रांसीसी सेना की जीत हुई।
- मित्र राष्ट्रों एवं जर्मनी में **सोमे की लड़ाई** हुई। वरदून पर जर्मनी का कब्जा ढीला हो गया, फ्रांस की सेना ने ऑस्ट्रियन सेना को पराजित कर दिया, परन्तु जर्मनी के कारण रूसी सेनाएँ आगे बढ़ने में असमर्थ रहीं।
- मई में ऑस्ट्रिया का इटली के बड़े भू-भाग पर कब्जा हो गया।
- 27 अगस्त को रूमानिया भी मित्र राष्ट्रों की ओर से युद्ध में शामिल हुआ। दो-तिहाई रूमानिया पर जर्मनी का अधिकार हो गया।
- विश्वयुद्ध के सबसे भयंकर एवं महत्त्वपूर्ण युद्ध **जूटलैण्ड के युद्ध** में अंग्रेजों की जलशक्ति की श्रेष्ठता साबित हुई तथा इंग्लैण्ड की जीत हुई।

1917 ई. की घटनाएँ

- 6 अप्रैल को **संयुक्त राज्य अमेरिका** मित्र राष्ट्रों की ओर से युद्ध में शामिल हुआ। इससे जर्मनी के पैर लड़खड़ाने लगे।
- ब्रेस्ट-लिटोवस्क की सन्धि द्वारा **रूसी सेना** युद्ध से पृथक् हो गई।
- इसी वर्ष **इंग्लैण्ड** ने मेसोपोटामिया को जीतकर दिसम्बर में **जेरूसलम** में प्रवेश किया।

1918 ई. की घटनाएँ

- 21 मार्च को जर्मनी ने मित्र राष्ट्रों के विरुद्ध पश्चिमी सीमाओं पर तीव्र गति से युद्ध शुरू कर दिया, उसने फ्रांसीसियों के 10,000 वर्गमील क्षेत्र पर अधिकार कर लिया।
- 18 जुलाई को अमेरिका की सहायता से मित्र राष्ट्रों ने जर्मनी को फ्रांसीसी क्षेत्र से बाहर निकाल दिया।
- इसी वर्ष मित्र राष्ट्रों ने तुर्की, ऑस्ट्रिया तथा बुल्गारिया को पराजित कर दिया। 9 नवम्बर को जर्मन सम्राट द्वारा राजगद्दी त्याग दी गई तथा 11 नवम्बर को जर्मन सरकार के प्रतिनिधि ने युद्ध-विराम सम्बन्धी मित्र देशों की शर्तों पर हस्ताक्षर कर दिए। अन्ततः 11 नवम्बर को यह युद्ध समाप्त हो गया।

प्रथम विश्वयुद्ध में जर्मनी की पराजय के कारण

- जब युद्ध प्रारम्भ हुआ था तब जर्मनी की स्थिति अत्यन्त सुदृढ़ थी। जर्मनी के पास विशाल सुसंगठित शक्तिशाली सेना, अस्त्र-शस्त्र, खाद्य सामग्री आदि पर्याप्त मात्रा में थी। उसके सैनिक अनुशासित एवं प्रशिक्षित थे। फिर भी जर्मनी को प्रथम विश्वयुद्ध में हार का मुँह देखना पड़ा, इसके निम्नलिखित कारण थे
  - **युद्ध की अधिक समयावधि** यह युद्ध 4 वर्ष, 3 माह और 11 दिन तक चला। युद्ध के परिप्रेक्ष्य में यह काफी लम्बा समय था। जर्मनी को इस बात का जरा भी अनुमान नहीं था कि युद्ध इतना लम्बा चलेगा। जर्मनी का अनुमान था कि वह एक-दो माह में ही मित्र राष्ट्रों को पराजित कर देगा। इस प्रकार अधिक समय तक युद्ध का चलना जर्मनी की हार का एक प्रमुख कारण बना।
  - **मित्र राष्ट्रों की सर्वश्रेष्ठता** मित्र राष्ट्रों के पास जर्मनी की अपेक्षा अधिक जन-धन था, उन्होंने इसका प्रयोग कर अपनी श्रेष्ठता साबित की। इंग्लैण्ड मित्र राष्ट्रों का एक अहम देश था। इसकी नौसेना शक्ति का लोहा पूरा विश्व मानता था। इंग्लैण्ड के जंगी जहाजों के सामने जर्मनी के जंगी जहाज टिक नहीं पाए तथा जर्मनी की पराजय हो गई।
  - **जर्मन सेनापतियों में दूरदर्शिता की कमी** जर्मन सेनापति युद्ध के सम्बन्ध में सटीक अनुमान लगाने में विफल साबित हुए। दूरदर्शिता की कमी के कारण वे मित्र राष्ट्रों की शक्ति का सही आकलन नहीं कर पाए।
  - **युद्ध में अमेरिका का प्रवेश** आरम्भ में अमेरिका ने इस युद्ध से दूरी बना रखी थी, लेकिन 6 अप्रैल, 1917 को वह भी युद्ध में शामिल हो गया। इसके कारण मित्र राष्ट्रों की शक्ति और बढ़ गई। फलस्वरूप जर्मनी की पराजय निश्चित हो गई।
  - **साम्यवादी प्रभाव** रूस में लेनिन के नेतृत्व में साम्यवादी सरकार की स्थापना 1917 ई. में हुई थी। इस साम्यवादी क्रान्ति ने भी जर्मनी के पतन में महत्त्वपूर्ण योगदान दिया।

प्रथम विश्वयुद्ध के परिणाम

- प्रथम विश्वयुद्ध 20वीं शताब्दी की अति भयंकर तथा दूरगामी परिणामों वाली घटना थी। यह युद्ध इससे पहले हुए सभी युद्धों से कई गुना अधिक विनाशकारी था। इस युद्ध में करोड़ों की संख्या में सैनिक मारे गए, घायल हुए तथा जन-क्षति के अतिरिक्त अपार धन की हानि हुई। इसके अतिरिक्त इसके निम्नलिखित परिणाम हुए
  - **जन-धन का भारी विनाश** इस विश्वयुद्ध में जन और धन का अत्यधिक विनाश हुआ। इस युद्ध में मित्र राष्ट्रों के लगभग 50 लाख सैनिक मारे गए तथा जर्मनी और उसके मित्र देशों के लगभग 80 लाख सैनिक मारे गए तथा लगभग 2 करोड़ से अधिक घायल हो गए। इस जनहानि के साथ-साथ धन व सम्पत्ति की भी अपार क्षति हुई। दोनों पक्षों की ओर से इस युद्ध में लगभग 1 खरब 67 अरब डॉलर व्यय हुए। लगभग 12 अरब डॉलर की सम्पत्ति इस युद्ध में नष्ट हो गई।
  - **आधुनिक हथियारों के निर्माण की होड़** यह युद्ध यूरोप और एशिया के महाद्वीपों में लड़ा गया था। विश्व की लगभग 87% जनता ने अप्रत्यक्ष रूप से इस युद्ध में भाग लिया था।
  - इस युद्ध में विशाल टैंकों, विषैली गैसों, भारी मशीनगनों, हवाई जहाजों तथा पनडुब्बियों आदि का भारी मात्रा में प्रयोग किया गया। वैज्ञानिक प्रगति के कारण विभिन्न देशों में इन हथियारों के निर्माण की होड़ लग गई।
  - **निरंकुश राजवंशों** का अन्त इस विनाशकारी युद्ध के पश्चात् अधिकांश राष्ट्रों में स्थापित निरंकुश राजवंशों का अन्त हो गया। रूस, जर्मनी एवं ऑस्ट्रिया में राजतन्त्र का समापन हो गया।
  - वहाँ गणतन्त्र एवं संसद की स्थापना हुई तथा प्रजातन्त्रात्मक संविधान का निर्माण किया गया। इसके अतिरिक्त प्रथम विश्वयुद्ध के परिणामस्वरूप फिनलैण्ड, पोलैण्ड, तुर्की, यूगोस्लाविया, लिथुआनिया, लातविया आदि राज्यों में गणतान्त्रिक शासन की स्थापना हो गई।

- **राष्ट्रीय भावना का विकास** राष्ट्रीय भावना का विकास न केवल यूरोप में हुआ, बल्कि विश्व के अन्य भागों में भी इसका प्रसार हुआ। भारत, चीन, मिस्र आदि इसके उदाहरण हैं। राष्ट्रीयता की भावना के आधार पर अमेरिका के राष्ट्रपति विल्सन ने आत्म-निर्णय के सिद्धान्त को जन्म दिया। इसी सिद्धान्त के आधार पर यूरोप में नवीन राष्ट्रीयता का विकास हुआ।
- इस युद्ध के पश्चात् राष्ट्रीयता तथा आत्म-निर्णय के सिद्धान्तों को व्यापक बल मिला। इस विश्वयुद्ध के बाद **पेरिस शान्ति सम्मेलन** के निर्णय के अनुसार यूरोप में 8 नए राज्य बनाए गए। बाल्टिक प्रदेश में एस्टोनिया, लातविया और लिथुआनिया राज्य स्थापित हुए। पोलैण्ड तथा चेकोस्लोवाकिया, युगोस्लाविया, हंगरी और ऑस्ट्रिया को स्वतन्त्र राज्य बनाया गया।
- **यूरोप में तानाशाही प्रवृत्ति को प्रोत्साहन** प्रथम विश्वयुद्ध के बाद मित्र राष्ट्रों ने जर्मनी के साथ वर्साय की सन्धि की। इस सन्धि की शर्तें अपमानजनक थीं, जिसने यूरोप में तानाशाही के उदय को प्रोत्साहित किया, जिसके फलस्वरूप जर्मनी में नाजीवाद, इटली में फासीवाद तथा रूस में साम्यवाद का उदय हुआ।
- क्रमश: हिटलर, मुसोलिनी तथा लेनिन जैसे अधिनायक इनके प्रतिपादक थे। साथ ही स्पेन में फ्रैंकों का उत्कर्ष हुआ तथा जापान में तानाशाही का आगमन हो गया।
- **समाजवाद की भावना का विकास** प्रथम विश्वयुद्ध के परिणामस्वरूप यूरोप में समाजवाद का तेजी के साथ विकास होने लगा। सभी देशों की सरकारें उद्योग-धन्धों पर नियन्त्रण लगाने लगीं और श्रमिकों को सुविधाएँ देने लगीं।
- **आर्थिक मन्दी** इस युद्ध में धन के भारी विनाश ने अनेक देशों को अमेरिका का कर्जदार बना दिया। विभिन्न देशों की मुद्राओं का अवमूल्यन हो जाने से संसार में भयानक आर्थिक मन्दी फैल गई।
- दिसम्बर, 1922 में जर्मनी के मार्क का मूल्य इतना अधिक गिर गया था कि 1 पौण्ड के बदले 34000 मार्क प्राप्त किए जा सकते थे। इस युद्ध से अमेरिका के प्रभाव में वृद्धि हुई।
- **लीग ऑफ नेशन्स की स्थापना** प्रथम विश्वयुद्ध के भयंकर विनाश से भयभीत होकर तथा भविष्य में युद्धों को रोकने के लिए एक अन्तर्राष्ट्रीय संस्था के गठन की आवश्यकता महसूस की गई। फलस्वरूप अमेरिका के राष्ट्रपति वुडरो विल्सन ने 14-सूत्री सिद्धान्तों के आधार पर 10 जनवरी, 1920 को राष्ट्र संघ (लीग ऑफ नेशन्स) की स्थापना की।

प्रथम विश्वयुद्ध का पराजित देशों पर प्रभाव

- प्रथम विश्वयुद्ध में जर्मनी, टर्की, ऑस्ट्रिया, हंगरी जैसी शक्तियाँ पराजित हुईं, इस पराजय का इन देशों पर निम्न प्रभाव पड़ा
  - **वर्साय की सन्धि एवं जर्मनी पर प्रभाव** प्रथम विश्वयुद्ध के लिए जर्मनी को दोषी माना गया तथा जर्मनी को एक सन्धि पर हस्ताक्षर करने पड़े, जिसे वर्साय की सन्धि कहा गया। इसके अनुसार जर्मनी के अनेक इलाके छीनकर, बेल्जियम, पोलैण्ड, चेकोस्लोवाकिया आदि देशों को दे दिए गए। **आल्सेस एवं लॉरेन प्रान्त** तथा **सार** की कोयले की खान जर्मनी को फ्रांस को देनी पड़ी।
  - **अन्य सन्धियाँ** ऑस्ट्रिया तथा हंगरी ने सेण्ट जर्मनी सन्धि पर हस्ताक्षर किए, जिसके द्वारा ऑस्ट्रिया तथा हंगरी को दो अलग-अलग राज्यों में बाँट दिया गया। उनकी सैन्य शक्ति को नष्ट कर दिया गया तथा उन पर भविष्य में जर्मनी से आर्थिक सम्बन्ध रखने पर प्रतिबन्ध लगा दिया गया।

पेरिस शान्ति सम्मेलन

प्रथम विश्वयुद्ध में मित्र राष्ट्रों (ब्रिटेन, फ्रांस, अमेरिका आदि) ने धुरी राष्ट्रों और उसके सहयोगी राष्ट्र ऑस्ट्रिया, हंगरी, बुल्गारिया और तुर्की को पराजित किया था। विजयी राष्ट्रों ने युद्धोत्तर काल की समस्याओं को सुलझाने के लिए पेरिस में 1919 ई. में एक शान्ति सम्मेलन का आयोजन किया। इसमें जर्मनी, ऑस्ट्रिया, बुल्गारिया, तुर्की आदि पराजित राष्ट्रों को छोड़कर विश्व के 27 राष्ट्रों के 70 प्रतिनिधियों ने भाग लिया।

इस सम्मेलन में वुडरो विल्सन (संयुक्त राज्य अमेरिका), क्लीमेन्सो (फ्रांस), लॉयड जॉर्ज (इंग्लैण्ड), ओरलैण्डो (इटली) तथा सोओंजी (जापान) शामिल हुए थे, साथ ही 11 देशों के प्रधानमन्त्री तथा 12 देशों के विदेश मन्त्री भी इस शान्ति सम्मेलन का हिस्सा थे। 18 जनवरी, 1919 को सम्मेलन की बैठक प्रारम्भ हुई। फ्रांस, इंग्लैण्ड तथा अमेरिका ही इस सम्मेलन के मुख्य कर्ता-धर्ता थे। सम्मेलन के दौरान वुडरो विल्सन (अमेरिका) ने 14-सूत्री सिद्धान्त का प्रतिपादन किया, किन्तु फ्रांस और इंग्लैण्ड की जिद के कारण इन सिद्धान्तों की अवहेलना करके पराजित राष्ट्रों को अपमानजनक सन्धियों को स्वीकार करने पर बाध्य किया गया।

पराजित राष्ट्रों से की गई सन्धियाँ

- पराजित राष्ट्रों के साथ निम्नलिखित सन्धियाँ की गईं, जो पेरिस शान्ति सन्धियों के नाम से जानी जाती हैं
  1. वर्साय की सन्धि 28 जून, 1919 जर्मनी के साथ।
  2. सेण्ट-जर्मेन की सन्धि 10 सितम्बर, 1919 ऑस्ट्रिया के साथ
  3. न्यूली की सन्धि 27 नवम्बर, 1919 बुल्गारिया के साथ।
  4. ट्रायनान की सन्धि 4 जून, 1920 हंगरी के साथ।
  5. सेव्रे की सन्धि 10 अगस्त, 1920 तुर्की के साथ।
  6. लूसाने की सन्धि 24 जुलाई, 1923 तुर्की के साथ।
- इन सब सन्धियों में वर्साय की सन्धि ही सबसे महत्त्वपूर्ण थी।

वर्साय की सन्धि

वर्साय की सन्धि 28 जून, 1919 को जर्मनी के साथ की गई थी। इस सन्धि में कुल 440 धाराएँ थीं, जिन्हें 15 भागों में विभक्त किया गया। इसकी प्रमुख धाराएँ निम्नलिखित थीं

- जर्मनी से आल्सेस एवं लॉरेन प्रदेश लेकर फ्रांस को दे दिया गया (1871 ई. में यह क्षेत्र जर्मनी ने फ्रांस से ही प्राप्त किया था)।
- फ्रांस की सुरक्षा की दृष्टि से जर्मनी के राइनलैण्ड में मित्र राष्ट्रों की सेना 15 वर्षों तक रहेगी तथा राइन नदी के आस-पास के क्षेत्रों को स्थायी रूप से नि:शस्त्र कर दिया जाए, ताकि जर्मनी किसी प्रकार की किलेबन्दी न कर सके।
- सार क्षेत्र जर्मनी में कोयले के लिए प्रसिद्ध था। इस प्रदेश की शासन व्यवस्था की जिम्मेदारी राष्ट्र संघ को सौंप दी गई, किन्तु कोयले की खानों का स्वामित्व फ्रांस को दे दिया गया।

- आल्सेस तथा हॉलैण्ड के मध्य 10,000 वर्गमील का एक निष्पक्ष क्षेत्र स्थापित किया गया। इस पर मित्र देशों की सेनाओं के 10 वर्षीय अधिकार की व्यवस्था की गई।
- यूरोप के बाहर जर्मनी के सभी उपनिवेश छीन लिए गए तथा राष्ट्र संघ की ओर से इनका प्रबन्ध विभिन्न मित्र देशों को सौंप दिया गया।
- जर्मनी को कुल 25,000 वर्गमील क्षेत्रों की हानि उठानी पड़ी। यूरोप के बाहर उसको लगभग 10 लाख वर्गमील क्षेत्र तथा 1 करोड़ 20 लाख लोगों से हाथ धोने पड़े।
- सैन्य व्यवस्था के अन्तर्गत जर्मन सेना की अधिकतम संख्या एक लाख कर दी गई। हवाई जहाजों को प्रतिबन्धित कर दिया गया। इसके अतिरिक्त नौसेना शक्ति को भी सीमित कर दिया गया। जर्मनी को नौसेना के केवल 6 युद्धपोत रखने की इजाजत दी गई। पनडुब्बियों को मित्र राष्ट्रों को सौंपने की बात की गई।
- जर्मनी 1921 ई. तक मित्र देशों को 1000 मिलियन पौण्ड की धनराशि देगा, जो सोने, कोयले, जहाजों आदि के रूप में दी जाएगी।

वर्साय की सन्धि का मूल्यांकन

- विश्व इतिहास में हुई अनेक सन्धियों में वर्साय की सन्धि सर्वाधिक चर्चित और विवादित रही है। इसने जर्मनी को छिन्न-भिन्न कर दिया। उसके उपनिवेशों को छीनकर उसे आर्थिक रूप से पंगु बना दिया गया। इस सन्धि का मुख्य उद्‌देश्य जर्मनी से बदला लेना था।
- वर्साय की सन्धि का दूरगामी परिणाम यह हुआ कि जर्मनी में हिटलर तथा इटली में मुसोलिनी जैसे तानाशाहों का उदय हुआ। यह सन्धि आगे चलकर द्वितीय विश्वयुद्ध का एक कारण बनी।

द्वितीय विश्वयुद्ध की ऐतिहासिक पृष्ठभूमि

- प्रथम विश्वयुद्ध समाप्त होने के बाद पेरिस शान्ति सम्मेलन (1919 ई.) आयोजित किया गया, राष्ट्र संघ की स्थापना की गई और शान्ति व सुरक्षा की बात की जाने लगी, किन्तु इस युद्ध के महज दो दशकों के पश्चात् ही विश्व को दूसरे महायुद्ध का सामना करना पड़ा, जो अपने स्वरूप, विस्तार एवं प्रभाव में पहले युद्ध की अपेक्षा बहुत विस्तृत था।
- द्वितीय विश्वयुद्ध की शुरुआत जर्मनी द्वारा 1 सितम्बर, 1939 को पोलैण्ड पर आक्रमण के साथ हुई। इस युद्ध के प्रारम्भ से ही यूरोप दो विरोधी गुटों में विभाजित हो गया था। एक दल को **धुरी राष्ट्र** तथा दूसरे दल को **मित्र राष्ट्र** कहा जाता था। धुरी राष्ट्र में इटली, जर्मनी, जापान इत्यादि देश थे तो मित्र राष्ट्र में इंग्लैण्ड, फ्रांस आदि शक्तिशाली देश थे।
- इस युद्ध में मित्र राष्ट्र देशों ने पोलैण्ड का साथ दिया। 14 अगस्त, 1945 को जापान के आत्मसमर्पण के साथ इस युद्ध का अन्त हो गया।

द्वितीय विश्वयुद्ध के कारण

प्रथम विश्वयुद्ध की समाप्ति के बाद भी पराजित पक्ष तथा विजेता पक्ष के बीच मतभेद समाप्त नहीं हुए थे। पराजित पक्ष हर हाल में विजेता पक्ष से अपनी हार और अपमान का बदला लेने के लिए आतुर था। इन सभी परिस्थितियों में द्वितीय विश्वयुद्ध अवश्यम्भावी हो गया। द्वितीय विश्वयुद्ध के अन्य कारण निम्नलिखित थे

- **वर्साय की सन्धि** द्वितीय विश्वयुद्ध का प्रमुख कारण वर्साय की सन्धि (1919 ई.) थी, क्योंकि इसी सन्धि में द्वितीय विश्व-युद्ध के बीज छिपे थे। इस सन्धि में जर्मनी का अपमान किया गया था। इस सन्धि पर जर्मन प्रतिनिधियों से बलपूर्वक हस्ताक्षर करवाए गए थे और जर्मनी के सारे साम्राज्य को छिन्न-भिन्न कर दिया गया था।
- **नवीन विचारधाराओं का उदय** प्रथम विश्वयुद्ध के पश्चात् विश्व में एक नई प्रकार की विचारधारा का उदय हुआ। यह विचारधारा थी—तानाशाही की विचारधारा। तानाशाही विचारधारा के समर्थक एकतन्त्र (Autocracy) में विश्वास करते थे। यह विचारधारा पुरानी लोकतान्त्रिक विचारधारा को टक्कर दे रही थी। विश्व इन दो विचारधाराओं—तानाशाही विचारधारा और लोकतांत्रिक विचारधारा में बँट गया था। इंग्लैण्ड, फ्रांस, अमेरिका आदि देश लोकतन्त्र के समर्थक थे, वहीं इटली, जर्मनी एवं जापान जैसे देश एकतन्त्र के समर्थक थे। इन दोनों विचारधाराओं के टकराव ने द्वितीय विश्वयुद्ध को जन्म दिया।
- **वीमर सरकार की असफलता व हिटलर का उत्थान** प्रथम विश्वयुद्ध के बाद जर्मनी की वीमर सरकार जर्मन जनता की भावनाओं को सन्तुष्ट करने में असफल रही।
- युद्ध समाप्त होने के बाद बेकारी, भुखमरी, महँगाई इत्यादि ने जर्मन की जनता को शारीरिक, मानसिक तथा आर्थिक रूप से दयनीय स्थिति में पहुँचा दिया था। युद्ध के समय में हुई क्षति की क्षतिपूर्ति करने के लिए वीमर सरकार को अत्यधिक कठिनाइयों का सामना करना पड़ रहा था।
- इन गम्भीर परिस्थितियों में जर्मनी में हिटलर ने **नाजी पार्टी** की स्थापना की। हिटलर का जन्म 1889 ई. में ऑस्ट्रिया में हुआ था। उसने 'मेरा संघर्ष' नामक पुस्तक की रचना की। हिटलर वर्ष 1933 में जर्मनी का चांसलर बना और वर्ष 1934 में तानाशाह बनकर वर्साय की सन्धि का उल्लंघन करना प्रारम्भ कर दिया।
- **तुष्टिकरण की नीति की असफलता** इंग्लैण्ड ने अपने हितों की रक्षा के लिए तुष्टिकरण की नीति अपनाई। इस नीति के कारण वह जर्मनी के प्रति सहानुभूति रखता था, जिस कारण हिटलर को चेकोस्लोवाकिया व ऑस्ट्रिया पर अधिकार का अवसर मिला। तुष्टिकरण की नीति के कारण ही हिटलर को साम्राज्य विस्तार व सैन्य शक्ति मजबूत करने का मौका मिला।
- **हिटलर की आक्रामक नीति** हिटलर ने सत्ता-प्राप्ति के पश्चात् उग्र विदेश नीति का अनुसरण किया। उसने इस नीति का पालन करते हुए चेकोस्लोवाकिया, ऑस्ट्रिया को जर्मन-साम्राज्य में मिला लिया, साथ ही लिथुआनिया से मेमल का प्रदेश बलपूर्वक छीन लिया तथा पोलैण्ड के गलियारे एवं डेन्जिग के बन्दरगाह पर अधिकार करने का प्रयास किया।
- हिटलर की आक्रामक नीतियों के कारण ही मित्र राष्ट्रों को अपनी तुष्टिकरण नीति को त्यागकर युद्ध के लिए तैयार होना पड़ा।
- **विभिन्न गुटबन्दियाँ एवं युद्ध की तैयारियाँ** हिटलर की आक्रामक नीतियों के कारण सभी राष्ट्र अपनी-अपनी सुरक्षा के लिए आपस में गुट बनाने लगे।
- सर्वप्रथम फ्रांस, रूस, पोलैण्ड, चेकोस्लोवाकिया, रूमानिया और यूगोस्लाविया ने अपना गुट बनाया। इसके बाद जर्मनी, इटली और जापान के द्वारा भी गुट बनाया गया। इस गुट को **रोम-बर्लिन-टोक्यो धुरी** के नाम से जाना जाता है। इस प्रकार यूरोप के प्रमुख राष्ट्र दो विरोधी गुटों में बँटकर युद्ध की तैयारियों में लग गए।

- द्वितीय विश्वयुद्ध प्रारम्भ होने के समय जर्मनी के पास 10,000 से अधिक लड़ाकू जहाज तथा अनगिनत टैंक थे। हिंटलर ने अनिवार्य शिक्षा के द्वारा जर्मनी के प्रत्येक नागरिक को युद्ध के लिए तैयार कर दिया। फ्रांस ने जर्मनी के डर से राइन नदी के तट पर इंगलिश चैनल से लेकर डन्कर्क तक किलों की एक शृंखला निर्मित की, जिसे **मैगिनो लाइन** के नाम से जाना जाता है।
- प्रतिक्रियास्वरूप जर्मनी ने मैगिनो लाइन के समानान्तर किलों की एक शृंखला का निर्माण करवाया, जिसे **सीजफ्रेड** कहा जाता है। युद्ध की तैयारियों के तहत इन देशों ने बड़े पैमाने पर बारूदी सुरंगों का जाल बिछा दिया था।
- **तानाशाही का विकास** प्रथम विश्वयुद्ध की समाप्ति के पश्चात् यूरोप में तानाशाही शासन का विकास हुआ। तानाशाही शासन के अन्तर्गत जर्मनी में हिटलर तथा इटली में मुसोलिनी का उदय हुआ, इन दोनों ही तानाशाहों ने प्रथम विश्वयुद्ध में हुए अपमान का बदला लेने की भावना से जनता को भड़का कर, तानाशाही स्थापित की। इन तानाशाहों ने यूरोप में साम्राज्य विस्तार की नीति अपनाई, जो द्वितीय विश्वयुद्ध का एक महत्त्वपूर्ण कारण बनी।
- **नि:शस्त्रीकरण की असफलता** वर्साय की सन्धि के तहत नि:शस्त्रीकरण की प्रक्रिया को अपनाने पर बल दिया गया था। इस सन्धि में जर्मनी का तो नि:शस्त्रीकरण कर दिया गया था, किन्तु मित्र राष्ट्रों ने खुद इसका पालन नहीं किया।
- वे बड़े पैमाने पर अस्त्र-शस्त्र को बढ़ावा दे रहे थे तथा अपनी सैनिक शक्ति में वृद्धि कर रहे थे। हिटलर ने जल, थल एवं वायु सेना के द्वारा जर्मनी का पूर्णतया सैन्यीकरण कर दिया। इस प्रकार नि:शस्त्रीकरण की असफलता ने द्वितीय विश्वयुद्ध को तीव्र कर दिया।
- **राष्ट्र संघ की विफलता** राष्ट्र संघ की स्थापना अन्तर्राष्ट्रीय शान्ति की प्राप्ति के लक्ष्य को लेकर हुई थी, किन्तु महाशक्तियों के असहयोगी व्यवहार के कारण और जर्मनी, इटली एवं जापान की घोर उपेक्षा के कारण यह अपने उद्देश्यों की प्राप्ति में विफल रहा।
- **मित्र राष्ट्रों में फूट** वर्साय की सन्धि के पश्चात् मित्र राष्ट्रों के बीच मतभेद खुलकर सामने आने लगे। इंगलैण्ड के प्रधानमन्त्री चेम्बरलेन ने तुष्टिकरण की नीति का समर्थन किया, किन्तु फ्रांस ने इसका विरोध किया। इस बिखराव का इटली और जर्मनी ने भरपूर लाभ उठाया।
- वर्साय की कठोर सन्धि के मुद्दे पर अमेरिका का फ्रांस एवं इंगलैण्ड के साथ मतभेद हो गया। अमेरिका ने वर्साय की सन्धि का विरोध किया। उसका मानना था कि जर्मनी के साथ इस प्रकार की कठोर सन्धि से पुन: युद्ध आरम्भ हो सकता है। फ्रांस ने नि:शस्त्रीकरण के सिद्धान्त को नहीं माना। वह निरन्तर अस्त्र-शस्त्र एवं सैनिकों में वृद्धि करता रहा।
- फ्रांस ने इंगलैण्ड एवं अमेरिका की इच्छा के विरुद्ध रूस पर आक्रमण कर दिया। इसका परिणाम यह हुआ कि रूस मित्र राष्ट्रों से असन्तुष्ट होकर हिटलर से मैत्रीपूर्ण सम्बन्ध स्थापित करने के लिए तैयार हो गया।
- हिटलर ने इसका फायदा उठाते हुए रूस के साथ अनाक्रमण समझौता कर लिया तथा पोलैण्ड पर आक्रमण कर दिया। इससे द्वितीय विश्वयुद्ध प्रारम्भ हो गया।
- **पोलैण्ड की समस्या** पेरिस के शान्ति सम्मेलन के निर्णय के अनुसार पोलैण्ड को एक स्वतन्त्र राज्य बना दिया गया तथा पोलैण्ड में लोकतान्त्रिक व्यवस्था स्थापित की गई।
- पोलैण्ड को समुद्र तट से जोड़ने के लिए जर्मनी के बीच से होकर एक मार्ग बना दिया गया। यह पोलिश गलियारा डेन्जिग के बन्दरगाह तक जाता था। इस मार्ग के बारे में हिटलर का यह कहना था कि डेन्जिग में जर्मन जाति के लोग निवास करते हैं, अत: डेन्जिग पर हमारा अधिकार होना चाहिए।
- इस बात को मानने के लिए पोलैण्ड तैयार नहीं था। फलस्वरूप 1 सितम्बर, 1939 को जर्मनी ने प्रात: 5 बजे पोलैण्ड पर आक्रमण कर दिया। पोलैण्ड की सुरक्षा का आश्वासन देने के कारण ब्रिटेन, सभी ब्रिटिश उपनिवेश तथा फ्रांस ने भी जर्मनी के विरुद्ध युद्ध की घोषणा कर दी। अन्तत: द्वितीय विश्वयुद्ध प्रारम्भ हो गया। यह द्वितीय विश्वयुद्ध का **तात्कालिक कारण** भी सिद्ध हुआ।

द्वितीय विश्वयुद्ध का स्वरूप

- इस युद्ध को **यन्त्रों के युद्ध** के नाम से भी जाना जाता है, क्योंकि इस युद्ध में विनाशकारी हथियारों का प्रयोग किया गया। हिटलर द्वारा विश्वयुद्ध आरम्भ होने से पूर्व ही संहारक यन्त्रों का संग्रह कर लिया गया था।
- हिटलर द्वारा संचालित यन्त्रीकृत युद्ध नीति **वज्रयुद्ध** के नाम से जानी गई। धीरे-धीरे मित्र राष्ट्रों ने भी इसे अपना लिया। अन्त में मित्र राष्ट्रों द्वारा तेज गति से आक्रमण करके जर्मन सेना को परास्त किया गया।

द्वितीय विश्वयुद्ध का विस्तार

- भूमध्य सागर, अफ्रीका, प्रशान्त महासागरीय द्वीप, एशिया, ऑस्ट्रेलिया आदि देशों तक द्वितीय विश्वयुद्ध का विस्तार था। मित्र राष्ट्रों की ओर से भारतीय सेना भी इसमें शामिल हुई। 1941 ई. की समाप्ति तक यह युद्ध विश्व के लगभग सभी महाद्वीपों, महासागरों और सागरों में फैल चुका था।

द्वितीय विश्वयुद्ध की प्रमुख घटनाएँ

- द्वितीय विश्वयुद्ध वर्ष 1939 से 1945 तक चला। युद्ध के परिप्रेक्ष्य से यह समय बहुत अधिक होता है। इस काल के दौरान अनेक घटनाएँ घटित हुईं, जिनमें से कुछ प्रमुख घटनाओं का विवरण निम्नलिखित है
- **पोलैण्ड, फिनलैण्ड, नॉर्वे, डेनमार्क, हॉलैण्ड तथा बेल्जियम पर आक्रमण** 1 सितम्बर, 1939 को पोलैण्ड पर हिटलर के आक्रमण द्वारा युद्ध का आरम्भ हुआ। परिणामस्वरूप, 3 सितम्बर को इंगलैण्ड व फ्रांस ने जर्मनी से युद्ध की घोषणा की।
- 28 सितम्बर को जर्मनी व सोवियत रूस ने सन्धि कर पोलैण्ड का बँटवारा कर लिया। पूर्वी पोलैण्ड सोवियत संघ को मिला और पश्चिमी पोलैण्ड जर्मनी को।
- सोवियत संघ ने बाल्टिक राज्य एस्टोनिया, लातविया, लिथुआनिया को अधीनस्थ राज्य बना लिया और फिनलैण्ड पर आक्रमण कर मार्च, 1940 में उसके महत्त्वपूर्ण सैनिक अड्डे कब्जे में ले लिए। 9 अप्रैल, 1940 को हिटलर ने डेनमार्क और नॉर्वे पर तथा मई, 1940 में लक्जेमबर्ग, हॉलैण्ड और बेल्जियम पर कब्जा कर लिया।
- **जर्मनी की फ्रांस पर विजय** 27 मई को बेल्जियम के आत्मसमर्पण के पश्चात् हिटलर ने 3 जून, 1940 को फ्रांस पर भी आक्रमण कर दिया। हिटलर ने फ्रांस के समस्त प्रयासों को असफल करते हुए फ्रांस पर तीनों तरफ से (आमियाँ, पेरिस तथा सोम्मासी पर) बमवर्षा शुरू कर दी। फ्रांस को हारता देख मुसोलिनी के नेतृत्व में इटली ने भी 11 जून, 1940 को फ्रांस पर आक्रमण किया।

- फ्रांस की सेना ने इटली को पराजित कर दिया, पर जर्मनी का सामना वे नहीं कर पाए। इस प्रकार 19 जून, 1940 को जर्मन सेनाओं ने पेरिस में प्रवेश करके उस पर अधिकार कर दिया। 22 जून, 1940 को जर्मनी के सामने फ्रांस को आत्मसमर्पण करना पड़ा।
- **जर्मनी का इंग्लैण्ड पर आक्रमण** फ्रांस के समर्पण के बाद हिटलर ने सोचा था कि इंग्लैण्ड शान्ति की प्रार्थना करेगा, पर ऐसा न हुआ। जर्मनी के बमवर्षक जहाज जून माह से लगातार 5 माह तक इंग्लैण्ड पर बमवर्षा करते रहे, परन्तु उसे झुका नहीं सके।
- इस दौरान इंग्लैण्ड के लड़ाकू वायुयानों ने जर्मनी के 2,300 से भी अधिक वायुयान मार गिराए। इससे जर्मनी को आक्रमणों का वेग रोकना पड़ा। इस प्रकार हिटलर इंग्लैण्ड को पराजित करने में सफल नहीं हो पाया।
- **यूगोस्लाविया और ग्रीस का पतन** इंग्लैण्ड को हराने में नाकाम होने के बाद हिटलर ने ईरान तथा मिस्र पर आक्रमण करने का निश्चय किया, इसके बाद इटली की सेनाओं ने 28 अक्टूबर, 1940 को ग्रीस (यूनान) पर आक्रमण कर दिया, लेकिन अंग्रेजी सेनाएँ उस समय तक ग्रीस की सहायता के लिए आ गई थीं। उन्होंने इटली को बुरी तरह परास्त किया।
- मार्च, 1941 को यूगोस्लाविया की सरकार को जर्मन सेना द्वारा अल्टीमेटम दिया गया। देशभक्त जनता ने जर्मन सेना का डटकर मुकाबला किया, लेकिन जीत नहीं पाए। जर्मन सेनाओं ने अप्रैल, 1941 में यूगोस्लाविया पर अधिकार कर लिया। इसके बाद **6 अप्रैल, 1941** को ग्रीस पर आक्रमण करके मई, 1941 में जर्मनी ने ग्रीस पर भी अधिकार कर लिया।
- **जर्मनी का सीरिया, इराक एवं ईरान पर आक्रमण** इंग्लैण्ड के पूर्व की ओर बढ़ते प्रभाव को रोकने के लिए जर्मनी ने सीरिया, इराक और ईरान पर आक्रमण करने का निश्चय किया। इंग्लैण्ड और फ्रांस की सेनाओं के परस्पर मिलने से पूर्व ही जून, 1941 में जर्मन सेनाओं ने सीरिया पर अधिकार करने का प्रयास किया, लेकिन वे असफल रहे।
- इराक पर भी अंग्रेजों ने अधिकार करके जर्मनी का पूर्व की ओर बढ़ने का मार्ग अवरुद्ध कर दिया। इन तीन देशों पर जर्मनी अधिकार करने में असफल रहा तथा इन पर इंग्लैण्ड का कब्जा हो गया।
- **जर्मनी का रूस पर आक्रमण** हिटलर साम्यवाद को सबसे बड़ा शत्रु समझता था और आरम्भ से ही पूर्व की ओर विस्तार उसकी नीति का एक घोषित महत्त्वपूर्ण कार्यक्रम था।
- अपनी आरम्भिक सफलता में उसने **यूक्रेन पर अधिकार** कर लिया और एस्टोनिया, लातविया, लिथुआनिया, फिनलैण्ड, पूर्वी पोलैण्ड पर कब्जा करते हुए लेनिनग्राद पर घेरा डाला व अक्टूबर, 1941 में मॉस्को को घेरा, पर न लेनिनग्राद और न मॉस्को उसके कब्जे में आया।
- दिसम्बर, 1941 में ठण्ड के कारण और सोवियत संघ के कड़े प्रतिरोध के कारण जर्मन सेना वापस लौट गई। सोवियत संघ मित्र राष्ट्रों के साथ मिल गया।
- दिसम्बर, 1942 में रूसी सेनाओं ने जर्मनी को पराजित कर पीछे की ओर हटने के लिए बाध्य कर दिया। जनवरी, 1943 तक स्टालिनग्राद को जर्मनी से मुक्त करा लिया गया। इस युद्ध में लगभग 1 लाख जर्मन सैनिक मारे गए तथा 1 लाख बन्दी बना लिए गए। यह द्वितीय विश्वयुद्ध की सर्वाधिक महत्त्वपूर्ण लड़ाई थी।
- **पर्ल हार्बर की घटना तथा जापान एवं अमेरिका का युद्ध में प्रवेश** जापान सम्पूर्ण एशिया पर अपना वर्चस्व स्थापित करना चाहता था। जापान ने इस उद्देश्य के साथ 7 दिसम्बर, 1941 को अचानक ही अमेरिका के प्रशान्त महासागर स्थित नौसैनिक अड्डे पर्ल हार्बर पर भयानक आक्रमण कर दिया।
- इस आक्रमण के कारण अमेरिका के 188 विमान, बहुत से युद्धपोत व नौसैनिक जहाज नष्ट हो गए और 4,575 अमेरिकी नागरिक मारे गए। इसके अगले दिन ही अमेरिका ने जापान के विरुद्ध युद्ध की घोषणा कर दी। तीन दिन बाद जर्मनी और इटली ने अमेरिका के विरुद्ध युद्ध की घोषणा कर दी।
- इस प्रकार अब यह युद्ध वास्तव में विश्वयुद्ध का रूप धारण कर चुका था। पर्ल हार्बर की घटना के साथ ही जापान ने सिंगापुर, हाँगकाँग, शंघाई तथा मलाया पर बमवर्षा प्रारम्भ कर दी। फिलीपीन्स के द्वीप समूह पर वर्ष 1942 में जापान का कब्जा हो गया।
- 15 फरवरी, 1942 को सिंगापुर पर, मार्च, 1942 में डच साम्राज्य-सुमात्रा, जावा, बोर्नियो एवं बालियट पर तथा 8 मार्च, 1942 को रंगून पर जापान का अधिकार हो गया। इसके बाद जापान ने भारत पर आक्रमण की योजना बनाई।
- उसी समय भारत ने अंग्रेजों के विरुद्ध 'भारत छोड़ो आन्दोलन' प्रारम्भ कर दिया था। आजाद हिन्द फौज के साथ मिलकर जापान ने वर्ष 1944 में भारत पर हवाई हमले प्रारम्भ कर दिए, परन्तु अगस्त, 1944 तक इंग्लैण्ड और अमेरिका की सेनाओं ने उत्तरी बर्मा पर अधिकार कर लिया तथा जापान के भारत पर आक्रमण की सम्भावना को समाप्त कर दिया। 3 मई, 1945 को रंगून पर मित्र राष्ट्रों का अधिकार हो गया तथा जून, 1945 में जापान पराजित होने लगा।

मित्र राष्ट्रों की विजय एवं द्वितीय विश्वयुद्ध का अन्त

- **इटली पर जीत** इटली की सेना द्वितीय विश्वयुद्ध में एक दुर्बल सेना साबित हुई। इटली की जनता में मुसोलिनी के विरुद्ध असन्तोष बढ़ने लगा। 28 अप्रैल, 1944 को मुसोलिनी को बन्दी बना लिया गया। इटली की तत्कालीन सरकार सन्धि करने को तैयार थी, परन्तु जर्मन सेनाओं के आगमन के कारण मित्र राष्ट्रों को भीषण युद्ध करना पड़ा। अन्ततः 4 जून, 1944 को रोम (इटली) पर मित्र राष्ट्रों का कब्जा हो गया। इस प्रकार इटली से फासीवादी ताकतों का अन्त हो गया।
- **जर्मनी की पराजय** मित्र राष्ट्रों ने इटली पर अधिकार करने के बाद जर्मनी के विभिन्न प्रदेशों पर बमवर्षा शुरू कर दी। 25 अगस्त, 1944 को मित्र राष्ट्रों ने फ्रांस को जर्मनी से मुक्त करवा लिया। इसके बाद मित्र राष्ट्रों ने बेल्जियम, ब्रुसेल्स तथा हॉलैण्ड पर आक्रमण कर दिया।
- अब जर्मनी को घेरने का प्रयास किया जाने लगा। उत्तर की ओर से इंग्लैण्ड, मध्य में अमेरिका तथा दक्षिण में फ्रांसीसी सेनाओं ने तथा पूर्व की ओर से रूस ने घेर लिया। इस प्रकार जर्मनी चारों ओर से शत्रुओं से घिर गया। जर्मनी ने मित्र राष्ट्रों एवं रूस के सामने 7 मई, 1945 को घुटने टेक दिए। इसके साथ ही जर्मनी का **पूर्णतया पतन** हो गया।

- **जापान की पराजय** जर्मनी की पराजय के पश्चात् मित्र राष्ट्रों का ध्यान जापान को पराजित करने की ओर गया। ब्रिटिश सेनाओं ने बर्मा पर आक्रमण कर उसे जापान के नियन्त्रण से मुक्त करवा लिया। इसके पश्चात् मलाया को मुक्त कराया गया।
- फिलीपीन्स पर अमेरिकी सेनाओं ने अधिकार कर लिया तथा सिंगापुर पर भी अंग्रेजों का प्रभुत्व स्थापित हो गया। अमेरिकी जनरल मैक ऑर्थर के नेतृत्व में अमेरिका, न्यूजीलैण्ड व ऑस्ट्रेलिया की संयुक्त सेनाओं ने तीव्र वेग से जापान के बन्दरगाहों पर आक्रमण कर उन्हें ध्वस्त कर दिया।
- चीनी सेनाओं ने भी अपने प्रदेशों से जापानियों को निकालना प्रारम्भ कर दिया। इन सब के बीच 26 जुलाई, 1945 को पोट्सडम सम्मेलन में मित्र राष्ट्रों ने जापान से बिना शर्त आत्मसमर्पण की माँग की, परन्तु जापान ने इस शर्त पर ध्यान न देते हुए युद्ध जारी रखा।
- इसकी प्रतिक्रिया में 6 अगस्त, 1945 को अमेरिका ने जापान के समृद्ध नगर हिरोशिमा पर **लिटिल ब्वॉय** नामक परमाणु बम गिराया। हिरोशिमा तबाह हो गया। उधर रूस ने भी जापान के खिलाफ युद्ध की घोषणा कर दी, लेकिन जापान फिर भी नहीं झुका। फलस्वरूप अमेरिका ने 9 अगस्त, 1945 को एक और परमाणु बम, जिसका नाम फैटमैन था, **नागासाकी** पर गिराया। इसके पश्चात् हुई तबाही से जापान आत्मसमर्पण को बाध्य हो गया। 14 अगस्त 1945 को जापान के आत्मसमर्पण के साथ ही द्वितीय विश्वयुद्ध समाप्त हो गया।

द्वितीय विश्वयुद्ध के परिणाम

- द्वितीय विश्वयुद्ध 6 वर्ष तक चलता रहा था। यह क्रूर और भयानक युद्ध था तथा अपनी व्यापकता व प्रभाव में अत्यधिक विनाशकारी था। विभिन्न क्षेत्रों में इसके परिणाम देखे जा सकते थे। द्वितीय विश्वयुद्ध के प्रमुख परिणाम निम्नलिखित हुए
- **भयंकर विनाश एवं नरसंहार** द्वितीय विश्वयुद्ध में विश्व के लगभग 70 देशों की थल, वायु एवं जल सेनाएँ शामिल थीं। इस युद्ध में **लगभग 5 करोड़** से भी अधिक लोग मारे गए। करोड़ों लोग घायल व बेघर हो गए थे। इस युद्ध में सर्वाधिक हानि जर्मनी एवं रूस को उठानी पड़ी। फ्रांस, बेल्जियम, हॉलैण्ड आदि राष्ट्रों में असंख्य लोग भूख से तड़प-तड़पकर मर गए थे।
- **आर्थिक संकट** यूरोप के राष्ट्रों द्वारा अपने साधनों का प्रयोग वृहत् पैमाने पर युद्ध में किया गया। युद्ध के पश्चात् अनेक देशों में कीमतों में वृद्धि हो गई, जिससे चोरबाजारी तथा मुनाफाखोरी बढ़ी और बेरोजगारी पनपने लगी।
- **जर्मनी का विभाजन** द्वितीय विश्वयुद्ध में जर्मनी की पराजय के कारण मित्र राष्ट्रों के द्वारा उसे दो भागों में विभाजित कर दिया गया—**पूर्वी जर्मनी** एवं **पश्चिमी जर्मनी**। पूर्वी जर्मनी पर रूस ने अधिकार कर लिया, जबकि पश्चिमी जर्मनी पर अमेरिका, फ्रांस व इंग्लैण्ड का प्रभुत्व रहा।
- **संयुक्त राष्ट्र संघ की स्थापना** द्वितीय विश्वयुद्ध की समाप्ति के बाद भविष्य में युद्धों को रोकने के उद्देश्य से विभिन्न राष्ट्रों द्वारा 24 अक्टूबर, 1945 को संयुक्त राष्ट्र संघ (United Nations Organisation) नामक अन्तर्राष्ट्रीय संस्था की स्थापना की गई। 'महासभा और सुरक्षा परिषद्' इसके दो महत्त्वपूर्ण अंग है। (इस संस्था के बारे में विस्तारपूर्वक अध्ययन नागरिकशास्त्र खण्ड में किया जाएगा।)
- **प्रजातन्त्र एवं साम्यवाद का प्रसार** द्वितीय विश्वयुद्ध के बाद अनेक देशों में प्रजातन्त्र एवं साम्यवाद का प्रसार होने लगा। इटली में फासीवाद का अन्त हो गया। वहाँ पर प्रजातन्त्र की स्थापना हुई, साथ ही हंगरी, रूमानिया, पोलैण्ड, बुल्गारिया, फिनलैण्ड, यूगोस्लाविया, चेकोस्लोवाकिया तथा पूर्वी जर्मनी में रूस के प्रभाव के कारण साम्यवाद की स्थापना हुई।
- **अस्त्र-शस्त्र निर्माण की होड़** द्वितीय विश्वयुद्ध के परिणामस्वरूप परमाणु अस्त्र-शस्त्रों के निर्माण की एक नई प्रतिस्पर्द्धा का प्रारम्भ हुआ। अमेरिका, रूस, फ्रांस, इंग्लैण्ड आदि राष्ट्र अपनी सुरक्षा को मजबूत करने हेतु विनाशकारी अस्त्र-शस्त्रों का निर्माण करने लगे। इस प्रतिस्पर्द्धा ने पूरे विश्व में तनाव उत्पन्न कर दिया, जिसके कारण विश्व 'शीतयुद्ध' की चपेट में आ गया।
- **साम्राज्यवाद में निरन्तर कमी** द्वितीय विश्वयुद्ध के पश्चात् अनेक देशों को साम्राज्यवाद से छुटकारा मिल गया। ब्रिटेन, फ्रांस, हॉलैण्ड, पुर्तगाल, इटली, बेल्जियम आदि देशों ने एशिया तथा अफ्रीका में अनेक उपनिवेश स्थापित कर रखे थे।
- इस युद्ध के बाद इन गुलाम देशों में राष्ट्रीयता तथा देशभक्ति की भावनाओं का विकास हुआ, जिससे वहाँ स्वतन्त्रता के लिए संघर्ष व आन्दोलन शुरू हो गया। भारत, श्रीलंका, बर्मा (म्यांमार), सूडान, इण्डोनेशिया आदि देश इसके उदाहरण हैं।
- **विश्व का दो गुटों में विभाजन** द्वितीय विश्वयुद्ध के बाद विश्व के राष्ट्र दो गुटों में बँट गए—पूँजीवादी और साम्यवादी। पूँजीवादी देशों का नेतृत्व अमेरिका तथा साम्यवादी देशों का नेतृत्व रूस के द्वारा किया जा रहा था।
- ये दोनों देश उस समय महाशक्ति देश के रूप में जाने जाते थे। इन दोनों गुटों की प्रतिद्वन्द्विता ने नाटो, सीटो तथा सेण्टो नामक संगठनों को जन्म को जन्म दिया। द्वितीय विश्वयुद्ध के परिणामस्वरूप इन दोनों गुटों के बीच शीतशुद्ध प्रारम्भ हो गया।

अभ्यास प्रश्न

1. प्रथम विश्वयुद्ध का प्रारम्भ कब हुआ?
(a) 28 जुलाई, 1914 (b) 28 जून, 1917
(c) 28 अप्रैल, 1914 (d) 28 जनवरी, 1914

2. प्रथम विश्वयुद्ध के होने के प्रमुख कारण हैं
(a) उग्र राष्ट्रीयता की भावना (b) गुटबन्दी का निर्माण
(c) आर्थिक प्रतिस्पर्द्धा (d) ये सभी

3. प्रथम विश्वयुद्ध का तत्कालीन कारण क्या था?
(a) बाल्कन की सन्धि (b) सेराजेवो हत्याकाण्ड
(c) मोरक्को संकट (d) त्रिपक्षीय गठबन्धन

4. प्रथम विश्वयुद्ध में 'टैंक' का उपयोग किस देश ने किया?
(a) इंग्लैण्ड (b) जर्मनी
(c) इटली (d) इनमें से कोई नहीं

5. निम्न में कौन-सा देश धुरी राष्ट्रों में शामिल था?
(a) जर्मनी (b) ऑस्ट्रिया
(c) हंगरी (d) ये सभी

6. 'मित्र राष्ट्रों' में शामिल देश था।
(a) फ्रांस (b) इंग्लैण्ड
(c) रूस (d) ये सभी

7. मित्र राष्ट्रों की ओर से इटली प्रथम विश्व युद्ध में कब शामिल हुआ?
(a) मई, 1915 (b) अगस्त, 1914
(c) मई, 1916 (d) मई, 1917

8. प्रथम विश्वयुद्ध में संयुक्त राज्य अमेरिका कब शामिल हुआ
(a) वर्ष 1917 में (b) वर्ष 1916 में
(c) वर्ष 1915 में (d) वर्ष 1918 में

9. प्रथम विश्वयुद्ध में जर्मनी की पराजय के कारण थे
(a) युद्ध की लम्बी अवधि (b) मित्र राष्ट्रों की सर्वश्रेष्ठता
(c) युद्ध में अमेरिका का प्रवेश (d) ये सभी

10. प्रथम विश्वयुद्ध के परिणामों में किसको शामिल किया जाता है?
(a) जन-धन की भारी हानि (b) निरंकुश राजवंशों का अन्त
(c) लीग ऑफ नेशन्स की स्थापना (d) ये सभी

11. 'वर्साय की सन्धि' कब की गई?
(a) 28 जून, 1919 (b) 28 मई, 1919
(c) 28 अप्रैल, 1919 (d) 28 जुलाई, 1919

12. राष्ट्र सघ की स्थापना (1920) के मुख्य उद्देश्य क्या थे?
(a) विश्व में शान्ति कायम करना
(b) विश्व में सुरक्षा कायम करना
(c) अन्तर्राष्ट्रीय सहयोग में वृद्धि करना
(d) उपरोक्त सभी

13. द्वितीय विश्वयुद्ध कब प्रारम्भ हुआ?
(a) 1 सितम्बर, 1939 (b) 31 अगस्त, 1939
(c) 1 जनवरी, 1939 (d) 1 अगस्त, 1940

14. द्वितीय विश्वयुद्ध कब-से-कब तक चला?
(a) वर्ष 1939 से 1945 (b) वर्ष 1939 से 1944
(c) वर्ष 1939 से 1943 (d) वर्ष 1940 से 1945

15. द्वितीय विश्वयुद्ध का प्रमुख कारण था
(a) वर्साय की सन्धि (b) न्यूली की असफलता
(c) राष्ट्र संघ की असफलता (d) इनमें से कोई नहीं

16. जर्मनी में नाजी दल की स्थापना किसने की?
(a) मुसोलिनी (b) हिटलर
(c) लेनिन (d) विल्सन

17. हिटलर का सम्बन्ध किस देश से था?
(a) फ्रांस (b) जर्मनी (c) ऑस्ट्रिया (d) जापान

18. हिटलर ने पोलैण्ड पर किस वर्ष आक्रमण किया था?
(a) 28 जुलाई, 1939 (b) 14 अगस्त, 1939
(c) 1 सितम्बर, 1939 (d) 3 सितम्बर, 1939

19. हिटलर द्वारा संचालित यन्त्रिकृत नीति किस नाम से जानी जाती थी?
(a) वज्र युद्ध (b) यन्त्रों के युद्ध
(c) 'a' और 'b' (d) इनमें से कोई नहीं

20. निम्नलिखित में से किस युद्ध में इटली ने भाग लिया था?
(a) प्रथम विश्वयुद्ध (b) द्वितीय विश्वयुद्ध
(c) दोनों युद्धों में (d) इनमें से कोई नहीं

21. पर्ल हार्बर पर आक्रमण निम्नलिखित में से किस युद्ध से सम्बन्धित है?
(a) ऑस्ट्रिया-प्रशा युद्ध
(b) फ्रांस-प्रशा युद्ध
(c) प्रथम विश्वयुद्ध
(d) द्वितीय विश्वयुद्ध

22. संयुक्त राज्य अमेरिका द्वारा द्वितीय विश्वयुद्ध में सम्मिलित होने का तात्कालिक कारण था
(a) हिटलर द्वारा रूस पर आक्रमण
(b) नाजियों द्वारा पोलैण्ड पर आक्रमण
(c) जापान द्वारा पर्ल हार्बर पर आक्रमण
(d) इटली द्वारा अल्बानिया पर आक्रमण

23. द्वितीय विश्वयुद्ध में जर्मनी ने कब बिना शर्त आत्मसमर्पण किया था?
(a) 5 मई, 1945 (b) 7 मई, 1945
(c) 7 जून, 1945 (d) 9 जून, 1945

24. अमेरिका द्वारा हिरोशिमा पर परमाणु बम गिराया गया था
(a) 6 अगस्त, 1945 (b) 9 अगस्त, 1945
(c) 14 अगस्त, 1945 (d) 2 सितम्बर, 1945

25. अमेरिका ने नागासाकी पर परमाणु बम कब गिराया था?
(a) 4 अगस्त, 1945 (b) 6 अगस्त, 1945
(c) 9 अगस्त, 1945 (d) 11 अगस्त, 1945

26. जापान ने अमेरिका के सामने कब आत्मसमर्पण किया था?
(a) 14 अप्रैल, 1945 (b) 14 जून, 1945
(c) 14 जुलाई, 1945 (d) 14 अगस्त, 1945

27. द्वितीय विश्वयुद्ध में अणु बम किस देश पर गिराया था?
(a) जापान (b) जर्मनी
(c) कोरिया (d) इटली

28. द्वितीय विश्वयुद्ध के परिणामों के अन्तर्गत किसको शामिल किया जाता है?
(a) जर्मनी का विभाजन
(b) हथियार निर्माण की होड़
(c) विश्व का दो गुटों में विभाजन
(d) उपरोक्त सभी

उत्तरमाला

1	(a)	2	(d)	3	(b)	4	(a)	5	(d)	6	(d)	7	(a)	8	(a)	9	(d)	10	(d)
11	(a)	12	(d)	13	(a)	14	(a)	15	(a)	16	(b)	17	(c)	18	(c)	19	(a)	20	(c)
21	(d)	22	(c)	23	(b)	24	(a)	25	(c)	26	(d)	27	(a)	28	(d)				

अध्याय 20

राष्ट्र संघ एवं संयुक्त राष्ट्र संघ, विश्व की प्रमुख क्रान्तियाँ व उनका भारत पर प्रभाव

राष्ट्र संघ

- राष्ट्र संघ से तात्पर्य एक ऐसे राष्ट्रों के समूह से है, जिसका गठन समान उद्देश्यों एवं लक्ष्यों को प्राप्त करने की दृष्टि से किया जाता है। प्रथम विश्वयुद्ध के पश्चात् विश्व में स्थायी शान्ति की स्थापना एवं सामूहिक सुरक्षा के रूप में 'वर्साय की सन्धि' की धारा 1 से 26 के अन्तर्गत राष्ट्रसंघ की स्थापना का प्रावधान किया गया। जो विधिवत रूप से 10 जनवरी, 1920 को अस्तित्व में आया।
- गैर्थोर्न हार्डी के शब्दों में, "राष्ट्र संघ शान्ति सम्मेलन का एक महान् रचनात्मक कार्य था, इसकी आत्मा पूर्णत: अन्तर्राष्ट्रीय थी और उन सदस्यों के हाथों में थी, जो नि:स्वार्थ से इसका उपयोग करने का संकल्प करते थे। यह शान्ति का एक शानदार उपकरण बन सकता था।"

राष्ट्र संघ के उद्देश्य

राष्ट्र संघ के उद्देश्यों को तीन भागों में विभक्त किया गया है

1. पेरिस शान्ति सम्मेलन की सभी शान्ति सन्धियों के प्रावधान व व्यवस्थाएँ लागू करना।
2. युद्धों के कारणों का समाधान करना एवं शान्ति की स्थापना के उपाय।
3. अन्तर्राष्ट्रीय स्तर पर लोक कल्याणकारी कार्य करना।

राष्ट्र संघ के अंग

राष्ट्र संघ में निम्नांकित तीन मुख्य अंगों की स्थापना की गई थी

1. महासभा (असेम्बली)
2. परिषद् (कॉउन्सिल)
3. सचिवालय।

राष्ट्र संघ के कार्य

- राष्ट्र संघ पेरिस शान्ति सम्मेलन की शान्ति व्यवस्था की अत्यन्त महत्त्वपूर्ण एवं अभूतपूर्व उपलब्धि के रूप में थी। लक्ष्यों की प्राप्ति के लिए कार्य के निर्धारण को दो भागों में विभक्त किया गया है

1. राजनीतिक
2. गैर-राजनीतिक

राष्ट्र संघ की उपलब्धियाँ

- राष्ट्र संघ की उपलब्धियों के अन्तर्गत सफलता एवं विफलता के अनेक कारण थे। राष्ट्र संघ की उपलब्धियों के लिए पाँच प्रकार के कार्य किए गए, जो निम्नलिखित हैं
  - प्रशासनिक कार्य
  - संरक्षण सम्बन्धी कार्य
  - अल्पसंख्यकों के हितों की सुरक्षा करना
  - सामाजिक और आर्थिक कार्य
  - अन्तर्राष्ट्रीय शान्ति और व्यवस्था की स्थापना करना

राष्ट्र संघ की विफलता के कारण

राष्ट्र संघ की विफलता के अनेक कारण थे, जो निम्नलिखित हैं

- उत्पत्ति सम्बन्धी दोष
- सदस्य-राज्यों की सम्प्रभुता
- अमेरिकी असहयोग
- सार्वभौमिकता का अभाव।

राष्ट्र संघ का योगदान

- विश्व शान्ति एवं अन्तर्राष्ट्रीय विवादों के शान्तिपूर्ण समाधान, अल्पसंख्यकों के हितों की रक्षा, उपनिवेशों आदि में उसके विशेष सम्बन्धों का योगदान नहीं रहा, परन्तु विस्थापितों और शरणार्थियों की पुनर्स्थापना में उसका मुख्य योगदान रहा है।
- लैगसम के अनुसार, "अन्तर्राष्ट्रीय सहयोग की भावना विकसित करना उसकी सबसे बड़ी उपलब्धि के रूप में था।"

संयुक्त राष्ट्र संघ एवं विश्व शान्ति

संयुक्त राष्ट्र संघ की स्थापना

- प्रथम विश्व युद्ध के पश्चात् वर्ष 1920 में **राष्ट्र संघ** (League of Nations) की स्थापना की गई, जिसका मुख्यालय जेनेवा में स्थापित किया गया, परन्तु यह असफल रहा और द्वितीय विश्वयुद्ध के बाद

अन्तर्राष्ट्रीय शान्ति तथा अन्तर्राष्ट्रीय सहयोग स्थापित करने और मानव जाति को तृतीय विश्वयुद्ध की विभीषिका से बचाने के लिए संयुक्त राष्ट्र संघ (UNO) की स्थापना की गई।

- विश्व के चार बड़े राष्ट्रों—संयुक्त राज्य अमेरिका, ब्रिटेन, रूस तथा चीन ने मिलकर 9 अक्टूबर, 1944 को वाशिंगटन में एक सम्मेलन आयोजित किया, जिसे डम्बर्टन ओक्स कॉन्फ्रेंस के नाम से भी जाना जाता है।
- इस सम्मेलन में एक विश्व स्तरीय संगठन के विषय में विचार-विमर्श किया गया तथा इसके क्रियान्वयन के लिए 24 अप्रैल, 1945 को अमेरिका के सेनफ्रांसिस्को में सम्मेलन किया गया।
- इस सम्मेलन में संयुक्त राष्ट्र संघ (United Nation Organisation) के नाम से संस्था के गठन का प्रारूप व इसके कार्यों तथा उद्देश्यों को लेकर एक घोषणा-पत्र (Charter) तैयार किया गया। इस घोषणा-पत्र पर 26 जून, 1945 को 50 देशों के प्रतिनिधियों ने हस्ताक्षर कर दिए। 24 अक्टूबर, 1945 से यह चार्टर प्रभावी हो गया।
- पोलैण्ड भी बाद में इस चार्टर पर हस्ताक्षर कर संयुक्त राष्ट्र संघ का 51वाँ सदस्य बन गया। **24 अक्टूबर** को ही संयुक्त राष्ट्र स्थापना दिवस मनाया जाता है। संयुक्त राष्ट्र संघ महासभा की प्रथम बैठक 10 जून, 1946 को लन्दन के **वेस्टमिंस्टर हॉल** में सम्पन्न हुई। संयुक्त राष्ट्र संघ के चार्टर में 111 अनुच्छेदों को शामिल किया गया है।
- संयुक्त राष्ट्र संघ का सचिवालय/मुख्यालय **न्यूयॉर्क** में स्थापित किया गया है। संयुक्त राष्ट्र संघ की वर्तमान सदस्य संख्या 193 है, इसका अन्तिम सदस्य देश दक्षिण सूडान है, जो संयुक्त राष्ट्र संघ का सदस्य 14 जुलाई, 2011 में बना।

संयुक्त राष्ट्र संघ के सिद्धान्त

संयुक्त राष्ट्र संघ के चार्टर के अनुच्छेद-2 में विभिन्न सिद्धान्तों का वर्णन किया गया है, जिनका पालन सदस्य राष्ट्रों को करना पड़ता है। ये सिद्धान्त निम्नलिखित हैं

- यह संगठन अपने सभी सदस्यों की समान प्रभुसत्ता के सिद्धान्त पर आधारित है।
- सदस्य राष्ट्र, चार्टर में शामिल दायित्व का पालन स्वेच्छा तथा ईमानदारी से करेगा।
- संयुक्त राष्ट्र संघ अन्तर्राष्ट्रीय शान्ति एवं सुरक्षा के अतिरिक्त किसी भी कारण से किसी देश के आन्तरिक मामलों में हस्तक्षेप नहीं करेगा।
- सभी राष्ट्र चार्टर के अनुसार की गई कार्यवाही में प्रत्येक सम्भव सहायता करेंगे।
- सभी सदस्य राष्ट्र अपने अन्तर्राष्ट्रीय सम्बन्धों में किसी राष्ट्र की भू-अखण्डता के विरुद्ध धमकी या बल प्रयोग से परहेज करेंगे।
- सदस्य राष्ट्र सभी विवादों का निपटारा मध्यस्थता एवं शान्तिपूर्ण ढंग से करेंगे।
- संयुक्त राष्ट्र संघ इस बात को सुनिश्चित करेगा कि गैर-सदस्य राष्ट्र भी इन सिद्धान्तों के अनुरूप कार्य करेंगे।

संयुक्त राष्ट्र संघ की सदस्यता

- संयुक्त राष्ट्र संघ की सदस्यता उन सभी शान्तिप्रिय देशों या राष्ट्रों द्वारा प्राप्त की जा सकती है, जो घोषणा-पत्र में दिए गए उद्देश्यों को मानते हों तथा उनके दायित्वों को स्वीकार करते हों। इसके अतिरिक्त किसी नए राष्ट्र को शामिल करने की सिफारिश सुरक्षा परिषद् द्वारा पाँचों स्थायी राष्ट्रों की सहमति से की जानी तथा महासभा के 2/3 सदस्यों द्वारा स्वीकार की जानी आवश्यक है।
- संयुक्त राष्ट्र संघ के सिद्धान्तों का उल्लंघन करने वाले अथवा किसी अन्य राष्ट्र के विरुद्ध बल प्रयोग करने वाले राष्ट्र की सदस्यता सुरक्षा परिषद् की सिफारिश पर महासभा द्वारा समाप्त की जा सकती है या उस राष्ट्र को अधिकारों एवं सुविधाओं से वंचित किया जा सकता है।
- **ध्वज** संयुक्त राष्ट्र संघ के ध्वज की पृष्ठभूमि हल्की नीले रंग की है तथा उस पर सफेद रंग से संयुक्त राष्ट्र संघ का प्रतीक बना हुआ है। इस प्रतीक पर दो जैतून की वक्राकार शाखाएँ हैं, जो ऊपर से खुली हैं तथा उनके बीच में विश्व का मानचित्र बना हुआ है।

संयुक्त राष्ट्र संघ के प्रमुख कार्य

संयुक्त राष्ट्र संघ द्वारा किए जाने वाले प्रमुख कार्य निम्नलिखित हैं

- संयुक्त राष्ट्र संघ का सर्वप्रमुख कार्य **अन्तर्राष्ट्रीय शान्ति एवं सुरक्षा की स्थापना** करना है।
- यह अन्तर्राष्ट्रीय विवादों में मध्यस्थों की नियुक्ति करता है।
- विभिन्न तनाव के क्षेत्रों के लिए **शान्ति दूतों** की व्यवस्था करता है।
- यह किसी अन्तर्राष्ट्रीय सशस्त्र आक्रमणकर्ता देश के विरुद्ध पीड़ित देश की माँग पर शान्ति सेना भेजता है।
- संयुक्त राष्ट्रसंघ दो राष्ट्रों के मध्य शान्ति समझौते करवाता है तथा युद्ध की सम्भावनाओं को कम करता है।
- विभिन्न वैश्विक समस्याओं के हल के लिए शोधकार्य तथा अन्तर्राष्ट्रीय सहयोग की व्यवस्था करता है।
- अल्पविकसित देशों की सामाजिक, स्वास्थ्य सम्बन्धी एवं आर्थिक समस्याओं के हल के लिए विशेष सहायता प्रदान कराने का कार्य करता है। चार्टर में शामिल सिद्धान्तों के उल्लंघनकर्ता तथा विश्व शान्ति के विरुद्ध कार्य करने वाले देशों पर आर्थिक एवं व्यापारिक प्रतिबन्धों को आरोपित करने का कार्य संयुक्त राष्ट्र संघ द्वारा किया जाता है।

संयुक्त राष्ट्र संघ के प्रमुख अंग

संयुक्त राष्ट्र संघ के चार्टर, जिसके अन्तर्गत 19 अध्याय और 111 अनुच्छेद हैं, के अनुच्छेद-7 में इसके प्रमुख 6: अंगों का वर्णन किया गया है, जो निम्नलिखित हैं

1. महासभा
2. सुरक्षा परिषद्
3. आर्थिक एवं सामाजिक परिषद्
4. न्यास अथवा संरक्षण परिषद्
5. अन्तर्राष्ट्रीय न्यायालय
6. सचिवालय

1. महासभा

- यह संयुक्त राष्ट्र संघ की **विधायिका** तथा **वैश्विक संसद** की भूमिका निभाती है। इस सभा में संयुक्त राष्ट्र संघ के सभी सदस्य राष्ट्र सम्मिलित होते हैं तथा इसके प्रत्येक सदस्य को इसमें अपना प्रतिनिधि भेजने का अधिकार होता है।
- प्रत्येक सदस्य राष्ट्र इसमें 5 प्रतिनिधि भेज सकता है, परन्तु उनको केवल 1 मत (Vote) देने का अधिकार होता है। महासभा का अधिवेशन प्रत्येक वर्ष सितम्बर माह में होता है। महासभा के सभी सदस्य मिलकर एक वर्ष के लिए सभापति तथा 17 उपाध्यक्षों का चुनाव करते हैं।

महासभा द्वारा किए जाने वाले प्रमुख कार्य निम्नलिखित हैं

- संयुक्त राष्ट्र संघ का बजट तैयार करना तथा उसे स्वीकार करना।
- सुरक्षा परिषद् के 10 अस्थायी सदस्यों का चुनाव करना।
- सुरक्षा परिषद् के साथ मिलकर नए सदस्यों का चुनाव करना, आर्थिक एवं सामाजिक परिषद् के 54 सदस्यों तथा न्यास परिषद् के 6 सदस्यों का चुनाव करना।
- अपने सभापति तथा उप-सभापति का चुनाव करना।
- अन्तर्राष्ट्रीय न्यायालय के न्यायाधीशों का सुरक्षा परिषद् के साथ मिलकर चुनाव करना।
- अन्तर्राष्ट्रीय कानूनों का निर्माण करना।
- वर्ण, जाति, रंग, भाषा तथा धर्म का भेदभाव किए बिना मानवाधिकारों की रक्षा करना तथा विभिन्न सदस्यों की समस्याओं अथवा अन्तर्राष्ट्रीय समस्याओं पर विचार-विमर्श करना।

2. सुरक्षा परिषद्

- संयुक्त राष्ट्र संघ का सबसे **शक्तिशाली एवं महत्त्वपूर्ण अंग** सुरक्षा परिषद् है। यह संयुक्त राष्ट्र संघ की कार्यकारिणी समिति है। सुरक्षा परिषद् की वर्तमान कुल संख्या 15 है, जिसमें **5 स्थायी सदस्य**—अमेरिका, रूस, ब्रिटेन, फ्रांस, चीन तथा **10 अस्थायी सदस्य**—अंगोला, चाड, चिली, जॉर्डन, लिथुआनिया, मलेशिया, न्यूजीलैण्ड, नाइजीरिया, स्पेन तथा वेनेजुएला शामिल हैं।
- अस्थायी सदस्यों का चुनाव महासभा द्वारा **दो-तिहाई बहुमत** द्वारा **दो वर्ष** के लिए किया जाता है। सुरक्षा परिषद् के **पाँचों स्थायी सदस्यों** को **निषेधाधिकार (वीटो)** प्राप्त है।

सुरक्षा परिषद् के प्रमुख कार्य निम्नलिखित हैं

- अन्तर्राष्ट्रीय शान्ति एवं सुरक्षा के लिए व्यावहारिक कदम उठाना।
- नि:शस्त्रीकरण के उद्देश्य की पूर्ति के लिए प्रयास करना।
- किसी राष्ट्र द्वारा किए गए अन्तर्राष्ट्रीय कानूनों के उल्लंघन सम्बन्धी कार्यों की जाँच-पड़ताल करना।
- अन्तर्राष्ट्रीय संकट, तनाव, उत्तेजना एवं आक्रामक स्थिति उत्पन्न करने वाले राष्ट्र के विरुद्ध सैन्य कार्रवाई का आदेश देना।
- संयुक्त राष्ट्र संघ में नए सदस्यों के निर्वाचन में महासभा का सहयोग करना।
- अन्तर्राष्ट्रीय न्यायालय के न्यायाधीशों के निर्वाचन के लिए नामों की सिफारिश करना।
- संयुक्त राष्ट्र महासचिव की नियुक्ति के लिए सिफारिश (महासभा के साथ मिलकर) करना।
- विभिन्न अन्तर्राष्ट्रीय सन्धियों तथा महासभा द्वारा पास प्रस्तावों को लागू/क्रियान्वयन कराने का दायित्व भी सुरक्षा परिषद् पर है।

3. आर्थिक एवं सामाजिक परिषद्

- विश्व में आर्थिक उन्नति तथा सामाजिक कल्याण के लिए संयुक्त राष्ट्र संघ के महत्त्वपूर्ण अंग **आर्थिक** एवं **सामाजिक परिषद्** की स्थापना की गई। इसकी संरचना का वर्णन चार्टर के अनुच्छेद-61 में किया गया है।
- आर्थिक तथा सामाजिक परिषद् के 54 सदस्य हैं जो महासभा के दो-तिहाई बहुमत के द्वारा तीन वर्ष के लिए चुने जाते हैं। इसमें से 18 सदस्य प्रतिवर्ष पदमुक्त होते हैं।
- परिषद् का प्रमुख कार्य विश्व की सामाजिक, आर्थिक, सांस्कृतिक, शैक्षणिक, स्वास्थ्य तथा मानवाधिकारों आदि सम्बन्धित समस्याओं पर विचार करके उनके समाधान के उपाय सुझाना है।

4. न्यास अथवा संरक्षण परिषद्

- न्यास परिषद् का वर्णन चार्टर के अनुच्छेद-7 में किया गया है। इसमें **12 सदस्य** शामिल हैं, जिनमें 4 प्रबन्धनकर्ता-न्यूजीलैण्ड, ऑस्ट्रेलिया, अमेरिका तथा ब्रिटेन, 3 सुरक्षा परिषद् के स्थायी सदस्य—चीन, रूस, फ्रांस और अन्य 5 निर्वाचित देश शामिल हैं।
- न्यास परिषद् का प्रमुख उद्देश्य संयुक्त राष्ट्र संघ के द्वारा संरक्षित कमजोर एवं पिछड़े देशों के हितों का संरक्षण तथा उनमें सुदृढ़ता लाना है। यह संरक्षित देशों के नागरिकों की आर्थिक, राजनीतिक, सामाजिक समस्याओं की जाँच कर अपनी रिपोर्ट महासभा को भेजती है।
- अभी तक संयुक्त राष्ट्र संघ द्वारा संरक्षित 11 राष्ट्रों में से 10 स्वतन्त्र किए जा चुके हैं।

5. अन्तर्राष्ट्रीय न्यायालय

- यह संयुक्त राष्ट्र संघ की **सर्वोच्च न्यायिक संस्था** है। इसमें दो वैश्विक पक्षों के वाद पर निर्णय किए जाते हैं। विश्व का कोई भी देश इसमें वाद दायर कर सकता है। वर्तमान में इसमें **15 न्यायाधीश** कार्यरत् हैं, जिनका चुनाव सुरक्षा परिषद् की सिफारिश पर महासभा द्वारा **9 वर्ष** के लिए किया जाता है।
- इसका मुख्यालय **हेग (नीदरलैण्ड)** में स्थित है। इस न्यायालय में वादी केवल राष्ट्र ही हो सकते हैं, कोई व्यक्ति नहीं। इसका प्रमुख कार्य दो राष्ट्रों के बीच विवादों का निपटारा, अन्तर्राष्ट्रीय सन्धियों की व्याख्या, अन्तर्राष्ट्रीय कानूनों की व्याख्या, आर्थिक तथा अन्य अन्तर्राष्ट्रीय प्रतिबन्धों का स्वरूप निर्धारण करना है।
- यह महासभा, सुरक्षा परिषद् एवं विभिन्न समितियों को अपनी सिफारिशें देती है।

6. सचिवालय

- संयुक्त राष्ट्र संघ के अंगों या एजेन्सियों द्वारा बनाए गए कार्यक्रमों, नीतियों एवं रिपोर्टों को प्रशासित एवं समन्वित करने के लिए सचिवालय की स्थापना की गई है। यह संयुक्त राष्ट्र संघ का प्रशासनिक अंग है, जिसका प्रधान **महासचिव** होता है।
- इसकी नियुक्ति **5 वर्ष** के लिए महासभा सुरक्षा परिषद् की सिफारिश पर करती है। वर्तमान में दक्षिण कोरिया के **एंटोनियो गुटरेश** इसके महासचिव हैं। सचिवालय का मुख्यालय **न्यूयॉर्क** में है। इसके कर्मचारियों की वर्तमान संख्या लगभग 15000 है।
- सचिवालय को आठ विभागों में विभाजित किया गया है, जिसका प्रधान **सचिव** होता है। सचिव, महासचिव के प्रति उत्तरदायी होता है। सचिवालय का प्रमुख कार्य संघ की विभिन्न समितियों एवं एजेन्सियों द्वारा तैयार रिपोर्ट की जाँच कर महासभा में प्रतिवर्ष पेश करना, विश्व के किसी भाग में शान्ति एवं सुरक्षा भंग होने की आशंका तथा अन्य समस्याओं के विषय में सुरक्षा परिषद् को सूचित करना है।

संयुक्त राष्ट्र संघ की विशिष्ट संस्थाएँ

- संयुक्त राष्ट्र संघ द्वारा विश्व शान्ति के अतिरिक्त वैश्विक सहयोग तथा विभिन्न सामाजिक, आर्थिक, राजनीतिक, सांस्कृतिक कार्यों को सम्पन्न करने के लिए विभिन्न विशिष्ट संस्थाओं की स्थापना की गई है, जिनका विवरण निम्नलिखित है

संयुक्त राष्ट्र शैक्षिक, वैज्ञानिक और सांस्कृतिक संगठन
(यूनेस्को–UNESCO)

- विश्व के विभिन्न देशों में राष्ट्रों के मध्य शिक्षा, विज्ञान तथा संस्कृति के क्षेत्र में पारस्परिक सहयोग एवं उन्नति के लिए यूनेस्को (United Nations Educational Scientific and Cultural Organisation, UNESCO) की स्थापना **4 नवम्बर, 1946** को लन्दन में हुए एक सम्मेलन में की गई। इसका मुख्यालय **पेरिस** (फ्रांस) में स्थित है। वर्तमान में इसके सदस्यों की संख्या 195 है, जिनकी वर्ष में सामान्यत: एक बार बैठक होती है।
  इसके प्रमुख कार्य निम्नलिखित हैं
  - विश्व में शिक्षा एवं वैज्ञानिक दृष्टिकोण का विकास एवं प्रसार करना तथा इन विषयों की उन्नति के लिए अनुसन्धानों एवं शोध कार्यों की व्यवस्था करना।
  - अल्पविकसित तथा विकासशील देशों में शैक्षिक एवं सांस्कृतिक गतिविधियों को आयोजित करवाना। नवीन अनुसन्धानों तथा समस्याओं के निवारण के लिए विभिन्न राष्ट्रों के वैज्ञानिकों के मध्य सम्पर्क एवं सहयोग स्थापित करवाना।
  - विश्व के राष्ट्रों में सांस्कृतिक पहलुओं का आदान-प्रदान करना। अल्पविकसित एवं कमजोर राष्ट्रों की संस्कृति की सुरक्षा एवं उन्नति के लिए सहयोग प्रदान करना।
  - इन विषयों से सम्बन्धित विभिन्न वैश्विक समस्याओं के समाधान के लिए विशेषज्ञों को भेजना।

अन्तर्राष्ट्रीय बाल आपातकालीन कोष
(यूनीसेफ, UNICEF)

- विश्व में बाल विकास तथा बाल स्वास्थ्य की समस्याओं को हल करने के लिए 20 संस्थापक सदस्यों के द्वारा **नवम्बर, 1946** में न्यूयॉर्क में यूनीसेफ (United Nations Childrens' Fund, UNICEF) की स्थापना की गई। वर्तमान में इसकी सदस्य संख्या 188 है। वर्ष 1953 में इस संस्था को स्थायी स्वरूप प्रदान किया गया। इसका प्रधान कार्यालय **न्यूयॉर्क** में है। इसके प्रमुख कार्य निम्नलिखित हैं
  - अल्पविकसित एवं विकासशील राष्ट्रों में बच्चों की न्यूनतम एवं अनिवार्य आवश्यकताओं की पूर्ति के लिए आर्थिक, सामाजिक, राजनीतिक तथा अन्य सहयोग प्रदान करना।
  - बाल स्वास्थ्य विकास तथा उन्हें उपयुक्त एवं आवश्यक पोषण उपलब्ध कराने के लिए आवश्यक सहयोग प्रदान करना एवं बाल स्वास्थ्य सुरक्षा के लिए चिकित्सालयों तथा प्रशिक्षण केन्द्रों की स्थापना में सहयोग करना।
  - विभिन्न प्राकृतिक आपदाओं के समय प्रसूति-गृहों तथा जननी एवं शिशु की सुरक्षा की व्यवस्था करना।
  - बालकों की घातक बीमारियों के उपचार तथा रोकथाम के लिए कदम उठाना।
  - बाल विकास के विभिन्न कार्यक्रम बनाना तथा उनके उचित कार्यान्वयन के लिए कर्मचारियों के प्रशिक्षण की व्यवस्था करना।

विश्व स्वास्थ्य संगठन (WHO)

- मानव स्वास्थ्य सम्बन्धी समस्याओं की रोकथाम एवं निवारण के लिए विश्व स्वास्थ्य संगठन (World Health Organisation, WHO) की स्थापना अप्रैल, 1948 में **जेनेवा** में की गई। इसके तीन अंग—**सभा**, **प्रशासनिक बोर्ड** एवं **सचिवालय** हैं। प्रशासनिक बोर्ड में नीतियों के कार्यान्वयन के लिए 36 सदस्य शामिल हैं। संगठन ने अपनी सहयोगी संस्थाएँ विश्व के प्रत्येक भाग में स्थापित की हैं। इसका प्रधान कार्यालय **जेनेवा** (स्विट्जरलैण्ड) में है। इस संस्था के प्रमुख कार्य निम्नलिखित हैं
  - सम्पूर्ण विश्व में मानव स्वास्थ्य के विकास के लिए योजनाएँ बनाना।
  - संक्रामक तथा घातक बीमारियों की रोकथाम करना।
  - स्वास्थ्य क्षेत्र में वैज्ञानिक अनुसन्धान करना।
  - मानवजनित स्वास्थ्य सम्बन्धी समस्याओं के साथ-साथ प्राकृतिक आपदा से होने वाली हानियों को रोकने का प्रयास करना।
  - अल्पविकसित एवं विकासशील देशों में स्वास्थ्य सम्बन्धी जागरूकता का प्रसार करना।

खाद्य एवं कृषि संगठन (FAO)

- विश्व में खाद्यान्न तथा कृषि क्षेत्र से सम्बन्धित समस्याओं के समाधान के लिए **16 अक्टूबर, 1945** में खाद्य एवं कृषि संगठन (Food and Agriculture Organisation, FAO) की स्थापना रोम (इटली) में की गई। वर्तमान में इसमें **194** सदस्य शामिल हैं। इसका मुख्यालय रोम (इटली) में है। इसके प्रमुख कार्य निम्नलिखित हैं
  - अल्पविकसित देशों में कृषि उत्पादकता में वृद्धि की योजनाएँ तैयार करना तथा उन्हें लागू करवाना।
  - कृषि की नई तकनीकों की खोज करना।
  - उन्नत बीजों की नई किस्मों की खोज करना।
  - कृषि सम्बन्धी वैज्ञानिक अनुसन्धानों को आयोजित करना।
  - संस्था द्वारा भारत के विभिन्न क्षेत्रों में कृषि क्षेत्र के विकास के लिए सहयोग प्रदान कराया गया है; जैसे—उत्तर प्रदेश के तराई क्षेत्र का विकास।

अन्तर्राष्ट्रीय श्रम संगठन (ILO)

- विश्व में मजदूरों की कार्य-स्थिति के विकास और रोजगार के अवसरों के विकास के लिए अन्तर्राष्ट्रीय श्रम संगठन की स्थापना राष्ट्र संघ के तहत वर्ष 1919 में की गई थी, बाद में इसे संयुक्त राष्ट्र संघ के साथ जोड़ दिया गया। वर्तमान में इसमें **187 सदस्य देश** शामिल हैं। इसका मुख्यालय **जेनेवा** (स्विट्जरलैण्ड) में स्थित है। इस संगठन के प्रमुख कार्य निम्नलिखित हैं
  - विश्वभर के श्रमिकों के हितों के लिए कल्याणकारी योजनाएँ बनाना।
  - श्रमिकों के शिक्षण तथा प्रशिक्षण का प्रबन्ध करना।
  - श्रमिकों के समुचित वेतन, आवास, स्वास्थ्य तथा जीवन-स्तर को सुधारने के उपाय करना।
  - बाल श्रम की रोकथाम करना।
  - औद्योगिक विवादों का निर्णय करना तथा श्रमिकों की समस्याओं का समाधान करना।

अन्तर्राष्ट्रीय परमाणु ऊर्जा एजेन्सी (IAEA)

- इसकी स्थापना वर्ष 1957 में की गई तथा इसका मुख्यालय **वियना** (ऑस्ट्रिया) में है। इसका प्रमुख उद्देश्य विश्व शान्ति की व्यवस्था के लिए आण्विक शक्ति को बढ़ावा देना है तथा यह निगरानी रखना है कि कहीं इसका उपयोग अनैतिक उद्देश्य या सैन्य क्षमता में विस्तार के लिए तो नहीं किया जा रहा है। इनके अतिरिक्त अन्तर्राष्ट्रीय मुद्रा कोष, विश्व बैंक, अन्तर्राष्ट्रीय दूरसंचार संघ, अन्तर्राष्ट्रीय डाक संगठन, यूनेस्को आदि संयुक्त राष्ट्र की विशिष्ट संस्थाएँ हैं।

विश्व कल्याण के लिए संयुक्त राष्ट्र संघ के प्रयास

- संयुक्त राष्ट्र संघ ने अपने 70 वर्ष के इतिहास में मानव जाति की सुरक्षा, कल्याण एवं विकास तथा अपनी स्थापना के उद्देश्यों की प्राप्ति में कुछ घटनाओं को छोड़कर महत्त्वपूर्ण सफलताएँ प्राप्त की हैं, जो निम्नलिखित हैं
- **निषेधाधिकार** संयुक्त राष्ट्र संघ की सुरक्षा परिषद् के पाँच स्थायी सदस्यों (अमेरिका, ब्रिटेन, रूस, फ्रांस, चीन) को किसी भी प्रस्ताव पर नकारात्मक अथवा निषेधाधिकार (वीटो) प्रदान किया गया है। अगर कोई स्थायी सदस्य किसी भी प्रस्ताव को उचित नहीं मानता है, तो वह इस पर वीटो का प्रयोग कर सकता है।
- यह प्रावधान किया गया है कि इन पाँचों स्थायी सदस्यों की सहमति के बिना कोई भी प्रस्ताव पारित नहीं हो सकता अर्थात् किसी भी स्थायी सदस्य द्वारा वीटो प्रयोग के बाद प्रस्ताव वहीं समाप्त हो जाता है। वीटो अनेक बार संयुक्त राष्ट्र संघ की कार्यवाही में बाधक तथा महाशक्तियों की स्वार्थपूर्ति का साधन सिद्ध हुआ है, हालाँकि अनेक मुद्दों पर इसका सकारात्मक एवं उचित प्रयोग भी किया गया है।
- **नि:शस्त्रीकरण के प्रयास** विभिन्न देशों में हथियार निर्माण की होड़ तथा विनाशकारी हथियारों से मानव जाति को बचाने के लिए, संयुक्त राष्ट्र संघ ने नि:शस्त्रीकरण के विभिन्न प्रयास किए; जैसे—रूस व अमेरिका के मध्य हथियारों की होड़ समाप्त करने को वार्ताएँ, परमाणु परीक्षणों पर रोक लगाने की सन्धि आदि।
- **साम्राज्यवाद तथा उपनिवेशवाद की समाप्ति** संयुक्त राष्ट्र संघ की स्थापना के कुछ ही वर्षों के बाद एशिया, अफ्रीका के अधिकांश देशों से साम्राज्यवाद समाप्त हो गया तथा 1960 के दशक में ही अफ्रीका के **20 देशों** को स्वतन्त्रता प्राप्त हो गई।
  संयुक्त राष्ट्र संघ के उपनिवेशवादी देशों पर बनाए गए दबाव के कारण ही 20वीं शताब्दी के अन्त तक साम्राज्यवाद तथा उपनिवेशवाद विश्व से पूर्णत: समाप्त हो गया।
- **मानवाधिकारों की घोषणा** व्यक्ति की स्वतन्त्रता, गरिमा, समानता की रक्षा करने हेतु संयुक्त राष्ट्र संघ ने **10 दिसम्बर, 1948** को मानवाधिकारों की घोषणा की।
- **तृतीय विश्व के देशों का आर्थिक विकास** संयुक्त राष्ट्र संघ ने द्वितीय विश्वयुद्ध के बाद स्वतन्त्र हुए एशिया-अफ्रीका के अल्पविकसित देशों की अर्थव्यवस्था को सुधारने तथा गति प्रदान करने में विश्व बैंक, आई.एम.एफ. तथा अन्य संस्थाओं के माध्यम से महत्त्वपूर्ण भूमिका निभाई है।
- **वैश्विक समस्याओं के निवारण में** संयुक्त राष्ट्र संघ ने विश्व के सभी देशों के समक्ष उत्पन्न सामान्य समस्याओं; जैसे—पर्यावरणीय पतन, वैश्विक तापन, आतंकवाद आदि के निवारण में महत्त्वपूर्ण भूमिका निभाई है। वर्ष 1972 में स्टॉकहोम सम्मेलन, वर्ष 1992 में पृथ्वी सम्मेलन, जेनेवा सम्मेलन, क्योटो प्रोटोकॉल आदि इसके उदाहरण हैं।
- **रंगभेद का अन्त** दक्षिणी रोडेशिया (जिम्बाब्वे) तथा दक्षिण अफ्रीका में शोषणकारी रंगभेद नीति की समाप्ति के लिए संयुक्त राष्ट्र संघ ने विशेष प्रयास किए। वर्ष 1950 में महासभा द्वारा रंगभेद विरोधी केन्द्र की स्थापना, दक्षिणी अफ्रीकी श्वेत सरकार पर आर्थिक प्रतिबन्ध आदि कदमों द्वारा वर्ष 1994 में अफ्रीकी देशों में रंगभेद की नीति की समाप्ति सम्भव हो पाई।
- **विभिन्न कल्याणकारी कार्य** संयुक्त राष्ट्र संघ ने विश्व में विभिन्न राष्ट्रों के लिए, महिला विकास, बाल विकास, चिकित्सा व्यवस्था में सुधार, लोगों के जीवन-स्तर में सुधार के लिए महत्त्वपूर्ण प्रयास किए हैं। संयुक्त राष्ट्र संघ ने वर्ष 1975 को महिला वर्ष, वर्ष 1979 को बाल वर्ष, वर्ष 1981 को विकलांग वर्ष तथा वर्ष 1999 को वृद्धों के वर्ष के रूप में मनाकर जनकल्याण के कार्यों को गति प्रदान की।

उपरोक्त वर्णन से स्पष्ट है कि संयुक्त राष्ट्र संघ ने समय-समय पर विश्व कल्याण व विश्व शान्ति के लिए विभिन्न कदम उठाए; परन्तु फिर भी कुछ कारणों से यह संस्था आदर्श सिद्ध नहीं हो पाई, प्रारम्भ से ही संयुक्त राष्ट्र संघ में महाशक्तियों (अमेरिका व रूस) का प्रभुत्व रहा तथा उनके द्वारा अपने हित को सर्वोपरि रखने के कारण यह संस्था पूर्णरूप से सफल नहीं हो सकी है।

संयुक्त राष्ट्र संघ के विभिन्न प्रयास

क्र.सं.	विवाद	वर्ष	विवरण
1.	कश्मीर समस्या	(1947-48)	पाक समर्थित कबाइलियों द्वारा भारत अधिकृत कश्मीर में घुसपैठ के बाद दोनों पक्षों में सैन्य संघर्ष की समस्या उत्पन्न हो गई। समस्या का तात्कालिक समाधान यू. एन. के द्वारा करवाया गया, हालाँकि इसका स्थायी हल नहीं हो पाया है।
2.	कोरिया संकट	(1950-51)	उत्तरी एवं दक्षिणी कोरिया के मध्य वर्ष 1950 में सैन्य संघर्ष उत्पन्न हो गया, जिन्हें सोवियत संघ व अमेरिकी समर्थन प्राप्त था। इससे तृतीय विश्वयुद्ध की आशंका उत्पन्न हो गई, जिसे संयुक्त राष्ट्र संघ के हस्तक्षेप से सुलझाया गया
3.	भारत-चीन समस्या	(1954)	संयुक्त राष्ट्र संघ द्वारा भारत और चीन के मध्य चल रहे युद्ध के विराम के लिए जुलाई, 1954 में एक प्रस्ताव पारित किया गया तथा बाद में वहाँ अस्थायी शान्ति स्थापित हो गई।
4.	स्वेज नहर समस्या	(1956)	मिस्र सरकार द्वारा वर्ष 1956 में स्वेज नहर का राष्ट्रीयकरण कर दिया गया, जिसके बाद ब्रिटेन व फ्रांस की सेनाओं ने इसका विरोध करते हुए मिस्र पर आक्रमण कर दिया। इस समस्या का समाधान यू. एन. द्वारा ब्रिटेन तथा फ्रांस पर दबाव बनाकर एवं शान्ति सेनाओं के प्रयोग से करवाया गया।
5.	काँगो समस्या	(1960)	काँगो में स्वतन्त्रता-प्राप्ति के साथ ही वर्ष 1960 में गृहयुद्ध छिड़ गया तथा पुनः विदेशी हस्तक्षेप की सम्भावना बन गई, जिसे यू. एन. की शान्ति सेना के हस्तक्षेप तथा सुरक्षा परिषद् के आदेश के बाद हल किया गया।

क्र.सं.	विवाद	वर्ष	विवरण
6.	क्यूबा की समस्या	(1962)	रूस अपने प्रक्षेपास्त्र, जलपोत तथा हथियार क्यूबा भेजना चाहता था, जिसके कारण अमेरिका द्वारा क्यूबा की नाकेबन्दी अक्टूबर, 1962 में की गई। उसके बाद संयुक्त राष्ट्र संघ के हस्तक्षेप के कारण क्यूबा के क्षेत्र में शान्ति स्थापना की गई।
7.	साइप्रस समस्या	(1964)	16 अगस्त, 1960 में साइप्रस द्वारा स्वतन्त्रता प्राप्त करने के बाद वहाँ राष्ट्रपति **मकारियोस** के विरुद्ध गृहयुद्ध भड़क गया, जिसे वर्ष 1964 में संयुक्त राष्ट्र संघ की शान्ति सेना द्वारा शान्त करवाया गया।

भारत द्वारा संयुक्त राष्ट्र संघ के कार्यों में योगदान

- भारत संयुक्त राष्ट्र संघ का प्रारम्भिक संस्थापक सदस्य है तथा अपनी विदेश नीति में शामिल करते हुए भारत ने संयुक्त राष्ट्र संघ के उद्देश्यों एवं सिद्धान्तों में पूर्ण आस्था प्रकट की है।
- भारत ने संयुक्त राष्ट्र संघ द्वारा मानवता की सुरक्षा, विश्व शान्ति तथा मानव कल्याण के प्रत्येक कार्य में पूर्ण सहयोग प्रदान किया है। संयुक्त राष्ट्र संघ के कार्यों में भारत के योगदान को निम्न स्वरूप में वर्णित किया जा सकता है

संयुक्त राष्ट्र संघ में भारत

- भारत संयुक्त राष्ट्र संघ के प्रत्येक अंग एवं विशिष्ट संस्थाओं का भाग रहा है; जैसे—भारत की विजयलक्ष्मी पण्डित वर्ष 1953 में महासभा की अध्यक्षा चुनी गईं, डॉ. राधाकृष्णन वर्ष 1952 में यूनेस्को के अध्यक्ष पद पर निर्वाचित हुए, डॉ. नगेन्द्र सिंह वर्ष 1973 एवं वर्ष 1982 में दो बार अन्तर्राष्ट्रीय न्यायालय के न्यायाधीश नियुक्त हुए तथा वर्ष 1985 में उन्हें अन्तर्राष्ट्रीय न्यायालय का मुख्य न्यायाधीश नियुक्त किया गया।
- इसके अतिरिक्त वर्ष 1989 में श्री रघुनन्दनस्वरूप पाठक भी अन्तर्राष्ट्रीय न्यायालय के न्यायाधीश पद पर रहे। वर्ष 2012 में दलबीर भण्डारी इसके मुख्य न्यायाधीश नियुक्त हुए। एस. जगन्नाथन वर्ष 1957 में अन्तर्राष्ट्रीय मुद्रा कोष के कार्यकारी निदेशक पद पर नियुक्त हुए।
- यू. एन. सुरक्षा परिषद् में भारत वर्ष 2011-12 में **सातवीं बार** अस्थायी सदस्य के रूप में निर्वाचित हुआ, वहीं आर्थिक एवं सामाजिक परिषद् का निरन्तर सदस्य बना रहा है। सुरक्षा परिषद् द्वारा गठित आतंकवाद विरोधी समिति के अध्यक्ष पद के लिए भारत निर्वाचित हुआ है।

संयुक्त राष्ट्र संघ की गतिविधियों में भारत का सहयोग

भारत ने संयुक्त राष्ट्र संघ की विभिन्न गतिविधियों में अपनी महत्त्वपूर्ण भूमिका निभाई है

- **संयुक्त राष्ट्र की शान्ति सेना में सहयोग** विश्व शान्ति के लिए संयुक्त राष्ट्र संघ द्वारा पारित अधिकांश प्रस्तावों का भारत ने समर्थन किया। संयुक्त राष्ट्र संघ की शान्ति सेना में अधिकाधिक सैनिक भारत के सम्मिलित हुए हैं तथा विभिन्न विवादों; जैसे—कोरिया संकट (1950), काँगो संकट (1962), साइप्रस संकट (1964), वियतनाम संकट (1954), स्वेज नहर संकट (1956), श्रीलंका संकट आदि अनेक समय पर भारत ने अपनी सैनिक टुकड़ियाँ भेजकर या व्यावहारिक दबाव द्वारा समस्याओं को सुलझाने में महत्त्वपूर्ण भूमिका निभाई है।
- **नि:शस्त्रीकरण में योगदान** संयुक्त राष्ट्र संघ द्वारा नि:शस्त्रीकरण के लिए उठाए गए महत्त्वपूर्ण कदमों का भारत ने सहयोग किया है। विभिन्न देशों के साथ मिलकर भारत ने परमाणु प्रसार को रोकने के लिए कदम उठाने के लिए दबाव बनाया तथा **वर्ष 1966 में परमाणु परीक्षण** रोकने तथा **वर्ष 1982 में नि:शस्त्रीकरण** के लिए पाँच सूत्रीय ठोस कार्यक्रम के लिए प्रस्ताव पेश किए।
- **आर्थिक एवं सामाजिक न्याय के लिए कार्य** भारत ने संयुक्त राष्ट्र संघ के उपनिवेशवाद तथा साम्राज्यवाद को समाप्त करने सम्बन्धी सभी प्रस्तावों का समर्थन किया। इस उद्देश्य के लिए वर्ष 1961 में गठित समिति का भारत को अध्यक्ष बनाया गया। भारत के ठोस प्रयासों से एशिया एवं अफ्रीका के देशों से साम्राज्यवाद समाप्त हो सका।
- **विशेष सहयोग** भारत ने संयुक्त राष्ट्र संघ को वैश्विक शान्ति की स्थापना के लिए हमेशा विशेष सहयोग दिया है। भारत का यह पूर्ण विश्वास है कि विश्व शान्ति की स्थापना के लिए संयुक्त राष्ट्र संघ एक महत्त्वपूर्ण यन्त्र है। भारत द्वारा अन्तर्राष्ट्रीय सद्भाव के लिए संयुक्त राष्ट्र संघ के महासचिव मि. जेवियरपेरेज द कुइयार को वर्ष 1987 में **जवाहरलाल नेहरू पुरस्कार** प्रदान किया।
- **संयुक्त राष्ट्र संघ के विस्तार में योगदान** भारत हमेशा संयुक्त राष्ट्र संघ के सम्पूर्ण विश्व पर नैतिक नियन्त्रण के पक्ष में रहा है। सभी देश संयुक्त राष्ट्र संघ को अपना संरक्षक स्वीकार करें तथा इसके सदस्य बनकर इसके आदर्शों और निर्देशों का पालन करें। जिससे संयुक्त राष्ट्र संघ का संगठन और भी अधिक विश्वव्यापी हो।
- **अन्य योगदान** अफ्रीका तथा जिम्बाब्वे में श्वेत सरकार द्वारा अपनाई गई रंगभेद की नीति का विरोध संयुक्त राष्ट्र संघ के साथ मिलकर भारत द्वारा किया गया। भारत ने संयुक्त राष्ट्र संघ द्वारा इस सम्बन्ध में वर्ष 1950, 1976, 1990 में पारित प्रस्तावों का समर्थन किया तथा वर्ष **1994** में गठित **पहली अश्वेत सरकार को मान्यता** प्रदान की।

विश्व की प्रमुख क्रान्तियाँ एवं उनका भारत पर प्रभाव

- जब किसी देश की शासन व्यवस्था के अन्तर्गत वहाँ की जनता अपने आपको पीड़ित अथवा शोषित महसूस करती है तब जनता में वहाँ की व्यवस्था के विरुद्ध सामूहिक रूप से आक्रोश उत्पन्न हो जाता है। सामूहिक रूप से जनता द्वारा व्यवस्था के विरुद्ध प्रदर्शित आक्रोश या विद्रोह 'क्रान्ति' कहलाता है।
- क्रान्ति **रक्तहीन** तथा **रक्तरंजित** दोनों प्रकार की हो सकती है। विश्व की महत्त्वपूर्ण क्रान्तियाँ अत्याचार तथा शोषण को समाप्त करने के लिए ही हुई हैं। शोषण की प्रकृति ही विद्रोह के स्वरूप को निर्धारित करती है। जैसे—औद्योगिक, राजनीतिक, सामाजिक अथवा आर्थिक।

विश्व की प्रमुख क्रान्तियों का वर्णन निम्नलिखित है

इंग्लैण्ड की क्रान्ति

- 1688 ई. में इंग्लैण्ड में होने वाली इस राजनीतिक क्रान्ति को ऐतिहासिक दृष्टि से विश्व की **प्रथम क्रान्ति** के रूप में जाना जाता है। यह क्रान्ति **जेम्स द्वितीय** के शासनकाल में हुई, जिसकी निरंकुशता तथा स्वेच्छाचारिता से तंग आकर जनता ने विद्रोह का मार्ग अपनाया।

- इस विद्रोह या क्रान्ति ने बिना किसी रक्त-पात के अपने उद्देश्यों को प्राप्त करने में सफलता प्राप्त की। इस क्रान्ति का परिणाम यह हुआ कि वास्तविक शक्ति संसद को प्राप्त हो गई तथा राजा नाममात्र का शासक रह गया।
- यह संघर्ष बिना किसी रक्तपात और दमन के साथ सम्पन्न हुआ। अत: यह क्रान्ति **रक्तहीन क्रान्ति, गौरवपूर्ण क्रान्ति, श्वेत क्रान्ति, शानदार क्रान्ति** तथा **महान् क्रान्ति** आदि नामों से भी प्रचलित है।

इंग्लैण्ड की क्रान्ति के कारण

इंग्लैण्ड की क्रान्ति के प्रमुख कारण निम्नलिखित थे

- **निरंकुश राजकीय सत्ता** इंग्लैण्ड में राजा स्वयं को ईश्वर का प्रतिनिधि मानता था। समस्त शक्ति राजा में केन्द्रित थी, जिससे वह निरंकुश तथा स्वेच्छाचारी हो गए थे। पुनर्जागरण के पश्चात् ज्ञान के विस्तार के कारण राजनीतिक समानता की माँग प्रारम्भ हो गई, जिससे राजाओं की निरंकुशता का विरोध शुरू हो गया।
- **धार्मिक आधार पर नियुक्तियाँ** जेम्स द्वितीय के शासनकाल में सेना, चर्च के अधिकारियों तथा सरकारी पदों पर कैथोलिक धर्म से सम्बन्धित लोगों की नियुक्ति बड़े पैमाने पर होने लगी। जेम्स द्वितीय स्वयं एक कट्टर कैथोलिक था। इंग्लैण्ड की संसद ने इस प्रकार की नियुक्तियों का विरोध किया। प्रतिकारस्वरूप राजा ने संसद को ही भंग कर दिया, जिसके कारण जनता में असन्तोष फैल गया।
- **कोर्ट ऑफ हाई कमीशन की स्थापना** जब संसद के द्वारा कैथोलिक नियुक्तियों को रद्द कर दिया गया, तो राजा ने इन नियुक्तियों को वैध ठहराने के लिए 'कोर्ट ऑफ हाई कमीशन' की पुन: स्थापना कर दी। जेम्स द्वितीय ने इस कमीशन के द्वारा कैथोलिकों की और अधिक नियुक्तियाँ कर डालीं।
- **कैथोलिकों पर लगे कानूनों का स्थगन** जेम्स द्वितीय ने 1687 ई. में डिसेण्टर्स तथा कैथोलिकों को नियन्त्रित करने वाले अनेक कानूनों (क्लेरैण्डन कोड, टेस्ट एक्ट आदि) को स्थगित करने के साथ-साथ अनेक अधिकार देकर उन्हें और अधिक शक्तिशाली बना दिया, जेम्स द्वितीय कैथोलिक धर्म का प्रचार करना चाहता था, जबकि इंग्लैण्ड में प्रोटेस्टैण्ट धर्म को मानने वाले लोग अधिक थे। इससे जनता में आक्रोश व्याप्त हो गया।
- **सात बिशपों पर मुकदमा** जेम्स द्वितीय ने सभी चर्च के बिशपों पर यह दबाव बनाया कि वे 1687 ई. में पारित धर्म सम्बन्धी घोषणाओं को चर्चों में पढ़कर सुनाएँ। सात बिशपों ने इसका विरोध किया। परिणामस्वरूप सातों बिशपों को गिरफ्तार कर जेल में डाल दिया गया तथा उन पर देशद्रोह का मुकदमा चलाया गया। इस घटना से राजा के प्रति विद्रोह भड़कने लगा।
- **विलियम ऑफ ऑरेन्ज के विचारों का प्रभाव** जेम्स द्वितीय के दामाद तथा हॉलैण्ड के राजा विलियम ऑफ ऑरेन्ज ने अपने एक लेख में यह विचार प्रकट किया था कि कैथोलिकों को धार्मिक स्वतन्त्रता नहीं मिलनी चाहिए। इस विचार से इंग्लैण्ड की जनता बहुत प्रसन्न हुई और उसने राजा के प्रति विद्रोह कर दिया।
- **जेम्स द्वितीय को पुत्र की प्राप्ति** जेम्स द्वितीय को 12 जून, 1688 में पुत्र की प्राप्ति हुई। इससे जनता में निराशा व्याप्त हो गई। जनता को यह डर सताने लगा कि अब इंग्लैण्ड में कैथोलिक राजवंश स्थायी हो जाएगा तथा प्रजातान्त्रिक मूल्यों का ह्रास हो जाएगा। इस घटना को इंग्लैण्ड की क्रान्ति का **तात्कालिक कारण** माना जाता है।

इंग्लैण्ड की क्रान्ति का घटनाक्रम

इंग्लैण्ड की क्रान्ति का घटनाक्रम निम्नलिखित है

- **क्रान्ति काल की तात्कालिक स्थिति** इंग्लैण्ड के राजा 'जेम्स द्वितीय' की कैथोलिक समर्थक नीति ने देश में क्रान्ति का वातावरण तैयार कर दिया था। देश के अधिकांश नेता प्रोटेस्टैण्ट के समर्थक थे। इस समय तक इंग्लैण्ड की समस्त निहित थी। अत: राजा, संसद से अधिक शक्तिशाली था।
- **विलियम तथा मैरी का राज्यारोहण हॉलैण्ड के राजा विलियम ऑफ ऑरेन्ज** को इंग्लैण्ड की संसद में जनता के अधिकारों की रक्षा के लिए सेना सहित इंग्लैण्ड आने का निमन्त्रण दिया गया। विलियम 5 नवम्बर, 1688 को निर्विरोध इंग्लैण्ड पहुँचा। जनता के विरोध को देखते हुए जेम्स द्वितीय इंग्लैण्ड छोड़कर परिवार सहित फ्रांस भाग गया, संसद ने विलियम तथा मैरी (जेम्स द्वितीय की पुत्री) को संयुक्त रूप से इंग्लैण्ड का शासक बना दिया। इस प्रकार इंग्लैण्ड में 1688 ई. में बिना कोई रक्त बहाए गौरवपूर्ण क्रान्ति सफल हुई।
- **बिल ऑफ राइट्स** ब्रिटिश संसद द्वारा **16 दिसम्बर, 1689** को सम्राट की शक्तियों को सीमित करने के उद्देश्य से एक विधेयक पारित किया गया, जो **अधिकार घोषणा-पत्र** (Bill of Rights) के नाम से प्रसिद्ध है। इस अधिनियम का शीर्षक था— 'प्रजा के अधिकारों एवं स्वतन्त्रता की घोषणा तथा सिंहासन का उत्तराधिकार व्यवस्थित करने वाला अधिनियम।' इस अधिनियम को विश्व इतिहास में मानवता के पक्ष में दिया गया **प्रथम घोषणा-पत्र** कहा जाता है। इस अधिनियम के द्वारा राजा के दैवीय अधिकारों को सीमित करके जनहित एवं जनकल्याणकारी कार्यों को करने के लिए बाध्य किया गया। इस प्रकार जन-प्रतिनिधियों की संस्था संसद की गरिमा में वृद्धि हुई।
- **बिल ऑफ राइट्स की धाराएँ** बिल ऑफ राइट्स की प्रमुख धाराएँ निम्नलिखित थीं
  - राजा को संसद से परामर्श लेना अनिवार्य कर दिया गया।
  - संसद की अनुमति के बिना राजा जनता पर कोई नया कर नहीं लगा सकता था।
  - सेना की भर्ती राजा संसद की अनुमति से ही कर सकता था।
  - शान्तिकाल में सैनिक नियम लागू नहीं किए जा सकते थे।
  - शासक को ऐंग्लिकन चर्च का अनुयायी होना अनिवार्य था।
  - राजा बिना किसी कारण के मनमाने ढंग से किसी को कारागार में नहीं डाल सकता था।
  - संसद में सदस्यों को तथा जनता को राजा के समक्ष अपने विचार रखने की पूर्ण स्वतन्त्रता प्रदान की गई थी।
  - राजा को किसी कानून को स्थगित करने का कोई अधिकार नहीं था।
  - प्रोटेस्टैण्ट लोगों को अपनी रक्षा के लिए कानून के अनुसार हथियार रखने का अधिकार होगा।
  - हाई कमीशन की अदालत तथा सम्राट की अन्य विशेष अदालतों को गैर-कानूनी करार दे दिया गया।
  - राजा विलियम तृतीय व रानी मेरी संयुक्त रूप से इंग्लैण्ड के शासक नियुक्त होंगे और दोनों के नि:संतान होने पर 'मेरी' की बहन 'एन' (जेम्स द्वितीय की द्वितीय पुत्री) तथा उसकी संतान इंग्लैण्ड की गद्दी की उताराधिकारी होंगे।

अत: इंग्लैण्ड में निरंकुश राजतन्त्र का अन्त हो गया और बिल ऑफ राइट्स ने इंग्लैण्ड के संविधान को रूपरेखा प्रदान की

इंग्लैण्ड की क्रान्ति का भारत पर प्रभाव

इंग्लैण्ड की क्रान्ति का भारत पर निम्नलिखित प्रभाव पड़ा

- इंग्लैण्ड की क्रान्ति ने यह साबित कर दिया कि संसद की सर्वोच्चता सर्वश्रेष्ठ है। भारत ने स्वतन्त्रता प्राप्ति के पश्चात इस व्यवस्था को अपनाया तथा तेजी से लोकतन्त्र को मंजूरी प्रदान की।
- इंग्लैण्ड की क्रान्ति से प्रेरणा लेकर भारत ने अपने यहाँ स्वतन्त्र न्यायपालिका की स्थापना का प्रयास किया तथा इसमें सफल भी हुआ।
- इंग्लैण्ड की क्रान्ति के पश्चात् वहाँ की आधी आबादी अर्थात् महिलाओं को वर्ष 1918 में मताधिकार प्राप्त हुआ। भारत ने भी स्वतन्त्रता के पश्चात् महिलाओं को मताधिकार प्रदान किया।
- इंग्लैण्ड की गौरवपूर्ण क्रान्ति अर्थात रक्तहीन क्रान्ति से प्रेरणा लेकर भारत ने अनेक हिंसक आन्दोलनों का सूत्रपात किया।
- इंग्लैण्ड की क्रान्ति ने राजा के दैवीय अधिकारों के सिद्धान्त का अन्त कर दिया। इससे भारत में भी लोकतन्त्र की स्थापना को बल मिला।

अमेरिका की क्रान्ति (1776-83 ई.)

- अमेरिका की खोज **क्रिस्टोफर कोलम्बस** ने 1492 ई. में की थी। अमेरिका से व्यापारिक लाभ, स्वर्ण तथा चाँदी प्राप्त करने के उद्देश्य से अनेक यूरोपीय देश (इंग्लैण्ड, स्पेन, हॉलैण्ड, पुर्तगाल) इसके प्रति आकर्षित हुए, लेकिन इसमें सफलता केवल इंग्लैण्ड को मिली।
- 1607 ई. में क्रिस्टोफर के नेतृत्व में 120 अंग्रेजों ने वर्जीनिया क्षेत्र में **जेम्स टाइन** नामक प्रथम बस्ती को स्थापित किया। 1775 ई. तक धीरे-धीरे 13 अन्य बस्तियों की स्थापना कर ली गई। 1713 से 1763 ई. तक के काल में वाणिज्यवाद का विकास हुआ। इस काल में अमेरिका की सभी वस्तुओं की कीमतें यूरोप तथा इंग्लैण्ड में तीव्रता से बढ़ीं, जिसके कारण अमेरिकावासी समृद्ध होने लगे।
- बड़े पैमाने पर पुस्तकों के आयात, समाचार-पत्रों एवं पत्रिकाओं के अध्ययन से अमेरिका के लोगों में ज्ञान का स्तर ऊपर उठने लगा। अब वे अधिक समय तक स्वयं को गुलाम रखने की स्थिति में नहीं थे। उन्होंने स्वतन्त्रता के लिए आवाज उठाना शुरू कर दिया।
- अमेरिका के 13 उपनिवेशों ने 1776 ई. में जॉर्ज वाशिंगटन के नेतृत्व में इंग्लैण्ड के खिलाफ विद्रोह कर दिया। इस विद्रोह का सिलसिला 1783 ई. तक चलता रहा।
- इन उपनिवेशों से आरम्भ हुए विद्रोह ने अमेरिका में **स्वतन्त्रता-आन्दोलन** का रूप धारण कर लिया। इतिहास में इस क्रान्ति को 'अमेरिका की क्रान्ति' के नाम से जाना जाता है। इस क्रान्ति का सुखद परिणाम यह हुआ कि अमेरिका पूर्णरूप से स्वतन्त्र हो गया।
- **क्रान्ति में वाशिंगटन की भूमिका** अमेरिकी क्रान्ति में जॉर्ज वाशिंगटन ने अत्यन्त महत्त्वपूर्ण भूमिका का निर्वाह किया। वाशिंगटन, सेना में सेनापति एवं जस्टिस ऑफ पीस भी रहे। वाशिंगटन ने अपनी सेना को इस प्रकार तैयार किया कि वे इंग्लैण्ड की शक्तिशाली एवं सुसज्जित सेंना से लोहा ले सके।
- अपनी सेना की बदौलत उन्होंने ब्रिटिश सेनाओं को अनेक मोर्चों पर परास्त किया। अन्तत: अंग्रेजों को पेरिस की सन्धि को स्वीकार करना पड़ा और 13 उपनिवेशों को स्वतन्त्र करना पड़ा। इस प्रकार जॉर्ज वाशिंगटन के अथक प्रयासों से **4 जुलाई, 1789** को 'संयुक्त राज्य अमेरिका' का जन्म हुआ। **जॉर्ज वाशिंगटन** अमेरिका के प्रथम राष्ट्रपति बने। दो बार अमेरिका के राष्ट्रपति बनने के पश्चात् 14 दिसम्बर, 1799 को उनकी मृत्यु हो गई।

अमेरिका की क्रान्ति के कारण

अमेरिका की क्रान्ति के निम्नलिखित कारण थे

- **दोषपूर्ण शासन** अमेरिका में इंग्लैण्ड के कुल 13 उपनिवेश थे। इन सभी उपनिवेशों में इंग्लैण्ड का शासन अत्यन्त ही शोषणकारी एवं दोषपूर्ण था। प्रत्येक उपनिवेश में एक अंग्रेज गवर्नर होता था तथा एक विधानसभा होती थी, जिसमें उपनिवेश के निर्वाचित सदस्य होते थे। ये स्थानीय मामलों से सम्बन्धित नियम-कानून बनाते थे, लेकिन इनके आपसी हित के कारण अंग्रेज गवर्नर एवं निर्वाचित विधानसभा सदस्यों के मध्य संघर्ष होते रहते थे।
- उच्च पदों पर केवल अंग्रेजों को ही नियुक्त किया जाता था, अमेरिका के लोगों को उच्च पदों के अयोग्य समझा जाता था जिसके फलस्वरूप अमेरिका की जनता में विद्रोह उत्पन्न होने लगा और वह ब्रिटिश शासन से मुक्ति पाने के लिए एकजुट होती चली गई।
- **आर्थिक शोषण** ब्रिटिश सरकार के द्वारा उपनिवेशों का शोषण चरम पर पहुँच गया था। ब्रिटिश सरकार ने उपनिवेशों में ऐसे विभिन्न व्यापारिक कानून लागू कर रखे थे, जिनसे ब्रिटेन को अधिकाधिक लाभ प्राप्त हो रहा था, किन्तु ऐसे नियम उपनिवेशों के विकास में बाधक सिद्ध हो रहे थे; जैसे— उनकी मुख्य उपज कपास, तम्बाकू तथा चीनी का निर्यात केवल इंग्लैण्ड को ही किया जा सकता था।
- **अमेरिकी जनता की स्वावलम्बन में इच्छा** अमेरिका में उपनिवेश स्थापित करने वाले शासक लगभग 150 वर्षों से रह रहे थे। आरम्भ में अनेक कठिनाइयों का सामना करने के बाद वे अपनी आवश्यकताओं की पूर्ति के लिए आत्मनिर्भर हो गए थे।
- उपनिवेशवासियों ने अनुभव किया कि उनके लिए इंग्लैण्ड के संरक्षण में रहना लाभदायक नहीं है। अत: वे अब इंग्लैण्ड के साथ सम्बन्ध विच्छेद करना चाहते थे।
- **स्टाम्प एक्ट लगाना** इंग्लैण्ड की सरकार ने उपनिवेश के निवासियों के व्यापारिक सौदों पर भारी कर लगा रखे थे, जिनसे जनता बहुत ही आक्रोशित एवं असन्तुष्ट थी। जनता में विद्रोह की भावना को देखते हुए इंग्लैण्ड सरकार द्वारा उपनिवेश में स्थायी सेना रखने का निर्णय लिया गया तथा इनके रख-रखाव का व्यय उपनिवेशों द्वारा वहन किया गया।
- इन खर्चों की पूर्ति के लिए ब्रिटिश संसद द्वारा स्टाम्प एक्ट पारित करके उपनिवेशवासियों पर अतिरिक्त कर लगा दिया गया। उपनिवेशों ने इसका कड़ा विरोध किया और कर एकत्रित करने वाले अधिकारियों की हत्या तक कर दी गई।
- **दार्शनिकों का प्रभाव** इस काल में अमेरिकी लोग विभिन्न दार्शनिकों; जैसे—लॉक, टॉमस पेन, जेफरसन तथा मिल्टन इत्यादि के विचारों से प्रभावित हुए। इनके विचारों के प्रभाव से इनमें राजनीतिक चेतना का विकास हुआ, जिसने आगे चलकर क्रान्ति का रूप धारण कर लिया।

- **अन्य देशों के लोगों का बसना** अमेरिका में धीरे-धीरे यूरोप के अन्य देशों; जैसे— फ्रांस, स्पेन, हॉलैण्ड, आयरलैण्ड इत्यादि के लोग भी आकर बसने लगे थे। ये सभी लोग इंग्लैण्ड की नीतियों के विरुद्ध यहाँ आकर बस गए थे। अत: इन सभी लोगों ने इस क्रान्ति में अमेरिका को पूरा-पूरा सहयोग किया।
- **बोस्टन हत्याकाण्ड** 1770 ई. में अमेरिकी नागरिकों और ब्रिटिश सैनिकों के बीच बोस्टन नगर में युद्ध हुआ। इस युद्ध में ब्रिटिश सैनिकों द्वारा चलाई गई गोलियों से अनेक अमेरिकी नागरिक मारे गए। इस घटना से अमेरिकी नागरिकों में अत्यंत शेष उत्पन्न हुआ जिसकी चरम परिणति क्रान्ति के रूप में हुई।

अमेरिकी क्रान्ति की मुख्य घटनाएँ

अमेरिकी क्रान्ति की मुख्य घटनाएँ निम्नलिखित थीं

- **मेसाच्यूसेट्स की सभा** सभी उपनिवेशों ने अपनी समस्याओं का समाधान करने के लिए मेसाच्यूसेट्स में एक सभा का आयोजन किया। इस सभा में प्रतिनिधियों ने इस बात का कड़ा विरोध किया कि ब्रिटिश संसद अमेरिकन उपनिवेशों पर कर लगाने के सम्बन्ध में कानून बनाती है, जबकि ब्रिटिश संसद में उपनिवेशों का एक भी प्रतिनिधि नहीं होता है।
- अत: इस सभा में यह घोषणा की गई कि—**यदि प्रतिनिधित्व नहीं तो कर भी नहीं** (No Taxation Without Representation) इस विरोध का महत्त्वपूर्ण प्रभाव यह हुआ कि ब्रिटेन ने संसद के द्वारा स्टाम्प एक्ट को रद्द कर दिया, लेकिन ब्रिटेन ने उपनिवेशों में कर लगाने का अधिकार अपने पास रखा। आगे चलकर इसका भी विरोध आरम्भ होने लगा। अन्तत: इनके बढ़ते प्रदर्शन के कारण इंग्लैण्ड के द्वारा सभी करों को समाप्त कर दिया गया, किन्तु चाय पर कर लगा रहने दिया गया।
- **बोस्टन टी पार्टी की घटना** अमेरिका में चाय पर लगे कर का विरोध बढ़ता जा रहा था। 1773 ई. में जब चाय से लदे इंग्लैण्ड के जहाज बोस्टन के बन्दरगाह पर पहुँचे, तो अमेरिकावासी चाय से लदे जहाजों में घुस गए और उन्होंने चाय के बक्से समुद्र में फेंक दिए, यही घटना अमेरिकी इतिहास में **बोस्टन टी पार्टी** के नाम से जानी जाती है। इस घटना के बाद ब्रिटेन की सरकार द्वारा व्यापार के लिए बोस्टन का बन्दरगाह बन्द कर दिया गया। इससे विद्रोह भड़क गया। **अमेरिकी स्वाधीनता संग्राम का आरम्भ** इसी घटना से माना जाता है।
- ब्रिटिश सरकार ने इस घटना से आक्रोशित होकर उपनिवेशों के निवासियों के प्रति कठोर दमनचक्र चलाया। परिणामस्वरूप अमेरिकी उपनिवेशों ने भी स्वयं को स्वतन्त्र घोषित कर दिया और अमेरिका में स्वतन्त्रता का युद्ध प्रारम्भ हो गया। इस युद्ध में अन्तत: अमेरिकियों को विजय प्राप्त हुई।
- **फिलाडेल्फिया सम्मेलन** 1774 ई. में ब्रिटिश उपनिवेशों के सभी प्रतिनिधि देशों ने फिलाडेल्फिया में प्रथम महाद्वीप सम्मेलन का आयोजन किया।
- इस सम्मेलन में उपनिवेशों के उद्योगों तथा व्यापार पर लगाए गए कर हटाए जाने की माँग की गई तथा जॉर्ज तृतीय के पास एक ज्ञापन भेजा गया। इंग्लैण्ड के राजा तथा संसद ने ज्ञापन को क्रान्ति का प्रतीक माना तथा दमन के लिए सेनाएँ भेजने लगा। अपनी सुरक्षा हेतु उपनिवेशों ने भी स्थायी सेना बना ली। इसका परिणाम यह हुआ कि 1775 ई. में मेसाच्यूसेट्स में **लेकिंग्सटन** नामक स्थान पर स्वतन्त्रता संग्राम शुरू हो गया।
- **स्वतन्त्रता संग्राम का आरम्भ** उपनिवेशों ने **4 जुलाई, 1776** में द्वितीय महाद्वीपीय सम्मेलन का आयोजन किया। इस सम्मेलन में पूर्ण स्वतन्त्रता की प्राप्ति की घोषणा की गई।
- इसी घोषणा से स्वतन्त्रता आन्दोलन प्रारम्भ हुआ, जो 1783 ई. तक चला। 1777 ई. में **साराटोगा** में ब्रिटिश सेना ने जॉर्ज वाशिंगटन के सामने हथियार डाल दिए। वर्ष 1781 ई. में **यार्कटाऊन** में ब्रिटिश कमाण्डर लॉर्ड कॉर्नवालिस बुरी तरह पराजित हुआ।
- अन्त में 1783 ई. में पेरिस की सन्धि के बाद 'संयुक्त राज्य अमेरिका' का जन्म हुआ तथा 1789 ई. में **अमेरिका का लिखित संविधान** बनकर तैयार हो गया।

अमेरिकी क्रान्ति का भारत पर प्रभाव

अमेरिकी क्रान्ति का भारत पर निम्नलिखित प्रभाव पड़ा

- अमेरिका में स्वतन्त्रता संग्राम के पश्चात् पहली बार लिखित संविधान लागू हुआ। भारत ने भी इसका अनुसरण करते हुए लिखित संविधान तैयार किया।
- इस क्रान्ति ने गणतन्त्र शासन व्यवस्था की स्थापना के मार्ग खोल दिए। इस क्रान्ति ने विश्व के साथ-साथ भारत को ''जनता का शासन, जनता द्वारा, जनता के लिए'' का सन्देश दिया।
- अमेरिकी क्रान्ति की सफलता ने भारत को भी गुलामी की बेड़ियों को तोड़ने के लिए प्रोत्साहित किया।
- अमेरिका में गणतन्त्र की स्थापना के साथ ही व्यक्ति की समानता और स्वतन्त्रता स्थापित की गई इसने भारत सहित विश्व के सभी देशों के लिए प्रेरणा का कार्य किया।
- अमेरिकी क्रान्ति के परिणामस्वरूप उपनिवेशों के छिन जाने के कारण ब्रिटिश सरकार ने अपने उपनिवेशों के प्रति, जिसमें भारत भी शामिल था, उदारता की नीति का अनुपालन किया।

फ्रांसीसी क्रान्ति

- फ्रांस की क्रान्ति से पूर्व विश्व पटल पर 'इंग्लैण्ड' और अमेरिका में दो सफल क्रान्तियों हुई जिनका प्रभाव फ्रांस पर भी पड़ा। फ्रांस की क्रान्ति ने केवल फ्रांस ही नहीं अपितु समस्त यूरोप के जन-जीवन को प्रभावित किया।
- 18वीं सदी में फ्रांस के औद्योगिक उत्पादन, व्यवसाय, विदेशी व्यापार व साहित्य और कला के क्षेत्र में विकसित होते हुए भी क्रान्ति का मुख्य कारण, वहाँ के साधारण वर्ग की स्थिति का अत्यन्त दयनीय होना था, राजाओं की निरंकुशता, अयोग्यता आदि भी क्रान्ति का महत्त्वपूर्ण कारण थी यह क्रान्ति 14 जुलाई, 1789 को **बास्तील की घटना** से प्रारम्भ हुई तथा 18 जून, 1815 को **वाटरलू** के युद्ध के साथ समाप्त हुई।

फ्रांस की क्रान्ति के कारण

- फ्रांस की क्रान्ति के कारण फ्रांस की क्रान्ति विभिन्न कारकों का सम्मिलित परिणाम थी, इन कारकों को राजनीतिक, सामाजिक, आर्थिक, धार्मिक, वैचारिक एवं तात्कालिक कारणों में बाँटा जा सकता है

राजनीतिक कारण

फ्रांसीसी क्रान्ति को आरम्भ करने में निम्नलिखित राजनीतिक कारणों का प्रमुख योगदान रहा

- **शासकों की तानाशाही शासन व्यवस्था** फ्रांस के शासक राजा के दैवीय अधिकारों में विश्वास करते थे और स्वयं को ईश्वर का प्रतिनिधि मानते थे, यही कारण था कि वे जनता के प्रति अपना कोई कर्त्तव्य नहीं समझते थे। फ्रांस की क्रान्ति में लुई 16वें की पत्नी **मैरी ऐन्तोयनेत** का बुरा प्रभाव भी सम्मिलित था।
- वह फ्रांस की राजनीतिक गतिविधियों में हस्तक्षेप करती रहती थी। वह बुद्धिमान व साहसी स्त्री थी, परन्तु वह विलासितापूर्ण जीवन व्यतीत करती थी। फ्रांस की जनता उसे **श्रीमती घाटा** कहती थी।
- **दोषपूर्ण शासन व्यवस्था** इस समय फ्रांस 40 प्रान्तों में बँटा था। सभी के अपने-अपने रीति-रिवाज थे। ऐसे प्रशासनिक दोषों के कारण ही देश की शासन व्यवस्था का सही रूप में चलना कठिन था तथा देश में न्याय-व्यवस्था भी दोषपूर्ण थी।
- यहाँ लगभग 360 कानूनी संहिताएँ थीं। इन कारणों से भी फ्रांस की जनता में असन्तोष उत्पन्न हो रहा था।
- **राजाओं की विलासितापूर्ण जीवन** इस समय राजा के द्वारा नागरिकों पर अनेक नए-नए करों का अधिरोपण किया जाता था और प्राप्त करों को राजा अपने भोग-विलास पर खर्च करते थे। सम्राट, उसका परिवार तथा शाही वंश के लोग ऐश्वर्यपूर्ण जीवन व्यतीत करते थे।
- **व्यक्तिगत स्वतन्त्रता का अभाव** राजा के दरबारियों के पास अधिकार-पत्र होते थे, जिन पर राजा की मोहर लगी होती थी। वे जिसे कैद करना चाहते थे, उनके नाम अधिकार-पत्र पर लिखे होते थे। इस व्यवस्था से अनेक निर्दोष लोगों को जेल जाना पड़ता था।
- **उच्च वर्गों के लिए विशेष अधिकार** फ्रांस में उच्च वर्ग, कुलीन वर्ग तथा चर्च के पादरियों को विशेष अधिकार प्राप्त थे, जिसके कारण ये आम नागरिकों का शोषण करते थे।
- **सेना में असन्तोष** साधारण सैनिकों की उन्नति के द्वार बन्द थे, जिसके कारण सेना में असन्तोष उत्पन्न हुआ, जो फ्रांस की राज्य क्रान्ति का एक कारण बना।
- **अमेरिका का स्वाधीनता संग्राम** अमेरिका के स्वाधीनता संग्राम में फ्रांस की जनता पर गहरा प्रभाव पड़ा। इस संग्राम में **लफायते** के नेतृत्व में फ्रांसीसी सेना ने भाग लिया था, जो फ्रांस के क्रान्तिकारियों के लिए प्रेरणा का स्रोत बना।

सामाजिक कारण

- फ्रांसीसी समाज में विभिन्न प्रकार के दोष थे, जिन्होंने क्रान्ति को हवा देने में प्रमुख भूमिका निभाई। यहाँ की सामाजिक दशा अत्यन्त दयनीय थी और वहाँ का समाज प्रमुखत: निम्नलिखित वर्गों में विभाजित था
- **पादरी वर्ग** इस वर्ग में कैथोलिक चर्च के उच्च पादरी आते थे। इस काल में फ्रांस में चर्च एक अलग राज्य के समान थे। चर्च की अपनी सरकार एवं कर्मचारी होते थे। चर्च को आम लोगों पर कर लगाने के अधिकार के साथ-साथ अन्य अधिकार भी प्राप्त थे। उच्च पादरियों का जीवन भोग-विलास से परिपूर्ण था।
- **कुलीन वर्ग** इस वर्ग में बड़े सामन्त, उच्च सरकारी अधिकारी तथा राज परिवार के सदस्य शामिल होते थे। इन्हें अनेक विशेषाधिकार प्राप्त थे, जिनके द्वारा वे जनता का शोषण करते थे। इस वर्ग को जनता से भेंट लेने का अधिकार प्राप्त था तथा यह वर्ग करों से मुक्त था।
- **साधारण वर्ग** इस वर्ग में किसान, मजदूर, सामान्य शिक्षित वर्ग तथा सामान्य जनता आती थी। इस वर्ग के शिक्षित लोगों को भी शासन में भाग लेने का अधिकार नहीं था। यही कारण था कि क्रान्ति प्रारम्भ होते ही इस वर्ग का जोरदार समर्थन प्राप्त हुआ।
- **सशक्त होता मध्यम वर्ग** फ्रांसीसी मध्यम वर्ग में न केवल व्यापारी तथा उद्योगपति लोग शामिल थे, बल्कि वकील, डॉक्टर, इंजीनियर आदि जैसे शिक्षित लोग भी थे। आर्थिक रूप से सशक्त होने पर भी इनकी सामाजिक स्थिति अति निम्न थी। ये लोग कुलीनों को राजनीतिक तथा सामाजिक विकास में बाधक मानते थे। फ्रांस की क्रान्ति में इस वर्ग का महत्त्वपूर्ण योगदान रहा था।
- **किसान एवं कामगारों की दयनीय स्थिति** फ्रांस की लगभग 80% जनता कृषि कार्यों में लगी थी, जबकि 75% भूमि जमींदारों के पास थी। किसानों को बँधुआ मजदूरों की तरह काम करना पड़ता था। विभिन्न करों के बोझ तले दबे किसान एवं कामगार अपने परिवार का पेट भी नहीं पाल पाते थे। इस कारण यह वर्ग नाराज था।

आर्थिक कारण

फ्रांस की क्रान्ति के निम्नलिखित प्रमुख आर्थिक कारण थे-

- **अन्यायपूर्ण कर प्रणाली** राजाओं द्वारा अपने खर्चे की पूर्ति के लिए जनता और कृषकों पर मनमाने तरीके से कर लगाए जाते थे। फ्रांस के उच्च वर्ग तथा पादरियों पर कोई कर नहीं लगाया जाता था, लेकिन निम्न वर्ग करों की मार से दबा जा रहा था। करों की वसूली बड़ी निर्दयता से की जाती थी।
- **अमेरिका को सहायता** फ्रांस ने इंग्लैण्ड से बदला लेने के लिए अमेरिका को सैनिक तथा वित्तीय सहायता प्रदान की, जिसके परिणामस्वरूप फ्रांस की वित्तीय दशा और दयनीय हो गई।
- **बढ़ती महँगाई** लोगों की दैनिक उपयोग की वस्तुओं अनाज, घरेलू सामान आदि में आई महँगाई ने पहले से निर्धन जनता को और अधिक कष्ट में डाल दिया। अनाज की बढ़ती कीमतों के विरोध में फ्रांस में अनेक विद्रोह हुए।
- **1788 ई. में पड़ा अकाल** इस अकाल ने लोगों की स्थिति और दयनीय बना दी। मार्च, 1789 में भूखे किसानों ने कुलीनों के विरुद्ध विद्रोह कर दिया तथा अनाजमण्डी और बेकरी की दुकानें लूट लीं। इस विद्रोह को दबाने के लिए सेना भेजी गई, किन्तु सैनिकों की सहानुभूति भी किसानों के साथ थी। इस अकाल के कारण सरकार को काफी नुकसान हुआ।

धार्मिक कारण

फ्रांस की क्रान्ति के प्रमुख धार्मिक कारण निम्नलिखित थे

- **पादरियों में भ्रष्टाचार** फ्रांस के उच्च वर्ग के लोगों में भ्रष्टाचार पूर्णरूप से व्याप्त था। इसमें **विशप** और **आर्क विशप** आते थे, इनकी संख्या लगभग 6000 थी तथा वार्षिक आय लगभग 10 करोड़ डॉलर थी। वे लोग अपनी आमदनी को विलासी जीवन पर व्यय किया करते थे। जनता पादरियों के इस दुराचरण से परेशान थी तथा उनसे छुटकारा पाना चाहती थी।

- **धार्मिक स्वतन्त्रता की कमी** फ्रांस की जनता को धार्मिक स्वतन्त्रता तक भी प्रदान नहीं की गई थी। वहाँ की अधिकांश जनता कैथोलिक थी साथ ही प्रोटेस्टैण्ट व यहूदी भी पर्याप्त संख्या में थे, परन्तु उन्हें धार्मिक स्वतन्त्रता, प्राप्त नहीं थी। इन पर अनेक प्रतिबन्ध लगाए गए थे जिससे यहूदी और प्रोटेस्टैण्ट दोनों में ही असन्तोष व्याप्त था, उन्होंने क्रान्ति को भड़काने में मुख्य भूमिका निभाई।

वैचारिक कारण (दार्शनिकों का योगदान)

- फ्रांस की राज्य क्रान्ति पर जिन दार्शनिकों के विचारों का महत्त्वपूर्ण प्रभाव पड़ा, उनका संक्षिप्त विवरण निम्नलिखित है
- **रूसो** (1712-78 ई.) यह एक महान् दार्शनिक थे, उन्होंने फ्रांस में निरंकुशवाद को समाप्त करने के लिए अपने क्रान्तिकारी विचारों द्वारा लोकतान्त्रिक शासन का मार्ग प्रशस्त किया।
- इनकी प्रसिद्ध कृति **सोशल कॉण्ट्रेक्ट** है, जिसमें इन्होंने कहा है, ''मनुष्य स्वतन्त्र पैदा हुआ है, किन्तु प्रत्येक स्थान पर वह जंजीरों से जकड़ा हुआ है।'' इनका विचार था कि राजा को जन-भावनाओं के अनुरूप कार्य करना चाहिए। सामाजिक बन्धन तथा राजनीतिक दासता की कटु आलोचना करते हुए भी इन्होंने राज्य को नैतिकता के लिए अनिवार्य बताया। इस प्रकार रूसो के विचारों का फ्रांस की जनता पर गहरा प्रभाव पड़ा। अत: **फ्रांस की क्रान्ति हेतु जनता को जाग्रत करने में रूसो का महत्त्वपूर्ण योगदान है।**
- **मॉण्टेस्क्यू** यह एक महान् विचारक एवं लेखक थे। ये गणतन्त्रीय लोकतन्त्र के समर्थक थे। राजा के दैवी अधिकार के सिद्धान्तों के घोर आलोचक थे। इंग्लैण्ड की शासन पद्धति का इन पर गहरा प्रभाव था और ये फ्रांस में ऐसी ही शासन व्यवस्था की उम्मीद करते थे। **द स्पिरिट ऑफ लॉज** नामक अपने प्रसिद्ध ग्रन्थ में इन्होंने अपने सिद्धान्तों की विस्तृत व्याख्या की है।
- **वॉल्टेयर** यह एक प्रसिद्ध विचारक एवं लेखक थे। इनके विचारों से फ्रांस की क्रान्ति को प्रमुख बल मिला। यह जनकल्याणकारी निरंकुश शासन करना चाहते थे, इन्होंने चर्च की बुराइयों की **बदनाम वस्तु** से तुलना की। उन्होंने **लैटर्स ऑन द इंग्लिश** (Letters on the English) नामक पुस्तक लिखी जिसे ब्रिटिश सरकार ने प्रतिबन्धित कर दिया।
- इस प्रकार फ्रांस के लोग **रूसो**, **मॉण्टेस्क्यू** तथा **वॉल्टेयर** जैसे महान् दार्शनिकों और लेखकों के विचारों से प्रभावित होकर स्वतन्त्रता की माँग करने लगे थे। इन प्रमुख विचारकों ने फ्रांस के निवासियों को सामाजिक, आर्थिक और राजनीतिक बुराइयों से अवगत कराया। इस प्रकार फ्रांस में बौद्धिक जाग्रति का विस्तार हुआ और यहाँ के निवासी न्याय, स्वतन्त्रता और समानता के लिए प्रयत्नशील हो गए।

तात्कालिक कारण

- 1788 ई. में फ्रांस के अनेक भागों में भीषण अकाल पड़ा। इस अकाल से अनेक लोग भूखे मरने लगे थे। राजकोष की स्थिति बेहतर करने के लिए लुई 16वें ने नए करों का प्रावधान किया, लेकिन **पार्लेमा** (पार्लियामेण्ट) ने मंजूरी नहीं दी। इसने सुझाव दिया कि करों को **एताजेनेरो** (स्टेट्स जनरल) की सहमति से लागू किया जाए लेकिन एताजेनेरो के अधिवेशन में तनाव उत्पन्न हो गया, परिणामस्वरूप पेरिस की जनता भड़क उठी और जिसके कारण लुई 16वें ने सेना एकत्र करने का आदेश दे दिया।
- पेरिस में यह अफवाह फैल गयी की कि विदेशी सेना की मदद से राजा अपनं विरोधियों को मार देना चाहती है। इस पर पेरिस की जनता उत्तेजित हो गई और 14 जुलाई, 1789 को बास्तील के किले पर आक्रमण कर दिया।

फ्रांसीसी क्रान्ति की प्रमुख घटनाएँ

फ्रांसीसी क्रान्ति की प्रमुख घटनाएँ निम्नलिखित हैं

राजा द्वारा कुलीन वर्ग के विशेषाधिकारों के सीमित करनेका प्रयास

- फ्रांसीसी क्रान्ति का आरम्भ 1789 ई. से माना जाता है। इस क्रान्ति की शुरूआत सर्वप्रथम कुलीन वर्ग के द्वारा हुई थी। कुलीन वर्गों द्वारा इसे शुरू करने का मुख्य कारण यह था कि फ्रांसीसी सम्राट ने वित्तीय स्थिति को सुधारने के लिए कुलीन वर्ग के विशेष अधिकारों को समाप्त करने का प्रयास किया।
- कुलीनों की संस्था पार्लेमा (पेरिस का उच्च न्यायालय) ने इसका विरोध किया, जिसके कारण दोनों वर्गों में संघर्ष आरम्भ हो गया। अन्त में पार्लेमा के सुझाव पर सम्राट को फ्रांस की प्राचीन संसद 'स्टेट्स जनरल' का अधिवेशन बुलाना पड़ा, जिसके पश्चात् क्रान्ति का स्वरूप बदल गया।
- अब साधारण लोगों के तीसरे वर्ग ने कुलीन वर्ग तथा सम्राट के विरुद्ध संघर्ष आरम्भ कर दिया। इस तीसरे वर्ग का नेतृत्व मध्यम श्रेणी (Bourgeoisie) ने प्रदान किया। इस वर्ग में साधारण लोग तथा किसान भी शामिल थे।

तीनों वर्गों की सभाएँ

- 6 मई, 1789 को तीनों वर्गों ने सभाओं का पृथक् भवनों में आयोजन किया। इसमें तीसरे वर्ग अर्थात् मध्यम श्रेणी या साधारण वर्ग का नेतृत्व मिराबो ने किया और क्रान्ति का बिगुल बजा दिया। मिराबो ने क्रान्ति को रक्तपात से दूर रखने का प्रयास किया।

टेनिस कोर्ट की शपथ

- जनसाधारण की सभा का व्यापक असर हुआ। सामन्तों, कुलीनों व पादरियों के दबाव में आकर फ्रांस के तत्कालीन राजा लुई 16वें ने सभा भवन को बन्द करा दिया तथा सभा को स्थगित करने का आदेश जारी कर दिया।
- इस आदेश के विरोध में जनसाधारण वर्ग (तृतीय वर्ग) के सभी सदस्य भवन के निकट स्थित टेनिस कोर्ट के मैदान पर चले गए। 20 जून, 1789 को मिराबो ने इसकी अध्यक्षता करते हुए यह संकल्प लिया कि हम यहाँ से उस समय तक नहीं हटेंगे, जब तक हम देश के लिए संविधान का निर्माण नहीं कर लेंगे, भले ही हमारे विरुद्ध संगीनों से ही क्यों न काम लिया जाए। इस घटना को फ्रांस के इतिहास में टेनिस कोर्ट की शपथ के रूप में जाना जाता है।

बास्तील का पतन एवं परिणाम

- बास्तील के पतन का फ्रांस की राज्य क्रान्ति में महत्त्वपूर्ण योगदान है। राष्ट्रीय महासभा को जून, 1789 में मान्यता प्राप्त होने के बाद इसके होने वाले अधिवेशनों पर पूरे फ्रांस का ध्यान था।
- इसी बीच जुलाई, 1789 में यह अफवाह फैल गई कि राजा विदेशी सेना की सहायता से देशभक्तों और क्रान्तिकारियों की हत्या करवाना चाहते हैं। 11 जुलाई, 1789 को सम्राट ने वित्त मन्त्री **नेकर** को पदच्युत कर दिया। इस घटना ने राजा के प्रति उठ रही आशंका को और प्रबल कर दिया, परिणामस्वरूप पेरिस की जनता उत्तेजित हो गई और तोड़-फोड़ करने लगी।

- 12 जुलाई, 1789 को पेरिस में हो रहे उपद्रवों की सूचना पाकर सशस्त्र लुटेरे भी नगर में आ गए और आतंक फैलाना शुरू कर दिया। क्रान्तिकारियों के द्वारा 14 जुलाई, 1789 को बास्तील जेल पर हमला करके दुर्गरक्षक **देलोने** की हत्या कर दी गई तथा बास्तील जेल में बन्द कैदियों को रिहा कर दिया गया।
- यह घटना फ्रांस में निरंकुश शासन के पतन की पहली घटना थी, क्योकि उस समय बास्तील का दुर्ग राजाओं की निरंकुशता और स्वेच्छाचारिता का प्रतीक माना जाता था। इस घटना का विशेष ऐतिहासिक महत्त्व है। यही कारण है कि फ्रांस में 14 जुलाई, 1789 को प्रतिवर्ष **राष्ट्रीय पर्व** के रूप में मनाया जाता है। इस घटना ने फ्रांस में क्रान्ति के स्वरूप में परिवर्तन कर दिया था।

राष्ट्रीय सभा एवं उसके कार्य

- जनसाधारण (तृतीय वर्ग) की टेनिस कोर्ट वाली शपथ से लुई 16वाँ भयभीत हो गया तथा उसने 27 जून, 1789 को तीनों सदनों की संयुक्त बैठक बुलाने का आदेश दे दिया।
- राष्ट्रीय महासभा में दो दल थे जैकोविन एवं संविधानवादी। जैकोविन दल के लोग उग्रवादी तथा गणतन्त्र के प्रबल समर्थक थे। दान्ते, राब्सपियर तथा डॉ. भाटा इस दल के प्रमुख नेता थे। संविधानवादी संवैधानिक राजतन्त्र के समर्थक थे। **लफायते** व **ऐबीसीएज** इस दल के प्रमुख नेता थे।

राष्ट्रीय सभा ने अनेक महत्त्वपूर्ण कार्य किए; जैसे—

- **नागरिकों के जन्मजात मौलिक अधिकारों की घोषणा** राष्ट्रीय सभा ने 27 अगस्त, 1789 को नागरिकों के जन्मजात मौलिक अधिकारों की घोषणा की, जिसके अनुसार सभी व्यक्ति समान घोषित किए गए। ये अधिकार ऐबीसीएज, मिराबो तथा लफायते ने बनाए थे।
- **चर्च की सम्पत्ति को जब्त करने की घोषणा** राष्ट्रीय सभा ने देश का आर्थिक संकट दूर करने के लिए 10 अक्टूबर, 1789 को एक विधान बनाकर चर्च की सम्पत्ति को जब्त कर लिया।
- **संविधान निर्माण** राष्ट्रीय सभा ने देश के लिए एक संविधान का निर्माण किया, जिसने राजा की शक्ति कम कर दी तथा पादरियों को पोप की अधीनता से मुक्त कर दिया।
- **सामन्ती विशेषाधिकारों की समाप्ति** संविधान सभा ने सामन्तों के विशेषाधिकारों को समाप्त करने के लिए अनेक प्रस्ताव पारित किए, जिससे वे भी एक आम नागरिक के समान हो गए।
- **चुनाव द्वारा पादरियों की नियुक्ति** धार्मिक अनैतिकताएँ समाप्त करने के लिए चर्च के पादरियों की नियुक्ति के लिए चुनाव प्रणाली आरम्भ की गई तथा पादरियों का वेतन निर्धारित किया गया।
- राजा के अधिकारों में कमी यह निर्णय लिया गया कि यदि राजा किसी प्रस्ताव पर हस्ताक्षर नहीं करेगा तो वह प्रस्ताव तीन बार विधानसभा में पारित होने के बाद स्वत: कानून बन जाएगा।

राष्ट्रीय सभा के प्रभाव

राष्ट्रीय सभा के प्रभाव निम्नलिखित हैं

- फ्रांस में निरंकुश राजतन्त्र की समाप्ति तथा गणतन्त्र की स्थापना।
- कुलीन वर्गो के विशेष अधिकारों की समाप्ति।
- क्रान्ति के विरोधियों को न्यायालय द्वारा फाँसी दी गई।
- पुरानी सामन्तवादी प्रथा का अन्त तथा समाजवादी व्यवस्था का आरम्भ।
- आम जनता का शोषण समाप्त हो गया तथा चर्च के विशेषाधिकार समाप्त हो गए।
- संविधान सभा के कार्यों ने विश्व में प्रजातन्त्र का मार्ग खोल दिया।
- राजा-रानी की शक्तियों पर रोक लगा दी गई।
- दास प्रथा का अन्त हो गया।
- फ्रांस में स्वतन्त्रता तथा समानता की स्थापना हो गई।

फ्रांसीसी क्रान्ति में स्त्रियों की भूमिका

- लुई 16वें ने क्रान्ति को असफल करने के लिए फ्लैंडर्स रेजिमेण्ट (Flanders Regiment) के सैनिकों को वर्साय में बुला लिया तथा क्रान्ति का दमन करने लगा। 1 अक्टूबर, 1789 को सम्राट के अंगरक्षकों ने फ्लैंडर्स रेजिमेण्ट के सैनिकों के सम्मान में भोज का आयोजन किया। इस भोज में सम्राट, महारानी तथा उनके पुत्र के सामने फ्रांस के क्रान्तिकारियों के झण्डे का अपमान किया गया।
- यह सूचना आग की तरह फ्रांस में फैल गई। फ्रांस के लोग दूसरी क्रान्ति के लिए तैयार हो गए। इस बार क्रान्ति का बिगुल स्त्रियों ने फूँका। सात-आठ हजार स्त्रियाँ बेकरी की दुकान पर एकत्रित हो गईं। वे 'हमें रोटी दो' के नारे लगाने लगीं तथा उन्होंने शाही महल को घेर लिया।

वर्साय पर आक्रमण

- स्त्रियों के इस जुलूस ने वर्साय की ओर प्रस्थान किया। भीड़ ने राजमहल का दरवाजा तोड़ दिया तथा महारानी को घेर लिया। महारानी डर के मारे राजा के कमरे में भाग गई। राजा अपने परिवार सहित विद्रोही स्त्रियों के सम्मुख उपस्थित हुआ।
- राजा ने उनके रोटी के संकट को शीघ्र ही दूर करने का भरोसा दिलाया तथा सपरिवार पेरिस जाना स्वीकार किया। फ्रांस के इतिहास में यह घटना राजतन्त्र के समर्थकों के अनुसार **चुड़ैलों का धावा** तथा राजतन्त्र के विरोधियों के अनुसार, **परियों का धावा** के नाम से प्रसिद्ध है।

1791 ई. का नया संविधान

- 9 जुलाई, 1789 को राष्ट्रीय सभा का नाम बदलकर **राष्ट्रीय संविधान सभा** कर दिया गया। राष्ट्रीय संविधान सभा ने फ्रांस के लिए लिखित संविधान तैयार किया और इस संविधान को 1791 ई. में राजा लुई 16वें ने अपनी स्वीकृति प्रदान कर दी। संविधान में दो बातों पर बल दिया गया— एक, राज्य की सार्वभौम शक्ति जनता में निहित हो और दूसरी, शक्ति का पृथक्करण राज्य एवं जनता के हित में हो।
- राष्ट्रीय सभा के भंग होने के पश्चात् 1791 ई. में 745-सदस्यीय व्यवस्थापिका सभा अस्तित्व में आई थी। इस व्यवस्थापिका सभा में अध्यक्ष के दाहिने हाथ की ओर बैठने वाले दक्षिणपन्थी कहलाए।
- ये लोग अनुदार एवं राजतन्त्र के समर्थक थे, जबकि बाईं ओर बैठने वाले वामपन्थी कहलाए और यह समूह मूल परिवर्तनवासियों (Radicals) का था, जो उग्र और क्रान्तिकारी थे। रेडिकल्स भी दो वर्गों में बँटे थे—**जिरोंदिस्त** तथा **जैकोबियन**। प्रमुख दार्शनिक दांते इसी जैकोबियन वर्ग का सदस्य था।

नेशनल कन्वेन्शन (1792-95 **ई.**)

- नई स्थापित व्यवस्थापिका भी जनता की भावना के अनुरूप कार्य नहीं कर सकी। इसके स्थान पर सर्वव्यापक मताधिकार के द्वारा तीन वर्ष के लिए नेशनल कन्वेन्शन नामक एक नई संस्था का गठन हुआ। 21 सितम्बर, 1792 को इसकी **प्रथम बैठक** हुई। इस बैठक में कुल 782 सदस्य शामिल हुए। इस प्रथम बैठक में राजतन्त्र को समाप्त कर देश में गणतन्त्र की स्थापना हुई। नेशनल कन्वेन्शन की विशेष बैठक 16 जनवरी, 1793 को हुई। इस बैठक में लुई 16वें को 53 मतों के बहुमत से फाँसी देने का निर्णय लिया गया तथा 21 जनवरी, 1793 को उसे फाँसी भी दे दी गई।
- नेशनल कन्वेन्शन ने एक नया संविधान तैयार किया, जिसे **1795 ई. का गणतन्त्रीय संविधान** कहा जाता है। इसमें द्विसदनीय विधानमण्डल की व्यवस्था की गई थी। कार्यपालिका शक्ति डायरेक्टरी को सौंपी गई। यह 27 सितम्बर, 1795 को लागू हुआ। 27 अक्टूबर, 1795 को नेशनल कन्वेन्शन ने स्वयं को भंग कर दिया।

डायरेक्टरी का निर्माण (1795-99)

- नए गणतन्त्रात्मक संविधान के अन्तर्गत प्रशासन का सम्पूर्ण भार पाँच डायरेक्टरों के ऊपर आ गया। इस डायरेक्टरी का निर्माण 1795 ई. में हुआ तथा 26 अक्टूबर, 1795 को इसकी प्रथम बैठक हुई थी।
- पाँच डायरेक्टरों में क्रान्तिकारी एबेसीऐज (Abbesieyes) भी शामिल था। इस संविधान के अनुसार डायरेक्टरी का प्रधान फ्रांस का राष्ट्रपति होता था।
- डायरेक्टरी की स्थापना के समय फ्रांस में योग्य तथा ईमानदार नेताओं की आवश्यकता थी, लेकिन डायरेक्टरी के शासक भ्रष्टाचारी तथा स्वार्थी थे, इसलिए इसके सदस्य क्रमानुसार तीन-तीन महीने के लिए डायरेक्टरी के अध्यक्ष रहते थे तथा तीन महीने तक राष्ट्रपति के पद को भी सम्भालते थे। इस डायरेक्टरी को चार वर्ष पश्चात् नेपोलियन ने 1799 ई. में समाप्त कर दिया।

नेपोलियन बोनापार्ट का योगदान

- नेपोलियन बोनापार्ट का जन्म 15 अगस्त, 1769 को कोर्सिका द्वीप के मुख्य नगर अजासियों के एक साधारण परिवार में हुआ था। नेपोलियन एक महान् सुधारक एवं आधुनिक फ्रांस का निर्माता के रूप में विख्यात है। उसके पिता का नाम चार्ल्स बोनापार्ट तथा माता का नाम लतीतिया रेमोलिनो था। यह अपने वीरतापूर्ण कार्यों के लिए प्रसिद्ध था। वह फ्रांस में डाइरेक्टरी का प्रधान था।
- नेपोलियन ने 10 नवम्बर, 1799 को डायरेक्टरी को भंग कर स्वयं को फ्रांस का प्रथम काउन्सिल निर्वाचित करवा लिया और 1799 से 1804 ई. तक इसके द्वारा फ्रांस में अनेक सुधार किए गए। 1804 ई. में वह सम्राट बन गया। उसने 1807 ई. तक ऑस्ट्रिया, प्रशा और रूस पर विजय प्राप्त कर ली।
- इसकी आश्चर्यजनक जीत को देखकर यूरोप भयभीत हो उठा था। इसने अपनी योग्यता एवं क्षमता के बल पर फ्रांस की जनता का दिल भी जीत लिया था।
- यह इंग्लैण्ड को भी पराजित करना चाहता था, किन्तु इंग्लैण्ड की शक्तिशाली नौसेना के सामने ऐसा नहीं कर सका। नेपोलियन ने अपनी शक्ति को बढ़ाकर फ्रांस के यश को विश्व में चारों ओर फैलाया। नेपोलियन के द्वारा कानूनों का संहिताकरण किया गया, जिसे **नेपोलियन कोड** के नाम से जाना जाता है। इसके शासनकाल में फ्रांस एक समृद्ध एवं शक्तिशाली देश बन गया था। यूरोप के मित्र-राष्ट्रों ने संगठित होकर 1813 ई. में उसे लिपिजिंग में हराया। फिर भी भारी जन समर्थन के कारण वह पुनः सत्तारूढ़ हो गया। यूरोप के मित्र राष्ट्रों ने 18 जून, 1815 में नेपोलियन को **वाटर लू** नामक स्थान पर पराजित कर **सेण्ट हेलेना द्वीप** पर जीवन के अन्तिम समय तक रखा। 5 मई, 1821 को यहीं इसकी मृत्यु हो गई। नेपोलियन के पतन के पश्चात् 1848 ई. में फ्रांस में द्वितीय गणतन्त्र की स्थापन हुई।

फ्रांसीसी क्रान्ति का भारत पर प्रभाव

फ्रांसीसी क्रान्ति का भारत पर निम्नलिखित प्रभाव हुआ

- फ्रांस की क्रान्ति से प्रेरणा लेकर भारत सहित विश्व के अन्य देशों में निरंकुश शासन को उखाड़ फेंकने के लिए अनेक क्रान्तियाँ हुईं।
- भारत तथा अन्य देशों में लोकतान्त्रिक व्यवस्था के लिए आन्दोलन प्रारम्भ हो गया। संसदीय सुधार की दिशा में कार्य प्रारम्भ हुआ।
- फ्रांसीसी क्रान्ति के पश्चात् भारत में "समानता, स्वतंत्रता तथा बन्धुत्त्व" के नारे ने राजनीतिक व्यवस्था के स्वरूप में आमूलचूल परिवर्तन का मार्ग प्रशस्त किया।
- फ्रांसीसी क्रान्ति के परिणामस्वरूप राज्यों के स्वरूप में परिवर्तन आया। भारत समेत विश्व के अन्य देशों में धर्मनिरपेक्ष राज्य की अवधारणा पर बल दिया जाने लगा।
- इस क्रान्ति के पश्चात् साम्राज्यवादी देशों को अपने उपनिवेशों के प्रति नीतियो के निर्माण के लिए व्यय किया। भारत, ब्रिटेन का उपनिवेश था। इसके प्रति ब्रिटेन को अपनी नीतियाँ परिवर्तित करनी पडी।

रूसी क्रान्ति

रूसी क्रान्ति की ऐतिहासिक पृष्ठभूमि

- रूस में लम्बे समय से निरंकुश जारशाही का शासन था। सर्वप्रथम इवान प्रथम 1325-1340 ई. ने रूस में जारशाही शासन की स्थापना की। रूस के स्वेच्छाचारी जार शासक राजत्व के **दैवीय सिद्धान्त** में विश्वास रखते थे। उनका मानना था कि जार रूस का एकाधिपति है और वह संसार में किसी के प्रति उत्तरदायी नहीं है।
- क्रान्ति के समय **जार निकोलस द्वितीय** रूस का शासक (1894-1917 ई.) था, जो प्रतिक्रियावादी-निरंकुश शासन में विश्वास करता था। उसने प्रगतिशील प्रवृत्तियों के विरुद्ध घोर दमन की नीति अपनाई। प्रेस को स्वतन्त्रता नहीं थी, रूसी नागरिकों को किसी प्रकार के अधिकार प्राप्त नहीं थे एवं बौद्धिक गतिविधियों पर कठोर नियन्त्रण था।
- इस प्रकार की दमनकारी नीतियों के कारण किसानों तथा मजदूरों में असन्तोष बढ़ता गया। जनतान्त्रिक तथा समाजवादी विचारों के संगठनों एवं राजनीतिक दलों ने इसे संगठित किया तथा योजनाबद्ध ढंग से इसे क्रान्ति का रूप दिया। आगे वर्ष 1904-05 में **जापान द्वारा पराजय** तथा प्रथम विश्वयुद्ध (28 जुलाई, 1914) में जर्मनी के साथ युद्ध में **रूस की पराजय** ने जनता का जार के प्रति असन्तोष बढ़ा दिया। अयोग्य शासन के विरुद्ध विद्रोह आरम्भ हो गया, जिसने वर्ष 1917 की रूसी क्रान्ति का रूप ले लिया। इसके पश्चात् रूस में जारशाही का अन्त हुआ तथा **साम्यवाद** की स्थापना हुई। रूसी क्रान्ति ने न सिर्फ रूस और यूरोप को प्रभावित किया वरन् विश्व के अनेक देशों पर गहरा प्रभाव डाला।

क्रान्ति से पूर्व रूस की दशा

सामाजिक दशा

- 1861 ई. से पहले रूस में सामन्तवाद का प्रभाव समाज में व्यापक रूप से फैला हुआ था। सामन्त लोग किसानों से बेगार लेकर अपनी जमीनों पर खेती करवाते थे। ये किसान 'भूमि दास' या 'अर्द्ध-दास' के रूप में थे। इन्हें **सर्फ** कहा जाता था तथा इनकी दशा अत्यन्त दयनीय थी। सामन्त लोग इन भूमि दासों पर अनेक प्रकार से अत्याचार करते थे। *क्रान्ति से पूर्व रूसी समाज में निम्न तीन वर्ग थे*

1. **उच्च वर्ग** यह सामन्तों एवं कुलीनों का वर्ग था, जिसमें बड़े-बड़े सामन्त, जारशाही के सदस्य तथा उच्च पदाधिकारी शामिल थे, जिनका जीवन स्तर वैभवपूर्ण, ऐश्वर्यपूर्ण तथा विलासिता से परिपूर्ण था।
2. **मध्यम वर्ग** इसका उदय औद्योगीकरण के फलस्वरूप हुआ था। इसमें लेखक, डॉक्टर, वकील, विचारक, दार्शनिक व व्यापारी आदि शामिल थे।
3. **निम्न वर्ग** यह किसानों एवं मजदूरों का वर्ग था। उच्च एवं मध्य वर्ग के लोग इन्हें घृणा की दृष्टि से देखते थे। रूस की अधिकांश जनता अशिक्षित एवं अन्धविश्वासी थी। चर्च की प्रधानता होने के कारण रूसी समाज में पादरियों को महत्त्वपूर्ण स्थान प्राप्त था। यह वर्ग भी जनसाधारण का शोषण करता था।

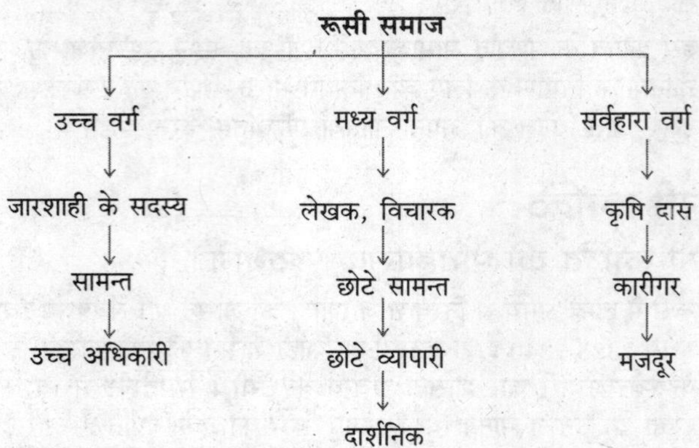

आर्थिक दशा

- औद्योगीकरण से पूर्व लोगों का मुख्य व्यवसाय कृषि था। किसान आर्थिक रूप से विपन्न थे, जिस कारण उन्हें दरिद्रता एवं भुखमरी का जीवन व्यतीत करना पड़ता था। खेत छोटे-छोटे थे तथा किसानों को कृषि की नवीनतम तकनीक का ज्ञान भी नहीं था। धन की कमी के कारण वे कृषि यन्त्रों पर निवेश भी नहीं कर सकते थे।
- कठोर परिश्रम करने पर भी उन्हें भरपेट भोजन नहीं मिलता था, क्योंकि उनकी उपज का अधिकांश भाग सामन्त व राजकीय कर्मचारी हड़प जाते थे।
- पीटर महान् के काल में यहाँ कल-कारखानों की स्थापना होने लगी, लेकिन इन कारखानों में विदेशी पूँजी लगी थी तथा इनके मालिकों का उद्देश्य अधिकतम लाभ कमाना था। उन्हें गरीब रूसी जनता के प्रति कोई सहानुभूति नहीं थी, न ही वे रूसी श्रमिकों व मजदूरों को सुविधाएँ देते थे।
- इन परिस्थितियों में रूस में अनाज, वस्त्र तथा अन्य जीवनोपयोगी वस्तुओं की कमी होने लगी, जिससे श्रमिकों तथा मजदूरों की दशा पशुओं से भी बदतर हो गई। इस स्थिति को सुधारने के लिए जारशाही ने कोई प्रयास नहीं किया, बल्कि सरकारी पदाधिकारियों के भ्रष्टाचार और सैनिकों के अत्याचारों ने स्थिति को दिन-प्रतिदिन गम्भीर बना दिया।
- जारशाही शासकों ने रूसियों की आर्थिक दशा में सुधार नहीं किया तथा क्रान्ति को अनिवार्य बना दिया।

राजनीतिक दशा

- क्रान्ति से पूर्व रूस की राजनीतिक दशा भी अच्छी नहीं थी। **जार निकोलस द्वितीय**, जोकि एक प्रतिक्रियावादी और स्वेच्छाचारी शासक था, रूस की संसद के निम्न सदनों (ड्यूमाओं) को अपनी इच्छा के अनुसार चलाया। ड्यूमाओं का स्थगन, निलम्बन तथा निर्वासन सम्बन्धित विषय सभी जार के इच्छानुसार ही निर्धारित होते थे।
- वर्ष 1905 में क्रीमिया तथा रूस-जापान युद्ध में जार की राजनीतिक अयोग्यता उजागर हो चुकी थी।
- अत: कहा जा सकता है कि क्रान्ति से पूर्व रूस की राजनीतिक दशा अच्छी नहीं थी। जनता शासक वर्ग से त्रस्त थी, जिस कारण लोगों के मन में शासन के प्रति विद्रोह उत्पन्न हो रहा था।

वर्ष 1905 की रूसी क्रान्ति के प्रमुख कारण

रूस में वर्ष 1905 की क्रान्ति के महत्त्वपूर्ण कारण निम्नलिखित थे

- **जारों का निरंकुश शासन** रूस के **जार निकोलस द्वितीय** ने वहाँ की जनता की उदारवादी भावनाओं के दमन के लिए पूरे देश में गुप्तचर तथा पुलिस को तैनात कर दिया था। वह बहुत निरंकुश था और राजा के दैवी अधिकारों का कट्टर समर्थक था। उसने गैर-रूसियों को बलपूर्वक रूसी बनवाया तथा सभी प्रकार के लेखन, भाषण और व्यक्तिगत स्वतन्त्रता पर कठोर प्रतिबन्ध लगा दिए। इन सभी कार्यों से रूस की जनता में भीषण असन्तोष फैल गया था।
- **पादरियों द्वारा जार की वकालत** रूस का यूनानी कैथोलिक चर्च भी पूर्ण रूप से जार के नियन्त्रण में था। चर्च का पादरी जार की दमनकारी नीतियों और स्वेच्छाचारिता के पक्ष का समर्थक था। यह भी जनता में रोष का एक प्रमुख कारण था।
- **निकम्मी नौकरशाही** रूस की नौकरशाही में सरकारी अधिकारी बहुत ही अयोग्य, निकम्मे, खुशामदी, विलासी एवं रिश्वतखोर थे। वे जार को खुश करने और प्रतिष्ठित पद पाने के लिए रूस की जनता का शोषण और उन पर अमानवीय अत्याचार किया करते थे। इससे रूस की जनता में भय व्याप्त हो चुका था।
- **रूस-जापान युद्ध** रूस की जारशाही निरंकुशता से तंग आकर तथा पाश्चात्य विचारों के प्रभाव में आकर रूस की जनता ने अधिकारों के लिए आवाज उठानी शुरू कर दी। जगह-जगह आन्दोलनों, हड़तालों, सभाओं, हिंसक घटनाओं आदि का दौर प्रारम्भ हो चुका था। रूस-जापान युद्ध (1904-05) भी इसी समय हुआ, जिसमें रूसी सेना बहुत बुरी तरह पराजित हुई। इस पराजय के कारण रूस की जनता की राष्ट्रीयता की भावना को ठेस पहुँची और उस ने जारशाही को जड़ से उखाड़ने का निश्चय कर लिया।

वर्ष 1905 की क्रान्ति की महत्त्वपूर्ण घटनाएँ

वर्ष 1905 की क्रान्ति की महत्त्वपूर्ण घटनाएँ निम्न हैं

- **खूनी रविवार की घटना** 20वीं शताब्दी के प्रारम्भ में रूस में जार सम्राट के अधिकारीगण आम नागरिकों पर व्यापक स्तर पर अत्याचार एवं शोषण किया करते थे। वर्ष 1904-05 में रूस, जापान जैसे छोटे देश से पराजित हो गया था। इन सभी बातों से क्षुब्ध एवं आक्रोशित होकर 22 जनवरी, 1905 को अनेक श्रमिक अपनी माँगें प्रस्तुत करने के लिए सेण्ट

पीटर्सबर्ग के दुर्ग में एकत्र हुए, परन्तु इनकी माँगों के ऊपर ध्यान न देकर जार की आज्ञा के अनुसार इन श्रमिकों पर सैनिकों द्वारा गोलियाँ चलाई गईं, जिसमें अनेक लोग मारे गए। यह घटना रविवार को घटी थी। अत: रूस के इतिहास में इसे **खूनी रविवार** के नाम से जाना जाता है। इस घटना ने जार को बदनाम कर दिया, जिससे पूरे रूस में उपद्रव आरम्भ हो गए।

- **जार द्वारा सुधारों की घोषणा** विद्रोहों की तेज होती स्थिति से भयभीत होकर जार ने कुछ सुधारों की घोषणाएँ कीं। इस प्रकार की स्थिति में जार ने 30 अक्टूबर, 1905 को एक घोषणा की। इस घोषणा के अनुसार भाषण, लेखन तथा परस्पर मिलने-जुलने पर लगाए गए प्रतिबन्धों को हटा लिया गया तथा विस्तृत सुधारों का वादा किया गया। **ड्यूमा** के निर्वाचन के लिए मताधिकार को विस्तृत कर दिया गया। इन घोषणाओं से जनता अत्यधिक प्रसन्न हुई, लेकिन कुछ ही समय में पुन: जार का अत्याचार बढ़ने लगा। दिसम्बर, 1905 में मॉस्को में ड्यूमा के अधिवेशन से पहले ही एक भयंकर विद्रोह हुआ। विद्रोह का बलपूर्वक दमन करते हुए सैनिकों ने लगभग 5,000 व्यक्तियों को मौत के घाट उतार दिया। इस प्रकार विद्रोह तो शान्त हो गया, पर सरकार की दमनकारी नीति पूर्णतया स्पष्ट हो गई। इस प्रकार यह विद्रोह भयानक घटना सिद्ध हुई।
- **प्रथम ड्यूमा** (1906) **की बैठक** जार द्वारा ड्यूमा की राष्ट्रीय सभा बुलाने की अनुमति देने के बाद इसका निर्वाचन मार्च-अप्रैल, 1906 में हुआ। प्रथम ड्यूमा का अधिवेशन 10 मई, 1906 को हुआ। प्रथम ड्यूमा का जीवन अल्प एवं संघर्षशील रहा। इसका कारण यह था कि ड्यूमा के विभिन्न राजनीतिक दलों के उद्देश्यों में विरोधाभास था।
- सरकार ने इस विरोधाभास का फायदा उठाया। प्रथम अधिवेशन के समय ही सरकार से ड्यूमा का संघर्ष शुरू हो गया। ड्यूमा ने कार्यपालिका पर नियन्त्रण स्थापित करने का प्रयास किया, परन्तु जार ने इसका विरोध किया।
- जार ने दो महीने के पश्चात् इसे भंग कर दिया तथा समस्त अधिकार अपने हाथों में ले लिए। आगे भी ड्यूमा के द्वितीय अधिवेशन (5 मार्च, 1907) तथा तृतीय अधिवेशन (14 नवम्बर, 1907) में राजनीतिक दलों में व्यापक विरोधाभास व्याप्त रहा। इनमें एकता का अभाव था। जार ने फिर इसका फायदा उठाया तथा क्रान्ति का दमन कर दिया। यह क्रान्ति कुछ समय के लिए भले ही असफल रही, परन्तु इसने वर्ष 1917 की क्रान्ति का आधार तैयार कर दिया था।

वर्ष 1917 की रूसी क्रान्ति

- तानाशाह निकोलस द्वितीय के शासनकाल (1894-1917 ई.) में वर्ष 1917 की रूसी क्रान्ति इतिहास की अति महत्त्वपूर्ण घटनाओं में से एक है। निकोलस द्वितीय की दमनकारी नीतियों के विरोध में जनता जागरूक हो चुकी थी।
- श्रमिक वर्ग भी एक बड़ी शक्ति के रूप में उभरकर सामने आ रहा था। वर्ष 1904-05 में जापान से हुए युद्ध एवं प्रथम विश्वयुद्ध (1914-18) में जर्मनी से हुए युद्ध में रूस की पराजय से जनता में आक्रोश व्याप्त हो गया, जिसके फलस्वरूप वर्ष 1917 में रूस की जनता ने जार के निरंकुश व अत्याचारी शासन के विरुद्ध क्रान्ति कर दी।
- वर्ष 1917 की रूसी क्रान्ति एक भयंकर खूनी क्रान्ति थी, जिसे इतिहास में **साम्यवादी क्रान्ति** अथवा **बोल्शेविक क्रान्ति** के नाम से भी जाना जाता है। 6 नवम्बर, 1917 से इस क्रान्ति की वास्तविक शुरुआत मानी जाती है।

रूस की वर्ष 1917 की क्रान्ति के प्रमुख कारण

रूस में क्रान्ति का प्रारम्भ वर्ष 1905 से माना जाता है, जोकि जारों के निरंकुश शासन, पादरियों द्वारा जार की वकालत, निकम्मी नौकरशाही, रूस-जापान युद्ध इत्यादि कारणों से हुई। रूस की जनता में विद्रोह की भावना तभी से पनप रही थी।

इन सभी कारणों के अतिरिक्त इस क्रान्ति के प्रमुख कारण निम्नलिखित थे

- **साम्यवादी विचारधारा का प्रभाव** रूस में औद्योगिक विकास के साथ ही साम्यवादी विचारधारा का प्रारम्भ हो गया था। समय के साथ अनेक श्रमिक अपने भविष्य को सुखद बनाने के लिए साम्यवादी विचारों को अपनाने लगे और साम्यवादी दल में सम्मिलित होने लगे।
- **औद्योगिक क्रान्ति का प्रभाव** औद्योगिक क्रान्ति के फलस्वरूप रूस में भी बड़े-बड़े कल-कारखानों की स्थापना हो चुकी थी। कारखानों में काम करने वाले हजारों श्रमिक ग्रामीण क्षेत्रों से आकर नगरों में निवास करने लगे। नगर के आधुनिक वातावरण ने उनकी अज्ञानता का अन्त कर दिया तथा वे राजनीतिक मामलों में रुचि लेने लगे और धीरे-धीरे क्लब/संगठन बनाने लगे। इन क्लबों एवं संगठनों में समाजवादी सिद्धान्तों का प्रचार-प्रसार करने के लिए नेता भी आने लगे। इस प्रकार श्रमिक वर्ग ने भी क्रान्ति में भाग लेना प्रारम्भ कर दिया।
- **राजनीतिक चेतना का उदय** 19वीं शताब्दी में रूस में समाजवाद का व्यापक प्रचार-प्रसार होने लगा था। उसी समय **कार्ल मार्क्स** ने 'दुनिया के मजदूरों एक हो' का नारा दिया। इस नारे का लोगों पर बहुत गहरा प्रभाव पड़ा। रूसी नेता **जयार्जी प्लेखानोव** ने 1883 ई. में 'रूसी समाजवादी लोकतान्त्रिक पार्टी' की स्थापना रूस में की।
- 1898 ई. में इस पार्टी ने अन्य संगठनों के साथ मिलकर रूसी समाजवादी लोकतान्त्रिक मजदूर पार्टी की स्थापना रूस में की। **निकोलाई लेनिन** इसका नेतृत्व कर रहा था। यह दल वर्ष 1903 में दो भागों में विभक्त हो गया—पहला दल **मेनशेविक** तथा दूसरा दल **बोल्शेविक** कहलाया। मेनशेविक दल का प्रमुख नेता **करेन्स्की** था, जो वैधानिक तरीके से सत्ता परिवर्तन कर देश में समाजवादी शासन की स्थापना करना चाहता था, जबकि बोल्शेविक दल, जिसका नेता **लेनिन** था, रक्त क्रान्ति के माध्यम से **जारशाही** को समाप्त कर सर्वहारा वर्ग की स्थापना करना चाहता था।
- **विचारकों का प्रभाव** इस काल में अनेक रूसी विद्वान् यूरोप में हो रहे परिवर्तन से काफी प्रभावित हो रहे थे। इन विचारकों में **टॉलस्टॉय, तुर्गनेव, फ्रेडरिक एंजिल्स, क्रोपॉटकिन दोस्तोवस्की** आदि प्रमुख रूप से थे, जिन्होंने अपने विचारों से लोगों को प्रभावित किया। **कार्ल मार्क्स** (जर्मन निवासी) एक प्रसिद्ध दार्शनिक था, जिसका रूसी क्रान्ति में महत्त्वपूर्ण योगदान था। इसने **दास कैपिटल** नामक पुस्तक की रचना की। इसे **समाजवाद का जन्मदाता** माना जाता है।
- **कृषकों की दयनीय स्थिति** रूस एक कृषि प्रधान देश था। जार के निरंकुश शासन के कारण रूस में कृषकों की स्थिति अच्छी नहीं थी। वहाँ की अधिकांश जनता कृषि पर निर्भर थी, लेकिन कृषकों के पास खुद की कृषि योग्य भूमि नहीं होती थी। देश की अधिकांश भूमि जमींदारों के अधिकार क्षेत्र में थी। जमींदार कृषकों से बँधुआ मजदूरी करवाते थे तथा विलासी जीवन जीते थे। इससे कृषकों की स्थिति अत्यन्त दयनीय हो गई थी। कृषकों को अनेक प्रकार के कर (Tax) भी देने पड़ते थे। इससे उनकी स्थिति और बिगड़ती चली गई। वर्ष 1917 की रूसी क्रान्ति के समय तक कृषकों में इतना असन्तोष बढ़ गया कि उन्होंने विद्रोह कर दिया।

- **श्रमिकों में असन्तोष** रूस के औद्योगिक केन्द्रों में श्रमिक वर्गों में काफी असन्तोष उत्पन्न हो गया था। उनके संघों को सरकार की दमनकारी नीति के कारण खुले रूप से कार्य करने का अवसर नहीं मिलता था। उन्हें एक दिन में 18 घण्टे से भी अधिक कार्य करना पड़ता था तथा मजदूरी केवल नाममात्र की प्राप्त होती थी। मजदूर गरीबी तथा शोषण का जीवन जीने को मजबूर थे। अत: उनमें क्रान्तिकारी उत्साह बढ़ता गया।
- **जार निकोलस द्वितीय की अयोग्यता व निरंकुशता** रूस का अन्तिम शासक जार निकोलस द्वितीय था। निकोलस द्वितीय तथा उसकी पत्नी एलिक्स दोनों विलासी तथा बुद्धिहीन थे, जिसके कारण दरबार में रासपुटिन जैसे पाखण्डी लोग भरे पड़े थे और इनकी सलाह व परामर्श से ये शासन करते थे। ये लोग राजा को गलत परामर्श देते थे, जिसके कारण जनता में असन्तोष उत्पन्न होने लगा।
- **भ्रष्टाचार का बोलबाला** रूस के शासक 'जार' के समान ही जार के अधिकारी और सेना भी अयोग्य, विलासी तथा भ्रष्टाचारी थे। ये अधिकारी अपने स्वार्थ की पूर्ति हेतु जार की चापलूसी करने में ही लगे रहते थे और महत्त्वपूर्ण पदों की प्राप्ति हेतु जार को बड़ी-बड़ी रकम देते थे, जिसकी वसूली वे जनता से करते थे। यह वसूली जनता के लिए असहनीय होने लगी थी। यही कारण है कि सेना तथा सरकार दोनों ही विद्रोह को दबा पाने में असमर्थ थे।
- **प्रथम विश्वयुद्ध में रूसी सेनाओं की पराजय** वर्ष 1914 में प्रथम विश्वयुद्ध प्रारम्भ हुआ, जिसमें जर्मनी, ऑस्ट्रिया और इटली एक गुट में थे, जबकि इंग्लैण्ड, फ्रांस और रूस दूसरे गुट में थे। इस युद्ध में रूसी सेनापतियों की अदूरदर्शिता और अयोग्यता के कारण रूस के 6 लाख सैनिक मारे गए और 20 लाख सैनिक बन्दी बना लिए गए, जिसके परिणामस्वरूप सैनिकों के साथ-साथ मजदूर एवं किसानों में घोर असन्तोष उत्पन्न हो गया, क्योंकि अधिकांश सैनिक इसी वर्ग से थे। यह रूसी क्रान्ति का **तात्कालिक कारण** था।
- **अकाल** वर्ष 1916-17 में रूस में भारी अकाल पड़ा। लोग भूखे मरने लगे तथा देश में महामारी फैल गई, इसके बाद भी पूँजीपतियों के द्वारा इनका शोषण जारी रहा। इसने जनता के असन्तोष तथा आक्रोश को चरम सीमा पर पहुँचा दिया।

वर्ष 1917 में रूसी क्रान्तिकारियों के प्रमुख उद्देश्य

रूसी क्रान्तिकारियों के उद्देश्य निम्नलिखित थे

- **कृषकों को भू-स्वामित्व** क्रान्तिकारी, किसानों को भू-स्वामित्व प्रदान कराने के पक्ष में थे। उनका मानना था कि इससे किसानों की आर्थिक स्थिति में सुधार होगा।
- **उद्योगों पर श्रमिकों का नियन्त्रण** उद्योगों के माध्यम से पूँजीपति मजदूरों का आर्थिक शोषण करते थे। अत: क्रान्तिकारी उद्योगों पर मजदूरों के भी नियन्त्रण के पक्षधर थे।
- **समाजवादी व्यवस्था की स्थापना** क्रान्तिकारियों का मुख्य उद्देश्य रूस में पूँजीवादी व्यवस्था को समाप्त कर समाजवादी व्यवस्था को लागू करना था।
- **समानता का समर्थन** रूसी क्रान्तिकारी इस बात के पक्षधर थे कि रूस में गैर-रूसी जातियों तथा यहूदियों के साथ समानता का व्यवहार किया जाए।
- **शान्ति की स्थापना** निरन्तर युद्धों से परेशान रूसी क्रान्तिकारी रूस में शान्ति बहाल करना चाहते थे। वे फ्रांसीसी क्रान्ति के सूत्र-वाक्य 'स्वतन्त्रता, समानता तथा बन्धुत्व' को पूरे देश में लागू करना चाहते थे।

वर्ष 1917 की रूसी क्रान्ति की प्रमुख घटनाएँ

वर्ष 1917 की रूसी क्रान्ति की प्रमुख घटनाएँ निम्नलिखित हैं

- **क्रान्ति का आरम्भ** इस क्रान्ति के आरम्भ में **7 मार्च, 1917** को मजदूरों ने हजारों की संख्या में इकट्ठा होकर **पेट्रोग्राड** नामक स्थान पर जार प्रशासन के खिलाफ विद्रोह कर दिया। भूख से परेशान लोग **रोटी दो** का नारा लगा रहे थे। इकट्ठा हुए लोगों ने पेट्रोग्राड में भारी लूटमार की। स्त्रियों तथा पुरुषों ने भी मजदूरों का साथ दिया। प्रशासन के आदेश के बावजूद भी सैनिकों ने मजदूरों पर गोली चलाने से इनकार कर दिया तथा वे भी क्रान्तिकारियों का साथ देने लगे। क्रान्तिकारियों ने **रोटी दो, युद्ध बन्द करो, अत्याचारी शासन का अन्त करो** आदि नारे लगाए।
- **अस्थायी सरकार का गठन** मजदूरों ने सभी कल-कारखानों में 10 मार्च, 1917 को हड़ताल कर दी तथा सैनिकों के हथियार छीन लिए। जार ने ड्यूमा को भंग कर दिया। इससे ड्यूमा के सदस्य भी क्रान्तिकारियों से जा मिले, फिर सैनिकों तथा मजदूरों ने 'क्रान्तिकारी सोवियत' नामक एक नई संस्था की स्थापना की। 14 मार्च, 1917 को क्रान्तिकारियों तथा संसद सदस्यों ने सम्मिलित रूप से अस्थायी सरकार का गठन किया। क्रान्तिकारियों ने निकोलस के परिवार को बन्दी बनाकर साइबेरिया भेज दिया, जहाँ उसकी हत्या पत्नी के साथ कर दी गई। इस प्रकार रूस में जारशाही राजतन्त्र का समापन हो गया।
- **फरवरी क्रान्ति** आगे प्रिन्सल्वाव के नेतृत्व में समाजवादी सरकार की स्थापना हुई, जो असफल साबित हुई। इसके पश्चात् मेनशेविक दल के नेता करेन्स्की ने समाजवादी सरकार की स्थापना की। इस सरकार ने प्रथम विश्वयुद्ध को जारी रखने का फैसला लिया, लेकिन इस युद्ध में रूस जर्मनी से बुरी तरह पराजित हुआ तथा करेन्स्की को भी अपने पद से त्याग-पत्र देना पड़ा। यह क्रान्ति 7 मार्च को हुई थी, लेकिन इसे **फरवरी क्रान्ति** के नाम से भी जाना जाता है। इसका कारण यह है कि प्राचीन रूसी कैलेण्डर विश्व के कैलेण्डर से 8 दिन पीछे चलता था।
- **बोल्शेविक या अक्टूबर क्रान्ति** यह रूस की दूसरी क्रान्ति थी, जो अक्टूबर महीने में शुरू हुई थी, इसलिए इसे 'अक्टूबर क्रान्ति' के नाम से भी जाना जाता है। लेनिन इस क्रान्ति का प्रमुख नेता था। बोल्शेविकों ने 25,000 सैनिकों की लाल सेना एकत्रित कर ली थी। इस सेना ने 7 नवम्बर, 1917 को सरकारी कार्यालयों एवं भवनों पर आक्रमण कर दिया तथा 8 नवम्बर, 1917 को बोल्शेविक सरकार का मन्त्रिमण्डल गठित किया। यह एक साम्यवादी सरकार थी।
  इस सरकार में **लेनिन** को प्रधानमन्त्री तथा **ट्रॉटस्की** को विदेश मन्त्री बनाया गया। इस सरकार ने 3 मार्च, 1918 को जर्मनी के साथ **ब्रेस्टलिटोवस्क** की सन्धि की। यह सन्धि अत्यन्त कठोर एवं रूस के लिए अपमानजनक रही, फिर भी लेनिन ने रूस की आन्तरिक दशा को सुधारने के लिए इसे स्वीकार किया। अब रूस जर्मनी का मित्र हो गया और लेनिन को आन्तरिक सुधार करने का मौका मिल गया।
- **गृह युद्ध का निपटारा** (1918-20) लेनिन के जर्मनी के साथ सन्धि कर लेने से मित्रराष्ट्र रूसी सरकार के प्रति विद्वेष रखने लगे। वे चाहते थे कि रूस से बोल्शेविक शासन समाप्त हो जाए और वहाँ ऐसी सरकार स्थापित हो जो युद्ध जारी रख सके। दूसरी तरफ आन्तरिक परिस्थितियों में भी संघर्ष की स्थिति उत्पन्न हुई, क्योंकि साम्यवादी क्रान्ति से रूसी पूँजीवादी और बुर्जुआ वर्ग असन्तुष्ट थे। देश की दो विचारधाराओं के लोग परस्पर संघर्षरत हो गए। **लाल आतंक** और **श्वेत आतंक** दोनों पक्ष एक-दूसरे से टकराकर भयंकर स्थिति पैदा कर रहे थे।

लेनिन ने साहसपूर्वक इस विकट स्थिति का डटकर सामना किया। उसने क्रान्ति-विरोधी षड्यन्त्रकारियों को दबाने के लिए रूस में **चेका** नामक एक पुलिस संगठन की स्थापना की। इसके द्वारा हजारों लोगों को फाँसी पर चढ़ा दिया गया। बाह्य शत्रुओं को दबाने के लिए लेनिन ने 'लाल सेना' का पुनः गठन किया। फलतः मित्र राष्ट्रों ने इस सेना के दबाव और विश्वयुद्ध की थकान से रूस के विरुद्ध मोर्चे को बन्द कर दिया, साथ ही रूसी प्रतिक्रान्तिकारियों को समर्थन देना भी बन्द किया। इस तरह लेनिन ने गृह युद्ध की समस्या को समाप्त किया।

लेनिन का परिचय

- रूसी क्रान्ति वर्ष 1917 में हुई थी। इस क्रान्ति को सफल बनाने में रूस के अनेक दार्शनिकों एवं नेताओं की महत्त्वपूर्ण भूमिका रही, इन्हीं नेताओं में लेनिन का नाम महत्त्वपूर्ण है। लेनिन (1870-1929 ई.) का वास्तविक नाम ब्लादिमीर इलिच यूलियनाव था।
- लेनिन उच्च शिक्षा ग्रहण करने के बाद 1895 ई. में रूस से बाहर चला गया और वहाँ से चोरी-छिपे क्रान्तिकारी साहित्य रूस में भेजने लगा। इस अपराध के लिए लेनिन को 14 माह का कारावास मिला, फिर तीन वर्ष के लिए उसे साइबेरिया भेज दिया गया। वहाँ से रूस लौटने के बाद लेनिन रूस के शक्तिशाली **राजनीतिक** दल बोल्शेविक दल का प्रमुख बन गया।

वर्ष 1917 के रूसी क्रान्ति में लेनिन का योगदान

रूसी क्रान्ति में लेनिन का योगदान निम्नलिखित है

- लेनिन ने 1898 ई. में 'रूसी समाजवादी प्रजातान्त्रिक दल' की स्थापना की। उसने करेन्स्की की सरकार को भंग कर 'अक्टूबर क्रान्ति' को सफल बनाया। रूस की करेन्स्की सरकार जनता की माँगों को पूरा करने में असफल हो रही थी और ऐसी स्थिति में लेनिन के नेतृत्व में बोल्शेविक पार्टी ने युद्ध को समाप्त करने और समस्त सत्ता सोवियत को सौंपने का नारा दिया।
- लेनिन ने वर्ष 1921 में नई आर्थिक नीति लागू की, जो वर्ष 1924 में उसकी मृत्यु के पश्चात् भी वर्ष 1928 तक प्रभावी रही। नई आर्थिक नीति ने सोवियत रूस के लिए बहुत अच्छे परिणाम दिए। इस नीति के कारण ही वर्ष 1929 की आर्थिक मन्दी से जहाँ एक ओर पूरा विश्व त्रस्त था, वहीं रूस इस महामन्दी से बचा रहा। लेनिन ने जमींदारों की भूमि छीनकर उसे गरीब किसानों में बाँट दिया तथा सभी निजी कारखानों को जब्त करके उन्हें सरकारी घोषित कर दिया।

रूसी क्रान्ति का भारत पर प्रभाव

रूसी क्रान्ति का भारत पर निम्नलिखित प्रभाव हुआ

- रूसी क्रान्ति के पश्चात विश्व एक नई विचारधारा व समाजवादी मॉडल से परिचित हुआ। भारत में भी समाजवादी विचारधारा का प्रसार हुआ। समाजवाद से भयभीत होकर विकसित पूँजीवादी देशों ने कल्याणकारी योजनाओं पर जोर देना प्रारम्भ कर दिया। भारत में भी ब्रिटिश पूँजीवाद पर इसका प्रभाव पड़ा।
- रूसी क्रान्ति के कारण फासीवाद तथा नाजीवाद का उदय हुआ। नाजीवाद के प्रवर्तक हिटलर के कारण द्वितीय विश्व युद्ध प्रारम्भ हुआ, जिसमें भारत को अनेक क्षति हुई। इस क्रान्ति के पश्चात विश्व दो गुटों में बँटने लगा। पहला गुट समाजवाद का समर्थक था, तो दूसरा गुट पूँजीवादी व्यवस्था का समर्थक था। ऐसे माहौल में भारत ने गुटनिरपेक्षता की नीति का अनुसरण किया।
- इस क्रान्ति के पश्चात् शीत युद्ध प्रारम्भ हुआ, जिससे भारत भी प्रभावित हुआ। इससे निःशस्त्रीकरण को आघात पहुँचा।

अभ्यास प्रश्न

1. किस सन्धि के अन्तर्गत राष्ट्र संघ की स्थापना हुई थी?
(a) वर्साय की सन्धि (b) पेरिल की सन्धि
(c) रोम की सन्धि (d) ब्रिटेन की सन्धि

2. राष्ट्रसंघ विधिवत् रूप से कब अस्तित्व में आया था?
(a) वर्ष 1918 (b) वर्ष 1919 (c) वर्ष 1920 (d) वर्ष 1921

3. राष्ट्रसंघ की उपलब्धियों के लिए निम्न में से कौन-सा कार्य किया गया?
(a) प्रशासनिक कार्य
(b) संरक्षण सम्बन्धी कार्य
(c) अल्पसंख्यकों के हितों की सुरक्षा करना
(d) उपरोक्त सभी

4. "अन्तर्राष्ट्रीय सहयोग की भावना विकसित करना उसकी सबसे बड़ी उपलब्धि के रूप में था" किसका कथन है?
(a) लैगसम (b) गैचीने हार्डी (c) स्ट्रेबो (d) गैरीवर्ल्डी

5. राष्ट्रसंघ का मुख्यालय कहाँ स्थित है?
(a) लन्दन (b) पेरिस (c) जिनेवा (d) रोम

6. राष्ट्रसंघ की आधिकारिक भाषा क्या है?
(a) अंग्तेसी (b) फ्रांसीसी (c) स्पेनी (d) ये सभी

7. राष्ट्रसंघ की सदस्यता छोड़ने वाला पहला संस्थापक सदस्य देश कौन-सा था?
(a) ब्राजील (b) इटली (c) फ्रांस (d) अमेरिका

8. प्रतिवर्ष किस दिन को संयुक्त राष्ट्रसंघ दिवस के रूप में मनाया जाता है?
अथवा संयुक्त राष्ट्र संघ की स्थापना कब हुई थी?
(a) 23 अक्टूबर (b) 25 अक्टूबर (c) 24 अक्टूबर (d) 30 सितम्बर

9. संयुक्त राष्ट्र संघ का प्रधान कार्यालय (सचिवालय) कहाँ स्थित है?
अथवा संयुक्त राष्ट्र संघ का मुख्यालय कहाँ स्थित है?
(a) न्यूयॉर्क में (b) टोकियो में (c) पेरिस में (d) नई दिल्ली में

10. संयुक्त राष्ट्र संघ चार्टर के किस अनुच्छेद में सिद्धान्तों का वर्णन है?
(a) अनुच्छेद-1 (b) अनुच्छेद-2 (c) अनुच्छेद-7 (d) अनुच्छेद-8

11. सामान्यत: संयुक्त राष्ट्र महासभा का अधिवेशन किस माह में होता है?
(a) जून (b) अक्टूबर (c) सितम्बर (d) अगस्त

12. संयुक्त राष्ट्र सुरक्षा परिषद् के स्थायी सदस्य देशों की संख्या है
(a) 10 (b) 5 (c) 15 (d) 20

13. वह देश जो सुरक्षा परिषद् का स्थायी सदस्य नहीं है
(a) संयुक्त राज्य अमेरिका (b) फ्रांस
(c) चीन (d) जापान

14. सुरक्षा परिषद् के कितने सदस्यों को निषेधाधिकार प्राप्त है?
(a) 5 (b) 7 (c) 11 (d) 15

15. आर्थिक एवं सामाजिक परिषद् में वर्तमान में कितने सदस्य हैं?
(a) 15 (b) 22 (c) 37 (d) 54

16. अन्तर्राष्ट्रीय न्यायालय में कितने न्यायाधीश होते हैं?
(a) 10 (b) 12 (c) 15 (d) 8

17. अन्तर्राष्ट्रीय न्यायालय का कार्यालय कहाँ स्थित है?
(a) न्यूयॉर्क में (b) लन्दन में (c) रोम में (d) द हेग में

18. निम्नलिखित में से कौन-सा संयुक्त राष्ट्र संघ का अंग है?
(a) अन्तर्राष्ट्रीय श्रम संगठन (b) अन्तर्राष्ट्रीय न्यायालय
(c) अन्तर्राष्ट्रीय मुद्रा कोष
(d) अन्तर्राष्ट्रीय बाल आपातकालीन कोष

19. यूनेस्को की स्थापना कब हुई थी?
(a) 24 अक्टूबर, 1945 (b) 4 नवम्बर, 1946
(c) 12 मार्च, 1948 (d) 3 अगस्त, 1954

20. विश्व स्वास्थ्य संगठन का मुख्यालय कहाँ स्थित है?
(a) जेनेवा में (b) पेरिस में (c) रोम में (d) न्यूयॉर्क में

21. 'कोरिया संकट' किस वर्ष उत्पन्न हुआ?
(a) वर्ष 1950-51 (b) वर्ष 1945-46
(c) वर्ष 1976-79 (d) वर्ष 1991-97

22. 'मानवाधिकारों की घोषणा' संयुक्त राष्ट्र संघ द्वारा कब की गई?
(a) 12 अगस्त, 1945 (b) 10 दिसम्बर, 1948
(c) 1 दिसम्बर, 1986 (d) 24 नवम्बर, 1983

23. वर्ष 1954 में किस भारतीय महिला को महासभा की अध्यक्षा चुना गया?
(a) श्रीमती सरोजिनी नायडू (b) श्रीमती विजयलक्ष्मी पण्डित
(c) श्रीमती राधा चन्द्रचूंड़ (d) इनमें से कोई नहीं

24. अन्तर्राष्ट्रीय न्यायालय का मुख्य न्यायाधीश किस भारतीय को वर्ष 2012 में नियुक्त किया गया?
(a) श्री नगेन्द्र सिंह (b) श्री एस. जगन्नाथन
(c) श्री रघुनन्दन पाठक (d) दलबीर भण्डारी

25. नि:शस्त्रीकरण के लिए भारत ने कब संयुक्त राष्ट्र संघ में 'पाँच सूत्रीय कार्यक्रम' पेश किया?
(a) वर्ष 2001 (b) वर्ष 1991 (c) वर्ष 1982 (d) वर्ष 1962

26. विश्व की प्रथम क्रान्ति किसके शासनकाल में हुई?
(a) जेम्स प्रथम (b) जेम्स द्वितीय
(c) विलियम ऑरेन्ज (d) इनमें से कोई नहीं

27. इंग्लैण्ड की गौरवपूर्ण (रक्तहीन) क्रान्ति कब हुई?
(a) 1686 ई. में (b) 1687 ई. में (c) 1688 ई. में (d) 1689 ई. में

28. निम्नलिखित में से कौन-सा इंग्लैण्ड की क्रान्ति का कारण नहीं था?
(a) निरंकुश राजकीय सत्ता का विरोध
(b) धार्मिक आधार पर नियुक्तियों का विरोध
(c) सात बिशपों पर मुकदमा
(d) अमेरिकी उपनिवेश में जागरूकता

29. अमेरिका का स्वतन्त्रता संग्राम किस देश के विरुद्ध था?
(a) फ्रांस (b) इंग्लैण्ड (c) रूस (d) इटली

30. अमेरिकी स्वतन्त्रता संग्राम का नेतृत्व किसने किया?
(a) अब्राहम लिंकन ने (b) थॉमस जैफरसन ने
(c) जॉन लॉक ने (d) जॉर्ज वाशिंगटन ने

31. जॉर्ज वाशिंगटन कौन थे?
(a) अमेरिका के राष्ट्रपति (b) इंग्लैण्ड के राजा
(c) फ्रांस के सम्राट (d) रूस के जार

32. अमेरिका का स्वतन्त्रता दिवस कब मनाया जाता है?
(a) 4 जुलाई (b) 8 जुलाई
(c) 11 जुलाई (d) 4 अगस्त

33. 'बोस्टन चाय पार्टी' घटना किस देश की क्रान्ति से सम्बन्धित है?
(a) अमेरिका (b) रूस
(c) फ्रांस (d) इंग्लैण्ड

34. बोस्टन चाय पार्टी की घटना हुई थी
(a) 1770 ई. में (b) 1771 ई. में
(c) 1773 ई. में (d) 1775 ई. में

35. द्वितीय महाद्वीपीय सम्मेलन का आयोजन किस वर्ष किया गया?
(a) 1779 ई. में (b) 1775 ई. में
(c) 1776 ई. में (d) 1778 ई. में

36. किस स्थान पर कॉर्नवालिस बुरी तरह पराजित हुआ था?
(a) यार्कटाउन (b) मैसाच्यूसेट्स
(c) फिलाडेल्फिया (d) न्यूयॉर्क

37. संयुक्त राज्य अमेरिका के लिखित संविधान का निर्माण कब हुआ था?
(a) 1773 ई. में (b) 1783 ई. में (c) 1789 ई. में (d) 1776 ई. में

38. अमेरिकी स्वतन्त्रता संग्राम के पश्चात् क्या हुआ?
(a) ब्रिटिश उपनिवेशों की संख्या में वृद्धि
(b) फ्रांस की राजकीय सत्ता में परिवर्तन
(c) समानता एवं स्वतन्त्रता की हानि
(d) लिखित संविधान की रचना

39. फ्रांस की क्रान्ति कब प्रारम्भ हुई?
(a) 1889 ई. में (b) 1689 ई. में
(c) 1789 ई. में (d) 1779 ई. में

40. 1789 ई. में फ्रांस की क्रान्ति के समय फ्रांस का शासक कौन था?
(a) लुई 16वाँ (b) लुई 15वाँ
(c) लुई 18वाँ (d) लुई फिलिप

41. निम्न में से किस वर्ग पर फ्रांस में कोई कर नहीं लगाया जाता था?
(a) श्रमिक वर्ग पर (b) कुलीन वर्ग पर
(c) पादरियों पर (d) विकलांगों पर

42. रूसो कौन था?
(a) एक राजा (b) एक दार्शनिक
(c) एक सैनिक (d) एक राजनीतिज्ञ

43. महान् दार्शनिक वाल्टेयर ने किस देश की क्रान्ति को प्रभावित किया था?
(a) अमेरिका (b) इंग्लैण्ड (c) रूस (d) फ्रांस

44. 'स्पिरिट ऑफ लॉज' नामक पुस्तक के लेखक कौन हैं?
(a) रूसो (b) लॉक
(c) मॉण्टेस्क्यू (d) मैकियावेली

45. निम्न में से किसने चर्च की बुराइयों की 'बदनाम वस्तु' से तुलना की?
(a) रूसो (b) मॉण्टेस्क्यू
(c) वॉल्टेयर (d) दाँते

46. फ्रांस की क्रान्ति का तात्कालिक कारण क्या था?
(a) लुई 16वें की निरंकुशता
(b) रिक्त राजकोष
(c) दार्शनिकों की भूमिका
(d) स्टेट्स जनरल का अधिवेशन

47. निम्न में से कौन फ्रांस की प्राचीन संसद का नाम है?
(a) नेशनल असेम्बली (b) स्टेट्स जनरल
(c) नेशनल कन्वेन्शन (d) डायरेक्टरी

48. फ्रांस की क्रान्ति में तीसरे वर्ग का नेतृत्व किसने किया था?
(a) नेपोलियन (b) रूसो
(c) मिराबो (d) स्टालिन

49. निम्नलिखित में से कौन-सी क्रान्ति 'टेनिस कोर्ट की सभा' से सम्बन्धित थी?
(a) रूस की क्रान्ति (b) इंग्लैण्ड की क्रान्ति
(c) फ्रांस की क्रान्ति (d) अमेरिका की क्रान्ति

50. बास्तील की जेल के पतन का वर्ष है
(a) 4 जुलाई, 1789 (b) 14 जुलाई, 1789
(c) 14 सितम्बर, 1789 (d) 5 सितम्बर, 1791

51. तीनों सदनों की संयुक्त बैठक का आयोजन कब किया गया था?
(a) 27 जून, 1789 (b) 5 जून, 1789
(c) 14 जुलाई, 1789 (d) 20 जून, 1791

52. नेशनल असेम्बली ने मानव के जन्मजात मौलिक अधिकारों की घोषणा कब की थी?
(a) 4 अगस्त, 1789 को (b) 27 अगस्त, 1789 को
(c) 2 सितम्बर, 1789 को (d) 10 अक्टूबर, 1789 को

53. 'चुड़ैलों का धावा' किस शहर में हुआ था?
(a) वर्जीनिया (b) वर्साय (c) पेरिस (d) हॉलैण्ड

54. फ्रांस के शासक लुई 16वें को फाँसी पर चढ़ाया गया
(a) 1793 ई. में (b) 1791 ई. में
(c) 1789 ई. में (d) इनमें से कोई नहीं

55. नेपोलियन की वाटरलू में पराजय हुई
(a) 1815 ई. में (b) 1813 ई. में
(c) 1830 ई. में (d) 1789 ई. में

56. नेपोलियन बोनापार्ट की अन्तिम पराजय हुई?
(a) वाटरलू में (b) रूस में (c) ऑस्ट्रिया में (d) प्रशा में

57. रूस में क्रान्ति किस वर्ष हुई थी?
(a) वर्ष 1908 में (b) वर्ष 1912 में
(c) वर्ष 1915 में (d) वर्ष 1917 में

58. निम्नलिखित में से कौन रूसी क्रान्ति का तात्कालिक कारण था?
(a) जार का निरंकुश शासन
(b) जनता की दुर्दशा
(c) प्रथम विश्वयुद्ध में रूस की पराजय
(d) वर्ष 1905 की रूसी क्रान्ति

59. रूसी क्रान्ति के पश्चात् कौन-सी व्यवस्था रूस में आई?
(a) तानाशाही (b) साम्यवादी
(c) पूँजीवादी (d) नाजीवादी

60. खूनी रविवार की घटना कहाँ हुई थी?
(a) मॉस्को में (b) सेण्ट पीटर्सबर्ग में
(c) लेनिनग्राड में (d) ताशकन्द में

61. रूसी क्रान्ति की तिथि है
(a) 7 मार्च, 1917
(b) 17 मार्च, 1917
(c) 6 अक्टूबर, 1917
(d) 6 नवम्बर, 1917

62. **समाजवाद का जनक कौन था?**
(a) रूसो (b) मार्टिन लूथर
(c) स्टालिन (d) कार्ल मार्क्स

63. **मेनशेविक दल का प्रमुख नेता था**
(a) लेनिन (b) करेन्स्की
(c) रूसो (d) कार्ल मार्क्स

64. **किस स्थान से वर्ष 1917 की रूसी क्रान्ति की शुरुआत हुई थी?**
(a) साइबेरिया (b) पेरिस
(c) पेट्रोग्राड (d) ब्लाडीवॉस्टक

65. **निम्नलिखित में से कौन रूस की क्रान्ति से सम्बन्धित था?**
(a) लेनिन (b) अब्राहम लिंकन
(c) रूसो (d) बिस्मार्क

66. **लेनिन द्वारा गठित की गई सेना का नाम क्या था?**
(a) क्रान्ति सेना (b) काली सेना
(c) मुक्ति सेना (d) लाल सेना

67. **किस वर्ष जार साम्राज्य का पतन हो गया?**
(a) मार्च, 1917 (b) मार्च, 1918
(c) फरवरी, 1918 (d) नवम्बर, 1917

उत्तरमाला

1.	*(a)*	2.	*(c)*	3.	*(d)*	4.	*(a)*	5.	*(c)*	6.	*(d)*	7.	*(a)*	8.	*(c)*	9.	*(a)*	10.	*(b)*
11.	*(c)*	12.	*(b)*	13.	*(d)*	14.	*(a)*	15.	*(d)*	16.	*(c)*	17.	*(d)*	18.	*(b)*	19.	*(b)*	20.	*(a)*
21.	*(a)*	22.	*(b)*	23.	*(b)*	24.	*(d)*	25.	*(c)*	26.	*(b)*	27.	*(c)*	28.	*(d)*	29.	*(b)*	30.	*(d)*
31.	*(a)*	32.	*(a)*	33.	*(a)*	34.	*(c)*	35.	*(c)*	36.	*(a)*	37.	*(c)*	38.	*(d)*	39.	*(c)*	40.	*(a)*
41.	*(b)*	42.	*(b)*	43.	*(d)*	44.	*(c)*	45.	*(c)*	46.	*(a)*	47.	*(b)*	48.	*(c)*	49.	*(c)*	50.	*(b)*
51.	*(a)*	52.	*(b)*	53.	*(b)*	54.	*(a)*	55.	*(a)*	56.	*(a)*	57.	*(d)*	58.	*(c)*	59.	*(b)*	60.	*(b)*
61.	*(d)*	62.	*(d)*	63.	*(b)*	64.	*(c)*	65.	*(a)*	66.	*(d)*	67.	*(a)*						

अध्याय 21

विभिन्न कालखण्डों में सामाजिक विकास (वर्ण, जाति, उपजाति, विवाह, संस्कार, पुरुषार्थ, सामाजिक जीवन तथा उनमें बदलाव)

वर्ण

- उत्तर वैदिक समय में वर्ण व्यवस्था का आधार कर्म पर आधारित न होकर जन्म आधारित हो गया था तथा वर्ण व्यवस्था में कठोरता आने लगी थी। स्थायी जीवन-शैली अपनाए जाने के बाद आर्यों का विभाजन चार वर्णों में हो गया–ब्राह्मण, क्षत्रिय (राजन्य), वैश्य एवं शूद्र।
- चारों वर्णों के सम्बोधन भी पृथक् मिलते हैं; जैसे—ब्राह्मण के लिए ऐहि (आइए), क्षत्रिय के लिए आगच्छ (आओ), वैश्य के लिए आद्रव (जल्दी आओ) तथा शूद्र के लिए आधाव (दौड़कर आओ)। यज्ञ का अनुष्ठान अत्यधिक बढ़ जाने के कारण ब्राह्मणों की शक्ति में अपार वृद्धि हुई।
- समाज में अनेक धार्मिक श्रेणियों का उदय हुआ, जो कठोर होकर विभिन्न जातियों में बदलने लगीं। ऐतरेय ब्राह्मण में चारों वर्णों के कर्तव्यों का वर्णन मिलता है। ब्राह्मण, क्षत्रिय तथा वैश्य को द्विज कहा जाता था, जो उपनयन संस्कार के अधिकारी थे। तैत्तरीय ब्राह्मण के अनुसार ब्राह्मण सूत का, क्षत्रिय सन का तथा वैश्य ऊन का यज्ञोपवीत धारण करते थे।
- शूद्रों एवं स्त्रियों को उपनयन का अधिकार नहीं था। इस काल में तीन आश्रमों—ब्रह्मचर्य, गृहस्थ एवं वानप्रस्थ की स्थापना हुई। सर्वप्रथम **जावालोपनिषद्** में चारों आश्रमों (ब्रह्मचर्य, गृहस्थ, वानप्रस्थ एवं संन्यास) का उल्लेख मिलता है। **गोत्र** की अवधारणा पहली बार इसी काल में आई।
- गोत्र का शाब्दिक अर्थ गोष्ठ होता है अर्थात् वह स्थान जहाँ पूरे गोत्र का गोधन रखा जाता था। कालान्तर में एक ही मूल पुरुष से उत्पन्न व्यक्ति एक गोत्र के कहे जाने लगे। प्रारम्भ में गोत्र की अवधारणा ब्राह्मणों के लिए थी।
- कुछ वर्णों में गोत्र से इतर विवाह करने की प्रथा उनके सामाजिक तथा राजनीतिक प्रभाव में वृद्धि करने में सहायक रही। संयुक्त तथा पितृसत्तात्मक परिवार के मुखिया की स्थिति मजबूत हुई। स्त्रियों को शिक्षा का अधिकार प्राप्त था तथा वयस्क विवाह का ही प्रचलन था।
- विधवा विवाह तथा नियोग प्रथा के साथ अन्तर्जातीय विवाह सामान्य रूप से प्रचलन में था। इस काल में लैंगिक आधार पर सामाजिक विभेद अधिक स्पष्ट है। स्त्रियों की स्थिति में गिरावट आई।
- ऐतरेय ब्राह्मण में पुत्री को सभी दु:खों का स्रोत एवं पुत्र को परिवार का रक्षक बताया गया है। सामाजिक जीवन में जटिलता आनी प्रारम्भ हो गई। केवल वैश्य ही कर चुकाते थे, ब्राह्मण और क्षत्रिय वैश्यों से वसूले राजस्व पर ही जीवन-निर्वाह करते थे। वैश्य को अनस्यबलिकृता (बलि कर देने वाला) तथा शूद्र को अनस्यप्रेस्य (अछूत) कहा जाता था।
- संगीत आर्यों के मनोरंजन का प्रमुख साधन था। बड़े-बड़े उत्सवों में वीणा-गाथिन (वीणा बजाने वाले) उपस्थित होते थे। सौ तन्तु के वाद्ययन्त्र को शततन्तु कहा जाता था। चौगान को काष्ठ अथवा आजि कहा जाता था। रथदौड़, घुड़दौड़ मनोरंजन के अन्य लोकप्रिय साधन थे।

जाति

- जाति शब्द अंग्रेजी भाषा के caste शब्द तथा पुर्तगाली शब्द casta से निकला हुआ है, जिसका अर्थ प्रजाति, जन्म अथवा भेद होता है। अत: इसके अनुसार जाति प्रथा, प्रजातीय अथवा जन्मगत भेद के आधार पर एक व्यवस्था है। **सर हर्बर्ट रिजले** के अनुसार, "जाति परिवारों या परिवारों के समूह का एक संकलन है, जिसका एक सामान्य नाम है, जो एक काल्पनिक पूर्वज, मानव या देवता से एक सामान्य वंश-परम्परा या उत्पत्ति का दावा करते हैं, एक ही परम्परागत व्यवसाय को करने पर बल देते हैं और एक सजातीय समुदाय के रूप में उनके द्वारा मान्य होते हैं।"
- **परम्परागत जातिगत विभेद** जाति प्रथा जन्म पर आधारित एक व्यवस्था है, जिसमें व्यक्ति की सदस्यता जन्म से ही निर्धारित हो जाती है तथा यह व्यवस्था एक जाति और दूसरी जाति में ऊँच-नीच का भेदभाव भी उत्पन्न करती है। इसी कारण विभिन्न जातियों में विभिन्न प्रकार के विभेद भी लागू हो जाते हैं; जैसे—समाज का खण्डात्मक विभाजन, व्यवसाय के चुनाव के सम्बन्ध में प्रतिबन्ध या विभेद, विवाह सम्बन्धी जातिगत विभेद, भोजन और सामाजिक सहवास सम्बन्धी विभेद, धार्मिक और सामाजिक निर्योग्यताओं तथा विशेषाधिकार सम्बन्धी जातिगत विभेद आदि।

- **जातीय असमानता** जातीय असमानता के पीछे विभिन्न प्रकार के कारण उत्तरदायी हैं; जैसे—मनुस्मृति में उल्लेखित वर्ग विभेद, धार्मिक एवं परम्परावादी जीवन, अन्तर्विवाह का प्रचलन, जातियों की असमान प्रगति, ग्रामीण अर्थव्यवस्था, जाति स्तरीय पंचायतें एवं जाति आधारित राजनीति इत्यादि।
- **गोत्र** मजूमदार एवं मदान के अनुसार, "एक गोत्र अधिकांश वंश समूहों का योग होता है और वह अपनी उत्पत्ति एक कल्पित पूर्वज से मानते हैं जोकि मानव, पशु, पेड़, पौधा, मानव के समान अथवा निर्जीव वस्तु में से कुछ भी हो सकता है।"
- **जनजाति** डॉ. मजूमदार के अनुसार, "एक जनजाति परिवारों या परिवारों के समूहों का संकलन होती है, जिसका एक सामान्य नाम होता है, जिसके सदस्य एक निश्चित भू-भाग पर रहते हैं, सामान्य भाषा बोलते हैं और विवाह, व्यवसाय या उद्योग के विषय में कुछ निषेधों का पालन करते हैं और एक निश्चित एवं स्वीकृत परस्पर-आदान प्रदान की व्यवस्था का विकास करते हैं।"
- **प्रजाति** डी. एन. मजूमदार के अनुसार, "मनुष्य का एक समूह है, जोकि शारीरिक लक्षणों के आधार पर एक-दूसरे से पृथक् किया जा सके, चाहे इस प्राणिशास्त्रीय समूह के सदस्य दूर-दूर तक क्यों न बिखरे हुए हो, एक प्रजाति का निर्माण करेंगे।"

उपजाति

- जीवों (मानव) के किसी जाति के अन्तर्गत एक से अधिक वर्गीकरण को उपजाति कहते हैं। कोई भी उपजाति स्वयं में नहीं पहचानी जाती। एक उपजाति किसी जाति की दो या उससे अधिक उपजातियों में से एक हो सकती है। समाज में प्राचीन काल से चली आ रही वर्ण व्यवस्था से जाति व्यवस्था एवं जातियों से कई उपजातियाँ निकलकर सामने आई।
- ब्राह्मणों, क्षत्रियों एवं वैश्य इन तीन वर्ण की विभिन्न शाखाओं ने सैकड़ों उपजातियों को जन्म दिया; जैसे— उत्तर भारतीय गौड़ एवं दक्षिण भारतीय द्रविड़ जातियों में विभाजित हुए। पश्चिमोत्तर भारत में क्षत्रिय वर्ग की कच्छवाहा, सिसोदिया सहित कई क्षत्रिय उपजातियाँ हैं। इसी प्रकार परम्परागत व्यवसाय करने के आधार पर जातियों में अलग-अलग कई उपजातियाँ हैं; जैसे— अहीर, ब्रजवासी गवली आदि जातियों में से अहीर जाति को 'यादव' उपजाति के रूप में शामिल किया गया। इसी प्रकार वैष्णव को वैरागी, विश्वकर्मा को बढ़ई, गुर्जर को राजपूत एवं जनजातियों की अलग-अलग शाखाओं को उपजाति में रखा गया।

विवाह

- यह प्राचीन हिन्दू समाज का सर्वाधिक महत्त्वपूर्ण संस्कार है। गृहस्थाश्रम का प्रारम्भ भी इसी संस्कार से होता है। हिन्दू समाज में इसे एक पवित्र धार्मिक संस्था के रूप में मान्यता दी गई है जिसका उद्देश्य पति और पत्नी के सहयोग से विभिन्न पुरुषार्थों को पूरा करना था।
- इस संस्कार के माध्यम से व्यक्ति अपना तथा साथ-ही-साथ समाज का भी पूर्ण एवं सम्यक् विकास करता है।
- इस प्रकार विवाह को एक अनिवार्य संस्कार बताया गया जिसे सम्पन्न करना प्रत्येक व्यक्ति के लिए धार्मिक और सामाजिक बाध्यता थी। विवाह करना सभी वर्गों के लिए आवश्यक माना गया।
- प्रत्येक समाज में विवाह से सम्बन्धित कुछ नियम पाए जाते हैं। इन नियमों को चार भागों में बाँटा गया है—अन्तर्विवाह, बहिर्विवाह, अनुलोम एवं प्रतिलोम विवाह।

प्राचीन काल में प्रचलित आठ प्रकार के विवाह निम्नलिखित थे

- **प्रजापत्य विवाह** वर-वधू धर्म का आचरण करते हुए विवाह करते हैं। इस विवाह के अन्तर्गत कन्या का पिता वर को कन्या प्रदान करते हुए सामाजिक एवं धार्मिक कर्त्तव्यों का निर्वहन करता है।
- **आर्ष विवाह** कन्या का पिता वर को कन्या प्रदान करने के बदले में एक जोड़ी गाय और बैल प्राप्त करता है।
- **दैव विवाह** जो पुरोहित यज्ञ का अनुष्ठान विधिपूर्वक करा लेता था, उसी के साथ कन्या का विवाह कर दिया जाता था।
- **ब्रह्म विवाह** इस विवाह को सर्वोत्तम माना गया है। इसमें लड़की का पिता वेदज्ञ एवं शीलवान वर ढूँढता है। भारत में आधुनिक विवाह अधिकांशत: इसी प्रकार होता है।
- **गन्धर्व विवाह** यह प्रणय विवाह था। इसमें वर एवं कन्या एक-दूसरे से अनुरक्त होकर अपना विवाह कर लेते थे।
- **असुर विवाह** इसमें कन्या का पिता अथवा उसके सम्बन्धी धन लेकर कन्या का विवाह करते थे। यह एक प्रकार से कन्या की बिक्री थी।
- **राक्षस विवाह** बलपूर्वक कन्या का अपहरण करके उसके साथ विवाह करना। महाभारत में इसे **क्षत्र धर्म** कहा गया है।
- **पैशाच विवाह** यह विवाह का निकृष्टतम प्रकार है, जिसकी सभी शास्त्रकारों ने निन्दा की है। इसमें वर छल, छद्म के द्वारा कन्या के शरीर पर अधिकार कर लेता था।

संस्कार

जन्म के पूर्व से लेकर मृत्यु तक, व्यक्ति के योग्य नागरिक के रूप में विकास के विभिन्न चरणों को वैदिक साहित्यों में संस्कार कहा गया है, जो निम्नलिखित 16 प्रकार के होते हैं

1. **गर्भाधान संस्कार** सन्तान उत्पन्न करने हेतु पुरुष एवं स्त्री द्वारा की जाने वाली क्रिया।
2. **पुंसवन संस्कार** पुत्र प्राप्ति के लिए मन्त्रोच्चारण।
3. **सीमन्तोन्नयन संस्कार** गर्भवती स्त्री के गर्भ की रक्षा हेतु किया जाने वाला संस्कार।
4. **जातकर्म संस्कार** बच्चे के जन्म के पश्चात् पिता अपने शिशु को घृत या मधु चटाता था। बच्चे की दीर्घायु के लिए प्रार्थना की जाती थी।
5. **नामकरण संस्कार** शिशु का नाम रखा जाता है।
6. **निष्क्रमण संस्कार** बच्चे के घर से पहली बार निकलने के अवसर पर किया जाता था।
7. **अन्नप्राशन संस्कार** इसमें शिशु को छठे मास में अन्न खिलाया जाता है।
8. **चूड़ाकर्म संस्कार** शिशु का तीसरे से आठवें वर्ष के बीच कभी भी मुण्डन कराया जाता है।
9. **विद्यारम्भ संस्कार** पाँचवें वर्ष में बच्चों को अक्षर ज्ञान कराया जाता था।
10. **कर्णवेध संस्कार** रोगों से बचने हेतु तथा आभूषण धारण करने के उद्देश्य से किया जाता है।

11. **उपनयन संस्कार** इस संस्कार के पश्चात् बालक द्विज हो जाता था। इस संस्कार के बाद बच्चे को संन्यासी जीवन व्यतीत करना पड़ता था। बच्चा इसके बाद शिक्षा ग्रहण करने योग्य हो जाता था।
12. **वेदारम्भ संस्कार** वेद अध्ययन करने के लिए किया जाने वाला संस्कार।
13. **केशान्त संस्कार** 16 वर्ष का हो जाने पर प्रथम बार केशान्त (बाल काटना) किया जाता था।
14. **समापवर्तन संस्कार** विद्याध्ययन समाप्त कर घर लौटने पर किया जाता था। यह ब्रह्मचर्य आश्रम की समाप्ति का सूचक था।
15. **विवाह संस्कार** वर-वधू के परिणय-सूत्र में बन्धन के समय किया जाने वाला संस्कार है।
16. **अन्त्येष्टि संस्कार** निधन के बाद होने वाला संस्कार।

पुरुषार्थ

- ये मनुष्य तथा समाज के बीच सम्बन्धों की व्याख्या करते हैं। पुरुषार्थ का उद्देश्य मनुष्य के भौतिक तथा आध्यात्मिक सुखों के मध्य सामंजस्य करना था। चार पुरुषार्थ हैं—धर्म, अर्थ, काम एवं मोक्ष।
- **धर्म** धर्म वह तत्त्व है, जो मनुष्य तथा समाज के अस्तित्व को कायम रखता है। यह सामाजिक व्यवस्था का नियामक है।
- **अर्थ** इसका अर्थ उन समस्त आवश्यकताओं एवं साधनों से है, जिनके माध्यम से मनुष्य भौतिक सुखों तथा ऐश्वर्य को प्राप्त करता है।
- **काम** इसका सहज अर्थ है—मनुष्य की सहज इच्छा तथा प्रवृत्तियाँ। इस पर धर्म का अंकुश लगाया गया है।
- **मोक्ष** इसे जीवन के चरम लक्ष्य के रूप में स्वीकार किया गया है। इसका अर्थ है—पुनर्जन्म अथवा जीवन-मरण के चक्र से मुक्ति।

सामाजिक जीवन तथा उनमें बदलाव

- प्राचीन काल से लेकर वर्तमान समय तक भारतीय सामाजिक जीवन में लगातार परिवर्तन होते आ रहे हैं। इन सामाजिक संस्थाओं में कुटुम्ब या परिवार का विशिष्ट स्थान रहा है, जो जीवन की मूलभूत इकाई है। पूर्व वैदिक काल में संयुक्त परिवार प्रथा थी और परिवार पितृसत्तात्मक था। यह प्रथा आज भी विद्यमान है किन्तु अब संयुक्त परिवार का स्थान एकाकी परिवारों ने ले लिया है। वर्णव्यवस्था अब प्रचलित है और विवाह एक धार्मिक संस्कार है।
- किन्तु सामाजिक एवं वातावरणीय परिस्थितियों के अनुसार हमारी सामाजिक संस्थाओं और प्रथाओं में न्यूनाधिक परिवर्तन ही हो रहा है। प्राचीन सामाजिक जीवन में जहाँ संयुक्त परिवार बहुत बड़े होते थे और शुद्ध रूप से कृषि जीवी समाज था वहीं अब बड़े-बड़े उद्योग-धन्धे एवं नगरीकरण के दौर में व्यवसाय में नौकरी का महत्त्व भी काफी बढ़ चुका है।
- विवाह जो कि एक धार्मिक संस्कार था अब इसमें भी कई परिवर्तन दिखाई देने लगे हैं। प्राचीन समय में समाज में आठ प्रकार के विवाह बताए गए और उन्हें संस्कार के रूप में मानकर ठीक उसी प्रकार व्यवहार में लाने की प्रक्रिया निभाई जाती रही। किन्तु मध्यकाल में कुछ राजपूत राजाओं ने अपने राजनीतिक स्तर को बनाए रखने के इस संस्कार से परे भी विवाह सम्बन्ध स्थापित किए।
- शिक्षा का अधिकार प्राचीन समय में केवल ब्राह्मणों एवं क्षत्रिय वर्ण को ही था। धीरे-धीरे इसमें वैश्यों को भी शामिल किया गया। स्त्रियों को भी शिक्षा का अधिकार दिया गया किन्तु इनकी संख्या बहुत ही कम थी।

अभ्यास प्रश्न

1. वर्णव्यवस्था कर्म आधारित न होकर जन्म आधारित कब हुई?
(a) उत्तर वैदिक काल में (b) मौर्य काल
(c) पूर्व वैदिक काल में (d) गुप्त काल में

2. निम्न में से किसे उपनयन का अधिकार नहीं था?
(a) ब्राह्मण-शूद्र (b) ब्राह्मण-क्षत्रिय
(c) स्त्री-शूद्र (d) केवल क्षत्रिय

3. गोत्र की अवधारणा किस काल में हुई?
(a) गुप्तकाल (b) मौर्यकाल
(c) शुंगकाल (d) उत्तर वैदिक काल

4. पुत्री को सभी दु:खों का स्रोत किस ग्रन्थ में माना गया था?
(a) वेदों में (b) ऐतरेय ब्राह्मण में
(c) स्मृति ग्रन्थों में (d) स्रोत साहित्य

5. डॉ. घुरिए ने जाति की कितनी विशेषताओं का उल्लेख किया है?
(a) चार (b) सात (c) छः (d) तीन

6. जीवों की किसी जाति के अन्तर्गत एक से अधिक वर्गीकरण क्या कहलाता है?
(a) उपजाति (b) बन्द वर्ण
(c) जाति व्यवस्था (d) गोत्र

7. वैष्णव को किस उपजाति वर्ण में रखा गया है?
(a) ब्राह्मण (b) वैरागी
(c) जनजाति (d) थारु

8. महाभारत में किस विवाह को 'क्षत्र धर्म' कहा गया है?
(a) दैव (b) प्रजापत्य
(c) राक्षस (d) गन्धर्व

9. पुंसवन संस्कार कब किया जाता है?
(a) मृत्यु के समय
(b) जन्म के समय
(c) पुत्र प्राप्ति के लिए
(d) विवाह के समय

10. विवाह कितने प्रकार का होता है?
(a) चार (b) छः
(c) पाँच (d) आठ

11. किस विवाह को सर्वोत्तम माना गया है?
(a) ब्रह्म (b) दैव
(c) आर्ष (d) असुर

12. जन्म से मृत्युपर्यन्त होने वाले संस्कार कौन-से हैं?
(a) जातकर्म (b) चूड़ाकर्म
(c) निष्क्रमण (d) ये सभी

13. मनुष्य के भौतिक तथा आध्यात्मिक सुखों के मध्य सामंजस्य करना किसका उद्देश्य था?
(a) विवाह (b) शिक्षा
(c) पुरुषार्थ (d) वेद

14. किस पुरुषार्थ का लक्ष्य जीवन-मरण के चक्र से मुक्ति है?
(a) धर्म (b) काम
(c) मोक्ष (d) अर्थ

15. आर्यों को कितने वर्णों में विभाजित किया गया?
(a) चार (b) पाँच
(c) सात (d) दस

उत्तरमाला

1	(a)	2	(c)	3	(d)	4	(b)	5	(c)	6	(a)	7	(b)	8	(c)	9	(c)	10	(d)
11	(c)	12	(d)	13	(c)	14	(c)	15.	(a)										

अध्याय 22

कला का विकास एवं अध्ययन

(स्थापत्य कला, मूर्तिकला, चित्रकला, लेखन एवं धातु कला)

प्राचीन स्थापत्य एवं वास्तुकला

प्राचीन भारतीय इतिहास में सैन्धवकाल, मौर्य, शुंग, कुषाण, सातवाहन, गुप्त वर्धन, राष्ट्रकूट, पल्लव चोल तथा चालुक्य आदि शासकों का युग भारतीय स्थापत्य एवं वास्तुकला के लिए प्रख्यात है।

हड़प्पाकालीन स्थापत्य

हड़प्पाई स्थापत्य कला की कुछ मुख्य विशेषताएँ निम्नवत् हैं

नगर योजना

- इस काल की नगर योजना में नगर दो भागों में बँटा था, पश्चिमी हिस्से में दुर्गटीला तथा पूर्वी हिस्से में नगर टीला मिलता है। मोहनजोदड़ो का विशाल स्नानागार एवं अन्नागार एक आश्चर्यजनक निर्माण है।
- हड़प्पा सभ्यता के अधिकांश घरों में अपने कुएँ तथा स्वयं के स्नानघर हैं।

मूर्तिकला

- मोहनजोदड़ो के उत्खनन से जो मूर्तियाँ प्राप्त हुई हैं, वे सब **भावपूर्ण** हैं।
- मोहनजोदड़ो से प्राप्त नृत्यरत् **नर्तकी की काँस्य प्रतिमा** सैन्धव कला का बेजोड़ नमूना है।
- धातुओं के अतिरिक्त हड़प्पा से अनेक पाषाण तथा मृण्मूर्तियाँ भी मिली हैं। पाषाण मूर्तियों में मोहनजोदड़ो से प्राप्त **योगी या पुरोहित** की मूर्ति उल्लेखनीय है।

मुहरें

- सैन्धव सभ्यता से अनेकों मुहर (सील) बेलनाकार, वर्गाकार, आयताकार, वृत्ताकार रूप में मिली है। सैन्धवकाल के पश्चात् वैदिक काल में किसी भी प्रकार के भौतिक साक्ष्य प्राप्त नहीं हुए हैं। तत्पश्चात् मौर्य स्थापत्य का स्थान आता है।

मौर्यकालीन स्थापत्य

- मौर्यकाल में हमें कला के दो रूप—एक **राजतन्त्र** द्वारा निर्मित कला, जो मौर्य प्रसाद और अशोक स्तम्भ में पाइ जाती हैं और दूसरी **लोक कला**, जो दीदारगंज की चामर यक्षणी, बेसनगर को यक्षणी और परखम (मथुरा) की यक्ष की मूर्ति में दृष्टिगोचर होती है। चन्द्रगुप्त मौर्य का राजप्रसाद **राजकीय कला** का पहला उदाहरण है।

स्तम्भ

- स्तम्भों का निर्माण सर्वप्रथम मौर्यकाल में प्रारम्भ हुआ। मौर्यकला का उत्कृष्ट नमूना अशोक द्वारा निर्मित एकाश्म स्तम्भ में (एक ही प्रस्तर खण्ड से निर्मित) है, ये चुनार के बलुआ पत्थर से बने हैं तथा 40 से 50 फीट तक ऊँचे हैं।

पशु मूर्तियाँ

- मौर्यकाल में पशुओं की मूर्तियों को न केवल स्तम्भों में, बल्कि स्वतन्त्र रूप से भी उत्कीर्ण किया गया है। इनमें ओडिशा का धौली हस्ति प्रसिद्ध है।

स्तूप

- स्तूप किसी महान् व्यक्ति की स्मृति को यथावत् रखने के लिए उसी अथवा किसी अन्य स्थान पर उसके पवित्र अवशेषों को ढँककर बनाया जाता था।
- स्तूप को ईंटों और पत्थरों से ढँककर अलंकृत किया जाता था तथा उस पर चूने का सुधाकर्म अर्थात् पलस्तर चढ़ाया जाता था। भारत के कुछ प्रमुख स्तूपों का वर्णन निम्नवत् है

साँची का स्तूप

- साँची का स्तूप मध्य प्रदेश में स्थित है। यह महान् सम्राट अशोक द्वारा निर्मित कराया गया था। स्तूप के शिखर पर एक **हर्मिका** है, जिसके ऊपर एक **छत्रदण्ड** स्थापित है। वेदिकाओं के प्रवेश द्वार पर **विशाल तोरण** बने हैं
- तोरण पर भगवान बुद्ध का जीवन-चरित्र तथा उनकी पूर्व जन्मों की गाथाएँ अंकित हैं। स्तूप में गज, सिंह, धर्मचक्र, त्रिरत्न आदि अंकित हैं। इसकी ऊँचाई 54 फीट और व्यास 120 फीट है।

नागार्जुनीकोण्डा स्तूप

- यह स्तूप **अमरावती स्तूप** के समान बना हुआ था। इसकी ऊँचाई 70 से 80 फीट तथा व्यास 106 फीट था। इसका निर्माण मिट्टी, गारे तथा ईंटों के रोड़ों द्वारा हुआ है।

नालन्दा स्तूप

- नालन्दा का स्तूप जो क्रम से सात बार बढ़ाया गया था, अपने वर्तमान मग्न रूप में ईंटों के पिरामिड के समान लगता है, जिसके चबूतरों तक सीढ़ियाँ बनी हुई हैं।
- प्रारम्भ में वह ऊँचे आधार पर निर्मित एक ऊँचा स्तूप था, जिसके प्रत्येक सिरे पर एक छोटा स्तूप था।

भरहुत स्तूप

- 1873 ई. में **कनिंघम महोदय** ने इस स्तूप का पता लगाया था। 68 फीट व्यास वाले इस स्तूप का निर्माण **सम्राट अशोक** ने कराया था, शुंगकाल में इस स्तूप में अधिक विकास किया गया। इसका आकार तो पूर्ववत् ही रखा गया, परन्तु उसके चारों ओर सात फुट ऊँची चाहरदीवारी और बनाई गई। इसमें चार तोरण द्वार भी बनाए गए हैं।

प्राचीनकाल के प्रमुख स्तम्भ

मौर्योत्तर काल, गुप्त काल एवं उसके पश्चात् भी स्तम्भों का निर्माण निरन्तर रहा। कुछ प्रमुख स्तम्भ निम्नलिखित हैं

सारनाथ स्तम्भ यह स्तम्भ उत्तर प्रदेश के सारनाथ में स्थित है। इस स्तम्भ पर चार सिंह पीठ-से-पीठ मिलाकर बैठे हुए हैं। सारनाथ स्तम्भ के शीर्ष को भारत के राजचिह्न के रूप में अपनाया गया है।

लुम्बिनी स्तम्भ यह स्तम्भ महात्मा बुद्ध की जन्म-स्थली लुम्बिनी में स्थापित है। स्तम्भ पर अश्व की सुन्दर आकृति बनी हुई है।

बेसनगर स्तम्भ यह स्तम्भ ग्रीक राजा के राजदूत **हेलियोडोरस** ने स्थापित कराया था। यह स्तम्भ उसके वैष्णव धर्म धारण करने का प्रतीक है।

मथुरा स्तम्भ मथुरा के निकट से कुषाणकालीन दो स्तम्भ मिले हैं, जो प्रस्तर निर्मित हैं। इसमें एक स्तम्भ ईसापुर गाँव में मिला है, जो कनिष्क के पुत्र वशिष्ठ द्वारा 102 ई. में स्थापित किया गया था। इस पर संस्कृत में लिखा एक लेख अंकित है। दूसरा स्तम्भ मथुरा के सामवेदी ब्राह्मणों की कीर्ति में स्थापित किया गया था।

लौरिया नन्दनगढ़ यह स्तम्भ 32 फीट, 9.5 इंच ऊँचा स्तूप है, जो बिहार के चम्पारण जिले के लौरिया नन्दनगढ़ में स्थापित है।

गुफाएँ

- प्राचीनकाल में दो प्रकार की गुफाओं का निर्माण प्रचलन में था–**चैत्य गुफा** एवं **विहार गुफा**। चैत्य गुफाएँ भजन पूजन के लिए और विहार गुफाएँ सुदूर उपासकों के रहने के लिए निर्मित की जाती थीं। कला की दृष्टि से विभिन्न गुफाओं का वर्णन निम्नलिखित है

बाराबर तथा नागार्जुनी गुफाएँ

- इनका निर्माण मौर्य सम्राट अशोक एवं उनके पौत्र दशरथ के काल में **बाराबर** के काल में **बाराबर** एवं नागर्जुनी की पहाड़ियों को काटकर किया गया था। आजीवकों के निवास हेतु बनाई गई इन गुफाओं की छतों में चमकीली पॉलिस है।
- अशोक कालीन बाराबर गुफाओं में सुदामा गुफा तथा कर्ण चौपड़ की गुफाएँ प्रसिद्ध हैं, जबकि दशरथ के काल की **लोमश ऋषि** की गुफा प्रसिद्ध है। नागार्जुनी पर्वत पर गोपिका **गुफा महत्त्वपूर्ण** है।

अजन्ता की गुफाएँ

- अजन्ता की गुफाएँ महाराष्ट्र राज्य के औरंगाबाद से 63 मील की दूरी पर स्थित है। यहाँ पर बड़े-बड़े पर्वतों को काटकर एक मील के अर्द्ध वर्गाकार क्षेत्र में 29 गुफाएँ बनाई गई हैं।
- प्रारम्भ की गुफाएँ ई. पू. दूसरी शताब्दी की हैं, जबकि बाद में निर्मित 7वीं शताब्दी तक की हैं। **अजन्ता** में चैत्य गुफा तथा विहार गुफा दोनों ही प्रकार की गुफाएँ निर्मित हैं। इसकी गुफा संख्या 26 में बुद्ध के **महापरिनिर्वाण** की मूर्ति उत्कीर्ण है।

एलीफैण्टा की गुफाएँ

- एलीफैण्टा की गुफाएँ मुम्बई के निकट स्थित हैं। इन गुफाओं के प्रवेश द्वार पर चट्टानों को तराशकर अनेक हाथियों की विशाल मूर्तियाँ निर्मित की गई हैं। इसी कारण ये गुफाएँ एलीफैण्टा की गुफाएँ (हाथी गुफाएँ) कहलाती हैं।

नासिक की गुफाएँ

- ये गुफाएँ नासिक में आगरा-मुम्बई मार्ग पर स्थित हैं। इनमें चैत्य तथा विहार दोनों प्रकार की गुफाएँ हैं। इन गुफाओं का निर्माण आन्ध्र वंश के राजाओं द्वारा चट्टानें कटवाकर कराया गया था।
- नासिक नगर के **त्रिरश्मि** नामक पहाड़ी पर 23 गुफाएँ बनी हैं, जो **पाण्डुलेश** गुफाओं के नाम से विख्यात हैं।

एलोरा की गुफाएँ

- महाराष्ट्र के औरंगाबाद जिले से 30 किमी दूर एलोरा की गुफाएँ हैं। ये गुफाएँ विहार तथा चैत्य दोनों प्रकार की हैं।
- एलोरा की 12 गुफाएँ भगवान बुद्ध से सम्बन्धित हैं तथा शेष गुफाएँ ब्राह्मण तथा जैन धर्म से सम्बन्धित हैं।

कार्ले की गुफाएँ

- भोरघाट पहाड़ियों में ही **कार्ले** की प्रसिद्ध गुफाएँ हैं। यहाँ एक सुन्दर चैत्यगृह तथा अनेक विहार हैं।
- कार्ले के चैत्य के मुख्य मण्डप पर उत्कीर्ण एक लेख के अनुसार, यह चैत्य सारे जम्बूद्वीप में सर्वश्रेष्ठ था।

बाघ गुफाएँ

- बाघ की गुफाएँ (गुप्तकालीन) विन्ध्य शृंखला में स्थित हैं। यहाँ 9 गुफाएँ थीं, जिनमें तीन की छत गिर चुकी है। इन गुफाओं का सम्बन्ध महायान सम्प्रदाय से है और सभी विहार हैं। गुफा संख्या-2 पाँच-पाण्डवों की गुफा के नाम से विख्यात है।

चैत्य

- चैत्यों का सम्बन्ध महान् व्यक्तियों के स्मारकों से है। आरम्भ में चैत्य शब्द समाधियों का सूचक था, किन्तु कालान्तर में इसका प्रयोग पूजा गृहों के रूप में होने लगा, वे पूजागृह जहाँ महायानी बौद्धों के प्रतीक अस्थि अवशेष आदि संरक्षित रहते थे, चैत्य के नाम से जाने गए, जो निम्नलिखित हैं

कोण्डाने चैत्य

- कार्ले से दस मील की दूरी पर कोण्डाने में एक चैत्य बना हुआ है। इस चैत्य की निर्माण शैली अन्य चैत्यों के ही समान है।
- इस चैत्य का निर्माण भी चट्टान को खोखला करके किया गया था, कला की दृष्टि से शिल्पियों की यह कृति भी अद्भुत है।

पीतल खोरा चैत्य

- यह चैत्य महाराष्ट्र के औरंगाबाद के निकट पीतल खोरा में स्थित है। यह चैत्य 50 फीट लम्बा 40 फीट चौड़ा तथा 31 फीट ऊँचा है। इस चैत्य को **कलात्मक अलंकरणों** से सुसज्जित किया गया है।

कार्ले चैत्य

- पश्चिमी भारत के चैत्यगृहों में सर्वश्रेष्ठ विशाल और भव्यतम रचना कार्ले में स्थित है कला की दृष्टि से अन्य चैत्यों की तुलना में यह सर्वाधिक सुन्दर एवं श्रेष्ठ है। इसके मण्डप में 37 स्तम्भों की पंक्ति है।
- इनमें सात खम्भे स्तूप के पिछले हिस्से में हैं स्तम्भ का मध्य भाग अष्टकोणीय है। चैत्य का निर्माण सम्भवत: सम्राट अशोक के काल में हुआ था।

तेर चैत्य

- आन्ध्र प्रदेश में स्थित यह चैत्य ईंट तथा पलस्तर में निर्मित है। इसका पूर्व की ओर बना हुआ प्रवेश-द्वार झोंपड़ी जैसा है और प्रकाश की व्यवस्था हेतु उसके ऊपर एक खिड़की बनी हुई है। वस्तुत: यह चैत्य एक **प्रार्थना-गृह** है।

विहार

- विहार वह स्थान था जहाँ **बौद्ध संघ** निवास करता था। प्राचीनकाल में अजन्ता, कार्ले, भाजा, पश्चिमी घाट पूना के निकट आदि स्थानों पर अनेकानेक विहारों का निर्माण हुआ, ये विहार चट्टानों को खोदकर या पर्वत की कन्दराओं को खोदकर बनाए जाते थे।
- विभिन्न विहारों का वर्णन निम्नवत् है

नहपान विहार

- नहपान विहार का मण्डप वर्गाकार है, जिसकी लम्बाई व चौड़ाई 40 फुट है मण्डप के चारों ओर 16 कोठरियों का निर्माण किया गया है।
- इस विहार का **चतुर्भुजाकार आँगन** इसकी मुख्य विशेषता है।

मौर्योत्तरकालीन स्थापत्य

- मौर्योत्तरकाल में अनेक विदेशी शक्तियाँ भारत में आईं तथा उनका भारतीयकरण हुआ तथा सांस्कृतिक सम्मिश्रण के फलस्वरूप स्थापत्य में कई नवीन तत्त्व जुड़े।
- इसी काल में बौद्ध, जैन तथा हिन्दू धर्म से सम्बन्धित मूर्तियों का निर्माण प्रारम्भ हुआ। यूनानियों के प्रभाव से मूर्तिकाल की एक नवीन **गान्धार शैली** का जन्म हुआ।

गान्धार कला

- यह पश्चिमोत्तर भारत में ईसा पूर्व प्रथम शताब्दी (50 ई. पू. 500 ई.) के मध्य कुषाण काल में विकसित हुई। यह भारतीय कला एवं यूनानी कला के मेल से बनी है।
- गान्धार कला आध्यात्मिकता की बजाय **लौकिकता** पर अधिक बल देती है। गान्धार कला की शैली यूनानी तथा विषय-वस्तु (आत्मा) भारतीय थी, जिसके मुख्य विषय भगवान बुद्ध तथा बोधिसत्व हैं।
- यह यथार्थवादी शैली है, जिसमें बुद्ध को यूनानी देवताओं के समान दर्शाया गया है।

मथुरा कला

- कुषाण काल में उत्तर प्रदेश स्थित मथुरा कला का प्रसिद्ध केन्द्र था, वहाँ के मूर्तिकारों ने बुद्ध की सिंहासनासीन तथा खड़ी हुई व जैन मूर्तियों का निर्माण मुख्यत: पद्मासन मुद्रा में किया।
- इसके अतिरिक्त अनेक देवता; जैसे—विष्णु सूर्य, कुबेर, नाग, यक्ष तथा कुछ तत्कालीन राजाओं; जैसे—कनिष्क, विम कडफिसियस की मूर्तियों तथा स्त्री मूर्तियों का निर्माण किया गया।

सारनाथ एवं कौशाम्बी कला

- गान्धार एवं मथुरा के साथ-साथ सारनाथ एवं कौशाम्बी कला शैली भी विकसित हुई।
- इसमें मूर्तियों का निर्माण चुनार के बलुआ पत्थर से किया गया है।

गुप्तकालीन स्थापत्य

- गुप्त काल में कला के क्षेत्र में हुई अभूतपूर्व उन्नति के कारण इसे **स्वर्ण युग** की संज्ञा दी गई। प्रारम्भिक गुप्तकालीन मन्दिरों की स्थापना ऊँचे चबूतरों पर की गई है, मन्दिरों में प्रवेश के लिए सीढ़ियों की व्यवस्था की गई है। इसमें स्थित गर्भगृह में देव प्रतिमा प्रतिष्ठित की गई है तथा एक प्रवेश द्वार भी निर्मित है।
- उत्तर गुप्तकालीन मन्दिरों में ईंटों का प्रयोग प्रारम्भ हुआ। शिखर इस काल की अद्वितीय विशिष्टता है; जैसे—देवगढ़ (झाँसी) की **दशावतार मन्दिर** तथा भीतरगाँव में ईंटों का बना प्राचीन मन्दिर है। दो बौद्ध स्तूपों-सारनाथ का **धमेख स्तूप** तथा राजगृह में स्थित जरासन्ध की बैठक का निर्माण गुप्त सम्राटों के कालों में ही हुआ।
- गुप्तकालीन मूर्तियों में उदयगिरि की वाराह मूर्ति विख्यात है, जिसमें वाराह रूपी विष्णु को पृथ्वी को समुद्र से उभारते हुए दर्शाया गया है।

मन्दिर

- मन्दिर स्थापत्य के प्रारम्भिक प्रयास 250 ईसा पूर्व से 300 ई. पू. की अवधि के दौरान किए गए। उल्लेखनीय है कि मन्दिर स्थापत्य की वास्तविक नींव गुप्तकाल में रखी गई।
- भक्ति आन्दोलन के प्रभाव के लिए बड़ी संख्या में मन्दिर बनाए गए। इस काल के मन्दिर मुख्य रूप से पंचायतन शैली में बने हैं।

मन्दिरों की शैलियाँ

मन्दिर निर्माण की तीन शैलियाँ इस प्रकार हैं

नागर शैली

- इस शैली के मन्दिर की विशेषता है, चौकोर गर्भगृह के ऊपर चोटी की ओर तिरछी होती हुई रेखाओं सहित मीनारनुमा शिखर, जिसके शीर्ष पर आमलक रखा रहता है और उसके ऊपर शूल सहित कलश है।
- नागर शैली की प्रसिद्ध मन्दिर और शैलियाँ —सूर्य मन्दिर (कोणार्क), जगन्नाथ मन्दिर (पुरी), कन्दारिया महादेव मन्दिर (खुजराहो), सूर्यमन्दिर (माढेरा), दिलवाड़ा जैन मन्दिर (माउण्ट आबू) आदि।

द्रविड़ शैली

- इस शैली के मन्दिरों के बनावट की विशेषता है—वर्गाकार गर्भगृह पर पिरामिंडनुमा ऊपर की ओर आकार में छोटी हुई मन्जिलों का बना शिखर, जिसका शीर्ष आठ या छः कोणों के गुम्बद के आकार का होता है।
- पल्लव, चालुक्य, चोल एवं पाण्ड्य शासकों के शासनकाल में मुख्यतः इस शैली में मन्दिरों का निर्माण हुआ। मामल्लपुरम (महाबलीपुरम्) और काँची के मन्दिर, वातापी तथा एहोल के मन्दिर, तन्जौर का राजराजेश्वर मन्दिर तथा वृहदेश्वर मन्दिर इस शैली के मन्दिर के प्रमुख उदाहरण हैं।

बेसर शैली

- इस शैली के मन्दिर आयताकार आधार पर निर्मित नहीं होते थे अपितु बहुभुजी आधार पर निर्मित होते थे, जो भवन के समान आकृति वाले एक ऊँचे ठोस चबूतरे पर स्थित होते थे।
- होयसल, राष्ट्रकूट काल के एहोल मन्दिर कैलाश मन्दिर (एलोरा), जगन्नाथ मन्दिर (देवगढ़ झाँसी) आदि।

गुप्तोत्तरकालीन स्थापत्य

- इस काल में दक्षिण भारत के **चालुक्य** और **पल्लव** वंश प्रमुख रहे। चालुक्य शासन में कला और स्थापत्य के क्षेत्र में भी प्रगति हुई। चालुक्यों द्वारा पर्वत गुफाओं को काटकर मन्दिर बनवाए गए।
- चालुक्य मन्दिरों के नमूने बादामी, ऐहोल तथा पट्टडकल से प्राप्त होते हैं। अजन्ता एवं एलोरा की कुछ गुफाएँ भी इस काल की हैं। एहोल में विष्णु के वराह अवतार (जिसमें उन्हें देवी पृथ्वी को बचाते हुए दिखाया गया है) इसी काल में बनाया गया।

चोलकालीन स्थापत्य

- चोल स्थापत्य का चरमोत्कर्ष दो मन्दिरों तन्जौर एवं गंगई कोण्ड चोलपुरम के निर्माण में परिलक्षित होता है।
- तन्जौर के भव्य शिव मन्दिर (वृहदीश्वर मन्दिर) का निर्माण राजराजा प्रथम के युग में हुआ था। चोलकालीन मूर्तिकला में **नटराज शिव** की कास्य मूर्ति विश्व विख्यात है।

पल्लवकालीन स्थापत्य

- पल्लव स्थापत्य कला ही दक्षिण की द्रविड़ कला शैली का आधार बनी, उसी से दक्षिण भारतीय स्थापत्य के तीन प्रमुख अंगों मण्डप, रथ तथा विशाल मन्दिरों का जन्म हुआ। पल्लव वास्तुकला के विकास की शैलियों को पर्सी ब्राउन ने चार शैलियों में वर्गीकृत किया है

1. **महेन्द्र वर्मन शैली (610-640 ई.)** इसके अन्तर्गत कठोर पाषाण को काटकर गुहा मन्दिरों का निर्माण हुआ, जिन्हें **मण्डप** कहा जाता है। मण्डपों में मण्डगपट्टुक त्रिमूर्ति मण्डप प्रसिद्ध हैं। इन मण्डपों में गंगवतरण, अर्जुन की तपस्या आदि चित्र उत्कीर्ण हैं।
2. **मामल्ल शैली (640-674 ई.)** इस शैली का विकास महेन्द्र वर्मन के उत्तराधिकारी नरसिंह वर्मन प्रथम **महामल्ल** के काल में हुआ। मामल्ल शैली के प्रथम प्रकार के स्मारक मण्डप हैं तथा इस शैली की दूसरी रचना **रथ** है। मामल्ल शैली के रथ, सप्त पैगोड़ा के नाम से प्रख्यात हैं। इनकी संख्या 8 है।
3. **राजसिंह शैली (674-800 ई.)** पल्लव नरेश नरसिंह वर्मन द्वितीय राजसिंह द्वारा इस शैली का प्रारम्भ किया गया। अतः इसे राजसिंह शैली कहा गया। इसके अन्तर्गत गुहा मन्दिरों के स्थान पर पाषाण, ईंट आदि की सहायता से इमारती मन्दिर का निर्माण कराया गया। **शोर मन्दिर** इस शैली का प्रथम उदाहरण है।
4. **नन्दिवर्मन शैली (800-900 ई.)** अन्तिम चरण में वे मन्दिर आते हैं, जो नन्दिवर्मन और उसके उत्तराधिकारियों के राज्य काल में बने। ये मन्दिर आकार में छोटे और अलंकारिक दृष्टिकोण से गहन हैं। इन्हें नन्दिवर्मन शैली के मन्दिर कहा गया है।

राजपूतकालीन स्थापत्य

- 8वीं से 12वीं शताब्दी के मध्य राजपूतकालीन स्थापत्य कला का विकास हुआ। उड़ीसा, गुजरात तथा राजस्थान के मन्दिर द्रविड़ शैली के मन्दिर तथा भुवेनश्वर का **लिंगराज मन्दिर** उड़ीसा शैली का सबसे उत्कृष्ठ उदाहरण है। इसके अतिरिक्त पुरी का जगन्नाथ मन्दिर तथा कोणार्क स्थित सूर्य मन्दिर श्रेष्ठ उदाहरण हैं।
- राजस्थान के मन्दिरों में **दिलवाड़ा का जैन मन्दिर** विशिष्ट स्थान रखता है। बुन्देलखण्ड के मन्दिरों में 'खजुराहो' नामक स्थान पर चन्देल राजाओं द्वारा अनेकों भव्य एवं सुन्दर मन्दिरों का निर्माण कराया गया। इनमें 'कन्दरिया महादेव का मन्दिर' सर्वश्रेष्ठ है। जैन मन्दिरों में **पार्श्वनाथ मन्दिर** तथा वैष्णव मन्दिरों में **चतुर्भुज मन्दिर** उल्लेखनीय हैं।

सल्तनतकालीन स्थापत्य

- सल्तनकालीन स्थापत्य कला को **इण्डो इस्लामिक शैली** कहा जाता है। इस काल की प्रमुख विशेषता चूना-गारा का सीमेण्ट के रूप में प्रयोग तथा मेहराबों एवं गुम्बदों का व्यापक प्रयोग था। इस समय तुर्कों से पूर्व प्रचलित शैली-स्तम्भ तथा धरनी का स्थान वैज्ञानिक तरीकों से बनी मेहराबी छतों और शिखरों का स्थान गुम्बदों ने ले लिया। यह कला भारतीयों ने अरबों से सीखी।
- जीवित वस्तुओं का चित्रण निषिद्ध होने के कारण भवनों के अलंकरण में सुलेख, ज्यामिति और फूल-पत्तियों या बेलबूटों का प्रयोग किया गया। कुरान की आयतें खोदी जाती थीं। पत्रण कला द्वारा सजावट का प्रमुख तरीका **अरबस्क** था। अरबस्क कुरान के सुलेखन की एक कला है। दिल्ली के सुल्तानों ने हिन्दू स्थापत्य कला के दो विशेष अंगों को अपना लिया था। ये थे—हिन्दू इमारतों की मजबूती और उनकी सुन्दरता।

खिलजी वास्तुकला

- खिलजियों के अधीन किए गए स्थापत्यकारी कार्यों में वैज्ञानिक तकनीकों से बनाई गई मेहराबों का प्रयोग, वैज्ञानिक तरीके से निर्मित गुम्बदों का उदय तथा नई-भवन निर्माण सामग्री के रूप में लाल पत्थरों एवं सुसज्जित संगमरमर का प्रयोग आदि प्रमुख हैं।

तुगलक काल की वास्तुकला

- तुगलक शासकों की इमारतों की नींव गहरी तथा दीवारें मोटी होती थीं। सजावट का अभाव इनमें इमारतों की मजबूती का संकेतक है।
- इसके निर्माण में मीनारों का प्रचलन न के बराबर है, साथ ही सादगी और भव्यता अधिक है। इनकी इमारतें, मस्जिदें तथा दुर्ग की दीवारें एवं बुर्ज अन्दर को झुके हुए हैं।

सय्यद काल की वास्तुकला

- सय्यद काल में बने सुल्तान मुबारकशाह सय्यद का मकबरा एवं मुहम्मद शाह का मकबरा प्रमुख इमारते हैं। अष्टकोणीय मकबरे सय्यद स्थापत्य की विशिष्ट पहचान हैं।
- मकबरों की साज-सज्जा में नीली टाइलों का प्रयोग प्लास्टर के ऊपर बारीक नक्काशी और रंगों से चित्र का निर्माण आदि भी इनकी वास्तुकला के प्रमुख लक्षण हैं।

लोदी काल की वास्तुकला

- इनकी वास्तुकला में मुख्य रूप से मकबरों के निर्माण लाल-पत्थरों का प्रयोग होता था। सिकन्दर लोदी के मकबरे में निर्मित गुम्बद के चारों तरफ आठ खम्भों की छतरी निर्मित है।
- इनके मकबरे में दोहरे गुम्बद का प्रयोग किया गया है, साथ ही रंगीन टाइलों की सजावट अधिक समृद्धता की प्रतीक है।

विजयनगर की वास्तुकला

- विजयनगर की वास्तुकला शैली में **पाण्ड्य** और **होयसल** दोनों ही प्रकार की विशेषताएँ दृष्टिगोचर होती हैं। होयसलों की पुष्पों से अलंकृत खुदाई का और भी अधिक प्रचुरता से विकास हुआ।
- मुख्य मन्दिर के साथ ही दक्षिण भारत के प्रत्येक प्रमुख मन्दिर में 'अम्मा' अर्थात् देवता की पटरानी के लिए एक मन्दिर बनवाया गया।

शेरशाहकालीन स्थापत्य

- इस काल की महत्त्वपूर्ण इमारतें सासाराम तथा **दिल्ली** में बनवाई गईं। सासाराम की इमारतों में मकबरी की एक पूरी शृंखला है।
- ये मकबरे दिल्ली के अष्टकोणीय लोदी मकबरे के नमूने पर हैं। सासाराम के मकबरों में सर्वप्रमुख स्वयं शेरशाह का मकबरा है। यह मकबरा एक बड़े तालाब के बीच में बनवाया गया है।

मुगलकालीन स्थापत्य

- मुगल राजवंश के संस्थापक बाबर का सौन्दर्यबोध उत्कृष्ट था। युद्धों में व्यस्त रहने के कारण उसे भारत में ज्यादा इमारतें बनवाने का समय नहीं मिला। उसने उद्यानों के निर्माण में विशेष रुचि दिखाई। उसके द्वारा निर्मित उद्यान हैं—आगरा स्थित आरामबाग और जहरा बाग।
- मुगलकालीन स्थापत्य कला का उत्थान सही मायनों में अकबर से शुरू होता है। अकबर के शासन काल में **हुमायूँ के मकबरे** का निर्माण 'फारसी' शिल्पकला के अधीन पर हुआ है। आगरे के किले के अन्दर अकबर कालीन प्रमुख इमारतें **अकबरी महल** एवं **जहाँगीरी महल** हैं।
- 1638 ई. में शाहजहाँ ने दिल्ली के पास शाहजहाँनाबाद नामक नगर की नींव डाली तथा लाल किले और जामा मस्जिद का निर्माण कराया। मुमताज महल की याद में आगरा निर्मित ताजमहल सभी इमारतों में श्रेष्ठ है।
- औरंगजेब ने अपनी प्रिय बेगम रबिया-उद्-दुर्रानी का औरंगाबाद स्थित मकबरा बनवाया। इसके अतिरिक्त औरंगजेब ने लाहौर में बादशाही मस्जिद तथा दिल्ली के लाल किले के अन्दर सफेद संगमरमर से मोती मस्जिद का निर्माण कराया।

स्थापत्य कला की प्रान्तीय शैलियाँ

शर्की शैली

- इसमें हिन्दू और इस्लामी दोनों शैलियों के दर्शन होते हैं। अटालादेवी मस्जिद, जामा मस्जिद, झंझरी मस्जिद, लाल दरवाजा मस्जिद, जौनपुर स्थित शर्की शैली की इमारतें हैं।
- इन इमारतों में अटाला मस्जिद शर्की शैली का सर्वोत्तम नमूना है, जिसके गुम्बद व प्रवेश द्वार इस्लामी शैली पर तथा भीतरी स्तम्भ तथा दीर्घा हिन्दू शैली पर आधारित है।

गुजराती शैली

- शेख फरीद का मकबरा, भड़ौच की जामा मस्जिद, खम्भात की जामा मस्जिद, टंका मस्जिद, सीदी सइद मस्जिद गुजराती शैली की प्रसिद्ध इमारतें हैं।
- इन मस्जिदों में महमूद बेगड़ा द्वारा निर्मित **जामा मस्जिद** स्थापत्य कला का उत्कृष्ट नमूना है।

कश्मीरी शैली

- जामा मस्जिद, हमदान मस्जिद आदि कश्मीरी शैली की प्रसिद्ध इमारतें हैं। इस शैली की प्रमुख विशेषता मस्जिद एवं हिन्दू वास्तुकला का समन्वय है।

बंगाली शैली

- 400 गुम्बदों वाली अदीना मस्जिद (पाण्डुआ), छोटा सोना मस्जिद, बड़ा सोना मस्जिद, कदम रसूल मस्जिद आदि बंगाली शैली की अनुपम कलाकृतियाँ हैं।
- इस शैली में वास्तुकला की **मिश्रित शैली** के दर्शन होते हैं।

दक्कनी शैली

- इस शैली की इमारतें गुलबर्गा, अहमदाबाद, बीजापुर, हैदराबाद में निर्मित की गई। जामा मस्जिद, चारमीनार, गोलगुम्बज, गगन महल इस शैली की अनुपम, कलाकृति है

आधुनिक स्थापत्य

- पुर्तगालियों ने गोवा में **आइबेरियन** प्रभाव वाले चर्चों का निर्माण किया, जिसमें बोमजीसस का बसिलिका (गोवा) प्रसिद्ध है। कैथेड्रल और आसिसि चर्च इसके अन्य उदाहरण हैं। अंग्रेजों के अन्तर्गत विक्टोरिया शैली के स्थापत्यों का निर्माण किया गया। कोलकाता का फोर्ट विलियम, चेन्नई का सेण्ट फोर्ट जॉर्ज इसके उदाहरण हैं।
- दिल्ली के राष्ट्रपति भवन, संसद भवन, कनॉट प्लेस आदि पर भी पश्चिमी शैली का प्रभाव है। राष्ट्रपति भवन हिन्दू, मुस्लिम तथा बौद्ध शैलियों का सम्मिश्रण है। राजधानी नई दिल्ली के लिए **सर एडविन लुटियन्स** तथा सर **एडवर्ड बेकर** ने डिजाइन बनाई थी।

सल्तनत काल के प्रमुख स्थापत्य

इमारत का नाम	निर्माता	सम्बन्धित विशिष्ट तथ्य
कुब्बत-उल-इस्लाम मस्जिद	कुतुबुद्दीन ऐबक	इस मस्जिद का निर्माण 1117 ई. में हुआ। यह पहले एक जैन एवं बाद में विष्णु मन्दिर था। दिल्ली में रायपिथौरा किले में इण्डो-इस्लामिक शैली में निर्मित पहला स्थापत्य। इल्तुतमिश व अलाउद्दीन खिलजी द्वारा इसका विस्तार किया।
अढ़ाई दिन का झोपड़ा	कुतुबुद्दीन ऐबक	यह पहले एक मठ या विहार (*संस्कृत विद्यालय*) था जो अजमेर में स्थित था। इसकी दीवार पर विग्रहराज चतुर्थ की रचना संस्कृत नाटक हरिकोल के अंश उद्धृत हैं।
कुतुबमीनार	कुतुबुद्दीन ऐबक, इल्तुतमिश	इसका निर्माण कार्य 1197 ई. में प्रारम्भ एवं 1232 ई. में इल्तुतमिश द्वारा पूर्ण की गई। यह नाम सूफी सन्त कुतुबुद्दीन बख्तियार काकी के नाम पर रखा गया। इसके छज्जे 'स्टेलेक्टाइट हनी कोमिंग' तकनीक द्वारा मीनार से जुड़े हैं। इसके आधार पर एक पुरालेख में फजल इब्न अबुल माली का नाम मिलता है। बिजली गिरने के कारण इसकी एक मन्जिल क्षतिग्रस्त हो गई, जिसकी मरम्मत करवाने के साथ-साथ फिरोज तुगलक ने एक अन्य पाँचवीं मन्जिल भी जोड़ दी। 1506 ई. में सिकन्दर लोदी ने इसकी मरम्मत करवाई। अब इसकी ऊँचाई 234 फीट है। (प्रारम्भ में इसे चार मंजिला व 125 फीट बनाया गया था)।
इल्तुतमिश का मकबरा	इल्तुतमिश	लाल-पत्थर से बना एक कक्षीय मकबरा (*1234 ई. में निर्मित*) है, जो दिल्ली में स्थित है। यह हिन्दू और इस्लामी वास्तुकला का मिश्रण है।
सुल्तानगढ़ी	इल्तुतमिश	1231 ई. में इल्तुतमिश द्वारा अपने ज्येष्ठ पुत्र नासिरुद्दीन की याद में मकबरा बनवाया गया। यह भारत में निर्मित प्रथम मकबरा, इसलिए इल्तुतमिश को मकबरा शैली का जन्मदाता कहा जाता है।
हौज-ए-शम्सी तथा शम्सी ईदगाह	इल्तुतमिश	दोनों भवन बदायूँ (उ०प्र०) में हैं। इल्तुतमिश ने हौज-ए-सुल्तानी का निर्माण दिल्ली में कराया।
बलबन का मकबरा	बलबन	इस मकबरे में पहली बार 'वास्तविक मेहराब' का प्रयोग किया गया। यह मेहराब तिकोन डाट पत्थरों और एक मुण्डेर पर आधारित था।
अलाई दरवाजा	अलाउद्दीन खिलजी	यह कुब्बत-उल-इस्लाम मस्जिद का दक्षिणी प्रवेश द्वार था। जिसमें सर्वप्रथम तिकोने डाट पत्थरों पर आधारित वैज्ञानिक विधि से गुम्बद का निर्माण किया गया। यहीं पहली बार घोड़े के नाल की आकृति वाली मेहराब बनाई गई। अलाई दरवाजे के बारे में मार्शल ने कहा है- ''अलाई दरवाजा इस्लामी स्थापत्य के खजाने का सबसे सुन्दर हीरा है।'' यह इमारत लाल-पत्थर द्वारा निर्मित की है, इसमें कुरान की आयतों से काफी सजावट की गई है।
हजार सितून (हजार स्तम्भों वाला महल)	अलाउद्दीन खिलजी	दिल्ली के निकट सीरी नामक नगर के पास स्थित 1303 ई. में निर्मित।
जमातखाना मस्जिद	अलाउद्दीन खिलजी	तत्कालीन मस्जिदों में सबसे बड़ी यह पहली ऐसी मस्जिद है, जो पूर्णतः इस्लामी विचारों के अनुसार बनी है। यह दिल्ली में निजामुद्दीन औलिया की दरगाह के पास स्थित है, जो लाल-पत्थर से बनी है।
हौज-ए-अलाई	अलाउद्दीन खिलजी	ये दिल्ली में स्थित है, इसे हौज-ए-खास के नाम से भी जाना जाता है।
सीरी का किला	अलाउद्दीन खिलजी	मंगोल आक्रमण से सुरक्षा के लिए 1303 ई. में दिल्ली में निर्मित किया गया।
ऊखा मस्जिद	मुबारक-शाह-खिलजी	भरतपुर (*राजस्थान*) में स्थित।
तुगलकाबाद का किला	गयासुद्दीन तुगलक	दिल्ली की सुरक्षा हेतु एक किला बनवाया गया, जिसे दिल्ली का तृतीय नगर कहा जाता है।
गयासुद्दीन तुगलक का मकबरा		दिल्ली में तुगलकाबाद किले के बाहर कृत्रिम झील के मध्य स्थित शिखर हिन्दू वास्तुकला के प्रतीकों 'कलश' और 'आमलक' से अलंकृत है। यह पंच-भुजीय है और इसकी दीवारें ढलवाँ हैं। यह मकबरा मिस्र के पिरामिड की भाँति 75° के कोण पर अन्दर की ओर झुका है।
आदिलाबाद का किला	मुहम्मद-बिन-तुगलक	तुगलकाबाद के निकट स्थित।
जहाँपनाह	मुहम्मद-बिन-तुगलक	ये सीरी तथा रायपिथौरा के बीच स्थापित नगर है यह नगर चौथी दिल्ली कहलाया।
कोटला फिरोजशाह	फिरोजशाह तुगलक	एक महल बनाया गया और उसका नाम कोटला रखा गया। टोपरा से अशोक का स्तम्भ यहाँ स्थापित करवाया गया, जिसे पाँचवी दिल्ली भी कहा जाता है।
फिरोजशाह का मकबरा	फिरोजशाह तुगलक	यह वर्गाकार मकबरा है, जिसके निर्माण में संगमरमर का प्रयोग हुआ है तथा दीवारों को फूल-पत्तियों की बेलों से सुसज्जित किया गया है। मकबरे के सामने पत्थर का कटहरा हिन्दू वास्तुकला की संरचना है।
खान-ए-जहाँ तेलंगानी का मकबरा	जौनाशाह (खान-ए-जहाँ द्वितीय)	भारत की प्रथम अष्टभुजीय मुस्लिम (*जोरुसलम की उमर की मस्जिद के समान*) इमारत, जिसका निर्माण 1307-71 के मध्य दिल्ली में हुआ।
काली मस्जिद, बेगमपुरी मस्जिद	जौनाशाह	जहाँपनाह नगर में स्थित, गुम्बद व मेहराब प्रभावशाली हैं।
सिकन्दर लोदी का मकबरा	इब्राहिम लोदी	यह पहली इमारत है, जिसमें दोहरे गुम्बद का प्रयोग किया गया है।
मोठ की मस्जिद	सिकन्दर लोदी के वजीर द्वारा निर्मित	दिल्ली स्थित इस मस्जिद की मीनारें गावदुम हैं अर्थात् ऊपर की ओर पतली होती हुई।

मुगलकालीन स्थापत्य

अकबरकालीन स्थापत्य

फतेहपुर सीकरी	फतेहपुर सीकरी	यहाँ अकबर ने अपनी राजधानी 1572 ई. में गुजरात विजय के बाद बनवानी प्रारम्भ की। 1585 ई. में निर्माण पूर्ण हुआ, मुख्यतः लाल पत्थर की बनी हैं। यहाँ हिन्दू-मुस्लिम शैली का समन्वय किया गया है।
दीवान-ए-आम	फतेहपुर सीकरी	यहाँ अकबर अपना दरबार लगाता था।
दीवान-ए-खास	फतेहपुर सीकरी	इसके शीर्ष पर जैन शैली का एक चबूतरा है। यहाँ बने सिंहासन के स्तम्भ में हिन्दू एवं बौद्ध शैली की झलक है।
पंचमहल	फतेहपुर सीकरी	इसे हवा महल भी कहते थे। इसकी प्ररेणा बहुमन्जिलें बौद्ध विहारों से ली गई।
जोधाबाई का महल	फतेहपुर सीकरी	फतेहपुर सीकरी का सबसे बड़ा भवन।
मरियम का महल	फतेहपुर सीकरी	यहाँ स्तम्भों पर मौजूद चित्रों के कारण इसे अकबर का रंगीन महल या चित्रालय भी कहा जाता था तथा इस पर फारसी कला का प्रभाव है।
खास महल	फतेहपुर सीकरी	इसकी ऊपरी मन्जिल पर झरोखा-ए-दर्शन स्थित है, जहाँ से बादशाह प्रातः अपनी प्रजा को दर्शन देता था।
बीरबल का महल	फतेहपुर सीकरी	इसमें हिन्दू शैली से प्रेरित कोष्ठक बने हैं।
जामा मस्जिद	फतेहपुर सीकरी	यह यहाँ की सबसे शानदार इमारत है। इस 'रोमान्स इन द स्टोन' कहा गया है। अकबर ने अपने दीन-ए-इलाही की घोषणा यहीं से की थी।
शेख सलीम चिश्ती	फतेहपुर सीकरी	यह जामा मस्जिद के अन्दर स्थित है तथा नक्काशी वाले पर्दों से घिरा है। शाहजहाँ ने इसके बाहर संगमरमर का बरामदा बनवाया था।
बुलन्द दरवाजा	फतेहपुर सीकरी	यह जामा मस्जिद का दक्षिणी द्वार है। यह भारत का सबसे ऊँचा दरवाजा है। इसका निर्माण 1573 ई. में गुजरात विजय की स्मृति में प्रारम्भ हुआ। भूमि से 176 फीट ऊँची और पहले चबूतरे से 134 फीट ऊँचाई वाला बुलन्द दरवाजा विशाल और सुन्दर इमारत है।

जहाँगीरकालीन स्थापत्य

अकबर का मकबरा	सिकन्दरा (आगरा)	बगीचे के मध्य बना पाँच मन्जिला मकबरे का दक्षिण की तरफ प्रवेश द्वार है। इसका निर्माण अकबर ने प्रारम्भ करवाया था, परन्तु इसे पूर्ण जहाँगीर ने किया। इस पर बौद्ध प्रभाव झलकता है।
ऐतमाद-उद्-दौला का मकबरा	आगरा	यह नूरजहाँ ने अपने पिता ऐतमाद-उद्-दौला की स्मृति में 1626 ई. में बनवाया था। पूर्णतः संगमरमर की बनी यह पहली मुगल इमारत है। यहाँ पहली बार बड़े पैमाने पर पित्रादुरा का प्रयोग हुआ
जहाँगीर का मकबरा	लाहौर	यह नूरजहाँ ने बनवाया था। यह जहाँगीर द्वारा निर्मित दिलकुश बाग (लाहौर) में स्थित है

शाहजहाँकालीन स्थापत्य

ताजमहल	आगरा	यह शाहजहाँ ने अपनी प्रिय पत्नी मुमताज महल (अर्जुमन्द बानो बेगम) की स्मृति में बनवाया। इसका निर्माण 1633 ई. में प्रारम्भ हुआ तथा 1655 ई. में पूर्ण हुआ। इसका मुख्य स्थापत्यकार उस्ताद अहमद लाहौरी था, जिसे नादिर-उल-असरार की उपाधि दी गई थी। इसका मुख्य मिस्री फारस का निवासी मुहम्मद ईसा खाँ था। **हावेल** ने ताजमहल को भारतीय नारीत्व की साकार प्रतिमा कहा है।
दीवान-ए-आम	आगरा	अकबर द्वारा आगरा के किले में बनवाए गए दीवान-ए-आम को तुड़वाकर उसका संगमरमर से पुनः निर्माण करवाया गया। यह आगरा के किले में संगमरमर निर्मित पहला भवन है।
मोती मस्जिद	आगरा	इसका निर्माण जहाँआरा के सम्मान में आगरा के किले में किया गया।
नगीना मस्जिद	आगरा	आगरा के किले में स्थित यह मस्जिद संगमरमर निर्मित है।
दीवान-ए-खास	आगरा	1637 ई. में निर्मित यह इमारत सर्वाधिक अलंकृत है।
जामा मस्जिद	आगरा	इसे जहाँआरा ने बनवाया। इसे साहसी विधान की सुन्दर कृति कहा गया।
शाहजहाँनाबाद	दिल्ली	शाहजहाँ ने अपने नाम पर दिल्ली में नया नगर (सातवाँ नगर) बनवाया। इसका निर्माण 1638 ई. में प्रारम्भ हुआ तथा यह नौ वर्षों में पूर्ण हुआ।
लाल किला	दिल्ली	यह शाहजहाँनाबाद में बनवाई गई इमारतों में सबसे महत्त्वपूर्ण है। इसका निर्माण लाल पत्थरों से किया गया है। औरंगजेब के काल में इसे किला-ए-गुम्बद कहा जाता था। यह मुगलों द्वारा निर्मित अन्तिम किला था।
रंगमहल	दिल्ली	लाल किले में स्थित यह भवन शाहजहाँ का निजी आवास था। इसकी छत चाँदी से निर्मित थी तथा उस पर स्वर्ण अलंकरण है। रंगमहल के मध्य से एक कृत्रिम नहर बहती थी, जिसे **नहर-ए-बहिश्त** कहते थे।
जामा मस्जिद	दिल्ली	यह लाल किले के सामने एक ऊँचे चबूतरे पर स्थित है।

औरंगजेबकालीन स्थापत्य

मोती मस्जिद	दिल्ली	यह लाल किले के अन्दर स्थित है तथा संगमरमर से बनी है।
रबिया-उद्-दुर्रानी का मकबरा	औरंगाबाद	यह औरंगजेब की पत्नी रबिया-उद्-दुर्रानी का मकबरा है। इसे बीबी का मकबरा कहा जाता है। इसका स्थापत्य ताजमहल जैसा है। अतः इसे ताजमहल की फूहड़ नकल भी कहते हैं। इसका निर्माण 1678 ई. में हुआ।
बादशाही मस्जिद	लाहौर	इसका निर्माण 1674 ई. में फिदाई खाँ की निगरानी में हुआ। गोलाकार बंगाली छत तथा फूले हुए गुम्बद इसकी विशिष्टता है।

मूर्तिकला

- मूर्तिकला भारतीय उपमहाद्वीप में निवास करने वाले अधिकांश लोगों के भिन्न-भिन्न धार्मिक विश्वासों, सामाजिक मान्यताओं, परम्पराओं एवं लोक विश्वासों को अभिव्यक्त करने का कलात्मक माध्यम रही है। विश्वासों एवं मान्यताओं में भिन्नता के बावजूद निर्माण की शैली, निर्माण की तकनीक, निर्माण में उपयोग किए गए पदार्थ एवं भावाभिव्यक्ति का तरीका आदि अनेक ऐसी विशेषताएँ हैं, जो इसमें एकत्व को प्रदर्शित करती हैं। इसी कारण विद्वानों ने मूर्तिकला को भारत की राष्ट्रीय कला माना है।

भारतीय मूर्तिकला का विकासक्रम

- मूर्तिकला, कला का वह रूप है जिसमें पत्थर, लकड़ी, धातु, टेराकोटा या मोम आदि की सहायता से त्रिविमीय आकृतियाँ निर्मित की जाती हैं। भारत में मूर्तिकला के प्राचीनतम साक्ष्य हड़प्पा सभ्यता के काल में मिलते हैं, जबकि कुषाण काल से गुप्त काल के मध्य (ई. पू. प्रथम सदी से पाचवीं सदी ई.) में यह अपने चरम उत्कर्ष को प्राप्त हुई।
- इसके उपरान्त भी 12वीं सदी तक दक्षिण भारत में मूर्तिकला जारी रही, किन्तु देश में मुस्लिम शासन स्थापित होने के पश्चात् इसका विकास अवरुद्ध हो गया।
- मध्यकाल में विजयनगर साम्राज्य में ही मूर्तिकला के कुछ उल्लेखनीय उदाहरण मिलते हैं। इसके पश्चात् यह कला अपने उस उच्च स्तर को नहीं बनाए रख सकी, जिसके लिए यह विख्यात थी।

हड़प्पा सभ्यता की मूर्तिकला

- हड़प्पा सभ्यता में मूर्तिकला उत्कृष्ट स्तर की थी। इस काल की बनी अनेक पत्थर, सेलखड़ी धातु एवं मिट्टी की मूर्तियाँ प्राप्त हुई हैं। सिन्धु घाटी के कलाकार धातु पिघलाना और दो धातुओं के संयोग से मिश्रित धातु बनाना भी जानते थे। मूर्ति और मुद्रा विन्यास में ताँबे और काँसे का उपयोग इसका प्रमाण है।
- धातु ढालने, साँचों द्वारा मूर्ति और मुद्राएँ (मुहरें) निर्मित करने में सिन्धु सभ्यता के कलाकार प्रवीण थे। इस काल में मुख्यत: ताँबे या काँसे की ढाली गई, पत्थर की कोरी और मिट्टी की हाथ से बनी मूर्तियों का निर्माण किया जाता था। इस काल में निर्मित मूर्तियों के प्रकार अग्रलिखित हैं

धातु मूर्तियाँ

- पाषाण के अलावा हड़प्पा सभ्यता के मूर्तिकारों ने धातुओं से सुन्दर प्रतिमाओं का निर्माण किया है। इनमें सर्वाधिक प्रसिद्ध मूर्ति मोहनजोदड़ो से प्राप्त 4.5 सेमी लम्बी एक **नर्तकी की काँस्य मूर्ति** है।
- यह सुन्दर तथा भावयुक्त है। इसके शरीर पर वस्त्र नहीं दर्शाए गए हैं। बायाँ हाथ कलाई से लेकर कन्धे तक चूड़ियों से भरा है, दाएँ हाथ में कंगन तथा केयूर पहने हैं और वह कमर पर टिका है। उसके बाल घुँघराले तथा पीछे की ओर सँवारे गए हैं। गले में छोटा हार तथा कमर में मेखला है।
- ताँबे की नर्तकी की एक अन्य मूर्ति भी मिली है। इसके अलावा पुरुष नर्तक तथा कुछ पशुओं; जैसे—भैंसा तथा भेड़ा की काँस्य मूर्तियाँ भी मिली हैं। पुरुष नर्तक के पैर के विन्यास को देखकर उसके नृत्यरत होने का अनुमान किया जा सकता है। इन धातु मूर्तियों की ढलाई में जिस विधि का प्रयोग किया जाता है, उसे हमारे प्राचीन साहित्य में **मधुच्छिष्ट विधि या लुप्त मोम तकनीक** (Lost Wax) कहा गया है। अभी भी दक्षिण भारत में इस विधि से नटराज की मूर्तियाँ बनती हैं।

मृण्मूर्तियाँ

- सैन्धव मूर्ति कला के अन्तर्गत लाल रंग की ठोस पकाई हुई मिट्टी की मूर्तियाँ भी उल्लेखनीय हैं। इनमें अधिकांश हस्तनिर्मित हैं। ये मनुष्यों व पशुओं दोनों की हैं। मानव मूर्तियाँ अधिकतर स्त्रियों की हैं।

पुरुष एवं स्त्रियों की मृण्मूर्तियाँ

- मोहनजोदड़ो से जो पुरुष मूर्तियाँ मिली हैं, उनमें लम्बी नाक, साफ ठोड़ी, पीछे की ओर ढलुवा माथा, लम्बी कटावदार आँखें, चिपकाया हुआ मुख आदि मिलता है। अधिकांश वस्त्रविहीन हैं। पुरुष मूर्तियाँ श्रृंग युक्त हैं। गठन साधारण है। नारी मूर्तियाँ सुन्दर हैं तथा गहनों से लदी हैं। कमर से घुटनों तक लम्बा परिधान है।
- शरीर के अनेक भाग चिपकाए गए हैं। कुछ स्थलों से प्राप्त मूर्तियों की माँग में लाल रंग भरा गया है। कुछ मूर्तियों की गोद में बच्चा दर्शाया गया है। हड़प्पा से मिली एक मूर्ति की योनि से पौधा निकलता दर्शाया है। इसे विद्वानों ने **मातृदेवी** माना है। कुछ सामान्य नारियों की मूर्तियाँ मिली हैं, जो गृहकार्य करते दर्शायी गयी हैं।

पशु-पक्षियों की मृण्मूर्तियाँ

- हड़प्पा सभ्यता में मानव मूर्तियों से कहीं अधिक पशुओं की मृण्मूर्तियाँ मिली हैं, वे कलात्मक हैं। इनमें **कूबड़दार वृषभ** विशेष रूप से पाया गया है। पशुओं में हाथी, गैंडा, बाघ, भालू, खरगोश आदि तथा पक्षियों में मोर, कबूतर, चील, मुर्गा, उल्लू आदि की मूर्तियाँ मिली हैं। लोथल, सुरकोटड़ा से घोड़े की मृण्मूर्तियाँ भी मिली हैं।
- मृण्मूर्तियाँ बनाने के लिए सैन्धव कलाकार एक विशेष प्रकार की **काँचली मिट्टी** का उपयोग करते थे, जिसकी सहायता से खिलौने, गहने, कड़े, बटखरे आदि निर्मित किए जाते थे। यह काँचली मिट्टी स्फटिक (क्वार्ट्ज) पत्थर से बनती थी, इसे काँच का चूर्ण मिलाकर आग में पकाया जाता था।

पाषाण मूर्तियाँ

- मोहनजोदड़ो से लगभग एक दर्जन तथा हड़प्पा से दो पाषाण मूर्तियाँ मिली हैं। हड़प्पा से प्राप्त मूर्तियाँ अपेक्षाकृत अधिक प्रभावशाली हैं। इनका निर्माण सेलखड़ी, एस्बेस्टस, चूना-पत्थर, बलुआ-पत्थर, स्लेटी पत्थर आदि की सहायता से किया गया है।
- पत्थर से बनी मूर्तियों में सर्वप्रथम मोहनजोदड़ो से प्राप्त **योगी** या **पुरोहित** की मूर्ति उल्लेखनीय है। यह सेलखड़ी की बनी है। योगी की मूँछें नहीं हैं, किन्तु दाढ़ी विशेष रूप से सँवारी गई है। इसके केश पीछे की ओर फीते से बाँधे गए हैं।
- मस्तक पर गोल अलंकरण है तथा यह बाएँ कन्धे को ढकते हुए तिपतिया छाप वाली शाल ओढ़े हुए है। योगी के नेत्र अधखुले दर्शाए गए हैं। उसकी दृष्टि नासिकाग्र पर टिकी (ध्यान मुद्रा) है।
- इस प्रकार की कुछ मूर्तियाँ मिस्र व मेसोपोटामिया में भी मिली हैं, जहाँ उनका सम्बन्ध देवताओं से था। इस आधार पर इसका भी हड़प्पा सभ्यता में अवश्य ही धार्मिक महत्त्व रहा होगा। सम्भवतया यहाँ योग विद्या का प्रचार रहा होगा। इसके अतिरिक्त मोहनजोदड़ो से श्वेत पाषाण का एक पुरुष मस्तक मिला है। यह भी दाढ़ी युक्त तथा मूँछ विहीन है।

• इसका जूड़ा पीछे की ओर बँधा है। हड़प्पा की पाषाण मूर्तियों में दो सिर रहित मानव मूर्तियाँ उल्लेखनीय हैं। पहली मूर्ति **लाल बलुआ** पत्थर की है तथा दूसरी **काले पत्थर** की है। पहली मूर्ति में गर्दन के ऊपर तथा कन्धों के निचले भागों में छिद्र किए गए हैं। ऐसा प्रतीत होता है कि इन्हें अलग-अलग बनाकर जोड़ा गया है। दूसरी मूर्ति के हाथ-पैर टूटे हुए हैं। विद्वानों ने इसे किसी नर्तक अथवा नर्तकी की मूर्ति बताया है।

मौर्यकालीन मूर्तिकला

• मौर्यकाल में मूर्तिकला के दो रूप दिखाई देते हैं। पहला **दरबारी** अथवा **राजकीय मूर्तिकला** तथा दूसरा **लोक मूर्तिकला।**

1. दरबारी अथवा राजकीय मूर्तिकला

• यह मूर्तिकला राजकीय कारीगरों द्वारा राजकीय आदेश के अनुसार, निर्मित मूर्तियों में परिलक्षित होती है। इनका प्रेरणास्रोत स्वयं सम्राट था। अशोक स्तम्भों के शीर्ष इसके प्रमुख प्रारम्भिक उदाहरण हैं। सारनाथ स्तम्भ के प्रसिद्ध सिंह तथा रामपुरवा के स्तम्भ का कम प्रसिद्ध, परन्तु अधिक सुन्दर वृषभ, यथार्थवादी मूर्तिकारों की कृतियाँ हैं, जो कुछ-न-कुछ ईरानी और यूनानी परम्परा के ऋणी हैं।

• स्तम्भों पर बनी हुई पशु-आकृतियाँ, सिन्धु घाटी की मुद्राएँ उत्कीर्ण करने वालों की शैली से प्रत्यक्ष रूप से प्रभावित थीं। ईसवी पूर्व तीसरी सदी में सम्राट अशोक द्वारा बनवाए गए स्मारकों में पशु-सिरयुक्त दीर्घ और पॉलिश किए हुए **एकाश्मक स्तम्भों** का उल्लेख करना आवश्यक है।

• इनमें से सर्वाधिक महत्त्वपूर्ण सारनाथ से प्राप्त वृहत् सिंह स्तम्भ हैं, जो अपनी गुणवत्ता और प्रभावशाली प्रतीकात्मक निरूपण के लिए भारतीय मूर्तिकला की विशेष उपलब्धि हैं।

• रामपुरवा के **वृषभ स्तम्भ** में मधुकलश और ताड़ सदृश अलंकरण युक्त वृत्ताकार शीर्षफलक के ऊपर स्थित मजबूत सुगठित वृषभ बना हुआ है और आधार उल्टे कमल के फूल के डिजाइन का है। यह अशोककालीन मूर्तिकला का उत्कृष्ट नमूना है।

• स्तम्भ शीर्षों के चौकोर पत्थर सम्भवत: ऊपर बनी आकृतियों की अपेक्षा अधिक स्पष्ट रूप से सहज प्रभाव को प्रदर्शित करते हैं। उनमें सजीव स्थिति में पशु, बुद्ध तथा मौर्य सम्राट का प्रतिनिधित्व करने वाले चक्र, फूल-पत्तियों से बनी चित्राकृतियाँ हैं, जिनमें भारतीय आदर्श के साथ पश्चिमी विचारों का समन्वय मिलता है।

• पशुओं की उल्लेखनीय अन्य मूर्तियों में उड़ीसा की धौली चट्टान को काटकर निर्मित की गई हाथी की मूर्ति **(धौली हस्ति)** पाषाण मूर्तिकला की उत्कृष्टता को सूचित करती है। इस विशालकाय हाथी को चट्टान से बाहर निकलते हुए दर्शाया गया है।

• इसी प्रकार **कालसी** (देहरादून) की चट्टान पर भी हाथी की आकृति उत्कीर्ण है। हाथी के पैरों के मध्य भाग में **गजतमे** लिखा गया है।

2. लोक मूर्तिकला

• मौर्यकालीन लोक मूर्तिकला समकालीन लोक मान्यताओं का प्रतिनिधित्व करती है। ये मूर्तियाँ लोक कलाकारों द्वारा निर्मित की गई हैं। इनका निर्माण धनी व्यक्तियों, व्यापारियों या धार्मिक लोगों द्वारा करवाया गया था। इस काल की लोक कला के उल्लेखनीय उदाहरण यक्ष एवं यक्षियों की प्रतिमाएँ हैं, जो विभिन्न स्थानों से मिली हैं।

• इनमें से एक सुन्दर आकृति **दीदारगंज की यक्षिणी** की मूर्ति है, जिसमें मौर्य शैली की विशिष्ट चमकदार पॉलिश है। यक्षिणी के हाथ में चँवर है, जिससे देवताओं और राजाओं पर पंखा किया जाता था। यक्षों की भी अनेक मूर्तियाँ प्राप्त हुई हैं, जो सजीव आकार से बहुत बड़ी हैं। वे सुदृढ़, वृषभ के समान ग्रीवा वाली और भारी हैं, परन्तु प्राविधिक रूप से वे पूर्ण नहीं हैं तथापि उनमें एक तात्विक ठोसपन है। इनमें परखम ग्राम (मथुरा) से मिली **मणिभद्र यक्ष** की मूर्ति उल्लेखनीय है।

• इस काल में पटना, विदिशा, शिशुपालगढ़, मेहरौली से भी अनेक यक्ष/यक्षी प्रतिमाएँ मिली हैं। ये तत्कालीन लोकधर्म का प्रतिनिधित्व करती हैं।

कुषाणकालीन मूर्तिकला

• कुषाण शासन (पहली व दूसरी सदी) के अन्तर्गत कला व संस्कृति की विशेष प्रगति हुई। कुषाणकाल में मृत राजाओं की मूर्तियाँ बनवाने की परम्परा प्रारम्भ हुई। इसे **देवकुल** कहा गया।

• यह चीनी परम्परा से प्रभावित थी, जिसमें शासक को देवतुल्य दर्जा देने का प्रयास किया जाता था। मूर्तिकला के क्षेत्र में सम्राट कनिष्क के शासनकाल में स्वतन्त्र मूर्तिकला की अग्रलिखित शैलियों का विकास हुआ।

गान्धार मूर्तिकला शैली

• गान्धार कला की शैली को **ग्रीक बौद्ध शैली** भी कहा जाता है। यह एक यथार्थवादी शैली है। इसकी उत्पत्ति का स्रोत **एशिया माइनर** तथा यूनानी **हैलेनिस्टिक कला** थी। इस शैली की विषय-वस्तु बौद्ध परम्परा से ली गई थी, किन्तु निर्माण का ढंग यूनानी था। गान्धार शैली की व्यापकता और जीवन्तता इसकी विशेषता है, जिसमें बुद्ध और बोधिसत्व की शैलमूर्ति, शैल पट्टियों में उत्कीर्ण बुद्ध के जीवन-चरित्र और जातक की कहानियाँ शामिल हैं। गान्धार कला के अन्तर्गत मूर्तियों में यथार्थ दिखाने का प्रयत्न किया गया है।

• शरीर की आकृति, शरीर की संरचना के प्रत्येक अवयव को पूर्ण आनुपातिक ढंग से यथार्थ और सजीव बनाने की चेष्टा की गई है। मांसपेशियों, मूँछों आदि की अभिव्यक्ति पर विशेष ध्यान दिया गया है। अंग-प्रत्यंग को मोटे गहरे ढंग से मुड़ी हुई स्थिति में चित्रित करने की क्षमता इसकी अपनी विशेषता है। गान्धार शैली की मूर्तियों का विषय और भाव-भूमि भारतीय अवश्य है, पर उनके अंकन की विधा, यवन और रोमन कला से अत्यधिक प्रभावित है।

• प्रसिद्ध वास्तुविद् **मार्शल** के अनुसार यह कला शैली 25-60 ई. के मध्य **पहलव काल** में जन्मी, **कुषाण काल** में विकसित हुई तथा **चौथी सदी** से इसका ह्रास आरम्भ हो गया।

गान्धार शैली की मूर्तियाँ

• गान्धार कला के अन्तर्गत **बुद्ध एवं बोधिसत्वों** की बहुसंख्यक मूर्तियों का निर्माण किया गया। ब्राह्मण तथा जैन धर्म से सम्बन्धित मूर्तियाँ इस शैली में नहीं मिलतीं। मूर्तियाँ काले स्लेटी पाषाण, चूने तथा पकी मिट्टी से बनी हैं। ये ध्यान, पद्मासन, धर्मचक्र प्रवर्तन, वरद् तथा अभय मुद्रा में हैं।

• आरम्भिक बुद्ध मूर्ति पेशावर (पाकिस्तान) के पास **शाह की ढेरी** के कनिष्क चैत्य से मिली है। इसमें अस्थि-मंजूषा पर बुद्ध पद्मासन में विराजमान हैं।

• उनके दाएँ तथा बाएँ क्रमश: ब्रह्मा व इन्द्र की मूर्तियाँ हैं। मूर्तियों के साथ बुद्ध के जीवन के विविध दृश्यों का अंकन किया गया है। कुछ दृश्य अत्यन्त कारुणिक हैं। तपस्यारत बुद्ध का एक दृश्य, जिसमें उपवास के कारण उनका शरीर अत्यन्त क्षीण हो गया है, गान्धार कला के सर्वोत्तम नमूनों में से है।

• इसी तरह कन्थक (बुद्ध का अश्व) से विदाई के दौरान, कन्थक के विषाद को उसके मुखमण्डल पर अभूतपूर्व ढंग से उकेरा गया है। बोधिसत्व की मूर्तियों में सर्वाधिक मैत्रेय की मूर्तियाँ हैं।

गान्धार शैली की विशेषताएँ

गान्धार शैली की भारतीय कला से भिन्न विशेषताएँ निम्नलिखित हैं

- मानव शरीर के यथार्थ चित्रण की ओर विशेष ध्यान दिया गया है।
- मांसपेशियों, मूँछों, लहरदार बालों का अत्यन्त सूक्ष्म ढंग से प्रदर्शन किया गया है।
- बुद्ध की वेशभूषा यूनानी है। पैरों में जूते दिखाए गए हैं।
- प्रभामण्डल सादा तथा अलंकरण रहित है, शरीर पर पारदर्शी (झीने) वस्त्र दिखाए गए हैं।
- सिर पर घुँघराले बाल दिखाए गए हैं।
- बुद्ध को यूनानी देवता अपोलो के समान दर्शाया गया है।
- सहजता व भावनात्मकता नहीं दिखाई देती है। बौद्धिकता के स्थान पर शारीरिक सौन्दर्य को प्राथमिकता दी गई है।
- इसका विस्तार पश्चिमोत्तर भारत में अधिक रहा है।

मथुरा शैली

- कनिष्क के काल में विकसित यह शैली मूर्तिकला की उत्कृष्ट शैली है। मथुरा कला **आदर्शवादी** है। इसमें काल्पनिकता को दिखाने पर अधिक जोर दिया गया है। नवीनता, समृद्धि और सुन्दरता से युक्त मूर्तिकला, खड़ी हुई आकृति, नक्काशीदार पट्टी और प्रतिकृति तथा सम्राट और विशिष्ट व्यक्तियों की आकृति मथुरा शैली की विशेषता है। मथुरा शैली का महत्त्वपूर्ण योगदान बुद्ध की मूर्तियाँ हैं।
- बुद्ध के अतिरिक्त जैन तीर्थंकर और ब्राह्मण देव-देवियों की विशिष्ट योगमुद्रा वाली मूर्तियाँ भी उत्कीर्ण की गई हैं।
- यद्यपि मथुरा शैली मध्य भारत की आरम्भिक मूर्तिकला से विकसित हुई है तथापि इसने उत्तर-पश्चिम गान्धार शैली से मूल विषय ग्रहण किया था। मथुरा मूर्ति शैली **भारतीय शैली का स्वर्णयुग** माना जाता है।
- मथुरा के मूर्तिकारों ने भारतीय पूर्व परम्परा का अनुगमन करते हुए मूर्ति रचना में अपनी मौलिक कल्पनाओं को प्रतिष्ठित किया। उन्होंने हल्की विदेशी प्रतिच्छाया ग्रहण की, लेकिन शैली और तकनीकी दृष्टि से अपने भारतीय एवं स्थानीय वैशिष्ट्य को बनाए रखा।
- बुद्ध की प्रारम्भिक मूर्तियाँ मथुरा शैली में ही बनीं। मथुरा की बनी मूर्तियाँ पश्चिम में पंजाब और राजस्थान से लेकर पूर्व में बिहार और बंगाल तक निर्यात की गईं। मथुरा शैली के मूर्तिकारों ने चित्तीदार लाल बलुआ पत्थर का उपयोग किया है। इस शैली में बनी प्रमुख मूर्तियाँ निम्नलिखित हैं

बौद्ध मूर्तियाँ

- मथुरा से बुद्ध एवं बोधिसत्वों की खड़ी तथा बैठी मूर्तियाँ मिली हैं। उनके व्यक्तित्व में चक्रवर्ती तथा योगी दोनों के ही आदर्श दर्शनीय हैं। बुद्ध मूर्तियों में **कटरा** से प्राप्त मूर्ति विशेष रूप से उल्लेखनीय है, जिसे चौकी पर उत्कीर्ण लेख में बोधिसत्व की संज्ञा दी गई है।
- इसमें बुद्ध को भिक्षु वेश में दर्शाया गया है। बुद्ध अभय मुद्रा में हैं तथा उनके पीछे वृत्ताकार प्रभामण्डल दर्शाया गया है। उल्लेखनीय है कि इससे पूर्व की मूर्तियों में हमें **प्रभामण्डल** नहीं दिखाई देता है। मथुरा शैली में बुद्ध के अलावा मैत्रेय, काश्यप, अविलोकितेश्वर आदि बोधिसत्वों की मूर्तियाँ भी मथुरा से मिलती हैं। मैत्रेय भविष्य में जन्म लेने वाले बुद्ध हैं। मथुरा शैली के कलाकारों ने ईरानी व यूनानी कला के प्रतीकों को भी ग्रहण किया है तथा उन पर भारतीयता का रंग चढ़ा दिया है।

प्रमुख बौद्ध मुद्राएँ

अभय मुद्रा यह मुद्रा सुरक्षा, शान्ति, परोपकार और भय को दूर करने का प्रतिनिधित्व करती है। इस मुद्रा में आमतौर पर दाहिना हाथ कन्धे की ऊँचाई तक उठा होता है: बाँह मुड़ी होती है तथा हथेली बाहर की ओर होती है, अंगुलियाँ तनी हुईं तथा एक-दूसरे से जुड़ी होती हैं, बायाँ हाथ लटका रहता है।

भूमिस्पर्श मुद्रा इस मुद्रा में हाथ भूमि की ओर फैला हुआ तथा हथेली अपनी ओर होती है। यह मुद्रा बुद्ध की मार पर विजय का प्रतीक है, जिसमें बुद्ध अपनी शुचिता एवं शुद्धता के लिए साक्षी रूप में धरती का आह्वान करते हैं।

धर्मचक्र मुद्रा यह मुद्रा तब बनती है, जब वक्षस्थल के सामने दोनों हाथ वितर्क में जुड़े होते हैं, दाईं हथेली आगे और बाईं हथेली ऊपर की ओर होती है। दाहिने हाथ का अंगूठा और तर्जनी गोलाई में जुड़ी होती हैं। यह बुद्धि तथा जुड़ने की कला को इंगित करती है। बाकी तीन खड़ी अंगुलियाँ बौद्ध शिक्षा की प्रतीक हैं। बाएँ हाथ की मुद्रा मनुष्य की मिश्रित क्षमताओं को इंगित करती है।

ध्यान मुद्रा यह मुद्रा अच्छी भावना तथा एकाग्रता के लिए होती है। इसमें दोनों हाथ पद्मासन स्थिति में गोद में रखे होते हैं। दाहिना हाथ बाएँ हाथ पर होता है और अंगुलियाँ पूरी तरह से फैली होती हैं। दोनों हाथों के अंगूठे परस्पर जुड़कर एक त्रिकोण की आकृति बनाते हैं। यह त्रिकोण बौद्ध धर्म के त्रिरत्नों तथा अंगूठों का जोड़ बोधिचित्त के भविष्य में विकास की ओर इंगित करता है।

वरद मुद्रा यह हितकारी मुद्रा भी कहलाती है। इसमें बाएँ हाथ की बाँह को मोड़कर तथा हथेली को ऊपर उठाकर दर्शाया जाता है। अंगुलियाँ थोड़ी मुड़ी होती हैं। गुप्त काल में अवलोकितेश्वर की मूर्तियों में इस मुद्रा को दर्शाया गया है।

ज्ञान मुद्रा यह मुद्रा अँगूठे और तर्जनी के पोर को एक साथ स्पर्श करके घेरा बना कर बनाई जाती है। हथेली के साथ हाथ हृदय की ओर होता है।

शासकों की मूर्तियाँ

- बुद्ध एवं बोधिसत्वों के अलावा मथुरा कला शैली में कनिष्क की एक सिर रहित मूर्ति मिली है, जिस पर 'महाराज राजाधिराजा देवपुत्रो कनिष्को' अंकित है। यह 5.7 फुट ऊँची है। यह खड़ी मुद्रा में है, जिसका हाथ गदा पर टिका है। वह बाएँ हाथ से तलवार की मूठ पकड़े है। इस श्रेणी की दूसरी मूर्ति **वेमतक्षम** (विम कडफिसेस) की है, जो सिंहासनारूढ़ है। सिंहासन के आगे दो सिंह बने हैं।

हिन्दू देवी-देवताओं की मूर्तियाँ

- हिन्दू देवताओं में कुबेर, नाग, शिव, सूर्य व यक्ष की पाषाण प्रतिमाएँ मिली हैं। इसके अलावा चतुर्भुज विष्णु की मूर्तियाँ मिली हैं, इनके तीन हाथों में शंख, चक्र, गदा तथा चौथा हाथ अभय मुद्रा में दर्शाया गया है। उल्लेखनीय है कि विष्णु का लोकप्रिय प्रतीक 'पद्म' मथुरा शैली में नहीं मिला है।
- अवतारों की मूर्तियाँ भी नहीं मिलतीं, मात्र **वाराह** अवतार की एक प्रतिमा मिली है। कृष्ण लीला से सम्बन्धित अत्यन्त महत्त्वपूर्ण एवं सुन्दर निरूपण इसी काल में मथुरा शैली में मिले हैं।
- **शिव** की प्रतिमाएँ लिंग एवं मानव दोनों रूपों में मिली हैं। शिवलिंग एक मुखी, दो मुखी, चार मुखी व पाँच मुखी आदि हैं। शिव के साथ पार्वती की प्रथम प्रतिमा इसी कला शैली में मिली है। शिव की मूर्तियों को जटा-जूट मस्तक, तीसरा नेत्र, त्रिशूल व वाहन नन्दी के साथ दर्शाया गया है।
- **अर्द्धनारीश्वर** की भी मूर्ति प्रथम बार इसी शैली में बनी है। **सूर्य** की प्रतिमाओं को लम्बे कोट, पतलून तथा बूट पहने दो या चार घोड़ों के रथ पर सवार दिखाया गया है। उन्हें सिर पर गोल व चपटी टोपी तथा नुकीली मूँछों में दर्शाया गया है। स्पष्टत: यह ईरानी परम्परा है। देवियों की मूर्तियों में दुर्गा, कमलासन आरूढ़ लक्ष्मी, हारीति व सप्तमातृका आदि हैं। देवी दुर्गा के चतुर्भुजी व महिषमर्दिनी रूप मिलते हैं।

जैन मूर्तियाँ

- जैन मूर्तियाँ दो प्रकार की हैं—खड़ी मूर्तियाँ **कायोत्सर्ग मुद्रा** (शरीर के ममत्व का त्याग) में हैं तथा बैठी हुई मूर्तियाँ **पद्मासन मुद्रा** में हैं। खड़ी मुद्रा की मूर्तियाँ वस्त्रविहीन तथा घुटनों तक लम्बे हाथों वाली हैं। पद्मासन में बैठी मूर्तियाँ ध्यान मुद्रा में हैं। कुछ के सिर के पीछे गोल प्रभामण्डल मिलता है। तीर्थंकरों की प्रतिमाओं के वक्षस्थल पर **श्री वत्स** का चिह्न अंकित है।

मथुरा शैली की विशेषताएँ

मथुरा शैली की विशेषताएँ निम्नलिखित हैं

- मथुरा कला शैली आदर्शवादी शैली है। इसमें मूर्तियों को काल्पनिक बनाया गया है।
- यहाँ से बौद्ध के अतिरिक्त वैष्णव, शैव तथा जैन प्रतिमाएँ भी मिली हैं।
- श्रृंगार अथवा नृत्यरत स्त्रियों को उच्च कला-कौशल के साथ दिखाया गया है। प्राय: बौद्ध एवं बोधिसत्वों की मूर्तियों का एक ही स्कन्ध ढंग दर्शाया गया है।
- वस्त्र शरीर से चिपके हैं। वस्त्रों पर धारीदार सलवटें कलात्मक ढंग से प्रदर्शित की गई हैं। बाहरी एवं आन्तरिक सौन्दर्य का समन्वय है।

सारनाथ एवं कौशाम्बी कला शैली

गान्धार तथा मथुरा के अलावा सारनाथ से भी कुषाणकालीन बोधिसत्व की एक विशाल मूर्ति मिली है, जो खड़ी मुद्रा में है। इसके ऊपर कनिष्क सम्वत् 3 की तिथि खुदी है। कौशाम्बी कला शैली के अन्तर्गत मूर्तियाँ मौर्यकाल के समान चुनार के बलुआ पत्थर से निर्मित हैं। यहाँ बहुसंख्यक मृण्मूर्तियाँ भी बनी थीं, जिनमें स्त्री-पुरुष, पशु-पक्षी, मिथुन, गजलक्ष्मी, सूर्य आदि की मूर्तियाँ प्रमुख हैं। कुछ कला के प्रतीक भागवत धर्म से भी मिलते हैं, मथुरा के समान ही यहाँ से यक्ष की प्रतिमा मिली है, जो मथुरा से भिन्न है।

गान्धार, मथुरा एवं अमरावती शैलियों का तुलनात्मक अध्ययन

आधार	गान्धार	मथुरा	अमरावती
बाह्य प्रभाव	ग्रीक प्रभाव अथवा हैलेनेस्टिक प्रभाव	बाह्य प्रभाव नहीं है/स्थानीय	स्थानीय
पाषाण का प्रकार	काला स्लेटी पाषाण	लाल बलुआ पत्थर	श्वेत संगमरमर
धार्मिक प्रभाव	मुख्यत: बौद्ध मूर्तियाँ	बौद्ध, जैन एवं हिन्दू धर्म की मूर्तियाँ	मुख्यत: बौद्ध मूर्तियाँ
प्रोत्साहन	कुषाण वंश	कुषाण वंश	सातवाहन एवं इक्ष्वाकु वंश
क्षेत्र	उत्तर-पश्चिम भारत	मथुरा, सोंख आदि	कृष्णा गोदावरी की निचली घाटी
विशेषताएँ	उदासीन बुद्ध का चित्रण दाढ़ी, मूँछ, घुँघराले बाल विशाल मस्तक उभारयुक्त मस्तक, जो बुद्ध के सर्वज्ञाता होने का प्रतीक है यूनानी देवता अपोलो की नकल भौतिकता का पुट रोमन टोगा जैसा परिवेश खड़ी एवं बैठी दोनों मुद्राओं में मूर्तियाँ	प्रसन्न मुद्रा में बुद्ध केशविहीन सिर दाढ़ी, मूँछ नहीं हैं भावपूर्ण चेहरा एवं औदात्ययुक्त चेहरा पद्मासन में बैठी मूर्तियाँ जिनमें दायाँ हाथ अभय मुद्रा में तथा बायाँ हाथ पैरों पर रखा हुआ है पद्मपाणि एवं वज्रपाणि रूपों में	विवरणात्मक मूर्तियाँ जातक कथाओं पर आधारित मूर्तियाँ बुद्ध के पूर्व जन्मों में मनुष्य तथा पशु रूप की कथाओं पर आधारित मूर्तियाँ बौद्ध मूर्तियों का निर्माण

गुप्तकालीन मूर्तिकला

- गुप्तकालीन मूर्तिकारों ने कुषाण काल एवं पूर्वमध्यकाल की कला के बीच सन्तुलित समन्वय स्थापित किया है। इस काल में रूपंकरकला चरम पर थी। इस काल की मूर्तियों में महीन काले चित्तीयुक्त कठोर दानेदार पत्थर का उपयोग किया गया है। इस काल की प्रमुख मूर्तियों को निम्नलिखित रूप से वर्गीकृत किया जा सकता है।

बौद्ध मूर्तियाँ

- बौद्ध मूर्तियाँ अभय, वरद, ध्यान, भूमिस्पर्श, धर्मचक्र प्रवर्तन आदि मुद्राओं में हैं। इनमें सारनाथ की बुद्ध मूर्ति सर्वाधिक आकर्षक है। यह लगभग 2 फुट 4.5 इंच ऊँची है। इसमें बुद्ध **पद्मासन** में विराजमान हैं तथा उनके सिर पर अलंकृत प्रभामण्डल है। उनके बाल घुँघराले व कान लम्बे हैं। उनकी दृष्टि नासिकाग्र पर टिकी है। सुल्तानगंज की बुद्ध प्रतिमा ताँबे से निर्मित है तथा 7.5 फुट ऊँची यह मूर्ति **अभय मुद्रा** में है।
- यह एक टन वजनी है तथा वर्तमान में लन्दन के बरमिंघम संग्रहालय में है। मथुरा की गुप्तकालीन बुद्ध मूर्तियों में विशेष रूप से दो उल्लेखनीय हैं। दोनों खड़ी मुद्रा में हैं, जिनकी ऊँचाई 7 फुट, 2.5 इंच के लगभग है। पहली मूर्ति, जो मथुरा के जमालपुर से मिली है, में बुद्ध के कन्धों पर संघाटि है। उनके बाल घुँघराले हैं, कान लम्बे तथा दृष्टि नासिकाग्र पर है। शीर्ष के पृष्ठ भाग में आभामण्डल बना है। गुप्तकाल की बौद्ध मूर्तियों में बोधिवृक्ष का अभाव है।

वैष्णव मूर्तियाँ

- गुप्त शासक वैष्णव मत के पोषक थे। अत: इस काल में भगवान विष्णु की अनेक प्रतिमाओं का निर्माण किया गया। इस काल की विष्णु मूर्तियाँ चतुर्भुजी हैं। उनके सिर पर मुकुट है, गले में हार तथा केयूर एवं कानों में कुण्डल दर्शाया गया है। प्रभामण्डल अलंकृत नहीं है।
- देवगढ़ दशावतार मन्दिर में विष्णु की नाभि से कमल निकलता दर्शाया गया है। कमल पर ब्रह्मा विराजमान हैं, ऊपर आकाश में नन्दी पर सवार शिव-पार्वती, मयूर पर कार्तिकेय तथा ऐरावत पर इन्द्र दर्शाए गए हैं। लक्ष्मी विष्णु के चरणों को दबा रही हैं। विष्णु के इस रूप को **अनन्तशायी** कहा गया है। गुप्त काल में विष्णु के वाराह अवतार की मूर्तियों का भी निर्माण किया गया है। उदयगिरि से इस काल की विशाल **वाराह प्रतिमा** मिली है। इसमें वाराह को, पृथ्वी को अपने दाँतों में उठाए दिखाया गया है। वाराहरूपी विष्णु शेषनाग पर स्थित हैं।

शैव मूर्तियाँ

- विष्णु के अलावा इस काल की बनी शैव मूर्तियाँ लिंग एवं मानव दोनों रूपों में दर्शायी गई हैं। लिंग चतुर्मुख अथवा एकमुखी है, इन्हें मुख लिंग कहा जाता है। इस काल में अन्य हिन्दू–देवताओं की भी मूर्तियाँ मिली हैं; जैसे—सूर्य, यम, ब्रह्मा, कुबेर, गणेश, स्कन्द, इन्द्र व दुर्गा आदि।

मृण्मूर्तिकला

- गुप्तकाल के कुम्भकारों ने विष्णु, कार्तिकेय, दुर्गा, गंगा, यमुना आदि देवी–देवताओं की बहुसंख्यक मूर्तियाँ निर्मित कीं, इनमें चिकनाहट तथा सुडौलता पाई जाती है। गुप्त काल की एक अन्य प्रसिद्ध मूर्ति परिनिर्वाण मूर्ति है, जो गोरखपुर के समीप कुशीनगर में परिनिर्वाण मन्दिर में स्थापित है। इसमें बुद्ध को पश्चिम की ओर मुख तथा उत्तर की ओर सिर रखकर सोते हुए दर्शाया गया है।

दक्षिण भारतीय मूर्तिकला

दक्षिण भारतीय मूर्तिकला को निम्नलिखित प्रकार में वर्गीकृत किया जा सकता है

अमरावती मूर्तिकला

- इस शैली की प्रतिमाओं का विकास दक्षिण भारत में गोदावरी तथा कृष्णा नदियों के बीच 'अमरावती' नामक स्थान पर हुआ। इसे बौद्ध धर्म से प्रेरणा मिली और **सातवाहन** राजाओं का संरक्षण मिला।
- अमरावती में न केवल स्तूप की बाड़ या वेष्टनी संगमरमर की थी, अपितु ये सारा गुम्बद इसी पत्थर के शिला–फलकों से ढका हुआ था। भरहुत की भाँति इसकी सारी बाड़ मूर्तियाँ अलंकृत थीं, किन्तु ये यहाँ की मूर्तियों से कई दृष्टियों से भिन्न हैं।
- इनमें बुद्ध को प्रतीकों तथा मूर्तियों दोनों प्रकार से व्यक्त किया गया है। अत: यह भरहुत और साँची तथा मथुरा और गान्धार कलाओं का संक्रान्ति काल माना जाता है। यहाँ बुद्ध भगवान की छ:–छ: फुट से ऊँची खड़ी मूर्तियाँ बहुत ही गम्भीर, उदासीन और वैराग्य–भाव से परिपूर्ण हैं।
- इसके अतिरिक्त यहाँ बड़े कठिन आसनों में सुन्दर पतली और प्रसन्न आकृतियाँ अंकित हैं। दृश्यों में बहुत अधिक ब्यौरा भरने का यत्न किया गया है। वनस्पतियों और पुष्पों के विशेषत: कमलों के अलंकरण बहुत सुन्दर हैं। सारी कला भक्ति–भाव से ओत–प्रोत है।
- बुद्ध के चरण चिह्न के सम्मुख नत उपासिकाओं का दृश्य बहुत भव्य है। अमरावती से प्राप्त स्वतन्त्र बुद्ध मूर्तियों के बाल घुँघराले हैं, उनके कन्धों पर संघाटि वस्त्र हैं। इन मूर्तियों का काल ईसा की दूसरी शती माना जाता है।

चालुक्य मूर्तिकला

- वास्तुकला के अलावा चालुक्य काल में मूर्तिकला का भी विकास हुआ। मूर्तियों पर गुप्त तथा पल्लव शैलियों का प्रभाव दृष्टिगोचर होता है। अधिकतर मूर्तियों का निर्माण मन्दिरों को सजाने के लिए किया गया। गुफा स्तम्भों तथा छतों पर बड़ी संख्या में मूर्तियाँ उत्कीर्ण की गई हैं।
- इनमें पौराणिक कथाएँ हैं। बादामी की गुफा संख्या–1 में **नटराज शिव** की 16 भिन्न–भिन्न मुद्राओं में मूर्तियाँ उत्कीर्ण हैं। इसके अलावा विष्णु, गजलक्ष्मी, पार्वती तथा काल्पनिक पशु आदि भी बनाए गए हैं।
- अजन्ता तथा **ऐलोरा** दोनों ही चालुक्य साम्राज्य में थीं। अत: इन गुफाओं में से कुछ में चालुक्य काल की भी मूर्तियाँ उत्कीर्ण की गईं।
- अजन्ता की मूर्तियों में सबसे प्रसिद्ध मूर्ति **महापरिनिर्वाण मूर्ति** है। यह मूर्ति गुफा संख्या 26 में उत्कीर्ण की गई है। इस मूर्ति में बुद्ध दाहिने हाथ का सिरहाना बनाकर सो रहे हैं, नीचे उनके अनुयायी विलाप कर रहे हैं। ऊपर की ओर अनेक दैवीय संगीतज्ञ दर्शाए गए हैं। इसके अलावा गुफा संख्या 19 में नागराजा एवं उसकी रानी की मूर्ति उत्कीर्ण की गई है। गुफा संख्या 2 में हारीति माता की मूर्ति उत्कीर्ण है।

बाहुबली

बाहुबली, प्रथम जैन तीर्थकर ऋषभदेव के ज्येष्ठ पुत्र थे। सत्ता के लिए अहिंसक संघर्ष में उन्होंने अपने अनुज भरत को परास्त किया, किन्तु सांसारिक सुखों से मोहभंग हो जाने के कारण उन्होंने राजगद्दी छोड़ दी और भरत को शासक बना दिया। वे स्वयं कैलाश पर्वत पर तपस्या करने चले गए, जहाँ कङ्गिन तप के पश्चात् उन्हें कैवल्य की प्राप्ति हुई।

बाहुबली की अनेक विशालकाय प्रतिमाएँ निर्मित की गई हैं, जिनमें सबसे प्रसिद्ध है कर्नाटक के हासन जिले के श्रवण बेलगोला में स्थित मूर्ति। 17 मीटर ऊँची यह एकाश्मक प्रतिमा खड़ी मुद्रा में है। इसका निर्माण 983 ई. में गंगवंश के मन्त्री चामुण्डराय द्वारा करवाया गया था। यह विश्व की विशालतम स्वतन्त्र खड़ी मूर्तियों में से एक है।

राष्ट्रकूट मूर्तिकला

- गुप्त तथा चालुक्य शैली से प्रेरणा लेकर राष्ट्रकूटों ने अनेक सुन्दर मूर्तियाँ निर्मित कीं। ऐलोरा तथा एलीफेण्टा अपनी मूर्तिकारी के लिए विश्व प्रसिद्ध हैं। ऐलोरा में शिव की तीन शक्तियों—उत्पत्ति, स्थिति व विनाश से सम्बन्धित मूर्तियाँ उत्कीर्ण हैं।
- **कैलाश मन्दिर** में उत्कीर्ण रावण के द्वारा कैलाश पर्वत को उठाने वाली मूर्ति उल्लेखनीय है। वाराह एवं नरसिंह रूपी वैष्णव मूर्तियाँ भी उल्लेखनीय हैं। एलीफेण्टा की उत्कीर्ण मूर्तियाँ मूर्तिशिल्प के चरमोत्कर्ष को सूचित करती हैं।
- यहाँ की गुफा में शिव, ब्रह्मा, यम, गणेश, स्कन्द आदि की मूर्तियाँ निर्मित हैं। उत्तरी द्वार पर स्थित विश्व प्रसिद्ध त्रिमूर्ति है, जो समस्त राष्ट्रकूट कला की सर्वोच्च रचना है। इस मूर्ति का तादात्म्य शिव के तीन रूपों—शान्त, उग्र तथा शक्ति से करते हुए, इसे 'महेश मूर्ति' की संज्ञा दी गई है।

चोल मूर्तिकला

- मन्दिर स्थापत्य के साथ–साथ चोल काल में पत्थर तथा धातु की बहुसंख्यक मूर्तियों का भी निर्माण करवाया गया। आकृतियाँ इतने उभार के साथ निर्मित हैं कि दीवार के सहारे सजीव खड़ी प्रतीत होती हैं। अंग–प्रत्यंगों को सूक्ष्मता के साथ गढ़ा गया है। देवी–देवताओं की ही मूर्तियाँ अधिक हैं। चूँकि चोल शासक उत्साही शैव थे। अत: इस काल में अधिकांश शैव मूर्तियाँ निर्मित हुई हैं।
- पत्थरों की अपेक्षा काँस्य मूर्तियाँ अधिक निर्मित हुई हैं। सर्वाधिक सुन्दर मूर्तियाँ **नटराज शिव** की हैं। त्रिचरापल्ली (तमिलनाडु) के **तिरुभरंगकुलम्** से नटराज की एक विशाल काँस्य प्रतिमा मिली है, जो वर्तमान में दिल्ली संग्रहालय में है।
- चोल मूर्तिकला मुख्यत: वास्तुकला की सहायक थी, यही कारण है कि अधिकांश मूर्तियों का निर्माण मन्दिरों को सजाने के लिए किया गया है। केवल धातु मूर्तियाँ ही स्वतन्त्र रूप से निर्मित हैं। गंगैकोण्डचोलपुरम् की **चण्डेशानुग्रह मूर्तियाँ** सर्वाधिक विख्यात हैं।

- इसमें भक्त चण्डेश के ऊपर शिव कृपा के दृश्य को कुशलतापूर्वक गढ़ा गया है। **दारासुरम्** का मन्दिर तो मूर्तियों का विशाल संग्रह ही है, जहाँ नाट्यशास्त्र की समस्त मुद्राओं का अंकन किया गया है।

होयसल मूर्तिकला

- दक्षिण कर्नाटक, मैसूर की होयसल शैली (12-13वीं सदी) में सूक्ष्मकणीय गहरे रंग की स्तरित चट्टान का उपयोग किया गया है। यह चट्टान पत्थर से अधिक धात्विक चमक से युक्त होती है। यहाँ के मन्दिरों की मूर्तियों के अलावा दीवारों पर उत्कीर्ण मूर्तियाँ भी उल्लेखनीय हैं।

पूर्वमध्यकालीन मूर्तिकला

- पूर्वमध्यकाल में गुर्जर-प्रतिहारों ने विष्णु के ब्रह्माण्डीय रूप, शिव-पार्वती विवाह आदि की मूर्तियाँ निर्मित करवाईं। 12वीं सदी में **गहड़वाल** राजाओं के काल में **रजोरगढ़** में स्त्री केश विलास शैली की उत्कृष्ट मूर्तिकला के उदाहरण मिलते हैं।
- **चन्देलकाल** में स्त्रियों की अति संवेदनशील मूर्तियाँ बनाई जाने लगीं। **खजुराहो** (मध्य प्रदेश) की मूर्तियों में रतिक्रिया का प्रदर्शन किया गया है, हालाँकि इन पर अश्लीलता का भी आरोप लगता है, किन्तु कलात्मकता की दृष्टि से ये प्रशंसनीय कृतियाँ हैं। स्त्री की उत्कण्ठा, प्रतीक्षा, दिवास्वप्न आदि मन:स्थितियों की अभिव्यक्ति संवेदनशील एवं कल्पनाशील शैली में की गई है।

पूर्वमध्यकालीन मूर्तिकला की प्रमुख विशेषताएँ निम्नलिखित हैं

- मूर्तियों का निर्माण चूना-पत्थर से हुआ है।
- राजपूतकालीन मूर्तियाँ भावपूर्ण, सुन्दर, पूर्ण आकार वाली तथा सजीव हैं।
- देवताओं की मूर्तियों में अनेक हाथ निर्मित हैं।
- इस काल की मूर्तियों में गुप्तकाल की मूर्तियों की विशेषताएँ दिखाई देती हैं।

पाल शैली

- यह शैली बंगाल के पाल वंश से सम्बन्धित है। इसे **पूर्वी भारतीय शैली** भी कहा जाता है। इसकी विशेषता यह है कि इसमें चिकने काले रंग के कसौटी वाले पाषाण तथा धातुओं की सहायता से मूर्तियों का निर्माण किया गया। इसका प्रवर्तक **धीमान** तथा **विपत्तपाल** को माना जाता है।
- इस शैली में ब्राह्मण, बौद्ध तथा जैन धर्म से सम्बन्धित अनेक देवी-देवताओं की मूर्तियाँ बनाई गई हैं। ये मूर्तियाँ नालन्दा, बोधगया, राजगृह, कुर्कीहार, भागलपुर आदि से मिली हैं। ये हाथ से निर्मित हैं तथा इनमें मौलिकता का अभाव है। बुद्ध की मूर्तियों को भी आभूषणों से लादा गया है।
- अनेक बुद्ध मूर्तियों को हिन्दू देवी-देवताओं को अपमानित करते हुए दिखाया गया है, जो कि **धार्मिक असहिष्णुता** का द्योतक है। पाल काल में बौद्ध स्मारक स्थलों का अधिकतम विकास हुआ है। मूर्तिकला का ह्रास होकर यह कलात्मक मनोरंजन बनकर रह गया है।

मध्यकालीन मूर्तिकला

- मुस्लिम शासकों ने मूर्तिकला को संरक्षण नहीं दिया। क्षेत्रीय स्तर पर जगन्नाथपुरी के मन्दिर की मूर्तियाँ, उड़ीसा मन्दिर की मूर्तियाँ, कोणार्क मन्दिर की मूर्तियाँ, तंजौर मन्दिर की मूर्तियाँ तथा विजयनगर की मूर्तियाँ निर्मित हुईं।

विजयनगर काल में मूर्तिकला

- विजयनगर दक्षिण भारत में अन्तिम हिन्दू साम्राज्य था। 1336 से 1565 ई. तक इस साम्राज्य के शासनकाल में हम्पी, ताड़पत्री, कांचीपुरम आदि स्थानों पर अनेक सुन्दर मन्दिरों का निर्माण किया गया। इन मन्दिरों में मूर्तियों का उत्कीर्णन चोल एवं चालुक्य परम्पराओं के आधार पर किया गया।
- इस अवधि में रामायण और महाभारत का वर्णनात्मक रूपों में निरूपण किया गया है। देवी देवताओं की मूर्तियों के अलावा विजयनगर के सम्राटों ने अपनी विशालकाय प्रतिमाएँ भी मन्दिरों में स्थापित करवाईं, ताकि देवताओं का सामीप्य उन्हें अमर बना सके। चिदम्बरम के गोपुरम में कृष्ण देवराय की मूर्ति इसका उत्तम उदाहरण है। इस काल में देवालयों के प्रांगण में विशाल नंदी (शिव का वाहन वृषभ) की मूर्तियाँ भी निर्मित की गईं। हम्पी के विरूपाक्ष मन्दिर के प्रांगण में विशालकाय एकाश्मक नंदी **येदुरू वासवन्ना** इसका उल्लेखनीय उदाहरण है।

चित्रकला

- भारतीय चित्रकला का इतिहास बहुत पुराना है। उत्तर पाषाणकाल के **पुरातत्त्व साक्ष्य** से स्पष्ट होता है कि इस समय की समस्त कलाओं में चित्रकला उत्कृष्टता लिए हुए है। चित्रों के अलंकरण के लिए इस समय सभी प्रकार के रंगों का प्रयोग किया जाता था और इन चित्रों के विषय यद्यपि मनुष्य और पशु-पक्षी सभी हैं, परन्तु पशुओं की प्रधानता है।
- इसके पश्चात् मध्य पाषाणकाल के मनुष्यों ने गुफाओं की दीवारों पर जो चित्र बनाए वे पूर्व पाषाणकाल के चित्रों की अपेक्षा अधिक सजीव हैं। भित्तियों पर बने चित्र उसके मुख्य उदाहरण बाघ अजन्ता बादामी आदि के भित्ति चित्र।

प्रागैतिहासिक चित्रकला

- प्रागैतिहासिक कालीन चित्रकला गुफाओं में शैल चित्रकारी के रूप में है। इन चित्रों को पाषाण कालीन मानव ने अपने पाषाण उपकरणों की मदद से बनाया था।
- इनमें भीमबेटका (मध्य प्रदेश) मिर्जापुर (उत्तर प्रदेश), लखूउध्यार (उत्तराखण्ड) तथा दलाबन्ध (चमोली उत्तराखण्ड) प्रमुख हैं। इन गुफाओं में शिकार के चित्र तथा दैनिक जीवन के चित्र उत्कीर्ण हैं।

भारतीय चित्रकला की प्रमुख शैलियाँ

चित्रकला की प्रमुख शैलियाँ इस प्रकार हैं

अजन्ता शैली

- अजन्ता शैली का विकास शुंग, गुप्त, वाकाटक एवं चालुक्य वंशी राजाओं के काल में हुआ। विषय की दृष्टि से अजन्ता की चित्रकला को **वाचस्पति गैरोला** ने तीन प्रमुख भागों में बाँटा है, जिनके नाम हैं—आलंकारिक रूप, भेदिक और वर्णात्मक।
- **पहली श्रेणी** के चित्रों में पशु-पक्षियों, पुष्प-लताओं, राक्षस, गन्धर्व और अप्सरा आदि को रखा गया है। **दूसरी श्रेणी** के चित्रों में लोकपाल, बुद्ध बोधिसत्व, राजा-रानियों की आकृतियों आदि को रखा गया है। **तीसरी श्रेणी** के चित्रों में जातक कथा से सम्बद्ध चित्र हैं।

बोधिसत्व पद्मपणि एवं बोधिसत्व वज्रपाणि

ये दोनों अजन्ता के सबसे विख्यात चित्र हैं। बोधिसत्व पदमपाणि में बुद्ध को चैतन्ययुक्त महामानव के रूप में चित्रित किया गया है, जोकि शान्ति और विश्वबन्धुत्व का प्रतीक है। बोधिसत्व वज्रपाणि चित्र में बुद्ध को सांसारिक वासनाओं और शत्रुओं के संहारक के रूप में चित्रित किया गया है। ये दोनों चित्र बुद्ध के दो विपरीत स्वभावों का निरूपण करते हैं। बोधिसत्व बौद्ध दर्शन महायान सम्प्रदाय का आदर्श लक्ष्य है।

पाल शैली

- बंगाल में पाल वंश के शासकों **धर्मपाल एवं देवपाल** के शासनकाल (9वीं से 12वीं शताब्दी तक) में विकसित पाल शैली की विषय-वस्तु बौद्ध धर्म से प्रभावित रही है।
- धार्मिकता और आध्यात्मिकता इस शैली की विषय-वस्तु रहे हैं।

दक्कन शैली

- इस शैली का प्रधान केन्द्र बीजापुर था, परन्तु इसका विस्तार गोलकुण्डा एवं अहमदनगर राज्यों में भी था। इस शैली के महान् संरक्षकों में बीजापुर के **अलीशाह** तथा उसके उत्तराधिकारी **इब्राहिमशाह** थे।

गुजराती शैली

- इस शैली को प्रकाश में लाने का श्रेय **आनन्द कुमार स्वामी** को है। अहमदाबाद, मारवाड़, मालवा, जौनपुर, अवध, पंजाब, नेपाल, बंगाल, ओडिशा में इस शैली के चित्र बहुतायत से मिलते हैं।
- गुजराती शैली में अधिकांश प्राकृतिक विषयों; जैसे—पृथ्वी, अग्नि, नदी, सागर, बादल आदि को केन्द्रित किया गया है।

अलवर शैली

- इस शैली की स्थापना 1775 ई. में अलवर के राजा **प्रताप सिंह** ने की थी। इस शैली के चित्रों में मुगलकालीन चित्रों जैसा बारीक काम, परदों पर धुएँ के समान छाया तथा रेखाओं की सुदृढ़ता दर्शनीय है।

राजस्थानी शैली/राजपूत शैली

- राजपूत शैली का विकास राजपूत राजाओं के दरबार में हुआ। इस शैली में अनेक क्षेत्रीय उप शैलियाँ फूली फली, जिनमें मेवाड़ शैली, जयपुर शैली, जोधपुर शैली, किशनगढ़ शैली, बूंदी शैली, कोटा शैली आदि प्रमुख है। **बणी-ठणी** किशनगढ़ शैली की विशेषता है।

मुगल शैली

- **बाबर एवं हुमायूँ** के काल में मुगलकालीन चित्रकला फारसी चित्रकला शैली से पूर्णत: प्रभावित थी, परन्तु अकबर के काल में एक नवीन शैली का विकास हुआ, जो **भारतीय** और **फारसी** चित्रकलाओं का संगम थी।
- मुगल चित्रकला की नींव हुमायूँ द्वारा रखी गई। जब वह फारस से मीर सेय्यद अली तबरीजी तथा अब्दुस्समद शीराजी नामक चित्रकारों को लेकर भारत आया। अकबर स्वयं चित्रकारी का बहुत शौकीन था। उसने एक चित्रशाला का निर्माण करवाया, जिसमें मीर सय्यद अली, अब्दुस्समद, दसवन्त, बसावन, मिस्किन जैसे योग्य चित्रकार थे।
- अकबर के समय में मीर सय्यद अली तथा अब्दुस्समद के नेतृत्व में लगभग पचास चित्रकारों के दल ने मिलकर हम्जनामा (दास्तान-ए-अमीर हम्जा) का चित्रण किया। इसमें अधिकांशत लिनेन पर निर्मित लगभग 1315 चित्र हैं, जो चटकीले रंगों से चित्रित हैं। दसवन्त के चित्र रम्जनामा में मिलते हैं।
- कृशकाय घोड़े के साथ मजनूँ की आकृति का चित्रण वसावन ने किया था। अकबर के काल में भित्ति चित्र की शुरूआत हुई।
- **जहाँगीर** के समय मुगल चित्रकला अपनी पराकाष्ठा पर पहुँच गई। जहाँगीर जब शहजादा था, तभी उसने अकारिजा के नेतृत्व में आगरा में एक चित्रशाला स्थापित की। जहाँगीर के समय में विविध प्रकार के चित्र प्रकृति, पशु-पक्षी, त्योहार, आखेट आदि के चित्र बनाए गए। जब वह बीमार पड़ा तब उसके अत्यन्त भव्य लघु चित्र बनाए गए, जो मुख्यत: अबुलहसन तथा हशीम ने बनाए। विशनदास **मानवाकृति** तथा **छविचित्र** बनाने में माहिर था।
- **शाहजहाँ** ने भी चित्रकला को प्रोत्साहन दिया, परन्तु उसके काल में चित्रों में बनावट तथा तड़क-भड़क ने स्वाभाविकता का स्थान ले लिया। इस काल के चित्रों में सोने तथा कीमती पत्थरों का प्रयोग होने लगा। इसी काल में किनारों पर चित्रकारी (बॉर्डर पेण्टिंग) का विकास हुआ।

काँगड़ा शैली

- इस शैली का विकास कटोच राजवंश के शासक राजा संसार चन्द (1775-1823) के समय हुआ।

गढ़वाल शैली

- गढ़वाल राज्य (जम्मू-कश्मीर) के नरेश पृथपाल शाह (1625-60 ई.) के दरबार में रहने वाले दो चित्रकारों **शामनाथ** तथा **हरदास** ने इस शैली को जन्म दिया।

कम्पनी शैली

- मुगल साम्राज्य के विघटन के उपरान्त अनेक निराश्रित कलाकार पटना (बिहार) में आकर बस गए। इन कलाकारों ने ब्रिटिश शैली एवं मुगल शैली को समाहित करके पटना शैली को विकसित किया।

आधुनिक चित्रकला

- आधुनिक कला शैली 20वीं सदी से प्रारम्भ हुई। राजा रवि वर्मा इसके आरम्भिक चित्रकार थे। राजा रवि वर्मा ने राष्ट्रीय कला शैली की शुरूआत की। पौराणिक चित्रों को राजा रवि वर्मा ने घर-घर लोकप्रिय कर दिया।
- अवनीन्द्रनाथ ठाकुर की अध्यक्षता में एक बंगाली चित्रकारों की टोली ने मुगल राजपूत तथा अजन्ता आदि की चित्रकला का अध्ययन करके एक नवीन परम्परागत भारतीय शैली को जन्म दिया तथा एक जागृति पैदा की इस तरह चित्रकला के क्षेत्र में एक नई क्रान्ति हुई उसे 'नव्य कला आन्दोलन' भी कहते हैं।

चित्रकला के प्रमुख केन्द्र

चित्रकला के प्रमुख केन्द्र इस प्रकार हैं

अजन्ता की गुफाएँ

- इस गुफा के बारे में 1843 ई. में **जेम्स फर्ग्यूसन** के लेखों से संसार को जानकारी मिली। 1840 ई. में मद्रास सेना के एक सिपाही ने इनकी खोज की थी।
- इन गुफाओं के चित्रों का सृजन 200 ई. पू. से लेकर 7वीं शताब्दी तक शुंग, कुषाण, गुप्त आदि शासकों के काल में हुआ। यहाँ कुल 29 गुफाएँ हैं, जिनमें 4 चैत्य और 25 विहार गुफाएँ हैं।

• अजन्ता की गुफाओं के उल्लेखनीय चित्र है; गुफा संख्या 1 की काली राजकुमारी, पुलकेशिन द्वितीय का चित्र। गुफा संख्या 2 का महारानी माया का चित्र तथा महात्मा बुद्ध का जन्म। गुफा संख्या 9 का राजकीय जुलूस का चित्र; गुफा संख्या 16 का मरणासन्न राजकुमारी का चित्र, गुफा संख्या 17 (चित्रकला) के चित्र

एलोरा की गुफाएँ

• महाराष्ट्र राज्य के औरंगाबाद जिले में एलोरा की गुफाएँ शिल्पकला, स्थापत्यकला व चित्रकला का अनुपम समन्वय प्रस्तुत करती हैं। एलोरा की कुल गुफाओं की संख्या 71 हो गई है।

बाघ की गुफाएँ

• ये गुफाएँ मध्य प्रदेश में धार जिले से 97 किमी दूर **विन्ध्य पर्वत** के दक्षिणी ढलान पर हैं, जिनमें अब केवल पाँच बची हैं। इन गुफाओं की खोज 1818 ई. में डेंजर फील्ड द्वारा की गई थी। बाघ के चित्र भाव प्रधान हैं।

• ये गुफाएँ बौद्ध धर्म के **महायान सम्प्रदाय** से सम्बन्धित हैं। यहाँ केवल धार्मिक ही नहीं, बल्कि लौकिक चित्र भी हैं। हाथी खाना, रंगमहल प्रमुख गुफाएँ हैं।

बादामी गुफाएँ

• महाराष्ट्र में मुम्बई के पास बादामी नामक स्थान पर चालुक्य शैली के चार गुहा मन्दिर प्राप्त हुए हैं। इन चार गुफाओं में तीन गुफाएँ ब्राह्मण धर्म व एक जैन धर्म से सम्बन्धित है।

• यहाँ से प्राप्त भित्ति चित्रों में भावपूर्ण शैली दृष्टिगत होती है। यहाँ से प्राप्त चित्रों में स्तम्भ का सहारा लिए आकाश की ओर निहारती विरहिणी का चित्र इन्द्र की सभा का चित्र, सिंहासनासीन राजा-रानी एवं नृत्य आदि उल्लेखनीय हैं।

• इन गुफाओं में मानव के विभिन्न क्रियाकलापों का सजीव चित्रण हुआ है।

जोगीमारा की गुफाएँ

• छत्तीसगढ़ राज्य के सरगुजा जिले में लक्ष्मणपुर से 16-17 किमी की दूरी पर रामगढ़ की पहाड़ी पर स्थित है।

• इनमें 300 ईसा पूर्व के कुछ रंगीन भित्ति चित्र हैं, जिनमें भवनों, पशुओं और मनुष्यों का चित्रण है।

बोरोबुदूर मन्दिर

• बोरोबुदूर जावा में स्थित है। यहाँ पर निर्मित बोरोबुदूर स्तूप में अनेक शिला पट्टियों पर महात्मा बुद्ध के अनेक जीवन प्रसंगों का चित्रण किया गया है।

अंकोरवाट मन्दिर

• कम्बोडिया स्थित कम्बोज राजा सूर्यदेववर्मन द्वितीय द्वारा निर्मित अंकोरवाट मन्दिर में रामायण, महाभारत तथा पुराणों के गाथा चित्र, गन्धर्व, यक्ष, किन्नर आदि के चित्र अंकित हैं, जो चित्रकला की दृष्टि से उत्कृष्ट चित्र हैं।

काँचीपुरम मन्दिर

• दक्षिण भारत में काँचीपुरम चित्रकला की दृष्टि से महत्त्वपूर्ण केन्द्र था। यहाँ 8वीं शताब्दी में निर्मित बेकुण्ठ पेरुमल मन्दिर से एक सुन्दर नारी का चित्र मिला है, जो आभूषणों से अलंकृत है।

तन्जौर मन्दिर

• यह नगर यहाँ पर स्थित वृहदेश्वर मन्दिर के भित्ति चित्रों के लिए विख्यात है। इन भित्ति चित्रों पर दक्षिण शैलियों एवं चित्रकला का प्रभाव है। मुख्य चित्रों में शामिल हैं—दो नृत्कीयों का नृत्य देखते हुए भगवान शिव, वादन करते गन्धर्व और भगवान विष्णु का चित्र।

लोपाक्षी मन्दिर

• हैदराबाद के समीक्ष अनन्तपुर स्थित लोपाक्षी मन्दिर भारतीय भित्ति चित्रों की परम्परा का अन्तिम उदाहरण है। यहाँ शैव धर्म तथा लौकिक चित्र चित्रित हैं।

• अजन्ता की गुफाओं में मुख्य रूप से उच्च वर्ग की सम्पन्नता को दर्शाया गया है, किन्तु बाघ के चित्रों में मानव के लौकिक जीवन को खूबसूरती से उभारा गया है।

• अकबर के दरबारी चित्रकार मीर सय्यद अलीफ को मुगल कला शैली का जन्मदाता कहा जाता है।

सुप्रसिद्ध चित्र और उनके चित्रकार

चित्र	चित्रकार
स्वतन्त्रता का स्वप्न, औरंगजेब का बुढ़ापा, ताज को निहारता, शाहजहाँ, वन साम्राज्ञी, कृष्णलीला/ताजमहल और शाहजहाँ की मृत्यु, भारतमाता, रवीन्द्रनाथ का महाप्रयाग, बुद्ध और सुजाता	अवनीन्द्रनाथ टैगोर
प्रोफेशनल मॉडल, भिखमंगें, पहाड़ी स्त्रियाँ, श्रृंगारित वर-वधु, पणिहारिन, एलीफैण्ट्स बाथिंग इन ग्रीन पूल, भारतीय लड़कियाँ, नारी	अमृता शेरगिल
काला चाँद	सतीश गुजराल
औरत	रवीन्द्रनाथ टैगोर
हनुमान को अँगूठी देते राम, अम्बा विलास, शिक्षक के रूप में बुद्ध, लंका तक का पुल निर्माण, मृग तृष्णा, स्वर्ण मृग श्रृंगार, दमयन्ती, स्वर्ण पर्वत	के वेकटप्पा
पक्षी के लिए नारी, एक बन्दी राजकुमारी का अनूठा अफसाना, माँ से विदा लेते चैतन्य	मकबूल फिदा हुसैन
यक्ष पत्नी	गगनेन्द्रनाथ टैगोर

लोक चित्रकला

लोक चित्रकला भारत के ग्रामीण अंचलों की चित्रकला है। इसकी उल्लेखनीय शैलियाँ निम्नलिखित हैं

पटचित्र

• यह ओड़िशा की लोक चित्रकला है। इसके अन्तर्गत भगवान जगन्नाथ, उनकी बहन सुभद्रा तथा भाई बलभद्र के चित्र बनाए जाते हैं।

कलमकारी

• यह आन्ध्र प्रदेश व तमिलनाडु के आन्ध्र-समीपवर्ती क्षेत्रों में सूती-कपड़े पर कलम की सहायता से बनाई जाती है। श्री कलहस्ती इसका प्रमुख केन्द्र है।

मधुबनी लोक चित्रकला

• इस कला का प्रमुख केन्द्र मधुबनी जिले का एक छोटा-सा गाँव जितवारपुर है। इस शैली के चित्रों का विषय धार्मिक और लोक-जीवन की कथाओं से जुड़ा हुआ है।

• सुनियोजित रंगों का प्रयोग तथा कपड़ों पर हाशिया के रूप में चित्रण इस चित्रकला की प्रमुख विशेषता है।

लेखन कला

- लेखन कला प्राचीन ऐतिहासिक संस्कृति को समझने का एक प्रमुख साधन है। लेखन कला ने न केवल मानव संस्कृति व इतिहास को सुरक्षित रखने में योगदान दिया है बल्कि लिपि, भाषा और मनुष्य की चिन्तन धारा को भी काफी प्रभावित किया है।

भारत में लेखन कला का विकास

- प्राचीन भारत में लेखन कार्य प्रमुखतः ताड़पत्र, भूर्जपत्र तथा ताम्रपत्र पर किया जाता था। भारत में लेखन के लिए कागज का प्रयोग एक हजार साल पहले से हो रहा है। प्राचीन भारत में इनके अलावा अगरूपत्र, कपड़ा, काँच, काष्ठ, चमड़ा, पाषाण, स्वर्ण व रजतपत्र, मिट्टी की ईंटों व मुहरों तथा शंख आदि वस्तुओं का भी लेखन के लिए उपयोग हुआ है।

शैल चित्र पर लेखन

- भीमबेटका, पंचमढ़ी, मिर्जापुर, आदमगढ़, होशंगाबाद आदि स्थानों से दस-से-पन्द्रह हजार वर्ष पुराने शैल चित्र मिले हैं। इन शैल चित्रों पर लेखन कार्य हुआ है। इन पर लाल, हरे और सफेद रंगों से लिखा गया है। भीमबेटका तथा कुछ अन्य स्थानों के शैल चित्रों के साथ संक्षिप्त 'ब्राह्मी लेख' भी मिले हैं। इससे स्पष्ट होता है कि प्राचीन भारत में लेखन-सामग्री के तौर पर शिलाखण्डों और प्राकृतिक रंगों का प्रयोग होता था।

सिन्धु सभ्यता में लेखन

- सिन्धु लिपि में लगभग 64 मूल चिह्न एवं 250 से 400 तक अक्षर हैं। इस लिपि का सबसे पुराना नमूना 1833 ई. में मिला था और वर्ष 1923 तक पूरी लिपि प्रकाश में आ गई, किन्तु यह अभी तक पढ़ी नहीं जा सकी है।
- लिपि भाव चित्रात्मक है तथा प्रत्येक अक्षर किसी ध्वनिभाव या वस्तु का सूचक है। यह क्रमशः दाईं ओर से बाईं ओर तथा बाईं ओर से दाईं ओर लिखी जाती है। इस पद्धति को बोस्ट्रोफेदोन कहा गया है। लिपि पर सबसे ज्यादा चिह्न 'U' आकार का तथा सबसे ज्यादा प्रचलित चिह्न मछली का है। इस प्रकार सिन्धु सभ्यता में लेखन कला का विकास तो था, लेकिन उसे अभी तक पढ़ा नहीं जा सका है।

वैदक काल में लेखन

- वैदिक काल में लेखन कला के सम्बन्ध में विद्वानों में मतभेद हैं। मैक्समूलर जैसे इतिहासविदों का मत है कि वेदों और ब्राह्मण ग्रन्थों में लिपि तथा लेखन-सामग्री का कोई उल्लेख नहीं है, परन्तु कुछ विद्वानों का मत वैदिक काल के लेखन के अस्तित्व के सम्बन्ध में प्रमाण उपलब्ध हैं।
- यह सही है कि वेदों को श्रुति (श्रवणीय रचना) कहा जाता है, परन्तु शतपथ ब्राह्मण का वचन है कि कामदेव ऋषि ने ऋचा 'देखकर सम्पादन' किया। उसी तरह ऐतरेय ब्राह्मण का उल्लेख है कि ऋषि ने 'ऋचा देखकर' पढ़ी। ऋग्वेद में गाय के कान पर पहचान के लिए, अंक-संकेत, दागने का उल्लेख है। सारांश यह है कि उस समय श्रवणीय रचनाएँ लिखित रूप में भी उपलब्ध रही हैं।

बौद्ध तथा जैन काल में लेखन

- इस काल में भारत में लेखन कला का विकास हो चुका था। पालि तथा प्राकृत भाषा में अनेक ग्रन्थों की रचना इस काल में हुई।

मौर्य तथा गुप्त काल में लेखन

- मौर्य काल में अशोक ने अपने शिलालेखों में ब्राह्मी, अरामाइक, खरोष्ठी लिपि में अपने उपदेशों को लिखवाया था। गुप्त काल में चन्द्रगुप्त मौर्य के नौ-रत्नों में शामिल कालिदास ने संस्कृत में 'मेघदूत' समेत अनेक कालजयी ग्रन्थों की रचना की।

मध्य काल में लेखन कला

- मध्य काल में अरब एवं तुर्क आक्रमण के पश्चात् भारत में तुर्की तथा फारसी भाषा के अनेक ग्रन्थों की रचना हुई। बाबर ने तुर्की भाषा में 'तुजुक-ए-बाबरी' की रचना की। इस काल में ही उर्दू का विकास हुआ, जिसमें अनेक ग्रन्थ लिखे गए।

आधुनिक काल में लेखन कला

- 23 जून, 1757 के प्लासी युद्ध के बाद भारत में अंग्रेजों का आधिपत्य स्थापित हो गया। इसके परिणामस्वरूप मैकाले की शिक्षा-नीति के कारण अंग्रेजी शिक्षा का विकास हुआ। अंग्रेजी के विकास के कारण अनेक भारतीयों ने इस भाषा का प्रयोग अपने लेखन कार्य में किया। इस काल में हिन्दी के साथ-साथ अंग्रेजी में भी अनेक पुस्तकों की रचना हुई।

धातु कला

- धातुओं को पिघलाकर इनसे कलात्मक वस्तुएँ बनाने की कला को धातु कला कहा गया। इसका प्रादुर्भाव सैन्धव सभ्यता के समय हो चुका था। प्राचीनकाल से ही हमारे देश में धातु से जलपात्र, मूर्तियाँ, बर्तन एवं मन्दिरों की घण्टियाँ बनाई जाती रही हैं। धातु कला का निरन्तर विकास हुआ है। धातु की चादरों से विविध प्रकार के सामान बनाने के लिए **डीप रिवाइज वर्क** तकनीक का प्रयोग किया जाता है।
- भारत में धातु शिल्प कला के महत्त्वपूर्ण केन्द्र हैं—मद्रास, तिरुचिरापल्ली, तंजौर, मुम्बई, भुज तथा वाराणसी। ताँबे, काँसे व पीतल की धातु कार्य के लिए उत्तर प्रदेश का मुरादाबाद जनपद तथा हरियाणा का जगाधरी प्रसिद्ध है, जहाँ शिल्पकार मशीनों के सहयोग से सुन्दर कलाकृतियाँ बनाते हैं। घण्टी एवं घण्टियों को बनाने के प्रमुख केन्द्र केरल, बिहार, ओडिशा व असम हैं।

काँस्य धातु की कला

- ताँबा एवं टिन को पिघलाकर काँसा बनाया जाता है। यह तकनीक सिन्धु घाटी सभ्यता में ही विकसित हो गई थी। यही कारण है कि सिन्धु घाटी सभ्यता को काँस्ययुगीन सभ्यता भी कहा जाता है।
- मोहनजोदड़ो से प्राप्त काँसे की नग्न नर्तकी की मूर्ति धातु कला का श्रेष्ठ उदाहरण है। इसी तरह सुत्कागेण्डोर से प्राप्त ताँबे की कुल्हाड़ी, चान्हूदड़ो से प्राप्त काँसे का खिलौना गाड़ी, कुणाल से प्राप्त चाँदी के मुकुट प्रमुख धातु कला के उदाहरण हैं।

ढोकरा धातु शिल्प कला

- बस्तर के ढोकरा हस्तशिल्प को भौगोलिक उपदर्शक की स्थिति प्राप्त है। ढोकरा, लुप्त मोम तकनीक के माध्यम से लौह रहित धातु ढालने की कला है। ढोकरा हस्तशिल्प बेस मेटल से बनाए जाते हैं जो काँस्य, निकिल एवं जिंक की मिश्र धातु होती है।

अभ्यास प्रश्न

1. हड़प्पाकाल में स्थापत्य का वृहत् उदाहरण निम्नलिखित में से कौन था?
(a) काँस्य की मूर्ति (b) वृहत् स्नानागार
(c) अन्नागार (d) गोदीवाड़ा

2. हड़प्पाकालीन मुहरों का आकार क्या था?
(a) बेलनाकार (b) वर्गाकार
(c) आयताकार (d) ये सभी

3. अशोक द्वारा निर्मित एकाश्मक स्तम्भ का निर्माण किससे हुआ था?
(a) चुनार बलुआ पत्थर से
(b) राजस्थान के संगमरमर से
(c) टोपरा के काले पत्थर से
(d) तंजौर के बलुआ पत्थर से

4. साँची का स्तूप किसके द्वारा बनवाया गया था?
(a) चन्द्रगुप्त (b) अशोक
(c) बिन्दुसार (d) घनानन्द

5. भरहुत स्तूप की खोज किसने की थी?
(a) मार्टिकर व्हीलर (b) जेम्स स्मीथ
(c) कनिन्घम (d) कर्नल टॉड

6. ग्रीक राजा के राजदूत हेलियोडोरस ने कौन-सा स्तम्भ स्थापित करवाया था?
(a) सारनाथ (b) लुम्बिनी
(c) बेसनगर (d) मथुरा

7. मौर्यकालीन बराबर की गुफाएँ किस राज्य में स्थित हैं?
(a) उत्तर प्रदेश (b) मध्यप्रदेश
(c) महाराष्ट्र (d) बिहार

8. दिल्ली के महरौली में गरुड़ ध्वज की स्थापना किसने की थी?
(a) चन्द्रगुप्त मौर्य (b) चन्द्रगुप्त द्वितीय
(c) अशोक (d) बिन्दुसार

9. निम्नलिखित में से कौन-सा कथन सत्य है?
1. चैत्य गुफाएँ भजन पूजन के लिए थी
2. बिहार गुफाएँ उपासकों के रहने के लिए थी

कूट
(a) 1 (b) 1 तथा 2
(c) केवल 2 (d) न तो 1 न ही 2

10. गुप्तकालीन स्थापत्य के सम्बन्ध में निम्नलिखित कथनों पर विचार करें
1. यह स्थापत्य का स्वर्णयुग था
2. दशावतार मन्दिर का निर्माण इसी काल में हुआ

उपरोक्त में से कौन-सा/से कथन सत्य है/हैं
(a) केवल 1
(b) केवल 2
(c) 1 तथा 2
(d) न तो 1 न ही 2

11. निम्नलिखित में से किस मन्दिर का निर्माण नागर शैली में नहीं हुआ है?
(a) सूर्य मन्दिर
(b) जगन्नाथ मन्दिर
(c) दिलवाड़ा जैन मन्दिर (d) एहोल मन्दिर

12. अढ़ाई दिन का झोपड़ा का निर्माण किस शासक ने करवाया था?
(a) कुतुबुद्दीन ऐबक (b) इल्तुतमिश
(c) बलवत (d) इब्राहिम लोदी

13. निम्नलिखित में से किस मस्जिद का निर्माण औरंगजेब ने नहीं करवाया था?
(a) मोती मस्जिद (b) जामा मस्जिद
(c) बादशाही मस्जिद (d) रानिया मस्जिद

14. नई दिल्ली का डिजाइन किसने तैयार किया था?
(a) एडवर्ड वर्क (b) एडविन लुटियन्स
(c) ग्रान्ट स्मीथ (d) ताराचन्द

15. हड़प्पा सभ्यता में किससे बनी मूर्तियाँ नहीं मिली हैं?
(a) पत्थर (b) सेलखड़ी
(c) मिट्टी (d) लोहा

16. काँस्य की नर्तकी की मूर्ति किस हड़प्पाई स्थल से प्राप्त हुई हैं?
(a) हड़प्पा (b) मोहनजोदड़ों
(c) लोथल (d) कालीबंगा

17. हड़प्पा सभ्यता से प्राप्त अधिकांश मृण्मूर्तियों का रंग क्या है?
(a) लाल (b) काला
(c) गैरिक (d) इनमे से कोई नहीं

18. हड़प्पा सभ्यता में किस जानवर की मृण्मूर्तियाँ प्राप्त नहीं हुई हैं?
(a) हाथी (b) भालू (c) खरगोश (d) घोड़ा

19. सारनाथ एकाश्मक स्तम्भ का निर्माण किसने करवाया था?
(a) चन्द्रगुप्त मौर्य (b) बिन्दुसार
(c) अशोक (d) स्कन्धगुप्त

20. दीदारगंज की यक्षिणी की मूर्ति कहाँ स्थित है?
(a) पटना (b) गुजरात
(c) मेरठ (d) टोपरा

21. निम्नलिखित में से कौन-सी इण्डो-ग्रीक मूर्तिकला शैली है?
(a) मथुरा (b) गान्धार
(c) बेसर (d) द्रविड़

22. गान्धार कला शैली में किसकी मूर्ति बनाई जाती थी?
(a) ब्रह्मा (b) विष्णु
(c) महावीर (d) बौद्ध

23. मथुरा कला शैली में किस धर्म की मूर्ति का निर्माण हुआ है?
(a) बौद्ध (b) जैन
(c) ब्रह्मण (d) ये सभी

24. वरद मुद्रा का सम्बन्ध किससे है?
(a) महात्मा बुद्ध (b) महावीर स्वामी
(c) विष्णु (d) शिव

25. अर्द्धनारीश्वर की मूर्ति का निर्माण किस शैली में हुआ है?
(a) गान्धार (b) मथुरा
(c) नागर (d) बेसर

26. कायोत्सर्ग मुद्रा का सम्बन्ध किस धर्म की मूर्तियों से है?
(a) बौद्ध (b) ब्राह्मण
(c) जैन (d) आजीवक

27. अमरावती कला में किस पत्थर का प्रयोग होता था?
(a) श्वेत संगमरमर
(b) काला स्केती पाषाण
(c) लाल बलुआ पत्थर
(d) काला पत्थर

28. ऋषभदेव के पुत्र बाहुबली की विशालकाय मूर्ति की स्थापना कहाँ की गई है?
(a) श्रावस्ती (b) शृंगेरी
(c) श्रवणबेलगोला (d) उज्जैन

29. नटराज शिव की मूर्ति का निर्माण किस काल में हुआ
(a) गुप्तकाल (b) मौर्यकाल
(c) चोलकाल (d) राष्ट्रकूट

30. खजुराहो की मूर्तियों की स्थापना किस राज्य में की गई?
(a) उत्तर प्रदेश (b) बिहार
(c) महाराष्ट्र (d) मध्यप्रदेश

31. महान् मूर्तिकाल धीमान और विपत्तपाल को किन राजाओं का समर्थन प्राप्त था?
(a) पाल (b) राष्ट्रकूट
(c) चोल (d) गुप्त

32. चेदूरु वासवन्ना की मूर्ति कहाँ स्थित है?
(a) तंजौर (b) हम्पी
(c) निरात नगर (d) उत्तर प्रदेश

33. कलमकारी चित्रकला-निर्दिष्ट (रेफर) करती है
(a) दक्षिण भारत में सूती वस्त्र पर हाथ से की गई चित्रकारी
(b) पूर्वोत्तर भारत में बाँस के हस्तशिल्प पर हाथ से किया गया चित्रांकन
(c) भारत के पश्चिमी हिमालय क्षेत्र में ऊनी-वस्त्र पर ठप्पे (ब्लॉक) से की गई चित्रकारी
(d) उत्तर-पश्चिमी भारत में सजावटी रेशमी-वस्त्र पर हाथ से की गई चित्रकारी

34. भारत के कला और पुरातात्विक इतिहास के सन्दर्भ में निम्नलिखित में से किस एक का सबसे पहले निर्माण किया गया था?
(a) भुवनेश्वर स्थित लिंगराज मन्दिर
(b) धौली स्थित शैलकृत हाथी
(c) महाबलिपुरम् स्थित शैलकृत स्मारक
(d) उदयगिरि स्थित वराह मूर्ति

35. निम्नलिखित ऐतिहासिक स्थलों पर विचार कीजिए
1. अजन्ता की गुफाएँ
2. लेपाक्षी मन्दिर
3. साँची स्तूप

उपरोक्त स्थलों में से कौन-सा/से भित्ति चित्रकला के लिए भी जाना जाता है/जाने जाते हैं?
(a) केवल 1 (b) 1 और 2
(c) 1, 2 और 3 (d) इनमें से कोई नहीं

36. प्राचीन भारत में गुप्त काल से सम्बन्धित गुफा चित्रांकन के केवल दो उदाहरण उपलब्ध हैं। इनमें से एक अजन्ता की गुफाओं में किया गया चित्रांकन हैं गुप्त काल के चित्रांकन का दूसरा अवशिष्ट उदाहरण किस स्थान पर उपलब्ध है?
(a) बाघ गुफाएँ
(b) एलोरा गुफाएँ
(c) लोमस ऋषि गुफा
(d) नासिक गुफाएँ

37. भारत की कला व संस्कृति के इतिहास के सम्बन्ध में निम्नलिखित युग्मों पर विचार कीजिए

विख्यात मूर्तिशिल्प	स्थल
1. बुद्ध के महापरिनिर्वाण की एक भव्य प्रतिमा, जिसमें ऊपर की ओर अनेक दैवी संगीतज्ञ तथा नीचे की ओर उनके दुःखी अनुयायी दर्शाए गए हैं	अजन्ता
2. प्रस्तर, जिसमें उत्कीर्ण विष्णु के बारह अवतार की विशाल प्रतिमा, जिसमें वह देवी पृथ्वी को गहरे विक्षुब्ध सागर से उबारते दर्शाए गए हैं	माउण्ट आबू
3. विशाल गोलाश्मों पर उत्कीर्ण "अर्जुन की तपस्या/गंगा-अवतरण"	मामल्लपुरम्

उपरोक्त युग्मों में से कौन-सा/से युग्म सही सुमेलित है/हैं?
(a) 1 और 2 (b) केवल 3
(c) 1 और 3 (d) ये सभी

38. भारतीय शिला-वस्तु के इतिहास के सन्दर्भ में, निम्नलिखित कथनों पर विचार कीजिए
1. बादामी की गुफाएँ भारत की प्राचीनतम अवशिष्ट शैलकृत गुफाएँ हैं।
2. बाराबर की शैलकृत गुफाएँ सम्राट चन्द्रगुप्त मौर्य द्वारा मूलतः आजीविकों के लिए बनवाई गई थीं।
3. एलोरा में, गुफाएँ विभिन्न धर्मों के लिए बनाई गई थी।

उपरोक्त कथनों में से कौन-सा/से कथन सही है/हैं?
(a) केवल 1 (b) 2 और 3
(c) केवल 3 (d) ये सभी

39. नागर, द्राविड़ और वेसर हैं
(a) भारतीय उपमहाद्वीप के तीन मुख्य जातीय समूह
(b) तीन मुख्य भाषा वर्ग, जिनमें भारत की भाषाओं को विभक्त किया जा सकता है।
(c) भारतीय मन्दिर वस्तु की तीन मुख्य शैलियाँ
(d) भारत में प्रचलित तीन मुख्य संगीत घराने

40. एलीफैण्टा के प्राचीन स्मारक हैं
1. बौद्ध 2. जैन
3. शैव 4. वैष्णव

कूट
(a) केवल 1 (b) केवल 2
(c) 1 और 2 (d) ये सभी

41. निम्नलिखित मन्दिरों में से किसे शैलकृत स्थापत्य का आश्चर्य माना जाता है?
(a) वृहदीश्वर मन्दिर, तन्जावुर
(b) लिंगराज मन्दिर, भुवनेश्वर
(c) कैलाश मन्दिर, एलोरा
(d) कन्दारिया महादेव मन्दिर, खुजराहो

42. निम्नलिखित युग्मों में से कौन-सा युग्म सुमेलित है?
(a) एलोरा की गुफाएँ - शक
(b) मीनाक्षी मन्दिर - पल्लव
(c) खजुराहो मन्दिर - चन्देल
(d) महाबलीपुरम् के मन्दिर - राष्ट्रकूट

43. भारत में प्रथम मकबरा जो शुद्ध इस्लामी शैली में निर्मित था
(a) हुमायूँ का मकबरा
(b) बलवन का मकबरा
(c) ऐबक का मकबरा
(d) अलाउद्दीन का मकबरा

44. प्राचीन भारत में लेखन कार्य प्रमुखत: किस पर होता था?
(a) ताड़पत्र (b) भूर्जपत्र
(c) ताम्रपत्र (d) ये सभी

45. सिन्धु लिपि का सबसे पुराना नमूना कब मिला था?
(a) 1833 ई. (b) 1834 ई.
(c) 1835 ई. (d) 1836 ई.

46. सिन्धु लिपि पर सबसे ज्यादा किस आकार का चिह्न मिलता है?
(a) A आकार का (b) U आकार का
(c) S आकार का (d) B आकार का

47. पालि तथा प्राकृत भाषा में अनेक ग्रन्थों की रचना किस काल में हुई थी?
(a) सिन्धु सभ्यता (b) वैदिक काल
(c) बौद्ध एवं जैन काल में (d) उपरोक्त में से कोई नहीं

48. अशोक ने अपने शिलालेखों में किस लिपि में अपने उपदेशों को लिखवाया था?
(a) ब्राह्मी (b) अरामाइक
(c) खरोष्ठी (d) ये सभी

49. कालिदास निम्न में से किसका समकालीन था?
(a) अशोक (b) चन्द्रगुप्त मौर्य
(c) बिम्बिसार (d) उदयिन

50. मेघदूत की रचना किसने की थी?
(a) सूरदास (b) कालिदास
(c) कबीर (d) मेगस्थनीज

51. बाबर ने किस भाषा में 'तुजुक-ए-बाबरी' की रचना की थी?
(a) फारसी (b) उर्दू
(c) तुर्की (d) पारसी

52. प्लासी का युद्ध कब हुआ था?
(a) 1757 ई. (b) 1764 ई.
(c) 1857 ई. (d) 1864 ई.

53. सिन्धु घाटी सभ्यता के लोगों को किस धातु कला का ज्ञान नहीं था?
(a) काँस्य (b) ताँबा
(c) टिन (d) लोहा

54. निम्नलिखित में से कौन धातु कला का केन्द्र नहीं है?
(a) तिरुचिरापल्ली (b) तंजौर
(c) इलाहाबाद (d) वाराणसी

55. निम्नलिखित में से कौन घण्टी बनाने का मुख्य केन्द्र है?
(a) केरल (b) बिहार
(c) असम (d) ये सभी

56. काँस्या किन दो धातुओं का मिश्रण है?
(a) ताँबा और सोना
(b) टिन और ताँबा
(c) सोना तथा टिन
(d) लोहा और टिन

57. काँस्य की नग्न मूर्ति किस स्थान से प्राप्त हुई है?
(a) हड़प्पा (b) मोहनजोदड़ो
(c) लोथल (d) कालीबंगा

58. काँस्य की खिलौना गाड़ी किस स्थल से प्राप्त हुई है?
(a) मोहनजोदड़ो (b) चान्हूदड़ो
(c) सुत्कागेण्डोर (d) कालीबंगा

उत्तरमाला

1.	(b)	2.	(d)	3.	(a)	4.	(b)	5.	(c)	6.	(c)	7.	(d)	8.	(b)	9.	(b)	10.	(c)
11.	(d)	12.	(a)	13.	(b)	14.	(b)	15.	(d)	16.	(b)	17.	(a)	18.	(d)	19.	(c)	20.	(a)
21.	(b)	22.	(d)	23.	(d)	24.	(a)	25.	(b)	26.	(c)	27.	(a)	28.	(c)	29.	(c)	30.	(d)
31.	(a)	32.	(b)	33.	(a)	34.	(b)	35.	(b)	36.	(a)	37.	(c)	38.	(c)	39.	(c)	40.	(d)
41.	(c)	42.	(c)	43.	(b)	44.	(d)	45.	(a)	46.	(b)	47.	(c)	48.	(d)	49.	(b)	50.	(b)
51.	(c)	52.	(a)	53.	(d)	54.	(c)	55.	(d)	56.	(b)	57.	(b)	58.	(b)				

अध्याय 23

मध्य प्रदेश का प्रथम स्वतन्त्रता संग्राम एवं राष्ट्रीय आन्दोलन में योगदान

मराठा वंश

- मध्य प्रदेश के **खानदेश** एवं **गोण्डवाना** क्षेत्र में मराठा शासकों ने आधिपत्य किया था। 1722 ई. में पेशवा बाजीराव प्रथम ने मालवा पर प्रथम बार आक्रमण किया था। 1724 ई. में इस भू-भाग पर चौथ वसूली को लेकर युद्ध किया था।
- 1737-38 ई. में पेशवा बाजीराव प्रथम व निजाम को एक सन्धि करनी पड़ी, जिसे **दुरई की सन्धि** कहते हैं।
- पानीपत के तृतीय युद्ध के बाद 1731 ई. में सिन्धिया व होल्कर वंश स्वतन्त्र हो गए।

होल्कर वंश

- इस वंश का संस्थापक मल्हार राव होल्कर थे, जिसने 1732 ई. में इन्दौर (मालवा क्षेत्र) को राजधानी बनाया था।
- 1766 ई. में मल्हार राव की मृत्यु के पश्चात् मालेराव होल्कर शासक बना। 1767 से 1797 ई. तक अहिल्याबाई ने पेशवा की अनुमति से इन्दौर राज्य का प्रशासन सम्भाला।
- तुकोजी तृतीय के समय राज्य का भारत संघ में विलय कर दिया गया।

1732 ई. में मालवा में स्थापित हुए पाँच राज्य

राज्य	वंश
ग्वालियर	सिन्धिया राजवंश
इन्दौर	होल्कर राजवंश
धार	आनन्द राव पँवार वंश
देवास, बड़ी पान्ती	तुकोजी वंश
देवास, छोटी पान्ती	जीवाजी वंश

सिन्धिया वंश

- ग्वालियर में सिन्धिया वंश के संस्थापक राणोजी सिन्धिया थे।
- इस वंश के सबसे प्रतापी शासक महादजी सिन्धिया ने तृतीय मराठा युद्ध में भाग लिया था। उन्होंने 1765 ई. में गोहद के जाट राणा लोकेन्द्र सिंह से ग्वालियर किला जीत लिया था।
- महादजी सिन्धिया ने दिल्ली पर कब्जा करके मुगल सम्राट शाह आलम को गुलाम कादिर के नियन्त्रण से मुक्त कराया, इसके बदले में सम्राट ने महादजी को अपना प्रधानमन्त्री नियुक्त कर सभी प्रशासनिक अधिकार दे दिए।
- 1794 ई. में दौलतराव सिन्धिया महादजी के उत्तराधिकारी बने।
- 1810 ई. में ही दौलतराव सिन्धिया ने ग्वालियर को अपनी राजधानी बनाया। इससे पूर्व सिन्धिया वंश की राजधानी उज्जैन थी।
- इसके बाद जाकोजी (1827-43 ई.), जयाजीराव (1843-86 ई.), माधवराव (1886-1925 ई.) तथा जीवाजी राव शासक हुए।
- सिन्धिया वंश के राजा जीवाजी राव ने वर्ष 1948 में राज्य का भारत संघ में विलय किया तथा वे संयुक्त संघ पहले के राज प्रमुख बनाए गए।
- जीवाजी राव सिन्धिया का निवास स्थल **जयविलास पैलेस** वर्तमान में एक संग्रहालय के रूप में ग्वालियर में स्थित है।

1857 ई. की क्रान्ति एवं मध्य प्रदेश

- 1818 ई. में मध्य प्रदेश के महाकौशल क्षेत्र में सर्वप्रथम अंग्रेजों के विरुद्ध विद्रोह हुआ था, जिसका नेतृत्व नागपुर के शासक **अप्पाजी भोंसले** ने किया था।
- 1833 ई. में रामगढ़ नरेश जुझारु सिंह के पुत्र देवनाथ सिंह ने अंग्रेजों के विरुद्ध विद्रोह किया था।
- 1842 ई. में नरसिंहपुर के जमींदार दिल्हन शाह तथा हीरापुर के किरेनशाह ने अंग्रेजों के विरुद्ध विद्रोह किया।

मध्य प्रदेश में 1857 ई. की क्रान्ति के मुख्य बिन्दु

- 1857 के प्रथम स्वतन्त्रता संग्राम के समय मध्य प्रदेश में सबसे पहले विद्रोह **नीमच** छावनी में 3 जून, 1857 में हुआ।
- कर्नल सोबर्स ने राजपूत सैनिकों की सहायता से इस विद्रोह को दबा दिया।
- तात्याँ टोपे एवं नाना साहेब के प्रयासों से सैनिकों, किसानों व ग्रामीणों के मध्य क्रान्ति सन्देश कमल एवं रोटी के माध्यम से पहुँचाया गया।
- 1857 ई. की क्रान्ति में सिन्धिया तथा भोपाल के नवाब ने अंग्रेजों का साथ दिया, जबकि होल्कर महाराजा ने गुप्त रूप से क्रान्तिकारियों को सहायता दी।

- 14 जून, 1857 को ग्वालियर के निकट मुरार छावनी में सैनिक विद्रोह हुआ। सैनिकों ने विद्रोह कर संचार व्यवस्था भंग कर दी।
- रानी दुर्गावती के वंशज शंकर शाह और उनके पुत्र ने गढ़ा मण्डला में स्वतन्त्रता के लिए विद्रोह किया।
- 20 जून, 1857 को शिवपुरी में विद्रोह हुआ। इसी समय महू छावनी में **शहादत खान** के नेतृत्व में विद्रोह हुआ एवं अंग्रेजी सेना को हार का सामना करना पड़ा।
- प्रथम स्वतन्त्रता संग्राम के समय मुगल शासक बहादुर शाह जफर के शहजादे हुमायूँ ने मन्दसौर में बलायती, देवती एवं सिन्धिया के कुछ सैनिकों की सहायता से एक स्वतन्त्र राज्य की स्थापना की तथा फिरोजशाह के नाम से मन्दसौर पर शासन किया।
- अंग्रेजों की हड़प नीति से नाराज मण्डला जिले की रामगढ़ रियासत की **रानी अवन्तिबाई** ने विद्रोह कर दिया।
- 20 मार्च, 1858 को अंग्रेज सेनापति वार्डन के साथ युद्ध में पराजय होता देख रानी अवन्तिबाई ने अपने प्राणों की आहूति दे दी।
- रानी अवन्तिबाई को रामगढ़ की झाँसी की रानी के नाम से भी जाना जाता है।
- तात्याँ टोपे को सिन्धिया के सामन्त मानसिंह ने धोखे से पकड़वा दिया, जिसके पश्चात् इन्हें शिवपुरी में फाँसी दी गई।

1857 ई. की क्रान्ति के प्रमुख विद्रोही

विद्रोही	सम्बन्धित स्थल
शेख रमजान	सागर
टेण्टया भील	खरगौन
शंकरशाह	गढ़ा मण्डला
राजा ठाकुर प्रसाद	राघवगढ़
नारायण सिंह	रायपुर
शहादत खान	महू (इन्दौर)
रानी लक्ष्मीबाई	झाँसी-काल्पी
तात्याँ टोपे	कानपुर-झाँसी-ग्वालियर
भीमा नायक	मण्डलेश्वर (उज्जैन)
रानी अवन्तिबाई	रामगढ़
झलकारीबाई	झाँसी (लक्ष्मीबाई की अंगरक्षिका)
गिरधारीबाई	रामगढ़ (अवन्तीबाई की अंगरक्षिका)

प्रमुख राष्ट्रीय आन्दोलन एवं मध्य प्रदेश

जबलपुर झण्डा सत्याग्रह

- जबलपुर में कांग्रेस ने अजमल खाँ तथा अन्य कांग्रेसियों के सम्मान में झण्डा फहराने की रणनीति बनाई, जिसका अंग्रेज पुलिस कमिश्नर ने अपमान किया। इस अपमान के विरोध में प. सुन्दरलाल, सुभद्राकुमारी चौहान, लक्ष्मण सिंह चौहान आदि ने जुलूस निकाला।
- राष्ट्रीय ध्वज फहराने पर पं. सुन्दरलाल को 6 माह के लिए कारावास की सजा सुनाई गई। 13 अप्रैल, 1923 को नागपुर में शुरू हुए इस सत्याग्रह के साथ जबलपुर में पुनः झण्डा सत्याग्रह का आयोजन हुआ था।
- इस सत्याग्रह का निर्देशन देवदास गाँधी, रामगोपालाचार्य एवं डॉ. राजेन्द्र प्रसाद ने किया था।
- सरोजनी नायडू तथा मौलाना आजाद की जबलपुर में उपस्थिति के दौरान कन्छोड़ी लाल, बंशालाल एवं काशीप्रसाद ने टाउनहॉल पर फिर से तिरंगा लहरा दिया था।

असहयोग आन्दोलन

- असहयोग आन्दोलन में प्रदेश की जनता ने बढ़-चढ़ कर भाग लिया।
- **प्रभाकर डुण्डीराज** ने मध्य प्रदेश में असहयोग आन्दोलन का नेतृत्व किया था।
- असहयोग आन्दोलन के दौरान वर्ष 1922 में भोपाल रियासत की सीहोर कोतवाली के सामने विदेशी वस्त्रों की होली जलाई गई।

नमक सत्याग्रह

- जबलपुर में सेठ गोविन्द दास तथा प. द्वारिका प्रसाद मिश्र के नेतृत्व में 6 अप्रैल, 1930 में नमक सत्याग्रह की शुरुआत की गई।
- सिवनी जिले के **दुर्गाशंकर मेहता** ने गाँधी चौक पर नमक बनाकर सत्याग्रह की शुरुआत की।

जंगल सत्याग्रह

- वर्ष 1930 में सिवनी, टुरिया तथा घोडा-डोंगरी (बैतूल) के आदिवासियों ने जंगल सत्याग्रह किया।
- घोडा-डोगरी में **गंजनसिंह कोरकू** एवं **बंजारीसिह कोरकू** के नेतृत्व में यह सत्याग्रह हुआ।

चरणपादुका नरसंहार

वर्ष 1931 में छतरपुर क्षेत्र में चरणपादुका ग्राम में स्वतन्त्रता सेनानियों की शान्तिपूर्ण बैठक पर पुलिस ने अन्धाधुन्ध गोलियाँ चलाईं, जिसमें छः सेनानी शहीद हो गए थे।

इसे **मध्य प्रदेश का जलियाँ वाला बाग हत्याकाण्ड** के नाम से भी जाना जाता है। यहाँ गोली चलाने का आदेश कर्नल फिशर ने दिया था।

स्वतन्त्रता के बाद मध्य प्रदेश

- 15 अगस्त, 1947 को स्वतन्त्रता के पश्चात् सभी रियासतों को भारतीय संघ में मिला दिया गया, परन्तु वर्ष 1948-49 के राजनीतिक आन्दोलन के पश्चात् भोपाल के नवाब ने भोपाल रियासत को भारतीय संघ में सम्मिलित करने की घोषणा की।
- 1 जून, 1949 को भोपाल राज्य भारतीय संघ में शामिल किया गया।
- भोपाल के नवाब हमीदुल्ला खाँ 'मेम्बर ऑफ प्रिन्सेप' के दो बार अध्यक्ष बनाए गए थे।
- 1 नवम्बर, 1956 को **मध्य प्रदेश राज्य का गठन** करके **भोपाल को राजधानी** बनाया गया। दोस्त मोहम्मद को वर्तमान भोपाल का संस्थापक माना जाता है।
- 1 नवम्बर, 2000 में मध्य प्रदेश का विभाजन कर नए राज्य छत्तीसगढ़ की स्थापना की गई।

अभ्यास प्रश्न

1. ग्वालियर में सिन्धिया वंश की स्थापना किसने की थी?
(a) माधवराव सिन्धिया (b) जीवाजीराव सिन्धिया
(c) रानोजी सिन्धिया (d) दौलतराव सिन्धिया

2. 1857 के विद्रोह में प्रदेश में सबसे पहले विद्रोह कहाँ हुआ था?
(a) नीमच छावनी (b) लश्कर छावनी
(c) सतना छावनी (d) रायगढ़ छावनी

3. रामगढ़ की झाँसी की रानी उपनाम से कौन प्रसिद्ध है?
(a) रानी दुर्गावती (b) कमलाबाई
(c) रानी अवन्तिबाई (d) इनमें में से कोई नहीं

4. चन्द्रशेखर आजाद की जन्मस्थली भाबरा किस राज्य में स्थित है?
(a) मध्य प्रदेश (b) राजस्थान
(c) पंजाब (d) उत्तर प्रदेश

5. स्वतन्त्रता से पूर्व इन्दौर में किस रियासत का शासन था?
(a) होल्कर (b) मराठा (c) सिन्धिया (d) मालवा

6. भोपाल राज्य भारतीय संघ में कब शामिल हुआ?
(a) 1 जून, 1949 (b) 10 जून, 1949
(c) 15 जून, 1949 (d) 12 जून, 1949

7. भारतीय राष्ट्रीय कांग्रेस की गतिविधियों की शुरुआत मध्य प्रदेश में कब से हुई?
(a) वर्ष 1901 (b) वर्ष 1902
(c) वर्ष 1903 (d) वर्ष 1904

8. ताँत्या टोपे ने कानपुर-झाँसी-ग्वालियर से 1857 के विद्रोह का नेतृत्व किया, उन्हें किसने गिरफ्तार करवाया?
(a) मानसिंह (b) करणसिंह
(c) गिरधर लाल (d) भाई सिंह

9. आदिवासियों ने जंगल सत्याग्रह कब किया?
(a) वर्ष 1910 (b) वर्ष 1920
(c) वर्ष 1930 (d) वर्ष 1940

10. गाँधीजी ने सविनय अवज्ञा आन्दोलन की शुरुआत कहाँ से की?
(a) जबलपुर (b) साबरमती आश्रम
(c) मालवा (d) सिवनी

11. मध्य प्रदेश में किसने असहयोग आन्दोलन का नेतृत्व किया है?
(a) प्रभाकर डुण्डीराज
(b) डॉ. हरिसिंह गौड़
(c) देवदास गाँधी
(d) अब्दुल जब्बार खाँ

12. मध्य प्रदेश में भारत छोड़ो आन्दोलन की शुरुआत कहाँ से हुई?
(a) विदिशा (b) भोपाल
(c) जबलपुर (d) सागर

13. निम्न में से किसको राष्ट्रीय ध्वन फहराने पर छः माह के कारावास की सजा दी गई थी?
(a) पण्डित हरिप्रसाद (b) पण्डित सुन्दरलाल
(c) हरिसिंह गौड़ (d) श्यामलाल वर्मा

14. कौन-सी भारतीय सेना के सहयोग से पाटन (जबलपुर) के तहसीलदार से तहसील भवन पर तिरंगा फहराया था?
(a) 52वीं बटालियन (b) 51वीं बटालियन
(c) गोरखा रेजीमेण्ट (d) मद्रास रेजीमेण्ट

15. रानी दुर्गावती ने मध्य प्रदेश के किस क्षेत्र में शासन किया?
(a) गोण्डवाना (b) महाकौशल
(c) विन्ध्य प्रदेश (d) ग्वालियर

16. कौन-सा स्वतन्त्रता सेनानी मध्य प्रदेश से सम्बन्धित नहीं है?
(a) शंकर शाह (b) सुन्दरलाल बरोह (छतरपुर)
(c) बाबूलाल जैन (सागर) (d) केसरी सिंह बारहाट

17. प्रथम स्वाधीनता आन्दोलन के दौरान सक्रिय स्थलों में कौन-सा मध्य प्रदेश में स्थित नहीं है?
(a) महू (b) नीमच (c) मुरार (d) कालपी

18. निम्नलिखित में से कौन-सा शहीद रीवा से सम्बन्धित नहीं है?
(a) दिनेश चन्द्र पाण्डेय (b) त्रिभुवननाथ तिवारी
(c) भैरव प्रसाद (d) वीर नारायण पाण्डेय

19. नागपुर के अप्पाजी भोंसले ने किस वर्ष विद्रोह किया था?
(a) 1818 ई. में (b) 1817 ई. में
(c) 1816 ई. में (d) 1815 ई. में

20. अप्पाजी भोंसले ने अंग्रेजों को कहाँ पराजित किया था?
(a) मुल्ताई (बैतूल) (b) नीमच
(c) नागपुर (d) मण्डला

21. सुमेलित कीजिए

सूची I (व्यक्ति)	सूची II (स्थल)
A. चन्द्रशेखर आजाद	1. जबलपुर
B. गौरा बाई	2. अलीराजपुर
C. वीर गोण्ड	3. नरसिंहपुर
D. उदयचन्द्र जैन	4. मण्डला

कूट

	A	B	C	D		A	B	C	D
(a)	1	2	3	4	(b)	4	3	2	1
(c)	2	3	1	4	(d)	3	2	1	4

22. ग्वालियर के निकट मुरार छावनी में कब विद्रोह हुआ था?
(a) 14 जून, 1857 (b) 20 जून, 1967
(c) 14 जून, 1958 (d) 15 अगस्त, 1958

23. देशद्रोह का परिचय देते हुए ग्वालियर के महाराज के अंग्रेजों और अपने परिवार को विद्रोहियों से बचाने के लिए कहाँ भेजा था?
(a) नागपुर (b) भोपाल
(c) बड़ौदा (d) आगरा

24. रानी दुर्गावती के वंशज शंकरशाह और उनके पुत्र को किस तिथि को फाँसी दी गई थी?
(a) 18 सितम्बर, 1857 (b) 4 सितम्बर, 1857
(c) 18 सितम्बर, 1858 (d) 10 मई, 1857

25. वर्ष 1931 में स्त्री सेवादल की स्थापना मध्य प्रदेश के किस नगर में हुई थी?
(a) रतलाम (b) सागर (c) खण्डवा (d) सतना

26. वर्ष 1931 के कराची कांग्रेस अधिवेशन में किस राज्य की पीड़ित जनता का मुद्दा उठा था?
(a) ग्वालियर (b) इन्दौर (c) धार (d) राधौगढ़

27. वर्ष 1886 के कांग्रेस अधिवेशन में भाग लेने वालों में कौन मध्य भारत का नहीं था?
(a) सुरेन्द्र नाथ (b) बापूराव
(c) अब्दुल अजीज (d) दादकिने खेड़े

28. 52वीं बटालियन (भारतीय सेना) के सूबेदार का नाम क्या था? जिसने अपने भाषण में स्वाधीनता की उद्घोषणां की?
(a) बलदेव तिवारी (b) रामनाथ शर्मा
(c) शहादत खाँ (d) भागीरथ

29. स्वतन्त्रता संग्रामियों के विद्रोह के कारण इन्दौर से भागकर किस कर्नल ने सीहोर में शरण ली, जिसे भोपाल की बेगम सिकन्दर ने सहायता प्रदान की?
(a) लुडओ (b) कौब (c) ट्रेर्बन (d) ड्यूरेण्ड

30. दिल्ली के शहजादे हुमायूँ ने फिरोजशाह के नाम से बलायती, मेवाती तथा सिन्धिया सेना के कुछ सैनिकों का सहयोग लेकर कहाँ का शासन सम्भाला था?
(a) मन्दसौर (b) नीमच (c) इन्दौर (d) आगरा

31. स्वामी विवेकानन्द ने अपने जीवनकाल में मध्य प्रदेश के किस नगर की दो बार यात्रा की थी?
(a) होशंगाबाद (b) विदिशा (c) खण्डवा (d) बुरहानपुर

32. 6 फरवरी, 1916 को लोकमान्य तिलक ने मध्य प्रदेश के किस नगर में आम सभाएँ सम्बोधित कीं?
(a) खण्डवा (b) बुरहानपुर
(c) 'a' और 'b' (d) इनमें से कोई नहीं

33. महात्मा गाँधी ने खण्डवा की यात्रा किस वर्ष में की थी?
(a) वर्ष 1919 (b) वर्ष 1930
(c) वर्ष 1921 (d) वर्ष 1942

34. रानी लक्ष्मीबाई एवं ताँत्या टोपे की सम्मिलित सेना का 22 मई, 1858 को किस अंग्रेज अधिकारी से युद्ध हुआ?
(a) जनरल ह्यूरोज (b) जनरल नील
(c) केम्पवेल (d) ड्यूरेण्ड

35. आदिवासियों की संगठित सेना ने किसके नेतृत्व में विद्रोह किया था?
(a) भीमा नायक (b) नारायण सिंह
(c) बख्तावर सिंह (d) भागीरथ प्रसाद

36. 1857 ई. के युद्ध में रानी झलकारी बाई ने किसके सहयोगी के रूप में कार्य किया था?
(a) रानी दुर्गावती (b) रानी अवन्तिबाई
(c) रानी लक्ष्मीबाई (d) बेगम हजरत महल

37. रामगढ़ रियासत की रानी अवन्तिबाई का 20 मार्च, 1858 को किस अंग्रेज अधिकारी के नेतृत्व वाली अंग्रेजी सेना से युद्ध हुआ था?
(a) वार्डन (b) ट्रेबर्न
(c) सोबर्स (d) एस्काइन

38. कौन-सा नेता 'भोपाल राज्य हिन्दू सभा' की स्थापना से नहीं जुड़ा है?
(a) पन्त चतुरनारायण मालवीय (b) डॉ. जमुना प्रसाद
(c) लक्ष्मीनारायण सिंघल (d) पण्डित द्वारिकाप्रसाद मिश्र

39. स्वामी दयानन्द सरस्वती ने मध्य प्रदेश में कहाँ आर्य समाज की शाखा खोली?
(a) खण्डवा (b) रायसेन
(c) सतना (d) रायपुर

40. मध्य प्रदेश राज्य का उद्घाटन 26 जनवरी, 1950 को किसने किया था?
(a) पण्डित सुन्दरलाल पटवा
(b) पण्डित जवाहरलाल नेहरू
(c) सरदार पटेल
(d) इनमें से कोई नहीं

41. सिवनी में किस नेता ने गाँधी चौक पर नमक सत्याग्रह किया था?
(a) दुर्गाशंकर मेहता (b) अब्दुल जब्बार
(c) प्रभाकर डुण्डी राज जटार (d) पूनम चन्द राका

42. सिवनी जेल में भारत का कौन-सा नेता बन्दी नहीं रहा था?
(a) सुभाषचन्द्र बोस (b) आचार्य विनोबा भावे
(c) शरदचन्द बोस (d) पण्डित नेहरू

43. किस नेता की अध्यक्षता में भोपाल में अखिल भारतीय देशी राज्य लोक परिषद् की स्थापना हुई?
(a) पण्डित नेहरू (b) सरदार पटेल
(c) पट्टाभि सीतारमैय्या (d) हृदयनाथ कुंजरु

44. ग्वालियर के महाराज ने वर्ष 1940 में किसे तीन वर्ष के लिए ग्राम कल्याण तथा स्थानीय शासन विभाग का प्रभारी मन्त्री नियुक्त किया था?
(a) तख्तमल जैन (b) रामगोपालाचार्य
(c) मौलाना तरजी मशरिकी (d) इनमें से कोई नहीं

45. जबलपुर में किस वर्ष में 'झण्डा सत्याग्रह' प्रारम्भ हुआ था?
(a) वर्ष 1907 (b) वर्ष 1923
(c) वर्ष 1917 (d) वर्ष 1919

46. भारतीय राष्ट्रीय कांग्रेस का वर्ष 1939 का त्रिपुरी सम्मेलन कहाँ हुआ था?
(a) नागपुर (b) इलाहाबाद
(c) जबलपुर (d) रतलाम

47. निम्नलिखित में से किसने 1857 के स्वतन्त्रता संग्राम में अंग्रेजों के साथ संघर्ष किया था?
(a) शहादत खाँ (b) माखनलाल चतुर्वेदी
(c) रामप्रसाद बिस्मिल (d) चन्द्रशेखर आजाद

48. किस अमर शहीद ने अदालत में अपना नाम 'आजाद' पिता का नाम 'स्वाधीन' और घर 'जेलखाना' बताया था?
(a) भगतसिंह (b) चन्द्रशेखर आजाद
(c) राजगुरु (d) रामप्रसाद बिस्मिल

49. किसने वर्ष 1906 में जबलपुर में कांग्रेस का प्रान्तीय अधिवेशन बुलाया था?
(a) गंगाधर चिटनिस (b) पण्डित सुन्दरलाल
(c) नारायण सिंह (d) हरिसिंह गौर

50. मध्य प्रदेश में क्रान्तिकारी दल की स्थापना कहाँ की गई थी?
(a) जबलपुर (b) भोपाल
(c) ग्वालियर (d) इन्दौर

51. सेन्धवा में किसके नेतृत्व में 'आदिवासियों' ने विद्रोह किया था?
(a) भीमानायक (b) कोन्दू
(c) गंजन सिंह (d) वीरसा

52. भोपाल में प्रजामण्डल की स्थापना कब हुई थी?
(a) वर्ष 1922 (b) वर्ष 1930
(c) वर्ष 1938 (d) वर्ष 1939

53. चन्द्रशेखर आजाद ने किस दूसरे नाम से क्रान्तिकारी गतिविधियों का संचालन किया था?
(a) पण्डित हरिशंकर ब्रह्मचारी (b) शचीन्द्रनाथ
(c) श्रीरामानन्द (d) सीताराम

54. 'भोपाल राज्य हिन्दू सभा' की नींव किसने डाली?
(a) नवाब हमीदुल्ला खाँ (b) मास्टर लालसिंह
(c) वीर नारायण सिंह (d) दिनेशचन्द्र पाण्डेय

55. मध्य प्रदेश में नमक सत्याग्रह कब हुआ?
(a) वर्ष 1923 (b) वर्ष 1930
(c) वर्ष 1931 (d) वर्ष 1939

56. मध्य प्रदेश के किस जगह वर्ष 1942 के आन्दोलन में पुलिस वालों की वर्दी उतारी गई थी?
(a) इन्दौर (b) बैतूल
(c) मण्डला (d) रीवा

57. पंजाब मेल के क्रान्तिकारी को फाँसी कहाँ दी गई थी?
(a) जबलपुर (b) इन्दौर
(c) खण्डवा (d) ग्वालियर

58. इन्दौर का सराफा काण्ड कब हुआ था?
(a) मार्च, 1942 (b) मई, 1942
(c) अगस्त, 1942 (d) सितम्बर, 1942

59. वर्ष 1930 के टुरिया जंगल सत्याग्रह का नेतृत्व किसने किया था?
(a) दुर्गाशंकर मेहता (b) गंजन सिंह
(c) सुजान सिंह (d) रामाधीन

60. चरण पादुका नरसंहार किसके आदेश पर किया गया था?
(a) गार्डन कनिंग (b) रिचर्ड्स
(c) ड्यूरेण्ड (d) फिशर

61. मध्य प्रदेश घोड़ा-डोंगरी जंगल सत्याग्रह कब हुआ?
(a) वर्ष 1830 (b) वर्ष 1930
(c) वर्ष 1931 (d) वर्ष 1938

62. महान् शहीद उदयचन्द्र निम्न में से किस स्थान से सम्बन्धित था?
(a) मण्डला (b) रीवा
(c) झाबुआ (d) जबलपुर

63. मध्य प्रदेश का 'जलियाँवाला बाग काण्ड' कौन-सा नरसंहार कहलाता है?
(a) चरण पादुका नरसंहार (b) पंजाब मेल हत्याकाण्ड
(c) सोहावल का संहार (d) उपरोक्त में से कोई नहीं

64. मण्डलेश्वर में क्रान्तिकारी बन्दियों ने कब विद्रोह किया था?
(a) वर्ष 1944 (b) वर्ष 1942
(c) वर्ष 1946 (d) वर्ष 1940

65. खिलाफत आन्दोलन का नेतृत्व मध्य प्रदेश में किसने किया था?
(a) अब्दुल जब्बार (b) अब्दुल हामिद
(c) विलायत खाँ (d) प्रभाकर डुण्डीराज

66. नीमच छावनी के विद्रोह को किसने दबाया था?
(a) कर्नल सी बी सोबर्स (b) कर्नल ड्यूरेण्ड
(c) कर्नल स्टाकटो (d) कैप्टन कोब

67. अंग्रेजों ने मराठों पर प्रभावी नियन्त्रण हेतु कहाँ छावनी स्थापित नहीं की थी?
(a) पन्ना (b) नीमच
(c) महू (d) सागर

उत्तरमाला

1.	(c)	2.	(a)	3.	(c)	4.	(a)	5.	(a)	6.	(a)	7.	(d)	8.	(a)	9.	(c)	10.	(a)
11.	(a)	12.	(a)	13.	(b)	14.	(a)	15.	(a)	16.	(d)	17.	(d)	18.	(d)	19.	(a)	20.	(c)
21.	(c)	22.	(a)	23.	(d)	24.	(a)	25.	(a)	26.	(c)	27.	(a)	28.	(a)	29.	(d)	30.	(a)
31.	(c)	32.	(c)	33.	(c)	34.	(a)	35.	(a)	36.	(c)	37.	(a)	38.	(d)	39.	(a)	40.	(b)
41.	(a)	42.	(d)	43.	(a)	44.	(a)	45.	(b)	46.	(c)	47.	(a)	48.	(b)	49.	(a)	50.	(a)
51.	(a)	52.	(b)	53.	(a)	54.	(b)	55.	(b)	56.	(b)	57.	(a)	58.	(d)	59.	(a)	60.	(d)
61.	(b)	62.	(a)	63.	(a)	64.	(b)	65.	(a)	66.	(a)	67.	(d)						

अध्याय 24

विश्व का इतिहास

विश्व के इतिहास से आशय अतीत से लेकर आज तक पृथ्वी के सभी स्थानों की मानवजाति के इतिहास से है। इसमें गैरमानव इतिहास जैसे प्राकृतिक इतिहास और भूवैज्ञानिक इतिहास शामिल नहीं हैं।

विश्व के महत्त्वपूर्ण साम्राज्य

चीन साम्राज्य

- 19वीं शताब्दी के प्रारम्भ में हींग (चिंग) राजवंश के नेतृत्व में चीन का पूर्वी एशिया पर अधिकार स्थापित था। यद्यपि चीन एक विशाल देश था, किन्तु वह विदेशी शक्तियों द्वारा दी गई सैनिक शक्ति की या नए विचारों की चुनौती का दृढ़तापूर्वक सामना नहीं कर सका और कुछ ही दशकों में अराजकता और अव्यवस्था का शिकार होने लगा। हींग राजवंश राजनैतिक सत्ता को खो बैठा, जिससे देश में गृह युद्ध की स्थिति व्याप्त हो गई।
- चीन एक विशाल महाद्वीपीय देश है, जिसमें भिन्न-भिन्न जलवायु वाले क्षेत्र सम्मिलित हैं। देश का विशाल भाग पहाड़ी है। पीली नदी (ह्वांग हो), यांग्त्सी नदी (छांग जिआंग) और पर्ल नदी इसके मुख्य क्षेत्र की तीन प्रमुख नदियाँ हैं। इनमें यांग्त्सी नदी को विश्व की तीसरी सबसे लम्बी नदी होने का गौरव प्राप्त है।
- चीन के जातीय समूहों में हान सर्वाधिक प्रमुख है। इसकी प्रमुख भाषा चीनी है, किन्तु उइगुर, हुई, मांचू तथा तिब्बती जैसी कई अन्य राष्ट्रीयताएँ भी विद्यमान हैं। इसी प्रकार कैंटनीज़ (उए, कैंटन की बोली) और शंघाईनीज़ (वू, शंघाई की बोली) जैसी बोलियों के साथ-साथ अनेक अल्पसंख्यक भाषाएँ भी अस्तित्व में हैं। चीन में हुए आरम्भिक विद्रोह में सबसे प्रमुख अफीम विद्रोह रहा।

चीन में आधुनिकीकरण का विस्तार

- चीन के आधुनिक इतिहास के निर्माण में सम्प्रभुता की पुनर्प्राप्ति विदेशी प्रभुत्व के अपमान के अन्त तथा समानता एवं विकास को सम्भव बनाने जैसे विषयों की महत्त्वपूर्ण भूमिका रही है। इस सम्बन्ध में चीन में तीन भिन्न-भिन्न प्रकार की विचारधाराएँ सामने आईं
  1. कांगयोवेल (1858-1927 ई.) तथा लियांग किचाउ (1873-1929 ई.) जैसे आरम्भिक सुधारक पारम्परिक विचारों का नवीन एवं भिन्न प्रकार से प्रयोग करके पाश्चात्य चुनौतियों का सामना करना चाहते थे।
  2. गणतन्त्र के प्रथम राष्ट्राध्यक्ष डॉ. सनयात सेन जैसे गणतान्त्रिक क्रान्तिकारियों पर जापानी एवं पाश्चात्य विचारों का स्पष्ट प्रभाव था।
  3. चीन की कम्युनिस्ट पार्टी दीर्घकाल से व्याप्त असमानताओं को समाप्त करके विदेशियों को देश से बाहर करना चाहती थी।

चीन में गणतन्त्र की स्थापना

- चीन में राष्ट्रवादी आन्दोलन का उदय 19वीं शताब्दी के अन्तिम वर्षों में हुआ। 1899 ई. में चीन में विदेशी प्रभाव के विरुद्ध एक प्रबल आन्दोलन हुआ। जिसे 'बॉक्सर आन्दोलन' (Boxer Movement) के नाम से जाना जाता है, किन्तु आन्दोलनकारी अपने उद्देश्य में सफल नहीं हो सके। अगस्त, 1900 ई. में जर्मनी, फ्रांस, ब्रिटेन, अमेरिका और जापान की संयुक्त सेनाओं ने आन्दोलन का सफलतापूर्वक दमन कर दिया। बॉक्सर आन्दोलन की विफलता चीन में राष्ट्रीयता के प्रसार को अवरुद्ध नहीं कर सकी।

बॉक्सर विद्रोह

बॉक्सर विद्रोह साम्राज्यवाद के विरुद्ध लड़ा गया एक किसान विद्रोह था। चीन में इसे तुआन आन्दोलन कहते हैं। इस आन्दोलन के कार्यकर्ता चीनी युद्ध कला का अभ्यास करते थे, जिसमें बॉक्सिंग (मुक्केबाजी) प्रमुख थी। इस आन्दोलन का पहला निशाना ईसाई धर्म का प्रचार करने वाले मिशनरी थे फिर भी इसका असली ध्येय साम्राज्यवाद के विरुद्ध संघर्ष करना था।

इस विद्रोह ने साम्राज्यवादी शासकों और मांचू शासकों पर भी जबरदस्त प्रहार किया। जिसे अन्त में सरकार ने साम्राज्यवादी ताकतों की मदद से इस आन्दोलन को दबाया जिसके परिणामस्वरूप 1910 के प्रोटोकाल पर हस्ताक्षर हुए जिससे चीन में आन्तरिक विद्रोह हुए। इस विद्रोह ने चीन में राजतन्त्र को समाप्त कर दिया और चीनी क्रान्ति को जन्म दिया।

ग्रीक और रोमन साम्राज्य

- **प्राचीन यूनानी सभ्यता** उस संस्कृति को कहते हैं जो यूनान और उसके नज़दीकी क्षेत्रों में लगभग आठवी शताब्दी ईसा-पूर्व से लगभग छठी शताब्दी ईसा तक (यानि करीब 1300 वर्षों तक) विस्तृत थी।
- आधुनिक पश्चिमी संस्कृतियों की सबसे गहरी जड़ इसी सभ्यता को माना जाता है, इसलिए पश्चिमी इतिहासकारों के लिए यूनानी सभ्यता हमेशा बहुत महत्त्वपूर्ण रही हैं। माना जाता है कि इस सभ्यता के बाद आने वाले रोमन साम्राज्य पर प्राचीन यूनान का गहरा असर था और उस साम्राज्य और संस्कृति के कई पहलुओं में यूनानी संस्कृति की छाप देखी जा सकती है।
- **रोमन साम्राज्य** (27 ई० पू० 476 (पश्चिम); 1453 (पूर्व) यूरोप के रोम नगर में केन्द्रित एक साम्राज्य था। इस साम्राज्य का विस्तार पूरे दक्षिणी यूरोप के अलावा उत्तरी अफ्रीका और अनातोलिया के क्षेत्र थे। फारसी साम्राज्य इसका प्रतिद्वन्द्वी था जो फुरात नदी के पूर्व में स्थित था। रोमन साम्राज्य में अलग-अलग स्थानों पर लातिनी और यूनानी भाषाएँ बोली जाती थी और सन् 130 में ईसाई धर्म को राजधर्म घोषित कर दिया था।

- यह विश्व के सबसे विशाल साम्राज्यों में से एक था। यूँ तो पाँचवी सदी के अन्त तक इस साम्राज्य का पतन हो गया था और इस्तांबुल (कॉन्स्टेन्टिनोपल) इससे पूर्वी शाखा की राजधानी बन गई थी पर सन् 1453 में उस्मानों (ऑटोमन तुर्क) ने इस पर भी अधिकार कर लिया था। यह यूरोप के इतिहास और संस्कृति का एक महत्त्वपूर्ण अंग है।

विश्व के महत्त्वपूर्ण प्राचीन नगर

तक्षिशला (पालि : तक्कसिला)

- प्राचीन भारत में गांधार देश की राजधानी और शिक्षा का प्रमुख केन्द्र था। यहाँ का विश्वविद्यालय विश्व के प्राचीनतम विश्वविद्यालयों में शामिल है। यह हिन्दू एवं बौद्ध दोनों के लिए महत्त्व का केन्द्र था। चाणक्य यहाँ पर आचार्य थे। 405 ई.में फाह्यान यहाँ आया था। ऐतिहासिक रूप से यह तीन महान मार्गों के संगम पर स्थित था

1. **उत्तरापथ** वर्तमान ग्रैण्ड ट्रंक रोड, जो गंधार को मगध से जोड़ता था।
2. **उत्तरपश्चिमी मार्ग** जो कापिश और पुष्कलावती आदि से होकर जाता था।
3. **सिन्धु नदी मार्ग** श्रीनगर, मानसेरा, हरिपुर घाटी से होते हुए उत्तर में रेशम मार्ग और दक्षिण में हिन्द महासागर तक जाता था।

- वर्तमान समय में तक्षशिला, पाकिस्तान के पंजाब प्रान्त के रावलपिण्डी जिले की एक तहसील तथा महत्त्वपूर्ण पुरातात्विक स्थल है जो इस्लामाबाद और रावलपिण्डी से लगभग 32 किमी उत्तर-पूर्व में स्थित है। ग्रैंड ट्रंक रोड इसके बहुत पास से होकर जाता है। यह स्थल 1980 से यूनेस्को की विश्व विरासत सूची में सम्मिलित है।
- वर्ष 2010 की एक रिपोर्ट में विश्व विरासत फण्ड ने इसे उन 12 स्थलों में शामिल किया है। जो अपूरणीय क्षति होने के कगार पर हैं। इस रिपोर्ट में इसका प्रमुख कारण अपर्याप्त प्रबन्धन, विकास का दबाव, लूट, युद्ध और संघर्ष आदि बताए गए हैं।

पाटलिपुत्र

- बिहार की राजधानी पटना का पुराना नाम पाटलिपुत्र है। पवित्र गंगा नदी के दक्षिणी तट पर बसे इस शहर को लगभग 2000 वर्ष पूर्व पाटलिपुत्र के नाम से जाना जाता था। इसी नाम से अब पटना में एक रेलवे स्टेशन भी है। पाटलिपुत्र प्राचीन समय से ही भारत के प्रमुख नगरों में गिना जाता है।
- पाटलिपुत्र वर्तमान पटना का ही नाम था। इतिहास के अनुसार, सम्राट अजातशत्रु के उत्तराधिकारी उदयिन ने अपनी राजधानी को राजगृह से पाटलिपुत्र स्थानान्तरित किया और बाद में चन्द्रगुप्त मौर्य ने यहाँ साम्राज्य स्थापित कर अपनी राजधानी बनाई।

बेबीलोन

- इतिहास प्रसिद्ध वह स्थान, जहाँ विश्व विजेता सिकन्दर की मृत्यु हुई थी। हम्मूराबी यहाँ का महानतम शासक था, जिसने विश्व प्रसिद्ध कानून संहिता का निर्माण किया, जो 'हम्मूराबी संहिता' के नाम से जानी जाती है। बेबीलोन के झूलते बाग, जिन्हें 'सेमीरामीस के बाग' भी कहा जाता है, वह विश्व के सात आश्चर्यों में सें एक है।
- चौथी शताब्दी ई. पू. के अन्त तक मेसोपोटामिया में राज्यों की स्थापना हो चुकी थी और दजला और फरात नदियाँ जहाँ करीब आ जाती हैं, वहाँ बेबीलोन नगर बस चुका था। यह एक बड़ा व्यापारिक नगर था, जहाँ बड़ी-बड़ी मण्डियाँ और गोदाम थे।
- बेबीलोन नगर में 1792 ई० पू० में 'हम्मूराबी' नाम का एक शासक हुआ था, जिसने 1750 ई० पू० तक शासन किया। बेबीलोन में अपार सम्पदा थी और हम्मूराबी के पास विशाल सेना थी। हम्मूराबी एक-एक कर आस-पास के राज्य हस्तगत करता गया। अपने आप को वह देवता समझता था। उसने अपनी प्रजा के लिए एक कानून संहिता बनाई थी, जो इतिहास में 'हम्मूराबी संहिता' के नाम से बहुत प्रसिद्ध है।
- ऐतिहासिक प्रमाणों से यह सिद्ध होता है कि समुद्री मार्ग से सुमेर, बेबीलोन और सिन्धु प्रदेश के बीच गहरे व्यापारी सम्बन्ध थे। भूतकाल में भारत भी वाणिज्य सम्बन्धी कार्यों में बहुत प्रसिद्धि प्राप्त कर चुका था।
- वैदिक काल से ही द्रविड़ तथा आर्य लोगों ने मिस्र, असीरिया और बेबीलोन से व्यापारिक एवं सांस्कृतिक सम्बन्ध स्थापित कर लिए थे। ईसा मसीह के सैकड़ों वर्ष पूर्व से ही भारत में शिल्प और वाणिज्य का विकास हुआ।
- सिकन्दर की मृत्यु के बाद उसके सेनानियों में यूनानी साम्राज्य की सत्ता के लिए संघर्ष हुआ था, जिसके परिणामस्वरूप सेल्यूकस, पश्चिम एशिया में प्रभुत्व के मामले में, ऐन्टिगोनस का प्रतिद्वन्द्वी बना। ई०पू० 312 में उसने बेबीलोन पर अपना अधिकार स्थापित किया था।

उपनिवेशवाद : प्रथम एवं द्वितीय

- उपनिवेशवाद का अर्थ है किसी समृद्ध एवं शक्तिशाली राष्ट्र द्वारा अपने विभिन्न हितों को साधने के लिए किसी निर्बल, किन्तु प्राकृतिक संसाधनों से परिपूर्ण राष्ट्र के विभिन्न संसाधनों का शक्ति के बल पर उपभोग करना। उपनिवेशवाद से उपनिवेश की जनता एक विदेशी राष्ट्र द्वारा शासित होती है, उसे शासन में कोई राजनीतिक अधिकार नहीं होता।
- 1453 ई. में तुर्कों द्वारा कुस्तुनतुनिया पर अधिकार कर लेने के पश्चात् स्थल मार्ग से यूरोप का एशियाई देशों के साथ व्यापार बन्द हो गया। अत: अपने व्यापार को निर्बाध रूप से चलाने हेतु नए समुद्री मार्गों की खोज प्रारम्भ हुई।
- कुतुबनुमा, गतिमापक यन्त्र, वैद्य यन्त्रों की सहायता से कोलम्बस, मैगलन एवं वास्कोडिगामा आदि साहसी नाविकों ने नवीन समुद्री मार्गों के साथ-साथ कुछ नवीन देशों अमेरिका आदि की खोज की। इन भौगोलिक खोजों के फलस्वरूप यूरोपीय व्यापार में अभूतपूर्व वृद्धि हुई। धन की बहुलता एवं स्वतन्त्र राज्यों के उदय ने उद्योगों को बढ़ावा दिया।

उपनिवेशों की स्थापना के कारण

- व्यापारिक क्रान्ति में भौगोलिक खोजों ने महत्त्वपूर्ण भूमिका निभाई। इन भौगोलिक खोजों के साथ ही उपनिवेशवाद का आरम्भ हुआ। स्पेन, पुर्तगाल, डच, फ्रांस एवं इंग्लैण्ड आदि यूरोपीय देशों ने सुदूर देशों में उपनिवेश स्थापित किए। यूरोप में उपनिवेशवाद के आरम्भ के निम्नलिखित कारण थे

1. ट्रिपल G नीति

- भौगोलिक खोजों के फलस्वरूप कोलम्बस द्वारा अमेरिका की खोज ने यूरोपीय देशों में स्वर्ण जैसी बहुमूल्य धातु के संग्रह की प्रतिस्पर्द्धा आरम्भ की। स्वर्ण-संग्रह की प्रतिस्पर्द्धा की स्थिति यह थी कि समस्त यूरोप में अधिक स्वर्ण, अधिक समृद्धि, अधिक कीर्ति का नारा बुलन्द हुआ। अब समस्त यूरोपीय राष्ट्रों का प्रमुख ध्यान सोना, कीर्ति एवं ईश्वर अर्थात् Gold, Glory and God पर केन्द्रित हो गया।
- उपनिवेशों की स्थापना से यूरोपीय देशों को सोना भी मिला, कीर्ति भी फैली एवं धर्म का प्रचार भी हुआ। अत: ट्रिपल G नीति नि:सन्देह उपनिवेशों की स्थापना का एक कारण अवश्य थी।

2. कच्चे माल की प्राप्ति

- व्यापारिक समृद्धि के फलस्वरूप यूरोपीय देशों में कई उद्योगों की स्थापना हुई। यूरोप में इन उद्योगों के लिए आवश्यक कच्चे माल की कमी थी। अत: यूरोपीय देशों ने कच्चे माल की प्राप्ति हेतु प्राकृतिक संसाधनों एवं अफ्रीकी एवं एशियाई देशों में उपनिवेशों की स्थापना की।

3. निर्मित माल की खपत

- उद्योगों की स्थापना एवं कच्चे माल की उपलब्धता से औद्योगिक उत्पादन तीव्र गति से बढ़ा। चूँकि इस समय सभी यूरोपीय देश आर्थिक संरक्षण की नीति पर चल रहे थे। अत: निर्मित माल को खपाने के लिए भी उपनिवेशों की स्थापना की गई।

4. जनसंख्या में वृद्धि

- यूरोप के विभिन्न देशों में औद्योगीकरण के परिणामस्वरूप नगरों की जनसंख्या में अत्यधिक वृद्धि हुई। कालान्तर में आधिक्य जनसंख्या को बसाने के लिए भी उपनिवेशों की स्थापना को बल मिला।

5. प्रतिकूल जलवायु

- यूरोपवासियों को व्यापारिक प्रगति एवं नवीन देशों से सम्पर्क के फलस्वरूप कई नवीन वस्तुओं का ज्ञान हुआ, आलू, तम्बाकू, मक्का आदि का ज्ञान उन्हें पूर्वी देशों के साथ सम्पर्क से ही हुआ। गर्म मसाले, चीनी, कॉफी, चावल आदि के भी अब वे आदि हो गए थे।
- प्रतिकूल जलवायु के कारण ये सभी वस्तुएँ यूरोपीय देशों में उगाना सम्भव न था। अत: यूरोपीय विशेषज्ञ अंग्रेज चाहते थे कि उन्हें ऐसे प्रदेश प्राप्त हो जाएँ, जहाँ इनकी खेती की जा सके। अत: अनुकूल जलवायु वाले स्थानों में उपनिवेश स्थापना की विचारधारा को बल मिला।

6. समृद्धि की लालसा

- भौगोलिक खोजों के परिणामस्वरूप प्रारम्भिक उपनिवेश पुर्तगाल एवं स्पेन ने स्थापित किए। इससे उनकी समृद्धि में वृद्धि हुई। अत: इनकी समृद्धि को देखते हुए समृद्धि की लालसा में अन्य यूरोपीय देश भी उपनिवेश स्थापित करते हुए अग्रसर हुए।

अफीम युद्ध

- अफीम का उपयोग चीन में 7वीं शताब्दी के अन्तिम वर्षों में आरम्भ हुआ। तभी से इसे एक नशीले पदार्थ के रूप में जाना जाता था। धीरे-धीरे चीन में अफीम के नशे के लोगों की संख्या बढ़ने लगी, जिससे चीन में अफीम पर प्रतिबन्ध लगाया गया।
- प्रतिबन्ध के बावजूद 18वीं शताब्दी में इसका व्यापार बढ़ा, जिससे चीन की चिंग सरकार पश्चिमी ताकतों के बीच एक सीधे टकराव की आधारभूमि तैयार हुई और क्रमश: दो अफीम युद्ध हुए
  1. **प्रथम अफीम युद्ध** पहला अफीम युद्ध 1839 ई. में आरम्भ हुआ। इस युद्ध का कारण अफीम की तस्करी तथा चीन के साथ अंग्रेजों के व्यापार पर ईस्ट इण्डिया कम्पनी के एकाधिकार की समाप्ति थीं। इस युद्ध के पश्चात् नानकिंग की सन्धि हुई।
  2. **दूसरा अफीम युद्ध** 1858 में फ्रांसीसियों को चीन के साथ शत्रुता को फिर से नया कर लेने के लिए उकसाया, जिससे अफीम के लिए पुन: युद्ध हुए तथा इस युद्ध में चीन के चिंग सरकार की शर्मनाक हार हुई और आत्म-समर्पण के साथ त्येनसिंग की सन्धि हुई।

जापान का आर्थिक विकास एवं सैन्यीकरण

- जापान में दो ही महत्त्वपूर्ण शक्तियाँ थीं— सम्राट, शोगुन। 11वीं शताब्दी के अन्त तक जापान पर क्योतो में रहने वाले सम्राट शासन करते थे। 12वीं शताब्दी के प्रारम्भिक वर्षों में वास्तविक सत्ता शोगुनों के हाथों में केन्द्रित हो गई और वे सैद्धान्तिक रूप में राजा के नाम पर शासनकार्य चलाने लगे। जापान के सभी शोगुनों में योरीतोमो का नाम विशेष रूप से उल्लेखनीय हैं।
- वह जापान का प्रथम शोगुन बना। उसने 12वीं शताब्दी के अन्त तक अन्य सभी सामन्तों को पराजित करके शासन पर अपना प्रभुत्व स्थापित कर लिया था। योरीतोमो की मृत्यु के पश्चात् उसके उत्तराधिकारियों की अयोग्यता के कारण शोगुन पद पर अन्य वंशों का अधिकार हो गया।
- जापान के विभिन्न सामन्त परिवारों में शोगुन पद को प्राप्त करने के लिए समय-समय पर संघर्ष होता रहा। 1603 ई. में शोगुन पद पर तोकुगावा परिवार का अधिकार हो गया जो 1867 ई. तक निरन्तर बना रहा। इसी वर्ष तोकुगावा लियासु ने ईडो शोगुनेट की स्थापना की।
- प्रशासन की दृष्टि से देश को 250 भागों में विभक्त कर दिया गया था जिनका शासन दैम्यो द्वारा चलाया जाता था दैम्यो अपने-अपने क्षेत्र के प्रशासनिक कार्यों पर अपना नियन्त्रण रखते थे, किन्तु अन्तत: वे शोगुन के प्रति उत्तरदायी होते थे। दैम्यो पर शोगुन का पूर्ण नियन्त्रण स्थापित होता था और उसका पद शोगुन की समझ अथवा इच्छा पर निर्भर होता था।
- दैम्यों की शक्ति पर प्रतिबन्ध लगाने तथा उनकी ओर से खतरे की किसी भी सम्भावना को समाप्त कर देने के उद्देश्य से शोगुन उन्हें लम्बे समय तक राजधानी एदो (आधुनिक टोक्यो) में रहने का आदेश देते थे। प्रमुख शहरों एवं खदानों पर भी शोगुन का ही नियन्त्रण होता था। शासन करने वाले कुलीन सामुराई अर्थात् योद्धावर्ग के अन्तर्गत आते थे। वे शोगुन एवं दैम्यो के नियन्त्रण में कार्य करते थे।

शोगुन सरकार का पतन तथा मेजी पुनर्स्थापना

- 1867-68 ई. में मेजी पुनर्स्थापना जापान के इतिहास की एक युगान्तकारी घटना थी। शताब्दियों पहले से जापान में दो महत्त्वपूर्ण प्रशासनिक शक्तियाँ थीं—सम्राट और शोगुन अथवा प्रधान सेनापति। प्रशासन की समस्त शक्तियाँ शोगुन में केन्द्रित थी, सम्राट नाममात्र का राजनैतिक प्रमुख था, किन्तु पेरी के आगमन ने जापान की राजनीति को अनेक रूपों में प्रभावित किया। इसके परिणामस्वरूप सम्राट के महत्त्व में अचानक बहुत अधिक वृद्धि हो गई।
- विदेशियों से की गई सन्धियों के परिणामस्वरूप जापान में शोगुन विरोधियों की संख्या बढ़ने लगी। 1868 ई. में एक आन्दोलन द्वारा शोगुन को त्यागपत्र देने के लिए विवश कर दिया गया। शोगुन का पद समाप्त कर दिया गया और उसके सारे अधिकार सम्राट ने अपने हाथ में ले लिए।
- नए सम्राट 14 वर्षीय मुत्सुहितों ने 'मेजी' की उपाधि धारण की जिसका अर्थ है- 'प्रबुद्ध शासन'। सम्राट मेजी को एदो लाया गया। एदो को राजधानी बना दिया गया और इसका नाम बदलकर तोक्यो कर दिया गया। तोक्यो का अर्थ है— 'पूर्वी राजधानी'। यह घटना जापान के इतिहास में 'मेजी क्रान्ति' के नाम से प्रसिद्ध हुई। मुत्सुहितो का शासनकाल 'मेजी काल' के नाम से विख्यात हुआ।
- मेजी पुनर्स्थापना के लगभग 40 वर्षों के काल में जापान ने राजनैतिक, आर्थिक, सामाजिक आदि क्षेत्रों में आश्चर्यजनक प्रगति की। नए सम्राट ने विदेशियों को जंगली समझकर उनकी सभ्यता-संस्कृति का तिरस्कार नहीं किया, अपितु उनसे हर नई तथा अच्छी बात को सीखने का प्रयत्न किया। वास्तव में, इस समय जापान में यूरोपीय प्रभाव को लेकर परस्पर विरोधी विचार व्याप्त थे।
- जापानी अधिकारीगण एवं लोग कुछ यूरोपीय देशों द्वारा भारत तथा अन्य स्थानों पर औपनिवेशिक साम्राज्य के निर्माण के विषय में भली-भाँति जानते थे। जापानियों को यह भी पता था कि ब्रितानियों ने प्रथम अफीम युद्ध (1839-42 ई.) में चीनियों को पराजित कर दिया था।
- उन्हें डर था कि कहीं वे जापान को भी अपना उपनिवेश न बना लें। अनेक जापानी नेता एवं विद्वान चीन के समान यूरोप के नए विचारों की उपेक्षा नहीं करना चाहते थे, वे उनसे कुछ सीखना चाहते थे, किन्तु कुछ अन्य जापानी यूरोपियों को गैर मानते थे।
- वे स्वयं को उनसे दूर रखकर उनकी नई तकनीकों को अपनाना चाहते थे। कुछ जापानियों का विचार था कि देश को बाहरी दुनिया के लिए धीरे-धीरे और सीमित रूप में खोला जाना चाहिए।
- सरकार ने 'फुकोकु क्योहे' अर्थात् 'समृद्ध देश, मजबूत सेना' के नारे के साथ अपनी नवीन नीति की घोषणा की। इस नई नीति का उद्देश्य था, सुदृढ़ अर्थव्यवस्था का विकास एवं मजबूत सेना का निर्माण करना।
- जापानी यह भली-भाँति समझने लगे थे कि सुदृढ़ अर्थव्यवस्था एवं मजबूत सैन्य शक्ति के अभाव में वे भी भारत के समान पराधीनता का शिकार बन सकते थे। देश की स्वाधीनता की रक्षा के लिए यह नितान्त आवश्यक था कि जनसामान्य में राष्ट्रीयता की भावना विकसित की जाए तथा प्रजा को नागरिक श्रेणी में परिवर्तित कर दिया जाए।

जापानी अर्थव्यवस्था का आधुनिकीकरण

- मेजी सुधारों के अन्तर्गत अर्थव्यवस्था के आधुनिकीकरण पर अत्यधिक बल दिया गया। इस उद्देश्य को प्राप्त करने के लिए कृषि पर कर लगाकर धन इकट्ठा करने की व्यवस्था की गई। सरकार ने उद्योगों के विकास के लिए उचित सुविधाएँ उपलब्ध कराईं तथा स्वयं विदेशी पूँजी उधार लेकर निजी उद्योगों को सहायता प्रदान की।
- सूती वस्त्र उद्योग को प्रोत्साहन देने के लिए रुई की अनेक किस्मों का विकास किया गया। यातायात एवं संचार साधनों के विकास ने देश में आर्थिक क्रान्ति लाने में महत्त्वपूर्ण योगदान दिया। 1870-72 ई. में जापान की पहली रेललाइन टोक्यो एवं योकोहामा बन्दरगाह के मध्य बिछाई गई। वस्त्र उद्योग के विकास के लिए यूरोप से मशीनों का आयात किया गया।
- मजदूरों के प्रशिक्षण के लिए विदेशों से कारीगरों को बुलाया गया। जापानी विश्वविद्यालयों एवं स्कूलों में भी उनके व्याख्यान आयोजित किए गए। अनेक जापानी विद्यार्थी पढ़ने के लिए विदेश भेजे गए।
- 1872 ई. में आधुनिक बैंकिंग संस्थाओं की स्थापना की जाने लगी। मित्सुबिशी और सुमितोमो जैसी कम्पनियों को सब्सिडी एवं कर सम्बन्धी सुविधाएँ प्रदान की गईं, जिनके कारण ये कम्पनियाँ प्रमुख जहाज निर्माता बन गईं।

साम्राज्यवाद का विकास

- मेजी पुनर्स्थापना के पश्चात् जापान ने सीमाओं के विस्तार की ओर ध्यान दिया। 19वीं शताब्दी के अन्तिम दशक में जापान भी औपनिवेशिक दौड़ में सम्मिलित हो गया। जापान की साम्राज्यवादी नीति का प्रमुख उद्देश्य एशिया एवं प्रशान्त क्षेत्र में अपनी श्रेष्ठता को साबित करना था। साम्राज्यवाद के विकास के निम्न युद्ध/सन्धि थे

चीन-जापान युद्ध 1894-95 ई.

- चीन-जापान युद्ध, जिसने जापान को एशिया की एक महान शक्ति बना दिया, का सर्वाधिक महत्त्वपूर्ण कारण जापान की साम्राज्यवादी महत्त्वाकांक्षा थी। चीन और जापान के मध्य स्थित कोरिया राज्य चीन का समर्थक था। कोरिया के राजनैतिक एवं सामरिक महत्त्व के कारण जापान कोरिया पर अधिकार करना चाहता था।
- 1868 ई. में मेजी पुनर्स्थापना के पश्चात् जापान की सैनिक शक्ति में अत्यधिक वृद्धि हो गई थी। जापान चीन के भू-भागों पर अधिकार करके अपनी सीमाओं का विस्तार करना चाहता था। इसके लिए कोरिया पर अधिकार करना आवश्यक था। सुदूरपूर्व में रूस के प्रभाव पर अंकुश लगाने के लिए भी कोरिया की विजय नितान्त आवश्यक थी।
- चीन-जापान युद्ध में जापान की विजय विश्व इतिहास की एक आश्चर्यजनक घटना थी इसके अनेक महत्त्वपूर्ण परिणाम हुए।
- इससे जापान की प्रतिष्ठा में अत्यधिक वृद्धि हुई और उसकी गणना विश्व की महान् शक्तियों में की जाने लगी।
- जापान के आत्म-विश्वास में वृद्धि हुई। उसने साम्राज्यवादी नीति का और अधिक दृढ़ता से अनुसरण प्रारम्भ कर दिया।

- सुदूरपूर्व में जापान के हित सुरक्षित हो गए।
- युद्ध ने चीन के मान-सम्मान एवं प्रतिष्ठा को धूल में मिला दिया। इसके परिणामस्वरूप मांचू शासन की जड़ें हिल गई और कुछ ही समय में इसका पतन हो गया।

आंग्ल-जापानी सन्धि, 1902 ई.

- 1902 ई. की आंग्ल-जापानी सन्धि आधुनिक विश्व इतिहास की एक उल्लेखनीय घटना थी। विश्व इतिहास में यह प्रथम अवसर था जबकि किसी यूरोपीय देश ने एक एशियाई देश के साथ समानता के आधार पर सन्धि की थी।

रूस-जापान युद्ध, 1904-05 ई.

- 1904-05 ई. का रूस-जापान युद्ध 1902 की आंग्ल-जापानी सन्धि का प्रत्यक्ष परिणाम था। इस सन्धि ने जापान की महत्त्वाकांक्षाओं में अत्यधिक वृद्धि कर दी थी।
- कोरिया और मंचूरिया में रूस और जापान के हित परस्पर टकराते थे।
- इस समय तक जापान ने अपनी सेना का आधुनिकीकरण करके अपनी सैन्य शक्ति में पर्याप्त वृद्धि कर ली थी। दूसरी ओर जार निकोलस द्वितीय के निरंकुश एवं दुर्बल शासन के कारण रूस का सैन्य संगठन शिथिल होने लगा था।

अभ्यास प्रश्न

1. 19वीं शताब्दी के प्रारम्भ में हींग (चिंग) राजवंश के नेतृत्व में एशिया के किस देश पर अधिकार स्थापित किया था?
(a) जापान (b) कोरिया गणराज्य
(c) चीन (d) विएतनाम

2. चीन की किस नदी को विश्व की तीसरी सबसे लम्बी नदी होने का गौरव प्राप्त है।
(a) चीली नदी (हांग हो) (b) यांग्त्सी नदी
(c) पर्ल नदी (d) लान नदी

3. 1899 ई० में चीन में विदेशी प्रभाव के विरुद्ध एक प्रबल आन्दोलन हुआ, इसे किस नाम से जाना जाता है?
(a) बॉक्सर आन्दोलन (b) विद्रोह आन्दोलन
(c) साम्राज्यवाद आन्दोलन (d) दमनकारी आन्दोलन

4. लगभग आठवीं शताब्दी ईसा-पूर्व से लगभग छठी शताब्दी ईस तक कौन-सी प्राचीन सभ्यता विस्तृत थी?
(a) यूनानी सभ्यता (b) चीनी सभ्यता
(c) भारतीय सभ्यता (d) जापानी सभ्यता

5. प्राचीन साम्राज्य में फारसी साम्राज्य किस साम्राज्य का प्रतिद्वन्द्वी था?
(a) यूनानी साम्राज्य (b) ग्रीक साम्राज्य
(c) रोमन साम्राज्य (d) चीनी साम्राज्य

6. निम्न कथनों पर विचार कीजिए
1. प्राचीन भारत में तक्षशिला गान्धार देश की राजधानी तथा शिक्षा का प्रमुख केन्द्र था।
2. वर्तमान समय में तक्षशिला पाकिस्तान के पंजाब प्रान्त के रावलपिण्डी जिले की एक तहसील व मत्त्वपूर्ण पुरातात्विक स्थल है।
3. तक्षशिला इस्लामाबाद एवं रावलपिण्डी से लगभग 32 किमी उत्तर पूर्व में स्थित है।

कूट
(a) 1 और 2 (b) 2 और 3
(c) 1 और 3 (d) उपरोक्त सभी

7. वह विश्व प्रसिद्ध स्थान जहाँ विश्व विजेता सिकन्दर (एलेक्जेण्डर) की मृत्यु हुई थी।
(a) मेसोपोटामिया (b) सिन्धु
(c) बेबीलोन (d) ऑटोमन तुर्क

8. वैदिक काल से ही द्रविड़ एवं आर्य लोगों ने किसके साथ व्यापारिक व सांस्कृतिक सम्बन्ध स्थापित कर लिए?
(a) मिस्र, असीरिया बेबीलोन
(b) असीरिया, बेबीलोन, ऑटोमन
(c) ऑटोमन, मिस्र, असीरिया
(d) उपरोक्त में से कोई नहीं

9. निम्न कथनों पर विचार कीजिए
1. व्यापारिक क्रान्ति में भौगोलिक खोजों ने महत्त्वपूर्ण भूमिका निभाई, जिससे उपनिवेशवाद का आरम्भ हुआ।
2. स्पेन, पुर्तगाल, डच, फ्रांस तथा इंग्लैण्ड इत्यादि यूरोपीय देशों ने सुदूर देशों में उपनिवेश स्थापित किए।
3. भौगोलिक खोजों के साथ-साथ मानव जीवन के इतिहास का पदार्पण भी हुआ जो विकसित था।

कूट
(a) 1 और 3 (b) 2 और 3
(c) 1, 2 और 3 (d) 1 और 2

10. यूरोप के विभिन्न देशों में किसके परिणामस्वरूप नगरों की जनसंख्या में अत्यधिक वृद्धि हुई?
(a) औद्योगीकरण (b) संघर्षपूर्ण नीति
(c) युद्ध (d) ये सभी

11. अफीम का उपयोग किस देश में 7वीं शताब्दी के अन्तिम वर्षों में आरम्भ हुआ?
(a) कोरिया (b) भारत (c) जापान (d) चीन

12. नानकिंग की सन्धि किस युद्ध के पश्चात् हुई थी।
(a) चीन-जापान (b) प्रथम अफीम युद्ध
(c) द्वितीय अफीम युद्ध (d) चीन के गृह युद्ध

13. द्वितीय अफीम युद्ध में चीन की चिंग सरकार किस सन्धि के तहत समाप्त हुई?
(a) फ्रांसीसी-चीन सन्धि (b) नानकिंग सन्धि
(c) त्येनसिंग सन्धि (d) ब्रिटिश-चीन सन्धि

14. किस देश के विभिन्न सामन्त परिवारों में शोगुन पद को प्राप्त करने के लिए समय-समय पर संघर्ष होता रहा?
(a) कोरिया (b) जापान
(c) चीन (d) ताइवान

15. 1867-68 ई० में जापान के इतिहास में किसकी पुनर्स्थापना को युगान्तकारी घटना कहा गया?
(a) शोगुन (b) मेजी (c) एदो (d) ये सभी

16. किस देश की सरकार ने 'फुकोकु क्योहे' अर्थात् 'समृद्ध देश मजबूत सेना' के नारे के साथ अपनी नयी नीति की घोषणा की?
(a) जापान (b) चीन
(c) थाईलैण्ड (d) कोरिया गणराज्य

17. 1870-72 ई० में जापान की पहली रेल लाइन किन दो नगरों/शहरों के मध्य बिछाई गयी?
(a) ओसाका से क्योटो (b) क्योटो से योकोहमा
(c) टोक्यो से ओसाका (d) टोक्यो से योकोहमा

18. चीन जापान युद्ध के परिणामस्वरूप चीन में किसके शासन का पतन हो गया?
(a) हींग शासन (b) मांचू शासन
(c) कोहो शालन (d) कैटनीज शासन

19. आँग्ल जापान की सन्धि कब हुई थी।
(a) 1904-05 ई. (b) 1902 ई.
(c) 1900 ई. (d) 19707 ई.

20. 1904-05 ई. का रूस-जापान युद्ध किस सन्धि का प्रत्यक्ष परिणाम था।
(a) नानकिंग सन्धि (b) त्येनसिंग सन्धि
(c) ब्रिटिश-फ्रांस सन्धि (d) आँग्ल-जापान सन्धि

उत्तरमाला

1.	(c)	2.	(b)	3.	(a)	4.	(a)	5.	(c)	6.	(d)	7.	(c)	8.	(a)	9.	(d)	10.	(a)
11.	(d)	12.	(b)	13.	(c)	14.	(b)	15.	(b)	16.	(a)	17.	(d)	18.	(b)	19.	(b)	20.	(d)

अध्याय 25

इटली एवं जर्मनी का एकीकरण

इटली का एकीकरण

- इटली भूमध्य सागर (Mediterranean Sea) में स्थित मध्य यूरोप का एक महत्त्वपूर्ण देश है। प्रारम्भ में इसके उत्तरी भाग को **इटालिया** (Italia) और दक्षिणी भाग को **सिसेलिया** (Sicilia) के नामों से जाना जाता था।
- 19वीं सदी में यूरोप में जिस राष्ट्रीय चेतना का विकास हुआ था, उसकी अभिव्यक्ति इटली और जर्मनी के एकीकरण से हुई। राजनीतिक दृष्टि से इटली अनेक छोटे-छोटे टुकड़ों में विभाजित था। यूरोप के विभिन्न राजवंश इटली के इन राज्यों पर अधिकार करने के लिए प्रयत्नशील रहे।
- 1815 ई. तक स्थितियाँ इतनी विपरीत हो चुकी थीं कि यूरोप के राजनीतिज्ञों ने इटली को मात्र भौगोलिक अभिव्यक्ति की संज्ञा दी। यूरोप में इटली का एकीकरण फ्रांस की राज्य क्रान्ति एवं इंग्लैण्ड की औद्योगिक क्रान्ति के पश्चात् उत्पन्न होने वाली आधुनिकीकरण की लहर का महत्त्वपूर्ण परिणाम था।
- यह एकीकरण यूरोप के मध्यकालीन स्वरूप से राष्ट्रवादी राज्यों की उत्पत्ति तथा प्रथम विश्वयुद्ध के उत्तरदायी कारणों को जन्म देने वाली महत्त्वपूर्ण संयोजक कड़ी की भूमिका निभाता है।
- राजनीतिज्ञों ने इटली को मात्र भौगोलिक अभिव्यक्ति की संज्ञा दी। इटली का एकीकरण सतत प्रक्रिया का परिणाम था। 1848 ई. के पश्चात् मैजिनी, गैरीबाल्डी, कावूर आदि इटली के प्रसिद्ध देशभक्त नेताओं और पीडमॉण्ट-सार्डिनिया के राजाओं के निरन्तर प्रयासों से 1871 ई. में **इटली का एकीकरण** सम्पूर्ण हो गया।

इटली के एकीकरण की प्रक्रिया

इटली का एकीकरण कई चरणों और प्रक्रियाओं से होकर गुजरा। अध्ययन की सुविधा की दृष्टि से इसे निम्नलिखित सन्दर्भों में देख सकते हैं।

- **1789 ई. की फ्रांसीसी क्रान्ति के समय इटली की स्थिति** इटली 1789 ई. में अनेक छोटे-बड़े राज्यों में बँटा हुआ था। इसके विभिन्न भागों पर विभिन्न देशों का अधिकार था। इसके उत्तरी भागों पर **ऑस्ट्रिया** का अधिकार था। मध्य इटली में **पोप** का शक्तिशाली राज्य था, जिसकी राजधानी **रोम** थी। पोप का राज्य इटली के एकीकरण में सबसे बड़ी बाधा था। देश के सुदूर दक्षिण में नेपल्ज और सिसली पर फ्रांस के बूर्बो वंश का शासन था।
- **इटली और नेपोलियन** नेपोलियन ने 1796 से 1809 ई. के मध्य इटली पर कई बार आक्रमण किया और अन्तत: इटली पर फ्रांसीसी साम्राज्य की स्थापना कर दी। नेपोलियन का इटली पर आक्रमण इटली के लिए वरदान साबित हुआ। अनजाने में ही नेपोलियन ने निम्नलिखित सुधारों के माध्यम से लोगों में स्वतन्त्रता की इच्छा जगा दी
  - नेपोलियन द्वारा सभी को विधि के समक्ष समान कहा गया अर्थात् विधि की नजर में सभी एक-समान हैं और वह उन पर समान रूप से लागू होगी। उसके द्वारा सम्पत्ति के अधिकार को सुरक्षित किया गया।
  - नेपोलियन द्वारा 1804 ई. में शुरू की गई नागरिक-संहिता के द्वारा जन्म पर आधारित विशेषाधिकारों का अन्त कर दिया गया।
  - नेपोलियन द्वारा सामन्तवादी प्रणाली को समाप्त कर दिया गया।
  - भू-दासत्व एवं जागीरदारी शुल्कों से किसानों को नेपोलियन ने छुटकारा दिलाया।
  - नेपोलियन द्वारा परिवहन तथा संचार साधनों को व्यवस्थित किया गया।
- **वियना की सन्धि** (1815 ई.) नेपोलियन के पतन के बाद इटली पर फ्रांसीसी क्रान्ति के प्रभाव का समापन हो गया तथा इटली को वियना की सन्धि के तहत नए ढंग से विभाजित किया गया।

इटली के एकीकरण में गैरीबाल्डी, मैजिनी और कावूर का योगदान

- इटली का राष्ट्रीय एकीकरण आधुनिक यूरोप के इतिहास में महत्त्वपूर्ण घटना है। 19वीं सदी के मध्य में इटली सात राज्यों में बँटा था, जिनमें से केवल एक इतालवी राजघराने के अधीन था। इटली के एकीकरण में देशभक्तों ने महत्त्वपूर्ण योगदान दिया है। इन देशभक्तों में गैरीबाल्डी, मैजिनी और कावूर का महत्त्वपूर्ण योगदान है।
- **गैरीबाल्डी का योगदान** गैरीबाल्डी को **इटली की सेना** का निर्माता कहा जाता है। इटली के एकीकरण के लिए गैरीबाल्डी ने महत्त्वपूर्ण कार्य किए। गैरीबाल्डी ने सिसली के विद्रोह का फायदा उठाकर उस पर अधिकार कर लिया तथा रोम और वेनेशिया पर आक्रमण करने की योजना तैयार की। उसने राजतन्त्रवादियों एवं गणतन्त्रवादियों के मतभेदों को दूर कर उनमें सामंजस्य स्थापित करने में महत्त्वपूर्ण भूमिका निभाई। इसी समय कावूर ने गैरीबाल्डी पर सन्देह करके पोप के राज्य **अम्ब्रिया** तथा **मार्चेज** पर अधिकार कर लिया और नेपोलियन को अपने साथ मिला लिया। गैरीबाल्डी ने इटली के एकीकरण के लिए नेपल्स और सिसली, सार्डिनिया के राजा को दे दिए।

- **मैजिनी का योगदान** मैजिनी ने इटली को एकीकृत कर गणराज्य बनाने में उल्लेखनीय भूमिका निभाई। उसने 1860 के दशक में इटली के एकीकरण हेतु एक सुविचारित कार्यक्रम प्रस्तुत किया, जिसके प्रचार-प्रसार के लिए उसने एक गुप्त संगठन **यंग इटली** बनाया। 1841 से 1848 ई. तक इस संगठन की सहायता से मैजिनी ने सिसली तथा नेपल्ज के विद्रोहों को सफल बनाने का प्रयास किया, किन्तु सफलता नहीं मिली।
- **कावूर का योगदान** कावूर एक उच्च शिक्षित फ्रेंच भाषी था, किन्तु वह कट्टर देशभक्त था। कावूर ने क्रीमिया के युद्ध में भाग लेकर फ्रांस और इंग्लैण्ड की सहानुभूति प्राप्त की तथा 1858 ई. में नेपोलियन के साथ प्लोम्बियर्स का समझौता किया। गैरीबाल्डी के नेतृत्व में भारी संख्या में सशस्त्र स्वयंसेवकों की सेना बनाई गई।
- गैरीबाल्डी के प्रयासों से 1861 ई. में रोम तथा वेनेशिया को छोड़कर सम्पूर्ण इटली के प्रतिनिधियों ने इटली राज्य की घोषणा की तथा एमैनुअल द्वितीय को इटली का राजा घोषित किया। इस तरह इन देशभक्तों ने अपने प्रयासों से इटली को एक एकीकृत राज्य के रूप में स्थापित किया।

जर्मनी का एकीकरण

- जर्मनी के एकीकरण के पश्चात् यूरोप की राजनीति के शक्ति सन्तुलन के सभी समीकरण गड़बड़ा गए। एकीकरण के बाद से लेकर द्वितीय विश्वयुद्ध की समाप्ति तक जर्मनी प्रत्यक्ष-अप्रत्यक्ष रूप से अन्तर्राष्ट्रीय राजनीति का केन्द्र बना रहा।
- 1789 ई. की फ्रांसीसी क्रान्ति के पूर्व जर्मनी यूरोप के सर्वाधिक विभक्त राष्ट्रों में से एक था, जिसमें लगभग 360 राज्य थे। ये राज्य सम्पत्ति, सामरिक शक्ति, प्रशासनिक व्यवस्था एवं धार्मिक आधार पर बँटे हुए थे। भौगोलिक विस्तार की दृष्टि से जर्मनी के राज्य भिन्न-भिन्न प्रकार के थे। सामान्य तौर पर इन्हें तीन भागों में बाँटा जा सकता है। **उत्तरी भाग** में प्रशा, सैक्सनी, हैनोवर, फ्रैंकफर्ट आदि राज्य थे।
- **मध्य-भाग** में राइनलैण्ड और **दक्षिण भाग** में बवेरिया, वुर्टेमबर्ग, प्लैटिनेट आदि थे। आकार व सैनिक दृष्टि से प्रशा सबसे शक्तिशाली था। इन जर्मन राज्यों की सामाजिक व राजनीतिक प्रणालियाँ पिछड़ी हुई थीं। अनेक राज्यों में बँटे होने के कारण आर्थिक विकास अवरुद्ध था।
- 1789 से 1849 ई. के बीच जर्मनी के एकीकरण के लिए अनेक प्रयास किए गए, लेकिन वे सब असफल हो गए। 1849 ई. के बाद मजबूत राज्य प्रशा के नेतृत्व में जर्मनी के एकीकरण का प्रयास आरम्भ हुआ। कालान्तर में बिस्मार्क के नेतृत्व में 1871 में जर्मनी का एकीकरण पूर्ण हुआ।

जर्मनी के एकीकरण के प्रारम्भिक प्रयास

जर्मनी के एकीकरण के लिए निम्नलिखित प्रारम्भिक प्रयास किए गए

- **पवित्र रोमन साम्राज्य और 1789 ई. की फ्रांसीसी क्रान्ति का प्रभाव** 1789 ई. की फ्रांसीसी क्रान्ति के पूर्व पूरा मध्य यूरोप एक विशाल साम्राज्य के अधीन था, जिसे पवित्र रोमन साम्राज्य कहा जाता था। इस विखण्डित यूरोप में जर्मनी भी शामिल था, जो स्वयं 360 राज्यों में बँटा हुआ था। इन सभी राज्यों के शासक व्यावहारिक रूप से स्वतन्त्र थे। तत्कालीन समय में पवित्र रोमन साम्राज्य का अध्यक्ष **सम्राट** होता था, जिसे प्रमुख राज्यों द्वारा चुना जाता था, परन्तु 1789 ई. की फ्रांसीसी क्रान्ति के पश्चात् स्थिति में परिवर्तन आया। इस क्रान्ति के प्रसिद्ध नारे स्वतन्त्रता, समानता एवं बन्धुता ने यूरोप के सभी राष्ट्रों को प्रभावित किया। जर्मनी भी इससे अछूता न रहा। अब जर्मनी के लोगों में भी राष्ट्रीय भावना का विकास होने लगा।
- **नेपोलियन का जर्मनी पर आक्रमण** नेपोलियन के द्वारा जर्मनी पर किए गए बार-बार आक्रमण ने जर्मनी को एकीकृत करने में महत्त्वपूर्ण भूमिका निभाई। नेपोलियन द्वारा जर्मनी के विरुद्ध की गई कड़ी कार्यवाही के परिणामस्वरूप जर्मनी के लोगों में राष्ट्रीय भावना बढ़ने लगी। नेपोलियन को 'जर्मनी के एकीकरण का दादा' कहा जाता है। लोग नेपोलियन के विरुद्ध एकत्र होने लगे तथा उसे देश से बाहर निकालने का प्रयास करने लगे। नेपोलियन ने जेना (Jena) के युद्ध के बाद प्रशा के लोगों पर बहुत अत्याचार किया, इसलिए प्रशा के लोग भी नेपोलियन के विरुद्ध हो गए, चूँकि प्रशा एक मजबूत राज्य था, इसलिए उसने जर्मनी के एकीकरण में महत्त्वपूर्ण भूमिका का निर्वाह किया।
- **वियना कांग्रेस तथा जर्मन संघ** वियना कांग्रेस की बैठक 1815 ई. में हुई, जिसमें जर्मन कन्फेडरेशन परिसंघ की स्थापना की गई। इस परिसंघ के अन्तर्गत 38 राज्य शामिल थे। हेस्से-होम्बर्ग बाद में इसमें शामिल हुआ।
- इस संघ की संघीय सभा फ्रेंकफर्ट में स्थापित हुई, जिसकी अध्यक्षता ऑस्ट्रिया द्वारा की गई। पारस्परिक झगड़ों के कारण यह सभा जर्मनी के लिए कोई महत्त्वपूर्ण कार्य नहीं कर सकी।
- **मेटरनिख द्वारा उदार एवं क्रान्तिकारी आन्दोलन का दमन** वियना कांग्रेस के पश्चात् जर्मनी में बहुत से विद्वान्, दार्शनिक तथा प्रोफेसर उदार एवं क्रान्तिकारी विचारों का प्रचार-प्रसार करने लगे तथा क्रान्तिकारी आन्दोलन को नेतृत्व प्रदान किया। उनके प्रभाव से विश्वविद्यालयों के अनेक क्रान्तिकारी संगठन स्थापित हुए।
- मेटरनिख जर्मनी में पनप रहे राष्ट्रवादी विचारों एवं आन्दोलनों को कठोरता से दबाना चाहता था। उसकी सलाह पर प्रशा के सम्राट विलियम प्रथम ने 1819 ई. में कार्ल्सबाड नामक स्थान पर जर्मनी के प्रमुख राज्यों की एक सभा बुलाई, जिसमें कई दमनकारी नियम पारित किए गए, जिन्हें **कार्ल्सबाड नियम** कहा जाता है। इन नियमों के अनुसार
  - बर्शेनशेफ्ट संगठन को गैर-कानूनी घोषित किया गया।
  - प्रेस पर प्रतिबन्ध लगाया गया।
  - बर्शेनशेफ्ट संस्थान पर नजर रखने के लिए विश्वविद्यालयों में सरकारी प्रतिनिधि की नियुक्ति की घोषणा की गई।
  - एक ऐसे आयोग की नियुक्ति की गई, जो किसी भी व्यक्ति को सन्देह होने पर बन्दी बना सकता था।

जर्मनी के एकीकरण में प्रशा की भूमिका

- **विलियम प्रथम** 1861 ई. में प्रशा का सम्राट बना। वह सैनिक शक्ति में विश्वास करता था। उसका दृढ़ विश्वास था कि प्रशा के सुदृढ़ राजतन्त्र के माध्यम से जर्मनी का एकीकरण सम्भव होगा।
- सैनिक सुधारों को लागू करने के लिए उसने धन की माँग संसद से की तो उदारवादी सांसदों ने धन देने से इनकार कर दिया। वस्तुतः धन विधेयक पारित करने के लिए निम्न सदन की स्वीकृति आवश्यक थी और इस सदन में उदारवादियों का बहुमत था।
- फलतः विलियम प्रथम ने संसद भंग कर दी और बाद में जो दूसरी संसद गठित हुई, वह भी राजा के सुधारों से सहमत नहीं थी। इन विकट परिस्थितियों में विलियम प्रथम ने 1862 ई. में बिस्मार्क को चांसलर नियुक्त किया।
- प्रशा के राजा विलियम प्रथम को आगे चलकर जनवरी, 1871 में जर्मनी का सम्राट घोषित किया गया।

जर्मनी के एकीकरण में बिस्मार्क की भूमिका

- बिस्मार्क आधुनिक यूरोप में एक सफल प्रशासक, राजनीतिज्ञ एवं कूटनीतिज्ञ था। उसने अपने उद्देश्य (जर्मनी के एकीकरण) की पूर्ति के लिए **लौह एवं रक्त की नीति** का अनुसरण किया।
- हालाँकि वह लोकतन्त्र विरोधी था, फिर भी उसने जर्मनी के एकीकरण के लिए प्रत्येक आवश्यक नीति अपनाई। वह आधुनिक जर्मनी का निर्माता था। उसने जर्मनी के एकीकरण के लिए तीन महत्त्वपूर्ण लड़ाइयाँ लड़ीं, जो निम्नलिखित हैं

1. **डेनमार्क से युद्ध** (1864 ई.) श्लेसविग और होलस्टीन नामक दो रियासतों के कारण बिस्मार्क का डेनमार्क से युद्ध हुआ। ये दोनों रियासतें डेनमार्क और जर्मनी के बीच में स्थित थीं। बिस्मार्क ने ऑस्ट्रिया के साथ मिलकर डेनमार्क को 1864 ई. में पराजित कर दिया। डेनमार्क को ऑस्ट्रिया के साथ वियना की सन्धि करनी पड़ी। 1865 ई. में बिस्मार्क ने ऑस्ट्रिया के साथ एक अस्थायी शान्ति समझौता कर लिया, जिसे गेस्टाइन समझौता के नाम से जाना जाता है।
2. **ऑस्ट्रिया-प्रशा युद्ध** (1866 ई.) गेस्टाइन समझौते के अनुसार, होलस्टीन रियासत ऑस्ट्रिया को तथा श्लेसविग रियासत प्रशा को प्राप्त हुई। बिस्मार्क श्लेसविग को जीतना चाहता था। इन मुद्दों पर ऑस्ट्रिया-प्रशा के बीच तनाव बढ़ा और जून, 1866 में दोनों के बीच युद्ध छिड़ गया। यह युद्ध केवल सात सप्ताह तक चला, इसलिए इसे सात सप्ताह का युद्ध कहा जाता है। जुलाई, 1866 ई. में सेडोवो में निर्णायक संघर्ष हुआ, जिसमें ऑस्ट्रिया की पूर्ण पराजय हुई। बिस्मार्क ने ऑस्ट्रिया के साथ प्राग् की सन्धि की, जिसके तहत जर्मनी के पुराने संघ को समाप्त कर प्रशा के नेतृत्व में राइन नदी के उत्तर में स्थित सभी जर्मन राज्यों के एक उत्तर जर्मन संघ की 1867 ई. में स्थापना की। प्रशा के सम्राट को इस संघ का अध्यक्ष बनाया गया।
3. **फ्रांस और प्रशा का युद्ध** (1870-71 ई.) जर्मनी के एकीकरण का अन्तिम चरण फ्रांस तथा प्रशा के मध्य युद्ध था। बिस्मार्क यह भली-भाँति समझ चुका था कि एक दिन प्रशा को फ्रांस के साथ अवश्य युद्ध करना पड़ेगा। यही कारण था कि उसने ऑस्ट्रिया के साथ उदारतापूर्ण व्यवहार किया था। फ्रांस की प्रतिनिधि सभा ने 19 जुलाई, 1870 को प्रशा के विरुद्ध युद्ध की घोषणा कर दी। फ्रांस और प्रशा के मध्य युद्ध के निम्नलिखित परिणाम हुए
   - इस युद्ध के फलस्वरूप नेपोलियन तृतीय के साम्राज्य का पतन हो गया और फ्रांस में तृतीय गणतन्त्र की स्थापना हुई।
   - इस युद्ध में फ्रांस की पराजय ने इटली के एकीकरण को पूर्ण कर दिया।
   - इस युद्ध का लाभ उठाकर रूस के जार ने **काले सागर** पर अपना प्रभुत्व स्थापित कर लिया।
   - जर्मन साम्राज्य के लिए एक नवीन संविधान का निर्माण किया गया।
   - प्रशा के नेतृत्व में जर्मनी का एकीकरण पूरा हो गया और जर्मन साम्राज्य का सम्राट **कैसर विलियम प्रथम** को बनाया गया।
   - इस युद्ध ने यूरोप की दीर्घकालीन क्रान्ति को भंग कर दिया और इसी युद्ध के कारण भविष्य में अनेक युद्धों की भूमिका तैयार हुई।

अभ्यास प्रश्न

1. निम्नलिखित में से किसने इटली के एकीकरण को सम्भव बनाया?
(a) मैजिनी (b) गैरीबाल्डी
(c) कावूर (d) ये सभी

2. इटली के प्रदेश नेपल्ज तथा सिसली पर किस वंश का कब्जा था?
(a) हेप्सवर्ग वंश (b) बूर्बो वंश
(c) मैकाडी वंश (d) इनमें से कोई नहीं

3. इटली का एकीकरण कब पूर्ण हुआ?
(a) 1848 ई. (b) 1871 ई.
(c) 1870 ई. (d) 1988 ई.

4. 1789 ई० की फ्रांसीसी क्रान्ति के समय इटली की स्थिति किस प्रकार की थी?
(a) छोटे बड़े राज्यों में बँटा हुआ
(b) एकीकृत प्रबाली वाला राज्य
(c) समप्रभुता सम्पन्न राष्ट्र
(d) उपरोक्त में से कोई नहीं

5. इटली पर फ्रांसीसी साम्राज्य की स्थापना किसके द्वारा की गई?
(a) मैजिनी (b) नेपोलियन
(c) कमालपाशा (d) हिटलर

6. विश्व में नागरिक संहिता किसके द्वारा आरम्भ की गई?
(a) हिटलर द्वारा (b) लुई III द्वारा
(c) नेपोलियन द्वारा (d) बिस्मार्क द्वारा

7. सामान्तवादी प्रणाली को किसने समाप्त किया?
(a) पोप (b) मुसोलिनी
(c) हिटलर (d) नेपोलियन

8. इटली की सेना का निर्माता किसे कहा जाता है?
(a) कावूर (b) मैजिनी
(c) गैरीबाल्डी (d) अरस्तू

9. यंग इटली नामक संस्था का संस्थापक कौन था?
(a) कावूर (b) मैजिनी
(c) मुसोलिनी (d) गैरीबाल्डी

10. वियना की सन्धि कब हुई थी?
(a) 1815 ई. (b) 1840 ई.
(c) 1817 ई. (d) 1842 ई.

11. किसके नेतृत्व में जर्मनी के एकीकरण के प्रयास आरम्भ हुए थे?
(a) कावूर (b) जर्मनी की सेना
(c) प्रशा (d) नेपोलियन

12. जर्मनी में पनपने वाले राष्ट्रवादी विचारों एवं आन्दोलनों को किसने कठोरता से दबाया?
(a) मैटरनिख ने (b) कावूर ने
(c) कार्ल्सबाड ने (d) मैजिनी ने

13. बिस्मार्क और आस्ट्रिया के अस्थाई शान्ति समझौते को किस नाम से जाना जाता है?
(a) गेस्टाइन समझौता
(b) डेनमार्क की सन्धि
(c) पेरिस की सन्धि
(d) ऑस्ट्रिया की सन्धि

14. बिस्मार्क ने किस नीति द्वारा जर्मनी के एकीकरण में सफलता पाई?
(a) उदारवादी नीति
(b) लोकतान्त्रिक नीति
(c) पृथक्करण नीति
(d) लौह एवं रक्त नीति

15. निम्नलिखित में से किस युद्ध में जर्मनी के एकीकरण का स्वप्न पूर्ण हो गया?
(a) फ्रांस-प्रशा युद्ध (b) फ्रांस-इटली युद्ध
(c) ऑस्टरलिज का युद्ध (d) जोल्वरिन का युद्ध

उत्तरमाला

1.	*(d)*	2.	*(b)*	3.	*(b)*	4.	*(a)*	5.	*(b)*	6.	*(c)*	7.	*(d)*	8.	*(c)*	9.	*(b)*	10.	*(a)*
11.	*(c)*	12.	*(a)*	13.	*(a)*	14.	*(d)*	15.	*(a)*										

मध्य प्रदेश

शासन, स्कूल शिक्षा विभाग के अन्तर्गत

उच्च माध्यमिक शिक्षक

प्रैक्टिस पेपर्स (1-5)

मध्य प्रदेश
उच्च माध्यमिक शिक्षक पात्रता परीक्षा (भाग-ब)
प्रैक्टिस पेपर 1

निर्देश

इस प्रश्न-पत्र में कुल 120 वस्तुनिष्ठ प्रकार के प्रश्न हैं तथा प्रत्येक प्रश्न के लिए एक अंक निर्धारित है।

1. भारतवर्ष का नाम सर्वप्रथम किस पुस्तक में मिला है?
(a) रामायण (b) ऋग्वेद
(c) अष्टाध्यायी (d) भगवद्गीता

2. किस वेद को ऋचाओं के संग्रह के रूप में जाना जाता है?
(a) ऋग्वेद (b) सामवेद
(c) अथर्ववेद (d) यजुर्वेद

3. निम्नलिखित साहित्यों में से कौन-सी श्रेणी आगम साहित्य है?
(a) बौद्ध साहित्य (b) जैन साहित्य
(c) श्रोत साहित्य (d) वैदिक साहित्य

4. पाणिनी की अष्टाध्यायी पर किसने महाभाष्य लिखा जिससे मौर्योत्तर व्यवस्था की जानकारी मिलती है?
(a) कौटिल्य (b) पतंजलि
(c) कल्हण (d) मुद्राराक्षस

5. किस अभिलेख में वैदिक देवताओं के नाम मिलते हैं?
(a) नासिक अभिलेख
(b) बोंगजकोई अभिलेख
(c) महास्थान अभिलेख
(d) प्रयाग प्रशस्ति

6. सिक्कों का अध्ययन क्या कहलाता है?
(a) न्यूमेस्मैटिक्स (b) एलोमैटिक्स
(c) मुद्रा अध्ययन (d) इनमें से कोई नहीं

7. आजीवक सम्प्रदाय के लिए अशोक ने किस स्थान पर पहाड़ी गुफाएँ निर्मित करवाई?
(a) दशरथ पहाड़ी (b) एलोरा पहाड़ी
(c) बराबर की पहाड़ी (d) कुम्हरार की पहाड़ी

8. इतिहास का जनक किसे कहा जाता है?
(a) टीसियस (b) नियार्कस
(c) एरिस्टोबुलस (d) हेरोडोटस

9. किस लेखक ने मेगस्थनीज के विवरण को केवल काल्पनिक माना?
(a) टालेमी (b) स्ट्रैबो
(c) प्लिनी (d) नियार्कस

10. अलबरूनी की पुस्तक का क्या नाम है?
(a) तहकीक-ए-हिन्द (b) जफ़रनामा
(c) मनसवी (d) तूतीनामा

11. निम्नलिखित में से किस स्थान पर मानव के साथ कुत्ते को दफनाए जाने का साक्ष्य मिला है?
(a) बुर्जहोम (b) कोल्डिहवा
(c) चोपानी-माण्डो (d) माण्डो

12. निम्नलिखित में से किस स्थल से हड्डी के उपकरण प्राप्त हुए हैं?
(a) चोपानी-माण्डो से
(b) काकोरिया से
(c) महदहा से
(d) सराय नाहर राय से

13. भारतीय पुरातत्त्व सर्वेक्षण निम्नलिखित विभागों/मन्त्रालयों में से किसका संलग्न कार्यालय है?
(a) संस्कृति (b) पर्यटन
(c) विज्ञान एवं प्रौद्योगिकी (d) मानव संसाधन विकास

14. भारत में किस शैलाश्रय से सर्वाधिक चित्र प्राप्त हुए हैं
(a) घघरिया (b) भीमबेटका
(c) लेखाहिया (d) आदमगढ़

15. 'राख का टीला' निम्नलिखित किस नवपाषाणिक स्थल से सम्बन्धित है?
(a) बुदिहाल (b) संगनकल्लू
(c) कोल्डिहवा (d) ब्रह्मगिरि

16. नवदाटोली का उत्खनन किसने किया था?
(a) के डी वाजपेयी ने (b) वी एस वाकड़ ने
(c) एच डी सांकलिया ने (d) मार्टिमर व्हीलर ने

17. निम्नलिखित में से किस एक पुरास्थल से पाषाण संस्कृति से लेकर हड़प्पा सभ्यता तक के सांस्कृतिक अवशेष प्राप्त हुए हैं?
(a) आम्री (b) मेहरगढ़
(c) कोटदीजी (d) कालीबंगा

18. भारतीय उपमहाद्वीप में कृषि के प्राचीनतम साक्ष्य प्राप्त हुए हैं
(a) कोल्डिहवा से (b) लहुरादेव से
(c) मेहरगढ़ से (d) टोकवा से

19. भारत में मानव का सर्वप्रथम साक्ष्य कहाँ मिलता है?
(a) नीलगिरि पहाड़ियाँ (b) शिवालिक पहाड़ियाँ
(c) नल्लमाला पहाड़ियाँ (d) नर्मदा घाटी

20. गैरिक मृद्भाण्ड पात्र का नामकरण हुआ था
(a) हस्तिनापुर में (b) अहिच्छत्र में
(c) नोह में (d) लाल किला में

21. भारतीय उपमहाद्वीप में प्रथम नगरीय सभ्यता का प्रतिनिधित्व करता है
(a) मेसेपोटामिया (b) हड़प्पा (c) मिस्र (d) मौर्य काल

22. हड़प्पा सभ्यता का सम्बन्ध किस काल से है?
(a) प्रागैतिहासिक काल (b) आद्य ऐतिहासिक काल
(c) ऐतिहासिक काल (d) गैरिक मृद्भाण्ड काल

23. दयाराम साहनी ने अपना प्रथम उत्खनन किस स्थान से प्रारम्भ किया था?
(a) मेहरगढ़ (b) कुण्डग्राम
(c) मॉण्टगोमरी (d) रावलपिण्डी

24. हड़प्पा की खुदाई से किसका सम्बन्ध नहीं है?
(a) स्मिथ (b) मार्टिमर व्हीलर
(c) जॉन मार्शल (d) दयाराम साहनी

25. हड़प्पा सभ्यता को निम्नलिखित में से किस नाम से नहीं जाना जाता?
(a) हड़प्पा सभ्यता (b) सिन्धु सभ्यता
(c) सिन्धु घाटी सभ्यता (d) मृतकों के टीलों की सभ्यता

26. हड़प्पा सभ्यता का काल लगभग है
(a) 2800 ई.पू. से 2000 ई.पू. (b) 2600 ई.पू. से 1750 ई.पू.
(c) 3500 ई.पू. से 1800 ई.पू. (d) इनमें से कोई नहीं

27. किस आधार पर हड़प्पा सभ्यता का काल निर्धारण 2350 ई.पू. एवं 1750 ई.पू. के मध्य किया गया है?
(a) खुदाइयों में प्राप्त वस्तुओं एवं बर्तनों की समानता द्वारा
(b) गुजरात, हरियाणा, पंजाब और राजस्थान की हाल की खुदाइयों में मिले अवशेषों द्वारा
(c) रेडियो कार्बन परीक्षण सी-14 द्वारा
(d) हड़प्पा एवं प्राचीन पश्चिमी सभ्यता के बीच सम्पर्क के विवरण द्वारा

28. निम्नलिखित में कौन-सा युग्म सुमेलित नहीं है?
(a) दैमाबाद – महाराष्ट्र
(b) सुत्कागेण्डोर – बलूचिस्तान
(c) माण्डा – हिमाचल प्रदेश
(d) आलमगीरपुर – उत्तर प्रदेश

29. हड़प्पा सभ्यता का भौगोलिक आकार निम्न प्रकार है
(a) वृत्ताकार (b) आयताकार
(c) वर्गाकार (d) त्रिभुजाकार

30. भारत में खोजा गया सबसे पहला पुराना शहर था
(a) हड़प्पा (b) पंजाब
(c) मोहनजोदड़ो (d) सिन्ध

31. पूर्व वैदिक आर्यों के धर्म का स्वरूप था?
(a) भक्ति (b) मूर्तिपूजा व यज्ञ
(c) प्रकृति पूजा व यज्ञ (d) प्रकृति पूजा व भक्ति

32. आर्य शब्द इंगित करता है
(a) नृजाति समूह को (b) यायावरी जन को
(c) भाषा समूह को (d) श्रेष्ठ वंश को

33. सुमेलित कीजिए

सूची I (वैदिक नदियाँ)	सूची II (आधुनिक नाम)
A. कुभा	1. गण्डक
B. परुष्णी	2. काबुल
C. सदानीरा	3. रावी
D. सुतुद्री	4. सतलज

कूट

	A	B	C	D
(a)	1	2	4	3
(b)	2	3	1	4
(c)	3	4	2	1
(d)	4	1	3	2

34. प्राचीन भारतीय समाज के प्रसंग में, निम्नलिखित शब्दों में से कौन-सा शब्द तीन के वर्ग का नहीं है?
(a) कुल (b) वंश
(c) कोश (d) गोत्र

35. अध्यात्म ज्ञान के विषय में नचिकेता और यम का संवाद किस उपनिषद् में प्राप्त होता है?
(a) वृहदारण्यक उपनिषद् में
(b) छान्दोग्य उपनिषद् में
(c) कठोपनिषद् में
(d) केन उपनिषद् में

36. उपनिषद् पुस्तकें हैं
(a) धर्म पर (b) योग पर
(c) विधि पर (d) दर्शन पर

37. निम्नलिखित चार वेदों में से किस एक में जादुई माया और वशीकरण का वर्णन है?
(a) ऋग्वेद (b) यजुर्वेद
(c) अथर्ववेद (d) सामवेद

38. सुमेलित कीजिए

सूची I	सूची II
A. ऋग्वेद	1. संगीतमय स्रोत
B. यजुर्वेद	2. स्रोत एवं कर्मकाण्ड
C. सामवेद	3. तन्त्र-मन्त्र एवं वशीकरण
D. अथर्ववेद	4. स्रोत एवं प्रार्थनाएँ

कूट

	A	B	C	D		A	B	C	D
(a)	4	2	1	3	(b)	3	2	4	1
(c)	4	1	2	3	(d)	2	3	1	4

39. निम्नलिखित अभिलेखों में से कौन-सा ईरान से भारत में आर्यों के आने की सूचना देता है?
(a) मान सेहरा (b) शहबाजगढ़ी (c) बोंगजकोई (d) जूनागढ़

40. 'धर्म' तथा 'ऋतु' भारत की प्राचीन वैदिक सभ्यता के एक केन्द्रीय विचार को चित्रित करते हैं। इस सन्दर्भ में निम्लिखित कथनों पर विचार कीजिए
1. धर्म व्यक्ति के दायित्वों एवं स्वयं तथा दूसरों के प्रति व्यक्तिगत कर्त्तव्यों की संकल्पना थी।
2. ऋत मूलभूत नैतिक विधान था, जो सृष्टि और उसमें अन्तर्निहित सारे तत्त्वों के क्रियाकलापों को संचालित करता था।

उपरोक्त कथनों में कौन-सा/से कथन सही है/हैं?
(a) केवल 1 (b) केवल 2
(c) 1और 2 (d) न तो 1 और न ही 2

41. छठी शताब्दी ई.पू. 'द्वितीय नगरीकरण' के अस्तित्व में आने का मूल कारण क्या था?
(a) लोहे का प्रयोग (b) 'जन' का 'जनपद' में बदलना
(c) उद्योगों का विकास (d) नगरों का विकास

42. छठी शताब्दी ई.पू. का 'महाजनपद' उत्तर वैदिक काल में किस नाम से जाना जाता था?
(a) जन (b) जनपद (c) राज्य (d) राष्ट्र

43. अंगुत्तर निकाय क्या है?
(a) वेद ग्रन्थ (b) जैन ग्रन्थ
(c) बौद्ध ग्रन्थ (d) ब्राह्मण साहित्य

44. निम्नलिखित में से कौन-सा महाजनपद नर्मदा नदी के दक्षिण में स्थित था?
(a) काशी (b) कोशल (c) अश्मक (d) वज्जि

45. बंग तथा मलय जनपदों का उल्लेख किस ग्रन्थ में मिलता है?
(a) विनयपिटक (b) धम्मपिटक
(c) अंगुत्तर निकाय (d) भगवतीसूत्र

46. काशी महाजनपद की राजधानी वाराणसी किन दो नदियों के बीच स्थित थी?
(a) नर्मदा-ताप्ती (b) वरुणा-असि (c) पुनपुन-गंगा (d) गंगा-यमुना

47. दक्षिण कोशल की राजधानी कहाँ थी?
(a) श्रावस्ती (b) वाराणसी (c) अहिछत्र (d) कुशावती

48. महाभारत तथा पुराणों में किस महाजनपद का नाम 'मालिनी' मिलता है?
(a) काशी (b) कोशल (c) अंग (d) मगध

49. निम्न में कौन-सा युग्म सुमेलित नहीं है?
(a) अंग - चम्पा
(b) उत्तर कोशल - श्रावस्ती
(c) वज्जि - वैशाली
(d) मल्ल - कुशावती

50. सोथीवती किस महाजनपद की राजधानी थी?
(a) अश्मक (b) वत्स (c) चेदि (d) मत्स्य

51. सेल्यूकस, जिनको अलेक्जेण्डर द्वारा सिन्ध एवं अफगानिस्तान का प्रशासक नियुक्त किया गया था, को किस भारतीय राजा ने हराया था?
(a) समुद्रगुप्त (b) अशोक
(c) बिन्दुसार (d) चन्द्रगुप्त

52. अशोक से सम्बन्धित निम्न कथनों पर विचार करें
1. अशोक ने अपने अभिलेखों में तीन भाषाओं एवं चार लिपि का प्रयोग किया।
2. लुम्बिनी अभिलेख, अशोक की प्रसिद्ध घोषणा का है " सभी प्रथा मेरी सन्तान हैं।
3. बाबर की पहाड़ियों में पाए गए अशोक के गुहालेख से उसकी धार्मिक सहिष्णुता का ज्ञान होता है।

उपरोक्त में से कौन-सा/से कथन सही नहीं है/हैं?
(a) 1 और 2 (b) केवल 2
(c) 1 और 3 (d) केवल 3

53. मौर्यकालीन कला के सम्बन्ध में निम्नलिखित में से कौन-सा असत्य है?
(a) पत्थरों को काटकर गुहा-गृहों के निर्माण की कला मौर्य कला में ही प्रारम्भ हुई
(b) पत्थर की मूर्ति का निर्माण कार्य शुरू हो गया था
(c) मौर्य काल में वास्तुकला एवं काष्ठकला अविकसित थी
(d) उपरोक्त सभी

54. ब्राह्मी लिपि का प्रथम उद्‌वाचन किस पर उत्कीर्ण अक्षरों से किया गया?
(a) पत्थर की पट्टियों पर (b) मुहरों पर
(c) स्तम्भों पर (d) सिक्कों पर

55. निम्न में से कौन-सा युग्म सुमेलित नहीं है?
(a) अक्षपटलाध्यक्ष-महालेखाकार
(b) कुप्याध्यक्ष-वाणिज्य विभाग का अध्ययन
(c) विविताध्यक्ष-चरागाहों का अध्यक्ष
(d) अकराध्यक्ष-खाद्य विभाग का अध्यक्ष

56. मेगस्थनीज ने भारतीय समाज को कितनी श्रेणियों मेंविभाजित किया?
(a) चार (b) पाँच (c) छः (d) सात

57. निम्नलिखित कथनों पर विचार कीजिए
1. अन्तिम मौर्य शासक बृहद्रथ की हत्या उसके प्रधान सेनापति पुष्यमित्र शुंग ने की थी।
2. अन्तिम शुंग राजा देवभूति की हत्या उसके ब्राह्मण मन्त्री वासुदेव कण्व ने की और उसने उसका राजसिंहासन हथिया लिया।
3. आन्ध्र ने कण्व राजवंश के अन्तिम शासक को पद वंचित किया था।

उपरोक्त कथनों में कौन-सा/से कथन सही है/हैं?
(a) 1 और 2 (b) केवल 2 (c) केवल 3 (d) ये सभी

58. अशोक का समकालीन तुरमय कहाँ का राजा था?
(a) मिस्र (b) कोरिंथ (c) मेसीडोनिया (d) सीरिया

59. मौर्योत्तरकालीन साहित्य से सम्बन्धित निम्न कथनों पर विचार करें
1. महाभाष्य की रचना पतंजलि ने की थी।
2. महाभाष्य एक व्याकरण ग्रन्थ है, जिसमें यवन आक्रमण की चर्चा है।
3. नागसेन ने पालि भाषा में 'मिलिन्दपन्हो' की रचना की है।
4. मिलिन्दपन्हो से भारत-ग्रीक सम्पर्क की जानकारी मिलती है।

उपरोक्त में से कौन–से कथन सही हैं?
(a) 1, 2 और 3 (b) 2, 3 और 4
(c) 1, 3 और 4 (d) ये सभी

60. निम्नलिखित कथनों में से कौन–सा एक कथन सही नहीं है?
(a) पुष्यमित्र शुंग ने दो अश्वमेघ यज्ञ किए थे
(b) पतंजलि, पुष्यमित्र के यज्ञ के पुरोहित थे
(c) बाणभट्ट ने पुष्यमित्र शुंग को आर्य कहा है
(d) भरहुत स्तूप बनाने का श्रेय पुष्यमित्र शुंग को दिया जाता है

61. पृथ्वीराज चौहान से सम्बन्धित निम्न कथनों पर विचार करें
1. पृथ्वीराज चौहान को रायपिथौरा भी कहा जाता था।
2. पृथ्वीराज चौहान एवं मुहम्मद गौरी के बीच युद्ध का वर्णन अलबरूनी ने किया है।
3. जयचन्द की मदद से पृथ्वीराज चौहान ने मुहम्मद गौरी को परास्त किया था।

उपरोक्त में से कौन–सा/से कथन सही है/हैं?
(a) केवल 1 (b) 1 और 2
(c) 2 और 3 (d) ये सभी

62. हर्ष एवं पुलकेशिन द्वितीय के बीच युद्ध के विवरण से सम्बन्धित निम्न साक्ष्यों/स्रोतों पर विचार करें
1. बाणभट्ट कृत हर्षचरित 2. हर्ष का बाँसखेड़ा अभिलेख
3. पुलकेशिन द्वितीय का ऐहोल अभिलेख
4. ह्वेनसाँग का यात्रा विवरण

उपरोक्त में से कौन–से कथन सही हैं?
(a) 1 और 2 (b) 2 और 3
(c) 3 और 4 (d) 1, 2 और 3

63. सामन्तवाद की विशेषताओं से सम्बन्धित निम्न कथनों पर विचार करें
1. राजा अपने अधिकारियों को वेतन के स्थान पर भूमि अनुदान देता था।
2. कृषि कार्य शूद्र कृषकों द्वारा किया जाता था।
3. शक्तिशाली सामन्तों के अपने उपसामन्त भी होते थे।

उपरोक्त में से कौन–से कथन सही हैं?
(a) 1 और 2 (b) 2 और 3
(c) 1 और 3 (d) ये सभी

64. पूर्व मध्यकाल में जातियों का अत्यधिक प्रगुणन अधिकांशत: किस कारण से था?
(a) तत्कालीन वर्णसंकर व्यवस्था
(b) जनजातियों का जातियों के रूप में बढ़ता हुआ अधिक मात्रा में अन्तर्लयन
(c) व्यावसायिक वर्गों का जातियों में परिवर्तन
(d) धार्मिक सम्प्रदायों का जातियों में रूपान्तरण

65. गुप्तोत्तरकालीन प्रशासनिक व्यवस्था के सन्दर्भ में निम्न कथनों पर विचार कीजिए
1. गुप्तोत्तर काल में राजा का पद अधिक गौरवशाली हुआ तथा राजत्व और देवत्व में घनिष्ठ सम्बन्ध स्थापित हुआ।
2. राजतन्त्र सैद्धान्तिक रूप से अनियन्त्रित तथा निरंकुश था।
3. मण्डल, भुक्ति से मिलती-जुलती इकाई थी, कहीं-कहीं भुक्ति के बदले राष्ट्र का भी उल्लेख मिलता है।

उपरोक्त में से कौन–सा/से कथन सही है/हैं?
(a) केवल 2 (b) केवल 3 (c) 1 और 2 (d) 1, 2 और 3

66. राष्ट्रकूट शासक अमोघवर्ष के विषय में निम्न में से कौन–सा कथन सत्य नहीं है?
(a) वह बौद्ध मत का महान् संरक्षक था
(b) उसने कन्नड़ भाषा में कविराजमार्ग नामक काव्यग्रन्थ की रचना की थी
(c) अरब यात्री सुलेमान ने उसकी प्रशंसा की है
(d) इसके दरबार में जिनसेन एवं शक्टायन नामक विद्वानों को संरक्षण प्राप्त था

67. महमूद गजनवी के आक्रमण के समय के प्रमुख शासकों के युग्मों पर विचार कीजिए
1. फतह दाऊद – सिन्ध
2. कोक्कल द्वितीय – मथुरा
3. राज्यपाल – कन्नौज
4. विद्याधर – बुन्देलखण्ड (जैजाक भुक्ति) चन्देल राज्य

उपरोक्त युग्मों में से कौन–सा/से युग्म सुमेलित है/हैं?
(a) 1 और 2 (b) 2, 3 और 4
(c) 2 और 4 (d) केवल 2

68. निम्नलिखित कथनों पर विचार कीजिए
1. तराइन के युद्धों का उल्लेख हसन निजामी के ग्रन्थ में मिलता है।
2. हसन निजामी ने मुन्तखब-उल-तवारीख ग्रन्थ की रचना की थी।
3. मिनहाज-उस-सिराज के अनुसार, तराइन के द्वितीय युद्ध के पश्चात् पृथ्वीराज चौहान को गोरी द्वारा सत्ता सौंपे जाने का उल्लेख किया गया है।

उपरोक्त कथनों में से कौन–सा/से कथन सही है/हैं?
(a) 1 और 2 (b) केवल 2 (c) केवल 1 (d) 1 और 3

69. निम्नलिखित ग्रन्थों पर विचार कीजिए
1. अखनार अल-सिंद वल-हिंद
2. ताज-उल-मासिर
3. चचनामा

उपरोक्त में से अरबों की सिन्ध विजय का उल्लेख कौन–से ग्रन्थ/ग्रन्थों में है?
(a) 1 और 2 (b) केवल 1 (c) 1 और 3 (d) 2 और 3

70. महमूद गजनवी से सम्बन्धित निम्नलिखित कथनों पर विचार कीजिए
1. प्रख्यात लेखक अलबरूनी महमूद गजनवी के साथ ही भारत आया था।
2. इतिहासकार उत्बी के अनुसार, महमूद के आक्रमणों का उद्देश्य धार्मिक नहीं था।
3. गोरी के आक्रमण को 'जिहाद' की संज्ञा दी गई है।

उपरोक्त कथनों में से कौन–सा/से कथन सही है/हैं?
(a) 1 और 2 (b) 1 और 3 (c) केवल 1 (d) ये सभी

71. चचनामा किस भाषा का ग्रन्थ है?
(a) फारसी (b) अरबी
(c) उर्दू (d) हिन्दी

72. गुलाम वंश के शासन का ऐतिहासिक विवरण किस पुस्तक से प्राप्त होता है?
(a) चचनामा (b) तारीख-ए-गुजीदाह
(c) तबकात-ए-नासिरी (d) तारीख-ए-सिन्ध

73. किस पुस्तक का लेखक सैन्य वर्ग से सम्बन्धित था?
(a) मुहम्मद बिहामद खानी (b) अलबरूनी
(c) अलजैदी (d) प्लिनी

74. निम्न में से कौन-सी कृति अलबरूनी की है?
(a) ताजूल मासिर (b) तारीख-ए-सिन्ध
(c) तारीख-उल-हिन्द (d) तारीख-ए-मसूदी

75. 'ताजूल मासिर' जिसमें कुतुबुद्दीन का जीवन वृत्त है किसकी रचना है?
(a) हसन निजामी (b) अलबरूनी
(c) अमीर खुसरो (d) मिर्जा गालिब

76. दिल्ली के किस सुल्तान ने यह नियम बना दिया था कि किसी एक वर्ष में निर्धारित भू-राजस्व दर में बहुत ही थोड़ी (नाम मात्र की) वृद्धि हो सकती है यथा राजस्व का एक-दसवाँ अथवा एक-ग्यारहवाँ भाग?
(a) बलबन (b) अलाउद्दीन खिलजी
(c) ग्यासुद्दीन तुगलक (d) फिरोजशाह तुगलक

77. निम्न में से कौन-सा शहर फिरोजशाह तुगलक द्वारा स्थापित नहीं किया गया?
(a) फतेहाबाद (b) जौनपुर
(c) फतेहपुर (d) हिसार

78. निम्न में से कौन-सी किताब सुल्तान फीरोजशाह तुगलक द्वारा स्वयं लिखी गई?
(a) फुतुहात-ए-फिरोजशाही
(b) फतवा-ए-जहाँदारी
(c) तारीख-ए-फिरोजशाही
(d) तुगलकनामा

79. तेरहवीं शताब्दी में 'खराज' क्या था?
(a) कृषि पर कर (b) भू-सम्पत्ति हस्तान्तरण पर रोक
(c) भूमि पर कर माफी (d) सिंचित कृषि पर कर

80. निम्नलिखित में से किसने पंजाब के लिए कुतुबुद्दीन ऐबक से संघर्ष किया?
(a) इख्तियारुद्दीन
(b) ताजुद्दीन यल्दौज
(c) नासिरुद्दीन कुबाचा
(d) उपरोक्त में से कोई नहीं

81. बाबर ने सन् 1526 में भारत में मुगल शासन की स्थापना की
(a) राणा सांगा पर विजय प्राप्त करके
(b) सिकन्दर लोदी पर विजय प्राप्त करके
(c) दौलत खाँ लोदी पर विजय प्राप्त करके
(d) इब्राहीम लोदी पर विजय प्राप्त करके

82. बाबर ने भारत में कौन-सी परम्परा प्रचलित की?
(a) फारसी चित्रकला (b) राजदरबारी कविता
(c) चौखाने वाले उद्यान (d) ढालू दीवारों वाले भवन

83. ईरान के शासक शाह तहमास्प ने हुमायूँ को कब शरण दी थी?
(a) 1530 ई. (b) 1540 ई.
(c) 1544 ई. (d) 1554 ई.

84. शेरशाह सूरी का जन्म कहाँ हुआ था?
(a) बेजवाड़ा (b) सासाराम
(c) मुंगेर (d) गोण्ड

85. शेरशाह के अन्तर्गत गुप्तचर विभाग का शीर्ष अधिकारी कौन था?
(a) आरिज-ए-मुमालिक (b) बरीद-ए-मुमालिक
(c) दबीर-ए-खास (d) शिकदार-ए-शिकदारान

86. शेरशाह द्वारा रोहतासगढ़ नामक किले के निर्माण के पीछे मुख्य कारण क्या था?
(a) शासनसूत्र का संचालन
(b) उत्तर-पश्चिम की सीमा की सुरक्षा
(c) उत्तर-पूर्व की सीमा की सुरक्षा
(d) स्थिति को मजबूत करना

87. शेरशाह का हुमायूँ से सबसे पहली बार मुकाबला किस युद्ध में हुआ था?
(a) चुनार का घेरा (b) चौसा का युद्ध
(c) बिलग्राम का युद्ध (d) इनमें से कोई नहीं

88. अकबर के शासनकाल में पश्चिमोत्तर सीमान्त में अफगानों तथा बलूचियों के विद्रोह को किसने दबाया था?
(a) टोडरमल (b) मानसिंह
(c) 'a' और 'b' दोनों (d) इनमें से कोई नहीं

89. अबुल फजल की हत्या किसने की थी?
(a) जहाँगीर (b) वीरसिंह देव
(c) अफगान सरदार (d) खोखर जनजाति

90. अकबर काल में 1580 ई. में बंगाल तथा बिहार में हुए विद्रोह को मुगलों ने किसके नेतृत्व में दबाया?
(a) राजा मानसिंह (b) राजा टोडरमल
(c) अब्दुल्ला खाँ (d) अब्दुर्रहीम खानखाना

91. पाण्डिचेरी (वर्तमान पुदुचेरी) के सन्दर्भ में निम्नलिखित कथनों पर विचार कीजिए
1. पाण्डिचेरी पर कब्जा करने वाले पहले यूरोपीय शक्ति पुर्तगाली थे।
2. पाण्डिचेरी पर कब्जा करने वाले दूसरे यूरोपीय शक्ति फ्रांसीसी थे।
3. अंग्रेजों ने कभी पाण्डिचेरी पर कब्जा नहीं किया।

उपरोक्त में से कौन-सा/से कथन सही है/हैं?
(a) केवल 1 (b) 2 और 3
(c) केवल 3 (d) ये सभी

92. निम्नलिखित यूरोपियनों में से कौन-सा एक स्वतन्त्रता पूर्व भारत में व्यापारी के रूप में सबसे अन्त में आया?
(a) डच (b) इंग्लिश
(c) फ्रांसीसी (d) पुर्तगाली

93. निम्नलिखित किलों में से ब्रिटिश ने किसका सबसे पहले निर्माण किया?

(a) फोर्ट विलियम (b) फोर्ट सेण्ट जॉर्ज
(c) फोर्ट सेण्ट डेविड (d) फोर्ट सेण्ट एजेलो

94. निम्नलिखित कथनों पर विचार कीजिए

1. भारत में तम्बाकू की खेती।
2. भारत में प्रिण्टिंग प्रेस की शुरुआत।

उपरोक्त कथनों में से कौन-सी अंग्रेजों की भारत को देन थी/थीं?

(a) केवल 1 (b) केवल 2
(c) 1 और 2 (d) इनमें से कोई नहीं

95. किस मुगल सम्राट के काल में इंग्लिश ईस्ट इण्डिया कम्पनी ने भारत में सर्वप्रथम कारखाना स्थापित किया?

(a) अकबर (b) जहाँगीर
(c) शाहजहाँ (d) औरंगजेब

96. 1613 ई. में अंग्रेजी ईस्ट इण्डिया कम्पनी को कहाँ एक कारखाना (व्यापार स्थल) स्थापित करने की अनुमति मिली?

(a) बंगलौर (b) मद्रास
(c) मसूलीपट्टनम् (d) सूरत

97. निम्नलिखित कथनों में से कौन-सा एक सही है?

(a) आधुनिक कोच्चि भारत की स्वतन्त्रता पूर्व एक डच उपनिवेश था
(b) डचों ने पुर्तगालियों को पराजित किया और आधुनिक कोच्चि में उन्होंने फोर्ट विलियम्स का निर्माण किया
(c) आधुनिक कोच्चि पहले डच उपनिवेश था, जिस पर बाद में पुर्तगालियों का अधिकार हो गया
(d) आधुनिक कोच्चि कभी भी ब्रिटिश उपनिवेश का भाग नहीं था

98. भारत में यूरोपीय शक्तियों के प्रवेश के सन्दर्भ में निम्न में से कौन-सा कथन सही नहीं है?

(a) पुर्तगालियों ने 1499 ई. में गोवा पर कब्जा किया था
(b) अंग्रेजों ने अपना पहला कारखाना दक्षिण भारत में मसूलीपट्टनम् में लगाया
(c) पूर्वी भारत में अंग्रेजी कम्पनी ने 1633 ई. में उड़ीसा में पहला कारखाना लगाया
(d) डूप्ले के नेतृत्व में फ्रांसीसियों ने 1746 ई. में मद्रास पर कब्जा किया था

99. भारत में फ्रांसीसियों ने अपना सबसे पहला कारखाना निम्न स्थानों में से कहाँ लगाया?

(a) सूरत (b) पुलिकट (c) कोचीन (d) कासिम बाजार

100. सुमेलित कीजिए

सूची I (समुद्री यात्री)	सूची II (देश)
A. वास्को-डि-गामा	1. स्पेन
B. क्रिस्टोफर कोलम्बस	2. पुर्तगाल
C. कैप्टन कुक	3. हॉलैण्ड
D. तस्मान	4. ग्रेट ब्रिटेन

कूट

	A	B	C	D		A	B	C	D
(a)	3	2	1	4	(b)	2	1	4	3
(c)	1	4	3	2	(d)	4	3	2	1

101. गणतन्त्र शासन के सन्दर्भ में कौन-सा वक्तव्य सही है।

I. यह महाजनपद काल में ही मौजूद रहे।
II. लिच्छवि सबसे बड़ा एवं सर्वाधिक शक्तिशाली गणतन्त्र था।
III. पुष्कलावती यहाँ का प्रमुख गणराज्य था।

कूट

(a) I और III (b) II और III
(c) I और II (d) इनमें से कोई नहीं

102. ईसा की तीसरी शताब्दी से, जबकि हूण आक्रमण से रोमन साम्राज्य समाप्त हो गया, भारतीय व्यापारी अधिकाधिक निर्भर हो गए

(a) अफ्रीकी व्यापार पर
(b) पश्चिमी-यूरोपीय व्यापार पर
(c) दक्षिण-पूर्व एशियाई व्यापार पर
(d) मध्य-पूर्वी व्यापार पर

103. सामन्तवाद की विशेषताओं से सम्बन्धित निम्न कथनों पर विचार करें

1. राजा अपने अधिकारियों को वेतन के स्थान पर भूमि अनुदान देता था।
2. कृषि कार्य शूद्र कृषकों द्वारा किया जाता था।
3. शक्तिशाली सामन्तों के अपने उपसामन्त भी होते थे।

उपरोक्त में से कौन-से कथन सही हैं?

(a) 1 और 2 (b) 2 और 3
(c) 1 और 3 (d) ये सभी

104. निम्नलिखित में से कौन-सी विशेषता हड़प्पाकालीन आन्तरिक व्यापार से सम्बन्धित हैं?

I. व्यापार बहुमुखी था।
II. इसे क्षेत्रीय एवं अन्तर्क्षेत्रीय स्तर पर किया जाता था।
III. सार्थवाह व्यापार के साथ-साथ 'श्रेणी' और 'निगमों' को भी स्थापित किया गया था।
IV. यह पूर्णत: वस्तु विनिमय पर आधारित था।

कूट

(a) I, II और III (b) I और II
(c) I, III और IV (d) ये सभी

105. निम्न कथनों पर विचार करें।

I. बुद्ध के पिता कपिलवस्तु के गणराजा थे।
II. पावा महावीर की निर्वाणस्थली थी।
III. सुसुभार उत्तर प्रदेश के निकट था।

उपरोक्त में से कौन-सा/से कथन सही हैं/हैं?

(a) I और II (b) केवल II
(c) I और III (d) I, II और III

106. प्राचीनकालीन भारत में हुई वैज्ञानिक प्रगति के सन्दर्भ में निम्नलिखित में से कौन-से कथन सही हैं?

1. प्रथम शती ई. में विभिन्न प्रकार के विशिष्ट शल्य औजारों का उपयोग आम था।
2. तीसरी शती ई. के आरम्भ में मानव शरीर के आन्तरिक अंगों का प्रत्यारोपण शुरू हो चुका था।
3. पाँचवीं शती ई. में कोण के ज्या का सिद्धान्त ज्ञात था।

4. सातवीं शती ई. में चक्रीय चतुर्भुज का सिद्धान्त ज्ञात था।

कूट

(a) 1 और 2 (b) 3 और 4
(c) 1, 3 और 4 (d) ये सभी

107. अरब आक्रमण के सम्बन्ध में निम्नलिखित कथनों पर विचार कीजिए

1. सिन्ध के बन्दरगाह देवल पर कुछ लुटेरों ने इराकी जहाजों को लूट लिया था।
2. अरबों ने 'हिन्दसा' का प्रसार यूरोप में किया।

उपरोक्त कथनों में से कौन-सा/से कथन सही है/हैं?

(a) केवल 1 (b) केवल 2
(c) 1 और 2 (d) न तो 1 और न ही 2

108. निम्नलिखित में से दिल्ली का कौन पहला सुल्तान था जिसने होली के उत्सव में भाग लिया?

(a) अलाउद्दीन खिलजी (b) मुबारक शाह खिलजी
(c) मोहम्मद-बिन-तुगलक (d) फिरोज शाह तुगलक

109. शाहजहाँ के पुत्रों-पुत्रियों के जन्म का सही कालक्रम लगाइए

I. गौहर आरा II. मुराद बख्श
III. रोशन आरा IV. जहाँ आरा
V. दारा शिकोह VI. औरंगजेब

कूट

(a) I, II, V, IV, III, II (b) IV, V, III, VI, II, I
(c) III, VI, I, II, IV, V (d) VI, V, III, IV, II, I

110. निम्नलिखित कथनों में से कौन-सा एक सही है?

(a) आधुनिक कोच्चि भारत की स्वतन्त्रता पूर्व एक डच उपनिवेश था
(b) डचों ने पुर्तगालियों को पराजित किया और आधुनिक कोच्चि में उन्होंने फोर्ट विलियम्स का निर्माण किया
(c) आधुनिक कोच्चि पहले डच उपनिवेश था, जिस पर बाद में पुर्तगालियों का अधिकार हो गया
(d) आधुनिक कोच्चि कभी भी ब्रिटिश उपनिवेश का भाग नहीं था

111. निम्नलिखित कथनों पर विचार कीजिए

1. इलाहाबाद की सन्धि के अनुसार अवध के नवाब ने अंग्रेजी कम्पनी को इलाहाबाद तथा कड़ा सौप दिया।
2. बनारस की सन्धि के अनुसार अंग्रेजी कम्पनी ने इलाहाबाद तथा कड़ा दो करोड़ रुपये में अवध के नवाब को बेच दिया।

उपरोक्त कथनों में कौन-सा/से सही है/हैं?

(a) केवल 1
(b) केवल 2
(c) 1 और 2 दोनों
(d) न तो 1 और न ही 2

112. निम्नलिखित कथनों पर विचार कीजिए

I. भारतीय राष्ट्रीय कांग्रेस की प्रथम महिला अध्यक्ष सरोजिनी नायडू थीं।
II. भारतीय राष्ट्रीय कांग्रेस के प्रथम मुस्लिम अध्यक्ष बदरुद्दीन तैय्यब जी थे।

उपरोक्त कथनों में से कौन-सा/से कथन सही है/हैं?

(a) केवल I
(b) केवल II
(c) I और II दोनों
(d) न तो I न ही II

113. सुमेलित कीजिए

सूची I (नेता)	सूची II (उपनाम)
A. रवीन्द्रनाथ टैगोर	1. ग्राण्ड ओल्डमैन
B. मदन मोहन मालवीय	2. पंजाब केसरी
C. लाला लाजपत राय	3. महामना
D. दादाभाई नौरोजी	4. गुरुदेव

कूट

	A	B	C	D		A	B	C	D
(a)	1	2	3	4	(b)	1	2	4	3
(c)	2	3	1	4	(d)	4	3	2	1

114. चतुर्थ आंग्ल-मैसूर युद्ध के निम्न में किस कारण को तत्कालीन अंग्रेजी गवर्नर जनरल लॉर्ड वेलेजली ने जिम्मेदार ठहराया?

(a) टीपू द्वारा फ्रांसीसियों को शरण देना
(b) टीपू द्वारा अंग्रेजी व्यापार में बाधा उत्पन्न करना
(c) टीपू द्वारा अंग्रेजी क्षेत्र पर आक्रमण करना
(d) उपरोक्त सभी

115. निम्नलिखित कथनों पर विचार कीजिए
दादाभाई नौरोजी की भारतीय राष्ट्रीय आन्दोलन को सर्वाधिक प्रभावी देन थी कि

1. उन्होंने इस बात को अभिव्यक्त किया कि ब्रिटेन, भारत का अर्थिक शोषण कर रहा है।
2. उन्होंने प्राचीन भारतीय ग्रन्थों की व्याख्या की और भारतीयों में आत्मविश्वास जगाया।
3. उन्होंने सभी सामाजिक बुराइयों के निराकरण की आवश्यकता पर सर्वोपरि जोर दिया।

उपरोक्त कथनों में से कौन-सा/से कथन सही है/हैं

(a) केवल 1 (b) 2 और 3
(c) 1 और 3 (d) ये सभी

116. 1893 में सर विलियम वेडरबर्न तथा डब्ल्यू एस कैन ने किस उद्देश्य से इण्डियन पार्लियामेण्टरी कमेटी की स्थापना की थी?

(a) भारत में राजनैतिक सुधारों हेतु हाउस ऑफ कॉमन्स में आन्दोलन करने के लिए
(b) भारतीयों के साम्राज्यिक न्यायपालिका में प्रवेश हेतु अभियान करने के लिए
(c) भारतीय स्वतन्त्रता पर ब्रिटिश संसद में चर्चा सुगम करने के लिए
(d) ब्रिटिश संसद में विख्यात भारतीयों के प्रवेश हेतु आन्दोलन करने के लिए

117. भारत में स्वराज पार्टी की स्थापना निम्नलिखित कारणों में से एक अथवा अधिक के लिए की गई थी

I. गाँधीजी द्वारा असहयोग आन्दोलन वापिस लेना।
II. काउन्सिलों में प्रवेश कर तथा उन्हें काम न करने देकर 1919 के भारत शासन अधिनियम का उच्छेदन करना।
III. ब्रिटिश सरकार द्वारा दमन।
IV. भारतीयों द्वारा इस आशय की अनुभूति कि उन्हें प्रशासन का अनुभव प्राप्त करना चाहिए।

कूट

(a) केवल I (b) I और II
(c) I, II और III (d) I, III और IV

118. निम्नलिखित कथनों पर विचार कीजिए

I. जवाहरलाल नेहरू मृत्यु के समय भारत के प्रधानमन्त्री की चौथी पदावधि में थे।

II. जवाहरलाल नेहरू ने संसद सदस्य के रूप में रायबरेली का प्रतिनिधित्व किया।

III. भारत के प्रथम गैर-कांग्रेसी प्रधानमन्त्री वर्ष 1977 में पद पर नियुक्त हुए।

उपरोक्त कथनों में से कौन-सा/से सही है/हैं?

(a) I और I (b) केवल III
(c) केवल I (d) I और III

119. निम्न कथनों पर विचार कीजिए

1. व्यापारिक क्रान्ति में भौगोलिक खोजों ने महत्त्वपूर्ण भूमिका निभाई, जिससे उपनिवेशवाद का आरम्भ हुआ।
2. स्पेन, पुर्तगाल, डच, फ्रांस तथा इंग्लैण्ड इत्यादि यूरोपीय देशों ने सुदूर देशों में उपनिवेश स्थापित किए।
3. भौगोलिक खोजों के साथ-साथ मानव जीवन के इतिहास का पदार्पण भी हुआ जो विकसित था।

कूट

(a) 1 और 3 (b) 2 और 3
(c) 1, 2 और 3 (d) 1 और 2

120. बिस्मार्क और आस्ट्रिया के अस्थाई शान्ति समझौते को किस नाम से जाना जाता है?

(a) गेस्टाइन समझौता
(b) डेनमार्क की सन्धि
(c) पेरिस की सन्धि
(d) ऑस्ट्रिया की सन्धि

उत्तरमाला

1.	*(c)*	2.	*(a)*	3.	*(b)*	4.	*(b)*	5.	*(b)*	6.	*(a)*	7.	*(c)*	8.	*(d)*	9.	*(b)*	10.	*(a)*
11.	*(a)*	12.	*(d)*	13.	*(a)*	14.	*(b)*	15.	*(b)*	16.	*(c)*	17.	*(b)*	18.	*(c)*	19.	*(d)*	20.	*(a)*
21.	*(b)*	22.	*(b)*	23.	*(c)*	24.	*(a)*	25.	*(d)*	26.	*(b)*	27.	*(c)*	28.	*(c)*	29.	*(d)*	30.	*(b)*
31.	*(c)*	32.	*(d)*	33.	*(b)*	34.	*(c)*	35.	*(c)*	36.	*(d)*	37.	*(c)*	38.	*(a)*	39.	*(c)*	40.	*(c)*
41.	*(a)*	42.	*(b)*	43.	*(c)*	44.	*(c)*	45.	*(d)*	46.	*(b)*	47.	*(d)*	48.	*(c)*	49.	*(d)*	50.	*(c)*
51.	*(d)*	52.	*(b)*	53.	*(c)*	54.	*(a)*	55.	*(b)*	56.	*(d)*	57.	*(d)*	58.	*(a)*	59.	*(d)*	60.	*(c)*
61.	*(a)*	62.	*(c)*	63.	*(d)*	64.	*(c)*	65.	*(d)*	66.	*(a)*	67.	*(b)*	68.	*(c)*	69.	*(c)*	70.	*(c)*
71.	*(b)*	72.	*(c)*	73.	*(d)*	74.	*(c)*	75.	*(a)*	76.	*(c)*	77.	*(c)*	78.	*(a)*	79.	*(a)*	80.	*(b)*
81.	*(d)*	82.	*(c)*	83.	*(c)*	84.	*(a)*	85.	*(b)*	86.	*(b)*	87.	*(a)*	88.	*(c)*	89.	*(b)*	90.	*(c)*
91.	*(c)*	92.	*(c)*	93.	*(a)*	94.	*(d)*	95.	*(b)*	96.	*(d)*	97.	*(b)*	98.	*(a)*	99.	*(a)*	100.	*(b)*
101.	*(c)*	102.	*(c)*	103.	*(d)*	104.	*(a)*	105.	*(d)*	106.	*(c)*	107.	*(c)*	108.	*(c)*	109.	*(b)*	110.	*(b)*
111.	*(a)*	112.	*(b)*	113.	*(d)*	114.	*(a)*	115.	*(a)*	116.	*(a)*	117.	*(b)*	118.	*(d)*	119.	*(d)*	120.	*(a)*

मध्य प्रदेश
उच्च माध्यमिक शिक्षक पात्रता परीक्षा (भाग-ब)

प्रैक्टिस पेपर 2

निर्देश

इस प्रश्न-पत्र में कुल 120 वस्तुनिष्ठ प्रकार के प्रश्न हैं तथा प्रत्येक प्रश्न के लिए एक अंक निर्धारित है।

1. प्लासी के युद्ध में ब्रिटिश विजय का प्रमुख प्रतिफल क्या था?
(a) क्लाइव की बंगाल के गवर्नर के रूप में नियुक्ति
(b) ईस्ट इण्डिया कम्पनी द्वारा चौबीस परगना का अधिग्रहण
(c) बंगाल के नवाब पर ब्रिटिश प्रभाव में वृद्धि
(d) बंगाल में ब्रिटिश शासन की स्थापना

2. निम्नलिखित में से कौन-सा युग्म सही सुमेलित नहीं है?

1. दुर्लभ	—	बंगाल के नवाब का कोषाध्यक्ष
2. जगत सेठ	—	मुर्शिदाबाद का सेठ
3. मोहम्मद रजा खाँ	—	बिहार का दीवान
4. राजा सिताब राय	—	बंगाल का दीवान

कूट
(a) 1, 2 और 3 (b) 2, 3 और 4
(c) 1 और 2 (d) 3 और 4

3. निम्नलिखित में से किसने अंग्रेजों को बंगाल, बिहार और उड़ीसा के दीवानी अधिकार प्रदान किए?
(a) नजमुद्दौला
(b) शाहआलम द्वितीय
(c) मीर जाफर
(c) मीर कासिम

4. 1700 ई. में स्थापित फोर्ट विलियम के परिषद् का पहला अध्यक्ष था
(a) सर चार्ल्स आयर
(b) सर विलियम नौरिस
(c) सर जॉन चाइल्ड
(d) सर जॉब चारनोक

5. बंगाल के किस नवाब ने 50 लाख रुपये सालाना पेन्शन के बदले बंगाल राजस्व वसूली का अधिकार दे दिया?
(a) नजमुद्दौला (b) मुबारकुद्दौला
(c) सैफुद्दौला (d) मीर जाफर

6. 1763 ई. में हुए युद्धों में मीर कासिम को पराजित किया था
(a) कर्नल मैलेसन ने (b) हॉलवेल ने
(c) मेजर एडम्स ने (d) विक्टर मुनरो ने

7. 'काल कोठरी' की घटना घटित हुई थी
(a) मुर्शिदाबाद में (b) चन्द्रनगर में
(c) ढाका में (d) कलकत्ता में

8. क्लाइव के इंग्लैण्ड चले जाने के पश्चात् बंगाल की अंग्रेज कम्पनी का अस्थायी रूप से गवर्नर नियुक्त किया गया
(a) एडमिरल वाटसन को
(b) हॉलवेल को
(c) ड्रेक को
(d) इनमें से कोई नहीं

9. निम्नलिखित में से किस सन्धि के अनुसार बादशाह शाहआलम को इलाहाबाद तथा कड़ा जिले प्राप्त हुए?
(a) इलाहाबाद सन्धि से (b) बनारस सन्धि से
(c) अलीनगर सन्धि से (d) सिंगौली सन्धि से

10. निम्नलिखित में से कौन-सा भारतीय राज्य अंग्रेजों के लिए दुधारू हो गया था?
(a) अवध (b) मराठों का राज्य
(c) हैदराबाद (d) मराठों का राज्य

11. निम्न में से किस एक्ट के तहत कलकत्ता में एक सर्वोच्च न्यायालय की स्थापना की गई?

कूट
(a) 1773 ई. का रेग्युलेटिंग एक्ट
(b) 1784 ई. का पिट्स इण्डिया एक्ट
(c) 1793 ई. का चार्टर एक्ट
(d) 1813 ई. का चार्टर एक्ट

12. भारत सरकार अधिनियम, 1919 ने निम्नलिखित में से किसको स्पष्ट किया?
(a) न्यायपालिका एवं विधायिका (लेजिस्लेचर) के बीच शक्ति का पृथक्करण
(b) केन्द्रीय एवं प्रान्तीय सरकारों की अधिकारिता
(c) भारत में सेक्रेटरी ऑफ स्टेट एवं वायसराय की शक्तियाँ
(d) उपरोक्त में से कोई नहीं

13. केन्द्रीय सरकार की कार्यकारिणी की शक्ति को किस अधिनियम के तहत गवर्नर-जनरल में निहित कर दिया गया?
(a) अधिनियम, 1919 (b) अधिनियम, 1935
(c) अधिनियम, 1909 (d) इनमें से कोई नहीं

14. भारत के संविधान में केन्द्र और राज्यों के बीच की गई शक्तियों का विभाजन इनमें से किस उल्लिखित योजना पर आधारित है?
(a) मार्ले-मिण्टो सुधार, 1909
(b) मॉण्टेग्यू-चेम्सफोर्ड अधिनियम, 1919
(c) भारत सरकार अधिनियम, 1935
(d) भारतीय स्वतन्त्रता अधिनियम, 1947

15. वर्ष 1919 के भारत शासन अधिनियम की निम्नलिखित में से कौन-सी विशेषता/विशेषताएँ है/हैं?
1. प्रान्तों की कार्यकारिणी सरकार में द्वैध-शासन की व्यवस्था।
2. मुसलमानों के लिए पृथक् साम्प्रदायिक निर्वाचन-मण्डलों की व्यवस्था।
3. केन्द्र द्वारा प्रान्तों को विधायिनी शक्ति का हस्तान्तरण।

कूट
(a) केवल 1 (b) 2 और 3
(c) 1 और 3 (d) ये सभी

16. 1833 ई. के चार्टर एक्ट में निम्नलिखित में से किस एक का उल्लेख नहीं था?
(a) ईस्ट इण्डिया कम्पनी ने चीन व्यापार का एकाधिकार खो दिया
(b) कम्पनी के अधिकृत क्षेत्र अगले 20 वर्षों के लिए ब्रिटिश सम्राट के न्यास के रूप में कम्पनी के पास रहने दिए गए
(c) कम्पनी के निदेशकों की संख्या 24 से घटाकर 18 कर दी गई, जिनमें से 6 क्राउन द्वारा मनोनीत होने थे
(d) कम्पनी के क्षेत्रों के सम्पूर्ण सिविल तथा सैनिक प्रशासन का अधीक्षण, निर्देशन और नियन्त्रण गवर्नर-जनरल ऑफ इण्डिया इन काउन्सिल निहित था, जिसके 4 सदस्य थे

17. महारानी विक्टोरिया की उद्घोषणा (1858) का उद्देश्य क्या था?
1. भारतीय राज्यों को ब्रिटिश साम्राज्य में मिलाने के किसी भी विचार का परित्याग करना।
2. भारतीय प्रशासन को ब्रिटिश क्राउन के अन्तर्गत रखना।
3. भारत के साथ ईस्ट इण्डिया कम्पनी के व्यापार का नियमन करना।

कूट
(a) 1 और 2 (b) केवल 2
(c) 1 और 3 (d) ये सभी

18. निम्नलिखित में से कौन भारत में उपनिवेशवाद के आर्थिक आलोचक थे?
1. दादाभाई नौरोजी
2. जी सुब्रह्मण्यम अय्यर
3. आर.सी.दत्त

कूट
(a) केवल 1 (b) 1 और 2
(c) 2 और 3 (d) ये सभी

19. निम्नलिखित कथनों पर विचार कीजिए
दादाभाई नौरोजी की भारतीय राष्ट्रीय आन्दोलन को सर्वाधिक प्रभावी देन थी कि
1. उन्होंने इस बात को अभिव्यक्त किया कि ब्रिटेन, भारत का आर्थिक शोषण कर रहा है।
2. उन्होंने प्राचीन भारतीय ग्रन्थों की व्याख्या की और भारतीयों में आत्मविश्वास जगाया।
3. उन्होंने सभी सामाजिक बुराइयों के निराकरण की आवश्यकता पर सर्वोपरि जोर दिया।

उपरोक्त कथनों में से कौन-सा/से कथन सही है/हैं
(a) केवल 1 (b) 2 और 3
(c) 1 और 3 (d) ये सभी

20. भारत में उपनिवेशी शासनकाल में 'होम चार्जेज' भारत से सम्पत्ति दोहन का महत्त्वपूर्ण अंग थे। निम्नलिखित में से कौन-सी निधि/निधियाँ 'होम-चार्जेज' की संघटक थी/थीं?
1. लन्दन में इण्डिया ऑफिस के भरण-पोषण के लिए प्रयोग में लाई जाने वाली निधि।
2. भारत में कार्यरत अंग्रेज कर्मचारियों के वेतन तथा पेंशन देने हेतु प्रयोग में लाई जाने वाली निधि।
3. भारत के बाहर हुए युद्धों को लड़ने में अंग्रेजों द्वारा प्रयोग में लाई जाने वाली निधि।

कूट
(a) केवल 1 (b) 1 और 2
(c) 2 और 3 (d) ये सभी

21. 1857 ई. के स्वतन्त्रता संग्राम में किस राजवंश ने अंग्रेजों की सर्वाधिक सहायता की?
(a) ग्वालियर के सिन्धिया (b) इन्दौर के होल्कर
(c) नागपुर के भोंसले (d) रामगढ़ के लोधी

22. निम्नलिखित में से कौन असम में 1857 ई. की क्रान्ति का नेता था?
(a) दीवान मनिराम दत्त (b) कन्दपेश्वर सिंह
(c) पुरन्दर सिंह (d) पियाली बरूआ

23. 1857 ई. के स्वतन्त्रता संग्राम से सम्बन्धित पहली घटना थी
(a) कानपुर में विद्रोह और नाना साहब का नेतृत्व सँभालना
(b) बेगम हजरत महल द्वारा अवध का नेतृत्व
(c) सैनिकों का दिल्ली के लाल किले पर पहुँचना
(d) झाँसी की रानी का विद्रोह

24. निम्नलिखित कथनों पर विचार कीजिए

1. महारानी लक्ष्मीबाई की जन्म स्थली वाराणसी है।
2. 1857 ई. के विद्रोह को मिर्जा गालिब ने स्वयं देखा था।
3. 1857 ई. के विद्रोह का शिक्षित वर्ग ने समर्थन किया था।
4. 1857 ई. के विद्रोह के समय ब्रिटेन का प्रधानमन्त्री विस्काट पॉमर्स्टन था।

उपरोक्त कथनों में से कौन-सा/से कथन सही है/हैं?

(a) केवल 3 (b) 1, 2 और 4
(c) 1 और 2 (d) ये सभी

25. निम्नलिखित में से किन ब्रिटिश अधिकारियों ने लखनऊ में अपना जीवन खोया था?

1. जनरल जॉन निकल्सन 2. जनरल नील
3. मेजर जनरल हैवलॉक 4. सर हेनरी लॉरेन्स

कूट

(a) 1, 2 और 3 (b) 1, 3 और 4
(c) 2, 3 और 4 (d) ये सभी

26. निम्नलिखित में से कौन-सा/से युग्म सही सुमेलित है/हैं?

1. द ग्रेट रिबेलियन — सावरकर
2. द पीजेण्ट एण्ड द राज — एरिक स्टोक्स
3. द फर्स्ट वार ऑफ इंडियन इण्डिपेन्डेन्स 1857-59—मार्क्स

कूट

(a) केवल 1 (b) केवल 2
(c) 1 और 2 दोनों (d) ये सभी

27. निम्नलिखित में से कौन-से कथन सही हैं?

1. 1857 ई. के विद्रोह को ब्रिटिश भारत के औपनिवेशिक इतिहास का संक्रान्ति काल कहा जाता है।
2. यह विद्रोह 19वीं शताब्दी में सैनिकों, किसानों और आदिवासियों द्वारा किए गए पिछले विद्रोहों जैसा ही था, जिनमें छिटपुट घटनाएँ होती रहती थीं।
3. इस विद्रोह में दक्षिणी भारत, पंजाब और बंगाल अछूते रहे ।

कूट

(a) 1 और 2 (b) 2 और 3
(c) 1 और 3 (d) 1, 2 और 3

28. निम्नलिखित कथनों में कौन-सा/से कथन असत्य है/हैं?

1. 1854 ई. में डाकघर अधिनियम पारित किया गया, जिसके अनुसार सैनिकों को नि:शुल्क डाक सुविधा प्रदान की गई।
2. कैनिंग की सरकार ने 1856 ई. में सेना भर्ती अधिनियम पारित किया। इस अधिनियम के अनुसार सभी सैनिकों को यह स्वीकार करना पड़ता था, जहाँ कहीं आवश्यकता होगी, वे वहाँ कार्य करेंगे अर्थात् वे समुद्र पार जाने से मना नहीं कर सकते थे।
3. बहादुरशाह को निर्वासित कर रंगून भेज दिया, जहाँ 1862 ई. में उसकी मृत्यु हो गई।

कूट

(a) केवल 1 (b) 1 और 2
(c) 1 और 3 (d) ये सभी

29. निम्नलिखित कथनों पर विचार कीजिए

1. झाँसी के पतन के बाद रानी लक्ष्मीबाई ग्वालियर की ओर प्रस्थान कर गईं।
2. उड़ीसा में सम्भलपुर के राजकुमार सुरेन्द्र शाही तथा उज्ज्वल शाही के द्वारा विद्रोह किया गया।
3. 1857 ई. के विद्रोह में शक्तिशाली केन्द्रीय संगठन का अभाव था।
4. 1857 ई. के विद्रोह में राष्ट्रीयता की भावना से प्रेरित होकर लड़ रहे थे।

उपरोक्त कथनों में से कौन-सा/से कथन असत्य है/हैं?

(a) 1 और 2 (b) 1, 2 और 3
(c) 1, 3 और 4 (d) केवल 4

30. निम्नलिखित में से कौन-सा/से युग्म सुमेलित है/हैं?

1. झाँसी — कर्नल नील
2. लखनऊ — जनरल ह्यूरोज
3. जगदीशपुर — मेजर विलियम टेलर

कूट

(a) केवल 1 (b) 1 और 2
(c) 1, 2 और 3 (d) केवल 3

31. किसका आविष्कार भौगोलिक खोज यात्राओं के लिए वरदान साबित हुआ?

(a) मशीनों का (b) कुतुबनुमा का
(c) जहाजों का (d) इनमें से कोई नहीं

32. किस देश के शासक ने नाविकों के लिए प्रशिक्षण तथा आवश्यक सुविधाएँ प्रदान कीं?

(a) ब्रिटेन (b) फ्रांस
(c) पुर्तगाल (d) स्पेन

33. अमेरिका तथा पश्चिमी द्वीप समूह की खोज किसने और कब की?

(a) बार्थोलोमियो डियाज, (1486)
(b) कोलम्बस (1492)
(c) जॉन कैबेट (1497)
(d) वास्कोडिगामा (1498)

34. वास्कोडिगामा ने भारत के समुद्री मार्ग की खोज कब की?

(a) 1492 ई. में (b) 1496 ई. में
(c) 1497 ई. में (d) 1498 ई. में

35. वास्कोडिगामा 1498 ई. में भारत के किस स्थान पर (सर्वप्रथम) पहुँचा?

(a) पुलीकट (b) कालीकट
(c) सूरत (d) इनमें से कोई नहीं

36. डैम्पियर जिसने ऑस्ट्रेलिया की खोज की, किस देश का नाविक था?

(a) स्पेनिश (b) पुर्तगीज
(c) ब्रिटिश (d) फ्रांसिस

37. उत्तमाशा अन्तरीप की खोज किस यूरोपीय नाविक ने की?

(a) जॉन कैबेट (b) बार्थोलोमियो डियाज
(c) कैब्रेल (d) फर्डिनेण्ड मैग्लन

38. भाप की शक्ति का आविष्कार किसने किया?
(a) न्यूकॉमन व जेम्सवाट (b) जॉन के
(c) ब्रिण्डले (d) जेम्स हरग्रीव्ज

39. यूरोप में किसके आविष्कार ने औद्योगिक क्रान्ति के शुभारम्भ को सम्भव बनाया?
(a) नहर निर्माण (b) वाटर फ्रेम
(c) सड़क निर्माण (d) भाप की शक्ति

40. टेलीफोन का आविष्कार किसने किया?
(a) हेनरी बेल (b) ग्राहम बेल
(c) ब्रिण्डले (d) स्टीफन्सन

41. भारतीय राष्ट्रीय कांग्रेस की स्थापना किसने की थी?
(a) सुरेन्द्रनाथ बनर्जी (b) आनन्दमोहन बोस
(c) ए. ओ. ह्यूम (d) 1 और 2

42. भारतीय राष्ट्रीय कांग्रेस का पहला अधिवेशन कहाँ आयोजित किया गया था?
(a) दिल्ली (b) बम्बई (c) कलकत्ता (d) मद्रास

43. 1887 में भारतीय सुधार समिति की स्थापना का श्रेय किसे दिया जाता है?
(a) गोपालकृष्ण गोखले (b) फिरोजशाह मेहता
(c) दादाभाई नौरोजी (d) दिनशा वाचा

44. भारतीय व्यय की समीक्षा करने हेतु किस आयोग का गठन किया गया था?
(a) ह्यूम आयोग (b) वेवेल आयोग
(c) वाचा आयोग (d) वेल्वी आयोग

45. ''भारत का आर्थिक इतिहास'' नामक पुस्तक की रचना किसने की थी?
(a) दादाभाई नौरोजी (b) रमेशचन्द्र दत्त
(c) फिरोजशाह मेहता (d) गोपाल कृष्ण गोखले

46. महाराष्ट्र में गणपति महोत्सव एवं शिवाजी महोत्सव की शुरुआत किसने की थी?
(a) फिरोजशाह मेहता (b) लाला लाजपत राय
(c) बाल गंगाधर तिलक (d) विपिनचन्द्र पाल

47. बंगाल विभाजन योजना कब प्रभावी हो गई थी?
(a) 19 जुलाई, 1905 (b) 27 जुलाई, 1905
(c) 16 सितम्बर, 1905 (d) 16 अक्टूबर, 1905

48. स्वदेशी एवं बहिष्कार आन्दोलन का प्रस्ताव कहाँ पारित किया गया था?
(a) कलकत्ता में (b) दिल्ली में
(c) नासिक में (d) नागपुर में

49. विदेशी वस्तुओं के बहिष्कार का सुझाव सर्वप्रथम किस पत्रिका में दिया गया था?
(a) हिन्दुस्तान गदर पत्रिका (b) अभ्युदय
(c) कॉमनवील (d) संजीवनी

50. निम्नलिखित में से किस दरबार में बंगाल विभाजन को रद्द कर दिया गया था?
(a) कलकत्ता दरबार में (b) ढाका दरबार में
(c) दिल्ली दरबार में (d) लाहौर दरबार में

51. भारत में नवजागरण का अग्रदूत माना जाता है
(a) दयानन्द सरस्वती को (b) राजा राममोहन राय को
(c) मैक्समूलर को (d) स्वामी विवेकानन्द को

52. ब्रह्म समाज की स्थापना किसने की थी?
(a) दयानन्द सरस्वती (b) रामकृष्ण परमहंस
(c) स्वामी विवेकानन्द (d) राजा राममोहन राय

53. आत्मीय सभा की स्थापना किसने की थी?
(a) राजा राममोहन राय (b) दयानन्द सरस्वती
(c) ईश्वरचन्द्र विद्यासागर (d) गाँधी जी

54. आत्माराम पाण्डुरंग का सम्बन्ध किस सामाजिक संस्था से था?
(a) ब्रह्म समाज (b) आर्य समाज
(c) सत्यशोधक समाज (d) प्रार्थना समाज

55. आर्य समाज के संस्थापक कौन थे?
(a) सहजानन्द (b) विवेकानन्द
(c) श्रद्धानन्द (d) दयानन्द सरस्वती

56. 'पुन: वेदों की ओर लौटो' यह नारा किसने दिया?
(a) रामकृष्ण परमहंस (b) स्वामी दयानन्द सरस्वती
(c) ऐनी बेसेण्ट (d) महात्मा गाँधी

57. 'सत्यार्थ प्रकाश' नामक पुस्तक की रचना किसने की थी?
(a) स्वामी दयानन्द सरस्वती (b) रामकृष्ण परमहंस
(c) विवेकानन्द (d) राजा राममोहन राय

58. 'सत्यार्थ प्रकाश' का सम्बन्ध किससे है?
(a) आर्य समाज से (b) ब्रह्म समाज से
(c) रामकृष्ण मिशन से (d) थियोसोफिकल सोसायटी से

59. 'गुलाम गिरी' नामक पुस्तक किसकी रचना है?
(a) पीर अली (b) ज्योतिबा फुले
(c) सावित्री फुले (d) राजेन्द्र प्रसाद

60. 1888 ई. में किसे महात्मा की उपाधि से नवाजा गया था?
(a) ज्योतिबा फुले (b) बी. आर. अम्बेडकर
(c) सरोजनी नायडू (d) पेरियार

61. 14 अगस्त 1947 की मध्यरात्रि को पण्डित जवाहरलाल नेहरू द्वारा संविधान सभा के एक विशेष सत्र के सम्बोधन को किस नाम से जाना जाता है?
(a) ट्रिस्ट विद् डेस्टिनी (b) भाग्य वधू से चिर-प्रतीक्षित भेंट
(c) 'a' और 'b' दोनों (d) इनमें से कोई नहीं

62. स्वतन्त्रता पश्चात् भारत के समक्ष किसको एकसाथ रखने की चुनौती थी?
(a) धर्म (b) भाषा
(c) संस्कृति (d) ये सभी

63. निम्न में से किस व्यक्ति ने 15 अगस्त, 1947 के जश्न में भाग नहीं लिया?
(a) जवाहरलाल नेहरू (b) महात्मा गाँधी
(c) राजेन्द्र प्रसाद (d) इनमें से कोई नहीं

64. सर्वप्रथम कांग्रेस के किस अधिवेशन में भाषा के आधार पर राज्यों के गठन की माँग की गई?
(a) नागपुर अधिवेशन (b) कलकत्ता अधिवेशन
(c) लाहौर अधिवेशन (d) बेलगाँव अधिवेशन

65. राज्य पुनर्गठन अधिनियम संसद में कब पारित किया गया?
(a) वर्ष 1953 में (b) वर्ष 1955 में
(c) वर्ष 1956 में (d) वर्ष 1957 में

66. तेलंगाना को आन्ध्र प्रदेश से कब विभाजित किया गया?
(a) वर्ष 2014 में (b) वर्ष 2015 में
(c) वर्ष 2013 में (d) वर्ष 2012 में

67. निम्न में से किस नेता ने देशी रियासतों को भारत संघ में मिलाने में महत्त्वपूर्ण भूमिका निभाई?
(a) महात्मा गाँधी
(b) पण्डित जवाहरलाल नेहरू
(c) सरदार वल्लभभाई पटेल
(d) डॉ. राजेन्द्र प्रसाद

68. निम्न में से किस रजवाड़े को सैनिक कार्यवाई के तहत भारत संघ में शामिल किया गया?
(a) जूनागढ़ (b) मणिपुर
(c) हैदराबाद (d) ये सभी

69. देश के किस भाग में सर्वप्रथम सार्वभौम वयस्क मताधिकार के आधार पर चुनाव हुआ?
(a) असम (b) मणिपुर
(c) हैदराबाद (d) मेघालय

70. वर्ष 1948 में महाराजा बोधचन्द्र सिंह ने कहाँ का चुनाव करवाया था?
(a) मणिपुर (b) हैदराबाद
(c) पंजाब (d) हरियाणा

71. प्रथम विश्वयुद्ध का प्रारम्भ कब हुआ?
(a) 28 जुलाई, 1914 (b) 28 जून, 1914
(c) 28 अप्रैल, 1914 (d) 28 जनवरी, 1914

72. प्रथम विश्वयुद्ध के होने के प्रमुख कारण क्या हैं?
(a) उग्र राष्ट्रीयता की भावना
(b) गुटबन्दी का निर्माण
(c) आर्थिक प्रतिस्पर्द्धा
(d) ये सभी

73. प्रथम विश्वयुद्ध का तत्कालीन कारण क्या था?
(a) बाल्कन की सन्धि (b) सेराजेवो हत्याकाण्ड
(c) मोरक्को संकट (d) त्रिपक्षीय गठबन्धन

74. प्रथम विश्वयुद्ध में 'टैंक' का उपयोग किस देश ने किया?
(a) इंग्लैण्ड (b) जर्मनी
(c) इटली (d) इनमें से कोई नहीं

75. निम्न में कौन-सा देश धुरी राष्ट्रों में शामिल था?
(a) जर्मनी (b) ऑस्ट्रिया
(c) हंगरी (d) ये सभी

76. 'मित्र राष्ट्रों' में शामिल देश थे
(a) फ्रांस (b) इंग्लैण्ड
(c) रूस (d) ये सभी

77. मित्र राष्ट्रों की ओर से इटली प्रथम विश्वयुद्ध में कब शामिल हुआ?
(a) मई, 1915 (b) अगस्त, 1914
(c) मई, 1916 (d) मई, 1917

78. प्रथम विश्वयुद्ध में संयुक्त राज्य अमेरिका कब शामिल हुआ?
(a) वर्ष 1917 में (b) वर्ष 1916 में
(c) वर्ष 1915 में (d) वर्ष 1918 में

79. प्रथम विश्वयुद्ध में जर्मनी की पराजय के क्या कारण थे?
(a) युद्ध की लम्बी अवधि (b) मित्र राष्ट्रों की सर्वश्रेष्ठता
(c) युद्ध में अमेरिका का प्रवेश (d) ये सभी

80. प्रथम विश्वयुद्ध के परिणामों में किसको शामिल किया जाता है?
(a) जन-धन की भारी हानि (b) निरंकुश राजवंशों का अन्त
(c) लीग ऑफ नेशन्स की स्थापना (d) ये सभी

81. किस सन्धि के अन्तर्गत राष्ट्र संघ की स्थापना हुई थी?
(a) वर्साय की सन्धि (b) पेरिस की सन्धि
(c) रोम की सन्धि (d) ब्रिटेन की सन्धि

82. राष्ट्रसंघ विधिवत् रूप से कब अस्तित्व में आया था?
(a) वर्ष 1918 (b) वर्ष 1919 (c) वर्ष 1920 (d) वर्ष 1921

83. राष्ट्रसंघ की उपलब्धियों के लिए निम्न में से कौन-सा कार्य किया गया?
(a) प्रशासनिक कार्य
(b) संरक्षण सम्बन्धी कार्य
(c) अल्पसंख्यकों के हितों की सुरक्षा करना
(d) उपरोक्त सभी

84. "अन्तर्राष्ट्रीय सहयोग की भावना विकसित करना उसकी सबसे बड़ी उपलब्धि के रूप में था" किसका कथन है?
(a) लैगसम (b) गैचीने हार्डी
(c) स्ट्रेबो (d) गैरीबाल्डी

85. राष्ट्रसंघ का मुख्यालय कहाँ स्थित है?
(a) लन्दन (b) पेरिस
(c) जिनेवा (d) रोम

86. राष्ट्रसंघ की आधिकारिक भाषा क्या है?
(a) अंग्तेसी (b) फ्रांसीसी
(c) स्पेनी (d) ये सभी

87. राष्ट्रसंघ की सदस्यता छोड़ने वाला पहला संस्थापक सदस्य देश कौन-सा था?
(a) ब्राजील (b) इटली
(c) फ्रांस (d) अमेरिका

88. प्रतिवर्ष किस दिन को संयुक्त राष्ट्र संघ दिवस के रूप में मनाया जाता है?
अथवा संयुक्त राष्ट्र संघ की स्थापना कब हुई थी?
(a) 23 अक्टूबर (b) 25 अक्टूबर
(c) 24 अक्टूबर (d) 30 सितम्बर

89. संयुक्त राष्ट्र संघ का प्रधान कार्यालय (सचिवालय) कहाँ स्थित है?
अथवा संयुक्त राष्ट्र संघ का मुख्यालय कहाँ स्थित है?
(a) न्यूयॉर्क में (b) टोकियो में
(c) पेरिस में (d) नई दिल्ली में

90. संयुक्त राष्ट्र संघ चार्टर के किस अनुच्छेद में सिद्धान्तों का वर्णन है?
(a) अनुच्छेद-1 (b) अनुच्छेद-2
(c) अनुच्छेद-7 (d) अनुच्छेद-8

91. वर्णव्यवस्था कर्म आधारित न होकर जन्म आधारित कब हुई?
(a) उत्तर वैदिक काल में (b) मौर्य काल
(c) पूर्व वैदिक काल में (d) गुप्त काल में

92. निम्न में से किसे उपनयन का अधिकार नहीं था?
(a) ब्राह्मण-शूद्र (b) ब्राह्मण-क्षत्रिय
(c) स्त्री-शूद्र (d) केवल क्षत्रिय

93. गोत्र की अवधारणा किस काल में हुई?
(a) गुप्तकाल (b) मौर्यकाल
(c) शुंगकाल (d) उत्तर वैदिक काल

94. पुत्री को सभी दु:खों का स्रोत किस ग्रन्थ में माना गया है?
(a) वेदों में (b) ऐतरेय ब्राह्मण में
(c) स्मृति ग्रन्थों में (d) स्रोत साहित्य

95. डॉ. घुरिए ने जाति की कितनी विशेषताओं का उल्लेख किया है?
(a) चार (b) सात (c) छः (d) तीन

96. जीवों के किसी जाति के अन्तर्गत एक से अधिक वर्गीकरण क्या कहलाता है?
(a) उपजाति (b) बन्द वर्ण
(c) जाति व्यवस्था (d) गोत्र

97. वैष्णव को किस उपजाति वर्ण में रखा गया है?
(a) ब्राह्मण (b) वैरागी
(c) जनजाति (d) थारु

98. महाभारत में किस विवाह को 'क्षत्र धर्म' कहा गया है?
(a) दैव (b) प्रजापत्य
(c) राक्षस (d) गन्धर्व

99. पुंसवन संस्कार कब किया जाता है?
(a) मृत्यु के समय (b) जन्म के समय
(c) पुत्र प्राप्ति के लिए (d) विवाह के समय

100. विवाह कितने प्रकार का होता है?
(a) चार (b) छ:
(c) पाँच (d) आठ

101. हड़प्पा संस्कृति के विषय में निम्नलिखित कथनों पर विचार कीजिए
I. हड़प्पा संस्कृति सिन्ध और पंजाब में परिपक्व हुई।
II. वहाँ से यह दक्षिण तथा पूर्व की ओर फैली।
III. वह क्षेत्र, जहाँ वह फैली, मिस्र तथा मेसोपोटामिया से बड़ा था।
उपरोक्त कथनों में से कौन-सा/से कथन सही है/हैं?
(a) I और II (b) II और III
(c) केवल III (d) I, II और III

102. 'धर्म' तथा 'ऋतु' भारत की प्राचीन वैदिक सभ्यता के एक केन्द्रीय विचार को चित्रित करते हैं। इस सन्दर्भ में निम्लिखित कथनों पर विचार कीजिए
1. धर्म व्यक्ति के दायित्वों एवं स्वयं तथा दूसरों के प्रति व्यक्तिगत कर्त्तव्यों की संकल्पना थी।
2. ऋत मूलभूत नैतिक विधान था, जो सृष्टि और उसमें अन्तर्निहित सारे तत्त्वों के क्रियाकलापों को संचालित करता था।
उपरोक्त कथनों में कौन-सा/ से कथन सही है/हैं?
(a) केवल 1 (b) केवल 2
(c) 1और 2 (d) न तो 1 और न ही 2

103. आरम्भिक मध्ययुगीन समय में भारत में बौद्ध धर्म का पतन किस/किन कारण/कारणों से शुरू हुआ?
1. उस समय तक बुद्ध, विष्णु के अवतार समझे जाने लगे और वैष्णव धर्म का हिस्सा बन गए।
2. अन्तिम गुप्त राजा के समय तक आक्रमण करने वाली मध्य एशिया की जनजातियों ने हिन्दू धर्म को अपनाया और बौद्धों को नकारा।
3. गुप्त वंश के राजाओं ने बौद्ध धर्म का पुरजोर विरोध किया।
कूट
(a) केवल 1 (b) 1 और 3
(c) 2 और 3 (d) ये सभी

104. निम्नलिखित में से महाजनपदों के सन्दर्भ में क्या असत्य है?
(a) महाजनपद काल की सूचनाएँ केवल ब्राह्मण ग्रन्थों से ही प्राप्त होती हैं।
(b) जैन ग्रन्थ भगवती सूत्र में 16 महाजनपदों का उल्लेख है।
(c) यह काल दूसरी नगरीय क्रान्ति का काल था।
(d) इस काल में कृषि अधिशेष से व्यापार एवं वाणिज्य को बल मिला।

105. जाति प्रथा के विषय में निम्नलिखित कथनों पर विचार कीजिए
I. शुद्धता, आनुवंशिकता, विवाह तथा भोज्य पदार्थ जाति प्रथा के आधारभूत लक्षण हैं।
II. धर्म, अर्थ, काम के सन्दर्भ में धर्म का अर्थ है जाति नियमों का शास्त्रानुधारित होना।
III. अनिर्वासित का अर्थ है वर्णसंकर।
IV. जातियों के प्रचुरोद्भवन की प्रक्रिया का वर्णन पुरुषसूक्त में मिलता है।
नीचे दिए गए कथन एवं कारणों को ध्यानपूर्वक पढ़कर कूट की सहायता से सही उत्तर का चयन कीजिए।
(a) I, II और III (b) II और III (c) III और IV (d) II और IV

106. भारत की यात्रा करने वाले चीनी यात्री युआन च्वांग (ह्वेनसांग) ने तत्कालीन भारत की सामान्य दशाओं और संस्कृति का वर्णन किया है
1. सड़क और नदी मार्ग लूटमार से पूरी तरह सुरक्षित थे।
2. जहाँ तक अपराधों के लिए दण्ड का प्रश्न है, अग्नि, जल व विष द्वारा सत्यपरीक्षा किया जाना ही किसी भी व्यक्ति की निर्दोषता अथवा दोष के निर्णय के साधन थे।
3. व्यापारियों को नौ-घाटों और नावों पर शुल्क देना पड़ता था।
उपरोक्त कथनों में निम्नलिखित में से कौन-सा/से कथन सही है/हैं?
(a) केवल 1 (b) 2 और 3 (c) 1 और 3 (d) ये सभी

107. हर्ष एवं पुलकेशिन द्वितीय के बीच युद्ध के विवरण से सम्बन्धित निम्न साक्ष्यों/स्रोतों पर विचार करें
1. बाणभट्ट कृत हर्षचरित
2. हर्ष का बाँसखेड़ा अभिलेख
3. पुलकेशिन द्वितीय का ऐहोल अभिलेख
4. ह्वेनसाँग का यात्रा विवरण
उपरोक्त में से कौन-से कथन सही हैं?
(a) 1 और 2 (b) 2 और 3
(c) 3 और 4 (d) 1, 2 और 3

108. "शाही मुकुट का हर मोती गरीब किसानों के अश्रुपूर्ण नेत्रों से गिरे आँसू से बना खून है।" यह कथन किसका था?
(a) अमीर खुसरो
(b) बरनी
(c) इब्नबतूता
(d) अलबरूनी

109. निम्नलिखित में कौन-सा युग्म सही सुमेलित नहीं है?
(a) जजिया कर की समाप्ति – 1564 ई.
(b) युद्धबन्दियों को दास बनाए जाने की प्रथा की समाप्ति – 1562 ई.
(c) सती प्रथा की समाप्ति – 1560 ई.
(d) तीर्थयात्रा कर की समाप्ति – 1563 ई.

110. निम्नलिखित कथनों पर विचार कीजिए
बाबर के आने के फलस्वरूप
1. उपमहाद्वीप में बारूद के उपयोग की शुरूआत हुई।
2. इस क्षेत्र की स्थापत्यकला में मेहराब और गुम्बद बनने की शुरुआत हुई।
3. इस क्षेत्र मे तैमूरी (तिमूरिद) राजवंश स्थापित हुआ।
उपरोक्त कथनों में से कौन-सा/से कथन सही है/हैं?
(a) 1 और 2 (b) केवल 3 (c) 1 और 3 (d) ये सभी

111. निम्नलिखित कथनों पर विचार कीजिए
I. मशरूत पद के तहत मनसबदार को सशर्त सवार पद में वृद्धि का अधिकार दिया जाता था।
II. जिन मनसबों के जात और सवार पद बराबर होते थे उन्हें प्रथम श्रेणी का माना जाता था।
III. मासिक वेतन सारिणी की पद्धति जहाँगीर ने शुरू की थी।
IV. जिन जागीरों की वास्तविक आय जमा की आधी होती थी उन्हें शिशमाहा कहा जाता था।
उपरोक्त कथनों में कौन-से सही हैं?
(a) I और II (b) I, II और III
(c) I, II, III और IV (d) I, II और IV

112. 18वीं सदी में भारत में लड़े गए युद्धों का निम्नलिखित में से सही कालानुक्रम कौन-सा है?
(a) वॉण्डीवॉश युद्ध–बक्सर युद्ध–अम्बर युद्ध–प्लासी युद्ध
(b) अम्बर युद्ध–प्लासी युद्ध–वॉण्डीवॉश युद्ध–बक्सर युद्ध
(c) वॉण्डीवॉश युद्ध–प्लासी युद्ध–अम्बर युद्ध–बक्सर युद्ध
(d) अम्बर युद्ध–बक्सर युद्ध–वॉण्डीवॉश युद्ध–प्लासी युद्ध

113. निम्न में कौन-सा कथन टीपू सुल्तान के सन्दर्भ में सत्य है?
(a) इसके द्वारा जारी सिक्कों पर हिन्दू देवी-देवताओं तथा हिन्दू सम्वत् की आकृतियाँ अंकित होती थीं
(b) इसने वर्षों तथा महीनों के नाम से अरबी भाषा का प्रयोग किया
(c) इसने शृंगेरी के जगतगुरु शंकराचार्य के सम्मान में मन्दिरों के पुनः निर्माण हेतु धन दान दिया था
(d) उपरोक्त सभी

114. निम्न कथनों पर विचार कीजिए
1. 1853 ई. में जॉन लॉरेन्स को पंजाब का प्रथम चीफ कमिश्नर नियुक्त किया गया।
2. जॉन लॉरेन्स के अकुशल प्रशासन के परिणामस्वरूप, पंजाब ने 1857 के विप्लव में सक्रिय भाग लिया।
उपरोक्त कथनों में कौन-सा/से सत्य है/हैं?
(a) केवल 1
(b) केवल 2
(c) 'a' और 'b'
(d) न तो 1 और न ही 2

115. निम्नलिखित कथनों में कौन-सा/से कथन असत्य है/हैं?
1. 1854 ई. में डाकघर अधिनियम पारित किया गया, जिसके अनुसार सैनिकों को निःशुल्क डाक सुविधा प्रदान की गई।
2. कैनिंग की सरकार ने 1856 ई. में सेना भर्ती अधिनियम पारित किया। इस अधिनियम के अनुसार सभी सैनिकों को यह स्वीकार करना पड़ता था, जहाँ कहीं आवश्यकता होगी, वे वहाँ कार्य करेंगे अर्थात् वे समुद्र पार जाने से मना नहीं कर सकते थे।
3. बहादुरशाह को निर्वासित कर रंगून भेज दिया, जहाँ 1862 ई. में उसकी मृत्यु हो गई।

कूट
(a) केवल 1 (b) 1 और 2
(c) 1 और 3 (d) ये सभी

116. सुमेलित कीजिए

सूची I	सूची II
A. तिलक की मृत्यु	1. 1918
B. गोखले की मृत्यु	2. 1904
C. एस एन बनर्जी का कांग्रेस से त्यागपत्र	3. 1920
D. कर्नल यंग का तिब्बत अभियान	4. 1915

कूट

	A	B	C	D
(a)	3	4	1	2
(b)	4	1	2	3
(c)	4	3	1	2
(d)	3	1	4	2

117. निम्नलिखित पर विचार कीजिए
I. ऐनी बेसेन्ट
II. मुहम्मद अली जिन्ना
III. विपिन चन्द्र पाल
IV. राजेन्द्र प्रसाद
उपरोक्त में किसने असहयोग आन्दोलन के विरोध में कांग्रेस से त्यागपत्र दे दिए थे?
(a) II, III और IV
(b) I, II और IV
(c) I, II और III
(d) I, II, III और IV

118. निम्नलिखित कथनों पर विचार कीजिए
I. 1936 में हस्ताक्षरित 'बम्बई मेनिफेस्टो' प्रत्यक्ष रूप से समाजवादी आदर्शों के प्रतिपादन का विरोधी था।
II. इसको समस्त भारत से वृहत् व्यापारिक समुदाय का सहयोग मिला था।
उपरोक्त कथनों में से कौन-सा/से सही है/हैं?
(a) केवल I (b) केवल II
(c) I और II दोनों (d) न तो I न ही II

119. निम्न कथनों पर विचार कीजिए
1. प्राचीन भारत में तक्षशिला गान्धार देश की राजधानी तथा शिक्षा का प्रमुख केन्द्र था।
2. वर्तमान समय में तक्षशिला पाकिस्तान के पंजाब प्रान्त के रावलपिण्डी जिले की एक तहसील व मत्त्वपूर्ण पुरातात्विक स्थल है।
3. तक्षशिला इस्लामाबाद एवं रावलपिण्डी से लगभग 32 किमी उत्तर पूर्व में स्थित है।

कूट
(a) 1 और 2 (b) 2 और 3
(c) 1 और 3 (d) उपरोक्त सभी

120. किस देश की सरकार ने 'फुकोकु क्योहे' अर्थात् 'समृद्ध देश मजबूत सेना' के नारे के साथ अपनी नयी नीति की घोषणा की?
(a) जापान (b) चीन
(c) थाईलैण्ड (d) कोरिया गणराज्य

उत्तरमाला

1.	(c)	2.	(d)	3.	(a)	4.	(a)	5.	(a)	6.	(c)	7.	(d)	8.	(b)	9.	(a)	10.	(a)
11.	(a)	12.	(b)	13.	(b)	14.	(b)	15.	(c)	16.	(c)	17.	(a)	18.	(d)	19.	(a)	20.	(d)
21.	(a)	22.	(a)	23.	(c)	24.	(b)	25.	(c)	26.	(b)	27.	(c)	28.	(a)	29.	(d)	30.	(d)
31.	(b)	32.	(c)	33.	(b)	34.	(d)	35.	(b)	36.	(c)	37.	(b)	38.	(a)	39.	(d)	40.	(b)
41.	(c)	42.	(b)	43.	(c)	44.	(d)	45.	(b)	46.	(c)	47.	(d)	48.	(a)	49.	(d)	50.	(c)
51.	(b)	52.	(d)	53.	(a)	54.	(d)	55.	(d)	56.	(b)	57.	(a)	58.	(a)	59.	(b)	60.	(a)
61.	(c)	62.	(d)	63.	(b)	64.	(a)	65.	(c)	66.	(a)	67.	(c)	68.	(c)	69.	(b)	70.	(a)
71.	(a)	72.	(d)	73.	(b)	74.	(a)	75.	(d)	76.	(d)	77.	(a)	78.	(a)	79.	(d)	80.	(d)
81.	(a)	82.	(c)	83.	(d)	84.	(a)	85.	(c)	86.	(d)	87.	(a)	88.	(c)	89.	(a)	90.	(b)
91.	(a)	92.	(c)	93.	(d)	94.	(a)	95.	(c)	96.	(a)	97.	(b)	98.	(c)	99.	(c)	100.	(d)
101.	(d)	102.	(c)	103.	(a)	104.	(a)	105.	(a)	106.	(b)	107.	(c)	108.	(a)	109.	(c)	110.	(c)
111.	(d)	112.	(b)	113.	(d)	114.	(a)	115.	(a)	116.	(a)	117.	(c)	118.	(c)	119.	(d)	120.	(a)

मध्य प्रदेश
उच्च माध्यमिक शिक्षक पात्रता परीक्षा (भाग-ब)

प्रैक्टिस पेपर 3

निर्देश

इस प्रश्न-पत्र में कुल 120 वस्तुनिष्ठ प्रकार के प्रश्न हैं तथा प्रत्येक प्रश्न के लिए एक अंक निर्धारित है।

1. हड़प्पाकाल में स्थापत्य का वृहत् उदाहरण निम्नलिखित में से कौन था?
(a) काँस्य की मूर्ति (b) वृहत् स्नानागार
(c) अन्नागार (d) गोदीवाड़ा

2. हड़प्पाकालीन मुहरों का आकार क्या था?
(a) बेलनाकार (b) वर्गाकार
(c) आयताकार (d) ये सभी

3. अशोक द्वारा निर्मित एकाश्म स्तम्भ का निर्माण किससे हुआ था?
(a) चुनार के बलुआ पत्थर से
(b) राजस्थान के संगमरमर से
(c) टोपरा के काले पत्थर से
(d) तंजौर के बलुआ पत्थर से

4. साँची का स्तूप किसके द्वारा बनवाया गया था?
(a) चन्द्रगुप्त (b) अशोक
(c) बिन्दुसार (d) धनानन्द

5. भरहुत स्तूप की खोज किसने की थी?
(a) गार्टिमर व्हीलर (b) जेम्स स्मिथ
(c) कनिंघम (d) कर्नल टॉड

6. ग्रीक राजा के राजदूत हेलियोडोरस ने कौन-सा स्तम्भ स्थापित करवाया था?
(a) सारनाथ (b) लुम्बिनी (c) बेसनगर (d) मथुरा

7. मौर्यकालीन बाराबर की गुफाएँ किस राज्य में स्थित हैं?
(a) उत्तर प्रदेश (b) मध्य प्रदेश
(c) महाराष्ट्र (d) बिहार

8. दिल्ली के मेहरौली में गरुढ़ध्वज की स्थापना किसने की थी?
(a) चन्द्रगुप्त मौर्य (b) चन्द्रगुप्त द्वितीय
(c) अशोक (d) बिन्दुसार

9. निम्नलिखित में से कौन-सा कथन सत्य है?
1. चैत्य गुफाएँ भजन पूजन के लिए थीं।
2. बिहार गुफाएँ उपासकों के रहने के लिए थीं।

कूट
(a) केवल 1 (b) 1 और 2 दोनों
(c) केवल 2 (d) न तो 1 और न ही 2

10. गुप्तकालीन स्थापत्य के सम्बन्ध में निम्नलिखित कथनों पर विचार कीजिए
1. यह स्थापत्य का स्वर्ण युग था।
2. दशावतार मन्दिर का निर्माण इसी काल में हुआ।

उपरोक्त में से कौन-सा/से कथन सत्य है/हैं
(a) केवल 1 (b) केवल 2
(c) 1 और 2 दोनों (d) न तो 1 और ही 2

11. ग्वालियर में सिन्धिया वंश की स्थापना किसने की थी?
(a) माधवराव सिन्धिया
(b) जीवाजीराव सिन्धिया
(c) राणोजी सिन्धिया
(d) दौलतराव सिन्धिया

12. 1857 के विद्रोह में प्रदेश में सबसे पहले विद्रोह कहाँ हुआ था?
(a) नीमच छावनी (b) लश्कर छावनी
(c) सतना छावनी (d) रायगढ़ छावनी

13. रामगढ़ की झाँसी की रानी उपनाम से कौन प्रसिद्ध है?
(a) रानी दुर्गावती (b) कमलाबाई
(c) रानी अवन्तिबाई (d) इनमें में से कोई नहीं

14. चन्द्रशेखर आजाद की जन्मस्थली भाबरा किस राज्य में स्थित है?
(a) मध्य प्रदेश (b) राजस्थान
(c) पंजाब (d) उत्तर प्रदेश

15. स्वतन्त्रता से पूर्व इन्दौर में किस रियासत का शासन था?
(a) होल्कर (b) मराठा
(c) सिन्धिया (d) मालवा

16. भोपाल राज्य भारतीय संघ में कब शामिल हुआ?
(a) 1 जून, 1949 (b) 10 जून, 1949
(c) 15 जून, 1949 (d) 12 जून, 1949

17. भारतीय राष्ट्रीय कांग्रेस की गतिविधियों की शुरुआत मध्य प्रदेश में कब से हुई?
(a) वर्ष 1901 (b) वर्ष 1902
(c) वर्ष 1903 (d) वर्ष 1904

18. ताँत्या टोपे ने कानपुर-झाँसी-ग्वालियर से 1857 के विद्रोह का नेतृत्व किया, उन्हें किसने गिरफ्तार करवाया?
(a) मानसिंह (b) करणसिंह
(c) गिरधर लाल (d) भाई सिंह

19. आदिवासियों ने जंगल सत्याग्रह कब किया?
(a) वर्ष 1910 (b) वर्ष 1920
(c) वर्ष 1930 (d) वर्ष 1940

20. गाँधीजी ने सविनय अवज्ञा आन्दोलन की शुरुआत कहाँ से की?
(a) जबलपुर (b) साबरमती आश्रम
(c) मालवा (d) सिवनी

21. 19वीं शताब्दी के प्रारम्भ में हींग (चिंग) राजवंश के नेतृत्व में एशिया के किस देश पर अधिकार स्थापित किया था?
(a) जापान (b) कोरिया गणराज्य
(c) चीन (d) वियतनाम

22. चीन की किस नदी को विश्व की तीसरी सबसे लम्बी नदी होने का गौरव प्राप्त है?
(a) पीली नदी (ह्वांग हो) (b) यांग्त्सी नदी
(c) पर्ल नदी (d) लान नदी

23. 1899 ई. में चीन में विदेशी प्रभाव के विरुद्ध एक प्रबल आन्दोलन हुआ, इसे किस नाम से जाना जाता है?
(a) बॉक्सर आन्दोलन
(b) विद्रोह आन्दोलन
(c) साम्राज्यवाद आन्दोलन
(d) दमनकारी आन्दोलन

24. लगभग आठवीं शताब्दी ईसा-पूर्व से लगभग छठी शताब्दी ईसा तक कौन-सी प्राचीन सभ्यता विस्तृत थी?
(a) यूनानी सभ्यता (b) चीनी सभ्यता
(c) भारतीय सभ्यता (d) जापानी सभ्यता

25. प्राचीन साम्राज्य में फारसी साम्राज्य किस साम्राज्य का प्रतिद्वन्द्वी था?
(a) यूनानी साम्राज्य (b) ग्रीक साम्राज्य
(c) रोमन साम्राज्य (d) चीनी साम्राज्य

26. निम्न कथनों पर विचार कीजिए
1. प्राचीन भारत में तक्षशिला गान्धार देश की राजधानी तथा शिक्षा का प्रमुख केन्द्र था।
2. वर्तमान समय में तक्षशिला पाकिस्तान के पंजाब प्रान्त के रावलपिण्डी जिले की एक तहसील व महत्त्वपूर्ण पुरातात्विक स्थल है।
3. तक्षशिला इस्लामाबाद एवं रावलपिण्डी से लगभग 32 किमी उत्तर पूर्व में स्थित है।

कूट
(a) 1 और 2 (b) 2 और 3
(c) 1 और 3 (d) ये सभी

27. वह विश्व प्रसिद्ध स्थान जहाँ विश्व विजेता सिकन्दर (अलेक्जेण्डर) की मृत्यु हुई थी
(a) मेसोपोटामिया (b) सिन्धु
(c) बेबीलोन (d) ऑटोमन तुर्क

28. वैदिक काल से ही द्रविड़ एवं आर्य लोगों ने किसके साथ व्यापारिक व सांस्कृतिक सम्बन्ध स्थापित कर लिए?
(a) मिस्र, असीरिया बेबीलोन (b) असीरिया, बेबीलोन, ऑटोमन
(c) ऑटोमन, मिस्र, असीरिया (d) इनमें से कोई नहीं

29. निम्न कथनों पर विचार कीजिए
1. व्यापारिक क्रान्ति में भौगोलिक खोजों ने महत्त्वपूर्ण भूमिका निभाई, जिससे उपनिवेशवाद का आरम्भ हुआ।
2. स्पेन, पुर्तगाल, डच, फ्रांस तथा इंग्लैण्ड इत्यादि यूरोपीय देशों ने सुदूर देशों में उपनिवेश स्थापित किए।
3. भौगोलिक खोजों के साथ-साथ मानव जीवन के इतिहास का पदार्पण भी हुआ जो विकसित था।

कूट
(a) 1 और 3 (b) 2 और 3
(c) 1, 2 और 3 (d) 1 और 2

30. यूरोप के विभिन्न देशों में किसके परिणामस्वरूप नगरों की जनसंख्या में अत्यधिक वृद्धि हुई?
(a) औद्योगीकरण (b) संघर्षपूर्ण नीति
(c) युद्ध (d) ये सभी

31. उत्खनित प्रमाणों के अनुसार, पशुपालन का प्रारम्भ हुआ था
(a) निचले पूर्व पाषाणकाल में (b) मध्य पूर्व पाषाणकाल में
(c) ऊपरी एवं पाषाणकाल में (d) मध्य पाषाणकाल में

32. वृहत् पाषाण स्मारकों की पहचान की गई है
(a) संन्यासी गुफाओं के रूप में
(b) मृतक को दफनाने के स्थान के रूप में
(c) मन्दिर के रूप में
(d) उपरोक्त में से कोई नहीं

33. खाद्यान्नों की कृषि सर्वप्रथम प्रारम्भ हुई थी
(a) नवपाषाण काल में (b) मध्यपाषाण काल में
(c) पुरापाषाण काल में (d) प्रोटो-ऐतिहासिक काल में

34. 'भीमबेटका' किसके लिए प्रसिद्ध है?
(a) गुफाओं के शैल चित्र (b) खनिज
(c) बौद्ध प्रतिमाएँ (d) सोन नदी का उपागम स्थल

35. उस स्थल का नाम बताइए जहाँ से प्राचीनतम स्थायी जीवन के प्रमाण मिले हैं?
(a) धौलावीरा (b) किले गुल मुहम्मद
(c) कालीबंगा (d) मेहरगढ़

36. निम्नलिखित पर विचार कीजिए
1. पशुओं को पालतू बनाना 2. गर्तनिवास का साक्ष्य
3. चित्रकारी का प्रारम्भिक साक्ष्य 4. मृद्भाण्डों का निर्माण
उपरोक्त में से कौन-सा/से नवपाषाण काल की विशेषता है/हैं?
(a) 1, 2 और 3 (b) 2, 3 और 4
(c) 1, 2 और 4 (d) ये सभी

37. प्रागैतिहासिक संस्कृति के सन्दर्भ में निम्न में से कौन-सा एक कथन असत्य है?
(a) मानव द्वारा बनाया जाने वाला प्रथम औजार कुल्हाड़ी था
(b) पुरापाषाण काल के मनुष्य सम्भवत: नीग्रेटो जाति के थे
(c) चित्रित्र मृद्भाण्डों का प्रयोग सर्वप्रथम ताम्रपाषाणिक लोगों ने किया
(d) सर्वप्रथम बड़े-बड़े गाँवों की स्थापना नवपाषाण काल में हुई

38. सूक्ष्म पाषाण संस्कृति के अवशेष किस स्थल से प्राप्त हुए हैं?
(a) भीमबेटका (b) सराय नहर
(c) बागोर (d) ये सभी

39. अहाड़ संस्कृति का प्रमुख स्थान कौन-सा था?
(a) बनास (b) मालवा
(c) गिलुण्ड (d) इनाम गाँव

40. मानव ने स्थायी निवास किस काल में बनाना आरम्भ कर दिया था?
(a) मध्यपाषाण काल (b) निम्न पुरा पाषाण
(c) नवपाषाण काल (d) पुरापाषाण काल

41. भूमि नापने के लिए दिल्ली सल्तनत काल में कौन-सा मापक प्रयोग में लाया जाता था?
(a) किस्मत-ए-गल्ला (b) गल्ला-बक्शी
(c) मसहत (d) गाजी

42. अलाउद्दीन खिलजी के शासनकाल में मंगोल आक्रमण का सही क्रम क्या है?
(a) कादिर खाँ-सलदी कुतलुग ख्वाजा
(b) सलदी-कादिर खाँ-कुतलुग ख्वाजा
(c) कुतलुग ख्वाजा-कादिर खाँ-सलदी
(d) कादिर खाँ-कुतलुग ख्वाजा-सलदी

43. निम्न में से किसने ऐसे सिक्के प्रचलित किए जिनके एक ओर आसीन लक्ष्मी अंकित है और दूसरी ओर देवनागरी लिपि में शासक का नाम?
(a) मोहम्मद गोरी (b) महमूद गजनवी
(c) जैनुल आबिदीन (d) अकबर

44. भारत के किस मध्यकालीन शासक ने 'इक्ता व्यवस्था' प्रारम्भ की थी?
(a) इल्तुतमिश (b) बलबन
(c) अलाद्दीन खिलजी (d) इनमें से कोई नहीं

45. निम्नलिखित में से कौन शासक 'पृथ्वीराज चौहान' के नाम से प्रसिद्ध है?
(a) पृथ्वीराज प्रथम (b) पृथ्वीराज द्वितीय
(c) पृथ्वीराज तृतीय (d) इनमें से कोई नहीं

46. अमीर खुसरो ने किसके विकास में अग्रगामी की भूमिका निभाई?
(a) बृजभाषा (b) अवधी
(c) खड़ी बोली (d) भोजपुरी

47. मुहम्मद गोरी ने जयचन्द को किस युद्ध में पराजित किया था?
(a) तराइन का प्रथम युद्ध (b) तराइन का दूसरा युद्ध
(c) चन्दावर का युद्ध (d) कन्नौज का युद्ध

48. तेरहवीं और चौदहवीं शताब्दियों में भारतीय कृषक खेती नहीं करते थे
(a) गेहूँ की (b) जौ की
(c) चना की (d) मक्का की

49. तृतीय मंगोल आक्रमण में निम्न में से कौन-सा सेनानायक वीरगति को प्राप्त हुआ?
(a) नुसरत खाँ (b) उलूग खाँ
(c) जाफर खाँ (d) अकत खाँ

50. बरीद किसे कहते थे?
(a) राजकीय कारखाने में काम करने वाले कारीगर
(b) सुल्तान के अंगरक्षक
(c) सरकारी कोष के अधिकारी
(d) सूचना पहुँचाने वाले गुप्तचर

51. 18वीं सदी में भारत में लड़े गए युद्धों का निम्नलिखित में से सही कालानुक्रम कौन-सा है?
(a) वॉण्डीवॉश युद्ध–बक्सर युद्ध–अम्बर युद्ध–प्लासी युद्ध
(b) अम्बर युद्ध–प्लासी युद्ध–वॉण्डीवॉश युद्ध–बक्सर युद्ध
(c) वॉण्डीवॉश युद्ध–प्लासी युद्ध–अम्बर युद्ध–बक्सर युद्ध
(d) अम्बर युद्ध–बक्सर युद्ध–वॉण्डीवॉश युद्ध–प्लासी युद्ध

52. निम्न कथनों में से कौन-सा एक सही कथन नहीं है?
(a) अली मर्दान खान ने बंगाल में राजस्व कृषि पद्धति प्रारम्भ की
(b) महाराजा रणजीत सिंह ने लाहौर में तोपों के निर्माण के लिए आधुनिक ढलाई खाने स्थापित किए
(c) आमेर में सवाई जयसिंह ने यूक्लिड के 'रेखागणित' के तत्त्वों का संस्कृत में अनुवाद कराया
(d) मैसूर में टीपू सुल्तान ने श्रृंगेरी मन्दिर में देवी शारदा की मूर्ति के निर्माण के लिए धन दिया

53. निम्नलिखित में से कौन-सा युद्ध था, जिसने भारत में ब्रिटिश प्रभुत्व को प्रारम्भ किया?
(a) बक्सर की लड़ाई
(b) प्लासी का युद्ध
(c) मैसूर की तीसरी लड़ाई
(d) 1857 ई. की स्वतन्त्रता संग्राम

54. किस गवर्नर के कार्यकाल में ईस्ट इण्डिया कम्पनी को शहंशाह शाहआलम द्वारा बंगाल, बिहार तथा उड़ीसा में दीवानी अधिकार दिए गए?
(a) लॉर्ड क्लाइव (b) लॉर्ड कार्नवालिस
(c) लॉर्ड वेलेजली (d) लॉर्ड विलियम बैण्टिक

55. तृतीय कर्नाटक युद्ध का समापन कौन-सी सन्धि से हुआ था?
(a) पेरिस की सन्धि
(b) सालबाई की सन्धि
(c) बेदरा की सन्धि
(d) वर्साय की सन्धि

56. सुमेलित कीजिए

सूची I (युद्ध)	सूची II (गवर्नर जनरल)
A. प्रथम आंग्ल-मैसूर युद्ध	1. लॉर्ड कार्नवालिस
B. द्वितीय आंग्ल-मैसूर युद्ध	2. लॉर्ड वेरेल्स्ट
C. तृतीय आंग्ल-मैसूर युद्ध	3. लॉर्ड वेलेजली
D. चतुर्थ आंग्ल-मैसूर युद्ध	4. लॉर्ड वॉरेन हेस्टिंग्स

कूट

	A	B	C	D		A	B	C	D
(a)	1	2	3	4	(b)	4	3	2	1
(c)	2	4	1	3	(d)	3	2	1	4

57. निम्न में से किस युद्ध के पश्चात् मैसूर के सुल्तान को अंग्रेजों से अब अपना राज्य क्षेत्र बचाए रखना असम्भव हो गया?
(a) प्रथम आंग्ल-मैसूर युद्ध
(b) द्वितीय आंग्ल-मैसूर युद्ध
(c) तृतीय आंग्ल-मैसूर युद्ध
(d) चतुर्थ आंग्ल-मैसूर युद्ध

58. चतुर्थ आंग्ल-मैसूर युद्ध के निम्न में किस कारण को तत्कालीन अंग्रेजी गवर्नर जनरल लॉर्ड वेलेजली ने जिम्मेदार ठहराया?
(a) टीपू द्वारा फ्रांसीसियों को शरण देना
(b) टीपू द्वारा अंग्रेजी व्यापार में बाधा उत्पन्न करना
(c) टीपू द्वारा अंग्रेजी क्षेत्र पर आक्रमण करना
(d) उपरोक्त सभी

59. चतुर्थ आंग्ल-मैसूर युद्ध में टीपू की पराजय के पश्चात् अंग्रेजों ने टीपू के परिवार के सदस्यों को किस जेल में कैद रखा था?
(a) कोयम्बटूर (b) धारपुरम
(c) वेनाड (d) वेल्लोर

60. टीपू की अंग्रेजों के विरुद्ध असफलता का मुख्य कारण क्या था?
(a) फ्रांसीसियों का दामन पकड़ना
(b) देशी राज्यों के साथ संयुक्त मोर्चा बनाने में असफल रहना
(c) अकुशल क्षमता
(d) उपरोक्त सभी

61. किसकी अध्यक्षता में अखिल भारतीय मुस्लिम लीग की स्थापना की गई थी?
(a) नवाब सलीमुल्लाह (b) मोहसिन-उल-मुल्क
(c) आगा खाँ (d) मोहम्मद अली जिन्ना

62. निम्नलिखित में से किस अधिवेशन में कांग्रेस का पहली बार विभाजन हुआ?
(a) कलकत्ता अधिवेशन में
(b) दिल्ली अधिवेशन में
(c) सूरत अधिवेशन में
(d) अहमदाबाद अधिवेशन में

63. किस वर्ष दिल्ली को कलकत्ता की जगह भारत की राजधानी बनाया गया था?
(a) 1 अप्रैल, 1911 (b) 1 अप्रैल, 1912
(c) 1 अप्रैल, 1913 (d) 1 जुलाई, 1913

64. "हिन्द एसोसिएशन ऑफ अमेरिका" की स्थापना किसने की थी?
(a) दादाभाई नौरोजी (b) राजा महेन्द्र प्रताप
(c) एनी बेसेण्ट (d) सोहन सिंह भाखना

65. जर्मनी के सहयोग से 1915 में राजा महेन्द्र प्रताप ने अन्तरिम भारत सरकार की स्थापना कहाँ की थी?
(a) जापान में (b) अफगानिस्तान में
(c) म्यांमार में (d) फ्रांस में

66. बालगंगाधर तिलक ने होमरूल लीग की स्थापना कहाँ की थी?
(a) बम्बई (b) नासिक
(c) पूना (d) नागपुर

67. ऐनी बेसेन्ट द्वारा मद्रास में स्थापित अखिल भारतीय होमरूल लीग के सचिव पद पर किसे नियुक्त किया गया था?
(a) जोसेफ बेपटिस्टा (b) बालगंगाधर तिलक
(c) जॉर्ज अरुण्डेल (d) मदन मोहन मालवीय

68. सर्वेण्ट ऑफ इण्डिया सोसायटी की स्थापना किसने की थी?
(a) बालगंगाधर तिलक (b) गोपालकृष्ण गोखले
(c) अम्बिका चरण मजूमदार (d) महात्मा गाँधी

69. गाँधीजी ने भारत में सत्याग्रह का पहला बड़ा प्रयोग 1917 में कहाँ किया था?
(a) चम्पारण सत्याग्रह (b) अहमदाबाद मजदूर आन्दोलन
(c) खेड़ा सत्याग्रह (d) बारदोली सत्याग्रह

70. अखिल भारतीय खिलाफत कमेटी का पहला सम्मेलन कहाँ आयोजित किया गया था?
(a) कलकत्ता (b) मद्रास
(c) लाहौर (d) दिल्ली

71. 'वर्साय की सन्धि' कब की गई?
(a) 28 जून, 1919 (b) 28 मई, 1919
(c) 28 अप्रैल, 1919 (d) 28 जुलाई, 1919

72. राष्ट्रसंघ की स्थापना (1920) के मुख्य उद्देश्य क्या थे?
(a) विश्व में शान्ति कायम करना
(b) विश्व में सुरक्षा कायम करना
(c) अन्तर्राष्ट्रीय सहयोग में वृद्धि करना
(d) उपरोक्त सभी

73. द्वितीय विश्वयुद्ध कब प्रारम्भ हुआ?
(a) 1 सितम्बर, 1939 (b) 31 अगस्त, 1939
(c) 1 जनवरी, 1939 (d) 1 अगस्त, 1940

74. द्वितीय विश्वयुद्ध कब-से-कब तक चला?
(a) वर्ष 1939 से 1945 (b) वर्ष 1939 से 1944
(c) वर्ष 1939 से 1943 (d) वर्ष 1940 से 1945

75. द्वितीय विश्वयुद्ध का प्रमुख कारण था
(a) वर्साय की सन्धि (b) न्यूली की असफलता
(c) राष्ट्र संघ की असफलता (d) इनमें से कोई नहीं

76. जर्मनी में नाजी दल की स्थापना किसने की?
(a) मुसोलिनी (b) हिटलर
(c) लेनिन (d) विल्सन

77. हिटलर का सम्बन्ध किस देश से था?
(a) फ्रांस (b) जर्मनी
(c) ऑस्ट्रिया (d) जापान

78. हिटलर ने पोलैण्ड पर किस वर्ष आक्रमण किया था?
(a) 28 जुलाई, 1939 (b) 14 अगस्त, 1939
(c) 1 सितम्बर, 1939 (d) 3 सितम्बर, 1939

79. हिटलर द्वारा संचालित यन्त्रिकृत नीति किस नाम से जानी जाती थी?
(a) वज्र युद्ध
(b) यन्त्रों के युद्ध
(c) 'a' और 'b' दोनों
(d) इनमें से कोई नहीं

80. निम्नलिखित में से किस युद्ध में इटली ने भाग लिया था?
(a) प्रथम विश्वयुद्ध (b) द्वितीय विश्वयुद्ध
(c) दोनों युद्धों में (d) इनमें से कोई नहीं

81. सामान्यतः संयुक्त राष्ट्र महासभा का अधिवेशन किस माह में होता है?
(a) जून (b) अक्टूबर
(c) सितम्बर (d) अगस्त

82. संयुक्त राष्ट्र सुरक्षा परिषद् के स्थायी सदस्य देशों की संख्या है
(a) 10 (b) 5
(c) 15 (d) 20

83. वह देश जो सुरक्षा परिषद् का स्थायी सदस्य नहीं है
(a) संयुक्त राज्य अमेरिका (b) फ्रांस
(c) चीन (d) जापान

84. सुरक्षा परिषद् के कितने सदस्यों को निषेधाधिकार प्राप्त है?
(a) 5 (b) 7
(c) 11 (d) 15

85. आर्थिक एवं सामाजिक परिषद् में वर्तमान में कितने सदस्य हैं?
(a) 15 (b) 22
(c) 37 (d) 54

86. अन्तर्राष्ट्रीय न्यायालय में कितने न्यायाधीश होते हैं?
(a) 10 (b) 12
(c) 15 (d) 8

87. अन्तर्राष्ट्रीय न्यायालय का कार्यालय कहाँ स्थित है?
(a) न्यूयॉर्क में (b) लन्दन में
(c) रोम में (d) द हेग में

88. निम्नलिखित में से कौन-सा संयुक्त राष्ट्र संघ का अंग है?
(a) अन्तर्राष्ट्रीय श्रम संगठन
(b) अन्तर्राष्ट्रीय न्यायालय
(c) अन्तर्राष्ट्रीय मुद्रा कोष
(d) अन्तर्राष्ट्रीय बाल आपातकालीन कोष

89. यूनेस्को की स्थापना कब हुई थी?
(a) 24 अक्टूबर, 1945 (b) 4 नवम्बर, 1946
(c) 12 मार्च, 1948 (d) 3 अगस्त, 1954

90. विश्व स्वास्थ्य संगठन का मुख्यालय कहाँ स्थित है?
(a) जेनेवा में (b) पेरिस में
(c) रोम में (d) न्यूयॉर्क में

91. निम्नलिखित में से किस मन्दिर का निर्माण नागर शैली में नहीं हुआ है?
(a) सूर्य मन्दिर (b) जगन्नाथ मन्दिर
(c) दिलवाड़ा जैन मन्दिर (d) एहोल मन्दिर

92. 'अढ़ाई दिन का झोपड़ा' का निर्माण किस शासक ने करवाया था?
(a) कुतुबुद्दीन ऐबक (b) इल्तुतमिश
(c) बलबन (d) इब्राहिम लोदी

93. निम्नलिखित में से किस मस्जिद का निर्माण औरंगजेब ने नहीं करवाया था?
(a) मोती मस्जिद (b) जामा मस्जिद
(c) बादशाही मस्जिद (d) राबिया मस्जिद

94. नई दिल्ली का डिजाइन किसने तैयार किया था?
(a) एडवर्ड वर्क (b) एडविन लुटियन्स
(c) ग्राण्ट स्मिथ (d) ताराचन्द

95. हड़प्पा सभ्यता में किससे बनी मूर्तियाँ नहीं मिली हैं?
(a) पत्थर (b) सेलखड़ी
(c) मिट्टी (d) लोहा

96. काँस्य की नर्तकी की मूर्ति किस हड़प्पाई स्थल से प्राप्त हुई है?
(a) हड़प्पा (b) मोहनजोदड़ो
(c) लोथल (d) कालीबंगा

97. हड़प्पा सभ्यता से प्राप्त अधिकांश मृण्मूर्तियों का रंग क्या है?
(a) लाल (b) काला
(c) गैरिक (d) इनमें से कोई नहीं

98. हड़प्पा सभ्यता में किस जानवर की मृण्मूर्तियाँ प्राप्त नहीं हुई हैं?
(a) हाथी (b) भालू
(c) खरगोश (d) घोड़ा

99. सारनाथ एकाश्म स्तम्भ का निर्माण किसने करवाया था?
(a) चन्द्रगुप्त मौर्य (b) बिन्दुसार
(c) अशोक (d) स्कन्धगुप्त

100. दीदारगंज की यक्षिणी की मूर्ति कहाँ स्थित है?
(a) पटना (b) गुजरात
(c) मेरठ (d) टोपरा

101. सिन्धु सभ्यता के लोगों की धार्मिक मूर्तियों में शामिल थीं
I. मुहरें और मुहरबन्दी II. आकृति और मूर्तियाँ
III. टेराकोटा मूर्तियाँ IV. ताबीज और गोलियाँ

कूट
(a) I और II (b) I, II और III
(c) I, II और III (d) ये सभी

102. निम्नलिखित कथनों पर विचार कीजिए
1. वर्धमान महावीर की माता, लिच्छवी के मुख्य चेटक की पुत्री थी।
2. गौतम बुद्ध की माता कोलिय राजवंश की राजकुमारी थी।
3. 23वें तीर्थंकर पार्श्वनाथ बनारस से थे।

उपरोक्त कथनों में से कौन-सा/से कथन सही है/हैं?
(a) केवल 1 (b) केवल 2
(c) 2 और 3 (d) ये सभी

103. छठी शताब्दी ई.पू. में दक्षिणी-पश्चिमी कश्मीर तथा गान्धार के भाग को मिलाकर किस महाजनपद का निर्माण हुआ था?
(a) अवन्ति (b) अश्मक
(c) कम्बोज (d) चेदि

104. निम्नलिखित शासकों में से किस एक ने चार अश्वमेघों का सम्पादन किया था?
(a) पुष्यमित्र शुंग (b) प्रवरसेन प्रथम
(c) समुद्रगुप्त (d) चन्द्रगुप्त द्वितीय

105. निम्नलिखित में से कौन-कौन संगम साहित्य के अन्तर्गत शामिल किये जाते हैं?

1. तोल्लकपियम 2. तिरुक्कुराल
3. शिल्पादिकारम् 4. ये सभी

कूट

(a) 1 और 3
(b) 2 और 3
(c) 1, 2 और 3
(d) न तो 1 और न ही 2

106. निम्नलिखित कथनों पर विचार कीजिए

1. तराइन के युद्धों का उल्लेख हसन निजामी के ग्रन्थ में मिलता है।
2. हसन निजामी ने मुन्तखब-उल-तवारीख ग्रन्थ की रचना की थी।
3. मिनहाज-उस-सिराज के अनुसार, तराइन के द्वितीय युद्ध के पश्चात् पृथ्वीराज चौहान को गोरी द्वारा सत्ता सौंपे जाने का उल्लेख किया गया है।

उपरोक्त कथनों में से कौन-सा/से कथन सही है/हैं?

(a) 1 और 2 (b) केवल 2
(c) केवल 1 (d) 1 और 3

107. निम्नलिखित कथनों पर विचार कीजिए

1. अलाउद्दीन खिलजी की मान्यता थी कि धन की अधिकता विद्रोहों का कारण बनती है।
2. अलाउद्दीन खिलजी के द्वारा भूमि की उपज का 50% तक लगान वसूला गया।
3. अलाउद्दीन खिलजी के भूमि सुधारों का मुख्य उद्देश्य बिचौलियों का उन्मूलन था।

उपरोक्त कथनों में से कौन–से कथन सही हैं?

(a) 1 और 2 (b) 2 और 3
(c) 1 और 3 (d) 1, 2 और 3

108. निम्न में से कौन शाहजहाँ के साम्राज्य के दक्षिण भारत में विस्तार के सही क्रम को दर्शाता है?

(a) अहमदनगर-गोलकुण्डा-बीजापुर
(b) गोलकुण्डा-अहमदनगर-बीजापुर
(c) अहमदनगर-बीजापुर-गोलकुण्डा
(d) बीजापुर-गोलकुण्डा-अहमदनगर

109. अकबर के शासनकाल की निम्नलिखित घटनाओं को कालक्रमानुसार व्यवस्थित कीजिए

1. जजिया की समाप्ति 2. इबादतखाना का निर्माण
3. महजर पर हस्ताक्षर 4. दीने इलाही की स्थापना

कूट

(a) 1, 2, 3, 4 (b) 2, 3, 4, 1
(c) 1, 3, 2, 4 (d) 3, 4, 1, 2

110. निम्नलिखित कथनों पर विचार कीजिए

1. तुलगुमा विधि तोपों को युद्ध स्थल पर नियत करने की विधि थी।
2. उस्मानी विधि में पीछे की ओर घूमकर युद्ध किया जाता था।
3. तुलगुमा व उस्मानी विधि का उपयोग बाबर ने पानीपत के प्रथम युद्ध में किया था।

उपरोक्त कथनों में से कौन-सा/से कथन सही है/हैं?

(a) केवल 1 (b) केवल 3 (c) 1 और 2 (d) ये सभी

111. निम्नलिखित कथनों में से कौन-सा एक सही है?

(a) आधुनिक कोच्चि भारत की स्वतन्त्रता पूर्व एक डच उपनिवेश था
(b) डचों ने पुर्तगालियों को पराजित किया और आधुनिक कोच्चि में उन्होंने फोर्ट विलियम्स का निर्माण किया
(c) आधुनिक कोच्चि पहले डच उपनिवेश था, जिस पर बाद में पुर्तगालियों का अधिकार हो गया
(d) आधुनिक कोच्चि कभी भी ब्रिटिश उपनिवेश का भाग नहीं था

112. निम्नलिखित कथनों पर विचार कीजिए

1826 ई. की याण्डबू सन्धि ने रास्ता साफ किया

1. अंग्रेज व्यापारियों के लिए आश्वासनपूर्ण संरक्षण का।
2. अंग्रेजों के लिए एक करोड़ रुपये की क्षतिपूर्ति का।
3. बर्मा के लोगों तथा अंग्रेजों के बीच घोर लड़ाइयों का।
4. चाय के लिए असम के अधिग्रहण का।

उपरोक्त से कौन-से कथन सही हैं?

(a) 1 और 2 (b) 2 और 3
(c) 3 और 4 (d) 2 और 4

113. महारानी विक्टोरिया की उद्घोषणा (1858) का उद्देश्य क्या था?

1. भारतीय राज्यों को ब्रिटिश साम्राज्य में मिलाने के किसी भी विचार का परित्याग करना।
2. भारतीय प्रशासन को ब्रिटिश क्राउन के अन्तर्गत रखना।
3. भारत के साथ ईस्ट इण्डिया कम्पनी के व्यापार का नियमन करना।

कूट

(a) 1 और 2 (b) केवल 2
(c) 1 और 3 (d) उपरोक्त सभी

114. निम्नलिखित में से कौन-सा/से युग्म सही सुमेलित है/हैं?

1. द ग्रेट रिबेलियन — सावरकर
2. द पीजेण्ट एण्ड द राज — एरिक स्टोक्स
3. द फर्स्ट वार ऑफ इण्डियन इण्डिपेन्डेन्स 1857-59—मार्क्स

कूट

(a) केवल 1 (b) केवल 2
(c) केवल 1 और 2 (d) ये सभी

115. निम्न कथनों पर विचार कीजिए

I. वर्ष 1888 तक कांग्रेस प्रथम अधिवेशन में पारित माँग-पत्र को विनम्र निवेदन के साथ अपने हर अधिवेशन में दोहराती रही थी।
II. लॉर्ड कर्जन ने कांग्रेस को 'गन्दी चीज' और 'देश द्रोही संगठन' कहा था।
III. उदारवादियों के आंशिक दबाव के फलस्वरूप वर्ष 1892 का भारतीय परिषद् अधिनियम पारित हुआ।

उपरोक्त कथनों में से कौन-सा/से सत्य है/हैं?

(a) केवल I (b) केवल II (c) I, II और III (d) केवल III

116. नीचे कुछ स्थानों की सूची दी गई है। उनका नामोल्लेख कीजिए, जहाँ 'भारत छोड़ो आन्दोलन' में समान्तर सरकारों की स्थापना की गई थी

I. बलिया II. सतारा
III. हजारीबाग IV. मेरठ

कूट

(a) I और II (b) I, II और III
(c) II, III और IV (d) I, III और IV

117. संयुक्त राज्य अमेरिका द्वारा द्वितीय विश्वयुद्ध में सम्मिलित होने का तात्कालिक कारण था

(a) हिटलर द्वारा रूस पर आक्रमण
(b) नाजियों द्वारा पोलैण्ड पर आक्रमण
(c) जापान द्वारा पर्ल हार्बर पर आक्रमण
(d) इटली द्वारा अल्बानिया पर आक्रमण

118. अफीम का उपयोग किस देश में 7वीं शताब्दी के अन्तिम वर्षों में आरम्भ हुआ?

(a) कोरिया (b) भारत
(c) जापान (d) चीन

119. 1899 ई० में चीन में विदेशी प्रभाव के विरुद्ध एक प्रबल आन्दोलन हुआ, इसे किस नाम से जाना जाता है?

(a) बॉक्सर आन्दोलन (b) विद्रोह आन्दोलन
(c) साम्राज्यवाद आन्दोलन (d) दमनकारी आन्दोलन

120. 1789 ई० की फ्रांसीसी क्रान्ति के समय इटली की स्थिति किस प्रकार की थी?

(a) छोटे बड़े राज्यों में बँटा हुआ
(b) एकीकृत प्रबाली वाला राज्य
(c) समप्रभुता सम्पन्न राष्ट्र
(d) उपरोक्त में से कोई नहीं

उत्तरमाला

1.	(d)	2.	(d)	3.	(a)	4.	(b)	5.	(c)	6.	(c)	7.	(d)	8.	(b)	9.	(b)	10.	(c)
11.	(c)	12.	(a)	13.	(c)	14.	(a)	15.	(a)	16.	(a)	17.	(d)	18.	(a)	19.	(c)	20.	(a)
21.	(c)	22.	(b)	23.	(a)	24.	(a)	25.	(c)	26.	(d)	27.	(c)	28.	(a)	29.	(d)	30.	(a)
31.	(d)	32.	(b)	33.	(a)	34.	(a)	35.	(d)	36.	(c)	37.	(d)	38.	(d)	39.	(c)	40.	(c)
41.	(c)	42.	(a)	43.	(a)	44.	(a)	45.	(c)	46.	(c)	47.	(c)	48.	(d)	49.	(c)	50.	(d)
51.	(b)	52.	(a)	53.	(b)	54.	(a)	55.	(a)	56.	(c)	57.	(c)	58.	(a)	59.	(d)	60.	(d)
61.	(a)	62.	(c)	63.	(b)	64.	(d)	65.	(b)	66.	(c)	67.	(c)	68.	(b)	69.	(a)	70.	(d)
71.	(a)	72.	(d)	73.	(a)	74.	(a)	75.	(a)	76.	(b)	77.	(c)	78.	(c)	79.	(a)	80.	(c)
81.	(c)	82.	(b)	83.	(d)	84.	(a)	85.	(d)	86.	(c)	87.	(d)	88.	(b)	89.	(b)	90.	(a)
91.	(d)	92.	(a)	93.	(b)	94.	(b)	95.	(d)	96.	(b)	97.	(a)	98.	(d)	99.	(c)	100.	(a)
101.	(d)	102.	(c)	103.	(c)	104.	(d)	105.	(c)	106.	(c)	107.	(d)	108.	(d)	109.	(a)	110.	(b)
111.	(b)	112.	(a)	113.	(a)	114.	(b)	115.	(c)	116.	(a)	117.	(c)	118.	(d)	119.	(a)	120.	(a)

मध्य प्रदेश
उच्च माध्यमिक शिक्षक पात्रता परीक्षा (भाग-ब)

प्रैक्टिस पेपर 4

निर्देश

इस प्रश्न-पत्र में कुल 120 वस्तुनिष्ठ प्रकार के प्रश्न हैं तथा प्रत्येक प्रश्न के लिए एक अंक निर्धारित है।

1. मौर्यों के केन्द्रीकृत राज्य का स्वरूप अशोक के समय पितृवत् हो गया। यह स्पष्ट रूप से उसके किस अभिलेख में उल्लेखित किया गया है?
(a) कलिंग शिलालेख
(b) शिलालेख XIII (तेरहवाँ)
(c) लघु शिलालेख I (प्रथम)
(d) स्तम्भ लेख I (प्रथम)

2. निम्नलिखित स्थलों में किस एक से उत्तरवर्ती हड़प्पा काल, मालवा और जोर्वे संस्कृतियाँ मिली हैं?
(a) लोथल (b) इनामगाँव
(c) दायमाबाद (d) रंगपुर

3. अपनी मृत्यु के पूर्व बलबन ने किसको अपना उत्तराधिकारी मनोनित किया था?
(a) मुहम्मद (b) फखरुद्दीन
(c) बुगरा खान (d) कैकुबाद

4. विजयनगर साम्राज्य के किस शासक ने चीन में राजदूत भेजा ?
(a) हरिहर प्रथम (b) हरिहर द्वितीय
(c) बुक्का प्रथम (d) बुक्का द्वितीय

5. इब्नबतुता किस क्षेत्र से भारत आया ?
(a) पूर्वी अफ्रीका से
(b) पश्चिमी अफ्रीका से
(c) उत्तरी अफ्रीका से
(d) दक्षिणी अफ्रीका से

6. 'राय पिथौरा' के नाम से कौन-सा राजदूत शासक जाना जाता है?
(a) पृथ्वीराज (b) गोविन्दचन्द
(c) हरिराज (d) जयचन्द

7. 'यंग बंगाल आन्दोलन' किसने शुरू किया था?
(a) डेरोजियो (b) देवेन्द्रनाथ टैगोर
(c) डंकन (d) डेविड हेअर

8. वैदिक काल में किसे अन्य देवताओं और मनुष्यों के बीच मध्यस्थ देवता माना गया है?
(a) अग्नि (b) इन्द्र (c) वरुण (d) मित्र

9. राज्यारोहण के बाद, शिवाजी का प्रारम्भिक अभियान किसके विरुद्ध था?
(a) बिजापुर प्रशासन के (b) मुगल प्रशासन के
(c) अहमदनगर के प्रशासन के (d) गोलकोण्ड़ा राज्य के

10. गंगैकोण्डचोलपुरम में किसने बृहदीश्वर मन्दिर का निर्माण कराया ?
(a) राजाधिराज (b) राजेन्द्र द्वितीय
(c) राजराज प्रथम (d) राजेन्द्र प्रथम

11. निम्नलिखित घटनाओं को कालक्रमानुसार व्यवस्थित कीजिए।
1. लखनऊ समझौता
2. जलियाँवाला बाग हत्याकाण्ड
3. रॉलेट एक्ट
4. गदर पार्टी की स्थापना

कूट
(a) 2 3 4 1 (b) 3 2 4 1 (c) 4 1 3 2 (d) 4 2 3 1

12. हर्षवर्द्धन की बहन राज्यश्री ने कैद से बचने के बाद किस क्षेत्र में प्रवेश किया ?
(a) सतपुड़ा वन में (b) पंचवटी वन में
(c) विन्ध्य वन में (d) गंगा के मैदान में

13. भारत व पाकिस्तान के मध्य नागरिक प्रशासन हेतु बटवारा परिषद् का अध्यक्ष कौन था?
(a) मुहम्मद अली जिन्ना (b) जवाहरलाल नेहरू
(c) लॉर्ड माउण्टबेटन (d) जनरल आकिनलैक

14. निम्नलिखित किस स्थान से चार सिंह युक्त शीर्षक की प्राप्ति की गई थी ?
(a) लौरिया अरराज (b) साँची
(c) रामपुरवा (d) बसाढ़-बखीरा

15. खिलजी वंश के निम्नलिखित शासकों में किस एक ने 'किलोखरी' को अपनी राजधानी बनाया ?
(a) अलाउद्दीन खिलजी
(b) जलालुद्दीन फिरोज
(c) कुतुबुद्दीन मुबारक शाह
(d) खुसरो खान

16. 'जग्गय्यपेट' शिल्प का सम्बन्ध है
(a) जैन से (b) शैव से
(c) बौद्ध से (d) आजीवक से

17. दिल्ली सल्तनत काल में 'मसाहत' शब्द का प्रयोग भूमि माप के लिए किसके शासनकाल में किया गया ?
(a) बलबन (b) अलाउद्दीन खिलजी
(c) मुहम्मद बिन तुगलक (d) फिरोज शाह तुगलक

18. निम्नलिखित में किसने उत्तर प्रदेश में प्रथम नवपाषाण उपकरण प्राप्त किया?
(a) जी. आर. शर्मा (b) मॉर्टिमर व्हीलर
(c) रॉबर्ट ब्रूस फूट (d) ले मसूरिय

19. औरंगजेब के समय में लिखी गई पुस्तक 'फतवा-ए-आलमगीरी' का सम्बन्ध है
(a) कानून संहिता से (b) संगीत से
(c) सूफी सिद्धान्त से (d) गायन विधा से

20. निम्नलिखित में किसने भारतीय राष्ट्रीय काँग्रेस को 'सुरक्षा कपाट सिद्धान्त' कहा?
(a) विपिनचन्द्र पाल (b) लाला लाजपत राय
(c) बाल गंगाधर तिलक (d) महात्मा गाँधी

21. किस मुगल शासक द्वारा 'सती' के विरुद्ध राजकीय निषेध जारी किया गया?
(a) औरंगजेब (b) अकबर
(c) शाहजहाँ (d) जहाँगीर

22. गुप्तों ने किस क्षेत्र से लौह अयस्क को प्राप्त किया था?
(a) उत्तरी बिहार (b) उत्तर-पश्चिम भारत
(c) मध्य भारत (d) दक्षिण भारत

23. निम्नलिखित में से कौन भारतीय प्रेस की स्वतन्त्रता के समर्थक थे?
(a) लॉर्ड वेलेस्ली (b) लॉर्ड लिटन
(c) लॉर्ड हेस्टिंग्स (d) लॉर्ड एडम

24. 'पुष्कलावती' किस राज्य की राजधानी थी?
(a) कम्बोज (b) अस्मक (c) गंधार (d) शूरसेन

25. 1887 ई. में 'देव समाज' की स्थापना कहाँ की गई?
(a) बॉम्बे (b) दिल्ली
(c) लाहौर (d) आगरा

26. सम्राट अशोक ने महाराष्ट्र में बौद्ध धर्म के प्रचार हेतु किस प्रचारक को भेजा?
(a) महारक्षित (b) महादेव
(c) महाधर्म रक्षित (d) सोन तथा उत्तर

27. दिल्ली के किस सुल्तान द्वारा ठगों का दमन किया गया ?
(a) जलालुद्दीन खिलजी (b) अलाउद्दीन खिलजी
(c) ग्यासुद्दीन तुगलक (d) बलबन

28. गाँधी-इरविन समझौता के बाद निम्नलिखित घटनाओं में से कौन-सी घटना घटित हुई ?
(a) प्रथम गोलमेज सम्मेलन
(b) द्वितीय गोलमेज सम्मेलन
(c) लाहौर काँग्रेस
(d) आल इण्डिया डिप्रेस्ड क्लास एसोसिएशन

29. प्रथम गोलमेज सम्मेलन लन्दन में किस स्थान पर हुआ ?
(a) बकिंघम पैलेस (b) सेवॉय पैलेस
(c) विन्सटर पैलेस (d) जेम्स पैलेस

30. जैन धर्म का 'दिगम्बर' सम्प्रदाय सम्बन्धित था
(a) मगध क्षेत्र से (b) पूर्वी भारत से
(c) उत्तरी भारत से (d) दक्षिणी भारत से

31. 1857 में किसने कहा कि "हिन्दुस्तान पर शासन करने की इच्छा मुझ में नहीं है?"
(a) महारानी विक्टोरिया (b) लॉर्ड कैनिंग
(c) बहादुरशाह (d) इनमें से कोई नहीं

32. ऋग्वेद में निश्कग्रीव एक प्रकार है
(a) भू-कर का (b) वस्त्र का
(c) आभूषण का (d) भोजन का

33. निम्नलिखित वायसरायों में से किसने भारतीय जनमत को सन्तुष्ट करने के लिए बंगाल विभाजन को रद्द किया?
(a) लॉर्ड कर्जन (b) लॉर्ड चेम्सफोर्ड
(c) लॉर्ड मिन्टो (d) लॉर्ड हार्डिंग

34. 'अ वीक विद गाँधी' के लेखक कौन हैं?
(a) ऐनी बेसेन्ट (b) लुई फिशर
(c) देवदास गाँधी (d) राजेन्द्र प्रसाद

35. किस चोल शासक ने श्रीलंका में अपनी स्वर्ण और ताम्र की मुद्राओं का प्रचलन कराया?
(a) कुलोत्तुंग प्रथम (b) कुलोत्तुंग द्वितीय
(c) राजराज प्रथम (d) राजाधिराज

36. 'द नवाब' नामक प्रसिद्ध नाटक किसके द्वारा लिखा गया है?
(a) अल्मेडा (b) फ्रुट
(c) बर्नियर (d) पेलसर्ट

37. वह सुल्तान जो अधिराजस्व में विश्वास करता था, न कि प्रभुसत्ता पर, था
(a) इल्तुतमिश (b) बलबन
(c) अलाउद्दीन खिलजी (d) मुहम्मद बिन तुगलक

38. व्यापारिक चौकियों का उल्लेख सर्वप्रथम किस मध्यकालीन ग्रन्थ में मिलता है?
(a) मिरात-ए-सिकन्दरी (b) तबकात-ए-नासीरी
(c) तारीख-ए-फिरोजशाही (d) फतवाँ-ए-जहाँदारी

39. साइमर कमीशन की नियुक्ति के समय भारत मन्त्री लॉर्ड बर्कनहेड इंग्लैण्ड के किस राजनीतिक दल के सदस्य थे
(a) लिबरल पार्टी (b) लेबर पार्टी
(c) कंजरवेटिव पार्टी (d) इनमें से कोई नहीं

40. हुविष्क के सिक्कों पर अंकित ''अहुरमज्दा' देवता का सम्बन्ध था ?
(a) भारतीय देवता से (b) यूनानी देवता से
(c) मिस्र के देवता से (d) पारसी देवता से

41. मुहम्मद बिन तुगलक की प्रमुख घटनाओं की जानकारी 'रेहला' ग्रन्थ में हैं, यह किस भाषा में लिखी गई हैं?
(a) अरबी (b) तुर्की
(c) फारसी (d) उर्दू

42. ह्वेनसाँग जब अपने देश वापस जा रहा था, तब किसे सीमान्त तक उसका मार्गरक्षक का कार्य दिया गया था?
(a) उधिता (b) वज्रादित्य
(c) श्री वेक्कादेव (d) भीमदेव

43. निम्न पुरास्थलों में कौन-सा महाराष्ट्र में स्थित नहीं है?
(a) नेवास (b) इनामगाँव
(c) दायमाबाद (d) माहेश्वर

44. ''मैंने राजनीति का प्रथम पाठ सुरेन्द्रनाथ बनर्जी के चरणों में पढ़ा'' यह कथन किस राजनीतिज्ञ का है?
(a) सुभाषचन्द्र बोस
(b) मुहम्मद अली जिन्ना
(c) मौलाना अबुल कलाम आजाद
(d) डॉ. एम. ए. अंसारी

45. अब्दुर्रज्जाक, फारस का राजदूत, विजयनगर के किस शासक के दरबार में आया था?
(a) देवराय प्रथम (b) देवराय द्वितीय
(c) हरिहर द्वितीय (d) कृष्णदेवराय

46. 'देवी चन्द्रगुप्तम्'नाटक का लेखक कौन था?
(a) कालिदास (b) हरिषेण
(c) विशाखदत्त (d) शूद्रक

47. शिवाजी के समय स्वतन्त्र मराठा राज्य का निम्नलिखित में कौन विरोध में थे
(a) पाटिल (b) देशमुख
(c) कुलकर्णी (d) सरसुबहदार

48. निम्नलिखित इतिवृत्तों में किस एक में सुबुक्तगीन से अकबर के शासन के 40वें वर्ष तक का इतिहास है?
(a) मुन्तखब-उत-तवारीख (b) तबकात-ए-अकबरी
(c) आइन-ए-अकबरी (d) नफैस-उल-मासिर

49. ऋग्वेद में सूर्य देवता किसका पुत्र माना गया है?
(a) उषा (b) रुद्र (c) उर्वषी (d) दयूस

50. अकबर ने किस सिख गुरु को 500 बीघा जमीन दान के रूप में दिया?
(a) गुरु अर्जुन देव (b) गुरु रामदास
(c) गुरु अमरदास (d) गुरु अंगद देव

51. अकबर के शासनकाल में, इबादतखाना नामक एक प्रसिद्ध संरचना का निर्माण कहाँ हुआ था?
(a) आगरा किला (b) फतेहपुर सीकरी
(c) दिल्ली (d) सिकन्दराबाद

52. निम्नलिखित किस शासक ने 'इलाही' प्रकार की मुद्राओं को चलाया?
(a) शेरशाह सूरी (b) हुमायूँ
(c) अकबर (d) बाबर

53. किस शिलालेख में अशोक अपने को 'पियदसि लाजा मगधे' कहता है?
(a) लुम्बिनी स्तम्भ लेख (b) भाब्रू शिलालेख
(c) कलिंग शिलालेख (d) ब्रह्मगिरि लघु शिलालेख

54. किसने पुस्तक 'अ गिफ्ट टू मोनोथिस्टस' का परसिया में लेखन किया है?
(a) महादेव गोविन्द रानाड़े (b) अबुल कलाम आजाद
(c) राजा रांममोहन राय (d) सैयद अहमद खान

55. भीमबेटका में किस काल से पाषाण चित्रों का बनना प्रारम्भ हुआ?
(a) मध्यपाषाण से (b) मध्य पुरापाषाण से
(c) ताम्रपाषाण से (d) नवपाषाण से

56. लखनऊ में 1857 की क्रान्ति का नेतृत्व कौन कर रहा था?
(a) विरजिस कादिर
(b) बेगम हजरत महल
(c) नाना साहेब
(d) कुँवर सिंह

57. विजयनगर साम्राज्य निम्नलिखित में से किस क्रम में विभक्त था?
(a) मण्डलम्, नाडु, स्थल, ग्राम (b) मण्डलम्, स्थल, नाडु, ग्राम
(c) नाडु, मण्डलम्, स्थल, ग्राम (d) मण्डलम्, नाडु, ग्राम, स्थल

58. ऋग्वेद में धनाढ्य व्यक्ति के लिए निम्नलिखित में से किस शब्द का प्रयोग किया गया था?
(a) गोप (b) गोपती
(c) गविष्ठि (d) गोमत

59. 'रुप्यारूप' प्रकार के सिक्कों के निर्माण में किस धातु की अधिकता होती थी
(a) ताम्र (b) लोहा (c) सीसा (d) रजत

60. किस अंग्रेज यात्री ने अकबर के अधीन रत्न विशेषज्ञ की नौकरी प्राप्त की थी?
(a) राल्फ फिच (b) विलियम लीड्स
(c) जेम्स स्टोरी (d) इनमें से कोई नहीं

61. ऋग्वेद में, 'धान्यकृत' शब्द का प्रयोग हुआ है
(a) ओसानेवाले के लिए
(b) बर्तन बनाने वाले के लिए
(c) आभूषणों को बनाने वाले के लिए
(d) धातु कर्मकार के लिए

62. मुगल काल में निम्नलिखित शासकों में किस एक ने 'नियन्त्रण और सन्तुलन' की नीति प्रशासन में प्रारम्भ किया?
(a) बाबर (b) शाहजहाँ (c) अकबर (d) जहाँगीर

63. सर्वप्रथम दिल्ली के किस सुल्तान को खलीफा ने 'नासिर-अमीर-उल-मोमिनीन' की उपाधि से नवाजा ?
(a) कुतुबुद्दीन ऐबक (b) बलबन
(c) इल्तुतमिश (d) रजिया

64. श्रीमद भगवद्गीता महाभारत के किस पर्व का अंश है?
(a) द्रोण पर्व (b) भीष्म पर्व
(c) अनुशासन पर्व (d) शान्ति पर्व

65. 1938 में हरिपुर काँग्रेस अधिवेशन के दौरान सुभाषचन्द्र बोस का महत्त्वपूर्ण कदम था?
(a) क्योंकि इस अधिवेशन में सभी भारतीय नेताओं ने अंग्रेजों के विरुद्ध युद्ध की घोषणा की
(b) क्योंकि जवाहरलाल नेहरू को भविष्य के भारत के प्रधानमत्री चुना गया
(c) क्योंकि काँग्रेस ने योजना आयोग के विचार को शुरू किया
(d) क्योंकि लोगों ने विदेशी सामानों और मदिरा का बहिष्कार किया

66. भारतीय राष्ट्रीय काँग्रेस का आधिकाधिक इतिहास लेखक कौन था ?
(a) जवाहरलाल नेहरू
(b) बी. पट्टाभि सीतारमैया
(c) डॉ. राजेन्द्र प्रसाद
(d) तेज बहादुर सप्रु

67. 'भारत भारतीयों के लिए है' किसने कहा?
(a) स्वामी विवेकानन्द ने (b) मदन मोहन मालवीय ने
(c) दयानन्द ने (d) बाल गंगाधर तिलक ने

68. निम्नलिखित किस विद्वान् ने भारतीय इतिहास को सर्वप्रथम तीन काल खण्डो़ हिन्दू सभ्यता, मुस्लिम सभ्यता और ब्रिटिश काल में विभाजित किया?
(a) एच. एच. विल्सन (b) जेम्स प्रिन्सेप
(c) जेम्स मिल (d) विन्सेन्ट स्मिथ

69. 1885 ई. में बॉम्बे में सम्पन्न होने वाले भारतीय राष्ट्रीय काँग्रेस के प्रथम अधिवेशन का अध्यक्ष कौन था?
(a) सर सी. शंकर नायर
(b) बदरुद्दीन तैयब
(c) व्योमेश चन्द्र बनर्जी
(d) दादाभाई नौरोजी

70. द्वितीय गोलमेज सम्मेलन में श्रीमती सरोजनी नायडु ने किसके द्वारा नामित सदस्य के रूप में हिस्सा लिया?
(a) भारतीय राष्ट्रीय काँग्रेस
(b) भारत सरकार
(c) अखिल भारतीय मुस्लिम लीग
(d) हिन्दू समुदाय

71. मुगल काल में 'इजरा' क्या था?
(a) राजस्व कृषि की एक व्यवस्था
(b) कर संग्रहण की एक व्यवस्था
(c) व्यापार पर लगने वाला कर
(d) गैर-मुस्लिम पर लगने वाला कर

72. लेक्स-लोकी अधिनियम किस वर्ष लागू किया गया?
(a) 1846 ई. (b) 1848 ई.
(c) 1850 ई. (d) 1852 ई.

73. जागीरदारी संकट को किस इतिहासकार ने मुगल साम्राज्य के पतन का कारण बताया है?
(a) मुजफ्फर आलम (b) अतहर अली
(c) सतीश चन्द्र (d) शीरीन मूसवी

74. पैन आर्यन एसोसिएशन की स्थापना किस वर्ष की गई?
(a) वर्ष 1905 (b) वर्ष 1906
(c) वर्ष 1907 (d) वर्ष 1908

75. 1821 में 'संवाद् कौमुदी' अखबार किसने निकाला ?
(a) राजा राममोहन राय (b) आर. जी. भण्डारकर
(c) एम. जी. रानाडे (d) केशवचन्द्र सेन

76. निम्नलिखित किस शासक के सिक्कों पर 'रोमा' नाम लिखा है और रोमन वेशधारी इस देवी की आकृति अंकित है?
(a) कनिष्क प्रथम (b) हुविष्क प्रथम
(c) कुजुल कडफिसिस (d) एजिलाइसिस

77. 1833 के अधिनियम के सम्बन्ध में निम्नलिखित में कौन-सा कथन सही नहीं है?
(a) कम्पनी के व्यापारिक अधिकार समाप्त कर दिए गए
(b) बंगाल के गवर्नर को भारत का गवर्नर जनरल बना दिया गया
(c) दासों की दशा सुधारने और अन्ततः समाप्त करने की आज्ञा दी
(d) सपरिषद् गवर्नर-जनरल और बम्बई तथा मद्रास की संविधान सभा को कानून बनाने का अधिकार दिया गया

78. भारत में मस्जिद का एक प्रारम्भिक उदाहरण है, जिस पर मुस्लिम विचारों के प्रभावों की अधिकता है?
(a) अटला देवी मस्जिद (b) जन्नत खान मस्जिद
(c) बड़ा सोना मस्जिद (d) अदीना मस्जिद

79. किसे एक सम्प्रदाय का प्रमुख 'निग्रन्थ' कहा जाता था?
(a) बुद्ध (b) लकुलिश (c) महावीर (d) शंकराचार्य

80. 'हर्षचरित' के किस अध्याय में, विन्ध्य के जंगलों में रहने वाले विभिन्न धार्मिक सम्प्रदाओं का वर्णन है?
(a) अध्याय दो में (b) अध्याय चार में
(c) अध्याय सात में (d) अध्याय आठ में

81. विधवा विवाह के समर्थन में सत्य प्रकाश नाम की पत्रिका किसके द्वारा निकाली गई?
(a) ईश्वरचन्द्र विद्यासागर (b) गोविन्द रानाड़े
(c) कारसोनदास मलजी (d) गोपाल हरि देशमुख

82. विजयनगर साम्राज्य की स्थापना किस दिल्ली सुल्तान के काल में हुई थी?
(a) फिरोज तुगलक (b) ग्यासुद्दीन तुगलक
(c) मुहम्मद तुगलक (d) अलाउद्दीन खिलजी

83. विजयनगर साम्राज्य और बहमनी राज्य के बीच कौन-सा क्षेत्र विवाद का विषय था ?
(a) सोरापुर दोआब (b) रायचुर दोआब
(c) मालवा दोआब (d) जेच दोआब

84. भारत आने वाले विदेशी यात्रियों में निम्न में कौन पुर्तगाली नहीं था?
(a) बार्बोसा (b) वास्कोडिगामा
(c) निकोलो कोण्टी (d) नूनिज

85. मुगल काल में निम्नलिखित अधिकारियों में कौन-सा एक, कारखाना से सम्बन्धित था?
(a) सद्र (b) दीवान
(c) सुबेदार (d) दीवान -ए-बुयूतात

86. चीनी स्रोतों के अनुसार निम्नलिखित में किस चोल शासक ने व्यापार को बढ़ावा देंने के लिए चीन में एक दूतमण्डल भेजा था?
(a) विजयालय (b) राजराज प्रथम
(c) राजेन्द्र प्रथम (d) कुलोत्तुंग प्रथम

87. निम्नलिखित देवताओं में किस एक देवता को अन्य की तरह बलि की भेंट नहीं दी जाती थी?
(a) इन्द्र (b) रुद्र
(c) अदिति (d) अग्नि

88. आत्मीय सभा की स्थापना कब हुई थी?
(a) 1812 ई. (b) 1814 ई.
(c) 1815 ई. (d) 1819 ई.

89. निम्नलिखित किस एक मुगल शासक ने भांग के उत्पादन, बिक्री और सार्वजनिक प्रयोग पर निषेध का अध्यादेश लागू किया था?
(a) हुमायूँ (b) अकबर
(c) शाहजहाँ (d) औरंगजेब

90. धम्मचक्रप्रवर्तन किस धर्म से सम्बन्धित है?
(a) बौद्ध धर्म (b) जैन धर्म
(c) भागवत धर्म (d) शैव

91. निम्नलिखित किस साहित्य में उल्लेख किया गया है कि 'पार्श्वनाथ' क्षत्रिय थे?
(a) आदि पुराण (b) कल्प सूत्र
(c) तत्त्वर्थ सूत्र (d) भद्रबाहु संहिता

92. 9 मार्च, 1846 को लाहौर की सन्धि के अनुसार किसे ईस्ट इण्डिया कम्पनी ने लाहौर में रेजीडेन्ट नियुक्त किया ?
(a) सर जान लॉरेन्स (b) सर हेनरी लॉरेन्स
(c) कर्नल स्लीमन (d) सर चार्ल्स नेपियर

93. राजवाही एवम उलूगखानी थी
(a) फिरोज तुगलक द्वारा लगाई गई बाग का नाम
(b) फिरोज तुगलक द्वारा बसाई गई नगर के नाम
(c) फिरोज तुगलक द्वारा बनवाई गई नहरों के नाम
(d) उपरोक्त में से कोई नहीं

94. मंगल पाण्डेय किस रेजिमेण्ट का सिपाही था
(a) 19वीं नेटिव इन्फैण्ट्री (b) 25वीं नेटिव इन्फैण्ट्री
(c) 34वीं नेटिव इन्फैण्ट्री (d) 49वीं नेटिव इन्फैण्ट्री

95. भोज एवं कार्ले की चैत्य गुफाएँ कहाँ स्थित हैं?
(a) लोनावाला – महाराष्ट्र
(b) कच्छ का रण – गुजरात
(c) हलेबिडु – कर्नाटक
(d) गंजाम – ओडिशा

96. निम्नलिखित में से कौन 'रहनुमाई मज्दयासन सभा' से सम्बन्धित नहीं था?
(a) नौरोजी फुरदोनजी (b) एस. एस. बंगाली
(c) दादाभाई नौरोजी (d) न्यायमूर्ति रानाड़े

97. चाँदी की टंका और ताँबे की जीतल मुद्राओं का प्रचलन निम्नलिखित किस शासक ने कराया ?
(a) शम्सुद्दीन इल्तुतमिश (b) गियासुद्दीन बलबन
(c) कुतुबुद्दीन ऐबक (d) अलाउद्दीन खिलजी

98. ''नेत्तिप्रकरण' ग्रन्थ किसके उपदेशों से सम्बन्धित है?
(a) महावीर जैन (b) महात्मा बुद्ध
(c) लकुलिस (d) आदि शंकराचार्य

99. ऋग्वेद में दो कृषि योग्य भूमि के बीच की भूमि पट्टी को कहा जाता था?
(a) गोष्ठ (b) क्षेत्र (c) खल (d) खिल्य

100. जब भारतीय राष्ट्रीय काँग्रेस की स्थापना हुई, तो किसने उसका विरोध किया और बनारस के राजा शिवप्रसाद के साथ उसके विरोध के लिए आन्दोलन संगठित किया?
(a) नवाब अब्दुल लतीफ (b) आर. एम. सयानी
(c) सैय्यद अहमद खाँ (d) तैयबजी बदरुद्दीन

101. सेन्ट थोमे के युद्ध अथवा अड्यार के युद्ध में कर्नाटक के नवाब को किसने पराजित किया?
(a) निजाम-उल-मुल्क (b) ला-बूर्डोने
(c) डूप्ले (d) इनमें से कोई नहीं

102. निम्नलिखित किस अधिकारी के नियन्त्रण में दो विभाग-चल मुद्रा एवं लेखा होता था?
(a) समाहर्ता (b) सन्निधाता
(c) अक्षपटलाध्यक्ष (d) संस्थाध्यक्ष

103. सर स्टेफर्ड क्रिप्स के नेतृत्व में क्रिप्स मिशन का उददेश्य था
(a) ब्रिटिश द्वारा युद्ध के प्रयासों के समर्थन में भारतीय नेताओं को मनाना
(b) भारतीय छोड़ो आन्दोलन के प्रारम्भ करने को रोकना
(c) काँग्रेस के मन्त्रियों द्वारा त्याग-पत्र वापस लेने के लिए मनाना
(d) संविधान निर्माण निकाय स्थापित करना

104. मध्य पुरापाषाण काल के पाषाण उपकरण बने थे
(a) कोर से (b) फलक से
(c) ब्लेड से (d) ताम्र से

105. ''तत्वबोधिनी सभा' की स्थापना किसके द्वारा हुई थी?
(a) रवीन्द्रनाथ टैगोर (b) केशवचन्द्र सेन
(c) देवेन्द्रनाथ टैगोर (d) राजा राममोहन राय

106. अशोक के अभिलेखों से दिखता है कि राजाज्ञाएँ सम्पूर्ण राज्य में मानी जाती थीं केवल एक भाग को छोड़कर
(a) पूर्वी भाग (b) पश्चिमी भाग
(c) उत्तरी भाग (d) दक्षिणी भाग

107. निम्नलिखित अंग्रेज सैन्य अफसरों में से कौन बहादुरशाह के दो बेटों की हत्या का जिम्मेदार था?
(a) जनरल हैवलॉक (b) जनरल कैम्पबेल
(c) जनरल हडसन (d) नील

108. किस दिल्ली सुल्तान को अपनी विद्वता के कारण अपने युग का 'अरस्तू' कहा जाता है?
(a) ऐबक (b) इल्तुतमिश
(c) रजिया (d) मुहम्मद तुगलक

109. गुप्तकल में ताम्र की मुद्रा का प्रचलन किसने कराया ?
(a) चन्द्रगुप्त प्रथम (b) समुद्रगुप्त
(c) स्कन्दगुप्त (d) विष्णुगुप्त

110. महात्मा गाँधी की हत्या के समय किस समाचार-पत्र ने लिखा कि – ''वह राजनीतिज्ञों में महात्मा और महात्माओं में राजनीतिज्ञ थे''?
(a) पायनियर (b) हरिजन
(c) मैनचेस्टर गार्डियन (d) द स्टेट्समैन

111. निम्नलिखित वायसरायों में से किसने 'फूट डालो और राज करो' का खेल खेलने का निश्चय किया?
(a) लॉर्ड कर्जन (b) लॉर्ड मिण्टो
(c) लॉर्ड रीडिंग (d) लॉर्ड चेम्सफोर्ड

112. मौर्य काल में ''सन्निधाता'' का अर्थ होता था?
(a) राजकोष और भण्डार गृह का प्रमुख अभिरक्षक
(b) प्रमुख सेनाध्यक्ष
(c) नमक अधीक्षक
(d) आकलन और संग्रहण का प्रमुख अधिकारी

113. दक्षिण भारत की निम्न जातियों के बीच आत्मसम्मान को जागृत करने वाला कौन था?
(a) स्वामी विवेकानन्द (b) नारायण गुरु
(c) कन्दुकुरी वीरेसलिंगम (d) टी. के. माधवन

114. 'दक्कन एग्रिकल्चरिस्ट्स रिलीफ एक्ट' किस वर्ष लागू किया गया ?
(a) 1878 ई. (b) 1879 ई.
(c) 1880 ई. (d) 1881 ई.

115. महावीर जैन ने अपने उपदेशों के प्रचार के लिए किस भाषा का प्रयोग किया?
(a) प्राकृत (b) संस्कृत (c) पालि (d) मगधी

116. किसके सुझाव पर भारतीयों को साइमन कमीशन से बाहर रखा गया?
(a) लॉर्ड रीडिंग (b) लॉर्ड चेम्सफोर्ड
(c) सर जान साइमन (d) लॉर्ड इरविन

117. प्रसिद्ध क्रान्तिकारी आशुतोष कुइला किस क्रान्तिकारी संगठन के सदस्य थे?
(a) हिन्दुस्तान रिपब्लिकन एसोसिएशन
(b) गदर पार्टी
(c) अनुशीलन समिति
(d) विद्युतवाहिनी

118. किसने अमीरान-ए-सदा की स्थापना की, जो एक प्रशासनिक संगठन था और जिसके सदस्य राजस्व संग्रहकर्ता तथा सैन्य अधिकारी होते थे?
(a) मुहम्मद-बिन-तुगलक
(b) फिरोज शाह तुगलक
(c) अलाउद्दीन हसन बहमनशाह
(d) ताजुद्दीन फिरोज शाह

119. किस विदेशी ने महाराजा रणजीत सिंह की तुलना नेपोलियन बोनापार्ट से की?
(a) लेपेन ग्रिफिन
(b) विक्टर जैक्वेमांट
(c) कोर्ट
(d) उपरोक्त में से कोई नहीं

120. निम्नलिखित स्थलों में कौन एक स्थल नवपाषाण काल से सम्बन्धित है?
(a) पैसरा (b) बाघोर
(c) सेनुआर (d) सराय नाहर राय

उत्तरमाला

1.	(a)	2.	(c)	3.	(*)	4.	(c)	5.	(c)	6.	(c)	7.	(a)	8.	(a)	9.	(a)	10.	(d)
11.	(c)	12.	(c)	13.	(c)	14.	(b)	15.	(b)	16.	(c)	17.	(b)	18.	(d)	19.	(a)	20.	(b)
21.	(a)	22.	(c)	23.	(c)	24.	(c)	25.	(c)	26.	(c)	27.	(a)	28.	(b)	29.	(d)	30.	(d)
31.	(c)	32.	(c)	33.	(d)	34.	(b)	35.	(c)	36.	(b)	37.	(c)	38.	(b)	39.	(c)	40.	(d)
41.	(a)	42.	(a)	43.	(d)	44.	(b)	45.	(b)	46.	(c)	47.	(b)	48.	(a)	49.	(d)	50.	(b)
51.	(b)	52.	(c)	53.	(b)	54.	(c)	55.	(a)	56.	(b)	57.	(a)	58.	(d)	59.	(d)	60.	(b)
61.	(a)	62.	(c)	63.	(c)	64.	(b)	65.	(c)	66.	(b)	67.	(c)	68.	(c)	69.	(c)	70.	(b)
71.	(a)	72.	(c)	73.	(c)	74.	(b)	75.	(a)	76.	(b)	77.	(d)	78.	(b)	79.	(c)	80.	(d)
81.	(c)	82.	(c)	83.	(b)	84.	(c)	85.	(d)	86.	(d)	87.	(b)	88.	(c)	89.	(d)	90.	(a)
91.	(b)	92.	(b)	93.	(c)	94.	(c)	95.	(a)	96.	(d)	97.	(a)	98.	(b)	99.	(d)	100.	(c)
101.	(c)	102.	(c)	103.	(a)	104.	(b)	105.	(c)	106.	(a)	107.	(c)	108.	(d)	109.	(b)	110.	(c)
111.	(b)	112.	(a)	113.	(b)	114.	(b)	115.	(a)	116.	(d)	117.	(d)	118.	(a)	119.	(b)	120.	(c)

मध्य प्रदेश

उच्च माध्यमिक शिक्षक पात्रता परीक्षा (भाग-ब)

प्रैक्टिस पेपर 5

निर्देश

इस प्रश्न-पत्र में कुल 120 वस्तुनिष्ठ प्रकार के प्रश्न हैं तथा प्रत्येक प्रश्न के लिए एक अंक निर्धारित है।

1. वैदिक साहित्य में सभा और समिति को किस देवता की दो पुत्रियाँ कहा गया है?
(a) इन्द्र (b) अग्नि
(c) प्रजापति (d) रूद्र

2. किलायुक्त-नगर तुगलकाबाद का निर्माण किसके द्वारा कराया गया?
(a) अलाउद्दीन खिलजी (b) गयासुद्दीन तुगलक
(c) मुहम्मद बिन तुगलक (d) फिरोजशाह तुगलक

3. गाँधीजी को 'महात्मा' की उपाधि किसने दी थी?
(a) बी. जी. तिलक ने (b) गोपाल कृष्ण गोखले ने
(c) रवीन्द्रनाथ टैगोर ने (d) मोतीलाल नेहरू ने

4. बराबर समूह के किस गुफा पर अशोक का अभिलेख उत्कीर्ण नहीं है?
(a) कर्ण-चौपड़ गुफा (b) सुदामा गुफा
(c) लोमस ऋषि गुफा (d) विश्व झोपड़ी गुफा

5. स्याद्वाद किस धर्म से सम्बन्धित है?
(a) वैष्णव धर्म (b) शैव धर्म
(c) जैन धर्म (d) बौद्ध धर्म

6. निम्नलिखित मुगल शासकों में कौन 'बीणा बजाने' का शौकीन था?
(a) अकबर (b) औरंगजेब
(c) जहाँगीर (d) शाहजहाँ

7. निम्नलिखित में किसने 1884 ई. में 'डेकन एजुकेशन सोसायटी' की स्थापना की?
(a) ज्योतिबा फुले (b) स्वामी विवेकानन्द
(c) बाल गंगाधर तिलक (d) दयानन्द सरस्वती

8. भारतीय उपमहाद्वीप में निम्नलिखित किस स्थल से सर्वप्रथम होमिनिड जीवाश्म की खोज की गई?
(a) दमदमा (b) राखीगढ़ी
(c) सराय नाहर राय (d) हथनोरा

9. चोल प्रशासन में 'उदासीन वरियम' किस विभाग से सम्बन्धित था?
(a) नौसेना विभाग (b) न्याय विभाग
(c) विदेशी सम्बन्ध विभाग (d) उद्यान विभाग

10. वर्ष 1913 में 'हिन्दी एसोसिएशन ऑफ दि पैस्फिक कोस्ट ऑफ अमेरिका' का अध्यक्ष कौन बना?
(a) सोहन सिंह भखना (b) लाला हरदयाल
(c) पण्डित काशीराम (d) हरनाम सिंह

11. वर्ष 1901 में सिंचाई आयोग का अध्यक्ष कौन था?
(a) मार्टिन बर्ड
(b) मुनरो
(c) सर सी. स्कॉट मोनक्रिएफ
(d) लॉर्ड कर्जन

12. वैदिक काल में 'निष्क' क्या था?
(a) सिक्का (b) संस्था (c) आभूषण (d) जाति

13. 'स्वराज मेरा अधिकार है और मैं इसे लेकर रहूँगा।' निम्नलिखित में से किसने कहा था?
(a) एनी बेसेन्ट ने (b) गोपाल कृष्ण गोखले ने
(c) लाला लाजपत राय ने (d) लोकमान्य तिलक ने

14. बाबर की मृत्यु किस स्थान पर हुई थी?
(a) काबुल (b) दिल्ली (c) आगरा (d) लाहौर

15. निम्नलिखित किस वेद में आहूति (बलिदान) सम्बन्धी सूत्र समाहित है?
(a) ऋग्वेद (b) अथर्ववेद
(c) सामवेद (d) यजुर्वेद

16. बंगाल विभाजन के बाद पूर्वी बंगाल का प्रथम गवर्नर कौन बना?
(a) ब्लामफील्ड फुलर (b) चार्ल्स ग्राण्ट
(c) चार्ल्स नेपियर (d) मेटकॉफ

17. निम्नलिखित में कौन कलकत्ता विश्वविद्यालय का प्रथम भारतीय उपकुलपति था?
(a) आशुतोष मुखर्जी (b) डब्ल्यू. सी. बनर्जी
(c) सुरेन्द्र नाथ बनर्जी (d) दादा भाई नौरोजी

18. शिवाजी का राज्याभिषेक कहाँ और कब हुआ था?
(a) कोंकण में, 1653 ई. में (b) मुम्बई में, 1665 ई. में
(c) पुणे में, 1660 ई. में (d) रायगढ़ में, 1674 ई. में

19. किस उपनिषद् में चारों आश्रमों का सर्वप्रथम उल्लेख आया है?
(a) मण्डूक उपनिषद् (b) वृहदारण्यक उपनिषद्
(c) जावल उपनिषद् (d) छान्दोग्य उपनिषद्

20. अशोक के निम्नलिखित किस अभिलेख में दक्षिण भारत के पाँच राज्यों का उल्लेख मिलता है?
(a) शिलालेख I (b) शिलालेख VI
(c) शिलालेख XIII (d) शिलालेख VII

21. प्रथम अखिल भारतीय महिला सम्मेलन किस वर्ष हुआ था?
(a) वर्ष 1927 में (b) वर्ष 1928 में
(c) वर्ष 1929 में (d) वर्ष 1933 में

22. निम्नलिखित में कौन स्वतन्त्र अवध प्रान्त का संस्थापक था?
(a) मुर्शीद कुली खान (b) सआदत अली खान
(c) फर्रुखसियार (d) शुजा-उद्-दीन

23. प्रसिद्ध चित्रकार मन्सूर किस शासक का दरबारी था?
(a) अकबर (b) हुमायूँ
(c) जहाँगीर (d) इनमें से कोई नहीं

24. मनसबदारी व्यवस्था में 'मनसब' का निम्नलिखित में क्या तात्पर्य है?
(a) कर (b) कृषि भूमि
(c) पुरोहित (d) एक पद

25. निम्नलिखित में कौन एक ग्रन्थ वैदिक कालीन रत्नियों की सूची का उल्लेख करता है?
(a) शतपथ ब्राह्मण (b) ऐतरेय ब्राह्मण
(c) अथर्ववेद (d) जाबालोपनिषद्

26. 'शारदा बिल' निम्नलिखित में किससे सम्बन्धित है?
(a) विवाह की आयु (b) विधवा विवाह
(c) सती (d) नवजात शिशु हत्या

27. निम्नलिखित राजदूतों में से किसने 'भागवत' उपाधि धारण की थी?
(a) डायोनिसियस (b) हेलियोदोरस
(c) मेगस्थनीज (d) प्लिनी

28. बागोर प्रथम काल का सम्बन्ध निम्नलिखित किस संस्कृति से हैं?
(a) उच्च पुरापाषाण (b) मध्य पाषाण
(c) ताम्र पाषाण (d) लौह काल

29. आगरा के किले की मोती मस्जिद का निर्माण निम्नलिखित में किसने कराया था?
(a) अकबर (b) जहाँगीर
(c) शाहजहाँ (d) औरंगजेब

30. इब्न बतुता के अनुसार दीनार नामक स्वर्ण मुद्राओं का प्रचलन किसने कराया था?
(a) गयासुद्दीन बलबन (b) अलाउद्दीन खिलजी
(c) गयासुद्दीन तुगलक (d) मुहम्मद बिन तुगलक

31. निम्नलिखित किस नदी के तट पर महावीर स्वामी को कैवल्य प्राप्त हुआ था?
(a) ऋजुपालिका (b) निरन्जना
(c) गोदावरी (d) कोसी

32. सल्तनत काल में 'दीवान-ए-वकफ' विभाग सम्बन्धित था
(a) व्यय कागजात की देखभाल करने से
(b) पशुओं के व्यापार से
(c) शाही कारखाने से
(d) बाजार व्यवस्था से

33. सतनामियों का विद्रोह किसके शासन काल में हुआ था?
(a) अकबर (b) शाहजहाँ
(c) औरंगजेब (d) जहाँगीर

34. निम्नलिखित में किसने 1802 ई. में ब्रिटिश ईस्ट इण्डिया कम्पनी के साथ बसीन की सन्धि की?
(a) बालाजी विश्वनाथ (b) बाजी राव प्रथम
(c) बालाजी बाजी राव (d) बाजी राव द्वितीय

35. अशोक के किसी अभिलेख पर मोर का उत्कीर्णन किया गया था?
(a) लौरिया-नन्दनगढ़ स्तम्भ
(b) रामपुरवा का सिंह स्तम्भ
(c) दिल्ली-टोपरा स्तम्भ
(d) सारनाथ स्तम्भ

36. निम्नलिखित गुप्त शासकों में से सर्वप्रथम किसने रजत मुद्राएँ जारी कराई?
(a) काच ने (b) चन्द्रगुप्त द्वितीय ने
(c) रामगुप्त ने (d) समुद्रगुप्त ने

37. निम्नलिखित में से किस ग्रन्थ में जलप्लावन की कथा का वर्णन है?
(a) कोषित की ब्राह्मण (b) शतपथ ब्राह्मण
(c) गोपथ ब्राह्मण (d) ऐतरेय ब्राह्मण

38. इब्न बतूता को किसने दिल्ली का काजी और चीन का राजदूत नियुक्त किया?
(a) कुतुबुद्दीन ऐबक (b) जलालुद्दीन फिरोज खिलजी
(c) मुहम्मद बिन तुगलक (d) खिज्र खान

39. 'हुमायूँनामा' को किसने लिखा था?
(a) गुलबदन बेगम (b) अर्जुमन्द बानो
(c) जहाँ आरा (d) रोशन आरा

40. राजदरबार में 'मीर-ए-तुजुक' शब्द का प्रयोग किया जाता था
(a) शाही संदेशवाहक के लिए
(b) राजकीय पत्रकार के लिए
(c) शाही अंगरक्षक के लिए
(d) प्रमुख सचिव के लिए

41. निम्नलिखित किसके लिए 'तुतिए–हिन्द' उपनाम का प्रयोग किया गया था?
(a) जियाउद्दीन बरनी
(b) अमीर खुसरो
(c) याहिया बिन अहमद सिरहिन्दी
(d) शहाबुद्दीन अहमद

42. किस ग्रन्थ में 'अवतारवाद' की चर्चा है?
(a) ऐतरेय ब्राह्मण में (b) कौषितकी उपनिषद में
(c) मनुस्मृति में (d) भगवद्गीता में

43. मौर्यों के समय 'समाहर्त्ता' का क्या कार्य था?
(a) वह एक सैनिक अधिकारी था
(b) वह कोष विभाग का एक अधिकारी था
(c) वह एक न्यायिक अधिकारी था
(d) वह राजस्व संग्रहकर्ता था

44. हड़प्पा सभ्यता में निम्नलिखित किस लिपि का प्रयोग किया गया?
(a) वर्णात्मक (b) चित्रात्मक
(c) ध्वनि बोधक (d) शब्दांश

45. निम्नलिखित में किसने कलकत्ता में 'दि नेशनल एसोसिएशन' की स्थापना की ?
(a) हेमेन्द्रनाथ टैगोर (b) देवेन्द्रनाथ टैगोर
(c) सुरेन्द्रनाथ बनर्जी (d) दादाभाई नौरोजी

46. तैमूर ने किस वर्ष भारत पर आक्रमण किया था?
(a) 1398 ई. (b) 1498 ई.
(c) 1526 ई. (d) 1757 ई.

47. बल्लभ भाई पटेल सर्वप्रथम गाँधी के किस आन्दोलन से जुड़े?
(a) चम्पारण सत्याग्रह (b) असहयोग आन्दोलन
(c) खेड़ा सत्याग्रह (d) डाँडी मार्च

48. निम्नलिखित भारतीय शासकों में कौन सर्वप्रथम सहायक सन्धि में सम्मिलित हुआ?
(a) अवध का नवाब (b) मैसूर का राजा
(c) बाजीराव II (d) निजाम अली

49. स्कन्दगुप्त के शासनकाल में सुराष्ट्र का प्रान्तपति निम्नलिखित में कौन था?
(a) तुषास्प (b) पर्णदत्त (c) विशाख (d) हरिषेण

50. निम्नलिखित में किसको 'सीमान्त गाँधी' कहा जाता है?
(a) जिन्ना (b) लियाकत अली
(c) सैयद अहमद (d) खान अब्दुल गफ्फार खान

51. निम्नलिखित में से किस गुप्त शासक ने अश्वमेध यज्ञ सम्पादित कराया था?
(a) चन्द्रगुप्त प्रथम (b) चन्द्रगुप्त द्वितीय
(c) कुमार गुप्त प्रथम (d) स्कन्दगुप्त

52. किस सुल्तान ने जौनपुर शहर की नींव रखी थी?
(a) मुहम्मद तुगलक (b) फिरोज तुगलक
(c) बलबन (d) इल्तुतमिश

53. मौर्यों के समय कण्टक शोधक न्यायालय का न्यायाधीश किस नाम से जाना जाता था?
(a) मुख्य न्यायाधीश (b) धर्मस्थ
(c) पौर व्यावहारिक (d) प्रदेष्टा

54. एक पुनर्विवाहित स्त्री के लिए प्रयुक्त पुनर्भू शब्द सर्वप्रथम किस ग्रन्थ में दिखता है?
(a) ऋग्वेद (b) अथर्ववेद
(c) बौधायन धर्मसूत्र (d) वशिष्ठ धर्मसूत्र

55. 'बाजार नियन्त्रण' किस दिल्ली के सुल्तान से सम्बन्धित है?
(a) बलबन (b) सिकन्दर लोदी
(c) अलाउद्दीन खिलजी (d) रजिया

56. मौर्य शासन व्यवस्था में 'रूपदर्शक' नामक अधिकारी था
(a) सिक्कों का परीक्षक
(b) चाँदी तथा अन्य धातुओं का परीक्षक
(c) रंगमंच का प्रबन्धक
(d) गणिकाओं का प्रभारी

57. जलियाँवाला बाग नरसंहार के समय भारत में कौन वायसराय था?
(a) लॉर्ड कर्जन (b) लॉर्ड चेम्सफोर्ड
(c) लॉर्ड मिन्टो (d) लॉर्ड बेन्टिक

58. 'दीवान-ए-अर्ज' विभाग का निर्माण किसने कराया था?
(a) शम्सुद्दीन इल्तुतमिश (b) रजिया
(c) गयासुद्दीन बल्बन (d) अलाउद्दीन खिलजी

59. किसके शासन काल के अन्तर्गत शेख अब्दुल हक मुहद्दित देहलवी एक प्रमुख धार्मिक विद्वान थे?
(a) हुमायूँ (b) बाबर
(c) जहाँगीर (d) औरंगजेब

60. अकबर के समय मालवा विजय के लिए कौन उत्तरदायी था?
(a) पीर मोहम्मद
(b) अब्दुल्ला खान उजबेग
(c) अदम खान
(d) बैरम खान

61. निम्नलिखित में कौन एक 'आत्मीय सभा' से नहीं जुड़ा था?
(a) द्वारकानाथ टैगोर (b) हरिहरानन्द तीर्थ स्वामी
(c) नन्द किशोर बोस (d) केशव चन्द्र सेन

62. किसने अपने ग्रन्थ में मुद्रा जालसाजों को सन्दर्भित किया है?
(a) कौटिल्य (अर्थशास्त्र) (b) मनुस्मृति
(c) पाणिनि (अष्टाध्यायी) (d) पतंजली (महाभाष्य)

63. शैल चित्रकारी के लिए प्रसिद्ध प्रागैतिहासिक स्थल निम्नलिखित में कौन है?
(a) लांघनाज (b) बिरभानपुर
(c) नागार्जुनकोण्डा (d) भीमबैठका

64. हड़प्पा सभ्यता के निम्नलिखित किस नगर में चिनाई के कार्य में तक्षित प्रस्तार का प्रयोग कच्ची ईंटों के साथ किया जाता था?
(a) हड़प्पा (b) मोहनजोदाड़ो
(c) लोथल (d) धोलावीरा

65. समुद्रगुप्त के शासन काल के समय काँची का शासक कौन था?
(a) विष्णुगोप (b) स्वामीदत्त
(c) हस्तिवर्मन् (d) उग्रसेन

66. शेरशाह के शासन के समय किस विभाग का अध्यक्ष राज्य की आय और व्यय की देखभाल करता था?
(a) दीवान-ए-वजारत (b) दीवान-ए-आरिज
(c) दीवान-ए-रसालत (d) दीवान-ए-इंशा

67. किसने 'वर्नाक्यूलर प्रेस एक्ट' समाप्त किया?
(a) लॉर्ड लिटन (b) लॉर्ड रिपन
(c) लॉर्ड कर्जन (d) लॉर्ड वेलेसली

68. प्रसिद्ध पुस्तिका 'ब्रह्मोपासना' निम्नलिखित में किससे सम्बन्धित थी?
(a) प्रार्थना समाज से (b) देव समाज से
(c) आर्य समाज से (d) ब्रह्म समाज से

69. भू-राजस्व के निर्धारण के लिए निम्नलिखित किस चोल शासक ने अपने राज्य में भूमि सर्वेक्षण को प्रारम्भ कराया?
(a) राज राज प्रथम (b) राजेन्द्र प्रथम
(c) राजेन्द्र द्वितीय (d) कुलोतुंग प्रथम

70. भारत और पाकिस्तान के स्वाधीन होने की घोषणा किस दिन की गई थी?
(a) 3 जून, 1947 (b) 15 अगस्त, 1947
(c) 4 जुलाई, 1947 (d) 16 अक्टूबर, 1947

71. बौद्ध मान्यता के अनुसार निम्नलिखित किस देवता ने तीन बार बुद्ध से प्रार्थना की कि अपने ज्ञान के प्रकाश को आगे आकर चारों ओर फैलाए?
(a) ब्रह्मा (b) विष्णु
(c) शिव (d) कृष्ण

72. मुगल काल में 'जब्त' क्या था?
(a) जमीन जब्ती हो जाना (b) जमीन की पैमाइश
(c) कर (d) मुद्रा

73. निम्नलिखित में कौन चोल शासक युद्ध भूमि में राजा घोषित हुआ था?
(a) राजेन्द्र प्रथम (b) राजराज प्रथम
(c) राजेन्द्र द्वितीय (d) राजाधिराज

74. 1864 ई. में किसने 'साइन्टिफिक सोसायटी' की स्थापना की थी?
(a) दादाभाई नौरोजी (b) आर. सी. दत्त
(c) जी. के. गोखले (d) सर सैय्यद अहमद खान

75. किसकी अध्यक्षता वाली कांग्रेस अधिवेशन में 'असहयोग आन्दोलन' का प्रस्ताव पारित हुआ?
(a) पी. सीतारमैया (b) जवाहरलाल नेहरू
(c) मोतीलाल नेहरू (d) लाला लाजपत राय

76. सम्राट अशोक की निम्नलिखित रानियों में किसका नाम उसके अभिलेख में उल्लिखित है?
(a) कारुवाकी (b) तिष्यरक्षिता
(c) महादेवी (d) कुमारदेवी

77. बाबर द्वारा किस भाषा में 'तुजुक-ए-बावरी' लिखी गई थी?
(a) उर्दू (b) पर्सियन (c) तुर्की (d) फ्रेंच

78. वीर-निर्वाण युग किससे सम्बन्धित है?
(a) जैन धर्म (b) बौद्ध धर्म
(c) शैव सम्प्रदाय (d) आजीविक

79. जलियाँवाला बाग नरसंहार के विरोधस्वरूप निम्नलिखित में किसने नाइटहुड (सम्मान) का परित्याग कर दिया?
(a) जवाहरलाल नेहरू (b) अरविन्द घोष
(c) रविन्द्रनाथ टैगोर (d) विपिन चन्द्र पाल

80. 'इण्डियन सोसायटी ऑफ ओरिएण्टल आर्ट' की स्थापना किसके द्वारा की गई?
(a) रवीन्द्रनाथ टैगोर (b) अवनीन्द्रनाथ टैगोर
(c) देवेन्द्रनाथ टैगोर (d) गगनेन्द्रनाथ टैगोर

81. कैबिनट मिशन किस वर्ष भारत आया?
(a) मार्च 1946 (b) मार्च 1947
(c) मार्च 1945 (d) मार्च 1948

82. भारत में निम्नलिखित में से किस नवपाषाणिक स्थल को सर्वप्रथम सूचित किया गया?
(a) कोल्डिहवा (b) चिरांद
(c) गुफकराल (d) लिंगसुगुर

83. कादरी सिलसिला के सूफी सन्त लाहौर के मियाँ मीर किसके राज्यकाल से सम्बन्धित थे?
(a) हुमायूँ (b) बाबर
(c) जहाँगीर (d) जहाँदार शाह

84. निम्नलिखित में से कौन-सा वेद अंशत: गद्य में लिखा गया है?
(a) ऋग्वेद (b) यजुर्वेद
(c) सामवेद (d) अथर्ववेद

85. काँग्रेस के किस अधिवेशन में जवाहरलाल नेहरू द्वारा 'पूर्ण स्वराज' को अपना लक्ष्य बनाया गया?
(a) लाहौर अधिवेशन (b) नागपुर अधिवेशन
(c) गया अधिवेशन (d) कलकत्ता अधिवेशन

86. अशोक के निम्नलिखित उत्तराधिकारियों में किसने देवानामप्रिया उपाधि का प्रयोग किया था?
(a) दशरथ (b) समप्रति
(c) कुणाल (d) सुयश

87. पाटलिपुत्र का निम्नलिखित में कौन संस्थापक था?
(a) बिम्बिसार (b) अजातशत्रु
(c) उदय भद्र (d) शिशुनाग

88. हूणों का आक्रमण वर्णित है
(a) भीतरी अभिलेख में (b) जूनागढ़ अभिलेख में
(c) प्रयाग प्रशस्ति में (d) मथुरा अभिलेख में

89. तेइसवें तीर्थन्कर पार्श्वनाथ निम्नलिखित किस स्थान के रहने वाले थे?
(a) अहमदाबाद (b) बडोदरा
(c) बनारस (d) पावापुरी

90. भारत छोड़ो प्रस्ताव किस दिन पारित हुआ था?
(a) 7 अगस्त, 1942 (b) 8 अगस्त, 1942
(c) 9 अगस्त, 1942 (d) 10 अगस्त, 1942

91. जैन परम्परा के अनुसार बाइसवें तीर्थन्कर नेमिनाथ सम्बन्धित थे
(a) परशुराम से (b) कृष्ण से
(c) बिम्बिसार से (d) उदयन से

92. मुहम्मद बिन तुगलक द्वारा अपनी सांकेतिक मुद्रा में किस धातु का प्रयोग कराया गया था?
(a) सोना (b) चाँदी
(c) ताँबा (d) जस्ता

93. निम्नलिखित किस ग्रन्थ में कहा गया है कि जब कोई व्यक्ति संघ में प्रवेश पाता है, वह वर्ण विहीन हो जाता है?
(a) सिंगालवाद सुत्त (b) संयुक्त निकाय
(c) सोनदण्ड सुत्त (d) अंगुत्तर निकाय

94. निम्नलिखित करों में से कौन-सा कर दिल्ली के सुल्तानों ने लगाया था?
(a) खम्स (b) खराज
(c) जकात (d) ये सभी

95. ताम्रपाषाण काल में वृत्ताकार गर्तगृहों की प्राप्ति निम्नलिखित किस स्थल से हुई है?
(a) नवदाटोली (b) अहाड़
(c) हड़प्पा (d) इनामगाँव

96. गौतम बुद्ध द्वारा अपने धर्म में दीक्षित किया जाने वाला अन्तिम व्यक्ति निम्नलिखित में कौन था?
(a) आनन्द (b) सारिपुत्त
(c) मोग्गालायन (d) सुभद्द

97. प्रसिद्ध क्रान्तिकारी आशुतोष कुइला किस क्रान्तिकारी संगठन के सदस्य थे?
(a) हिन्दुस्तान रिपब्लिकन एसोशियेशन
(b) गदर पार्टी
(c) अनुशीलन समिति
(d) विद्युतवाहिनी

98. श्रेष्ठिन शब्द का प्रयोग किया गया है
(a) व्यापार में पूँजी लगाने वाला
(b) श्रेणी के अध्यक्ष
(c) मुद्रा विनिमय करने वाला
(d) शिल्पकार

99. किस गवर्नर जनरल द्वारा सती प्रथा का उन्मूलन किया गया था?
(a) लॉर्ड रिपन (b) लॉर्ड लिटन
(c) लॉर्ड कर्जन (d) लॉर्ड बेन्टिक

100. निम्नलिखित राजाओं में से किसने अपने राज्य में मदिरा का उत्पादन एवं बिक्री निषिद्ध कर दिया था?
(a) हर्षवर्द्धन (b) धर्मपाल
(c) कुमारपाल (d) भोज

101. 'तिनकठिया' ब्रिटिश भारत में क्या थी?
(a) जहाँ किसान 3/20 हिस्सा जमीन पर नील की खेती करने को बाध्य था
(b) तीन प्रकार की मिट्टी
(c) तीन प्रकार की फसलें
(d) तीन प्रकार की ऋतुएँ

102. 'भारत छोड़ो प्रस्ताव' की निम्नलिखित में किसने अनुशंसा की थी?
(a) जवाहरलाल नेहरू ने
(b) सरदार वल्लभ भाई पटेल ने
(c) अबुल कलाम आजाद ने
(d) जे. बी. कृपलानी ने

103. निम्नलिखित में कौन प्रथम भिक्षुणी थी?
(a) माया (b) महाप्रजापति गौतमी
(c) यशोधरा (d) रोहिणी

104. 1620 ई. में जहाँगीर ने किसके नेतृत्व में कांगड़ा के विरुद्ध अभियान भेजा?
(a) राजा विक्रमाजीत (b) महावत खाँ
(c) नवाब मुर्तजा खाँ (d) सैय्यद सदर जहाँ

105. निम्नलिखित में से किसने 'गाथा सप्तशती' ग्रन्थ की रचना की है?
(a) चन्द्रगुप्त द्वितीय विक्रमादित्य
(b) सातवाहन शासक हाल
(c) पुष्यभूति राजा हर्षवर्द्धन
(d) पाल शासक धर्मपाल

106. निम्नलिखित में से प्रथम गुप्त शासक कौन था जिसने 'परमभागवत' की उपाधि धारण की थी?
(a) समुद्रगुप्त (b) कुमारगुप्त प्रथम
(c) चन्द्रगुप्त द्वितीय (d) रामगुप्त

107. गुप्त काल में 'युद्ध एवं शान्ति' मन्त्री जाना जाता था
(a) सेनापति (b) महादण्डनायक
(c) सन्धिविग्रहिक (d) कुमारामात्य

108. इंग्लैण्ड में 'फ्री इण्डिया सोसाइटी' की स्थापना किसने की?
(a) दादाभाई नौरोजी (b) लाला हरदयाल
(c) भीकाजी कामा (d) ए. ओ. ह्यूम

109. दिल्ली का प्रथम सुल्तान जिसने दरबार में गैर-इस्लामी प्रथाओं का प्रचलन कराया, कौन था?
(a) कुतुबुद्दीन ऐबक (b) इल्तुतमिश
(c) बलबन (d) नसिरुद्दीन महमूद

110. चोल शासक प्रबल अनुयायी थे
(a) शैव धर्म के (b) जैन धर्म के
(c) बौद्ध धर्म के (d) शाक्त धर्म के

111. पाकिस्तान का विचार किसके द्वारा प्रशस्त किया गया?
(a) मुहम्मद इकबाल द्वारा
(b) जिन्ना द्वारा
(c) लियाकत अली द्वारा
(d) शौकत अली द्वारा

112. दरबार के नवरत्नों का सम्बन्ध किससे था?
(a) चन्द्रगुप्त द्वितीय (b) समुद्रगुप्त
(c) हर्षवर्द्धन (d) धर्मपाल

113. गुप्तकाल में सार्थवाह कहा जाता था
(a) जिला प्रशासन का प्रमुख
(b) व्यापारिक कारवाँ का प्रमुख
(c) समिति का प्रमुख
(d) श्रेणी का प्रमुख

114. गुप्तकालीन ब्राह्मी अभिलेख से युक्त जैन प्रतिमाएँ निम्नलिखित में कहाँ से प्राप्त हुई हैं?
(a) दुर्जनपुर से (b) उदयगिरि से
(c) विदिशा से (d) साँची से

115. चोलों के समय उर की कार्यकारिणी कहलाती थी
(a) नगरम् (b) सभा
(c) महासभा (d) आलुंगणम्

116. निम्नलिखित में कौन महावीर जैन के शिष्य के रूप में सम्बन्धित थे?
(a) मक्खली गोशाल (b) पूरन कस्सप
(c) पकुध काच्चायन (d) अजित केशकम्बलिन

117. किस युद्ध के बाद मैसूर के टीपू सुल्तान को सहायक राज्य बनाने के लिए बाध्य किया गया?
(a) प्रथम आंग्ल–मैसूर युद्ध
(b) द्वितीय आंग्ल–मैसूर युद्ध
(c) तृतीय आंग्ल–मैसूर युद्ध
(d) चतुर्थ आंग्ल–मैसूर युद्ध

118. निम्नलिखित में किस उपनिषद् में वर्णित कैकेय जनपद का एक राजा दार्शनिक था?
(a) जाबालि प्रवाहन (b) जमदग्नि
(c) श्रुतसेन (d) अश्वपति

119. भारतीय राष्ट्रीय काँग्रेस की प्रथम महिला अध्यक्ष कौन थी?
(a) सरोजनी नायडू (b) विजय लक्ष्मी पण्डित
(c) एनी बेसेन्ट (d) इन्दिरा गाँधी

120. निम्नलिखित बादशाहों में से किसे 'कलन्दर' कहा जाता है?
(a) बाबर (b) अकबर (c) हुमायूँ (d) शाहजहाँ

उत्तरमाला

1.	*(c)*	2.	*(b)*	3.	*(c)*	4.	*(c)*	5.	*(c)*	6.	*(b)*	7.	*(c)*	8.	*(d)*	9.	*(c)*	10.	*(a)*
11.	*(c)*	12.	*(c)*	13.	*(d)*	14.	*(c)*	15.	*(a)*	16.	*(a)*	17.	*(a)*	18.	*(d)*	19.	*(c)*	20.	*(c)*
21.	*(a)*	22.	*(b)*	23.	*(c)*	24.	*(d)*	25.	*(a)*	26.	*(a)*	27.	*(b)*	28.	*(b)*	29.	*(c)*	30.	*(d)*
31.	*(a)*	32.	*(a)*	33.	*(c)*	34.	*(d)*	35.	*(a)*	36.	*(b)*	37.	*(b)*	38.	*(c)*	39.	*(a)*	40.	*(d)*
41.	*(b)*	42.	*(d)*	43.	*(d)*	44.	*(b)*	45.	*(c)*	46.	*(a)*	47.	*(c)*	48.	*(a)*	49.	*(b)*	50.	*(d)*
51.	*(c)*	52.	*(b)*	53.	*(d)*	54.	*(b)*	55.	*(c)*	56.	*(a)*	57.	*(b)*	58.	*(c)*	59.	*(c)*	60.	*(b)*
61.	*(d)*	62.	*(a)*	63.	*(d)*	64.	*(d)*	65.	*(a)*	66.	*(a)*	67.	*(b)*	68.	*(d)*	69.	*(a)*	70.	*(a)*
71.	*(a)*	72.	*(b)*	73.	*(c)*	74.	*(d)*	75.	*(d)*	76.	*(a)*	77.	*(c)*	78.	*(a)*	79.	*(c)*	80.	*(b)*
81.	*(a)*	82.	*(d)*	83.	*(c)*	84.	*(b)*	85.	*(a)*	86.	*(a)*	87.	*(c)*	88.	*(a)*	89.	*(c)*	90.	*(b)*
91.	*(b)*	92.	*(c)*	93.	*(d)*	94.	*(d)*	95.	*(d)*	96.	*(d)*	97.	*(d)*	98.	*(b)*	99.	*(d)*	100.	*(c)*
101.	*(a)*	102.	*(b)*	103.	*(b)*	104.	*(a)*	105.	*(b)*	106.	*(c)*	107.	*(c)*	108.	*(c)*	109.	*(c)*	110.	*(a)*
111.	*(a)*	112.	*(a)*	113.	*(b)*	114.	*(b)*	115.	*(d)*	116.	*(a)*	117.	*(d)*	118.	*(d)*	119.	*(c)*	120.	*(a)*